MEYERS
GROSSES
TASCHEN
LEXIKON

Band 24

MEYERS GROSSES TASCHEN LEXIKON

in 24 Bänden

Herausgegeben und bearbeitet
von Meyers Lexikonredaktion
3., aktualisierte Auflage

Band 24:
Wau – Zz

B.I.-Taschenbuchverlag
Mannheim/Wien/Zürich

Chefredaktion:
Werner Digel und Gerhard Kwiatkowski
Redaktionelle Leitung der 3. Auflage:
Dr. Gerd Grill M.A.
Redaktion:
Eberhard Anger M.A., Dipl.-Geogr. Ellen Astor,
Dipl.-Math. Hermann Engesser, Reinhard Fresow, Ines Groh,
Bernd Hartmann, Jutta Hassemer-Jersch, Waltrud Heinemann,
Heinrich Kordecki M.A., Ellen Kromphardt, Wolf Kugler,
Klaus M. Lange, Dipl.-Biol. Franziska Liebisch, Mathias Münter,
Dr. Rudolf Ohlig, Heike Pfersdorff M.A., Ingo Platz,
Joachim Pöhls, Dr. Erika Retzlaff,
Hans-Peter Scherer, Ulrike Schollmeier, Elmar Schreck,
Kurt Dieter Solf, Klaus Thome, Jutta Wedemeyer, Dr. Hans Wißmann,
Dr. Hans-Werner Wittenberg

CIP-Titelaufnahme der Deutschen Bibliothek
Meyers Großes Taschenlexikon: in 24 Bänden/hrsg. u. bearb.
von Meyers Lexikonred. [Chefred.: Werner Digel
u. Gerhard Kwiatkowski]
Mannheim; Wien; Zürich: BI-Taschenbuch-Verl.
Früher im Bibliograph. Inst., Mannheim, Wien, Zürich.
ISBN 3-411-11003-1 kart. in Kassette
ISBN 3-411-02900-5 (2., neu bearb. Aufl.)
ISBN 3-411-02100-4 (Aktualisierte Neuausg.)
ISBN 3-411-01920-4 (Ausg. 1981)
NE: Digel, Werner [Red.]
Bd. 24. Wau – Zz. – 3., aktualisierte Aufl. – 1990
ISBN 3-411-11243-3

Als Warenzeichen geschützte Namen
sind durch das Zeichen ⓦz kenntlich gemacht
Etwaiges Fehlen dieses Zeichens bietet keine Gewähr dafür,
daß es sich um einen nicht geschützten Namen handelt,
der von jedermann benutzt werden darf

Das Wort MEYER ist für
Bücher aller Art für den Verlag
Bibliographisches Institut & F.A. Brockhaus AG
als Warenzeichen geschützt

Lizenzausgabe mit Genehmigung
von Meyers Lexikonverlag, Mannheim

Alle Rechte vorbehalten
Nachdruck, auch auszugsweise, verboten
© Bibliographisches Institut & F.A. Brockhaus AG, Mannheim 1990
Druck: Pfälzische Verlagsanstalt GmbH, Landau/Pfalz
Einband: Wilhelm Röck GmbH, Weinsberg
Printed in Germany
Gesamtwerk: ISBN 3-411-11003-1
Band 24: ISBN 3-411-11243-3

Wau

Wau, svw. ↑Reseda.

Waugh [engl. wɔː], Alec, eigtl. Alexander Raban W., * London 8. Juli 1898, † Tampa (Fla.) im Sept. 1981, engl. Schriftsteller. - Bruder von Evelyn W.; verfaßte pessimist.-zeitkrit. Romane, u. a. „Öl ins Feuer" (1960), „Ein Spion in der Familie" (1970).

W., Evelyn, * London 28. Okt. 1903, † Taunton (Somerset) 10. April 1966, engl. Schriftsteller. - Neben G. Greene der bedeutendste Vertreter der neukath. engl. Literatur. Konvertierte 1930 zum Katholizismus. Übte zunächst in den kom.-satir. Romanen „Auf der schiefen Ebene" (1928) und „... aber das Fleisch ist schwach" (1930) scharfe Kritik an der zeitgenöss. dekadenten Gesellschaft; betonte in seinen späteren Werken v. a. das religiöse Element, ohne jedoch auf Sarkasmus und Zynismus als Stilmittel zu verzichten, u. a. in „Wiedersehen mit Brideshead" (R., 1945), „Tod in Hollywood" (R., 1948), „Gilbert Pinfolds Höllenfahrt" (autobiograph. R., 1957).

Wauwiler See ↑Egolzwiler Kultur.

Wavellit [nach dem brit. Arzt W. Wavell, †1829], rhomb., meist in radialstrahligen Aggregaten auftretendes, gelbes, grünliches, graues oder farbloses Mineral, chem. $Al_3[(OH)_3|(PO_4)_2] \cdot 5 H_2O$; entstanden durch hydrothermale Bildung. Mohshärte 3,5–4; Dichte 2,3–2,4 g/cm³.

Wayne, John [engl. wɛɪn], eigtl. Marion Michael Morrison, * Winterset (Iowa) 26. Mai 1907, † Los Angeles 11. Juni 1979, amerikan. Filmschauspieler, -regisseur und -produzent. - Verkörperte in der Rolle des selbstdigen und harten [Western]helden, der immer auf der Seite von Recht und Ordnung steht, typ. konservativ-reaktionäre Elemente der amerikan. Gesellschaft, u. a. „Höllenfahrt nach Santa Fé", „Ringo" (1939), „Bis zum letzten Mann" (1948), „Der schwarze Falke" (1956), „Alamo" (1960; auch Regie), „El Dorado" (1967), „Der Marshal" (1971), „Der Shootist" (1976).

Waza-Nationalpark [frz. wa'za], Nationalpark in N-Kamerun, in der Ebene südl. des Tschadsees; gliedert sich in zwei unterschiedl. Teile; im W Baumbestände sowie sudan. und sahelische Flora; im O Ebenen mit Krautbewuchs, die von Aug. bis Febr. vom Logone überschwemmt werden.

Wb, Einheitenzeichen für ↑Weber.

WBE, Abk. für: ↑Weißbroteinheit.
WC, Abk. für engl.: watercloset (↑Abort).
Weald, The [engl. ðə 'wiːld], Schichtstufenland in SO-England, zw. Londoner und Hamshire-Becken; den Abschluß nach N bzw. S bilden die nördl. von Portsmouth einsetzenden Kreidekalkstufen der *North Downs* (bis 294 m ü. d. M.) und der *South Downs* (bis 271 m ü. d. M.).

Wearmouth [engl. 'wiəmaʊθ] ↑Sunderland.

Webb, Chick, eigtl. William W., * Baltimore 10. Febr. 1902, † ebd. 16. Juni 1939, amerikan. Jazzmusiker (Schlagzeuger, Orchesterleiter). - Gründete Ende der 1920er Jahre in New York ein erfolgreiches Swing-Orchester; einer der bedeutendsten Schlagzeuger des Swing.

W., Sidney James, Lord Passfield of Passfield Corner (seit 1929), * London 13. Juli 1859, † Liphook (Hampshire) 13. Okt. 1947, brit. Sozialpolitiker. - Seit 1885 Mitbegr., dann führendes Mgl. und bedeutendster Theoretiker der Fabian Society; beschäftigte sich zus. mit seiner Frau Beatrice (geb. Potter, * 1858, † 1943) mit Fragen der Sozialreform und der Gewerkschaftsbewegung, sie gründeten die London School of Economics sowie die Zeitschrift „New Statesman" und verfaßten eine Reihe von Schriften gemeinsam (u. a. „Theorie und Praxis der engl. Gewerkvereine" [1897], „Das Problem der Armut" [1911]). S. J. W. war ab 1922 Unterhaus-Abg. für die Labour Party, ab 1929 Mgl. des Oberhauses; 1929/30 Staatssekretär für die Dominions.

John Wayne (um 1970)

Webband

Webband ↑ Band.

Webeblatt ([Anschlag]kamm, Blatt, Riet), kammartige Vorrichtung an Webstühlen, die den zuletzt eingetragenen Schußfaden an das bisher abgewobene Gewebe heranschiebt (anschlägt). Das W. besteht aus zahlr., in genauer Teilung stehenden, feinen Stäben (Rietstäben), in deren Lücken die Kettfäden eingezogen sind.

Weben (Abweben), Herstellung textiler Flächengebilde durch rechtwinkelige Verkreuzung zweier Fadensysteme (Kett- und Schußfäden) nach den Regeln der Bindungslehre. Die einzelnen Arbeitsgänge beim W. auf dem Webstuhl sind: 1. *Fachbildung*, d. h. Aufteilen der vom Kettbaum über den *Streichbaum* und die Kreuzschienen geführten Kettfäden in gehobene und gesenkte unter Ausbildung des Fachs; 2. *Schußeintrag*, d. h. Hindurchführen des Schußfadens durch das Fach mit Hilfe des durch Schlag mit dem Picker beschleunigten Webschützens; 3. *Schußanschlag*, d. h. Andrücken des zuletzt eingetragenen Schußfadens an das bisher abgewobene Gewebe (Warenrand) mit Hilfe des Webeblatts; 4. *Warenschaltung (Regulation)*, d. h. schrittweises Weiterbewegen der vom Kettbaum abgegebenen Kettfäden und Aufwickeln des fertigen Gewebes auf dem Warenbaum. Auch automat. Webmaschinen arbeiten in diesen vier Hauptarbeitsgängen. Die wichtigsten Systeme bei webschützenlosen Webmaschinen arbeiten mit Schußeintrag durch Greiferschiffchen (Harpunen) von einer oder zwei Seiten bzw. mit Schußeintrag durch Luftdruck oder Wasserstrahl (*Düsenwebmaschine*).

Geschichte: Bereits um 5000 v. Chr. wurden in Ägypten Stoffe gewebt. In Mesopotamien sind Leinen- und Wollweberei für das 4. Jt. v. Chr., in China für das 2. Jt. v. Chr. nachweisbar. Die Griechen verwendeten vertikal aufgestellte Webstühle. Der Trittwebstuhl kam in Europa im 13. Jh. auf. Erste Entwürfe für automat. Webstühle entstanden im 18. Jh. Schon 1733 hatte J. Kay den sog. Schnellschützen erfunden. Der von E. Cartwright ab 1784 entwickelte Maschinenwebstuhl wurde bes. von R. Roberts Anfang der 1820er Jahre in Manchester weiterentwickelt. Den ersten Tuchwebstuhl in Deutschland konstruierte 1836 L. Schönherr. Den ersten elektr. angetriebenen Webstuhl stellte 1879 W. von Siemens vor. In den 1920er Jahren entwickelten R. Rossmann u. a. leistungsfähige Webmaschinen mit Greiferschiffchen. - Abb. S. 8.

📖 *Buff, R.: Bindungslehre. - Ein Webmusterbuch. Bern 1985. - Sandtner, H.: Freude am W. Freib.* ³1985. *- Schneider, Gudrun: Teppiche weben. Ravensburg 1985. - Weber, Sabine: W. auf dem Handwebrahmen. Stuttgart 1982. - Lundell, L.: Das große Webbuch. Dt. Übers. Bern* ²1981.

Weber, Adolf, * Mechernich 29. Dez. 1876, † München 5. Jan. 1963, dt. Nationalökonom. - Lehrte u. a. in Breslau, Frankfurt am Main und München. Vertreter der klass. Wirtschaftslehre; schrieb u. a. „Geld, Banken, Börsen" (1939), „Der Kampf zw. Kapital und Arbeit" (1910), „Hauptfragen der Wirtschaftspolitik" (1950).

W., Alfred, * Erfurt 30. Juli 1868, † Heidelberg 2. Mai 1958, dt. Nationalökonom und Soziologe. - Bruder von Max W.; ab 1904 Prof. in Prag, ab 1907 in Heidelberg, zog sich 1933 ins Privatleben zurück; 1945 Wiederaufnahme der Lehrtätigkeit in Heidelberg; verfaßte eine Vielzahl von Arbeiten zur Wirtschaftstheorie, Sozialpolitik, polit. Soziologie und Kultursoziologie und entwickelte eine multikausale histor.-soziale Kulturtheorie; begründete die industrielle Standortlehre.
Werke: Über den Standort der Ind.: Reine Theorie des Standorts (1909), Ideen zur Staats- und Kultursoziologie (1927), Kulturgeschichte als Kultursoziologie (1935), Prinzipien der Geschichts- und Kultursoziologie (1951), Der Dritte oder der Vierte Mensch (1953).

W., A[ndreas] Paul, * Arnstadt 1. Nov. 1893, † Schretstaken bei Lauenburg 9. Nov. 1980, dt. Zeichner. - Satirische Blätter, häufig in Zyklen („Krit. Kalender", jährl. seit 1959). Seine zeitkrit. Satire kommt in ihren allegor.-symbol. Verschlüsselungen und einem überquellenden Formenreichtum dem Surrealismus nahe und ist zutiefst pessimistisch.

A. Paul Weber, Ein Student wird gefeuert (1978). Lithographie

W., Carl Maria von, * Eutin 18. oder 19. Nov. 1786, † London 5. Juni 1826, dt. Komponist. - W. entstammt einer Musikerfamilie. Der Bruder seines Vaters, Bassist am kurpfälz. Hof in Mannheim, war der Vater von Mozarts

Frau Konstanze. Musikunterricht erhielt W. von M. Haydn in Salzburg sowie von Abbé Vogler. 1807–10 war er in Stuttgart Sekretär und Musiklehrer von Hzg. Ludwig. Danach trat er v. a. als Reisepianist auf, u. a. in der Schweiz, in Prag und Berlin. 1813 wurde er Operndirektor am landständ. Theater in Prag, 1816 an der Dt. Oper in Dresden, die er zu einem Zentrum nat. Musikpflege auszubauen suchte. - Ebenso erfolgreich wie musikhistor. bed. war sein „Freischütz" (Libretto von J. F. Kind; Uraufführung 1821), Modell einer nat. dt. Oper. Im Dienst charakterist. Ausdrucks erweiterte W. die Instrumentation durch ungewöhnl. Klangfarben; „Erinnerungsmotive" weisen auf Wagners Leitmotivtechnik voraus. Seine anderen Opern (u. a. „Abu Hassan", 1811; „Preziosa", 1821; „Euryanthe", 1823; „Oberon", 1826) setzten sich kaum durch. W. schrieb ferner 2 Sinfonien, 2 Klarinetten- und 2 Klavierkonzerte, Kammer- und Klaviermusik (u. a. „Aufforderung zum Tanz", 1819), Bühnenmusiken, Messen, Kantaten, Arien und Lieder. Außerdem trat er als Musikkritiker und -schriftsteller hervor.
📖 *Zschacke, G.: C. M. v. W. Romantiker im Aufbruch.* Lübeck 1985. - *Hoffmann, H.: C. M. v. W. - Leben und Werk.* Husum 1978.

W., Ernst Heinrich, * Wittenberg 24. Juni 1795, † Leipzig 26. Jan. 1878, dt. Anatom und Physiologe. - Bruder von Wilhelm W.; Prof. in Leipzig; bedeutende Arbeiten im Grenzgebiet zw. Sinnesphysiologie und -psychologie; Versuche, um die Stärke von Reizen mit der Stärke von Empfindungen in Beziehung zu setzen und Schwellenwerte zu ermitteln.

W., Helene, * Elberfeld (= Wuppertal) 17. März 1881, † Bonn 25. Juli 1962, dt. Politikerin (Zentrum/CDU) und Frauenrechtlerin. - Zunächst Lehrerin und in der kath. Frauenbewegung, 1918–33 in preuß. Ministerien tätig. 1919/20 Mgl. der Weimarer Nat.versammlung (Zentrum), 1921–24 MdL in Preußen, 1924–33 MdR; 1945 Mitbegr. der CDU; 1948/49 Mgl. des Parlamentar. Rates und seit 1949 MdB; seit 1952 Vors. des Kuratoriums des Dt. Mütter-Genesungswerks.

W., Maria, * Gelsenkirchen 27. Dez. 1919, dt. Gewerkschafterin. - Zuerst in der Kath. Arbeiterjugend, seit 1950 hauptamtl. im DGB-Bundesvorstand (Fachabteilung Frauen) tätig; seit 1972 stellv. DGB-Bundesvors.; 1973/74 und seit 1977 Vors. des Dt. Frauenrats; Mgl. der CDU.

W., Max, * Erfurt 21. April 1864, † München 14. Juni 1920, dt. Sozialökonom, Wirtschaftshistoriker und Soziologe. - Studium der Rechtswiss., Ökonomie, Geschichte und Philosophie; Prof. für dt. und Handelsrecht in Berlin (1893), für Nationalökonomie in Freiburg im Breisgau (1894–97) und Heidelberg (1897–1903), für Soziologie in Wien (1918) und für Nationalökonomie in München (1919/20); Mitarbeit im Verein für Socialpolitik und Gründungs-Mgl. der Dt. Gesellschaft für Soziologie und der Dt. Demokrat. Partei; Mgl. der Kommission für die Weimarer Verfassung.
M. W. gehört zu den „Vätern" der dt. Soziologie. Im Mittelpunkt seines wiss. Werkes stehen Studien zum Verhältnis von Religion, Wirtschaft und Gesellschaft. In seiner Untersuchung „Die prot. Ethik und der Geist des Kapitalismus" (1904/05) erklärt W. die Entstehung der kapitalist. Gesellschaft aus puritan. Religiosität und rationaler Lebensführung. In seinen „Gesammelten Aufsätzen zur Religionssoziologie" (1920/21) handelt er (mit Ausnahme des Islams) die großen Weltreligionen ab. Seine Arbeit über „Die ‚Objectivität' sozialwiss. und sozialpolit. Erkenntnis" (1904) widmet sich dem Problem der Wertfreiheit von Wissenschaft. W. plädierte für eine Trennung von polit.-prakt. Handeln und soziolog. Erkenntnis, von Politik und Wissenschaft. Er gilt als Begründer der verstehenden Soziologie. Diese will mit Hilfe von „Idealtypen" († Idealtypus) deutend die gesellschaftl. Wirklichkeit erschließen. Anhand kulturvergleichender Studien versuchte W. das „Idealtyp." verschiedener Formen, wie z. B. von „Recht", „Staat", „Wirtschaft" und „Herrschaft", herauszuarbeiten und kam dadurch zu grundlegenden begriffl. Definitionen. In seinem Hauptwerk „Wirtschaft und Gesellschaft" (hg. 1921) beschreibt W. den Entwicklungsprozeß der Ind.gesellschaft als zunehmende „Entzauberung der Welt". Sie gibt den Menschen einerseits die Möglichkeit, seine Umwelt besser zu beherrschen, schafft aber andererseits selbst „Gehäuse neuer Hörigkeit".
📖 *Schöllgen, G.: Handlungsfreiheit u. Zweckrationalität. M. W. u. die Tradition prakt. Philosophie.* Tüb. 1984. - *Weber, M.: M. W. Ein Lebensbild.* Tüb. ³1984. - *Käsler, D.: Einf. in das Studium M. Webers.* Mchn. 1979. - *Prewo, R.: M. Webers Wissenschaftsprogramm.* Ffm. 1979. - *Zander, J.: Das Problem der Beziehung M. Webers zu Karl Marx.* Ffm. 1978. - *Stallberg, F. W.: Herrschaft u. Legitimität.* Meisenheim 1975. - *Mommsen, W. J.: M. W.; Gesellschaft, Politik u. Gesch.* Ffm. 1974. - *Mommsen, W. J.: M. W. u. die dt. Politik; 1890–1920.* Tüb. ²1974. - *Hufnagel, G.: Kritik als Beruf.* Bln. 1971. - *Schluchter, W.: Wertfreiheit u. Verantwortungsethik. Zum Verhältnis v. Wissenschaft u. Politik bei M. W.* Tüb. 1971. - *Loos, F.: Zur Wert- und Rechtslehre M. Webers.* Tüb. 1970. - *Prades, J. A.: La sociologie de la religion chez M. W.* Löwen; Paris ²1969.

W., Max, * Zürich 2. Aug. 1897, † Bern 2. Dez. 1974, schweizer. Politiker (SPS). - 1939–51 und 1955–71 im Nationalrat; Bundesrat 1951–53 (Leiter des Eidgenöss. Finanz- und Zolldepartements); seit 1948 Prof. für Finanzwiss. in Bern, seit 1954 auch in Basel.

W., Wilhelm, * Wittenberg 24. Okt. 1804, † Göttingen 23. Juni 1891, dt. Physiker. -

7

Weber

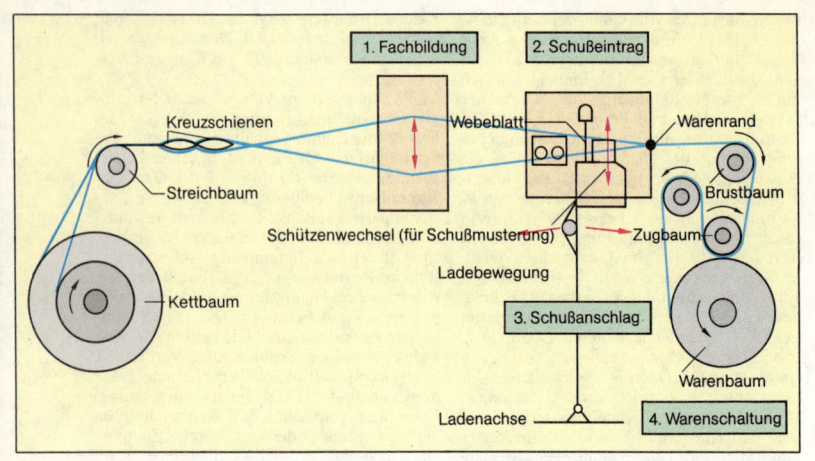

Weben. Schematische Darstellung des Webvorgangs mit Hauptarbeitsgängen

[Diagram labels: 1. Fachbildung; 2. Schußeintrag; 3. Schußanschlag; 4. Warenschaltung; Kreuzschienen; Webeblatt; Warenrand; Streichbaum; Brustbaum; Schützenwechsel (für Schußmusterung); Zugbaum; Ladebewegung; Kettbaum; Warenbaum; Ladenachse]

1831–37 († Göttinger Sieben) und wieder ab 1849 Prof. in Göttingen (1843–49 in Leipzig). Sein Hauptarbeitsgebiet war der Elektromagnetismus (in enger Zusammenarbeit mit C. F. Gauß, mit dem er 1833 den ersten elektromagnet. Telegrafen entwickelte). W. entwickelte ein atomist. Konzept der elektr. Ladung. Mit R. Kohlrausch bestimmte er 1856 die Lichtgeschwindigkeit aus elektrischen Messungen.

Weber [nach W. Weber], Einheitenzeichen Wb, SI-Einheit des magnet. Flusses; Festlegung: 1 Weber ist gleich dem magnet. Fluß, bei dessen gleichmäßiger Abnahme während 1 Sekunde auf null in einer ihn umschlingenden Windung die elektr. Spannung 1 Volt induziert wird: 1 Wb = 1 Vs (Voltsekunde) = 1 Ws/A.

Weberameisen (Smaragdameisen, Oecophylla), Gatt. etwa 1 cm langer, gelbbrauner Schuppenameisen in Afrika und S-Asien; bauen in Baumkronen Nester, indem die Arbeiterinnen die ein klebriges Speicheldrüsensekret abgebenden Larven in den Mandibeln halten und sie von Blatt zu Blatt führen und diese so zusammenspinnen.

Weberaufstand, Hungerrevolte der schles. Weber in Peterswaldau und Langenbielau (4.–6. Juni 1844) als Folge der dramat. Verschlechterung der Erwerbs- und Lebensbedingungen. 3 000 Aufständische zerstörten Maschinen und Bücher der Fabrikanten und Verleger. Der W., die erste proletar. Erhebung in Deutschland mit überregionaler Bed., wurde von preuß. Truppen blutig niedergeschlagen. - Er lieferte den Stoff für zahlr. Dichtungen, am bedeutendsten G. Hauptmanns Drama „Die Weber" (1892).

Weber-Fechnersches Gesetz (Webersches Gesetz, Fechnersches Gesetz), umstrittene, von G. T. Fechner 1880 vorgenommene mathemat. Formulierung der physiolog. Gesetzmäßigkeit des Zusammenhangs von Reiz und menschl. Sinnesempfindung, die eine Erweiterung des von E. H. Weber 1834 aufgestellten Gesetzes darstellt, wonach die für eine eben merkl. Zunahme der Empfindungsstärke erforderl. Reizsteigerung dem Ausgangsreiz proportional ist.

Weberknechte (Kanker, Afterspinnen, Opiliones), mit über 3 000 Arten (einheim. rd. 35 Arten) weltweit verbreitete Ordnung bis über 2 cm langer, landbewohnender Spinnentiere mit z. T. extrem (bis 16 cm) langen, dünnen Beinen (brechen leicht an einer vorgebildeten Stelle ab und lenken dann durch Eigenbewegungen einen Angreifer ab); Hinterleib gegliedert, in voller Breite dem Vorderkörper ansitzend; Spinn- und Giftdrüsen fehlen; fressen Pflanzenstoffe und kleine Wirbellose. Bekannt ist die Fam. **Fadenkanker** (Nematopidae) mit etwa 50 Arten, v. a. in Gebirgen und feuchten Wäldern Europas, Kleinasiens, N-Afrikas und N-Amerikas (in M-Europa etwa sechs 1–5 mm große Arten).

Webern, Anton (von), * Wien 3. Dez. 1883, † Mittersill 15. Sept. 1945, östr. Komponist und Dirigent. - Schüler von G. Adler (1906 Promotion) und A. Schönberg (1904–08). Ab 1908 war er Theaterkapellmeister u. a. in Wien, Danzig, Stettin, Prag. 1921–34 leitete er die Arbeiter-Sinfoniekonzerte und den Wiener Arbeiter-Singverein. 1938 erhielt er Aufführungs- und Publikationsverbot. W. lebte v. a. von musikal. Privatunterricht (Schüler u. a. K. A. Hartmann und H. Searle). - In seinem Schaffen steht die Textvertonung im Mittelpunkt. Die von W. veröffentlichten Werke op. 1 bis op. 31 lassen sich in drei

Perioden gliedern. Die Werke von 1907/08–1914 zeigen seinen Weg von der Spätromantik (Passacaglia op. 1, 1908; „Entflieht auf leichten Kähnen" [George] für Chor op. 2, 1908) zur freien Atonalität. Schon in den Liedern nach S. George op. 3 und op. 4 ist sein Stil vollkommen ausgebildet: Schrumpfung der Dauer, Entfaltung eines Reichtums an inneren Beziehungen - so auch in den Natur beschwörenden Orchesterwerken op. 6 (1909/10) und op. 10 (1911–13) und den 6 Bagatellen für Streichquartett op. 9 (1913). - Die Werke von 1915–26 zeigen W. Weg von der freien zur reihengebundenen Atonalität (↑ Zwölftontechnik): 4 Lieder (H. Bethge, Strindberg, Goethe) op. 12 (1915–17), 4 Lieder (Kraus, Bethge, Trakl) mit Orchester op. 13, 6 Lieder (Trakl) mit 4 Instrumenten op. 14 (1917–21), 5 geistl. Lieder mit 5 Instrumenten op. 15 (1917–22), 5 Kanons für Sopran, Klarinette und Baßklarinette op. 16 (1923/24), 3 Volkstexte für Singstimme und drei Instrumente op. 17 (1924), 3 Lieder mit Klarinette und Gitarre op. 18 (1925), 2 Lieder (Goethe) für Chor und fünf Instrumente op. 19 (1926). - Die Werke von 1927–1943 (u. a. Streichtrio op. 20, 1927; „Das Augenlicht" [H. Jone] für Chor und Instrumente op. 26, 1935; Klaviervariationen op. 27, 1936; 1. Kantate [Jone] op. 29, 1938/39; 2. Kantate [Jone] op. 31, 1941/43) bedienen sich ausschließl. der Reihentechnik, die W. erst nach längerem Zögern übernahm. Während bei Schönberg und Berg eine Reihe Basis für Themen- und Motivbildung ist, wird für W. die Reihe selbst „thematisch"; in ihr konzentriert sich die Werkidee. So ist z. B. die spiegelförmige Anlage der Sinfonie op. 21 (1928) in der spiegelförmigen und damit krebsgleichen Reihe potentiell vorgegeben. Sein Reihenkonstruktivismus entspringt einer Musikanschauung, in der sich ma. Zahlenspekulation und lyr. Innerlichkeit verbinden. W. wurde zum Vorläufer der seriellen Komponisten nach 1950 (K. Stockhausen, P. Boulez, L. Nono).
📖 *Opus A. W. Hg. v. D. Rexroth. Bln. 1984.* - *Abel, A.: Die Zwölftontechnik Weberns u. Goethes Methodik der Farbenlehre. Wsb. 1982.* - *Krellmann, H.: A. W. Rbk. 1981.* - *Moldenhauer, H. u. R.: A. v. W. Zürich 1980.*

Webervögel (Ploceidae), Fam. etwa 10–20 cm langer (mit den Schmuckfedern des Schwanzes oft bis fast 70 cm messender) Singvögel mit rd. 150 Arten in Steppen und Savannen Afrikas und S-Asiens, von wo aus einige Arten (der Sperlinge) bis nach Europa vorgedrungen und heute weltweit verbreitet sind; gesellige, im ♂ Geschlecht während der Fortpflanzungszeit oft prächtig gefärbte Vögel mit meist kleinem, kegelförmigem Schnabel; brüten häufig in Kolonien auf Bäumen, in Büschen und im Schilf; bauen oft kunstvoll gewebte Beutel- oder Kugelnester aus feinen Pflanzenfasern mit langer, abwärts gerichteter Einflugsröhre. - Zu den W. gehören u. a. ↑Sperlinge, ↑Witwen und die *Eigtl. Weber* (Ploceinae) mit rd. 70 Arten, darunter u. a. der über 15 cm lange **Textorweber** (Textor cucullatus). W. sind z. T. Stubenvögel.

Webfach ↑Fach.

Webkante (Warenkante, Webrand, Leiste), die beim Weben an beiden Seiten eines Gewebes entstehende Begrenzung.

Webschützen (Schützen, [Web]schiffchen), Vorrichtung, die beim ↑Weben durch das Fach geführt wird und dabei den Schußfaden einträgt; besteht aus einem mehrere cm langen, bootförmigen Gerät, das in einer Vertiefung (dem *Schützensarg*) die Schußfadenspule enthält, die beim Fachdurchgang den Schußfaden abgibt. Der W. wurde urspr. von Hand durch das Fach geschoben; bei dem in mechan. Webstühlen verwendeten *Schnellschützen* befindet sich an den beiden Enden des W. je eine Stahlspitze, über die der W. durch den Picker beschleunigt wird.

Webster [engl. ˈwebstə], Ben, eigtl. Benjamin Francis W., * Kansas City 27. Febr. 1909, † Amsterdam 20. Sept. 1973, amerikan. Jazzmusiker (Tenorsaxophonist). - Von C. Hawkins beeinflußt, entwickelte sich W. zu einem der bedeutendsten Swing-Saxophonisten. Charakterist. für seine Spielweise ist der Kontrast zw. extrovertierter Growl-Artikulation und verhaltener Tonbildung mit weitem Vibrato.

W., Daniel, * Salisbury (= Franklin, N. H.) 18. Jan. 1782, † Marshfield (Mass.) 24. Okt. 1852, amerikan. Politiker. - Rechtsanwalt; 1813–17 und 1823–27 Abg., 1827–41 und 1845–50 Senator, 1841–43 und 1850–52 Außenminister. W. vertrat in der Innen- und Wirtschaftspolitik die Interessen der aufstrebenden Ind. der NO-Staaten; 1842 schloß er mit Großbrit. den **Webster-Ashburton-Vertrag,** in dem die seit 1783 umstrittene NO-Grenze der USA auf den heutigen Verlauf nördl. des 45. Breitengrades festgelegt wurde.

W., Noah, * West Hartford (Conn.) 16. Okt. 1758, † New Haven (Conn.) 28. Mai 1843, amerikan. Publizist und Lexikograph. - Ließ nach mehreren sprachwiss. und lexikograph. Werken 1828 „An American dictionary of the English language" erscheinen, dessen Rechte die Brüder G. (* 1803, † 1880) und C. Merriam (* 1806, † 1887) erwarben (erstes Werk der Merriam-W.-Reihe). Dieser sog. „Webster" wurde laufend neu bearbeitet und erschien zuletzt 1971 u. d. T. „W.'s third new international dictionary of the English language".

Webstuhl, mechan. oder elektr. angetriebene Maschine zur Herstellung von Stoffen oder auch Teppichen durch ↑Weben. Der W. besteht aus einer einfachsten Bauart aus einem *Gestell,* in dem die sog. *Schäfte* hängen; diese werden durch Tritthebel und Exzenterscheiben nach oben und unten bewegt und führen die vom *Kettbaum* über den *Streichbaum* und die *Teilstäbe* (Kreuzschienen) kommenden Kettfäden bei der Fachbildung nach oben bzw. unten. Durch den von der *Lade* geführten *Webschützen*, der durch einen Schlagstock *(Picker)* bewegt wird, erfolgt das Eintragen des Schußfadens in das von den Kettfäden gebildete Fach. Durch das an der Lade befestigte *Webeblatt* wird der Schußfaden an das bereits gewobene Gewebe angedrückt, das dann über den *Brustbaum* umgelenkt, durch den *Zugbaum* abgezogen und auf dem *Warenbaum* aufgewickelt wird. Für die Steuerung der Fachbildung dienen Schaft- und Jacquardmaschinen.

Nach der Antriebsart unterscheidet man *Handwebstühle* und *Maschinenwebstühle* (Webmaschinen) mit elektr. Antrieb. Nach der Bauart unterscheidet man die v. a. in der Stoffweberei gebräuchl. *Flachwebstühle*, bei denen die Kette vom Streichbaum bis zum Brustbaum horizontal verläuft, und die *Hochwebstühle*, bei denen die Kettfäden zw. dem oberen (Kettbaum) und dem unteren Querbaum (Warenbaum) vertikal angebracht sind; Fachbildung durch Schäfte und Tritte, Schußeintrag durch Webschützen. Daneben wurden zur Herstellung von schlauchförmigen Geweben auch Rundwebstühle entwickelt. Zum Weben von Stoffen mit bes. Bindungsarten dienen z. B. Doppelplüschstühle zur Herstellung von Samt und Plüsch.

Wechmar, Rüdiger Freiherr von, * Berlin 15. Nov. 1923, dt. Diplomat und Journalist. - Seit 1958 im Auswärtigen Dienst; 1973/74 als Staatssekretär Leiter des Presse- und Informationsamtes der Bundesreg.; 1974–81 Botschafter bei den UN, 1981–83 in Rom, seit 1983 in London; 1980/81 Präs. der UN-Vollversammlung; seit 1989 Mgl. des Europ. Parlaments.

Wechsel, schuldrechtl. Wertpapier, das eine schriftl., unbedingte, jedoch befristete Zahlungsverpflichtung in gesetzl. vorgeschriebener Form enthält (↑ auch Orderpapier). Der gezogene W. (Tratte) ist eine bes. Art der Anweisung, der Sola-W. (eigener W.) ist ein Sonderfall eines abstrakten Schuldversprechens. Beim **gezogenen Wechsel** weist der Aussteller den Bezogenen an, einen bestimmten Geldbetrag (W.summe) bei Verfall, d. h. Fälligkeit des W., an einen Dritten (W.nehmer, Remittent) oder dessen Order zu zahlen, der Bezogene verpflichtet sich durch das Akzept zur Zahlung. Der **Solawechsel** stellt ein wechselmäßiges Zahlungsversprechen des Ausstellers selbst dar, bei Verfall die W.summe an den W.nehmer oder dessen Order (den Indossatar) zu zahlen; der Aussteller haftet hier wie der Akzeptant (↑ Akzept) beim gezogenen Wechsel. Beide W.arten sind von dem ihnen zugrundeliegenden Rechtsverhältnis (z. B. Kauf, Darlehen) rechtl. unabhängig, d. h., die wechselmäßige Verbindlichkeit besteht auch dann, wenn das Grundgeschäft mangelhaft ist.

Das *Wechselgesetz* vom 21. 6. 1933 (WG), das wie die meisten europ. W.gesetze auf der Grundlage der Genfer W.rechtskonferenz von 1930 erlassen ist, stellt folgende Formerfordernisse: 1. beim gezogenen W.: die *Wechselklausel*, d. h. die ausdrückl. Bez. als W. im Text der Urkunde, die unbedingte Anweisung, eine bestimmte Geldsumme zu zahlen, die Angabe des Bezogenen, die Angabe der Verfallzeit (fehlt diese, gilt der Wechsel als Sicht-W.), die Angabe des Zahlungsortes (fehlt diese, so gilt der beim Bezogenen angegebene Ort als Zahlungsort; fehlt auch diese Angabe, ist der W. nichtig), die Angabe des Akzeptanten (ist dieser noch nicht bekannt, kann sich der Aussteller selbst als Akzeptanten einsetzen [trassiert eigener W.]), Tag und Ort der Ausstellung (die Angabe des Ortes ist nicht unbedingt notwendig) und die eigenhändige Unterschrift des Ausstellers; 2. beim eigenen W. sind dieselben Bestandteile vorgeschrieben, mit Ausnahme der Angabe eines Bezogenen, da es sich um ein Schuldversprechen handelt. Fehlt einer der Bestandteile des W., abgesehen von den oben genannten Ausnahmen, so ist der W. nichtig. Im W.verkehr werden heute grundsätzl. Einheitsdrucke *(Einheitswechsel)* verwendet. - *Übertragen* wird der W. durch ↑ Indossament vom Indossanten auf den Indossatar.

Nach der *Fälligkeit* ist zw. *Tagwechsel* (an einem bestimmten Kalendertag fällig), *Datowechsel* (zu einem bestimmten Zeitpunkt nach der Ausstellung fällig), *Sichtwechsel* (nach dem Tag der Vorlegung) oder *Nachsichtwechsel* (zu einem bestimmten Zeitpunkt nach Vorlegung des W.) zu unterscheiden. Arten des W. sind: **Aktivwechsel,** er wird auf der Aktivseite der Bilanz verbucht und stellt eine Geldforderung dar im Ggs. zum **Passivwechsel** (Schuld-W.), der eine Verbindlichkeit darstellt; ein **Finanzwechsel** (Kreditakzept, Leerwechsel) dient lediglich Finanzierungsmaßnahmen im Ggs. zum **Handels-** oder **Warenwechsel,** der auf einem Warengeschäft beruht und unter bestimmten Voraussetzungen von der Notenbank diskontiert werden kann; ein **Depotwechsel** ist ein von einem Kreditnehmer akzeptierter und bei der Bank zur Erleichterung der Geltendmachung einer Forderung aus gewährtem Kredit hinterlegter W.; erst wenn der Forderung fällig ist, darf der Gläubiger ihn weitergeben. Ein **Gefälligkeitsakzept** (Gefälligkeits-W.) ist das gefälligkeits-, nicht zahlungshalber erteilte ↑ Akzept, dem die mit dem Aussteller getroffene (Dritten gegenüber nicht wirksame) Abrede zugrundeliegt, daß der Akzeptant vor Verfall des W. von der W.verbindlichkeit freigestellt werden soll. Der **Blankowechsel** wird zunächst unvollständig ausgefüllt (z. B. W.summe wird offengelassen), und derjenige, der den Wechsel begibt, er-

Wechselbürgschaft

mächtigt den Empfänger, ihn im Rahmen der Ermächtigung zu vervollständigen.
Zahlungspflichtig als Hauptschuldner ist der Akzeptant, beim eigenen W. der Aussteller. Zu zahlen sind die W.summe, 6% W.zinsen, die Auslagen (Protestkosten u. a.) und eine Provision von $1/3$%. Die Weigerung der Zahlung muß durch Protest (↑Wechselprotest) festgestellt werden. Der W.anspruch ist in erleichterter und rascherer Form im ↑Wechselprozeß geltend zu machen, sonst im normalen Prozeßwege.

Verjährung: Die wechselmäßigen Ansprüche gegen den Akzeptanten verjähren in 3 Jahren, vom Verfalltag an gerechnet, die des W.berechtigten gegen die Indossanten und den Aussteller in einem Jahr, vom Tage des erhobenen Protestes an gerechnet (beim W. „ohne Kosten" vom Verfalltage an), die des Indossanten gegen andere Indossanten und den Aussteller in 6 Monaten, vom Tage der Einlösung durch den Indossanten an gerechnet. Der W., urspr. nur Zahlungsmittel, ist heute v. a. ein Instrument des Kreditverkehrs zur kurzfristigen Finanzierung des Warenhandels.

📖 *Waidelich, B.: W. u. Scheck. Stg. ²1985. - Ashauer, G.: W.- u. Scheckrecht. Stg. ⁶1984. - Baumbach, A./Hafermehl, W.: W.gesetz u. Scheckgesetz. Mchn. ¹⁴1984.*

◆ Bez. im *Sport:* 1. bei Mannschaftsspielen (wie z. B. Basketball, Eishockey, Football, Fußball, Handball, Volleyball) der geregelte Spieleraustausch während des Spielablaufs; erfolgt der W. während einer Angriffsaktion, spricht man von einem *fliegenden W.* (Eishockey); 2. bei Staffelwettbewerben, im Schwimmen oder im Skilanglauf, die Ablösung eines Athleten durch den nächsten; speziell in der Leichtathletik Bez. für die Übergabe des Stabes an den jeweils neu startenden Läufer.

◆ (Wildwechsel) wm. Bez. für den vom Wild regelmäßig benutzten Pfad zw. dem gewöhnl. Standort des Wildes und dem Ort der Nahrungsaufnahme bzw. Tränke, Suhle und Salzlecke. Den regelmäßig benutzten Pfad des niederen Haarwilds (z. B. Hase, Fuchs, Luchs) nennt man *Paß.*

Wechselbalg, im Volksglauben ein häßl., mißgestaltetes Kind, das von bösen Menschen oder Geistern einer Wöchnerin - anstelle ihres eigenen Kindes - untergeschoben worden ist.

Wechselbürgschaft, Übernahme der Wechselverbindlichkeit eines Ausstellers, Akzeptanten oder sonstigen Wechselschuldners durch einen Dritten oder eine Person, deren Unterschrift sich schon auf dem Wechsel be-

Webstuhl. Oben: Handwebstuhl aus dem Jahre 1832 mit Jacquardmaschine für Seidenweberei. London, Science Museum; unten: moderne Vierfarbenwebmaschine

findet, als Gesamtschuldner (↑ auch Aval).

Wechseldominante (Doppeldominante), Sonderform der ↑ Zwischendominante, die ↑ Dominante der Dominante (z. B. in C-Dur d–fis–a); Zeichen ⅅ.

Wechselfieber, svw. ↑ Malaria.

Wechselgesang, Bez. für die Ausführung von Gesängen im Wechsel zw. verschieden besetzten Gruppen, z. B. von Vorsänger und Chor, Solisten und Chor, Chor und Orgel. - ↑ auch alternatim, ↑ Antiphon, ↑ Responsorium.

Wechseljahre (Klimakterium), die Zeitspanne etwa zw. dem 45. und 55. Lebensjahr der Frau, während der es gewöhnl. zum allmähl. Versiegen der Geschlechtsfunktion kommt. Die W. äußern sich zum einen meist in bestimmten, normalerweise harmlosen Blutungsanomalien, zum anderen in vegetativen und psych. Beschwerden, die man auch *klimakter. Ausfallserscheinungen* nennt. Beides wird durch die verminderte Ansprechbarkeit der Eierstöcke auf die gonadotropen Hormone aus der Hirnanhangsdrüse hervorgerufen. Auf Grund dieser Störung kommt es zu einer zunehmenden Verminderung der Eierstockhormone (Östrogen und Gestagen). Dies führt anfangs zu unregelmäßigen Regelblutungen und am Ende der W. zu einem vollständigen Versiegen der Blutungen. Das Fehlen der Eierstockhormone bewirkt weiterhin eine Schrumpfung der Geschlechtsorgane und eine vermehrte Neigung zu Fettansatz, Haarausfall und degenerativen Gelenkerkrankungen. Daneben können als Folge der hormonellen Umstellungen Hitzewallungen und Schweißausbrüche auftreten. Bei psych. gefestigten Frauen beeinträchtigen die W. die Leistungsfähigkeit und das Allgemeinbefinden nur wenig. Nervöse und vegetativ labile Frauen jedoch neigen während der W. zu Schwindelanfällen, Herzrasen und Atemnot, Ohnmachten, Schlaflosigkeit, Depressionen und sogar zu Psychosen. - Die Behandlung der durch die W. bedingten Störungen erfolgt durch die Gabe von Östrogenen. Stehen die psych. Störungen im Vordergrund, ist eine zusätzl. Sedierung bzw. eine antidepressive Therapie angebracht.

📖 *Schrage, R.: Therapie des klimakter. Syndroms.* Weinheim 1985. - *Utian, W. H.: W. Ein Ratgeber für die Frau in der Menopause.* Dt. Übers. Stg. 1981.

Wechselklausel, notwendiger Bestandteil eines ↑ Wechsels (ohne den der Wechsel nichtig ist) im Text der Wechselurkunde. Sie lautet nach dem Einheitswechsel: ... „gegen diesen Wechsel" ...

Wechselkredit, kurzfristiger Kredit (i. d. R. bis zu 90 Tagen) von Banken oder Lieferanten zur Finanzierung von Handelsgeschäften. Zu unterscheiden sind: der **Diskontkredit,** dem eine Bank durch den Ankauf von Wechseln vor deren Fälligkeit gewährt (Handels- oder Warenwechsel); der **Akzeptkredit,** den eine Bank dadurch gewährt, daß sie einen auf sie gezogenen Wechsel akzeptiert (Kreditleihe); **Wechselkredit im Auslandsgeschäft**: einfache W. durch Diskontierung von Akzepten von Ausländern oder Wechseldokumentarkredite, die nur gegen direkte oder indirekte Vorlage der Versandpapiere gewährt werden (Rembourskredit).

Wechselkröte (Grüne Kröte, Bufo viridis), bis 10 cm lange Kröte in Europa (außer W-Europa), in W- und Z-Asien sowie in N-Afrika; Oberseite hellgrau bis hell olivfarben mit großen, dunkelgrünen Flecken und zahlr. kleinen, roten Warzen; ♀♀ durch hellere Grundfärbung meist kontrastreicher.

Wechselkurs (Devisenkurs), Preis einer Währung, ausgedrückt in einer anderen Währung. Bei der meist übl. *Preisnotierung* ist der W. der Preis der Inlandswährung je Einheit ausländ. Währung; bei der in Großbrit. übl. *Mengennotierung* gibt der W. die Menge ausländ. Währungseinheiten an, die für eine heim. Währungseinheit getauscht werden kann. Da der W. unmittelbar die inländ. Preise der Importgüter und die ausländ. Preise der Exportgüter beeinflußt, ist er für Ausmaß und Richtung der internat. Waren- und Dienstleistungsströme mitbestimmend.

Zu unterscheiden ist zw. einem System fester und einem System flexibler Wechselkurse. Bei *festen W.* bestehen bestimmte Paritäten zw. den Währungen, die entweder von den Regierungen festgesetzt sind oder - wie beim Goldstandard üblich - sich automat. durch die Festlegung von *Goldparitäten* (Austauschverhältnis der Währungen untereinander auf Grund des festgelegten Feingoldgehaltes) für die einzelnen Währungen ergeben. Eine andere Parität ist die sog. *Kaufkraftparität,* die Relation zweier Währungen, gemessen am Preis der Güter (in jeweiliger Landeswährung) in einem sog. „Warenkorb". Ein System fester W. erfordert Interventionen der Zentralbanken, um die vereinbarten Paritäten zu verteidigen, wenn auf dem Devisenmarkt durch Angebot und Nachfrage ein W. zustandekäme, der stärker von der vereinbarten Parität abweicht, als zulässig ist. Als zulässig gelten Abweichungen innerhalb einer in Prozent vom W. ausgedrückten *Bandbreite.* Die Grenzen dieser ↑ Bandbreiten sind der obere bzw. untere *Interventionspunkt.* Wegen des Bestehens dieser Bandbreiten wird bei einem solchen System fester W. häufig auch von *Stufenflexibilität* gesprochen. Im System flexibler W. bildet sich der W. am Devisenmarkt täglich neu auf Grund von Angebot und Nachfrage (↑ Floating).

📖 *Wild, C.: W. u. Gütermarkt.* Ffm. 1980. - *Schäfer, Wolf: Schattenwechselkurse.* Tüb. 1980. - *Roth, J.: Der internat. Konjunkturzusammenhang bei flexiblen W.* Tüb. 1975.

Wechselkursfreigabe, Übergang von

festen Wechselkursen zum ↑ Floating. Eine W. ist erforderl., wenn der bisherige feste Wechselkurs durch Interventionen der Zentralbank nicht mehr oder nur noch mit unverhältnismäßig großem Einsatz an Währungsreserven innerhalb der zulässigen Bandbreiten zu halten ist.

Wechselnehmer ↑ Remittent.

Wechselnote (Nota cambiata), Bez. für die obere oder untere (dissonante) Nebennote eines Akkord- oder Melodietons, die auf unbetonter Zählzeit einsetzt und zum Ausgangston zurückkehrt.

Wechselprotest, öffentl. Beurkundung, insbes. der Verweigerung der Annahme oder der Zahlung eines ↑ Wechsels, auf der Rückseite des Wechsels oder auf einem mit dem Wechsel verbundenen Blatt *(Protesturkunde)*. Jeder W. muß durch einen Notar, einen Gerichtsbeamten oder (seltener) einen Postbeamten aufgenommen werden. Er muß innerhalb der Zahlungsfrist bzw. vor dem Verfalltag (= Tag der Fälligkeit) erfolgen. Man unterscheidet: den *Verweigerungsprotest*, wenn der Protestat die Zahlung oder Annahme verweigert; den *Windprotest*, wenn er nicht zu ermitteln war; den *Platzprotest*, wenn er nicht angetroffen wurde; den *Wandprotest*, wenn der Protestbeamte keinen Zutritt zu den Räumen des Protestaten erhielt.

Wechselprozeß ↑ Wechsel- und Scheckprozeß.

Wechselrecht, Gesamtheit der sich auf Wechselgeschäfte beziehenden gesetzl. Vorschriften. Die Notwendigkeit internat. einheitl. Vorschriften fand ihren ersten Niederschlag in der Haager Einheitl. Wechselordnung von 1912 und führte zur Genfer W.konferenz von 1930, in deren Gefolge die meisten europ. und südamerikan. Staaten sowie Japan das W. nahezu gleichlautend regelten. Großbrit. und die USA sind dem Abkommen nicht beigetreten.

Wechselregreß (Wechselrückgriff), der [Rückgriffs]anspruch des Inhabers eines ↑ Wechsels gegen sämtl. aus einer Wechselverbindlichkeit Verpflichtete, wenn der Wechsel am Verfalltag (= Tag der Fälligkeit) nicht bezahlt oder vom Bezogenen nicht angenommen worden ist. Der W. setzt die rechtzeitige Benachrichtigung des Vormannes und des Ausstellers sowie einen gültigen ↑ Wechselprotest voraus. Der Rückgriffsgläubiger kann einen einzelnen Wechselschuldner in Anspruch nehmen oder alle (sie haften dann als Gesamtschuldner).

Wechselreiterei, Austausch von ↑ Akzepten zw. finanzschwachen Partnern, ohne daß ein Grundgeschäft besteht. Die W. dient der Kreditschöpfung oder der Verdeckung der Zahlungsunfähigkeit. Einen Reitwechsel diskontieren zu lassen, erfüllt i. d. R. den Tatbestand des Betrugs.

Wechselrichter, heute meist elektron., häufig mit Thyristoren arbeitende Geräte zur Umwandlung von Gleichspannungen in Wechselspannungen. In sog. *Gleichspannungswandlern* wird diese Wechselspannung meist herauftransformiert und wieder gleichgerichtet. *Zerhacker* sind mechan., d. h. mit bewegten Kontakten arbeitende Wechselrichter.

Wechselrückgriff, svw. ↑ Wechselregreß.

Wechselschuldner, Aussteller und Akzeptant (Hauptschuldner) sowie sämtl. Indossanten eines Wechsels und der Wechselbürge. Die W. haften als Gesamtschuldner.

Wechselspannung, Schaltzeichen ∼, elektr. Spannung, deren Stärke (und Vorzeichen) sich period. mit der Zeit ändert. In der Technik werden meist sinusförmige W. verwendet; für ihren zeitl. Verlauf gilt: $U(t) = U_0 \cdot \sin \omega t$ ($U(t)$ Momentanwert zum Zeitpunkt t, ω Kreisfrequenz, U_0 *Scheitelspannung*). Unter dem Effektivwert einer W. *(Effektivspannung)* U_{eff} versteht man diejenige Spannung, die eine Gleichspannung haben müßte, um im selben Widerstand die gleiche Leistung umzusetzen wie die betrachtete Wechselspannung.

Wechselsprechen (Simplexbetrieb), in der Sprechfunktechnik eine Betriebsart, bei der jeweils nur in einer Richtung Sprachübertragung mögl. ist (im Ggs. zum Gegensprechen).

wechselständig ↑ Laubblatt.

Wechselsteuer, Verkehrsteuer auf im Inland umlaufende Wechsel. Steuerschuldner ist meist der Aussteller. Alle späteren Wechselinhaber haften. Die Steuer beträgt 0,15 DM für je angefangene 100 DM der Wechselsumme und wird durch Aufkleben und Entwerten von W.marken, die bei der Post verkauft werden, entrichtet.

Wechselstrom, Schaltzeichen ∼, elektr. Strom, dessen Stärke und Richtung sich period. mit der Zeit ändern. In der Technik werden meist sinusförmige W. verwendet; für ihren zeitl. Verlauf gilt: $I(t) = I_0 \sin \omega t$ ($I(t)$ Momentanwert zum Zeitpunkt t, I_0 Scheitelstromstärke, $\omega = 2\pi\nu = 2\pi/T$ mit Kreisfrequenz ω, Frequenz ν des W. und Periodendauer T). Entsprechend der ↑ Wechselspannung gilt für den Effektivwert I_{eff} des W.: $I_{\text{eff}} = I_0/\sqrt{2} \approx 0{,}707 \cdot I_0$. Bringt man einen [frequenzabhängigen] Widerstand (z. B. Induktivität, Kapazität) in einen Stromkreis, so geraten im allg. Strom und Spannung außer Phase. Bei rein induktivem Widerstand eilt die Spannung dem Strom um $\varphi = \pi/2 = 90°$ voraus, bei rein kapazitivem Widerstand eilt dagegen der Strom der Spannung um 90° voraus; $\cos \varphi$ wird als *Leistungsfaktor* bezeichnet. Der bei einer Phasenverschiebung von $\varphi = 90°$ fließende Strom ist der sog. *Blindstrom* (↑ auch Blindleistung). Der Gesamtwiderstand eines wechselstromdurchflossenen Strom-

Wechselstrommaschinen

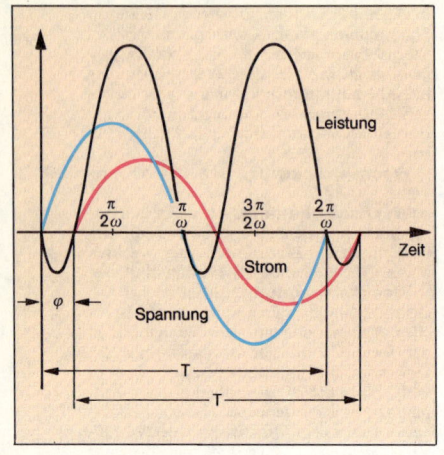

Wechselstrom.
Zeitlicher Verlauf von
Wechselstrom und Wechselspannung
(mit Phasenverschiebung φ
bei in Serie geschalteten
ohmschen, induktiven und
kapazitiven Widerständen)
sowie der resultierenden
elektrischen Leistung
(ω Kreisfrequenz,
$T = 2\pi/\omega$ Periodendauer)

kreises, die ↑Impedanz, setzt sich aus *Wirkwiderstand* (Resistanz) und *Blindwiderstand* (Reaktanz) zusammen (↑Wechselstromwiderstand). Wechselströme entstehen primär durch Induktion im elektr. Generator (↑Wechselstrommaschinen). Ihre Frequenz ist meist 50 Hz (Netzfrequenz), bei elektr. Bahnen auch $16^2/_3$ Hz. Durch Verkettung dreier, um je 120° phasenverschobener W. entsteht ein ↑Drehstrom.

Wechselstrommaschinen, rotierende elektr. Maschinen, die Wechsel- bzw. Drehstrom erzeugen (Generatoren) oder verbrauchen (Motoren). Die Umwandlung von mechan. in elektr. Energie oder umgekehrt erfolgt dadurch, daß in einer Spule, die sich in einem magnet. Wechselfeld befindet, eine elektr. Spannung induziert wird und daß bei Stromfluß eine Kraft auf sie ausgeübt wird. Im Prinzip können alle W. als Generator oder als Motor arbeiten. Sie bestehen aus einem feststehenden Teil, dem *Ständer (Stator)* und einem rotierenden Teil, dem *Läufer (Rotor)*, der sich meist innerhalb des Ständers befindet. Diese durch einen Luftspalt voneinander getrennten Teile tragen Wicklungen. Je nachdem, ob der Ständer oder der Läufer die Erregerwicklung trägt, die das magnet. Hauptfeld bildet, unterscheidet man *Außen-* bzw. *Innenpolmaschinen*. In der jeweils auf dem anderen Maschinenteil befindl. Ankerwicklung induziert das Hauptfeld eine Spannung, so daß bei Generatorbetrieb Wechsel- bzw. Drehstrom ins Netz geliefert, bei Motorbetrieb Strom aufgenommen wird, der den Läufer in Drehung versetzt. Die gebräuchlichsten Wechselstromgeneratoren sind *Synchrongeneratoren:* eine gleichstromerregte Polradwicklung (Stromzuführung über Schleifringe) rotiert an einer feststehenden, stromliefernden Ständerwicklung vorbei. Ordnet man 3, um 120° versetzte Ständerspulen an, wird Drehstrom erzeugt *(Drehstromgenerator)*. Bei direkter Wasserkühlung der Wicklungen (Hohlleiter) kann man mit Hochspannungsgeneratoren Leistungen über 1 500 MW bei Spannungen von 27 kV erreichen (98,5 % Wirkungsgrad). Der *Drehstromsynchronmotor* ist wie der Synchrongenerator aufgebaut: die drehstromgespeiste Ständerwicklung erzeugt ein Drehfeld, das das gleichstromerregte Polrad mitnimmt, allerdings erst bei Synchrondrehzahl, so daß ein Anlaßmotor erforderl.

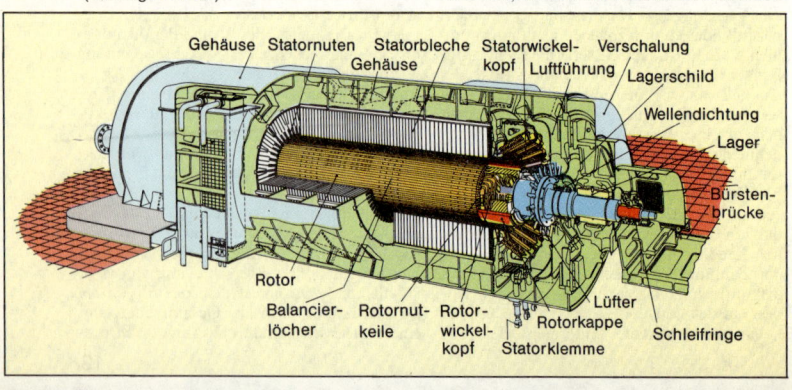

Wechselstrommaschinen.
Teilschematische Darstellung eines
durch Gas- oder Dampfturbinen
angetriebenen Drehstromgenerators
(Turbogenerator)

ist. Bei sehr kleinen Leistungen dient der *Synchronmotor* zum Antrieb von Uhren, Programmschaltwerken, Plattenspielern u. a. Der *Asynchronmotor (Induktionsmotor)* hat die gleiche drehfelderzeugende Ständerwicklung wie der Synchronmotor. Das Drehfeld (Drehzahl n_1) induziert in die Läuferwicklung Spannungen, die Kraftwirkung der daraus resultierenden Ströme treibt den Läufer bis zur Drehzahl n_2 an, die unter der Drehzahl des Ständerfeldes liegt, da bei gleicher Drehzahl keine Spannung mehr in den Läufer induziert wird. Das Verhältnis n_2/n_1 heißt *Schlupf*. Schaltet man [Anlaß-]Widerstände über Schleifringe in den Läuferkreis, kann man Strom und Drehmoment wesentl. ändern *(Schleifringläufermotor)*. Der *Käfigläufermotor* hat eine direkt kurzgeschlossene käfigartige Läuferwicklung und ist wegen seiner Einfachheit und Betriebsicherheit weit verbreitet. Ein nur mit Wechselspannung gespeister Asynchronmotor läuft nicht von selbst an; er hat neben seiner Arbeitswicklung eine Hilfswicklung (Kondensatormotor, Motor mit Widerstandshilfsphase, bei kleineren Leistungen Spaltpolmotor). Der *Wechselstromreihenschlußmotor* wird v. a. als *Bahnmotor* (bei $16^2/_3$ Hz) und als *Universalmotor* für schnellaufende Kleingeräte eingesetzt.

📖 Giersch, H. U., u. a.: *Elektrotechnik f. Fachschulen. Elektr. Maschinen. Stg. 1982.* - Fischer, Rolf: *Elektr. Maschinen. Mchn.* ²*1977.* - Müller, Germar: *Elektr. Maschinen. Bln.* ³⁻⁴*1977.* - 2 Bde. - Jordan, H., u. a.: *Asynchronmaschinen. Braunschweig 1975.*

Wechselstromtelegrafie ↑ Telegrafie.

Wechselstromwiderstand (komplexer Widerstand), der in einem Wechselstromkreis auftretende komplexwertige elektr. Widerstand, gegeben durch das von der Kreisfrequenz ω des Wechselstroms abhängige Verhältnis $Z = U/I$ von komplexer Wechselspannung U und komplexem Wechselstrom I. Bei einer Hintereinanderschaltung von ohmschem Widerstand R, Selbstinduktion L und Kapazität C gilt:

$$Z = R + iX = R + i\omega L + 1/(i\omega C),$$

dabei wird der durch den ohmschen Widerstand R allein festgelegte Realteil als Wirkwiderstand oder *Resistanz*, der Imaginärteil X als *Blindwiderstand* oder *Reaktanz* sowie $\sqrt{R^2 + X^2}$ als *Scheinwiderstand* bezeichnet; die Größen ωL und $1/\omega C$ werden *induktiver* bzw. *kapazitiver [Blind]widerstand* oder *Induktanz* bzw. *Kondensanz* (auch *Kapazitanz*) genannt.

Wechseltierchen, svw. ↑ Nacktamöben.

Wechsel- und Scheckprozeß, durch kürzere Fristen und Beschränkung der Beweismittel beschleunigtes Verfahren zur schnellen Durchsetzung der Wechsel- und Scheckansprüche. Der W.- u. S. ist eine bes. Form des Urkundenprozesses (↑ Urkunde).

Wechselwähler, in der Wahlforschung Bez. für einen Wähler, der seine Wahlabsichten ändert oder bei aufeinanderfolgenden Wahlen tatsächl. verschiedene Parteien wählt.

wechselwarm, svw. ↑ poikilotherm. - ↑ auch Kaltblüter.

Wechselwinkel ↑ Schnittwinkel.

Wechselwirkung, Bez. für die gegenseitige Beeinflussung zweier oder mehrerer Objekte oder Größen. Die zw. *physikal.* Objekten beobachteten W. lassen sich auf vier fundamentale W. (Kopplungen) zw. den Elementarteilchen zurückführen: 1. Die *starke Wechselwirkung,* deren Fundamentalprozeß der virtuelle Austausch eines Mesons zw. zwei Baryonen (z. B. Proton, Neutron) ist und die für die Kernkräfte verantwortl. ist. 2. Die *elektromagnet. W.* geladener Teilchen, deren Fundamentalprozeß der virtuelle Austausch eines Photons zw. zwei geladenen Teilchen ist. Allg. beherrscht die elektromagnet. W. die Vorgänge innerhalb der Atomhülle, deren W. mit dem Atomkern sowie diejenige zw. verschiedenen Atomen, Ionen und Molekülen. 3. Die *schwache Wechselwirkung,* deren Fundamentalprozeß im einfachsten Falle der Zerfall eines Neutrons in ein Proton, ein Elektron und ein Antineutrino ist und die u. a. den Betazerfall verursacht. 4. Die *Gravitations-W.,* die zw. allen Teilchen mit von Null verschiedener Masse besteht. Als Fundamentalprozeß wird der Austausch eines hypothet. Teilchens, des Gravitons, angenommen.

Wechselwirkungsgesetz ↑ Newtonsche Axiome.

Wechselwirtschaft, landw. Fruchtfolgesystem feuchtkühler Klimagebiete, bei dem mindestens 25% der Ackerfläche mit Gras und Klee eingesät sind. - ↑ auch Feld-Gras-Wirtschaft.

Wechsler, David [engl. 'wɛkslə], * Lespede (Rumänien) 12. Jan. 1896, † New York 2. Mai 1981, amerikan. Psychologe. - Entwickelte mit der *W. Bellevue Intelligence Scale* in den 1930er Jahren ein Verfahren der Intelligenzmessung, das sich aus einem sprachgebundenen und einem sprachfreien Teil mit jeweils fünf Untertests zusammensetzt.

Węck, Peter, * Wien 12. Aug. 1930, östr. Schauspieler, Regisseur, Theaterleiter. - Spielte Theater in München, Wien und Zürich; in Film und Fernsehen verkörperte er oft den jugendl. Liebhaber, führte Regie bei Film und Fernsehen (Serie „Ich heirate eine Familie"); übernahm 1983 die Leitung des Theaters an der Wien.

Weckamine (Weckmittel), stimulierende Kreislaufmittel mit stark erregender Wirkung auf das Zentralnervensystem (Psychoanaleptika), die chem. dem Adrenalin nahestehen; Beispiele: Amphetamin (Benzedrin®), Methamphetamin (Pervitin®). Mißbrauch der W. führt zu psych. und körperl. Abhängigkeit. Medizin. werden W. zur Behandlung der Narkolepsie und bestimmter Hypokinesien im Kindesalter verwendet. - ↑ auch Appetitzügler.

Wecker, Konstantin, * München 1. Juni 1947, dt. Liedermacher. - Seit Mitte der 1970er Jahre erfolgreich mit polit. Liedern (u. a. „Willy", „Genug ist nicht genug", „Totgeboren, aber nicht verloren") und Chansons.

Weckherlin, Georg Rudolf [...li:n], * Stuttgart 15. Sept. 1584, † London 13. Febr. 1653, dt. Lyriker. - 1620 Sekretär der Kanzlei Friedrichs V. von der Pfalz in London, Unterstaatssekretär, dann Parlamentssekretär in London. Frühbarocker Lyriker; schrieb Gelegenheitsgedichte und pathet. Gesellschaftslieder („Oden und Gesänge", 1618/19; „Geistl. und weltl. Gedichte", 1641).

Weckmann, Matthias, * Niederdorla (Landkr. Mühlhausen) 1621, † Hamburg 24. Febr. 1674, dt. Komponist und Organist. - Schüler von H. Schütz; übernahm 1655 das Organistenamt an Sankt Jacobi in Hamburg. Komponierte u. a. Orgelchoräle, Tokkaten, Kantaten.

Weckmittel, 1. svw. ↑ Analeptika; 2. svw. ↑ Weckamine.

Weckzentrum ↑ Schlafzentrum.

Weda (Veda; Mrz. Weden) [Sanskrit „Wissen"], älteste aus Indien in altertüml. Sanskrit in Versen und Prosa überlieferte und zu den hl. Schriften des Hinduismus zählende, die ↑ wedische Religion begründende Literatur. Der W. besteht aus den vier „Sammlungen" (**Samhita**) Rigweda, Jadschurweda, Samaweda und Atharwaweda und den sich an die Samhitas anschließenden Brahmanas, Aranjakas und Upanischaden. Der W. ist etwa 1200–600 v. Chr. entstanden und gilt den Indern als autoritative Tradition, da er auf die Schau der ↑ Rischis zurückgeht. Der W. beeinflußte, v. a. durch die **Wedangas,** die sechs Hilfsmittel zur traditionellen W.erklärung (Grammatik, Phonetik, Etymologie, Metrik, Ritual, Astronomie), nachhaltig die ind. Philosophie. Seine Autorität wurde erst durch den Buddhismus eingeschränkt.

📖 *Gonda, J.: Veda u. älterer Hinduismus. Stg.* ^{2}*1979. - Gonda, J.: Vedic literature. Wsb. 1975.*

Wedanta (Vedanta) [Sanskrit „Ende des Weda"], eines der sechs klass. Systeme der ind. Philosophie. Der W. lehrt, ausgehend von den Upanischaden und den Brahmasutras, in den verschiedenen Schulen einen mehr oder minder strengen Monismus, in dem allein das Brahman real ist, während der Erscheinungswelt auf Täuschung beruht. Der W. wurde von ↑ Ramanudscha geprägt.

Wedda, die Urbevölkerung Ceylons. Die rass. zu den Wedididen gehörenden, früher als Wildbeuter lebenden W. sind heute stark mit den Singhalesen (deren Sprache sie übernommen haben), z. T. auch mit den Tamilen vermischt.

Weddellmeer [eng. wedl], antarkt. Randmeer des Atlantiks, zw. der Antarkt. Halbinsel und Coatsland. 1823 von dem brit. Seefahrer J. Weddell (* 1787, † 1834) entdeckt.

Weddide, zum europiden Rassenkreis gehörende Menschenrasse; Menschen mit kleinem, grazilem und untersetztem Körper, mittelbrauner Haut, welligem schwarzem Haar, großem, rundl. und niedrigem Gesicht und herabgebogenem, dicklippigem Mund. Die W. sind in den Waldgebirgen Vorderindiens und den Außenzonen Hinterindiens, auf der Insel Ceylon sowie in östl. Randgebieten der indones. Inseln verbreitet.

Wedekind, Frank, * Hannover 24. Juli 1864, † München 9. März 1918, dt. Dramatiker, Lyriker und Erzähler. - Journalist, Mitarbeiter des „Simplicissimus", Dramaturg in München, Schauspieler in eigenen Stücken; 1899/1900 Festungshaft wegen Majestätsbeleidigung; 1901/02 Lautensänger und Rezitator im Kabarett „Die Elf Scharfrichter", ab 1902 in Wolzogens „Überbrettl"; 1905–08 Mgl. des Dt. Theaters in Berlin. Seine gegen alle Erstarrung des Bürgertums, bes. gegen dessen konventionelle Moral, gegen alle Behinderung eines freien, auch sexuell betonten Lebens gerichteten Dramen, deren Aufführungen durch Zensurverbote stark erschwert wurden, hatten eine bed. Wirkung auf die Weiterentwicklung des Dramas in der dt. Literatur; u. a. „Frühlings Erwachen" (1891), „Der Erdgeist" (1895, 1903 u. d. T. „Lulu"; Fortsetzung 1904 u. d. T. „Die Büchse der Pandora"), „Die Zensur" (1909). Seine Lyrik („Die vier Jahreszeiten", 1905), satir. Balladen und Chansons greifen ebenfalls das Spießbürgertum an und trugen damit zur Erneuerung der traditionellen Genres bei. - *Weitere Werke:* Totentanz (Dr., 1906), Bismarck (Dr., 1916), Die Kaiserin von Neufundland (Pantomime, Uraufführung 1979).

📖 *Schröder-Zebralla, J.: F. Wedekinds religiöser Sensualismus. Ffm. 1985. - Seehaus, G.: F. W. Rbk. 1981.*

Wedel, umgangssprachl. Bez. für die großen Fiederblätter der Farne und Palmen.
♦ wm. Bez. für den Schwanz des Schalenwilds (ausgenommen Schwarzwild).

Wedel (Holstein), Stadt an der Unterelbe, Schl.-H., 8–32 m ü. d. M., 30 300 E. Fachhochschule für physikal. Technik und Informatik; opt. und chem. Ind., Metallverarbeitung und Apparatebau, Erdölraffinerie; Jachthafen. - 1212 erstmals gen.; 1875 Stadtrecht.

Wedemeier, Klaus, * Hof (Saale) 12. Jan. 1944, dt. Politiker (SPD). Seit 1971 Abg. der Bremer Bürgerschaft, seit 1979 deren SPD-Fraktionsvors.; seit 18. Sept. 1985 Bürgermeister von Bremen und Präs. des Senats.

Wedgwood, Josiah [engl. 'wɛdʒwʊd], ≈ Burslem (Stafford) 12. Juli 1730, † Etruria (= Stoke-on-Trent-Etruria) 3. Jan. 1795, engl. Kunstkeramiker. - Gründete 1757 seine erste eigene Manufaktur, stellte seit etwa 1760 die sog. Cream-Ware (Queen's Ware) her, als

W.steinzeug eroberte sie den europ. Markt. Ferner schuf er u. a. schwarze Basaltware (mit Reliefs) und seit 1775 die porzellanartige, ebenfalls reliefverzierte *Jasperware* in verschiedenen kräftigen Farben. Stilist. gehört seine Produktion zum Klassizismus.

Wedgwood Benn, Anthony [Neil] [engl. 'wɛdʒwʊd 'bɛn] ↑ Benn, Anthony [Neil] Wedgwood.

Wedisch (wed. Sanskrit), die Sprache des Weda, die älteste bezeugte Form des zur indoar. Gruppe der indogerman. Sprachen gehörenden *Altindischen*; Grundlage des W. ist ein nordwestindoarischer Dialekt des Pandschab. Das W. läßt sich periodisieren in: 1. die Sprache des ältesten wed. Textes, des Rigweda; 2. die bereits weniger altertüml. Sprache des Atharwaweda und der Mantras der übrigen Weden; 3. die Sprache der wed. Prosastücke; 4. die der Brahmanas; 5. die „Spätwed." der Upanischaden und Wedangas. - ↑ auch indische Sprachen, ↑ Sanskrit.

wedische Religion (Wedismus, vedische R.), älteste, von den einwandernden indogerman. Ariern mitgebrachte, im ↑ Weda überlieferte Religion Indiens, die sich durch die Einbeziehung einheim. ind. Elemente weiterentwickelte. Ihr Pantheon kennt neben Naturgöttern wie Himmel (Djaus), Erde, Feuer (Agni), Wind (Waju), Sonne (Surja) oder Morgenröte (Uschas) auch eth. Gottheiten wie die Aditjas, Mitra und Waruna, der über das ↑ Rita und damit über die Ordnung der Welt wacht. Große Bed. kommt dem Kriegsgott ↑ Indra zu, der den Menschen erst durch die Befreiung von Kühen und Überschwemmungen das Leben ermöglicht. Göttinnen spielen kaum eine Rolle. Der Kult findet auf dem Opferplatz statt, Tempel sind unbekannt. Die Menschen laden die Götter zum Gastmahl, bringen ihnen Libationen ins hl. Feuer dar und genießen den Rauschtrank ↑ Soma. Nach dem Tod erhofft man sich im Jenseits eine Wiedervereinigung mit den Vorfahren; die Wiedergeburtslehre entwickelt sich erst in spätwed. Zeit (↑ Samsara). Die Toten werden verbrannt oder begraben; die Sitte der Witwenverbrennung gehört einer späteren Zeit an. In späteren Teilen des Weda, in den ↑ Upanischaden, leiten philosoph. Spekulationen über Götter und Welt den Übergang zum ↑ Hinduismus ein.

📖 *Oldenberg, H.: Die Religion des Veda.* Nachdr. Darmst. 1977.

Weenix, Jan, * Amsterdam 1640, □ ebd. 19. Sept. 1719, niederl. Maler. - Sohn von Jan Baptiste W.; schuf Jagdstilleben vor abendl. Parklandschaften (auch skulptierten röm. Steinvasen) in italianisierendem Kolorit.

W., Jan Baptiste, * Amsterdam 1621, † Huis ter Mey (bei Utrecht) vor dem 6. Okt. 1663, niederl. Maler. – Vater von Jan W.; 1642–47 in Rom. Delikat unter Betonung der Beleuchtungseffekte gemalte [Ruinen]landschaften,

Josiah Wedgwood, Teekanne (Jasperware)

volkstüml. Szenen, Strandbilder, Seehäfen mit antikisierenden Architekturen.

Weert, niederl. Stadt im östl. Kempenland, 39 500 E. Straßenbahnmuseum; metallverarbeitende, elektrotechn., Nahrungs-, Genußmittel- u. a. Ind. - Spätgot. Kirche Sint-Martinus (15./16. Jh.)

Weerth, Georg, * Detmold 17. Febr. 1822, † Havanna (Kuba) 30. Juli 1856, dt. Schriftsteller und Publizist. - Ab 1843 in einem engl. Textilunternehmen tätig, mit Engels und Marx befreundet, 1848/49 Feuilletonredakteur der „Neuen Rhein. Zeitung" in Köln; wurde wegen seiner dort veröffentlichten Satire auf das preuß. Junkertum „Leben und Taten des berühmten Ritters Schnapphahnski" (Buchausgabe 1849) zu 3 Monaten Gefängnis verurteilt; schrieb teils volksliedhaft-heitere, teils gesellschaftskrit. Lyrik.

Wega [arab.], der hellste Stern (α) im Sternbild Lyra (Leier), Entfernung 8 pc = 26 Lichtjahre.

Wegameisen (Lasius), Gatt. der Schuppenameisen mit mehreren einheim. Arten; Nester in Holz oder im Boden; ernähren sich v. a. von Honigtau der Blattläuse, die von den W. betreut werden. Die 3–5 mm (♂) lange **Schwarzgraue Wegameise** (Gartenameise, Lasius niger) ist die häufigste Ameisenart in M-Europa; Nest oft als bis 30 cm hoher Erdkuppelbau oder unter Steinen.

Wegener, Alfred, * Berlin 1. Nov. 1880, † Grönland Ende Nov. 1930, dt. Geophysiker und Meteorologe. - Prof. in Hamburg und Graz. W. entwickelte die Theorie der ↑ Kontinentalverschiebung (veröffentlicht 1912); er arbeitete außerdem v. a. über die Thermodynamik der Atmosphäre und die Entwicklung

Wegener

geophysikal. Instrumente; schrieb u. a. „Die Entstehung der Kontinente und Ozeane" (1915).

W., Paul, * Arnoldsdorf bei Wąbrzeźno (Woiwodschaft Toruń) 11. Dez. 1874, † Berlin 13. Sept. 1948, dt. Schauspieler und Filmregisseur. - 1906–20 Schauspieler am Dt. Theater in Berlin unter M. Reinhardt; spielte ab 1913 („Der Student von Prag") in Filmen, für die er oft auch als [Mit]regisseur und Autor tätig war, u. a. „Der Golem" (1914), „Der Rattenfänger von Hameln" (1918), „Alraune" (1927), „Die Weber" (1927); später Schauspieler des nationalsozialist. Films (u. a. „Der große König", 1942, und „Kolberg", 1945).

Wegerecht ↑ Straßen- und Wegerecht.

Wegerich (Plantago), fast weltweit verbreitete Gatt. der W.gewächse mit über 250 Arten; Kräuter oder Halbsträucher mit parallelnervigen, oft in Rosetten stehenden Blättern und unscheinbaren Blüten in Köpfchen oder Ähren. Von den acht einheim. Arten sind am häufigsten der in Trittflur- und Schuttunkrautgesellschaften vorkommende, ausdauernde **Große Wegerich** (Breit-W., Plantago major) mit einer Rosette aus langgestielten, breiteiförmigen, stark längsnervigen Blättern und bräunl. Blüten in langen Ähren, und der 5–50 cm hohe **Spitzwegerich** (Plantago lanceolata); mit Rosetten aus lanzettlinealförmigen 10–30 cm langen Blättern; Blüten klein, in dichter Ähre; in Fettwiesen und an Wegrändern.

Wegerichgewächse (Plantaginaceae), Fam. der Zweikeimblättrigen mit über 250 fast weltweit verbreiteten Arten in drei Gatt.; einjährige oder ausdauernde Kräuter sowie Halbsträucher mit unscheinbaren Blüten; wichtigste Gatt. ist ↑ Wegerich.

Weggis, heilklimat. Kurort im schweizer. Kt. Luzern, am Vierwaldstätter See, 444 m ü. d. M., 2 400 E.

Weglänge, ([mittlere] freie W.) wichtiger Begriff der kinet. Gastheorie und der Teilchenphysik. Unter W. versteht man diejenige Strecke, die ein Teilchen im Mittel zw. zwei aufeinanderfolgenden Zusammenstößen mit anderen Teilchen zurücklegt. In Luft unter Normalbedingungen beträgt die freie W. etwa 10^{-5} cm.

♦ ↑ optische Weglänge.

Weglaßprobe (Abstrichmethode), Verfahren in der Sprachwiss., das zur Erfassung der Grundformen der Sätze führt; durch das Wegstreichen aller für den Satz nicht unbedingt erforderl. Glieder wird der Satz auf ein Minimum an Gliedern zurückgeführt, die das Satzgerüst bilden.

Wegmesser (Hodometer, Wegstreckenzähler), mit einem Rollen- oder Zeigerzählwerk gekoppelte Vorrichtung, mit der man die Länge eines u. a. beim Gehen oder Fahren zurückgelegten Weges messen kann. Die Messung erfolgt meist durch Abrollen eines Rades von bekanntem Umfang, Registrieren der Anzahl der Radumdrehungen und Anzeige der Weglänge in km (Prinzip des Kilometerzählers in einem Kfz.). Beim *Schrittzähler (Pedometer)*, ein kleines Gerät in Taschenuhrform, werden die Erschütterungen beim Gehen auf das Zählwerk übertragen.

Wegnahmerecht (Jus tollendi), Recht des zur Herausgabe Verpflichteten (z. B. Mieter), eine Einrichtung, mit der er eine Sache versehen hat, wegzunehmen, sobald er die Sache (z. B. dem Vermieter) herausgeben muß (z. B. Badezimmereinrichtung in Wohnung).

Wegner, Armin T[heophil], Pseud. Johannes Selbdritt, * Elberfeld (= Wuppertal) 16. Okt. 1886, † Rom 17. Mai 1978, dt. Schriftsteller. - Pazifist, dann Kommunist. Wegen seines persönlich an Hitler gerichteten Protests gegen die Judenverfolgungen 1933/34 im KZ; danach Emigration über England nach Italien. Schrieb Gedichte, Erzählungen, Romane („Das Geständnis", 1922), Reisebücher, Hörspiele sowie Essays, Aufrufe und Manifeste, in denen er sich für Gerechtigkeit und Freiheit einsetzte.

W., Bettina, * Berlin 4. Nov. 1947, dt. Liedermacherin, Chansonsängerin. - Beschreibt in ihren Liedern Kriegsängste, Frauenprobleme in Ost und West. 1981 kam sie nach Auftrittsverboten in der DDR in die BR Deutschland.

Wegorzewo [poln. vɛŋɡɔˈʒɛvɔ] ↑ Angerburg.

Wegschnecken (Arionidae), Fam. 2–15 cm langer Nacktschnecken mit 6 einheim. Arten (zusammengefaßt in der Gatt. *Arion*), v. a. in Gärten und Wäldern; unterscheiden sich von den äußerl. sehr ähnl. ↑ Egelschnecken dadurch, daß ihre auf der rechten Körperseite gelegene Atemöffnung vor der Mitte des Mantelschilds liegt; ernähren sich vorwiegend von Pflanzenblättern und Pilzen. - Zu den W. gehören u. a. die 10–13 cm lange *Schwarze Wegschnecke* (Arion ater) und die bis 15 cm lange *Rote Wegschnecke* (Arion rufus).

Wegwarte (Zichorie, Cichorium), Gatt. der Korbblütler mit 8 Arten in Europa und im Mittelmeergebiet. Die bekannteste Art ist die **Gemeine Wegwarte** (Kaffeezichorie, Cichorium intybus), eine an Wegrändern häufig vorkommende, 30–130 cm hohe Staude mit schrotsägeförmigen Grundblättern, lanzettförmigen oberen Stengelblättern und meist hellblauen Zungenblüten. Sie wird in zwei Kulturvarietäten angebaut: als ↑ Salatzichorie und als *Wurzelzichorie*, deren Wurzel geröstet als Kaffee-Ersatz verwendet wird. Eine Sorte der Wurzelzichorie ist der *Radicchio*, dessen rote Blätter roh als Salat gegessen werden.

Wegwespen (Psammocharidae), mit rd. 3 000 Arten weltweit verbreitete Fam. der Hautflügler (Unterordnung Stechimmen), davon rd. 100 Arten einheim.; 1–1,5 cm (trop. Arten bis 6 cm) lang, schwarz mit meist roter

Zeichnung, langbeinig, sehr flink; einzelnlebende Spinnenjäger; auf Wegen.

Wegzehrung (Viatikum), in der kath. Kirche Bez. für die den Sterbenden gereichte letzte Kommunion.

Wehen ↑ Geburt.

Wehlau (russ. Snamensk), ostpreuß. Ort an der Mündung der Alle in den Pregel, UdSSR▾, hatte 1939 8 500 E. - 1336 an der Stelle einer Befestigung der Pruzzen gegr.; zeitweilig bed. Handelsstadt mit berühmter Lateinschule (gegr. 1537). - Pfarrkirche (1360–1400); Rathaus mit Staffelgiebeln (1380–82, mehrfach umgebaut); sog. Haus des Witold (um 1350–60).

Herbert Wehner (1974)

Wehner, Herbert, * Dresden 11. Juli 1906, dt. Politiker. - Trat 1927 der KPD bei und wurde 1929 Sekretär der Revolutionären Gewerkschaftsopposition; in Sachsen ab 1930 stellv. Sekretär der KPD, 1930/31 MdL und stellv. Fraktionsvors.; ab 1932 als „Techn. Sekretär" des Politbüros enger Mitarbeiter Thälmanns, arbeitete 1933–35 für die verbotene KPD in Deutschland, danach v. a. im westl. Ausland; ab 1937 in Moskau von der Komintern tätig; 1941 nach Schweden zur Überprüfung dt. Kommunisten entsandt, 1942 dort wegen „Gefährdung der schwed. Freiheit und Neutralität" zu 1 Jahr Haft verurteilt; wurde aus der KPD ausgeschlossen und vollzog den Bruch mit dem Kommunismus, ehe er 1946 nach Deutschland zurückkehrte; trat 1946 der SPD bei, gehörte bald zum engsten Kreis um K. Schumacher; seit 1949 MdB, 1949–66 Vors. des Bundestagsausschusses für gesamtdt. und Berliner Fragen, 1958–73 stellv. Parteivors., 1966–69 Bundesmin. für gesamtdt. Fragen, 1969–83 Vors. der SPD-Bundestagsfraktion. Als einflußreicher, spätestens seit Ende der 1950er Jahre maßgebl. Politiker für die Strategie der SPD betrieb er deren Umwandlung in eine linke Volkspartei und setzte schließl. die grundsätzl. Zustimmung seiner Partei zu Adenauers NATO- und Europapolitik (1960) durch. Die von ihm angestrebte große Koalition zw. CDU/CSU und SPD (1966–69) sollte der Öffentlichkeit die Reg.fähigkeit der SPD vor Augen führen. Seit 1969 förderte W. maßgebl. die neue Ostpolitik der sozialliberalen Koalition. - † 19. Jan. 1990.

Wehrbeauftragter, nach dem Vorbild des schwed. Ombudsman zum Schutz der Grundrechte der Soldaten und als Hilfsorgan des Bundestages bei der Ausübung der parlamentar. Kontrolle über die Bundeswehr vom Bundestag auf 5 Jahre gewählter Beauftragter (Art. 45 GG); erstattet dem Bundestag Berichte über Einzelfälle, in denen er u. a. auf Grund von Beschwerden von Soldaten tätig wurde, sowie einen jährl. Gesamtbericht; kann vom Bundesmin. für Verteidigung und allen militär. Dienststellen Auskunft und Akteneinsicht verlangen und alle Einheiten und Dienststellen unangemeldet aufsuchen.

Wehrbeschwerdeordnung, Abk. WBO, gesetzl. Regelung des dem Soldaten nach § 34 Soldatengesetz zustehenden Beschwerderechts. Der Soldat, der glaubt, von Vorgesetzten oder von Dienststellen der Bundeswehr unrichtig behandelt oder durch pflichtwidriges Verhalten von Kameraden verletzt worden zu sein, kann beim nächsthöheren Disziplinarvorgesetzten schriftl. oder mündl. Beschwerde einlegen und damit das förml. *Wehrbeschwerdeverfahren* einleiten. - Unabhängig von der WBO hat jeder Soldat das Recht, sich unmittelbar an den Wehrbeauftragten zu wenden.

Wehrbeschwerderecht, das in der ↑ Wehrbeschwerdeordnung geregelte Recht des Soldaten, sich zu beschweren.

Wehrdienst, auf Grund der ↑ Wehrpflicht zu leistender Dienst des Soldaten *(Militärdienst),* umfaßt den Grund-W., den W. in der Verfügungsbereitschaft, Wehrübungen und im Verteidigungsfall den unbefristeten W. Mit Beginn des W. unterliegt der Wehrpflichtige den wehrrechtl. Bestimmungen, insbes. dem Soldatengesetz. Der **Grundwehrdienst** dauert 15 Monate (soll ab 1. Juni 1992 auf 18 Monate verlängert werden) und beginnt i. d. R. in dem Kalendermonat, in dem der Wehrpflichtige das 19. Lebensjahr vollendet hat. Nach Vollendung des 28. Lebensjahres kann der Wehrpflichtige nicht mehr zum Grund-W. herangezogen werden (Ausnahme: Abiturienten, die Medizin/Zahnmedizin, z. T. auch Pharmazie/Veterinärmedizin studieren, können bis zur Vollendung des 32. Lebensjahres einberufen werden). Im Anschluß an den Grund-W. oder an die Beendigung eines Dienstverhältnisses als Soldat auf Zeit kann der Bundesmin. der Verteidigung einen 12monatigen **Wehrdienst in der Verfügungsbereitschaft** anordnen, während dessen der Wehrpflichtige jederzeit durch die Wehrersatzbehörde erreichbar sein muß. **Wehrübungen,** die vom Wehrpflichtigen nach

Wehrdienstentziehung

Beendigung des Grund-W. zu leisten sind und der weiteren militär. Ausbildung dienen sollen, dauern i. d. R. 2 Wochen, höchstens 3 Monate; maximal beträgt die vom einzelnen insgesamt zu leistende Gesamtdauer der Wehrübung bei Mannschaften 9, bei Unteroffizieren 15, bei Offizieren 18 Monate. - Zeiten eigenmächtiger oder schuldhafter Abwesenheit vom W. sowie Zeiten der Verbüßung einer Freiheitsstrafe von mehr als 30 Tagen sind nachzudienen. - *Vom W. ausgenommen* sind körperl. oder geistig W.unfähige und Entmündigte sowie wegen eines Verbrechens zu einer Freiheitsstrafe von mindestens 1 Jahr oder wegen eines Staatsschutzdelikts zu einer Strafe von 6 Monaten oder mehr Verurteilte, ferner Vorbestrafte, denen die Fähigkeit zur Bekleidung öffentl. Ämter abgesprochen wurde. *Vom W. befreit* sind [ordinierte] Geistliche, Schwerbeschädigte und Spätheimkehrer; auf Antrag zu befreien sind Wehrpflichtige, die sämtl. Brüder (falls keine Brüder vorhanden waren, sämtl. Schwestern) oder den einzig lebender Sohn Vater und/oder Mutter durch Krieg verloren haben. *Vom W. freigestellt* werden Wehrpflichtige, die sich auf mindestens 10 Jahre als Helfer im Zivil- oder Katastrophenschutz oder zur Leistung eines mindestens 2jährigen Entwicklungsdienstes verpflichtet haben. *Nicht zum W.* herangezogen werden als Kriegsdienstverweigerer anerkannte Wehrpflichtige und solche, die mindestens 2 Jahre im Vollzugsdienst des Bundesgrenzschutzes oder 3 Jahre im sonstigen Vollzugsdienst der Polizei gedient haben. Ein zeitweiliger Aufschub der Heranziehung zum W. ist die Zurückstellung vom Wehrdienst. Sie erfolgt: 1. *von Amts wegen,* wenn der Wehrpflichtige a) vorübergehend nicht wehrdienstfähig ist, b) eine Freiheitsstrafe verbüßt bzw. in einer Anstalt (z. B. Entziehungsanstalt) untergebracht ist, c) unter vorläufige Vormundschaft gestellt ist oder d) zum Bundes- oder Landtag kandidiert; 2. *auf Antrag,* wenn der Wehrpflichtige a) sich auf das geistl. Amt vorbereitet oder b) die Heranziehung zum Wehrdienst für ihn aus persönl., insbes. häusl., wirtschaftl. oder berufl. Gründen eine bes. Härte bedeuten würde (z. B. die Versorgung hilfsbedürftiger Angehöriger gefährdet oder ein bereits weitgehend geförderter Ausbildungsabschnitt unterbrochen würde).

In *Österreich* umfaßt der W. den 6monatigen Grund-W. sowie Wehrübungen, die maximal 2 Monate dauern und zu denen Soldaten und Unteroffiziere bis zum 35., Offiziere bis zum 50. Lebensjahr verpflichtet sind. In der *Schweiz* besteht der W. aus einer 17wöchigen Grundausbildung und dann aus bis zum 50. (bei Offizieren bis zum 55.) Lebensjahr abzuleistenden, 12–13 in der Dauer gestaffelten Wiederholungskursen, so daß eine Gesamtdienstzeit von etwa 1 Jahr erreicht wird.

Wehrdienstentziehung, die vorsätzl. Hinderung an der Erfüllung der Wehrpflicht durch Selbstverstümmelung oder arglistige, auf Täuschung berechnete Machenschaften. Für Soldaten nach dem Wehrstrafgesetz (§§ 17, 18), für Nichtsoldaten nach dem StGB (§§ 109, 109a) mit Freiheitsstrafe [bis zu fünf Jahren oder mit Geldstrafe] bedroht.

Wehrdienstgerichtsbarkeit, Gerichtsbarkeit des Bundes zur Entscheidung über Disziplinarvergehen von Soldaten nach der Wehrdisziplinarordnung und über Beschwerden von Soldaten nach der Wehrbeschwerdeordnung. Die *Wehrdienstgerichte* gliedern sich in *Truppendienstgerichte* (in Münster, Koblenz und Ulm), die in der Hauptverhandlung mit einem Richter als Vorsitzendem und zwei ehrenamtl. Richtern (der eine aus der Dienstgradgruppe des Soldaten, der andere im Dienstgrad über dem Soldaten) besetzt sind, und die beim Bundesverwaltungsgericht als Berufungs- und Beschwerdeinstanz gegen Beschlüsse und Urteile des Truppendienstgerichts gebildeten *Wehrdienstsenate* (Sitz München), die in der Besetzung von drei Richtern und zwei ehrenamtl. Richtern entscheiden.

Wehrdienstverhältnis, das bes. Dienst- und Treueverhältnis des Soldaten, das durch die Einberufung zum ↑Wehrdienst oder die Ernennung zum Berufssoldaten oder Soldaten auf Zeit begründet wird. Das W. ist gegenseitiges Treueverhältnis zw. Staat und Soldaten.

Wehrdienstverweigerung ↑Kriegsdienstverweigerung.

Wehrdisziplinaranwälte, bei den Truppendienstgerichten vom Bundesmin. der Verteidigung bestellte Beamte mit der Befähigung zum Richteramt. Ihnen obliegt die Vertretung der das *Wehrdisziplinarverfahren* (Verfahren zur Aufklärung und Ahndung von Dienstvergehen der Soldaten) einleitenden Behörden (höherer Vorgesetzter bzw. der Bundesmin. für Verteidigung) und die Vollstreckung von Wehrdisziplinarmaßnahmen.

Wehrdisziplinarordnung, Abk. WDO, gesetzl. Regelung über die Würdigung bes. Leistungen durch förml. Anerkennung und insbes. die Ahndung von Dienstvergehen durch Disziplinarmaßnahmen von Soldaten. - ↑Wehrdisziplinarrecht.

Wehrdisziplinarrecht, die rechtl. Bestimmungen, die die Dienstvergehen eines Soldaten nach dem Soldatengesetz und die Durchführung der Wehrdisziplinarverfahren nach der Wehrdisziplinarordnung regeln. Der Disziplinarvorgesetzte verhängt die *einfachen Disziplinarmaßnahmen:* Verweis, Disziplinarbuße, Ausgangsbeschränkung und Disziplinararrest; der Soldat kann dagegen nach der ↑Wehrbeschwerdeordnung Beschwerde (Disziplinarbeschwerde) einlegen, die die Vollstreckung der Disziplinarmaßnahmen hemmt. Die Wehrdienstgerichte (↑Wehr-

Wehrersatzwesen

dienstgerichtsbarkeit) verhängen die *gerichtl. Disziplinarmaßnahmen:* Gehaltskürzung, Beförderungsverbot, Dienstgradherabsetzung, Entfernung aus dem Dienstverhältnis, Kürzung und Aberkennung des Ruhegehalts; sie können auch einfache Disziplinarmaßnahmen verhängen. Gegen das in nichtöffentl. Hauptverhandlung ergehende Urteil sind Beschwerde bzw. Berufung an das Bundesverwaltungsgericht zulässig. - ↑ auch Wehrstrafrecht.

Das *östr.* Heeresdisziplinargesetz unterscheidet Ordnungsstrafen (entsprechen den einfachen Disziplinarmaßnahmen) und Disziplinarstrafen (entsprechen im wesentl. den gerichtlichen Disziplinarmaßnahmen). In der *Schweiz* sind die Bestimmungen des W. im Militärstrafgesetz enthalten. Als Disziplinarstrafen sind vorgesehen: Verweis, einfacher und scharfer Arrest sowie Geldbuße.

Wehrdörfer, Siedlungstyp in Israel, ↑ Nachal.

Wehre, in ein Flußbett quer eingebaute Sperrenbauwerke, die v. a. der Erhöhung des natürl. Wasserspiegels dienen. Man unterscheidet zw. festen W. (W. mit unbewegl. Wehrkörpern), bei denen eine gezielte oder willkürl. Beeinflussung des Stauspiegels nicht oder nur begrenzt mögl. ist (z. B. *Überfall-W.* und *Heber-W.*), und beweglichen W., bei denen einzelne Wehrfelder ganz oder teilweise freigegeben und somit Stauspiegel und Durchfluß reguliert werden können (z. B. *Staubalkenwehre*). Nach der Art der bewegl. Wehrverschlüsse unterscheidet man W. mit Schützen, Klappen-, Sektor-, Segment- und Walzenwehre. Die Verschlüsse werden heute meist aus Stahl mit Gummidichtungen hergestellt, die Antriebsarten reichen vom Hand- bis zum hydraul. Antrieb.

Wehrersatzwesen, die Heranziehung der Wehrpflichtigen zum Wehrdienst und die Überwachung der Reservisten durch Behörden der Bundeswehrverwaltung. Die Aufgaben des W. werden wahrgenommen vom **Bundeswehrverwaltungsamt,** als zentraler Fachaufsichtsbehörde und den **Wehrbereichsverwaltungen** (als Bundesmittelbehörden) mit nachgeordneten Behörden (Kreiswehrersatz-

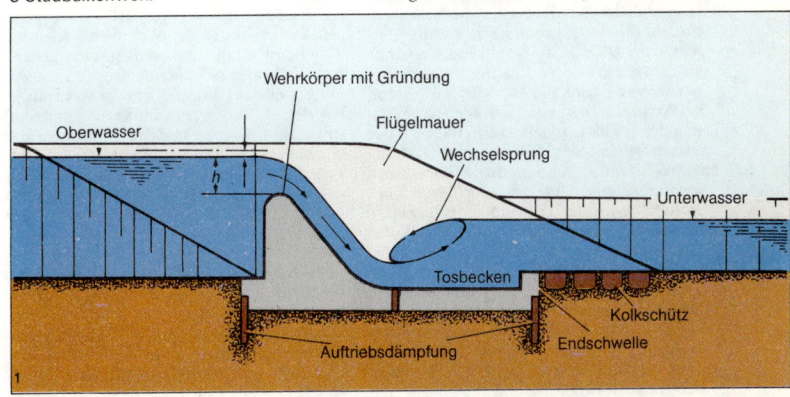

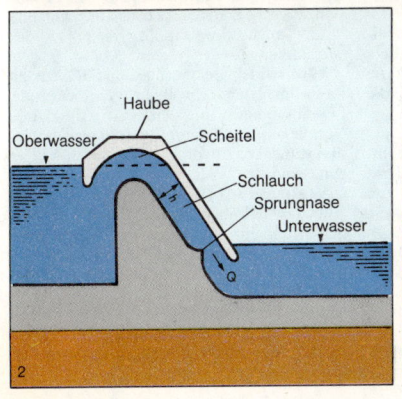

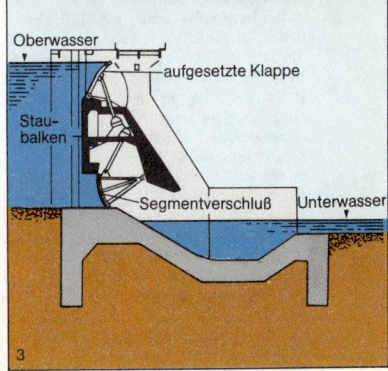

Wehre. 1 Überfallwehr, 2 Heberwehr, 3 Staubalkenwehr

ämter, Standortverwaltungen u. a.). Die **Kreiswehrersatzämter** als für den personellen Bedarf der Streitkräfte zuständige Behörden mustern die Wehrpflichtigen und stellen ihre Verwendungseignung fest. Die **Standortverwaltungen** sind zuständig für die verwaltungsmäßige und wirtsch.-soziale Betreuung sämtl. in ihrem Bereich gelegenen Truppenteile und Dienststellen der Bundeswehr.

Wehrkirche, ein zur Verteidigung eingerichtetes Gotteshaus mit einem Chorturm als wehrhaftem Kern, z. T. von einem Wehrfriedhof umgeben. Die W. wurde nicht selten zur **Kirchenburg** (*Kirchenkastell*) mit Wehrgang und Zwinger sowie Bauten zur Vorratshaltung; Torturm. Die gesamte christl. Welt kannte Formen der W., Schwerpunkte waren S-Frankr. (heute noch 350 W. aus der Zeit der Religionskriege) und Siebenbürgen (etwa 150 W.; wegen der Bedrohung durch den Islam). In der Steiermark, Kärnten oder N-Europa v. a. Rundkirchen.

Wehrkraftzersetzung, eine Tätigkeit, die geeignet ist, die Bereitschaft der Bevölkerung zur Unterstützung der Landesverteidigung zu schwächen und dadurch die Bundeswehr in ihren Aufgaben zu beeinträchtigen; wird als Störpropaganda gegen die Bundeswehr nach § 109d StGB mit Freiheitsstrafe von 3 Monaten bis zu 5 Jahren bestraft. In *Österreich* wird die W. vom Tatbestand der Wehrmittelsabotage und der Herbeiführung der Dienstuntauglichkeit erfaßt. In der *Schweiz* gelten als W. Sabotage, Schwächung der Wehrkraft durch fremden Militärdienst, Verstümmelung, Untergrabung der militär. Disziplin sowie der Dienstpflichtbetrug.

Wehrli, Johann Jakob, *Eschikofen (Thurgau) 6. Nov. 1790, †Guggenbühl bei Kreuzlingen 15. März 1855, schweizer. Pädagoge. - 1810-33 Leiter der von P. E. von Fellenberg gegr. Armenerziehungsanstalt in Hofwil, 1833-53 des Lehrerseminars in Kreuzlingen; W. verband die Erziehung der Kinder mit der Anleitung zu prakt. Tätigkeit. Nach dem Hofwiler Vorbild entstanden weitere Armenerziehungsanstalten.

Wehrmacht, amtl. Bez. für die Streitkräfte des Dt. Reichs seit 1935, als durch Gesetz die allg. Wehrpflicht eingeführt wurde. Die Bez. W. wurde vorher auch schon für die Reichswehr verwendet. Oberster Befehlshaber der W. war A. Hitler, Oberbefehlshaber der W. Reichskriegsmin. W. von Blomberg (1935-38); Oberbefehlshaber des Heeres waren W. von Fritsch (1935-38), W. von Brauchitsch (1938-41) und Hitler (1941-45), Oberbefehlshaber der Kriegsmarine E. Raeder (1935-43) und K. Dönitz (1943-45), Oberbefehlshaber der Luftwaffe war der Reichsmin. der Luftfahrt H. Göring (1935-45). Am 4. Febr. 1938 übernahm Hitler die Befehlsgewalt über die W. unmittelbar. Als sein militär. Stab wurde das als Koordinationsinstrument letztl. wenig effektive Oberkommando der W. (OKW) unter W. Keitel neu geschaffen. Dadurch wurde die W., die sich schon vorher auf Grund übereinstimmender Interessen (Aufrüstung, starker Staat) dem NS-Regime angepaßt hatte, vollends zum Instrument der aggressiven Expansionspolitik. Für den Weltkrieg, in den Hitlers Politik führte, war sie nicht gerüstet. Im Verhältnis zum raschen Ausbau der urspr. Reichswehrkader (1939: Heer 2,6 Mill., Luftwaffe 0,4 Mill., Marine 50 000 Mann; 1944: Heer 6,5 Mill., Luftwaffe 1,5 Mill., Marine 0,8 Mill. Mann) blieben die Rüstungskapazitäten und die wehrwirtsch. Basis unzureichend.

Wehrpaß, öffentl. Urkunde zum Nachweis des militär. Werdegangs eines Wehrpflichtigen (wird in der Bundeswehr seit Einführung der EDV nicht mehr ausgegeben).

Wehrpflicht, die Verpflichtung jedes wehrfähigen Bürgers, Wehrdienst zu leisten, um gegebenenfalls mit seiner Person für die Verteidigung des Staates eintreten zu können. In der BR Deutschland besteht die allg. W., d. h., alle dt. Männer vom vollendeten 18. Lebensjahr an sind wehrpflichtig. Die W. ist im Wehrpflichtgesetz vom 21. 7. 1956 geregelt; sie wird durch den Wehrdienst oder den Zivildienst erfüllt und umfaßt verschiedene Nebenpflichten (u. a. Meldepflicht). Sie endet mit Ablauf des Jahres, in dem der Wehrpflichtige das 45. Lebensjahr, im Verteidigungsfall sowie bei Offizieren und Unteroffizieren das 60. Lebensjahr, bei Berufssoldaten das 65. Lebensjahr vollendet. In Berlin (West) gilt das W.gesetz nicht; wer dort seinen dauernden Aufenthalt hat, unterliegt nicht der Wehrpflicht.

In *Österreich* besteht allg. W. für die männl. Staatsbürger zw. dem 18. und 21. Lebensjahr Präsenzdienstpflicht nur bis zum 35. Lebensjahr. - ↑auch Österreich (polit. System [Landesverteidigung]). In der *Schweiz* besteht gleichfalls die allg. W. (Art. 18 BV); sie dauert vom Anfang des Jahres, in dem das 20. bis zum Ende des Jahres, in dem das 50. (bei Offizieren das 55.) Lebensjahr vollendet wird. - ↑auch Schweiz (polit. System [Landesverteidigung]).

Wehrsold, Geldbezüge von Soldaten, die im Rahmen der Wehrpflicht Wehrdienst oder [Wehr]übungen ableisten, ergänzt durch freie Verpflegung und Unterkunft, Dienstbekleidung und Heilfürsorge sowie durch Entlassungsgeld.

Wehrsteuer (Wehrbeitrag), 1. bereits im Altertum erhobene außerordentl. Vermögenssteuer zur Rüstungs- und Kriegsfinanzierung; 2. Abgabe von Wehrpflichtigen, die ihre Dienstpflicht nicht ableisten: Im Dt. Reich 1937-41, in der Schweiz bis heute als Militärpflichtersatzabgabe erhoben.

Wehrstrafgerichte, die zum Geschäftsbereich des Bundesjustizmin. gehörenden, nach Art. 96 GG im Verteidigungsfall zur Strafgerichtsbarkeit vorgesehenen Militärgerichte (Bundesgerichte).

Wehrstrafrecht, die im WehrstrafG (löste 1957 das bis 1946 geltende Militärstrafgesetzbuch für das *Militärstrafrecht* ab) i. d. F. vom 24. 5. 1974 normierten bes. strafrechtl. Regelungen für Straftaten der Bundeswehrsoldaten, der militär. Vorgesetzten, die nicht Soldaten sind, sowie ziviler Anstifter oder Gehilfen. Das W. enthält die vom Allg. Teil des StGB abweichenden Rechtsgrundsätze (z. B. über die Verbindlichkeit eines Befehls) sowie Bestimmungen über ↑ militärische Straftaten. Das WehrstrafG wird ergänzt durch entsprechende Strafbestimmungen für Nichtsoldaten in den §§ 109 ff. StGB.
Das *östr.* und *schweizer.* W. unterliegt ebenfalls bes. gesetzl. Regelungen; sie entsprechen im wesentl. denen des dt. Rechts.

Wehrüberwachung, den Wehrersatzbehörden obliegende Aufgabe der Überwachung jedes einzelnen Wehrpflichtigen, um dessen Verfügbarkeit oder Art des Einsatzes bei Eintritt des Verteidigungsfalles oder auch schon in Spannungszeiten, d. h. dessen kriegsmäßige Einsatzbereitschaft, sicherzustellen.

Wehrübung ↑ Wehrdienst.

Wehrvögel (Anhimidae), Fam. bis 90 cm langer, insd. hochbeiniger, gut fliegender und schwimmender Vögel (Ordnung Gänsevögel) mit drei Arten, v. a. an Süßgewässern und in Sümpfen S-Amerikas; haben am Flügelbug je zwei spitze, wehrhafte Sporne; brüten in Bodennestern. Zu den W. gehört u. a. der **Tschaja** (Chauna torquata; Oberseite grau mit schwarzem Hals, weißl. Kopf, gelbem Schnabel und roter Augenumgebung; Unterseite weißl. und grau).

Weiblichkeit, die den Angehörigen des weibl. Geschlechts zugeschriebenen körperl. und seel.-geistigen Eigenschaften (↑ auch Frau).

Weichbild [vermutl. zu mittelhochdt. wîch „Stadt" und bilde „Bild; Kreuz zur Bez. der Grenze des Stadtgebiets" oder zu bilidi „Recht"], im ma. Rechtsgebrauch der Ort, an dem Stadtrecht galt (im Ggs. zum Landrecht); heute im Sinne von Einzugsbereich, Bannmeile; städt. Siedlungsgebiet.

Weichbofiste (Weichboviste, Lycoperdales), Ordnung der Ständerpilze (Unterklasse Bauchpilze) mit keulig-knollenförmigen Fruchtkörpern, die jung weich-schwammig sind; rd. 200 Arten in den Gatt. Stäublinge, Bofist und Erdstern.

Weiche ↑ Eisenbahn (Gleisanlagen).

Weichen, Bez. für zwei Regionen beiderseits am Bauch von Säugetieren: den seitl. der Nabelgegend und medial der (vom Knie zum Bauch ziehenden) Kniefalte gelegene Körperseite und die weiche Bauchgegend längs des Rippenbogens.

weicher Schanker ↑ Schanker.

Weicher Stil (Schöner Stil, internat. Stil, internat. Gotik), etwa 1390–1430 in Europa dominierende Stilrichtung mit Vorliebe für ein elegantes Linien- und Farbenspiel, anmutig-zarte Gebärden und stoffreiche, weiche Faltengebung. Typ. Werke des W. S. sind u. a. die Schönen Madonnen (↑ Mariendarstellungen).

Weichfäule, Bez. für die meist mit üblem Geruch verbundene feuchtfaule Zersetzung des Gewebes von Früchten, Knollen oder Wurzeln durch Bakterien und Schadpilze.

Weichholz, svw. Splintholz (↑ Holz).

Weichhölzer, holztechn. Bez. für alle Nadelhölzer (außer Eibe) sowie Laubhölzer mit einer Rohdichte unter $0,55 \text{ g/cm}^3$ (Erle, Pappel, Espe, Weide, Linde, Roßkastanie).

Weichkäfer (Soldatenkäfer, Kanthariden, Cantharidae), mit über 4 000 Arten weltweit verbreitete Fam. häufig bunter Käfer, davon etwa 80 Arten einheim.; Körper meist sehr langgestreckt; Flügeldecken weich, dem Körper flach aufliegend; im Sommer oft massenhaft auf Doldenblütlern. W. leben räuber. von Blattläusen, Raupen u. a.; einige können durch Fraß an Baumblüten oder -rinden schädl. werden. Die Larven sind meist nützl., weil sie holzzerstörende Insekten fressen. Ein bekannter W. ist der **Gemeine Weichkäfer** (Cantharis fusca): etwa 1,5 cm lang mit grauschwarzen Flügeldecken und gelbrotem Prothorax, dieser meist mit schwarzem Mittelfleck.

Weichlöten ↑ Löten.

Weichmacher (Plastifikatoren, Plastikatoren), niedermolekulare Substanzen (v. a. Ester der Phosphorsäure und organ. Säuren wie Phthal-, Adipin-, Olein-, Stearin- und Zitronensäure), die die Plastizität von thermoplast. Kunststoffen und Kautschuk erhöhen. W. wirken als Lösungsmittel, die schon in geringen Mengen den Kunststoff aufquellen und in einen gelartigen Zustand überführen.

Weichmanganerz, svw. ↑ Pyrolusit.

Weichporzellan ↑ Porzellan.

Weichschildkröten, Sammelbez. für die Vertreter zweier Schildkrötenfam. der Unterordnung ↑ Halsberger, deren Panzer anstelle von Hornschilden aus einer dicken, lederartigen Haut besteht; leben meist in Süßgewässern Afrikas, S- und O-Asiens sowie N-Amerikas: 1. **Echte Weichschildkröte** (Lippen-W., Trionychidae): rd. 25 Arten; v. a. Fische, Weichtiere und Wasserinsekten fressende Reptilien, deren Knochenpanzer weitgehend reduziert ist; mit rüsselartig verlängerter Nase und fleischigen Lippen; jede Extremität trägt drei freie Krallen. 2 **Neuguinea-Weichschildkröte** (Carettochelyidae): mit der einzigen, bis 50 cm langen Art *Carettochelys insculpta* in S-Neuguinea und N-Australien; mit noch vollständigem Knochenpanzer.

Weichsel, Strom in Polen, entspringt in

Weichseleiszeit

den Westbeskiden, wendet sich nach N bis zum Gottschalkowitzer Stausee, von hier aus nach O, durchfließt die Krakau-Tschenstochauer Höhe und biegt im Karpatenvorland allmähl. nach N um, folgt dann einer Störungslinie zw. Kielcer Bergland im W und Lubliner Hügelland im O, durchfließt die masow. und kujaw. Tiefebene und quert den Balt. Landrücken. Bei Gniew beginnt ihr Mündungsgebiet an der Danziger Bucht (Ostsee), die **Weichsel-Nogat-Niederung** (zw. 9 m ü.d.M. und 1,8 m u.d.M.). Die W. ist 1 068 km lang, davon sind 941 km schiffbar; sie ist über Kanäle mit der Oder, der Memel u. a. Flüssen verbunden.

Weichseleiszeit, nach der Weichsel benannte letzte Eiszeit des nordeurop. Vereisungsgebiets.

Weichselkirsche, svw. ↑ Sauerkirsche.
◆ svw. ↑ Felsenkirsche.

Weichselzopf [poln.-schles.] (Trichom[a], Plica polonica), sowohl durch Verlausung als auch durch Haarfestiger bei mangelhafter Hygiene entstehende Borke auf der Kopfhaut, die sich mit den wachsenden Haaren von der Unterlage abhebt.

Weichspülmittel (Wäscheweichspülmittel), Substanzen (v. a. kationenaktive Tenside wie quartäre Ammoniumsalze mit einer oder zwei langen Alkylketten), die die beim Trocknen von Textilien auftretende „Trokkensteife", d. h. die Adhäsion zw. den Fasern, verhindern.

Weichstendel (Einblattorchis, Kleingriffel, Malaxis), Gatt. der Orchideen mit rd. 250 Arten in den gemäßigten Gebieten der N-Halbkugel und in den Tropen; Erdorchideen mit bisweilen bunten Blättern und kleinen Blüten in vielblütigen Trauben. Die einzige einheim. Art, der 8-30 cm hohe **Einblättrige Weichstendel** (Malaxis monophyllos) mit gelblichgrünen Blüten, kommt (selten) in Bruchwäldern und auf moorigen Wiesen NO-Deutschlands und der Alpen vor.

Weichteile, in der medizin. Anatomie Bez. für alle nicht knöchernen Teile des Körpers wie Muskeln, Eingeweide, Sehnen, Bindegewebe.

Weichteilrheumatismus ↑ Rheumatismus.

Weichtiere (Mollusken, Mollusca), seit dem Unterkambrium nachgewiesener, heute mit rd. 125 000 Arten in Meeren, Süßgewässern und auf dem Land weltweit verbreiteter Tierstamm; sehr formenreiche, 1 mm bis 8 m lange (bei Kopffüßern einschließl. Arme maximal 20 m messende) Wirbellose, deren Körper (mit Ausnahme der sekundär asymmetr. Schnecken) bilateralsymmetr. gebaut ist und sich z. T. (Schnecken, Kahnfüßer, Kopffüßer) in einen mehr oder weniger abgesetzten Kopf, Fuß und Eingeweidesack gliedert. Der Bauplan des Körpers kann stark abgewandelt sein: Bei den sog. *Urmollusken* (Archimollusca) ist der Körper abgeflacht und mit einer voll bewimperten Gleitsohle sowie einer kutikulären, von eingelagerten Kalkschuppen bedeckten Rückenhaut versehen, die am Hinterkörper eine Hautduplikatur bildet, in der die Atemorgane, der After und die paarigen Ausfuhröffnungen der Harn- und Geschlechtswege liegen. Bei den höherentwickelten W. ist die Gleitsohle im mittleren und/ oder hinteren Fußabschnitt erhalten geblieben. Der Fuß kann unterschiedl. Funktionen übernehmen (z. B. Graborgan bei Muscheln und Kahnfüßern, Rückstoßorgan bei den Kopffüßern). Aus der urspr. Mantelbedeckung entwickelte sich über 7-8 dachziegelartig angeordnete Schalenplättchen in der Rückenmitte (Käferschnecken) eine einheitl. Schale (Schalenweichtiere). Durch Ausdehnung des Mantelraums nach vorn entstand stufenweise ein Kopf mit Tentakeln oder (bei Kopffüßern) Fangarmen. Zw. Mantel und Fuß hat sich ein System von Muskeln ausgebildet. Das Nervensystem setzt sich aus Gehirn und je einem seitl. Körperlängsstrang auf der Ventralseite zusammen. Die meisten W. haben eine ↑ Radula zur Nahrungsaufnahme. Die Körperhöhle ist mit einem lockeren Mesenchymgewebe ausgefüllt, durch dessen Lücken vom rückenständigen Herzen im Hinterkörper Blut (Hämolymphe) nach vorn gepumpt wird („offener Blutkreislauf"). Einen annähernd geschlossenen Blutkreislauf haben nur die hochentwickelten Kopffüßer (mit zusätzl. Kiemenherzen). An Sinnesorganen stehen die Osphradien (kiemenähnl.; Chemorezeptoren) im Vordergrund. - Die Fortpflanzung der W. erfolgt ausschließl. geschlechtl.; bei Zwittern treten Geschlechtshilfsorgane (z. B. ↑ Liebespfeile) hinzu. - Man unterscheidet zwei Unterstämme: Stachelweichtiere und Schalenweichtiere. - Verschiedene W. haben kulturelle und ökonom. Bed. erlangt (z. B. Perlmuscheln, Kaurischnecken, Miesmuscheln, Weinbergschnecken). Einige Gruppen sind ausgestorben, z. B. Ammoniten, Belemniten.

📖 *Salvini-Plawen, L. v.: W. In: Grzimeks Tierleben. Bd. 3. Mchn. 1984. - Götting, K.: Malakozoologie. Stg. 1974.*

Weichwanzen, svw. ↑ Blindwanzen.

Weichzeichnung, photograph. Abbildungseffekt, der zu einer Überstrahlung der Konturen der abgebildeten Gegenstände führt; beruht auf geringen Abbildungsfehlern des Objektivs, einer vorgesetzten *Weichzeichnerscheibe (Softscheibe)* u. ä.

Weida, 1122 erstmals bezeugtes, aus dem Unstrutgebiet stammende dt. Adelsgeschlecht. - ↑ Reuß.

Weida, Stadt 12 km südl. von Gera, Bez. Gera, DDR, 245 m ü.d.M., 10 700 E. Textil- und Lederindustrie. - Entstand vor 1122 als Burgflecken; Mitte des 12.Jh. Stadtrecht. - Schloß Osterburg (12.-15. und 16./17. Jh., heute Museum und Jugendherberge) mit Bergfried (12. Jh.); Renaissancerathaus (1587–89; nach Brand 1687 wiederhergestellt); Reste der Stadtbefestigung, Wehrtürme.

Weidblatt ↑ Jagdwaffen.

Weide (Salix), Gatt. der W.gewächse mit rd. 300 Arten, v. a. in der nördl. gemäßigten und subarkt. Zone, einige Arten auch in S-Amerika; meist sommergrüne Bäume oder Sträucher mit meist lanzettförmigen, mit Nebenblättern versehenen Blättern; Blüten zweihäusig, meist in Kätzchen; Frucht eine zweiklappige Kapsel; Samen mit Haarschopf. Einheim. sind 30 Arten und zahlr. Artbastarde, u. a.: **Korbweide** (Salix viminalis), Strauch oder bis 10 m hoher Baum mit biegsamen, gelbl. Zweigen und kätzchenartigen Blütenständen; Blätter mattgrün, unterseits weiß behaart; in Auengebüschen auf nassen Böden. Die Zweige werden zum Korbflechten verwendet. **Salweide** (Palmweide, Salix caprea), bis 3 m hoher Strauch oder bis 7 m hoher Baum mit zuerst grau behaarten, dann kahlen und glänzend rotbraunen Zweigen, bei ♀ Pflanzen meist grün; Blätter bis 10 cm lang, oberseits runzelig und mattgrün, unterseits bläul. bis graufilzig; Blüten vor dem Aufblühen in zottigen, silberweiß glänzenden Kätzchen (Palmkätzchen); ♂ Kätzchen bis 4,5 cm lang, dick, goldgelb; ♀ Kätzchen grünlich. Die an Flüssen, Waldrändern und auf Lichtungen verbreiteten Sal-W. sind die ersten Bienenfutterpflanzen des Jahres. **Purpurweide** (Salix purpurea), bis 6 m hoher Strauch oder Baum mit dünnen, biegsamen, oft purpurroten, kahlen Zweigen; die 3–4 cm langen ♂ Blütenkätzchen, die gleichzeitig mit den schmalen Blättern erscheinen, haben anfangs purpurrote Staubbeutel, die später gelb bzw. schwarz werden; in Auwäldern und auf feuchten Wiesen. **Reifweide** (Salix daphnoides), großer Strauch oder bis 10 m hoher Baum mit gelbbraunen oder roten, oft stark blau bereiften Zweigen; Kätzchen bis 3 cm groß, silbrig; in den Alpen. Als **Trauerweide** bezeichnet man die durch hängende Zweige gekennzeichneten Kulturformen verschiedener W.arten. **Weißweide** (Salix alba), 6–25 m hoher, raschwüchsiger Baum mit in der Jugend behaarten Zweigen und 6–10 cm langen, lanzettförmigen, seidig behaarten, unterseits bläul. Blättern; eine beliebte Untersorte ist die *Dotterweide* (Goldweide) mit dottergelben, biegsamen Zweigen. **Glanzweide** (Salix lucida), kleiner Strauch oder Baum mit glänzenden, kahlen, gelbbraunen Zweigen, ei- bis lanzettförmigen, 7–12 cm langen, glänzenden Blättern und goldgelben Kätzchen.

Weide, mit Gräsern, Klee u. a. bestandene, zum Abhüten oder mit natürl. (Hecken, Gräben) oder künstl. (Einzäunungen) Grenzen versehene, zum Abweiden durch landw. Haustiere bestimmte Flächen. Die W. wird als vorübergehend genutzte *Wechsel-W.* oder als *Dauer-W.* betrieben. Die gesamte W.fläche sollte in möglichst kleine Koppeln aufgeteilt werden, da bei schnellerem Umtrieb stets junges, nährstoffreiches Gras zur Verfügung steht.

Weidelgras, svw. ↑ Lolch.

Weiden, Ortsteil von Lövenich (= Köln), Fundort der besterhaltenen röm. Grabkammer (1843 entdeckt) nördl. der Alpen.

Weidenbohrer (Cossus cossus), bis 9 cm spannender Schmetterling (Fam. Holzbohrer) in Europa, östl. bis zum Amur verbreitet; Vorderflügel braun und weißgrau, gemischt mit zahlr. schwarzen Querstrichen; Raupen bis 8 cm lang, fleischrot, an den Seiten gelbl., leben zweijährig im Holz von Laubbäumen (v. a. Weiden, Pappeln), werden jedoch nur selten schädlich.

Weidengewächse (Salicaceae), Pflanzenfam. der Zweikeimblättrigen mit rd. 350 Arten in den beiden Gatt. ↑ Pappel und ↑ Weide; Bäume, Sträucher und Zwergsträucher, vorwiegend in der nördl. gemäßigten und subarkt. Zone, nur wenige Arten in den Tropen; Blüten ohne Blütenhülle, zweihäusig, in ährigen Kätzchen.

Weiden i. d. OPf. [in der Oberpfalz], bayr. Stadt an der oberen Naab, 399 m ü. d. M., 42 300 E. Glas-, Porzellan-, Textil- u. a. Industrie. - Erste Erwähnung 1241, vor 1283 Stadt. - Barockkirchen; Rathaus (1539–48, 1915 umgebaut). Alte Schule (1566, bestehend aus 8 selbständigen Reihenhäusern) und Wohnhäuser des 16./17. Jh..

Weidenlaubsänger ↑ Laubsänger.

Weidenmann, Alfred, * Stuttgart 10. Mai 1918, dt. Filmregisseur. - Vertreter des Heldenepos, des Unterhaltungs- und Kriminalfilms; auch Fernseharbeiten. - *Filme:* Canaris (1954), Alibi (1955), Der Stern von Afrika (1956), Buddenbrooks (1959), Julia, Du bist zauberhaft (1962), Der Schimmelreiter (1978). *Serien:* Derrick, Der Alte, Wer erschoß Boro? (1987).

Weidenmeise ↑ Meisen.

Weidenröschen (Epilobium), Gatt. der Nachtkerzengewächse mit rd. 200 Arten in den außertrop. Gebieten der Erde; aufrechte oder kriechende Stauden oder Halbsträucher mit längl., ganzrandigen oder gezähnten Blättern und roten, purpurnen oder weißen, achselständigen Blüten; Samen mit Haarschopf. Eine bekannte einheim. Art ist das in Hochstaudengesellschaften verbreitete **Zottige Weidenröschen** (Epilobium hirsutum), eine bis 1,5 m hohe Staude mit drüsig behaartem Stengel, stengelumfassenden Blättern und purpurfarbenen Blüten. Einige Arten sind Gartenzierpflanzen.

Weidensperling ↑ Sperlinge.

Weidenspinner, svw. ↑ Pappelspinner.

Weiderich (Lythrum), weltweit verbreitete Gatt. der W.gewächse mit rd. 30 Arten; überwiegend Kräuter oder Stauden mit sit-

Weiderichgewächse

zenden Blättern an vierkantigen Stengeln; Blüten mit röhrenförmiger Blütenhülle, in Trauben oder Ähren stehend. Von den zwei einheim. Arten ist nur der bis 1,2 m hohe **Blutweiderich** (Lythrum salicaria; mit bläul.-purpurroten Blüten, an Ufern und sumpfigen Stellen) häufig.

Weiderichgewächse (Lythraceae), Fam. der Zweikeimblättrigen mit rd. 500 Arten in 22 Gatt., v. a. im trop. Amerika; meist Kräuter oder Stauden. Bekannte Gatt. sind ↑ Weiderich und ↑ Sumpfquendel.

Weiditz, Christoph, * Freiburg im Breisgau (?) um 1500, † Augsburg 1559, dt. Medailleur. - Vermutl. Sohn von Hans W. d. Ä.; tätig u. a. in Straßburg und v. a. in Augsburg; im Dienste Karls V.; bed. Renaissancekünstler, schuf zahlr. Bildnismedaillen (Holzmodelle) von lebensvoller, treffender Charakterisierung sowie Kleinplastik („Adam und Eva", zw. 1540 und 1545, Wien, Kunsthistor. Museum).

W., Hans, d. Ä., 1497–1510 in Freiburg im Breisgau nachweisbar, dt. Bildschnitzer. - Virtuoser Meister kleinformatiger Figuren, in denen sich spätgot. Tradition mit Elementen der Renaissance verbindet: u. a. „Adam und Eva" (um 1510, Basel, Histor. Museum) sowie Altäre (1505 und um 1514–16; Freiburger Münster).

Weidmann, wm. Bez. für einen Jäger, der nicht nur Beute macht, sondern das Wild auch hegt und schützt.

Weidmannssprache ↑ Jägersprache.

Weidwerk, wm. svw. ↑ Jagd; *kleines W.*, svw. ↑ Niederjagd; *großes W.*, svw. ↑ hohe Jagd.

weidwund, wm. für: ins Eingeweide geschossen, krankgeschossen.

Weierstraß, Karl, * Ostenfelde (= Ennigerloh, Landkr. Warendorf) 31. Okt. 1815, † Berlin 19. Febr. 1897, dt. Mathematiker. - Prof. am Gewerbeinstitut (heute TU) in Berlin, ab 1864 an der dortigen Univ.; prägte (neben B. Riemann) entscheidend die moderne Funktionentheorie.

Weigel, Hans, * Wien 29. Mai 1908, östr. Schriftsteller und Literaturkritiker. - 1938–45 in der Schweiz, seither wieder in Wien; verfaßte Romane („Der grüne Stern", 1946), Dramen („Barabbas", 1946) und Essays („Götterfunke mit Fehlzündung", 1971). Förderer junger östr. Schriftsteller. - *Weitere Werke:* Die Leiden der jungen Wörter. Ein Antiwörterbuch (1974), Das Land der Deutschen mit der Seele suchend (1978), Man kann nicht ruhig darüber reden (1986).

W., Helene, * Wien 12. Mai 1900, † Berlin (Ost) 6. Mai 1971, dt. Schauspielerin und Theaterleiterin östr. Herkunft. - 1922–33 Engagements an verschiedenen Berliner Theatern (u. a. Staatstheater, Junge Bühne, Volksbühne), 1924 Bekanntschaft mit B. Brecht, seit 1929 mit ihm verheiratet. Emigrierte 1933 nach Dänemark, 1939 nach Schweden; 1941–48 in den USA; seit 1949 Intendantin des gemeinsam mit Brecht gegr. ↑ Berliner Ensembles in Berlin (Ost); übernahm auch Film- und Fernsehrollen; zahlr. Gastspiele. H. W. gilt als bed. Interpretin Brechtscher Frauenrollen und Vertreterin einer realist. Schauspielkunst.

Helene Weigel (1961)

Weigelie (Weigelia) [nach dem dt. Naturwissenschaftler C. E. von Weigel, * 1748, † 1831], Gatt. der Geißblattgewächse mit elf Arten in O-Asien; Sträucher mit ellipt., gesägten Blättern und roten oder rosafarbenen, glockenförmigen Blüten; beliebte Ziersträucher.

Weihbischof (Auxiliarbischof), in der kath. Kirche des dt. Sprachraums gebräuchl. Bez. für einen Titularbischof, der nur die Weihe nach Bischof, also nicht Diözesanbischof ist.

Weihe, Bez. für 1. eine rituelle Kulthandlung, durch die eine Person oder Sache bes. geheiligt oder in göttl. Dienst gestellt werden soll (in der kath. Kirche z. B. Jungfrauen-W., Glocken-W. u. a.); 2. das Sakrament der W. in der röm.-kath. und der orth. Kirche, das durch ↑ Ordination vollzogen wird.

Weihehindernis, nach röm.-kath. Kirchenrecht ein der Person anhaftender Umstand, der den Empfang oder die erlaubte Ausübung der ↑ Weihe hindert. W. sind entweder *Irregularitäten* (z. B. Mißbildung, Geisteskrankheit, Fällung eines Todesurteils oder sittl. Makel wie Glaubensabfall, Mord) oder zeitl. begrenzte und deshalb von selbst wegfallende *einfache* W. (z. B. Verheiratung, solange die Ehe besteht).

Weihemünzen ↑ Wallfahrtspfennige.

Weihen (Circinae), mit 17 Arten in offenen Landschaften weltweit verbreitete Unterfam. recht schlanker, langschwänziger, lang- und schmalfüßiger Greifvögel (Fam. Habichtartige); vorwiegend Reptilien, Eier und warmblütige Wirbeltiere (bes. Mäuse, Kleinvögel, Wasservögel) fressende Tiere, die ihre Beutetiere aus niedrigem Flug erjagen; häufige Unterbrechung des Ruderflugs durch Gleitflugphasen mit V-förmig aufgeschlagenen Flügeln (typ. für W.); brüten in einem Horst bes. am Boden und im Röhricht. - In Deutschland kommen vor: **Kornweihe** (Circus cyaneus), etwa 50 cm groß; ♂ aschgrau mit weißem Bauch und Bürzel, ♀ bussardähnl. braun (mit weißem Bürzel); v. a. auf Feldern und Mooren; **Rohrweihe** (Circus aeruginosus), etwa 55 cm lang; ♂ oberseits hell- und dunkelbraun, mit dunklen Längsstreifen am Hals, blaugrauen Armschwingen und hellgrauem Schwanz, unterseits rostrot; ♀ kontrastreicher, Gefieder (mit Ausnahme des hellen Oberkopfs und der hellen Kehle) dunkelbraun; an stehenden Süßgewässern und in Rohrsümpfen; **Wiesenweihe** (Circus pygargus), etwa 45 cm groß; ähnelt stark der Kornweihe; ♂ mit schwarzem Flügelstreif, grauem Bürzel und (auf weißem Grund) braun gestreifter Unterseite; v. a. auf Feldern und Wiesen.

Weiher, 1. in der Limnologie ein natürl., stehendes Gewässer von geringer Tiefe, dessen Boden in seiner ganzen Ausdehnung auch von höheren Pflanzen besiedelt ist. Im Ggs. zum Teich ist das Wasser des W. nicht ablaßbar; 2. im allg. Sprachgebrauch, vornehml. in SW-Deutschland und Bayern, svw. Teich.

Weihnachten [zu mittelhochdt. ze wīhen nahten „in den heiligen Nächten"] (Christfest, Weihnachtsfest, Nativitatis [Natalis] Domini), gesamtchristl. Fest der Geburt Jesu Christi, seit 354 am 25. Dez. gefeiert, dem Tag des heidn. Geburtsfestes des ↑Sol invictus. W. löste schon bald - v. a. im Westen - das ältere Fest ↑Epiphanie ab und verbreitete sich rasch. Bereits seit dem 6./7. Jh. ist W. durch die Feier von drei verschiedenen Messen („Christmette", „Engelmesse" und der eigtl. Festmesse) sowie durch eine Oktav und die Schaffung eines eigenen **Weihnachtsfestkreises** (1. Advent bis Septuagesima) liturg. ausgezeichnet. Im Brauchtum verlagert sich der Weihnachtsfeier zunehmend auf die Weihnachtsvigil, den Abend des 24. Dez. (Christnacht, Hl. Abend, Hl. Nacht).

Als **Weihnachtsbrauch** bezeichnet man sowohl das am eigtl. Geburtsfest Christi (25. Dez.) als auch das während der zeitl. weiter gefaßten Weihnachtszeit praktizierte liturg. und außerliturg. Brauchtum (Sternsingen, Weihnachtsspiele). Die Weihnachtszeit erstreckt sich insbes. auf die durch christl.-brauchmäßige Inhalte bestimmte Vor- (Advent, Nikolaus) und Nachfeier (Dreikönige). Viele Züge der modernen W.feier stammen aus nach-ma. Zeit (Kinderbescherung seit dem 16. Jh.). Älteste Belege für den *Weihnachtsbaum* stammen aus dem beginnenden 16. Jh.; allg. übl. wurde er jedoch erst im 19. Jh. Der *Weihnachtsmann* (erstmals belegt auf Bildern des 19. Jh.) ist ein säkularisierter Nachfolger des hl. Nikolaus und bes. im prot. N-Deutschland und in Städten übl. Personifizierung des weihnachtl. Gabenbringens.

📖 *Vossen, R.:* Weihnachtsbräuche in aller Welt. *Hamb. 1985. - Weber-Kellermann, I.:* Das Weihnachtsfest. *Luzern 1978.*

Weihnachtsbaum (Christbaum), mit Lichtern, Flitter und verschiedenstem Schmuck aufgeputzter Nadelbaum (heute z. T. aus Kunststoff) im weihnachtl. Brauchtum (↑ auch Weihnachten).

Weihnachtsgratifikation, dem Arbeitnehmer an Weihnachten zusätzl. zu seinem normalen Arbeitsentgelt vom Arbeitgeber freiwillig gezahlte Gratifikation; gilt nicht als Schenkung, sondern als Abgeltung erbrachter Arbeitsleistungen und als Anreiz, diese in Zukunft fortzusetzen.

Weihnachtsinsel, dt. Name für ↑Christmas Island.

Weihnachtskaktus (Gliederkaktus, Zygocactus), Kakteengatt. mit mehreren Arten in O-Brasilien: epiphyt., kleine Sträucher mit aus zweikantig geflügelten Gliedern zusammengesetzten Flachsprossen; Blüten groß, mit zurückgebogenen Blütenhüllblättern, Staubblätter und Griffel hervorragend. Bekannteste Art ist *Zygocactus truncatus* mit rosafarbenen bis tiefroten Blüten (auch weißblühend); beliebte Topfpflanze.

Weihnachtsspiel, geistl. Spiel des MA. Die drei vom Evangelium vorgegebenen Haupthandlungen der Weihnachtsliturgie: Engelsverkündigung, Hirtenprozession *(Hirtenspiel),* Anbetung des Kindes in der Krippe *(Krippenspiel)* wurden durch Zusätze aus der bibl. Geschichte erweitert, z. B. durch ein Prophetenspiel als Prolog, ein Dreikönigs- oder Magierspiel, ein Spiel vom Kindermord in Bethlehem. Als lat. Fassung erstmals in der „Benediktbeurer Handschrift" des 13. Jh. dokumentiert; erstes volkssprachl. W. ist das „Sankt Galler Spiel von der Kindheit Jesu" (Ende des 13. Jh.).

Weihnachtsstern (Adventsstern, Poinsettie, Euphorbia pulcherrima), in Mexiko und M-Amerika heim. Art der Gatt. Wolfsmilch; bis 1 m hoher (in seiner Heimat bis 4 m hoher) Strauch mit 7–15 cm langen, eiförmigen, gelappten Blättern und unscheinbaren, von leuchtend roten, rosafarbenen, gelben oder gelblichweißen Hochblättern umgebenen Scheinblüten. Der W. ist eine beliebte Zimmerpflanze.

Weihnachtsstil, svw. ↑Nativitätsstil.

Weihrauch (Olibanum, Gummi olibanum), v. a. von der Weihrauchbaumart Boswellia carteri gewonnenes Gummiharz; erstarrt an der Luft zu gelbl., rötl. oder bräunl., außen meist weiß bestäubten Körnern, die bei normaler Temperatur fast geruchlos sind, jedoch bei Erhitzen auf glühenden Kohlen jedoch einen aromat. Duft entwickeln. - W. diente in zahlr. antiken und altorientaI. Kulten und Mysterien (auch im A. T.), im Totenkult sowie im röm.-byzantin. Hofzeremoniell als Räuchermittel. Seit dem 4./5. Jh. wird er auch in der christl. Liturgie gebraucht.

Weihrauchbaum (Weihrauchstrauch, Boswellia), Gatt. der Balsambaumgewächse mit über 20 Arten in den Trockengebieten O-Afrikas, der Arab. Halbinsel und Indiens; kleine Bäume oder Dornsträucher mit am Ende der Zweige stehenden, unpaarig gefiederten Blättern und meist weißl. oder rötl. Blüten in zusammengesetzten Trauben. Verschiedene Arten liefern Harz, das als ↑Weihrauch Verwendung findet.

Weihrauchstraße, alter Handelsweg (wohl seit der Mitte des 3. Jt. v. Chr.) auf der Arab. Halbinsel, führte von „Weihrauchland" im S mit Abzweigungen zu den Küstenstädten im W der Halbinsel nach Petra oder über die Oasen im Innern nach Gerrha und von dort nach Damaskus bzw. Aleppo.

Weihwasser, in der kath. Kirche geweihtes Wasser, das bei fast allen liturg. Segnungen, aber auch zur Aspersion und zur Selbstbekreuzigung verwendet wird.

Weikersheim, Stadt an der Tauber, Bad.-Württ., 230 m ü. d. M., 7 000 E. Orgelbau, elektron. Ind., Maschinenbau. - Um 800 erstmals erwähnt; um 1244 an die Grafen von Hohenlohe, als deren Stammsitz es gilt; Erhebung zur Stadt wohl Anfang des 14. Jh. - Schloß, v. a. Gebäude aus der Renaissance (um 1600) und aus dem Barock (um 1700), mit Schloßgarten des frühen 18. Jh. und Orangerie (1719 ff.).

Weil, André [frz. vɛj], * Paris 6. Mai 1906, frz. Mathematiker. - Prof. in Aligarh, Straßburg, São Paulo und Chicago, seit 1958 am Institute for Advanced Study in Princeton. W. war viele Jahre eines der aktivsten Mgl. unter dem Pseud. Nicolas ↑Bourbaki publizierenden Mathematikergruppe. Seine tiefgreifenden Untersuchungen förderten v. a. die Theorie topolog. Gruppen, die algebraische Geometrie und die Zahlentheorie.

W., Jiří [tschech. vɛjl], * Praskolesy bei Hořovice 6. Aug. 1900, † Prag 13. Dez. 1959, tschech. Schriftsteller. - Mgl. avantgardist. Gruppen. Verfaßte Reportagen sowie zeitgebundene Erzählungen und Romane („Leben mit dem Stern", 1949), die die moderne tschech. Erzählkunst. beeinflußten.

W. (Weill), Simone [frz. vɛj], * Paris 3. Febr. 1909, † Ashford 24. Aug. 1943, frz. Philosophin. - Aus jüd. Familie; 1931 Lehrerin für Philosophie an Mädchenlyzeen; lebte ab 1942 in den USA, später in Großbrit. (Mgl. des Befreiungskomitees C. de Gaulles). Ihre radikale Sozialphilosophie und ihre Kritik des Fortschritts zielen auf die Überwindung der „Entwurzelung" der Arbeiter und Bauern sowie auf die Humanisierung der Arbeit durch „Einwurzelung" in einer weder kapitalist. noch sozialist. Gesellschaftsordnung, die in der von Gott gestifteten Ordnung verankert ist. Grundlegend für ihr gesamtes Denken. ist ihre Mystik; zentrales Thema ist die Liebe Gottes. - *Werke:* Die Einwurzelung (hg. 1949), Das Unglück und die Gottesliebe (hg. 1951), Écrits historiques et politiques (hg. 1960).

Weil am Rhein, Stadt unterhalb von Basel, Bad.-Württ., 274 m ü. d. M., 25 900 E. Bed. Grenzverkehr im Dreiländereck; Hafen. - 786 erstmals erwähnt, 1935 Stadtrechtsverleihung.

Weilburg, hess. Stadt an der mittleren Lahn, 126-370 m ü. d. M., 12 100 E. Museum Schloß W., Bergbaumuseum; opt., chem. Textil- u. a. Ind.; Luftkurort. - Seit merowing. Zeit Königsgut; vor 906 Bau einer Burg, 912 Gründung des Walpurgisstifts, an dessen sich der Ort anlehnte; erhielt 1295 Frankfurter Stadtrecht. 1355-1816 Residenz (1355) der Linie Nassau-W. - Barocke Schloß- und Stadtkirche (1707-13), spätgot. Heiliggrabkapelle (1505). Das Schloß bewahrt mit dem vierflügeligen Hochschloß (1535-75) einen bed. Renaissancebau; 1702-46 barocke Erweiterungen; Fachwerkhäuser (17.-19. Jh.).

Weil der Stadt, Stadt am O-Rand des Schwarzwaldes, Bad.-Württ., 405 m ü. d. M., 15 400 E. Kepler-Museum; Wolldeckenfabrik, Maschinenbau, Metallveredelung, Holzindustrie. - 1075 erstmals gen., vor 1241 zur Stadt erhoben; Reichsstadt seit etwa 1280 (bis 1803). - Kath. spätgot. Stadtpfarrkirche Sankt Peter und Paul (1492-1519) mit spätroman. Türmen (12./13. Jh.); Rathaus mit Laubenerdgeschoß (16.-18. Jh.).

Weiler [zu mittellat. villare „Gehöft"], kleine ländl. Gruppensiedlung mit 3-20 Wohnstätten und entsprechend kleiner Flur (meist Block- oder Streifengemenge); weltweit verbreitet; in Mitteleuropa während der frühma. Rodungskolonisation entstanden, jedoch vermutl. auch als Vorform des Haufendorfes. - ↑auch Dorf.

Weilheim i. OB [in Oberbayern], bayr. Krst. südl. des Ammersees, 562 m ü. d. M., 17 100 E. Verwaltungssitz des Landkr. Weilheim-Schongau; Marktort; Metall-, Textil- und Holzind. - 1010 erstmals erwähnt, 1236 zur Stadt erhoben. - Spätgot. Friedhofskirche (15. und 16. Jh.), frühbarocke Pfarrkirche (17. Jh.).

Weilheim-Schongau, Landkr. in Bayern.

Weil-Krankheit [nach dem dt. Internisten A. Weil, * 1848, † 1916] (Weil-Landouzy-Krankheit, Leptospirosis icterohaemorrhagica), durch Leptospira icterohaemorrhagica verursachte anzeigepflichtige Leptospirose; u. a. mit hohem Fieber, Gelbsucht, Leber- und Milzschwellung sowie schwerer Störung des Allgemeinbefindens; meist von kurzer Dauer und mit günstigem Verlauf.

Weill, Kurt, * Dessau 2. März 1900, † New York 3. April 1950, dt. Komponist. - Sohn eines jüd. Kantors, Schüler von E. Humperdinck und F. Busoni; komponierte 1921 u. a. seine ekstat. 1. Sinfonie. Ab 1926 wandte er sich dem zeitkrit. Musiktheater zu, u. a. mit „Der Protagonist" (1926) und „Der Zar läßt sich photographieren" (1928). Mit B. Brecht entwickelte W. die Musik des „ep. Theaters" als Synthese von zeitgenöss. Tanz- und Unterhaltungsmusik, von Moritat, Chanson und Choral mit neusachl. Materialbehandlung; charakterist. der das Bühnengeschehen kommentierende Song. Dazu zählen „Die Dreigroschenoper" (1928), „Happy End" (1929), „Aufstieg und Fall der Stadt Mahagonny" (1930), die Schuloper „Der Ja-Sager" (1930) und das Radiolehrstück „Ozeanflug" (1929). Die Zerstörung menschl. Beziehungen durch das privatwirtsch. System kritisieren auch „Die Bürgschaft" (1932) und „Der Silbersee" (1933). 1933 mußte W. emigrieren; in Paris entstand, nochmals mit Brecht, das Ballett mit Gesang „Die sieben Todsünden der Kleinbürger" (1933) und die 2. Sinfonie. Seit 1935 schrieb W. in den USA für den Broadway. Trotz Anpassung an kommerzielle Forderungen bewahrte er einiges von seiner sozialkrit. Zielsetzung; so in „Johnny Johnson" (1936), „Knickerbocker holiday" (1938), „Lady in the dark" (1940), in der Volksoper „Street scene" (1947), der Schuloper „Down in the valley" (1948) und in „Lost in the stars" (1949). Eine kongeniale Interpretin v. a. seiner Lieder wurde seine Frau L. Lenya.

📖 *Schebera, J.*: K. W. Königstein im Taunus 1983. - *Sanders, R.*: K. W. Dt. Übers. Mchn. 1980.

Weimar, Krst. an der Ilm, Bez. Erfurt, DDR, 242 m ü. d. M., 63 400 E. Hochschule für Architektur und Bauwesen, für Musik, Staatsarchiv, Museum für Ur- und Frühgeschichte, Staatl. Kunstsammlungen im Schloßmuseum, Stadtmuseum; Dt. Nationaltheater; Kombinat für Landmaschinenbau. Nahebei KZ ↑Buchenwald.

Geschichte: Im Stadtteil ↑Ehringsdorf bed. prähistor. Funde. Um 1250 wurde unmittelbar westl. der (975 erstmals bezeugten) Burg der Grafen von W. die Stadt gegründet (1254 erstmals als Civitas gen.); wurde nach dem Schmalkald. Krieg (1546/47) Residenz der ernestin. Linie der Wettiner (1572 bzw. 1603: Hzgt. Sachsen-W., 1741: Hzgt. Sachsen-W.-Eisenach, 1815: Groß-Hzgt. Sachsen-W.-Eisenach). Die städt. Freiheiten gingen im 17. Jh. fast ganz verloren, doch gab die herzogl. Hofhaltung dem Kulturschaffen Impulse, die v. a. durch das Wirken Goethes und Schillers W. zum Zentrum der dt. Klassik werden ließen. Seit 1842 wirkte in W. Franz Liszt, 1872 wurde die Orchesterschule (seit 1956 Franz-Liszt-Hochschule für Musik) gegr., 1860 die Kunstschule eröffnet (Vorgängerin des 1919 gegr. und von W. Gropius geleiteten Staatl. Bauhauses [1925 nach Dessau verlegt]). 1920–48/52 Hauptstadt des Landes Thüringen. -

Weimar.
Sogenannte Bastille
(Torbau der Burg Hornstein)

1919 tagte im Dt. Nationaltheater, dem ehem. Hoftheater, die ↑Weimarer Nationalversammlung.

Bauten: Herderkirche (Hallenkirche 1498–1500, barockisiert 1735–45) mit Cranach-Altar (1555); ehem. großherzogl. Residenzschloß, klassizist. Neubau von 1789–1803 mit sog. Bastille (Torbau der Burg Hornstein). Im Schloßpark steht Goethes Gartenhaus (↑Goethehaus), am Frauenplan sein Wohnhaus (↑Goethe-Nationalmuseum), an der Esplanade das Schillerhaus (1802–05 von dem Dichter bewohnt), am Markt das Lucas-Cranach-Haus (von 1549), außerdem Herders Pfarrhaus, Eckermanns Haus, Liszthaus (1869–86 Wohnsitz des Komponisten), Haus von F. Bertuch u. a.; Grünes Schloß (1562–69, Umbau 1761–66 zur Bibliothek); ehem. Fürstenhaus (Ende 18. Jh., umgebaut, jetzt Franz-Liszt-Hochschule), Hochschule für Architektur (1904/05 und 1911 von H. von de Velde), Fürsten- bzw. Goethe-Schiller-Gruft (1824/25). Bei W. befinden sich die barocken Schlösser Tiefurt (1781–1806), Belvedere (1724–32) und Ettersburg (1706–12).

📖 *Gesch. der Stadt W.* Hg. v. G. Günther u. L. Wallraf. Weimar ²1976. - *Tümmler, H.:* Das klass. W. u. das große Zeitgeschehen. Köln u. Wien 1975. - *Bruford, W. H.:* Kultur u. Gesellschaft im klass. W. 1775–1806. Dt. Übers. Gött. 1966.

W., Landkr. im Bez. Erfurt, DDR.

Weimarer Klassik

Weimarer Klassik, eine v. a. von Goethe und Schiller geprägte Richtung (nicht Epoche) der dt. Literatur- und Geistesgeschichte im Übergang vom 18. zum 19. Jh.; begann mit Goethes Italienreise (1786–88) bzw. Schillers Übersiedlung nach Weimar (1787) und gipfelte in der engen Freundschaft und Zusammenarbeit beider [seit 1794] bis zu Schillers Tod 1805; Leitideen waren Harmonie und Humanität; von großer Wirkung auf Literatur, Geistesleben und auch Politik.

Weimarer Koalition, in der Weimarer Nationalversammlung 1919 geschlossenes Bündnis von SPD, Zentrum und DDP, trug 1919/20 die Reichskabinette P. Scheidemann, G. Bauer und H. Müller, 1921/22 die beiden Kabinette J. Wirth, bestand in Preußen 1919–21 und 1925–32, in Baden 1919–31.

Weimarer Nationalversammlung, verfassunggebende Versammlung der Weimarer Republik, gewählt am 19. Jan. 1919, tagte vom 6. Febr. bis 30. Sept. 1919 in Weimar, dann - mit einer kurzen Unterbrechung während des Kapp-Putsches (Stuttgart) - bis zur Auflösung am 21. Mai 1920 in Berlin. Von den 423 Mandaten der W. N. erhielt die SPD 165, das Zentrum 91, die DDP 75, die DNVP 44, die USPD 22, die DVP 19, Splitterparteien 7. Am 11. Febr. 1919 wählte die W. N. F. Ebert zum vorläufigen Reichspräs. und verschaffte dem Min.präs. P. Scheidemann eine parlamentar. Mehrheit. Der zuerst abgelehnte Versailler Vertrag mußte am 22. Juni 1919 angesichts der polit.-militär. Lage akzeptiert werden. Der von H. Preuß ausgearbeitete Verfassungsentwurf, der einen Einheitsstaat vorsah, wurde zugunsten eines föderalen Systems eingehend überarbeitet und am 31. Juli 1919 mit 262 Stimmen gegen DNVP, DVP und USPD angenommen.
📖 *Huber, E. R.: Dt. Verfassungsgesch. seit 1789. Bd. 5: Weltkrieg, Revolution u. Reichserneuerung 1914–1919. Stg. u. a. 1978.*

Weimarer Reichsverfassung ↑Reichsverfassung.

Weimarer Republik, nach der Stadt Weimar als dem ersten Tagungsort der verfassunggebenden dt. Nat.versammlung 1919 benannte Periode der ↑deutschen Geschichte. Sie begann mit der Novemberrevolution 1918 und endete mit der Zustimmung der Reichstagsmehrheit zum ↑Ermächtigungsgesetz am 23. März 1933.

Wein [entlehnt aus lat. vinum „Wein"], durch das W.gesetz über W., Likör-W., Schaum-W., weinhaltige Getränke und Branntwein vom 14. 7. 1971 geschützte Bez. für das durch alkohol. Gärung aus frischen oder auch eingemaischten W.trauben oder Traubenmost und häufig, nachdem der Gärprozeß abgeschlossen ist, unter Zugabe (4–10%) von unvergorenem steril gemachten Most (Süßreserve), hergestelltes Getränk. W. bildet die Grundlage für die Herstellung von Schaum-W., W.brand, Kräuter-W. (z. B. Wermut-W.) sowie von W.essig.

Die Inhaltsstoffe des W. schwanken je nach Klima, Boden, Rebsorte, Zeitpunkt der Lese, Qualitätsstufe und Jahrgang. 1 l W. enthält: 730–900 g Wasser; in leichten W. 67–75 g, in mittleren 75–90 g, in schweren 90–120 g (entsprechend 11–15 Vol.-%) Äthylalkohol; schwerere W. (mit mehr als 15% Alkohol) wie Sherry, Port-W., Madeira oder Wermut-W. werden gespritet, d. h. es wird Alkohol zugesetzt. Als Nebenprodukt der

WEINFACHAUSDRÜCKE
(Auswahl)

Abgang (Schwanz)	nachhaltiger Geschmack im hinteren Gaumen
aromatisch	reich an Geschmacksstoffen
artig	typisch für die Weinsorte
ausgebaut	voll entwickelt, trinkreif
blank	zwischen heller und glanzheller Klarheit; Gegensatz trüb, blind
blumig	reich an Duftstoffen
bukettreich	bes. reich an Duftstoffen
dick	überreich an Körper
duftig	mit zartem, feinem Bukett
dünn	extrakt- und alkoholarm
edel	von großer Art und feiner Reife
elegant	fein abgestimmt in Säure, Alkohol und Bukett
fad	ausdruckslos, säurearm
feurig	alkohol- und körperreich (bes. bei Rotweinen)
firn	alt, mit stark entwickeltem Bukett
fruchtig	mit kräftigem Sortenaroma
harmonisch	abgestimmtes Verhältnis der Inhaltsstoffe
herb	gerbstoffreich
kernig	kräftig, mit sortentyp. Säure
körperarm	mit wenig Substanz, Fülle; dünnflüssig
kurz	ohne nachhaltigen Geschmack
lieblich	leicht, mild, mit harmon. Süße
nervig	kräftig, säurebetont
rassig	mit ausgeglichener, aber ausgeprägter Säure
sauber	fehlerfrei
spritzig	leicht, angenehm kohlensäurehaltig
trocken	völlig durchgegoren, mit geringem Restzucker
umschlagen	trüb werden infolge bakterieller Erkrankung oder Ausscheidung chem. Stoffe
weich	mild, säurearm
würzig	mit sortenbedingtem Bukett

Wein

alkohol. Gärung bildet sich stets der dreiwertige Alkohol († Glycerin; etwa ein Zehntel der Alkoholmenge); an Zucker sind im vollständig durchgegorenen W. noch etwa 2 g/l Zucker enthalten. Als „trocken" gilt W. mit 2–9 g, „halbtrocken" mit 9–18 g, „lieblich" mit Süßreserve bis etwa 40g, in Spätlesen und Auslesen bis 50g (Restsüße), bei Beerenauslesen bis 80 g pro Liter. Bei Dessert-W. kann der Zuckergehalt Höchstwerte von über 200 g erreichen. Ferner enthält W. neben der aus der alkohol. Gärung stammenden Kohlensäure zahlr. organ. Säuren wie W.säure, Äpfelsäure, Milch- und Bernsteinsäure, zus. 4–12 g. Sie sind zus. mit über 400 Bukettstoffen (v. a. Ester, höhere Alkohole, Säuren, Aldehyde; insges. 2 g) für das Bukett und das Aroma des W. mitentscheidend. Gerb- und Farbstoffe finden sich im Weiß-W. in Mengen bis 0,25 g, im Rot-W. bis 2,5 g, Mineralstoffe, v. a. Kalium- und Phosphorverbindungen, in Mengen von 1,5–4 g. Zum Zwecke der Haltbarkeit werden W. geschwefelt; vom Tafel- bis zum Kabinett-W. beträgt die gesetzl. Höchstmenge an freier schwefliger Säure 50 Milligramm je Liter, an gesamter schwefliger Säure 350 Milligramm.

Nach der *Art der Kelterung* unterscheidet man 3 W.arten: Weiß-W. aus hellen Trauben, Rot-W. aus rot gekelterten blauen oder roten Trauben und Rosé-W. bzw. Weißherbst-W. aus hellgekelterten Rotweintrauben. Nach *Rebsorten* unterscheidet man Riesling, Silvaner, Müller-Thurgau, Traminer, Muskateller, Gutedel, Ruländer und Weißen Burgunder unter den Weiß-W., Blauen Spätburgunder, Schwarzriesling, Lemberger, Trollinger u. a. unter den Rotweinen.

Nach dem *Zeitpunkt der Lese,* die in Deutschland von Mitte Sept. bis Mitte Nov., bei Beeren- oder Trockenbeerenauslesen und Eis-W. erst im Dez. oder im Jan. erfolgt, bestimmen sich Prädikate wie Kabinett, Spätlese oder Beerenauslesen.

Für W. ist die qualitätsbezogene *Einteilung in 3 Klassen* festgelegt: Tafelwein (Verschnitt aus verschiedenen dt. Anbaugebieten), Qualitätswein eines bestimmten Anbaugebietes (Abk. Q. b. A.; Verschnitt aus einem einzigen Anbaugebiet), Qualitätswein mit Prädikat (Prädikats-W.; aus einem engen Bereich). Als Prädikate folgen aufeinander: Kabinett, Spätlese, Auslese, Beerenauslese, Trockenbeerenauslese; außerdem Eiswein. Weiter sind gesetzl. festgelegt 4 Tafelweinbaugebiete (und Untergebiete) für Tafel-, 11 bestimmte Anbaugebiete für Qualitäts-W., 31 Bereiche (Zusammenfassung mehrerer † Lagen), 130 Großlagen mit etwa 2 600 Einzellagen. Die Lagen sind in die amtl. Weinbergsrolle des jeweiligen Bundeslandes eingetragen.

Herstellung: Bei der *Weißweinherstellung* werden die Trauben in den Kellereien entrappt und vorsichtig zerquetscht (gemaischt); die

REBFLÄCHE UND WEINPRODUKTION WICHTIGER WEINBAULÄNDER 1984

Land	Rebfläche[1] in 1 000 ha	Weinproduktion in Mill. hl 1984	Duchschnitt 1974–84
Italien	1 125	70,0	74
Frankreich	1 292	64,5	66
Sowjetunion	1 400	38,0[2]	60
Spanien	1 710	35,5	35
Argentinien	317	20,0[2]	24
USA	313	16,2	22
Rumänien	251	10,0	9,1
BR Deutschland	92	8,1	8,7
Portugal	210	7,3	8,4
Jugoslawien	242	7,5	6,8
Südafrika	130	9,0	6,5
Ungarn	153	5,3[2]	5,4
Chile	120	5,2[2]	5,4
Griechenland	180	5,4[2]	4,8
Bulgarien	150	3,7	3,8
Australien	66	4,0	3,6
Algerien	170	2,2[2]	2,8
Österreich	57	2,5	2,1
Schweiz	14	1,2	1,1
Welt	9 611	327,6	327,0

[1] gesamte Traubenanbaufläche, [2] Schätzung

Wein

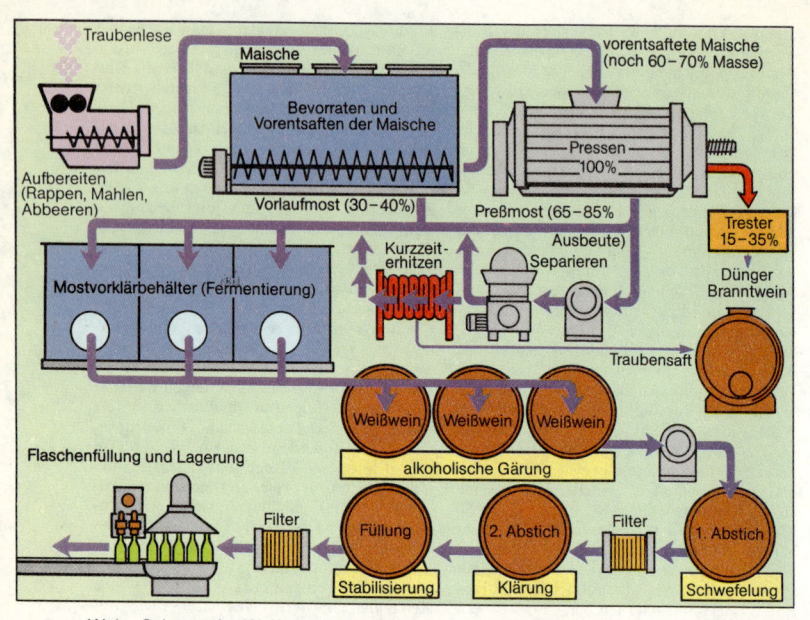

Wein. Schema der Weißweinherstellung

Maische wird sofort abgekeltert. Vor dem Abpressen ablaufender Saft heißt Vorlauf; bei steigendem Druck entstehender Saft wird Preßmost genannt, der Rückstand Trester. Der süße Traubensaft (Most) wird, nachdem man seinen Zuckergehalt mit Hilfe der ↑ Mostwaage bestimmt hat, um unerwünschte Mikroorganismen zu unterdrücken, geschwefelt und vorgeklärt. Durch die mit den Trauben in den Saft gelangten Wildhefen beginnt er selbständig zu gären (Spontangärung). Meist werden heute jedoch zur Einleitung der ↑ Gärung Reinzuchthefen, v. a. der Art Saccharomyces ellipsoides (Weinhefen), zugesetzt.

Bei der *Rotweinherstellung* werden die entrappten Beeren auf der Maische vergoren. Dabei werden die nur in der Beerenhaut enthaltenen Farb- und Gerbstoffe vom entstehenden Alkohol freigesetzt. Im Großbetrieb erhöht man heute die Farbausbeute durch kurzes Erhitzen der Maische auf 85 °C.

Für *Roséweine* bzw. *Weißherbstweine* werden die Rotweintrauben nach einigen Stunden von der Maische abgekeltert und anschließend wie weißer Most vergoren. Nach der Hauptgärung folgt meist eine gelindere Nachgärung, die einen biolog. Säureabbau (u. a. mit Umwandlung der Äpfelsäure in die mildere Milchsäure und Kohlensäure) bewirkt. Nach Klärung des W., durch Filtrieren über Filter u. a. aus Kieselgur oder Zellstoff, wird er in ein anderes Faß abgezogen (erster Abstich), erneut geschwefelt und, evtl. nach einem 2. Abstich, längere Zeit im vollen Faß gelagert. Danach folgen Maßnahmen zur geschmackl. Verbesserung (die Zugabe von unvergorenem Most oder der Verschnitt fertiger Weine u. a.).

Herkunft und Verbreitung: Der Weinstock stammt aus den Gebieten zw. Kasp. Meer, Mesopotamien und Pers. Golf. Schon im 4. Jt. v. Chr. wurde Weinbau im Zweistromland, im Nildelta und im Jordantal betrieben. Im 2. Jt. v. Chr. kam der W. nach Griechenland, N-Afrika und Spanien, im 1. Jt. v. Chr. nach Italien und S-Frankr., von dort mit den Römern in die von ihnen eroberten Gebiete, nach Burgund und Bordeaux, ins Elsaß, an Rhein und Mosel. Ab dem 1. Jh. n. Chr. verbreitete er sich vom Bodenseegebiet aus über ganz SW-Deutschland.

Der W.bau dehnte sich in der Folgezeit in der Alten Welt mit dem Ackerbau über ein rd. 2 000 km breites Band um die nördl. Erdhalbkugel, und zwar von 30° bis 50° n. Br., aus. Eine fortlaufende W.bauzone erstreckt sich vom Atlant. bis zum Stillen Ozean, von Spanien und Marokko bis Zentralasien und Kaschmir. - In der Neuen Welt ist die W.rebe nicht beheimatet. Die in Europa angebaute Rebe gelangte durch Missionare um 1520 nach Mexiko, 1560 nach Argentinien, um 1580 nach Peru, 1697 nach Kalifornien. 1655 pflanzte der Gründer der Kapprovinz erste Reben am Kap S-Afrikas, 1788 brachten Europäer den W.stock nach Australien.

Weinbau

Anbau und Ertrag: Auf der Erde werden rd. 10 Mill. ha Reben angebaut, mit einem W.ertrag von 300–350 Mill. hl, wovon $^4/_5$ auf Europa entfallen. 15% dieser Mengen werden nicht getrunken und deshalb zu Sprit (W.geist) oder W.essig weiterverarbeitet. Europa ist der größte und bedeutendste weinproduzierende Erdteil, die EG der größte und wichtigste weinbaul. Wirtschaftsraum und W.konsument.

Rebsorten: Von den mehr als 8 000 Rebsorten der Europ. Edelrebe gelten heute etwa 800 als anbauwürdig. In Deutschland sind 52 Sorten als Keltertrauben, 27 alte (freie) Standardsorten und 24 Neuzüchtungen (Kreuzungen), 41 helle und 10 blaue Traubensorten klassifiziert und zum Anbau zugelassen. Unterschieden werden: Rebsorten mit Keltertrauben, Rebsorten mit Tafeltrauben, Unterlagsrebsorten für Pfropfreben.

Anbaumethoden: In manchen Gebieten (heute z. B. oft noch in Griechenland und N-Afrika) verzichtet man auf das Befestigen der Reben an stützenden Vorrichtungen. In M-Europa (häufig auch in Frankr.) überwiegt der spalierartige Anbau an Drahtrahmen. Seltener ist heute der (früher überwiegende) Anbau an Einzelpfählen (Pfahlerziehung; z. B. noch an der Mosel) oder in Laubengängen, sog. Pergeln (z. B. in Südtirol). In der BR Deutschland sind die W.berge oft terrassenförmig mit Stützmauern angelegt. Die Rebstöcke stehen gewöhnl. im Abstand von 1,50–1,80 m in Reihen, die überwiegend in Richtung der Hangneigung verlaufen. - In der BR Deutschland nützt man heute die Rebanlagen durchschnittl. 20–25 Jahre. Die Neuanlage eines W.berges ist genehmigungspflichtig. Eine der wichtigsten Arbeiten der Winzer im W.berg ist der Rebschnitt, eine wesentl. Voraussetzung für eine qualitativ und quantitativ befriedigende Traubenernte (Lese). Eine Rebanlage bringt erstmals im 4. Jahr einen vollen Ertrag; im 3. Jahr wird oft eine Teilernte erzielt.

📖 *Scharfenberg, K.: Deutschlands Weine.* Bern 1984. - *Wicks, K.: W.keltern.* Dt. Übers. Ravensburg ^{5}1984. - *Woschek, H. G.: Das W.buch* Herrsching 1984. - *Gööck, R.: W.* Würzburg 1983. - *Lichine, A.: Die Weine u. W.gärten Frankreichs.* Mchn. 1983. - *Christoffel, K.: Kulturgesch. des Weines.* Trier 1981. - *Krämer-Badoni, R.: Das Welt-W.-Buch.* Mchn. Neuaufl. 1981. - *Lichine, A./Krüger, A.: Die große W.-Enzyklop.* Mchn. 1981. - *Scharfenberg, H.: Das prakt. Buch vom W.* Mchn. ^{2}1980. - *Woschek, H. G.: Der dt. W.führer.* Mchn. ^{4}1980. - *Ambrosi, H.: Das große Lexikon vom W.* Mchn. 1979.

Weinbau, der im wesentl. zu Erwerbszwecken (Weinherstellung, Tafeltrauben, Rosinen) betriebene Anbau der Kulturrebe (↑ Weinrebe). Ein wirtschaftl. Anbau setzt ein bestimmtes Klima (↑ Weinklima) und gute Nährstoffversorgung der Reben voraus. Die Hauptanbaugebiete der Erde liegen in der subtrop. und in der gemäßigten Zone. Die wärmeren W.gebiete (z. B. Spanien, Italien, Griechenland) liefern alkoholreiche Weine, während bukettreiche Spitzenweine aus sog.

Weinbau. 1 Rebschnitt; 2 Flachbogenerziehung; 3 Rundbogenerziehung

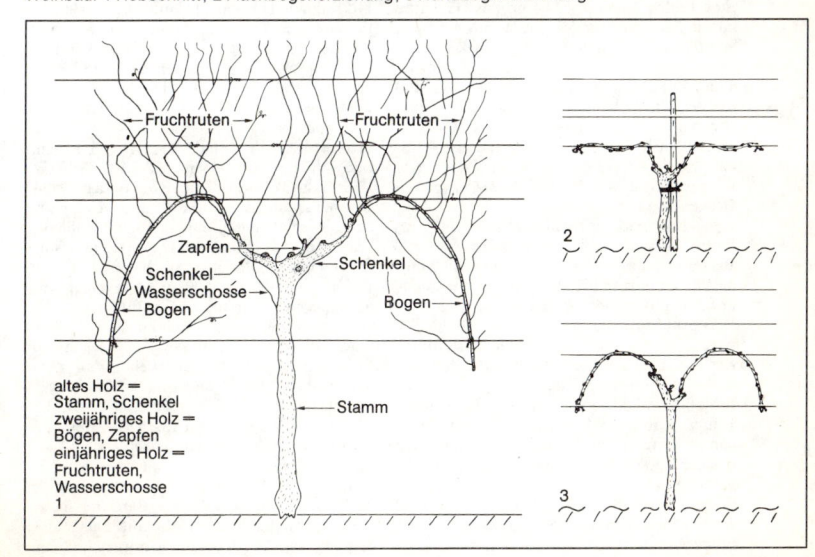

Weinberg

Weinlagen in Gebieten mit einem kühlgemäßigten Klima kommen. Derartige Weinlagen finden sich u. a. in SW-Deutschland (z. B. Rheingau, Mosel, Kaiserstuhl, Ortenau, Pfalz). Hier wird der Weinstock in sog. *Weinbergen* meist auf sonnenreichen S- und SW-Hängen kultiviert. - ↑auch Wein.

Weinberg, Steven [engl. 'waɪnbəːg], * New York 3. Mai 1933, amerikan. Physiker. - Prof. an der University of California in Berkeley, am Massachusetts Institute of Technology und an der Harvard University. Bed. Arbeiten zur Quantenfeldtheorie, zur Theorie der Elementarteilchen und ihren Wechselwirkungen sowie zur Gravitationstheorie und Kosmologie. Unabhängig von A. Salam formulierte er 1968 eine einheitl. Theorie der schwachen und elektromagnet. Wechselwirkung der Leptonen. Für diesen grundlegenden Beitrag zur vereinheitlichten Beschreibung der bekannten Naturkräfte erhielt er 1979 den Nobelpreis für Physik (zus. mit S. L. Glashow und A. Salam).

Weinberger, Caspar Willard [engl. 'waɪnbəːgə], * San Francisco 18. Aug. 1917, amerikan. Politiker (Republikaner). - Jurist; 1973-75 Min. für Gesundheit, Erziehung und Wohlfahrt; 1981-87 Verteidigungsminister.

W., Jaromir [tschech. 'vɛjmbɛrgɛr], * Prag 8. Januar 1896, † Saint Petersburg (Fla.) 8. August 1967, tschech. Komponist. - Schüler u. a. von M. Reger, lebte ab 1939 in den USA; Oper „Schwanda, der Dudelsackpfeifer".

Weinbergschnecke (Helix pomatia), große Landlungenschnecke (Fam. Schnirkelschnecken) auf kalkhaltigen, vegetationsreichen Böden M- und SO-Europas; Gehäuse kugelig, bis 4 cm groß, meist mit braunen Streifen; gräbt sich in der kühleren Jahreszeit in den Boden ein, verschließt danach ihr Gehäuse mit einem kalkigen Deckel. W. sind Zwitter, die sich im Mai/Juni wechselseitig begatten. Im Juli/August werden 40-60 kalkbeschalte Eier in einem selbstgegrabenen Erdloch abgelegt. Die als Delikatesse geschätzte W. wird vielerorts in sog. *Schneckengärten* (*Kochlearien*) gezüchtet.

Weinbrand, Qualitätsbranntwein aus Wein; mindestens 85% des Alkohols muß aus im Herstellungsland gewonnenem Weindestillat stammen, das mindestens 6 Monate in Eichenholzfässern gelagert wurde.

Weinbrenner, Friedrich, * Karlsruhe 24. Nov. 1766, † ebd. 1. März 1826, dt. Baumeister. - Nach Italienaufenthalt (1792-97) und Reisen nach Frankr. Baudirektor von Karlsruhe (ab 1800). Die Karlsruher N-S-Achse vom Schloß über Marktplatz, Rondellplatz zum Ettlinger Tor ist eines der schönsten Beispiele geschlossener nachbarocker Stadtplanung. Das Markgräfl. Palais (1803-14; Fassade bewahrt) und das Rathaus (1811-25) sind Meisterwerke des klassizist. „*Weinbrennerstils*".

Weinen, die einerseits durch körperl. Schmerz oder psych. Erregung (Schmerz, Trauer, Freude), andererseits durch phys. Reize (Schälen von Zwiebeln, Kälte) gesteigerte Absonderung der Tränenflüssigkeit (↑Tränendrüsen). Das W. als Ausdruck bestimmter Stimmungslagen ist eine dem Menschen eigentüml. Verhaltensweise; es ist wie das Lachen eine Entspannungsreaktion. Die Neigung und Fähigkeit zum W. ist individuell unterschiedl. entwickelt, daher kann von W. bzw. Nicht-W. in bestimmten Situationen nicht auf bestimmte Charakterzüge („weich" bzw. „hart") geschlossen werden. Das W. galt bis in die Gegenwart als geschlechtsspezif. Merkmal der (hilflosen) Frau, während es beim Mann als ein Zeichen der Schwäche angesehen wurde. - W. kann auch durch Anlässe ausgelöst werden, bei denen eigentl. kein Grund zu Trauer oder bes. großer Freude gegeben ist (z. B. beim Betrachten von Bildern und Filmen); dabei wird vermutlich durch äußere Ähnlichkeit die [unbewußte] Erinnerung an Ereignisse geweckt, die tatsächl. Schmerz oder Freude auslösen mußten.

Weinert, Erich, * Magdeburg 4. Aug. 1890, † Berlin (Ost) 20. April 1953, dt. Schriftsteller. - Zunächst Schlosser, dann auch Zeichenlehrer; Teilnahme am 1. Weltkrieg; 1921 Rezitator und Hausdichter des Kabaretts „Retorte"; ab 1933 im Exil (Schweiz, Frankr., UdSSR); Teilnahme am Span. Bürgerkrieg; 1946 Rückkehr nach Berlin (Ost). Schrieb engagierte, oft propagandist. sozialist. Lyrik und Prosa.

Weinfelden, schweizer. Bez.hauptort im Thurtal, Kt. Thurgau, 432 m ü. d. M., 8 900 E. Im Sommer Tagungsort des thurgauischen Kantonsparlaments; Metallverarbeitung, Nahrungsmittel- und Schuhind. - 1180 erstmals erwähnt. - Spätgot. Haus zur Traube; Biedermeierhäuser (19. Jh.); Schloß (12. Jh.; 1860 wiederhergestellt).

Weingarten, Stadt in Oberschwaben, Bad.-Württ., 468-485 m ü. d. M., 22 300 E. PH, Akad. der Diözese Rottenburg, Religionspädagog. Inst.; Stadt- und Klosterarchiv, Alamannenmuseum; Holz-, Mühlen-, Textilind., Maschinenbau u. a.; Wallfahrtsort (1529 erster „Blutritt", Wallfahrt zum Hl. Blut). - Entwickelte sich aus dem Dorf **Altdorf,** das bei einem in der 1. Hälfte des 10. Jh. von den Welfen gegr. Frauenkloster entstand. Nach Brand (1053) wurde das Kloster in den bisherigen Wohnsitz der Welfen auf dem Martinsberg verlegt und W. gen. (welf. Grablege). W. war 1268-1806 reichsunmittelbar, Altdorf war seit dem 13. Jh. Sitz der Verwaltung der Landvogtei Oberschwaben, 1647 auch des Landvogts selbst. 1865 wurden Altdorf und das Kloster W. zur Stadtgemeinde W. zusammengeschlossen. - Barocke Benediktinerabteikirche (1715 ff.) mit Deckengemälden von C. D. Asam, Chorgestühl von

Weinkrankheiten

Weingarten. Benediktinerabtei

J. A. Feuchtmayer, Orgel von J. Gabler (1737–50) und spätgot. Kreuzgang (1515–1605).

Weingartner, Felix von, * Zadar 2. Juni 1863, † Winterthur 7. Mai 1942, östr. Dirigent und Komponist. - Ab 1891 Kapellmeister der Königl. Kapelle in Berlin, 1898–1903 1. Dirigent der Kaim-Konzerte in München, 1908–11 Direktor der Wiener Hofoper, 1919–24 der Wiener Volksoper, 1927–33 des Konservatoriums in Basel. Komponierte u. a. Opern, 7 Sinfonien, 2 Violinkonzerte, Kammermusik und Chorwerke. Schrieb „Über das Dirigieren" (1896) und „Die Symphonie nach Beethoven" (1897).

Weingartner Liederhandschrift [nach dem Aufbewahrungsort von Anfang des 17. bis Anfang des 19. Jh.], nach dem heutigen Aufbewahrungsort **Stuttgarter Liederhandschrift** genannte Strophensammlung von 26 mittelhochdt. Sangversdichtern vom Ende des 12. bis Mitte des 13. Jh.; angefertigt zw. 1310 und 1320 wohl in Konstanz.

Weingeist, svw. ↑Äthanol.

Weinheber, Josef, * Wien 9. März 1892, † Kirchstetten (Niederösterreich) 8. April 1945 (Selbstmord), östr. Schriftsteller. - Autodidakt; 1911–32 im östr. Postdienst. Bestimmend für seine gedankl. Oden- und Hymnendichtung sind ausgeprägtes Formbewußtsein, sprachl. Kultur und künstler. Reimtechnik. Auch volksliedhaft schlichte musikal. Lyrik, Kalenderverse und Mundartgedichte sowie autobiograph. bestimmte Romane („Das Waisenhaus", 1925) und Essays. Vorübergehend Anlehnung an nationalsozialist. Ideen, die er später ablehnte. - *Weitere Werke:* Der einsame Mensch (Ged., 1920), Von beiden Ufern (Ged., 1923), Adel und Untergang (Ged., 1934), Zwischen Göttern und Dämonen (Ged., 1938).

Weinhefe (Saccharomyces ellipsoides), auf Weinbeeren in mehreren Wildrassen lebender Hefepilz, der im abgepreßten Traubensaft zur Spontangärung führt. Von der W. werden einige Stämme als ↑Kulturhefen kultiviert, die auch zur Vergärung von anderen Obstsäften verwendet werden.

Weinheim, Stadt an der Bergstraße, Bad.-Württ., 108 m ü. d. M., 40 800 E. Leder-, chem. und Nahrungsmittelind., Verlage. - 755 erstmals erwähnt; aus einer fränk. Siedlung des 6./7. Jh. hervorgegangen; zw. 1232–1264 Anlage der befestigten und mit Stadtrecht ausgestatteten Neustadt; 1456 mit der Altstadt vereinigt. - Burgruine Windeck (12. Jh.); romantisierende Wachenburg (1907–28). Ehem Schloß (v. a. 17. und 18. Jh.) mit Park und Exotenwald; ehem. Renaissancerathaus (16. und 19. Jh.).

Weinheimer Senioren-Convent, Abk. WSC, 1863 gegr. Dachverband der student. Korps an den dt. techn. Hochschulen.

Weinklima (Weinbauklima, Rebenklima), Bez. für ein Klima (Jahresdurchschnittstemperatur zw. 12 und 18 °C) in Gebieten v. a. zw. dem 35. und 45. Breitengrad, in denen neben Weinrebe auch Aprikose, Pfirsich, Edelkastanie, gegebenenfalls auch Feige, Paprika u. a. teilweise frostempfindl. Pflanzen gedeihen. Ein W. haben in Deutschland bis zum 51. Breitengrad hinaufreichende, klimat. begünstigte Kleingebiete (Sonnenhänge) v. a. in den Ländern Rhld.-Pf. und Baden-Württemberg.

Weinkrankheiten, durch Bakterien sowie Hefe- und Schimmelpilze hervorgerufene Veränderungen des Geschmacks, des Geruchs und der chem. Zusammensetzung des Weins. Bes. gefährdet sind alkoholarme Weine. Zu den W. zählt u. a. das **Kahmigwerden** (Infektion mit alkoholzersetzenden Kahmhefen, der Wein wird trüb und muffig), das **Mäuseln** (Wein riecht nach Mäuseharn und hat einen widerl. Nachgeschmack), das **Umschlagen** (Wein wird trüb, verliert Aroma und Säure und nimmt einen unangenehmen

Geschmack und Geruch an) und das **Zähwerden** (junge, säure-, gerbstoff- und [oft] alkoholarme Weine werden schleimig-ölig und ziehen Fäden, v. a. durch Bakterien verursacht). Zur völligen Unbrauchbarkeit kann der (bes. in südl. Ländern verbreitete) **Essigstich** infolge Vergärung von Äthanol und Traubenzucker zu Essigsäure führen. Bei Milchsäureüberschuß (**Milchsäurestich**) erhält der Wein einen unangenehm süßsauren Geschmack und einen an Sauerkraut erinnernden Geruch. Das **Bitterwerden** des Rotweins wird (nach anfängl. Aufhellung und fadem Geschmack) durch spezielle Bitterstoffe verursacht, die nach biolog. Glycerinabbau zu Akrolein und dessen chem. Reaktion mit Polyphenolen gebildet werden.

Weinland-Effekt ↑photographische Effekte.

Weinpalme, (Borassus) Gatt. der Palmen mit 9 Arten in trop. Afrika und Asien; bis 30 m hohe Fächerpalmen mit kleinen, in die Blütenstandachse eingesenkten, zweihäusigen Blüten; Früchte kugelig, mit Steinkern. Wirtschaftl. wichtig ist die u. a. Palmwein liefernde **Palmyrapalme** (Borassus flabellifer; in S-Asien).

◆ Bez. für verschiedene Palmwein liefernde Palmen, u. a. für Arten der Gatt. ↑Raphiapalme.

Weinraute ↑Raute.

Weinrebe (Rebe, Vitis), Gatt. der W.gewächse mit rd. 60 Arten in der nördl. gemäßigten Zone, v. a. in N-Amerika und O-Asien; meist sommergrüne, mit Ranken kletternde Sträucher mit streifig abfasernder Borke; Blätter meist einfach, gelappt oder gezähnt; Blüten fünfzählig, in Rispen stehend; Frucht eine Beerenfrucht. Die wirtsch. bedeutendste, sehr formenreiche Art ist die **Echte Weinrebe** (Weinstock, Vitis vinifera), aus deren beiden wild vorkommenden Unterarten die zahlr. Sorten der **Kulturrebe** (Edelrebe, Vitis vinifera ssp. vinifera), z. B. durch Einkreuzung von in N-Amerika heim. W.arten (↑Amerikanerreben), entstanden sind. Die eine Unterart ist *Vitis vinifera ssp. sylvestris,* die von M-Frankr. über das Oberrheingebiet und das sö. Europa bis Palästina und NW-Afrika vorkommt; aus ihr sind wahrscheinl. einige der älteren dt. Kultursorten hervorgegangen. Die andere Unterart ist die von der Ukraine bis zum Kaukasus, in Kleinasien, Iran, Turkestan und Kaschmir vorkommende *Vitis vinifera ssp. caucasica,* die an der Entstehung der meisten modernen Sorten der Kulturrebe beteiligt ist. Die Sprosse der Kulturrebe sind ein aus Lotten (Langtrieben) und Geiztrieben (Kurztrieben) bestehendes Sympodium (Scheinachse). Die Blätter sind rundl. herzförmig, 7–15 cm breit und 3- bis 5lappig. Die zwittrigen, duftenden Blüten haben an den Spitzen mützenförmig zusammenhängende, gelblichgrüne Kronblätter. Die Kulturrebe wird vegetativ durch Ableger vermehrt. – Die Früchte *(Weinbeeren)* sind je nach Sorte blau, rot, grün oder gelb. Die Fruchtstände werden als Trauben *(Weintrauben)* bezeichnet.

Weinrebengewächse (Rebengewächse, Vitaceae), Fam. der Zweikeimblättrigen mit rd. 700 v. a. in den Tropen verbreiteten Arten in 12 Gatt.; meist Lianen mit häufig gefiederten, mit Nebenblättern versehenen Blättern und Ranken, die Blütenständen entsprechen; Blüten meist 4- bis 5zählig; Beerenfrüchte. Bekannte Gatt. sind ↑Doldenrebe, ↑Jungfernrebe, ↑Klimme und ↑Weinrebe.

Weinrich, Franz Johannes, Pseud. Heinrich Lerse, * Hannover 7. Aug. 1897, † Ettenheim 24. Dez. 1978, dt. Schriftsteller. – Gehörte zum Bund kath. Expressionisten „Der weiße Reiter"; schrieb vorwiegend Mysterien- und Legendenspiele sowie religiöse Erzählwerke, Lyrik, Biographien und Hörspiele.

W., Harald, * Wismar 29. Sept. 1927, dt. Romanist und Linguist. – Prof. in Kiel, Köln, Bielefeld, seit 1978 in München. Zahlr. Arbeiten zur Romanistik. Bemüht sich bes. um eine Verbindung von Literaturwiss. und Linguistik. In seinem Werk „Tempus. Besprochene und erzählte Welt" (1964) versuchte er, die sprachwiss. Analyse zur Grundlage der literar. Interpretation des Textes zu machen. Dudenpreis 1986.

Weinrose ↑Rose.

Weinsäure (Weinsteinsäure, 2,3-Dihydroxybernsteinsäure), durch zwei Hydroxylgruppen substituierte Dicarbonsäure, die in drei stereoisomeren Formen vorkommt, von denen zwei, die D- und L-W., opt. aktiv sind; die Meso-W. ist opt. inaktiv. Opt. inaktiv ist auch das aus gleichen Teilen D- und L-W. bestehende Racemat, die D,L-W. (Traubensäure). Die Salze und Ester heißen Tartrate. V. a. die L-W. kommt frei sowie in Form ihres Kaliumsalzes in den Blättern und Früchten der Weinrebe sowie zahlr. anderer Pflanzen vor. Sie wird als Säuerungsmittel für Lebensmittel verwendet.

Weinsberg, Stadt 5 km östl. von Heilbronn, Bad.-Württ., 158 m ü. d. M., 9 100 E. Staatl. Lehr- und Versuchsanstalt für Wein- und Obstbau, Kerner-Haus. Karosserie- und Werkzeugbau, Textilind., Präzisionsteileherstellung. – 1147 erstmals erwähnt. Die Burg war vor 1000 bereits in Reichsbesitz; die später dort entstandene Siedlung wurde um 1200 zur Stadt erhoben. Nach dem Sieg König Konrads III. gegen Welf VI. in der *Schlacht bei W.* 1140 ergab sich die belagerte Stadt. Als – nach der auch an andere Orte geknüpften Sage – der König den Frauen freien Abzug gewährte und ihnen erlaubte, mitzunehmen, was sie tragen könnten, trugen die Frauen ihre Männer aus der Stadt. - Ev. spätroman. Stadtkirche (13. und 15. Jh.); Burgruine Weibertreu (13./14. und 16. Jh.).

Weinschwärmer, Bez. für 3 Arten dämmerungs- bis nachtaktiver Schmetterlinge (Fam. Schwärmer) mit 4–7 cm Flügelspannweite: *Kleiner W.* (Kleiner Weinvogel, Deilephila porcellus; v. a. im wärmeren M- und S-Europa; Flügel olivgrün mit roter Randbinde); *Mittlerer W.* (Mittlerer Weinvogel, Deilephila elpenor; v. a. in Heidegebieten Europas und N-Asiens; Vorderflügel blaß weinrot, olivgrün gezeichnet, Hinterflügel rot und schwarz); *Großer W.* (Hippotion celerio; Vorderflügel vorwiegend olivgrün, mit Zeichnung, Hinterflügel weinrot und schwarz; im trop. Afrika heimisch. Die Raupen fressen u. a. an Weinreben.

Weinstadt, Stadt im Remstal, Bad.-Württ., 233–275 m ü. d. M., 23 200 E. Silchermuseum im Ortsteil *Schnait.* Bed. Weinbau und -handel; Nahrungsmittelind., Verlag.

Weinstein (Kaliumhydrogentartrat, Cremor tartari), $KHC_4H_4O_6$, das saure Kaliumsalz der L-Weinsäure; farblose, kristalline, schwer wasserlösl. Substanz, die v. a. in Weintrauben enthalten ist und sich in Weinfässern und -flaschen abscheidet; wird zur Gewinnung der L-Weinsäure verwendet.

Weinstock ↑ Weinrebe.

Weinviertel, nö. Landesteil Niederösterreichs, Teil des Karpatenvorlands. In den Talniederungen Viehzucht mit Milchwirtschaft, sonst verbreitet Weizen-, an der March und um Laa an der Thaya Zuckerrüben- und v. a. Weinbau; Erdöl- und Erdgasförderung.

Weir, Peter [engl. wi:r], * Sydney 21. Juni 1944, austral. Filmregisseur. - *Filme:* Picknick am Valentinstag (1975), Ein Jahr in der Hölle (1983), Der einzige Zeuge (1985), Mosquito Coast (1987).

Weischedel, Wilhelm, * Frankfurt am Main 11. April 1905, † Berlin (West) 20. Aug. 1975, dt. Philosoph. - Prof. in Tübingen und an der FU in Berlin; bemühte sich um die Neubegründung der philosoph. Theologie. - *Werke:* Das Wesen der Verantwortung (1933), Recht und Ethik (1956), Wirklichkeit und Wirklichkeiten (1960), Der Gott der Philosophen (2 Bde., 1971/72).

Weise, Christian, * Zittau 30. April 1642, † ebd. 21. Okt. 1708, dt. Dichter. - Ab 1678 Rektor des Zittauer Gymnasiums. Bed. Schuldramatiker und Komödiendichter, der für seine rund 60 witzigen und bühnenwirksamen Stücke (erhalten sind 15), mit denen er die Schüler zu „polit." Verhalten erziehen wollte, bibl., histor. und literar. Stoffe verwendete. Mit seinen Werken steht W. an der Wende vom Barock zur Aufklärung und zu einer bürgerl.-didakt. Dichtung, die v. a. seine satir. Romane bestimmte („Der polit. Näscher", 1676). - *Weitere Werke:* Bäurische Machiavellus (Kom., 1681), Spiel von dem Neapolitanischen Rebellen Masaniello (Trag., 1683).

Weisel [zu weisen], die Königin bei den † Honigbienen.

Weisenborn, Günther, Pseud. Eberhard Foerster, Christian Munk, * Velbert 10. Juli 1902, † Berlin (West) 26. März 1969, dt. Dramatiker und Erzähler. - 1928 Dramaturg in Berlin; 1930/31 Farmer und Postreiter in Argentinien. Als 1933 seine Werke von den Nationalsozialisten verboten und verbrannt wurden, schrieb W. unter Pseud. u. a. „Die Neuberin" (Dr., 1935). Widerstandstätigkeit in der „Roten Kapelle", 1942 verhaftet und bis 1945 im Zuchthaus; danach Bürgermeister von Luckau. 1945–47 Mithg. der Zeitschrift „Ulenspiegel", 1951–54 Chefdramaturg der Hamburger Kammerspiele. Beschäftigte sich v. a. mit traditionellen wie experimentellen Formen des zeitgenöss. Dramas und gründete die „ortlose Dramaturgie". Bes. Wirkung erlangten sein Drama „Die Illegalen" (1946), seine Erinnerungen „Memorial" (1948) und sein auf einer Materialsammlung R. Huchs beruhender Bericht über den antifaschist. Widerstand „Der lautlose Aufstand" (1953).

Weiser, Artur, * Karlsruhe 18. Nov. 1893, † Tübingen 5. Aug. 1978, dt. ev. Theologe. - Seit 1930 Prof. für A. T. in Tübingen; Hg. der Kommentarreihe „Das Alte Testament Deutsch" (seit 1949) und Autor zahlr. bed. krit.-exeget. Werke zum Alten Testament.

W., Grethe, geb. Mathilde Ella Dorothea Margarethe Nowka, * Hannover 27. Febr. 1903, † Bad Tölz 2. Okt. 1970 (Autounfall), dt. Schauspielerin und Kabarettistin. - 1928–30 an der Volksbühne Berlin, 1930–33 an verschiedenen Berliner Kabaretts; ab 1932 übernahm sie insgesamt mehr als 100 Filmrollen (u. a. „Die göttl. Jette", 1937; „Wir machen Musik", 1942; „Die Frau meiner Träume", 1944; „Der Vetter aus Dingsda", 1953; „Ferien vom Ich", 1963).

Grethe Weiser

Weisgerber, Albert, * Sankt Ingbert 21. April 1878, ✕ bei Fromelles bei Ypern 10. Mai 1915, dt. Maler. - 1905–07 Parisaufenthalt; in Auseinandersetzung mit dem frz. Fauvismus und Cézanne schuf er ein frühexpressionist. Werk mit mytholog. und religiöser Thematik; auch Graphik.

W., Antje, * Königsberg (Pr) 17. Mai 1922, dt. Schauspielerin. - 1941-43 Staatstheater Berlin, 1943-45 Burgtheater Wien, 1946-50 Dt. Theater Berlin, 1951-55 Düsseldorfer Schauspielhaus, 1955-63 Dt. Schauspielhaus Hamburg; zahlr. Gastspiele, auch Film- und Fernsehrollen (u. a. „Der Landarzt", 1987).

W., Leo, * Metz 25. Febr. 1899, † Bonn 8. Aug. 1985, dt. Sprachwissenschaftler. - Prof. in Rostock, Marburg, Bonn. Mit der von ihm begründeten „energet. Sprachwissenschaft" († inhaltsbezogene Sprachbetrachtung) will W. das „Weltbild der Sprache" ergründen, ebenso die Wirkungen des Sinngebildes Sprache auf den Menschen und auf ihr Tun. Seine Ideen bestimmten die Sprachdidaktik in der Zeit nach 1945 bis in die 60er Jahre hinein; danach wurde eine „irrationale Auffassung" von Sprache zunehmend kritisiert. Dudenpreis 1960. - *Werke:* Muttersprache und Geistesbildung (1929), Dt. Volk und dt. Sprache (1935), Von den Kräften der dt. Sprache (1949/50), Das Gesetz der Sprache ... (1951), Die vier Stufen in der Erforschung der Sprachen (1963), Die geistige Seite der Sprache und ihre Erforschung (1971).

Weishaupt, Adam, * Ingolstadt 6. Febr. 1748, † Gotha 18. Nov. 1830, dt. Philosoph. - 1772-85 Prof. für kanon. Recht in Ingolstadt; 1785 aus Bayern verbannt, weil er 1776 den † Illuminatenorden gegründet hatte und ein Vertreter der radikalen Aufklärung war.

Weisheit (Buch der Weisheit, Weisheit Salomos), Abk. Weisheit (Weish, Sap), wahrscheinl. im 1. Jh. v. Chr. wohl in griech. Sprache verfaßtes Buch des A. T., in dem der Verfasser die jüd. Weisheit als der griech. Philosophie überlegen darstellt, um den Verfall jüd. Sitten aufzuhalten; früher fälschl. Salomo zugeschrieben.

Weisheit, 1. im Unterschied zur Klugheit menschl. Grundhaltung, die auf einer allg. Lebenserfahrung und einem umfassenden Verstehen und Wissen um Ursprung, Sinn und Ziel der Welt und des Lebens sowie um die letzten Dinge gegründet ist; 2. die dieser Grundhaltung entsprechenden Handlungsweisen.

Weisheitsliteratur, Literaturgattung des A. T., die aber auch im Alten Orient vorkommt. Im Mittelpunkt steht der Mensch in seiner Menschlichkeit; erst in nachexil. Zeit richtet sich das Augenmerk auf das Studium der Thora; zur W. des A. T. zählen die Bücher Hiob, Sprüche und Prediger (Kohelet), außerhalb des hebr. Kanons der Bibel v. a. das Buch der Weisheit und Jesus Sirach.

Weisheitszahn † Zähne.

Weismann, August, * Frankfurt am Main 17. Jan. 1834, † Freiburg im Breisgau 5. Nov. 1914, dt. Zoologe. - Prof in Freiburg; entwickelte die Keimplasmatheorie, wonach im Keimplasma die gesamte Erbsubstanz in Form sog. Anlageteilchen oder Determinanten enthalten ist. Begründete den Neodarwinismus, welcher die Vererbung erworbener Eigenschaften ablehnt, die Selektion als entscheidenden Vererbungsfaktor betont.

Weismantel, Leo, * Obersinn (Landkr. Main-Spessart) 10. Juni 1888, † Rodalben 16. Sept. 1964, dt. Schriftsteller. - Gründete 1928 die „Schule der Volkschaft", eine pädagog. Forschungs- und Lehranstalt (1935 aufgelöst); 1939 und 1944 in Gestapohaft. Begann mit expressionist. Romanen („Mari Madlen", 1918) und Dramen; schrieb später v. a. durch kath.-religiöse Grundhaltung und volkserzieher. und kulturpädagog. Bestrebungen gekennzeichnete [Künstler]romane („Dill Riemenschneider", 1936), Mysterien- und Festspiele.

Weiß, Emil Rudolf, * Lahr 12. Okt. 1875, † Meersburg 9. Nov. 1942, dt. Buchkünstler. - Geprägt vom Jugendstil, schuf er u. a. für den Eugen Diederichs Verlag, den Insel-Verlag und den S. Fischer Verlag Buchtitel, Einbände, Signete, Vignetten und Schriften („Weiß-Fraktur", 1914; „Weiß-Antiqua", 1926; „Weiß-Gotisch", 1936; „Rundgotisch" 1939).

W., Ernst, * Brünn 28. Aug. 1884, † Paris 15. Juni 1940 (Selbstmord), östr. Schriftsteller. - Schiffsarzt, emigrierte 1936 nach Paris; befreundet mit F. Kafka; expressionist. Dramatiker und Erzähler. - *Werke:* Die Galeere (R., 1913), Tanja (Dr., 1920), Ich der Augenzeuge (R., hg. 1963).

Weiß, Bez. für diejenigen neutralen (unbunten) Körperfarben, die nach dem DIN-Farbsystem († Farblehre) mit einer Dunkelstufe $D \leq 1$ und einer Sättigungsstufe $S \leq 2$ die hellsten von allen Farben sind und (im Ggs. zu Schwarz) das andere Ende der Grauskala bilden; auch Bez. für jede vom Gesichtssinn vermittelte Farbempfindung, die durch weißes Licht hervorgerufen wird. Das dem Unbuntpunkt der Normfarbtafel zugeordnete *ideale W.* (mit $D = 0$) würde eine Körperoberfläche aufweisen, die sichtbares Licht jeder Wellenlänge vollständig reflektiert; als W. werden aber noch die Körperfarben von Oberflächen mit einem Reflexions- bzw. Remissionsgrad $\geq 0,7$ in allen Spektralbereichen empfunden.

In der † Farbensymbolik bezeichnet W. das Reine und Vornehme; bei vielen Völkern ist W. die Farbe des kult. Kleides und Symbol der Unschuld, Jungfräulichkeit und Keuschheit; auch Trauerfarbe.

Weiss, Jan [tschech. vɛjs], * Jilemnice (Ostböhm. Gebiet) 10. Mai 1892, † Prag 7. März 1972, tschech. Schriftsteller. - Gilt zusammen mit K. Čapek als Schöpfer des modernen psycholog.-phantast. Romans in der tschech. Literat. In seinen Erzählungen und Romanen vermischen sich Traum und Wirklichkeit zu oft alptraumhafter Phantastik.

W., Peter, * Nowawes (= Berlin) 8. Nov.

1916, †Stockholm 10. Mai 1982, dt. Schriftsteller, Maler und Filmregisseur. - Emigrierte 1934 in die ČSR, 1939 über die Schweiz nach Schweden (seit 1945 schwed. Staatsbürger; lebte in Stockholm). Erst seit 1960 Veröffentlichungen in dt. Sprache: die experimentelle Prosa „Der Schatten des Körpers des Kutschers" (entstanden 1952, erschienen 1960), die autobiograph. Erzählung „Abschied von den Eltern" (1961) und das polit. engagierte, komödiant. Urformen verwendende Theaterstück „Die Verfolgung und Ermordung Jean Paul Marats, dargestellt durch die Schauspielgruppe des Hospizes zu Charenton unter Anleitung des Herrn de Sade" (1964, revidierte Fassung 1965); sie sind gekennzeichnet - wie auch die späteren Werke - durch drei Tendenzen: das experimentelle Erproben der Sprache, den autobiograph. Zug und ein polit. Engagement, das W. nach Auseinandersetzung mit dem NS („Die Ermittlung", Oratorium in 11 Gesängen", 1965) zeitweilig zu einem parteiischen Marxisten-Leninisten werden ließ (z. B. der umfangreiche Vietnam-Komplex des Werkes in den Jahren 1966–68, u. a. „Diskurs über die Vorgeschichte und den Verlauf des lang andauernden Befreiungskrieges in Viet Nam ...", Dr. 1968). Seit 1970 befragen die Stücke („Trotzki im Exil", 1970; „Hölderlin", 1971) auch die Radikalität dieser Position, das Verhältnis des polit. Dichters, seine ästhet. Möglichkeiten zur polit. Wirklichkeit und Praxis, und knüpfen wie der Romanversuch „Die Ästhetik des Widerstands" (bisher 2 Bde., 1975–78) an die autobiograph. Tendenz der frühen Arbeiten an. Als Maler, Zeichner und Collagenkünstler entwickelte W. einen persönl. geprägten mag. Realismus mit expressiven und visionären Zügen; Georg-Büchner-Preis 1982. - *Weitere Werke:* Fluchtpunkt (R., 1962), Das Gespräch der drei Gehenden (E., 1963), Gesang vom lusitan. Popanz (Dr., 1969), Wie dem Herrn Mockinpott das Leiden ausgetrieben wird (Dr., 1969), Das Duell (E., 1972), Der Prozeß (Dr., 1975; nach F. Kafka).

W., Pierre [frz. va'is, vɛs], * Mülhausen 25. März 1865, † Lyon 24. Okt. 1940, frz. Physiker. - Prof. an der ETH Zürich und in Straßburg. Entwickelte die phänomenolog. Theorie des Ferromagnetismus, in der er eine spontane Magnetisierung in bestimmten Bereichen († Weisssche Bezirke) postulierte, und entdeckte den magnetokalorischen Effekt.

Weissagung, Prophezeiung, Verkündung zukünftiger Ereignisse, aber auch Deutung gegenwärtigen Geschehens; in der *Religionsgeschichte* werden W. v. a. von Propheten berichtet.

Weißährigkeit (Flissigkeit), v. a. durch Weißfärbung und verkümmerten Fruchtansatz der unteren Ährchen gekennzeichnete Krankheit der Gräser, bes. des Getreides; Ursache: Wasser- und Nährstoffmangel während der Ährenbildung oder Befall durch tier. Parasiten (z. B. Fritfliege, Getreideblasenfuß).

Weißbier (Weizenbier), ein helles, stark kohlensäurehaltiges, obergäriges ↑ Bier aus Gersten- und Weizenmalz (gemischt im Verhältnis 1 : 3); Alkoholgehalt etwa 3 %.

Weißblech, zum Schutz gegen Rost mit Zinn überzogenes Eisenblech.

Weißbrot (Weizenbrot), Brotsorte aus Weizenmehl der Typen 405 und 550.

Weißbroteinheit (Broteinheit), Abk. WBE, Umrechnungseinheit für Diabetikerdiät, diejenige Menge an Kohlenhydraten (12 g), die in 20 g Weißbrot enthalten ist.

Weißbuche, svw. ↑ Hainbuche.

Weißbücher ↑ Farbbücher.

Weißdorn (Crataegus), Gatt. der Rosengewächse mit rd. 200 Arten in der nördl. gemäßigten Zone. In Deutschland heim. sind der **Eingriffelige Weißdorn** (Crataegus monogyna), ein Strauch oder kleiner Baum mit bedornten Zweigen, drei- bis siebenlappigen Blättern, behaarten Blütenstielen und reinweißen, in Doldenrispen stehenden Blüten, sowie der **Zweigriffelige Weißdorn** (Mehldorn, Gemeiner W., Crataegus oxyacantha) mit drei- bis fünflappigen, gesägten Blättern, kahlen Blütenstielen und weißen oder rosafarbenen, unangenehm riechenden Blüten, die ebenso wie Blätter und Früchte *(Mehlbeeren)* medizin. als Herz- und Kreislaufmittel verwendet werden. Eine Kulturform des Zweigriffeligen W. ist der ↑ Rotdorn.

Weiße, Christian Felix, * Annaberg-Buchholz 28. Jan. 1726, † Stötteritz (= Leipzig) 16. Dez. 1804, dt. Schriftsteller. - Begann als anakreont. Lyriker, schrieb dann rührende Rokokospiele und Tragödien; beliebt waren seine belehrende Zeitschrift „Der Kinderfreund" (24 Bde., 1775–82) und seine Jugendbücher.

W., Christian Hermann, * Leipzig 10. Aug. 1801, † ebd. 19. Sept. 1866, dt. Philosoph. - Enkel von Christian Felix W.; ab 1845 Prof. in Leipzig. Entwarf - beeinflußt von Hegel und der Freiheitsphilosophie Schellings - ein spekulativ-idealist. System, in dessen Rahmen er den christl. Glauben und seine Sätze philosoph. entwickeln wollte. - *Werke:* System der Ästhetik als Wiss. von der Idee des Schönen (1830), Die Idee der Gottheit (1833), Das philosoph. Problem der Gegenwart (1842), Philosoph. Dogmatik oder Philosophie des Christentums (1855–62).

W., Michael, * Neisse um 1488, † Landskron (= Lanškroun, Ostböhm. Gebiet) im März 1534, dt. ev. Kirchenlieddichter. - Zunächst Mönch in Breslau; nach seiner Flucht aus dem Kloster (1518) Mgl. der Böhm. Brüder; hielt Kontakt zu Luther. Sein bed. „New Gesengbuchlen" (1531) wirkt mit seinen 157 deutschsprachigen Kirchenliedern bis in die Gegenwart.

weiße Blutkörperchen ↑ Blut.

Weiße Elster

Weiße Elster, rechter Nebenfluß der Saale, entspringt im Elstergebirge, DDR, mündet unterhalb von Schkopau in 2 Armen, 257 km lang.

weiße Fahne, seit dem 18. Jh. im Krieg Zeichen der Übergabebereitschaft bzw. der Kapitulation, auch der Verhandlungsbereitschaft (Parlamentärflagge).

Weiße Fliege ↑ Mottenschildläuse.

Weiße Frau, als Schutzgeist oder Todesbotin erscheinende sagenhafte Ahnfrau eines adligen Geschlechts.

Weiße Insel, sowjet. Insel in der Karasee, 1 900 km², bis 24 m hoch.

Weiße Körös [ungar. 'kørøʃ] ↑ Körös.

Weiße Lütschine ↑ Lütschinental.

Weiße Maus, svw. Labormaus (↑ Hausmaus).

Weißenberg, Joseph, * Fehebeutel (Landkr. Striegau) 24. Aug. 1855, † Obernigk bei Breslau 6. März 1941, dt. Sektengründer. - Von Beruf Maurer und Gastwirt; wirkte ab 1903 als „Heilmagnetiseur" in Berlin; besaß mediale und okkulte Fähigkeiten; sammelte ab 1904 seine Anhänger in der „Christl. Vereinigung ernster Forscher im Diesseits nach Jenseits, wahrer Anhänger der christl. Kirchen"; 1920 gründete W. aus sozialen Gründen die sog. „Friedensstadt" bei Blankensee (= Potsdam); Spannungen mit den Kirchen führten 1926 zur Gründung der ↑ Evangelisch-Johannischen Kirche nach der Offenbarung St. Johannis (seit 1975 „Johann. Kirche").

Weissenberg, Alexis, * Sofia 26. Juli 1929, frz. Pianist bulgar. Herkunft. - Schüler von W. Landowska und A. Schnabel; tritt als gefeierter Virtuose v. a. mit Werken der Klassik und Romantik hervor.

Weißenborn, Theodor, * Düsseldorf 22. Juli 1933, dt. Schriftsteller. - Beabsichtigt mit seinen Kurzgeschichten, u. a. „Eine befleckte Empfängnis" (1969), „Der Sprung ins Ungewisse" (1975), „Der Wächter des Wales" (1976), und Hörspielen („Ein Zeugnis humanist. Reife", 1971) eine „permanente Verunsicherung des chron. an Verdrängungen leidenden öffentl. und privaten Bewußtseins". - *Weitere Werke:* Sprache als Waffe (1976), Gesang zu zweien in der Nacht. Texte gegen die Gewalt (1977), Als wie ein Rauch im Wind (1979), Die Paten der Raketen (1986).

Weißenburg, Otfried von ↑ Otfrid von Weißenburg.

Weißenburg (frz. Wissembourg), frz. Stadt an der Lauter, Elsaß, Dep. Bas-Rhin, 7 300 E. Maschinenbau, Baustoffind. - Kern der urspr. Siedlung ist das 631/632 gegr. Benediktinerkloster (973 Reichsabtei, 1524 weltl. Stift); als Siedlung 1187 zuerst erwähnt; 1254 Mgl. des Rhein. Städtebundes, 1354 der Dekapolis; 1672 von den Franzosen besetzt; in der Folgezeit mehrfacher Besitzwechsel. - Got. Kirche Sankt-Peter-und-Paul (13. Jh.) mit Glasfenstern und Wandmalereien, Kreuzgang (14. Jh.); barockes Rathaus (1741–52); Fachwerkhäuser (16. und 17. Jh.).

Weißenburg-Gunzenhausen, Landkreis in Bayern.

Weißenburg i. Bay., bayr. Krst. am N-Fuß der südl. Fränk. Alb, 422 m ü. d. M., 17 200 E. Verwaltungssitz des Landkr. W.-Gunzenhausen; Posamentenherstellung, Metallverarbeitung, Textil-, Nahrungsmittel- u. a. Ind. - Etwa 1 km östl. des röm. Auxiliarkastells **Biricianis** (**Biriciana**; erbaut unter Domitian, 253 n. Chr. durch die Alemannen zerstört; 1977 Entdeckung der Thermen) entstand wohl schon vor der Zerstörung des Kastells eine Siedlung. 867 wird hier ein Königshof *Uuizinburc* erwähnt, um den sich die Stadt (1241 als solche bezeichnet, 1338–1802/06 Reichsstadt) entwickelte. - Weitgehend erhaltene Stadtbefestigung mit 2 Toren und 38 Türmen. Ev. got. Stadtpfarrkirche Sankt Andreas (14. und 15. Jh.), spätgot. Rathaus (1470–76); Wohnhäuser (17.–18. Jh.).

Weiße Nessel ↑ Boehmeria.

Weißenfels, Krst. an der Saale, Bez. Halle, DDR, 96 m ü. d. M., 38 600 E. Schuhmuseum; Schuhkombinat. - Entstand aus Marktsiedlung, erhielt 1185 Stadtrecht; 1656–1746 Residenz der Sekundogenitur Sachsen-W. - Spätgot. Pfarrkirche Sankt Marien (nach 1475), Barockrathaus (1720), Schloß Neu-Augustenburg (1660–93).

W., Landkr. im Bez. Halle, DDR.

Weißenhofsiedlung ↑ Stuttgart.

Weißenhorn, Stadt am NW-Rand der Iller-Lech-Platte, Bay., 501 m ü. d. M., 10 500 E. Pendlerwohngemeinde von Ulm/ Neu-Ulm; Herstellung von Aluminiumlegierungen, Elektromotoren u. a. - 1160 erstmals gen.; Anfang des 14. Jh. zur Stadt erhoben. - Ehem. Schloß (13./14. Jh. und 1513/14), mit oktogonalem Renaissancetreppenturm (16. Jh.); 2 spätgot. Stadttore.

Weißsee, See in Kärnten, mit 930 m ü. d. M. höchstgelegener Badesee Österreichs, 11,4 km lang, bis 600 m breit, bis 97 m tief.

Weißer Amur (Chinakarpfen, Graskarpfen, Chin. Graskarpfen, Ctenopharyngodon idella), bis etwa 1 m langer, langgestreckter Karpfenfisch in fließenden und stehenden Süßgewässern O-Asiens; unscheinbar gefärbt, silberglänzend, mit abgeplattetem Kopf; durch Vertilgen von überschüssigen Wasserpflanzen wirtsch. wichtiger Nutzfisch.

Weißer Berg (tschech. Bílá hora), Berg in der ČSSR, östl. von Prag, 379 m. - In der *Schlacht am W. B.* besiegten die Truppen Kaiser Ferdinands II. und der kath. Liga am 8. Nov. 1620 das Heer des Kurfürsten Friedrich V. von der Pfalz, des böhm. „Winterkönigs". Die Schlacht beendete den Böhm. Aufstand zu Beginn des Dreißigjährigen Krieges.

Weißer Drin ↑ Drin.

Weißer Jura ↑ Malm.

weiße Zwerge

Weißer Knollenblätterpilz, Bez. für zwei reinweiße, 10–15 cm hohe, lebensgefährl. giftige Knollenblätterpilze: 1. **Weißlicher Frühlingswulstling** (Amanita verna; Stiel glatt, mit ausdauerndem, anliegendem Ring; auf Kalkböden in Südeuropa, selten in M-Europa); 2. **Spitzhütiger Knollenblätterpilz** (Amanita virosa; Stiel wollig-faserig, mit unvollständigem, vergehendem Ring; auf sauren Böden in M-Europa).

Weißer Main, ↑ Main.

Weißer Nil, Fluß in NO-Afrika, der als Albertnil dem Albertsee, Uganda, entfließt und im anschließenden Oberlauf *Bahr Al Gabal* und nach der Mündung des Bahr Al Ghasal *Al Bahr Al Abjad* genannt wird; bildet bei Khartum zus. mit dem Blauen Nil den Nil; rd. 1 900 km lang.

Weiße Rose, student. Freundeskreis in München, der 1942/43 Studentenschaft und Bev. durch Flugblätter und Wandparolen aus religiös-sittl. motivierter Protesthaltung zum Widerstand gegen das NS-Regime aufrief. Die wichtigsten Mgl. (u. a. S. und H. Scholl, K. Huber [* 1893]) wurden im Febr. und März 1943 verhaftet und hingerichtet.

Weißer Senf (Sinapis alba), im Mittelmeergebiet und im sw. Asien heim. Kreuzblütler der Gatt. Senf; 30–60 cm hohes, einjähriges Kraut mit fiederspaltigen bis gefiederten Blättern und gelben Blüten; häufig verwilderte Kulturpflanze. Die Samen werden als Gewürz und zur Herstellung von Tafelsenf verwendet.

Weißer Sonntag (lat. Dominica in albis), 1. Sonntag nach Ostern, benannt nach den weißen Gewändern der Täuflinge, die in der frühen Kirche in der Osterwoche die Taufe erhielten (deshalb auch *Quasimodogeniti* [„wie neugeboren"] genannt); in der kath. Kirche in Deutschland häufiger Termin für die Erstkommunion.

Weißer Storch ↑ Störche.

weißer Terror, Massenverhaftungen und Hinrichtungen von Revolutionären durch royalist. bzw. konterrevolutionäre Reg. und Armeeführungen, z. B. der w. T. der zarist. Armeen in Rußland (1918/19).

Weiße Rübe, svw. Wasserrübe (↑ Rübsen).

Weißer Volta, linker Quellfluß des Volta, rd. 900 km lang.

Weißesche ↑ Esche.

Weißes Haus (engl. The White House), Amts- und Wohnsitz des Präs. der USA in Washington (in übertragenem Sinne auch Bez. für die Exekutive der USA); ab 1792 von J. Hoban im klassizist. Stil erbaut (ältestes Amtsgebäude der Stadt), 1800 von Präs. J. Adams bezogen, Bez. W. H. (im Ggs. zu den anderen rötl. Backsteingebäuden der Umgebung) offiziell seit T. Roosevelt.

Weißes Meer, Randmeer des Nordpolarmeers, südl. und östl. der Halbinsel Kola,

Weißenburg i. Bay. Ellinger Tor

90 000 km², mittlere Tiefe 60 m; in der Kandalakschabucht bis 330 m tief, Okt./Nov.–Mai/Juni eisbedeckt. Wichtigster Hafen ist Archangelsk.

weiße Substanz ↑ Rückenmark.

Weiße Väter (frz. Pères Blancs, lat. Patres Albi, Abk. PA), 1868 von C. M. A. Lavigerie bei Algier gegr., aus Klerikern und Brüdern bestehende Missionskongregation für Afrika. Die W. V. schufen bed. afrikan. Sprachinstitute mit dem Ziel der Förderung eingeborener (kirchl.) Führungskräfte. 1988 wirkten etwa 2 690 W. V. in 590 Niederlassungen. - Den W. V. angeschlossen ist ein *weibl.* Zweig (*Weiße Schwestern,* Missionsschwestern Unserer Lieben Frau von Afrika), der 1869 ebenfalls von Lavigerie gegründet wurde und (1988) mit etwa 1 560 Mgl. in 516 Niederlassungen tätig ist.

weiße Zwerge, extrem kleine Sterne mit meist sehr hoher effektiver Temperatur und daher meist weißleuchtend; wegen der kleinen Oberflächen haben sie nur eine etwa 100- bis 1 000mal geringere Leuchtkraft als die der Hauptreihensterne gleicher Farbe (↑ Hertzsprung-Russell-Diagramm). Die Massen der w. Z. unterscheiden sich nur wenig von der Sonnenmasse, so daß sie wegen der geringen Durchmesser (in der Größenordnung der Planeten) außergewöhnl. hohe Dichten von 10^5 bis 10^7 g/cm³ besitzen. Die w. Z. sind vermutl. Sterne, die ihren Wasserstoffgehalt durch Kernreaktionen schon vollständig aufgebraucht haben und nun ihre Ausstrahlung

Weißfäule

durch Zusammenziehen aus der Kontraktionsenergie bestreiten. Der Zustand der w. Z. wird im allg. als Endzustand der Sternentwicklung normaler [Hauptreihen]sterne angesehen (im Ggs. zu Neutronensternen und schwarzen Löchern).

Weißfäule, äußerl. durch grauweißl. bis weißl. Holzverfärbung gekennzeichnete ↑ Kernfäule.

Weiß Ferdl, eigtl. Ferdinand Weisheitinger, * Altötting 28. Juni 1883, † München 19. Juni 1949, dt. Komiker. - Bes. populär mit seinen humorvollen Liedern (z. B. „Ein Wagen von der Linie 8"), die er v. a. auf der Münchner Volkskunstbühne „Platzl" vortrug.

Weißfische, volkstüml. Bez. für einige silberglänzende, häufig kleinere Karpfenfische; z. B. Elritze, Ukelei, Döbel, Rotfeder und Plötze.

Weißfluß ↑ Ausfluß.

Weißfuchs ↑ Füchse.

Weißfußmäuse (Hirschmäuse, Peromyscus), Gatt. maus- bis rattengroßer, oberseits rotbrauner, unterseits weißer Neuweltmäuse mit über 50 Arten in N-Amerika.

Weißgerbung ↑ Lederherstellung.

Weißglut ↑ Glühen.

Weißgold ↑ Gold.

Weißguß, Legierungen aus Zink mit geringen Mengen Kupfer o. ä., die eine weißl. Farbe ergeben; für einfache Gußwaren und billige Kunstgegenstände.

Weißhaie (Carcharodon), Gatt. in allen warmen und gemäßigten Meeren verbreiteter ↑ Makrelenhaie; können dem Menschen gefährl. werden („Menschenhai"), bes. wenn sie bei der Verfolgung von Fischschwärmen in Küstennähe gelangen.

Weißhandgibbon ↑ Gibbons.

Weißherbst, aus blauen Spätburgunder-(Spätburgunder W.) und Portugiesertrauben (Portugieser W.) gewonnener heller, gold bis rötlich schimmernder Wein, dessen Maische nach dem Keltern ohne die farbgebenden Beerenschalen vergoren wird.

Weißhorn, Hauptgipfel der W.kette in den Walliser Alpen, mit 4 505 m dritthöchster Gipfel der Schweizer Alpen.

Weißklee ↑ Klee.

Weißkohl (Weißkraut, Brassica oleracea var. capitata f. alba), Kulturvarietät des Gemüsekohls mit Kopfbildung und grünlichweißen Blättern, die roh als Salat und zur Sauerkrautherstellung, gekocht als Gemüse verwendet werden.

Weißkopf (Weisskopf), Gustav, Flugpionier, ↑ Whitehead, Gustave.

Weisskopf, Victor Frederick, * Wien 19. Sept. 1908, amerikan. Physiker öster. Herkunft. - Prof. am MIT in Cambridge (Mass.); 1961-65 Generaldirektor der Europ. Kernforschungsorganisation (CERN) in Genf. W. formulierte 1934 (zus. mit W. Pauli) eine relativist., kovariante Quantenfeldtheorie der Bosonen und entwickelte 1950 das ↑ optische Modell für Kernreaktionen (mit H. Feshbach).

Weißkrainer Land, Teil von ↑ Krain.

Weißlachs (Stenodus leucichthys), bis über 1 m langer Lachsfisch in N-Amerika, Asien und O-Europa einschl. angrenzender Meere; Schuppen groß, silberglänzend, Rücken dunkler; Speisefisch.

Weißleim ↑ Leime.

Weißlinge (Pieridae), mit über 1 500 Arten weltweit verbreitete Fam. der Schmetterlinge (davon etwa 15 Arten einheim.); Flügel meist weiß, gelb und/oder rot gefärbt; wenig gewandte Flieger; Raupen meist grün, kurzbehaart, an Kreuz- bzw. Schmetterlingsblütlern. - Zu den W. gehören u. a. Kohlweißling, Resedafalter, Aurorafalter, Zitronenfalter und Gelblinge.

Weißmetalle, Bez. für eine Gruppe von weißl. aussehenden Legierungen v. a. aus Zinn, Antimon, Blei und Kupfer; wegen guter Gleiteigenschaften insbes. als Lagermetalle, daneben auch zur Herstellung von Tafelgeräten, Notendruckplatten u. ä. verwendet.

Weißmoos (Ordenskissen, Leucobryum), Gatt. der Laubmoose mit rd. 100 überwiegend trop. Arten. Die einzige bis in die gemäßigte Zone der Nordhalbkugel vordringende Art ist *Leucobryum glaucum*, ein auf sauren Heide- und Bruchwaldböden vorkommendes, große Polster bildendes, weißlichgrünes Moos.

Weissmuller, Johnny [engl. ˈwaɪsmʌlə], * Windber (Pa.) 2. Juli 1904, † Acapulco de Juárez 20. Jan. 1984, amerikan. Schwimmer und Filmschauspieler. - Schwamm 1922 (als erster) die 100 m Kraul unter 60 Sek. (58,6 Sek.); stellte insgesamt 22 Weltrekorde auf, wurde 1924 Olympiasieger über 100, 400 m und 4×200 m Kraul, 1928 über 100 m und 4×200 m Kraul. Seit 1932 beim Film; bekannt v. a. durch seine „Tarzan"-Serie.

Weißpfennig, seit dem Spät-MA Bez. für Groschenmünzen aus gutem Silber; Beispiele: Albus, Witten.

Weißrückenspecht (Elsterspecht, Dendrocopos leucotos), etwa 25 cm langer Specht in S-Skandinavien, den Alpen, O- und SO-Europa und Asien; anders als beim sonst sehr ähnl. Großen Buntspecht mit weißem Unterrücken (in ♂ Geschlecht).

Weißrussen (Belorussen), ostslaw. Volk (rd. 9,5 Mill.) in der UdSSR.

Weißrussisch (Belorussisch), zu den ostslaw. Sprachen gehörende Sprache in der Weißruss. SSR mit etwa 7 Mill. Sprechern. - Die ersten weißruss. Sprachelemente tauchen bereits in den Smolensker Urkunden des frühen 13. Jh. auf, im Großfürstentum Litauen wurde W. zeitweilig zur Kanzleisprache; im 16. Jh. wurde es vom Poln. zurückgedrängt und 1696 durch den poln. Sejm als offizielle

Sprache verboten. Nach dem Anschluß Weißrußlands an Rußland 1795 bildete sich Ende des 19. Jh. auf der Grundlage der Volksdialekte und durch das dichter. Werk von F. K. Boguschewitsch (*1840, †1900) eine neue weißruss. Literatursprache, die 1919 in der UdSSR als offizielle Sprache anerkannt wurde. - W. wird in kyrill. Schrift (mit einigen Abweichungen von der russ. Kyrilliza) geschrieben. Das morpholog.-syntakt. System ist dem Russ. ähnlich.

weißrussische Literatur, bedeutender als die ältere weißruss. Kunstdichtung ist die außerordentl. reiche weißruss. *Volksdichtung* mit Liedern, Rätseln, Märchen, Sprüchen, aber ohne ep. Großformen. Eine weißruss. *Nationalliteratur* auf der Grundlage der Volksdialekte entstand in der 1. Hälfte des 19. Jh.; mit den revolutionären Ereignissen 1905–07 verschaffte sich die weißruss. Nationalbewegung einen größeren Freiraum; bedeutendste literar. Vertreter waren J. Kupala (*1882, †1942) und J. Kolas (*1882, †1956), die in Gedichten, Dramen, Erzählungen und Romanen das weißruss. bäuerl. Leben patriot. gestalteten.

Weißrussischer Landrücken ↑ Westrussischer Landrücken.

Weißrussische SSR (Belorussische SSR, Weißrußland, Belorußland), Unionsrepublik im W der UdSSR, 207 600 km², 9,942 Mill. E (1985), Hauptstadt Minsk.
Landesnatur: Die W. SSR liegt im Bereich der Osteurop. Ebene. Die Oberflächenformen wurden wesentl. geprägt durch die pleistozäne Eiszeit. Die höchsten Erhebungen (bis 345 m) liegen in einem Endmoränenzug. Im S verursachen wasserstauende Tone große Sümpfe. - Das Klima ist gemäßigt kontinental mit relativ milden, feuchten Wintern, kühlen, regner. Sommern, warmem Herbst und unbeständigem Frühling. - Rd. $^1/_3$ der Fläche werden von Mischwäldern eingenommen, über $^1/_5$ der W. SSR besteht aus Moorflächen.
Bevölkerung, Wirtschaft, Verkehr: 79% der Bev. sind Weißrussen, 4,2% Polen 2,4% Ukrainer. Die W. SSR verfügt über 33 Hochschulen. Die Akad. der Wiss. der W. SSR (Sitz Minsk) unterhält 32 Forschungsstätten. - In der Landw. findet die Viehhaltung bessere Voraussetzungen als der Ackerbau. Angebaut werden v. a. Futterpflanzen, Flachs und Kartoffeln. An Bodenschätzen werden Kalisalze, Steinsalz, Torf, Erdöl und Erdgas gewonnen. Traditionelle Ind.zweige sind Leinenherstellung, Textil- und Holzind. Ausgebaut wurde seit 1965 die Metallverarbeitung und die chem. Ind. - Das Eisenbahnnetz ist 5 530 km lang. Von 48 100 km Straßen haben 39 800 km eine feste Decke. Das Binnenwasserstraßennetz hat eine Länge von 3 900 km.
Geschichte: Das Gebiet von Weißrußland war seit der Steinzeit besiedelt; seit dem 7. Jh. v. Chr. entstanden zahlr. befestigte Siedlungen. In der 2. Hälfte des 1. Jt. n. Chr. bildeten sich 3 große Stammesverbände heraus: die Dregowitschen in der Polesje und in Z-Weißrußland, die Radimitschen am Sosch und die Kriwitschen an Düna und oberem Dnjepr. Hier fanden die Waräger schon Ft. vor (z. B. das von Polozk); ihre Fürsten wurden Vasallen der Kiewer Großfürsten, unter deren Herrschaft im 11. Jh. die Städte Brest, Witebsk, Minsk und Pinsk entstanden. Über Kiew kam auch das Christentum nach Weißrußland. Im Laufe des 12./13. Jh. entstanden durch Erbteilung Klein-Ft., die sich vom Kiewer Reich trennten. Seit Beginn des 13. Jh. dehnten die Großfürsten von Litauen ihre Herrschaft auf Weißrußland aus; nach einem Jh. (1307) nahmen sie Polozk ein. Mit Beginn des 16. Jh. wurde Weißrußland zum Streitobjekt zw. Litauen und dem Groß-Ft. Moskau. Der Friede von Andrussowo (1667) beließ Weißrußland bei Polen-Litauen. Erst die Poln. Teilungen (1772, 1793, 1795) gliederten es allmähl. Rußland an. Im 1. Weltkrieg wurde der westl. Teil Weißrußlands von dt. Truppen besetzt und der Militärverwaltung Litauen angegliedert. Nach dem Sturz des Zaren bildete sich im Aug. 1917 die Weißruss. Rada, die ein selbständiges Weißrußland anstrebte. Im Febr. 1918 wurden weitere Teile Weißrußlands mit der Hauptstadt Minsk von dt. Truppen besetzt. Erst im Jan. 1919 hatte sich die Sowjetmacht in ganz Weißrußland etabliert. Die Weißruss. Sowjetrepublik, die nach der damaligen Planung auch Litauen umfassen sollte, war schon am 25. Dez. 1918 in Moskau proklamiert worden. Während des poln.-sowjet. Krieges wurde Weißrußland von poln. Truppen besetzt; am 11. Juli 1920 konnte die Rote Armee Minsk zurückerobern. Im Frieden von Riga verzichtete die Sowjetunion am 18. März 1921 auf Brest, Grodno, Pinsk, Baranowitschi und Molodetschno, die bei Polen verblieben, gliederte sie aber nach der militär. Niederlage Polens auf Grund des dt.-sowjet. Vertrags vom 28. Sept. 1939 im Nov. 1939 wieder in die W. SSR ein. Der Grenzverlauf zw. Polen und der Sowjetunion entspricht seit der 1945 erfolgten Rückgabe des Gebietes Białystok an Polen der Curzon-Linie. Die W. SSR ist Mgl. der UN.

📖 *Scheibert, P.:* Die Weißrussen. *In:* Die Welt der Slawen. Hg. v. H. Kohn. Bd. 2. Ffm. u. Hamb. 1962. - *Hlybinny, U.: Vierzig Jahre weißruthen. Kultur unter den Sowjets. Dt. Übers. Mchn. 1959. - Vakar, N. P.: Belorussia: the making of a nation. Cambridge (Mass.) 1956.*

Weißrußland ↑ Weißrussische SSR.

Weisssche Bezirke (Weisssche Bereiche oder Domänen) [nach P. Weiss], kleine Bereiche innerhalb der Kristallite ferromagn. Stoffe, die die elementaren magnet. Dipole der Ferromagnetika darstellen; innerhalb der W. B. sind alle atomaren magnet.

Weißschliff

Dipole jeweils gleichsinnig gerichtet. Die Magnetisierungsrichtungen der W. B. sind jedoch innerhalb eines Kristallits so verteilt, daß das magnet. Gesamtmoment verschwindet und daher ein ferromagnet. Stoff auch unterhalb der ↑Curie-Temperatur nach außen hin als unmagnet. erscheinen kann.

Weißschliff ↑Holzschliff.

Weißstorch, svw. Weißer Storch (↑Störche).

Weißtanne ↑Tanne.

Weißtöner, svw. optische Aufheller (↑Leuchtstoffe).

Weißwal ↑Gründelwale.

Weißwasser, Krst. in der Oberlausitz, Bez. Cottbus, DDR, 136 m ü. d. M., 35 700 E. Bed. Standort der Glasind., Braunkohlenabbau und -verarbeitung. - Entstand wohl im 13. Jh. als Fischerdorf (erste Erwähnung 1452); 1935 Stadtrecht.
W., Landkr. im Bez. Cottbus, DDR.

Weißwasserflüsse, Flüsse mit trübem, lehmgelbem Wasser im Amazonastiefland.

Weißwurst, Brühwurst aus passiertem Kalbfleisch mit Kräutern, eine Münchner Spezialität.

Weißwurz, svw. ↑Salomonsiegel.

Weißzahnspitzmäuse (Wimperspitzmäuse, Crocidurinae), Unterfam. der Spitzmäuse mit rd. 180 Arten in Europa, Asien und Afrika; Zähne (im Ggs. zu denen der ↑Rotzahnspitzmäuse) weiß; Schwanz mit langen, feinen Wimperhaaren; 3 einheim. Arten: Hausspitzmaus (↑Spitzmäuse), **Feldspitzmaus** (Crocidura leucodon; 7–9 cm lang, Schwanz rd. 3–4 cm lang, Oberseite braungrau bis dunkelbraun, Unterseite scharf abgesetzt weißl.; lebt v. a. im trockenen Gelände) und **Gartenspitzmaus** (Crocidura suaveolens; 6–8 cm lang, mit 2,5–4,5 cm langem Schwanz; Färbung oberseits braun bis graubraun, Unterseite dunkelgrau bis ockerfarben; in den gemäßigten und südl. Regionen Eurasiens, Vorderasiens und N-Afrikas).

Weistum, Rechtsweisung, Aussage rechtskundiger Männer über das geltende Recht, die entsprechend der ma. Auffassung vom Wesen des Rechts nicht selbständige Setzung, sondern Findung und Verkündung vorgegebenen Rechts bedeutete. So beruhen die Stammesrechte auf Weisung ebenso wie viele Reichsgesetze (Reichsweistümer; z. B. Rhenser Kurfürsten-W., 1338). Zahlr. sind die seit dem 13. Jh. überlieferten bäuerl. Weistümer.

Weisung, im Strafrecht, insbes. im Jugendstrafrecht, das Gebot (z. B. hinsichtl. Ausbildung, Arbeits- oder Lehrstelle und Aufenthaltsort) oder Verbot (z. B. Lokalverbot) eines Strafgerichts, das die Lebensführung des Straftäters sichern und ihn von der Begehung neuer Straftaten abhalten soll. W. können dem erwachsenen Täter erteilt werden, dessen Freiheitsstrafe zur Bewährung ausgesetzt wird (§ 56c StGB). Die W. im Jugendstrafrecht gehören zu den Erziehungsmaßregeln und sind die mildeste Sanktion für Straftaten Jugendlicher und Heranwachsender. Bei schwerem Verstoß gegen W. droht Jugendarrest. - Im militär., arbeitsrechtl., verwaltungsrechtl. Bereich ↑auch Befehl, ↑Direktionsrecht, ↑Weisungsrecht. - Im *östr.* und *schweizer. Recht* gilt im wesentl. Entsprechendes; im schweizer. Zivilprozeßrecht mit der Besonderheit, daß in einigen kantonalen Zivilprozeßordnungen als W. (Akzeßschein, Leitschein) die vom Friedensrichter ausgestellte Urkunde bezeichnet wird, die nach der erfolglosen Durchführung eines Sühneverfahrens die Klagebewilligung enthält.

Weisungsrecht, das Recht übergeordneter Behörden, nachgeordneten Stellen allg. und spezielle Anweisungen (Anordnungen, Richtlinien, Durchführungsvorschriften u. a.) zu erteilen. - ↑auch Befehl, ↑Direktionsrecht.

Weiterbildung ↑Erwachsenenbildung.

weiterführende Schulen, Bez. für alle allgemeinbildenden Schulen, die über den Hauptschulabschluß und die gesetzl. Schulpflicht hinausführen (z. B. Berufsaufbauschulen, Realschulen, Gymnasien).

Weitling, Wilhelm, * Magdeburg 5. Okt. 1808, † New York 25. Jan. 1871, dt. Frühsozialist. - Schloß sich als Schneidergeselle auf der Wanderschaft in Paris 1837 dem „Bund der Gerechten" (später Bund der Kommunisten unter dem Einfluß von K. Marx und F. Engels) an. 1839 am Aufstand L. A. Blanquis beteiligt; lebte ab 1849 in den USA. In seinen von der frz. Sozialisten (C. Fourier, C. H. de Rouvroy, Graf von ↑Saint-Simon) beeinflußten Schriften entwickelte W. die Konzeption einer auf revolutionärem Wege zu verwirklichenden egalitären Gesellschaft.

Weitsichtigkeit, Fehlsichtigkeit, bei der das Sehbild hinter der Netzhaut erzeugt wird, z. B. infolge zu kurzen Baues des Auges, Brechungsanomalie oder Fehlens der Linse, weswegen das Auge sich auch auf die Ferne akkomodieren muß.

Weitsprung, Disziplin der Leichtathletik. Nach (innerhalb der Anlage) beliebig langem Anlauf Absprung vom Sprungbalken, der nicht übertreten werden darf (Sprung sonst ungültig), und (beidbeinige) Landung in der Sprunggrube. Weltrekord für Männer: 8,90 m (1968), für Frauen: 7,52 m (1988).

Weitwinkel-Glaukom ↑Starerkrankungen.

Weitwinkelobjektiv ↑photographische Objektive.

Wei Yang [chin. μεi-jaη], * um 390, † 338, chin. Reformer. - Kanzler (ab 352 v. Chr.) des Teilstaates Ch'in, schuf mit polit., ökonom. und militär. Reformen die Grundlagen für die erste chin. Reichseinigung unter der Dynastie Ch'in. - ↑auch chinesische Geschichte.

Weiz, östr. Bez.hauptstadt 20 km nö. von Graz, Steiermark, 480 m ü. d. M., 8 400 E.

Hochspannungslaboratorium; holzverarbeitende, Elektro- u. a. Ind. - Um 1200 als Markt bei einer um 1130 entstandenen Burg gegr.; seit 1932 Stadtrecht. - Taborkirche (12.–15. und 17. Jh.); ehem. Schloß (1555–65). Auf dem Weizberg barocke Wallfahrtskirche (1757 ff.).

Weizen (Triticum), Gatt. der Süßgräser mit 18 Arten in Kleinasien, Z-Asien und Äthiopien; einjährige oder winterannuelle Ährengräser mit zweizeilig stehenden, begrannten oder unbegrannten Ährchen. Zahlr. Arten sind wichtige Getreidepflanzen, die in die Gruppen Nacktweizen (die Früchte lösen sich bei der Reife von den Spelzen ab, z. B. Saat-W.) und Spelzweizen (die Körner sind fest von den Spelzen umschlossen, z. B. Emmer) eingeteilt werden können. - Der Anbau von W. erstreckt sich von den Subtropen bis in ein Gebiet etwa 60° n. Br. und 27–40° s. Br., Hauptanbaugebiete sind Europa, N-Amerika und Asien. - Nach ihrer Genetik und Züchtungsgeschichte werden die W.arten gegliedert in die diploiden Arten der *Einkornreihe*, von denen nur das ↑Einkorn (heute sehr selten) kultiviert wird, in die tetraploiden Arten der *Emmerreihe* mit ↑Emmer, **Gommer** (Triticum polonicum, mit großen, blaugrünen Ähren und schmalen Körnern; wird v. a. in Marokko, Äthiopien und Kleinasien angebaut), **Hartweizen** (Glas-W., Triticum durum, mit längl., zugespitzten, harten und glasigen Körnern; wird in allen heißen Steppengebieten angebaut) und **Rauhweizen** (Triticum turgidum, mit dichten, dicken, langen Ähren, Körner dick und rundl.; selten noch im Mittelmeergebiet, SO-Europa und M-Asien angebaut) und in die hexaploiden Arten der *Dinkelreihe* mit dem ↑Dinkel und dem heute überwiegend angebauten **Saatweizen** (Gemeiner W., Weicher W., Triticum aestivum). Der Saat-W. hat eine zähe Ährenspindel und bei Reife aus den Spelzen fallende, vollrunde bis längl.-ovale Körner. Er wird in zahlr. Sorten als Sommer- oder Winter-W. angebaut. Hohe Ansprüche stellt der Saat-W. an das Klima und den Nährstoffgehalt sowie an das Wasservermögen des Bodens. Die Körner enthalten etwa 70% Stärke und etwa 10–12% Eiweiß. Saat-W. und ein kleinerer Anteil Hart-W. umfassen 36,4% der gesamten Weltgetreideanbaufläche und 29% der Getreideproduktion. Hauptanbaugebiete sind Europa, N-Amerika, die UdSSR und O-Asien. Die Weltproduktion betrug 1987 516,4 Mill. t; davon entfielen auf Europa 128,6 Mill. t, Asien 158,2 Mill. t, UdSSR 83,3 Mill. t, Amerika 103,7 Mill. t, Australien 12,6 Mill. t, Afrika 8,2 Mill. t. Die angebauten W.arten werden als Brotgetreide, für Grieß, Graupen, Teigwaren (v. a. aus Hart-W.), zur Stärkegewinnung sowie zur Bier- und Branntweinherstellung (Weißbier, Whisky) und als Viehfutter verwendet.

Geschichte: Die ältesten W.arten sind Emmer, Einkorn und Dinkel, die seit der Jungsteinzeit in Kultur waren. Diese W.arten waren in der Antike neben der Saatgerste das Hauptnahrungsgetreide; sie finden sich in Ägypten als Grabbeigabe und in bildl. Darstellungen auf Gräbern. Der Saat-W. entstand in Europa zu Beginn der Eisenzeit durch Züchtung. Seit dem MA hat der Saat-W. in Europa die alten W.arten allmähl. verdrängt.

Weizenbier, svw. ↑Weißbier.

Weizenkeimöl, aus den beim Mahlen von Weizen anfallenden Weizenkeimlingen gewonnenes Speiseöl mit bes. hohem Gehalt an Tokopherolen (Vitamin E).

Weizman, Ezer, * Tel Aviv 15. Juni 1924, israel. General und Politiker. - Neffe von C. Weizmann; schloß sich nach dem 2. Weltkrieg der Hagana an, baute die israel. Luftwaffe auf, 1967 deren Generalstabschef; 1969/70 Verkehrsmin., 1973 Reaktivierung als General; 1977–80 Verteidigungsmin.; seit 1984 Min. im Amt des Min.präs.

Weizmann, Chaim, * Motol bei Pinsk (Weißruss. SSR) 27. Nov. 1874, † Rehovot 9. Nov. 1952, israel. Politiker. - Seit 1903 Prof. für Biochemie in Manchester, leitete 1916–19 die Munitionslaboratorien der brit. Admiralität; trat für einen „synthet. Zionismus" ein, der die polit. Ziele des Zionismus mit jüd. Kultur vereinen sollte; 1917 maßgebl. am Zustandekommen der Balfour-Deklaration beteiligt; gründete 1918 die Hebr. Univ. Jerusalem; 1920–31 und 1935–46 Präs. der Zionist. Weltorganisation, ab 1929 Leiter der Jewish Agency; trat nach dem 2. Weltkrieg für die Bildung eines arab. und eines jüd. Staates in Palästina ein; Mitbegr. des Staates Israel 1948, dessen erster Staatspräsident.

Weizmann-Institut (The Weizmann Institute of Science), nach C. Weizmann ben. und 1944 in Rehovot gegr. private Hochschule für theoret. und angewandte Naturwiss.

Weizsäcker [ˈvaɪtszɛkər], Familie dt. Gelehrter und Politiker; bed.:

W., Carl Freiherr von (seit 1916), * Stuttgart 25. Febr. 1853, † ebd. 2. Febr. 1926, Politiker. - 1900–06 württemberg. Kultusmin., 1906–18 Min.präs. und Außenmin. von Württemberg.

W., Carl Friedrich Freiherr von, * Kiel 28. Juni 1912, Physiker und Philosoph. - Sohn von Ernst Freiherr von W.; Forschungstätigkeit in Leipzig (1933–36) und am Kaiser-Wilhelm-Institut für Physik in Berlin, 1942–44 Prof. in Straßburg, 1947–56 in Göttingen (zugleich Abteilungsleiter am dortigen Max-Planck-Institut für Physik); danach bis 1969 Prof. für Philosophie in Hamburg, dann Direktor des Max-Planck-Instituts zur Erforschung der Lebensbedingungen der wiss.-techn. Welt in Starnberg. Seine Arbeiten betrafen zunächst die theoret. Kernphysik (1935 Bethe-W.-Formel für die Kernbindungsenergie, 1936 Spinabhängigkeit der Kernkräfte); es folgten Arbeiten zur Astrophysik (1937

Theorie der Energieproduktion in Sternen und Aufstellung des ↑ Bethe-Weizsäcker-Zyklus) und zur Kosmogonie (1943 Theorie der Entstehung des Planetensystems, 1959 über die Entwicklung von Sternen und Sternsystemen). Daneben leistete er bed. Beiträge zur Geschichte und zu Gegenwartsproblemen der Physik, zur Naturphilosophie sowie zur Quantenlogik und zur Erkenntnis- und Wiss.theorie. - W. nahm wiederholt zur Verantwortung des Naturwissenschaftlers in der heutigen Welt Stellung. Er wurde 1961 in den Orden Pour le mérite für Wiss. aufgenommen und erhielt viele Auszeichnungen.

W., Ernst Freiherr von, * Stuttgart 12. Mai 1882, † Lindau (Bodensee) 4. Aug. 1951, Diplomat. - Sohn von Carl Freiherr von W.; seit 1920 im diplomat. Dienst; 1938–43 Staatssekretär im Auswärtigen Amt; 1943–45 Botschafter beim Vatikan; suchte (u. a. durch Warnung Großbrit.) den Ausbruch des 2. Weltkrieges zu verhüten bzw. Friedensverhandlungen zu fördern, ohne sich dem Vorwurf ambivalenter Haltung gegenüber dem NS entziehen zu können; 1949 in den Nürnberger Prozessen zu 7 Jahren Haft verurteilt, 1950 vorzeitig entlassen.

W., Richard Freiherr von, * Stuttgart 15. April 1920, Politiker (CDU). - Sohn von Ernst Freiherr von W.; Militärdienst 1938–45; CDU-Mgl. (seit 1950); Rechtsanwalt in der gewerbl. Wirtschaft (seit 1955) und Kirchenpolitiker (1964–70 Präs. des Dt. Ev. Kirchentages, seit 1969 Mgl. des Rates der Ev. Kirche in Deutschland; 1969–81 MdB; 1972–79 stellv. Fraktionsvors. der CDU im Bundestag, seit 1975 Vorstands-Mgl. der CDU, 1979–81 Vizepräs. des Bundestags; 1981–84 Regierender Bürgermeister von Berlin, seit 1984 Bundespräsident der BR Deutschland.

W., Viktor Freiherr von, * Stuttgart 21. April 1886, † Heidelberg 9. Jan. 1957, Mediziner. - Bruder von Ernst Freiherr von W.; Prof. für Neurologie in Heidelberg, Breslau und ab 1946 Prof. für allg. klin. Medizin wieder in Heidelberg. W. machte sich im Bemühen um eine ganzheitl., anthropolog. ausgerichtete Medizin bes. um die Entwicklung der Psychosomatik verdient. Schrieb u. a. „Der Gestaltkreis" (1940), „Der kranke Mensch" (1951), „Natur und Geist" (1954), „Pathosophie" (1956).

Weizsäckersche Massenformel [ˈvaɪtszɛkər], svw. ↑ Bethe-Weizsäcker-Formel.

Wejherowo [poln. vɛjxɛˈrɔvɔ] (dt. Neustadt in Westpr.), poln. Stadt 38 km nw. von Danzig, 42 000 E. Wallfahrtsort der Kaschuben; Zement-, Leder- und Bekleidungsind. - Als slaw. Siedlung schon im 9. Jh. bekannt, entstand 1576 aus 2 Dörfern, Verleihung des Stadtrechts 1650 (**Weihersfrei**); kam 1772 zu Preußen (**Neustadt**); seit 1920 zu Polen. - Ehem. Klosterkirche Sankt Anna (1651); ehem. Schloß (18. Jh., später ausgebaut).

Wękwerth, Manfred, * Köthen/Anhalt 3. Dez. 1929, dt. Theaterregisseur. - Seit 1953 Regisseur am ↑ Berliner Ensemble in Berlin (Ost) v. a. mit Brecht-Inszenierungen; seit 1969 auch Gast- und Filminszenierungen. 1975 Leiter des Inst. für Schauspielregie in Berlin (Ost), seit 1977 Intendant des Berliner Ensembles.

Welcker, Karl Theodor, * Ober-Ofleiden (= Homberg/Ohm) 29. März 1790, † Neuenheim (= Heidelberg) 10. März 1869, dt. Staatsrechtslehrer und Politiker. - Prof. in Gießen, Kiel, Heidelberg, Bonn und Freiburg im Breisgau. Ab 1831 zus. mit K. W. R. von Rotteck, mit dem zus. er auch das den Liberalismus prägende „Staatslexikon" (15 Bde., 1834–44) herausgab, Führer der liberalen Opposition in der bad. 2. Kammer. 1848 Mgl. des Vorparlaments, der Frankfurter Nat.versammlung und bad. Bundestagsgesandter.

Welf, alter dt. männl. Vorname, eigtl. Beiname mit der Bed. „Tierjunges".

Welfen, fränk. Adelsgeschlecht, seit dem 8. Jh. im karoling. Kernraum um Maas und Mosel nachweisbar. Konrad († 863), der Sohn Welfs I. († um 820), begründete sowohl die *burgund. (Rudolfinger)* als auch die *schwäb. Linie;* während erstere 888 in Hochburgund zur Königsherrschaft gelangte, kam der schwäb. Zweig erst unter Konrad I. in Königsnähe. Die W. wurden eine der bedeutendsten dt. Adelsdyn. mit umfangreichem Allodial- und Lehnsbesitz in Schwaben, Rätien und Bayern. Mit Welf III. (1047–55 Hzg. von Kärnten) erlosch die ältere Linie im Mannesstamm; das Erbe ging über auf seinen Neffen Welf IV. († 1101), den Sohn seiner Schwester Kunigunde († vor 1055) und des Markgrafen Azzo II. von Este († 1097), den Heinrich IV. 1070 mit dem Hzgt. Bayern belehnte *(Linie Welf-Este).* Seit der Königswahl von 1125 standen die W. im Ggs. zu den Staufern. Heinrich IX., der Schwarze, und Heinrich X., der Stolze (∞ mit Gertrud, der Tochter Kaiser Lothars III.), begründeten die sächs. Machtstellung des Hauses. Der Aufstieg zum Königtum gelang den W. jedoch nicht; Kaiser Friedrich I. Barbarossa führte zunächst einen Ausgleich mit seinem Vetter Heinrich dem Löwen herbei, dem er neben Sachsen auch das Hzgt. Bayern zugestand (1156); 1180 aber gelang es ihm, den welf. Machtkomplex zu zerschlagen. Der stauf-welf. Ggs. brach noch einmal auf im Thronstreit von 1198 auf, der mit der Niederlage Ottos IV. gegen Friedrich II. bei Bouvines (1214) endete. In der Reichspolitik spielten die W. keine wesentl. Rolle mehr. Erst die lüneburg. Teillinie Calenberg erlangte nach dem Aufstieg zum Kur-Ft. Hannover 1692 europ. Bedeutung.

 Schnath, G.: Das W.haus als europ. Dyn. In: Schnath: Streifzüge durch Niedersachsens Vergangenheit. Hildesheim 1968.

Welfenfonds [...fõ], 1868 von der preuß. Reg. gebildeter Fonds. Wegen der antipreuß. Aktivitäten des 1866 abgesetzten Königs von Hannover, Georg V., führte Preußen den mit diesem geschlossenen Abfindungsvertrag vom 29. Sept. 1867 nicht durch und beschlagnahmte das Privatvermögen des hannoverschen Königshauses. Die Erträge flossen dem W. zu, der zur Finanzierung des Reptilienfonds herangezogen wurde. Nach Bismarcks Sturz ließ Kaiser Wilhelm II. den W. und die aufgelaufenen Zinsen an die Erben Georgs V. auszahlen.

Welfenpartei ↑ Deutsch-Hannoversche Partei.

Welfenschatz, eine Sammlung von kostbaren Reliquiaren aus dem Besitz des welf. Hauses Braunschweig-Lüneburg, die ehem. im Dom von Braunschweig aufbewahrt wurde; 1671 ging sie an das Haus Hannover über, das sie nach 1867 sukzessive verkaufte. Im Kunstgewerbemuseum Berlin-Charlottenburg u. a. Tragaltar des Goldschmieds Eilbertus von Köln (um 1150–60), ein Kuppelreliquiar (Köln, um 1175) und das Welfenkreuz (Köln, 11. Jh.).

Welikije Luki [russ. vɪˈlikijɪ ˈluki], sowjet. Stadt am Lowat, RSFSR, 103 000 E. Landw.-, Ingenieurhochschule, PH, zwei Museen; Theater; u. a. Bau von elektr. und elektron. Geräten, Leinenkombinat. - 1166 gegr., bald zu einer strateg. wichtigen Festung an der poln.-lit. Grenze ausgebaut; im 2. Weltkrieg fast vollständig zerstört.

Weliki Ustjug [russ. vɪˈlikij usˈtjuk], sowjet. Stadt an der Suchona, RSFSR, 38 000 E. Werft, Bürsten-, Harmonika-, Bekleidungs-, Möbelfabrik u. a.; Anlegeplatz. - Eine der ältesten Siedlungen im nördl. europ. Rußland, bereits im 12. Jh. urkundl. erwähnt; im 16. und 17. Jh. bed. Handelsplatz, an dem sich zahlr. ausländ. Handelskompanien niederließen, zugleich Sitz einer großen Kunstschule (v. a. Malerei). Aus dem 17. Jh. stammen 2 Klöster und die Wosnessenski-Kirche.

Weliko Tarnowo [bulgar. vɛˈliko ˈtərnovo], nordbulgar. Stadt an der Jantra, 224 m ü. d. M., 65 000 E. Verwaltungssitz des Verw.-Geb. W. T.; Univ. (gegr. 1971), histor. Museum, Gemäldegalerie; Nahrungsmittel-, Textilind., Holzverarbeitung und Maschinenbau; Fremdenverkehr. - In der Antike und im MA von großer strateg. Bed.; wurde 1185 Hauptstadt des 2. Bulgar. Reiches und Sitz des bulgar. Patriarchats (bis 1572); 1393 von den Osmanen erobert. - 1879 tagte hier die verfassunggebende Versammlung Bulgariens, danach die Nationalversammlung. 1908 wurde in W. T. die Unabhängigkeit verkündet und der Fürst von Bulgarien zum Zaren erhoben. - Ma. Kirchen, u. a. Vierzig-Märtyrer-Kirche (1230), Kirche Sankt Peter und Paul (urspr. 14. Jh.) mit Wandmalereien.

Welin, Karl-Erik, * Genarp (Verw.-Geb.

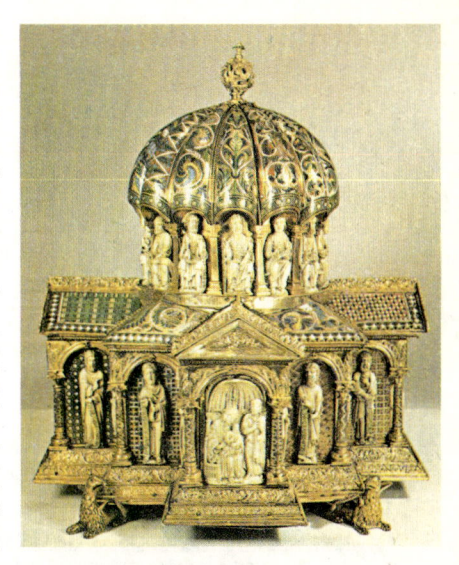

Welfenschatz. Kuppelreliquiar (um 1175). Berlin-Charlottenburg, Kunstgewerbemuseum

Welle. 1 Transversalwelle, 2 stehende Welle, 3 Longitudinalwelle

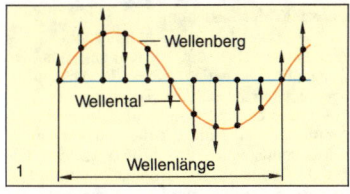

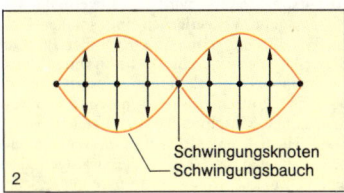

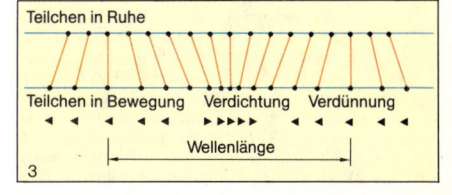

Malmöhus) 31. Mai 1934, schwed. Organist, Pianist und Komponist. - Tritt seit 1962 weltweit als Interpret v. a. von avantgardist. Musik hervor.

Welk, Ehm, eigtl. Thomas Trimm, * Biesenbrow bei Angermünde 29. Aug. 1884, † Bad Doberan 19. Dez. 1966, dt. Schriftsteller. - Bauernsohn; Journalist. 1934 im KZ; danach Berufsverbot. Seine realist. Romane, u. a. „Die Heiden von Kummerow" (1937), „Die Gerechten von Kummerow" (1943), über das Leben norddt. Bauern sind z. T. durch sozialist. Thematik gekennzeichnet; auch Tiergeschichten, Theaterstücke und Drehbücher.

Welkekrankheiten, durch fortschreitendes Welken (mit Vergilbungen und Nekrosen bis zum Absterben der Pflanzen) gekennzeichnete Pflanzenkrankheiten. Sekundäre Ursache ist gedrosselte Wasserzufuhr, weil die Gefäße entweder durch die Hyphen parasit. Pilze verstopft sind oder weil u. a. der Gefäßteil durch Bakterien zersetzt ist (*Bakterienwelke;* z. B. bei Tomate und Luzerne).

Welle, räuml. und zeitl. period. Vorgang, bei dem Energie transportiert wird, ohne daß gleichzeitig auch ein Massetransport stattfindet. Die transportierte Energie wechselt dabei period. ihre Form. W.vorgänge spielen in vielen Gebieten der Physik eine bed. Rolle (z. B. Schall-W., elektromagnet. W., Erdbeben-W. u. a.). Erregt man z. B. in einem elast. Medium eine Stelle (**Wellenzentrum**) zu harmon. Schwingungen, so breitet sich der Schwingungszustand des W.zentrums nach allen Seiten gemäß der Beziehung

$$y = (A_0/x) \sin 2\pi f(t - x/c)$$

aus. Darin ist y die Auslenkung aus der Ruhelage (**Elongation**) eines im Abstand x vom W.zentrum befindl. Teilchens des Ausbreitungsmediums zum Zeitpunkt t, A_0 die Amplitude und f die Frequenz der harmon. Schwingung, c die Ausbreitungsgeschwindigkeit der Welle im betrachteten Medium. Die so entstandene W. wird als **Kugelwelle** bezeichnet. Die **Wellenflächen** einer solchen Kugel-W., d. h. die geometr. Örter aller Punkte dieser W., die sich zu einem bestimmten Zeitpunkt im selben Schwingungszustand befinden, sind konzentr. Kugelschalen, deren gemeinsamer Mittelpunkt das W.zentrum ist. Die **Wellennormalen**, d. h. die Senkrechten auf den W.flächen, sind Radien dieser Kugelschalen. Kann sich die W. nur in einer Ebene ausbreiten, so entsteht eine **Kreiswelle.** Ihre W.flächen sind konzentr. Kreise mit dem W.zentrum als Mittelpunkt. Sie wird beschrieben durch die Beziehung

$$y = (A_0/\sqrt{x}) \sin 2\pi f(t - x/c).$$

Erfolgt die W.ausbreitung nur in einer Richtung, dann spricht man von einer **linearen Welle;** für sie gilt die Gleichung $y = A_0 \sin 2\pi f(t - x/c)$. Zur Bestimmung einer W. verwendet man folgende Größen: 1. **Wellenlänge,** Formelzeichen λ: Abstand zweier aufeinanderfolgender, auf derselben W.normalen liegender Punkte einer W., die sich im selben Schwingungszustand befinden. 2. **Wellenzahl,** Formelzeichen $\tilde{\nu}$: reziproker Wert der W.länge. Die W.zahl gibt an, wieviele W. in der Längeneinheit enthalten sind. 3. **Frequenz,** Formelzeichen f: Frequenz der schwingenden Teilchen des Ausbreitungsmediums. 4. **Fortpflanzungsgeschwindigkeit,** Formelzeichen c, die Geschwindigkeit, mit der sich die vom W.zentrum ausgehende Erregung im Ausbreitungsmedium fortpflanzt. Sie ist gleichbedeutend mit der Geschwindigkeit, mit der sich eine bestimmte Schwingungsphase fortpflanzt. Man spricht deshalb auch von der *Phasengeschwindigkeit.* Zw. Fortpflanzungsgeschwindigkeit c, Wellenlänge λ und Frequenz f besteht die Beziehung $c = f \cdot \lambda$. 5. **Amplitude,** Formelzeichen A: Amplitude der schwingenden Teilchen des Ausbreitungsmediums.

Je nach der Schwingungsrichtung der schwingenden Teilchen des Ausbreitungsmediums unterscheidet man zwei W.arten: **Longitudinalwellen** (*Längswellen*), bei denen Schwingungsrichtung und Ausbreitungsrichtung parallel sind, und **Transversalwellen** (*Querwellen*), bei denen Schwingungsrichtung und Ausbreitungsrichtung senkrecht aufeinander stehen. Beim Durchgang einer W. durch ein Ausbreitungsmedium tritt infolge Absorption der in der W. steckenden Energie stets eine *Dämpfung,* d. h. ein Abklingen der Amplitude auf. Für die *Überlagerung* von W. gilt das *Superpositionsprinzip,* wonach sich W. unabhängig voneinander ausbreiten und überlagern. Die Elongationen der resultierenden W. erhält man durch algebraische Addition der Momentanwerte der einzelnen Elongationen in jedem Punkt des Ausbreitungsmediums. Laufen 2 W. gleicher Amplitude und Frequenz aufeinander zu, so kommt es bei ihrer Überlagerung zur Ausbildung einer **stehenden Welle**; dabei gibt es Stellen des Ausbreitungsmediums, die ständig in Ruhe sind (*Schwingungsknoten*) und solche, an denen ständig Schwingungen mit maximaler Amplitude stattfinden (*Schwingungsbäuche*). Die am Beispiel mechan. W. in einem elast. Medium abgeleiteten Begriffe lassen sich entsprechend auch auf andere W.arten, z. B. die elektromagnet. W. übertragen. Alle W.arten unterliegen den physikal. Erscheinungen der ↑Beugung, ↑Brechung, ↑Reflexion, ↑Dispersion und ↑Interferenz; bei Transversal-W. kann darüberhinaus auch eine ↑Polarisation auftreten.

⌑ *Vogelsang, E.: Wellenausbreitung in der Nachrichtentechnik.* Mchn. 1984. - *Crawford, F. S.: Schwingungen u. Wellen.* Dt. Übers. Wsb. [2]1982. - *Harten, H. U., u. a.: Schwingungen u. W.* Freib. 1980.

◆ Maschinenelement zur Übertragung von Drehmomenten; *glatte W.* werden z. B. für

Wellennormale

WELLENLÄNGENBEREICHE

Wellenlängenbereiche	Frequenzbereiche	deutsche Bezeichnung	internat. Abk.
100–10 km	3–30 kHz	Längstwellen, Myriameterwellen	VLF
10–1 km	30–300 kHz	Langwellen (LW), Kilometerwellen	LF
1–0,1 km	0,3–3 MHz	Mittelwellen (MW), Hektometerwellen	MF
100–10 m	3–30 MHz	Kurzwellen (KW), Dekameterwellen	HF
10–1 m	30–300 MHz	Ultrakurzwellen (UKW), Meterwellen	VHF
1–0,1 m	0,3–3 GHz	Dezimeterwellen	UHF
10–1 cm	3–30 GHz	Zentimeterwellen	SHF
10–1 mm	30–300 GHz	Millimeterwellen	EHF
10 cm–1 mm	3–300 GHz	Mikrowellen	
1–0,1 mm	0,3–3 THz	Dezimillimeterwellen, Submillimeterwellen	
1 mm–800 nm	$3 \cdot 10^{11}$–$3{,}75 \cdot 10^{14}$ Hz	Infrarot	IR
800–400 nm	$3{,}75 \cdot 10^{14}$–$7{,}5 \cdot 10^{14}$ Hz	sichtbares Licht	
400–10 nm	$7{,}5 \cdot 10^{14}$–$3 \cdot 10^{16}$ Hz	Ultraviolett	UV
60–10^{-8} nm	$5 \cdot 10^{15}$–$3 \cdot 10^{25}$ Hz	Röntgenstrahlung einschl. Gammastrahlung (γ-Strahlung)	

1 nm = 10^{-9} m [= 10 Å]
1 kHz = 10^3 Hz; 1 MHz = 10^6 Hz; 1 GHz = 10^9 Hz; 1 THz = 10^{12} Hz

Transmissionen verwendet, Kurbel-W. v. a. für Kolbenmotoren, *biegsame W.* u. a. zum Antrieb von Werkzeugen.
◆ *im Turnen* schon von F. L. Jahn gebrauchte Bez. für eine Übung (Umschwung bzw. Felge) am Reck.

Wellek, Albert, * Wien 16. Okt. 1904, † Mainz 27. Aug. 1972, dt. Psychologe tschech. Abkunft. - Prof. in Breslau und Mainz; vertrat eine ganzheitspsycholog. Richtung; Arbeiten bes. zur Charakterkunde (u. a. „Die Polarität im Aufbau des Charakters", 1950) sowie zur „Musikpsychologie und Musikästhetik" (1963).

Wellenbad, ein Hallen- oder Freibad, in dem mit Hilfe period. Druckluftstöße oder sich period. bewegender Verdrängungskörper Wellen erzeugt werden.

Wellenbereich, durch ein bestimmtes Wellenlängen- bzw. Frequenzintervall gekennzeichneter Teilbereich aus dem Gesamtspektrum der elektromagnet. Wellen bzw. Strahlung, i. e. S. aus dem Bereich der [Rund-]funkwellen (z. B. Lang-, Mittel-, Kurz- und Ultrakurzwelle).

Wellenbrecher, molenähnl. Anlage, die anlaufende Wellen (z. B. vor Hafeneinfahrten) brechen soll.
◆ V-förmige, auf dem Vorschiff angebrachte Schutzwand gegen überkommende Seen.

Wellenfläche ↑Welle.

Wellenfront, die vorderste[n] Wellenfläche[n] eines plötzl. einsetzenden Wellenvorgangs, z. B. die fortschreitende Unstetigkeitsfläche am Kopf einer Stoßwelle; ungenau auch svw. Wellenfläche (↑Welle).

Wellenfunktion ↑Atommodell.

Wellenfurchen, svw. ↑Rippeln.

Wellengleichung, die homogene lineare partielle Differentialgleichung 2. Ordnung vom Typ

$$\frac{\partial^2 \Psi}{\partial x^2} + \frac{\partial^2 \Psi}{\partial y^2} + \frac{\partial^2 \Psi}{\partial z^2} = \frac{1}{c^2} \cdot \frac{\partial^2 \Psi}{\partial t^2}$$

deren Lösungen $\Psi(x,y,z,t)$ Wellenvorgänge beschreiben.
◆ (quantenmechan. W.) die ↑Schrödinger-Gleichung bzw. - als relativist. invariante W. einzelner [wechselwirkungsfreier] Elementarteilchen - die ↑Dirac-Gleichung (für Fermionen) und die ↑Klein-Gordon-Gleichung (für Bosonen).

Wellenlänge, physikal. Zeichen λ; in einer ↑Welle der Abstand zweier aufeinanderfolgender Orte gleicher Phase auf derselben Wellennormalen. Die W. ist um so kleiner, je höher die Frequenz v der Welle ist. Die W. ist neben der Frequenz und der Amplitude ein wesentl. Charakteristikum einer Welle. Das gesamte Spektrum der elektromagnet. Wellen (zw. 10^{-8} nm und 100 km) wird in verschiedene Wellenlängen- bzw. Frequenzbereiche unterteilt. - ↑auch Wellenlängenbereiche (Tabelle).

Wellenläufer ↑Sturmschwalben.

Wellenleistung, die an der Abtriebswelle einer Maschine (z. B. Schiffsmaschinenanlage) gemessene Leistung; früher in PS (sog. Wellen-PS, Abk. WPS) angegeben, heute in Kilowatt [Wellenleistung].

Wellenmechanik, von E. Schrödinger 1926 entwickelte nichtrelativist. Formulierung der Quantenmechanik, die von der Vorstellung der Materiewellen ausgeht und die Zustände mikrophysikal. Systeme durch bes. quantenmechan. Wellenfunktionen beschreibt.

Wellennormale ↑Welle.

Wellenoptik

Wellenoptik ↑ Optik.
Wellenplan, internat. vereinbarter Plan über die Aufteilung der einzelnen Wellenlängen [eines bestimmten Wellenlängenbereichs] unter den einzelnen Staaten bzw. den in ihnen betriebenen Sendern zur Vermeidung von Überlagerungen und dadurch bedingten Empfangsstörungen, insbes. im Mittel- und Langwellenbereich. Bei dem 1948 in Kopenhagen auf der 4. Wellenkonferenz (nach Bern 1925, Prag 1929, Luzern 1933) beschlossenen, im März 1950 in Kraft getretenen regionalen Frequenzbandverteilungsplan (**Kopenhagener Wellenplan**), wurde Deutschland kaum berücksichtigt. Nachdem es 1974 mehr als doppelt so viele Sender wie im Kopenhagener W. vorgesehen gab, wurde auf der Genfer Wellenkonferenz im Nov. 1975 ein neuer W. beschlossen (**Genfer Wellenplan**), der am 23. Nov. 1978 in Kraft trat und nach dem auf dem Gebiet der BR Deutschland und in Berlin (West) im Lang- und Mittelwellenbereich 21 Sender mit mehr als 100 kW Leistung, 33 Sender mit 1–100 kW und 45 Sender mit weniger als 1 kW Leistung betrieben werden dürfen (z. T. mit unterschiedl. Tages- und Nachtsendeleistung).
Wellenreiten ↑ Surfing.
Wellensittich (Melopsittacus undulatus), fast 20 cm langer Papageienvogel (Gruppe Sittiche), v. a. in offenen, buschreichen, von Bäumen durchsetzten Landschaften Australiens; in Schwärmen auftretende Tiere, die regelmäßige Wanderungen durchführen und in Baumhöhlen brüten; beliebter Stubenvogel, aus dessen gelbköpfiger, ansonsten grüner, oberseits dunkel gewellter Wildform (mit blauen Beinen) seit 1840 viele Farbschläge gezüchtet wurden; ♂ unterscheidet sich vom ♀ durch eine blaue ↑ Wachshaut.
Wellenstrahlen, Strahlen, bei denen die Energie durch Wellenvorgänge, z. B. in Form elektromagnet. Wellen, transportiert wird; es bestehen wegen des ↑ Welle-Teilchen-Dualismus keine grundsätzl. Unterschiede gegenüber den Korpuskularstrahlen, da alle Wellenvorgänge korpuskularen Charakter haben und allen Korpuskularstrahlen Materiewellen zugeordnet werden können.
Wellentheorie, (W. des Lichtes) ↑ Licht, ↑ Optik.
◆ in der *Sprachwiss.* Bez. für die von J. ↑ Schmidt begr. Theorie von der allmähl. Differenzierung von Sprachen durch Neuerungen, die sich von beliebigen Punkten aus, wie Wellen im Wasser mit wachsender Entfernung vom Zentrum schwächer werdend, verschieden weit ausdehnen.
Wellenzahl ↑ Welle.
Weller, Thomas [engl. 'wɛlə], * Ann Arbor 15. Juni 1915, amerikan. Bakteriologe. - Prof. an der Harvard University; Arbeiten über Tropenmedizin, Hygiene und Kinderkrankheiten. Für die Entdeckung, daß Poliomyelitisviren in Gewebekulturen verschiedener Arten gezüchtet (und damit zur Herstellung von Impfstoff gegen Kinderlähmung verwendet) werden können, erhielt W. gemeinsam mit J. F. Enders und F. C. Robbins 1954 den Nobelpreis für Physiologie oder Medizin.
W., Walter ['--], * Wien 30. Nov. 1939, östr. Dirigent und Violinist. - Ab 1969 Dirigent an den beiden Wiener Opernhäusern, 1975 Leiter des Niederöstr. Tonkünstlerorchesters in Wien, 1977 Chefdirigent des Royal Liverpool Philharmonic Orchestra, ab 1980 des Royal Philharmonic Orchestra in London.
Weller, mit kurzgeschnittenem Stroh u. a. vermischter Lehm, z. B. zum Ausfüllen von Fachwerk.
Wellershoff, Dieter, * Neuß 3. Nov. 1925, dt. Schriftsteller und Literaturkritiker. - 1959–70 Verlagslektor. Wurde, ausgehend von der Auseinandersetzung mit G. Benn und verschiedenen Literaturströmungen, zum Begründer der „Kölner Schule" und Verfechter eines „neuen Realismus", zu dem er selbst beitrug durch bevorzugte Darstellung von in ihrer sozialen Isolation verhaltensgestörten Menschen und ihrem gesellschaftl. Scheitern, u. a. „Anni Nabels Boxschau" (Dr., 1962), „Ein schöner Tag" (R., 1966), „Einladung an alle", (R., 1972), „Die Schönheit des Schimpansen" (R., 1977). Verfaßte zahlr. Hörspiele („Das Schreien der Katze im Sack", 1970) und Essays („Literatur und Veränderung", 1969). - *Weitere Werke:* Die Schattengrenze (R., 1969), Die Sirene (Nov., 1980), Der Körper und die Träume (En., 1986).

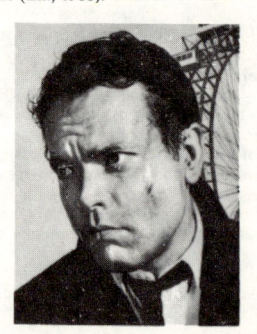

Orson Welles (1949)

Welles [engl. wɛlz], Orson, * Kenosha (Wis.) 6. Mai 1915, † Los Angeles 10. Okt. 1985, amerikan. Schauspieler und Regisseur. - Zunächst beim Theater; nach seinem realist., die Hörer in Panik versetzenden Hörspiel „Krieg der Welten" (1938; nach H. G. Wells) [mit Unterbrechungen] bis 1947 in Hollywood; danach Regisseur und Schauspieler (immer dem Werk Shakespeares verbunden) in verschiedenen Ländern (seit 1958 wieder in den USA). Bed. Filme (in denen er oft [Haupt]rollen übernahm): „Citizen Kane" (1940), „Der Glanz des Hauses Amberson" (1942), „Der Fremde" (1946), „Die Lady von Shanghai" (1947), „Macbeth" (1947), „Othello" (1951), „Im Zeichen des Bösen" (1957), „Der Prozeß" (1962), „Die Stunde der Wahrheit" (1967). - *Weitere Filme:* Der dritte Mann (1949), Ein Mann zu jeder Jahreszeit (1967), Der zehnte Tag (1971).

Wellesley, Arthur [engl. 'wɛlzlɪ] ↑ Wellington, Arthur Wellesley, Herzog von.

Wellesz, Egon ['vɛlɛs], * Wien 21. Okt. 1885, † Oxford 9. Nov. 1974, östr. Musikforscher und Komponist. - 1929 Prof. in Wien, gründete 1932 das „Institut für Byzantin. Musik", emigrierte 1938 nach England. Ausgehend von G. Mahler und A. Schönberg komponierte er u. a. Sinfonien und Opern.

Welle-Teilchen-Dualismus (Teilchen-Welle-Dualismus), Bez. für die an Gesamtheiten von mikrophysikal. Objekten zu beobachtende Erscheinung, daß sich je nach Art des Experiments oder der Beobachtung entweder die Gesamtheit von Teilchen oder wie eine Welle verhalten. So lassen sich die Beugungs- und Interferenzversuche an Licht zwanglos mit Hilfe eines ausgedehnten Wellenfeldes beschreiben, während die inelast. mikrophysikal. Wechselwirkung des Lichts mit Materie (z. B. Photoeffekt) nur als Absorption bzw. Emission von Photonen gedeutet werden kann. Entsprechend verhalten sich Strahlenbündel von atomaren Teilchen, z. B. Elektronen oder Neutronen, beim Durchgang durch Kristallgitter wie eine Wellenstrahlung, d. h., es treten Interferenz- und Beugungserscheinungen auf. Wie die Quantentheorie zeigt, sind die Teilchen- und das Wellenbild zueinander komplementäre Aspekte, von denen jeweils der eine oder der andere in den Vordergrund tritt: Je genauer eine Bestimmung des Ortes bzw. der Teilchenzahl durchgeführt wird († auch Unschärferelation), desto stärker tritt die Teilchennatur auf Kosten der Wellennatur hervor; umgekehrt verhält es sich bei einer genauen Bestimmung der Wellenlänge bzw. der Phase in einem Wellenvorgang. Daher sind in der Mikrophysik die beobachteten Eigenschaften der mikrophysikal. Objekte nicht unabhängig vom Beobachter und der von ihm benutzten Meßmethode (wobei aber verschiedene Beobachter unter den gleichen Versuchsbedingungen stets dieselben Ergebnisse erhalten). Die Teilchen- und die Wellennatur eines mikrophysikal. Phänomens sind verschiedene „Projektionen" dieses Phänomens in die physikal. Welt.

📖 *Hänsel, H./Neumann, W.:* Physik. Bd. 4: Grenzen des klass. Begriffsystems. Ffm. 1977.

Wellfleisch (Kesselfleisch), in gewürztem Wasser gekochtes Fleisch von frisch geschlachteten Schweinen.

Wellhausen, Julius, * Hameln 17. Mai 1844, † Göttingen 7. Jan. 1918, dt. ev. Theologe. - Prof. für A. T. in Greifswald, Halle, Marburg und Göttingen; bedeutendster Exeget, Textforscher und Arabist seiner Zeit, der v. a. durch seine Arbeiten zum Pentateuch, zur Geschichte der Evangelien (synopt. Frage) und zur Religion der vorislam. Araber die bibl. Wiss. und die Religionsgeschichte maßgebl. beeinflußte.

Wellhornschnecke (Buccinum undatum), nordatlant. Schnecke mit 8–12 cm langem, gelblichbraunem, stark geriefftem Gehäuse.

Wellington, Arthur Wellesley, Herzog von [engl. 'wɛlɪŋtən] (seit 1814), * Dublin 29. April oder 1. Mai 1769, † Walmer Castle (Kent) 14. Sept. 1852, brit. Feldmarschall und Politiker. - Leitete ab 1808 das brit. Expeditionskorps in Portugal und Spanien, das entscheidende Siege gegen die frz. Truppen errang; 1813 auch Oberbefehlshaber der span. Truppen. 1815 als Nachfolger Castlereaghs Hauptbevollmächtigter beim Wiener Kongreß, übernahm während der „Hundert Tage" den Befehl über eine Armee in den Niederlanden und siegte mit Blücher bei Belle-Alliance (Waterloo). Als Premiermin. (1828–30) ließ W. 1829 das Gesetz zur Katholikenemanzipation passieren. 1834/35 Außenmin., 1841–46 Min. ohne Geschäftsbereich.

Wellington [engl. 'wɛlɪŋtən], Hauptstadt von Neuseeland, im SW der Nordinsel, an der Bucht Port Nicholson, 134 300 E. Sitz eines kath. Erzbischofs und eines anglikan. Bischofs; Univ. (gegr. 1897), polytechn. Institut, Maori Education Foundation, Sternwarte; Nationalmuseum, Dominion-Museum, Nat. Kunstgalerie, Oper; botan. Garten, Zoo. W. bildet mit den Nachbarstädten im Hutt Valley eine bed. Ind.agglomeration mit Fahrzeug- und Maschinenbau, Werften, Textil- und Bekleidungs-, Elektro-, chem., Gummi- und Nahrungsmittelind. Eisenbahnfähre über die Cookstraße nach Picton; Handelshafen; internat. ✈. - Die nach dem Hzg. von W. ben. Stadt geht auf die unter der Schirmherrschaft der New Zealand Company entstandene brit. Siedlung von 1840 zurück; seit 1865 Reg.sitz von Neuseeland.

Wells, H[erbert] G[eorge] [engl. wɛlz], * Bromley (= London) 21. Sept. 1866, † London 13. Aug. 1946, engl. Schriftsteller. - Aus ärml. Verhältnissen; Autodidakt, Schüler T. Huxleys; Journalist. 1903–08 Mgl. der sozialist. Fabian Society; zeitlebens um Verwirklichung seiner idealist. Pläne bemüht; in Verbindung u. a. mit Lenin, Roosevelt und Stalin; 1933–36 Präs. des Internat. PEN-Clubs. Urspr. Marxist, später gemäßigter Sozialist und Pazifist, verfocht W. den Gedanken eines einheitl. Weltstaates, der, auf einer uneigennützigen, kollektiven Willensbildung aufbauend, seine Berechtigung im Ziel des Allgemeinwohls findet, z. B. in den utop. Romanen „Die Zeitmaschine" (1895), „Dr. Moreaus Insel" (1896), „Der Unsichtbare" (1897), „Der Krieg der Welten" (1898; Hörspielfassung von O. Welles 1938), „Die ersten Menschen im Mond" (1901), „Der Diktator" (1930).

Wells [engl. wɛlz], Stadt in SW-England, Gft. Somerset, 8 000 E. Wirkwaren-, Papierind. - In angelsächs. Zeit eine der bedeutendsten Städte des Kgr. Wessex; wurde 909 Sitz eines Bistums (1088 nach Bath verlegt); 1160 Stadtrecht. - Ma. Stadtbild; bed. Kathedrale (um 1180–1240 und um 1290–1340) mit unvollendeten Türmen, Kreuzgang (1425 ff.), Kapitelsaal (um 1319 vollendet); Bischofspalast (14. Jh.; später umgebaut).

Welpe, junger, noch nicht entwöhnter Hund, Fuchs oder Wolf.

Wels, Otto, * Berlin 15. Sept. 1873, † Paris 16. Sept. 1939, dt. Politiker. - Trat 1891 der SPD bei; seit 1913 Mgl. des Parteivorstands, 1912–33 MdR (bzw. Mgl. der Weimarer Nat.-versammlung); in der Novemberrevolution Stadtkommandant von Berlin; seit 1931 Vors. der SPD; lehnte am 23. März 1933 namens der SPD-Fraktion das Ermächtigungsgesetz ab; 1933 als Parteivors. bestätigt; versuchte vergebl., die SPD durch Erkärung ihres Austritts aus der Sozialist. Internationale vor der Illegalität zu bewahren; leitete nach der Emigration 1933 den Exilvorstand der SPD in Prag bzw. Paris.

Wels, Stadt mit eigenem Status in Oberösterreich, an der Traun, 318 m ü. d. M., 54 000 E. Bez.hauptstadt, Stadt- und Burgmuseum. Landw. Handelszentrum der Welser Heide, mit Getreidemarkt, alle zwei Jahre Internat. Landw.messe. Führend sind Maschinen- und Stahlbau, Bekleidungs- und holzverarbeitende Ind.; Straßen- und Bahnknotenpunkt. - Entstand an der Stelle des röm. **Ovilava** (Munizipium unter Hadrian, Colonia unter Caracalla, seit dem späten 2. Jh. n. Chr. Sitz der Zivilverwaltung der Prov. Noricum, seit Diokletian der Prov. Noricum ripense), 776 erstmals als befestigter Ort gen., wurde 1061 Marktort, in der 1. Hälfte des 13. Jh. Stadt. 1376 ummauert. - Got. Stadtpfarrkirche (13./14. Jh.) mit bed. Glasgemälden, frühgot. ehem. Minoritenkirche; got. ehem. kaiserl. Burg (stark verändert).

welsch, auf ein german. Substantiv zurückgehender Begriff, der ursp. die kelt. Bewohner westeurop. Gebiete bezeichnete (lat. volcae). Nach der Besetzung der kelt. Gebiete durch die Römer ging die Bez. auf die dortige roman. Bevölkerung über, bes. auf diejenige in Gallien und Italien. Als **welsche Schweiz** wird der französischsprachige Teil der Schweiz bezeichnet. In der Bez. Rotwelsch bedeutet „Welsch" svw. „fremde, unverständl. Sprache". - ↑ auch Kauderwelsch.

Welsch, Maximilian von, ≈ Kronach 23. Febr. 1671, † Mainz 15. Okt. 1745, dt. Baumeister. - Verarbeitete Elemente von F. Mansart, F. Borromini und J. B. Fischer von Erlach; zählt zu den bedeutendsten Baumeistern des fränk.-rhein. Barock. Seit 1704 im Dienst des Kurfürsten Lothar Franz von Schönborn an den Gesamtentwürfen für die Würzburger Residenz, die Schönbornkapelle des Würzburger Doms und die Schlösser zu Pommersfelden und Bruchsal maßgeblich beteiligt. Eigene Werke sind die Orangerie in Fulda (1722–30) und die Abteikirche in Amorbach (1742 ff.).

Welse (Siluriformes), Ordnung der Knochenfische mit rd. 2 000 weltweit (v. a. in S-Amerika) verbreiteten, fast ausschließl. im Süßwasser lebenden Arten; Haut stets schuppenlos, häufig mit darunterliegenden Knochenplatten, Mundöffnung mit Barteln umstellt, die als Geschmacks- und Tastorgane dienen; überwiegend dämmerungs- und nachtaktive, Brutpflege treibende Fische. Zu den W. gehören u. a. ↑ Katzenwelse, ↑ Stachelwelse, ↑ Panzerwelse und die *Echten W.* (Siluridae) mit der einzigen einheim. Art **Wels** (Waller, Flußwels, Silurus glanis): Körper bis 2,5 m lang; Rücken schwarzblau bis dunkel olivgrün, Seiten heller mit dunkler Fleckung; Bauch weißl., dunkel marmoriert, ohne Hautknochenplatten; Afterflosse sehr lang; Kopf breit, mit großer Mundspalte und zwei sehr langen Barteln am Oberkiefer und vier kurzen Barteln am Unterkiefer; räuber. lebend; überwintert ohne Nahrungsaufnahme im Bodenschlamm der Gewässer; Speisefisch.

Welser, seit dem 13. Jh. in Augsburg nachweisbares Patriziergeschlecht, das bereits unter Anton W. d. Ä. (* 1451, † 1518; 1498 Gründung der großen Augsburger Handelsgesellschaft) im europ. Großhandel sowie im Asienhandel (1505/06 Beteiligung an einer portugies. Indienflotte) tätig war und in seinem Unternehmen große Kapitalien zusammenfaßte. Bartholomäus W. und Anton W. d. J. (* 1486, † 1557) begründeten 1525 den Handel mit Span.-Amerika (Zuckerplantagen auf Hispaniola). Die Unternehmungen der welser. Statthalter und Generalkapitäne A. Dalfinger, N. Federmann, G. Hohermuth und P. von Hutten scheiterten 1546 am Neid und an der Fremdenfeindlichkeit Spaniens. 1556 zogen sich die W. aus Span.-Amerika zurück. Als Gläubiger Frankr., Spaniens und der Niederlande erlitt das Augsburger Haus beträchtl. Verluste und machte schließl. 1614 Konkurs (1797 erlosch die Hauptlinie). Bed. v. a.:

W., Bartholomäus, * Memmingen (?) 25. Juni 1484, † Amberg (bei Bad Wörrishofen) 28. März 1561. - Großkaufmann, neben den Fuggern einflußreichster Bankier Karls V., auch bed. Reeder. Rüstete 1528 in Spanien eine Expedition von 3 Schiffen aus, die unter dem Befehl A. Dalfingers einen Teil der Küste Venezuelas in Besitz nahm; 1532 in den Adelsstand erhoben.

Weltall

W., Markus, * Augsburg 20. Juni 1558, † ebd. 23. Juni 1614, Humanist, Ratsherr (seit 1592), kaiserl. Rat und Stadtpfleger in Augsburg (seit 1600). - Bed. als Geschichtsschreiber und Altertumsforscher; verfaßte u. a. eine Geschichte Augsburgs und Bayerns und gab die Peutingersche Tafel heraus.

Welsh Corgi [engl. 'wɛlʃ 'kɔːgɪ „Hund aus Wales" (walis. corgi „kleiner Hund")], aus Wales stammender, kurzbeiniger, bis zu 30 cm schulterhoher, lebhafter, kurz- bis mittellanghaariger Zwergschäferhund in zwei Varietäten: 1. *Cardigan:* mit mäßig langer, horizontal getragener, fuchsähnl. Rute; Fell in allen Farben außer Reinweiß, bevorzugt rot gescheckt und blau marmoriert; 2. *Pembroke:* mit meist angeborener Stummelrute; Fell einfarbig rot oder braun (auch mit weißen Abzeichen).

Welt, allg. svw. Erde, v. a. in Wortverbindungen wie W.geschichte, Weltreise u. a. - In der *Philosophie* der „Inbegriff aller Erscheinungen", die Gesamtheit des Erlebens (*Erlebnis-W.*) oder der Handlungsmaximen (*moral. Welt*). Die *[philosoph.-]kosmolog. Theorien* deuten die W. als beseeltes Wesen, als Gott, Bild oder Emanation Gottes oder als ↑Schöpfung (Philosophie des MA). Im Anschluß an die Antike unterscheidet die scholast. Philosophie des MA *sinnl. W.* („mundus sensibilis") und *übersinnl. W.* („mundus intelligibilis"). Die Theorien über einen Anfang oder ein Ende der W. in der Zeit oder ihre Unendlichkeit stehen einander antinom. gegenüber. Der *erkenntnistheoret. Begriff* der W. beinhaltet zunächst alle Erscheinungen und die Möglichkeit ihrer begriffl. (naturwiss.) Erfassung. *Moral. W.* ist die W., sofern sie als sittl. Gesetzen gemäß aufgefaßt wird; weil die Grundlage dieser Idee die Freiheit ist, also selbst eine Idee, kommt ihr keine Realität zu. Kant nimmt deshalb an, daß die beiden im Bereich der prakt. Vernunft mögl. Standpunkte durch den Begriff der *Verstandes-W.* vermittelt werden. Für Kant besteht sie in der Annahme von einem Reich der Zwecke, zu dem die Menschen gehören und in dem sie nach Maximen der Freiheit handeln, so als ob diese Maximen Naturgesetze wären. Die Philosophie nach Kant versucht entweder eine ontolog. Einheit von W.begriff und *realer W.* in Überwindung des Kritizismus Kants wiederherzustellen (Schelling, Hegel) oder die erkenntnistheoret. Bestimmung wieder aufzugreifen und so zu erweitern, daß der Bruch zw. theoret. und prakt. Vernunft für den W.begriff überwunden wird. Husserl bestimmt W. phänomenolog. als Horizont der Erfahrung. Die Ganzheit der W. wird so verstanden als der „offene Horizont der Raum-Zeitlichkeit". In Weiterführung der kant. transzendentalen und der phänomenolog. Bestimmung von W. definiert Heidegger die (ont.) Allheit der Dinge begründende ontolog. Kategorie der W. als „Charakter des Daseins". W. ist hier Verstehenshorizont für das Seiende wie für den Menschen, d. h. die Ganzheit der Seinsmöglichkeit des Daseins. In der *philosoph. Anthropologie* ist W. Gegenbegriff zu Umwelt und Umweltgebundenheit des Tieres. Der Mensch wird durch W.offenheit gekennzeichnet. Hier ist W. also nicht allein apriori. Entwurf, sondern umgreifendes Ganzes im Sinne der Sprach-W., der Geschichte wie auch im Sinne der objektiven Realität.

📖 *Heidegger, M.: Sein u. Zeit. Tüb.* [15]*1984. - Heidegger, M.: Vom Wesen des Grundes. Ffm.* [7]*1983. - Husserl, E.: Die Krisis der europ. Wissenschaften u. die transzendentale Phänomenologie. Hg. u. eingel. v. E. Ströker. Hamb* [2]*1982. - Janssen, P.: Grundll. der wiss. W.erkenntnis. Ffm. 1977. - Carnap, R.: Der log. Aufbau der W. Hamb.* [4]*1974. - Brand, G.: Die Lebenswelt. Bln. 1971. - Löwith, K.: Der W.begriff der neuzeitl. Philosophie. Hdbg.* [2]*1968.*

◆ in dt. Bibelausgaben Entsprechung für den griech. Begriff ↑Jon.

◆ (Raum-Zeit-Welt) ↑Minkowski-Raum.

Welt, Die, dt. Tageszeitung, ↑Zeitungen (Übersicht).

Weltall (Kosmos, Universum), die Welt als Ganzes; der gesamte mit Materie und Strahlung erfüllte Raum, in dem sich alles uns faßbare Räumliche und Zeitliche abspielt, bzw. die Gesamtheit der existierenden Materie und Strahlung einschl. der durch sie bedingten raum-zeitl. Ordnung in Form einer vierdimensionalen Raum-Zeit-Welt. Während sich die *Kosmogonie* mit der Entstehung und Entwicklung des W. bzw. seiner Teile befaßt, ist die Erforschung des Aufbaus, der raumzeitl. Struktur und der großräumigen Entwicklung des W. (sowie der Erscheinungsformen und Bewegungsverhältnisse der Materie in ihm) Aufgabe der *Kosmologie;* sie stützt sich dabei auf Beobachtungsbefunde der Astronomie und Astrophysik, deren theoret. Deutung letztl. zu Weltmodellen führt. Ein Beobachtungsfaktum, das alle kosmolog. Theorien erklären müssen, ist die Rotverschiebung der Spektrallinien in den Spektren ferner Sternsysteme. Deutet man sie als Doppler-Effekt, so liegt eine Expansion des W. vor, die in ihrem zeitl. Verlauf jedoch noch nicht geklärt ist. Alle Theorien führen auf ein zeitlich und räumlich endl. W.: Das sog. *Weltalter* (d. h. die seit der als *Big Bang* oder *Urknall* bezeichneten explosionsartigen Entstehungsphase verstrichene Zeit) wird heute mit etwa 10–13 Mrd. Jahren angegeben, der Radius des W. (Weltradius) mit maximal etwa 4 Mrd. Parsec, also etwa 13 Mrd. Lichtjahren. Der gegenwärtig der astronom. Forschung mit den größten Radio- und Spiegelteleskopen zugängl. Teil des W. hat einen Radius von mehr als 3 Mrd. Parsec (also über 9 Mrd. Lichtjahre); in diesem „überschaubaren" Bereich befinden sich schätzungsweise 10 bis

Weltanschauung

100 Mrd. Sternsysteme. - Nach den Vorstellungen der allgemeinen Relativitätstheorie ist das W. nicht euklid., sondern „gekrümmt" (d. h., es verhält sich zu einem euklid. Raum wie die Oberfläche einer Kugel zur Ebene). Im W. könnte man demnach immer weiter fortschreiten, ohne an ein Ende zu gelangen, und doch ist das Volumen des W. endlich, wenn auch durch die Expansion ständig wachsend.

📖 Kleczek, J./Jakes, P.: Das W. u. unsere Erde. Hanau 1986. - Ronan, C. A.: Das Kosmosbuch des Weltalls. Dt. Übers. Stg. ²1985. - Kippenhahn, R.: Licht vom Rande der Welt. Stg. 1984. - Lovell, B.: Das unendl. W. Dt. Übers. Mchn. 1983. - Sagan, C.: Unser Kosmos. Dt. Übers. Mchn. 1982.

Weltanschauung, einheitl. vorwiss. oder philosoph. formulierte Gesamtauffassung der Welt und des Menschen mit handlungsorientierter Intention. Die philosoph. Bestimmung der W. enthält grundsätzl. den Verweis auf die Relativität der Geltung von W.; sie wird zur W.kritik, wenn die Philosophie geschichtl. Wissen method. begründen will. Aus der vorwiss. Orientierung entstehen die *religiöse* und *poet. W.*, aus dem Willen zu allgemeingültigem Wissen drei Typen der *metaphys. W.*: 1. der Naturalismus; 2. der Idealismus der Freiheit; 3. der objektive Idealismus.

Weltärztebund (World Medical Association, Abk. WMA), internat. Zusammenschluß der nat. Ärzteorganisationen, Sitz New York und Brüssel. Zum internat. Informationsaustausch veranstaltet der W. wiss. Kongresse und gibt die Zeitschrift „World Medical Journal" heraus.

Weltatlas, meist in Buchform herausgegebene Kartensammlung von allen Teilen der Erde.

Weltausstellungen, seit der Mitte des 19. Jh. an wechselndem Ort durchgeführte internat. Ausstellungen, die der wirtschaftl. Information dienen und in nat. Selbstdarstellungen die Errungenschaften in Technik und Kultur zur Schau stellen. Bes. die nicht selten in Stil, Material und Konstruktion avantgardist. Bauten, v. a. Ausstellungsgebäude, sind oft als Symbole der Moderne empfunden worden (z. B. Kristallpalast von J. Paxton, London 1851; Eiffelturm von G. Eiffel, Paris, 1889; dt. Pavillon von L. Mies van der Rohe, Barcelona, 1929; dt. Pavillon von R. Gutbrod und Frei Otto, Habitat-Komplex von M. Safdie u. a., Montreal, 1967).

Weltbank, svw. ↑ Internationale Bank für Wiederaufbau und Entwicklung.

Weltbestleistung, die in den meßbaren Sportarten beste erreichte Leistung; im Ggs. zum Weltrekord auf Grund fehlender Bedingungen zur Rekordanerkennung nicht offiziell geführt.

Weltbild, Zusammenfassung der Ergebnisse objektivierbaren Wissens zu einer Gesamtansicht der Welt, und zwar meist als naturwiss.-physikal., biolog., soziolog. oder philosoph. Weltbild. Auch die formulierte Weltanschauung wird als W. bezeichnet.
◆ (Weltsystem) Bez. für die auf naturwiss.-theoret. Basis gewonnene Vorstellung vom Aufbau des Weltalls; histor. von Bedeutung sind das *geozentr.* und das *heliozentr. Weltbild.*

Weltbühne, Die, 1918 aus der von S. Jacobsohn begr. Theaterzeitschrift „Die Schaubühne" hervorgegangene „Wochenschrift für Politik/Kunst/Wirtschaft"; 1926 hg. von K. Tucholsky, 1927–33 (Verbot) von C. von Ossietzky. In der Emigration erschien 1933–39 in Prag, Zürich und Paris unter W. Schlamm und (ab 1934) H. Budzislawski „Die Neue Weltbühne"; seit 1946 als „Die W." neu hg. von Maud von Ossietzky in Berlin (Ost).

Weltbund der Bibelgesellschaften ↑ Bibelgesellschaften.

Weltbürger, 1669 erstmals belegte Lehnübersetzung von *Kosmopolit;* seit der 2. Hälfte des 18. Jh. ist **Weltbürgertum** eine teils schlagworthaft häufige, an antike stoische Vorbilder anschließende Handlungsorientierung, die - bewußt über nat. Begrenzung hinausgehend - auf Errichtung einer weltumspannenden, universalen, vernunftbegründeten Gemeinschaft ausgerichtet ist. In der Aufklärung wird der Begriff um die Postulate der Freiheit und Toleranz, in der Frz. Revolution um die der Gleichheit und Brüderlichkeit erweitert und konkretisiert.

Weltchronik (Universalchronik), Gatt. der ma. Geschichtsschreibung bzw. Geschichtsdichtung, die die gesamte für sie aus literar. Vorlagen erreichbare Weltgeschichte darstellt. Sie geht dabei meist von einem fiktiven Schöpfungsdatum (oder auch z. B. der Geburt Abrahams) aus, das auf der Grundlage der im A. T. überlieferten Generationenfolge der Urväter errechnet wurde. Der bibl. bzw. kirchl. Geschichte wurde dann die Geschichte der heidn. Völker und der röm. Kaiserzeit parallel zugeordnet. Auf diese Weise sollte eine chronologisch widerspruchsfreie Zusammenfassung des gesamten bekannten histor. Materials erreicht werden. Die Konzeption ist grundsätzlich heilsgeschichtlich; der Geschichtsablauf wurde entweder dargestellt als Aufeinanderfolge der 4 Weltreiche (nach Orosius) oder in der Abfolge der 6 Weltalter (nach Augustinus), die zu den 6 Schöpfungstagen in Beziehung gesetzt wurden und im übrigen mit den menschl. Altersstufen verglichen werden konnten. - Vorbildhaft für die ma. Weltchronistik wurden Eusebios von Caesarea, Hieronymus und Isidor von Sevilla. Berühmt als volkssprachl. W. ist die Schedelsche Weltchronik.

Welte, Bernhard, * Meßkirch 31. März 1906, † Freiburg im Breisgau 6. Sept. 1983, dt.

Welternährungsprogramm

kath. Theologe und Philosoph. - Setzte sich als einer der führenden Religionsphilosophen in seinen Werken mit dem Denken der Gegenwart im Hinblick auf die überlieferten Formen der christl. Glaubensaussagen auseinander. - *Werke:* Vom Wesen und Unwesen der Religion (1952), Nietzsches Atheismus und das Christentum (1958), Auf der Spur des Ewigen (1965), Religionsphilosophie (1978).

W., Michael, * Vöhrenbach 28. Sept. 1807, † Freiburg im Breisgau 17. Jan. 1880, dt. Spieluhrenmacher. - Gründete 1832 eine Musikwerkfabrik in Vöhrenbach, entwickelte 1845 das ↑ Orchestrion; 1872–1954 Sitz der Firma in Freiburg im Breisgau. 1897 wurde die Holzstiftwalze des Spielwerks durch gelochte, pneumat. abspielbare Papierrollen ersetzt. Mit der Weiterentwicklung zum „Welte-Mignon-Reproduktionspiano" (1904) und der „Welte-Philharmonie-Orgel" (1913) konnten histor. bed. Musikinterpretationen bewahrt werden.

Weltenbaum, kosmolog. Vorstellung von einem riesigen Baum, der von der Erde bis zum Himmel reicht und dessen Gewölbe stützt. Das bekannteste Beispiel ist die Weltesche *Yggdrasil* in der nordgerman. Mythologie.

Weltenburg, Benediktinerabtei bei Kelheim, am Beginn des Donaudurchbruchs, um 760 gegr.; barocke Anlage (1714–36) mit bed. Kirche (1718 geweiht) von C. D. Asam; die plast. Ausstattung, v. a. der Hochaltar mit hl. Georg (1721), stammt von seinem Bruder E. Qu. Asam.

Weltergewicht [engl./dt.] ↑ Sport (Gewichtsklassen, Übersicht).

Welternährung, das Bev.wachstum im 20. Jh., v. a. in den Entwicklungsländern, die einsetzende Verknappung von Düngemitteln seit 1973, die die Ertragslage von Weizen und Reis v. a. in den Entwicklungsländern verschlechterte, ein anhaltender Rückgang des Fischfangs verbunden mit dem drohenden Aussterben einiger Speisefischarten sowie die anhaltende Preissteigerung von Erdöl als Grundlage für die Landw. und den Nahrungsmitteltransport notwendigen Treibstoffen haben dazu beigetragen, daß die W. als eines der wichtigsten Probleme unserer Zeit erkannt wurde.

Der Weltagrarraum ist so strukturiert, daß die reichen Ind.länder auch größere Nahrungsmittelproduzenten sind, während die armen Länder der Dritten und Vierten Welt meist noch nicht in der Lage sind, für den eigenen Bedarf das Notwendigste zu produzieren. Pläne, Überschußmengen in die Entwicklungsländer zu transportieren, lassen sich aus techn. Gründen (v. a. Mangel an Lager- und Transportkapazitäten in den Entwicklungsländern) nur in geringem Umfang verwirklichen. Das W.problem kann daher weniger durch Distribution gelöst werden als durch vermehrte Produktion in den Entwicklungsländern.

Produktionssteigerungen können erreicht werden durch: 1. intensivere Nutzung vorhandener Böden mit Hilfe von Düngemitteln und unter Ausnutzung des Fruchtwechsels und der Möglichkeiten, mehrere Ernten im Jahr zu erzielen; 2. Ertragssteigerung durch ergiebigere Neuzüchtungen; 3. Gewinnung von Ackerland durch Rodung von Waldland oder durch Bewässerungssysteme. Die Neulandgewinnung durch Rodungen hat jedoch, wenn sie zu extensiv betrieben wird, erhebl. Klimabeeinträchtigungen zur Folge. Außerdem zeigte sich z. B. in den trop. Wäldern Brasiliens, daß die so gewonnenen Böden für den Ackerbau nur wenig nutzbar gemacht werden können. Bewässerungssysteme mit Hilfe großer Staudämme bringen zwar den Vorteil, daß sie zugleich der Energieversorgung dienen können, sind aber u. U. mit dem Nachteil verbunden, daß durch das Ausbleiben von Überschwemmungen auch der für die Bodenerneuerung wichtige Flußschlamm wegbleibt (z. B. Folge des Assuanstaudammes für den Ackerbau im Niltal). V. a. aber wird der Pflanzenschutz eine erhebl. Rolle spielen. Im Durchschnitt werden 34,9 % der mögl. Welternte der wichtigsten pflanzl. Nahrungsmittel durch Schädlinge (13,8 %), Krankheiten (11,6 %) und Unkräuter (9,5 %) vernichtet; bei Reis liegt die Quote insgesamt bei 46 %, bei Zuckerrohr und Zuckerrüben bei 45 % der mögl. Ernte.

Alle Maßnahmen zur Sicherung der W. können der Menschheit nur dann einen Fortbestand ohne Hungersnot gewährleisten, wenn es gelingt, die Regenerationsfähigkeit der Tier- und Pflanzenarten zu erhalten sowie Böden, Gewässer und Klima nicht stärker zu verseuchen, v. a. aber das Bevölkerungswachstum zu bremsen.

📖 *Zurek, E. C./Rahmanzadeh, A.:* Perspektiven der W. Hamb. 1984. - *Bosse, P.:* W.: Ursachen u. Bekämpfung des Hungers. Ffm. u. a. 1981.

Welternährungskonferenz, Konferenz der UN in Rom (5.–16. Nov. 1974), die sich mit der Lage der Welternährung und Möglichkeiten der internat. Zusammenarbeit befaßte. Die W. gründete einen Fonds für landw. Entwicklung (IFAD) und plante ein globales Informationssystem zur frühzeitigen Vorhersage von Nahrungsmittelknappheit, einen Getreidefonds für Not- und Katastrophenfälle und die Gründung eines *Welternährungsrats* als Sonderorgan der UN, der Koordinationsaufgaben und period. Überprüfungen der Welternährungslage übernehmen soll (↑ auch Food and Agriculture Organization of the United Nations).

Welternährungsprogramm (engl. World Food Programme, Abk. WFP), durch Resolution der FAO-Konferenz vom 19. Dez. 1961 begr. Hilfsprogramm, das Nahrungsmit-

Weltfunkverein

telhilfe in Katastrophenfällen, v. a. aber bei Entwicklungsprojekten gewährt. Die Finanzierung erfolgt durch freiwillige Beiträge der UN- und FAO-Mitglieder.

Weltfunkverein ↑ Internationale Fernmelde-Union.

Weltgeist, Weltbegriff in panlogist. Systemen; zentral in Hegels Geschichtsphilosophie; in ihr wird die Weltgeschichte als „Auslegung und Verwirklichung des allg. Geistes" begriffen. In diesem Prozeß übernehmen welthistor. Individuen und Völker eine ihnen selbst verborgene Rolle.

Weltgeistlicher (Weltpriester, Säkularkleriker), Bez. für den kath. Kleriker, der keinem Orden und keiner Kongregation angehört; zusammenfassende Bez.: *Weltklerus*.

Weltgericht ↑ Jüngstes Gericht.

Weltgeschichte, svw. ↑ Universalgeschichte.

Weltgesundheitsorganisation (engl. World Health Organization [Abk. WHO]), 1946 gegr. Organisation der UN, Sitz Genf. Zu den Tätigkeiten der WHO gehören die Unterstützung der Medizinalausbildung bes. in Entwicklungsländern, die Mitberatung bzw. Hilfe bei der Einrichtung von Gesundheitsdiensten, bei der Bekämpfung weitverbreiteter Krankheiten und bei der Besserung der hygien. Verhältnisse, ferner die Vermittlung eines weltweiten Erfahrungsaustauschs in allen Gesundheitsfragen, die Veröffentlichung fachbezogener Statistiken und die Finanzierung von Forschungsvorhaben.

Weltgewerkschaftsbund ↑ Gewerkschaften.

Welthandel, die Gesamtheit des internat. Güteraustausches. Der W. wurde durch die liberale Außenwirtschaftspolitik des 19. Jh. begünstigt. Allerdings hielt diese Epoche eines durch staatl. Hemmnisse kaum behinderten Freihandels nur kurz an; schon im Jahre 1879 vollzog z. B. Deutschland mit der Schutzzollpolitik Bismarcks eine allmähl. Hinwendung zum Protektionismus. Die zweite Voraussetzung für die relativ ungestörte Entwicklung des W. schuf der internat. Goldstandard, der einen freien internat. Zahlungsverkehr bei stabilen Wechselkursen gewährleistete. Der 1. Weltkrieg zerstörte die bis dahin herrschende Weltwirtschaftsordnung. Die Ausbreitung der Devisenbewirtschaftung seit den 1930er Jahren hob das System des Multilateralismus auf, bei dem ein Land seine Zahlungsbilanz nur gegenüber der gesamten übrigen Welt auszugleichen hatte. An dessen Stelle trat immer mehr der Bilateralismus, der den Außenhandel faktisch zu einem Tausch Ware gegen Ware degenerieren ließ. - Die Gründung des internat. Währungsfonds und der Weltbank nach dem Ende des 2. Weltkrieges schuf die institutionellen Voraussetzungen für die Wiederbelebung der weltwirtsch. Beziehungen; während sich die beiden genannten Organisationen auf den Währungsbereich beziehen, sollte das GATT der Wiederherstellung eines möglichst freien W. dienen. Die Entwicklung des W. wurde jedoch durch Währungskrisen, durch Autarkiebestrebungen der Staatshandelsländer und durch den Ausbruch der Ölkrise erheblich behindert.

Welthandelskonferenz ↑ Weltwirtschaftskonferenz.

Welthilfssprachen (Universalsprachen, Plansprachen), künstlich geschaffene, zum internat. Gebrauch bestimmte Sprachen (im Ggs. zu den natürl., d. h. histor. gewachsenen Sprachen der verschiedenen Sprachgemeinschaften). Von den bisher entwickelten W. ist das Esperanto am weitesten verbreitet. Die Geltung einer W. hat heute das Englische erreicht. Die Erarbeitung des Wortschatzes von W. kann nach zwei Prinzipien erfolgen: Auswahl der Wörter aus den bekannten Kultursprachen *(naturalist. Prinzip);* Neubildung der Wörter aus wenigen Grundwörtern und einer großen Zahl frei verfügbarer Wortbildungssilben *(schemat. Prinzip).* - Die erste prakt. verwendbare W. war *Volapük* (1879); die Wörter sind meist nach engl. Wurzeln gebildet. 1887 legte der poln. Arzt L. Zamenhof (* 1859, † 1917) das ↑ *Esperanto* vor. Weitere Entwürfe: *Mundolingue* (1888); *Idiom Neutral* (1902), als konsequent natürl. W. umgearbeitetes Volapük; *Interlingua* (Latino sine flexione; 1903), von dem italien. Mathematiker G. Peano (* 1858, † 1932); *Ido*, 1907, von L. de Beaufront, eine Weiterentwicklung des Esperanto; *Universal* (1906); *Interlingue* (Occidental) (1922) von E. von Wahl; *Novial*, 1928, von O. Jespersen.

Welti, Albert Jakob, * Höngg (= Zürich) 11. Okt. 1894, † Amriswil (Thurgau) 5. Dez. 1965, schweizer. Schriftsteller. - Verfaßte [z. T. mundartl.] Romane („Martha und die Niemandssöhne", 1948; „Der Dolch der Lukretia", 1958), Dramen und Hörspiele.

W., Friedrich Emil, * Zurzach 23. April 1825, † Bern 24. Febr. 1899, schweizer. freisinniger Politiker. - Ab 1857 Mgl. des Ständerats; ab 1866–91 Bundesrat in verschiedenen Departementen; mehrfach Bundespräs.; maßgebend an der Revision der Bundesverfassung von 1874 beteiligt.

Weltjahr, svw. ↑ platonisches Jahr.

Weltkarte, Bez. für eine Einzelkarte, die die gesamte Erdoberfläche darstellt, oder für ein topograph. Kartenwerk der Erde.

Weltkirchenkonferenzen, Bez. für die period. Tagungen des Ökumen. Rates der Kirchen.

Weltklerus ↑ Weltgeistlicher.

Weltkoordinaten, Bez. für die vier Koordinaten des Raum-Zeit-Welt (↑ Minkowski-Raum).

Weltkrieg, globaler, die meisten Staaten und Völker der Erde umfassender krieger.

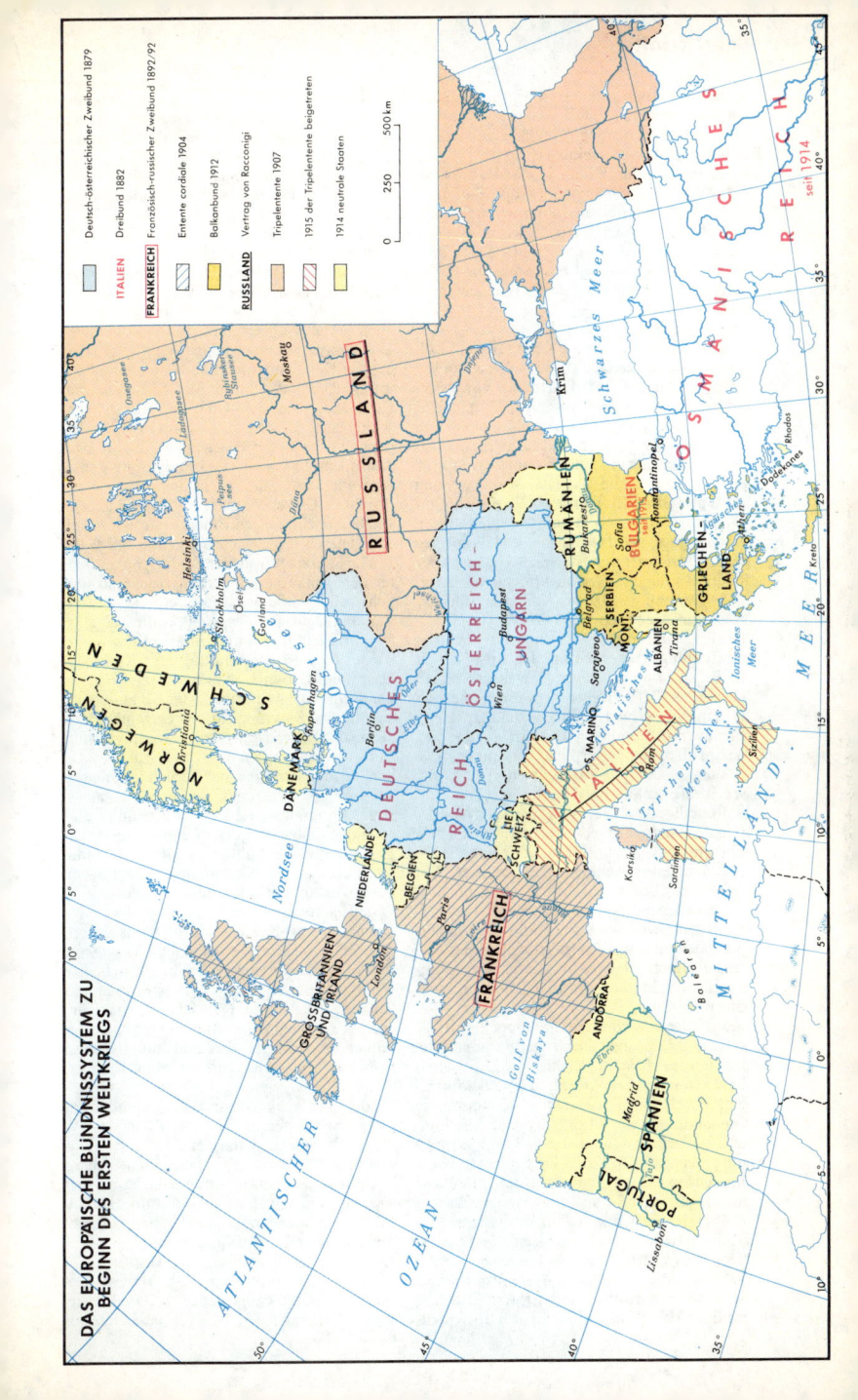

DAS EUROPÄISCHE BÜNDNISSYSTEM ZU BEGINN DES ERSTEN WELTKRIEGS

	Deutsch-österreichischer Zweibund 1879
	Dreibund 1882
ITALIEN	
FRANKREICH	Französisch-russischer Zweibund 1892/92
	Entente cordiale 1904
	Balkanbund 1912
	Vertrag von Racconigi
RUSSLAND	Tripelentente 1907
	1915 der Tripelentente beigetreten
	1914 neutrale Staaten

0 — 250 — 500 km

Weltkrieg

Konflikt, wobei sich die Kriegshandlungen auf alle Kontinente und Weltmeere erstrecken. Erdumspannende Konflikte gab es bereits im Span. Erbfolgekrieg (1701–13/14) und im Siebenjährigen Krieg (1756–63); die krieger. Auseinandersetzungen europ. Mächte in Übersee beschränkten sich damals auf relativ wenige, kurze und punktuelle Schlachten und Gefechte. Erstmals waren 1914–18 die meisten Völker der Erde direkt an einem Krieg beteiligt, indirekt von ihm betroffen wurden alle.

Erster Weltkrieg (1914–18):
Vorgeschichte und Kriegsausbruch 1914: Die Vorgeschichte des 1. W. ist außerordentl. kompliziert. Elementare Voraussetzung war das System des europ. Imperialismus mit Spannungen und Rivalitäten zw. den imperialist. Großmächten. Auslösendes Moment, seinerseits mit einer komplizierten Vorgeschichte, war die südslaw. Nat.bewegung auf dem Balkan. Sie war im 19. Jh. in Konflikt mit dem Osman. Reich geraten, nach dessen Verdrängung aus Europa im 1. Balkankrieg (1912/13) dann mit Österreich-Ungarn. Der Konflikt spitzte sich zu im Attentat von Sarajevo (28. Juni 1914), das über die Julikrise 1914 zum Ausbruch des 1. W. führte.

Der Imperialismus hatte sich aus der Weiterentwicklung älterer kolonialer Ansätze seit der Expansion Europas in Übersee im letzten Viertel des 19. Jh. zu einem erdumspannenden System europ. sowie amerikan. und jap. Herrschaft vervollständigt. Sein Kern war das brit. Weltreich mit Schwerpunkt in Indien. Die kolonialen Erwerbungen weiterer europ. Mächte (Frankr., Belgien, Italien, Deutschland), teilweise auf Kosten älterer Kolonialmächte (Portugal, Spanien), hatten zunächst innereurop. Spannungen an die Peripherie abgeleitet und dort weitgehend neutralisiert. Mit Vollendung des imperialist. Systems um 1900 kehrten die Spannungen nach Europa zurück, verschärft durch den Kampf der weiter expandierenden Ind. um Rohstoffquellen und Absatzmärkte in Übersee und durch eher traditionelle Rivalitäten auf dem europ. Kontinent selbst.

Die dt. Reichsgründung, gekoppelt mit rascher und intensiver Industrialisierung, hatte das europ. Mächtegleichgewicht entscheidend verändert. Die Annexion Elsaß-Lothringens durch das Dt. Reich verhinderte eine Verständigung mit Frankreich. Im Anschluß an den Berliner Kongreß (1878) zur Beendigung der großen Orientkrise entstand aus innereurop. Machtrivalitäten der Zweibund zw. Deutschland und Österreich-Ungarn (1879), erweitert durch Beitritt Italiens zum Dreibund (1882), der allmähl. eine Gegenkoalition provozierte: Der frz.-russ. Zweiverband (1893/94) wurde durch ein System bilateraler Absprachen Großbrit. mit Frankr. (Entente cordiale, 1904) und Rußland zur Tripelentente erweitert. Entscheidend für die Wendung Großbrit. gegen Deutschland war v. a. der Bau einer starken dt. Schlachtflotte, die dem dt. Anspruch auf eine eigene „Weltpolitik" ab 1897/98 militär. Nachdruck geben sollte. Da Preußen-Deutschland seit seinen Siegen über Österreich (1866) und Frankr. (1870/71) bereits stärkste Militärmacht auf dem Kontinent war, inzwischen auch größte Ind.macht, hätte ein Erfolg der Herausforderung an Großbrit. zur See Deutschland den Weg zur Hegemonie nicht nur in Europa, sondern auch in der Welt eröffnet.

Die innereurop. Spannungen verstärkten sich in einer Kette von diplomat. Krisen: Die Lähmung Rußlands durch die Niederlage im Russ.-Jap. Krieg (1904/05) und die sich anschließende erste russ. Revolution (1905–07) gaben Deutschland Gelegenheit, das auf dem Kontinent fast isolierte Frankr. mit der 1. Marokkokrise unter Druck zu setzen (1905/06). Dieser Versuch zur Sprengung der 1904 abgeschlossenen Entente cordiale scheiterte jedoch. Eine weiterwirkende Folge der 1. Marokkokrise war der Schlieffenplan. Unter der Annahme der fortdauernden strateg. Schwäche Rußlands legte er die strateg. Planung Deutschlands auch für die Zeit starr fest, als sich Rußland militär. schon längst wieder erholt hatte und auf dem Kontinent als militär. Großmacht präsent war. So geriet Deutschland in Zugzwang und manövrierte sich in eine Situation, in der es glaubte, den „Ring der Einkreisung" nur noch durch einen Präventivkrieg gegen die schwächste der gegner. Großmächte, gegen Rußland, sprengen zu können. Trotzdem mußte es zunächst Frankr. angreifen, weil der Schlieffenplan eine sofortige Offensive gegen Frankr. durch das Gebiet des völkerrechtl. als neutral anerkannten Belgien, der Niederlande und Luxemburgs vorsah, mit hinhaltender Defensive im O gegen Rußland.

Die nächste große Krise war im O lokalisiert: Die Annexion von Bosnien und Herzogowina (1908/09) durch Österreich-Ungarn rief einen scharfen Protest Serbiens hervor, das sich von Rußland gedeckt sah. Deutschland zwang mit einem verhüllten Ultimatum das militär. noch immer geschwächte Rußland zum Nachgeben, das seinerseits Serbien zum Rückzug veranlaßte.

In der 2. Marokkokrise (1911) manövrierte Deutschland bereits hart am Rand des W., erstmals unter dem starken Druck einer von den Alldeutschen aufgepeitschten öffentl. Meinung. Auf dem Höhepunkt der Krise wich Deutschland vor der Isolierung zurück, fühlte sich aber jetzt erst recht „eingekreist" und in seiner Expansion gehemmt.

Die letzte große Krise vor Ausbruch des 1. W. waren die beiden Balkankriege. Der militär. Zusammenbruch des Osman. Reiches im 1. Balkankrieg (1912/13) und des von

Weltkrieg

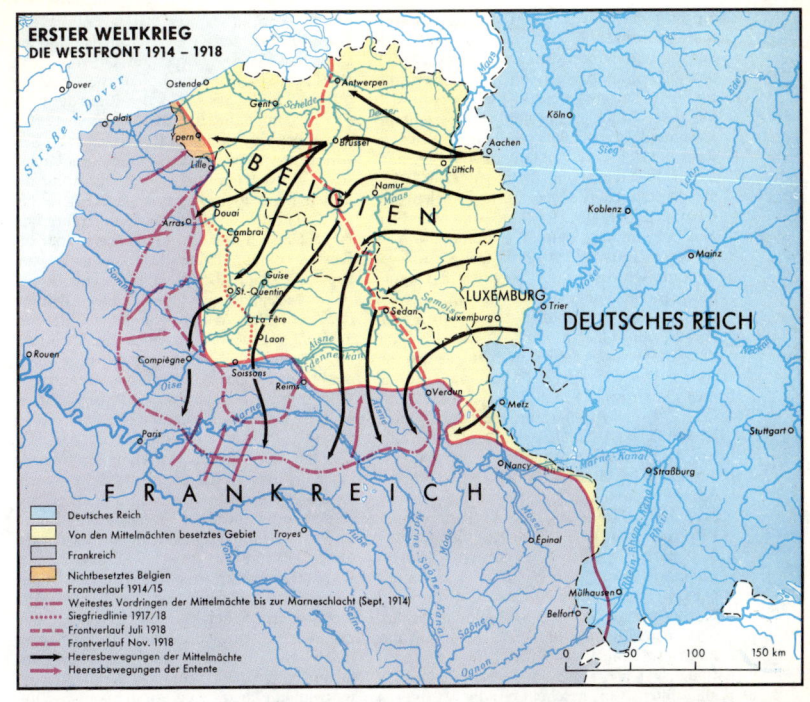

ERSTER WELTKRIEG
DIE WESTFRONT 1914–1918

- Deutsches Reich
- Von den Mittelmächten besetztes Gebiet
- Frankreich
- Nichtbesetztes Belgien
- Frontverlauf 1914/15
- Weitestes Vordringen der Mittelmächte bis zur Marneschlacht (Sept. 1914)
- Siegfriedlinie 1917/18
- Frontverlauf Juli 1918
- Frontverlauf Nov. 1918
- Heeresbewegungen der Mittelmächte
- Heeresbewegungen der Entente

Österreich-Ungarn protegierten Bulgarien im 2. Balkankrieg (1913) kam indirekt einer Niederlage Deutschlands und Österreich-Ungarns gleich. Eine Warnung des dt. Reichskanzlers T. von Bethmann Hollweg vor der Dynamik der südslaw. Bewegung, die von Serbien repräsentiert wurde und sich von nun an gegen Österreich-Ungarn richtete, führte zur Erklärung des brit. Außenmin. Sir Edward Grey, Deutschland könne in einem Kontinentalkrieg nicht mit der Neutralität Großbrit. rechnen. Greys Erklärung provozierte Kaiser Wilhelm II. zur Einberufung des sog. Kriegsrats vom 8. Dez. 1912, auf dem die Entschlossenheit formuliert wurde, den nun als unvermeidl. betrachteten großen Konflikt bei nächster Gelegenheit auszutragen.

Nach der Ermordung des östr. Thronfolgers Franz Ferdinand in Sarajevo am 28. Juni 1914 lag die Initiative zunächst bei Wien. Dort drängte die Kriegspartei unter Generalstabschef F. Graf Conrad von Hötzendorf auf rasche Ausnutzung des Attentats zur Vernichtung des polit. längst unbequem gewordenen Serbien. Zur Absicherung war jedoch die dt. Rückendeckung gegen Rußland unerläßl., weshalb die letzte Entscheidung von der Stellungnahme Berlins abhing. Nach anfängl. Zögern setzte sich in Berlin die auf baldigen „Präventivkrieg" gegen Rußland drängende Richtung, vertreten durch den Generalstab, durch. Deutschland hoffte, die Großmächte aus dem Konflikt heraushalten zu können (Lokalisierung des Krieges); damit wäre die Niederwerfung Serbiens sicher gewesen. Vermittlungsversuche der übrigen Mächte nach Überreichung des östr.-ungar. Ultimatums an Serbien (23. Juli) wehrte Deutschland daher konsequent ab. Erst als sich das brit. Eingreifen abzeichnete (29. Juli), versuchte Berlin erfolglos, einen gewissen, aber sehr zaghaften Druck auf Wien auszuüben, daß es Rußland etwas entgegenkommen sollte.

So entwickelte sich die Julikrise 1914 nach der ersten Kriegserklärung (Österreich-Ungarn an Serbien, 28. Juli) innerhalb von einer Woche aus dem von Deutschland angestrebten Balkankrieg über den mit Gelassenheit hingenommenen, vielleicht sogar angestrebten Kontinentalkrieg mit Kriegserklärungen Deutschlands an Rußland (1. Aug.) und Frankr. (3. Aug.) zu dem auch für Deutschland unerwünschten W., näml. mit der brit. Kriegserklärung am 4. August. Der Grad der dt. Verantwortung für den Ausbruch des 1. W. ist in der dt. Geschichtswiss. bis heute umstritten. Dabei werden auch die Aktionen

Weltkrieg

der anderen Mächte während der Julikrise (bes. die frühzeitige Mobilmachung Rußlands am 27. Juli) einbezogen. Da Italien als Mgl. des Dreibunds den Bündnisfall nicht erfüllt sah und zunächst neutral blieb, ergab sich folgende Mächtekonstellation: der urspr. Zweibund Deutschland und Österreich-Ungarn, später erweitert durch das Osman. Reich (Nov. 1914) und Bulgarien (Okt. 1915), als Mittelmächte gegen die Tripelentente (Großbrit., Frankr., Rußland), dazu Serbien und Belgien (nach dem dt. Einfall am 4. Aug. 1914) und Japan (23. August). Diesem Kriegsbündnis schlossen sich die übrigen Gegner der Mittelmächte als „Alliierte" an - bis auf Belgien -, später auch die USA, die als „Assoziierte", auf eine gewisse Distanz hielten. Wichtigste Kriegsteilnehmer auf seiten der Alliierten waren später Italien sowie Rumänien, Portugal (1916), USA, Griechenland, China, Brasilien und die meisten anderen lateinamerikan. Staaten (1917). Neutral blieben bis zuletzt im wesentl. die Schweiz, die Niederlande, Dänemark, Schweden, Norwegen und Spanien.

Die militär. Dimension: Kampfhandlungen fanden auf fast allen Kontinenten und den meisten großen Meeren statt. Schwerpunkt der Kämpfe zu Land war Europa mit je zwei Hauptfronten (W- und O-Front) und Nebenfronten (SO mit wechselnden Schauplätzen: Serbien, Rumänien, Salonikifront; Südfront: Italien, allies ab 1915).

In den ersten Kriegsmonaten waren zunächst alle Offensiven gescheitert: die dt. gegen Frankr., die östr.-ungar. gegen Serbien, gegen Rußland in Galizien, die russ. gegen Deutschland in Ostpreußen, gegen Österreich-Ungarn in den Karpaten, die frz. gegen Deutschland im Elsaß und in Lothringen. Nach dem Scheitern der dt. Offensive an der Marne mißlangen die Versuche beider Seiten, die gegner. Front durch Überflügelung im N zu umfassen („Wettlauf zum Meer"). Danach erstarrte die Westfront für fast 4 Jahre im Stellungs- und Grabenkrieg.

Dagegen durchbrachen Offensiven der Mittelmächte im O und SO immer wieder den Stellungskrieg durch Eroberungen Polens, Litauens und Kurlands, Serbiens (1915), Montenegros und Rumäniens (1916), jedoch ohne kriegsentscheidende Siege erringen zu können.

Als folgenreich erwies sich die Teilnahme des Osman. Reiches auf seiten der Mittelmächte, denn es sperrte den Nachschub der Westmächte für das industriell ohnehin unterlegene Rußland und verschärfte so die Versorgungskrise im isolierten Rußland bis zur revolutionären Gärung, die zu seinem Zusammenbruch führte (1917); alliierte Versuche, die Meerengen freizukämpfen, scheiterten.

Der Aug. 1916 brachte den Höhepunkt der militär. Krise für Deutschland: Die dt. Offensive bei Verdun war gescheitert, und im Juli hatte die brit.-frz. Offensive an der Somme begonnen. Die 1. Brussilow-Offensive der Russen in Galizien und Wolynien brachte Österreich-Ungarn fast an den Rand des militär. Zusammenbruchs, die Offensive des in den Krieg eingetretenen Rumänien nach Siebenbürgen schien der Donaumonarchie schon den letzten Stoß zu versetzen; nur die italien. Front hielt (Isonzoschlachten). In dieser Situation wurden P. von Hindenburg und E. Ludendorff, die seit ihren Siegen über die Russen bei Tannenberg und an den Masur. Seen (Aug./Sept. 1914) in Deutschland populär waren, in die Oberste Heeresleitung (OHL) berufen. Mit einer ungeheuren Kraftanstrengung gelang es ihnen noch einmal, im Innern die Rüstung anzukurbeln (Hindenburgprogramm), nach außen die militär. Lage durch Abbruch der Verdunschlacht im W und Siege über Rußland und Rumänien im O und SO wieder zu stabilisieren.

Für den Krieg auf den Meeren und in Übersee lagen die überwältigenden Vorteile von vornherein bei Großbrit., dessen Potential verstärkt wurde durch die Flotten und Hilfsmittel Frankr. im Mittelmeer, Japans im Fernen Osten und (ab 1917) der USA im Atlantik. Die dt. Überseekreuzer verschwanden in den ersten Kriegsmonaten von den Weltmeeren: Der moderne Schlachtkreuzer „Goeben" und der kleine Kreuzer „Breslau", die im Mittelmeer stationiert waren, flüchteten in Kriegsbeginn nach Konstantinopel und bildeten unter osman. Flagge den Kern der osman. Flotte. Das dt. ostasiat. Kreuzergeschwader unter Admiral M. von Spee wurde von dem brit. Geschwader bei den Falklandinseln vernichtet (8. Dez. 1914). Die von isolierten Kreuzern und U-Booten erzielten Erfolge hatten keine strateg. Wirkung, doch führte gerade die Versenkung brit. Kreuzer durch ein U-Boot in Deutschland zu einer grotesken Überbewertung der techn. und strateg. Möglichkeiten der U-Boote bis hin zur Erwartung, Großbrit. durch den uneingeschränkten Unterseebootkrieg in die Knie zwingen. Tatsächl. jedoch fiel zu Kriegsbeginn eine folgenschwere Vorentscheidung im Seekrieg gegen Deutschland. Anstelle der in Deutschland erwarteten und erhofften sog. engeren Blockade der Mündungen von Elbe, Weser und Ems sperrte Großbrit. Kanal und Nordsee zw. Norwegen und Schottland für die dt. Schiffahrt. Mit ihrem nur bis Großbrit. reichenden Aktionsradius konnte die dt. Hochseeflotte weder die Fernblockade brechen noch Teile der brit. Home Fleet unter günstigen Bedingungen stellen und vernichten.

Nach der demütigenden Niederlage im Seegefecht bei Helgoland (28. Aug. 1914) wurde die dt. Hochseeflotte zurückgehalten. Der Vorstoß gegen die engl. Ostküste führte zu dem ebenfalls für die Deutschen ungünstigen

Weltkrieg

Seegefecht auf der Doggerbank (24. Jan. 1915). Daraufhin begann Deutschland den uneingeschränkten Unterseebootkrieg (4. Febr. 1915) mit der Torpedierung von kriegführenden und neutralen Handelsschiffen ohne Vorwarnung in den Seekriegsgebiet erklärten Gewässern rings um Großbritannien. Nach der Torpedierung des brit. Passagierdampfers „Lusitania" (7. Mai 1915), bei der zahlr. amerikan. Passagiere den Tod fanden, zwang die Kriegsdrohung der USA die dt. Führung zum Einlenken. Verstärkte Vorstöße der dt. Hochseeflotte führten zur Schlacht vor dem Skagerrak (31. Mai/1. Juni 1916), die trotz der hohen brit. Verluste an Schiffen und Mannschaften einer takt. wie strateg. Niederlage gleichkam; die dt. Schlachtflotte blieb endgültig zur Untätigkeit in der Nordsee verbannt. Die Folgen waren der abermalige Entschluß zum uneingeschränkten Unterseebootkrieg, der am 1. Febr. 1917 in Kraft trat, der Kriegseintritt der USA gegen Deutschland (6. April 1917) und die Demoralisierung der Flotte, die bei Kriegsende in der Marinemeuterei von Wilhelmshaven durchschlug.

Mit dem Kriegseintritt der USA war die Lage der Mittelmächte hoffnungslos geworden. Zwar behauptete sich die dt. Armee an der Westfront gegenüber brit. und frz. Offensiven, während die russ. Revolution in zwei Schüben (März, Nov.) nach dem Scheitern der letzten russ. Kraftanstrengung in der 2. Brussilow-Offensive mit dem Waffenstillstand (15. Dez. 1917) und Frieden von Brest-Litowsk (3. März 1918) noch einmal die Chance zu einer gewaltigen Machtsteigerung im O und dem militär. Endsieg im W zu eröffnen schien. Tatsächl. standen die Mittelmächte aber bereits am Rande der phys. und moral. Erschöpfung, namentl. das Osman. Reich und Österreich-Ungarn. Die Versuche der östr.-ungar. Reg. zu einem Sonderfrieden zu gelangen († Sixtus-Affäre 1917) und der Sturz des dt. Reichskanzlers Bethmann Hollweg zeigen die innere Krise. Das Scheitern des dt. uneingeschränkten U-Boot-Kriegs (Herbst 1917) und der jeweils nach Anfangserfolgen steckengebliebenen dt. Frühjahrsoffensiven leitete den Umschwung ein. Auf die letzte dt. Offensive bis zur Marne (15. Juli) folgte bereits drei Tage später die entscheidende frz. Gegenoffensive (18. Juli), die brit. (8. Aug.) und die amerikan. (12. September). Seitdem waren die dt. Truppen an der Westfront in die Defensive gedrängt und befanden sich auf dem Rückzug zu den Reichsgrenzen.

Mehr untergeordnete und symbol. Bed. hatte der Krieg in den überseeischen Kolonien: Der gesamte dt. Kolonialbesitz wurde von den Alliierten im Laufe des Krieges besetzt. Das Ende des Krieges kam im SO: Die alliierte Saloniki-Armee erzielte den entscheidenden Durchbruch durch die bulgar. Front in Makedonien (15. Sept.), wenig später brach die türk.-dt. Front in Palästina zusammen (19. September). Dem Waffenstillstand zw. Bulgarien und den Alliierten (29. Sept.) folgte der mit dem Osman. Reich (30. Okt.) und dem sich bereits auflösenden Österreich-Ungarn (3. Nov. 1918). Bereits nach dem militär. Zusammenbruch Bulgariens bot die dt. Reichsführung auf Betreiben der OHL den Alliierten über die USA den Waffenstillstand an (3. Oktober). Der Waffenstillstand vom 11. Nov. war die log. Konsequenz aus dem Versuch, vor dem inneren Zusammenbruch den Krieg möglichst rasch zu beenden.

Die polit. Dimension des Krieges: Der 1. W. hatte als imperialist. Machtkrieg begonnen, gewann aber durch die russ. Revolution 1917 und Wilsons Vierzehn Punkte mit der Forderung nach nat. Selbstbestimmung und durch die soziale Revolution als Antwort von unten auf den W. eine neue polit. Dimension: Die Mittelmächte unter der Führung Deutschlands hatten überwiegend eine dynast.-imperiale Struktur, belastet mit den ausgreifenden hegemonialen Kriegszielen des Dt. Reichs. Spätestens seit der russ. Februarrevolution 1917 waren die Alliierten, verstärkt durch die USA, im Innern überwiegend demokrat.-parlamentar. organisiert, so daß von nun an die Parole vom „Krieg der Demokratie gegen die Autokratie" eine innere Berechtigung hatte. Die Konfrontation von Demokratie und Autokratie erklärt auch einen erhebl. Teil der inneren Schwäche der Mittelmächte. Für das Dt. Reich bestand das Dilemma darin, daß seine expansiven Kriegsziele nur mit einer im techn. Zeitalter unentbehrlichen, doch diesen Kriegszielen feindl. gegenüberstehenden Ind.arbeiterschaft angestrebt werden konnten. Die inneren Spannungen wurden zunächst durch die nat. Einheitsfront des „Burgfriedens" mit einstimmiger Bewilligung der Kriegskredite (4. Aug. 1914) überspielt, schlugen aber mit der Dauer des Krieges und dem Schwinden der Erfolgsaussichten zunächst v. a. in der SPD durch (Abspaltung der Unabhängigen Sozialdemokratischen Partei Deutschlands, 1917). Entsprechend sammelten sich auf der Rechten die Kräfte, denen die Kriegführung der Reichsleitung nicht energ. genug war, in der Dt. Vaterlands-Partei (gegr. 1917). Die Polarisierung zw. Links und Rechts führte zum Sturz des Reichskanzlers Bethmann Hollweg und ermöglichte die verschleierte Militärdiktatur Ludendorffs als fakt. Leiter der 3. OHL (1916–18). Die militär. Niederlage setzte die angestauten inneren Spannungen revolutionär frei, die sich auch nicht mehr durch die Parlamentarisierung und das Waffenstillstandsersuchen unter Reichskanzler Prinz Max von Baden auf Druck der OHL kanalisieren ließen. So sind der Sturz der Monarchie und die Novemberrevolution 1918 nur als

Weltkrieg

Reaktionen auf die militär. Niederlage und die Verschleppung grundlegender Strukturreformen im preuß.-dt. Kaiserreich anzusehen. Die beiden traditionellen Vielvölkerstaaten, Österreich-Ungarn und das Osman. Reich waren innenpolit. noch schwächer. Hier trugen im wesentl. nur die führenden Reichsvölker (Deutsche, Ungarn; Türken) die Kriegsanstrengungen ihrer Regierungen. Namentl. Tschechen (durch Massendesertionen) und Araber (durch ihren Aufstand) nahmen bereits die Auflösung der Donaumonarchie bzw. des Osman. Reichs nach der militär. Niederlage Ende Okt. 1918 vorweg, so daß nach Kriegsende Österreich, Ungarn und die Türkei als Nat.staaten auf verkleinertem Territorium übrigblieben.

Am augenfälligsten wirkte sich der Zusammenhang zw. militär. Niederlage und polit. Krise in Rußland aus, dessen Revolution in zwei Etappen nicht nur den Fortgang des 1. W., sondern auch die weitere welthistor. Entwicklung veränderte. Aber auch die übrigen Alliierten gingen im Krieg durch polit. Krisen hindurch und wurden nach dem Krieg von den übl. Folgen großer Kriege betroffen: Inflation, Wirtschaftskrise, Zunahme und Verschärfung innerer Konflikte.

Wesentl. Ergebnis in Großbrit. war der Zerfall der Liberal Party, der den Aufstieg der Labour Party zur Reg.partei erleichterte. Die Unabhängigkeit Irlands wurde Auftakt zur beginnenden Auflösung des brit. Empire, die sich nach dem 2. W. fortsetzte.

In Frankr. behauptete sich die 3. Republik, war jedoch innerl. erschüttert durch die menschl. und materiellen Verluste sowie durch zahlr. Kabinettskrisen während des Krieges. Die vollen Auswirkungen zeigten sich erst zu Beginn des 2. W. im raschen frz. Zusammenbruch. In Italien führten die in der Folge des 1. W. verschärften sozialen Spannungen in Verbindung mit der allg. Unzufriedenheit über die Ergebnisse des Sieges zu einer Polarisierung der polit. Kräfte, die den Aufstieg des Faschismus begünstigte.

Selbst die USA und Japan, die einzigen ökonom. Gewinner des 1. W., wurden durch innere Konflikte im Krieg und in der unmittelbaren Nachkriegszeit (Wirtschaftskrise, Rassenunruhen in den USA) erschüttert.

Insgesamt schwächte der 1. W. das imperialist. System und bereitete seinen Untergang nach 1945 vor. Durch Erweiterung des innenpolit. Spektrums in der Folge des Kriegs nach links (Kommunismus) und rechts (Faschis-

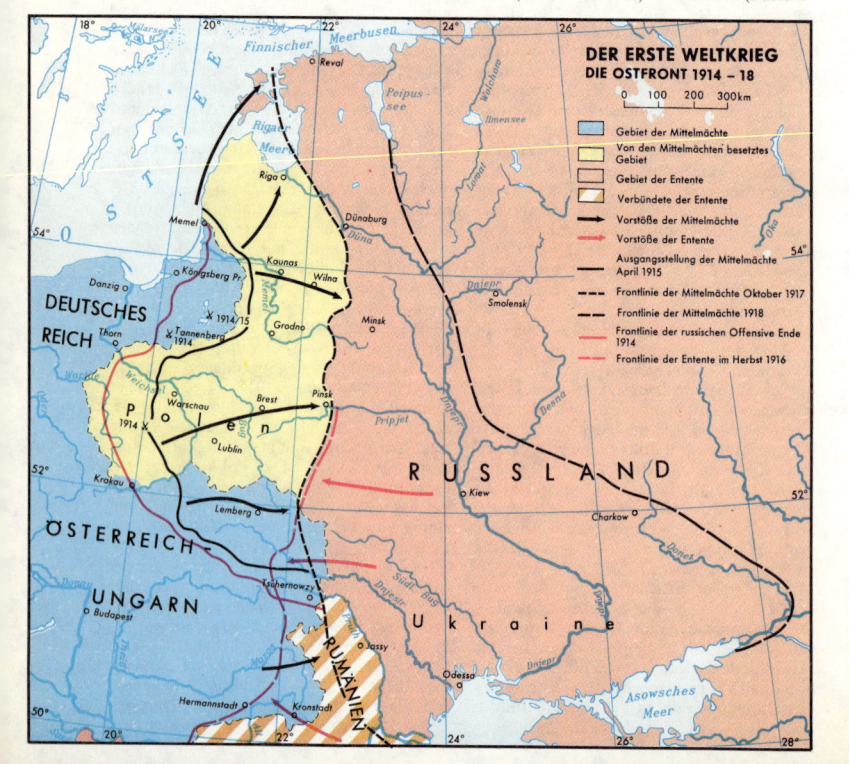

DER ERSTE WELTKRIEG
DIE OSTFRONT 1914–18

- Gebiet der Mittelmächte
- Von den Mittelmächten besetztes Gebiet
- Gebiet der Entente
- Verbündete der Entente
- Vorstöße der Mittelmächte
- Vorstöße der Entente
- Ausgangsstellung der Mittelmächte April 1915
- Frontlinie der Mittelmächte Oktober 1917
- Frontlinie der Mittelmächte 1918
- Frontlinie der russischen Offensive Ende 1914
- Frontlinie der Entente im Herbst 1916

Weltkrieg

mus) entstand jene Polarisierung in zahlr. Ländern (z. B. Deutschland, Italien, Frankr.) und in den internat. Beziehungen (Sowjetunion – nat.-soz. Deutschland), die das internat. System des Versailler Vertrags wie die polit. Ordnung in vielen Staaten in der Zwischenkriegszeit zerrieb.

Friedensschlüsse und Bilanz: Nach den Sonderfriedensschlüssen der Mittelmächte mit Sowjetrußland (Brest-Litowsk, 3. März 1918) und Rumänien (Bukarest, 7. Mai 1918) sowie nach den Waffenstillstandsabkommen der Alliierten mit Bulgarien (29. Sept.), dem Osman. Reich (30. Okt.), Österreich-Ungarn (3. Nov.) und Deutschland (11. Nov. 1918) fand der 1. W. völkerrechtl. seinen Abschluß in den Pariser Vorortverträgen: dem † Versailler Vertrag mit Deutschland (28. Juni 1919) und den Friedensverträgen von Saint-Germain-en-Laye mit Österreich (10. Sept. 1919), Trianon mit Ungarn (4. Juni 1920), Neuilly-sur-Seine mit Bulgarien (27. Nov. 1919) und Sèvres mit der Türkei (10. Aug. 1920).

Über 65 Mill. Soldaten waren auf beiden Seiten mobilisiert. Insgesamt gab es rd. 8,5 Mill. Gefallene, über 21 Mill. Verwundete, 7,8 Mill. Kriegsgefangene und Vermißte. Unermeßl. waren die Leiden der Zivilbev. durch Flucht, Hunger und Entbehrungen, v. a. unter der Hungerblockade bei den Mittelmächten, aber auch der brit. und neutralen Handelsschifffahrt unter dem dt. U-Boot-Krieg. An direkten Kriegskosten waren auf beiden Seiten rund 956 Mrd. Goldmark aufzubringen, ohne Berücksichtigung der indirekten Verluste durch Produktionsausfälle und Inflation in und nach dem Krieg.

📖 *Fischer, Fritz: Griff nach der Weltmacht. Düss. Neuaufl. 1984. - Weber, Max: Gesamtausg. Hg. v. H. Bair. Bd. 15: Zur Politik im W. Schrr. u. Reden 1914–1918. Tüb. 1984. - Linke, H. G.: Das zar. Rußland u. der Erste W. Mchn. 1982. - Hdb. der dt. Gesch. Bd. 18: Erdmann, K. D.: Der erste W. Mchn. ⁹1980. - Juli 1914. Die europ. Krise u. der Ausbruch des Ersten W. Hg. v. I. Geiss. Mchn. 1980. - Tuchmann, B.: August 1914. Mchn. 1979. - Fischer, Fritz: Griff nach der Weltmacht. Königstein/Ts. ²1979. - Bornemann, E.: Der Frieden v. Bukarest 1918. Ffm. 1978. - Geiss, I.: Das Dt. Reich u. der Erste W. Mchn. 1978. - Fischer, Fritz: Der erste W. u. das dt. Gesch.bild. Düss. 1977. - Deutschland im Ersten W. Hg. v. F. Klein u. a. Bln. ²1970. 3 Bde. - Erster W. Ursachen, Entstehung u. Kriegsziele. Hg. v. W. Schieder. Köln u. Bln. 1969. - Fischer, Fritz: Krieg der Illusionen. Düss. 1969. Nachdr. Königstein/Ts. 1978.*

Zweiter Weltkrieg (1939–45):

Vorgeschichte: Unter den langfristig wirksamen Ursachen, auf die der 2. W. zurückging, treten 2 Momente deutl. hervor: friedl. Revision und Expansionsdrang. Die nach dem 1. W. für Europa getroffene Friedensregelung führte weder polit. und wirtsch. Stabilität herbei, noch schuf sie ein stabiles Fundament für die polit.-militär. Sicherheit der Siegermächte, der Besiegten und der neugeschaffenen Staaten in M-Europa (v. a. Polen, Tschechoslowakei, balt. Staaten), die wesentl. durch den Völkerbund und ergänzende Bündnisse garantiert werden sollte. Deutschland, das als Hauptverlierer des 1. W. auf Grund des Versailler Vertrages bes. schwere Belastungen zu tragen hatte (Reparationen, Territorialverluste im O und W, große dt. Minderheiten in Polen und in der Tschechoslowakei, Entmilitarisierung und alliierte Besetzung der Rheinlande, Rüstungsbeschränkungen, Verbot einer engeren Verbindung mit Österreich), bemühte sich von Anfang an um Erleichterungen auf friedl. Wege und erzielte dabei gewisse Erfolge (Locarnopakt 1925, vorzeitige Räumung der Rheinlande bis 1930, fakt. Ende der Reparationsleistungen 1932). Ihm kam dabei zugute, daß die dt. Revisionswünsche auch bei den Siegermächten Verständnis fanden.

Die Bemühungen um eine *friedl. Revision* auf der Grundlage des nach dem 1. W. bestehenden Status quo wurden jedoch seit Beginn der 1930er Jahre durch eine grundsätzl. anders angelegte polit.-ökonom. Zielsetzung überlagert. In Japan, Italien und Deutschland war die Auffassung weit verbreitet, im Kampf der letzten Jahrzehnte um Kolonialbesitz und Einflußsphären viel zu kurz gekommen zu sein. In allen 3 Ländern gewannen Kräfte entscheidenden polit. Einfluß, die das imperialist. Nachholbedürfnis zur Richtschnur ihrer Außenpolitik machten. Das von autoritären und nationalist. Generalskreisen gesteuerte Japan, das faschist. Italien und seit 1933 - das nat.-soz. Deutschland bestritten die Berechtigung des 1919 verfestigten machtpolit. Übergewichts von Großbrit., Frankr. und den USA. Die „Habenichtse" (Hitler) verfolgten das Ziel, die Rohstoff-, Absatz- und Siedlungsräume in der Welt neu zu verteilen und sich durch die Beherrschung ihrer jeweiligen Region eine unerschütterl. Großmachtstellung zu sichern. Der *Expansionsdrang*, den sie entwickelten, brachte ein gefährl. dynam. Moment in die unstabile weltpolit. Situation, auch wenn alle 3 Mächte ihre Expansionspolitik unkoordiniert und weitgehend auch ohne Fühlungnahme miteinander betrieben.

Japan besetzte 1931 die Mandschurei und errichtete 1932 den Marionettenstaat Mandschukuo, in den folgenden Jahren suchte es seinen Einfluß auf das im Bürgerkrieg befindl. China auszudehnen. Im Juli 1937 brach der Jap.-Chin. Krieg offen aus. Die jap. Erfolge bei der Besetzung Chinas führten 1938/39 auch zu militär. Auseinandersetzungen mit der Sowjetunion im mandschur.-mongol. Grenzgebiet.

Unter dem Diktator Mussolini erstrebte Italien schon in den 1920er Jahren die Vorherr-

Weltkrieg

schaft im Mittelmeerraum. Nach der Eroberung Äthiopiens durch italien. Truppen (Okt. 1935–Mai 1936) besaß das von Mussolini proklamierte „Impero" Italien mit Libyen und Italien.-Ostafrika 2 große zusammenhängende Kolonialgebiete in Afrika. Im April 1939 wurde Albanien von Italien annektiert. Italien und Japan hatten zu den Siegermächten des 1. W. gehört und besaßen daher eine günstigere Ausgangslage für ihre Vorstöße als Deutschland: Die Reg. Hitler mußte zunächst einmal die Hindernisse abstreifen, die der Versailler Vertrag Deutschland auferlegte. Hitler knüpfte dabei anfangs an die Revisionspolitik der vorangegangenen Reichsreg. an, zeigte jedoch bald, daß er einseitige Akte nicht scheute, um schrittweise Deutschlands außenpolit. und militär. Gleichstellung mit den ehem. Siegermächten zu erreichen. Verständigungsschritte und eine Politik der vollendeten Tatsachen wechselten einander ab; Beteuerungen des Friedenswillens standen neben der seit 1934 forcierten Aufrüstung. Das NS-Regime profitierte bei diesem Vorgehen davon, daß man in Deutschland die Beschränkungen auf Grund des Versailler Vertrags für überholt hielt und daß Großbrit. und Frankr. deren Beseitigung als unvermeidl. ansahen und auch dann nicht zu energ. Widerstand bereit waren, als Deutschland ab 1935 bestehende Verträge offen verletzte. Wichtige Stationen auf diesem Weg waren 1933 Deutschlands Austritt aus der Abrüstungskonferenz und dem Völkerbund, 1935 die Rückgliederung des Saargebiets, die Einführung der allg. Wehrpflicht und das Dt.-Brit. Flottenabkommen 1935, 1936 der Einmarsch dt. Truppen in die entmilitarisierten Rheinlande, die Verlängerung der Wehrpflicht von 1 auf 2 Jahre und das Eingreifen in den Span. Bürgerkrieg, 1938 der Einmarsch dt. Truppen in Österreich und die Vereinigung der beiden Länder, schließl. die Angliederung des Sudetenlandes an das Dt. Reich auf Grund des Münchner Abkommens.
Als Hitler die Ergänzungswahl zum Reichstag im Sudetenland am 4. Dez. 1938 den „Abschluß der Geburtsurkunde des Großdt. Reiches" nannte, hatte er bereits die Befehle zur militär. Besetzung des restl. tschech. Gebiets, des Memellandes und Danzigs gegeben. 1939 zeigte sich, auch nach außen unübersehbar, daß die bisherigen Revisionsschritte nur vorbereitende Maßnahmen gewesen waren. Die *Beseitigung der territorialen Schwachstellen* bildete zugleich mit der militär. und wirtsch. Aufrüstung die Voraussetzung für die krieger. Eroberung von „Lebensraum" für das dt. Volk im O, die Hitler bereits 1924 in seinem Buch „Mein Kampf" rassenideolog. und geopolit. begründet und als sein außenpolit. Programm verkündet hatte. Die Errichtung eines geschlossenen dt. Siedlungs- und Großwirtschaftsraums auf Kosten der kommunist. Sowjetunion und der kleineren Nachbarstaaten mit ihrer als „minderwertig" bezeichneten slaw. und jüd. Bev. sollte Deutschland für immer zur beherrschenden Kontinentalmacht in Europa machen. Die freie Hand zum Hegemonialkrieg im O sollte im W durch den militär. Sieg über Frankr. und durch Bündnisse mit Italien und Großbrit. gewährleistet werden, die hierfür durch den Verzicht auf Südtirol einerseits bzw. auf eine außereurop. Wirtschaftsexpansion und Kolonialpolitik andererseits gewonnen werden sollten. Diese *Bündnispolitik* schloß ein späteres Ausgreifen nach Übersee im Einvernehmen mit oder auch gegen Großbrit. keineswegs aus. Hitler war sich von Anfang an darüber klar, daß ein derartiges Weltmachtprogramm erst verwirklicht werden konnte, wenn grundlegende innen- und außenpolit., militär. und wirtsch. Voraussetzungen geschaffen waren. Vor 1933 ging er nicht einmal unbedingt davon aus, daß er selbst Gelegenheit haben würde, dieses Programm in die Tat umzusetzen. Als Reichskanzler aber richtete er seine Politik eindeutig auf dieses Fernziel aus; ob er sich dabei bewußt an einem „Stufenplan" der Expansion orientierte, wie vermutet worden ist (Hillgruber, Hildebrand), oder ob er situationsbedingt improvisierend voranschritt, ist nicht eindeutig zu erkennen. Anders als im Inneren, wo die meisten der konservativen und nationalist. Führungskräfte im Beamtenapparat, in der Wirtschaft und im Militär, auf deren Mitwirkung das NS-Regime angewiesen war, die nur partielle Identität von Hitlers Expansionszielen mit ihren eigenen Vorstellungen von einem mächtigen Deutschland nicht voll durchschauten und sich als willige Instrumente erwiesen, war Hitler in seinen Bemühungen um die in Aussicht genommenen außenpolit. Bündnispartner nur z. T. erfolgreich. Italien geriet nach anfängl. Mißtrauen gegenüber den dt. Ambitionen in SO-Europa und Österreich seit 1936/37 immer stärker in den Sog des dynamischeren Partners. Die Achse Berlin–Rom (1936), der Stahlpakt (1939) zur Sicherung des „Lebensraumes" der beiden Nationen und auch der Antikominternpakt (1936) der beiden Mächte mit Japan stellten zwar wichtige Instrumente bei der diplomat. Vorbereitung der Expansion dar, doch erwies sich ihr Wert als gering, als der Kriegsfall tatsächl. eintrat. Die *Schutzmaßnahmen der Mächte*, deren Interessen durch die Expansionsbestrebungen der Aggressoren bedroht waren, blieben ebenfalls unkoordiniert. Der Völkerbund bot Äthiopien keinen wirksamen Schutz und schied danach als Instrument kollektiver Sicherheit vollends aus. Großbrit. als die für die Erhaltung des polit. Gleichgewichts auf dem europ. Kontinent wichtigste Macht war auf die Fortdauer des Friedens in Europa dringend angewiesen, weil es wirtsch. sta-

Weltkrieg

gnierte und seine imperialen Interessen im Mittelmeer wie in Afrika durch Italien und im Fernen Osten durch Japan bedroht sah. Die versöhnl. Politik, die sie schon gegenüber den Revisionswünschen der Weimarer Republik eingeschlagen hatte, setzte die brit. Reg. im Appeasement gegenüber dem Dritten Reich mit dem Ziel fort, eine friedl. Generalbereinigung der europ. Probleme zw. den 4 europ. Großmächten Großbrit., Frankr., Deutschland und Italien herbeizuführen. Premiermin. A. N. Chamberlain war dabei zu beträchtl. Konzessionen auf Kosten der Tschechoslowakei († Münchner Abkommen) und auch Polens bereit und bot Deutschland ferner Konzessionen in SO-Europa und im Kolonialbereich an. Das innenpolit. instabile und machtpolit. schwache Frankr. suchte gegenüber dem Dritten Reich zunächst in Bündnissen Schutz und schloß sich, als Deutschlands militär. Stärke wuchs, seit 1936 dem brit. Appeasement an. Polen vertraute auf die eigene Stärke und - nach der Kündigung des Dt.-Poln. Nichtangriffspakts von 1934 durch Deutschland 1939 - auf brit. und frz. Beistand. Die Sowjetunion blieb in der 2. Hälfte der 1930er Jahre ein Außenseiter unter den europ. Mächten. Ihr Eintreten für eine Politik der kollektiven Sicherheit gegen die nat.-soz. Aggressionspolitik und ihre Annäherungsversuche an die westl. Demokratien blieben ohne Wirkung, weil man ihr dort wegen der blutigen Stalinschen Säuberungen im polit. und militär. Führungskorps mit Mißtrauen begegnete und ihre militär. Stärke gering bewertete. Die USA verhielten sich gegenüber der machtpolit. Veränderungen in Europa, Afrika und Asien, von denen sie nicht unmittelbar betroffen waren, zunächst neutral. Seit Ende 1938 deutete sich eine Abkehr von dieser Haltung zugunsten der westl. Demokratien an, doch taten die USA 1939 tatsächl. nur wenig, um der Bedrohung des Friedens durch Deutschlands und Japans Vormachtstreben entgegenzuwirken.

Deutschland gelang es nicht, Großbrit. für seine Pläne zu gewinnen oder es zum Stillhalten zu veranlassen. Mit der Errichtung des Protektorats Böhmen und Mähren nach dem dt. Einmarsch in Prag (14./16. März 1939) brach Hitler eine unmittelbar zuvor freiwillig eingegangene internat. Vereinbarung und berührte damit den krit. Punkt, von dem Großbrit. und Frankr. als Großmächte die Gefährdung ihres Besitzstandes und ihrer militär. Sicherheit durch ein M-Europa beherrschendes Deutschland befürchten mußten. Am 31. März 1939 gab die brit. Reg. eine Garantieerklärung für die staatl. Unabhängigkeit Polens ab, des möglicherweise nächsten Opfers der nat.-soz. Aggression. Das frz.-poln. Militärbündnis wurde so ergänzt. Briten und Franzosen begannen Verhandlungen in Moskau über eine Militärkonvention zum Schutz der kleineren europ. Staaten. Mißtrauen zw. den Verhandlungspartnern und v. a. auch die poln. Befürchtung, dadurch in Abhängigkeit von der Sowjetunion zu geraten, behinderten einen Abschluß. Stalin, der sein durch die Säuberungen geschwächtes Land unbedingt aus krieger. Verwicklungen heraushalten wollte, aber auch territoriale Expansion zur Sicherung des europ. Vorfeldes der Sowjetunion anstrebte, erklärte sich daraufhin nach entsprechenden dt. Angeboten zu Verhandlungen mit Berlin bereit, die zum Abschluß des Dt.-Sowjet. Nichtangriffspakts vom 23. Aug. 1939 führten. Im geheimen Zusatzprotokoll wurde Polen entlang Weichsel, Narew und San in 2 Interessengebiete aufgeteilt, und die balt. Staaten (außer Litauen mit Wilna) wurden der sowjet. Einflußsphäre zugewiesen. Hitler hoffte, trotz des umgehend abgeschlossenen brit.-poln. Beistandsabkommens vom 25. Aug. die Westmächte durch diesen Überraschungsschritt zum Einlenken zwingen zu können, weil er nun im O gegenüber Polen freie Hand hatte. Versuche von brit., dt. und italien. Seite, den Frieden durch Verhandlungen über Deutschlands territoriale Forderungen an Polen († Danzigfrage, † Polnischer Korridor) und das Problem der dt. Minderheit doch noch zu erhalten, stießen auf die poln. Weigerung, Zugeständnisse zu machen, scheiterten aber v. a. an Hitlers Entschlossenheit, als Voraussetzung für die „Arrondierung des Lebensraumes im O und Sicherstellung der Ernährung" (Hitler am 23. Mai 1939) Polen militär. und polit. zu zerschlagen.

Hier lag der entscheidende Grund dafür, daß die Differenzen zw. den auf Erhaltung bzw. friedl. Anpassung des internat. Status quo bedachten Mächten und den „Habenichtsen" (Deutschland, Italien, Japan) zu dem bewaffneten Konflikt führten, der sich 1941 zum W. ausweitete. Deutschland war die dynamischste dieser 3 Mächte. Hitler betrieb seine Politik unter einem Zeitdruck, für den er selbst verantwortl. war. Militär. und rüstungswirtsch. war Deutschland nicht in der Lage, Stellungskrieg und Materialschlachten, wie sie bereits 1914–18 durch die alliierte Überlegenheit an Menschen und Material gegen das Dt. Reich entschieden worden waren, erfolgreich zu bestehen. Der Rüstungsvorsprung vor den Westmächten aus der 2. Hälfte der 1930er Jahre würde höchstens bis etwa 1943/45 wirksam sein. Die Expansion nach O sollte andererseits den drückenden Rohstoff- und Arbeitskräftemangel entscheidend verringern, Deutschland für die Auseinandersetzung im W stärken und die auf Grund der Erfahrungen von 1918 als polit. Gefahr angesehene Belastung der Zivilbev. durch den Krieg herabsetzen. Daraus und aus dem unfertigen Zustand der Wehrmacht im Sommer 1939 ergab sich die Notwendigkeit zu über-

Weltkrieg

fallartigen, kurzen und regional begrenzten Kriegszügen gegen jeweils nur einen Gegner (sog. Blitzkriege). Diese Methode der Kriegführung wandte die Wehrmacht erstmals an, als sie am 1. Sept. 1939 Polen überfiel.

Im Blick auf die Kriegsschuldfrage steht der eher passiven Mitverantwortlichkeit der Gegner Deutschlands die unwiderlegbare Erkenntnis gegenüber, „daß Hitler und sein Regime durch ihre hemmungslose Gewaltpolitik den größten Teil der Verantwortung für das Jahr 1939 und seine Folgen" tragen (Jacobsen).

Der europ. Krieg (1939–41): Hitler hatte bis zuletzt darauf gebaut, daß Großbrit. und Frankr. sich auch mit dem *Überfall auf Polen* abfinden würden. Als er auf ihr Ultimatum, seine Truppen zurückzuziehen, nicht reagierte, erklärten Großbrit. und Frankr. dem Dt. Reich am 3. Sept. 1939 den Krieg (die Commonwealthstaaten Australien, Neuseeland, Indien, Südafrika und Kanada schlossen sich an), letztl. mehr im eigenen als in Polens Interesse, weil die Sicherheit der Westmächte unmittelbar angetastet war, und ohne zu wissen, wie man Deutschland militär. in die Schranken weisen wollte, da man jetzt erst die eigene Rüstung zu forcieren begann. Großbrit. entsandte ein Expeditionskorps auf den Kontinent, doch überschätzten die brit. und frz. Reg. Deutschlands militär. Stärke und verharrten deshalb passiv hinter der Maginotlinie. Das militär. unvorbereitete Italien, von Hitler über seine die Sowjetunion und Polen betreffenden Beschlüsse erst sehr spät informiert, erklärte sich für „nicht kriegführend".

Die den poln. Truppen weit überlegene dt. Wehrmacht besetzte Polen rasch. Der Kampf um Warschau endete am 27. Sept., am 6. Okt. kapitulierten die letzten poln. Verbände. Eine poln. Exilreg. unter General W. Sikorski bildete sich in Paris (seit Juni 1940 in London). Am 17. Sept. griff die *Sowjetunion*, die am Vortag einen Waffenstillstand mit Japan geschlossen hatte, Polen von O her an. Am 28. Sept. unterzeichneten die Außenmin. Ribbentrop und Molotow in Moskau einen Grenz- und Freundschaftsvertrag mit einem geheimen Zusatzabkommen. In Abänderung der Vereinbarung vom 23. Aug. wurde der Sowjetunion auch Litauen zugesprochen, während der dt. Anteil am poln. Gebiet bis zum Bug erweitert wurde.

War das Zusammengehen Deutschlands und der Sowjetunion von machtpolit. und militärstrateg. Überlegungen bestimmt, so kam in der Annexions-, Ausbeutungs- und Deportationspolitik, mit der beide Mächte in dem von ihnen besetzten Gebiet begannen, sogleich der ideolog. Charakter ihrer Kriegsziele zum Ausdruck. Danzig, die ehem. dt. Gebiete und Teile N- und W-Polens wurden an das Dt. Reich angeschlossen, aus dem Rest wurde das Generalgouvernement Polen als Nebenland des Reiches gebildet. Die mit der Eingliederung der ostpoln. Gebiete eingeleiteten sowjet. Maßnahmen zur strateg. Sicherung ihres westl. Vorfeldes wurden fortgeführt, als die Sowjetunion zw. dem 28. Sept. und dem 10. Okt. 1939 Estland, Lettland und Litauen zwang, ihr das Recht zur Truppenstationierung einzuräumen. Als sich *Finnland* ähnl. motivierten Territorialansprüchen widersetzte, griff die Rote Armee das Land am 30. Nov. 1939 an (Finn.-Sowjet. Winterkrieg). Im Frieden von Moskau am 12. März 1940 mußten die Finnen den sowjet. Forderungen nachgeben.

Durch den Pakt mit der Sowjetunion hatte Deutschland für die Auseinandersetzung mit den Westmächten den Rücken frei und verlegte das Gros seiner Truppen nach Westen. Zugleich brachte jedoch das Vorgehen gegen Finnland die Gefahr eines Eingreifens der Westmächte mit sich, durch das die Sowjetunion in einen größeren Konflikt verwickelt und die für die dt. Rüstung unersetzl. Erzzufuhr aus Schweden bedroht werden konnte. Hitler forderte Großbrit. und Frankr. am 6. Okt. 1939 auf, den neuen Status quo anzuerkennen und Frieden zu schließen, doch war er trotz der Warnungen führender Militärs vor einer Offensive im W bereits entschlossen zur „Vernichtung der Kraft und Fähigkeit der Westmächte, noch einmal der staatl. Konsolidierung und Weiterentwicklung des dt. Volkes in Europa entgegentreten zu können" (Denkschrift vom 9. Okt. 1939). Für Erfolge der Vermittlungsversuche von neutraler Seite und der Friedensfühler dt. oppositioneller Kreise nach London - Großbrit. war noch immer zu einem großzügigen Entgegenkommen als Preis für eine einigermaßen haltbare Friedensregelung bereit - fehlte deshalb auf dt. Seite die entscheidende Voraussetzung, solange Hitler die Politik bestimmte. Mängel in der Rüstung, die Wetterlage und der Pessimismus der Wehrmachtführung verzögerten jedoch die Realisierung von Hitlers Absicht, noch 1939 zur Kanalküste vorzustoßen, um aus dieser Position den Hauptgegner Großbrit. zum Einlenken zu zwingen oder in der Luft und zur See bekämpfen zu können. Die militär. Möglichkeiten der Westmächte, Deutschland zu schwächen, waren begrenzt. Überlegungen, Finnland zu helfen und Deutschland die Versorgung mit schwed. Erz abzuschneiden, führten zu Vorbereitungen für eine Besetzung von Stützpunkten im neutralen Norwegen. In Erkenntnis dieser Gefahr, aber auch in der Absicht, dort eigene Stützpunkte für den Seekrieg gegen Großbrit. zu gewinnen, entwickelte die dt. Marineführung ähnl. Pläne. Die dt. Operation gegen *Norwegen*, die am 9. April 1940 begann, kam dem brit. Vorhaben einer Verminung der dortigen Küstengewässer knapp zuvor. Dt. Trup-

Weltkrieg

pen besetzten gegen norweg. und brit. Widerstand bis zum 10. Juni das Land. Auch *Dänemark* wurde am 9. April militär. besetzt. Schweden blieb souverän, war aber zu wohlwollendem Verhalten gegenüber Deutschland gezwungen.

Am 10. Mai 1940 fielen die dt. Truppen in den *Niederlanden*, in *Belgien* und *Luxemburg* ein, unter Verletzung der Neutralität dieser Länder. Strateg. Ziel der Operation war, unter Ausnutzung des Überraschungsmoments mit den schnellen Panzerverbänden und der den Westmächten überlegenen Luftwaffe an der schwächsten Stelle der gegner. Abwehrfront durch die Ardennen nördl. der Maginotlinie schnell zur Kanalküste durchzubrechen, dadurch die brit. und frz. Truppen zu trennen und sie dann zu umfassen. Dieser strateg. „Sichelschnitt" (Karte Bd. 14, S. 266), der auf einen Plan des Generals E. von Manstein zurückging und von Hitler dem zunächst widerstrebenden Oberkommando des Heeres (OKH) aufgenötigt wurde, führte weitgehend zum Erfolg. Die Niederlande und Belgien kapitulierten am 14. bzw. 28. Mai; am 20. Mai erreichten die dt. Truppen die Mündung der Somme. Der Versuch, dem brit. Expeditionskorps den Rückzug zum Meer abzuschneiden, gelang allerdings nicht. Hitler, der den bei Dünkirchen eingeschlossenen Gegner bereits in der Hand zu haben glaubte, hielt den Vorstoß der Panzertruppen nach N am 24. Mai für 2 Tage an, um sie für die weiteren Kämpfe zu schonen. Dadurch gelang es 340 000 brit., frz. und belg. Soldaten - wenn auch ohne ihre Ausrüstung -, nach Großbrit. zu entkommen. Zw. dem 5. und dem 22. Juni rückten dt. Truppen überall bis an die nord- und westfrz. Küste vor. Auf Grund des Waffenstillstandsabkommens von Compiègne (22. Juni 1940) besetzte Deutschland *Frankr.* zu $^3/_5$, so daß die nordfrz. Ind.gebiete, Paris und die gesamte Kanal- und Atlantikküste bis zur span. Grenze unter direkter dt. Kontrolle (dt. Militärbefehlshaber in Paris) standen. Das Elsaß und Lothringen wurden ebenso wie Luxemburg unter einer dt. Zivilverwaltung dem Reich fakt. angegliedert. Die dt. Waffenstillstandsbedingungen fielen im übrigen noch erträgl. aus, um Frankr. das Motiv zu nehmen, die für die Auseinandersetzung mit Großbrit. wichtigen frz. Kolonien und die (am 3. Juli 1940 durch die Briten bei Mers-el-Kebir z. T. versenkte) frz. Flotte brit. Zugriff auszuliefern. Die von Marschall P. Pétain neugebildete, fakt. auf den unbesetzten Teil von Frankr. und Teile der Kolonien beschränkte autoritäre Reg. etablierte sich in Vichy (État Français). Als Sprecher des Freien Frankr. bemühte sich unterdessen in London C. de Gaulle um die Sammlung der Exilkräfte. Das in sich nicht einheitl. Bestreben der Vichy-Reg., die frz. Eigeninteressen gegenüber Deutschland so lange und so weit wie mögl. zu wahren, hatte um den Preis begrenzter Kollaboration gewissen Erfolg. Ähnl. Probleme gab es in Belgien und im Reichskommissariat Niederlande.

Im Schatten des dt. Vormarsches wurden Italien und die Sowjetunion im eigenen Interesse aktiv. *Italien* erklärte Frankr. und Großbrit. am 10. Juni den Krieg (Waffenstillstand mit Frankr. vom 24. Juni). Die *Sowjetunion* besetzte im Juni 1940 die balt. Staaten, erzwang von Rumänien die Abtretung Bessarabiens und der nördl. Bukowina und gliederte sich alle diese Gebiete an.

Nach dem schnellen Sieg über Frankr. befand sich Hitlers Prestige in Deutschland auf dem Höhepunkt. Das Dt. Reich beherrschte den Kontinent vom Nordkap bis zur span. Grenze. Die gegen die Skepsis führender Militärs errungenen Blitzsiege entzogen den oppositionellen Kräften in der Heeresführung den Boden. Das war verhängnisvoll, weil Hitler durch seine Erfolge zugleich auch in seinem Unfehlbarkeitsanspruch als „größter Feldherr aller Zeiten" bestärkt wurde. Er griff künftig häufiger in die operative Führung der Wehrmacht, v. a. des Heeres, ein und verhärtete sich zunehmend gegen sachl. Einwände. An der O-Flanke festigte die Sowjetunion ihre Position. Durch die Annexion Bessarabiens und der nördl. Bukowina rückte sie bedrohl. an die Ölfelder des wirtsch. eng an Deutschland gebundenen Rumäniens heran, woher die Wehrmacht den größten Teil des Treibstoffs bezog. Der zweite der Wiener Schiedssprüche (30. Aug. 1940) führte keine Stabilisierung der Lage in dieser Region herbei. Die Gefahr des Zweifrontenkrieges, der Deutschlands Kräfte zwangsläufig überfordern mußte, blieb bestehen. Hitlers „Appell an die Vernunft auch in England" (Reichstagsrede vom 19. Juli 1940) und das Angebot, den brit. Besitzstand zu garantieren, wenn Großbrit. die dt. Herrschaft über Europa hinnähme, fanden in London kein Echo. Deshalb wandte er sich noch im Juli 1940 der Alternative zu, den Krieg im W so rasch wie mögl. mit Waffengewalt zu beenden.

In *Großbrit.* hatte W. Churchill am 10. Mai 1940 Chamberlain als Premiermin. abgelöst und unter Beteiligung der Labour Party und der Liberalen eine große Koalition gebildet, in der die Vertreter des Appeasement in der Minderheit waren. Churchill erwies sich auch nach Frankr. Ausscheiden aus dem Krieg als der Exponent eines Durchhaltewillens, der unter der brit. Bev. verbreitet war. Eine Festigung der dt. Herrschaft auf dem Kontinent und der bereits begonnene Ausbau der dt. Flotte mußten aus Churchills Sicht bereits mittelfristig die für den Handel und die Versorgung Großbrit. lebenswichtigen Seeverbindungen durch das Mittelmeer (Malta, Zypern, Sueskanal) und den Atlantik zu den Dominions und den Kolonien bedrohen. Die-

67

Weltkrieg

ZWEITER WELTKRIEG
FELDZÜGE 1939/40

- Gebiet des Deutschen Reiches und seiner Verbündeten 1940
- Gebiet des poln. Korridors
- Von Deutschland besetzte Gebiete
- État Français (Unbesetztes Frankreich)
- Deutsch-sowjetische Interessengrenze 1939
- Maginotlinie
- Westwall
- Deutsche Angriffsrichtungen

Weltkrieg

se Verbindungen waren im Sommer 1940 noch intakt, außerdem bestanden Aussichten, eine dt. Invasion zur See und in der Luft verhindern zu können. Die strateg. Lage verurteilte Großbrit. allerdings auf vorerst unabsehbare Zeit zur Defensive, zumal die Briten auch auf die Verteidigung ihrer Besitzungen im Mittelmeerraum und in O-Afrika gegen Italien sowie ihres asiat. Herrschaftsbereichs gegen ein jap. Ausgreifen nach S bedacht sein mußten. Eine Änderung dieser Situation erhoffte Churchill in erster Linie von einem Kriegseintritt der USA. Diese hatten sich bis zum Sommer 1940 nahezu passiv verhalten, doch setzte Churchill darauf, daß die Aggressoren bei ihrem Vormarsch zwangsläufig in Konflikt mit amerikan. Wirtschafts- und Sicherheitsinteressen geraten würden. Churchills Bemühungen, die Sowjetunion wenigstens zu größerer Distanz gegenüber Deutschland zu bewegen, blieben prakt. ergebnislos. Um Großbrit. zu bezwingen, standen Hitler mehrere Wege offen, die er z. T. auch nebeneinander einschlug. Doch stellte sich heraus, daß die Mittel der Wehrmacht unzureichend waren. Eine Landung auf der Insel setzte Luftüberlegenheit und ausreichende Transportkapazitäten voraus. In der Schlacht um England gelang es der Luftwaffe aber nicht, die brit. Luftabwehr entscheidend zu schwächen oder Großbrit. durch die Bombardierung von Städten (London, Coventry) den dt. Wünschen gefügig zu machen. Damit fehlte die wichtigste Grundlage für die Invasion, deren Vorbereitung Hitler am 16. Juli angeordnet hatte. Mangel an Transportraum und die Wetterlage trugen außerdem dazu bei, daß das Landungsunternehmen „Seelöwe" im Okt. auf 1941 verschoben wurde. Als direkt gegen die Insel wirksame Maßnahme blieben der Kampf gegen die brit. Seeherrschaft und der Handels- und Blockadekrieg. Für ersteres fehlte es jedoch an schweren Schiffen, für letzteres an Unterseebooten in ausreichender Zahl. In der 2. Phase der *Atlantikschlacht*, zw. Juni 1940 und März 1941, versenkten allerdings die wenigen einsatzfähigen dt. U-Boote weit mehr Schiffsraum, als die Briten neu bauten. Vom Sept. 1940 an (Verpachtung brit. Seestützpunkte an die USA gegen 50 alte Zerstörer für den Geleitschutz) und insbes. nach der Wiederwahl des amerikan. Präs. F. D. Roosevelt (5. Nov.) wurde der zunehmend das amerikan. Interesse an der Erhaltung des Schutzes deutlicher, den die brit. Seeherrschaft mangels einer genügend großen US-Kriegsflotte auch der amerikan. Atlantikküste bedeutete. Die amerikan. Materiallieferungen, die von den Briten trotz ihrer Gold- und Devisenknappheit bezahlt werden mußten, nahmen beständig zu. Verwundbar waren die Briten außerdem im *Mittelmeerraum* auf den Zufahrtswegen zu ihrem überseeischen Imperium. Hitler sah dieses Gebiet zunächst als italien. Domäne an. Auf Drängen der Heeres- und der Marineführung wurde aber auch dieser Raum in die strateg. Planungen Deutschlands miteinbezogen. Der Plan zur Eroberung Gibraltars, die eine Schließung der Meerenge erlaubt hätte, scheiterte an unerfüllbaren Forderungen Spaniens, die Konflikte mit Frankr. und Italien heraufbeschworen hätten.

Im Dreimächtepakt (27. Sept. 1940) zw. Deutschland, Italien und Japan sicherten sich die 3 Reg. volle gegenseitige Unterstützung gegen einen Angriff der USA und die Anerkennung ihrer jeweiligen Vormachträume zu. In Europa richtete sich diese Maßnahme v. a. gegen Großbrit.; Hitler wollte deshalb für die Bildung eines Kontinentalblocks auch die Sowjetunion gewinnen, die ihre Interessen auf brit. Kosten im S (Indien, Pers. Golf) suchen sollte. Molotow betonte bei seinem Aufenthalt in Berlin (12./13. Nov. 1940) aber hartnäckig das starke Interesse seines Landes an seinem europ. Vorfeld. Die dahinter erkennbare Absicht einer sowjet. Expansion in N- und SO-Europa, die Deutschland in seinem Kampf gegen die Briten sehr gefährl. werden konnte, bestärkte Hitler nur in dem Entschluß, den er bereits im Juli 1940 gefaßt hatte. Aus seiner Sicht stellte die Sowjetunion den letzten potentiellen Gegner Deutschlands von Gewicht in Europa dar, auf den Churchill seine Hoffnungen setzen konnte. Großbrit. in einem weiteren Blitzkrieg diesen „Festlanddegen" aus der Hand zu schlagen, bedeutete gleichzeitig, die Aufmerksamkeit der USA von Europa abzulenken, weil mit einer Ausschaltung der Sowjetunion das stärkste Gegengewicht gegen Japan in Asien wegfallen würde. Am 21. Juli 1940 trug Hitler der Heeresführung auf, das „russ. Problem in Angriff zu nehmen". Am 31. Juli befahl er, den Angriff, der über die militär. Niederlage hinaus auf die „Vernichtung der Lebenskraft Rußlands" zielte, für den Mai 1941 vorzubereiten. Die militär. Zwangslage des Sommers 1940 brachte Hitler also dazu, sich bereits zu diesem Zeitpunkt seinem alten Fernziel der Eroberung von Lebensraum im O und des „rassenideolog. Vernichtungskrieges gegen den jüd. Bolschewismus" (Hillgruber) zuzuwenden, obwohl er für dieses Unternehmen den Rücken nicht frei hatte.

Allerdings konnte Hitler dieses Ziel nicht ungestört verfolgen. Der von Mussolini ohne vorherige Unterrichtung Hitlers begonnene „Parallelkrieg" zum Ausbau der italien. Machtstellung im Mittelmeerrraum führte rasch zu einem Fiasko. Bei den Angriffen auf *Ägypten* von Libyen aus (Sept. 1940) und bei dem von Italien unterstützte *Griechenland* (28. Okt.) erlitt Italien bald schwere Rückschläge; außerdem gelang es den Briten durch 2 Aktionen im Nov. 1940 und im März 1941, die italien. Mittelmeerflotte als Angriffs-

Weltkrieg

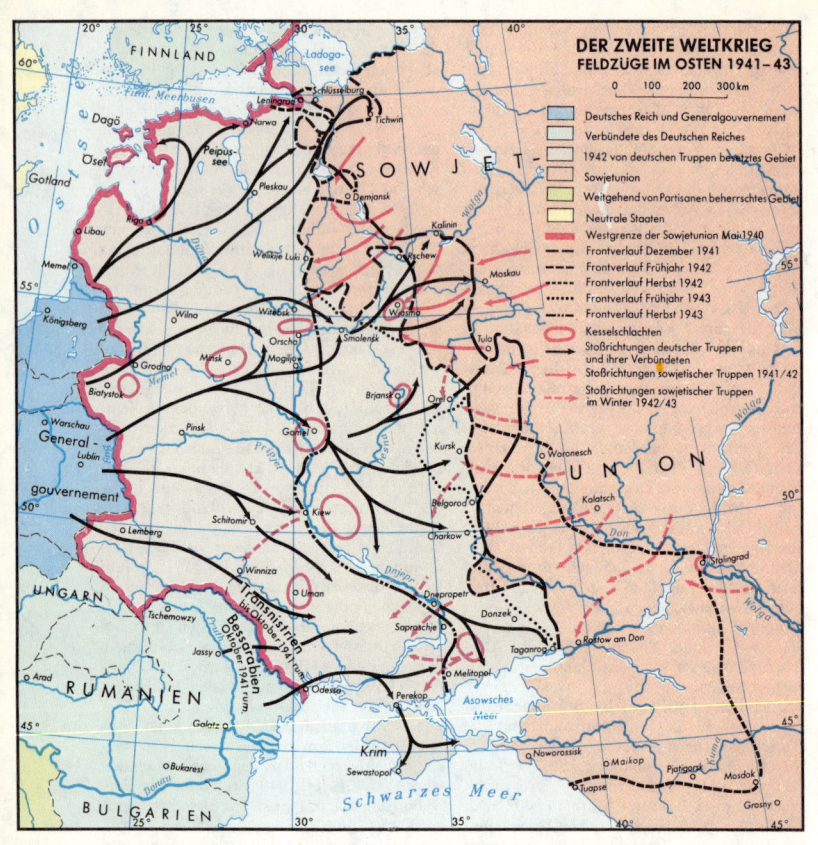

DER ZWEITE WELTKRIEG
FELDZÜGE IM OSTEN 1941–43

- Deutsches Reich und Generalgouvernement
- Verbündete des Deutschen Reiches
- 1942 von deutschen Truppen besetztes Gebiet
- Sowjetunion
- Weitgehend von Partisanen beherrschtes Gebiet
- Neutrale Staaten
- Westgrenze der Sowjetunion Mai 1940
- Frontverlauf Dezember 1941
- Frontverlauf Frühjahr 1942
- Frontverlauf Herbst 1942
- Frontverlauf Frühjahr 1943
- Frontverlauf Herbst 1943
- Kesselschlachten
- Stoßrichtungen deutscher Truppen und ihrer Verbündeten
- Stoßrichtungen sowjetischer Truppen 1941/42
- Stoßrichtungen sowjetischer Truppen im Winter 1942/43

waffe zu lähmen. Im Mai 1941 kapitulierten die italien. Truppen in Äthiopien vor den seit Jan. vorrückenden Briten, und im Mai/Juni konsolidierten Truppen Großbrit. und des Freien Frankr. auch ihren Einfluß in Irak und in Syrien. Diese Stärkung der brit. Position bildete eine Gefahr für die künftige dt. S-Flanke, so daß Hitler sich entschließen mußte, Italien auf dem *Balkan* und in *N-Afrika* zu unterstützen. Dt. Panzertruppen unter General E. Rommel drängten zw. Febr. und April 1941 die Briten aus Libyen bis an die Grenze zu Ägypten zurück. Zur Vorbereitung des Feldzuges gegen Griechenland, der die rumän. Ölfelder gegen brit. Luftangriffe von Stützpunkten im östl. Mittelmeer aus sichern sollte, und als Stabilisierungsmaßnahme gegen die Sowjetunion wurden im Nov. 1940 Ungarn, Rumänien und die Slowakei in den Dreimächtepakt aufgenommen und dt. Truppen nach Rumänien entsandt. Bulgarien und Jugoslawien traten dem Pakt im März 1941

bei. Ein hiergegen unternommener Staatsstreich in Belgrad hatte zur Folge, daß sich der Feldzug der Achsenmächte nunmehr gegen *Griechenland* und *Jugoslawien* richtete. Der Angriff begann am 6. April 1941. Am 17. April war Jugoslawien, am 11. Mai trotz brit. Hilfe ganz Griechenland einschl. der Inseln in dt. und italien. Hand; Kreta wurde gegen die brit. Besatzung aus der Luft erobert (20.–31. Mai). Griechenland wurde italien. und zum kleinen Teil auch dt., Serbien dt. Militärverwaltung unterstellt; Jugoslawiens übriges Territorium wurde bis auf die neugeschaffenen Satellitenstaaten Kroatien (unter A. Pavelić) und Montenegro auf Deutschland, Italien, Ungarn und Bulgarien aufgeteilt. Die rigorose Teilungspolitik und Pavelićs brutales Regime († Ustascha) hatten einen immer intensiveren Partisanenkrieg zur Folge, der beträchtl. dt. Kräfte band.
Der Balkankrieg verbesserte zwar die strateg. Lage der Achsenmächte gegenüber Großbrit.

Weltkrieg

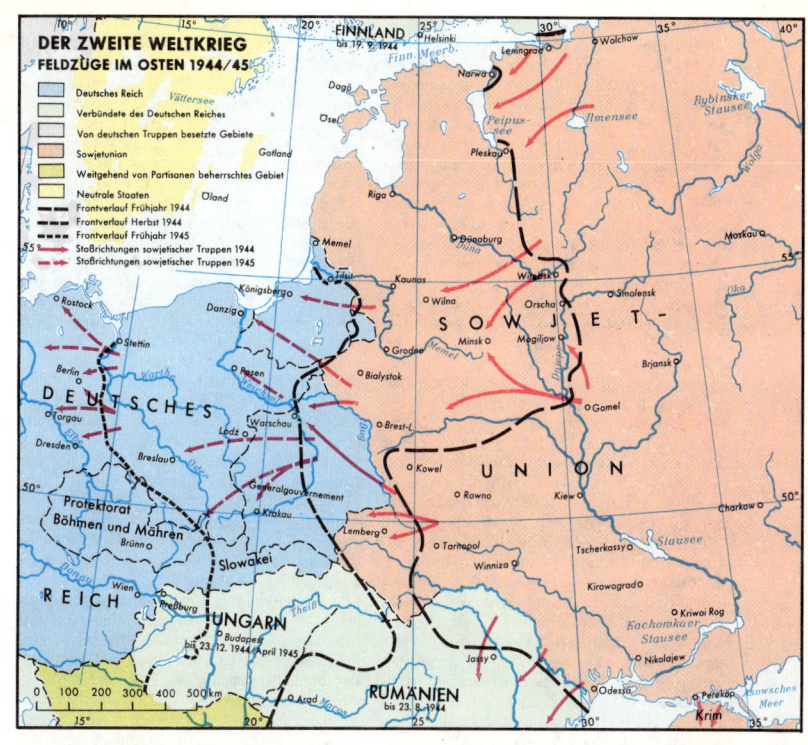

DER ZWEITE WELTKRIEG
FELDZÜGE IM OSTEN 1944/45

- Deutsches Reich
- Verbündete des Deutschen Reiches
- Von deutschen Truppen besetzte Gebiete
- Sowjetunion
- Weitgehend von Partisanen beherrschtes Gebiet
- Neutrale Staaten
- Frontverlauf Frühjahr 1944
- Frontverlauf Herbst 1944
- Frontverlauf Frühjahr 1945
- Stoßrichtungen sowjetischer Truppen 1944
- Stoßrichtungen sowjetischer Truppen 1945

und der Sowjetunion, doch verschob sich dadurch der Überfall auf die Sowjetunion, den Hitler am 18. Dez. 1940 für Mitte Mai 1941 beschlossen hatte, um 6 (angesichts der ungünstigen Wetterlage, mit der ab Herbst in der westl. Sowjetunion zu rechnen war, wertvolle) Wochen. Der für die Zukunft wichtigste Gesichtspunkt des Unternehmens „Barbarossa" aber war, daß Hitler Deutschland nun gerade in den Zweifrontenkrieg führte, vor dem er selbst immer gewarnt hatte.

Am 22. Juni 1941 fiel die dt. Wehrmacht in der *Sowjetunion* ein. Rumänien, Ungarn und Italien schlossen sich dem Angriff an, Finnland kämpfte für die Wiedergewinnung der abgetretenen Gebiete. Das dt. Ostheer umfaßte 3,05 Mill. Soldaten (75 % des Feldheeres, dazu 61 % der Luftwaffe). Der Absicht, die Masse der sowjet. Truppen an der europ. Front (etwa 4,7 Mill. Soldaten) in einem weiteren Blitzfeldzug zu schlagen, kam es entgegen, daß Stalin trotz gegenteiliger Anzeichen und Warnungen bis zuletzt nicht mit einem dt. Angriff gerechnet hatte. Er war vielmehr bemüht, einer Auseinandersetzung so lange wie mögl. auszuweichen, während er die strateg. Sicherheit des Landes durch zielstrebige Expansion erhöhte. Trotz des raschen dt. Vordringens in 3 Stoßrichtungen (Eroberung von Smolensk am 16. Juli, von Kiew am 19. Sept., Beginn des Angriffs auf Leningrad, das allerdings bis 1944 vergebl. belagert wurde, am 11. Sept.), bei dem weit über 1,5 Mill. Kriegsgefangene gemacht wurden, wurde bis zum Winter aus verschiedenen Gründen die als sicher erwartete Entscheidung nicht erreicht. Die Sowjetunion brach polit. nicht auseinander, wie die NS-Führung vorausgesagt hatte. Die dt. Gewaltpolitik in den eroberten Gebieten führte vielmehr dazu, daß der Widerstand auch unter den nichtruss. Nationalitäten zunahm und Ansätze, diese als Verbündete gegen das kommunist. System zu gewinnen, zunichte gemacht wurden. Die Rote Armee war weit leistungsfähiger und besser ausgerüstet als vermutet. Zudem erlaubten das sowjet.-jap. Nichtangriffsabkommen (13. April 1941) und die seit Juli/Aug. deutl. werdende Orientierung nach S der Sowjetreg., fertig ausgebildete und ausgerüstete Verstärkungen aus dem O heranzuführen. Es gelang ihr außerdem, wichtige Ind.betriebe kurzfristig nach O zu verlagern. Dagegen litten die stark strapazierten dt. Truppen zu-

Weltkrieg

nehmend unter Versorgungsschwierigkeiten. Trotzdem verwarf Hitler im Aug. den Rat des OKH, die Kräfte zusammenzufassen und die Entscheidung im Vorstoß auf den zentralen Verkehrsknotenpunkt Moskau zu suchen. Statt dessen befahl er aus polit. und wirtsch. Gründen die Einnahme von Leningrad im N und die Besetzung der Ukraine im S (zeitweilige Einnahme von Rostow am Don 21.–28. Nov.). Der Angriff auf Moskau verzögerte sich dadurch bis zum 2. Okt. Die Spitzen der auf den Winterkrieg völlig unvorbereiteten dt. Truppen erreichten die Außenbezirke der Hauptstadt, bevor die Rote Armee durch eine am 5. Dez. beginnende Gegenoffensive Moskau entlastete. Am 16. Dez. gab Hitler den Befehl, jede Stellung zu halten, am 19. Dez. übernahm er selbst den Oberbefehl über das Heer anstelle von Brauchitschs, der den Rückzug in günstigere Winterstellungen befürwortete. Wie heute feststeht, bedeutete das Scheitern der Blitzkriegsstrategie vor Moskau bereits die militär. und ökonom. entscheidende Wende für Hitlers gesamten Kriegsplan. Kriegswirtsch. Auswirkung war, daß in Deutschland seit der 1. Jahreshälfte 1942 unter A. Speer die Rohstoff- und Rüstungsproduktion (bes. Panzer und U-Boote) ohne die bisherige starke Rücksichtnahme auf die zivile Produktion und unter vermehrtem Einsatz von Zwangsarbeitern vorangetrieben wurde. Als Japan sich 1942 in ähnl. Weise umorientierte, konzentrierten alle großen kriegführenden Mächte ihre wirtsch. Anstrengungen auf die Kriegsproduktion, die überall bis zum Herbst 1944 gewaltig gesteigert wurde. Beim Ausstoß von Kriegsmaterial verschlechterte sich die Relation zw. Achsenmächten und Alliierten von 1:1 (Mitte 1941) auf 1:3 (1944).

Der Weltkrieg (1941–45): Während sich der europ. Krieg auf N- u. O-Afrika, den Vorderen Orient und den Atlantik ausdehnte, außereurop. Mächte in ihn hineingezogen wurden und die Hauptkontrahenten bereits in globalen Kategorien planten, erhöhten sich auch die Spannungen im asiat.-pazif. Raum zw. Japan einerseits, den USA und den europ. Kolonialmächten andererseits. Durch den jap. Überfall auf die amerikan. Pazifikflotte in Pearl Harbor am 7. Dez. 1941 und die anschließende dt. und italien. Kriegserklärung an die USA (11. Dez.) verbanden sich schließl. die regionalen Konflikte, von denen bereits über 1 Mrd. Menschen betroffen waren, zu einem weltweiten Krieg.

Durch den dt. Überfall auf die Sowjetunion verringerte sich der militär. Druck auf Großbrit. beträchtlich. Die Briten konnten ihre Rüstungsproduktion ankurbeln und ihre See- und Landstreitkräfte reorganisieren. Die Hilfe der USA nahm währenddessen ständig zu. Roosevelt brachte das Leih- und Pachtgesetz (11. März 1941) durch den Kongreß, das es erlaubte, allen Gegnern der Achsenmächte Güter aus der inzwischen stark steigenden amerikan. Rüstungsproduktion ohne sofortige Bezahlung zu liefern. Auch auf militär. und polit. Gebiet traten die USA den Briten stärker zur Seite, wobei Roosevelt dem direkten Eintritt in den Krieg zunächst aber noch immer auswich. Die militär. Spitzen beider Länder vereinbarten im März 1941 für den Fall eines Kriegseintritts der USA, sich zuerst gegen Deutschland als den unmittelbar gefährlicheren Gegner zu wenden und die brit. Insel zum Ausgangspunkt für die Offensive gegen den Kontinent zu machen. Um die Atlantikroute frei zu halten, unterstützten die USA die Briten schließl. bis zum unerklärten Krieg (amerikan. Geleitschutz für Atlantikkonvois; Besetzung Islands 7. Juli 1941; Schießbefehl bei Sichtung dt. Schiffe, 11. Sept. 1941). Als polit. Absichtserklärung gegen die Achsenmächte als Aufruf an die unterdrückten Völker verkündeten Roosevelt und Churchill bei ihrem ersten Treffen am 14. Aug. 1941 die Atlantikcharta. Unter ihren Forderungen war auch die vollständige Entwaffnung aller Aggressorstaaten bis zur Herstellung eines dauerhaften Systems der kollektiven Sicherheit und „die endgültige Beseitigung der Nazi-Tyrannei".

Die *Sowjetunion* gab nach dem dt. Überfall ihre abweisende Haltung gegenüber dem brit. Angebot militär. Zusammenarbeit sofort auf. Beide vereinbarten am 12. Juli 1941 ein Abkommen über gegenseitige Hilfe und den Verzicht auf einen Separatfrieden mit feindl. Mächten. Am 25. Aug. rückten sie gemeinsam in den Iran ein, um die Ölfelder und die südl. Transportroute in die Sowjetunion freizuhalten. Am 1. Okt. schlossen die 3 Mächte, die Hitlers Politik zu gemeinsamen Abwehrbemühungen zusammengeführt hatte, ein Rüstungshilfeabkommen (Ausdehnung des Leih- und Pachtgesetzes der USA auf die Sowjetunion am 7. Nov. 1941). Es brachte der Sowjetunion zwar nicht sofort die dringend benötigte Erleichterung; die Lieferungen der Westmächte stellten aber im Verlauf des Krieges in bestimmten Bereichen (z. B. bei Armeelastwagen) eine substantielle, wenn auch letztl. nicht kriegsentscheidende Hilfe dar. Über 10 % der von der Roten Armee während des Krieges eingesetzten Panzer und Flugzeuge stammten (trotz erhebl. Transportprobleme als Folge von U-Boot-Angriffen) aus den USA.

Das an Rohstoffen sehr arme *Japan* besetzte in seinem Bestreben, die Kolonialmächte aus O-Asien sowie aus der Südsee zu vertreiben und sich zur Vormacht einer großostasiat. „Neuen Ordnung" zu machen, bis 1941 fast $1/3$ Chinas. Der von den USA unterstützte chin. Widerstand und die Gefahr eines größeren Konflikts mit der Sowjetunion veranlaßte die Japaner jedoch, sich stärker nach S zu wenden. Dem durch die Niederlage gegen

Weltkrieg

Deutschland geschwächten Frankr. nahmen sie im Sept. 1940 das nördl. Indochina ab. Durch das Nichtangriffsabkommen mit der Sowjetunion hielt Japan sich den Rücken frei für eine weitere Ausdehnung in den rohstoffreichen S und den Pazifik. Diese Konzeption behielt die jap. Reg. auch nach dem 22. Juni 1941 bei. Durch die jap. Besetzung des südl. Indochina verschärfte sich der Konflikt *Japans* mit den *USA*, die ihre wirtsch. Interessen auf dem asiat.-pazif. Markt und ihren strateg. Vorposten auf den Philippinen bedroht sahen. Am 26. Juli 1941 froren die USA, Großbrit. und Niederl.-Indien die jap. Bankguthaben ein und verhängten ein Öl- und Schrottembargo, das die Japaner empfindl. traf. Als die USA sie vor die Alternative stellten, China und Indochina zu räumen oder die Großmachtpläne aufzugeben oder Krieg zu führen, setzte sich in Tokio die Kriegspartei durch. Die amerikan. Reg. hielt den Krieg ebenfalls für unvermeidl., so daß auch die letzten diplomat. Ausgleichsverhandlungen im Sande verliefen. Roosevelt rechnete allerdings mit einem jap. Vorgehen in SO-Asien. Der aus strateg. Gründen nicht erwartete Überfall auf Pearl Harbor am 7. Dez. 1941 traf die amerikan. Pazifikflotte schwer und gab den Japanern die Gelegenheit zu raschem Vordringen in SO-Asien und im Pazifik (Einnahme von Hongkong am 25. Dez. 1941, von Manila am 2. Jan. 1942, von Singapur am 15. Febr., Besetzung von Niederl.-Indien am 8. März, von Birma am 20. Mai). Die nach diesen schnellen Erfolgen einsetzende Erweiterung der strateg. Ziele (Aleuten, Hawaii, Australien, Ceylon) bedeutete aber auch eine Überbeanspruchung der begrenzten jap. Kräfte. Die den besetzten Gebieten versprochene Befreiung von der Kolonialherrschaft blieb praktisch aus; die jap. Militärverwaltungen kontrollierten mit brutalen Methoden alle für Japan wichtigen Wirtschaftszweige und Lebensbereiche. Der amerikan. Seesieg bei den Midway Islands (3.–7. Juni 1942) verhinderte die Sicherung des pazif. Vorfeldes durch das jap. Großreich. Die Behauptung der Insel Guadalcanal und Neuguineas (Aug. 1942–Febr. 1943) schützte die alliierten Verbindungswege nach Australien und Neuseeland. Diese Erfolge leiteten die amerikan. Gegenoffensive ein, in deren Verlauf die Japaner 1943 und v. a. seit 1944 die eroberten Inseln wieder räumen mußten. Parallel dazu wurden in China die amerikan. Luftstützpunkte ausgebaut. Nach dem Kriegseintritt der USA verbanden sich die *USA* und *Großbrit.* zu gemeinsamer strateg. Planung und Kriegführung. Im Jan. 1942 wurde in Washington (D. C.) das Gremium der „Combined Chiefs of Staff" geschaffen, eine gemeinsame Einrichtung der brit. und amerikan. Vereinigten Generalstäbe. Für die einzelnen Kriegsschauplätze wurden kombinierte Truppenverbände mit gemeinsamen Führungsstäben gebildet. Beim ersten Aufenthalt Churchills in Washington (22. Dez. 1941–14. Jan. 1942) wurden die für die Jahre 1942–44 grundlegenden strateg. Entscheidungen bekräftigt: Deutschland blieb der Hauptgegner, dessen Ausschaltung auch Japans Zusammenbruch beschleunigen würde; Ausgangsbasis für die Offensive gegen Deutschland blieb - neben der O-Front - die brit. Insel. Eine erfolgreiche Landung auf dem Kontinent erforderte freil. umfangreiche Vorbereitungen an Material und Personal (Eintreffen der ersten amerikan. Truppen in Nordirland am 26. Jan. 1942). Die Bildung einer 2. Front im W, die Stalin zur Entlastung der Roten Armee seit Sept. 1941 unablässig forderte, wurde ihm zunächst für 1942, dann im Aug. 1942 (Churchill in Moskau, 12.–15. Aug.) für 1943 in Aussicht gestellt, verzögerte sich aber aus techn. und strateg. Gründen bis zum 6. Juni 1944.

Während dieser Zeit trug die *Sowjetunion* an einer zeitweilig bis zu 3 500 km breiten Front die Hauptlast des Krieges gegen Deutschland. Allerdings konnte sie ihre Kräfte auf diese eine Aufgabe konzentrieren, während die Westmächte auf vielen weit auseinanderliegenden Kriegsschauplätzen zur See, in der Luft und zu Land gleichzeitig engagiert waren. Da sie ihren Nachschub weltweit organisieren mußten, waren die Aktivitäten in den einzelnen Kampfgebieten miteinander verbunden und voneinander abhängig. Die westl. Materiallieferungen über Iran, Murmansk/Archangelsk und Wladiwostok, die indirekte Entlastung durch die alliierten Luftangriffe auf Deutschland und die 1942/43 im Mittelmeerraum errungenen Erfolge bezeichnete Stalin als unzureichenden Ersatz für die 2. Front. Ihr Ausbleiben, wie auf westl. Seite keine antisowjet. Motive, sondern prakt. Schwierigkeiten zugrunde lagen, verstärkte gleichwohl Stalins Mißtrauen gegen die polit. Zukunftsabsichten der Westmächte und erschwerte es, Ansätze zu einer gemeinsamen militär. und polit. Strategie zur Sicherung eines Friedens zu vertiefen. Bereits im Dez. 1941 (Besuch des brit. Außenmin. Eden in Moskau) machten Stalin und Molotow klar, daß die Sowjetunion bei entsprechend günstigem Kriegsverlauf für ihre künftige Sicherheit die an der Seite Deutschlands gemachten Eroberungen und weitere Territorien und Stützpunkte beanspruchen würde. Das sowjet. Bekenntnis zur Atlantikcharta und zur Washingtoner Erklärung der in der Anti-Hitler-Koalition zusammengeschlossenen „Vereinten Nationen" (1. Jan. 1942) verdeckte diese Zielsetzung nach außen und ließ in den Augen der Westmächte Chancen für eine Zusammenarbeit bei der Friedenswahrung nach Kriegsende bestehen. Der brit.-sowjet. Beistandsvertrag auf 20 Jahre (26. Mai 1942) klammerte die polit. Kontroverse aus, deren

Weltkrieg

Lösung der tatsächl. Entwicklung des Krieges auf dem europ. Kontinent vorbehalten blieb. Bis 1943 lag das Hauptinteresse der Westmächte darin, daß die Sowjetunion nicht durch eine Niederlage oder einen Separatfrieden aus dem Kampf gegen Deutschland ausschied.

Deutschland hatte sich lange bemüht, den USA keinen Vorwand zum Kriegseintritt zu geben. Seine Kriegserklärung vom 11. Dez. 1941 erfolgte, um unter den gegebenen Umständen die USA möglichst rasch in einen Krieg auf den beiden großen Ozeanen zu verwickeln, bevor sich ihre materielle Überlegenheit, die jetzt voll mobilisiert wurde, zuungunsten der Achsenmächte auswirken konnte. Anders als die USA und Großbrit. führten Deutschland und Japan ihre Kriege jedoch weiterhin getrennt. Zum Zusammentreffen ihrer Expansionskeile im Bereich des Ind. Ozeans kam es nicht (18. Jan. 1942: vertragl. Abgrenzung der Operationszonen längs des 70. Längengrades). Hitler verwarf Raeders Alternativvorschläge, die eine Verlagerung der dt. Kriegführung ins Mittelmeer und in den Vorderen Orient vorsahen. Die Schlagkraft des dt. Ostheeres war 1942 schon eingeschränkt. Seine Offensive konzentrierte sich auf die Schwächung des Gegners durch die Besetzung der Versorgungsgebiete am Don und an der unteren Wolga und des Erdölgebiets von Baku und Batumi. Teilerfolge auf dem Weg zu diesen beiden weit auseinanderliegenden Zielen (Einnahme von Sewastopol am 2. Juli, von Rostow am Don am 23. Juli, des Erdölgebiets von Maikop am 9. Aug.) führten weder im Kaukasus noch in Stalingrad, das nicht vollständig erobert wurde, zu einer Entscheidung. Statt die begrenzten militär. Kräfte zum Winter in günstige Positionen zu bringen, wollte Hitler beide Ziele erreichen; der Konflikt in der Heeresführung über diese Strategie hatte die Absetzung des Generalstabschefs F. Halder zur Folge (24. Sept. 1942). Durch den am 19./20. Nov. beginnenden sowjet. Gegenangriff wurde die 6. Armee bei Stalingrad eingekesselt und mußte, da Hitler Ausbruchsversuche nach W verbot und die Versorgung aus der Luft nicht gelang, am 31. Jan./2. Febr. 1943 kapitulieren († Stalingrad, Schlacht von). Der Rückzug aus dem Kaukasus und die anschließende Stabilisierung der Front gelangen nur mit Mühe. Die Gesamtverluste, die die Wehrmacht im Kriegsjahr 1942/43 erlitt, betrugen fast 1 Mill. Soldaten. Als Mitte Juli 1943 eine dt. Großoffensive zur Begradigung der SO-Front bei Kursk von einer sowjet. Gegenoffensive beantwortet wurde, hatte die Rote Armee an der O-Front endgültig die Initiative übernommen.

Auch im atlant. Krieg gegen die Versorgung Großbrit., im Luftkrieg über der von den Nationalsozialisten propagierten „Festung Europa" und in Afrika setzte 1942 die Wende zugunsten der Alliierten ein.

Gegen die *Seeverbindungen* zw. Großbrit. und den USA erzielten die dt. U-Boote 1942 große Erfolge, solange sie vor der zunächst fast ungeschützten amerikan. Küste ungehindert operieren konnten. Ab April 1942 verringerte sich dann die Differenz zw. der versenkten Tonnage und den alliierten Neubauten, die um die Jahreswende 1942/43 erstmals über den Verlusten lagen; im Sept. 1943 waren alle bisherigen alliierten Kriegsverluste durch Neubauten ausgeglichen. In der 5. Phase der Atlantikschlacht (Juli 1942–Mai 1943) verbesserten sich die techn. und die takt. Abwehrvorkehrungen der Alliierten entscheidend (Luftüberwachung, Radar). Am 24. Mai 1943 brach der neue Oberbefehlshaber der dt. Kriegsmarine, K. Dönitz, die Konvoibekämpfung im N-Atlantik wegen der hohen eigenen Verluste an U-Booten ab und beschränkte den Kampf fortan auf die Störung des Handels und die Bindung feindl. Kräfte. Die Versorgung Großbrit. und der Sowjetunion über den Atlantik und der Aufbau der alliierten Streitmacht für den Angriff auf den Kontinent wurden nicht mehr erhebl. gestört.

Der dt. *Luftraum* im W nach dem Abbruch der Schlacht um England entblößt worden, weil die Luftwaffe auf dem Balkan und dann im Krieg gegen die Sowjetunion benötigt wurde. Es gelang nicht, die entstandene Lücke wieder zu schließen, zumal sich Hitler und Göring bei der Flugzeugproduktion lange Zeit nicht eindeutig zw. Offensiv- und Defensivstrategie (Bau von Bombern bzw. Jägern) entschieden. Ab 1942 erreichten brit. Bomberangriffe immer häufiger Städte im N und W Deutschlands, v. a. die Ind.zentren an Rhein und Ruhr (1000-Bomber-Angriff auf Köln am 30./31. Mai 1942). Im Jan. 1943 begannen die amerikan. Tagesangriffe, im Juni setzte die kombinierte Bomberoffensive mit amerikan. Präzisionsbombardierungen bei Tag und brit. Flächenangriffen bei Nacht ein. Sie wurden fortgeführt, obwohl die Ergebnisse nicht den Erwartungen (dauerhafte Schädigung der dt. Rüstung, Zermürbung der Bev.) entsprachen.

In *N-Afrika* verloren die Briten durch Rommels Vorstoß nach Ägypten ab Jan. 1942 zunächst viel Raum (Fall von Tobruk am 21. Juni 1942). Bei Al ↑ Alamain, der letzten brit. Verteidigungsstellung vor Alexandria, lief sich die durch Versorgungsprobleme behinderte dt.-italien. Offensive im Juli/Aug. jedoch fest. Ende Okt. 1942 traten die Briten unter General Montgomery, nun weit überlegen mit Truppen und Material, zur Offensive an und drängten Rommel bis Mitte Febr. 1943 über 2000 km weit nach Tunesien zurück. Unterdessen hatte am 7./8. Nov. 1942 im Rücken des dt.-italien. Afrikaheeres die Operation „Torch" begonnen, auf die sich die West-

Weltkrieg

mächte im Juli geeinigt hatten. Sie sollte zunächst die alliierte Position im Mittelmeerraum stabilisieren und die Kräfte der Achsenmächte abnutzen, um dadurch die weiterhin als entscheidend angesehene Invasion im W des europ. Kontinents zu erleichtern. Starke alliierte Verbände unter General Eisenhower landeten in Marokko und Algerien, wo die frz. Truppen mit heiml. Zustimmung Pétains einen Waffenstillstand eingingen (12. Nov. 1942). Hitler ließ daraufhin den bislang unbesetzten, von der Vichy-Reg. verwalteten Teil Frankr. militär. besetzen. Zw. 2 Fronten hielt sich die dt.-italien. Heeresgruppe noch bis Anfang Mai 1943, mit der Kapitulation von 250000 Mann (13. Mai) endeten die Kämpfe in Afrika.

Als im Sommer 1943 die Mächte der Anti-Hitler-Koalition von verschiedenen Seiten her zum Eindringen in die „*Festung Europa*" ansetzten, hatten das NS-Regime und seine Verbündeten den Kontinent scheinbar noch fest in der Hand. Die Stabilität ihrer Herrschaft war aber in Wirklichkeit auch von innen bedroht. Die Verbündeten wurden müde. Die Grenzen des Herrschaftsbereichs maßen rd. 15 000 km. Die Kampfkraft der durch weite Wege und dauernde harte Einsätze überbeanspruchten Wehrmacht wurde geringer (Stärke des Feldheeres 1941: 3,8 Mill., 1942: 4 Mill., 1943: 4,25 Mill., 1944: 4 Mill. Mann; Waffen-SS 1941: 150000, 1942: 230000, 1943: 450000, 1944: 600000 Mann. Tote, Gefangene, Entlassene der Wehrmacht im Kriegsjahr 1940/41: 217000, 1941/42: 627000, 1942/43: 967000, 1943/44: 1,71 Mill., 1944/45: 434000 Mann). Auch im techn. Bereich wurde gleichwertiger Ersatz immer knapper. Die wirtsch. Basis war angesichts der teils durch die Umstände erzwungenen, teils fahrlässigen Verzettelung der Kräfte für die Behauptung gegen den konzentr. Ansturm von außen auf die Dauer viel zu schmal, zumal es in den eroberten Gebieten oft nicht gelang, stabile Produktionsbedingungen herzustellen. Rationalisierung, gezielter Einsatz der knappen Rohstoffe und andere Maßnahmen bewirkten zw. Anfang 1942 und Mitte 1944 zwar eine Verdreifachung der Rüstungsproduktion, doch blieb Deutschland damit weit hinter dem Ausstoß seiner Gegner zurück. Die USA produzierten bereits 1943 mehr Kriegsmaterial als alle anderen kriegführenden Mächte zusammengenommen.

Der dt. Herrschaftsbereich gewann in den Kriegsjahren keine feste staatl. Gestalt. Gewisse Gebiete wurden dem Reich angegliedert, den endgültigen Status der meisten besetzten Länder ließ das NS-Regime absichtl. in der Schwebe, um nach dem Sieg eine großräumige *Neuordnung nach rassenideolog. Zielvorstellungen* vornehmen zu können. Dementsprechend wurde die polit. Kollaboration in den besetzten Ländern im wesentl. nach ihrem aktuellen Nutzen bewertet. Unter dem gleichen Aspekt erfolgten die propagandist. Aufrufe zur Beteiligung am Kampf gegen den Bolschewismus, mit denen u. a. Freiwillige für die Waffen-SS geworben wurden. In Zukunft sollten die west-, süd- und südosteurop. Staaten (auf längere Sicht auch Italien) mit nicht- „german." Bev. in Abhängigkeit von Deutschland weiterexistieren. Der dt. „Lebensraum" sollte durch zielstrebige Besiedlung nach O bis zum Ural ausgedehnt werden. Bis Anfang 1943 waren bereits 600000 sog. Volksdeutsche aus Minderheitsgebieten im O des Reichsterritoriums ansässig gemacht worden. Die Bev. der beanspruchten Gebiete sollte, soweit sie nicht zu Arbeitssklaven gemacht wurde, nach Sibirien und in andere entfernte Gebiete umgesiedelt werden.

2 Gesichtspunkte dominierten in der nat.-soz. Herrschaft über das besetzte Europa: Der *Einsatz des Wirtschafts- und Menschenpotentials* für die dt. Kriegführung und die *Vernichtung des europ. Judentums*. Seit 1942 setzten vom Generalbevollmächtigten für den Arbeitseinsatz, F. Sauckel, in immer größerer Anzahl meist unter Zwang rekrutierte Fremdarbeiter (zus. mit Kriegsgefangenen und Juden im Sept. 1944: 7,5 Mill.) dt. Arbeitskräfte für den Wehrdienst frei. Die systemat. Massenvernichtung der Juden im dt. Herrschaftsbereich (bis Kriegsende nahezu 6 Mill. Opfer) begann mit dem Überfall auf die Sowjetunion durch die Tätigkeit der Einsatzgruppen und die Errichtung der Vernichtungslager. Die dt. Gewaltmaßnahmen in den besetzten Ländern stimulierten die *Widerstands- und Partisanentätigkeit*, die - trotz im einzelnen oft unterschiedl. polit. Ziele ihrer Vertreter - u. a. in Frankr. (↑Résistance) und Polen sowie bes. auf dem Balkan und in der Sowjetunion beträchtl. dt. Kräfte banden. Auch in Deutschland regte sich die ↑Widerstandsbewegung wieder stärker, nachdem immer klarer hervorgetreten war, daß Hitler trotz der düsteren Aussichten allen Kompromißüberlegungen unzugängl. war, und man damit rechnen mußte, daß er den nach Stalingrad von Goebbels (18. Febr. 1943) proklamierten totalen Krieg (der in der Praxis freil. nicht die totale Mobilisierung der dt. Bev., bes. der Frauen, bedeutete) bis zur Katastrophe weiterführen würde. Anders als Hitler scheint Stalin auf Grund der desperaten Situation seines Landes 1942/43 bereit gewesen zu sein, die Möglichkeiten für einen *Separatfrieden* mit Deutschland zu erkunden. Sondierungen im neutralen Stockholm verliefen jedoch im Sande, und ab Sommer 1943 wurden die Aussichten auf einen eindeutigen militär. Sieg über Deutschland zus. mit den Westmächten immer günstiger. Roosevelt und Churchill verkündeten ihrerseits bei der Konferenz von Casablanca (14.–26. Jan. 1943) als grundsätzl. *Kriegsziel* die bedingungslose Kapitulation Deutsch-

Weltkrieg

lands, Italiens und Japans. Anders als 1918 (Vierzehn Punkte Präs. Wilsons) wollten sich die Alliierten nicht selbst die Hände binden für die künftige Sicherheitspolitik gegenüber dem bisherigen Hauptfriedensstörer Deutschland. Außerdem sollte die Erklärung den wegen des Ausbleibens der 2. Front verärgerten Stalin besänftigen. Obwohl diese Forderung von der dt. Propaganda als Ankündigung gnadenloser Rache dargestellt wurde, um damit den Widerstandswillen der dt. Bev. anzustacheln, hat sie zweifellos nicht dazu beigetragen, den Krieg zu verlängern. Hitler war nicht bereit, vor der totalen Niederlage aufzugeben, die Bev. leistete dagegen keinen Widerstand. In Casablanca beschlossen Amerikaner und Briten, von N-Afrika aus *Sizilien* zu erobern. Im Mai 1943 entwickelten sie daraus den Plan eines Angriffs auf die schwächste Stelle der „Festung Europa": *Italien*. Die Invasion in N-Frankr. wurde auf brit. Drängen gegen den amerikan. Wunsch auf Mai 1944 verschoben, weil die Vorbereitungen einen Erfolg noch nicht sicher genug erscheinen ließen. Die alliierte Besetzung Siziliens (10. Juli–17. Aug. 1943) führte überraschend schnell dazu, daß Mussolini vom Faschist. Großrat gestürzt wurde (25. Juli). Am Tag der alliierten Landung an der S-Spitze Italiens kapitulierte die neue Reg. Badoglio (3. Sept., Bekanntgabe 8. Sept. 1943). Sie erklärte Deutschland am 13. Okt. den Krieg. Die Absicht Churchills, den dt. Truppen durch eine Invasion auf dem Balkan weitere Schwierigkeiten zu bereiten und dadurch die brit. Position gegenüber der Sowjetunion in diesem Gebiet vorbeugend zu befestigen, wurde von den Amerikanern als schwerwiegende Behinderung des Hauptstoßes der Westmächte gegen den Kontinent verworfen. Die Bedrohung der S-Flanke zwang Hitler dazu, nun auch N- und M-Italien zu besetzen (Rom 10. Sept.). Dazu mußte er kampfstarke Verbände von der O-Front abziehen. Gegen heftigen dt. Widerstand kamen die Alliierten 1944 in Italien nur langsam voran (Einmarsch in Rom am 4. Juni 1944). Allerdings war es ihnen jetzt mögl., Deutschland (v. a. auch die Industriegebiete in Mitteldeutschland) von allen Seiten her zu bombardieren.

An der *Ostfront* rückte die Rote Armee mit starker personeller und materieller Übermacht in der 2. Jahreshälfte 1943 auf 1000 km Breite um 300 km vor (Räumung von Smolensk am 24. Sept., von Kiew am 6. Nov., Befreiung Leningrads im Jan. 1944). Ihr Vormarsch beschleunigte sich 1944. Sie zwang Rumänien (12. Sept.), Finnland (19. Sept.) und Bulgarien (28. Okt.) zum Waffenstillstand. Die dt. Truppen mußten Griechenland (2. Nov.) und S-Jugoslawien räumen, Belgrad wurde am 20. Okt. von der Roten Armee und von jugoslaw. Partisanenverbänden (Tito) eingenommen. Budapest wurde am 24. Dez. eingekreist. Weiter nördl. kamen die erschöpften sowjet. Truppen nach stürm. Vormarsch seit Ende Aug. an der Weichsel (Verweigerung der Unterstützung des nichtkommunist. Warschauer Aufstands gegen die dt. Besatzung, 1. Aug.–2. Okt. 1944) und vor Ostpreußen zum Stillstand.

Nach gründl. Vorbereitung (in Großbrit. waren dafür fast 3 Mill. Soldaten versammelt) begann die anglo-amerikan. *Invasion in der Normandie* (an der O-Küste der Halbinsel Cotentin) am 6. Juni 1944. V. a. dank ihrer Luftüberlegenheit und mittels künstl. Häfen konnten die Alliierten einen starken Brückenkopf errichten. Anfang Aug. setzte ihr zügiger Vormarsch nach S und O ein. Paris wurde am 25. Aug. 1944 eingenommen (zugleich Einmarsch de Gaulles, der am 9. Sept. die Provisor. Reg. bildete), Brüssel am 3. Sept., Aachen am 21. Okt. Bei Dijon schloß am 11. Sept. eine 2. (amerikan.-frz.) Invasionsarmee auf, die seit dem 15. Aug. von S-Frankr. nach N vorgestoßen war. Im Nov. 1944 gelang es den dt. Truppen noch einmal, entlang Oberrhein, Westwall und Niederrhein eine feste Front zu bilden.

Deutschland war nun von O, S und W eingekreist. Die Ardennenoffensive (16.–24. Dez. 1944), Hitlers letzter Versuch, den feindl. Ring im W, wie 1940, zu durchbrechen, scheiterte nach geringem Raumgewinn an der Unzulänglichkeit der Mittel. Denn die Einschnürung bedeutete zugleich, daß die dt. Rüstungsproduktion auf wichtigen Gebieten seit Juli rasch fiel. Seit Mai 1944 wurden die dt. Benzin- und Chemiewerke gezielt bombardiert, von Sept. an auch das Verkehrsnetz. Inzwischen war am 20. Juli der letzte, entschlossenste, aber im Hinblick auf die militär. Lage und die Alliierten auch verspätete Versuch der dt. Widerstandsbewegung fehlgeschlagen, Hitler zu beseitigen und den Krieg zu beenden, bevor Deutschland im Chaos unterging. Das Regime bemühte sich daraufhin, das Heer verstärkter nat.-soz. Kontrolle zu unterwerfen.

Während die alliierten Mächte ihre Truppen für den Sturm ins Reichsinnere reorganisierten, sahen sich ihre Reg. vor die Frage gestellt, wie künftig der *Frieden* in der Welt und bes. in Europa, dem Herd von 2 W., gesichert werden sollte. Die Absicht, gemeinsam vorzugehen und die Hauptfriedensstörer der jüngsten Vergangenheit, Deutschland und Japan, bes. zu beachten, schien vorgegeben. Die (amerikan.-brit.-sowjet.-chin.) Dumbarton-Oaks-Konferenz (21. Aug.–7. Okt. 1944) empfahl der Reg. die Gründung der Weltorganisation der UN anstelle des Völkerbundes. Stalin, Churchill und Roosevelt akzeptierten diesen Vorschlag, folgten im übrigen aber unterschiedl. Ansätzen zur Wahrung von Frieden und Sicherheit in Europa.

Stalin erstrebte weiterhin die Sicherung des

Weltkrieg

strateg. Vorfeldes der Sowjetunion von N- bis SO-Europa. Jenseits der bekannten Territorialansprüche war er in seinen Methoden und Zielen flexibel. Er war bereit, sich mit den Westmächten zu arrangieren, wenn ihm nicht der Kriegsverlauf Gelegenheit bot, seine Ansprüche ungehindert gegen die kleineren Staaten jenseits der geforderten Westgrenze durchzusetzen.

Churchill und Roosevelt wurden von einer gemeinsamen Grundtendenz geleitet: Der möglichst rasche militär. Sieg war das Hauptziel, die polit. Entscheidungen über die Einzelheiten der künftigen Friedensordnung sollten anschließend in erster Linie von den großen Siegermächten getroffen werden. Churchill war dabei mißtrauischer gegenüber den Plänen der Sowjetunion in M- und SO-Europa; er hoffte, den Kontinent gegen das Vordringen der Sowjets durch die Schaffung von Föderationen und Mittelmächten (unter Einbeziehung dt. Teilstaaten und eines isolierten Preußens) stabilisieren zu können. Als die Sowjetunion sich anschickte, den Balkan unter ihre Kontrolle zu bringen, scheute Churchill sich nicht, Einflußzonen mit Stalin (Besuch in Moskau, 9.–20. Okt. 1944) festzulegen. Churchill war aber in seiner Politik weder konsequent noch einflußreich genug, um sich gegenüber Roosevelt durchzusetzen.

Der amerikan. Präs. glaubte an die Realisierbarkeit eines Bündnisses, in dem die Großen Drei und China in Absprache miteinander weltweit Recht und Ordnung wahren würden. Im Ggs. zu Churchill hatte Roosevelt wenig Interesse daran, daß die USA sich in Europa langfristig engagierten. Er hielt einen maßgebl. Einfluß der Sowjetunion auf das Nachkriegseuropa für unvermeidl., allerdings wegen ihrer erhebl. Schwächung durch den Krieg auch für erträgl.; außerdem sah er in der wirtsch. Überlegenheit der USA ein Mittel, mäßigenden Einfluß auszuüben. Diese Haltung wirkte sich dahingehend aus, daß die amerikan. Strategie im Kampf um Europa mehr von militär. als von polit. Gesichtspunkten bestimmt wurde. So kam es nicht zu einem

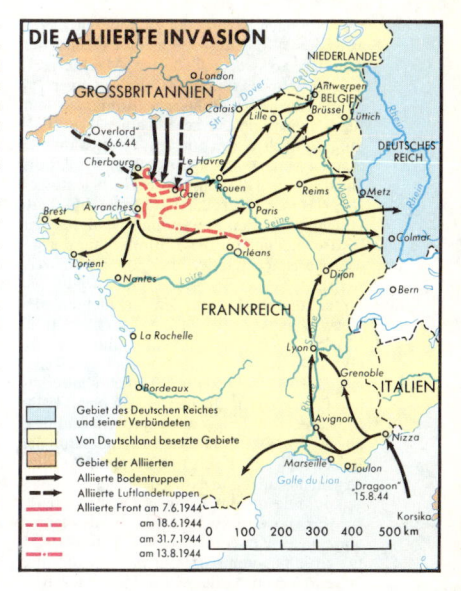

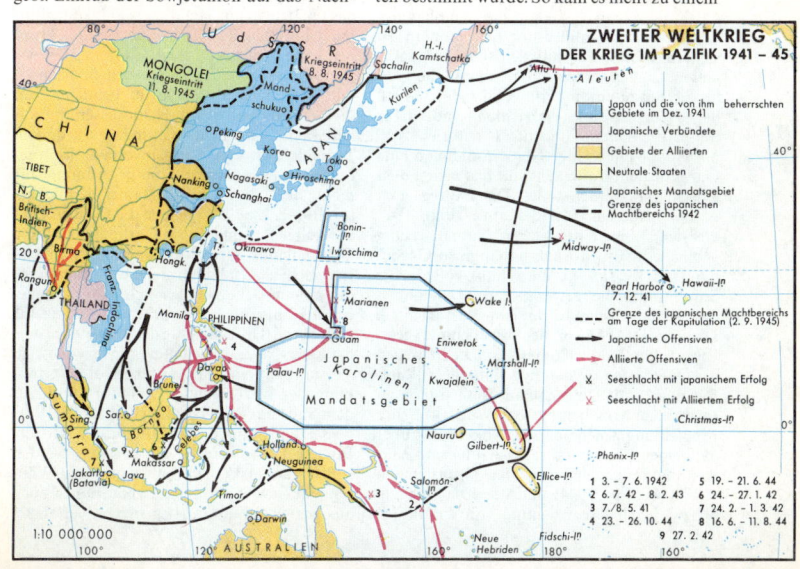

Weltkrieg

Wettlauf nach Berlin oder zu anderen Zielen in M- und SO-Europa. Erst auf Grund der von den Sowjets geförderten Machtergreifungsaktionen kommunist. Bewegungen in Polen (Jan. 1945), Bulgarien, Rumänien und Jugoslawien und der gewaltsamen Ausschaltung der nach W orientierten Kräfte wandelte sich seit März 1945 die Einstellung Churchills und dann auch die von Roosevelts Nachfolger H. S. Truman zu größerer Härte im diplomat. Umgang mit der Sowjetunion und bei der Wirtschaftshilfe für diese. Einfluß auf die sowjet. besetzten Länder blieb ihnen aber verwehrt.

Unter diesen Umständen erbrachten die *Kriegskonferenzen* der Großen Drei (u. a. Moskauer Konferenz der Außenmin., 19.–30. Okt. 1943; Konferenz der Reg.chefs von Teheran, 28. Nov.–1. Dez. 1943; Treffen Churchills und Roosevelts in Quebec, 11.–16. Sept. 1944; Moskauer Konferenz zw. Churchill und Stalin, 9.–20. Okt. 1944; Jalta-Konferenz der Reg.chefs, 4.–11. Febr. 1945) und die Ansätze zu gemeinsamer *Nachkriegsplanung* nur wenige konkrete Vereinbarungen. Die bedeutendste war die Gründung der UN (Konferenz von San Francisco, 25. April–26. Juni 1945). Die in Jalta vereinbarte „Erklärung über das befreite Europa", die allen Völkern die freie Wahl ihrer Reg.form verhieß, blieb ohne prakt. Wirkung. Gegenüber Deutschland schälten sich bestimmte gemeinsame Grundforderungen heraus, die, so in Jalta, auch öffentl. verkündet wurden (u. a. vollständige Entmilitarisierung; rüstungswirtsch. Entmachtung und Kontrolle; Reparationen; territoriale Einbußen; Schwächung der Zentralgewalt, wenn nicht staatl. Teilung; Bestrafung der Kriegsverbrecher). Um die Unabhängigkeit Polens gegenüber der Sowjetunion zu sichern, hatte Churchill sich seit 1943 dafür eingesetzt, daß die poln. Exilreg. auf die 1939 an die Sowjetunion verlorenen Gebiete östl. der ↑Curzon-Linie verzichten und dafür durch die Übernahme dt. Territorien östl. der Oder (↑ auch Oder-Neiße-Linie) und eine Garantie der Großmächte für das neue Polen entschädigt werden sollte. Die Exilreg. ging darauf nicht ein. Mit der am 1. Jan. 1945 aus dem Poln. Komitee der Nat. Befreiung gebildeten, von Moskau abhängigen Gegenreg. (seit 18. Jan. in Warschau) vollzog die Sowjetunion die gewünschten Maßnahmen dann ohne Absprache mit den Westmächten. Die im Okt. 1943 von den 3 Außenmin. gegr. Europ. Beratende Kommission blieb wegen der Differenzen zw. den Reg. über die Zukunft Europas und Deutschlands ein diplomat. Instrument von begrenztem Wert. Auf ihre Empfehlung gehen aber die Abkommen über die gemeinsame militär. Besetzung und Verwaltung Deutschlands in den Grenzen von 1937 (14. Nov. 1944) und die Einteilung in 3 bzw. (nach Hinzuziehung von Frankr.) 4 Besatzungszonen (12. Sept. 1944, 26. Juli 1945) zurück. Mit dem von der Provisor. Reg. de Gaulles geführten Frankr. trat seit Herbst 1944 eine Kraft auf, die bes. Sicherheitsansprüche gegen Deutschland geltend machte. Frankr. wurde jedoch ungeachtet des Beistandspakts mit der Sowjetunion (10. Dez. 1944) weder in Jalta noch in Potsdam zu den Beratungen der Großen Drei hinzugezogen.

Mit ihren Großoffensiven rückten ab Mitte Jan. 1945 die Rote Armee und ab Febr. die Truppen der Westmächte unaufhaltsam vor. Der hinhaltende dt. Widerstand im O ermöglichte es einer sehr großen Zahl von Flüchtlingen, doch noch in die Gebiete westl. der Oder zu gelangen. Am 25. April 1945 begegneten sich bei Torgau an der Elbe sowjet. und amerikan. Truppen, am 2. Mai kapitulierte Berlin (wo Hitler am 30. April Selbstmord begangen hatte), am gleichen Tag trat die Kapitulation der dt. Truppen in Italien in Kraft. Am 7. Mai kapitulierte die dt. Wehrmacht in Reims vor Vertretern der 4 großen Alliierten (Sowjetunion, USA, Großbrit., Frankr.) bedingungslos (mit Wirkung vom Beginn des 9. Mai). Der Kapitulationsakt wurde am 9. Mai in Berlin-Karlshorst auch vor dem sowjet. Oberkommandierenden vollzogen. Die Reg. des von Hitler vor seinem Tod zum Reichspräs. ernannten Dönitz wurde am 23. Mai 1945 in Flensburg verhaftet. Am 5. Juni gaben die Oberkommandierenden der 4 Besatzungsmächte in Berlin die Übernahme der obersten Regierungsgewalt in Deutschland, die Einteilung Deutschlands in Besatzungszonen und die Konstituierung des Alliierten Kontrollrats bekannt. Damit hatte das Dt. Reich seine Handlungsfähigkeit verloren. Churchills Rat, die von amerikan. Truppen jenseits der vereinbarten Grenze der sowjet. Zone besetzten Territorien in Sachsen und Thüringen als Pfand zu benutzen, um die Sowjetunion zu Zugeständnissen auf anderen polit. Gebieten zu zwingen, wurde von Truman verworfen, der einvernehml. Regelungen mit der Sowjetunion noch immer für mögl. hielt. Auf der Potsdamer Konferenz (17. Juli–2. Aug. 1945) legten die Großen Drei vorläufige Bestimmungen für die Behandlung Deutschlands fest (↑Potsdamer Abkommen). In verschiedenen Fällen stellten sie angesichts der akuten polit. und wirtsch. Interessengegensätze nur noch Formelkompromisse für vollzogene (Unterstellung der Gebiete jenseits der Oder-Neiße-Linie unter poln. bzw. sowjet. Verwaltung) oder in Gang befindl. (Vertreibung der dt. Bewohner von dort und aus dem Sudetenland) Handlungen dar. Die Voraussetzungen für die Erhaltung der wirtsch. Einheit Deutschlands, die gewahrt werden sollte, waren fakt. nicht mehr gegeben. Während die Sowjetunion v. a. Reparationen auch aus den westl. Industriegebieten verlangte,

Weltkrieg

fürchteten die Westmächte, daß sie bei hohen dt. Reparationsleistungen die Bev. in ihren Zonen selbst ernähren müßten. Der in Potsdam eingesetzte Rat der Außenmin. bereitete die Friedensschlüsse vom 10. Febr. 1947 mit Rumänien, Italien, Ungarn, Bulgarien und Finnland († Pariser Friede) vor. Die dt. Frage blieb ungelöst, so daß sich im Zuge der wachsenden Spannungen zw. den Westmächten und der Sowjetunion (kalter Krieg), aber auch, weil Frankr. hartnäckig seine Sonderinteressen verfolgte, das östl. und die 3 westl. Besatzungsgebiete entlang der (1944 nur als zeitweilige Demarkationslinie vereinbarten) Zonengrenze immer mehr auseinanderentwickelten.

Im *Pazifik* hatten die Amerikaner, der strateg. Grundentscheidung für die alliierte Kriegführung entsprechend, 1943 weniger Truppen als in Europa; dagegen lag im Atlantik die Zahl der Kriegsschiffe niedriger (10 gegen 28 Flugzeugträger). Vor die Alternative gestellt, den kürzesten Weg zu den jap. Inseln zu suchen oder über Neuguinea und die Philippinen die jap. Hauptstellungen zu umgehen und den jap. Rohstoffnachschub zu stören, verfolgte die amerikan. Marine zunächst beide Wege mit gewissem Erfolg gegen die zähe jap. Abwehr. Im Juli 1944 wurde beschlossen, die Kraft auf die Eroberung der Philippinen zu konzentrieren. Von Okt. 1944 bis Aug. 1945 konnten zwar die Hauptinseln nicht völlig von jap. Truppen geräumt werden, doch drangen die Amerikaner weiter vor. Mit Iwo Jima (26. März) und Okinawa (21. Juni 1945) fielen 2 Inseln, die als Basen für wirkungsvolle Luftangriffe auf jap. Städte bes. Bed. hatten. Auch auf dem Festland erlitten die Japaner 1944/45 Rückschläge (Verlust Birmas Jan.–Mai 1945); die stärkere Rücksichtnahme auf nat. Interessen der besetzten Länder wirkte sich nicht mehr zugunsten Japans aus. Vor einer Landung auf den Hauptinseln, bei der mit weiteren verlustreichen Kämpfen zu rechnen war, weil Japan die Aufforderungen zur Kapitulation zurückwies, entschied sich Truman für den Einsatz der kurz zuvor fertiggestellten Atombombe. 2 Abwürfe auf Hiroschima (6. Aug., über 200 000 Tote) und Nagasaki (9. Aug., 74 000 Tote) und dazu die den Westmächten schon seit der Konferenz von Teheran für die Zeit nach dt. Niederlage in Aussicht gestellte, in Jalta zugesagte und von Truman sehr gewünschte Kriegserklärung der Sowjetunion (8. Aug.) führten dazu, daß die jap. Reg. am 14. Aug. ihre Bereitschaft zur Kapitulation erklärte. Die Unterzeichnung der Kapitulationsurkunde am 2. Sept. 1945 beendete auch die Kampfhandlungen im Pazifik. Die Sowjetunion erweiterte ihr Territorium in der kurzen Zeit ihres Einsatzes auf Kosten Japans und Chinas u. a. um S-Sachalin und die Kurilen.

Opfer und Folgen: Der 2. W. richtete furchtbare Verheerungen an. Von 110 Mill. Soldaten fielen 27 Mill.; 25 Mill. Zivilpersonen starben (darunter fast 6 Mill. Opfer des nat.-soz. Rassenwahns); 3 Mill. Menschen blieben vermißt. Die Sowjetunion verlor 20 Mill. Menschen, China wenigstens 10 Mill., Deutschland 4,8 Mill. (weitere 2,5 Mill. durch Flucht, Vertreibung und Verschleppung als unmittelbare Folgen des Krieges), Polen 5,8 Mill., Japan 2 Mill., Jugoslawien 1,7 Mill., Frankr. 600 000, Großbrit. 400 000, die USA 300 000.

Polit. veränderte der 2. W. die internat. Lage grundlegend. Deutschland und Japan, aber auch Großbrit. und Frankr. büßten ihre weltpolit. Bed. ein; die Staaten O-Europas gerieten unter sowjet. Hegemonie. Dagegen dehnte sich das Engagement der USA, später auch der Sowjetunion weltweit aus. In Europa, insbes. auf dt. Boden und in Asien (Korea) standen sich in der Folge des 2. W. 2 ideolog.-machtpolit. Kontrahenten gegenüber, die auf Grund ihres wirtsch. und militär. Potentials und v. a. wegen der Verfügung über Kernwaffen für mehr als 20 Jahre die beiden allein führenden Weltmächte darstellten. Deutschland, das seine staatl. Identität verloren hatte, blieb infolge des Ost-West-Konflikts geteilt, die beiden Teile in 2 gegensätzl. Paktsysteme eingebunden. Großbrit., Frankr., aber z. B. auch die Niederlande wurden vom Prozeß der Entkolonisation betroffen, den der 2. W., zunächst v. a. in Asien, stark beschleunigte. In China, dem Roosevelt noch einen Platz unter den 4 Großen zugedacht hatte, verschob sich während des Kampfes gegen Japan das Gewicht zugunsten der Kommunist. Partei unter der Führung Mao Tse-tungs, die innerhalb von 4 Jahren das ganze Land eroberte. In W-Europa löste die polit. Teilung des Kontinents verstärkte Bemühungen zur wirtsch., militär. und polit. Zusammenarbeit aus, die z. T. erfolgreich waren und in supranat. Zusammenschlüsse mündeten.

Churchill, S. S.: Der Zweite W. Dt. Übers. Bern u. a. Neuaufl. 1985. - Herbst, L.: Der Totale Krieg u. die Ordnung der Wirtschaft. Stg. 1982. - Hillgruber, A.: Der Zweite W. 1939–1945. Stg. 1982. - Hillgruber, A.: Hitlers Strategie. Politik u. Kriegführung 1940–41. Mchn. ²1982. - Zweiter W. u. sozialer Wandel. Hg. v. W. Długoborski. Gött. 1981. - Ploetz. Geschichte der Weltkriege. Hg. v. A. Hillgruber u. J. Dülffer. Freib. u. Wzb. 1981. - Das Dt. Reich u. der 2. W. Hg. v. Militärgeschichtl. Forschungsamt. Stg. 1979–83. 10 Bde. - Sommer 1939. Hg. v. W. Benz u. H. Graml. Stg. 1979. - Adamthwaite, A.: The making of the Second World War. London 1977. - Der Weg zur Teilung der Welt. Hg. v. H.-A. Jacobsen. Koblenz u. Bonn 1977. - Milward, A. S.: Der Zweite W. Krieg, Wirtschaft ... 1939–1945. Dt. Übers. Mchn. 1977. - Erdmann, K. D.: Die Zeit der W. Bd. 2. Stg. ⁹1976. - Sherwin, M.

Weltlinie

J.: *A world destroyed. The atomic bomb and the Grand Alliance.* New York 1975. - *Deutschland im Zweiten W.* Hg. v. W. Schumann u. G. Hass. Bln.; Köln 1974–79. 4 Bde. - Gaddis, J. L.: *The United States and the origins of the Cold War, 1941–1947.* New York 1972. - Ruge, F.: *Der Seekrieg 1939–1945.* Stg. ³1969. - Michel, H.: *La seconde guerre mondiale.* Paris 1968–69. 2 Bde. - Wright, G.: *The ordeal of total war, 1939–1945.* New York 1968. - *History of the Second World War. United Kingdom Civil Series.* Hg. v. W. K. Hancock. London 1949–71. 28 Bde. in 3 Abteilungen.

Weltlinie ↑ Minkowski-Raum.
Weltliteratur ↑ Literatur.
Weltmacht, Bez. für einen Staat, der auf Grund seines militär. und/oder wirtsch. Potentials im internat. Staatensystem eine Spitzenstellung einnimmt, die sich häufig auch in ideolog. Einfluß äußert. Von den 5 Großmächten, die seit Ende des 2. Weltkriegs ständige Mgl. des Sicherheitsrats der UN sind, wurden die USA und danach die Sowjetunion v. a. durch den Besitz von Atomwaffen zu Weltmächten, die in ihren jeweiligen Bündnissystemen die Vormachtstellung einnehmen. Ihr Vetorecht im Sicherheitsrat verstärkte ihren Einfluß auch auf Konfliktgebiete außerhalb ihrer jeweiligen Bündnisse. Die amerikan. Hegemonie beruht daneben v. a. auf dem Wirtschaftspotential der USA, während der Vormachtstellung der Sowjetunion in dem starken sowjet. Einfluß auf die kommunist. Staaten wie auch auf die kommunist. Parteien in anderen Ländern ihren Ausdruck findet. Hier tritt seit Ende der 1950er Jahre China als Konkurrent auf. Auf Grund ihrer wirtsch. Entwicklung sind (das in den EG organisierte) W-Europa und Japan als weitere potentielle Weltmächte anzusehen.

Weltmarktpreis, Preise der Hauptwarenmärkte (v. a. für Rohstoffe), zu denen Waren im internat. Handel ausgetauscht werden. W. bilden sich an Warenbörsen; Wertgrundlage sind die verschiedenen nat. Preise.

Weltmeer, die große zusammenhängende Wassermasse der Erde. Die heutige Wassermenge des W. beträgt 1 350 Mill. km³, seine Gesamtoberfläche 362 Mill. km², d. h. 70,8% der Erdoberfläche. Seine größte Tiefe 10 924 m, liegt im Marianengraben (Witjastiefe I). Das W. gliedert sich in 3 Ozeane: Pazif., Atlant. und Ind. Ozean sowie deren Nebenmeere. Letztere sind als *Randmeere* den Kontinenten angelagert (z. B. Nordsee), als große *interkontinentale Mittelmeere* von mehreren Kontinenten weitgehend eingeschlossen (z. B. Mittelländ. Meer) oder als kleine *intrakontinentale Mittelmeere* in einen einzelnen Kontinent eingebettet (z. B. Ostsee). Die Abgrenzungen der Ozeane wurde, wo keine Kontinente sie trennen, willkürl. festgelegt; sie setzen an den S-Spitzen der 3 großen Landmassen an. Das Bodenrelief des W. ist außerordentl. mannigfaltig. Seine Hauptformen, d. h. Kontinentalränder, Tiefseebecken und Mittelozean. Rücken, nehmen jeweils etwa ⅓ des gesamten Meeresbodens ein. Untermeer. Kuppen und ozean. Inseln haben eine Sonderstellung. - Das W. stellt bei vernünftiger Nutzung seiner Vorräte (ohne Störung des biolog. Gleichgewichts) eine sich selbst regenerierende, unerschöpfl. Nahrungsquelle dar. Es ist für den Menschen darüber hinaus bed. als Verkehrsträger, Wasser- und Energiereservoir, als Erholungsraum sowie als Rohstoffquelle (z. B. Manganknollen, Erdöl, Erdgas). - Karten Bd. 14, S. 143 und 146. - ↑ auch Meeresströmungen, ↑ Meerestechnik.

Weltmeisterschaft, Abk. WM, von internat. Sportfachverbänden veranstalteter Wettbewerb, der in vielen Sportarten in regelmäßigen Abständen ausgetragen wird.

Weltmissionsrat, svw. ↑ Internationaler Missionsrat.

Weltorganisation für Meteorologie ↑ UN (Übersicht).

Weltperioden (Weltzeitalter, Weltjahre, Weltwochen), Zeitabschnitte, in die nach mytholog. oder religiöser Vorstellung der Ablauf der menschl. Geschichte eingeteilt ist.

Weltpokal ↑ Worldcup.

Weltpolitik, Bez. 1. für die Gesamtheit der internat. Beziehungen, die ihren Ausdruck u. a. in der Politik internat. Organisationen (v. a. der UN mit ihren Sonder- und Unterorganisationen) findet, 2. für die Außenpolitik einzelner Staaten (v. a. der Welt- und Großmächte), die einen Großteil der anderen Staaten auf der Welt direkt oder indirekt berührt.

Weltpostverein (Weltpostunion, engl. Universal Postal Union, frz. Union Postale Universelle [Abk. UPU]), Sonderorganisation der UN, die auf eine 1874 von H. von Stephan gegr. Organisation zurückgeht, deren 21 Mitgliedsstaaten durch Unterzeichnung des Allgemeinen Postvereinsvertrags sich für eine ungehinderte Briefbeförderung einsetzten. Nach Abschluß des *Weltpostvertrages* 1878 Umbenennung in W. (mit Sitz in Bern) und Aufhebung der polit. Grenzen im Postverkehr; die Vertragsländer gelten als einheitl. Postgebiet (einheitl. Postgebührengefüge). *Ziele* des W. sind Aufbau und Vervollkommnung des Postdienstes sowie Förderung der internat. Zusammenarbeit. Seit 1948 Sonderorganisation der UN mit der neuen Aufgabe, techn. Hilfsleistung beim Aufbau des Postwesens in Ländern der Dritten Welt zu erbringen. Höchstes Organ der UPU ist der alle fünf Jahre zusammentretende Kongreß. In der Zwischenzeit trägt ein Ausschuß (Commission Exécutive et de Liaison) die Arbeit. Internat. Postsprache ist Französisch, internat. Rechnungseinheit ist der Goldfranc.

Weltpunkt ↑ Minkowski-Raum.

Weltrat der Kirchen, svw. ↑ Ökumenischer Rat der Kirchen.

Weltsprachen

Welträtsel, von E. Du Bois-Reymond in seinem Werk „Die sieben W." (1882) geprägte Bez. für „tiefliegende" philosoph. Probleme, für die das ↑„ignoramus et ignorabimus" gilt: 1. das Wesen von Materie und Kraft, 2. den Ursprung der Bewegung und 3. der Wahrnehmung, 4. die Entstehung des Lebens, 5. die Anpassungsfähigkeit der Organismen, 6. die Entwicklung von Vernunft und Sprache, 7. die Willensfreiheit.

Weltraum, allg. der mit Materie und Strahlung erfüllte Raum des Weltalls; i. e. S. Bez. für den außerhalb der Erdatmosphäre gelegenen erdnahen Teil dieses Raumes sowie den interplanetaren Raum, d. h. denjenigen Teil des Weltalls, der mit Hilfe der Raumfahrt erreichbar ist oder erreichbar erscheint.

Weltraumfahrt, svw. ↑Raumfahrt.

Weltraumrecht, die völkerrechtl. Regeln in bezug auf den Weltraum. Die Ausarbeitung des geltenden W. erfolgte im wesentl. innerhalb der UN seit 1958 und fand ihren vorläufigen Abschluß in der von der UN-Generalversammlung einstimmig angenommenen grundlegenden Resolution vom 13. 12. 1963, die u. a. festlegt, daß das Völkerrecht einschl. der UN-Charta Anwendung auch auf den Weltraum findet. Am 27. 1. 1967 wurde der „Vertrag über die Grundsätze zur Regelung der Tätigkeit von Staaten bei der Erforschung und Nutzung des Weltraums einschl. des Mondes und anderer Himmelskörper" geschlossen. Dieser Vertrag regelt das W. in den wichtigsten Grundzügen. Er enthält insbes. den Grundsatz der *Weltraumfreiheit* (d. h., der Weltraum als gemeinschaftl. Raum unterliegt nicht der nat. Aneignung durch Okkupation, Nutzung oder andere Weise) und der Freiheit zur friedl. Erforschung und Nutzung des Weltraums (Forschungsfreiheit, Raumfahrtfreiheit, Freiheit des Satellitenfluges) für alle Staaten. Der Vertrag von 1967 wird inhaltl. konkretisiert und ergänzt durch den Vertrag vom 19. 12. 1969 über die Rettung und Rückführung von Raumfahrern und die Rückgabe von in dem Weltraum gestarteten Gegenständen sowie durch den Vertrag vom 29. 3. 1972 über die völkerrechtl. Haftung für Schäden durch Weltraumgegenstände. Die Abgrenzung zw. Luftraum und Weltraum ist bisher rechtl. nicht festgelegt.

Weltraumwaffen, Bez. für Waffen[systeme], die vollständig oder in bestimmten Systemteilen (z. B. in Satelliten) im Weltraum stationiert sind oder gegen dort befindl. gegner. Ziele eingesetzt werden können.

Weltrekord, die Weltbestleistung in einer Sportart, die (im Ggs. zur absoluten Bestleistung) nach den Bestimmungen des zuständigen internat. Verbandes erzielt und anerkannt sein muß. – Übertragen auch für nichtsportl. Höchstleistungen.

Weltreligionen, Bez. für jene Religionen, die eine universelle Geltung beanspruchen, überregionale Mission betreiben und/oder sich über einen größeren Teil der Erde bzw. der Weltbev. erstrecken, z. B. Judentum, Christentum, Islam, Buddhismus und Hinduismus.

Weltrevolution, Ziel des Kommunismus, durch dessen Verwirklichung der Erfolg der proletar. ↑Revolution auf Dauer gesichert werden soll (↑auch Marxismus, ↑Marxismus-Leninismus).

Weltschmerz, Bez. für existentiellen Pessimismus, insbes. für das seel. Leiden an der in ihrem Sinn bezweifelten oder negierten Welt und für die daraus folgende Resignation; durch Jean Paul und bes. H. Heine zu weiterer Verbreitung gebracht; findet sich als Haltung einzelner und als kollektive Empfindung bes. seit dem 17. Jh. in Gegenreformation, Empfindsamkeit („Wertherfieber"), Romantik (Jean Paul, L. Tieck). – Neben echter Betroffenheit erscheint jedoch der W. auch als mod. Attitüde des „Zerrissen"-Seins. Das Phänomen dieses W. ist in allen Kulturbereichen der Restaurationsperiode (etwa 1815–48) greifbar, z. B. in fast allen literar. Werken zumindest als Untertönung, bei den sog. W.poeten (G. Büchner, C. D. Grabbe, N. Lenau, J. Kerner, W. F. Waiblinger, A. von Platen), die auch Anschluß an die europ. pessimist. Strömung des ↑Byronismus fanden, ferner in der Musik (H. Marschner, „Hans Heiling", 1833; R. Wagner, „Der fliegende Holländer", 1843) und der Philosophie A. Schopenhauers („Die Welt als Wille und Vorstellung", 1819), die jedoch erst in der 2. Hälfte des 19. Jh. wirkte (S. Kierkegaard, F. Nietzsche). Um 1850/60 galt der W. als überwunden.

Weltseele, Lebens- und Vernunftprinzip der Welt als ganzer, wobei stets angenommen wird, daß der Kosmos ein lebendiger Organismus sei und dem Makrokosmos Welt der Mikrokosmos Mensch entspreche. Eine explizite Theorie der W. entwirft als erster Platon im „Timaios".

Weltsicherheitsrat ↑UN.

Weltspartag, auf den letzten Werktag im Okt. festgesetzter, seit 1925 jährlich weltweit begangener Werbetag für das Bilden von Ersparnissen.

Weltsprachen, auf der ganzen Erde oder zumindest weit über das eigtl. jeweilige Sprachgebiet hinaus verstandene und im internat. Verkehr von Angehörigen zahlr. verschiedener Sprachgemeinschaften bevorzugt angewandte Sprachen (internat. Verkehrssprachen). Zu W. i. e. S. schufen erst die Entdeckungsreisen und Kolonisationszüge seit dem 15. Jh. die Voraussetzungen: Span., Portugies., Niederländ., Engl.; mit dem Aufschwung der Diplomatie als Mittel der Außenpolitik ist der Aufstieg des Frz. seit Ludwig XIV. verknüpft. Die einzige auf der gesamten Erde gebräuchl. Sprache ist heute das Englische.

Welttheater (Theatrum mundi), Vorstellung der Welt als eines Theaters, auf dem die Menschen (vor Gott) ihre Rollen spielen; je nach der philosoph. oder theolog. Auffassung als Marionetten oder mit der Freiheit der Improvisation innerhalb der ihnen auferlegten Rollen. War seit dem 12. Jh. v. a. durch den „Policraticus" (entstanden 1159, hg. 1909) des Johannes von Salisbury ein bis in die Barockzeit weitverbreiteter literar. Topos z. B. bei M. Luther, P. de Ronsard, W. Shakespeare, M. de Cervantes Saavedra, B. Gracián y Morales und P. Calderón de la Barca; im 20. Jh. u. a. bei H. von Hofmannsthal.

Weltuntergang, das Ende dieser Welt, das in der Religionsgeschichte oft in Analogie zu der chaot. Urzeit vor der Weltschöpfung und als Einsturz des Himmels, Verfinsterung der Sonne, Herabfallen der Sterne, Versinken der Erde im Meer, Weltenbrand oder vernichtende Kälte vorgestellt wird.

Welturheberrechtsabkommen, völkerrechtl. Vertrag zum Schutz des ↑Urheberrechts.

Weltvektor ↑Minkowski-Raum.

Weltverband der Arbeitnehmer (Weltverband der Arbeit) ↑Gewerkschaften.

Weltwährungsfonds [...fõ] ↑Internationaler Währungsfonds.

Weltwährungssystem, die internat. Ordnung der Währungen, entsprechend den Erfordernissen der Abwicklung des internat. Waren-, Dienstleistungs- und Kapitalverkehrs. Bis zum 1. Weltkrieg ergab sich das W. von selbst dadurch, daß fast alle Länder Goldwährungen hatten; der Gesamtzusammenhang wurde damit durch das Gold hergestellt. Nach dem 1. Weltkrieg wurden Versuche mit einer Kombination von Gold und Devisen, dem sog. *Gold-Devisen-Standard* unternommen. Eine Neuordnung des W. erfolgte mit dem System von Bretton Woods (↑Internationaler Währungsfonds), in dem die Rolle des Goldes begrenzt wurde und der US-Dollar zum Hauptelement des W. wurde. Die USA verpflichteten sich, jederzeit Dollar gegen Gold zu tauschen und auch von den Zentralbanken Gold zu kaufen bzw. Gold zu verkaufen *(Dollarstandard)*. Mit der offiziellen Einstellung dieser Verpflichtung durch die USA am 15. Aug. 1971, die durch dauernde und zunehmende Leistungsbilanzdefizite der USA erforderl. geworden war, endete dieses System. In den folgenden Jahren wurden anstelle des Goldes bzw. des US-Dollars die Sonderziehungsrechte (↑Internationaler Währungsfonds) zentrales Reservemedium.

Weltwirtschaft, die Gesamtheit der internat. Wirtschaftsbeziehungen; zunehmende Arbeitsteilung und Industrialisierung haben die Entwicklung der W. gefördert, die zu ihrem Funktionieren Liberalisierung von Handel und Verkehr sowie freie Konvertibilität der Währungen voraussetzt. Zur Ordnung der W. wurden zahlr. internat. Handelsverträge, Zoll- und Währungsabkommen abgeschlossen (u. a. ↑GATT).

Weltwirtschaftsarchiv ↑Hamburgisches Weltwirtschaftsarchiv.

Weltwirtschaftsgipfel, jährl. abgehaltene Konferenz der Staats- und Reg.chefs der führenden westl. Ind.länder (BR Deutschland, Frankr., Großbrit., Italien, Japan, Kanada, USA) mit dem Ziel, Probleme der Weltwirtschaft einer Lösung näherzubringen; der erste W. fand 1975 statt.

Weltwirtschaftskonferenz, internat. Konferenz über Probleme der Weltwirtschaft, insbes. zur Förderung bzw. Liberalisierung des Welthandels. Weltwirtschaftskonferenzen wurden u. a. 1927 in Genf, 1933 in London, 1947/48 in Havanna abgehalten. 1964 tagte in Genf zum ersten Mal die durch Beschluß der UN-Vollversammlung ins Leben gerufene **Welthandelskonferenz** (engl. United Nations Conference on Trade and Development [Abk. UNCTAD]); diese tritt alle 3 Jahre zusammen, ihre Beschlüsse sind (im Ggs. zu denen des ↑GATT) nicht verbindlich.

Weltwirtschaftskrise, allg. Bez. für eine Wirtschaftskrise, die weltweit zumindest die wichtigsten Wirtschaftsmächte erfaßt. I. e. S. Bez. für die Wirtschaftskrise, die sich nach dem New Yorker Börsenkrach am ↑Schwarzen Freitag des 25. Okt. 1929 global ausweitete, auf ihrem Höhepunkt zur Arbeitslosigkeit von rd. 30 Mill. Menschen führte und z. T. erst im Gefolge der Aufrüstung der 2. Hälfte des 1930er Jahre überwunden wurde. Weltweite Ausbreitung, Schwere und Dauer der W. waren v. a. auf die mangelnde Fähigkeit Großbrit. und die Abneigung der USA zurückzuführen, die Weltwirtschaft durch Erhaltung eines relativ offenen Marktes, durch die antizykl. Bereitstellung langfristiger Kredite und ausgiebige Diskontgewährung zu stabilisieren. Verschärfend hinzu kamen eine von den USA ausgehende Agrarkrise (Überproduktion) und die destabilisierenden Wirkungen der Reparationen und interalliierten Schulden aus der Zeit des 1. Weltkriegs. Die W. führte zu einer weitgehenden Auflösung der Weltwirtschaft in einzelne Nationalwirtschaften mit Autarkietendenzen, begünstigte mit ihren sozialen Folgeerscheinungen das Aufkommen und Anwachsen radikaler Massenbewegungen (in Deutschland des Nationalsozialismus) und trug erhebl. zur Diskreditierung der liberalen Demokratie und des kapitalist. Wirtschaftssystems bei.

Weltwunder, Sieben ↑Sieben Weltwunder.

Weltzeit, Abk. WZ (engl. UT [Universal Time]), die zum nullten Längengrad (Meridian von Greenwich) gehörende mittlere Sonnenzeit, die die Basis der Zonenzeiten bildet. In der internat. Luft- und Seefahrt sowie im Weltfunkverkehr ist die Bez. Greenwich

Mean Time (Abk. GMT; dt. Mittlere Greenwich-Zeit [MGZ], Greenwicher Zeit) sowie Zulu-Time üblich. - ↑ auch Zeitmessung.

Weltzeituhr, eine Uhr, auf der neben der Ortszeit des jeweiligen Standorts (bzw. der entsprechenden Zonenzeit) die Uhrzeiten der verschiedenen Zeitzonen der Erde (bzw. großer Städte in der jeweiligen Zone) abgelesen werden können.

Welwitschia [nach dem östr. Botaniker F. Welwitsch, *1806, †1872], einzige Gatt. der Nacktsamerfam. Welwitschiagewächse (Welwitschiaceae) mit der einzigen Art *Welwitschia mirabilis* in der Namib, Südwestafrika; ausdauernde Pflanze mit nur wenig aus dem Erdboden hervortretender, verholzter, bis 1 m Durchmesser erreichender Sproßachse und nur zwei bis mehrere Meter langen, bandförmigen Laubblättern, die durch ein Bildungsgewebe am Blattgrund ständig wachsen und von der Spitze her absterben; Blüten in Zapfen, mit je zwei Blütenhüllblättern.

Welwyn Garden City [engl. ˈwɛlɪn ˈgɑːdn ˈsɪtɪ], engl. Stadt in der Gft. Hertford, 40 500 E. Zur Aufnahme des Bevölkerungsüberhangs von London als New Town 1948 gegr.; Kern ist die 1920 von Sir E. Howard (*1850, †1928) erbaute Gartenstadt.

Welzel, Hans, *Artern/Unstrut 25. März 1904, †Andernach 5. Mai 1977, dt. Strafrechtslehrer. - Prof. in Göttingen (ab 1940) und Bonn (ab 1952); wurde insbes. durch die Entwicklung der finalen Handlungslehre bekannt, die über das Strafrecht hinaus in die Zivilrechtsdogmatik hineingewirkt hat und auch die Praxis beeinflußte; ebenso bedeutend als Rechtsphilosoph; u. a. „Das dt. Strafrecht" (1947), „Das neue Bild des Strafrechtssystems" (1951), „Naturrecht und materielle Gerechtigkeit" (1951).

Wemfall, svw. ↑ Dativ.

Wenchow (Wenzhou) [chin. yəndʒoʊ], südostchin. Hafenstadt 20 km oberhalb der Mündung des Wukiang in das Ostchin. Meer, 250 000 E; Fachhochschule für Forstwirtschaft; Fischereibasis und Handelszentrum für SO-Tschekiang.

Wendehals (Jynx torquilla), bis über 15 cm langer Specht, v. a. in lichten Laubwäldern, Feldgehölzen und Gärten fast ganz Europas sowie der nördl. und gemäßigten Regionen Asiens; zieml. kurzschnäbliger, oberseits graubrauner, unterseits weißl. und rostgelber Vogel, der bes. bei Gefahr charakterist. pendelnde und drehende Kopfbewegungen ausführt; ernährt sich mit Hilfe seiner weit vorstreckbaren, klebrigen Zunge bes. von Ameisen.

Wendekreis, Bez. für die beiden Kreise konstanter Deklination ($\pm$ 23° 27') an der Himmelssphäre, in denen die Sonne zum Zeitpunkt einer Sonnenwende (↑ Solstitium) steht. Man unterscheidet zw. dem *W. des Krebses,* den die Sonne während ihres jährl. Laufs am

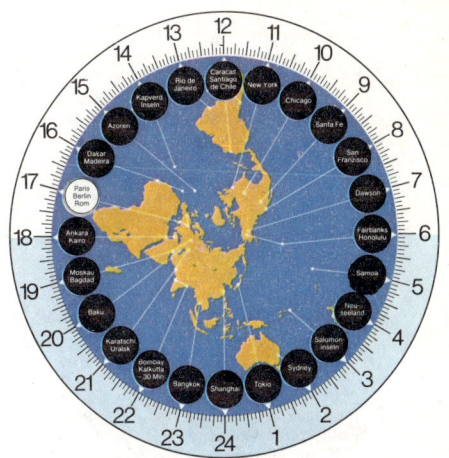

Weltzeituhr mit 24-Stunden-Ziffernblatt

21./22. Juni, der Sommersonnenwende, erreicht, und dem *W. des Steinbocks,* in dem die Sonne zur Wintersonnenwende am 21./22. Dezember steht. Die beiden Breitenkreise auf der Erdkugel, über denen die Sonne zu diesen Zeitpunkten senkrecht steht (sie haben die geograph. Breite $\pm$ 23° 27'), werden ebenfalls als W. bezeichnet.
◆ bei einem Kfz. der kleinste Kreis, der durch die am weitesten nach außen vorstehenden Fahrzeugteile bei größtem Lenkradeinschlag beschrieben wird; der W.durchmesser von Pkws liegt im allg. zw. 9 und 12 m.

Wendel ↑ Wendelbert.

Wendel, svw. Schraubenlinie, schraubenlinienförmiges Gebilde, insbes. schraubenlinienförmig gewundener Draht (z. B. in der Glühlampe als Glühfaden).

Wendelähre (Drehwurz, Spiranthes), Orchideengatt. mit über 30 mit Ausnahme S-Amerikas weltweit verbreiteten Arten, davon zwei einheim.: die selten auf Magerweiden vorkommende **Herbstwendelähre** (Spiranthes spiralis) mit grundständigen Blättern und grünl. Blüten und die in Flachmooren vorkommende **Sommerwendelähre** (Spiranthes aestivalis) mit beblättertem Stengel und weißen Blüten. Die Blüten beider Arten sind spiralig in einer Ähre angeordnet.

Wendelbert, männl. Vorname (vermutl. zum german. Stammesnamen der Vandalen und zu althochdt. beraht „glänzend"); Kurzform: Wendel.

Wendelin [...liːn], männl. Vorname, Verkleinerungsform von mit „Wendel-" (↑ Wendelbert) gebildeten Namen.

Wendelin [...liːn], hl., Mönch des 6. Jh. - Einsiedler in den Vogesen; seit dem 11. Jh. ist sein Grab in Sankt Wendel ein bed. Wall-

Wendelstein

fahrtsort; als typ. Volksheiliger, Nothelfer und Patron für viele Anliegen bes. im alemann.-fränk. Raum verehrt. - Fest: 20. (oder 23.) Oktober.

Wendelstein, Gipfel des Mangfallgebirges, Bay., BR Deutschland, 1 838 m hoch; Sendeanlagen, Sonnenobservatorium, Wetterstation; Zahnradbahn von Brannenburg im Inntal, Seilbahn von Bayrischzell.

wenden, ein am Wind segelndes Schiff durch entsprechendes Ruderlegen mit dem Bug durch den Wind drehen, wobei die Segel gleichzeitig auf die andere Seite genommen werden. - Ggs. ↑halsen.

Wenden, urspr. dt. Bez. für die Slawen.

Wendenkreuzzug, mit poln. und dän. Hilfe 1147 durchgeführtes Unternehmen sächs. Fürsten gegen die heidn. elbslaw. Stämme (Obotriten, Liutizen); religiös und machtpolit. motiviert, von Bernhard von Clairvaux propagandist. unterstützt und von Papst Eugen III. sanktioniert; nur geringer Erfolg.

Wendepunkt, in der *Mathematik* Bez. für den Punkt einer [ebenen] Kurve, in dem die Kurvenkrümmung das Vorzeichen ändert, in dem also die Kurve aus der Rechtsin die Linkskrümmung übergeht und umgekehrt. Ist die ebene Kurve durch eine differenzierbare Funktion $y = f(x)$ gegeben, dann sind die Bedingungen

$$f''(a) = \ldots = f^{(2n)}(a) = 0 \text{ und } f^{(2n+1)}(a) \neq 0$$

($n = 1, 2, \ldots$) hinreichend dafür, daß bei $x = a$, $y = f(a)$ ein W. vorliegt.
♦ (Solstitialpunkt) ↑Solstitium.

Wenders, Wim, * Düsseldorf 14. Aug. 1945, dt. Filmregisseur und -produzent. - Vertreter des „Neuen Dt. Films", v. a. mit seinen Filmen „Die Angst des Tormanns beim Elfmeter" (1971; nach P. Handke), „Falsche Bewegung" (1974), „Alice in den Städten" (1974), „Im Lauf der Zeit" (1975), „Der amerikan. Freund" (1977), „Der Stand der Dinge" (1982), „Paris, Texas" (1984), „Docu Drama" (1985).

Wendetangente, die im ↑Wendepunkt an eine Kurve gelegte Tangente.

Wendezeiger (Drehgeschwindigkeitsmesser), Flugzeugbordgerät zur Überwachung bestimmter Winkelgeschwindigkeiten beim Kurvenflug, jedoch v. a. zur Überwachung des exakten Geradeausflugs. Meßfühler ist ein elektr. od. pneumat. angetriebener Kreisel, dessen Achse parallel zur Längs- oder Querachse des Flugzeugs steht. Die bei einer Drehung des Flugzeugs um seine Hochachse auftretende Präzessionsbewegung der Achse wird von einem Zeiger („Pinsel") angezeigt.

Wendhausen, Ort in der Gem. Lehre, 9 km nö. von Braunschweig, Niedersachsen. Das barocke Schloß, 1688 erbaut an der Stelle einer mittelalterl. Wasserburg, 1733 umgebaut, ist eine von Gräben umgebene dreiflügelige Anlage.

Wendisch, svw. ↑Sorbisch.

Wendland, Heinz-Dietrich, * Berlin 22. Juni 1900, dt. ev. Theologe. - Prof. für N. T. und Sozialethik in Kiel und Münster (Westf.); gab der neueren dt. Sozialethik wesentl. systemat. Impulse, indem er von einem universalen eschatolog. Ansatz her ein theolog. Verständnis der Gesellschaft zu erarbeiten suchte. - *Werke:* Die Eschatologie des Reiches Gottes bei Jesus (1931), Die Kirche in der modernen Gesellschaft (1956), Ethik des N. T. (1970).

Wendland, Landschaft im östl. Niedersachsen, BR Deutschland, und im Bez. Magdeburg, DDR. Zentrale Orte sind Lüchow und Dannenberg (Elbe) (BR Deutschland) sowie Salzwedel (DDR).

Wenesis, Ilias, eigtl. I. Mellos, * Ayvalı (Anatolien) 4. März 1904, † Athen 3. Aug. 1973, neugriech. Schriftsteller. - Schrieb vorwiegend autobiograph. geprägte Romane („Äolische Erde", 1943) und Erzählungen „Die Boten der Versöhnung" (dt. Auswahl 1958).

Wenfall, svw. ↑Akkusativ.

Wengé [afrikan.], das dekorative, schwarz gestreifte Holz des Schmetterlingsblütlers Millettia laurentii aus dem Kongogebiet.

Wengen ↑Lauterbrunnen.

Weniaminow, Innokenti [russ. vınıa'mınʊf], hl., eigtl. Iwan Jewsejewitsch W., * Aginskoje 6. Sept. 1797, † Moskau 12. April 1879, russ.-orth. Missionar und Metropolit von Moskau (seit 1868). - Wirkte ab 1823 als Missionar auf den Aleuten und in Alaska; 1850 Erzbischof; dehnte seine Missionstätigkeit bis nach Japan aus und gründete 1870 die „Orth. Missionsgesellschaft" zur Koordinierung der Mission. W. gilt als einer der bedeutendsten Missionare der russ.-orth. Kirche. - Fest: 31. März.

Wenigborster (Oligochaeta), Ordnung der Ringelwürmer (Klasse Gürtelwürmer) mit über 3 000 Arten, überwiegend im Süßwasser und an Land. Körper drehrund, weitgehend homonom segmentiert; Parapodien (lappenartige Stummelfüße) bis auf Borstenbündel zurückgebildet; stets zwittrig. - Zu den W. gehören u. a. Regenwürmer und Enchyträen.

Weniger, Erich, * Steinhorst (Landkr. Gifhorn) 11. Sept. 1894, † Göttingen 2. Mai 1961, dt. Pädagoge. - 1930 Leiter der Pädagog. Akad. in Altona, 1932/33 in Frankfurt am Main. 1945 Leiter der PH Göttingen, 1949 Prof. an der Univ. Göttingen, führender Vertreter der geisteswiss. Pädagogik. Schwerpunkte seiner Arbeiten sind die Sozialpädagogik und v. a. eine Theorie der Bildung. - *Werke:* Neue Wege im Geschichtsunterricht (1949). Die Eigenständigkeit der Erziehung in Theorie und Praxis (1952), Polit. Bildung und staatsbürgerl. Erziehung (1954).

Wenigfüßer (Pauropoda) mit 360 Arten weltweit verbreitete Unterklasse bis 1,9

mm langer Tausendfüßer, davon 10 Arten einheim.; mit 9 Beinpaaren; kommen v. a. unter Steinen, Holz und Laub vor.
Weniselos (Venizelos, Veniselos) [neugriech. vɛni'zɛlɔs], Eleftherios, * Murnia (bei Chania, Kreta) 23. Aug. 1864, † Paris 18. März 1936, griech. Politiker. - 1898–1901 Justizmin., 1908–10 Außen- und Justizmin. im provisor. kret. Regierungsausschuß (1908 Proklamation des Anschlusses an Griechenland); wurde als Führer der liberalen Partei 1910 griech. Min.präs.; legte durch gemäßigte Reformen in Justiz, Verwaltung, Landw., Schul- und Heerwesen sowie durch eine Verfassungsrevision (1911) den Grund zum modernen griech. Staatswesen; erreichte mit der Beteiligung an beiden Balkankriegen 1912/13 eine beträchtl. Gebietserweiterung Griechenlands und den endgültigen Anschluß Kretas; 1915 wegen seiner ententefreundl. Politik vom König zweimal zum Rücktritt gezwungen; rief am 16. Okt. 1916 in Saloniki eine provisor. Reg. aus, erklärte nach dem Rücktritt Konstantins I. (Juni 1917) den Mittelmächten den Krieg und erreichte 1919 weitere territoriale Gewinne für Griechenland, während die von ihm 1919 eingeleitete militär. Expansion in die W-Türkei scheiterte; 1920–23 im Exil; 1924, 1928–Mai 1932, Juni–Okt. 1932 und Jan.–März 1933 Min.präs.; starb im Exil.
W., Sofoklis, * Chania (Kreta) 17. Nov. 1894, † auf See zw. Chania und Piräus 6./7. Febr. 1964, griech. Politiker. - Sohn von Eleftherios W.; wurde 1920 liberaler Abg., 1936–44 im Exil; zw. 1943 und 1963 mehrfach Min.präs. (1944 [im Exil], 1950/51 [mit kurzer Unterbrechung]) und Min. (u. a. Außenmin. 1950–52 [mit Unterbrechungen], 1963); ab 1949 Führer der liberalen Partei (1961 Zusammenschluß mit der Enosis Kendru).
Wenker, Georg, * Düsseldorf 25. Febr. 1852, † Marburg 17. Juli 1911, dt. Germanist und Bibliothekar. - Beschäftigte sich mit der dialektgeograph. Erfassung der dt. Sprache und entwickelte den Plan eines großangelegten „Dt. Sprachatlasses", für den er 1876 ein entsprechendes Inst. (↑Deutscher Sprachatlas) gründete.
Wenner-Gren, Axel Leonard [schwed. ˌvɛnər'greːn], * Uddevalla 5. Juni 1881, † Stockholm 24. Nov. 1961, schwed. Industrieller. - Gründete 1919 die Electrolux AB und beteiligte sich später an verschiedenen multinationalen Unternehmen (u. a. Svenska Cellulosa AB, Krupp-Konzern); förderte nach dem 2. Weltkrieg die Entwicklung der nach ihm ben. ↑Alwegbahn. - W.-G. rief bed. Stiftungen ins Leben: 1937 die *Wenner-Grenska samfundet*, aus der u. a. das Stockholmer Institut für experimentelle Biologie hervorging, und 1941 in New York die *W.-G. Foundation* für anthropolog. und soziolog. Forschung.
Wenningstedt (Sylt), Gem. auf der W-Seite der Insel Sylt, Schl.-H., 13 m ü. d. M., 2 100 E. Nordseeheilbad.
Wentzel, Gregor, * Düsseldorf 17. Febr. 1898, † Ascona 12. Aug. 1978, amerikan. Physiker dt. Herkunft. - Prof. in Leipzig, Zürich und Chicago; bed. Beiträge insbes. zur Wellenmechanik, die er auf Stoß- und Streuprozesse anwandte. Seine „Einführung in die Quantentheorie der Wellenfelder" (1943) war die erste Darstellung der Quantenfeldtheorie.
Wenzel, männl. Vorname, dt. Kurzform von ↑Wenzeslaus.
Wenzel, Name von Herrschern:
Hl. Röm. Reich:
W., * Nürnberg 26. Febr. 1361, † bei Kunratice u Prahy (Mittelböhm. Gebiet) 16. Aug. 1419, als W. IV. König von Böhmen (seit 1363), Röm. König (1376/78–1400). - 1376 zum Röm. König gewählt, trat 1378 die Nachfolge seines Vaters, Kaiser Karls IV., an. W. versuchte, eine Mittlerstellung zw. Fürsten und Städten einzunehmen, scheiterte aber nach anfängl. Erfolgen und trotz des großen Reichslandfriedens von Eger (1389). Ebenso wurde seine Hausmachtpolitik (Rückgewinnung Luxemburgs 1383) schließl. vereitelt durch Rivalitäten in der eigenen Dyn., durch die Opposition des böhm. Adels und durch Konflikte mit dem hohen Klerus. Als W. auch vor der Beseitigung des Abendländ. Schismas nach Anfangserfolgen resignierte, wurde er am 20. Aug. 1400 durch die 4 rhein. Kurfürsten abgesetzt.
Böhmen:
W. I., der Heilige, * um 903, † Altbunzlau (= Brandýs nad Labem-Stará Boleslav) 28. Sept. 935 (ermordet), Herzog (seit 921/922). - 929 von König Heinrich I. unterworfen und tributpflichtig gemacht. Im Zusammenhang mit dem bayr.-sächs. Machtkampf in Böhmen von seinem Bruder Boleslaw I. ermordet; Landespatron Böhmens.
W. I., * 1205, † bei Beraun (= Beroun, ČSSR) 23. Sept. 1253, König (seit 1228/30). - Sohn Ottokars I., Schwiegersohn des Röm. Königs Philipp von Schwaben, dennoch häufig Gegner der Staufer; 1239 und seit 1250 erzielte er zus. mit seinem Sohn Ottokar II. wichtige Erfolge im langjährigen Bemühen um den Erwerb Österreichs.
W. II., * 17. Sept. 1271, † Prag 21. Juni 1305, König von Böhmen (seit 1283) und Polen (seit 1300). - Sohn Ottokars II., baute seit 1287/88 eine starke Landesherrschaft auf, gewann 1289/92 die Lehnsherrschaft über das oberschles. Ft., wurde 1289 dt. Kurfürst, 1298 Reichsvikar u. a. in der Mark Meißen und 1300 durch Heirat König von Polen.
W. III., * 6. Okt. 1289, † Olmütz 4. Aug. 1306, König von Böhmen (seit 1305), Ungarn (als W.; 1301–05) und Polen (1305/06). - Sohn Wenzels II., der ihn 1301 zum König von Ungarn erheben und 1302 krönen ließ; 1305 verzichtete W. auf die Stephanskrone, trachte-

Wenzel IV.

Wenzelskrone. Prag, Sankt-Veits-Dom

te dafür nach der Erhaltung Polens und wurde auf dem Weg dorthin ermordet.
W. IV. ↑Wenzel (Hl. Röm. Reich).

Wenzelskrone, für die Krönung Wenzels I. (6. Febr. 1228) hergestellte böhm. Königskrone, die Kaiser Karl IV. 1340/44 und um 1376 in die heute erhaltene Form verändern ließ. Mit päpstl. Bulle vom 6. Mai 1346 wurde bestimmt, daß sie auf dem Haupt des hl. Wenzel, einem Kopfreliquiar im Sankt-Veits-Dom in Prag, ruhen solle, daher „Krone des hl. Wenzel". In der Konzeption eines böhm. Staates wurde die W. seit 1860 zum Symbol des böhm. Staatsrechts *(„Länder der Wenzelskrone")*.

Wenzeslaus, männl. Vorname slaw. Ursprungs, lat. Form von altttschech. Venceslav (tschech. Václav, russ. Wjatscheslaw), eigtl. wohl „mehr Ruhm".

Wenzinger, August, *Basel 14. Nov. 1905, schweizer. Violoncellist, Gambist und Dirigent. - Unternahm als Solist und Kammermusiker (u. a. als Mgl. des Kammermusikkreises Scheck-W.) internat. Tourneen, war 1934-70 Lehrer an der Schola Cantorum Basiliensis, 1954-58 leitete er die Cappella Coloniensis des WDR Köln, die alte Musik auf histor. Instrumenten spielt.

Weöres, Sándor [ungar. ˈvøref], *Szombathely 22. Juni 1913, ungar. Lyriker und Übersetzer. - Größter Formkünstler der modernen ungar. Dichtung. Charakterist. für seine von pantheist. Lebensgefühl getragene Lyrik sind surrealist. Bilder, Hinwendung zur Natur und zum Mythischen. Auch Kindergedichte („War mal eine schöne Lade", dt. Auswahl 1976). - †22 Jan. 1989.

Wera, weibl. Vorname, ↑Vera.

Werbeagentur, Dienstleistungsunternehmen der Werbewirtschaft, deren Tätigkeit v. a. die Werbeanalyse, die Planung und Durchführung von Werbemaßnahmen sowie die Kontrolle des Werbeerfolgs umfaßt. Dazu gehört auch die Vermittlung zw. werbenden Unternehmen und den Werbeträgern, z. B. Vermittlung von Anzeigen, Sendezeiten u. a.

Werbeanalyse ↑Werbung.

Werbeantwort, bes. Form von Postsendungen, bei denen die Gebühr beim Empfänger eingezogen wird. Die Postsendung muß die Kennzeichnung als W. oder einen anderen Hinweis darauf enthalten, daß der Empfänger die Gebühr bezahlt.

Werbeetat [...ta] ↑Werbung.

Werbefernsehen ↑Fernsehen (Wirtschaftl. Grundlagen).

Werbefunk ↑Hörfunk (Wirtschaftl. Grundlagen).

Werbegeschenke, als Werbemittel an Händler und Kunden verschenkte Gegenstände mit dem Namen des Werbenden bzw. der Marke des Produkts. Werbegeschenke in wert- und mengenmäßig nicht vertretbarem Umfang sowie eine mit der Schenkung verbundene Kaufverpflichtung sind als unlauterer Wettbewerb anzusehen.

Werbekosten, alle Aufwendungen, die einem Unternehmer im Zusammenhang mit Werbemaßnahmen entstehen. Für die Höhe der W. bzw. ihren prozentualen Anteil am gesamten Umsatz gibt es keinen allgemeingültigen Maßstab. Steuerl. sind W. als Betriebsausgaben zu behandeln.

Werbemittel ↑Werbung.

Werbemusik, Musik, die gezielt im Dienst der Absatzförderung zur Reklame für Einzelwaren oder Firmen eingesetzt wird (↑funktionale Musik).

Werbepsychologie ↑Werbung.

Werbeslogan [...sloogən] ↑Slogan.

Werbespot ↑Spot.

Werbeträger ↑Werbung.

Werbewirtschaft, die Gesamtheit der Werbung betreibenden Einrichtungen und Werbeunternehmen, darunter v. a. Werbeagenturen. Spitzenverband der W. ist der Zentralausschuß der W. e. V., Sitz Bonn.

Werbőczi, István [ungar. ˈvɛrbøːtsi], *Verbőc (Komitat Ugocsa = Werbowez, UdSSR) um 1458, †Ofen (= Budapest) Mitte Okt. 1541, ungar. Rechtsgelehrter und Staatsmann. - Nach der Wahl König Johanns I. Zápolya Kanzler und Gesandter beim Sultan. 1541 von Sulaiman II. zum obersten Richter der Ungarn ernannt. Seine Sammlung des ungar. Gewohnheitsrechts, „Tripartitum" (1517), war das wichtigste Gesetzbuch des ständ. Ungarn.

Werbung, allg. die absichtl. und zwangfreie Form der Beeinflussung menschl. Willensentschließung und Meinungsbildung. Bezieht sich diese Beeinflussung auf ideelle (polit., kulturelle, religiöse) Ziele, spricht man

von ↑ Propaganda; bezieht sie sich auf wirtsch. Ziele, spricht man von **Wirtschaftswerbung** (ältere Bez. ↑ Reklame), die unterteilt wird in *W. um öffentl. Vertrauen* (↑ Öffentlichkeitsarbeit) und Absatzwerbung. Die **Absatzwerbung** (Werbung i. e. S.) gilt im Wirtschaftsbereich als wichtiges absatzpolit. Instrument, das alle Maßnahmen der Herstellung, Anwendung und Verbreitung von Werbemitteln umfaßt, die zum Kauf von Gütern bzw. Dienstleistungen anregen sollen. **Werbemittel** in diesem Sinne sind z. B. Anzeigen, Plakate, Drucksachen, Kataloge, Werbefilme, Verkaufsgespräche, Vorführungen, Ausstellungen, Werbegeschenke. **Werbeträger,** wie Zeitungen, Zeitschriften, Litfaßsäulen, Hörfunk und Fernsehen, Verkehrsmittel, Sportlertrikots, veröffentlichen Werbemittel bzw. bieten sie als sog. *Streumedien* dar. - Nach mögl. Zielen der Absatz-W. werden Einführungs-, Erinnerungs- oder Stabilisierungs- und Expansions-W. unterschieden. Um die Notwendigkeit der W. zu belegen, wird sie von der werbenden Wirtschaft als Verbraucherinformation und Mittel zur Förderung der Überschaubarkeit des Angebots (sog. Markttransparenz) bezeichnet. W. wird diesem Anspruch jedoch nur bei Produkten gerecht, die von den Verbrauchern als homogen betrachtet werden und bei denen eine Veränderung des Marktanteils nur über die Preisgestaltung erfolgen kann (v. a. landw. Produkte wie Fleisch, Milch, Gemüse, Obst) und für die deshalb auch häufig Gemeinschafts-W. zugunsten der Gesamtbranche und zu Lasten konkurrierender Branchen (z. B. Milch gegen Bier) durchgeführt wird. Bei starker Produktdifferenzierung mit behaupteten Qualitätsunterschieden innerhalb derselben Branche ist jedoch die Erhöhung des Marktanteils des eigenen Produktes zu Lasten konkurrierender Produkte einziges Werbeziel, so daß auch dann weiter geworben wird, wenn die Verbraucher bereits über Qualität und Preis des Produkts informiert sind. Statt einer *informativen* W. bedient sich das werbende Unternehmen nun einer *suggestiven W.,* die beim Verbraucher eine nicht oder nicht allein verstandesmäßige Willenswirkung auslösen soll. Dazu bedient sich die Wirtschaft der **Werbepsychologie** (Teilgebiet der angewandten Psychologie), die u. a. die Ursachen von Kaufentschlüssen untersucht *(Motivforschung),* um Werbemittel so zu gestalten, daß beim Verbraucher beim Erkennen des Produkts ein Kaufimpuls ausgelöst wird. Werbepsychologen sind meist bei großen Werbeagenturen beschäftigt, die von werbenden Unternehmen häufig beauftragt werden, ihren gesamten **Werbeetat** (Gesamtheit der in einem festgelegten Zeitraum bereitgestellten finanziellen Mittel zur Deckung der W.kosten) zu verwalten. Die Arbeit der Agenturen umfaßt die **Werbeanalyse** (Untersuchung der Verbrauchergewohnheiten, Marktlücken und mögl. Werbemittel auf ihre Brauchbarkeit), Planung und Durchführung von Werbemaßnahmen sowie die Werbeerfolgskontrolle. - *Kritisiert* wird das Eindringen der W. in fast alle Bereiche des Alltagslebens, die Abhängigkeit vieler Werbeträger (v. a. Zeitungen und Zeitschriften) von der werbenden Wirtschaft und die künstl. Bedürfnisweckung mit Hilfe suggestiver Werbung. - Abb. S. 88.
📖 *Schönenborn, F., u. a.: Bibliogr. der Werbeliteratur. Verz. deutschsprachiger Lit. ab 1945. Stg.* ²*1983. - Die W. Hdb. der Kommunikations- u. Werbewirtschaft. Hg. v. B. Tietz. Landsberg a. Lech 1981–82. 3 Bde. - Packard, V.: Die geheimen Verführer. Dt. Übers. Bln. Neuaufl. 1974. - Seitz, T.: Zur ökonom. Theorie der W. Tüb. 1971. - Sohmen, E.: Marktwirtschaft, Presse u. W. Tüb. 1971.*

Werbungskosten, bei der ↑ Einkommensteuer die Aufwendungen zur Erwerbung, Sicherung und Erhaltung der Einnahmen.

Werchojansker Gebirge [russ. vırxa'jansk...], Gebirge in NO-Sibirien, erstreckt sich entlang der unteren Lena und dem unteren Aldan, 1 200 km lang, 100–250 km breit, bis 2 389 m hoch.

Werckmeister, Andreas, * Benneckenstein/Harz 30. Nov. 1645, † Halberstadt 26. Okt. 1706, dt. Organist und Musiktheoretiker. - 1675 Organist in Quedlinburg, 1696 in Halberstadt. Galt in seiner Zeit als geschätzter Orgelprüfer und Musiktheoretiker, durch dessen Berechnungen einer annähernd gleichschwebenden Temperatur (1697) der Quintenzirkel erschlossen wurde.

Werdandi (Verdandi) ↑ Nornen.

Werdau, Krst. an der Pleiße, Bez. Karl-Marx-Stadt, DDR, 275 m ü. d. M., 19 600 E. Bed. Textilind. - Entstand wohl gegen Ende des 12. Jh. als Waldhufendorf; 1304 als Civitas bezeichnet. - Barocke Stadtkirche Sankt Marien (1760–64).

W., Landkr. im Bez. Karl-Marx-Stadt, DDR.

Werden, ein Grundbegriff der griech. Metaphysik und deren europ. Tradition. Heraklit und Parmenides stellen die Antithese von Sein im Sinne einer Negation von Veränderung und W. (Parmenides) und W. im Sinne Negation von Sein (Heraklit) auf. Platon widerlegt die These von Parmenides, daß es Nichtseiendes und damit W. nicht geben könne. Aristoteles kommt zu der Unterscheidung zw. W. als Entstehen und W. als akzidentieller Veränderung. Dabei werden die Begriffe des „Zugrundeliegenden" (Substanz, Substrat), der Form und des Formmangels (Steresis) als allg. Prinzipien des W. gewonnen. In der nacharistotel. Metaphysik greift erst wieder Hegel auf die Kategorie des W. mit den bestimmenden Momenten des Entstehens und Vergehens zurück.

Werdenfelser Land, histor. Landschaft zw. Garmisch-Partenkirchen und Mittenwald, Bayern. Im 13. Jh. gebildetes Territo-

Werder

rium der Bischöfe von Freising, urspr. um die Burg Werdenfels; 1802/03 an Bayern.

Werder (Wert[h], Wört[h]), Flußinsel, auch entwässertes Niederungsgebiet oder zw. Flüssen und stehenden Gewässern gelegenes Gebiet.

Werder/Havel, Stadt auf einer Havelinsel, Bez. Potsdam, DDR, 38 m ü. d. M., 10 800 E. Obstbaumuseum, Zentrum des havelländ. Obstbaugebiets. - 1317 erstmals erwähnt; Stadtgründung nicht erfolgt (1317 als Oppidum, 1459 als Stadt bezeichnet).

Werefkin, Marianne von [...ki:n], * Tula 11. Sept. 1860, † Ascona 6. Febr. 1938, schweizer. Malerin russ. Herkunft. - Studierte zunächst in Petersburg bei J. Repin, ehe sie auf Veranlassung von A. von Jawlensky 1896 nach München übersiedelte; 1909 Gründungsmgl. der „Neuen Münchner Künstlervereinigung"; stellte später auch mit der Gruppe des „Blauen Reiters" aus. Ihre Kunst zeigt expressionist. Elemente bei gleichzeitiger Betonung symbol. Thematik.

Werenskiold, Erik [norweg. 'veːrənʃɔld], * Kongsvinger 11. Febr. 1855, † Oslo 23. Nov. 1938, norweg. Maler. - Beeinflußt durch die frz. Freiluftmalerei, durch V. van Gogh und P. Cézanne sowie W. Leibl; schuf genrehafte Landschaftsbilder und bed. Porträts.

Werfall, svw. ↑Nominativ.

Werfel, Franz, * Prag 10. Sept. 1890, † Beverly Hills (Calif.) 26. Aug. 1945, östr. Schriftsteller. - Nach Erscheinen seiner ersten [expressionist.] Gedichte („Der Weltfreund", 1912) 1912–14 Verlagslektor in Leipzig, wo er mit W. Hasenclever und K. Pinthus 1913 die Sammlung „Der jüngste Tag" begründete; seit 1929 ∞ mit A. Mahler, der Witwe des Komponisten G. Mahler. Emigrierte 1938 nach Frankr.; beim Einrücken der dt. Truppen Flucht über die Pyrenäen nach Spanien („Das Lied von Bernadette", R., 1941), 1940 von Portugal in die USA. Schrieb neben ekstat.-visionärer Lyrik („Der Gerichtstag", 1919) symbol.-expressive Ideenromane („Spielmensch", 1920); später Wandlung zu histor.-polit. Realismus, auch im erzähler. Werk, das v. a. der Gestaltung religiöser und histor. Stoffe mit metaphys. Transparenz galt. Pazifist. Grundhaltung zeigen der Roman „Stern der Ungeborenen" und die Komödie „Jacobowsky und der Oberst" (beide 1944), in der Menschenliebe und Gewaltlosigkeit gegen Brutalität und Dummheit des Nationalsozialismus bestehen können. - *Weitere Werke:* Nicht der Mörder, der Ermordete ist schuldig (Nov., 1920), Der Abiturientantag (R., 1928), Der veruntreute Himmel (R., 1939), Zwischen Gestern und Morgen (Ged., 1942).

Werft [zu niederl. werf; eigtl. „Schiffszimmerplatz"], Betrieb für den Bau, die Reparatur und auch das Abwracken von Schiffen, meist spezialisiert auf See- oder Binnenschiffe, bzw. Boote. Neben Verwaltungs- und Konstruktionsgebäuden gehören zu einer W. Schiffbauhallen, Hellinge oder Baudocks und Schwimmdocks, dazu verschiedene Werkstätten.

Werftkäfer (Lymexylonidae), mit rd. 75 Arten fast weltweit verbreitete Fam. schlanker, mittelgroßer Käfer (davon zwei Arten

Werbung. Durchführung und Kontrolle einer Werbekonzeption

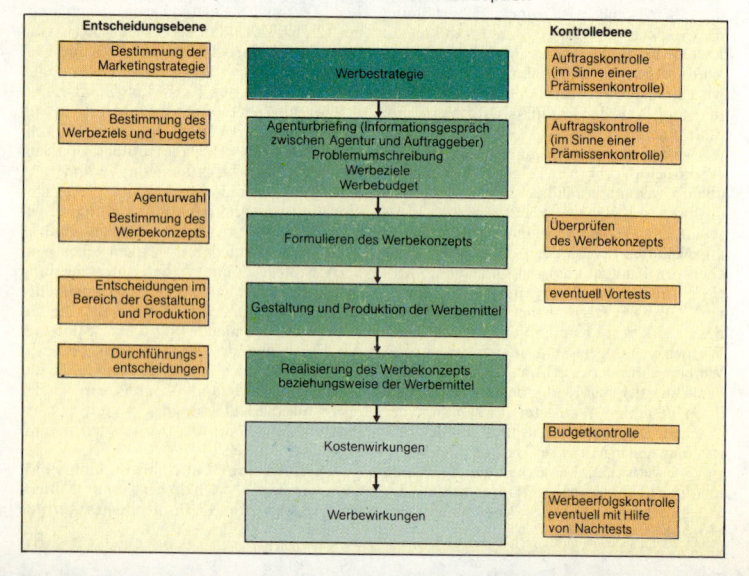

Entscheidungsebene		Kontrollebene
Bestimmung der Marketingstrategie	Werbestrategie	Auftragskontrolle (im Sinne einer Prämissenkontrolle)
Bestimmung des Werbeziels und -budgets	Agenturbriefing (Informationsgespräch zwischen Agentur und Auftraggeber) Problemumschreibung Werbeziele Werbebudget	Auftragskontrolle (im Sinne einer Prämissenkontrolle)
Agenturwahl Bestimmung des Werbekonzepts	Formulieren des Werbekonzepts	Überprüfen des Werbekonzepts
Entscheidungen im Bereich der Gestaltung und Produktion	Gestaltung und Produktion der Werbemittel	eventuell Vortests
Durchführungs-entscheidungen	Realisierung des Werbekonzepts beziehungsweise der Werbemittel	
	Kostenwirkungen	Budgetkontrolle
	Werbewirkungen	Werbeerfolgskontrolle eventuell mit Hilfe von Nachtests

Werkkreis Literatur der Arbeitswelt

einheim.); Flügeldecken oft mehr oder weniger stark verkürzt; an gefällten Laubholzstämmen; Larven fressen horizontale Gänge ins Holz; zuweilen in Schiffswerften eingeschleppt: **Schiffswerftkäfer** (Lymexylon navale; 7–13 mm groß; rotgelb mit schwärzl. Kopf und schwärzl. Flügeldecken).

Werftklasse (Eintypklasse), von einer Werft nach eigenen Plänen, nicht nach internat. Klassevorschriften gebauter Segelbcotstyp.

Werg (Hede), Fasermaterial aus wirren, kurzen Fasern, das bei verschiedenen Arbeitsgängen der Gewinnung von Bastfasern, insbes. beim Hecheln von Flachs und Hanf, als Nebenprodukt anfällt.

Wergeland, Henrik Arnold [norweg. 'værgəlan], Pseud. Siful Sifadda, * Kristiansand 17. Juni 1808, † Kristiania (= Oslo) 12. Juli 1845, norweg. Dichter. – Wichtiger Anreger der neueren norweg. Literatur; trat für die Loslösung Norwegens von Schweden und als Dichter, Kritiker, Politiker und Volkserzieher für polit. und geistige Freiheit ein.

Wergeld [zu althochdt. wer „Mann"] (Blutgeld), nach german. Recht die der Sippe eines Getöteten vom Täter bzw. dessen Sippe zu zahlende Geldbuße. Das W. sollte die Blutrache zurückdrängen. Etwa ab dem 12. Jh. wurde das W. zunehmend als bloße Geldstrafe angesehen und verschwand im 13. Jh. ganz.

Weria [neugr. 'vɛrja], griech. Stadt in Makedonien, 37 100 E. Hauptort des Verw.-Geb. Imathia; Textilind., Handwerksbetriebe. – In der Antike als **Beroia** militär. bed. Stadt, wurde 168 v. Chr. römisch. – Mauerreste aus hellenist. und röm. Zeit; über 30 byzantin. Kirchen und Kapellen (14. Jh.); maler. Türkenviertel und Ghetto (z. T. verfallen); Reste der ma. Befestigungen.

Weride ↑ Donauwörth.

Wer ist Wer? ↑ Who's Who.

Werjina, griech. Gem. in Makedonien, am N-Abhang des Pieriagebirges, 1 200 E. Fundort vermutl. des Grabes und der Gebeine Philipps II. In dem unversehrten Kammergrab und der Vorkammer 2 Sarkophage mit goldenem Schrein mit dem Sternemblem der makedon. Könige (der Sarkophag in der Vorkammer vermutl. Grab seiner letzten Frau Kleopatra. Unter den Grabbeigaben 5 Elfenbeinköpfchen (anscheinend die königl. Familie von Leochares?), 2 Diademe, Rüstung mit ungleichen Beinschienen, goldener Myrthenkranz. Der sensationelle Fund (1977) stützt die These, daß nahebei die antike Stadt Aigai, die älteste Hauptstadt Makedoniens lag.

Werk, im *Recht* 1. die durch das Urheberrechtsgesetz (↑ Urheberrecht) geschützte persönliche geistige Schöpfung, z. B. ein Sprachwerk; 2. im Zivilrecht der Gegenstand eines Werkvertrags.

◆ in der *Wirtschaft* eine [räumlich zusammenhängende] Produktionsstätte innerhalb eines Unternehmens.

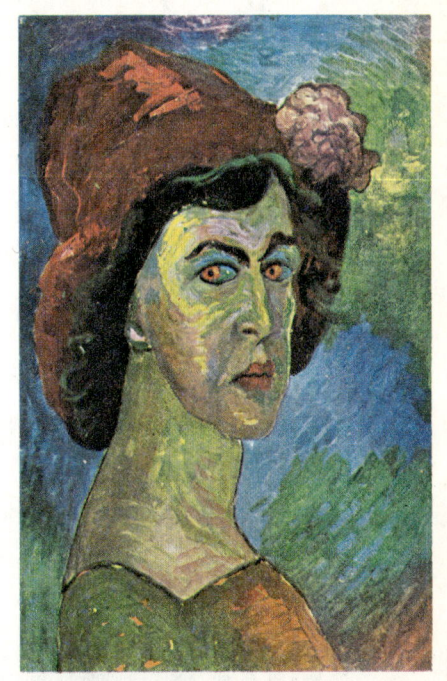

Marianne von Werefkin, Selbstbildnis (um 1908). München, Städtische Galerie

Werkarzt, nach dem Gesetz über Betriebsärzte, Sicherheitsingenieure und andere Fachkräfte für Arbeitssicherheit vom Arbeitgeber unter bestimmten Voraussetzungen zu bestellender, fest angestellter oder frei praktizierender Arzt, der den Arbeitgeber beim Arbeitsschutz und bei der Unfallverhütung in allen Fragen des Gesundheitsschutzes beraten und durch Untersuchung der Arbeitnehmer, Überprüfung der Arbeitsstätten und -bedingungen u. a. unterstützen soll.

Werkberufsschulen ↑ Werkschulen.

Werkbund ↑ Deutscher Werkbund.

Werkgerechtigkeit, Begriff der theolog. Ethik und Erlösungslehre; die W. mißt der eth. Tat, dem Werk, einen von der Gesinnung unabhängigen Wert bei und neigt oft dazu, ihr eine mag. Kraft der Realisation von Heil zuzuschreiben; die von den Reformatoren der kath. Theologie vorgeworfene W. wurde in diesem strengen Sinne jedoch nie von ihr vertreten (↑ Rechtfertigung).

Werkkreis Literatur der Arbeitswelt (auch Werkkreis 70), Vereinigung v. a.

Werkkunstschulen

von Arbeitern und Angestellten, gegr. 1970 in Köln als Sezession der „Gruppe 61"; will laut Programm „in örtl. Werkstätten mit Schriftstellern, Journalisten und Wissenschaftlern zusammenarbeiten. Seine Aufgabe ist die Darstellung der Situation abhängig Arbeitender, vornehml. mit sprachl. Mitteln... Er will dazu beitragen, die gesellschaftl. Verhältnisse im Interesse der Arbeitenden zu verändern." Es bestehen über 30 Werkstätten mit rd. 370 Mgl. (Arbeiter, Angestellte, Schüler, Studenten, Journalisten). Die Ergebnisse der literar. Produktion werden außer in „Werkstatt-Heften" v. a. in einer „Werkstatt-Reihe" in Anthologieform veröffentlicht.

Werkkunstschulen, ehem. Bez. für Berufsfachschulen, die zum Gestalter in verschiedenen Werkbereichen (z. B. Raumgestaltung, Gebrauchsgraphik, freie Graphik, Innenarchitektur, Mosaik, Plastik, Photographie, Keramik, Metall, Textil- und Buchkunst, Leder und Mode) ausbildeten. In den 1970er Jahren wurden sie als eigenständige Fachbereiche in die neu gegr. Fachhochschulen integriert, die v. a. Studiengänge zum Industrial Designer bzw. zum Produktdesigner, Graphikdesigner, Textildesigner und Innenarchitekten anbieten.

Werklieferungsvertrag ↑ Werkvertrag.

Werkmeister, ältere Berufsbez. für einen erfahrenen Facharbeiter, der in einem Industriebetrieb eine Aufsichtsfunktion ausübt, ohne eine Meister- oder Technikerprüfung abgelegt zu haben; heute zunehmend vom ↑ Industriemeister abgelöst.

Werksarzt ↑ Werkarzt.

Werkschulen, private, v. a. von großen Handels- und Industrieunternehmen sowie von Bundesbahn und Bundespost unterhaltene Werkberufsschulen bzw. Fachschulen, die entweder den theoret. Ausbildung ergänzenden oder unterstützenden Unterricht anbieten oder den Berufsschulunterricht ersetzen oder aber der Weiterbildung und berufl. Förderung der Mitarbeiter dienen.

Werkschutz, Gesamtheit der Maßnahmen zum Schutz der Sicherheit eines Betriebes und zur Wahrung der Betriebsordnung (↑ dagegen Arbeitsschutz); i. e. S. die mit der Durchführung dieser Maßnahmen befaßten Personen. Aufgaben des W. sind u. a. der Objektschutz und Ermittlungstätigkeiten zur innerbetriebl. Regelung von Ordnungsverstößen und Straftaten, oft im Rahmen der sog. Betriebsjustiz.

Werkstätten für Behinderte, svw. ↑ beschützende Werkstätten.

Werkstattheater, eine Studiobühne, die, auf techn. Perfektion verzichtend, neue Dramen- und Spielformen erprobt; meist den größeren Schauspielhäusern angeschlossen. Die Zuschauer werden häufig in das Spiel miteinbezogen oder zu einer anschließenden Diskussion angeregt.

Werksteine, bearbeitete Natursteine, die als Bausteine verwendet werden.

Werkstoffe, Sammelbez. für alle Materialien, die - insbes. im Maschinenbau und in der Elektrotechnik (im Bauwesen spricht man meist von Baustoffen) - zur Herstellung von Geräten, Maschinen, Bauteilen und Bauelementen verwendet werden. Man unterscheidet gewöhnl. zwei Hauptgruppen: *metall. W.* (Metalle und Legierungen) und *nichtmetall. W.* (Kunststoffe, keram. W., Glas, Gummi, Beton u. a.). Für die unterschiedl. Anforderungen wurde eine Vielzahl von Spezial-W. entwickelt, z. B. Dauermagnetwerkstoffe, Hartstoffe, Hochtemperatur-W., Isolierstoffe, Verbundwerkstoffe.

Werkstoffprüfung (Materialprüfung), Untersuchung an Materialien auf ihre technolog., physikal. und chem. Eigenschaften, um Aufschlüsse über ihre Bearbeitbarkeit, Beanspruchbarkeit, über Fehler im Werkstück u. ä. zu erhalten. Aufgaben der W. sind u. a. Fertigungsüberwachung, Abnahmeprüfung, Materialüberwachung, Schadensuntersuchung, Werkstofforschung. *Mechan.-technolog. Prüfverfahren* sind der Zugversuch, die Härteprüfverfahren, der Druckversuch, der Biegeversuch, der Schlagversuche, der Dauerschwingversuch und der Standversuch sowie der Wölb- und Berstversuch. *Physikal. Prüfverfahren* dienen der Ermittlung der physikal. Eigenschaften von Werkstoffen: die Dichtemessung, die Messung der elektr. Leitfähigkeit, die Schmelzpunktbestimmung, die Schallmessung (Bestimmung der Schalleistung und des Schallabsorptionsgrades), die Messung des Brechungsindexes, die Messung der Opazität und der Transparenz. *Chem. Prüfverfahren* zur Ermittlung der chem. Eigenschaften von Werkstoffen: die qualitative und quantitative Analyse, die Spektralanalyse und der Brandversuch (Prüfung auf Entflammbarkeit, Brennbarkeit, Weiterglimmen). *Mikroskop. Prüfverfahren* beschäftigen sich v. a. mit dem Gefüge des zu untersuchenden Stoffes mit normalen Mikroskopen und Elektronenmikroskopen. Die bei der *zerstörungsfreien W.* angewandten Verfahren sind neben der Klangprüfung die Ultraschallprüfung, die Magnetpulverprüfung, die induktive Prüfung (Wirbelstromverfahren) und die Durchstrahlverfahren (Prüfung auf Inhomogenitäten im Werkstoff durch Röntgenuntersuchung). Ein modernes Verfahren, die Schallemissionsanalyse, untersucht den bei mechan. Belastung, Verformung und z. B. bei der Rißbildung abgestrahlten Ultraschall (10^5–10^7 Hz).

📖 *Pöhlandt, K.: W. f. die Umformtechnik.* Bln. u. a. 1986. - *Materialprüfnorm. f. metall. Werkstoffe 1.* Hg. v. DIN. Bln. u. Köln [10] 1985. - *Domke, W.: Werkstoffkunde u. W.* Essen [9] 1982. - *Weißbach, W.: Werkstoffkunde u. W.* Wsb. [8] 1981.

Werkstoffzeit, nach der REFA-Lehre diejenige Zeit, die der Werkstoff (in diesem Sinn der Stoff oder Gegenstand, der gewonnen, erzeugt, hergestellt oder bearbeitet wird) für die Erzeugung vom Eintreffen im Betrieb bis zur Auslieferung benötigt.

Werkstudent, Studierender, der neben dem Studium an einer Hochschule ständig oder zeitweise einer Neben- oder Aushilfsbeschäftigung nachgeht, um damit Lebensunterhalt und Studium zu finanzieren.

Werkverkehr, nach dem ↑Güterkraftverkehrsgesetz die Beförderung von Gütern mit Kfz. für eigene Zwecke des Unternehmers.

Werkvertrag, entgeltl., gegenseitiger Vertrag, durch den der Unternehmer (Hersteller) sich zur Herstellung des versprochenen Werkes, der Besteller (Kunde) sich zur Leistung der vereinbarten Vergütung verpflichtet (§§ 631 ff. BGB). Im Unterschied zum ↑Dienstvertrag ist wesentl. Kriterium für den W., daß der Unternehmer über ein bloßes Tun hinaus einen konkreten, bestimmten Erfolg schuldet (wie z. B. die Herstellung eines Maßanzugs, Bauwerks, Gutachtens oder die Durchführung einer Operation). Der Unternehmer ist verpflichtet, das Werk rechtzeitig (andernfalls kann der Besteller vom Vertrag zurücktreten) und frei von Mängeln herzustellen. Bei einem Werkmangel hat der Besteller primär den Anspruch auf Nachbesserung, nach Fristsetzung mit Ablehnungsandrohung das Recht zur Wandelung oder Minderung oder, bei Verschulden des Unternehmers, auf Schadenersatz wegen Nichterfüllung (↑auch Mängelhaftung). Der Besteller ist verpflichtet, das mängelfreie Werk abzunehmen und die Vergütung zu zahlen. Zur Sicherung seiner Forderungen aus dem W. hat der Unternehmer ein gesetzl. Pfandrecht an den in seinem Besitz gelangten bewegl. Sachen des Bestellers bzw. bei Bauwerken einen Anspruch auf Einräumung einer Sicherungshypothek an dem Baugrundstück. Die Gewährleistungsansprüche des Bestellers verjähren in 6 Monaten, bei Arbeiten an einem Grundstück in einem Jahr, bei Bauwerken in fünf Jahren. Das W.recht des BGB wird durch Sonderregelungen in anderen Gesetzen (z. B. im HGB und LuftverkehrsG) sowie durch allg. Geschäftsbedingungen und insbes. durch die Verdingungsordnung für Bauleistungen (VOB) vielfach modifiziert. Eine Sonderform des W. ist der **Werklieferungsvertrag,** bei dem der Unternehmer die Herstellung einer Sache aus einem von ihm zu beschaffenden Stoff übernommen hat (§ 651 BGB), d. h. seine Leistungspflicht hauptsächl. in der Verschaffung einer herzustellenden Sache besteht. Geht es um die Verschaffung vertretbarer Sachen, so liegt ein **Lieferungskauf** vor, auf den die Regeln des Kaufrechts Anwendung finden. - Im östr. und *schweizer. Recht* gilt im wesentl. Entsprechendes.

📖 *Gauch, P.: Der W. Ein systemat. Grundr.* Zürich ³1985. - *Crone-Erdmann, H. G.: Kaufvertrag u. W. Stg. 1975.*

Werkwohnung, in werkseigenen (oder vom Arbeitgeber gemieteten) Gebäuden dem Arbeitnehmer auf Grund eines bestehenden Dienst- oder Arbeitsverhältnisses vermieteter Wohnraum. Nach Beendigung des Dienst- oder Arbeitsverhältnisses steht dem Vermieter eine verkürzte Kündigungsfrist zur Lösung des Mietverhältnisses zu, im übrigen gelten die Vorschriften des Wohnraumkündigungsschutzgesetzes. Bei der Zuweisung und Kündigung einer W. ist der Betriebsrat mitbestimmungsberechtigt.

Werkzeug, allg. jedes Hilfsmittel, das zur leichteren Handhabung, zur Herstellung oder zur Bearbeitung eines Gegenstandes verwendet wird. Man unterscheidet *Hand-W.* wie Hammer, Zange und Säge, und *Maschinen-W.* wie Bohrer, Fräser und Drehstahl. - Nach neuerer ethnolog. und [palä]anthropolog. Terminologie wird auch zw. W. als einem Materialstück, das unverändert oder nur wenig verändert zu bestimmten Zwecken nur einmal verwendet wird, und Gerät als einem Materialstück, das ausgewählt, hergerichtet bzw. eigens angefertigt und wiederholt benutzt wird, unterschieden.

Werkzeugmaschinen, Sammelbez. für alle mit einem Antrieb versehenen Vorrichtungen, die dazu dienen, einem Werkstück die gewünschte Form und/oder Oberflächenbeschaffenheit zu geben, d. h. Maschinen zur spanenden Bearbeitung (einschl. Oberflächenbehandlung), wie Drehbank, Hobelmaschine, Schleifmaschine, und zur Umformung, wie Presse, Maschinenschere, Biegemaschine. Die Automatisierung führte im Bereich der W. in immer stärkerem Maße zum Einsatz elektr. und hydraul. Steuerungsanlagen (z. B. beim Drehautomaten); bei modernen W. werden zunehmend die Fortschritte auf dem Gebiet der Datenverarbeitung genutzt.

Werl, Stadt am Hellweg, NRW, 90 m ü. d. M., 26 000 E. Missionsmuseum; Metallverarbeitung, Möbel-, Bekleidungs-, Nahrungsmittelind., Kunststoffverarbeitung. - Nachweisl. vom Neolithikum bis zur Karolingerzeit besiedelt, wohl auf Grund der Salzgewinnung, die seit dem 10. Jh. bei dem 1024 erstmals gen. Castrum Werlense belegt ist; 1271 Bestätigung des Stadtrechts. Die Salzquellen mußten um 1919, die Salinen mußten aufgegeben werden, das 1888 gegr. Solbad W. 1927 seinen Betrieb einstellen. - Die Schenkung eines Marienbildes (1661) hatte die W. Wallfahrt zur Folge. - Got. Propsteikirche Sankt Walburga (v. a. 14. Jh.); neuroman. Franziskaner- und Wallfahrtskirche Mariä Heimsuchung (1904–06) mit got. Gnadenbild (13. Jh.).

Werla, ehem. Burganlage etwa 16 km nö. von Goslar über dem linken Ufer der Oker;

Wermelskirchen

erstmals 926 erwähnt. Versammlungsort des sächs. Stammes im 10./11. Jh. und bed. Königspfalz unter den Ottonen, verlor mit der Verlegung der Pfalz nach Goslar durch Heinrich II. ihre Bed. für das Königtum.

Wermelskirchen, Stadt im Mittelberg. Land, NRW, 97–345 m ü. d. M., 33 900 E. Metallverarbeitung, Schuh- und Textil- u. a. Ind. - Um 1230 zuerst erwähnt; 1873 entstand die Stadt W. aus W. und Teilen umliegender Gemeinden. - Ev. klassizist. Kirche (1838) mit roman. W-Turm (um 1200).

Wermut, svw. ↑ Echter Wermut.

Wermutsteppe, an die Federgrassteppe anschließende, z. T. halbwüstenartige Steppenform auf Salzböden der S-Ukraine und nördl. Krim.

Wermutwein (Wermut, Vermouth), mit Wermutkraut (Artemisia absinthium) u. a. Kräutern aromatisierte, gespritete (Muskat)weine. Alkoholgehalt 15 bis 20 Vol.-%; drei Arten: rot (rosso) und bitter (amaro), hell (bianco) und trocken (secco; ebenfalls hell). W. wurde erstmals 1786 von Antonio B. Carpano in Turin industriell hergestellt.

Werne, Stadt an der Lippe, NRW, 52 m ü. d. M., 27 900 E. Heimatmuseum; Nahrungsmittel-, metallverarbeitende, Möbel-, Textil-, pharmazeut. und elektrotechn. Ind. - 803 erstmals erwähnt; entwickelte sich zur ländl. Stadt (Bestätigung 1362/85). - Kath. spätgot. Pfarrkirche Sankt Christophorus (um 1450 und 1500); Kapuzinerkloster mit barocker Kirche (1677–80); Rathaus (v. a. 16. Jh.) mit Renaissancegiebel über got. Laubenhalle; Fachwerkhäuser (15./16. Jahrhundert).

Werneck, Marktgem. sw. von Schweinfurt, Bay., 10 100 E. Bed. ehem. barockes Schloß, 1734–45 von B. Neumann erbaut (heute Nerven- und orthopäd. Krankenhaus); im Innern original erhaltene Schloßkirche.

Werner, männl. Vorname (aus althochdt. Warinheri, Werinher [vermutl. zum Stammesnamen der Warnen und zu althochdt. heri „Heer"]).

Werner der Gärtner ↑ Wernher der Gartenaere.

Werner, Bruder ↑ Bruder Wernher.

Werner, Abraham Gottlob, * Wehrau bei Görlitz 25. Sept. 1749, † Dresden 30. Juni 1817, dt. Mineraloge und Geologe. - Dozent für Mineralogie und Bergbaukunde an der Bergakad. Freiberg. Die Trennung der Gesteinskunde von der Geologie geht im wesentl. auf seine Arbeiten zurück; entwickelte die geolog. Theorie des Neptunismus.

W., Alfred, * Mülhausen 12. Dez. 1866, † Zürich 15. Nov. 1919, schweizer. Chemiker elsäss. Herkunft. - Prof. in Zürich; begründete die Stereochemie anorgan. Verbindungen, wofür er 1913 den Nobelpreis für Chemie erhielt.

W., Ilse, * Batavia (= Jakarta) 11. Juli 1921, dt. Schauspielerin. - 1936/37 am Theater in der Josefstadt in Wien, seit 1938 Film- und Rundfunktätigkeit; wurde bes. mit ihren „gepfiffenen" Schlagern populär. - *Filme:* Bel ami (1939), Die schwed. Nachtigall (1941), Wir machen Musik (1942), Große Freiheit Nr. 7 (1944), Königin einer Nacht (1951).

W., Johannes, latinisiert Vernerus, * Nürnberg 14. Febr. 1468, † ebd. im Mai (?) 1522, dt. Astronom und Mathematiker. - Geistlicher in Nürnberg; verfaßte u. a. Studien über Kegelschnitte und sphär. Trigonometrie.

W., Oskar, eigtl. Josef Bschließmayer, * Wien 13. Nov. 1922, † Marburg 23. Okt. 1984, östr. Schauspieler. - Spielte v. a. am Wiener Burgtheater, dann auch beim Film, u. a. „Entscheidung vor Morgengrauen" (1951), „Lola Montez" (1955), „Jules und Jim" (1961), „Fahrenheit 451" (1966) und „Der Spion, der aus der Kälte kam" (1965).

W., Pierre, * Saint-André (Nord) 29. Dez. 1913, luxemburg. Politiker (Christlich-Sozialer). - 1953–59 Finanz- und Wehrmin.; 1959–1974 Regierungschef (Staatsmin.), zeitweise gleichzeitig Außen-, Justiz-, Schatz- bzw. Finanzmin.; v. a. um Intensivierung der europ. Zusammenarbeit bemüht, scheiterte jedoch mit seinem 1970 vorgelegten Plan, demzufolge die Wirtschafts- und Währungsunion der EWG stufenweise verwirklicht werden sollte (**Werner-Plan**); 1979–84 erneut Regierungschef; 1979 auch Mgl. des Europ. Parlaments.

W., Theodor, * Jettenburg (= Kusterdingen bei Tübingen) 14. Febr. 1886, † München 15. Jan. 1969, dt. Maler. - ∞ mit Woty W.; 1909–14 in Paris, wo W., angeregt vom Kubismus, seine gegenstandslose Bildsprache entwickelte. 1930–35 wieder in Paris, dann in Potsdam, ab 1958 in München; ausgewogene Farbigkeit in lockerer Rhythmisierung linearer und flächenhafter Werte bestimmen das spätere Werk.

W., Woty, * Berlin 27. Nov. 1903, † Nürnberg 11. Sept. 1971, dt. Bildwirkerin. - ∞ mit Theodor W.; abstrakte, starkfarbige Teppiche, bei denen Material und Technik entscheidend wirken.

W., Zacharias, * Königsberg (Pr) 18. Nov. 1768, † Wien 17. Jan. 1823, dt. Dramatiker. - Wurde 1814 Priester, berühmter Kanzelredner; ekstat. Stil, rhetor. Pathos und Bühnenwirksamkeit zeichnen sein Werk aus, das später Stilzüge des Realismus vorwegnimmt; mit dem von Goethe 1810 in Weimar uraufgeführten Stück „Der vierundzwanzigste Februar" begann das romant. Schicksalsdrama (eine personifizierte Macht agiert als vorausbestimmendes [negativ wirksames] „Schicksal").

Wernerit [nach A. G. Werner], svw. ↑ Skapolith.

Werner-Plan ↑ Werner, Pierre.

Wernher [...her], ältere Form des männl. Vornamens Werner.

Wernher, Bruder ↑Bruder Wernher.
Wernher der Gartenaere (Werner der Gärtner) [...hɛr], mittelhochdt. (vermutl. östr.) Dichter. - Schrieb in der 2. Hälfte des 13. Jh. das satir.-realist. Versepos „Meier Helmbrecht", in dem er den Verfall des Rittertums ebenso scharf zeichnet wie den gegen seinen Stand aufbegehrenden jungen Bauern.
Wernigerode, Krst. am nördl. Harzrand, Bez. Magdeburg, DDR, 240–480 m ü. d. M., 36 200 E. Harz-, Feudalmuseum. Luftkurort; u. a. Elektromotoren-, Metallguß-, Füllhalterwerk. - Entstand im 9. Jh.; ab 1112 Sitz der Grafen von Haymar (bei Hildesheim); 1229 Stadtrechtsverleihung; 1429 ging die Gft. an die Grafen von Stolberg über (Stolberg-W.), 1714 wurden die Grafen zugunsten Brandenburg-Preußens mediatisiert. - Frühgot. Sankt-Silvestri-Kirche (13. Jh., im 17. und 19. Jh. verändert); zahlr. Fachwerkbauten (15., 16. und 17. Jh.), u. a. Fachwerkrathaus (um 1420, später umgestaltet); Schloß (1862–81 unter Beibehaltung der alten Bauteile erneuert).
W., Landkr. im Bez. Magdeburg, DDR.
Werra, Hauptquellfluß der Weser, entspringt nö. von Eisfeld im Thüringer Wald (DDR), vereinigt sich bei Münden (BR Deutschland) mit der Fulda zur Weser, 293 km lang. Die Abwässer der Kaliind. am Unterlauf in der DDR haben zu einer starken Versalzung v. a. auch der Oberweser geführt.
Werra-Meißner-Kreis, Landkr. in Hessen.
Werst [russ.], alte russ. Längeneinheit; entsprach 1 066,80 m.
Wert, im *soziokulturellen Entwicklungsprozeß* einer Gesellschaft sich herausbildende, von der Mehrheit der Gesellschafts-Mgl. akzeptierte und internalisierte Vorstellung über das Wünschenswerte; W. sind allg. und grundlegende Orientierungsmaßstäbe bei Handlungsalternativen und geben den Menschen Verhaltenssicherheit; aus ihnen leiten sich ↑Normen und ↑Rollen ab, die das Alltagshandeln bestimmen. Die Gesamtheit der gesellschaftl. W. bildet das für die Integration und Stabilität einer Gesellschaft bedeutsame *W.system,* das in modernen Gesellschaften durch Ausprägung von Subkulturen und schicht- bzw. klassenspezif. W.mustern stark differenziert ist. *Grund-W.* stehen an der Spitze der gesellschaftl. W.hierarchie, *instrumentelle W.* sind untergeordnet und dienen der Verwirklichung von W. mit höherem Geltungsanspruch.
◆ in der *Philosophie* in einem weiten Sinn svw. Grund, Norm bzw. Ergebnis einer (positiven) Wertung, d. h. die Bevorzugung einer Handlung vor einer anderen oder eines Gegenstandes, eines Sachverhaltes vor einem anderen. W. im Sinne der Ergebnisse von Wertungen werden durch die empir. Forschung der tatsächl. vollzogenen Wertungen festgestellt; W. im Sinne der Gründe und Normen für Wertungen sind Thema und Gegenstand der Philosophie im Rahmen werttheoret. Konzeptionen (↑Wertphilosophie, Wertethik [↑Ethik]) und jeder eth.-polit. Theorie. - Im Bereich der christl. Ethik entspricht dem Begriff W. der der Tugend.
◆ in der *Nationalökonomie* der von Preisschwankungen unabhängige Maßstab beim Tausch von Gütern. Der W. ist dabei nicht unbedingt gleichbedeutend mit dem Durchschnittspreis eines Gutes; systemat. Abweichungen der Preise von den W. sind denkbar. Es lassen sich zwei Konzeptionen des W. unterscheiden: Der *objektive W.* ist den Waren inhärent, die in ihnen vergegenständlichte W.substanz verweist auf die Gesellschaftlichkeit der [Privat]produktion. In der Wertform der Ware (ihrem Tauschwert) erscheint die in ihr enthaltene W.substanz. Der *subjektive W.* dagegen bestimmt sich nach der W.schätzung gemäß dem marginalen ↑Nutzen der am Tauschakt Beteiligten im Verhältnis zu ihren Kosten. Im Mittelpunkt dieser Betrachtung steht der gesellschaftl. Gebrauchs-W. einer Ware.

Wertangabe ↑Wertsendungen.
Wertbereich ↑Funktion.
Wertberichtigung (Berichtigungsposten), Passivposten in der Bilanz zur Korrektur des Wertansatzes eines Aktivpostens; mit-

Wernigerode. Rathaus (um 1420)

Wertbrief

unter auch direkte Kürzung auf der Aktivseite. W. zu Posten des Anlagevermögens dienen bei der indirekten Abschreibungsmethode zur Berücksichtigung der verbrauchs- und nutzungsbedingten Wertminderung (↑ auch Delkredere).

Wertbrief ↑ Wertsendungen.

Wertfreiheit, wissenschaftstheoret. Position, nach der ↑ Werturteile nicht zum wiss. Gegenstands- bzw. Objektbereich gehören.

Werth, Johann Reichsgraf (seit 1647; geadelt 1632, Reichsfreiherr 1634) von (Jan van Werth, Jean de Weert), * Büttgen (= Kaarst) 6. April 1590, † Benátky nad Jizerou (Mittelböhm. Gebiet) 16. Sept. 1652, General im Dreißigjährigen Krieg. - Bauernsohn; diente zuerst im span. Heer unter Spinola, ab 1630 in bayr. Diensten im Heer der Liga; wesentl. am Sieg von Nördlingen (1634) beteiligt; stieß 1636 bis Paris vor.

Wertheim, Stadt an der Mündung der Tauber in den Main, Bad.-Württ., 144 m ü.d.M., 19 700 E. Bundesglasfachschule; Glasmuseum. Herstellung von Glasartikeln für Forschung, Technik und Medizin; Wäschefabrik, Mühlenwerk, Maschinenbau; Hafen. - Entstand im Schutz der im frühen 12. Jh. auf der linken Mainseite angelegten Burg; 1306 Stadtrecht; Mittelpunkt der Gft. W. (ab etwa 1600 Löwenstein-W.). - Ev. got. Pfarrkirche (1383 ff.), im Chor gräfl. Grablege (14.–17. Jh.), spätgot. ehem. Kilianskapelle (1472 ff.); Renaissanceathaus (1560, mehrfach umgebaut), Fachwerkhäuser des 16. Jh. und Reste der Befestigung (v. a. 15. und 16. Jh.). Burgruine (12.–17. Jh.) mit Bergfried (um 1200). Im Stadtteil **Urphar** ev. spätroman. Jakobskirche (Chorturm um 1295 umgestaltet, aus dieser Zeit auch die Gewölbemalerei; Altarmensa aus dem 13. Jh.).

Wertheimer, Max, * Prag 15. April 1880, † New York 12. Okt. 1943, östr.-amerikan. Psychologe. - Dozent in Berlin (↑ Berliner Schule), anschließend Prof. in Frankfurt am Main und ab 1933 an der New School for Social Research in New York. Seine gestaltpsycholog. Arbeiten gründen sich auf seine experimentellen Studien über das Bewegungssehen. Im Anschluß daran stellte W. die Hypothese auf, daß den phänomenolog. Strukturen der Wahrnehmung ebenso ganzheitl. strukturierte neurophysiolog. Erregungsvorgänge entsprächen.

Werthertracht, Bez. für die Kleidung Werthers, des Titelhelden von Goethes Roman „Die Leiden des jungen Werthers" (1774): gelbe Weste, blauer Rock mit Messingknöpfen, blaue Stulpenstiefel; ungepudertes, im Nacken gebundenes Haar.

Werthmann, Lorenz, * Geisenheim 1. Okt. 1858, † Freiburg im Breisgau 10. April 1921, dt. kath. Theologe. - Gründete 1897 in Köln den ↑ Deutschen Caritasverband und war dessen erster Präsident.

Wertigkeit, in der *Sprachwissenschaft* svw. ↑ Valenz.
♦ in der *Chemie* in verschiedenem Sinn gebrauchter Begriff. Oft werden die Begriffe W. und ↑ Valenz synonym verwendet. Darüber hinaus dient der Begriff W. zur Charakterisierung von chem. Verbindungen, die mehrere funktionelle Gruppen im Molekül enthalten; z. B. werden anorgan. Säuren mit ein, zwei oder drei abdissoziierbaren Wasserstoffatomen als ein-, zwei- oder dreiwertige (bzw. -basige) Säuren, anorgan. Basen mit einer, zwei oder drei Hydroxylgruppen entsprechend als ein-, zwei- oder dreiwertige Basen bezeichnet. Auch organ. Verbindungen werden häufig nach der Zahl ihrer funktionellen Gruppen unterschieden.

Wertlehre, (Axiologie, Werttheorie) die im Rahmen der modernen Wertphilosophie entwickelte Lehre von der Erkenntnis, der Begründung, der Geltung und der [Rang]ordnung der Werte.
♦ (Werttheorie) zentrale Theorie der Nationalökonomie, bes. der klass., die von der Frage ausgeht, wonach sich das Verhältnis bestimmt, zu dem Waren ausgetauscht werden. Es lassen sich vier Fassungen der W. unterscheiden: 1. die *konventionell-tautolog. W.*, nach der, Angebot und Nachfrage die Tauschverhältnisse bestimmen; 2. die *klass. Kostentheorie* (A. Smith), nach der sich die Waren zu ihren Werten tauschen, die wiederum durch die Kosten für die drei Produktionsfaktoren Kapital, Arbeit und Boden bestimmt sind, wobei die drei Einkommensformen Profit, Lohn und (Grund-)Rente die Wertbestandteile der Waren bilden; 3. die ↑ *Arbeitswertlehre* (Ricardo), nach der sich die Waren zu ihren Werten tauschen, die durch die zu ihrer Produktion aufgewandte Arbeit bestimmt sind; 4. die *subjektive W.* (Nutzentheorie), nach der sich die Waren gemäß der Wertschätzung der am Tauschakt Beteiligten tauschen, d. h. nach ihrem jeweiligen Nutzen.

Wertminderung, durch Gebrauch oder wirtsch. Entwertung verursachte Minderung des Wertes von Vermögensgegenständen. Bei Anlagegegenständen und Gegenständen des Vorratsvermögens wird die W. durch Abschreibung berücksichtigt, bei Forderungen durch Wertberichtigungen oder Abschreibungen.

Wertmüller, Lina, eigtl. Arcangela Felice Assunta W. von Elgg, * Rom 14. Aug. 1928, italien. Autorin, Regisseurin und Drehbuchautorin. - Zunächst beim Theater; dreht seit 1964 insbes. zeitkrit. Filme, u. a. „Die Metallarbeiterin Mimi ist im Kampf um ihre Ehre verwundet worden" (1972), „Alles auf seinem Posten und nichts in Ordnung" (1974), „Von einem seltsamen Schicksal in eine azurblaue See hinausgespült" (1974), „Pasqualino Siebenschön" (1976), „In einer Regennacht" (1978), „Camorra" (1986).

Wertrationalität

Wertow, Dsiga [russ. ˈvjɛrtɐf], eigtl. Denis Arkadjewitsch Kaufman, * Białystok 2. Jan. 1896, † Moskau 12. Febr. 1954, sowjet. Dokumentarfilmregisseur und Filmtheoretiker. - Ab 1918 dokumentar. Filme, u. a. über den Bürgerkrieg; zu seinen wichtigsten Produktionen gehören „Kinoprawda. Ein Filmjournal" (1922–25 [23 zusammengefaßte Dokumentations- und Informationsfilme]), „Der Mann mit der Kamera" (1929), „Die Donbass-Sinfonie"/„Enthusiasmus" (1930), „Drei Lieder über Lenin" (1934), „Wiegenlied" (1937).

Wertpaket ↑ Wertsendungen.

Wertpapierbörse ↑ Börsen.

Wertpapiere, i. w. S. alle diejenigen Urkunden, in denen ein privates Recht in der Weise verbrieft ist, daß es zur Ausübung des Rechts erforderl. ist, die Urkunde in Besitz zu haben; i. e. S. nur diejenigen Urkunden, bei denen das „Recht aus dem Papier dem Recht am Papier" folgt, so daß dem Eigentümer des Papiers das im Papier verbriefte Recht zusteht; hiernach zählen zu den W. nur die Inhaber- und die [indossierbaren] Orderpapiere.
Die W. setzen sich zusammen aus dem ↑ Mantel, d. h. der Urkunde, die das eigentl. Recht (das Eigentum an der Aktie, den schuldrechtl. Anspruch der Obligation) verbrieft, und dem Kuponbogen (Erträgnis- und Erneuerungsschein). Wer aus einem W. zur Leistung verpflichtet ist, kann für die Leistung die Vorlage und Rückgabe (bzw. Entwertung) des Papiers verlangen. Zu den W. zählen insbes. Effekten (zur Kapitalanlage bestimmte W.: Aktien, Kuxe, Obligationen, Investmentzertifikate) sowie Wechsel, Scheck, Zwischenschein, Teilschuldverschreibung, Konnossement, Lagerschein, Fahrkarten, Lotterielos, Pfandschein, Rentenwerte und Sparbücher. Abhandengekommene W. müssen im allg. durch Aufgebot für kraftlos erklärt werden, damit eine neue Urkunde ausgestellt werden kann. Die W. lassen sich in verschiedener Weise einteilen.

1. Nach der Person des Berechtigten bzw. der Art der Übertragung unterscheidet man: a) **Inhaberpapiere:** Nur der Schuldner ist namentl. genannt; Berechtigter ist der jeweilige Inhaber (Eigentümer) der Urkunde; der Aussteller muß an ihn leisten, wenn er nicht nachweist, daß der Inhaber in Wahrheit nicht berechtigt ist. Inhaberpapiere sind insbes. Inhaberschuldverschreibung, Inhaberaktien und Inhaberschecks. Inhaberpapiere sind stets auch Legitimationspapiere; b) **Namenspapiere** (Rektapapiere): Sie lauten auf den Namen des Berechtigten; die verbrieften Rechte können nur von diesem oder seinem Rechtsnachfolger geltend gemacht werden; sie gewähren dem Berechtigten eine große Sicherheit, sind aber im Verkehr schwerfälliger. Zu den Namenspapieren gehören die ↑ Anweisung des bürgerl. Rechts, das qualifizierte Legitimationspapier nach § 808 BGB (Sparbuch, Versicherungspolice, Depotschein), ferner, wenn sie nicht an Order lauten, Konnossement, Ladeschein und Lagerschein, schließl., bei Hinzufügung der negativen Orderklausel, auch Scheck und Wechsel; c) **Orderpapiere** (z. B. Wechsel, Scheck, Zwischenschein).

2. Nach der Art des verbrieften Rechts werden unterschieden: a) **schuldrechtl. Wertpapiere** (W. über Forderungen), z. B. Inhaberschuldverschreibung, Wechsel, Scheck, Lagerschein, Konnossement; b) **sachenrechtl. Wertpapiere,** d. h. Papiere, die ein Sachenrecht verbriefen (Hypothekenbrief, Grundschuldbrief); c) **Mitgliedspapiere,** d. h. Papiere, die ein Mitgliedschaftsrecht verbriefen (z. B. Aktie, Kux, Zwischenschein).

3. Nach der Art der Verzinsung werden die W. in Gläubiger- (z. B. ↑ Anleihen, Obligationen) und Anteils- oder Teilhaberpapiere (z. B. Aktien, Kuxe) eingeteilt.

📖 *Dexheimer, P., u. a.: Leitf. durch das Wertpapiergeschäft. Stg. ⁴1984. - Bley, S.: Grundll. u. Praxis des Wertpapiergeschäfts. Stg. ⁴1979. - Lanz, K.: Börsen-ABC. Wörterb. des Wertpapiermarktes. Ffm. ³1974.*

Wertpapierfälschung, das Nachmachen von Wertpapieren in der Absicht, sie als echt in Verkehr zu bringen oder ein solches Inverkehrbringen zu ermöglichen; wird nach § 151 StGB genauso bestraft wie die Geldfälschung.

Wertpapierrecht, das dt. W. ist in zahlr. Gesetzen geregelt; die wichtigsten Vorschriften enthalten das Wechsel- und das Scheckgesetz, das Aktiengesetz, das BGB (für die Inhaberpapiere) und das HGB (für die kaufmänn. Orderpapiere).
In Österreich ist die Rechtslage ähnl., während in der Schweiz die wesentl. Bestimmungen im OR (Art. 965ff.) zusammengefaßt sind.

Wertpapierverwahrung, Bankgeschäft, das auf die Verwahrung von Wertpapieren für Dritte *(Aberdepot)* gerichtet ist. Es umfaßt auch die Verwaltung der im Depot befindl. Wertpapiere, z. B. Einlösung fälliger Zins- und aufgerufener Dividendenscheine, Aufforderung zur Verwertung des Bezugsrechts bei Kapitalerhöhungen sowie gegebenenfalls die Ausübung des Stimmrechts in Hauptversammlungen.

Wertphilosophie, 1. allg. jede philosoph. Beschäftigung mit Fragen der Werte (nach dem Guten), ihres Verhältnisses zum Sein, ihrer Seinsweise, ihres Verhältnisses zum Sollen, der Erkenntnis und der Begründung der Werte; 2. i. e. S. das seit R. H. Lotze entwickelte Denken, das die Bereiche der Wirklichkeit, der Wahrheit, des Sein der Dinge von dem Bereich und der Geltung der Werte unterscheidet.

Wertrationalität, von Max Weber

Wertschöpfung

erkanntes Prinzip, an dem sich menschl. Handeln ausrichten kann. Wertrational handelt, wer sein Tun ausschließl. an seiner eigenen Überzeugung, am eth., polit. usw. Eigenwert der „Sache" ohne Einbeziehung mögl. Nebenfolgen seines Handelns orientiert.

Wertschöpfung, einzelwirtsch. die Summe der in einem Unternehmen im Lauf einer Periode durch Tätigkeit geschaffenen wirtsch. Werte. Die Höhe der W. ergibt sich als Wert der Nettoproduktion aus dem ↑ Bruttoproduktionswert abzügl. sämtl. Vorleistungen, Abschreibungen und indirekten Steuern, zuzügl. der staatl. Subventionen. Der zusammengefaßte Wert aller W.beiträge der inländ. Wirtschaftsbereiche ergibt die *W. der Volkswirtschaft*, die mit dem Nettoinlandsprodukt zu Faktorkosten ident. ist.

Wertsendungen, Briefe *(Wertbriefe)* und Pakete *(Wertpakete)*, bei denen durch die *Wertangabe* des Absenders eine Sonderbehandlung während der Beförderung gesichert werden soll. Die höchste mögl. Wertangabe ist 100 000 DM, bei Luftpostsendungen 10 000 DM. Im Falle des Verlusts oder der Beschädigung von W. entsteht ein Schadenersatzanspruch bis zur Höhe der Wertangabe, es sei denn, diese war in betrüger. Absicht zu hoch angesetzt.

Wertsicherungsklauseln, Vertragsklauseln, die Gläubiger von Geldschulden vor der Gefahr einer Geldentwertung sichern sollen. Die Sicherung kann erfolgen durch Verknüpfung der Höhe des geschuldeten Geldbetrags mit dem Wert anderer Währungen *(Berechnungsklausel)* oder bestimmter Waren - z. B. dem Goldpreis (*Goldklausel,* Zahlung des Preises in Gold) - oder einem statist. Index *(Indexklausel)* oder durch die Vereinbarung, daß ein bestimmter Betrag einer fremden Währung *(Währungsklausel)* oder eine bestimmte Menge Gold *(Goldwertklausel, Goldwertsicherungsklausel)* geschuldet sein soll. W. sind, um nicht das Vertrauen in die Währung zu untergraben, gemäß § 3 Währungsgesetz grundsätzl. verboten. Ausnahmen bedürfen einer Genehmigung durch die zuständige Landeszentralbank. Zu den nicht genehmigungspflichtigen W. gehören *Spannungsklauseln,* die den geschuldeten Betrag von dem künftigen Preis vergleichbarer Leistungen (den Mietzins etwa von der ortsübl. Vergleichsmiete) abhängig machen, *Preisgleitklauseln* (die zw. Vertragsabschluß und Leistungserbringung entstehenden Kostenerhöhungen werden auf eine Vertragspartei abgewälzt) sowie Vereinbarungen von *Sachschulden,* wodurch der Gläubiger ein Wahlrecht zw. Naturalien oder Geld erlangt.

Wertstellung (Valutierung), im Kontokorrentverkehr die [zumeist für die Zinsermittlung maßgebl.] Bestimmung der datenmäßigen Wirksamkeit von Gutschriften und Belastungen.

Wertstempel (Wertstempeleindruck, Wertzeicheneindruck), Bez. für briefmarkenähnl. Eindruck in Höhe des entsprechenden Portos, v. a. auf Postkarten, Briefumschlägen, auch on postal. Formularen. W. werden zu den Ganzsachen gerechnet.

Werttheorie ↑ Wertlehre.

Werturteil, normativer (präskriptiver) Satz, durch den ein Sachverhalt oder Gegenstand a) unter Bezug auf eine angenommene oder tatsächl. Relevanz für eine Handlung durch einen Wertbegriff mit Anspruch auf Objektivität beurteilt oder b) durch Wertbegriffe mit Interessen von Handelnden unter allg. Anspruch auf Geltung verbunden wird.

Werturteilsstreit, seit Anfang des 20. Jh. andauernde wissenschaftsmethodolog. Kontroverse um die v. a. von M. Weber und dem Positivismus vertretene These von der Wertfreiheit theoret. Erkenntnis und um die Möglichkeit der Begründung der Objektivität prakt. Werturteile. Nach der Wertfreiheitsthese ist es erfahrungswiss. unmögl., Wertaxiome zu begründen; daher müsse Wertneutralität innerhalb des Objektbereichs wirtschafts- und sozialwiss. Erkenntnis gefordert werden.

Wertzeichen (amtl. Wertzeichen), von staatl. Stellen herausgegebene Marken, die einen bestimmten Geldwert verkörpern, insbes. Postwertzeichen sowie Steuerzeichen (z. B. für die Tabaksteuer), Beitragsmarken für Sozialversicherung und Gebührenmarken der Verwaltung.

Wertzeichenfälschung, Fälschung amtl. Wertzeichen. - ↑ Urkunde.

Wertzoll ↑ Zölle.

Wertzuwachssteuer, Vermögensteuer, die den Unterschied zw. Erwerbs- und Veräußerungspreis bestimmter Vermögensgegenstände, insbes. Grundstücke, betrifft. In der Praxis ist die W. durchweg in anderen Steuern, z. B. als Zuschlag in der Grunderwerbsteuer, enthalten.

Werwolf, im April 1945 geschaffene nat.-soz. Untergrundbewegung, die in den bereits von alliierten Truppen besetzten dt. Gebieten Sabotage- und Terrorakte verübte, militär. jedoch bedeutungslos blieb.

Werwolf [zu althochdt. wer „Mann, Mensch"], in der animist. Vorstellung von der Seele als einem im Körper unabhängig existierenden Wesen gründendes, in ähnl. Form weltweit verbreitetes Erzählmotiv von der den schlafenden Menschen verlassenden Seele, die sich in einen menschenmordenden Wolf verwandelt.

Wesel, Krst. an der Mündung der Lippe in den Rhein, NRW, 27 m ü. d. M., 54 800 E. Katastrophenschutzschule; Schill-Museum; Städt. Bühnenhaus; Niederrheinhalle; Glashütten, Herstellung von Ind.- und Baukeramik, Elektroind., Turbinenfabrik. Häfen. - In der 1. Hälfte des 8. Jh. erstmals erwähnt; Ortskern war ein fränk. Reichshof; erhielt 1241 Stadtrecht, ab 1407 Mgl. der Hanse; 1614–29 wurden von den Spaniern, die W. besetzt hielten, die ma. Befestigungsanlagen zur Festung ausgebaut, unter brandenburg. Herrschaft 1680–1730 bastioniert und durch einen Zitadellenbau verstärkt; erneuter Festungsbau unter frz. Herrschaft 1808–14 (v. a. ein Fort an der Stelle des linksrhein. Ortes Büderich und eine unvollendete Zitadelle), 1816–70 weiterer Ausbau unter preuß. Herrschaft (ab 1814/15); Schleifung der Befestigungen 1919/20. - Im 2. Weltkrieg stark zerstört; wiederaufgebaute spätgot. Willibrordikirche (1498–1539); Pfarrkirche Sankt Martini (1948/49) mit z. T. erhaltener spätgot. Ausstattung der zerstörten Fraterherrenkirche; Berliner Tor (18. Jh.), ehem. Festungsanlagen wiederaufgebaut; Schill-Denkmal (1834).

W., Kreis in Nordrhein-Westfalen.

Wesel-Datteln-Kanal, westl. Teilstück des Lippe-Seitenkanals, zweigt in Datteln vom Dortmund-Ems-Kanal ab und verläuft am N-Rand des Ruhrgebiets bis zum Rhein bei Wesel; 85 km lang, 6 Schleusen.

Wesen (griech. ousía, lat. essentia), im *allg.* Sprachgebrauch und in der wiss. Tradition vieldeutiger Begriff zur Bez. 1. eines v. a. lebenden oder lebend gedachten Dinges, 2. der „Natur", der Eigenart eines Dinges, 3. des wirkl., „eigtl." Seins im Ggs. zum Schein, 4. des „Wesentl.", Allgemeinen einer Gattung oder Art, d. h. ihres Sinnes, ihrer Bedeutung. - In der *Philosophiegeschichte* wird das Problem des W. seit Platon, der zw. W. (dem stets Bleibenden, dem Urbild [in der Scholastik: Substanz]) und der Erscheinung (dem Abbild) eines Dinges unterschied, diskutiert als Frage nach der Realität des als solchen nicht erkennbaren, sondern nur durch begriffl. Abstraktion erschließbaren W. (↑ auch Definition) im Verhältnis zur sinnl. unmittelbar wahrnehmbaren Existenz (Dasein) eines Dinges. Dies führte in der Hoch- und Spätscholastik zum ↑ Universalienstreit zw. Realismus und Nominalismus, d. h. zum Streit um die Realität des W. bezeichnenden Allgemeinbegriffe. Durch die Metaphysikkritik (v. a. seit Locke und Hume) als unerkennbar und deshalb für die Erfahrung folgenlos erklärt, gewann der Begriff des W. noch einmal method. Bed. in der Phänomenologie (Husserl) und in der Existenzphilosophie (Sartre), die die scholast. Auffassung umkehrte, indem sie behauptete, die Existenz (das Dasein) gehe der Essenz (dem W.) voraus, d. h., das W. des Daseins liege in seiner Existenz (Heidegger). - ↑ auch Essentia.

⚟ *Die Wiss. der Logik u. die Logik des W.* Hg. v. D. *Heinrich.* Bonn 1978.

Wesendonck (Wesendonk), Mathilde, * Elberfeld (= Wuppertal) 23. Dez. 1828, † Traunblick am Traunsee 31. Aug. 1902, dt. Schriftstellerin. - In Zürich mit R. Wagner eng befreundet, der 1857/58 die von ihr verfaßten „Fünf Gedichte" vertonte *(„W.-Lieder")*. Hatte großen Einfluß auf Wagners Schaffen (v. a. auf „Tristan und Isolde"); verfaßte Dramen und dramat. Gedichte.

Wesensphilosophie, als **Essentialismus** von P. Duhem Anfang des 20. Jh. eingeführter Begriff zur Kennzeichnung der im ma. Universalienstreit vom Realismus vertretenen Position, daß das begriffl. Allgemeine als eigenes Wesen (essentia) unabhängig von den konkreten Einzeldingen existiere.

Wesensverwandlung, svw. ↑ Transsubstantiation.

Weser, zur Nordsee gerichteter Fluß in Nord- und Mitteldeutschland, entsteht bei Münden durch den Zusammenfluß von ↑ Fulda und ↑ Werra, durchfließt zw. Münden und Minden das Weserbergland; nach dem Durchbruch durch die Porta Westfalica erreicht sie das Norddt. Tiefland, ab Minden kanalisiert (7 Staustufen), 432 km lang, auf der ganzen Länge befahrbar, bis Bremen auch für Seeschiffe. Trotz des Anschlusses an das dt. Kanalnetz steht die W. in ihrer Bed. hinter dem Rhein zurück, da den wichtigsten Seehäfen (Bremen, Bremerhaven, Brake und Nordenham) ein industrielles Hinterland fehlt.

W. (frz. Vesdre), rechter Nebenfluß der Ourthe in Belgien, entspringt am Hohen Venn, mündet südl. von Lüttich, rd. 70 km lang.

Weserbergland, kleingekammertes Berg- und Hügelland zw. Münden und Minden beiderseits der oberen Weser, gliedert sich in das östl. der Weser liegende und bis zum Harz reichende ↑ Niedersächsische Bergland und die westl. von ihr gelegenen Randlandschaften gegen die Westfäl. Bucht (Warburger Börde, Pyrmonter Bergland, Lipper Bergland, Ravensberger Land und Wiehengebirge).

Weser-Ems, Reg.-Bez. in Niedersachsen.

Wesergebirge, Höhenzug im Weserbergland, östl. der Porta Westfalica, bis 321 m hoch.

Wesermarsch, Landkr. in Niedersachsen.

Wesermünde, früherer Name von ↑ Bremerhaven.

Weserrenaissance [...rənɛsɑ̃s], die auf Grund einer bes. wirtsch. Blüte entstandene Baukunst im Wesergebiet (etwa 1530–1630). Charakterist. sind meist mehrflügelige Schloßbauten, oft mit Wendeltreppenturm (Stadthagen, Schwöbber, Hämelschenburg, Varenholz, Bevern u. a.), die wie auch viele Rat- und Bürgerhäuser (Lemgo, Hameln, Minden) reichgeschmückte Fassaden besitzen. In der Frühzeit überwiegen spätgot. Formen, gemischt mit Elementen der italien. Renaissance, später geht eine starke Anregung vom niederländ. Manierismus aus.

Wesfall, svw. ↑ Genitiv.

Wesir [arab.], Min. in islam. Staaten; als

Titel für den obersten Beamten der zivilen Verwaltung von den Abbasiden eingeführt; seit Muhammad II. (⌂ 1451–81) gab es den Titel Großwesir.

Wesker, Arnold [engl. 'wɛskə], * London 24. Mai 1932, engl. Dramatiker. – Gründete und leitete 1961–70 das Kulturinstitut für Arbeiter „Centre 42"; pessimist. Zeit- und engagierter sozialist. Gesellschaftskritiker; seine polit. und sozial aktuellen Stücke sind stilist. dem Naturalismus verpflichtet, v. a. „Die Küche" (1960) sowie die Trilogie „Hühnersuppe mit Graupen" (1959), „Tag für Tag" (1959), „Nächstes Jahr in Jerusalem" (1960); die späteren Stücke zeigen zunehmend symbolist. Elemente, insbes. „Die Alten" (1972), „Das Hochzeitsfest" (1974), „Liebesbriefe auf blauem Papier" (1974), „Toys" (1985); auch Kurzgeschichten.

Wesley [engl. 'wɛzlɪ, 'wɛslɪ], Charles, * Epworth (Lincolnshire) 18. Dez. 1707, † London 29. März 1788, engl. Theologe und Liederdichter. – Mit seinem Bruder John W. Mitbegr. des Methodismus; hatte mit seinen etwa 6 500 geistl. Liedern bed. Einfluß auf Methodismus und Erweckungsbewegung.

W., John, * Epworth (Lincolnshire) 17. Juni 1703, † London 2. März 1791, engl. Theologe und Begründer des Methodismus. - 1728 anglikan. Geistlicher; lernte als Missionar in Georgia (Nordamerika) die Herrnhuter Brüdergemeine kennen; erfuhr 1738 in England eine Bekehrung, die ihn in der Folgezeit zu ausgedehnter Reise- und Predigttätigkeit veranlaßte. Die gewonnenen Anhänger schloß er zu „method." geregelten „Vereinigten Gesellschaften" zusammen, in denen er „Bundesgottesdienste" hielt; von der Kirche von England als Konventikel und Sekten angesehen und abgelehnt. -↑ auch Methodismus.

Wesnin [russ. vɪs'nin], Name von drei sowjet. Architekten (Brüder): 1. Alexandr Alexandrowitsch, * Jurjewez (Geb. Iwanowo) 28. Mai 1883, † Moskau 7. Nov. 1959; 2. Leonid Alexandrowitsch, * Nischni Nowgorod (= Gorki) 10. Dez. 1880, † Moskau 8. Okt. 1933; 3. Wiktor Alexandrowitsch, * Jurjewez 9. April 1882, † Moskau 17. Sept. 1950. - Die Brüder W. entwarfen in den 20er bis Anfang der 30er Jahre gemeinsam Bauten von konstruktivist. Prägung (Dnjepr-Wasserkraftwerk, 1927–32).

Wespen (Echte W., Vespinae), Unterfam. der Faltenwespen mit zahlr. v. a. in den Tropen verbreiteten, staatenbildenden, stechenden Arten. Unter den elf einheim. Arten ist neben der ↑Hornisse v. a. die (auch im übrigen Europa, in N-Afrika, im gemäßigten Asien und in Indien häufige) bis 2 cm lange *Dt. Wespe* (Paravespula germanica) zu nennen. Sie zeigt eine typ. schwarz-gelbe Zeichnung. Ihre Staaten bestehen aus durchschnittl. 1 500 Tieren (ein ♀ Geschlechtstier [Königin], Arbeiterinnen und ♂♂). Nur die im Laufe des

Deutsche Wespe

Sommers entstandenen, im Herbst begatteten ♀♀ überwintern und gründen im Frühjahr neue Völker. Die meist unterird. angelegten Nester aus grauem, papierähnl. Material werden von den Arbeiterinnen aus mit Speichel vermischten Holzfasern hergestellt. Die Imagines ernähren sich von süßen Pflanzensäften, die Larvennahrung besteht aus Insekten.

Wespenbussarde (Pernis), mit den Bussarden eng verwandte Gatt. der Greifvögel mit über zehn Arten in Wäldern Eurasiens, Afrikas, Z- und S-Amerikas. Die einzige einheim. Art ist der *Eurasiat. Wespenbussard* (Pernis apivorus): von SW-Europa bis W-Asien verbreitet; 50–60 cm lang; oberseits dunkelbraun mit graubraunem Kopf, unterseits (meist) auf weißl. Grund kräftig braun gefleckt; frißt gern Wespen und Hummeln (jedoch ohne die Hinterleibsspitze mit dem Stechapparat) und deren Larven, wozu er im Boden angelegte Wespennester aufscharrt.

Wespenspinne (Argiope bruennichi), einzige Art der Gatt. Argiope, eine ↑Radnetzspinne.

Wessel, Caspar, * Vestby (Verw.-Geb. Akershus) 8. Juni 1745, † Kopenhagen 25. März 1818, norweg. Mathematiker. - Besorgte die kartograph. Erfassung Dänemarks. In einer Arbeit über die komplexen Zahlen (1799) veröffentlichte er - noch vor J. R. Argand (1806) und C. F. Gauß (1831) - die Darstellung dieser Zahlen in der Ebene (↑Gaußsche Zahlenebene).

W., Gerhard, * Neumünster 24. Dez. 1913, dt. General (seit 1958). - Ab 1942 Mitarbeiter R. Gehlens in der Abteilung „Fremde Heere Ost" des Generalstabs des Heeres; nach 1945 in der Ind. und für die amerikan. Armee tätig; ab 1952 in der Dienststelle Blank am Aufbau der militär. Abwehr beteiligt; ab 1962 Vertreter der BR Deutschland im Ständigen Militärausschuß der NATO; 1968–78 Präs. des Bundesnachrichtendienstes.

W., Helene, * Dortmund 6. Juli 1898, † Bonn 13. Okt. 1969, dt. Politikerin. - 1928–33 MdL in Preußen für das Zentrum, dessen Mitbegr. 1945, 1949–52 Vors.; 1949–53 und 1957–69 MdB; als Gegnerin der Adenauerschen Politik der Westintegration und Wiederbewaffnung 1951 Mitbegr. der Notgemeinschaft für den Frieden Europas, 1952 der Gesamtdt. Volkspartei; trat 1957 zur SPD über.

W., Horst, * Bielefeld 9. Okt. 1907, † Berlin 23. Febr. 1930, dt. Nationalsozialist. - Seit Dez. 1926 Mgl. der NSDAP, seit 1929 SA-Sturmführer; erlag den Folgen eines Überfalls und wurde von Goebbels zum nat.-soz. Märtyrer stilisiert; verfaßte das sog. ↑ Horst-Wessel-Lied.

Wesselburen, Stadt in Dithmarschen, Schl.-H., 8 m ü. d. M., 3 100 E. Hebbel-Museum; Handels- und Verarbeitungszentrum landw. Erzeugnisse. - 1187 erstmals bezeugt, entstand als Wurtensiedlung auf einer später verlandeten Insel; 1899 Stadtrecht. - Spätbarocke Kirche (1737/38) mit roman. Chor.

Wesseling, Stadt am Rhein, NRW, 45 m ü. d. M., 30 000 E. Erdölraffineriezentrum im Rhein.-Westfäl. Ind.gebiet; Polyäthylenherstellung, Maschinenbau, Schleifmittelwerke; Hafen. - In der Römerzeit Auxiliarkastell; 820 als **Waslicia** gen.; 1266 in Nieder- und Ober-W. geteilt; Stadtrecht 1972; 1975 Eingliederung in Köln; seit 1976 wieder selbständig.

Wesselmann, Tom [engl. 'wɛslmən], * Cincinnati (Ohio) 23. Febr. 1931, amerikan. Maler und Graphiker. - Vertreter der Pop-art; völlig entindividualisierte Bild- und Objektserien der „Great American nudes" als banalisierte und zum klischeeartigen Zeichen vereinfachte Aktdarstellungen.

Paula Wessely (1977)

Wessely, Paula [...li], * Wien 10. Jan. 1907, östr. Schauspielerin. - ∞ mit Attila Hörbiger; Engagements in Wien, Prag, Berlin und seit 1953 am Burgtheater; bed. Charakterdarstellerin (z. B. als „Rose Bernd" im Dt. Theater Berlin, 1932); seit 1934 auch populär geworden durch zahlr. Unterhaltungsfilme.

Wessenberg, Ignaz Heinrich Frhr. von, * Dresden 4. Nov. 1774, † Konstanz 9. Aug. 1860, dt. kath. Theologe und Kirchenpolitiker. - Ab 1800 in diplomat. Diensten Karl Theodor von Dalbergs in Mainz, ab 1802 dessen Generalvikar; nach Dalbergs Tod 1817–27 Kapitularvikar (vom Papst nicht anerkannt); 1817 und 1822 vom Vatikan als Bischof von Rottenburg und als Erzbischof von Freiburg im Breisgau abgelehnt; 1819–33 Abgeordneter der ersten bad. Kammer. W. entfaltete als Vertreter der kath. Aufklärung eine rege kirchenpolit. und seelsorgl. Tätigkeit (dt. Sprache bei Sakramentenspendung, dt. Vespern und Metten, 1812 erstes Konstanzer Gesangbuch); betrieb auf dem Wiener Kongreß vergebl. die Gründung einer gesamtdt. Kirche unter Führung eines Primas.

Wessex [engl. 'wɛsɪks], ehem. angelsächs. Königreich im SW Englands; im 8. Jh. unter der Vorherrschaft Mercias, konnte unter König Egbert (⚭ 802–839) selbst die Führung der restl. angelsächs. Reiche übernehmen; seit Beginn des 10. Jh. fällt die Geschichte von W. mit der Englands (↑ Großbritannien und Nordirland, Geschichte) zusammen.

Wessexkultur [engl. 'wɛsɪks], nach Grabhügelfunden im Gebiet des angelsächs. Kgr. Wessex ben. frühbronzezeitl. Kulturgruppe (16./15. Jh.) S-Englands mit der Salisbury Plain als Kerngebiet.

Weßling, Gem. 20 km sw. von München, Bay., 4 100 E. Im Ortsteil **Oberpfaffenhofen** Bodenstation der Dt. Forschungs- und Versuchsanstalt für Luft- und Raumfahrt.

Wessobrunn, Gem. 15 km sw. des Ammersees, Bay., 701 m ü. d. M., 1 700 E. Ehem. Benediktinerabtei (gegr. 753 [?]); bed. kulturelles Zentrum seit dem frühen MA; barocke Klosterbauten mit hervorragenden Stuckarbeiten der ↑ Wessobrunner Schule; erhalten u. a. der sog. Gäste- oder Fürstenbau (1680 ff. von J. Schmuzer).

Wessobrunner Schöpfungsgedicht, auch unter der Bez. **Wessobrunner Gebet** bekannter zweiteiliger althochdt. Text [um den rechten Glauben], der in einer lat. Sammelhandschrift des 9. Jh. aus dem Kloster Wessobrunn überliefert ist (heute Staatsbibliothek München).

Wessobrunner Schule, aus Wessobrunn stammende und von dort über Süddeutschland, die Schweiz, Österreich bis nach Böhmen und Oberitalien verbreitete Stukkatorenschule des 17. und 18. Jh.; Hauptvertreter sind die Familien Feuchtmayer, Schmuzer und Zimmermann.

West, Benjamin, * Springfield (Pa.) 10. Okt. 1738, † London 11. März 1820, engl. Maler amerikan. Herkunft. - Begann als Porträtist, 1760 in Rom Kontakt mit frühklassizist. Künstlern, seit 1763 in London (1772 Historienmaler Georgs III.; 1792 Präs. der Königl. Akad.). Wählte seine Themen aus Antike, engl. Literatur sowie engl. und amerikan. Geschichte („Der Tod des Generals Wolfe", 1768, Ottawa, Nationalgalerie); großer Einfluß auf die amerikan. Malerei.

Mae West (um 1935)

W., Mae, * Brooklyn (= New York) 17. Aug. 1893, † Hollywood 22. Nov. 1980, amerikan. Schauspielerin. - Sexstar des amerikan. Theaters und Films der 1930er Jahre, der Härte, Witz und Unmoral ausstrahlte; Filme u. a. „Sie tat ihm Unrecht" (1933), „Ich bin kein Engel" (1933), „Die Schöne der neunziger Jahre" (1934). - *Weitere Filme:* Klondike Annie (1936), Myra Breckinridge (1970), Sextett (1977).

W., Morris L[anglo], * Saint Kilda (Victoria) 26. April 1916, austral. Schriftsteller. - Verfasser von Hörspielen, Feuilletons und Dramen, Unterhaltungsromanen, u. a. „Des Teufels Advokat" (1959), „In den Schuhen des Fischers" (1963), „Der Salamander" (1974), „Insel der Seefahrer" (1976), „Proteus" (1978), „In einer Welt von Glas" (R., 1983).

W., Nathanael, eigtl. Nathan Wallenstein Weinstein, * New York 17. Okt. 1902, † bei El Centro (Calif.) 21. Dez. 1940 (Autounfall), amerikan. Schriftsteller. - Ab 1935 Drehbuchautor in Hollywood; schrieb v. a. pessimist., teils satir. [zeitkrit.] Romane, u. a. „Schreiben Sie Miß Lonelyhearts" (1933), „Eine glatte Million oder die Demontage des Mister Lemuel Pitkin" (1934), „Tag der Heuschrecke" (1939).

W., Rebecca, eigtl. Dame (seit 1959) Cecily Isabel Andrews, geb. Fairfield, * in der Grafschaft Kerry 25. Dez. 1892, † London 15. März 1983, angloir. Schriftstellerin. - Schrieb psycholog. angelegte [zeitkrit.] Romane wie „Der Brunnen fließt über" (1957), „Die Zwielichtigen" (1966); auch hervorragende Essayistin und Reiseschriftstellerin.

Westalpen, Teil der ↑Alpen westl. der Linie Alpenrheintal–Hinterrheintal (bis Splügen) und weiter zum Comer See.

Westarp, Kuno Graf von, * Ludom (=
Ludomy bei Posen) 12. Aug. 1864, † Berlin 30. Juli 1945, dt. Politiker. - 1908–18 MdR (Deutschkonservative Partei); ab 1913 Fraktionsvors., Gegner der Friedensresolution von 1917 und einer Parlamentarisierung; 1918 Mitbegr. der DNVP (ab 1920 MdR, 1925–29 Fraktionsvors.), führte maßgebl. die Zustimmung seiner Partei zum Locarnopakt und zum Eintritt in das bürgerl. 4. Kabinett Marx 1927/28 herbei, scheiterte aber als Parteivors. (1926–28) am starren Oppositionskurs Hugenbergs; schloß sich 1930 der Volkskonservativen Vereinigung an (MdR bis 1932).

Westaustralien (amtl. Western Australia), Bundesland des Austral. Bundes, im W des Kontinents, 2 525 500 km^2, 1,37 Mill. E (1984), Hauptstadt Perth. Landschaftsprägend sind die einförmigen Rumpfländer des Austral. Schildes, die mehr als 90% der Gesamtfläche einnehmen. Inselberge und -gebirge oder zerschnittene Tafel- und Stufenländer überragen diese ausgedehnte wellige Fastebene, die eine mittlere Höhenlage von 300 bis 500 m aufweist. Südl. und nördl. von Perth erstreckt sich eine schmale Küstenebene, die landeinwärts von Hügel- und Bergländern abgeschlossen wird. Große Flächen des Binnenlandes, v. a. im Bereich der Großen Sandwüste und der Großen Victoriawüste, werden von Sandfeldern eingenommen. Diese Teile von W. sind größtenteils flußlos wie auch die Nullarborebene im S. In W. leben auf rd. $^1/_3$ der Fläche Australiens nur 8,5% der Gesamtbev. des Kontinents, davon 70% im Großraum Perth. Ausgedehnte Gebiete im Innern sind landw. nicht nutzbar, große Flächen nur als extensives Weideland (Merinoschafe, Rinder). Ackerbau ist auf den niederschlagsreichen SW und auf den N beschränkt; angebaut werden Weizen, Hafer, Gerste, Kartoffeln, Obst, im Bewässerungsgebiet des gestauten Ord River auch Baumwolle. Wichtigste Nutzhölzer sind Jarrah und Karri. W. verfügt über bed. Lagerstätten, v. a. Eisenerze, außerdem Bauxit, Nickel- und Zinnerz, Tantalit, Rutil, Zirkon, Ilmenit, Steinkohle, Salz, Erdöl, Erdgas, Gold und Diamanten. Die Ind. ist fast ausschließl. im Raum Perth konzentriert. Bed. sind metallurg. und metallverarbeitende Werke, Nahrungs- und Genußmittelind., Holzverarbeitung sowie chem. und petrochem. Industrie.

Geschichte: 1616 Landung des Niederländers Dirk Hartog in W.; ab 1826 von Briten besiedelt, die 1826 Albany und 1829 Perth gründeten; W. hatte seit 1829 den Status einer eigenen Kolonie, wenn es auch bis 1831 unter der Jurisdiktion von Neusüdwales blieb; gehört seit 1901 zum Austral. Bund.

📖 *A new history of Western Australia. Hg. v. C. T. Stannage.* Perth 1980. - *Dahlke, J.: Der Westaustral. Wirtschaftsraum.* Aachen 1975.

Westaustralischer Rücken, unter-

Western

meer. Schwelle im Ind. Ozean, vor der SW-Küste Australiens, bis 1 011 m u. d. M. aufragend.
Westaustralisches Becken, Meeresbecken im Ind. Ozean, vor der Küste Westaustraliens, bis 6 350 m tief.
West Bank [engl. 'wɛst 'bæŋk „Westufer (des Jordan)"], engl. Bez. für West-Jordanien, ↑ Palästina.
West Bengal [engl. 'wɛst bɛŋ'gɔ:l], Bundesstaat in O-Indien, 87 853 km^2, 54,6 Mill. E (1981), Hauptstadt Kalkutta. W. B. nimmt überwiegend den westl. Teil des Tieflands von Bengalen ein. Das Flußsystem des Ganges ermöglicht eine ausreichende Wasserversorgung; südl. der Agglomeration von Kalkutta beginnt das unwegsame Land des aktiven Deltas mit seinen Mangrovewäldern. Das subtrop. Monsunklima weist 8–9 feuchtheiße Monate auf. Die Landw. produziert v. a. Reis, Jute, Mais, Hirse, Ölfrüchte, Zuckerrohr, Baumwolle und Tabak; das Geb. um Darjeeling ist berühmt für seinen Tee. Industrielle Schwerpunkte sind das randl. auf W. B. übergreifende Erz- und Kohlenrevier des Damodartales mit dem Zentrum Asansol sowie der Raum Kalkutta-Howrah. Mit der Gangesebene, Assam und dem Dekhan ist W. B. durch ein gut ausgebautes Eisenbahnnetz verbunden. Kalkutta verfügt über einen Überseehafen und einen internat. ⚓.
Zur *Geschichte* ↑ Bengalen (Geschichte).
West-Coast-Jazz [engl. 'wɛst 'koost 'dʒæz], Bez. für einen Stilbereich des Jazz, der seit der Mitte der 1950er bis Anfang der 60er Jahre von weißen Musikern an der Westküste der USA gespielt wurde. Er prägte keine eigenständigen Gestaltungsprinzipien und Ausdrucksmittel aus, sondern blieb weitgehend dem ↑ Cool Jazz verbunden. Zu den bekanntesten Vertretern gehören S. Rogers, B. Shank, S. Manne und J. Giuffre.
Westdeutsche Allgemeine Zeitung, dt. Tageszeitung, ↑ Zeitungen (Übersicht).
Westdeutsche Landesbank Girozentrale, Abk. WestLB, größtes dt. Zentralinstitut der Sparkassen, Sitz Düsseldorf/Münster. Gebildet 1969 durch Fusion der „Rhein. Girozentrale und Provinzialbank" und der „Landesbank für Westfalen–Girozentrale". Niederlassungen in Bielefeld, Dortmund, Essen, Köln, London, New York, Tokio; Töchter in Luxemburg (WestLB International S. A.) und Hongkong (WestLB Asia Ltd).
Westdeutsche Rektorenkonferenz, Abk. WRK, 1949 als freiwilliger Zusammenschluß gebildete Zentralvertretung von 162 staatl. und staatlich anerkannten Hochschulen in der BR Deutschland und in Berlin (West). Die Mitgliedshochschulen wirken in der WRK zusammen. Ihre Aufgaben sind insbes.: 1. eine gemeinsame Lösung der die Hochschulen betreffenden Probleme, 2. gegenüber der Öffentlichkeit die Darstellung der Aufgaben, Notwendigkeiten, Bedürfnisse und Arbeitsbedingungen der Hochschulen, 3. Beratung der polit. Entscheidungsträger durch Empfehlungen, 4. Beobachtung, Dokumentation und Bericht über hochschulpolit. Entwicklungen, 5. Zusammenarbeit mit staatl. Instanzen, Wiss.-, Bildungs- und Hochschulorganisationen und -gremien, 6. Vertretung ihrer Mgl. in inter- und supranat. Organisationen und Einrichtungen, 7. Sicherung der Zusammenarbeit mit den Rektorenkonferenzen anderer Länder.
Westdeutscher Rundfunk ↑ Rundfunkanstalten (Übersicht).
Westdeutscher Verlag GmbH ↑ Verlage (Übersicht).
Weste [frz., zu lat. vestis „Kleid, Gewand"], zuerst unter dem Justaucorps getragen: fast so lang wie dieses, tailliert, mit aufschlaglosen Ärmeln; seit etwa 1750 ohne Ärmel und Schöße, Rückenpartie aus Futterstoff. Ende des 18. Jh. hochgeschlossen (Gilet), seit dem 19. Jh. mit verschiedenen Ausschnitten. Gelangte mit dem Kostüm auch in die Damenmode.
Westen, die auf den ↑ Westpunkt weisende Himmelsrichtung.
Westerbork, niederl. Gem. 16 km ssö. von Assen, 7 600 E. Nahebei ein Radioteleskop mit 12 Parabolantennen von je 25 m Durchmesser.
Westerburg, Stadt am S-Rand des Hohen Westerwaldes, Rhld.-Pf., 380 m ü. d. M., 5 200 E. Luftkurort, Metallverarbeitung. - 1209 erstmals gen.; seit 1292 Stadt. - Ev. spätgot. Pfarrkirche (1516 ff.), kath. Wallfahrtskirche Unserer Lieben Frau (Neubau 1898/99), kath. Pfarrkirche Christkönig (1961) mit altem Gnadenbild (14. Jh.); Schloß (13.–18. Jh.).
Westerland, Stadt auf Sylt, Schl.-H., 4 m ü. d. M., 8 900 E. Bioklimat. Inst. der Kieler Univ., Freilichtmuseum, Nordsee-Aquarium; Nordseeheilbad, Königstadt. - Entstand als Neusiedlung spätestens im 15. Jh. nach Vernichtung des bereits um 1200 besiedelten *Eytum* (sw. der heutigen Stadt) durch Flutkatastrophen (vor 1436); erhielt 1905 Stadtrecht.
Westermann, Diedrich, * Baden (= Achim) 24. Juni 1875, † ebd. 31. Mai 1956, dt. Ethnologe und Afrikanist. - Missionar in Togo (bis 1903), ab 1921 Prof. in Berlin; führte zahlr. Forschungsreisen in O- und W-Afrika durch; beschäftigte sich v. a. mit den Sprachen, der Geschichte und den Akkulturationsproblemen der schriftlosen Gesellschaften Afrikas. - *Werke:* Die Sudansprachen (1911), The Shilluk people ... (1912), Die westl. Sudansprachen ... (1927), Völkerkunde von Afrika (1940; mit H. Baumann und R. Thurnwald), Die Volkwerdung der Hausa (1950).
Westermann Verlag, Georg ↑ Verlage (Übersicht).
Western [engl.], Bez. sowohl für eine ge-

nuin amerikan. Filmgattung, als auch für die typ. amerikan. Ausprägung des Abenteuerromans. Gestaltet werden die Ereignisse der Westkolonisation in den USA im 19. Jh.: Kampf gegen Faustrecht, Gesetzlose und Indianer, Goldrausch und Eisenbahnbau, Bürgerkrieg und die großen Trecks nach Westen. Charakterist. für den **Wildwestroman** sind realist.-dokumentar. Einkleidung, eine meist einfache Sprache und Struktur mit suggestivem äußerem Handlungsablauf um den Helden, der einsam im Namen des Gesetzes oder in Selbstjustiz das Böse bekämpft und dabei die gesellschaftl. Ordnung wieder herstellt, ferner häufig märchenhafte Züge (unglaubl. Geschicklichkeit des Helden, sicherer Sieg des Guten), feste Orte, Requisiten und Rollen. Die Entstehung des W. wird in einer myth. Verklärung der eigenen romant.-abenteuerl. Vergangenheit, einer „Westernideologie" gesehen. Vorläufer sind J. F. Cooper, B. Harte, Mark Twain. Die ersten eigtl. W. schrieb E. Z. C. Judson (*1820, †1886), u.a. um die legendäre Gestalt des Buffalo Bill. Seine erste Blütezeit erlebte der W. um die Jh.wende mit O. Wister, A. Adams, später Z. Grey, F. Faust u.a. - Die Dramatik des **Wildwestfilms** erwächst aus der Spannung der Gegensätze: Ansprüche der Gemeinschaft und des einzelnen, Faustrecht und Gesetz, Gewalt und Zärtlichkeit, Wildnis und Zivilisation. Legendäre Gestalten wie Davy Crockett, Buffalo Bill Cody, Wild Bill Hickok, Wyatt Earp, aber auch so zwielichtige bzw. verbrecher. Männer wie Richter Roy Bean, Doc Holliday, Jesse James, Billy the Kid wurden typenbildend im W. Hollywoods, v. a. verkörpert durch G. Cooper, H. Fonda, J. Wayne, J. Stewart, E. Flynn, R. Widmark und P. Newman. Zum ersten W.klassiker wurde J. Fords „Höllenfahrt nach Santa Fe" (1937, auch u. d. T. „Ringo"). Unter den Regisseuren der Anfangsphase (bis etwa 1920) waren v. a. D. W. Griffith und M. Sennett wegweisend. Zw. 1920 und 1950 entwickelte der W. als anerkannte Filmgattung seine eigenen Gesetzmäßigkeiten sowie einen relativ kleinen Kreis von Stammschauspielern, Regisseuren und Spezialisten. Bedeutendste Regisseure dieser Zeit waren H. King R. Walsh, C. B. De Mille, J. Ford, H. Hawks. Eine neue Phase des W. begann um 1950 v.a. mit H. King, F. Zinnemann, W. Wellman und K. Vidor, die die W.ideologie zur Diskussion stellten, indem sie ihren Filmen eine liberale Aussage gaben: Abwendung von Lynchjustiz und Revolverhelden, Aufbau einer positiven Beziehung zu den Indianern. Seit etwa 1950 wurden die Figuren des W. gern psychologisiert; histor. und psycholog. Glaubwürdigkeit erstrebte v. a. S. Peckinpah. Der *Italo-* oder auch *Sado-W.* wurde in den 1960er Jahren von S. Leone begründet und von S. Corbucci (1926) weitergeführt, die den amerikan. Mythos v. a. durch eine geschickte Mischung aus zyn. Gesellschaftskritik, Action, neurot. Brutalität und Komik ersetzten. Ende der 1970er Jahre setzte eine W.renaissance ein, bei der man sich wieder bes. um Authentizität und Entheroisierung bemüht, z. B. in „Ich, Tom Horn" (1980), und durch opt. Verfremdung neue Darstellungsmöglichkeiten erreichte.

📖 *Steinbrink, B.: Abenteuerlit. des 19. Jh. in Deutschland. Tüb. 1983. - Seesslen, G., u.a.: Die Kunst des W. Schondorf 1979. - Hembus, J.: W.-Gesch. Mchn. 1979. - Beissel, R.: Von Atala bis Winnetou. Die Väter des W.-Romans. Braunschweig u. Bamberg 1978. - Hembus, J.: W.-Lex. Mchn. Neuausg. 1978. - Prodolliet, E.: Lex. des Wilden Westens. Mchn. 1967. - Folsom, J. K.: The American western novel. New Haven (Conn.) 1966.*

Western art [engl. ...'ɑːt], Bez. für die Kunst, die den amerikan. Westen zum Gegenstand hat; im weitesten Sinne auch die Kunst und das Kunstgewerbe der nordamerikan. Indianer. I. e. S. die Malerei und Skulptur europäischstämmiger oder amerikan. Künstler, die in ihrer z. T. traditionalist., regionalist., eklektizist. Kunstauffassung die amerikan. Pioniergeschichte darstellten und nachvollzogen. Hauptvertreter: A. Bierstadt (*1830, †1902), der auch als Ethnograph bed. G. Catlin, T. Eakins, T. Moran (*1837, †1926), F. Remington, A. Wyeth und C. M. Russell (*1864, †1926), G. Wood. - Abb. S. 104.

Western Isles [engl. 'wɛstən 'aɪlz], Region in Schottland.

Westerschelde [niederl. 'wɛstərsxɛldə], südl. (heute einziger) Mündungstrichter der Schelde in die Nordsee, an der Küste von Seeländ.-Flandern (im S) und den ehem. Inseln Walchern und Zuid-Beveland.

Westerstede [vɛstər'ʃteːdə], Krst. im Ammerland, Nds., 13 m ü. d. M., 17 800 E. Verwaltungssitz des Landkr. Ammerland; Dt. Lehranstalt für Agrartechnik, Verarbeitung landw. Produkte, Textil-, Möbel- und Maschinenfabrik. - Erstmals 1123 gen.; seit 1977 Stadt. - Ev. Kirche Sankt Peter (13. und 15. Jh.); barockes Haus Fikenshoalt (18. Jh.).

Westerwald, Teil des Rhein. Schiefergebirges zw. dem unteren Mittelrheintal, dem unteren Lahntal, dem Dill- sowie dem Siegtal; i. w. S. wird das östl. des Dill anschließende **Gladenbacher Bergland** dem W. zugerechnet. Das Landschaftsbild wird von Rumpfflächen geprägt, die im **Hohen Westerwald** (zw. Dillenburg und Hachenburg) zw. 500 und 600 m ü. d. M. liegen, überragt von Basaltkuppen wie dem Fuchskauten (657 m, höchste Erhebung des W.), und nach W und S hin zum Rhein und zur Lahn hin allmähl. abfallen. Im Hohen W. Weidewirtschaft, in den tiefer gelegenen Teilen Feld-Gras-Wirtschaft. An Bodenschätzen haben u. a. tertiäre Tone Bed. († Kannenbäckerland). Im W. gibt es zahlr. Luftkur-, Wintersport- und Erholungsorte.

Westerwaldkreis, Landkr. in Rheinland-Pfalz.

Westeuropa, westl. Teil ↑Europas mit Frankr., den Brit. Inseln (geograph. auch als NW-Europa definiert) und den Beneluxländern (geograph. auch zu M-Europa gerechnet).

Westeuropäische Union, Abk. WEU, im Zuge des Ost-West-Konflikts im Okt. 1954 (↑Pariser Verträge 1954) abgeschlossener, am 6. Mai 1955 in Kraft getretener kollektiver Beistandspakt im Rahmen der NATO, dem Großbrit., Frankr., die Benelux-Staaten sowie die BR Deutschland und Italien angehören. Vorläufer war der brit.-frz. Zusammenschluß im Bündnisvertrag von Dünkirchen (1947), der im *Brüsseler Pakt (Brüsseler Vertrag)* von 1948 (Westunion) um die Benelux-Staaten erweitert wurde. Organe: 1. Rat der WEU (Außenmin. der Mgl.staaten) mit dem Ständigen Rat (in London akkreditierte Botschafter) als Hilfsorgan; 2. Versammlung, zusammengesetzt aus den insgesamt 89 Vertretern der WEU-Staaten in der Beratenden Versammlung des Europarats; 3. Generalsekretariat (in London); 4. Amt für Rüstungskontrolle (zur Überwachung v. a. der Beschränkungen bei der dt. Wiederaufrüstung); 5. Ständiger Rüstungsausschuß. Für die militär. Ausführung der WEU ist der NATO-Oberbefehlshaber zuständig.

westeuropäische Zeit, Abk. WEZ, die Zonenzeit des Meridians von Greenwich; gilt in Europa in Großbrit., Irland und Portugal.

Westfalen, NO-Teil von Nordrhein-Westfalen, umfaßt die Westfäl. Bucht, das nw. Weserbergland und das Sauerland, Hauptort ist Münster. - Eine territorialpolit. Einheit W. erscheint erst bei der Zerschlagung des Hzgt. Sachsen (1180), dessen westl. Teil als *Herzogtum W.* an das Erzstift Köln kam. Das sich aus dem Hzgt. im Spät-MA bildende kurköln. Territorium umfaßte jedoch nur den Kern von W., das die Erzbischöfe v. a. mit den Bischöfen von Minden, Münster, Osnabrück und Paderborn, den Herren (später Reichsgrafen bzw. Reichsfürsten) zur Lippe, den Grafen von der Mark und den Grafen von Ravensberg zu teilen hatten; von den zahlr. Städten erlangte außer Dortmund keine die Reichsfreiheit. Das Hzgt. W. war eine Hauptstütze kurköln. Macht, andere Territorien wurden zum Brückenpfeiler des brandenburg.-preuß. Ausgreifens zum Niederrhein (1614/66 Mark, Ravensberg und Kleve, 1648 Minden, 1702/07 Lingen und Tecklenburg, 1803 O-Teil des Oberstifts Münster sowie Paderborn). Das kurköln. W. (ohne das Vest Recklinghausen) kam 1803 an Hessen-Darmstadt, das westl. Münsterland an ehem. linksrhein. Geschlechter, Dortmund und Corvey an Nassau. Napoleon I. bildete 1807 u. a. aus Braunschweig, dem größten Teil Kurhessens, hannoverschen und sächs. Gebieten sowie aus preuß. Territorium (Paderborn, Minden, Ravensberg, Münster, Hildesheim, Goslar, Altmark, Magdeburg, Halberstadt, Hohnstein, Quedlinburg, Eichsfeld, Mühlhausen, Nordhausen, Stolberg-Wernigerode) das *Königreich W.* (Hauptstadt Kassel) unter seinem Bruder Jérôme, das 1810 um das restl. Hannover (außer Lauenburg) vergrößert wurde, im selben Jahr aber den NW an Frankr. verlor und 1813 zerbrach. 1815 kam das heutige W. an Preußen *(Prov. W.),* Osnabrück an Hannover; Lippe blieb selbständig. 1946 wurde W. Nordrhein-Westfalen eingegliedert.
📖 *Westfäl. Gesch.* Hg. v. W. Kohl. Düss. 1982–84. 4 Bde. - Engel, G.: Polit. Gesch. Westfalens. Stg. ⁴1980.

Westfalen, westgerman. bzw. dt. Stamm, der sich von seinem Kernland zw. Ems und Hunte bis Ende des 7.Jh. nach S und W ausdehnte und neben Angrivariern und Ostfalen einen Volksteil der Sachsen ausmachte. Trotz ihrer Unterwerfung in den Sachsenkriegen Karls d. Gr. bewahrten die W. so große Eigenständigkeit, daß der Name W. seit dem 12.Jh. das gesamte Gebiet zw. Rhein und Weser bezeichnete.

Westfälisch, niederdt. Mundart, ↑deutsche Mundarten.

Westfälische Bucht, südl. Ausbuchtung des Norddt. Tieflands gegen die Mittelgebirgsschwelle, im O von Teutoburger Wald und Egge, im S von Haar und Ardey begrenzt, nach W gegen die Niederrhein. Bucht und die Niederlande geöffnet, untergliedert in das zentrale Münsterland, die Paderborner Hochfläche im O und den Hellweg im S.

Westfälische Pforte ↑Porta Westfalica.

Westfälischer Frieden, Bez. für die Friedensverträge zur Beendigung des Dreißigjährigen Kriegs, nach vierjährigen Verhandlungen geschlossen am 24. Okt. 1648, zw. dem Kaiser und den dt. Reichsständen einerseits und Frankr. **(Friede von Münster)** sowie Schweden **(Friede von Osnabrück)** andererseits. Die in vielen Passagen gleichlautenden Verträge enthielten 3 Hauptkomplexe: 1. *Die konfessionelle Frage:* Der Grundsatz ↑Cuius regio, eius religio blieb bestehen, doch wurden die Konfliktmöglichkeiten zw. den Religionsparteien durch die Einführung des ↑Normaljahres 1624 (außer für die habsburg. Erblande) eingeschränkt. Die Kalvinisten erhielten neben den Katholiken und den Augsburg. Konfession den Status eines Reich anerkannten Bekenntnisses. Ein geistl. Vorbehalt sicherte weiterhin den Bestand an geistl. Territorien (insbes. kath. Kurstimmen). Der Stabilisierung der konfessionellen Verhältnisse im Reich dienten außerdem die parität. Besetzung der Reichsinstitutionen und die sog. Itio in partes im Reichstag, d. h. das Auseinandertreten der Reichsstände in ein Corpus catholicorum und ein Corpus evange-

Westfeste

Western art. Grant Wood, American Gothic (1930). Chicago, Art Institute

licorum, die einander nicht überstimmen konnten.

2. Die Verfassungsfrage: Die dt. Reichsstände erhielten innere Souveränität in Form der vollen Landeshoheit für ihre Territorien (Steuerhoheit, Gesetzgebungsrecht, Rechtsprechung, Bewaffnungsrecht, Bündnisrecht und das Recht der Entscheidung über Krieg und Frieden, wenn auch mit der formalen Beschränkung, daß ihre Bündnisse und Kriege nicht gegen Kaiser und Reich gerichtet sein durften). Der Kaiser wurde bei den Reichsgeschäften und der Gesetzgebung im Reich an die Zustimmung der Reichsstände gebunden. Bayern behielt die im Böhm.-Pfälz. Krieg gewonnene Kurwürde, für die Pfalz wurde eine 8. Kur errichtet.

3. Die wesentl. territorialen Veränderungen: Die Schweiz und die Niederlande schieden aus dem Reichsverband aus, ebenso die Bistümer Metz, Toul und Verdun, die an Frankr. fielen. Darüber hinaus gewann Frankr. alle Rechtstitel und Besitzungen der Habsburger im Elsaß sowie die nichtöstr. Landgft. im unteren Elsaß, Breisach am Rhein, das Reichslehen Pinerolo und das Besatzungsrecht in Philippsburg. Schweden ließ sich den Frieden außer mit 5 Mill. Talern mit der Abtretung von Vorpommern (mit Rügen, Stettin und der Odermündung), des Erzstifts Bremen und des Stifts Verden und Wismar bezahlen. Der schwed. König erlangte damit die dt. Reichsstandschaft. Kurfürst Friedrich Wilhelm von Brandenburg, der Erbansprüche auf Pommern geltend machen konnte, erhielt Hinterpommern mit dem Stift Cammin, die Stifte Halberstadt und Minden sowie die Anwartschaft auf das Erzstift Magdeburg.

📖 *Dickmann, F.:* Der W. F. Münster ⁵1985. - *Ruppert, K.:* Die kaiserl. Politik auf dem Westfäl. Friedenskongreß (1643–1648). Münster 1979.

Westfeste ↑ Ostfeste.

Westflandern (niederl. West-Vlaanderen, frz. Flandre Occidentale), Küstenprov. in Belgien, Teil der histor. Landschaft Flandern, 3 134 km², 1,09 Mill. E (1985), Verwaltungssitz Brügge. Der Großteil wird von langsam zur Küste abdachenden Ebenen eingenommen. Die 65 km lange Nordseeküste weist zahlr. Seebäder und Hafenstädte auf. W. ist noch weitgehend ein Landw.gebiet. Einer der wichtigsten Wirtschaftszweige ist die auf dem traditionellen Gewerbe beruhende Textilindustrie, außerdem Schiff-, Motoren- und Schwermaschinenbau, Hütten- und Stahlind., Hochseefischerei.

Westfriesisch ↑ Friesisch.

Westfriesische Inseln, bogenförmige Inselkette in der Nordsee vor der niederl. Küste, westl. Fortsetzung der Ostfries. Inseln (Rottumeroog, Rottumerplaat, Boschplaat, Simonszand, Schiermonnikoog, Ameland, Terschelling, Vlieland und Texel).

Westgermanen, im wesentl. auf Grund sprachl. Erscheinungen der Völkerwanderungszeit definierte Gruppe der Germanen, unterteilt in: *Rhein- und Wesergermanen* (u. a. Bataver, Ubier, Tenkterer, Sugambrer, Angrivarier später Franken), *Nordseegermanen* (Kimbern, Teutonen, Chauken, später Angeln, Sachsen, Friesen) und *Elbgermanen* (sweb. Völker [↑ Sweben], Langobarden u. a.; auch Chatten und Cherusker werden gelegentl. dazugerechnet). - ↑ auch Germanen.

Westghats ['wɛstgɑːts], Gebirgszug an der W-Küste Indiens, erstreckt sich über rd. 1 500 km von der Tapti im N bis zur S-Spitze Indiens, bis 2 695 m hoch (Anai Mudi). Die W. stellen den aufgebogenen W-Rand des Dekhan dar; gegen den schmalen Saum der Konkan- und Malabarküste fallen sie in einer stark zerschnittenen Bruchstufe ab. Der SW-Monsun bringt der W-Seite 3 800–5 000 mm Niederschlag/Jahr, die im Luv gelegenen Teile erhalten nur noch 500–600 mm.

West Glamorgan [engl. 'wɛst glə-'mɔːgən], Gft. in Wales.

Westgoten (Wisigoten, Wesegoten; lat. Visigothae, Vesegothae; Terwingen), Teilgruppierung der Goten ab 269 n. Chr., die auf die Balkanhalbinsel und weiter über Italien nach Gallien zog (↑ Völkerwanderung) und dort in der röm. Prov. Aquitania secunda 419 das Tolosan. Reich nach Föderatenvertrag mit Rom begründete (weitgehende Erhaltung der röm. Ordnung; W. als militär. Besatzung in bestimmten Machtzentren). Mit König Eurich (⚰ 466–484) setzte sich der Verselbständigungswille gegenüber Rom durch

westliche Welt

(475 röm. Anerkennung eines W.reichs, bestehend aus dem größten Teil Spaniens und dem gall. Gebiet zw. Loire und Rhone). Nach dem Sieg (507) des Frankenkönigs Chlodwig I. blieb ihnen nur noch der Besitz des span. Reichsteils sowie ab 585 des span. Swebenreiches, sie erlagen 711 unter Roderich (710/711) den Arabern unter Tarik Ibn Sijad. - Die W. schufen bed. Rechtskodifikationen, u. a. die älteste Aufzeichnung german. Rechts, den Codex Euricianus (475/476). - ↑ auch Spanien (Geschichte).

📖 *King, P. D.:* Law and society in the Visigothic kingdom. London 1972. - *Claude, D.:* Adel, Kirche u. Königtum im W.reich. Sigmaringen 1971. - *Claude, D.:* Gesch. der W. Stg. u. a. 1970.

Westindische Assoziierte Staaten (engl. West Indies Associated States), Gruppe ehemals brit. Kolonien im Bereich der Kleinen Antillen, die 1967 den Status von mit Großbrit. assoziierten Staaten erhielten. Die Assoziation endete mit der Konstituierung ihrer Mgl. als unabhängige Staaten. Nachdem 1974 ↑ Grenada und 1978 ↑ Dominica unabhängig geworden waren, folgten 1979 ↑ Saint Lucia und ↑ Saint Vincent and the Grenadines. 1981 ↑ Antigua und 1983 ↑ Saint Christopher and Nevis. ↑ Anguilla war schon früher wieder unter brit. Verwaltung zurückgekehrt. Der Ministerrat der W. A. S. wurde durch die 1981 gegr. **Organization of Eastern Caribbean States** (OECS) ersetzt. Diese Organisation soll die Wirtschafts-, Außen- und Verteidigungspolitik der Mgl. koordinieren.

Geschichte: Die Inseln wurden 1493 von Kolumbus entdeckt, seit den 1620er Jahren brit. besiedelt; 1871–1956 dem Bund der Leeward Islands eingegliedert. 1958 schlossen sich die meisten westind. Kolonien Großbrit. (Barbados, Trinidad und Tobago, Jamaika sowie die Windward und Leeward Islands [ohne die Virgin Islands]) zur Föderation aus., die 1962 wieder aufgelöst wurde, als Jamaika sowie Trinidad und Tobago ausschieden und unabhängig wurden; Barbados folgte 1966. Nach Verhandlungen mit Großbrit. wurden 1967 die W. A. S. mit den Mgl. Antigua, Saint Chistopher-Nevis-Anguilla, Dominica, Saint Lucia, Grenada gegründet; Saint Vincent schloß sich 1969 an. Grenada wurde 1974 unabhängig, Dominica 1978, Saint Lucia und Saint Vincent 1979. Anguilla schied aus seiner Verbindung mit Saint Christopher und Nevis aus und bildet seit 1976 ein eigenes, von Großbrit. abhängiges Territorium; Antigua wurde unter dem Namen Antigua und Barbuda 1981 ein unabhängiger Staat.

📖 *Politics, Public Administration and rural development in the Caribbean.* Hg. v. H. F. Illy. Köln 1984. - Hdb. der Dritten Welt, Hg. v. D. Nohlen u. F. Nuscheler. Bd. 3: Unterentwicklung u. Entwicklung in Lateinamerika. Hamb. ²1982. - *Mitchell, H. P.:* Caribbean patterns. New York ²1972.

Westindische Inseln (Karibische Inseln), die in einem lockeren, etwa 4000 km langen Bogen östl. der zentralamerikan. Landbrücke zw. den Kontinenten Nord- und Südamerika angeordneten Inseln; sie erstrecken sich von Kuba und den Bahamainseln bis Trinidad. Gegliedert werden die W. I. in die Großen und Kleinen ↑ Antillen und die Bahamainseln († Bahamas).

Westinghouse, George [engl. 'wɛstiŋhaʊs], * Central Bridge (N. Y.) 6. Okt. 1846, † New York 12. März 1914, amerikan. Erfinder und Industrieller. - W. erfand die Druckluftbremse für Eisenbahnen (erstes Patent 1867). 1869 gründete er in Pittsburgh (Pa.) die *W. Airbrake Company* (W.-Bremse), und 1886 die *W. Electric Corporation* (elektr. Generatoren und Turbinen).

Westirian, indones. Prov., ↑ Irian Jaya.

Westjuden ↑ Ost- und Westjuden.

westkaukasische Sprachen (abchasisch-tscherkessische Sprachen) ↑ kaukasische Sprachen.

Westkordillere [...kɔrdɪljeːrə], westl. Gebirgszüge der Anden in Südamerika, in der Cordillera Blanca bis 6 768 m hoch.

Westland, Geb. zw. Den Haag und Delft im N, dem Nieuwe Waterweg im S; eines der bedeutendsten Erwerbsgartenbaugebiete der Niederlande.

Westland National Park [engl. 'wɛstlənd 'næfənəl 'pɑːk], Nationalpark auf der Südinsel Neuseelands; erstreckt sich von der zentralen Westküste bis zur Hauptwasserscheide der Neuseeländ. Alpen; 886 km² groß. Zahlreiche Gletscher, u. a. der 12 km lange Franz-Joseph-Gletscher. - Der W. N. P. wurde 1960 eingerichtet.

Westler, Bez. für eine um 1840 entstandene polit.-publizist. Richtung in Rußland, deren Vertreter (v. a. P. Tschaadajew, A. I. Herzen, W. G. Belinski) sich für einen engen Anschluß Rußlands an die Entwicklung der westeurop. Kultur und Regierungsformen einsetzten und in harter Auseinandersetzung mit den ↑ Slawophilen („Russophilen") standen.

Westliche Morava, linker Quellfluß der ↑ Morava.

Westlicher Indischer Rücken, untermeer. Schwelle im sw. Ind. Ozean, trennt Natal- bzw. Madagaskarbecken vom Südwestind. Becken.

Westlicher Sajan, Gebirge im südl. Sibirien, erstreckt sich vom Quellgebiet des Abakan in nö. Richtung bis zum Östl. Sajan, rd. 600 km lang, bis 3 121 m hoch.

Westliches Karolinenbecken ↑ Östliches Karolinenbecken.

westliche Welt („Westen"), Bez. für die von den USA geführte Staatengruppe, im Unterschied v. a. zu den Ostblockstaaten; gekennzeichnet v. a. durch kapitalist. Wirtschaftssystem, Bekenntnis zum (teils nach verwirklichten) polit. Pluralismus und Ablehnung des Kommunismus.

West Lothian [engl. 'wɛst 'loʊðjən], ehem. schott. Gft. in den östl. Lowlands, am Südufer des Firth of Forth. Die Wirtschaft von W. L. wird v. a. von der Industrie (Fahrzeug- und Maschinenbau, Textil-, Papier-, Nahrungs- und Genußmittelindustrie) bestimmt. W. L. hat Anteil am zentralschott. Kohlenfeld (der Abbau wurde eingestellt). Im landwirtschaftl. Bereich liegt das Hauptgewicht auf der Milchviehhaltung.

Westmächte, Bez. für die westl. Kriegsgegner des Dt. Reiches 1914–18 (v. a. Frankr., Großbrit.; ab 1917 auch die USA); auch Bez. für das von den USA seit dem Ende des 2. Weltkrieges geführte Bündnissystem.

Westmännerinseln, Inselgruppe (16 Inseln) vor der SW-Küste Islands, 16 km², Hauptinsel ↑ Heimaey.

Westmeath [engl. wɛst'miːð], Gft. im mittleren Irland, 1763 km², 63 300 E (1986), Verwaltungssitz Mullingar. - Gehörte im MA zum Kgr. Meath; 1173 von den (Anglo-)Normannen erobert, 1316 wieder mit den übrigen Meath vereinigt, 1543 endgültig als selbständige Gft. abgetrennt.

West Midlands [engl. wɛst 'mɪdləndz], Metropolitan County in M-England.

Westminster, City of [engl. 'sɪtɪ əv 'wɛstmɪnstə], Stadtbezirk in Z-London, England, 184 100 E; im Zuge der Verwaltungsneugliederung von Groß-London hervorgegangen aus den ehem. Städten Westminster, Paddington und Saint Marylebone der Gft. London. - Entstand auf einer Themseinsel um ein im 7. Jh. gegr., dann von den Dänen zerstörtes und erneut um 958 gegr. Kloster, das 1540 aufgehoben wurde; seit 1066 Krönungsort der engl. bzw. brit. Könige und deren Residenz bis zu Heinrich VIII.; wurde 1850 Sitz eines kath. Bischofs, 1899 Stadtteil von London.

Westminster Abbey [engl. 'wɛstmɪnstə 'æbɪ], Kirche der ehem. Benediktinerabtei in London, engl. Krönungskirche; an der Stelle des normann. Vorgängerbaus unter Heinrich III. (1245 ff.) errichtete, von der frz. Gotik geprägte dreischiffige Basilika mit Querhaus, Chor, Chorumgang; spätgot. Kapelle Heinrichs VII. (1503–12), Grablege der engl. Könige; gotisierende Doppelturmfassade (18. Jh.).

Westminster Confession [engl. 'wɛstmɪnstə kən'fɛʃən] ↑ Presbyterianer.

Westminster Hall [engl. 'wɛstmɪnstə 'hɔːl], ältester erhaltener Teil des 1834 durch Feuer zerstörten *Palace of Westminster* in London; urspr. von dem normann. König Wilhelm II. 1097 errichtet; der jetzige spätgot. Bau wurde 1398 vollendet; diente zeitweise als Parlamentsgebäude.

Westminsterstatut [engl. 'wɛstmɪnstə], vom brit. Parlament 1931 verabschiedetes Gesetz, das, die Beschlüsse der Empirekonferenzen von 1926 und 1930 sanktionierend, den Dominions prakt. den Status selbständiger Staaten mit voller gesetzgeber. Souveränität gab (↑ Britisches Reich und Commonwealth).

Westminstersynode [engl. 'wɛstmɪnstə] (engl. Westminster Assembly of Divines), nach ihrem Tagungsort (Westminster Abbey, London) ben., von 1643–52 tagende Synode zur konformen (puritan.) Kirchenreform Englands, Schottlands und Irlands in bezug auf Bekenntnis *(Westminster Confession* und *Westerminsterkatechismus),* Kirchenverfassung *(Presbyterialsystem),* Gottesdienstordnung *(Directory of Public Worship)* und kirchl. Unterricht. Die W. bildet den dogmat. Abschluß der anglokalvinist. Reformation im 17. Jahrhundert.

Westmitteldeutsch, mitteldt. Mundartgruppe, ↑ deutsche Mundarten.

Westmoreland, William Childs [engl. wɛst'mɔːlənd], * Spartanburg County (S. C.) 26. März 1914, amerikan. General. - Im Koreakrieg Kommandeur einer Luftlandeeinheit; 1964–68 Befehlshaber der Streitkräfte der USA in S-Vietnam, führte einen erfolglosen Abnutzungs- und Zermürbungskrieg (Bombardierung Nord-Vietnams) gegen den Vietcong; 1968–72 Stabschef des Heeres.

Weston, Edward [engl. 'wɛstən], * Highland Park (Ill.) 24. März 1886, † Carmel (Calif.) 1. Jan. 1958, amerikan. Photograph. - 1923–27 in Mexiko (Naturmotive im Nahbereich, Stilleben). 1932 Mitbegr. der „Gruppe f/64". Seine Photographien wurden durch den streng formalen Bildaufbau und ihre perfekte Wiedergabe wegweisend.

Westminster Abbey

Weston-Element [engl. 'wɛstən; nach dem amerikan. Physiker E. Weston, *1850, †1936], eine sehr konstante Spannung (1,01830 Volt bei 20 °C) lieferndes elektrochem. Element, dessen Anode aus reinstem, mit Quecksilber(I)-sulfat überzogenem Quecksilber und dessen Kathode aus Cadmiumamalgam mit einem Überzug aus Cadmiumsulfat besteht; der Elektrolyt ist eine gesättigte Cadmiumsulfatlösung.

Weston-super-Mare [engl. 'wɛstən 'sjuːpə 'mɛə], engl. Stadt am Bristolkanal, Gft. Avon, 58 000 E. Museum, Kunstgalerie. Bed. Seebad. - Seit 1937 Stadt.

Westphal ['vɛstfaːl], Gert, *Dresden 5. Okt. 1920, dt. Schauspieler und Regisseur. - 1952–59 Chefregisseur und Hauptabteilungsleiter des Südwestfunks; seit 1959 Engagement u. a. am Schauspielhaus Zürich; tritt bes. auch als Rezitator von Hörspielen und Lyrik hervor.

Westphalen, Ferdinand Otto Wilhelm von [vɛst'faːlən], *Lübeck 3. April 1799, †Berlin 2. Juli 1876, preuß. Minister. - Schwager von K. Marx; als Innenmin. 1850–58 führender Vertreter antirevolutionärer Politik.

West Point [engl. 'wɛst 'pɔɪnt], Militärgebiet im SO des Bundesstaates New York, USA, am rechten Ufer des unteren Hudson River, 80 km nördl. von New York; United States Military Academy. - Die Militärakad. wurde 1802 an der Stelle eines Militärpostens im Nordamerikan. Unabhängigkeitskrieg auf einem 1790 von der Bundesreg. erworbenen Gebiet errichtet.

Westpreußen, ehem. preuß. Prov. beiderseits der unteren Weichsel, umfaßte 25 542 km² mit (1910) 1,7 Mill. E (64,4 % dt., 27,9 % poln.). - 1466 nach dem Dt. Orden als Culmer Land und Pomerellen mit den Städten Danzig, Thorn, Elbing, Marienburg (Westpr.) sowie das nach Ostpreußen hineinragende Bistum Ermland an Polen abtreten, mit dem sie bis 1569 nur in Personalunion verbunden waren. Nach ihrer Annexion durch das Kgr. Preußen in der 1. und 2. Poln. Teilung 1772/93 wurden sie W. gen.; 1815 wurde aus diesen Gebieten (außer dem Ostpreußen eingegliederten Ermland, aber einschl. der Kreise Marienwerder und Rosenberg) die Prov. W. (mit den Reg.-Bez. Danzig und Marienwerder und der Provinzialhauptstadt Danzig) gebildet, die 1824/29 mit Ostpreußen zur Prov. Preußen verschmolz, 1878 jedoch wieder selbständig wurde. Durch den Versailler Vertrag (1919/20) kam der größte Teil von W. - Pomerellen (ohne die Freie Stadt Danzig) und das Culmer Land - an Polen. Westl. davon wurden der Kreis Deutsch Krone und Teile von Flatow und Schlochau mit Resten der Prov. Posen 1922 zur Prov. Grenzmark Posen-Westpreußen, im NW die Restkreise Neustadt und Karthaus mit der Prov. Pommern vereinigt. Die Kreise und Kreisteile östl. von Weichsel und Nogat (Elbing, Marienburg, Marienwerder, Rosenberg, Stuhm) kamen z. T. erst nach der Volksabstimmung von 1920 als Reg.-Bez. W. an die Prov. Ostpreußen. Nach dem dt. Überfall auf Polen wurde 1939 der Reichsgau Danzig-Westpreußen gebildet. Seit 1945 steht ganz W. unter poln. Verwaltung.

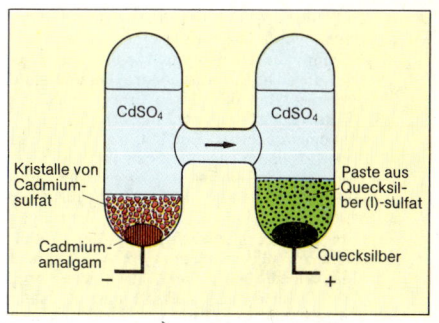

Weston-Element. Funktionsschema

Westpunkt (Abendpunkt), der Punkt des Horizonts, an dem die Sonne am Tag der Tagundnachtgleiche (Frühlings- bzw. Herbstanfang) untergeht; Gegenpunkt des Ostpunkts.

Westrich, Hochfläche südl. des Pfälzer Gebrüchs, 350–450 m hoch.

Weströmisches Reich, die 395 n. Chr. bei der Teilung des Röm. Reiches (↑römische Geschichte) geschaffene westl. Reichshälfte.

Westrussischer Landrücken, rd. 500 km langer Endmoränenzug in der Weißruss. SSR, bis 345 m hoch.

Westsahara (früher Spanische Sahara), ehem. span. Überseeprovinz in W-Afrika, grenzt im W an den Atlantik, im N an Marokko, im äußersten NO an Algerien, im O und im S an Mauretanien, rd. 267 000 km², rd. 100 000 E (1984). W. umfaßt den nordwestlichsten Teil der Sahara und hat extrem trockenes Wüstenklima. Vorherrschend ist Sandwüste (Dünen), nur in dem bergigen Teil spärl. Vegetation. Wenige Oasen. Die Landesbewohner (Saharier) sind Berber und Araber. Der größte Teil sind Nomaden. Sie betreiben Selbstversorgungswirtschaft und Tauschhandel. Wichtigster Wirtschaftsfaktor ist das Phosphat, das seit 1971 bei Bu Craa abgebaut und mittels Förderband zum Verschiffungsplatz vor der Küste von Aaiún transportiert wird (seit 1976 ruhte der Abbau mehrfach als Folge von Sabotageakten). Die Phosphatvorkommen sind von bester Qualität, können im Tagebau abgebaut werden und haben ein Volumen von etwa 3 Mrd. Tonnen.

Geschichte: Spanien proklamierte 1885 das Protektorat über Río de Oro und weitete es 1912 nach N aus. 1946 wurde das Gebiet

Westsamoa

mit Ifni zu *Span.-Westafrika* zusammengefaßt; 1958 wurde aus Río de Oro und Saguia el Hamra die Überseeprov. *Span. Sahara* geschaffen. Die Ansprüche Marokkos und Mauretaniens auf das Gebiet (insbes. nach der Entdeckung bed. Phosphatlager) führten 1975 zu einem internat. Konflikt. Nach dem Einmarsch marokkan. Zivilisten im Nov. 1975 erklärte sich Spanien zur Übergabe der Überseeprov. (bis Febr. 1976) an Marokko und Mauretanien zur gemeinsamen Verwaltung (bis zu einer unter UN-Aufsicht durchzuführenden Volksabstimmung) bereit. Während die beiden Staaten die W. nach dem Abzug der Spanier ohne Volksabstimmung unter sich aufteilten, rief die von Algerien unterstützte Befreiungsbewegung ↑FPOLISARIO in Algerien die Demokrat. Arab. Republik Sahara aus und verstärkte den Guerillakrieg. Nach dem Umsturz in Mauretanien 1978 verzichtete die neue mauretan. Reg. in einem Friedensvertrag mit der FPOLISARIO auf ihre Ansprüche auf die W. Nach dem Rückzug Mauretaniens besetzte Marokko auch den südl. Teil der W. und erklärte ihn zu marokkan. Gebiet.

📖 *Hodges, T.: Western Sahara: The roots of a desert war. London 1984.*

Westsamoa

(amtl.: Samoa i Sisifo; engl. Western Samoa), Staat im südl. Pazifik, zw. 13° und 15° s. Br. sowie 171° und 173° w. L. **Staatsgebiet:** W. umfaßt den westl. Teil der 3 000 km nö. von Neuseeland gelegenen Samoainseln, mit den beiden großen Inseln Savai'i (1 714 km²) und Upolu (1 118 km²), den kleinen Inseln Manono und Apolima sowie 5 unbewohnten Eilanden. **Fläche:** 2 835 km². **Bevölkerung:** 161 000 E (1984), 56,8 E/km². **Hauptstadt:** Apia (auf Upolu). **Verwaltungsgliederung:** 24 Distrikte. **Amtssprachen:** Englisch und Samoanisch. **Nationalfeiertag:** 1. Juni. **Währung:** Tala (WS$) = 100 Sene (s). **Internationale Mitgliedschaften:** UN, Commonwealth, SPC, der EWG assoziiert. **Zeitzone:** MEZ + 12 Std.

Landesnatur: Die von Korallenriffen umschlossenen Vulkaninseln weisen teilweise steil aufragende tief zerschnittene Kuppen auf, die auf Upolu 1 100 m und auf Savai'i im Silisili 1 844 m ü. d. M. erreichen.
Klima: Warm-feuchtes Tropenklima mit Jahresmitteltemperaturen um 26 °C. Die Monate Mai bis Okt. sind relativ trocken; die Regenzeit dauert von Nov. bis April. Durch den ganzjährig wehenden SO-Passat erhalten die südl. und östl. Inselflanken bis zu 3 400 mm Niederschlag/Jahr.
Vegetation: Dichter Wuchs aus Myrtengewächsen, Muskatnußbäumen, Bambus und Farnbäumen, überragt von Banyanbäumen (Feigen). An den Küsten Kokospalmen und Brotfruchtbäume.
Bevölkerung: Die Bev. besteht überwiegend aus Polynesiern, die christl. Konfessionen angehören. 72% der Bev. leben auf Upolu. Der Schulbildung wird große Bed. beigemessen. Seit 1966 besteht eine Fakultät für Landw. der University of the South Pacific.
Wirtschaft: Zwei Drittel aller Erwerbstätigen sind in der Landw. beschäftigt. Neben den Exportprodukten (Bananen, Kopra, Kakao) dienen Mais, Hülsenfrüchte, Melonen, Süßkartoffeln, Taro, Brotfrüchte u. a. der Eigenversorgung. An Ind.betrieben gibt es Sägemühlen und Herstellungsbetriebe für Nahrungsmittel, Seife und Bekleidung.
Außenhandel: Haupthandelspartner sind Neuseeland, USA, Australien, Großbrit. Importiert werden Maschinen, Apparate, Fleisch und Fleischerzeugnisse, Fischereiprodukte und Transportmittel, exportiert Kopra, Bananen, Kakao und Gemüse.
Verkehr: Die beiden Hauptinseln sind durch Straßen, die sie jeweils in den Küstenebenen umfahren, erschlossen. Wichtigster Hafen ist Apia. W. verfügt über eine eigene Luftverkehrsgesellschaft; internat. ✈ (Faleolo) bei Apia auf Upolu.
Geschichte: Das frühere dt. Schutzgebiet W. kam 1920 als Mandatsgebiet des Völkerbunds und nach dem 2. Weltkrieg als Treuhandgebiet der UN unter neuseeländ. Verwaltung und erhielt am 1. Jan. 1962 die Unabhängigkeit.
Politisches System: Nach der Verfassung vom 10. Mai 1961 ist W. eine parlamentar. verfaßte Häuptlingsaristokratie. Das derzeitige *Staatsoberhaupt* (Malietoa Tanumafili II.) hat das Amt auf Lebenszeit inne, nach seinem Tod wird das Staatsoberhaupt von der Gesetzgebenden Versammlung für je 5 Jahre gewählt. Die *Exekutive* liegt beim Kabinett, vom Staatsoberhaupt ernannten Premiermin., der sich auf die Mehrheit der Parlamentsabg. stützen können muß, und 8 weiteren Min. Die *Legislative* liegt beim Einkammerparlament, der Gesetzgebenden Versammlung (47 für 3 Jahre gewählte Mgl., davon 45 von den rd. 10 000 Matai [Häuptlingen], die ihrerseits von den Großfamilien als Oberhäupter gewählt werden, 2 von den Nicht-Samoanern). *Parteien* wurden erst Ende der 1970er Jahre gegr.; die wichtigsten sind Human Rights Protection Party (HRPP) und Christian Democratic Party. *Verwaltung*smäßig ist S. in 24 Distrikte gegliedert. Die *Rechtsprechung* basiert auf Traditionen und dem brit. Common Law. Auf Grund eines Freundschaftsvertrags mit Neuseeland von 1962 werden Außenvertretung und Landesverteidigung von Neuseeland wahrgenommen.

📖 *Wendt, A.: Der Clan v. Samoa. Wuppertal 1982. - Scheurmann, E.: Samoa gestern. Hg. v. A. Grab. Zürich Neuaufl. 1978.*

Westsibirisches Tiefland, Tiefland zw. dem Ural im W, dem Jenissei im O, der Karasee im N, der Kasach. Schwelle im S und dem Altai, Salairrücken sowie Kusnezker Alatau im SO, UdSSR, rd. 2,6 Mill. km². Es bildet eine flach merklich nach N geneigte Ebene mit niedrigen, flachen Wasserscheiden; im N und Zentrum werden 50–150 m ü. d. M. nicht überschritten. Der bis 285 m hohe Sibir. Landrücken quert das W. T. in O–W-Richtung. Es wird vom Ob und Irtysch entwässert, die nach ihrem Eintritt ins Tiefland kaum noch Gefälle haben und ausgedehnte Sumpflandschaften bilden. Im südl. Teil liegen die Ischim-, Kulunda- und Barabasteppe. Das Klima ist kontinental. Die breitenparallele Abfolge der Vegetationsgürtel Tundra, Taiga (weitverbreitet Sumpftaiga), Waldsteppe bis zum Übergang zur Steppe ist deutlich ausgebildet. Im südl. Teil Weizenanbau. An Bodenschätzen kommen bed. Erdgas- und Erdöllagerstätten („Drittes Baku") vor. Bed. Standorte der petrochem. Industrie sind Omsk und Tomsk.

Westsiebenbürgisches Gebirge, zusammenfassende Bez. für den Gebirgskomplex in NW-Rumänien. Das Zentrum bilden das bis 1 848 m hohe **Bihargebirge** und die nördl. anschließenden bis 1 836 m hohen **Munții Vlădeasa.** Südl. des Bihargebirges erstreckt sich das bis 860 m hohe **Zarander Gebirge** weit nach W. Die östl. Fortsetzung wird auch † Siebenbürger Erzgebirge genannt.

Westslawen † Slawen.

West Sussex [engl. 'wɛst 'sʌsɪks], Gft. in SO-England.

westsyrische Kirchen, Bez. für eine Gruppe syr. Kirchen, die dem westsyrischen Ritus (Zweig des antiochen. Ritus, † orientalische Kirchen) angehören.

West-Turkestan † Turkestan.

West Virginia [engl. 'wɛst vəˈdʒɪnɪə], Bundesstaat der USA, 62 759 km², 1,95 Mill. E (1984), Hauptstadt Charleston.

Landesnatur: W. reicht vom oberen Ohiotal im W über das Alleghenyplateau und das Große Appalachental bis an die W-Flanke der Blue Ridge, die das Tal des Shenandoah River im O begrenzt. Die sw. Grenze bildet der Tug Fork River. Im N schiebt sich ein schmaler Landstreifen (Panhandle) zw. die Geb. von Pennsylvania und Ohio. Die höchste Erhebung ist mit 1 481 m der Spruce Knob. - W. V. liegt in der feucht-kontinentalen Klimaregion der USA. Die Jahreszeiten sind nahezu gleichlang und deutl. voneinander abweichend. Die Höhenunterschiede bewirken große Temperaturdifferenzen. Die Niederschläge nehmen von W nach O ab. - Urspr. war das ganze Geb. von Wald bedeckt, heute sind es noch 75% der Fläche.

Bevölkerung, Wirtschaft, Verkehr: Die Bev. ist überwiegend brit., dt. und südeurop. Abkunft; etwa 3% sind afrikan. Herkunft. Hauptreligionsgruppen sind die Vereinigten Methodisten, Baptisten und röm. Katholiken. Neben mehreren Colleges bestehen Univ. in Morgantown und Huntington. - Wegen des ungünstigen Reliefs, der unfruchtbaren Böden und des feuchten Klimas ist die Viehwirtschaft lohnender als der Ackerbau. W. V. steht an 2. Stelle der USA bei der Kohleförderung dank seines Reichtums an hochwertiger bituminöser Kohle. Weitere Bodenschätze sind Erdöl, Erdgas, Salz, Kalkstein, Sand und Kies. W. V. liegt am sö. Rand des † Manufacturing Belt (Eisen- und Stahlind., Glas- und Keramikind., chem. Werke). Das Eisenbahnnetz ist rd. 5 600 km lang, das Straßennetz 61 400 km. Die Binnenwasserstraßen sind 536 km lang mit günstiger Verbindung zu den Großen Seen und damit zum Atlantik sowie über den Ohio zum Mississippi und damit zum Golf von Mexiko. Es bestehen 42 öffentl. ⚘.

Geschichte: In das Gebiet des damals zu Virginia gehörenden W. V. drangen Ende des 17. Jh. die ersten Weißen ein, Mitte des 18. Jh. entstanden die ersten Siedlungen. Der polit. Ggs. der Kleinlandwirte in W. V. zu den den Staat beherrschenden Plantagenbesitzern des O beruhte v. a. darauf, daß sie steuerl. benachteiligt wurden. Beim Ausbruch des Sezessionskrieges stimmte die Bev. der 40 Counties gegen die Sezession. Sie wählte eine eigene provisor. Reg., arbeitete eine provisor. Verfassung aus und beantragte 1863 mit Erfolg die Aufnahme von W. V. in die Union.
📖 *Williams, J. A.: W. V. New York 1976. - Conley, P./Doherty, W. T.: W. V. history. Charleston (W. Va.) 1974.*

Westwall (Siegfriedlinie), rd. 400 km langes, zw. Mai 1938 und Aug. 1939 erbautes Befestigungssystem an der W-Grenze des Dt. Reiches von Aachen bis Basel, das (ähnl. wie die Maginotlinie) in seiner strateg. Bed. überschätzt wurde. Die rd. 15 000 Bunkeranlagen, Panzersperren usw. waren bei mobiler Kampfführung und Luftüberlegenheit des Gegners 1944/45 von begrenztem Wert. Nach Kriegsende geschleift; Reste erhalten.

Westwerk, ein als selbständiger Kultraum karoling. Kloster- oder Bischofskirchen an Stelle einer Fassade vorgelagerter Querbau. Er besteht meist aus einer niedrigen Durchgangshalle und darüber einem ebenfalls zum Langhaus hin geöffneten Raum mit Emporen; der turmartige Abschluß sowie die beiden flankierenden Treppentürme verleihen dem W. seine Monumentalität. Es diente neben anderen Zwecken v. a. dem Kaiser als Herrscherempore. Ein gut erhaltenes Beispiel ist das W. von Corvey (873–85). Das karoling. W. wurde in der otton. und roman. Kunst zum **Westbau** umgeformt, als dessen klass. Form sich die Doppelturmfassade herausbildete. - Abb. Bd. 5, S. 21, Bd. 18, S. 308.

Westwinddrift (Westdrift), kräftige, von

West nach Ost gerichtete Luftströmung der gemäßigten Breiten, die sich im Durchschnitt zw. 35 und 60° Breite einstellt; über den Ozeanen der Südhalbkugel ist sie in Form der ↑Braven Westwinde bes. stark ausgeprägt.

West Yorkshire [engl. 'wɛst 'jɔːkʃɪə], Metropolitan County in N-England.

Wetar, Insel der S-Molukken, Indonesien, in der Bandasee, nördl. von Timor, rd. 3 600 km², bis 1 412 m hoch, Hauptort Ilwaki.

Wettach, Adrian, ↑Grock.

Wettbewerb (Konkurrenz), die Rivalität zw. den Wirtschaftssubjekten auf dem jeweiligen Markt, insbes. zw. Unternehmen auf dem Käufermarkt um Marktanteile. Der W. erfüllt in einer Marktwirtschaft die Funktion der Steuerung des Wirtschaftsprozesses. - In der Geschichte der Nationalökonomie hat der Begriff W. zentrale Bedeutung. In der klass. Nationalökonomie ging die gegen die feudalen Fesseln gerichtete Forderung nach freiem W. einher mit pessimist. Betrachtungen über seine Einschränkung durch Monopole (A. Smith). In der anschließenden „Vulgarisierung" der klass. Nationalökonomie wurden dem W. geradezu wundersame Wirkungen im Sinne einer sich optimal, rasch und harmon. entwickelnden Wirtschaft, sofern nur dieser freie W. herrsche, zugeschrieben. Die Kritik an dem Konkurrenzsystem verband sich bald mit einer grundsätzl. Kritik an der marktwirtschaftl. Ordnung bzw. dem Kapitalismus. In der theoret. Auseinandersetzung mit diesen entstehenden, dann mit den entstandenen, das Konkurrenzsystem im Kern negierenden Planwirtschaften, v. a. aber aus dem Bestreben, eine Antwort auf die mit zunehmenden Konzentration des Kapitals einhergegangenen wirtsch. Krisen zu finden, rückte der W. erneut in den Mittelpunkt ordnungspolit. Betrachtungen. Im System der sozialen ↑Marktwirtschaft wird dem Funktionieren des W. und dem ordnungspolit. Eingreifen des Staates zu seiner Erhaltung große Bedeutung beigemessen.

Wettbewerbsbeschränkungen, auf Verträgen oder Absprachen zw. Unternehmen beruhende Beschneidung der Konkurrenz, die geeignet ist, die Erzeugung oder die Marktverhältnisse für den Verkehr mit Waren oder gewerbl. Leistungen zu beeinflussen.

Wettbewerbspolitik, Gesamtheit der staatl. Maßnahmen, die darauf ausgerichtet sind, einen funktionsfähigen Wettbewerb zu schaffen bzw. zu erhalten; sie erfolgt in drei Varianten: 1. Sie hat einen *konstitutionellen* Charakter, wenn sie darauf ausgerichtet ist, eine Wettbewerbsverfassung erst einmal herzustellen (z. B. Reprivatisierung einer verstaatlichten Ind.). 2. Sie hat *ordnungspolit.* Charakter, wenn sie darauf ausgerichtet ist, Verfälschungen des Wettbewerbs zu verhindern (in der BR Deutschland z. B. durch das Gesetz gegen den unlauteren Wettbewerb). 3. Sie hat *prozeßpolit.* Charakter, wenn sie darauf ausgerichtet ist, Wettbewerbsbeschränkungen laufend zu verhindern (z. B. Kontrolle von Unternehmenszusammenschlüssen).

Wettbewerbsrecht, Gesamtheit der Rechtsnormen, die den freien Wettbewerb regeln und schützen sollen. Das W. richtet sich insbes. gegen alle den Wettbewerb einschränkende Absprachen bzw. Verträge zw. Unternehmen. Die Vorschriften des W. sind v. a. enthalten im Gesetz gegen den unlauteren Wettbewerb, im ↑Kartellrecht, im Warenzeichengesetz, im HGB und im BGB.

Wettbewerbsverbot (Konkurrenzverbot), gesetzl. Verbot für bestimmte Personen, in Wettbewerb mit Unternehmen zu treten, an die sie bereits vertragl. gebunden sind. W. gelten für Handlungsgehilfen (§ 60 HGB), persönl. haftende Gesellschafter einer OHG oder KG (§ 113, 122, 165 HGB) und Vorstands-Mgl. der AG (§ 88 AktienG). Weitergehender Schutz kann durch die nur begrenzt zulässige **Wettbewerbsklausel** (Konkurrenzklausel) erreicht werden. Diese beinhaltet i. d. R. Vereinbarungen zw. dem Unternehmer und seinen Angestellten, die ersteren nach Beendigung der Dienstverhältnisses schützen sollen, den Angestellten jedoch in seiner gewerbl. Tätigkeit behindert.

Wette, Vereinbarung zw. zwei oder mehreren Vertragspartnern, daß zur Bekräftigung bestimmter widerstreitender Behauptungen demjenigen, dessen Behauptung sich als richtig erweist, ein Gewinn zufallen soll. Im Unterschied zum Spiel ist Vertragszweck nicht Unterhaltung oder Gewinn, sondern die Bekräftigung des Meinungsstreits. Bei den sog. Spiel-W. (z. B. Rennwetten) handelt es sich rechtl. um ein Spiel (↑auch Lotterie). Obwohl durch Spiel oder durch W. eine Verbindlichkeit nicht begründet wird, kann das auf Grund des Spiels oder der W. Geleistete nicht deshalb zurückgefordert werden, weil eine Verbindlichkeit nicht bestanden hat (unvollkommene Verbindlichkeit; § 762 BGB). Mögl. ist allenfalls eine Rückforderung bei Anfechtung wegen Betruges.

Wetter, Friedrich, * Landau in der Pfalz 20. Febr. 1928, dt. kath. Theologe. - 1953 zum Priester geweiht; 1968–82 Bischof von Speyer; seit Okt 1982 Erzbischof von München und Freising, seit 1985 Kardinal.

Wetter, der Zustand der Atmosphäre zu einem bestimmten Zeitpunkt an einem bestimmten Ort, wie er durch die Größe der meteorolog. Elemente (Luftdruck, Lufttemperatur, Luftfeuchte, Wind u. a.) und ihr Zusammenwirken gekennzeichnet ist (↑auch Klima). ◆ bergmänn. Bez. für das in einem Bergwerk vorhandene Gasgemisch; sog. *Frisch-W.* besitzt eine luftähnl. Zusammensetzung, *Ab-W.* einen erhöhten Gehalt an Kohlendioxid und Stickstoff. - ↑auch Schlagwetterexplosion.

Wetterkarte

Wetteramt ↑ Deutscher Wetterdienst.

Wetterau, Senke zw. Vogelsberg und Taunus, von der Hess. Senke zur Oberrhein. Tiefebene überleitend, im Unterschied zu dieser als Hügelland ausgebildet. Lößböden sind mit günstigen klimat. Bedingungen die Grundlage des Weizen- und Zuckerrübenanbaus; Feldgemüsebau findet sich v. a. in der südl. W.; Obstbau am Taunusrand.

Wetteraukreis, Landkr. in Hessen.

Wetterbeeinflussung, Versuche des Menschen, auf die Wettervorgänge Einfluß zu nehmen und diese zu seinen Gunsten zu verbessern. Wegen der enormen Energiemengen, die in der Atmosphäre umgesetzt werden, muß ein Einfluß auf die Wettervorgänge nach dem Prinzip einer Steuerung erfolgen. Die in diesem Sinne in den vergangenen Jahren durchgeführten Projekte befaßten sich v.a. mit dem Einbringen von Kondensations- bzw. Kristallisationskeimen (z. B. Silberjodid) in unterkühlte Wasserwolken von Flugzeugen aus oder mit Hilfe sog. Wetterraketen. Drei Ziele können damit verfolgt werden: 1. Zerstreuung (Auflösung) von niedrigen Wolken und von Nebel (u. a. auf Flughäfen); 2. Verhinderung von Hagelbildung; 3. Erzeugung künstl. Niederschläge (Regen oder Schnee) aus bestimmten Wolken (Ausregnenlassen unterkühlter Wolken). - Neben der W. besteht die Möglichkeit der Klimabeeinflussung. Seit langer Zeit hat der Mensch bereits das Klima - meist unbewußt - beeinflußt; Abholzen von Wäldern, Trockenlegung von Sümpfen, Bewässerung ausgedehnter Landstriche haben gebietsweise den Charakter von Erdoberfläche und Klima verändert. Auch die z. B. durch zunehmende Immission von luftverunreinigenden Stoffen, durch Wasserdampf aus [Naß]kühltürmen, durch das Ansteigen des CO_2-Gehalts (durch Energiegewinnung aus fossilen Brennstoffen) veränderte Eigenschaften der Atmosphäre haben Einflüsse auf die Strahlungsbilanz und damit auf das Klima zur Folge.

Wetterboje, automat. Wetterstation, die in wenig oder gar nicht befahrenen Seegebieten ausgelegt ist und in regelmäßigen Abständen über Funk die Meßergebnisse für wichtige Wetterelemente meldet.

Wetterdienst ↑ Deutscher Wetterdienst.

Wetterdistel, svw. ↑ Eberwurz.

Wetterfühligkeit (Meterotropismus, Zyklonose), durch den Einfluß des Wettergeschehens bedingte Beeinträchtigung des Wohlbefindens und des Gesundheitszustandes des Menschen. Zu den bewirkenden Wetterfaktoren gehören v. a. solche, die den Wärmehaushalt und die Flüssigkeitsbilanz des Organismus beeinflussen; auch Luftdruck und Aerosole (↑ Smog) zählen dazu. Bes. starke biotrope Wirkungen gehen von den instabilen Wetterfronten des zyklonalen Wetters mit seinen raschen Schwankungen der therm. Bedingungen aus; sie beeinflussen neben dem Wärmehaushalt u. a. Schlaf, Reaktionszeit und Konzentrationsfähigkeit. Statist. gesichert ist z. B. die Beeinträchtigung der Leistungsfähigkeit (etwa hinsichtl. Reaktionszeit, Unfallanfälligkeit) durch zyklonale Wetterlagen, bei denen auch gehäuft Anfälle von Bronchialasthma und Angina pectoris sowie Herzinfarkte auftreten. Manche durch W. begünstigte Krankheiten können bei entsprechender Disposition u. U. schon vor dem faßbaren Wetterumsturz manifest werden. - ↑ auch Föhnkrankheit.

Wetterführung, im Bergbau die Versorgung der Grubenbaue mit Luft (↑ Grubenbewetterung).

Wetterhorn, Hauptgipfel der W.gruppe in den Berner Alpen, 3701 m hoch, stark vergletschert.

Wetterkarte, stark vereinfachte Landkarte, in der die Wetterlage zu einem be-

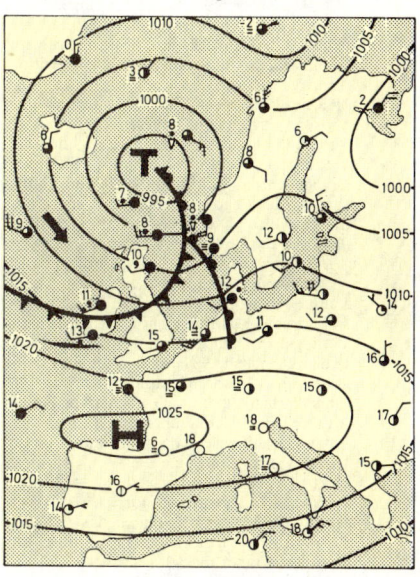

Wetterkarte (vereinfachte Darstellung)

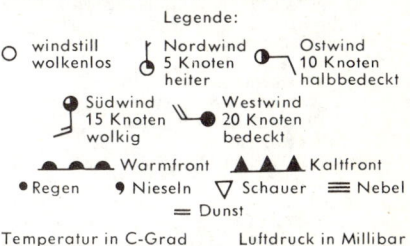

Legende:

○ windstill wolkenlos
⚐ Nordwind 5 Knoten heiter
⚐ Ostwind 10 Knoten halbbedeckt
⚐ Südwind 15 Knoten wolkig
⚐ Westwind 20 Knoten bedeckt
▲▲▲ Warmfront ▲▲▲ Kaltfront
● Regen ⦁ Nieseln ▽ Schauer ≡ Nebel
= Dunst

Temperatur in C-Grad   Luftdruck in Millibar
⟹ warme   ⟹ kalte Luftströmung

Wetterkunde

stimmten Zeitpunkt mit Hilfe von Symbolen und Zahlenangaben (z. B. Luftdruck, Temperatur) dargestellt ist. Aus Gründen der Übersichtlichkeit werden die Bodenbeobachtungen zu Boden-W., die aerolog. Meldungen zu Höhen-W. zusammengefaßt.

Bodenwetterkarten: Zu internat. vereinbarten Zeiten (meist 0^h, 3^h,..., 18^h, 21^h Weltzeit), den sog. synopt. Terminen, führen Stationen in allen Teilen der Erde Wetterbeobachtungen durch. Die Meß- und Beobachtungsergebnisse werden einer Wetterdienstzentrale zugeleitet, von wo aus sie in Form von Sammelmeldungen über die Fernmeldenetze an die Wetterdienste in aller Welt weitergegeben werden. Die einlaufenden Meldungen werden in Form von Zahlen oder Symbolen in die W. eingetragen. Anschließend erfolgt die weitere Auswertung der W. durch den sog. Synoptiker. Dieser muß anhand der in großer Zahl vorliegenden Einzelbeobachtungen die charakterist. Merkmale der jeweiligen Wetterlage herausarbeiten und in die W. einzeichnen (z. B. Hochdruck- und Tiefdruckgebiete, Niederschlags- und Nebelgebiete, Gewitterfronten).

Höhenwetterkarten: Zur Erforschung der physikal. Prozesse in höheren Luftschichten werden mindestens zweimal tägl. (0^h und 12^h Weltzeit) von etwa 500 aerolog. Stationen auf der Nordhalbkugel mit Hilfe von Radiosonden Messungen in der freien Atmosphäre durchgeführt. Die Meßergebnisse werden, ähnl. wie die Bodendaten behandelt.

Wetterkunde, svw. ↑ Meteorologie.

Wetterlampe (Sicherheitslampe, Davy-Lampe), benzingespeiste Handleuchte, die früher zur Beleuchtung im Bergbau in schlagwettergefährdeten Gruben verwendet wurde und [weitgehend] Sicherheit gegen die Auslösung von Schlagwetterexplosionen bot. Die Ungefährlichkeit dieser Grubenlampe beruhte darauf, daß die Flammen durch ein engmaschiges Drahtnetz von der Umgebungsluft getrennt waren. Heute sind die W. meist durch elektr. Grubenlampen ersetzt.

Wetterleuchten, das fortwährende Aufleuchten am nächtl. Himmel, das von den Blitzen eines fernen Gewitters herrührt, von dem der Donner nicht hörbar ist.

Wettermachen, eine v. a. bei Naturvölkern häufige Form der mag. Beeinflussung des Wetters durch Medizinmann oder Priester; wurde schon im frühen MA von der christl. Kirche bekämpft.

Wettermoos ↑ Drehmoos.

Wetterrakete ↑ Wetterbeeinflussung.

Wetterregeln ↑ Bauernregeln.

Wetter (Ruhr), Stadt an der zum Harkortsee aufgestauten Ruhr, NRW, 110 m ü. d. M., 28 500 E. Stahlind., Maschinenbau, Eisenwarenfabriken, Kranbau, Verbandstoffabrik. - Das 1214 erstmals erwähnte Dorf Wetter gab der bei der nahegelegenen Burg der Grafen von der Mark entstandenen Siedlung (Stadtrecht 1355 bestätigt, 1809–1909 entzogen) den Namen. - Burgruine Volmarstein (13.–15. Jh.).

Wettersatelliten (Meteorologiesatelliten), künstl. Erdsatelliten für die großräumige Beobachtung und Erforschung des Wetters, frühzeitiges Erkennen von Wirbelstürmen u. a. *(Satellitenmeteorologie).* W. liefern mit Hilfe spezieller Kameras Wolkenaufnahmen, die durch ein automat. Bildübertragungssystem (APT-System) ohne zeitl. Verzögerung von Bodenstationen empfangen werden können. Farbaufnahmen, auf denen niedrigere Wolken gelblicher erscheinen als hohe, lassen die Wolkenhöhe erkennen. Während der Nachtzeit werden die Beobachtungen durch Messungen der Infrarotstrahlung der Wolken ergänzt. - Aus den Wolkenbewegungen kann Einblick in das globale Windfeld gewonnen werden. Aus Strahlungsmessungen in verschiedenen Wellenlängenbereichen kann die Temperatur in verschiedenen Höhen der Atmosphäre abgeleitet werden. Strahlungsmessungen geben auch über die Feuchteverteilung in der Atmosphäre Aufschluß. Die Temperatur des Erdbodens kann anhand der Ausstrahlung im Infrarot- und Mikrowellenbereich bestimmt werden. Niederschlagswolken heben sich im Mikrowellenbereich von darunterliegenden Wasser- oder Landflächen durch Unterschiede in der emittierten Strahlung oder durch Differenzen in den Reflexionseigenschaften ab. Wolken und der Hintergrundfläche ab. Landflächen mit Niederschlägen lassen sich gegenüber niederschlagslosen Gebieten durch unterschiedl. Emissionsvermögen (im Mikrowellenbereich) und Reflexionsvermögen (im sichtbaren Spektralbereich) abgrenzen.

Der erste Wettersatellit war der 1960 gestartete amerikan. Satellit Tiros 1 (insges. 10 W. vom Typ Tiros). Die ersten mit dem APT-System ausgestatteten (sog. operationellen) W. waren die 9 von 1966 bis 1969 gestarteten ESSA-Satelliten. Die ersten experimentellen W. auf geostationärer Umlaufbahn waren die 1974 bzw. 1975 gestarteten Satelliten SMS 1 und SMS 2, denen 1975 und 1977 GOES 1 und GOES 2 folgten. Als erster europ. Wettersatellit lieferte der 1977 gestartete Meteosat 1 Bilddaten des Wettergeschehens.

📖 *Lauer, W./Breuer, T.: Das W.bild.* Wsb. 1976.

Wetterscheide, Trennzone zw. Gebieten verschiedener Witterungscharakters; meist ein sich quer zur Hauptwindrichtung erstreckendes Gebirge.

Wetterschiff ↑ Meteorologie.

Wettersteingebirge, Teil der Tirol.-Bayer. Kalkalpen zw. der Loisach im W und der Isar im O (Bayern und Tirol); in der Zugspitze 2962 m hoch; kleine Gletscher.

Wettertür ↑ Grubenbewetterung.

Wettervorhersage (Wetterprognose), vom Wetterdienst herausgegebene Vorhersage der künftigen Wetterentwicklung. Nach der Länge des Vorhersagezeitraums sind *Kurzfrist-* (ein bis zwei Tage), *Mittelfrist-* (zwei bis sieben Tage) und *Langfristprognosen* (über sieben Tage) zu unterscheiden. Die Kurzfristprognose muß Angaben über einzelne meteorolog. Faktoren (Temperatur, Wind, Bewölkung, Niederschläge u. a.) und bes. Wettererscheinungen (Gewitter, Nebel usw.) enthalten. Mittel- und Langfristprognosen, die im Ggs. zur kurzfristigen W. eigentlich Witterungsprognosen darstellen, können nur den allg. Witterungscharakter eines bestimmten Zeitraums, aber keine einzelnen Wetterereignisse beinhalten. Je länger der Vorhersagezeitraum ist, um so mehr werden für die längerfristigen Prognosen statist. Methoden herangezogen, wobei analoge Fälle (eine ähnl. Wetterlage läßt auch eine ähnl. Weiterentwicklung des Wetters vermuten) eine Rolle spielen. Immer größere Bed. erlangt die numer. W., bei der mit Hilfe elektron. Datenverarbeitungsanlagen die künftige Wetterentwicklung berechnet wird. - ↑ auch Meteorologie.

Wetterweg ↑ Grubenbewetterung.

Wettin, Stadt an der Saale, Bez. Halle, DDR, 80 m ü. d. M., 2900 E. - Entstand als Ansiedlung der 961 erstmals bezeugten Stammburg der Wettiner, erhielt vor 1288 Stadtrecht.

Wettiner, im sächs.-thüring. Grenzraum beheimatete Adelsdynastie, die sich seit Beginn des 12. Jh. nach der Burg Wettin benannte. Ihre Machtstellung wurde durch Konrad I., d. Gr. († 1157) begründet, der 1123 vom Sachsenherzog Lothar von Supplinburg die Mark Meißen erhielt und später die Mark-Gft. Niederlausitz, die Gft. Groitzsch und das Land um Bautzen und Dresden gewann. Dieser Länderkomplex zerfiel nach Konrads Tod durch Erbteilung. Der Neuaufbau erfolgte durch Heinrich III., den Erlauchten (⚭ 1221/27-88), der im thüring.-hess. Erbfolgekrieg (1247-64) Thüringen (ohne Hessen) gewann. Friedrich I., der Streitbare (⚭ 1381-1428), erhielt 1423 nach dem Aussterben der Askanier das Hzgt. Sachsen-Wittenberg mit der Kurwürde. 1485 erfolgte die Teilung in die Albertin. Linie und die Ernestin. Linie. Bedeutendster Fürst der *Ernestin. Linie* war Friedrich III., der Weise (* 1463, † 1525); die *Albertin. Linie,* die bis 1918 regierte, stellte mit Friedrich August I., dem Starken (* 1670, † 1733), und Friedrich August II. (* 1696, † 1763) 2 Könige von Polen. 1806 erwarb Kurfürst Friedrich August III., der Gerechte, den Königstitel für Sachsen.

Wettingen, Stadt im schweizer. Kt. Aargau, östl. Nachbarstadt von Baden, 408 m ü. d. M., 17 900 E. Textil-, Elektroind., Metall- und Holzverarbeitung. - Ehem. Zisterzienserabtei (1227 gegr.; 1841 aufgehoben; heute Lehrerseminar); got. Abteikirche (nach 1227, später verändert) mit Kreuzgang (z. T. 13. Jh.).

Wettkampf, [sportl.] Leistungsvergleich im Rahmen vorgeschriebener Regeln. Die klass. Ausprägung des W. war der Agon.

Wettkampfgymnastik, seit 1958 wettkampfmäßig betriebene Form der ↑ Gymnastik; wird als Vierkampf ausgetragen: einer Pflichtübung mit Seil und drei Kürübungen mit Reifen, Seil und ohne Handgerät, jeweils nach selbstgewählter Musik.

Wettstein, Johann Rudolf, * Basel 27. Okt. 1594, † ebd. 12. April 1666, schweizer. Staatsmann. - Seit 1645 Bürgermeister der Stadt Basel; erreichte 1648 die formelle Lösung der Eidgenossenschaft vom Hl. Röm. Reich.

W., Richard, Ritter von Westersheim, * Wien 30. Juni 1863, † Trins (Tirol) 10. Aug. 1931, östr. Botaniker. - Prof. in Prag und Wien. Einer der wichtigsten Vertreter der phylogenet. Forschungsrichtung der Pflanzensystematik (u. a. „Handbuch der systemat. Botanik", 1901-08).

Wetzlar, hess. Krst. an der Mündung der Dill in die Lahn, 168 m ü. d. M., 50 000 E. Ver-

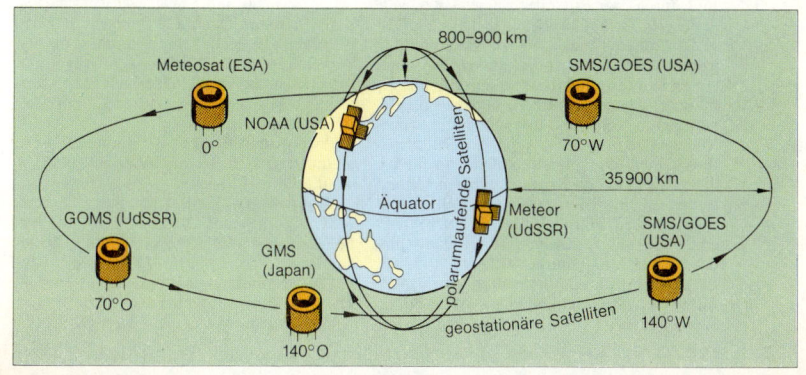

Wettersatelliten. Geplantes globales Wettersatellitensystem

waltungssitz des Lahn-Dill-Kr.; städt. Museum mit Lottehaus (Goethe-Gedenkstätte), Palais Papius (Sammlung europ. Wohnkultur); Industriefestspiele; feinmechan.-opt. Ind., ferner Eisen- und Stahlind., Elektroind., Holzverarbeitung und Nahrungsmittelind.; Garnison.
Geschichte: Bei der am linken Lahnufer errichteten Vorgängerkirche des späteren Doms (897 geweiht) entwickelte sich eine 1141/42 bezeugte Siedlung; wurde bald Marktort; fiel nach dem Aussterben der Konradiner (Mitte des 10. Jh.) an das Reich und bildete später einen der Stützpunkte der stauf. Machtpolitik; wurde zw. 1165 und 1180 Stadt mit Frankfurter Recht, schloß sich als Reichsstadt (bis 1802/03) Städtebünden an; 1693–1806 Sitz des Reichskammergerichts. Im Jan. 1977 mit der Stadt Gießen und 14 weiteren Gemeinden zur Stadt **Lahn** zusammengeschlossen, die am 1. Aug. 1979 wieder aufgelöst wurde.
Bauten: Got. Dom (13. und 14. Jh.; z. T. unvollendet), ev. Hospitalkirche zum Hl. Geist (18. Jh., Rokoko), Kirche Sankt Bonifatius (1962–64) Fachwerkhäuser (16.–18. Jh.); Reste der Stadtbefestigung (13./14. Jh.); Burgruine Kalsmunt (12. Jh.).

WEU, Abk. für: ↑ Westeuropäische Union.

Wexford [engl. 'wɛksfəd], Stadt an der SO-Küste Irlands, 11 400 E. Verwaltungssitz der Gft. W.; Automontagewerk, Gießereien Landmaschinenbau. Mälzerei. Hafen im Seebad Rosslare (Fährverkehr mit Fishguard in Wales). Ruinen der ehem. Abtei Saint Sepulchre. - Seit 1172 Stadt.
W., Gft. in SO-Irland, im O und S von der Irischen See, im W von Waterford Harbour und Barrow begrenzt, 2 351 km², 102 500 E (1986), Verwaltungssitz Wexford. - Gehörte im MA zum Kgr. Leinster; ist seit Anfang des 2. Jh. Verwaltungsgrafschaft (County).

Weyden, Rogier van der [niederl. 'wɛjdə], * Tournai 1399 oder 1400, † Brüssel 18. Juni 1464, fläm. Maler. - Zus. mit J. Daret Schüler bei R. Campin (Meister von Flémalle); obwohl er ein gefragter Künstler war, ist kein Bild durch Signatur oder zeitgenöss. Quelle gesichert. Das Frühwerk zeigte deutl. Einflüsse R. Campins und J. van Eycks, um 1435 ist sein Stil voll ausgeprägt; die großen Figuren im Vordergrund (bei sparsamer Einbeziehung des Landschaftlichen) sind aufeinander bezogen in Ausdruck, Bewegung und warmleuchtender Farbe („spätgot. Gefühlspathos"). Sein Werk wurde stilbildend für die niederl. und die dt. Kunst des späten 15. und frühen 16. Jh. - *Werke:* Kreuzabnahme (vor 1443; Madrid, Prado), Jüngstes Gericht (vollendet um 1451/52; Beaune, Hôtel-Dieu), Bladelin-Altar (Middelburger Altar; zw. 1452/60; Berlin-Dahlem), Columbaaltar (vor 1462; München, Alte Pinakothek). - Abb. Bd. 8, S. 305 und Bd. 15, S. 272.

Weyer, Willi, * Hagen 16. Febr. 1917, dt. Politiker (FDP). - 1956–72 in NRW Landesvors., 1964–68 stellv. Bundesvors. der FDP; 1953/54 MdB; in NRW 1950–54 und 1958–75 MdL, als Wiederaufbaumin. dort 1954–56 maßgebl. am Sturz des CDU-Min.präs. K. Arnold beteiligt, 1956–58 als Finanz-, 1962–75 als Innenmin. stellv. Min.präs.; 1974–86 Präs. des Dt. Sportbundes. - †25. Aug. 1987.

Weygand, Maxime [frz. vɛ'gã], * Brüssel 21. Jan. 1867, † Paris 18. Jan. 1965, frz. General. - 1914–20 Stabschef des Generals Foch; im poln.-sowjet. Krieg (1920/21) Berater des poln. Generalstabs; 1923/24 Hochkommissar für Syrien und den Libanon, danach Mgl. des Obersten Kriegsrats; führte 1931–35 als Generalinspekteur der Armee die Unterwerfung Marokkos und die Reorganisation der frz. Armee zu Ende; im Mai 1940 zum Oberbefehlshaber aller frz. Truppen ernannt, konnte die Niederlage nicht mehr abwenden; Juni-Sept. 1940 Verteidigungsmin. des État Français, danach Generaldelegierter Pétains für das frz. Afrika; auf dt. Druck im Nov. 1941 zurückberufen, 1942–45 in dt. Haft; 1948 vom Vorwurf der Kollaboration freigesprochen.

Weyl, Hermann, * Elmshorn 9. Nov. 1885, † Zürich 8. Dez. 1955, dt. Mathematiker. - Prof. an der ETH Zürich, in Göttingen (als Nachfolger seines Lehrers D. Hilbert) und nach Emigration aus Deutschland 1933–51 am Institute for Advanced Study in Princeton (N. J.). Einer der bedeutendsten und vielseitigsten Mathematiker seiner Zeit. Seine Zusammenarbeit mit A. Einstein in Zürich veranlaßte ihn, die mathemat.-physikal. sowie philosoph. Grundlagen der allgemeinen Relativitätstheorie herauszuarbeiten („Raum, Zeit, Materie", 1918) und die erste einheitl. Feldtheorie aufzustellen; daneben schrieb über die Theorie und Darstellung kontinuierlicher Gruppen und bed. Beiträge zur algebraischen Zahlentheorie, Funktionalanalysis, Invariantentheorie und Topologie sowie zur mathemat. Logik.

Weymouth and Melcombe Regis [engl. 'wɛɪməθ ənd 'mɛlkəm 'ri:dʒɪs], engl. Hafenstadt am Kanal, Gft. Dorset, 46 300 E. Weymouth ist Seebad und Fährhafen für den Verkehr zu den Kanalinseln. - Weymouth wird 938 erstmals erwähnt, erhielt 1252 Stadtrecht, im MA bed. Hafenstadt; 1571 mit Melcombe Regis vereinigt.

Weymouthskiefer ['vaɪmu:t, engl. 'wɛɪməθ; nach T. Thynne, Viscount of Weymouth, † 1714] ↑ Kiefer.

Weyprecht, Karl, * Bad König 8. Sept. 1838, † Michelstadt 29. März 1881, dt.-östr. Polarforscher. - Offizier; leitete mit J. Ritter von Payer (* 1841, † 1915) 1872–74 die östr.-ungar. Nordpolexpedition, die zur Entdeckung von Franz-Joseph-Land führte.

Weyrauch, Wolfgang, * Königsberg (Pr)

15. Okt. 1904, † Darmstadt 7. Nov. 1980, dt. Schriftsteller. - An Döblin und Brecht geschulter Stilexperimentator, der in seiner z. T. aggressiven Lyrik („Die Spur", 1963), in seinem zeitkrit. Erzählwerk, u. a. „Das Ende von Frankfurt am Main" (En., 1973), „Hans Dumm. 111 Geschichten" (1978) sowie in Hörspielen engagiert Stellung gegen die Enthumanisierung der Welt bezieht.

Weyse, Christopher Ernst Friedrich, * Altona (= Hamburg) 5. März 1774, † Kopenhagen 8. Okt. 1842, dän. Komponist dt. Herkunft. - Schüler von J. A. P. Schulz; Organist in Kopenhagen; gilt als Begründer der nat. dän. Musik.

WEZ, Abk. für: westeurop. Zeit.

WGB, Abk. für: Weltgewerkschaftsbund († Gewerkschaften).

Wh, Einheitenzeichen für ↑ Wattstunde.

Whampoa (Huangbu) [chin. xụaŋbu] ↑ Kanton.

Wheatstone, Sir (ab 1868) Charles [engl. 'wiːtstən], * Gloucester 6. Febr. 1802, † Paris 19. Okt. 1875, brit. Physiker und Erfinder. - Prof. in London. Er untersuchte Funkenentladungen und bestimmte erstmals die Ausbreitungsgeschwindigkeit elektr. Wirkungen in Metalldrähten sowie die Spektrallinien von Funkenspektren.

Wheatstone-Brücke [engl. 'wiːtstən; nach Sir C. Wheatstone], eine Brückenschaltung zur Messung elektr. Widerstände, bestehend aus den bekannten Widerständen R_1 und R_2, dem veränderbaren Widerstand R_V, dem zu bestimmenden Widerstand R_X und dem im Diagonalzweig (der sog. Brücke) liegenden, als Nullinstrument verwendeten Galvanometer G; bei Stromlosigkeit des Diagonalzweiges gilt $R_X = (R_2/R_1) R_V$. Verwendet man anstelle der Widerstände R_1 und R_2 einen Widerstandsdraht bekannter Länge und stellt über einen Schleifkontakt die Verbindung zum Galvanometer her, so spricht man von einer **Kirchhoffschen Brücke.** In diesem Falle gilt bei Stromlosigkeit des Diagonalzweiges $R_X = (l_2/l_1) R_V$, wobei l_1 und l_2 die entsprechenden Teillängen des Widerstandsdrahtes sind. - Abb. S. 116.

Wheeler, John Archibald [engl. 'wiːlə], * Jacksonville (Fla.) 9. Juli 1911, amerikan. Physiker. - Prof. an der Princeton University; maßgebend an der Entwicklung der Wasserstoffbombe und an kontrollierten Kernfusionsexperimenten („Project Matterhorn") beteiligt.

Whigs [engl. wɪgz], 1. in *England* bzw. *Großbrit.* vom Ende des 17. Jh. an die den Tories gegenüberstehende Parlamentsgruppe, die sich seit der Mitte des 19. Jh. zur Liberal Party entwickelte. Während der Glorious revolution 1688/89 standen die W. für das Widerstandsrecht gegen den monarch. Absolutismus ein und vertraten die Interessen der aristokrat. Grundbesitzer und des Großbürgertums. Nach der von ihnen unterstützten Thronbesteigung des Hauses Hannover 1714 stellten sie fast 50 Jahre lang den Premierminister. Den reorganisierten Tories unter W. Pitt d. J. standen sie als Interessenvertreter der religiösen Dissenters, der Industriellen und der gesellschaftl. Reformer gegenüber. Die kontroverse Diskussion über die Haltung zur Frz. Revolution spaltete die W. in eine eher konservative Gruppe um E. Burke, die sich den Tories anschloß, und eine gemäßigtere liberale Gruppe um C. J. Fox, die erst 1830 wieder an die Macht kam und zur modernen Liberal Party wurde.

2. (Whig Party) 1834–56 in den *USA* bed. polit. Partei, entstand als Anti-Jackson-Koalition und umfaßte die Nat. Republikaner aus dem W (ein Flügel der Republikaner, der späteren Demokraten), die Verfechter der Rechte der Bundesstaaten im S, die Gegner der Bankpolitik A. Jacksons aus dem O sowie die Reste der Anti-Freimaurer-Partei. Trotz ihrer Präsidentschaftswahlerfolge 1840 und 1848 konnte sich die Partei auf Grund ihrer heterogenen Zusammensetzung nicht festigen.

Whip [engl. wɪp „Peitsche"] ↑ Einpeitscher.

Whippet [engl. 'wɪpɪt] (Englischer Windhund, Englisches Windspiel), in England gezüchteter kleiner Windhund; bis 48 cm schulterhoher, zierl. Hund mit Rosenohren und sichelförmig herabhängender, dünner Rute; Behaarung kurz, dicht anliegend, in den Farben Rot, Schwarz, Weiß, Rotbraun und Blau, gestromt und in Farbkombinationen.

Whipple, George Hoyt [engl. wɪpl], * Ashland (N. H.) 28. Aug. 1878, † Rochester (N. Y.) 1. Febr. 1976, amerikan. Pathologe. - Prof. in Baltimore, Berkeley und an der University of Rochester; erhielt in Anerkennung seiner Forschungen auf dem Gebiet der Lebertherapie bei perniziöser Anämie zus. mit G. R. Minot und W. P. Murphy 1939 den Nobelpreis für Physiologie oder Medizin.

Whisker [engl., eigtl. „Barthaar"], svw. ↑ Haarkristall.

Whisky [engl. 'wɪskɪ; gekürzt aus engl. whisky bae (von gäl. uisge-beatha, eigtl. „Lebenswasser")] (ir. und amerikan. Whiskey), Getreidebranntwein, Alkoholgehalt mindestens 43 Vol.-%; als ältester W. gilt der „Scotch W." (schott. W.), der als unverschnittener „Straight" oder als „Blended", d. h. Mischung verschiedener W.sorten, auf den Markt kommt; eine schott. Besonderheit ist der „Malt W." aus Gerstenmaische; ir. Whiskey ist immer unverschnitten aus gemalzter und ungemalzter Gerste sowie Weizen und Hafer; amerikan. Whiskey wird aus überwiegend Mais und Roggen (Bourbon), überwiegend Roggen (Rye) und nur Mais (Corn) gebrannt, kanad. aus Weizen.

Whist [vɪst; engl.], aus England stammendes Kartenspiel für 4 Personen; gespielt wird mit der *W.karte* zu 52 Blättern; auch zw. 3 Personen und einem Strohmann möglich. Jeder Spieler erhält 13 Karten; der Trumpf wird durch die Vorhand bestimmt; es herrschen Farb- und Stichzwang. Gewinner einer Partie ist die Partei, die zuerst 10 Punkte erzielt; wer 20 Punkte erreicht, ist Sieger der Runde („Robber"). Aus dem W. entwickelte sich das Bridge.

Whistler, James Abbot McNeill [engl. 'wɪslə], * Lowell (Mass.) 10. Juli 1834, † London 17. Juli 1903, amerikan. Maler und Radierer schott. Abkunft. - Lebte seit 1855 abwechselnd in Paris und in London; Freundschaft mit H. Fantin-Latour und G. Courbet sowie D. G. Rossetti. Reisen nach Venedig und Valparaiso beeinflußten ebenfalls seinen Stil. In seinem Bemühen, weniger Eindrücke als Stimmungen, weniger die Form als die Silhouette wiederzugeben, gehört er, obwohl dem Impressionismus verbunden, zu den Vorläufern des Jugendstils.

Whistler [engl. 'wɪslə „Pfeifer"], von Blitzen ausgesandte elektromagnet. [Lang]wellen, die an Feldlinien des erdmagnet. Feldes entlang durch den Raum laufen. In dem Gebiet, in dem diese Feldlinien die Erdoberfläche wieder erreichen, hört man im Lautsprecher kurze, in der Tonhöhe jeweils von hohen zu tiefen Frequenzen übergehende Pfeiftöne.

Whitby [engl. 'wɪtbɪ], engl. Hafensiedlung an der Nordsee, Gft. North Yorkshire, 13 800 E. Kunstgalerie, Theater; Badebetrieb. - Auf der **Synode von Whitby** 664 ging es um die Klärung der Frage, ob sich die Kirche in England hinsichtl. des Osterdatums dem röm. Ritus anschließen oder weiterhin dem ir.-kelt. folgen solle. Die Frage wurde zugunsten der röm. Praxis entschieden.

White [engl. waɪt], Edward, * San Antonio (Tex.) 14. Nov. 1930, † Kap Kennedy 27. Jan. 1967, amerikan. Astronaut. - Zunächst Testpilot. In Gemini 4 umkreiste W. 62mal die Erde, wobei er als erster Amerikaner die Raumkapsel (für 20 Minuten) verließ. Er verunglückte tödl. beim Start zur Erprobung einer Apollo-Raumkapsel.

W., Patrick, * London 28. Mai 1912, austral. Schriftsteller. - Bedeutendster zeitgenöss. Erzähler Australiens; setzt sich in seinen umfangreichen, teilweise dunklen, schwer zugängl. psycholog. Romanen mit menschl. Existenzproblemen auseinander, u.a. „Zur Ruhe kam der Baum des Menschen nie" (1955), „Die ungleichen Brüder" (1966), „Der Maler" (1970), „Im Auge des Sturms" (1973), „Memoirs of many in one" (1986); schrieb auch Dramen („Nacht auf dem kahlen Berg", 1965) und Lyrik. 1973 Nobelpreis für Literatur.

Whitefield, George [engl. 'waɪtfiːld], * Gloucester 16. Dez. 1714, † Newburyport (Mass.) 30. Sept. 1770, engl. methodist. Erweckungsprediger. - Neben den Brüdern Wesley der wichtigste Prediger der methodist. Erweckungsbewegung in England, Schottland und Amerika. Auf ihn geht die Praxis der Predigt auf offenem Feld zurück.

Whitehead [engl. 'waɪthɛd], Alfred North, * Ramsgate (Kent) 15. Febr. 1861, † Cambridge (Mass.) 30. Dez. 1947, brit. Mathematiker u. Philosoph. - 1914 Prof. in London, 1924–37 für Philosophie an der Harvard University in Cambridge (Mass.). Nach Arbeiten zur Axiomatisierung der Algebra und zur projektiven Geometrie sowie zum Strukturbegriff in der Algebra unternahm W. zus. mit seinem Schüler B. Russell den formal weitgehend gelungenen Versuch, im Rahmen des Logizismus alle grundlegenden Begriffe und Theoreme der Mathematik und der Logik in einem einheitl. Aufbau systemat. zu definieren und abzuleiten. In seiner späteren Naturphilosophie, in der er Kritik an der Atomisierung (↑logischer Atomismus) und Geometrisierung der konkreten Naturerfahrung durch die Wiss. übt, versteht er die Substanz der Realität als sich selbst produzierende „Einheiten"; die Bildung dieser „Einheiten" ist als organ. „Zusammenwachsen" ihrer „Objektivationen" oder als „Prehensionen" anderer Einheiten zu verstehen. - *Werke:* Principia Mathematica (1910–13; zus. mit B. Russell), Einführung in die Mathematik (1911), Wiss. und moderne Welt (1925), Abenteuer der Ideen (1933).

W., Gustave, urspr. Gustav Weißkopf, * Leutershausen 1. Jan. 1874, † Fairfield (Conn.) 10. Okt. 1927, amerikan. Flugpionier dt. Herkunft. - Auswanderung in die USA (1895). W. konstruierte einen Eindecker, mit dem er am 14. Aug. 1901 den ersten Motorflug in der Geschichte unternahm.

Whitelaw, William [engl. 'waɪtlɔː], * Edinburgh 28. Juni 1918, brit. Politiker. - 1955–83 konservativer Unterhaus-Abg., ab 1956 in wichtigen Partei- und Reg.ämtern; 1964–70 Haupteinpeitscher der Opposition;

Wheatstone-Brücke. Schaltschema

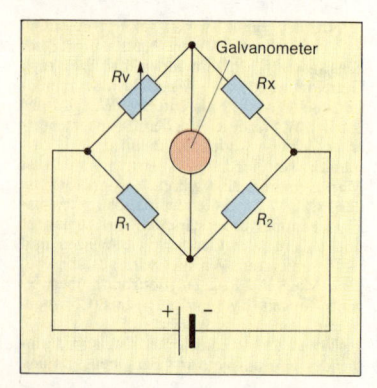

1970–72 Präs. des Geheimen Staatsrats und Führer des Unterhauses; 1972/73 Nordirland-, 1973/74 Arbeitsmin.; 1975–88 stellv. Parteiführer, 1975–79 Innenmin. im konservativen Schattenkabinett, 1979–Juni 1983 Innenmin.; seit 1983 (erbl.) Viscount.

Whiteman, Paul [engl. 'waɪtmən], * Denver (Col.) 28. März 1890, † Doylestown (Penn.) 29. Dez. 1967, amerikan. Orchesterleiter. - Wurde während der 1920er Jahre zum Hauptvertreter des sog. Symphonic Jazz.

White Mountains [engl. 'waɪt 'maʊntɪnz], Teil des appalach. Gebirgssystems östl. des Hudson River, im Mount Washington 1917 m hoch.

Whiteout [engl. 'waɪtaʊt], ↑ Antarktis.

White River [engl. 'waɪt 'rɪvə], rechter Nebenfluß des Mississippi, entsteht (mehrere Quellflüsse) auf dem Ozark Plateau, mündet etwa 150 km sö. von Little Rock; 1100 km lang.

Whitman, Walt[er] [engl. 'wɪtmən], * West Hills bei Huntington (N.Y.) 31. Mai 1819, † Camden (N.Y.) 26. März 1892, amerikan. Dichter. - Bedeutendster amerikan. Versdichter der 2. Hälfte des 19. Jh.; Sohn eines Zimmermanns. Die Lyrik, einerseits volksverbunden bzw. Macht und Bed. der Masse verherrlichend, andererseits Shakespeare, Ossian, Homer, der Bibelsprache, der orientaI. Literatur und Philosophie sowie pantheist. Gedankengut verpflichtet und stark von den individualist. Ideen der Transzendentalisten geprägt, ist Ausdruck seiner Auffassung von der prophet. Sendung des Dichters („Grashalme", 1855 [endgültige Fassung 1891/92 mit fast 400 Gedichten]). Kennzeichnend hierfür ist die früh entwickelte, im Spätwerk vollendete Neigung zu myst. Übersteigerung seiner Ideale. In den Essays „Demokrat. Ausblicke" (1871) gestaltete er das bereits entwickelte Bewußtsein der geistigen Autonomie der USA.

Whitney, Mount [engl. 'maʊnt 'wɪtnɪ], mit 4418 m höchster Berg der Sierra Nevada, Kalifornien.

Whittaker, Sir (seit 1945) Edmund Taylor [engl. 'wɪtɪkə], * Birkdale (Lancashire) 24. Okt. 1873, † Edinburgh 24. März 1956, brit. Astronom und Mathematiker. - Prof. in Dublin und Königl. Astronom von Irland, danach Prof. in Edinburgh. Bed. Beiträge zur Analysis („A course of modern analysis", 1902), zur numer. Mathematik und zum Dreikörperproblem.

Whittier, John Greenleaf [engl. 'wɪtɪə], * Haverhill (Mass.) 17. Dez. 1807, † Hampton Falls (N.H.) 7. Sept. 1892, amerikan. Dichter. - Volksdichter der USA. Seine romant., neuengl. Heimat- und Naturdichtung mit vielfach idyll. Zügen gipfelte in dem Gedicht „Eingeschneit" (1866).

Whitworth, Sir (seit 1869) Joseph [engl. 'wɪtwəːθ], * Stockport (Cheshire) 21. Dez. 1803, † Monte Carlo 22. Jan. 1887, brit. Ingenieur. - Machte sich um die Einführung von standardisierten Maschinenteilen verdient; u. a. führte er 1841 das nach ihm benannte System für Schraubengewinde ein (*W.gewinde*; mit 55° Flankenwinkel und Zollabmessungen).

WHO, Abk. für: World Health Organization (↑ Weltgesundheitsorganisation).

Who, The [engl. ðə 'huː], engl. Rockgruppe: **Pete Townshend** (* 1945) als stilprägendes Mitglied, Gitarre, Gesang; **Roger Daltrey** (*1944), Gesang; **John Entwistle** (* 1945), Baßgitarre, Gesang; **Keith Moon** (* 1946, † 1978), Schlagzeug. - Seit 1964/65 macht die exzentr.,

James Abbot McNeill Whistler, Symphonie in Weiß Nr. 3 (1867). Birmingham, Barber Institute of Fine Arts

The Who. Von links: Roger Daltrey, John Entwistle, Keith Moon, Pete Townshend

aus London stammende Gruppe aggressive Rockmusik; berühmt wurde sie bes. mit ihrer sog. Rockoper „Tommy" (1969/70); 1973 folgte das opernähnl. Werk „Quadrophenia".

Whorf, Benjamin Lee [engl. wɔːf], * Winthrop (Mass.) 24. April 1897, † Wethersfield (Conn.) 26. Juli 1941, amerikan. Ethnologe und Sprachwissenschaftler. - Neben seinem Beruf als Chemiker widmete er sich Studien über Indianersprachen, v. a. die uto-aztek. Sprache der Hopi; diese führten zu Forschungen auf dem Gebiet der Sprachphilosophie und Metalinguistik. - ↑auch Sapir, Edward.

Who's Who [engl. 'huːz 'huː „wer ist wer"], seit 1849 jährl. in London erscheinendes biograph. Lexikon über Personen des gesamten öffentl. Lebens in Großbrit.; die brit. Ausgabe wurde Vorbild ähnl. Verzeichnisse.

Whyalla [engl. war'ælə], Hafenstadt an der W-Küste des Spencergolfs, Südaustralien, 31 800 E. Südaustral. Inst. für Technologie; Eisen- und Stahlind., Schiff-, Maschinenbau, chem. Ind.; Meersalzgewinnung; Eisenbahn nach Port Augusta; ✈. - Bis 1920 kleiner Hafen als **Hummock Hill**; 1930 Anlage des neuen Hafens; seit 1961 City.

Whymper, Edward [engl. 'wɪmpə], * London 27. April 1840, † Chamonix 16. Sept. 1911, brit. Forschungsreisender und Alpinist. - Erstbesteigungen verschiedener Alpengipfel, u. a. 1865 des Matterhorns; Forschungsreisen in Grönland und in den Anden.

Wichern, Johann Hinrich, * Hamburg 21. April 1808, † ebd. 7. April 1881, dt. ev. Theologe. - Gründete 1833 das ↑„Rauhe Haus". Mit dem Ausbau dieses Erziehungswerkes, das als Beginn der männl. Diakonie angesehen werden kann, entwickelte er, durch die Erweckungsbewegung geprägt, den Gedanken der „Inneren Mission" und erreichte auf dem ersten Dt. Ev. Kirchentag in Wittenberg 1848 die Gründung des „Centralausschusses für die innere Mission der dt. ev. Kirche". 1858 Gründung des „Ev. Johannesstifts" zur Erneuerung des Strafvollzugs. W. verstand sein Anliegen im Sinne einer die polit. und konfessionellen Grenzen überschreitenden „ev. Katholizität" und gab damit Anstöße zur Ökumene, zu den christl.-sozialen Bewegungen und zu einem umfassenden diakon. Werk.

Wichita [engl. 'wɪtʃɪtɔː], Konföderation von Caddo sprechenden Indianerstämmen in der südl. Prärie, von Kansas bis Texas.

Wichita [engl. 'wɪtʃɪtɔː], Stadt in Kansas, USA, am Arkansas River, 392 m ü. d. M., 279 800 E. Kath. Bischofssitz; Univ. (gegr. 1895 als College), Friends University (Quäker; gegr. 1898); Kunstmuseum; Flugzeugbau, Erdölraffinerie, Nahrungsmittel-, Textil-, Leder- u. a. Ind.; Viehhöfe und Getreidesilos. - Gegr. 1868.

Wichita Falls [engl. 'wɪtʃɪtə 'fɔːlz], Stadt in N-Texas, USA, 290 m ü. d. M., 93 500 E. Univ. (gegr. 1922); Erdölraffinerie, Gießereien, Herstellung von Klimaanlagen, Schuhen u. a. - Entstand 1861 als Handelsstation.

Wichs, 1. traditionelle Festtracht der ↑Chargen student. Korporationen; 2. landschaftl. für: gamslederne Hosen der alpenländ. Tracht.

Wichte (Artgewicht, spezif. Gewicht), Formelzeichen γ, Quotient aus der Gewichtskraft G eines Körpers und seinem Volumen V, also $\gamma = G/V$. Die W. läßt sich auch darstellen als Produkt aus der ↑Dichte ϱ eines Körpers und der Erdbeschleunigung g, also: $\gamma = \varrho \cdot g$.

SI-Einheit der Wichte ist 1 Newton durch Kubikmeter (1 N/m^3). *Festlegung:* 1 N/m^3 ist gleich der W. eines homogenen Körpers, der bei einer Gewichtskraft 1 N das Volumen 1 m^3 einnimmt.

Wicke (Vicia), Gatt. der Schmetterlingsblütler mit mehr als 150 Arten, v. a. in der nördl. gemäßigten Zone, einige Arten auch im südl. S-Amerika, in den Anden und den Gebirgen O-Afrikas; einjährige oder ausdauernde, meist kletternde Kräuter mit paarig gefiederten Blättern (obere Fiederblättchen und Endfieder meist in Ranken umgewandelt) und einzeln oder in Trauben stehenden Blüten. Bekannte, teilweise als Futter- und Gründüngungspflanzen genutzte Arten sind: **Saatwicke** (Vicia sativa), 30–90 cm hoch, mit behaartem, vierkantigen Stengel und behaarten Blättern; Blüte rotviolett, einzeln oder zu zweien in den Blattachseln sitzend. **Vogelwicke** (Vicia cracca), mit bis über 1 m langen Stengeln und blauviolette Blüten in dichten Trauben; auf nährstoffreichen Böden. **Zottelwicke** (Sand-W., Vicia villosa), 0,3 bis 1,2 m hoch, zottig behaart, mit meist violetten Blüten.

Wickel, svw. ↑Umschlag.
♦ ↑Blütenstand.

Wickelbären (Honigbären, Cerceoleptinae), Unterfam. der Kleinbären mit der einzigen Gatt. *Potos* und der einzigen Art **Kinkaju** (Wickelbär, *Potos flavus*) in M- und S-Amerika; Länge rd. 40–60 cm, mit etwa ebensolangem Greifschwanz; olivfarben bis gelbbraun; Kopf rundl.; nachtaktiver, v. a. Pflanzen fressender Baumbewohner.

Wickert, Erwin, * Bralitz bei Bad Freienwalde 7. Jan. 1915, dt. Schriftsteller. - 1976–80 Botschafter in Peking; schrieb Romane aus China und der Antike („Der Purpur", 1965; „Der verlassene Tempel", 1985), die sich aus fiktiven histor. Dokumenten zusammensetzen; 1951 Hörspielpreis der Kriegsblinden für „Darfst du die Stunde rufen?".

Wickert Institute, privates Unternehmen in Tübingen und Altenstadt (bei Illertissen) zur Markt- und Meinungsforschung im In- und Ausland; 1951 gegr. und seither geleitet von G. Wickert (* 1928). 1966 wurde ein Inst. für wirtsch. Zukunftsforschung unter Leitung von H. Wagenführ (* 1903) angegliedert.

Wicket [engl. 'wɪkɪt], Bez. für das Tor beim ↑ Kricket.

Wicki, Bernhard, * Sankt Pölten 28. Okt. 1919, östr. Schauspieler und Regisseur. - Seit 1945 ∞ mit A. Fink (* 1919). Zunächst Theater-, dann Filmschauspieler (seit 1950; u. a. in „Die Nacht", 1961; „Der Mann im Schilf", 1978); Filmregisseur seit 1958, insbes. des Antikriegsfilms „Die Brücke" (1959); außerdem u. a. „Das Wunder des Malachias" (1961), „Kennwort: Morituri" (1965), „Das falsche Gewicht" (1971), „Die Eroberung der Zitadelle" (1977), „Das Spinnennetz" (1980), „Die Grünstein-Variante" (1985).

Bernhard Wicki (1977)

Wickler, Wolfgang, * Berlin 18. Nov. 1931, dt. Verhaltensforscher. - Direktor am Max-Planck-Institut für Verhaltensphysiologie in Seewiesen (bei Starnberg); Arbeiten v. a. zur stammesgeschichtl. Entwicklung, Anpassung und Ritualisierung des Verhaltens. - *Werke:* Stammesgeschichte und Ritualisierung. Zur Entstehung tier. und menschl. Verhaltensmuster (1970), Die Biologie der Zehn Gebote (1971), Das Prinzip Eigennutz. Ursachen und Konsequenzen sozialen Verhaltens (1977; mit U. Seibt).

Wickler (Tortricidae), mit mehr als 5 000 Arten weltweit verbreitete Fam. etwa 1–3 cm spannender, meist dämmerungs- oder nachtaktiver Schmetterlinge, darunter rd. 400 Arten einheim.; mit oft bunten, in Ruhe flach über den Rücken gelegten Vorderflügeln; Raupen meist in eingerollten (Name!) oder zusammengesponnenen Blättern, auch im Innern von Pflanzen und Früchten; können an Nutzpflanzen schädl. werden (z. B. Apfelwickler, Fruchtschalenwickler, Traubenwickler, Eichenwickler).

Wicklow [engl. 'wɪkloʊ], Gft. in O-Irland, an der Irischen See, 2 025 km², 94 500 E (1986), Verwaltungssitz Wicklow (5 200 E.). - Kam Anfang des 10. Jh. zum Wikinger-Kgr. Dublin; wurde im 12. Jh. Rückzugsgebiet der Iren vor der anglonormann. Eroberung.

Wicklung, in der Elektrotechnik Bez. für die meist als Spule ausgebildete (oder eine Zusammenschaltung von Spulen darstellende) Leiteranordnung, in der in einer elektr. Maschine eine Spannung induziert wird oder deren Stromfluß zum Aufbau eines Magnetfeldes genutzt wird.

Wickram, Jörg, * Colmar um 1505, † Burgheim am Rhein (Elsaß) vor 1562, dt. Dichter. - Wahrscheinl. Handwerker und Gerichtsschreiber in Colmar, wo er 1549 eine Meistersingerschule begründete; 1555 Stadtschreiber in Burgheim. Sein „Rollwagenbüchlin" (1555) gehört zu den besten Schwank- und Anekdotensammlungen. bei Bearbeitungen älterer Schweizer Fastnachtspiele sowie älterer Erzählungen, in denen er Elemente des ritterl. und Züge aus dem bürgerl. Leben geschickt miteinander verband; mit dem Roman „Der Goldtfaden" (1557) Begründer des neuhochdt. Prosaromans und zugleich richtungsweisend für das 17. Jahrhundert.

Wickrath ↑ Mönchengladbach.

Wicksell, Knut [schwed. vik'sɛl], * Stockholm 20. Dez. 1851, † Stocksund (bei Stockholm) 3. Mai 1926, schwedischer Nationalökonom. - Prof. in Lund; Anhänger der Grenznutzentheorie. Seine bedeutendste theoret. Leistung ist die Anwendung der Grenznutzentheorie auf die Geldtheorie. Nach W. sind generelle Preisänderungen auf Abweichungen des Geldzinssatzes von dem natürl. Zins, der durch die Grenzproduktivität des Kapitals bestimmt ist, zurückzuführen. - *Werke:* Über Wert, Kapital und Rente (1893), Die Regulierung des Geldwertes (1913), Vorlesungen über Nationalökonomie auf Grundlage des Marginalprinzipes (1913–22).

Wiclif, John [engl. 'wɪklɪf] ↑ Wyclif, John.

Widder ↑ Sternbilder (Übersicht).

Widder, (Schafbock) ♂ Schaf.

◆ svw. ↑ hydraulischer Widder.

◆ Kriegsmaschine der Antike und des MA,

Widderbären

eine Art Mauerbrecher, erst von den Kriegern getragen, später in einem Gerüst hängend.

Widderbären (Fleckwidderchen, Syntomidae), weltweit (v. a. im trop. S-Amerika) mit zahlr. Arten verbreitete Fam. mittelgroßer Schmetterlinge mit schlanken, oft lebhaft gefärbten und gefleckten, z. T. auch durchsichtigen Vorderflügeln und kleinen Hinterflügeln (den ↑ Widderchen ähnl.); Flügel in Ruhehaltung dachförmig; Raupen behaart, fressen v. a. an krautigen Pflanzen. In M-Europa kommen 6 Arten vor, darunter am bekanntesten das **Weißfleckwidderchen** (Amata phegea) mit weißen Flecken auf den schwarzblauen Flügeln.

Widderböcke (Clytus), Gatt. der Bockkäfer mit vier etwa 5–20 mm langen, schwarzen bis braunschwarzen einheim. Arten; mit auffallend gelben Querbinden; Larven in Baumstümpfen und gefälltem Holz.

Widderchen (Blutströpfchen, Zygaenidae), mit rd. 1 000 Arten weltweit verbreitete Fam. etwa 2–4 cm spannender (in den Tropen auch größerer) Schmetterlinge, darunter rd. 30 Arten einheim.; Vorderflügel lang und schmal, einfarbig metall. grün oder auf dunklem Grund lebhaft rot gefleckt; Fühler lang, am Ende keulenförmig verdickt; tagaktive Insekten, deren Imagines Blüten besuchen und deren Flügel dachförmig über den Körper zusammengelegt werden.

Widerbart (Epipogium), Gatt. der Orchideen mit 5 Arten in Eurasien, Australien, Neukaledonien und im trop. W-Afrika; blattlose Saprophyten. Die einzige europ. Art ist die (selten) in schattigen Buchen-, Fichten- und Tannenwäldern vorkommende Art *Epipogium aphyllum* mit gelbl., nach Bananen duftenden Blüten mit rot punktierter Lippe und fleischrotem Sporn.

Widerberg, Bo [Gunnar] [schwed. ˌviːdərbærj], * Malmö 8. Juni 1930, schwed. Schriftsteller, Filmregisseur und -kritiker. - Dreht v. a. zeitkrit. Filme wie „Der Kinderwagen" (1963), „Das Rabenviertel" (1963), „Roulette der Liebe" (1965), „Elvira Madigan" (1967), „Fimpen, der Knirps" (1974), „Der Mann auf dem Dach" (1976), „Victoria" (1979; nach K. Hamsun).

Widerlager, schwerer, massiver Baukörper aus Mauerwerk oder Beton, der den Druck eines Tragwerkes (z. B. Brückenbogen), den Schub eines Gewölbes u. a. aufnimmt und auf den Baugrund überträgt.

Widerlegung, Nachweis der Ungültigkeit oder Falschheit einer Behauptung.

Widerøe, Rolf [...rø], * Oslo 11. Juli 1902, schweizer. Physiker norweg. Herkunft. - Entwickelte 1928, unabhängig von D. W. Kerst, das Prinzip des Betatrons. Außerdem arbeitete er über Probleme der Strahlenbiologie, Strahlentherapie und Dosimetrie.

Widerrist, Bez. für den erhöhten Teil des Rückens landw. Nutztiere.

Widerruf, im *Privatrecht* die ↑ Willenserklärung, die eine andere, noch nicht wirksame Willenserklärung beseitigen soll. Im *Gesellschaftsrecht* die Willenserklärung durch das zuständige Organ (Aufsichtsrat, Mitglieder-, Gesellschaftsversammlung), die die Stellung des Vertretungsorgans einer jurist. Person (Vorstand von AG oder e.V., Geschäftsführer der GmbH) beendet. Im *Verwaltungsrecht* die Aufhebung eines rechtmäßigen Verwaltungsakts durch die Behörde, die ihn erlassen hat (Ggs.: Rücknahme eines rechtswidrigen Verwaltungsakts). Während belastende Verwaltungsakte ohne weiteres widerrufen werden dürfen, ist der W. begünstigender Verwaltungsakte (z. B. Erlaubnis) nur für die Zukunft und nur bei Vorliegen bestimmter Voraussetzungen sowie i. d. R. nur gegen Ersatz des Vertrauensschadens statthaft.

Widerspiegelungstheorie ↑ Abbildtheorie.

Widerspruch, 1. im *Zivilrecht* allg. eine ablehnende Stellungnahme, die in bestimmten Fällen dem Gegner die Durchsetzung eines Rechts erschwert (z. B. dem Vermieter von Wohnraum die Kündigung). - Als *Rechtsbehelf* führt der W. zur Überprüfung einer Entscheidung in der gleichen Instanz (z. B. Mahnverfahren, gegen eine einstweilige Verfügung); zum W. in der Zwangsvollstreckung ↑ Drittwiderspruchsklage. - Im *Grundbuchrecht* ist der W. ein vorläufiges Sicherungsmittel dessen, der einen Anspruch auf ↑ Grundbuchberichtigung (§ 894 BGB) hat. Die Eintragung eines W. gegen die Richtigkeit des Grundbuchs erfolgt auf Grund Bewilligung des durch den W. Betroffenen (↑ Grundbuchrecht) oder auf Grund einer einstweiligen Verfügung. Der **Amtswiderspruch** wird (von Amts wegen) eingetragen, wenn sich ergibt, daß das Grundbuchamt unter Verletzung gesetzl. Vorschriften eine Eintragung vorgenommen hat, durch die das Grundbuch unrichtig geworden ist. Der W. zerstört den öffentlichen Glauben an der Eintragung, auf die er sich bezieht, und verhindert so einen ↑ gutgläubigen Erwerb vom eingetragenen Nichtberechtigten. - Im *Verwaltungsrecht* ist der W. ein befristeter Rechtsbehelf, der aufschiebende Wirkung hat.

◆ in der *Logik* die dem Denken unvollziehbare Vereinigung einander ausschließender oder sich gegenseitig aufhebender Bedingungen (Kontradiktion; Aussageform: *A* und nicht-*A*); dieses Prinzip vom ausgeschlossenen Widerspruch (*Principium contradictionis*; *Satz vom Widerspruch*) besagt, daß zwei sich log. widersprechende Aussagen zur gleichen Zeit und in derselben Beziehung nicht zusammen wahr sein können.

◆ in der *marxist.* und *marxist. orientierten philosoph. Literatur* im Anschluß an Hegel (↑ Dialektik) als realer oder dialekt. W. die Kategorie zur Darstellung gesellschaftl. Ent-

Widerstand gegen die Staatsgewalt

wicklungen. Als realer W. gilt eine histor. oder sozial notwendige, d. h. aus dem histor. oder sozialen Wissen erklärbare Sinnverkehrung von Institutionen (Beispiel: die eth.-polit. relevanten Ziele, für die eine Institution entsteht, werden durch eben diese Institution verhindert). Zu einem W. wird die Sinnverkehrung dann, wenn man diese Entwicklung als erklärbares Ergebnis des Wirkens der Institution für eben die Ziele aufzeigen kann, die verhindert werden.

Widerspruch, Satz vom (Satz vom ausgeschlossenen Widerspruch), in der Logik svw. Prinzip vom ausgeschlossenen ↑ Widerspruch.

widerspruchsfrei (konsistent), in der Metamathematik Bez. für die Eigenschaft einer Menge S von Ausdrücken A eines formalen Systems, die gegeben ist, wenn es in S nicht möglich ist, eine Aussage A und zugleich ihre Negation $\neg\ A$ abzuleiten.

Widerspruchsklage, svw. ↑ Drittwiderspruchsklage.

Widerspruchsverfahren, Vorverfahren in der Verwaltungs- und Sozialgerichtsbarkeit, das durch einen Widerspruch eingeleitet wird und gegen den Erlaß oder das Unterlassen eines begehrten begünstigenden Verwaltungsakts gerichtet ist. Im W. sollen Recht- und Zweckmäßigkeit des Verwaltungsakts von der **Widerspruchsbehörde** (i. d. R. die nächsthöhere Behörde, auf kommunaler Ebene häufig auch spezielle Widerspruchsausschüsse) überprüft werden. Die Durchführung ist Voraussetzung für die Erhebung der Anfechtungs- und Verpflichtungsklage sowie für alle beamtenrechtl. Klagen. Es ist binnen eines Monats nach Bekanntgabe des (unterlassenen) Verwaltungsakts einzuleiten und endet durch schriftl., mit Begründung und Rechtsmittelbelehrung versehenen **Widerspruchsbescheid,** der zuzustellen ist. Im *östr.* und *schweizer. Recht* gilt im wesentl. Entsprechendes.

Widerspruch von Amts wegen ↑ Widerspruch.

Widerstand, der Bewegung eines Körpers bzw. physikal. Systems entgegengerichtete Kraft, z. B. der Luftwiderstand und der Reibungswiderstand und der Trägheitswiderstand.

◆ (elektr. W.) Formelzeichen R, die unterschiedl. stark ausgeprägte Eigenschaft von Stoffen (allg. von Materie), den elektr. Stromfluß zu hemmen, wenn sie in ihnen befindl. „freien" Ladungsträger von elektr. Feldern bzw. Spannungen in Bewegung gesetzt werden; definiert als Quotient aus der zw. den Enden eines Leiters bestehenden elektr. Gleichspannung U und der Stromstärke I des in ihm fließenden Gleichstroms: $R = U/I$. In Wechselstromkreisen treten neben diesem als *ohmscher W.* bezeichneten Gleichstrom-W. zusätzl. induktive und kapazitive [Blind]widerstände auf (↑ Wechselstromwiderstand). SI-Einheit des elektr. W. ist das ↑ Ohm (Ω). Als *spezif. elektr. W.* wird die Größe $\varrho = R \cdot q/l$ bezeichnet (q Leiterquerschnitt, l Leiterlänge). Der spezif. elektr. W. ist eine Stoffgröße, die von der chem. Zusammensetzung, der mechan. und therm. Behandlung und der Temperatur abhängt; er wird gemessen in der SI-Einheit $\Omega \cdot$ m (Ohm mal Meter).

◆ ein elektr. Schaltungselement zur Verminderung der Stromstärke in einem Leiter, zur Spannungsteilung (↑ Potentiometer) u. a.; es wird zw. einem als Schicht-, Draht- oder Masse-W. ausgeführten Festwiderstand und einem regelbaren W. unterschieden. Beim *Draht-W.* ist ein Draht aus einer W.legierung (z. B. Konstantan, Manganin) auf einen Keramikkörper gewickelt oder in Keramik eingebettet; ein *Masse-W.* ist ein Gemisch aus leitenden und nicht- bzw. halbleitenden Werkstoffen. - Die regelbaren Widerstände werden als Dreh-, Schiebe- oder als Stöpsel-W. *(Rheostat),* selbstregelnd als Eisen-Wasserstoff-W. ausgeführt. Als Hochspannungs-W. und als Anlasser für Schleifringläufermotoren werden *Flüssigkeits-* oder *Elektrolyt-W.* verwendet, bei denen durch Änderung des Elektrodenabstandes in einer Elektrolytlösung variable W.werte einstellbar sind. - Abb. S. 122.

◆ in der Politik Verhalten von einzelnen oder von Gruppen gegen eine von ihnen abgelehnte Reg. oder deren Ziele in unterschiedl. Formen, als militanten W. (z. B. mit Waffengewalt) oder als passiver W. (↑ auch Gewaltlosigkeit); der W. erfolgt meist aus demokrat.-rechtsstaatl. Erwägungen gegenüber Reg., die die Verfassungs- und Menschenrechte unterdrücken bzw. verletzen, unter Berufung auf das (z. T. verfassungsmäßig zugesicherte) Widerstandsrecht (↑ auch Befreiungsbewegungen, ↑ Widerstandsbewegung), wird teils aber auch von antidemokrat. ausgerichteten Gruppen zur Durchsetzung ihrer polit. Absichten mißbraucht.

Widerstand gegen die Staatsgewalt, zusammenfassende Bez. für die Strafbestimmungen im StGB, die Widerstand gegen bestimmte Maßnahmen der öffentl. Gewalt (§§ 111 ff.) unter Strafe stellen (↑ Aufforderung, ↑ Gefangenenbefreiung, ↑ Gefangenenmeuterei). Nach der prakt. Bed. steht die Strafbarkeit des Widerstands gegen Vollstreckungsbeamte (§ 113 StGB) im Vordergrund. Diese Vorschrift schützt v. a. die tägl. Arbeit der Polizei und anderer Vollstreckungsorgane. Wegen Widerstands gegen Vollstreckungsbeamte macht sich strafbar, wer einem Amtsträger (z. B. Richter, Staatsanwalt, Polizist, Gerichtsvollzieher, Zollbeamter, Forst- und Feldhüter) oder Soldaten der Bundeswehr, der zur Vollstreckung von Gesetzen, Rechtsverordnungen, Urteilen, Gerichtsbeschlüssen oder behördl. Verfügungen

Widerstandsbewegung

Kennfarbe	Widerstandswert in Ω		zulässige Abweichung
	zählende Ziffern	Multiplikator	
silber	–	10^{-2}	±10%
gold	–	10^{-1}	±5%
schwarz	0	1	–
braun	1	10	±1%
rot	2	10^2	±2%
orange	3	10^3	–
gelb	4	10^4	–
grün	5	10^5	±0,5%
blau	6	10^6	±0,25%
violett	7	10^7	±0,1%
grau	8	10^8	–
weiß	9	10^9	–
keine	–	–	±20%

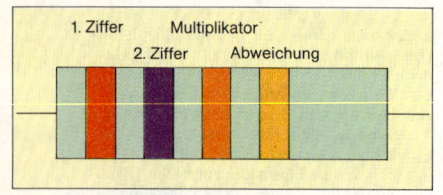

Widerstand.
Oben: Farbkennzeichnung zur Angabe von Widerstandswerten mit zwei oder drei zählenden Ziffern und zur Angabe der zulässigen Abweichung; unten: Beispiele von Farbangaben durch Farbringe auf elektrischen Widerständen; erste Ziffer rot = 2, zweite Ziffer violett = 7, Multiplikator orange = 10^3, Widerstandswert 27 000 Ω bzw. 27 kΩ, Abweichung gold = ± 5%

berufen ist, bei der Vornahme einer solchen Diensthandlung mit Gewalt oder durch Drohung mit Gewalt Widerstand leistet oder ihn dabei tätlich angreift. Als Strafe drohen Freiheitsstrafe bis zu 2 Jahren oder Geldstrafe, in bes. schweren Fällen (z. B. wenn der Täter eine Waffe bei sich führt und/oder den Angegriffenen in die Gefahr des Todes oder einer schweren Körperverletzung bringt) Freiheitsstrafe von 6 Monaten bis zu 5 Jahren.

In *Österreich* und der *Schweiz* gilt im wesentl. dem dt. Recht Entsprechendes.

Widerstandsbewegung, organisierte Gegnerschaft gegen eine als tyrann., unrechtmäßig oder verfassungswidrig empfundene oder von einer ausländ. Macht eingesetzte Herrschaft (↑ auch Widerstandsrecht). *Aktiver Widerstand* zielt auf den gewaltsamen Sturz des Regimes; *passiver Widerstand* setzt zivilen Ungehorsam, Demonstrationen, polit. Streiks ein.

I. e. S. wird als W. die aktive Opposition gegen die Gewaltherrschaft und die Kriegspolitik der faschist. Diktaturen in Europa zw. 1922 und 1945 bezeichnet, insbes. gegen die NS-Herrschaft in Deutschland sowie in den seit 1938/39 besetzten Ländern (↑ auch Antifaschismus, ↑ Résistance, ↑ Resistenza), wo sich der durch Exilvertretungen und die Kriegsgegner Deutschlands auch von außen unterstützte Kampf zugleich gegen die Kollaboration mit der Besatzungsmacht richtete. Widerstand wurde individuell, von kleinen Gruppen, von Kreisen innerhalb der Institutionen des jeweiligen Regimes, in den besetzten Ländern auch von bewaffneten Untergrundorganisationen aus sehr unterschiedl. polit., ideolog. und eth. Motiven und in vielfältigen Formen und Intensitätsgraden - von der Hilfe für Verfolgte und heiml. Gegenpropaganda bis zu wirkungsvollen Sabotageakten, Attentaten auf Vertreter des Regimes und Umsturzversuchen - geleistet.

Aus der vielschichtigen Herkunft der Opposition und dem Zwang zur Illegalität erklärt es sich, daß die Gruppen der W. zunächst weithin (unverbunden) nebeneinander arbeiteten; polit. und ideolog. Differenzen wirkten dabei vielfach weiter. Der Untergrundkampf führte dann verschiedentl. zur Zusammenarbeit über frühere Grenzen hinweg. Diese antifaschist. Gemeinsamkeit zerfiel allerdings nach 1945 häufig unter dem Einfluß des kalten Krieges.

Die dt. W., deren zahlenmäßiger Umfang schwer zu fassen ist (wenigstens 100 000 Deutsche zeitweilig oder dauernd in KZ; rd. 12 000 vollstreckte reguläre Todesurteile, zum erhebl. Teil für polit. Delikte), umfaßte ein breites Spektrum von organisierten und auch nichtorganisierten (Sprengstoffattentat G. Elsers auf Hitler am 8. Nov. 1939) Kräften der Arbeiterbewegung über illegale Jugendgruppen, hochkonservativ-nat. Kreise bis hin zu ehem. Sympathisanten und Funktionären des Regimes. In den ersten Jahren nach 1933 versuchte unter vielen Opfern v. a. die Linke, ihre verbotenen Organisationen aufrechtzuerhalten und durch geheim hergestelltes Propagandamaterial zu wirken. Die Zusammenarbeit zw. KPD sowie SPD und Gewerkschaften blieb auf einzelne Ansätze beschränkt. Führende Sozialdemokraten (W. Leuschner, J. Leber), auch Vertreter der christl. Arbeiterbewegung (J. Kaiser) orientierten sich stärker zu den Vertretern des bürgerl. Widerstandes und zu dem geheimen Diskussionsforum des ↑Kreisauer Kreises hin. Auch Gläubige und führende Kirchenvertreter widersetzten sich den Maßnahmen und Forderungen des Regimes (↑auch Kirchenkampf). Daneben gab es in der W. Beamte, Diplomaten und Offiziere, die Zugang zu den Machtmitteln des Regimes hatten und entschlossen waren, diese für einen Staatsstreich zu nutzen. In den Personen L. Becks, des 1938 zurückgetretenen Generalstabschef des Heeres, und F. C. Goerdelers, des 1937 zurückgetretenen Oberbürgermeisters von Leipzig, überschnitten sich der militär. und der zivile Widerstandskreis. Das Vorhaben von Becks Nachfolger F. Halder, Hitler zu verhaften, blieb 1938/39 unausgeführt. Kontakte der W. mit brit. Stellen erbrachten keine befriedigenden Ergebnisse. Hitlers militär. Siege von 1940/41 entzogen dann den Umsturzplänen vorerst den Boden. 1941/42 war indes die sog. Rote Kapelle tätig. Nach der Wende des Krieges, die auch die student. Oppositionsgruppe ↑Weiße Rose aktivierte, gipfelten die verstärkten Bemühungen, Deutschland vor der Katastrophenpolitik Hitlers zu retten im Staatsstreichversuch vom ↑Zwanzigsten Juli 1944.

📖 *Hoffmann, Peter: Widerstand, Staatsreich, Attentat.* Mchn. ⁴1985. - *Cartarius, U.: Opposition gegen Hitler.* Bln. 1984. - *Denzler, G.: Widerstand oder Anpassung? Kath. Kirche u. Drittes Reich.* Mchn. 1984. - *Widerstand u. Verweigerung in Deutschland 1933-1945.* Hg. v. R. Löwenthal u. P. v. zur Mühlen. Bln. u. Bonn 1982. - *Rings, W.: Leben mit dem Feind. Anpassung u. Widerstand in Hitlers Europa, 1939-1945.* Mchn. 1979.

Widerstandsöfen ↑Schmelzöfen.

Widerstandspreßschweißen
↑Schweißverfahren.

Widerstandsrecht, religiös oder humanitär begründetes höheres Recht und letztes Mittel zur Auflehnung gegen äußerstes, anders nicht zu bekämpfendes staatl. Unrecht. Im Ggs. zur Revolution wird das W. im Rahmen der bestehenden Ordnung ausgeübt und zielt auf deren Erhaltung oder Wiederherstellung. Nach german. Recht folgte die Begründung des W. aus dem Grundsatz der gegenseitigen Treue, die Herrscher und Volk verband; der ungerechte Herrscher durfte bekämpft und abgesetzt werden. Das Christentum, das zunächst nur den passiven Widerstand der Märtyrer kannte, erhob das W. schließl. sogar zu einer sittl. *Widerstandspflicht;* es begründete die Absetzung eines Königs damit, daß dieser durch Ketzerei oder Vernachlässigung seiner Herrscherpflichten die ihm von Gott gegebene Amtsbefugnis verliere. Die Ablösung des Lehnswesens durch den Ständestaat im 13.Jh. war mit einer stärkeren Aus-

prägung des nunmehr von den Ständen unter Führung des Adels getragenen W. verbunden, das auch schriftl. fixiert wurde (z. B. Magna Carta 1215). Die *Staatslehre* begründete das W. nun vertragsrechtl. (Bruch des Herrschaftsvertrags seitens des ungerechten Herrschers). Im Anschluß an Johannes von Salisbury wurde verstärkt das Problem des **Tyrannenmords** erörtert. Entsprechend der Auffassung des Thomas von Aquin wurde die Tötung des Usurpators für legitim erklärt. Die *Stellung der Reformatoren* zum W. war uneinheitl.: Während Calvin, Melanchthon und Zwingli ein aktives W. in engen Grenzen und mit unterschiedl. Begründung und Abstufung anerkannten, lehnte Luther es anfangs grundsätzl. ab und ließ es später nur ausnahmsweise zu. Angeregt durch diese Auseinandersetzungen, entstand die Lehre der ↑Monarchomachen F. Hotman, G. Buchanan vom W., die wiederum dem Tyrannenmord eine zentrale Bed. beimaßen. V. a. seit J. Althusius stand die naturrechtl. Begründung des W. im Vordergrund. Als Reaktion auf die absolutist. Staatsauffassung, die kein W. der Untertanen anerkannte, erfuhr das W. durch die Lehre von Gesellschaftsvertrag und Volkssouveränität (Montesquieu, J.-J. Rousseau) eine Wiederbelebung und Fortentwicklung. Mit der amerikan. Declaration of Independence und der Frz. Revolution mündete das W. in die Bewegung der Menschen- und Grundrechte. Polit. Bed. gewann das W. wieder im 20.Jh., einerseits v. a. durch das neuartige Phänomen des Unrechtsstaats, das dem Gedanken des von sittl. Verantwortung getragenen Widerstands zu neuer Geltung verhalf, andererseits durch den Sieg des aufklärer. Gleichheitsgrundsatzes, der ein W. gegen alle Formen der Diskriminierung begründet, wobei allerdings der Aspekt der Gewalt umstritten bleibt. - Im GG ist das W. in Art. 20 Abs. 4 verankert. Das W. besteht danach gegen jeden, der die verfassungsmäßige Ordnung zu beseitigen unternimmt. Das W. kann nicht durch eine Verfassungsänderung aufgehoben werden.

📖 *Widerstand u. Staatsgewalt.* Hg. v. *W. Hill.* Gütersloh 1984. - *Kern, F.: Gottesgnadentum u. W. im frühen MA.* Darmst. ⁷1980.

Widerstoß (Limonium), Gatt. der Bleiwurzgewächse mit rd. 200 Arten, verbreitet v. a. vom östl. Mittelmeergebiet bis zum Hochland von Iran; oft in Küsten-, Steppen- und Wüstengebieten vorkommende einjährige oder ausdauernde Kräuter oder Halbsträucher mit großen Blütenständen aus zahlr. kleinen, meist blauen oder weißen Blüten mit trockenhäutigen Kelchen. Mehrere Arten werden als Trockenblumen für den Schnitt kultiviert, u. a. der 20-50 cm hohe **Strandflieder** (Limonium vulgare); Blätter ledrig, 5-15 cm lang, spatelförmig, in Rosetten; Blüten blauviolett; auf Salzwiesen an den Küsten

Widewdat

W-Europas, N-Afrikas und N-Amerikas sowie an der Nord- und Ostsee.

Widewdat ↑ Awesta.

Widia ® [Kw. aus: **wie Dia**mant], Handelsbez. für eine Gruppe von Sinterhartmetallen aus Wolframcarbid (etwa 94 %) und Kobalt (etwa 6 %), heute meist mit Zusätzen von Titan-, Niob- oder Tantalcarbid.

Widin, bulgar. Stadt am rechten Donauufer, 33 m ü. d. M., 60 900 E. Verwaltungssitz des Verw.-Geb. W.; landw. Forschungsstation; Museum; Sinfonieorchester; chem., Nahrungsmittelind., Tabakverarbeitung, Porzellanmanufaktur, Maschinenbau u. a. Ind.; Hafen. - Ursprüngl. eine große thrak. Siedlung, in röm. Zeit das Militärlager und die Siedlung Bononia (Mösien; neu befestigt unter Justinian I.); im 14. Jh. Hauptstadt des Widiner Zarenreiches; 1396 vom Kreuzfahrerheer eingenommen, danach bis 1878 unter osman. Herrschaft. - Ma. Festung Baba Wida (an der Stelle des röm. Militärlagers); Kirche des hl. Panteleimonos und Kirche der hl. Petka (17. Jh.), Moschee (1801).

Widmannstättensche Figuren [nach dem östr. Chemiker A. von Widmannstätten, * 1754, † 1849], Bez. für die durch Anätzen der Schliffflächen von Eisenmeteoriten (Oktaedriten) sichtbar gemachten Verwachsungen der Nickeleisenminerale Kamazit und Taenit.

Widmark, Richard [engl. ˈwɪdmɑːk], * Sunrise (Minn.) 26. Dez. 1914, amerikan. Filmschauspieler. - Seit 1947 („Der Todeskuß") beim Film, insbes. in Rollen des „harten Mannes", u. a. „Zwei ritten zusammen" (1961), „Cheyenne" (1964), „Das Urteil von Nürnberg" (1961), „Mord im Orient Express" (1974), „Der tödl. Schwarm" (1978), „Die Bäreninsel in der Hölle der Arktis" (1979).

Widmer, Urs, * Basel 21. Mai 1938, schweizer. Schriftsteller. - Verfasser von Erzählungen („Die Amsel im Regen im Garten", 1971; „Schweizer Geschichten", 1975) und Romanen („Die Forschungsreise", 1974; „Die gestohlene Schöpfung", 1984) mit phantast.-surrealen sowie unheiml.-hintergründigen Tendenzen. Auch Essays und zahlr. Hörspiele („Die schreckl. Verwirrung des Giuseppe Verdi", 1974; „Fernsehabend", 1976).

Widmung, allg. svw. Text, mit dem jemandem etwas zugeeignet (geschenkt) wird. - Im *Recht* ein Hoheitsakt, der die Eigenschaft einer Sache (z. B. Straße, Gewässer) als öffentl. Sache begründet und damit deren Zweckbestimmung festlegt. Die W. (z. B. zum Gemeingebrauch) geschieht durch Gesetz, Rechtsverordnung, Satzung, Gewohnheitsrecht oder Einzelakt (Verwaltungsakt). Die Aufhebung der Eigenschaft einer Sache als öffentl. Sache geschieht durch **Entwidmung**.

Wido (Wito), männl. Vorname, Kurzform von mit „Wid-, Wit-" gebildeten Namen.

Widor, Charles-Marie, * Lyon 21. Febr. 1844, † Paris 12. März 1937, frz. Organist und Komponist. - 1870–1934 Organist an Saint-Sulpice in Paris, lehrte 1891–1905 am Pariser Conservatoire. Bed. Improvisator, begründete die neue frz. Orgelschule und entwickelte die Gattung Orgelsinfonie; komponierte u. a. Opern, Sinfonien, Kammermusik und Lieder.

Widschajanagar [Sanskrit „Stadt des Sieges"], Ruinenstadt bei Hospet in Karnataka, Hauptstadt des gleichnamigen, letzten hinduist. Großreichs in Indien (um 1336–1565). Erhalten sind Ruinen des Bazars, des Harems und von Tempeln (v. a. Vitthala-Tempel).

Widukind, männl. Vorname, eigtl. „Sohn des Waldes" (zu althochdt. witu „Wald" und kind „Kind").

Widukind (Wittekind), Führer der aufständ. Sachsen (778–785). - Westfäl. Adliger; entfachte seit 777 immer wieder Aufstände gegen die fränk. Herrschaft. Nachdem Karl d. Gr. 784/785 das Land verwüstet hatte, un-

Widschajanagar. Vitthala-Tempel (1513–65)

terwarf sich W. und ließ sich 785 in der Pfalz Attigny (Dep. Ardennes) taufen. Seinem Geschlecht entstammte Mathilde († 968), die 2. Gemahlin König Heinrichs I.

Widukind von Corvey, * um 925, † Corvey nach 973, sächs. Mönch und Geschichtsschreiber. - Vermutl. aus adligem Geschlecht; trat um 940 in das Kloster Corvey ein und verfaßte dort eine Sachsengeschichte in 3 Büchern („Rerum Saxonicarum libri III"; bis 973 fortgesetzt); bed. Quelle für die Zeit Heinrichs I. und Ottos I.

Richard Widmark (1956)

Wiebke (Wibke), weibl. Vorname, Verkleinerungsform des nicht mehr gebräuchl. niederdt. und fries. Vornamens Wieba, Wiebe (zu althochdt. wig „Kampf, Krieg").

Wiechert, Emil, * Tilsit 26. Dez. 1861, † Göttingen 19. März 1928, dt. Geophysiker. - Prof. in Königsberg und Göttingen. 1900 entwickelte W. einen Seismographen, mit dem horizontale und vertikale Komponenten der seism. Erdbewegung registriert werden konnten und wandte seism. Methoden bei der Erkundung von Lagerstätten an.

W., Ernst, Pseud. Barany Bjell, * Forsthaus Kleinort bei Sensburg 18. Mai 1887, † Uerikon (Kt. Zürich) 24. Aug. 1950, dt. Schriftsteller. - 1938 zwei Monate im KZ Buchenwald, dann unter Gestapoaufsicht; ab 1948 in der Schweiz. Seine Romane und Novellen gestalten ein schlichtes und selbstloses Menschenbild voll verinnerlichter Humanität in der Abkehr von allen „krankhaften" Erscheinungen der Zeit, das myst.-religiös und gefühlvoll verklärt wird; naturmyst. Elemente. - *Werke:* Der Wald (R., 1922), Der Totenwolf (R., 1924), Die Majorin (R., 1934), Das einfache Leben (R., 1939), Die Jerominkinder (R., 1945-47), Der Totenwald (Bericht, 1945), Missa sine nomine (R., 1950).

Wiechert-Gutenberg-Diskontinuität [nach Emil Wiechert und dem dt. Geophysiker B. Gutenberg, * 1889, † 1960], im Schalenbau der Erde die Unstetigkeitsfläche zw. Erdmantel und Erdkern.

Wieck, Clara, dt. Pianistin, ↑ Schumann, Clara.

W., Friedrich, * Pretzsch/Elbe (Landkr. Wittenberg) 18. Aug. 1785, † Loschwitz (= Dresden) 6. Okt. 1873, dt. Musikpädagoge. - Ab 1840 Klavierlehrer in Dresden; u. a. Lehrer seiner Tochter Clara Schumann, H. von Bülows und R. Schumanns.

Wied, Grafengeschlecht und Gft. im Engersgau, ben. nach der Burg Altwied; beim Aussterben des Geschlechts 1244 fiel ein Teil des Gebiets an die Grafen von Isenburg, die 1338 die gesamte Gft. erneut vereinigten und sich seitdem Grafen von W. nannten; 1462 fiel W. an die Herren von Runkel. 1595 Teilung des Territoriums: Die obere Gft. W. (Residenz Dierdorf) blieb seit 1698 bei der älteren Linie *W.-Runkel* (1824 erloschen), während die untere Gft. W. (Residenz Neuwied) an die jüngere Linie *W.-Neuwied* fiel; ihre Territorien wurden 1815 der preuß. Rheinprovinz einverleibt. - Bed. Vertreter:

W., Hermann Graf von ↑ Hermann, Graf von Wied.

W., Maximilian Prinz zu, * Neuwied 23. Sept. 1782, † ebd. 3. Febr. 1867, dt. Naturforscher und Ethnograph. - Aus der Linie W.-Neuwied; diente zunächst in der preuß. Armee, unternahm dann Forschungsreisen nach Brasilien (1815-17) und Nordamerika (1832-34). Er beschrieb v. a. die Botokuden und Mandan.

Wiedehopf (Stinkhahn, Stinkvogel, Kotvogel, Upupa epops), fast 30 cm langer Rakkenvogel (Gatt. Hopfe), v. a. in Wäldern, parkartigen Landschaften und Steppen Afrikas sowie der gemäßigten und südl. Regionen Eurasiens; mit Ausnahme der schwarz-weiß gebänderten Flügel und des fast ebenso gezeichneten Schwanzes Gefieder hellbraun, mit aufrichtbarer Haube; frißt bes. Maden, Erdraupen, Engerlinge und Käfer, die er mit seinem langen Schnabel aus dem Boden oder aus dem Dung des Weideviehs holt; brütet in faulenden Baumstämmen, Höhlungen von Gebäuden und Erdwällen; Nestlinge verspritzen bei Störungen dünnflüssigen Kot; Zugvogel.

Wiedemann, Gustav Heinrich, * Berlin 2. Okt. 1826, † Leipzig 23. März 1899, dt. Physiker. - Prof. in Basel, Braunschweig, Karlsruhe und Leipzig. Seine Hauptarbeitsgebiete waren der Elektromagnetismus sowie die Elektrizitätsleitung in festen Körpern und Elektrolyten.

Wiedenbrück, Teil von ↑ Rheda-Wiedenbrück.

Wiederaufbereitung, allg. die Wiedergewinnung nutzbarer Substanzen aus Abfällen, z. B. die Rückgewinnung von Schmieröl aus Altöl († auch Recycling); i. e. S. die auch als **Wiederaufarbeitung** bezeichnete Rückgewinnung des noch spaltbaren Materials († Kernreaktor).

Wiederaufrüstung

Wiederaufrüstung (Wiederbewaffnung), Bez. für den Prozeß des Wiederaufbaus von Streitkräften nach der vollständigen Entwaffnung eines Staates, z. B. in Deutschland nach 1945, wo die Bestimmungen der dt. Kapitulation vom 7./8. Mai 1945 über die vollständige Entwaffnung und die Potsdamer Abkommens von 2. Aug. 1945 über die Entmilitarisierung Deutschlands durch die Entwicklung des Ost-West-Konflikts überholt wurden. Die Sowjetunion begann in der SBZ 1946 mit dem Aufbau einer militärähnl. Grenzpolizei und 1952 mit dem Aufbau der Kasernierten Volkspolizei († Nationale Volksarmee). Der Koreakrieg seit 1950 führte v. a. in den USA und in der BR Deutschland zu einer Diskussion über einen bundesdt. Verteidigungsbeitrag, der zunächst im Rahmen der geplanten Europ. Verteidigungsgemeinschaft geleistet werden sollte, dann durch die Pariser Verträge von 1954 im Rahmen der WEU und der NATO erfolgte.

Wiederaufnahmeverfahren, gerichtl. Verfahren mit dem Ziel der rückwirkenden Beseitigung eines rechtskräftigen Urteils und der erneuten Verhandlung und Entscheidung der Streitsache. Es ist in den Prozeßarten vorgesehen. Im Zivilprozeß (§§ 578 ff. ZPO) unterscheidet man nach der Art des Wiederaufnahmegrundes die Nichtigkeitsklage (bei schweren Verfahrensverstößen, z. B. unvorschriftsmäßiger Besetzung des Gerichts) und die † Restitutionsklage (bei einer unrichtigen, v. a. verfälschten Urteilsgrundlage, z. B. Meineid sowie bei nachträgl. Auffinden einer der das W. betreibenden Partei günstigen Urkunde). Das W. ist zulässig, wenn der Wiederaufnahmegrund nicht durch Einlegung eines † Rechtsmittels hatte geltend gemacht werden können. Eine entsprechende Regelung findet sich im **Verwaltungsprozeß** (§ 153 Verwaltungsgerichtsordnung, § 179 Sozialgerichtsgesetz, § 134 Finanzgerichtsordnung). Im **Strafprozeß** (§§ 359 ff. StPO) gibt es die - zeitl. uneingeschränkt zulässige - Wiederaufnahme zugunsten (u. a. bei neuen Tatsachen oder Beweismitteln) wie auch zuungunsten des Angeklagten. Die Wiederaufnahmegründe sind denen des Zivilprozesses verwandt; überdies findet das W. im Falle eines vom Bundesverfassungsgericht für nichtig erklärten Gesetzes statt, auf dem das Strafurteil beruht.

In *Österreich* gilt im wesentl. dem dt. Recht Entsprechendes.

In der *Schweiz* erfüllt die Funktion des W. die Revision, die auf Neudurchführung eines bereits erledigten Prozesses auf verbesserter Grundlage abzielt.

Wiederbelebung (Reanimation, Resuszitation), Wiederherstellung der lebenswichtigen Organfunktionen nach Eintritt der klin. Todes (i. w. S. auch bei drohendem klin. Tod, d. h. bei schwersten Vergiftungen u. a.). Vom Augenblick des Atmungs- und Kreislaufstillstands an bleiben bis zum Eintritt des biolog. Todes mit irreparablen Organschäden noch 4 bis 6 Minuten Zeit für die Wiederbelebung. Zu den Maßnahmen der W. gehören u. a. Freimachen der Atemwege, künstl. Beatmung und Herzmassage. - † auch Erste Hilfe.

Wiederbeschaffungskosten, die für den Ersatz eines Gutes sich aus dem Einkaufspreis des Bewertungsstichtages ergebenden Kosten.

Wiedereinsetzung in den vorigen Stand, gerichtl. Entscheidung, die eine unverschuldet versäumte und innerhalb der Wiedereinsetzungsfrist von 2 bzw. 1 Woche (StPO) seit dem Ende des Hinderungsgrundes nachgeholte Prozeßhandlung für rechtzeitig erklärt. Die Möglichkeit der W. i. d. v. S. (§§ 233 ff. ZPO, §§ 44 ff. StPO) besteht im Zivilprozeß i. d. R. nur hinsichtl. bestimmter prozessualer Fristen, im Strafprozeß auch wegen eines versäumten Termins. Sie erfolgt auf Grund eines Antrags, der die Gründe für die Versäumung (z. B. Erkrankung, unvorhersehbare Postverzögerung) angeben und glaubhaft machen muß. Im Zivilprozeß muß sich die Partei das Verschulden ihres gesetzl. Vertreters oder ihres Prozeßbevollmächtigten anrechnen lassen.

In *Österreich* dient der Antrag auf W. i. d. v. S. als Rechtsbehelf gegen den unverschuldeten Ablauf von Fristen. In der *Schweiz* gilt Entsprechendes; man spricht dort von Wiederherstellung.

Wiedergabetreue, svw. † High-Fidelity.

Wiedergänger † Bestattung.

Wiedergeburt, die *religionsgeschichtl.* weit verbreitete Vorstellung von Geburt und erneutem Erdenleben Verstorbener († auch Seelenwanderung). - Der *christl.*, eng mit der Taufe verbundene Gedanke der W. aus dem Geist ist heilstheolog. zu verstehen und meint das Neuwerden des Menschen durch die gnadenhafte Heilszuwendung Gottes in dem einmaligen Erdenleben eines Menschen.

Wiedergutmachung, im *Staatsrecht* der BR Deutschland die Entschädigung der Opfer der nat.-soz. Verfolgung nach dem Bundesgesetz zur Entschädigung für Opfer der nat.-soz. Verfolgung *(Bundesentschädigungsgesetz)*. Für die jüd. Verfolgten, die ohne bekannte Erben verstorben waren oder Rückerstattungsansprüche nicht angemeldet hatten, machten **jüdische Nachfolgeorganisationen** (jüd. Rückerstattungsnachfolgeorganisationen) als Treuhänder Ansprüche auf Rückerstattung geltend, näml.: 1. die **Jewish Restitution Successor Organization, Incorporated** (JRSO, IRSO), Sitz New York; 2. die **Jewish Trust Corporation for Germany, Limited** (JTC, ITC), Sitz London; 3. die **Branche Française de la Jewish Trust Corporation for Germany**, Sitz Paris. Im März 1956 schlossen diese mit der BR Deutschland einen Vertrag, auf Grund dessen sämtl. ihnen zustehende

Rückerstattungsansprüche durch die BR Deutschland abgegolten worden sind.

Im *Völkerrecht* ist W. der Schadenersatz für den Geschädigten eines völkerrechtl. Delikts. Die W. erfolgt durch Naturalrestitution bzw., wenn diese fakt. nicht mehr mögl. ist, durch Schadenersatz in Geld. - ↑ auch Reparationen.

Wiederholungszeichen (früher auch Reprise), in der Notenschrift die Zeichen ‖ : : ‖, die die Wiederholung eines Abschnitts verlangen. Sie stehen am Anfang (außer am Beginn eines Musikstücks) und am Ende des zu wiederholenden Teils.

Wiederholungszwang, Bez. für die Zwangsvorstellung, bestimmte Handlungen immer wieder ausführen zu müssen, obwohl kein äußerer Anlaß bzw. bewußter Grund dafür vorliegt.

Wiederkäuen (Rumination) ↑ Magen.

Wiederkäuer (Ruminantia), Unterordnung der Paarhufer mit rd. 170 weltweit verbreiteten Arten; hochspezialisierte Pflanzenfresser, die ihre Nahrung wiederkäuen und mit einem entsprechenden Wiederkäuermagen (↑ Magen) ausgerüstet sind. - Zu den W. gehören fünf Fam.: Zwergmoschustiere, Hirsche, Giraffen, Gabelhorntiere und Horntiere.

Wiederkauf (Rückkauf), dem Verkäufer im Kaufvertrag vorbehaltenes Recht, die verkaufte Sache innerhalb einer bestimmten Frist (bei Grundstücken 30 Jahre, bei anderen Gegenständen 3 Jahre) zurückzukaufen. Das W.recht wird durch formlose Erklärung gegenüber dem Käufer ausgeübt. Dadurch kommt ein neuer Kaufvertrag mit umgekehrten Rollen zustande; im Zweifel gilt dabei der für den ersten Kauf vereinbarte Preis.

Wiederkehrschuldverhältnis, Schuldverhältnis, bei dem wiederholt die gleichen Leistungen auf Grund eines vertragl. festgelegten Rahmens zu erbringen sind. W. sind z. B. die Lieferverträge auf Gas, Wasser und Strom. Dem W. liegt im Unterschied zum Dauerschuldverhältnis kein einheitl. Vertrag zugrunde, vielmehr erfolgen die jeweiligen Leistungen auf Grund erneuten Vertragsabschlusses (i. d. R. durch stillschweigende Verlängerung für die neue Bezugsdauer). Die rechtl. Konstruktion des W. soll verhindern, daß im Konkurs des Abnehmers der Konkursverwalter gezwungen ist, entweder den Bezug einzustellen oder sämtl. Rückstände aus der Konkursmasse zu bezahlen.

Wiederkunft Christi ↑ Parusie.

Wiedertaufe, die nur bei Verdacht der Ungültigkeit einer früheren Taufe erneut gespendete Taufe (im theolog. Sprachgebrauch **Konditionaltaufe**).

Wiedertäufer, urspr. Bez. für die ↑ Täufer.

Wiedervereinigung, die Wiederherstellung der staatl. Einheit eines (in der Folge eines Krieges) gespaltenen Landes. Der Ost-West-Konflikt und innere Gegensätze führten nach dem 2. Weltkrieg in Europa zur Teilung Deutschlands und zum Aufbau der BR Deutschland und der DDR, in Asien zur Spaltung des zuvor jap. beherrschten Korea (1945) und des aus frz. Kolonialherrschaft sich befreienden Vietnam (1954). Während im Gefolge des ↑ Vietnamkriegs Nord- und Süd-Vietnam 1976 wiedervereinigt wurden, zeichnet sich weder für die ↑ deutsche Frage noch für Korea eine Lösung im Sinne einer W. ab.
◆ svw. ↑ Rekombination.

Wiedewelt, Johannes [dän. 'viːðəvɛl'd], * Kopenhagen 1. Juli 1731, † ebd. 17. Dez. 1802, dän. Bildhauer. - In Rom Freundschaft mit J. J. Winckelmann; in Kopenhagen Hofbildhauer und Prof. an der Kunstakad.; große Werkstatt, Lehrer von Thorvaldsen; schuf klassizist. Grabmäler (Dom von Roskilde), Figurenstatuen, Porträtbüsten.

Wiegand, Theodor, * Bendorf 30. Okt. 1864, † Berlin 19. Dez. 1936, dt. Archäologe. - Leiter bed. Ausgrabungen in Kleinasien (Priene, Milet, Didyma, Pergamon), über die er Veröffentlichungen mitverfaßte und herausgab. 1899–1911 Direktor des Dt. Archäolog. Inst. in Konstantinopel, 1911–31 der Antikenabteilung der Berliner Museen, ab 1932 Präs. des dt. Archäologischen Instituts in Berlin, Begründer des Berliner Pergamonmuseums.

Wiege, Schaukelbett für Kleinkinder aus Holz oder Flechtwerk. Die **Hängewiege** ist eine an vier Seilen aufzuhängender Kasten (Vorform vielleicht ein Tuch), bei der **Ständerwiege** ist der Kasten in ein Gestell bewegl. eingehängt. Die **Kufenwiege,** i. d. R. ein Querschwinger mit parallel zu Kopf- und Fußbrett laufenden Kufen, hatte wohl einen runden Korb als Vorläufer. Oft sind W. auch mit Himmel versehen (aufgehängt am W.bogen).

Wiegendrucke, svw. ↑ Inkunabeln.

Wiehengebirge, Höhenzug im Weserbergland, westl. der Porta Westfalica, mit Steilabfall zum Ravensberger Hügelland und sanftem Einfallen zum Norddt. Tiefland, stark bewaldet, bis 320 m hoch.

Wiehl, Stadt im Berg. Land, NRW, 250 m ü. d. M., 21 700 E. Luftkurort; Metallwarenherstellung. - Ev. klassizist. Kirche (1841–43) mit roman. W-Turm des Vorgängerbaus.

Wiehler Tropfsteinhöhle, 1,6 km lange Höhle 1 km südl. von Wiehl, NRW; Sinterbildungen.

Wiek [niederdt.], Bez. für eine kleine, flache Bucht der Ostseeküste.

Wieland, alter dt. männl. Vorname (Herkunft und Bed. ungeklärt).

Wieland (altnord. Völundr, Völundur), Hauptgestalt einer in der „Edda" überlieferten Sage. Der Albenkönig W. wird von dem Niarenfürst (?) Nidhod gefesselt, gelähmt und zu kostbaren Schmiedearbeiten gezwungen.

W. rächt sich, indem er die beiden Söhne des Fürsten mit dem Deckel seiner Schatzkiste erschlägt und dessen Tochter Bathilde (Bödvildr) vergewaltigt. Der Rache Nidhods entzieht er sich, indem er sich mittels eines aus Vogelfedern gefertigten Fluggewands in die Lüfte erhebt.

Wieland, Christoph Martin, * Oberholzheim (= Achstetten bei Biberach) 5. Sept. 1733, † Weimar 20. Jan. 1813, dt. Dichter. - Gab die erste bed. dt. literar. Zeitschrift, „Der teutsche Merkur", heraus; stand in engem Verhältnis zu Herder und Goethe. Begann mit Lehrgedichten im Stil Hagedorns und pietist. Jugendgedichten; allmähl. Abkehr vom Geistlichen und Religiösen, Wendung zur aufgeklärten, weltmänn. Kultur des frz. Spätrokokos; in einer das Sinnenfrohe und Frivole geistreich umspielenden, eleganten und formgewandten Sprache entwickelte W. in ep. Werken ein dem Klass. sich näherndes Humanitätsideal, das um harmon. Ausgleich zw. Sinnlichkeit und Vernunft bemüht ist; das Spieler., Komödiant., Dionys. bestimmt auch sein Hauptwerk, den Entwicklungsroman „Geschichte des Agathon" (1766/67, 2. erweiterte Fassung 1773, endgültige Ausg. 1794). Übersetzte Shakespeare (8 Bde., 1762–66) und antike Autoren; auch Dramatiker. - *Weitere Werke:* Die Natur der Dinge (Ged., 1752), Die Abderiten (R., 1774), Oberon (Epos, 1780), Aristipp und einige seiner Zeitgenossen (R., 1800–02).

W., Heinrich, * Pforzheim 4. Juni 1877, † München 5. Aug. 1957, dt. Biochemiker. - Prof. in München und Freiburg; untersuchte Naturstoffe, v. a. Sterine sowie Alkaloide und Pterine. Für seine Forschungen über den Aufbau der Gallensäuren erhielt er 1927 den Nobelpreis für Chemie.

Wieman, Mathias, * Osnabrück 23. Juni 1902, † Zürich 3. Dez. 1969, dt. Schauspieler. - Seit 1924 Engagements an verschiedenen Berliner Bühnen, 1928 auch Filmtätigkeit (u. a. „Der Schimmelreiter", 1934; „Viktoria", 1935; „Königl. Hoheit", 1953); seit 1932 frei gastierender Charakterdarsteller; wirkte nach 1945 an vielen Hörspielinszenierungen mit; bekannt als Rezitator klass. Dichtung.

Wien, Wilhelm (Willy), * Gaffken (Landkr. Samland) 13. Jan. 1864, † München 30. Aug. 1928, dt. Physiker. - Prof. in Aachen, Gießen, Würzburg und München. Am bedeutsamsten sind seine theoret. Arbeiten zur Temperaturstrahlung des schwarzen Körpers: 1893/94 formulierte er das nach ihm benannte Verschiebungsgesetz und 1896 das Wiensche Strahlungsgesetz. Für diese Beiträge erhielt er 1911 den Nobelpreis für Physik.

Wien, Bundeshauptstadt und kleinstes der Bundesländer Österreichs, an der Donau, 172 m ü. d. M. (am Dom), 414,9 km², 1,49 Mill. E (1985), gegliedert in 23 Gemeindebez. sowie das exterritoriale Geb. der UN-City am linken Donauufer. Sitz der Bundesreg. und des Parlaments, der Wiener und niederöstr. Landesreg., der UN-Sonderorganisation für industrielle Entwicklung, der Internat. Atomenergie-Organisation, der OPEC, des Inst. für Angewandte Systemanalyse, eines kath. Erzbischofs, eines ev. Bischofs und eines griech.-orth. Metropoliten. Östr. Akad. der Wiss., Univ. (gestiftet 1365), TU, Univ. für Bodenkultur, Wirtschaftsuniv., veterinärmedizin. Univ., Bundesanstalt für Leibeserziehung, Diplomat. Akad., Hochschule für Musik und darstellende Kunst, für angewandte Kunst, Akad. der bildenden Künste, Konservatorium, Afro-Asiat. Inst., Volkssternwarte; Östr. Nationalbibliotheken, Östr. Staatsarchiv, Zentralarchiv des Dt. Ordens; über 60 Museen und Gemäldegalerien, u. a. Kunsthistor. Museum mit Schatzkammer, Naturhistor. Museum, Albertina, Museum für Völkerkunde, angewandte Kunst, Industrie und Gewerbe, der Stadt W., des 20. Jh., Theatermuseum; zahlr. Theater, u. a. Staatsoper, Burgtheater, Volksoper, Akademietheater, Theater in der Josefstadt, Volkstheater; Span. Reitschule (gegr. 1572). W. ist Sitz der Zentralen von Großbanken, Sparkassen, Großhandelsgesellschaften; Börse. Betriebe der Metallverarbeitung, Nahrungs- und Genußmittel-, Elektro-, chem., Textil- und Holzind., östr. Zentrum der Mode- und Kunstgewerbeind., Kongreß- und Messestadt, Fremdenverkehr. Straßen- und Eisenbahnknotenpunkt, der seit 1945 nach W und S ausgerichtet ist. Den innerstädt. Verkehr bewältigen Stadt-, Untergrund- und Straßenbahn sowie Autobusse; mehrere Donaubrücken und Häfen; internat. ✈ in Schwechat.

Geschichte: W. geht auf eine kelt. Siedlung *(Vindobona)* und auf das gleichnamige röm. Militärlager (Legionslager etwa seit 100 n. Chr.) mit Zivilstadt zurück; um 170 in den Markomannenkriegen zerstört und durch Mark Aurel wieder aufgebaut (wohl Sterbeort des Kaisers), 213 (nach anderer Datierung) spätestens 212) zum Munizipium erhoben; um 400 von den Goten zerstört, 433 in der Hand der Hunnen, zuletzt 493 erwähnt. Die These einer Siedlungskontinuität bis 881 (Nennung als *Wenia*) wird neuerdings verstärkt vertreten. Die Siedlung entwickelte sich bis ins 11. Jh. v. a. wegen des Hafens zum wichtigen Handelsplatz. Nachdem W. um 1130 an die Babenberger gefallen war, wird es 1137 als Civitas erwähnt. Unter Heinrich II. Jasomirgott von Österreich (⚭ 1147–77) wurde W. in Nachfolge von Klosterneuburg zur Residenzstadt ausgebaut. Zu Beginn des 13. Jh. ummauert, erhielt W. 1221 Stadt- und Stapelrecht („Leopoldinum" von Hzg. Leopold VI.) und war von 1237 (neues Stadtrecht) bis zum Aussterben der Babenberger (1246) reichsunmittelbar. König Ottokar II. von Böhmen (⚭ 1251–76) verlor W. an Rudolf

Wien

von Habsburg (1296 neues Stadtrecht). Hzg. Rudolf IV., der Stifter, gründete 1365 die Universität. W. wurde 1469 Bischofssitz, 1722 Erzbischofssitz.
Im 15. Jh. schwächten Verlagerung und Schrumpfung des Osthandels die wirtsch. Stellung der Stadt, doch wurde die Krise durch die neue Rolle als Residenzstadt des Hl. Röm. Reiches (seit 1611 ständig) überwunden. Die Hinwendung zur Reformation (ab 1521) blieb Episode. 1529 wurde W. erstmals von den Türken belagert und daraufhin 1532–1672 mit einem neuen Befestigungsgürtel versehen (1858 abgebrochen), der 1683 der erneuten Türkenbelagerung standhielt (Schlacht am Kahlenberg). In der Folge setzte ein glanzvoller Aufstieg der Stadt als Kaiserresidenz und europ. Kulturzentrum ein. W. hatte einen großen Bevölkerungszuwachs: Gegen Ende des MA etwa 50 000 E, 1700 gegen 100 000, 1800 231 000, 1830 317 000, 1850 431 000 E. 1804 wurde W. Hauptstadt des Kaisertums Österreich, 1805 und 1809 war es von frz. Truppen besetzt, 1814/15 Schauplatz des Wiener Kongresses. Die östr. Märzrevolution wurde durch Besetzung von W. durch Truppen des Fürsten Windischgrätz unterdrückt (Okt. 1848).
Die Industrialisierung brachte u. a. mit mehreren Wirtschaftskrisen (Börsenkrach 1873), aber auch der Weltausstellung von 1873, starke soziale Spannungen. Die Liberalen verloren 1895 die Mehrheit im Gemeinderat an die anfangs kleinbürgerl. Christlichsoziale Partei K. Luegers (1895/97–1910 Vizebürgermeister bzw. Bürgermeister von W.), die sich für Kommunalisierung und Ausbau der städt. Verkehrsmittel, den Bau eines Städt. Gas- und Elektrizitätswerks sowie für wirtsch. und soziale Einrichtungen einsetzte. Der 1. Weltkrieg brachte mit dem Auseinanderfallen der östr.-ungar. Monarchie für W. eine völlig neue Situation: W. beherbergte fast ein Drittel der Bev. der Republik Österreich. Unter einer sozialdemokrat. Stadtverwaltung überstand W. die krisenreichen 20er Jahre. Seit 1922 eigenes Bundesland, war W. 1938–45 Reichsgau des „Großdt. Reiches". Nach Zerstörungen während des 2. Weltkriegs war W. bis zum Abzug der Besatzungstruppen (1955) in vier Besatzungszonen geteilt.

Stadtanlage und Bauten: Die *Stadtanlage* zeigt eine deutl. ringförmige Gliederung: 1. die innere Stadt, bis 1857 fast allseitig von Bastei und Glacis umgeben; 2. die nach Schleifung dieser Festungswerke im 19. Jh. angelegte Ringstraße mit Pracht- und Repräsentationsbauten, Plätzen und großen Grünanlagen; 3. die älteren Vorstädte jenseits der Ringstraße; 4. jüngere Wohnvororte jenseits der äußeren Befestigungslinie (Gürtel). Im S, SO, W und NO befinden sich ausgedehnte Fabrikanlagen mit Arbeiterwohnblöcken, u. a. Karl-Marx-Hof (1927); die Siedlungskerne im NW sind Weinbauerndörfer, die ihre urspr. Funktion z. T. erhalten haben. Das Gebiet links der Donau wurde erst nach deren Regulierung (1870–75) in die städt. Entwicklung einbezogen. Hier liegt der wald- und wiesenreiche Prater, am gegenüberliegenden Ufer erstreckt sich das Auwaldgebiet der Lobau. Die westl. Stadtgrenze verläuft über die Höhen des Wiener Waldes. – *Bauten:* Der Kern der Stadt wird von barocken Bauwerken geprägt, jedoch finden sich daneben noch wichtige ma. Bauten, so v. a. der †Stephansdom, das Wahrzeichen Wiens. Got. Kirchen sind u. a. Maria am Gestade (1330–1414) und die Michaelerkirche (13./14. Jh.) mit klassizist. Fassade (1792). Von den barocken Kirchen sind v. a. zu nennen: ehem. Jesuitenkirche (im Kern spätgot.; 1607–10 erweitert und barockisiert, Fassade 1662); Kapuzinerkirche (1622–32) mit Kapuzinergruft (kaiserl. Grablege); Karlskirche, die bedeutendste Barockkirche in W. (1716–39 von J. B. Fischer von Erlach und seinem Sohn), Peterskirche (1702 ff., ab 1703 wohl von J. L. von Hildebrandt, Portal 1751). Zu den herausragenden Profanbauten zählen die Hofburg (13.–19. Jh.), Schloß Schönbrunn (1695/96 ff. nach Plänen J. B. Fischers von Erlach; 1744–49 umgebaut), Schloß Belvedere (1714–23 von J. L. von Hildebrandt) sowie zahlr. Adelspaläste des 17. und 18. Jh., u. a. Palais Daun-Kinsky (1713–16 von J. L. von Hildebrandt); Prachtbauten des 19. Jh. am Ring sind Univ. Rathaus, Parlament, Burgtheater, Naturhistor. und Kunsthistor. Museum, Staatsoper. Von den modernen Bauten sind u. a. zu nennen die Stadthalle (1953–58), das ORF-Zentrum (1968 ff.), die Kirche „Zur heiligsten Dreifaltigkeit" in W.-Mauer (vollendet 1976) von F. Wotruba, die

Wien. Rathaus

Neue Moschee (1979) am linken Donauufer bei der UN-City (1973). - Nahebei ↑ Klosterneuburg.
□ *Czeike, F.: W. Gesch. in Bilddokumenten.* Mchn. 1984. - *Lichtenberger, E.: Stadtgeograph. Führer W.* Bln. u. Stg. 1978. - *Endler, F.: Das k. u. k. W.* Wien 1977. - *Lichtenberger, E.: Die Wiener Altstadt. Von der ma. Bürgerstadt zur modernen City.* Wien 1977. - *Bobek, H./ Lichtenberger, E.: W. Baul. Gestalt u. Entwicklung seit der Mitte des 19. Jh.* Graz u. Köln 1966.

W., Erzbistum, 1469 durch Abzweigung von Passau als exemtes Bistum gegründet, seit 1722 auf Drängen Karls VI. Erzbistum; Suffragane sind Eisenstadt, Linz und Sankt Pölten. - ↑ auch katholische Kirche (Übersicht).

Wienbarg, Ludolf, Pseud. Ludolf Vineta, Freimund, * Altona (= Hamburg-Altona) 25. Dez. 1802, † Schleswig 2. Jan. 1872, dt. Schriftsteller. - Wortführer des Jungen Deutschland, dem er in seiner Abhandlung „Ästhet. Feldzüge" (1834) den Namen gab; begründete mit K. Gutzkow in Frankfurt am Main die radikale „Dt. Revue".

Wiene, Robert, * Dresden 16. Nov. 1881, † Paris 17. Juli 1938, dt. Filmregisseur. - Zunächst beim Theater; ab 1912 in Wien und beim Film (Drehbücher, Regie); 1938 in Paris; schuf v. a. expressionist.-phantast. Filme wie „Das Cabinet des Dr. Caligari" (1919), „Genuine. Die Tragödie eines seltsamen Hauses" (1920), „Raskolnikow. Schuld und Sühne" (1922/23), „I. N. R. I. Ein Film der Menschlichkeit" (1923), „Orlac's Hände" (1924), „Der Andere" (1930).

Wiener, Alexander Solomon, * New York 16. März 1907, † ebd. 8. Nov. 1976, amerikan. Hämatologe. - Prof. an der University School of Medicine in New York; entdeckte 1940 mit K. Landsteiner das Rhesussystem (↑ Blutgruppen).

W., Norbert, * Columbia (Mo.) 26. Nov. 1894, † Stockholm 18. März 1964, amerikan. Mathematiker. - Prof. am MIT in Cambridge (Mass.). W. ist der Begründer der ↑ Kybernetik und schuf unabhängig von C. E. Shannon u. a. die Grundlagen der Informationstheorie. Außerdem leistete er bed. Beiträge zur formalen Logik und ihrer Anwendung (v. a. bei der elektr. Systemanalyse) sowie zur mathemat. Grundlagenforschung.

W., Otto, * Karlsruhe 15. Juni 1862, † Leipzig 18. Jan. 1927, dt. Physiker. - Prof. in Aachen, Gießen und Leipzig. Seine Arbeiten betreffen v. a. die Optik. Bei der Untersuchung dünner Schichten konnte er 1889 stehende Lichtwellen nachweisen und zeigen, daß die Schwärzung von Photoschichten durch die elektr. Feldkomponente der Lichtwellen verursacht wird.

Wiener Aktionismus, östr. Ausprägung der Aktionskunst, die unter Bezugnahme tiefenpsycholog. Erkenntnisse religiöse und sexuelle Tabus in Frage stellt. Vertreter: Otto Muehl, Hermann Nitsch.

Wiener Becken, von der Donau zentral durchflossene Landschaft in NO-Österreich, ein im Tertiär eingebrochenes Becken, das vom O-Rand der Alpen, dem Rosaliengebirge, Leithagebirge und den Hainburger Bergen sowie den Kleinen Karpaten und dem Hügelland des Weinviertels begrenzt wird; im NO Übergang in die Marchauen; Erdöl- und Erdgasvorkommen.

Wiener Friede, Bez. für mehrere in Wien geschlossene Friedensverträge:
1. Vertrag zw. Erzherzog Matthias (für Kaiser Rudolf II.) und I. Bocskai (23. Juni 1606), beendete den ungar. Magnatenaufstand von 1604–06; gewährte freie Religionsausübung für Adel und Städte im habsburg. Ungarn und sicherte die ständ. Selbstverwaltung.
2. Der 1735 als Vorfriede geschlossene, am 18. Nov. 1738 bestätigte Vertrag zw. Österreich und Frankr.; beendete den Poln. Thronfolgekrieg (1733–1735/38), in dem der Kaiser und Rußland die Kandidatur des sächs. Kurfürsten Friedrich August II. unterstützten, Frankr. die Kandidatur des poln. Exkönigs Stanislaus I. Leszczyński, des Schwiegervaters Ludwigs XV., betrieb. Stanislaus I. Leszczyński erhielt für seinen Verzicht auf den poln. Thron das Hzgt. Bar und die Anwartschaft auf Lothringen, auf das seinerseits Herzog Franz Stephan im Tausch gegen die ihm zugesagte Nachfolge im Groß-Hzgt. Toskana verzichtete. Österreich trat Neapel und Sizilien an den span. Prinzen Karl, Novara und Tortona an Sardinien ab, erhielt dafür die Hzgt. Parma und Piacenza; Frankr. anerkannte die Pragmat. Sanktion von 1713.
3. Vertrag zw. Dänemark, Preußen und Österreich (30. Okt. 1864), in dem die Hzgt. Schleswig, Holstein und Lauenburg dem preuß.-östr. Kondominium unterstellt wurden (bis 1865).
4. Vertrag zw. Italien und Österreich (3. Okt. 1866), in dem Italien Venetien erhielt.

Wiener Gruppe, seit 1958 Bez. für eine Wiener Schriftstellergruppe mit avantgardist. Zielen; zu ihr gehörten die Autoren F. Achleitner, H. C. Artmann (bis 1958), K. Bayer, G. Rühm und O. Wiener, die am Dadaismus und Surrealismus anknüpften; 1964 löste sich die Gruppe auf.

Wiener Internationale (Internat. Arbeitsgemeinschaft sozialist. Parteien) ↑ Internationale.

Wiener Kalk, Bez. für reinen, feinstgemahlenen, gebrannten Dolomit, der als Putz- und Poliermittel verwendet wird; von ihm leitet sich das Wort „wienern" (für polieren) her.

Wiener Klassik, in der Musik eine Stilperiode, die das v. a. auf Wien konzentrierte Schaffen J. Haydns, W. A. Mozarts und L. van Beethovens zw. etwa 1770 und 1827 (Geburts- und Todesjahr Beethovens) umfaßt. Der Begriff W. K. betont die Vollendung, das Mustergültige und die überragende musikhistor. Bed. eines Stils, dessen Eigenart etwa mit Übereinstimmung von Inhalt und Form, Ausgewogenheit, Einheitlichkeit, Einfachheit, Universalität umschreibbar ist. Voraussetzung für die Entstehung der W. K. war die ökonom., soziale, polit., kulturelle und ideelle Dynamik der Übergangszeit zw. dem Ancien régime und der Durchsetzung der bürgerl. Gesellschaft mit einem hochentwickelten, von Adel und Bürgertum getragenen privaten und öffentl. Musikleben in den europ. Zentren Paris, London, Wien, Mannheim, Mailand, Neapel u. a. - Die **Vorklassik** als Zwischenphase brach mit den als übersteigert empfundenen „gelehrten" kompositor. Techniken des Spätbarock und wandte sich schlichterer, gefälligerer, gefühlshafter Musik zu. Der Stilwandel war nicht Leistung einer einzigen Schule (z. B. der ↑Mannheimer Schule); an ihm hatten relativ unabhängig voneinander italien., frz. und dt. Musiker Teil. Mit einer neuen Kunsthaltung trugen sie zur Ausbildung der Klavier- und Violinsonate (↑Sonate), der ↑Sinfonie und des ↑Streichquartetts bei, die, zus. mit den für die Frühzeit typ. Gattungen ↑Divertimento, ↑Serenade, ↑Kassation und dem aus dem Barock übernommenen Solokonzert (↑Konzert), die Hauptgattungen der W. K. (**Hochklassik**) waren. Die Vokalmusik blieb der Tradition stärker verhaftet. Dies gilt nicht nur für die Kirchenmusik, sondern auch für die ↑Oper, wobei sich die repräsentative Opera seria lange neben den neuen, realist., volkstüml. Gattungen Opera buffa, ↑Opéra comique und ↑Singspiel hielt. Erst Mozarts Meisteropern verschmolzen die verschiedenen nat. Ausformungen in einen humanist. geprägten Opernstil („Die Hochzeit des Figaro", „Don Giovanni", „Die Zauberflöte"). Das gleiche Humanitätsideal durchdringt Haydns Oratorien „Die Schöpfung" und „Die Jahreszeiten", Beethovens Oper „Fidelio", seine „Missa solemnis" und die 9. Sinfonie. Die in der Vorklassik hervorgetretene Tendenz zu Einfachheit, Faßlichkeit und Allgemeinverständlichkeit blieb bei aller Verfeinerung der musikal. Mittel ein Grundzug der W. K. Die Norm des Satzes bildet die der Volksmusik entnommene achttaktige Periode, die freil. oft kunstvoll überformt wird. Das zusammenhangstiftende Verfahren der Entwicklung und Abwandlung des ↑Themas (themat.-motiv. Arbeit) und seiner Verteilung auf die verschiedenen Stimmen (↑durchbrochene Arbeit, ↑obligates Akkompagnement) kennzeichnet seit Haydns 6 Streichquartetten op. 33 (1781) die für die W. K. grundlegende Bauform der zykl. ↑Sonatensatzform. Die vorklass. Festlegung der Harmonik wurde in der W. K. abgelöst von einem kühnen Gebrauch von Chromatik, Dissonanz und Modulation. Gleichfalls als Folge gesteigerten Ausdrucksbedürfnisses und neuer Subjektivität wurden neue Möglichkeiten der Besetzung (z. B. Vermehrung der Streicher) und der dynam. und klangfarbl. Nuancierung (spezif. Einsatz der Bläser) erschlossen.

📖 *Ziffer, A.: Kleinmeister zur Zeit der W. K. Offenburg 1984. - Budday, W.: Grundlagen musikal. Formen der W. K. Kassel 1983. - Henneberg, G.: Theorien zur Rhythmik u. Metrik. Tutzing 1974. - Eggebrecht, H. H.: Versuch über die W. K. Wsb. 1972.*

Wiener Kongreß, Zusammenkunft der europ. Monarchen und Staatsmänner zum Zweck der polit. Neuordnung Europas nach dem Sturz Napoleons I. in Wien (Sept./Okt. 1814 bis Juni 1815). Der W. K. erarbeitete - ein verhandlungstechn. Novum - seine Ergebnisse in Kommissionen und trat formell erst durch seinen Schlußakt ins Leben. Eine herausragende Rolle spielten neben dem östr. Staatskanzler K. W. Fürst Metternich der russ. Zar Alexander I., der brit. Außenmin. R. S. Viscount Castlereagh, der preuß. Staatskanzler K. A. Fürst von Hardenberg und der frz. Vertreter C. M. de Talleyrand, dessen diplomat. Geschick seinem Land eine nahezu gleichberechtigte Position zurückgewann. Die Arbeit des W. K. war gekennzeichnet durch das Spannungsverhältnis zw. der grundlegenden Zielvorstellung des Gleichgewichts der europ. Mächte, das auf einer Restauration vorrevolutionärer Zustände und dem Grundsatz dynast. Legitimation beruhen sollte, und den Großmachtrivalitäten sowie den fakt. Beharrungskräften der polit. Veränderungen im Gefolge der Napoleon. Herrschaft. Im Zentrum der Verhandlungen standen die Probleme der territorialen Neuordnung, insbes. der russ. Anspruch auf Polen und die preuß. Kompensationsforderung nach Annexion ganz Sachsens.

Rußland erhielt den größten Teil des Hzgt. Warschau als Kgr. in Personalunion (**„Kongreßpolen"**), *Preußen* bekam die N-Hälfte Sachsens, die Rheinlande, Westfalen, das restl. Schwed.-Vorpommern sowie aus seinen Erwerbungen von 1793/95 Danzig, Thorn und Posen zugesprochen. *Österreich* erhielt seinen Besitz restituiert: im SW (Vorarlberg, Tirol; Salzburg, Inn- und Hausruckviertel erst 1816 durch Tauschvertrag mit Bayern), im SO (Kärnten, Krain, Istrien), in Galizien (Kreis Tarnopol; nicht dagegen Neugalizien) und in Oberitalien (Lombardo-Venetien, Toskana und Modena), was ihm die Vormachtstellung in Italien sicherte; es verzichtete auf die Breisgau sowie auf die östr. *Niederlande*, die, gefördert von Großbrit., dem neugebildeten Kgr. der Vereinigten Niederlande angeschlossen wurden. Die *Schweiz* gewann mit dem Wallis, Neuenburg und Genf 3 Kantone und erhielt die Garantie ihrer immerwährenden Neutralität. An die Stelle des 1806 aufgelösten Hl. Röm. Reiches trat als neue staatsrechtl. Form Deutschlands der ↑Deutsche Bund, dessen Bundesakte Bestandteil der Wiener Kongreßakte vom 9. Juni 1815 wurde. Auf völkerrechtl. Gebiet trat der W. K. durch die Ächtung des Sklavenhandels (8. Febr. 1815), eine Übereinkunft über die Freiheit der internat. Flußschiffahrt und die Kodifikation des Gesandtschaftsrechts hervor.

📖 *Kissinger, H. A.: Das Gleichgewicht der Großmächte.* Dt. Übers. Zürich 1986. - *Bourgoing, J. de: Vom W. K.* Wien u. Mchn. ²1964.

Wiener Konventionen, zusammenfassende Bez. für 1. das **Wiener Übereinkommen über diplomat. Beziehungen** vom 18. 4. 1961 (↑Gesandtschaftsrecht) und 2. das **Wiener Übereinkommen über konsular. Beziehungen** vom 24. 4. 1963 (↑Konsularrecht).

Wiener Kreis (Wiener Schule), aus einem seit 1922 bestehenden Diskussionskreis um M. Schlick hervorgegangene Gruppe von Wissenschaftlern des Neopositivismus (R. Carnap, V. Kraft, urspr. auch K. R. Popper u. a.) zunächst an der Univ. Wien, die die philosoph. Grundlagen der Einzelwiss. mit den von G. Frege und B. Russell neu geschaffenen Hilfsmitteln der modernen formalen Logik möglichst frei von hergebrachter Metaphysik und mit Hilfe einer wiss. Einheitssprache behandeln wollten.

Wiener Moderne ↑Jung-Wien.

Wiener Neustadt, östr. Stadt im südl. Wiener Becken, 265 m ü. d. M., 40 000 E. Handels- und Militärakad.; Städt. Museum; Theater. Textilind., Metallverarbeitung, Betonwerk, Brotfabrik, Herstellung von Wand- und Fußbodenverkleidung, Wellpappe und Lederwaren; Harz- und Terpentinraffinerie. Verkehrsknotenpunkt. - Die 1194 gegr. befestigte **Nova Civitas** (Neustadt) erhielt vor 1210 Marktrecht, 1277 ein stadtrechtähnl. Privileg; 1469–1784 Bischofssitz; unter Kaiser Friedrich III. zeitweise Residenzstadt; heutiger Name seit dem 17. Jh. - Roman.-frühgot. Stadtpfarrkirche (1279 geweiht), Neuklosterkirche (13.–15. Jh.) mit Klostergebäuden des 17./18. Jh.; ehem. Burg (1378 vollständig erneuert, im 18. Jh. ausgebaut; nach 1945 wiederhergestellt) mit Georgskapelle (1449–60; Wappenwand von 1453).

Wiener Philharmoniker, 1842 auf Initiative O. Nicolais in Wien aus Musikern der Hofoper gebildetes Orchester von internat. Rang. Zu den ständigen Dirigenten zählten: O. Nicolai (1842–47), H. Richter (1875–98), G. Mahler (1898–1901), F. von Weingartner (1908–27), C. Krauss (1930–33). Seit 1933 gibt es nur Gastdirigenten.

Wiener Porzellan, in der östr. Manufaktur in Wien (1717 als Privatfirma und 2. europ. Manufaktur gegr.; 1744–1864 Staatsbesitz) hergestelltes Porzellan (Marke: östr. Bindenschild): vorzügl. Geschirre und Figuren im Rokokostil, später auch im Stil des Klassizismus und Biedermeier. Die Wiener Manufaktur wurde 1864 aufgelöst und 1922 als Wiener Porzellanfabrik Augarten AG wiedererrichtet.

Wiener Reglement [frz. reglə'mã] ↑Gesandtschaftsrecht.

Wiener Schiedssprüche, durch die Außenmin. Deutschlands und Italiens, von Ribbentrop und G. Ciano, getroffene Entscheidungen über ehem. ungar. besiedelte Gebiete, die im Frieden von Trianon 1920 der ČSR bzw. Rumänien angegliedert worden waren: Durch den 1. W. S. vom 2. Nov. 1938 erhielt Ungarn die südl. Randgebiete der Slowakei und der Karpato-Ukraine. Im 2. W. S. vom 30. Aug. 1940 wurde Ungarn N-Siebenbürgen und das Szeklerland zugesprochen. Die in den W. S. erworbenen Gebiete mußte Ungarn im Pariser Frieden vom 10. Febr. 1947 wieder abtreten.

Wiener Schlußakte, das auf den Wiener Ministerialkonferenzen (1819/20) erarbeitete, die Dt. Bundesakte von 1815 ergänzende, durch die Bundesversammlung am 8. Juli 1820 angenommene Grundgesetz des Dt. Bundes; diente v. a. als Grundlage für alle reaktionären Maßnahmen gegen die liberalen und nat. Bewegungen.

Wiener Schnitzel, paniertes Kalbfleischschnitzel.

Wiener Schule, in der *Philosophiegeschichte* svw. ↑Wiener Kreis.
◆ in der *Psychologie* Bez. für verschiedene Richtungen der Tiefenpsychologie. Die von S. Freud begründete „orth." psychoanalyt. Schule (↑Psychoanalyse) wird als *erste W. S.*, die auf A. Adler zurückgehende individualpsychol. Variante als *zweite W. S.* und die von V. E. Frankl u. a. vertretene existenzanalyt. Richtung als *dritte W. S.* bezeichnet. Als W. S. gelten auch der von C. Bühler organisierte Forscherkreis bed. Kinder- und Jugendpsychologen sowie (seit 1942) eine von H. Rohracher begründete, streng naturwiss. ausgerichtete Schule der experimentellen Psychologie.
◆ seit den 1880er Jahren in Wien bestehende theoret. Schule innerhalb der *Nationalökonomie*, die neben der angloamerikan. und der Lausanner Schule (↑Grenznutzenschule) auf dem Grenznutzenprinzip aufbaut. Begründer ist Carl Menger. Weitere Vertreter: E. von Böhm-Bawerk, F. von Wieser, L. Mises, z. T. auch J. Schumpeter.
◆ in der *Musik* Bez. für: 1. die Gruppe von Komponisten, die im 2. Drittel des 18. Jh. (zus. mit der ↑Mannheimer Schule) als Wegbereiter der ↑Wiener Klassik auftraten. Die wichtigsten Vertreter waren M. G. Monn und G. C. Wagenseil. Sonate und Sinfonie der W. S. sind bestimmt von kleingliedriger, heilartiger Thematik, motiv. Elementen der Opera buffa und häufigem Affektwechsel (Abkehr

vom barocken Einheitsablauf). Innerhalb der Sonatensatzform sind das zweite Thema und die Durchführung zunehmend deutl. ausgeprägt. - 2. (**Zweite Wiener Schule**) A. Schönberg und seinen Schülerkreis. Die Bez. W. S. verweist programmat. auf die Wiener Klassik (J. Haydn, W. A. Mozart, L. van Beethoven) zurück: In diesem Traditionszusammenhang wollte die W. S. ihr Schaffen verstanden wissen. Zugleich ist die Bez. auch Reaktion auf die starken Widerstände, denen die Neue Musik begegnete. Die Bed. der W. S. besteht darin, daß sie einerseits die Harmonik der Musik des ausgehenden 19. Jh. gleichsam zu Ende dachte (z. B. Schönbergs Kammersinfonie op. 9) und daß sie andererseits aus dieser Situation heraus Grundlagen zur Ausbildung einer wesentl. Strömung der Neuen Musik (ab etwa 1907/08) fand, die Atonalität (↑atonale Musik) und die ↑Zwölftontechnik.

◆ (W. S. des phantast. Realismus) in der *Kunstgeschichte* in den 1960er Jahren geprägte Bez. für eine Gruppe in Wien tätiger Maler (E. Brauer, E. Fuchs, R. Hausner, W. Hutter, A. Lehmden). Das Interesse gilt einer phantasmagor. Bildwirkung, nicht so sehr einer Konstitution einer Überrealität (wie im Surrealismus). Der Begriff phantast. Realismus wird heute über der W. S. hinaus ausgedehnt auf andere zeitgenöss. Maler sowie auch auf histor. Erscheinungen in der Malerei des 18. und 19. Jahrhunderts.

Wiener Volkstheater, das spezif. Wiener Vorstadttheater im 18. bis zur Mitte des 19. Jh.; sein Repertoire umfaßte v. a. heitere oder satir. [Lokal]possen, ↑Zauberstücke, Singspiele. Wichtigste Repräsentanten waren J. A. Stranitzky, G. Prehauser (* 1699, † 1769), J. F. von Kurz, P. Hafner, K. Meisl (* 1775, † 1853), A. Bäuerle, F. Raimund und J. N. Nestroy. Die berühmtesten Vorstadtbühnen, in denen diese z. T. auch als Schauspieler wirkten, waren: das Kärntnertor-Theater (gegr. 1709), das Theater in der Leopoldstadt (gegr. 1781), das Wiedner Theater (gegr. 1787, 1801 Neubau als Theater an der Wien), das Theater in der Josefstadt (gegr. 1788).

Wienerwald, nordöstlichster Teil der Ostalpen, Österreich; reicht bis an die Donau. Höchste Erhebung ist der Schöpfl mit 890 m. Das nahezu geschlossene Waldgebiet ist Naherholungsgebiet der Wiener.

Wiener Werkel, 1939 gegr. polit.-satir. Kleinkunstbühne in Wien, Zentrum geistiger Widerstandsbewegung gegen den NS; im Sept. 1944 geschlossen.

Wiener Werkstätte, 1903 von J. Hoffmann und Kolo Moser (* 1868, † 1918) gegr., bis 1932 bestehendes Unternehmen, das komplette Innendekorationen von den Möbeln bis zu kunsthandwerkl. Gegenständen, wie Schmuck, Lederarbeiten, Bucheinbände, Stoffe u. a. nach Entwürfen der Künstler der Wiener Sezession und der Wiener Kunstgewerbeschule herstellte und vertrieb.

Wiener Würstchen, Brühwürstchen aus Rind- und Schweinefleisch in bes. zartem Saitling.

Wiener Zeitung, östr. Tageszeitung, ↑Zeitungen (Übersicht).

Wienhausen, Gem. 9 km sö. von Celle, Nds., 3 000 E. Ehem. Zisterzienserinnenkloster (gegr. 1221, nach W. verlegt 1231), einschl. der Ausstattung (13.–16. Jh.) erhaltene got. Anlage, Backsteinbauten (14. Jh.), Kirche (im Kern roman., 1704–07 umgebaut) mit ganz ausgemaltem Nonnenchor (um 1330). Berühmt die 8 Wienhauser Teppiche.

Wiensches Verschiebungsgesetz, von W. Wien aufgefundene Gesetzmäßigkeit der Energieverteilung in einer Hohlraumstrahlung: Das Maximum der Energieverteilungskurve verschiebt sich mit steigender absoluter Temperatur nach kürzeren Wellenlängen.

Wieringermeer-Polder, erster und unmittelbar an Altland angeschlossener, in der Zuidersee trockengelegter Polder.

Wies (Wieskirche), Wallfahrtskirche in der Gemeinde Steingaden, erbaut 1745–54 von D. Zimmermann, ein Hauptwerk des Rokoko, auch durch die Innenausstattung (Deckenmalerei und Stukkaturen) von J. B. Zimmermann. - Abb. S. 134.

Wiesbaden, Hauptstadt von Hessen, im Taunusvorland, 83–584 m ü. d. M., 267 000 E. Sitz der hess. Landesreg. und Ministerien; Statist. Bundesamt, Bundeskriminalamt; Bundesinst. für Bev.forschung; Fachhochschule (Fachbereiche Gestaltung, Sozialwesen und Wirtschaft), Fachhochschule Fresenius (Chemie), Konservatorium; Hess. Landesbibliothek, Hess. Hauptstaatsarchiv, Hess. Landesamt für Bodenforschung; Hess. Staatstheater; Museum. Kongreß-, Kur- und Badestadt (u. a. bei Rheuma, Gicht, Katarrh der Atemwege), Spielbank. Chem. und pharmazeut. Ind., Zementwerk, Sektkellereien, Verlage, Kunststoffverarbeitung, feinmechan. und opt. Ind., bed. Fremdenverkehr; Rheinhafen.

Geschichte: Wohl schon zur Zeit des Kaisers Augustus durch ein Kohortenkastell auf dem Heidenberg (Erdlager) unter Domitian durch mehrere Holzkastelle auf dem Heidenberg sowie eines in der Stadtmitte (wohl 39/40, zerstört 69/70), unter Domitian nach ein Steinkastell auf dem Heidenberg (zw. 83 und 90, wohl 121/122 aufgegeben). Die Zivilsiedlung **Aquae Mattiacae** entwickelte sich zum bed. Kurort (Thermen seit Mitte des 1. Jh. n. Chr.), wurde Hauptort der Mattiaker; um 250–260 (259?) von den Alemannen zerstört, bald nach der Mitte des 4. Jh. erneut alemann., von Valentinian I. (364–375) zurückerobert (Versuch einer Stadtbefestigung: sog. Heidenmauer), etwa 400 endgültig aleman., um 500 fränkisch. Der 829 als **Wisibada**

Wiesdorf

belegte befestigte Ort gewann bereits im frühen MA stadtähnl. Charakter; hatte zu Beginn des 13. Jh. den Status einer Reichsstadt. Kam zw. 1242 und 1281 als Reichslehen an die walram. Linie der Grafen von Nassau. Wurde 1744 Hauptstadt des Ft. Nassau-Usingen. Kam 1866 an Preußen, Hauptstadt des Reg.-Bez. W. der 1867/68 gebildeten Prov. Hessen-Nassau. Seit 1945 Hauptstadt des Landes Hessen.
Bauten: Reste der röm. Stadtbefestigung (4. Jh.); neugot. Pfarrkirche Sankt Bonifatius, russ. Kapelle auf dem Neroberg (beide 19. Jh.), Schloß (1837–41, heute Sitz des Hess. Landtags), Kuranlage mit klassizist. Kolonnaden. Altes Rathaus (1609 und 1828).
📖 *Renkhoff, O.:* W. im MA. Wsb. 1980.

Wiesdorf ↑ Leverkusen.

Wiese, Benno von, eigtl. B. von W. und Kaiserswaldau, * Frankfurt am Main 25. Sept. 1903, † München 31. Jan. 1987, dt. Literarhistoriker. - Sohn von Leopold von W.; 1932 Prof. in Erlangen, 1943 in Münster, 1956 in Bonn. Vertrat eine werkimmanente Interpretation von Dichtungen unter Einbeziehung histor. Bedingungen literar. Gatt. und Themen. Bekannt durch die Herausgabe von Interpretationssammlungen: „Die dt. Lyrik" (1956), „Das dt. Drama" (1958) und „Der dt. Roman" (1963).

W., Leopold von, eigtl. L. von W. und Kaiserswaldau, * Glatz 2. Dez. 1876, † Köln 11. Jan. 1969, dt. Soziologe und Nationalökonom. - Ab 1908 Prof. in Hannover, ab 1919 in Köln; die von ihm entwickelte „formale Soziologie", mit der jedes gesellschaftl. Verhalten und alle gesellschaftl. Erscheinungen unabhängig von der jeweiligen histor. Bedingtheit beschrieben werden sollten, beruht auf einem deskriptiven Ansatz, der v. a. zur Klassifikation sozialer Beziehungen und Gebilde führte (Beziehungs- und Gebildelehre). - *Werke:* Zur Grundlegung der Gesellschaftslehre (1906), Allg. Soziologie als Lehre von den Beziehungen und Beziehungsgebilden der Menschen (1924–29), Soziologie (1926), System der Allg. Soziologie (1932), Gesellschaft, Stände und Klassen (1950).

Wiese, gehölzfreie oder -arme, v. a. aus Süßgräsern und Stauden gebildete Pflanzenformation. *Natürl.* W. sind an bestimmte Standorte gebunden. Die landw. *Nutz-W.* sind dagegen meist künstl. angelegt (durch Aussaat bestimmter Futtergräser und Kleearten). Sie werden im Ggs. zur ↑ Weide regelmäßig gemäht und dienen der Heugewinnung. Man unterscheidet *Fett-W.* (mit zweimaliger Mahd pro Jahr und hohem Heuertrag; auf nährstoffreichen Böden mit hohem Grundwasserstand) und *Mager-W.* (mit einmaliger Mahd pro Jahr und geringem Heuertrag; an trockenen, nährstoffarmen Standorten).

Wiesel, Elie, * Sighet (heute Sighetu Marmației, Rumänien) 30. Sept. 1928, jüd. Schriftsteller. Seit 1944 im KZ, seit 1945 als Journalist in Paris, seit 1956 in den USA. Die Schrecken der KZ-Zeit bilden das Hauptthema seiner Bücher. Erhielt 1986 den Friedensnobelpreis. - *Werke:* Die Nacht zu begraben, Elischa (R.-Trilogie, 1958–61), Gezeiten des Schweigens (R., 1962), Gesang der Toten (E.en, 1966), Der Bettler von Jerusalem (R., 1968), Der fünfte Sohn (R., 1983), Signes d'exode (Berichte, Essays, Dialoge, 1985).

W., Torsten Nils, * Uppsala 3. Juni 1924, schwedischer Neurobiologe. - Prof. an der Harvard Medical School in Boston (Mass.). Für ihre grundlegenden Entdeckungen hinsichtlich der Informationsverarbeitung opt. Reize durch das Gehirn erhielten W. und D. H. Hubel zus. mit R. W. Sperry 1981 den Nobelpreis für Physiologie oder Medizin.

Wallfahrtskirche „Die Wies" (1745–54) in der Gemeinde Steingaden

Wiesel (Mustela), Gatt. der Marder mit über zehn Arten in Europa, N-Afrika, Asien und N-Amerika; Körper sehr schlank, kurzbeinig; flinke Raubtiere, jagen v. a. Kleinsäuger. - Bekannte Arten sind u. a.: ↑ Mink; **Hermelin** (Großes W., Mustela erminea), etwa 22–30 cm lang, Schwanz 8–12 cm lang, mit schwarzer Spitze; Fell im Sommer braun mit weißer bis gelbl. Unterseite, im Winter weiß, in milden Klimagebieten braun; in Eurasien sowie im nördl. und mittleren N-Amerika. **Mauswiesel** (Kleines W., Mustela nivalis), bis 23 cm lang, mit oberseits braunem, unterseits weißem Fell; in Eurasien, N-Afrika und Kanada.

Wieselartige (Mustelinae), Unterfam. der Marder mit über 30, mit Ausnahme Australiens weltweit verbreiteten Arten. Bekannte Vertreter sind ↑ Edelmarder, ↑ Steinmarder, ↑ Zobel, ↑ Iltisse, ↑ Nerze, ↑ Wiesel und ↑ Vielfraß.

Wieselmakis ↑ Lemuren.

Wiesenchampignon [ʃampɪnjõ, ʃãːpɪnjõ] ↑ Champignon.

Wiesenfuchsschwanzgras (Kornschmiele, Alopecurus pratensis), im nördl. Eurasien heim. Süßgras der Gatt. Fuchsschwanzgras; 30–100 cm hohes Ährenrispengras mit zottig bewimperten Hüllspelzen und begrannten Deckspelzen; häufig auf Wiesen.

Wiesenhafer, svw. ↑ Glatthafer.

Wiesenknopf (Sanguisorba), Gatt. der Rosengewächse mit rd. 30 Arten in der nördl. gemäßigten Zone. In Deutschland kommen zwei ausdauernde Arten vor: auf Feuchtwiesen der 30–90 cm hohe **Große Wiesenknopf** (Sanguisorba officinalis) mit herzförmigen bis ellipt. Fiedern und dunkelbraunroten Blüten in längl. Köpfchen; auf Trockenrasen der 20–60 cm hohe **Kleine Wiesenknopf** (Bibernelle, Sanguisorba minor) mit eiförmigen Fiedern und rötl. Blüten in kugeligen Köpfchen.

Wiesenotter (Spitzkopfotter, Vipera ursinii), bis 50 cm lange Viper, verbreitet in offenen Landschaften vom südl. M-Europa (v. a. Neusiedler See, Abruzz. Apennin) bis Z-Asien; vorwiegend Insekten fressende Giftschlange mit dunklem, wellenförmigem Rückenlängsband auf hellgrünem bis -braunem Grund; Hals kaum vom Kopf abgesetzt.

Wiesenraute (Thalictrum), Gatt. der Hahnenfußgewächse mit rd. 120 Arten, v. a. auf der Nordhalbkugel; Stauden mit mehrfach gefiederten Blättern und in Rispen oder Trauben stehenden Blüten mit unscheinbaren Blütenhüllblättern und zahlr. Staubblättern mit oft auffällig gefärbten Staubfäden. In Deutschland kommt zerstreut auf Feuchtwiesen die **Gelbe Wiesenraute** vor.

Wiesenschaumkraut ↑ Schaumkraut.

Wiesenthal, Simon, * Buczacz (Ukrain. SSR) 31. Dez. 1908, östr. Publizist. - Architekt; als Jude 1941 in Lemberg verhaftet und bis 1945 in KZ; leitete 1947–54 in Linz ein Dokumentationszentrum über Judenverfolgung; trug wesentl. zur Aufspürung A. Eichmanns in Argentinien (1960) und anderer NS-Verbrecher bei; eröffnete 1961 das jüd. Dokumentationszentrum in Wien, das er seitdem leitet; schrieb u. a. „Ich jagte Eichmann" (1961), „Doch die Mörder leben" (dt. 1967).

Wieser, Friedrich Freiherr von, * Wien 10. Juli 1851, † Sankt Gilgen am Sankt Wolfgang-See 23. Juli 1926, östr. Nationalökonom. - Prof. in Prag und Wien; 1917/18 Handelsmin.; zus. mit C. Menger und E. von Böhm-Bawerk Vertreter der östr. Grenznutzenschule. - *Werke:* Über den Ursprung und die Hauptgesetze des wirtschaftl. Güterwertes (1884), Der natürl. Wert (1889), Die Theorie der städt. Grundrente (1909), Das Gesetz der Macht (1926).

Wieskirche ↑ Wies.

Wiesloch, Stadt am NW-Rand des Kraichgaus, Bad.-Württ., 123 m ü. d. M., 22 300 E. Metall-, leder- und papierverarbeitende Ind., Tonwaren- und Baustoffind.; Obst- und Weinbau mit Sitz einer Winzergenossenschaft. - 801 erstmals erwähnt; erhielt vermutl. 965 Marktrecht, bald nach 1225 zur Stadt erhoben. - Kath. spätbarocke Laurentiuskirche (1750–53, später erweitert).

Wiessee, Bad ↑ Bad Wiessee.

Wiflisburg, Ort in der Schweiz, ↑ Avenches.

Wigalois, Held des Kreises um König Artus; Titelgestalt des gleichnamigen Versromans von Wirnt von Grafenberg.

Wight [engl. waɪt], engl. Insel und Gft. *(Isle of W.)* im Kanal, von der südengl. Küste bei Southampton durch Solent und Spithead getrennt, 381 km^2, 119 800 E, Verwaltungssitz Newport. Dank günstigen Klimas entwickelte sich W. seit viktorian. Zeit zu einem bed. Fremdenverkehrsgebiet. - Wurde 43 n. Chr. röm. *(Vectis);* im 5. Jh. von Jüten erobert, kam 661 zu Wessex, später zu Sussex bzw. zu Hampshire; seit 1890 eigener Grafschaftsrat.

Wigman, Mary, eigtl. Marie Wiegmann, * Hannover 13. Nov. 1886, † Berlin 19. Sept. 1973, dt. Tänzerin, Choreographin und Tanzpädagogin. - Schülerin von E. Jaques-Dalcroze und R. von Laban; gründete 1920 in Dresden eine eigene Schule, aus der u. a. Y. Georgi, G. Palucca und H. Kreutzberg hervorgingen. Ab 1919 gab sie ihre ersten Solotanzabende, in denen sie einen neuen, absoluten Tanzstil prägte. Ihre später nach Leipzig verlegte Schule baute sie dort nach 1945 wieder neu auf. 1949 eröffnete sie eine Schule in Berlin (West), die bis in die 1960er Jahre ein bed. Zentrum des Modern dance in Deutschland war. Ihre expressionist. Solo- und Gruppentänze wurden meist ohne Musik, nur mit Schlagzeugbegleitung oder ohne jede zeitl. Einteilung getanzt, so daß sich die tänzer. Gestaltung allein aus der rhythm. Bewe-

Mary Wigman (1924)

gungsabläufen des Tanzenden ergab. Schrieb: „Die Sprache des Tanzes" (1963).

Wigner, Eugene Paul [engl. 'wignə], * Budapest 17. Nov. 1902, amerikan. Physiker östr.-ungar. Herkunft. - Prof. an der Princeton University (N. J.). W. zählt zu den bedeutendsten theoret. Physikern unserer Zeit. Von ihm stammen wesentl. Beiträge zur Anwendung der Quantenmechanik in der Festkörper-, Atom- und Kernphysik sowie grundlegende Untersuchungen über die Bed. der Invarianz und der Symmetrie[prinzipien] in der Mikrophysik. 1926/27 begründete W. die Anwendung der gruppentheoret. Darstellungen in der Quantentheorie und erklärte die Gesetzmäßigkeiten der Linienspektren. Während des 2. Weltkrieges war er maßgebend an der Entwicklung der Atombombe und der Kernreaktoren beteiligt. Von grundlegender Bed. wurden seine Überlegungen zur Raumspiegelung, Parität und Zeitumkehr sowie über Invarianz in physikal. Theorien. Er erhielt v. a. hierfür 1963 den Nobelpreis für Physik (zusammen mit M. Goeppert-Mayer und J. H. D. Jensen).

WIG-Verfahren, Kurzbez. für Wolfram-Inertgas-Schweißen (↑ Schweißverfahren).

Wigwam [indian.], kuppelförmige Hütte der Algonkinstämme des östl. Waldlands Nordamerikas.

Wijk aan Zee [niederl. wɛjk a:n 'ze:] ↑ Beverwijk.

Wik [zu lat. vicus „Dorf, Gehöft"], urspr. der aus weichen Gerten geflochtene Zaun, sekundär eine Bez. für eine umsäumte Siedlung, einen Wohnplatz oder eine Flur; Hauptverbreitungsgebiet der W.siedlungen ist NW-Europa.

Wikinger (lat. Northmanni, Dani, Lomanes; Rus, Waräger), skand. Kriegerscharen, die vom 6.–11. Jh., bes. im 9. und 10. Jh., ganz Europa und Rußland mit Beute- und Plünderungsfahrten überzogen. Motive für die Raubzüge waren nach neueren Ergebnissen v. a. Lust am krieger. Abenteuer und Streben nach Ruhm und Reichtum. Neben „privaten" Unternehmungen von Gefolgschaften unter Führung eines Häuptlings gab es große militär. Expeditionen ganzer Reiche, z. B. 991 den Kriegszug aller drei skand. Reiche unter Führung von Olaf I. Tryggvesson gegen England. Schließl. wurden noch bewaffnete Handelszüge, bes. nach O, von krieger. „Bruderschaften" (nordgerman. bólag oder félag) durchgeführt, die auf diese Weise die Handelswege beherrschten. Die W. erlernten im Laufe des 7. Jh. die Segeltechnik (Wikingerschiff). Die Züge der *Norweger* führten v. a. zu den Brit. Inseln (8. Jh.), nach Island (um 860), nach Grönland (Entdeckung 982 durch Erich den Roten) und Nordamerika (Entdeckung um 1000 durch Leif Eriksson). Die *Dänen* wandten sich dagegen seit 834 dem Kontinent zu, besetzten Friesland, richteten ihre Fahrten nach 866 gegen England (↑Großbritannien und Nordirland, Geschichte) und setzten sich 911 unter der Führung Rollos in der Normandie (Normannen) fest. 1013 eroberten sie unter König Svend I. Tveskaeg England. Im Ostseeraum und in Rußland waren seit dem 9. Jh. bes. die *Schweden* aktiv, als Rus oder Waräger bezeichnet. - Karte Bd. 15, S. 338.

📖 *Capelle, T.:* Kultur- u. Kunstgesch. der W. Darmst. 1986. - *Wührer, K.:* Die W.züge. In: Hdb. der europ. Gesch. Hg. v. T. Schieder. Bd. 1 Stg. 1976.

Wikingerschiff, schlank gebautes (durchschnittl. rd. 20–24 m lang und 3,5–5 m breit), für Hochsee- und Flußfahrt geeignetes, offenes Kriegsschiff der Wikinger mit Kiel, Spanten und Klinkerbeplankung sowie (umlegbarem) Mast mit Rahsegel; Bug (bei Schiffen von Königen und Fürsten reich mit Schnitzwerk verziert, in einem Drachenkopf endend) und Heck spitz zulaufend und stark hochgezogen; mit etwa 40 Riemen gerudert (sehr große W. mit 80 und mehr Ruderern), von einem Steuerriemen am rechten Schiffsende (daher die Bez. „Steuerbord") gelenkt. Bed. Funde: u. a. Gokstad, Oseberg (Votivschiffe), Roskilde; Darstellung auf dem Bayeux-Teppich. - Abb. auch Bd. 16, S. 138.

Wilamowitz-Moellendorff, Ulrich von ['mœləndɔrf], * Markowitz (Woiwodschaft Bydgoszcz) 22. Dez. 1848, † Berlin 25. Sept. 1931, dt. klass. Philologe. - Ab 1876 Prof. in Greifswald, 1883 in Göttingen, 1897 in Berlin. Prägte durch seine Detailforschungen (v. a. auf dem Gebiet der griech. Dichtung) wie durch seine universalen Überblicke über griech. Kultur und Literatur die klass. Philologie in hohem Maße.

Wilanów [poln. vi'lanuf], Barockschloß im S von ↑Warschau.

Wilbert, Nebenform des männl. Vornamens Willibert.

Wilbye, John [engl. 'wɪlbɪ], ≈ Diss (Norfolk) 7. März 1574, † Colchester im Sept. 1638, engl. Madrigalkomponist. - Musiker im Dienste des Grafen Kytson in Hengrave Hall. Seine ausdrucksstarken, satztechn. durchgefeilten 3- bis 6stimmigen Madrigale gehören zu den besten engl. Madrigalen überhaupt.

Wilcke, Johan Carl, * Wismar 6. Sept. 1732, † Stockholm 18. April 1796, schwed. Physiker. - Prof. in Stockholm. W. erfand bei seinen Arbeiten zur Elektrizität den Luftkondensator sowie den Elektrophor (1762). 1772 entdeckte er unabhängig von J. Black die latente Wärme bei Änderung des Aggregatzustandes.

Wilckens, Ulrich, * Hamburg 5. Aug. 1928, dt. ev. Theologe. - Seit 1981 Bischof für den Sprengel der Nordelb. ev.-luth. Kirche.

Wilczekland ['vɪltʃɛk], Insel im O von Franz-Joseph-Land, im Nordpolarmeer, UdSSR, 2 000 km², 400–606 m ü.d. M., eisbedeckt.

Wild, Heinrich, * Uster (Kt. Zürich) 17. Dez. 1833, † Zürich 5. Sept. 1902, schweizer. Physiker und Meteorologe. - W. entwickelte und verbesserte verschiedene Längenmeß- und Wägungsmethoden zur Festlegung der Urmaße. Er zählte zu den führenden Meteorologen seiner Zeit und entwickelte meteorolog. und magnet. Meßinstrumente.

Wild, wm. Bez. für alle freilebenden Tiere, die dem ↑Jagdrecht unterliegen. Man unterscheidet ↑Hochwild und ↑Niederwild, ↑Haarwild und ↑Flugwild, *edles* (für den menschl. Verzehr geeignetes) und *unedles* (für den Verzehr ungeeignetes) *Wild.*

Wildbad im Schwarzwald, Stadt im nördl. Schwarzwald, an der Enz, Bad.-Württ., 426 m ü.d. M., 10 700 E. Luftkurort und Heilbad (Rheuma, Gicht, Nervenleiden); Holzverarbeitung, Metallind. - 1345 erstmals erwähnt; erhielt 1367 Stadtrecht; verdankt seine Entstehung der Entdeckung der Thermalquellen. - Rokokopfarrkirche (1746–48).

Wildbann ↑Bannforsten.

Wildberg, Stadt im nördl. Schwarzwald, an der Nagold, Bad.-Württ., 390 m ü.d. M., 8 100 E. Luftkurort; Metallverarbeitung, Spielwaren-, Küchenmöbel- und Kleiderfabrik. - 1237 erstmals genannt; vor 1281 zur Stadt erhoben. - Ev. spätroman. Pfarrkirche mit spätgot. Chor (1467), Langhaus barockisiert. Spätgot. Rathaus (1480).

Wildberger, Jacques, * Basel 3. Jan. 1922, schweizer. Komponist. - Knüpft in seinen Kompositionen an den späten A. Webern an, u. a. „Tre mutazioni" für Kammerorchester (1953), „Epitaphe pour Évariste Galois" (1964), „Die Stimme..." für Sopran, Violoncello, Tonband und Orchester (1974).

Wildbeuter (Jäger und Sammler), Bez. für die Jäger-, Fischer- und Sammelvölker mit „aneignender Wirtschaftsform", in der die von der Natur angebotenen tier. und pflanzl. Produkte ausgebeutet werden, ohne daß zu ihrer Vermehrung beigetragen wird. Vorratswirtschaft ist nicht oder gering entwickelt. Der Mann geht auf die Jagd, Aufgabe der Frau ist es, Pflanzen, wilden Honig und Kleingetier zu sammeln, die Behausung zu errichten und das Feuer zu unterhalten; sie trägt meist mehr und gleichmäßiger zur Ernährung bei als der Mann und ist deshalb (annähernd) gleichberechtigt. Bei den meisten W. ist ein Glaube an ein über allen anderen Mächten stehendes höchstes Wesen vorhanden, an einen Herrn der Tiere sowie an Wald- und Buschgeister.

Wildbret [zu mittelhochdt. wiltprete „Wildfleisch"], Fleisch des Nutzwildes, meist als Braten oder Ragout zubereitet.

Wilde, Oscar Fingal[l] O'Flahertie Wills [engl. waɪld], * Dublin 16. Okt. 1854, † Paris 30. Nov. 1900, engl. Schriftsteller ir. Herkunft. - Hervorragendster literar. Vertreter des Ästhetizismus in England. Von seiner Versdichtung wurde die „Ballade vom Zuchthause zu Reading", 1898 nach der Ver-

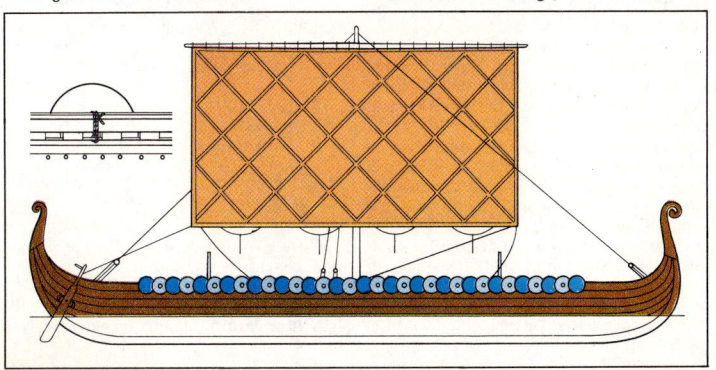

Wikingerschiff. Rekonstruktion

büßung einer 2jährigen Zuchthausstrafe wegen Homophilie entstanden, bes. bekannt. Seine Gesellschaftskomödien, die in der Tradition der Comedy of manners stehen, glossieren gesellschaftl. Konventionen und bürgerl. Moralbegriffe der viktorian. Zeit, u. a. „Lady Windermeres Fächer" (1893), „Eine Frau ohne Bedeutung" (1894), „Ein idealer Gatte" (1899) und „Ernst sein!" (1899). Sein einziger Roman „Dorian Gray" (1891) ist eine teilweise bekenntnishafte Darstellung eines skrupellosen Genußmenschen, der an seinen Lastern zugrundegeht. Auch Märchen, Erzählungen, Essays und der autobiograph., postum publizierte Brief „De profundis" (gekürzt 1905, vollständig 1949).

wilde Deponien ↑Müll.

wilde Ehe ↑Lebensgemeinschaft.

Wilde Jagd (Wilde Fahrt, Wildes Heer), im Volksglauben ein Totenheer, das, angeführt vom **Wilden Jäger** (urspr. Wodan), in den Sturmnächten durch die Lüfte reitet.

Wilde Möhre ↑Möhre.

Wildenbruch, Ernst von, * Beirut 3. Febr. 1845, † Berlin 15. Jan. 1909, dt. Schriftsteller. - Enkel des Prinzen Louis Ferdinand von Preußen. Viel gespielter Dramatiker der Wilhelmin. Zeit; schrieb histor.-patriot. Dramen, auch Erzählungen, und Lyrik mit patriot., teils sozialkrit. Themen.

Wildenten, volkstüml. Sammelbez. für alle wildlebenden Enten, in Deutschland bes. die Stockente.

Wilder [engl. 'waıldə], Billy, eigtl. Samuel W., * Wien 22. Juni 1906, amerikan. Filmregisseur östr. Herkunft. - Filmjournalist in Berlin, dann vorwiegend Drehbuchautor (u. a. Mitautor von „Menschen am Sonntag", 1929, und „Ninotschka", 1930); emigrierte 1933 nach Frankr., und dann in die USA. Drehte dort v. a. gesellschaftskrit. und Lustspielfilme wie „Frau ohne Gewissen" (1943), „Das verlorene Wochenende" (1945), „Boulevard der Dämmerung" (1950), „Reporter des Satans" (1951), „Zeugin der Anklage" (1957), „Manche mögen's heiß" (1959), „Das Appartement" (1960), „Das Mädchen Irma La Douce" (1963), „Extrablatt" (1974), „Fedora" (1978), „Buddy, Buddy" (1981).

W., Thornton, * Madison (Wis.) 17. April 1897, † Hamden bei New Haven (Conn.) 7. Dez. 1975, amerikan. Schriftsteller. - Seine frühen, christl. geprägten Erzählwerke, u. a. „Die Brücke von San Luis Rey" (R., 1927), beschäftigen sich mit weltanschaul. Fragestellungen. Während der Roman „Dem Himmel bin ich auserkoren" (1934) noch persönl. religiöse Überzeugungen spiegelt, tritt das Bekenntnishafte in dem Cäsarroman „Die Iden des März" (1948) gegenüber der allgemeingültigen geistesgeschichtl. Analyse zurück. In seinen Dramen „Unsere kleine Stadt" (1938) und „Wir sind noch einmal davongekommen" (1942) werden unter Verwendung der Mittel des ep. Theaters zeitlose menschl. Probleme dargestellt. - *Weitere Werke:* Der achte Schöpfungstag (R., 1967), Theophilus North oder ein Heiliger wider Willen (R., 1974).

Wilder Alexander ↑Alexander.

Wilder Apfelbaum ↑Holzapfelbaum.

Wilder Birnbaum (Holzbirne, Pyrus communis), wichtigste Stammart der ↑Gemeinen Birnbaums mit mehreren Varietäten; 15–20 m hoher Baum von breitem, pyramidalem Wuchs; Kurztriebe z. T. in Dornen endigend; Blätter rundl. bis eiförmig, 2–8 cm lang, ganzrandig oder fein gesägt; Blüten in Doldentrauben, weiß oder blaßrosa, mit roten Staubbeuteln; Früchte klein, hart, mit zahlr. Steinzellennestern; zerstreut bis selten v. a. im mittleren, östl. und südl. Deutschland, in S-Europa, Kleinasien, in Kaukasien und nördl. Iran.

Wilderei, unrechtmäßiges Jagen oder Fischen in fremdem Revier. Wer unter Verletzung fremden Jagdrechts dem Wild nachstellt, es fängt, erlegt oder sich zueignet, oder eine Sache, die dem Jagdrecht unterliegt, sich zueignet, beschädigt oder zerstört, wird wegen *Jagdwilderei* mit Freiheitsstrafe bis zu fünf Jahren oder mit Geldstrafe bestraft (§ 292 StGB). Wer unter Verletzung fremden Fischereirechts fischt oder eine Sache, die dem Fischereirecht unterliegt, sich zueignet, beschädigt oder zerstört, wird wegen *Fischwilderei* mit Freiheitsstrafe bis zu zwei Jahren, in bes. schweren Fällen bis zu fünf Jahren oder mit Geldstrafe bestraft (§ 293 StGB). Jagd- und Fischereigeräte, Hunde und andere Tiere, die der Wilderer bei der Tat mit sich geführt oder verwendet hat, können eingezogen werden (§ 295 StGB). In *Österreich* und der *Schweiz* gilt im wesentl. Entsprechendes.

Wilder Kaiser ↑Kaisergebirge.

Wilder Mann

Wilder Mann, in der Volkssage ein dämon. Wesen, das als riesiger, mit langen Haaren bedeckter Waldmensch geschildert wird und als Wetter-, v. a. als Winterdämon gilt.

Wilder Mann, Ständer im alemann. und

fränk. Fachwerkbau aus sich überschneidenden Streben (die gestreckte „Arme" und „Beine" bilden).

Wildermuth, Ottilie, geb. Rooschütz, * Rottenburg am Neckar 22. Febr. 1817, † Tübingen 12. Juli 1877, dt. Schriftstellerin. - Schrieb religiös bestimmte Erzählungen, u. a. „Bilder und Geschichten aus dem schwäb. Leben" (1852) und „Jugendschriften" (22 Bde., 1871–1900).

wilder Streik ↑ Streik.

Wilder Wein ↑ Jungfernrebe.

Wilder Westen, in N-Amerika die im Rahmen der Expansion nach W vorrückende Übergangsregion von organisiertem und administriertem Siedlungsgebiet der Einwanderer zu dem von Indianern beherrschten Land. Die Kämpfe mit den indian. Ureinwohnern, die z. T. gewalttätige Selbsthilfe der Siedler bei internen Streitigkeiten, v. a. aber bei den Auseinandersetzungen zw. den Viehhaltern (Ranchern und Cowboys) und den sie verdrängenden Ackerbauern, wurden in vielen Romanen und Filmen dargestellt, oft auch glorifiziert.

wildes Fleisch (Caro luxurians), überschüssig wucherndes, schwammiges Granulationsgewebe an heilenden Wunden.

Wildeshausen, Stadt an der Hunte, Nds., 20 m ü. d. M., 13 400 E. Futtermittel-, Vulkanfabrik, Maschinenfabrik, Tabakfabrikation; Luftkurort. - Mittelpunkt eines Megalithgräberfeldes. Erstmals 851 erwähnt; 1270 Stadtrecht. - Spätroman. ehem. Stiftskirche (1224 ff.; Turm 14. Jh.); Rathaus (15. Jh.).

Wildes Heer ↑ wilde Jagd.

Wildfrüchte, Bez. für die eßbaren Früchte wild wachsender Pflanzen; z. B. Hagebutten, Holunderbeeren, Preiselbeeren.

Wildgans, Anton, * Wien 17. April 1881, † Mödling 3. Mai 1932, östr. Lyriker und Dramatiker. - 1921–23 und 1930/31 Direktor des Burgtheaters; seine von Symbolismus beeinflußte, z. T. sozialen Problemen zugewandte Lyrik sucht die Verbindung der Tradition und der Avantgarde („und hättet der Liebe nicht...", 1911). Auch naturalist., später expressionist. Dramen, u. a. „Kain" (1920). - *Weitere Werke:* Kirbisch oder Der Gendarm, die Schande und das Glück (Epos, 1927), Rede über Österreich (1930), Ich beichte und bekenne (aus dem Nachlaß, hg. 1933).

Wildgänse, volkstüml. Bez. für alle wild lebenden Echten Gänse, i. e. S. für die Graugänse.

Wildgrafen, um 1113 von Emicho II. († 1135) begr. Grafengeschlecht mit Amtsbereich beiderseits der Nahe und Besitz im Hunsrückgebiet; 1350 bzw. 1408 von den Rheingrafen beerbt, die sich nun *Wild- und Rheingrafen* nannten.

Wildhefen, im Ggs. zu den Kulturhefen in der freien Natur auf zuckerhaltigen Stoffen (z. B. Nektar, Blutungssäfte von Bäumen,

Wildschweine

auch auf reifenden Früchten) sowie in Böden vorkommende Schlauchpilze (Hefepilze, hefeartige Pilze), die eine alkohol. Gärung bewirken.

Wildhorn, Hauptgipfel der stark vergletscherten W.gruppe in den Berner Alpen, 3 248 m hoch.

Wildhunde, Sammelbez. für verschiedene wildlebende Vertreter der Hundeartigen: Afrikan. Wildhund († Hyänenhund), Asiat. W. († Rothunde) und ↑ Dingo.

Wilding, Ludwig, * Grünstadt 19. Mai 1927, dt. Maler und Objektkünstler. - Vertreter der Op-art. Bringt in seinen Arbeiten identisch aufgebaute Lineaturen mit einer minimalen Abweichung zur „Deckung".

Wildkaninchen (Oryctolagus), Gatt. der Hasen der einzigen, ursprl. in SW-Europa heim., heute über weite Teile Europas verbreiteten, in Australien, Neuseeland und Chile eingebürgerten Art *Europ. W.* (Oryctolagus cuniculus): 35–45 cm Körperlänge, 7–8 cm lange Ohren; oberseits graubraun, unterseits weißl.; lebt gesellig in ausgedehnten Erdröhrensystemen und neigt zu starker Vermehrung; Tragzeit 30 Tage. Das W. ist die Stammform der zahlr. Hauskaninchenrassen. Es läßt sich nicht mit dem Feldhasen kreuzen.

Wildkatze (Felis silvestris), in Europa, N-Afrika und SW-Asien heim. Kleinkatze; Länge 45–80 cm, Schwanz 25–40 cm lang, mehr oder minder buschig behaart, mit dunkler Ringelung und schwarzer Spitze; Körperfärbung je nach Vorkommen hell sandfarben bis graubraun oder rötlichbraun, mit mehr oder weniger ausgeprägter, dunkler Flecken- und Streifenzeichnung; Unterarten sind ↑ Falbkatze, ↑ Steppenkatze und ↑ Waldkatze.

Wildleder, Handelsbez. für Sämischleder; allg.sprachl. auch Bez. für Veloursleder.

Wildpferd, svw. ↑ Prschewalskipferd.

◆ Bez. für halbwilde oder wildlebende Hauspferde (z. B. Camarguepferd).

Wildpflanzen, im Ggs. zu den Kulturpflanzen die innerhalb ihres Verbreitungsgebietes ohne menschl. Zutun lebenden Pflanzenarten.

Wildschweine (Sus), Gatt. der Schweine mit vier Arten in Europa, Asien und N-Afrika. Die bekannteste Art ist das *Euras. Wildschwein* (Sus scrofa) mit 100–180 cm Körperlänge, 55–110 cm Schulterhöhe (bei einheim. Keilern) bis rd. 200 kg Körpergewicht, Kopf groß, langgestreckt; Eckzähne (bes. beim ♂) verlängert, die des Oberkiefers nach oben gekrümmt (Gewaff), Fell mit langen, borstigen Haaren, braunschwarz bis hellgrau, frißt Pflanzen, Samen, Schnecken, Würmer und Insekten; Jungtiere (Frischlinge) braun und gelbl. längsgestreift. Die ♀♀ bilden mit den Frischlingen zus. Gruppen. Die ♂♂ sind außerhalb der Paarungszeit Einzelgänger. Das Euras. Wildschwein ist die Stammform des ↑ Hausschweins.

139

Wildspitze

Wildspitze, höchste Erhebung der Ötztaler Alpen, Tirol, 3 774 m, vergletschert.
Wildstrubel, stark vergletschertes, 3 244 m hohes Bergmassiv der Berner Alpen.
Wildtyp ↑ Mutante.
Wildungen, Bad ↑ Bad Wildungen.
Wildwasserrennen ↑ Kanusport.
Wildwechsel ↑ Wechsel (wm.).
Wildwestfilm, svw. ↑ Western.
Wildwestroman ↑ Western.
Wilfried, männl. Vorname (zu althochdt. willio „Wille" und fridu „Friede").

Wilfrith (Wilfrid, Wilfried) **von York,** hl., * Northumbria 634, † im Kloster Oundle (Mercia) im Okt. (24. April?) 709, angelsächs. Bischof. - Versuchte in seinem Kloster Ripon, die kelt. Bräuche zugunsten der röm. Liturgie und der Benediktregel abzuschaffen; 664 zum Bischof von York geweiht und Wortführer der röm. Observanz auf der Synode von Whitby; verzichtete 705 auf sein Bistum und blieb bis zu seinem Tod in Ripon und Oundle. - Fest: 12. Oktober.

Wilhelm, männl. Vorname (zu althochdt. willio „Wille", und helm „Helm").

Wilhelm, Name von Herrschern:
Hl. Röm. Reich:
W. von Holland, * 1227 oder 1228, ✕ bei Alkmaar 28. Jan. 1256, Röm. König (seit 1247). - Nach dem Tode Heinrich Raspes am 3. Okt. 1247 in Worringen (Köln) zum Gegenkönig gegen Friedrich II. gewählt und am 1. Nov. 1248 in Aachen gekrönt. Nach Friedrichs II. Tod und Konrads IV. Abzug nach Italien nahm seine Anhängerschaft zu; durch seine Heirat (1252) mit Elisabeth († 1266), Tochter Hzg. Ottos I. von Braunschweig-Lüneburg, verschwägert mit den Welfen und den Askaniern; nach dem Tode Konrads IV. wurde er allg. anerkannt. Fiel auf einem Feldzug gegen die Friesen.
Dt. Reich:
W. I., * Berlin 22. März 1797, † ebd. 9. März 1888, Dt. Kaiser (seit 1871) und König von Preußen (seit 1861). - 2. Sohn König Friedrich Wilhelms III.; nahm an den Feldzügen 1814/15 teil; erhielt nach der Thronbesteigung seines älteren, kinderlosen Bruders Friedrich Wilhelm IV. als Thronfolger den Titel „Prinz von Preußen". 1848 sprach er sich zugunsten der Niederwerfung der Revolution aus („Kartätschenprinz") und leitete 1849 die blutige Niederschlagung der pfälz.-bad. Aufstands. Nach Übernahme der Stellvertretung (Okt. 1857) bzw. Regentschaft (Okt. 1858) für seinen geistig erkrankten Bruder leitete W. durch Entlassung des Ministeriums Manteuffel die liberale Neue Ära (Nov. 1858) ein, geriet aber ab 1859 mit der Landtagsmehrheit in Konflikt über die Heeresreform, der sich bald zum offenen preußischen Verfassungskonflikt entwickelte. Als W. an Abdankung dachte, setzte die Militärpartei 1862 Bismarck als Min.präs. durch, hinter dem W. in der Folgezeit meist zurücktrat. 1867 übernahm W. das Präsidium des Norddt. Bundes, am 18. Jan. 1871 wurde er in Versailles zum Dt. Kaiser ausgerufen. Bei gewissen Vorbehalten v. a. gegen Bismarcks Vorgehen im Kulturkampf gab W. der weitgehend eigenständigen Politik seines Kanzlers die traditionale Legitimation.
⌑ *Herre, F.: Kaiser Wilhelm I. Der letzte Preuße.* Köln 1980. - *Stürmer, M.: Regierung u. Reichstag im Bismarckstaat 1871–1880.* Düss. 1974.

W. II., * Berlin 27. Jan. 1859, † Schloß Doorn 4. Juni 1941, Dt. Kaiser und König von Preußen (1888–1918). - Ältester Sohn des Kaisers Friedrich; ∞ in 1. Ehe (1881) mit Auguste Viktoria, in 2. Ehe (1922) mit der verwitweten Prinzessin Hermine von Schönaich-Carolath (* 1887, † 1947). Begabt, jedoch von unstetem Charakter, aufgewachsen in militär. Umgebung, erzogen zu unkontrolliertem Souveränitätsgefühl, zugleich Ideen romant. Königtums und technokrat.-plebiszitären Führertums verhaftet, spiegelte W. Grundzüge der polit. Kultur Deutschlands und seiner herrschenden Schichten wider (**Wilhelminismus**) und repräsentierte die nach außen hin glanzvolle Epoche des dt. **Wilhelminischen Zeitalters.** Handelte im Hinblick auf Ziele und Mittel der Politik ohne Konsequenz, und strebte zu keiner Zeit die in der schon zeitgenöss. These vom „persönl. Regiment" enthaltene unbegrenzte Machtstellung an, die er auch nie besaß. Als er 1888 den Thron bestieg, spitzten sich in der Sozialpolitik, wo W. auf weitere Reformen drängte, und in der Außenpolitik, wo W. militanter auftreten wollte, rasch die Gegensätze zu Bismarck zu. W. führte dessen Sturz herbei, wurde aber danach von den beherrschenden Kräften der dt. Innenpolitik mehr bestimmt, als daß er ihnen die Richtung gab. Kraftvolle Akzente hat er mit z. T. katastrophalen Wirkungen in Reden (↑ auch Daily-Telegraph-Affäre), kaum aber durch polit. Entscheidungen gesetzt. Selbst beim weltpolit. riskanten Flottenbau gegen Großbrit. verstärkte er nur die von Tirpitz konzipierte Politik. In der Julikrise 1914 ermutigte W. zunächst die Kraftprobe Österreichs mit Serbien; als es zu spät war, versuchte er, dem großen Krieg auszuweichen. Nach Kriegsbeginn trat er in den Hintergrund. Seine unter dem Drängen Hindenburgs vollzogene Abdankung und Flucht in die Niederlande (9./10. Nov. 1918) ruinierte die monarch. Idee in Deutschland. Auf Befehl Hitlers mit militär. Ehren beigesetzt. Memoiren.
⌑ *Lerchenfeld-Köfering, H.: Kaiser W. II. als Persönlichkeit u. Herrscher.* Kallmünz 1985. - *Whittle, T.: Kaiser W. II.* Dt. Übers. Bergisch Gladbach ²1982. - *Balfour, M.: Der Kaiser W. II. u. seine Zeit.* Dt. Übers. Ffm. ³1979.
Aquitanien:
W. IX. (Guilhelm IX), Hzg. von Aquitanien

und Graf von Poitiers, *Poitiers 22. Okt. 1071, † ebd. 10. Febr. 1127, provenzal. Troubadour. - Führte 1101 ein Kreuzfahrerheer nach Kleinasien. Frühester Vertreter der provenzal. Troubadourdichtung.

England:

W. I., der Eroberer, * Falaise (Calvados) um 1027, † Rouen 9. Sept. 1087, König (seit 1066). - Illegitimer Sohn Hzg. Roberts I., des Teufels; wurde 1035 Hzg. der Normandie. Da der mit ihm verwandte König Eduard der Bekenner ihm 1051/52 die engl. Krone versprochen hatte, landete W. am 28. Sept. 1066 in Sussex, besiegte den inzwischen gewählten Harold II. Godwinson am 14. Okt. bei Hastings, ließ sich vom Rat der angelsächs. Könige als König bestätigen und am 25. Dez. in Westminster krönen. In seinem Krönungseid erkannte er die bestehenden Verfassungseinrichtungen an. Nachdem er bis 1072 auch den N Englands erobert hatte, verteilte er das Land sowie fast alle freiwerdenden Bistümer und Abteien an den normann. Adel und schuf mit dessen Hilfe einen zentral gelenkten anglonormann. Feudalstaat. 1086/87 ließ er mit dem ↑ Domesday Book eine Art Grundkataster des Landes anlegen.

 Douglas, D. C.: W. d. E. Dt. Übers. Mchn. 1980. - Jäschke, K. U.: W. d. E. Sein doppelter Herrschaftsantritt im Jahre 1066. Sigmaringen 1977. - Barlow, F.: William I. and the Norman Conquest. London 1965.

W. III. von Oranien (Wilhelm Heinrich), * Den Haag 14. Nov. 1650, † Hampton Court 19. März 1702, König von England, Schottland und Irland (seit 1689). - Wehrte im Niederl.-Frz. Krieg (1672–78/79) als Erbstatthalter bzw. Statthalter von 5 niederl. Prov. und als Generalkapitän der niederl. Truppen den Angriff König Ludwigs XIV. von Frankr. ab. Seit 1677 ∞ mit Maria (II.) Stuart (Tochter des späteren engl. Königs Jakob II.). Die Opposition gegen Jakob II. rief ihn 1688 nach England und übertrug ihm zus. mit seiner Gemahlin nach der Flucht des Königs am 23. Febr. 1689 die Krone, um eine prot. Thronfolge zu sichern. Beide mußten zuvor der Bill of Rights zustimmen, wodurch die Entwicklung zur konstitutionellen Monarchie eingeleitet wurde. Der Seesieg von La Hogue (1692) sicherte seine Herrschaft endgültig gegenüber dem von Frankr. unterstützten Jakob II. und den Jakobiten. Im Frieden von Rijswijk (1697) erreichte W. von Ludwig XIV. die Anerkennung als König von England.

 Baxter, S. B.: William III. Westport (Conn.) Neuaufl. 1976. - Robb, N. A.: William of Orange. New York 1962–66. 2 Bde.

Hessen-Kassel:

W. IV., der Weise, * Kassel 24. Juni 1532, † ebd. 25. Aug. 1592, Landgraf (seit 1567). - Sohn Philipps I. von Hessen, den er während seiner Gefangennahme durch Kaiser Karl V. 1547–52 in der Reg. vertrat. Schloß 1551 der von Moritz von Sachsen geführten Fürstenverschwörung gegen Karl V. an. Nach der Erbteilung von 1567 erhielt er Hessen-Kassel und begründete die dortige Landgrafenlinie.

W. I., * Kassel 3. Juni 1743, † ebd. 27. Febr. 1821, als W. IX. Landgraf (1785–1803), Kurfürst von Hessen (seit 1803). - Sohn Landgraf Friedrichs II.; beteiligte sich am 1. Koalitionskrieg gegen Frankr., 1803 für den Verlust linksrhein. Gebiete durch die Kurwürde entschädigt. Seine unentschlossene Neutralitätspolitik führte 1807 zur Angliederung seines Landes an das Kgr. Westfalen. 1813 trat er die Herrschaft in einem vergrößerten Kurhessen wieder an.

Modena:

W., * in Piemont um 1184, † Lyon 31. März 1251, Bischof (1222–34) und Kardinalbischof von Sabina (seit 1244). - Kartäuser; 1220–22 Vizekanzler der päpstl. Kanzlei; heil als päpstl. Legat für Livland die Mission im Ostseeraum gefördert und die Kirchenorganisation im Ordensland Preußen (1243 Errichtung der Diözesen Ermland, Culm, Pomesanien und Samland) mit geschaffen.

Niederlande:

W. I., der Schweiger, * Dillenburg 25. April 1533, † Delft 10. Juli 1584, Graf von Nassau, Prinz von Oranien (seit 1544), Statthalter. - Erbte 1544 mit Oranien ausgedehnte niederl. Besitzungen. 1559 Mgl. des Staatsrats und Statthalter von Holland, Seeland, Utrecht und der Franche-Comté, erhob ab 1561 Vorstellungen gegen die Politik A. P. de Granvelles und wurde zum Wortführer der ständ. Opposition gegen den span. Zentralismus. Albas Schreckensherrschaft veranlaßte W. zu militär. Eingreifen in Friesland und Limburg, doch scheiterten diese Unternehmen ebenso wie der Versuch, das Volk zum allg. Aufstand zu bewegen. Dagegen gelang eine allmähl. Insurrektion der nördl. Landesteile; 1572 von den Aufständischen zum Statthalter ernannt, wurde W. ganz zum Träger des Aufstands und vereinigte 1576 in der Genter Pazifikation alle niederl. Provinzen. Die Unionen von Arras und Utrecht bezeichnen jedoch ein bekenntnis spezifische Politik, da es W. infolge der konfessionellen Ggs. nicht gelang, alle Prov. in einer Aufstandsbewegung zusammenzuhalten. 1580 von König Philipp II. geächtet, verteidigte er sich in einer „Apologie", deren Gedanken über das Recht zum Widerstand gegen einen zum Tyrannen gewordenen Souverän in die Absage („Plakkaat van Verlatinge", 1581) der nördl. Prov. an den König eingingen. W. wurde vor Ausführung des Ständebeschlusses, ihn zum Grafen von Holland zu ernennen, von einem Katholiken ermordet.

 Roosbroeck, R. van: Willem de Zwijger ... Den

Wilhelm

Haag 1974. - *Romberg, H.:* Der Prinz v. Oranien. Herborn 1960.

W. III. von Oranien ↑ Wilhelm III., König von England.

W. I., * Den Haag 24. Aug. 1772, † Berlin 12. Dez. 1843, König (1814–40). - Befehligte 1793–95 die niederl. Truppen in den Koalitionskrieg gegen Frankr., wich dann nach Großbrit. aus und ging 1799 nach Berlin. Erbte 1806 die Stammlande Nassau-Dietz und die mit diesen zu dem kurzlebigen Ft. Oranien zusammengeschlossenen Territorien. Kämpfte 1806 und 1809 gegen Napoleon I. Durch den Wiener Kongreß König der Vereinigten Niederlande und Groß-Hzg. von Luxemburg, trat seine Stammlande an Preußen und Nassau ab. Durch seine starre Haltung in konstitutionellen und kirchl. Fragen trug er zur Verhärtung der Ggs. bei und verschärfte beim Ausbruch des belg. Aufstandes die Lage; dankte 1840 zugunsten seines Sohnes Wilhelm II. ab.

W. III., * Brüssel 19. Febr. 1817, † Schloß Het Loo (bei Apeldoorn) 23. Nov. 1890, König (seit 1849), Großherzog von Luxemburg (seit 1849). - Mußte 1849 unter dem Druck der Liberalen J. R. Thorbecke zum Innenmin. und Reg.chef berufen und damit eine Verlagerung des polit. Gewichts auf das Parlament (bis 1868) einleiten. Seine Verhandlungen mit Frankr. über den Verkauf des Großhzgt. Luxemburg scheiterten 1867 an Bismarck und der dt. Öffentlichkeit.

Schaumburg-Lippe:

W. (Friedrich W. Ernst), * London 9. Jan. 1724, † Haus Bergleben bei Rehburg-Loccum 10. Sept. 1777, Reichsgraf. - Zeichnete sich in hannoverschen Diensten im Siebenjährigen Krieg aus; 1762–64 im Auftrag Georgs III. von Großbrit. Generalissimus der Krone Portugal, befreite das Land von den eingedrungenen frz.-span. Truppen und reorganisierte das portugies. Heer. In Schaumburg-Lippe bemühte er sich (ab 1764) um wirtsch., soziale, kulturelle und militär. Verbesserungen; gründete auf der Festung Wilhelmstein (im Steinhuder Meer) eine Offiziersschule, deren bedeutendster Schüler Scharnhorst wurde. Seine militär. Vorstellungen beeinflußten wesentl. die preuß. Reformen.

Straßburg:

W. Egon Fürst von Fürstenberg, * Heiligenberg 2. Dez. 1629, † Paris 10. April 1704, dt. kath. Theologe und Kardinal (seit 1686). - Ab 1650 im diplomat. Dienst des Kölner Kurfürsten; wegen Abschlusses eines Geheimvertrags mit Frankr. (1658) im Niederl.-Frz. Krieg gefangengesetzt und nach Wien überstellt, auf Grund des Friedens von Nimwegen freigelassen; 1682 Wahl zum Fürstbischof von Straßburg; 1689 Flucht nach Frankreich.

Wilhelm, * Potsdam 6. Mai 1882, † Hechingen 20. Juli 1951, Kronprinz des Dt. Reiches und von Preußen. - Ältester Sohn Kaiser Wilhelms II.; führte im 1. Weltkrieg zunächst die 5. Armee, ab 1916 die Heeresgruppe „Dt. Kronprinz"; vertrat schon vor 1914 einen antibrit. Kurs, beteiligte sich 1917 am Sturz Bethmann Hollwegs; ging nach der Novemberrevolution 1918 ins niederl. Exil, aus dem er 1923 dank der Bemühungen Stresemanns zurückkehren konnte; unterstützte am Ende der Weimarer Republik Hitler.

Wilhelm von Aquitanien, hl., † Gellone (= Saint-Guilhem-le-Désert, Dep. Hérault) 28. Mai 812, Graf von Toulouse (seit 790). - Enkel Karl Martells; im Unter-Kgr. Aquitanien mit dem Schutz der Grenzregion gegen das omaijad. Emirat von Córdoba betraut; eroberte 801 Barcelona; trat 806 in das 804 von ihm gestiftete Kloster Gellone ein. Er ist der Guillaume d'Orange und Willehalm der Heldensage.

Wilhelm von Champeaux [frz. ʃã'po], latinisiert Guilelmus de Campellis (Campellensis), * Champeaux bei Melun um 1070, † Châlons-sur-Marne 1121 (1122?), frz. scholast. Theologe. - Schüler Anselms von Laon; Lehrer P. Abälards; begründete 1109/10 in Paris die Schule von ↑ Sankt Viktor; ab 1113 Bischof von Châlons-sur-Marne.

Wilhelm von Conches [frz. kõːʃ], * Conches-en-Ouche (Normandie) um 1080, † Paris (?) 1154, frz. Philosoph. - Vertreter der Schule von Chartres. Ausgehend von Platons „Timaios" und neuerschlossenen medizin. und naturwiss. Quellen, entwickelte er in „De philosophia mundi" (um 1130) eine spekulative Kosmologie mit platonist. Interpretation der christl. Schöpfungslehre; stellte das naturwiss. Wissen seiner Zeit dar.

Wilhelm von Grumbach ↑ Grumbach, Wilhelm von.

Wilhelm von Jumièges [frz. ʒy'mjɛːʒ], † um 1090, normann. Geschichtsschreiber. - Mönch der Abtei Jumièges; einer der wichtigsten Vertreter der normann. Geschichtsschreibung. Seine „Gesta Normannorum ducum" umspannen den Zeitraum 851–1070 (verfaßt bald nach 1070), schildern u. a. die Invasion von 1066.

Wilhelm von Modena [italien. 'mɔːdena] ↑ Wiligelmus von Modena.

Wilhelm von Moerbeke [niederl. 'muːrbeːkə], * Moerbeke (Flandern) um 1215, † Korinth (?) vor 1286, flandr. Dominikaner. - Missionar in Griechenland; seit 1278 Erzbischof von Korinth; übersetzte (sehr wortgetreu) Werke des Aristoteles sowie Schriften anderer antiker Philosophen ins Lateinische.

Wilhelm von Ockham [engl. 'ɔkəm] ↑ Ockham, Wilhelm von.

Wilhelm von Orange [frz. ɔ'rãːʒ] ↑ Guillaume d'Orange.

Wilhelm von Saint-Thierry [frz. sɛtjɛ'ri], sel., * Lüttich 1080 (1085?), † Signy (Dep. Ardennes) 8. Sept. 1148 (1149?), frz. Theologe und Geschichtsschreiber. - Benediktiner; 1119-35 Abt von Saint-Thierry (Marne), wo er mehrere theolog. und kontemplative Schriften verfaßte; 1137 Zisterzienser in Signy; Autor der ersten Vita Bernhards von Clairvaux.

Wilhelm von Shyreswood (Sherwood) [engl. 'ʃəːzwʊd, 'ʃəːwʊd], * zw. 1200 und 1210, † zw. 1266 und 1271, engl. Logiker. - Um 1235-50 wahrscheinl. Lehrer in Paris, 1252 Magister in Oxford. Wichtig ist v. a. seine sprachphilosoph. Bedeutungstheorie, nach der die syntakt. Positionen („suppositio", „copulatio", „ampliatio") erst durch die Bedeutung („significatio") eines Terminus im Zusammenhang mit anderen Wörtern grammat. konstituiert werden.

Wilhelm von Tyrus, * Jerusalem um 1130, † 1186 (Giftmord?), Kreuzzugschronist abendländ. (frz.?) Herkunft. - Aus bürgerl. Fam.; 1167 Archidiakon von Tyrus; 1174-84 Kanzler des Kgr. Jerusalem; 1175 Erzbischof von Tyrus; verfaßte 1169-84 eine Geschichte des Hl. Landes, der Kreuzzüge und des Kreuzfahrerreiches Jerusalem in 23 Büchern.

Wilhelm von Ware [engl. wɛə], eigtl. William Warre (Guaro, Varron), gen. Doctor fundatus, * Ware um 1260, † nach 1305, engl. Franziskaner. - Lehrte in Paris und (um 1295) in Oxford; wahrscheinl. Lehrer des J. Duns Scotus; führte die Lehre von der Unbefleckten Empfängnis Mariä in die Universitätstheologie ein.

Wilhelm, Richard, * Stuttgart 10. Mai 1873, † Tübingen 1. März 1930, dt. ev. Theologe und Sinologe. - 1899-1921 Missionar und Pfarrer in Tsingtau; 1921-24 Prof. in Peking, ab 1924 Prof. für Sinologie in Frankfurt am Main. Mit Übersetzungen aus der klass. chin. Literatur und der Arbeit des von ihm eingerichteten China-Instituts in Frankfurt schuf W. die Voraussetzungen für eine breitere Kenntnis der chin. Kultur in Deutschland.

Wilhelmina, * Den Haag 31. Aug. 1880, † Schloß Het Loo bei Apeldoorn 28. Nov. 1962, Königin der Niederlande (1890-1948). - Einzige Tochter Wilhelms III. (Haus Oranien-Nassau); bis 1898 unter der Vormundschaft ihrer Mutter, Königin Emma (* 1858, † 1934); trug während ihrer langen Reg.zeit wesentl. zur Stärkung der Monarchie bei gleichzeitiger Demokratisierung der polit. Institutionen bei; flüchtete im Mai 1940 vor den dt. Truppen ins brit. Exil, wo sie den Mittelpunkt der niederl. Résistance bildete; 1948 Thronverzicht zugunsten ihrer Tochter Juliana (aus der 1901 mit Herzog Heinrich von Mecklenburg-Schwerin [* 1876, † 1934] geschlossenen Ehe).

Wilhelmine (Wilhelmina), weibl. Vorname, Weiterbildung zu Wilhelma (weibl. Form von ↑ Wilhelm).

Wilhelmine, * Berlin 3. Juli 1709, † Bayreuth 14. Okt. 1758, Markgräfin von Bayreuth. - Lieblingsschwester Friedrichs II., d. Gr.; seit 1731 ∞ mit dem späteren Markgrafen Friedrich von Bayreuth (* 1711, † 1763); zeichnete in ihren „Denkwürdigkeiten" (bis 1742 reichend) ein überkrit. Bild des Berliner Hofes.

Wilhelm-II.-Küste, Küstengebiet der Ostantarktis, zw. 87° und 92° ö. L., vom Inlandeis bedeckt, das hier von 1 000 m Höhe stufenförmig abfällt; an der Küste überragt vom 369 m hohen Gaußberg.

Wilhelmshaven [...fən], Stadt am Ausgang des Jadebusens in die Nordsee, Nds., 96 700 E. Senckenberg-Forschungsanstalt für Meeresgeologie und Meeresbiologie, Niedersächs. Landesinst. für Marschen- und Wurtenforschung, Inst. für Vogelforschung - Vogelwarte Helgoland mit Vogelwartenmuseum; Fachhochschule für Maschinenbau, Elektrotechnik, Feinwerktechnik und Betriebswirtschaft; Küstenmuseum, Städt. Kunsthalle, Stadttheater; botan. Garten, Seewasseraquarium. Einrichtungen der Bundesmarine, wichtigster dt. Erdölumschlaghafen (Doppelpipeline nach Wesseling bzw. Dinslaken), Erdölraffinerie, chem., petrochem. und Textilind., Büromaschinen- und Kranbau, Herstellung von Zeichengeräten und Förderanlagen. - Verdankt sein Entstehen dem unter König Friedrich Wilhelm IV. 1856 angelegten preuß. Kriegshafen (auf 1854 angekauftem, vorher oldenburg. Gebiet); erhielt 1873 städt. Verfassung; mit der 1911 aus verschiedenen Gemeinden zusammengewachsenen Stadt **Rüstringen** 1937 zur Stadt vereinigt. - Ev. Kirche Neuende (13. Jh.), Rathaus (1928/29), Burg Kniphausen (15.-17. Jh.).

Wilhelmstraße, Berliner Straße östl. des Brandenburger Tors, zw. Unter den Linden und Stresemannstraße; im Bereich von Berlin (Ost) heute Otto-Grotewohl-Straße. An der W. befanden sich in Kaiserreich, Weimarer Republik und Drittem Reich neben anderen Reichs- und preuß. Ministerien das Auswärtige Amt und die Reichskanzlei, so daß „W." als Synonym für die Leitung der dt. Außenpolitik bis 1945 gebraucht wird.

Wilhelmszyklus (Wilhelmsgeste), einer der 3 großen altfrz. Epenzyklen (Chanson de geste). Zentralfigur des Zyklus in 24 Einzelepen ist Guillaume d'Orange, in dessen Gestalt legendäre und histor. Motive zusammenfließen.

Wilhelm Tell, schweizer. Sagengestalt, ↑ Tell, Wilhelm.

Wiligelmus (Wilhelm) **von Modena** [italien. 'mɔːdena], italien. Bildhauer des frühen 12. Jh. - Schuf laut Inschrift nach 1099 die Figurenfriese mit Szenen des A. T. an der Fassade und das Westportal des Domes von Modena. Voraussetzungen für seinen gedrungenen Figurenstil werden in S-Frankr. und v. a. in der antiken Tradition gesehen.

Wiljui, linker Nebenfluß der Lena, entspringt im zentralen Teil des Mittelsibir. Berglandes, UdSSR, durchfließt im Unterlauf die Zentraljakut. Niederung, 2650 km lang, davon 1 170 km schiffbar.

Rudolf Wilke, Gymnasiallehrer (1907). Federzeichnung

Wilke, Rudolf, * Volzum (= Sickte, Landkr. Wolfenbüttel) 27. Okt. 1873, † Braunschweig 4. Nov. 1908, dt. Zeichner. - V. a. als einfallsreicher Karikaturist bekannt, ab 1896 ständiger Mitarbeiter der Zeitschrift „Jugend", dann auch des „Simplicissimus" in München.

Wilkins, Sir (seit 1928) George Hubert, * Mount Bryan East (Distr. Burra Burra, Südaustralien) 31. Okt. 1888, † Framingham (Mass.) 1. Dez. 1958, austral. Polarforscher. - Überquerte nach verschiedenen Probeflügen seit 1926 von Alaska aus am 16. April 1928 Spitzbergen (2 100 Meilen in $20^1/_2$ Stunden); startete am 16. Nov. 1928 zum ersten Flug in der W-Antarktis, wo *W.straße* und *W.küste* nach ihm benannt wurden; versuchte 1931 als erster, mit einem U-Boot, der „Nautilus", den Nordpol zu erreichen; Expeditionsberichte.

W., Maurice Hugh Frederick, * Pangora (Neuseeland) 15. Dez. 1916, brit. Biophysiker. - Zunächst Atomforscher, dann Prof. für Molekularbiologie in London; Arbeiten über die Trennung von Uranisotopen sowie zur Röntgenstrukturanalyse v. a. von genet. Material. Für seine bed. Beiträge zur Aufklärung der Struktur der †DNS erhielt er (mit F. H. C. Crick und J. D. Watson) 1962 den Nobelpreis für Physiologie oder Medizin.

Wilkinson, Sir (seit 1976) Geoffrey [engl. ˈwɪlkɪnsn], * Springside bei Todmorden 14. Juli 1921, brit. Chemiker. - Prof. an der Harvard University und in London; klärte unabhängig von E. O. Fischer Struktur und Verhalten der Sandwichverbindungen († Koordinationsverbindungen) und erhielt hierfür zus. mit Fischer 1973 den Nobelpreis für Chemie.

Willaert, Adrian [niederl. ˈwɪlaːrt], * Brügge oder Roeselare zw. 1480 und 1490, † Venedig 7. Dez. 1562, fläm. Komponist. - Wirkte in Ferrara, Mailand, ab 1527 als Kapellmeister an San Marco in Venedig. W. ist der Begründer der sog. †venezianischen Schule; sein Stil ist eine Synthese der polyphonen niederl. Tradition mit italien. Satz- und Klangtechniken. Im Mittelpunkt seines Schaffens stehen die 4–7stimmigen Motetten (rund 350), zur weltl. volkssprachigen Musik trug er mit frz. Chansons (rund 65), neapolitan. Villanellen und italien. Madrigalen (etwa 60) bei. Berühmt wurden die 8stimmigen „Salmi spezzati" (1550) mit ihrer Doppelchortechnik.

Wille, Bruno, * Magdeburg 6. Febr. 1860, † Schloß Senftenau bei Lindau (Bodensee) 4. Sept. 1928, dt. Schriftsteller. - 1890 Mitbegr. und Hg. der Zeitschrift „Die Freie Volksbühne" in Berlin; sozialist. Theoretiker; schuf romant. Lyrik („Einsiedelkunst aus der Kiefernheide", 1897) und formal dem Naturalismus verpflichtete Romane („Der Maschinenmensch und seine Erlösung", hg. 1930).

Wille, allg. das handlungsleitende Streben. - In der klass. griech. *Philosophie* bezeichnet W. das gemäß der Vernunft bestimmte Streben. Demgegenüber wird im christl. Denken, ausformuliert von Augustinus, der W. als eigenständiges, der Vernunft selbständig gegenüberstehendes Vermögen zur Bestimmung menschl. Handelns und Lebens angesehen, das außer- oder sogar überrational ist. Als Konsequenz dieses Ansatzes ergibt sich die Frage, ob wir unser Handeln und Leben überhaupt nach (vernünftigen) Gründen bestimmen können oder sollen (*Primat der Vernunft*) oder ob der nicht vernünftig einsehbare W. Handeln und Leben bestimmen kann und soll (*Primat des W.*; vertreten im Voluntarismus). Auch die Frage nach der †Willensfreiheit erhält durch die Gegenüberstellung von Vernunft und W. einen neuen Sinn. Als Versuche zur Bildung einer Synthese aus dem griech. und christl. W. begriff lassen sich die verschiedenen neuzeitl. Entwürfe zu einer Theorie der Handlungs- und Normbegründung v. a. der Ethik des Utilitarismus und Kants verstehen, in denen Prinzipien vernünftiger W.bildung aufgestellt werden, durch die der Dualismus von W. und Vernunft überwunden werden soll.

In der traditionellen *Psychologie* wird als W. meist das Vermögen des Menschen bezeichnet, sich bewußt für (oder gegen) eine bestimmte geistige Einstellung oder eine bestimmte Weise des Verhaltens zu entscheiden.

Willenserklärung

Im Unterschied zur Triebhandlung wird als W.handlung daher die sich verwirklichende psych. Energie *(Willenskraft)* angesehen, die zwar meist mit einem bestimmten Gefühlston verknüpft ist, sich aber durch ihre Bewußtheit und Zielgerichtetheit (Absichtlichkeit) vom Drang oder Trieb unterscheidet. - Die neuere Psychologie zieht anstelle des vorbelasteten Begriffs W. die Bez. Wollen vor, wodurch das Augenmerk mehr auf die einzelnen und unterschiedl. psych. Akte und die Ausführungsversuche des Wollens gelenkt und eine metaphys. Debatte um den ontolog. Status des W. weitgehend vermieden wird.

Dihle, A.: Die Vorstellung vom W. in der Antike. Gött. 1985. - Decker, F.: W. zum Leben - W. zur Macht. Würzburg 1984. - Zimmermann, R.: Wollen, Logik u. Entscheidungstheorie. Mchn. 1980. - Fischel, W.: Der W. in psycholog. u. philosoph. Betrachtung. Bln. 1971.

◆ zum *Recht* ↑ Willenserklärung.

Willebadessen, Stadt am O-Fuß der Egge, NRW, 220 m ü. d. M., 7 700 E. Luftkurort. - Bei dem 1066 erstmals erwähnten Kirchort W. wurde 1149 ein Benediktinerinnenkloster gegründet (1810 aufgehoben), das 1318 W. als befestigte Stadt gründete; nach einem Brand (1829) mit gitterförmigem Straßennetz neu angelegt. - Kath. spätroman. Pfarrkirche Sankt Vitus (12. Jh.) mit spätgot. Chor (15. Jh.), v. a. im Außenbau barockisiert. Im Ortsteil **Peckelsheim** kath. Pfarrkirche (14./15. und 20. Jh.).

Willebrands, Jan, * Bovenkarspel (Prov. Nordholland) 4. Sept. 1909, niederl. kath. Theologe und Kardinal (seit 1969). - Prof. für Philosophie in Warmond; ab 1960 Sekretär des neugegr. Sekretariats für die Einheit der Christen, seit 1967 dessen Präs.; 1975-83 Erzbischof von Utrecht und Primas der niederl. kath. Kirche.

Willehad, hl., * in Northumbria um 745, † Blexen (= Nordenham) 8. Nov. 789, Bischof von Bremen (seit 787). - Wirkte als Vertreter der angelsächs. Mission, seit 780 im Auftrag Karls d. Gr., bei den Friesen an der unteren Weser. Begründete 787 das Bistum Bremen.

Willehalm, Held der gleichnamigen Reimpaarerzählung (rd. 14 000 Verse) von Wolfram von Eschenbach. Vorlage ist eine altfrz. Chanson de geste um Guillaume d'Orange. Sie bezieht sich auf die Kämpfe zw. Franken und Sarazenen im 8. Jahrhundert. Wolfram von Eschenbach näherte das heroische Epos durch die Einbeziehung von Höfischem, von Minnekult und Heidenproblematik dem höf. Roman an, die nat.-frz. Züge der Vorlage wurden durch Betonung des Reichsgedankens und grundsätzl. Aussagen ersetzt, so daß die Auseinandersetzung von Heiden und Christen endzeitl. Charakter erhält. Im 13. Jh. schrieben Ulrich von dem Türlin eine Vorgeschichte, Ulrich von Türheim eine Fortsetzung („Rennewart"), im 15. Jh. wurden alle 3 Epen in Prosa umgesetzt.

Willemer, Marianne von, geb. Jung, * Linz 20. Nov. 1784, † Frankfurt am Main 6. Dez. 1860, Freundin Goethes. - Kam 1798 mit einer Balletttruppe nach Frankfurt am Main; 1814 Bekanntschaft mit Goethe; Vorbild für die Suleika im „West-östl. Divan" (1819), zu dem sie einige Gedichte (u. a. „An den Westwind") beitrug.

Willemstad, Hauptstadt der Niederl. Antillen, auf Curaçao, 50 000 E. Univ. (gegr. 1979); Museum; Hafen, Erdölraffinerie, petrochem. u. a. Ind.; internat. ✈. - Prot. Kirche (1769), Synagoge (1732); älteste in Amerika).

Willendorf (amtl. W. in der Wachau, zur Marktgemeinde Aggsbach, Niederösterreich), prähistor. Fundort. Bei W. wurden an 7 Stellen z. T. mehrschichtige jungpaläolith. Freilandstationen entdeckt. Berühmt wurde bes. W. II mit 9 Kulturschichten des Aurignacien und des Gravettien, in denen u. a. die als *„Venus von W."* bekannte Kalksteinstatuette gefunden wurde.

Willenhag, Wolfgang von, östr. Dichter und Komponist, ↑ Beer, Johann.

Willenserklärung, private Willensäußerung, die auf Erzielung einer Rechtsfolge gerichtet ist. Die W. ist wichtigster Bestandteil der Rechtsgeschäfte (z. B. eines Vertrages). Sie setzt sich aus dem Willen (Handlungs-, Erklärungs-, Rechtsfolgewillen) und der Erklärung zusammen (nach anderer Ansicht ist sie der in einer Erklärung zum Ausdruck gebrachte Wille). Der *Handlungswille* ist das Wissen und Wollen des äußeren Tatbestandes der Erklärung; deshalb sind z. B. Handlungen im Schlaf oder unter Hypnose keine W. Der *Erklärungswille* ist das Bewußtsein des Handelnden (Erklärungsbewußtsein), daß sein Handeln eine rechtserhebl. Erklärung darstellt; sein Fehlen (etwa wenn ein Unkundiger auf einer Versteigerung einem Freund winkt, was vom Versteigerer als Gebot mißdeutet wird) läßt den Tatbestand der W. - und damit eine rechtl. Bindung des Handelnden - entfallen (strittig). Als *Rechtsfolgewille* (auch Geschäftswille) bezeichnet man den Willen, eine bestimmte Rechtsfolge herbeigeführt werden soll.

Die Erklärung des Willens muß nach außen erkennbar gemacht werden. I. d. R. sind W. formlos gültig (es sei denn, daß eine ↑ Form vorgeschrieben oder etwas anderes vereinbart ist), sie können also durch ein beliebiges, entsprechend deutbares (konkludentes) Verhalten (z. B. stillschweigende Bezahlung eines Eintrittspreises) abgegeben werden, brauchen also nicht ausdrückl. zu erfolgen. Dementsprechend ist es ohne Bedeutung, wenn sich der Erklärende insgeheim vorbehält, das Erklärte nicht zu wollen *(geheimer Vorbehalt,* sog. Mentalreservation). Das bloße Nichtstun (Schweigen) gilt nur ausnahmsweise als W. (z. B. im Handelsrecht das Schweigen auf ein Bestätigungsschreiben). Sind W. nicht eindeu-

Willensfreiheit

tig, so hat eine ↑Auslegung zu erfolgen. Voraussetzung für die Wirksamkeit einer W. ist die Rechtsfähigkeit und Geschäftsfähigkeit des Erklärenden zum Zeitpunkt der W.; stirbt der Erklärende nach Abgabe der W. oder wird er geschäftsunfähig, hat das auf deren Wirksamkeit keinen Einfluß. **Empfangsbedürftige Willenserklärungen** (z. B. Kündigungen), d. h. Willenserklärungen, die zu ihrer Wirksamkeit im Ggs. zu den nicht empfangsbedürftigen Willenserklärungen (z. B. Testament) einer anderen Person zur Kenntnis gebracht worden sein müssen, werden erst mit ihrem Zugang wirksam. Mündl. Erklärungen werden wirksam, wenn der Empfänger sie richtig vernommen hat; schriftl. (verkörperte) W. werden wirksam, wenn sie derart in den Machtbereich des Empfängers gelangt sind, daß er unter normalen Umständen Kenntnis von ihnen erlangen kann. Eine W. wird jedoch nicht wirksam, wenn dem Empfänger vor- oder gleichzeitig mit ihr ein Widerruf zugeht. - Im Prozeßrecht entspricht der W. die Prozeßhandlung.

📖 *Larenz, K.: Allg. Tl. des dt. Bürgerl. Rechts. Ein Lehrb. Mchn.* ⁶1983. - *Bickel, D.: Die Methoden der Auslegung rechtsgeschäftl. Erklärungen. Marburg 1976.*

Willensfreiheit, das teils behauptete, teils bestrittene Vermögen des Willens, sich Handlungsziele frei zu setzen („liberum arbitrium") oder nach bestimmten (eth., polit., religiösen usw.) Normen[systemen] zu handeln, *unabhängig* von äußerem oder innerem Zwang bzw. Fremdbestimmung. - In der Ethik ist W. *(Autonomie)* als prakt. Freiheit die Bestimmung des Handelns durch Vernunftgründe und durch eth. Prinzipien. - In der *Theologie der Reformatoren* war die Haltung zur W. abhängig von der Interpretation der Rechtfertigungslehre. Infolge der stärkeren Betonung der Notwendigkeit „guter Werke" räumt deshalb Melanchthon der W. größeren Raum ein als Luther und v. a. als Zwingli und Calvin, die eine radikale Prädestination vertreten.

Wille zur Macht, zentrale Kategorie in F. Nietzsches Spätwerk und Nachlaß. Der W. z. M. ist von Nietzsche als lebenskonstituierender Wille („Wille des Lebens") konzipiert und wird vom Willen zur Selbsterhaltung („Wille zum Leben") und vom „Kampf ums Dasein" (Darwin) unterschieden.

Willi (Willy), männl. Vorname, Kurzform von mit „Wil-" gebildeten Namen.

William [engl. 'wɪljəm], engl. Form des männl. Vornamens Wilhelm.

Williams [engl. 'wɪljəmz], Betty, * Belfast 22. Mai 1943, nordir. Friedenskämpferin. - Sammelte im Aug. 1976 Unterschriften für eine Friedensaktion und organisierte einen Friedensmarsch mit 10 000 Menschen, v. a. kath. und prot. Frauen; begründete die Bewegung „Women for Peace", später „Community of the Peace People" mit M. Corrigan (* 1944), mit der sie 1977 den Friedensnobelpreis des Jahres 1976 erhielt.

W., Emlyn, * Penyffordd (Clwyd) 26. Nov. 1905, walis. Dramatiker. - Schauspieler und Rezitator; schrieb effektvolle Dramen („Die leichten Herzens sind", 1940; „Ein Mann wartet", 1954); außerdem „Headlong" (R., 1980). - † 25. Sept. 1987.

W., Monier (seit 1886 Sir Monier Monier-Williams [engl. 'mʌnɪə]), * Bombay 1819, † Oxford 11. April 1899, brit. Indologe. - Ab 1860 Prof. für Sanskrit in Oxford; förderte das Studium der Indologie durch seine Lehrbücher und v. a. durch das heute noch benutzte Sanskrit-Wörterbuch „A Sanskrit-English dictionary ..." (1899).

W., Sir (seit 1924) Owen, * Tottenham (= London) 1890, † ebd. 23. Mai 1969, engl. Architekt. - Bed. Vertreter des internat. Stils in Großbrit.; baute u. a. die Büros für „The Daily Express" in London, Glasgow und Manchester (1930-59), das „Pioneer Health Centre" in Peckham (= London; 1934), Anlagen für die Olymp. Spiele in Wembley (1948).

W., Tennessee, eigtl. Thomas Lanier W., * Columbus (Miss.) 26. März 1911, † New York 25. Febr. 1983, amerikan. Dramatiker. - Verfaßte Dramen, oft mit psychopath. Figuren, in denen sexuelle Probleme, Einsamkeit der Menschen und der Ggs. von Illusion und Wirklichkeit behandelt werden, u. a. „Die Glasmenagerie" (1945), „Endstation Sehnsucht" (1947), „Die Katze auf dem heißen Blechdach" (1955). Auch Erzähler und Lyriker. - *Weitere Werke:* Die tätowierte Rose (Dr., 1951), Süßer Vogel Jugend (Dr., 1959).

W., William Carlos, * Rutherford (N. Y.) 17. Sept. 1883, † ebd. 4. März 1963, amerikan. Schriftsteller. - Einer der führenden Vertreter der amerikan. Lyrik in der 1. Hälfte des 20. Jh. („Die Worte, die Worte, die Worte", dt. Auswahl 1973). Auch realist. Romane sowie Essays („Die Neuentdeckung Amerikas", 1925).

Williamsburg [engl. 'wɪljəmzbə:g], Stadt in SO-Virginia, USA, 9 900 E. Inst. für frühe amerikan. Geschichte und Kultur. - Entstand 1633 unter dem Namen **Middle Plantation** als Teil von Jamestown; 1699 zu Ehren Wilhelms III. von Oranien umbenannt, bis 1780 Hauptstadt von Virginia; 1722 City. - W. steht unter Denkmalschutz; bed. u. a. das Kapitol (1701-05), der Gouverneurspalast (1706-20) und das College of William and Mary (1695-99).

Williams Christbirne ↑Birnen (Übersicht).

Willibald, männl. Vorname (zu althochdt. willio „Wille" und bald „kühn").

Willibald (Wilbald), hl., * in England um 700, † Eichstätt 7. Juli 787, Bischof von Eichstätt. - Verließ im Rahmen der angelsächs. Mission um 720 mit seinem Vater und seinem Bruder Wunibald England; von Bonifatius als Helfer in die dt. Missionsarbeit berufen; ab 741 Bischof von Eichstätt; Mitbegr. der Klöster Heidenheim (das seine Schwester Walburga leitete) und Solnhofen. - Fest: 7. Juli.

Willibrord, hl., * in Northumbria um 658, † Echternach (?) 7. Nov. 739, angelsächs. Missionar. - Schüler des hl. Wilfrith und Lehrer des hl. Bonifatius; erhielt 690 von Pippin II., dem Mittleren, Westfriesland als Missionsgebiet; 695 zum Erzbischof geweiht; errichtete 697/698 das Kloster Echternach als Missionsstützpunkt; nach dem Zusammenbruch der Friesenmission im Rahmen der karoling. Reform Neubeginn der Mission unter Karl Martell; W. schuf die Voraussetzungen für die Gründung des Bistums Utrecht; gilt als Apostel der Friesen und Patron der Beneluxländer. - Fest: 7. November.

Willigis, hl., † 23. Febr. 1011, Erzbischof von Mainz (seit 975). - 971 Reichskanzler und nach dem 13. Jan. 975 Erzbischof von Mainz und Erzkanzler des Reiches; 983-994 Ratgeber der Kaiserinnen Theophanu und Adelheid (Rettung der Krone für Otto III. gegen Ansprüche des bayr. Hzg. Heinrich II., des Zänkers). Bed. Territorialpolitiker, Klostergründer und Bauherr (u. a. Mainzer Dom).

Willkomm, Ernst Adolf, * Herwigsdorf bei Löbau 10. Febr. 1810, † Zittau 24. Mai 1886, dt. Schriftsteller. - Vertreter des Jungen Deutschland; gab mit seinem Roman „Die Europamüden" (1838) dem jungdt. Pessimismus das vielgebrauchte Schlagwort.

Willkür, ein Handeln, eine Entscheidung nach eigenem Willen unter Inanspruchnahme von Freiheit, ohne Rücksicht auf eth., polit. oder soziale Normen und Werte.
♦ Bez. für von den Rechtsgenossen autonom geschaffenes Recht mit Gesetzescharakter in Dorf, Stadt, Gilde und anderen Korporationen im MA.

Willkürverbot, sich aus Art. 3 Abs. 1 GG ergebendes Verbot, Gleiches ungleich und Ungleiches gleich zu behandeln. Das W. wendet sich sowohl an die Verwaltung als auch an den Gesetzgeber.

Willmann, Michael, ≈ Königsberg (Pr) 27. Sept. 1630, † Leubus (Niederschlesien) 26. Aug. 1706, dt. Maler. - Begründete die Blütezeit der barocken Malerei in Schlesien. In seinen Landschaftsbildern führte er die Tradition der Elsheimerschule fort. Malte 12 Apostelmartyrien (1661-1700) und den Hochaltar (1681) für die Kirche des Klosters Leubus.

Willoch, Kaare Isaachsen, * Oslo 3. Okt. 1928, norweg. Politiker (Konservative Partei). - Volkswirtschaftler; 1963 und erneut 1965-70 Handels- und Schiffahrtsmin.; seit 1957 Mgl. des Storting, 1963-65 Generalsekretär seiner Partei, 1970-74 deren Vorsitzender und seit 1970 Fraktionschef; Min.präs. 1981-86.

Willstätter, Richard, * Karlsruhe 13. Aug. 1872, † Muralto bei Locarno 3. Aug. 1942, dt. Chemiker. - Prof. in München, Zürich, Berlin; ermittelte die Struktur zahlr. Alkaloide und Pflanzenfarbstoffe und synthetisierte u. a. das Kokain und Atropin. Für seine Untersuchungen über die Anthozyane und das Chlorophyll erhielt er 1915 den Nobelpreis für Chemie.

Willumsen, Jens Ferdinand [dän. 'vilom'sɔn], * Kopenhagen 7. Sept. 1863, † Cannes 4. April 1958, dän. Maler und Bildhauer. - Sein Frühwerk wird vom frz. Symbolismus geprägt (Schule von Pont-Aven), den W. über einen elementaren Naturalismus zum Expressionismus steigert.

Willy-Willies [engl. 'wɪlɪwɪlɪz; austral.], trop. Wirbelstürme an der Küste NW-Australiens.

Wilmington [engl. 'wɪlmɪŋtən], Hafenstadt an der Mündung des Delaware River in den Atlantik, Delaware, USA, 78 m ü. d. M., 70 200 E. Sitz eines anglikan. und eines kath. Bischofs; College; Kunstmuseum; chem., Eisen- und Stahl-, Kautschuk-, Papier- u. a. Ind., Schiffbau. - Schweden gründeten hier 1638 **Fort Christina** in ihrer Kolonie Neuschweden, die 1655 Teil der Neuniederlande wurde, seit 1664 in engl. Besitz überging; 1730 **Willingtown**, seit 1745 Wilmington.
W., Hafenstadt am Ästuar des Cape Fear River, North Carolina, USA, 55 700 E. Anglikan. Bischofssitz; u. a. Herstellung von Baumwollwaren, Kunstdünger. - Entstand um 1725, nachdem bereits 1665 Siedler von Barbados in das Gebiet von W. gekommen waren; urspr. **New Liverpool**, W. seit 1739.

Wilms, Dorothee, * Grevenbroich 11. Okt. 1929, dt. Politikerin (CDU). - Sozialwissenschaftlerin; seit 1976 MdB; 1982-87 Bundesmin. für Bildung und Wiss., seit 1987 für innerdt. Beziehungen.

Wilna, Hauptstadt der Litauischen SSR, UdSSR, an Neris, 544 000 E. Akad. der Wiss. der Litauischen SSR, Univ. (gegr. 1579), mehrere Hochschulen, Museen und Theater, Philharmonie. Maschinen- und Präsisionsgerätebau, elektrotechn., Textilindustrie. ✠
Geschichte: Die Stadt wurde im 10. Jh. gegründet und 1323 zur Hauptstadt Litauens erhoben; 1387 Magdeburger Stadtrecht; kam nach 1569 unter poln. Einfluß; 1655-60 von den Russen besetzt, im 2. Nord. Krieg von den Schweden erobert und zerstört (1702, 1706); wurde nach der Angliederung Litauens an das Russ. Reich (1795) Gouvernementshauptstadt; 1920 von Polen annektiert; im Sept. 1939 von sowjet. Truppen besetzt, jedoch bis zur staatl. Integration der ostpoln. Gebiete in die Sowjetunion (Juni 1940) Litauen überlassen.
Bauten: Am Fuß des Burgberges mit den Überresten der Oberen und Unteren Burg aus dem 14. und 15. Jh. liegt die Altstadt mit bed. Bauten aus der Blütezeit der Stadt (15.-18. Jh.); spätgot. Kirchen sind: Sankt Nikolai

(15. Jh.), Bernhardinerkirche (1513 vollendet, Umbau zur Wehrkirche 2. Hälfte des 16. Jh.), Annenkirche (1499 begonnen); Barockbauten („Wilnaer Barock"): Michaeliskirche (1594–1625), Kasimirkirche (1596–1604), Peter-und-Paul-Kirche (1668–76, Innenausstattung 1677–84; schönste Barockkirche in W.; mit 2 000 Statuen), Sankt Johannis (Umbau von 1737–40), klassizist. Kathedrale (1771–1801) mit dem Zentralbau der Kasimirkapelle (1624–36). Die wichtigsten Profanbauten sind das Königsschloß (1530–40; Renaissancebau mit spätgot. Elementen), das Medininkai-Tor (15. und 16. Jh.), die Univ.bauten (15.–18. Jh.).

Wilpert, Gero von, * Dorpat 13. März 1933, dt. Literarhistoriker und Lexikograph. - 1957–73 Verlagslektor; seit 1973 Prof. an der Universität Sydney (Australien). Verfaßte lexikal. Standardwerke zur Literatur, u.a. „Sachwörterbuch der Literatur" (1955), „Lexikon der Weltliteratur" (1963–68).

Wilseder Berg, mit 169 m höchste Erhebung der nördl. Lüneburger Heide; Naturschutzgebiet.

Wil (SG), Bez.hauptort im schweizer. Kt. Sankt Gallen, im Thurtal, 580 m ü.d.M., 16 000 E. Museum; Textilind., Metallverarbeitung. - Mitte des 12. Jh. gegr.; 1354 Handfeste; 1379 Mgl. des Schwäb. Städtebundes; durch Vertrag 1451 Stadt unter eidgenöss. Schirmherrschaft (bis 1798). - Wohnhäuser (15.–17. Jh.) z. T. mit Lauben; spätgot. Stadtkirche Sankt Nikolaus (1429–78).

Wilson [engl. wɪlsn], Angus, eigtl. A. Frank Johnstone-W., * Bexhill 11. Aug. 1913, engl. Schriftsteller. - Seit 1966 Prof. für engl. Literatur in Norwich. Verfaßte iron.-satir. Romane („Späte Entdeckungen", 1956; „Kein Grund zum Lachen", 1967; „Setting the world on fire", 1980).

W., Charles Thomson Rees, * Glencorse bei Edinburgh 14. Febr. 1869, † Carlops bei Edinburgh 15. Nov. 1959, brit. Physiker. - Prof. in Cambridge; entdeckte bei seinen Arbeiten zur Kondensation und Wolkenbildung, daß Ionen als Kondensationskerne wirken können, und konstruierte daraufhin die ↑ Nebelkammer, mit der er 1911 erstmals Spuren von Alphateilchen sichtbar machen konnte. - Nobelpreis für Physik 1927 (zus. mit A. H. Compton).

W., Sir (seit 1976) Harold, * Huddersfield 11. März 1916, brit. Politiker (Labour Party). - Seit 1945 Unterhaus-Mgl., 1947–51 Handelsmin.; 1952–76 Mgl. des Parteivorstands; 1955/56 Präs. der Fabian Society; 1963 zum Parteiführer gewählt. Seine Restriktionspolitik zur Sanierung von Wirtschaft und Währung als Premiermin. (seit 1964) stieß auf gewerkschaftl. Widerstand und hatte keinen dauerhaften Erfolg; 1967 Einleitung der Wiederverstaatlichung der Eisen- und Stahlind. Der brit. Antrag auf Aufnahme in die EWG 1967 scheiterte am frz. Widerspruch. Nach der Wahlniederlage der Labour Party 1970 Oppositionsführer. 1974 erneut Premiermin. (zunächst einer Minderheits-, dann einer Mehrheitsreg.); erreichte in einer Volksabstimmung 1975 eine $^2/_3$-Mehrheit für den brit. Beitritt zu den EG. Trat 1976 als Parteiführer und Premiermin. zurück.

W., Kenneth G., * Waltham (Mass.) 8. Juni 1936, amerikan. Physiker. - Prof. an der Cornell-University in Ithaka (N. Y.). Grundlegende Arbeiten über Phasenumwandlungen und die an den jeweiligen Umwandlungspunkten auftretenden krit. Phänomene; konnte erstmals durch sukzessive Neufestlegung (Renormierung) von Ordnungsparametern, Kraft bzw. Wechselwirkungskonstanten, Längenskalen bzw. Systemdimensionen sowie bestimmten Temperatur- und Feldstärkeverhältnissen die Skalengesetze begründen; Nobelpreis für Physik 1982.

W., Richard, * Penegoes (Powys) 1. Aug. 1714, † bei Llanberis (Gwynedd) 15. Mai 1782, engl. Maler. - Von Claude Lorrain angeregt, malte W. lichtdurchflutete italien., walis. und Londoner Landschaften.

W., Robert W., * Houston (Tex.) 10. Jan. 1936, amerikan. Physiker. - Entdeckte 1964/1965 zus. mit A. Penzias bei Rauschpegelmessungen an einem Radioteleskop die ↑ kosmische Hintergrundstrahlung, wofür beide 1978 den Nobelpreis für Physik erhielten (zus. mit P. L. Kapiza).

W., Teddy, eigtl. Theodore W., * Austin 24. Nov. 1912, † New Britain 31. Juli 1986, amerikan. Jazzmusiker (Pianist). - Wurde v. a. durch seine Arbeit mit B. Goodman bekannt.

W., Woodrow, * Staunton (Va.) 28. Dez. 1856, † Washington (D. C.) 3. Febr. 1924, 28. Präs. der USA (1913–21). - 1890 Prof. für Rechtswiss. und Nationalökonomie an der Princeton University, 1902–10 deren Präs. Als Demokrat 1910 zum Gouverneur von New Jersey gewählt; erlangte als führender Vertreter der Progressive Movement den Ruf eines liberalen Reformers. Als Kandidat der Demokrat. Partei 1912 zum Präs. gewählt, suchte W. wichtige Reformen durchzusetzen: Zollsenkung, Errichtung des Federal Reserve System (amerikan. Zentralbanksystem) und einer Bundesbehörde für den Außenhandel, Clayton-Antitrust-Act, progressive Einkommensteuer. Außenpolit. verfocht er eine vom amerikan. Eigeninteresse bestimmte Politik der offenen Tür bei grundsätzl. Ablehnung des Dollarimperialismus, ohne auf Interventionen in Lateinamerika (Mexiko 1914–16, Haiti und Dominikan. Republik 1915) zu verzichten. Bei Ausbruch des 1. Weltkriegs verkündete W. die Neutralität der USA; 1916 wurde er unter der Parole, die Einbeziehung der USA in den Krieg verhindert zu haben, als Präs. bestätigt. Probrit. Sympathien, der verfassungspolit. Ggs. zw. den demokrat. Westmächten und den autoritär-militarist.

Wimperlarven

Dt. Reich, wirtsch. Interessen und die Verkündung des uneingeschränkten Unterseebootkrieges durch das Dt. Reich im Febr. 1917 führten zur Abkehr vom Neutralitätskurs und zur Kriegserklärung der USA an Deutschland im April 1917. Mit der Proklamation der Vierzehn Punkte am 8. Jan. 1918 reagierte W. auf den weltweiten Anspruch der bolschewist. Revolution und suchte das demokrat. Programm eines maßvollen Friedens und einer Neuorganisation der Welt für die Kriegführenden verbindl. zu machen. Um sein Hauptziel, die Gründung eines Völkerbundes, zu erreichen, war W. auf der Pariser Friedenskonferenz 1919 zu erhebl. Kompromissen (v. a. in der Frage der Reparationen, des Selbstbestimmungsrechts und der territorialen Veränderungen) gezwungen, konnte aber eine Abtrennung der Rheinlande und die direkte Annexion der dt. Kolonien durch Frankr. und Großbrit. verhindern; die Ratifikation des Versailler Vertrags durch die USA und deren Beitritt zum Völkerbund vermochte er jedoch nicht durchzusetzen. 1920 erhielt er den Friedensnobelpreis für das Jahr 1919. ⍟ *Schwabe, K.: W. W. Gött. 1971. - Schwabe, K.: Dt. Revolution u. W.-Frieden. Düss. 1971.*

Wilson, Mount [engl. 'maʊnt 'wɪlsn], Berg nö. von Pasadena, Kalifornien, 1 740 m hoch; Observatorium.

Wilson-Brocq-Krankheit [engl. wɪlsn, frz. brɔk; nach dem brit. Dermatologen Sir W. J. E. Wilson, * 1809, † 1884, und dem frz. Dermatologen L. A. J. Brocq, * 1856, † 1928] (Schälrötelsucht, Dermatitis exfoliativa generalisata), Hautentzündung unbekannter Ursache (Alkoholismus?); mit flächenhafter Ablösung der Oberhaut.

Winchester. Kathedrale (Ansicht von Südwesten)

Wilstermarsch, Marschengebiet in Schl.-H., nördl. der Unterelbe.

Wilten, Stadtteil von ↑Innsbruck.

Wiltrud (Wiltrude, Wiltraud), weibl. Vorname (zu althochdt. willio „Wille" und -trud „Kraft, Stärke").

Wimberger, Gerhard, * Wien 30. Aug. 1923, östr. Komponist. - Komponiert v. a. heitere Stücke fürs Musiktheater, u. a. „Dame Kobold" (1964), „Das Opfer Helena" (1968; nach W. Hildesheimer), sowie „Lebensregeln. Katechismus mit Musik" (1972).

Wimbledon [engl. 'wɪmbldən], ehem. selbständige engl. Stadt, heute zu Groß-London. Bekannt durch das alljährl. ausgetragene internat. Tennisturnier.

Wimpel, schmale, meist dreieckige oder längl.-trapezförmige Flagge, z. B. als Signalflaggen; sog. *Heimat-W.* werden von Schiffen geführt, die auf der Heimreise sind, *Kommando-W.* sind Kommandozeichen des Kommandanten von Kriegsschiffen.

Wimperepithel, svw. Flimmerepithel (↑Epithel).

Wimperfarn (Woodsia), Gatt. der Tüpfelfarngewächse mit rd. 40 terrestr. Arten in den subpolaren und gemäßigten Zonen der Nordhalbkugel. In Deutschland kommen in den Mittelgebirgen und den Alpen drei seltene Arten vor, darunter der **Südl. Wimperfarn** (Woodsia ilvensis) mit rotbraunen Blattstielen und einfach gefiederten Blättern mit gebuchteten Fiedern und in lange Wimperhaare zerteilten Indusien (die Sporangien umgebende zarte Hülle).

Wimperg [zu althochdt. wintberga „Zinne, Giebel"], got. Ziergiebel über Fenstern, Portalen usw.; meist mit Blendmaßwerk gegliedert.

Wimperlarven (Flimmerlarven), Bez. für bewimperte, im Wasser lebende Larven ver-

Wimpern

schiedener Wirbelloser; u. a. das Coracidium der Bandwürmer.

Wimpern, (Augen-W., Cilia) das Auge gegen das Eindringen von Fremdkörpern schützende, kräftige (markhaltige) Haare an der Vorderkante des Rands der Augenlider vieler Säugetiere, beim Menschen am oberen Lid aufwärts, am unteren abwärts gekrümmt, bis etwa 1 cm lang, tief in die Lederhaut reichend und in zwei bis drei Reihen angeordnet. W. werden beim Menschen etwa 4–6 Wochen alt.
◆ svw. ↑Zilien.

Wimpertierchen (Infusorien, Ziliaten, Ciliata), Klasse freischwimmender oder festsitzender, zuweilen Kolonien bildender Protozoen im Meer und Süßwasser, aber auch parasit. oder symbiont. in Wirbeltieren lebend. Zur Fortbewegung und zum Nahrungserwerb dienen Wimpern (Zilien). Charakterist. sind der Kerndimorphismus (in Form eines Großkerns und eines Kleinkerns) und die geschlechtl. Fortpflanzung durch ↑Konjugation. Die ungeschlechtl. Fortpflanzung erfolgt durch Querteilung oder Knospung. Zu den W. gehören z. B.: Pantoffeltierchen, Glokkentierchen, Trompetentierchen.

Wimpfeling (Wimpheling, Wympheling), Jakob, * Schlettstadt 27. Juli 1450, † ebd. 17. Nov. 1528, dt. Humanist und Theologe. - 1469 Dozent in Heidelberg, 1481 ebd. Rektor der Univ. und bis 1501 Prof. der Poesie; 1501–15 in Straßburg; gründete 1510 dort und 1515 in Schlettstadt eine „Sodalitas litteraria"; kritisierte in seinen an Kaiser Maximilian I. gerichteten „Gravamina" (1520 gedruckt) die kirchl. Mißstände, die er durch eine Reform der Erziehung, v. a. durch Vermittlung der lat. Sprache, beheben wollte; seine pädagog. Schriften trugen ihm den Titel „Praeceptor Germaniae" ein; seine lat. Komödie „Stylpho" (aufgeführt 1480, gedruckt 1494) war das erste nach dem Muster der neulat. Komödie in Italien verfaßte dt. dramat. Werk; durch seine histor. Schriften, in denen er für Kaiser und Reich eintrat, wurde W. zum Begründer der dt. Geschichtsschreibung.

Wimpfen, Bad ↑Bad Wimpfen.

Wimpina, Konrad, eigtl. Koch, * Bad Wimpfen oder Buchen (Odenwald) um 1460, † Amorbach 16. Juni 1531, dt. kath. Theologe. - 1491 Prof. in Leipzig; richtete 1505/06 die Univ. Frankfurt (Oder) ein. Bed. literar. Gegner Luthers und Mitverfasser der Gegenthesen J. Tetzels gegen Luther.

Wina (Vina) [Sanskrit], seit dem 7. Jh. in Indien bekannte Stabzither mit hohen Bünden und 2 Kalebassen als Resonatoren; heute v. a. eine Langhalslaute mit einem Holzkorpus in der Form eines halben Kürbis und einem am Hals befestigten Kürbis als zweitem Schallkörper. 3–5 Metallsaiten laufen vom Wirbelkasten aus über den Steg zu dem an der Lautenschale befestigten Saitenhalter. Von seitl. im Hals steckenden Wirbeln gehen 3 rhythm. gespielte Bordunsaiten aus. - Abb. Bd. 10, S. 212.

Winajapitaka [Pali, Sanskrit „Korb der Ordenszucht"], erster Teil des „Tipitaka", in dem die Regeln für das Verhalten der buddhist. Mönche und Nonnen niedergelegt sind.

Winchester [engl. 'wɪntʃɪstə], südengl. Stadt 17 km nördl. von Southampton, 30 600 E. Verwaltungssitz der Gft. Hampshire; anglikan. Bischofssitz; eisenverarbeitende und Textilind. - Steht an der Stelle der bed. kelt. Siedlung **Caer Gwent,** dem wichtigen röm. Straßenknotenpunkt **Venta Belgarum;** wurde um 676 Sitz des Bistums Dorchester (1559 anglikan.); im frühen MA Hauptstadt des Kgr. Wessex und noch bis Anfang des 12. Jh. neben London die wichtigste Stadt Englands. - Bed. Kathedrale (1079 begonnen; entscheidender Umbau im 14. Jh., bis ins 17. Jh. weiter umgebaut und erweitert), u. a. bed. Glasmalereien im Decorated und Perpendicular style sowie geschnitztes Chorgestühl im Decorated style; Hospital Saint Cross (12. und 15. Jh.), Beispiel für ein ma. Armenhaus; 2 Stadttore. - Abb. S. 149.

Winchester gallon [engl. 'wɪntʃɪstə 'gælən] ↑Gallon.

Winchester-Gewehre [engl. 'wɪntʃɪstə; nach dem amerikan. Industriellen O. F. Winchester, *1810, † 1880], Bez. für die ab 1866 von der Winchester Repeating Arms Company in New Haven (Conn.) hergestellten Repetiergewehre, die neben den Colt-Revolvern im späten 19. Jh. zur bevorzugten Handfeuerwaffe im „Wilden Westen" gehörten. Berühmt war v. a. die ab 1873 hergestellte, 12- bis 15schüssige *Winchester '73* vom Kaliber .44 (0,44 Zoll).

Winckelmann, Johann Joachim, * Stendal 9. Dez. 1717, † Triest 8. Juni 1768 (ermordet), dt. Archäologe und Kunstgelehrter. - Konvertierte 1754 zum Katholizismus; 1755 Romreise, 1757/58 Bibliothekar und Kustos der Antikengalerie des Kardinals Albani; 1763 Aufsicht über die Altertümer in und um Rom. Gilt mit seinem Hauptwerk „Geschichte der Kunst des Altertums" (1764) als Begründer der Archäologie. Durch W. ästhet. Kunstbetrachtung wurde die Blickrichtung von der röm. auf die griech. Antike gelenkt, deren Wesen er als „edle Einfalt und stille Größe" charakterisierte; damit bestimmte er das Schönheitsideal der dt. Klassik.

Winckler, Josef, * Rheine 6. Juli 1881, † Neufrankenhorst (= Bergisch Gladbach) 29. Jan. 1966, dt. Schriftsteller. - 1912 Mitbegründer des literar. „Bundes der Werkleute auf Haus Nyland"; verfaßte u. a. den Schelmenroman „Der tolle Bomberg" (1924) und die Sammlung westfäl. Schwänke „Pumpernickel" (1926). Auch Gedichte („Irrgarten Gottes", 1922).

Wind, im wesentl. in horizontaler Richtung bewegte Luft; entsteht als Folge des Ausgleichs von Luftdruckunterschieden in der Atmosphäre. Die Luft strömt jedoch nicht in Richtung des Druckgefälles, sie wird infolge der ablenkenden Kraft der Erdrotation (↑ Coriolis-Kraft) auf der Nordhalbkugel nach rechts abgelenkt und bewegt sich in der freien Atmosphäre parallel zu den Linien gleichen Luftdrucks (Isobaren). In Bodennähe bewirkt die Reibung an der Erdoberfläche, daß der W. nicht isobarenparallel, sondern aus einem Hochdruckgebiet heraus- und in ein Tiefdruckgebiet hineinweht; infolge der Ablenkung nach rechts auf der Nordhalbkugel umströmen die W. ein Hochdruckgebiet im Uhrzeigersinn, ein Tiefdruckgebiet entgegen dem Uhrzeigersinn. Der Winkel zw. Isobaren und W.vektor (W.richtung) hängt von der Rauhigkeit der Geländeoberfläche ab; er beträgt über See 0 bis 10°, über Land zw. 30 und 45°. - Als Folge der therm. Verhältnisse und bedingt durch die Orographie des Geländes entstehen verschiedene *lokale Windsysteme:* therm. bedingt z. B. Bergwind und Talwind, Landwind und Seewind; orograph. bedingt z. B. Föhn, Bora, Mistral. - ↑ auch Strahlstrom, ↑ Atmosphäre. - Karte S. 152.

⌑ *Watts, A.:* Seglers W.fibel. Dt. Übers. Bielefeld ³1982.

◆ in der *Hüttentechnik* Bez. für die bei einem metallurg. Prozeß (z. B. bei der Eisengewinnung im Hochofen oder beim Frischen von Roheisen) zugeführte Luft.

Windaus, Adolf, * Berlin 25. Dez. 1876, † Göttingen 9. Juni 1959, dt. Chemiker. - Prof. in Innsbruck und Göttingen. Untersuchte den Aufbau der Sterine, stellte ihre Verwandtschaft mit den Gallensäuren und bestimmten Vitaminen fest und klärte die Struktur der Vitamine D_2 und D_3 sowie ihrer Provitamine. 1928 erhielt er für diese Arbeiten den Nobelpreis für Chemie.

Windbaum, Bez. für eine typ. Wolkenerscheinung in hohen Schichten der Atmosphäre: ein langgestrecktes, fischgrätenförmiges Gebilde aus zarten, ineinander verwobenen Eiswolkenfasern (Zirrus). Ein W. gilt als Vorbote einer Wetterverschlechterung.

Windbeutel, mit Schlagsahne gefülltes Gebäck aus Brandteig.

Windblütigkeit (Anemophilie), die Verbreitung des Pollens durch den Wind, v.a. bei Bäumen sowie bei Süß- und Riedgräsern.

Winde (Convolvulus), Gatt. der W.gewächse mit rd. 250 Arten, v. a. in den subtrop. und gemäßigten Gebieten; aufrechte, niederliegende oder windende Kräuter oder aufrechte, bisweilen dornige Halbsträucher mit kleine Sträucher mit meist einzelnstehenden Blüten; Blütenkrone glockenförmig, mit meist fünfeckigem Saum. Die einzige einheim. Art ist die ↑ Ackerwinde.

Windei (Fließei), ein Hühnerei (Vogelei) ohne oder mit nur dünner Schalenanlage.

Windelband, Wilhelm, * Potsdam 11. Mai 1848, † Heidelberg 22. Okt. 1915, dt. Philosoph. - Prof. in Zürich, Freiburg, Straßburg und Heidelberg. Neben H. Rickert Begründer der bad. bzw. südwestdt. Schule des Neukantianismus; entwickelte seine Philosophie im Rückgriff auf den Kritizismus Kants als krit. Wiss. von den allgemeingültigen Werten; richtungweisend wurde seine Unterscheidung von nomothet. Naturwiss. und individualisierenden bzw. idiograph. Kulturwissenschaften. Als Standardwerk gilt sein „Lehrbuch der Geschichte der Philosophie" (1892, ¹⁵1957).

Windelen, Heinrich, * Bolkenhain (Kr. Jauer, Schlesien) 25. Juni 1921, dt. Politiker (CDU). - Seit 1957 MdB, 1969 Bundesmin. für Vertriebene, Flüchtlinge und Kriegsgeschädigte, seit 1977 Vors. des Haushaltsausschusses des Bundestages; 1983–87 Bundesmin. für innerdt. Beziehungen.

Winden, Fördermittel zum Heben und Senken oder zum Heranziehen von Lasten; bei *Seil-W.* wird ein Seil, an dessen Ende sich die Last befindet, über eine Trommel aufgewickelt; bei *Schrauben-W.* wird eine Schraubenspindel in einer Mutter gedreht, die sich je nach Drehrichtung mit der Last hebt oder senkt; die u. a. als Wagenheber benützten *Zahnstangen-W.* bestehen aus einer gezahnten Hubstange, die durch eine Zahnradübersetzung bewegt wird; *hydraul.* W. arbeiten nach Art der hydraul. Presse.

Windenergieanlagen, svw. ↑Windkraftwerke.

Windengewächse (Convolvulaceae), Fam. der Zweikeimblättrigen mit rd. 1 600 Arten in 51 Gatt., v. a. in den Tropen und Subtropen; aufrechte oder windende Kräuter oder Sträucher, selten kleine Bäume; Blüten meist fünfzählig, fast stets radiärsymmetrisch.

Windenschwärmer (Windig, Herse convolvuli), bis 11 cm spannender, dämmerungsaktiver Schwärmer in den Subtropen und Tropen Afrikas, Australiens und Eurasiens (in M-Europa als Wanderfalter); vorwiegend Winden- und Phloxblüten besuchender Schmetterling mit graubraunen Flügeln sowie roten und schwarzen Hinterleibsquerbinden.

Winder [engl. 'waɪndə] ↑ photographische Apparate, ↑ Transportautomatik.

Windesheimer Kongregation, 1387 von den Brüdern vom gemeinsamen Leben vom Stammkloster Windesheim bei Zwolle aus gegr. Kongregation zur Verbreitung der Devotio moderna und zur Reform der Chorherrenstifte; 1803 Säkularisierung aller Klöster; 1961 Wiedererrichtung der W. K. durch päpstl. Dekret.

Windfall profits [engl. 'wɪndfɔːl 'prɔfɪts], Gewinne, die durch Veränderung der Situation auf dem jeweiligen Weltmarkt entstehen, z. B. in der Mineralölind. als Folge der Verknappung des Rohstoffes Erdöl.

Windgassen, Wolfgang, * Annemasse

Wind

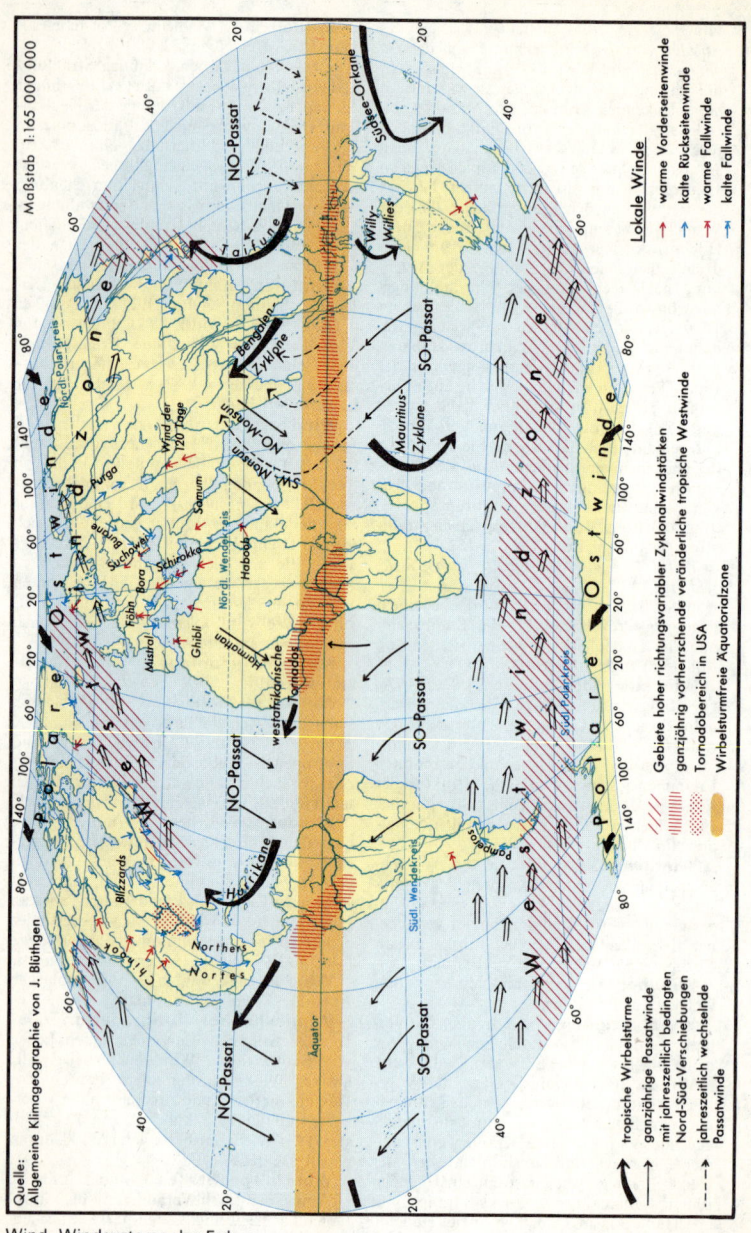

Wind. Windsysteme der Erde

(Haute-Savoie) 26. Juni 1914, † Stuttgart 8. Sept. 1974, dt. Sänger (Heldentenor). - Ab 1945 Mgl. der Württemberg. Staatsoper, deren Direktion er 1970 übernahm. Gefeiert v. a. in Wagner-Partien.

Windgesetz ↑ barisches Windgesetz.

Windgott, in den polytheist. Religionen ein Gott, der dem Wind gleichgesetzt oder als Bewirker des Windes verstanden wird.

Windhalm (Ackerschmiele, Apera), Gatt. der Süßgräser mit 3 Arten in Eurasien. In Deutschland kommt als Getreideunkraut auf Ödland und an Wegrändern häufig der einjährige **Gemeine Windhalm** (Apera spica-venti) mit 0,3–1 m hohen Stengeln und in lockerer, breiter Rispe stehenden Ährchen vor.

Windharfe, svw. ↑ Äolsharfe.

Windharsch ↑ Harsch.

Windhuk, Hauptstadt Namibias, im Zentrum des Landes, 1 645 m ü. d. M., 96 100 E. Anglikan. Bischofssitz; Goethe-Inst., landw. Forschungsinst., Landesmuseum, Theater, Kunstgalerie, Zoo. Kultur- und Versorgungszentrum des Landes, Verkehrsknotenpunkt, ✈. - 1840 von Hottentotten besiedelt; 1842–50 und 1871–80 bestanden Missionsstationen; 1890 Anlage der Garnisonsfestung für die dt. Schutztruppe; seit 1891 Sitz des dt. Kommissariats; seit 1909 Stadtrecht.

Windhunde [eigtl. wohl „wendische Hunde"], Rassengruppe sehr schneller, urspr. für die Hetzjagd gezüchteter Haushunde; Kopf und Körper lang und schmal; Brust tief; Rute lang und kräftig; meist mit Rosenohren (die Ohrmuschel ist auf der Rückseite nach innen gefaltet und der obere Rand ist nach rückwärts gebogen). Im Unterschied zu anderen Jagdhunden (die der Fährte mit der Nase nachspüren) verfolgen W. das Wild mit den Augen. Bekannte Rassen sind: Afghanischer Windhund, Barsoi, Saluki und Whippet.

Windhundrennen (Hunderennen) (engl. greyhoundracing), 1876 in den USA eingeführte Prüfung für Windhunde, die eine mechan. gezogene (heute automat. gesteuerte) Hasenattrappe zu verfolgen haben; dabei Geschwindigkeiten bis zu 60 km/h. Bes. in Großbrit., Italien und in der Schweiz als Wettsport durchgeführt.

Windisch, Ernst, * Dresden 4. Sept. 1844, † ebd. 30. Okt. 1918, dt. Indologe und Keltologe. - Prof. in Leipzig, Heidelberg und Straßburg; grundlegende Arbeiten zur kelt. Philologie, zur vergleichenden Sprachwiss. (v. a. zur indogerman. Syntax) sowie zur Geschichte des Buddhismus und der ind. Philosophie.

Windisch, Gem. im schweizer. Kt. Aargau, östl. an Brugg anschließend, 357 m ü. d. M., 7 200 E. Spinnereien, Kabelwerk. - Bei dem Oppidum **Vindonissa** der Helvetier um 17 n. Chr. Errichtung des gleichnamigen röm. Legionslagers; um 30 n. Chr. vergrößert, um 46 n. Chr. aus Stein neu angelegt; Mitte des 2. Jh. geräumt und von der beim Lager entstandenen Zivilsiedlung eingenommen; um 260 z. T. neu befestigt; im 4. Jh. Bau eines kleineren Kastells (**Castrum Vindonissense**) im ehem. Lagerbereich; wohl schon um 400 Bischofssitz. - Spätgot., im 18. Jh. barockisierte Pfarrkirche. Ausgrabungen förderten Reste der Befestigung, eines röm. Amphitheaters, einer Thermenanlage und eines Forums zutage.

Windische, Bez. für die Slowenen in Kärnten und Steiermark.

Windischgarsten, oberöstr. Marktgem. 20 km nö. von Liezen, 600 m ü. d. M., 1 900 E. Fremdenverkehr. - Liegt an der Stelle der röm. Poststation **Gabromagus**; kam um 1012 an das Hochstift Bamberg; 1435 als wirtsch. Mittelpunkt des Garstentalbeckens an Spital verkauft; zeitweise ein Mittelpunkt der reformator. Bewegung.

Windischgrätz, Alfred Fürst zu, * Brüssel 11. Mai 1787, † Wien 21. März 1862, östr. Feldmarschall. - Unterdrückte Juni 1848 den Prager Aufstand; beim Ausbruch der Wiener „Oktoberrevolution" zum Oberkommandierenden aller östr. Truppen außerhalb Italiens ernannt (bis April 1849), hielt nach der Einnahme Wiens (31. Okt.) ein brutales Strafgericht und führte dann Krieg gegen die ungar. Aufständischen.

Windischgraz ↑ Slovenj Gradec.

Windjammer [engl., zu wind „Wind" und zu jam „(sich) drücken, (sich) drängen"], seemänn. Bez. für ein großes ↑ Segelschiff.

Windkanal, Versuchseinrichtung zur Bestimmung der aerodynam. Eigenschaften (z. B. Widerstandsbeiwert) von Modellkörpern, die einer darin erzeugten, möglichst gleichmäßigen Luftströmung ausgesetzt werden. Die auftretenden Luftkräfte werden durch Mehrkomponentenwaagen, an denen das Modell in der eigtl. Meßstrecke aufgehängt ist, oder aus Druckverteilungsmessungen am Modell und in der Nachlaufströmung ermittelt; außerdem werden, bes. bei Überschallströmungen, auch opt. Meßverfahren angewendet (Schlieren-, Interferenzmethode). Die Messungen im W. werden am verkleinerten Modell vorgenommen; die erste Bedingung, die erfüllt sein muß, damit die Modellmessungen übertragbar sind, ist die geometr. Ähnlichkeit; eine weitere Bedingung verlangt, daß gewisse Kennzahlen (Reynolds-Zahl, Mach-Zahl), die den Zusammenhang zw. Strömungsfeld und umströmtem Körper herstellen, bei Modell und Großausführung übereinstimmen.

Ein spezieller W.typ mit intermittierender Arbeitsweise ist das *Stoßwellenrohr*; es besteht aus einem an beiden Enden geschlossenen Rohr konstanten Querschnitts, das durch eine gasdichte Membran in einen Niederdruck- und einen Hochdruckraum unterteilt ist. Im Hochdruckteil vor der Membran befindet sich hinter einer Laval-Düse die Meßstrecke

Windkapsel

mit dem zu untersuchenden Modellkörper. Nach dem Zerstören der Membran herrscht in der Meßstrecke zeitweilig eine Ausgleichsströmung konstanter Geschwindigkeit, die mehr oder weniger intensive Verdichtungsstöße erzeugt.

Windkapsel, eine Kapsel, die das doppelte Rohrblatt bestimmter Blasinstrumente (z. B. ↑Krummhorn) umschließt.

Windkraftmaschinen, umfassendere Bez. für ↑Windmühlen.

Windkraftwerke (Windenergieanlagen), Anlagen, die die Windenergie in großem Maßstab in elektr. Energie umwandeln. Man unterscheidet Anlagen mit horizontaler Achse und solche mit vertikaler Achse: *Horizontalachsenanlagen* besitzen einen großen Turm, auf dem ein zwei- oder mehrblättriger Rotor angebracht ist, der über ein Getriebe an einen elektr. Generator gekoppelt ist. Die Rotorblätter werden meist computergesteuert in den Wind gedreht, um eine optimale Energieausbeute zu erreichen; bei zu starkem Wind werden sie automatisch verriegelt. Windkraftanlagen mit vertikalen Achsen besitzen sog. **Darrieus-Rotoren** (nach dem frz. Ingenieur G. Darrieus, * 1888) zur Energieerzeugung. Gegenüber dem Horizontalrotor haben sie den Vorteil, von der jeweiligen Windrichtung unabhängig zu sein, was Regelprobleme erheblich reduziert. **Darrieus-Anlagen** haben den Vorteil, daß sie nicht in eine bestimmte Windrichtung ausgerichtet werden müssen. Sie können jedoch nicht von selbst anlaufen und werden daher meist mit relativ leicht anlaufenden Savonius-Rotoren kombiniert.

📖 *Molly, J. P.:* Windenergie in Theorie u. Praxis. Karlsruhe ²1986. - *Schatter, W.:* Windkonverter. Wsb. 1986.

Windlade, bei der ↑Orgel die Kästen, in denen durch Ventile die Zufuhr der Druckluft zu den Pfeifen gesteuert wird.

Windlast, die Belastung, die durch Windeinwirkung an einem Bauwerk entsteht (Druck- und Sogkräfte).

Windkraftwerke.
1 Darrieus-Rotor, 2 Savonius-Rotor.

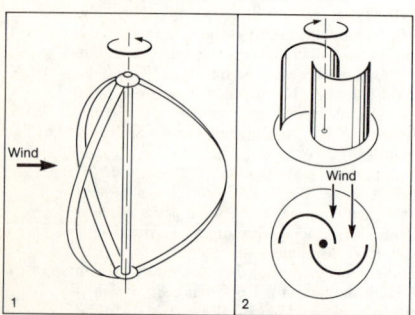

Windmesser, svw. ↑Anemometer.

Windmill-Hill-Kultur [engl. 'wɪndmɪl 'hɪl], nach den Funden in einem Erdwerk auf dem Windmill Hill, 1,5 km nördl. von Avebury ben., älteste keramikführende neolith. Kultur auf den Brit. Inseln (ab 2. Hälfte des 4. Jt. v. Chr.); zunächst auf S-England beschränkt, jüngere Formen auch im Norden (Yorkshire); kennzeichnend: u. a. gut gearbeitete, unverzierte, rundbodige Keramik; Erdwerke; als Grabform Langhügel mit oder ohne megalith. Kammern.

Windmühlen, die natürl. Energie der Luftströmungen (Windenergie) ausnutzende Maschinen *(Windkraftmaschinen)*, deren wesentl. Bestandteile schräg zur Windrichtung gestellte, an einer Achse befestigte Flächen (Flügel, Schaufeln u. a.) sind, die von der Windkraft in Drehung versetzt werden. W. dienen u. a. als Pumpen für die Be- und Entwässerung (v. a. in den Niederlanden), zur Wasserversorgung oder zur Erzeugung von elektr. Strom, v. a. aber zum Antrieb von Sägewerken und Mühlen. - Im wesentl. gibt es zwei Typen von W.: die *dt. Mühle,* die ganz aus Holz besteht und bei der das gesamte (auf einen Bock montierte) Mühlenhaus über einen vertikalen Zapfen in die Windrichtung gedreht wird (deshalb auch *Bock-W.* gen.), und die *holländ. Mühle (Turm-W.),* bei der auf einem massiven (steinernen) Gebäude nur die Dachkappe mit dem meist vierflügeligen Windrad drehbar ist. - *Geschichte:* Bereits im 1. Jh. n. Chr. hatte Heron von Alexandria eine Maschine konstruiert, um durch den Wind (über ein Schaufelrad) eine Orgel in Betrieb zu setzen. Erste sichere Nachrichten über W. stammen aus dem 10. Jh. aus Persien. Von dort verbreiteten sich die W. (durch Segel über eine vertikale Achse gedreht) zunächst in den arab. Ländern, dann - wohl durch die Kreuzzüge - auch in Europa. Bereits die frühesten (um 1180) in Europa gebauten W. weisen die durch schräggestellte Flügel bewegte horizontale Achse auf. Im MA waren die W. (neben den Wassermühlen) wichtige, die menschl. Kraft ersetzende Maschinen.

Windpocken (Schafblattern, Spitzpocken, Varizellen, Wasserblattern, Wasserpocken), sehr ansteckende, i. d. R. gutartig verlaufende virusbedingte Infektionskrankheit mit bläschenförmigem Hautausschlag. Befallen werden vorwiegend Kleinkinder. Übertragung vorwiegend durch Tröpfcheninfektion; Inkubationszeit i. d. R. 14 Tage. Nach uncharakterist. Frühsymptomen (Kopfschmerzen, Übelkeit, Schnupfen, u. U. leichtes Fieber und Halsschmerzen) tritt der Hautausschlag in Schüben im Verlauf einer Woche auf. Dabei entstehen jeweils innerhalb von Stunden aus linsengroßen, blaßroten Flecken Papeln und Bläschen mit rotem Saum, deren Decke leicht einreißt. Nach einigen Tagen stehen frische und unter einer Kruste abheilende ältere Bläs-

Windsor Castle

chen nebeneinander. Auf Grund des starken Juckreizes besteht die Gefahr des Aufkratzens und der bakteriellen Infektion mit Vereiterung und späterer Narbenbildung; sonst hinterlassen W. keine Narben. Das Exanthem befällt unter leichtem Fieber den ganzen Körper. W. sind ansteckend bis zum Abfall der letzten Krusten (Isolierung des Erkrankten). Die Therapie besteht bei Fieber in Bettruhe, im übrigen in lokaler Behandlung. Bei Schwangeren in den drei ersten Schwangerschaftsmonaten prophylakt. Isolierung und passive Immunisierung.

Windrichtung, die Himmelsrichtung, aus der der Wind weht.

Windrispe, Teil einer Dachkonstruktion (↑ Dach).

Wind River Range [engl. 'wɪnd 'rɪvə 'reɪndʒ], Gebirgszug der Rocky Mountains im westl. Wyoming, bis 4202 m hoch.

Windröschen, svw. ↑ Anemone.

Windrose, svw. ↑ Kompaßrose.

Windsack, aus festem Stoff gefertigter, kegelstumpfförmiger, an beiden Enden offener Sack, der an der größeren Öffnung durch einen Drahtring offengehalten wird und drehbar an einer Stange befestigt ist. Der W. dient zur weithin sichtbaren Anzeige von Windrichtung und -stärke.

Windsbraut, in der Mythologie und in der Sage ein [als weibl. Wesen vorgestellter] Wirbelwind.

Windschatten, Zone geringer Windgeschwindigkeit auf der windabgewandten Seite (Lee) eines Strömungshindernisses.

Windscheid, Bernhard, * Düsseldorf 26. Juni 1817, † Leipzig 26. Okt. 1892, dt. Jurist. - Prof. in Basel, Greifswald, München, Heidelberg und Leipzig. Mit seinem „Lehrbuch des Pandektenrechts" (1862–70) wurde er zum führenden Vertreter der Pandektistik; hatte maßgebl. Einfluß auf die Ausarbeitung des ersten Entwurfs eines dt. BGB.

Windschutz, zur Einschränkung der Verdunstung und der Bodenabtragung sowie zur Verhinderung mechan. Schäden an Kulturpflanzen angelegte Hecken, Mauern oder Zäune.

Windsheim, Bad ↑ Bad Windsheim.

Windsor, Herzog von [engl. 'wɪnzə], Titel König ↑ Eduards VIII. seit seiner Abdankung (Dez. 1936).

Windsor [engl. 'wɪnzə], kanad. Hafen- und Ind.stadt gegenüber von Detroit, 192500 E. Univ. (gegr. 1857); Museum, Kunstgalerie. - Nach 1701 von Franzosen besiedelt; wechselte mehrmals den Namen (**The Ferry, Richmond, South Detroit**), seit 1836 W.; seit 1857 Town, seit 1892 City.

Windsor Castle [engl. 'wɪnzə 'kɑːsl], Stammschloß und Sommerresidenz des engl. Königshauses am westl. Stadtrand von Großlondon. Auf einem Kalksteinhügel von Wilhelm dem Eroberer (um 1070) gegr., Steinbauten seit dem 12. Jh., im 13. und 14. Jh. wesentl. Ausbau der Burg; Umgestaltung zum reprä-

Holländische Windmühle mit drehbarer Dachkappe

Windkanal. Schema eines offenen Windkanals für Unterschallströmungen

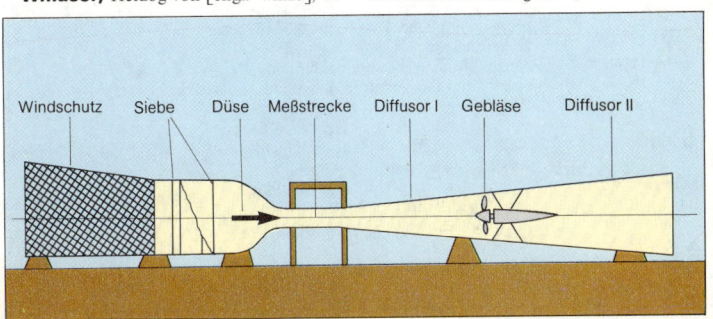

Windspiel

sentativen Schloß im 16./17. Jh. und v. a. seit 1824 durch J. Wyatville im Auftrag Georgs IV. Der riesige Komplex erstreckt sich um zwei Höfe (Lower und Upper Ward), zw. denen der Round Tower liegt; dem Lower Ward schließt sich die Saint George's Chapel (1477–1528) im Perpendicular style an, während die State Apartments an der Nordseite des Upper Ward liegen, u. a. Speisezimmer Karls II., Rubenssaal, die eigtl. Gemäldegalerie, Van-Dyck-Saal; bed. Sammlung von Handzeichnungen.

Windspiel, svw. Engl. Windspiel (↑ Whippet).

Windstärke, Stärke des Windes, die nach der von Sir F. Beaufort (1806) aufgestellten Skala (Beaufort-Skala) in 12 Stufen, entsprechend den Windwirkungen, geschätzt werden kann.

Windstau, der Aufstau von Meerwasser, wenn es bei lang anhaltendem, starkem, auflandigem Wind gegen die Küste getrieben wird.

Windsurfing ↑ Surfing.

Windthorst, Ludwig, * Gut Caldenhof (= Gemeinde Ostercappeln, Landkr. Osnabrück) 17. Jan. 1812, † Berlin 14. März 1891, dt. Politiker. - Zunächst Rechtsanwalt; 1849–56 Führer der Reg.partei in der 2. hannoverschen Kammer, wo er eine großdt.-antipreuß. Politik vertrat. 1851–53 und 1862–65 in Hannover Justizmin.; führte 1866 für das hannoversche Königshaus die Abfindungsverhandlungen mit Preußen. 1867 wurde W. Mgl. des preuß. Abg.hauses und MdR im Norddt. Bund, dessen Verfassung er als zu zentralist. ablehnte und für den er ein verantwortl. Bundesministerium forderte. Nach der Gründung des Zentrums 1870 entwickelte er sich rasch zu dessen unbestrittenem Führer und im Kulturkampf zum großen parlamentar. Gegenspieler Bismarcks. Ein empfindl. Rechtsbewußtsein, ein bes. rhetor. Talent und parlamentar. Geschick machten W. zu einem der bedeutendsten Politiker der Bismarckzeit.

Windward Islands [engl. 'wɪndwəd 'aɪləndz] ↑ Antillen.

Winfried, männl. Vorname (zu althochdt. wini „Freund" und fridu „Friede").

Winfried ↑ Bonifatius, hl.

Winglets [engl. 'wɪŋləts; „Flügelchen"], an den Flügelenden von Flugzeugtragflächen angeordnete, gegenüber der Tragflächenebene nahezu senkrecht stehende, kleine Hilfsflügel („Flügelohren"), die den ↑induzierten Widerstand der Tragflächen und die Ausbildung von Wirbelzöpfen hinter den Tragflächenenden verringern.

Wingolfsbund, Abk. WB, Verband farbentragender, nichtfechtender Studentenver-

WINDSTÄRKESKALA NACH BEAUFORT

Windstärke	Bezeichnung der Windstärke	Auswirkungen des Windes im Binnenland	Geschwindigkeit in m/s, gemessen in 10 m Höhe
0	Stille	Windstille, Rauch steigt gerade empor	0–0,2
1	leiser Zug	Windrichtung angezeigt nur durch Zug des Rauches, aber nicht durch Windfahne	0,3–1,5
2	leichte Brise	Wind am Gesicht fühlbar, Blätter säuseln, Windfahne bewegt sich	1,6–3,3
3	schwache Brise	Blätter und dünne Zweige bewegen sich, Wind streckt Wimpel	3,4–5,4
4	mäßige Brise	Wind hebt Staub und loses Papier, bewegt Zweige und dünnere Äste	5,5–7,9
5	frische Brise	kleine Laubbäume beginnen zu schwanken, auf Seen bilden sich Schaumköpfe	8,0–10,7
6	starker Wind	starke Äste in Bewegung, Pfeifen von Telegraphenleitungen, Regenschirme schwierig zu benutzen	10,8–13,8
7	steifer Wind	ganze Bäume in Bewegung, fühlbare Hemmung beim Gehen gegen den Wind	13,9–17,1
8	stürmischer Wind	Wind bricht Zweige von den Bäumen, erschwert erheblich das Gehen im Freien	17,2–20,7
9	Sturm	kleinere Schäden an Häusern, Dachziegel werden abgeworfen	20,8–24,4
10	schwerer Sturm	Bäume werden entwurzelt, bedeutende Schäden an Häusern	24,5–28,4
11	orkanartiger Sturm	verbreitete Sturmschäden (sehr selten im Binnenland)	28,5–32,6
12	Orkan	schwere Verwüstungen	>32,6

Umrechnungsfaktor: 1 m/s = 3,6 km/h.

Winkelzahnmolche

bindungen mit überkonfessioneller christl. Ausrichtung.

Wingst, inselartig aus der Marsch- und Moorlandschaft herausragender Geestrücken in Niedersachsen.

Winifred, weibl. Vorname, wahrscheinl. engl. Form von Winfrieda, der weibl. Form von ↑ Winfried.

Winkel, Formelzeichen ∢, geometr. Gebilde aus zwei von einem Punkt S ausgehenden Strahlen g und h; den Punkt S bezeichnet man als den *Scheitel[punkt]* des W., die Strahlen g und h als seine *Schenkel.* W. bezeichnet man im allg. mit kleinen griech. Buchstaben ($\alpha, \beta, \gamma, \ldots$), mit ∢ (g, h) oder, falls A ein Punkt auf g und B ein Punkt auf h ist, mit ∢ ASB oder auch nur mit ∢ S. Ergänzen sich die Schenkel eines W. zu einer Geraden, so spricht man von einem *gestreckten W.* ($\alpha = 180°$); zwei W., die einen Schenkel gemeinsam haben und sich zu einem gestreckten W. ergänzen, heißen *Neben-W.* ($\alpha + \beta = 180°$). Einen W., der seinem Neben-W. gleich ist ($\alpha = \beta = 90°$), nennt man einen *rechten W.* (Zeichen ⌐ oder R), einen W., der kleiner bzw. größer ist als sein Neben-W., einen *spitzen* bzw. *stumpfen W.* ($0 < \alpha < 90°$ bzw. $90° < \alpha < 180°$). Alle W. zw. $180°$ und $360°$ nennt man *überstumpf;* beim *Voll-W.* ($\alpha = 360°$) fallen die beiden Schenkel zusammen. Zwei W., die sich zu $90°$ bzw. $180°$ ergänzen, bezeichnet man als *Komplement-* bzw. *Supplement-W.* (z. B. sind Neben-W. auch Supplement-W.). Zwei W., die einen Scheitelpunkt gemeinsam haben und deren Schenkel paarweise zwei Geraden bilden, heißen *Scheitel-W.;* sie entstehen beim Schnitt zweier Geraden und sind gleich (↑ auch Bogenmaß).

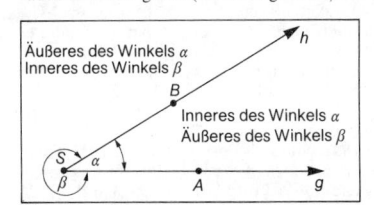

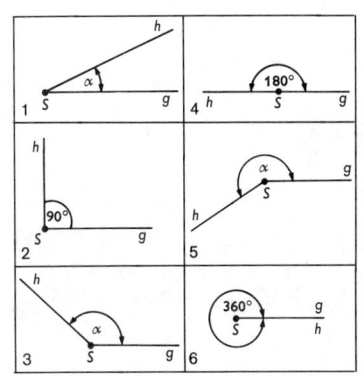

Winkel. 1 spitzer, 2 rechter, 3 stumpfer, 4 gestreckter, 5 überstumpfer, 6 Vollwinkel

Winkels ausgehender Strahl, der den Winkel in zwei gleiche Teile teilt. Der Schnittpunkt der 3 W. eines Dreiecks ist der Inkreismittelpunkt.

Winkelharfe ↑ Harfe.

Winkelheber, svw. Saugheber (↑ Heber).

Winkelmaß ↑ Sternbilder (Übersicht).

Winkelmaß, Meß- bzw. Zeichengerät für rechte Winkel; als *Anschlag-W.* mit einem T-förmigen Winkelschenkel.

Winkelmesser (Transporteur), Gerät zum Messen und Übertragen von Winkeln; in seiner einfachsten Form eine [halb]-kreisförmige Skala mit Gradeinteilung (Scheitel des Winkels im Kreismittelpunkt) oder ein gleichschenklig rechtwinkliges [Zeichen]-dreieck mit entsprechender Markierung (Scheitel im Mittelpunkt der Hypotenuse). Bei dem in der Technik vorwiegend verwendeten *Universal-W.* wird die Lage (Neigung) einer in Längsrichtung verschiebbaren Meßschiene gegenüber einer festen Schiene an einem mit Nonius versehenen Teilkreis abgelesen (Ablesegenauigkeit 5'). - Abb. S. 158.

Winkelrahmenbühne ↑ Theater.

Winkelried, Arnold (Erni) von, ✗ angebl. Sempach 9. Juli 1386, sagenhafter schweizer. Nationalheld. - W. soll der Überlieferung nach in der Schlacht bei Sempach (1386) ein Bündel feindl. Langspieße mit den Armen umfaßt, sich in die Brust gedrückt und so den Eidgenossen eine Gasse in das östr. Ritterheer gebahnt haben.

Winkelspinnen, svw. ↑ Hausspinnen.

Winkeltäuschung, Sammelbez. für ↑ optische Täuschungen, die durch Winkeldarstellungen entstehen (z. B. Poggendorff-Täuschung, Zöllner-Täuschung).

Winkeldeck, seit 1952 auf Flugzeugträgern eingeführtes, im Winkel von etwa 8° zur Schiffslängsachse versetztes Landedeck, das gleichzeitig Starts, Landungen und Wartung der abgestellten Flugzeuge, bzw. Durchstarten erlaubt.

Winkeldreiteilung, svw. ↑ Dreiteilungsproblem.

Winkelfunktionen, svw. ↑ trigonometrische Funktionen.

Winkelhaken (Löffel), auf Satzbreite einstellbare Metallrahmen, in denen einzelne Zeilen von Hand gesetzt oder Handkorrekturen durchgeführt werden.

Winkelhalbierende, vom Scheitel eines

Winkeltrisektion, svw. ↑ Dreiteilungsproblem.

Winkelzahnmolche (Hynobiidae),

Winkerkrabben

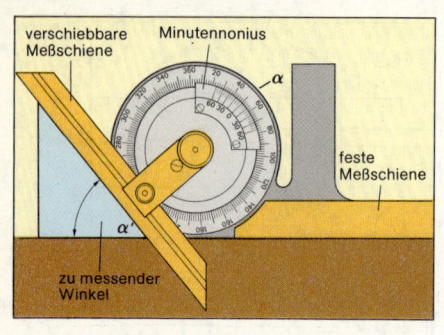

Winkelmesser. Funktionsweise eines Universalwinkelmessers

Fam. bis 25 cm langer Schwanzlurche mit rd. 30 Arten, v. a. an und in Bächen der Tiefebenen und Berge Asiens; urtüml. in Körperbau und Fortpflanzung (äußere Befruchtung); Gaumenzähne winkelförmig angeordnet; z. B. *Sibir. Winkelzahnmolch* (Hynobius keyserlingii): bis 13 cm lang; olivgrün mit Bronzeschimmer, schwarzer Rückenlinie und dunklen Seitenflecken.

Winkerkrabben (Geigerkrabben, Uca), Gatt. vorwiegend Schlick, Algen und Fischleichen fressender Krabben mit rd. 65 meist etwa 1–3,5 cm breiten, teilweise leuchtend bunt gefärbten Arten an den Küsten warmer, bes. trop. Meere, fast ausschließl. in der Gezeitenzone; ♂♂ mit meist über körperlanger Schere, mit der sie winkende Bewegungen (u. a. zum Herbeilocken von ♀♀) ausführen.

Winkler, Angela, *Templin 22. Jan. 1944, dt Schauspielerin. - U.a. an der Berliner Schaubühne, bei den Salzburger Festspielen; auch in Filmen, z. B. „Die verlorene Ehre der Katharina Blum" (1975), „Die Blechtrommel" (1979), „Ediths Tagebuch" (1983).

W., Clemens, * Freiberg 26. Dez. 1838, † Dresden 10. Okt. 1904, dt. Chemiker. - Prof. an der Bergakad. in Freiberg; entwickelte die techn. Gasanalyse, untersuchte die Grundlagen des Kontaktverfahrens zur Herstellung von Schwefelsäure und entdeckte 1886 das Germanium.

W., Gerhard, Pseud. Ben Bern, *Berlin 12. Sept. 1906, † Kempten (Allgäu) 25. Sept. 1977, dt. Schlagerkomponist. - Schrieb 1936 seine Welterfolg „O mia bella Napoli" und „Neapolitan. Ständchen". Weitere Hits wurden u. a. das „Chianti-Lied", „Caprifischer". Erfolgreich auch mit Operetten und Filmmusiken.

W., Hans Günter, * Barmen (= Wuppertal) 24. Juli 1926, dt. Springreiter. - Fünffacher Olympiasieger (1956 Einzel- und Mannschaftswertung; Einzelwertung 1960, 1964, 1972); 1954 und 1955 Weltmeister; 1957 Europameister; fünfmal Dt. Meister.

W., Johannes, *Carlsruhe (OS) 29. Mai 1897, † Braunschweig 27. Dez. 1947, dt. Raketentechniker. - Begann 1930 mit dem Bau einer ersten Flüssigkeitsrakete und entwickelte die „HW 1" (Hückel-W.-Rakete; Start 1931). W. war einer der frühen wiss.-techn. Verfechter der Raumfahrtidee.

Winnenden, Stadt 18 km nö. von Stuttgart, Bad.-Württ., 292 m ü.d. M., 22 400 E. Herstellung von Musikinstrumenten, Turngeräten, Messern; Backofenfabrik. - 1181 erstmals erwähnt, wohl in der 1. Hälfte des 13. Jh. zur Stadt erhoben. - Barocke ehem. Deutschordenskommende Schloß Winnental (Umbau des 17. Jh.), maler. Altstadt.

Winnetou ['vɪnətu], Titelheld des gleichnamigen Indianerromans von Karl May (4 Bde., 1893–1910).

Winnig, August, * Blankenburg/Harz 31. März 1878, † Bad Nauheim 3. Nov. 1956, dt. Politiker. - Maurer; trat früh der SPD bei; 1912 Vors. des Dt. Bauarbeiterverbands; im Nov. 1918 zum Bevollmächtigten des Dt. Reiches für die balt. Länder und zum Gesandten in Estland und Lettland, 1919 zum Oberpräs. von Ostpreußen ernannt; Mgl. der Weimarer Nationalversammlung; wegen Unterstützung des Kapp-Putsches (1920) seiner Ämter enthoben und aus der SPD ausgeschlossen; näherte sich 1930 den Volkskonservativen; war als Schriftsteller tätig.

Winnipeg [engl. 'wɪnɪpɛg], Hauptstadt der kanad. Prov. Manitoba, südl. des W.sees, 603 500 E. Sitz eines kath., eines anglikan., eines griech.-orth. und eines ruthen. Erzbischofs; zwei Univ., Kunstakademie, Museen, u. a. Museum der ukrain. Kultur, Theater, Sinfonieorchester, Finanz- und Wirtschaftszentrum des westl. Kanada, Getreidebörse, Verarbeitung landw. Produkte, Eisen- und Stahlerzeugung, Kfz.montage, Papier- u. a. Ind., Verkehrsknotenpunkt, ✈. - Das frz. Fort Rouge (1738 gegr., nach 1760 aufgegeben) war die erste Europäersiedlung in diesem Gebiet; 1806 Anlage von 2 Forts; 1822 entstand Fort Garry, 1831–33 durch das noch erhaltene, 30 km flußabwärts errichtete Lower Fort Garry ersetzt; um das 1835 neu errichtete (Upper) Fort Garry entstand eine kleine Siedlung, wurde 1870 als W. Verwaltungssitz der neugegr. Prov. Manitoba.

Winnipegsee, mit 24 390 km² größter Restsee des eiszeitl. Lake Agassiz, Kanada.

Winniza [russ. 'vɪnnitsə], sowjet. Geb.hauptstadt in der Ukrain. SSR, am oberen Südl. Bug, 367 000 E. Medizin., polytechn. und Wirtschaftshochschule, PH, 2 Museen, 2 Theater, Philharmonie; Chemiekombinat u. a. Ind. - In der 2. Hälfte des 14. Jh. gegr.; 1648–54 einer der Schwerpunkte der Aufstände gegen die herrschende poln. Schlachta; seit 1795 unter russ. Herrschaft.

Winogradow, Alexandr Pawlowitsch [russ. vina'gradǝf], * Petersburg 21. Aug.

1895, † Moskau 16. Nov. 1975, sowjet. Chemiker. - Prof. in Moskau, Direktor des Inst. für Geochemie und Mgl. der Akad. der Wiss. der UdSSR; arbeitete über Geochemie, u. a. über Lagerstättenkunde und die Häufigkeit der chem. Elemente in der Erdkruste.

W., Wiktor Wladimirowitsch, *Saraisk (Geb. Moskau) 12. Jan. 1895, † Moskau 4. Okt. 1969, russ. Sprach- und Literaturwissenschaftler. - Prof. in Leningrad, ab 1930 in Moskau; beeinflußt von F. de Saussure und dem russ. Formalismus, untersuchte W. in zahlr. Publikationen Stilistik, Lexik, Grammatik und Geschichte der russ. Sprache; literaturwiss. Arbeiten über Gogol, Puschkin, Dostojewski und Lermontow.

Winrich von Kniprode, *um 1310, † auf der Marienburg 24. Juni 1382, Hochmeister des Dt. Ordens (seit 1351). - 1338 Komtur von Danzig, 1342 von Balga, 1346 Großkomtur, 1351 Hochmeister. Als Feldherr, Diplomat und Verwaltungsfachmann brachte er den Ordensstaat im Kampf gegen Litauen sowie durch die Ausweitung des Handels und zahlr. Städtegründungen zu höchster Blüte.

Winsbecke (Windsbeke), um 1210/20 entstandenes, mittelhochdt. Lehrgedicht, das die Lebenslehre eines Vaters an seinen Sohn enthält.

Winsch (Winch) [engl.], seemänn. Bez. für eine hand- oder maschinenbetriebene Winde.

Winschermann, Helmut, *Mülheim a. d. Ruhr 22. März 1920, dt. Oboist. - Unternimmt als Solist und Kammermusiker ausgedehnte Tourneen, gründete 1960 das Kammerorchester Dt. Bachsolisten.

Winsen (Luhe), Krst. am N-Rand der Lüneburger Heide, Nds., 8 m ü. d. M., 27 200 E. Verwaltungssitz des Landkr. Harburg. Papier-, Nahrungsmittel-, Maschinenbau-, elektrotechn. Industrie, bed. Obstbau. - 1158 Winhusen gen.; 1293 als Stadt bezeichnet. - Schloß (14. und 16./17.Jh.), spätgot. ev. Marienkirche (14. Jh.); Alter Marstall (1599).

Winston-Salem [engl. 'wɪnstən'sɛɪləm], Stadt im nw. North Carolina, USA, 270 m ü. d. M., 131 200 E. 2 Univ. (gegr. 1834 bzw. 1892); Handels- und Verarbeitungszentrum für Tabak und Tabakwaren. - 1913 durch Zusammenschluß von **Salem** (gegr. 1766 durch dt.sprachige Einwanderer der Brüdergemeine) und **Winston** (gegr. 1849) entstanden. - Zahlr. Bauten des späten 18. und frühen 19. Jahrhunderts.

Winter, Fritz, *Altenbögge (= Bönen) 22. Sept. 1905, † Herrsching a. Ammersee 1. Okt. 1976, dt. Maler. - Studierte 1927–30 am Bauhaus, nach dem Krieg Kontakt zur École de Paris. Abstrakte Kompositionen in zunächst gedämpften Farben („Triebkräfte der Erde", 1944), später häufig dunkle, balkenartige Verspannung vor hellerem Grund.

W., Johnny, *Beaumont (Tex.) 23. Febr. 1944, amerikan. Rockmusiker (Sänger und Gitarrist). - Seit 1969 erfolgreich als Blues- und Rock-'n'-Roll-Interpret; nach Entziehungskur 1971–73 (heroinsüchtig) Comeback, das ihn als Blues-Rock-Virtuosen bestätigte.

W., Peter von, ≈ Mannheim 28. Aug. 1754, † München 17. Okt. 1825, dt. Komponist. - Wurde 1787 Vize- und 1798 Hofkapellmeister in München. Neben Sinfonien, Kammermusik, geistl. und weltl. Vokalwerken komponierte er v. a. Opern, u. a. „Das Labyrinth" (1798; als Fortsetzung von W. A. Mozarts „Zauberflöte").

Winter ↑ Jahreszeiten.

Winterannuelle, Kräuter, deren Samen im Herbst keimen und die im folgenden Sommer blühen und fruchten (z. B. Wintergetreide). - Ggs. ↑ Sommerannuelle.

Winterastern, svw. ↑ Chrysanthemen.

Winterberg, Stadt am Kahlen Asten, NRW, 668–841 m ü. d. M., 15 400 E. Heilklimat. Kurort und Wintersportort. - Gründung als befestigte planmäßige Stadtanlage auf rundem Grundriß um 1250; spätestens 1276 erstmals erwähnt. - Kath. klassizist. Pfarrkirche (1785 ff.); Fachwerkhäuser (18. und 19. Jh.).

Winterblüte (Chimonanthus), Gatt. der Gewürzstrauchgewächse mit vier in China heim. Arten (ausschließl. Sträucher). Die Art *Chimonanthus praecox* mit vor dem Laub erscheinenden, außen hellgelben, innen bräunl. bis purpurfarbenen, duftenden Blüten wird als Zierstrauch kultiviert.

Winterfrucht, svw. ↑ Wintergetreide.

Wintergarten, bevorzugt mit Zimmerpflanzen ausgestatteter, heller, heizbarer Raum oder größerer Erker mit Glaswänden.

Wintergeld, nach dem Arbeitsförderungsgesetz gewährte Leistungen zur Förderung der Beschäftigung im Baugewerbe während des Winters, die Arbeiter in Betrieben des Baugewerbes in der witterungsungünstigen Zeit auf witterungsabhängigen Arbeitsplätzen geleistete Arbeitsstunden zum Ausgleich der witterungsbedingten Mehraufwendungen (z. B. Winterkleidung) aus Mitteln der Bundesanstalt für Arbeit erhalten.

Wintergetreide (Winterfrucht), im Herbst ausgesätes, winterfestes Getreide. - Ggs. Sommergetreide.

Wintergrün (Pyrola), Gatt. der W.gewächse mit rd. 40 Arten, überwiegend in der nördl. gemäßigten Zone sowie in den Hochgebirgen der Subtropen und Tropen; ausdauernde Kräuter oder kleine Halbsträucher mit derben, immergrünen, ganzrandigen oder schwach gekerbten Blättern; Blüten klein, einzeln oder in Trauben. In Deutschland kommen in Nadelwäldern sechs Arten vor, darunter das *Nickende W.* (Pyrola secunda) mit glockigen, gelblichweißen Blüten.

Wintergrüngewächse (Pyrolaceae), Fam. der Zweikeimblättrigen mit rd. 75 Arten in 16 Gatt., v. a. auf der Nordhalbkugel sowie in den Gebirgen der Tropen und Subtropen verbreitet. Kräuter oder Halbsträucher mit einfachen, immergrünen Blättern; Blüten vier- bis fünfzählig, in endständigen Trauben oder einzeln. Die wichtigsten Gatt. sind ↑ Wintergrün, ↑ Winterlieb, ↑ Fichtenspargel.

Winterhafte (Schneeflöhe, Boreidae), Fam. wenige mm langer, häufig dunkel gefärbter Insekten mit rd. 25 Arten in Eurasien und N-Amerika (davon zwei Arten in Deutschland); bes. beim ♀ Flügel stark rückgebildet; Imagines wenig kälteempfindl., kommen im Winter auf Schnee vor; können bei Störungen mit Hilfe der langen Hinterbeine wegspringen.

winterhart, von Pflanzen gesagt, die winterl. Witterung gut überstehen können.

Winterhilfswerk, 1933 im Rahmen der NS-Volkswohlfahrt e. V. gegr. Hilfsorganisation (seit 1936 mit eigener Rechtsfähigkeit); unterstand der Aufsicht des Propagandamin. Goebbels; sammelte Geld, Lebensmittel, Brennstoffe, Kleider zur Verteilung an Arbeitslose und Hilfsbedürftige.

Winterkönig, Beiname ↑ Friedrichs V. von der Pfalz.

Winterlieb (Chimaphila), Gatt. der Wintergrüngewächse mit vier Arten in Europa, Japan und N-Amerika; niedrige Halbsträucher mit immergrünen, derben, gesägten Blättern; Blüten weiß oder rosafarben, meist in Doldentrauben. Die einzige Art in Deutschland ist die zerstreut auf Sandböden, v. a. in Kiefernwäldern vorkommende *Dolden-Winterlieb* (Chimaphila umbellata) mit glänzenden Blättern und rosafarbenen, nickenden Blüten.

Winterlinde ↑ Linde.

Winterling (Eranthis), Gatt. der Hahnenfußgewächse mit acht Arten in S-Europa und O-Asien; Kräuter mit grundständigen, handförmig geteilten Blättern; Blüten mit gelben oder weißen Hüllblättern und einem Hüllkelch aus zerschlitzten, grünen Hochblättern. Eine frühblühende Zierpflanze ist der 10–15 cm hohe *Kleine Winterling* (Eranthis hiemalis) mit goldgelben Blüten.

Wintermücken (Winterschnaken, Petauristidae), Fam. etwa 4–7 mm langer, schnakenähnl. Mücken, v. a. auf der Nordhalbkugel; im ♂ Geschlecht an sonnigen Wintertagen und im zeitigen Frühjahr in Schwärmen auftretende Insekten.

Winterpilz, svw. Samtfußrübling (↑ Rüblinge).

Winterregenklima, svw. ↑ Etesienklima.

Winterruhe, im Unterschied zum ↑ Winterschlaf ein nicht allzu tiefer, oft und auch für längere Zeit (für die Nahrungssuche) unterbrochener Ruhezustand bei verschiedenen Säugetieren (z. B. Eichhörnchen, Dachs, Braunbär, Eisbär) während des Winters, wobei die Körpertemperatur nicht absinkt und der Stoffwechsel normal bleibt.

Wintersaat, landw. Bez. für: 1. das Saatgut im Herbst auszusäender winterannueller (einjährig überwinternder) landw. Nutzpflanzen; 2. den aus dem Saatgut von Winterannuellen hervorgehenden Pflanzenbestand.

Winterschlaf, schläfähnl., z. T. hormonal gesteuerter und unter Mitwirkung der Tag-Nacht-Relation und der Außentemperatur ausgelöster Ruhezustand bei manchen Säugetieren, v. a. der gemäßigten Gebiete und der Gebirge, während des Winters. Im Unterschied zur ↑ Winterruhe wird der W. nur selten durch kurze Pausen (v. a. zum Harnlassen) unterbrochen. Während des W. sinkt bei den sonst homöothermen Winterschläfern (↑ Warmblüter) die Körpertemperatur tief unter die Normaltemperatur bis auf eine bestimmte, artspezif., unter 5 °C liegende Grenztemperatur ab, bei der wieder eine mäßige zusätzl. Wärmeproduktion einsetzt oder das Tier aufwacht. Mit der Temperaturerniedrigung geht eine Verlangsamung des Herzschlags und der Atmung einher; beim (stark verlangsamten) Stoffwechsel wird v. a. das Depotfett verwertet, woraus eine größere Gewichtsabnahme resultiert; bei verminderten Sinneswahrnehmungen bleibt jedoch im Unterschied zur ↑ Winterstarre anderer Tiere die Reflextätigkeit erhalten. Winterschläfer sind u. a. Hamster, Murmeltier, Igel, Ziesel, Fledermäuse, Bilche. - Einen W. bei den Vögeln hält eine Nachtschwalbenart in Mexiko.

♦ ↑ künstlicher Winterschlaf.

Winterschlußverkauf ↑ Saisonschlußverkauf.

Winterschnitt ↑ Obstbaumschnitt.

Wintersport, Sammelbez. für alle im Winter auf Schnee und Eis betriebenen Sportarten, u. a. Skilaufen, Biathlon, Eislauf (Eiskunstlauf, Eisschnellauf), Eishockey, Eisschießen, Curling, Rodeln, Bobsport, Skeleton.

Winterstarre, bewegungsloser (starrer) Zustand bei wechselwarmen Tieren (↑ Kaltblüter) der gemäßigten und kalten Gebiete während der Winterzeit. Bei einer solchen *Kältestarre* kann die Körpertemperatur im Unterschied zu der beim ↑ Winterschlaf extrem tief (entsprechend der Umgebungstemperatur) absinken, so daß alle Aktivitäten (auch die Reflexe) zum Erliegen kommen. Zur Vermeidung eines *Kältetods,* der bei längerer Einwirkung von Temperaturen unter 0 °C eintritt, suchen die Tiere zum Überwintern möglichst frostfreie Schlupfwinkel auf; ein weiterer Kälteschutz ist die Verminderung des Wassergehalts des Körpers. Der bei dem äußerst minimalen Stoffwechsel anfallende Harn wird bis zum Winterende im Körper gespeichert.

Winterstein, Eduard von, eigtl. E. Clemens Frhr. von Wangenheim, * Wien 1. Aug. 1871, † Berlin (Ost) 22. Juli 1961, dt. Schauspieler öster. Herkunft. - Vater von G. von

† Wangenheim; seit 1895 Engagements v. a. als Charakterdarsteller in Berlin, 1903–05 am Kleinen Theater unter M. Reinhardt, danach bis 1938 unter Reinhardt und H. Hilpert am Dt. Theater, 1938–44 am Schillertheater, 1945 wieder am Dt. Theater in Berlin (Ost); auch Filmrollen.

Winterthur, Hauptstadt des Bez. W. im schweizer. Kt. Zürich, 440 m ü. d. M., 84400 E. Technikum, Musikkollegium (gegr. 1629; Konservatorium u. Orchester); Kunstmuseum, Gemäldegalerie Stiftung Oskar Reinhart, Sammlung Oskar Reinhart „am Römerholz"; ein Zentrum der metallverarbeitenden Ind. der Schweiz. - An der Stelle des 294 erstmals erwähnten röm. Kastells **Vitudurum** gründeten die Kyburger im 12. Jh. **Niederwinterthur** (= W.); 1264 Übergang an die Habsburger, gleichzeitig Stadtrechtsbrief erneuert; 1415 zur Reichsstadt erhoben, 1442 Rückkehr unter östr. Herrschaft; 1467 an Zürich verpfändet. - Got. Stadtkirche (1264–1515). Häuser aus der Spätgotik, dem Barock und Rokoko. Klassizist. sind Rathaus und Stadthaus.

Winterzwiebel (Winterlauch, Johannislauch, Schnittzwiebel, Hackzwiebel, Allium fistulosum), wahrscheinl. aus China stammende Lauchart, die v. a. in O-Asien und in den Tropen kultiviert wird. Die W. besitzt eine längl. Zwiebel, immergrüne, röhrenförmige Blätter und weißlichgrüne Blüten in kugeliger Scheindolde. Blätter und Stengel werden als Gemüse und Gewürz verwendet.

Wintner, Aurel [engl. ˈwıntnə], * Budapest 8. April 1903, † Baltimore (Md.) 15. Jan. 1958, amerikan. Mathematiker. - Ab 1930 an der Johns Hopkins University in Baltimore (ab 1946 als Prof.). Arbeiten zur mathemat. Astronomie und Himmelsmechanik sowie zu verschiedenen Gebieten der Analysis, zur analyt. Zahlentheorie und Riemann-Zetafunktion, zur Wahrscheinlichkeitsrechnung (z. T. mit N. Wiener), zur Theorie des Hilbert-Raums sowie zur Geschichte der Mathematik.

Winzer, Otto, * Berlin 3. April 1902, † ebd. 3. März 1975, dt. Politiker. - Schriftsetzer; trat 1919 der KPD bei; ab 1935 in der Emigration in Frankr., in den Niederlanden und in der Sowjetunion; 1945 Rückkehr nach Berlin mit der „Gruppe Ulbricht"; seit 1947 Mgl. des Parteivorstands bzw. des ZK der SED; seit 1950 Abg. der Volkskammer; 1949–56 Staatssekretär und Chef der Privatkanzlei des Präs. der DDR; 1956–59 Stellvertreter, 1959–65 1. Stellvertreter des Außenmin.; in seiner Amtszeit als Außenmin. (1965–75) gelang der DDR der Durchbruch auf internat. Ebene.

Winzer [zu lat. vinitor „Weinleser"] (Weingärtner), Beruf der Landwirtschaft mit dreijähriger Ausbildung. Der W. pflegt, kultiviert, erntet und veredelt die Weinrebe.

Winzergenossenschaften (Weingärtnergenossenschaften, Winzervereine), Zusammenschlüsse von Winzern auf genossenschaftl. Basis. - *Aufgabenbereiche:* Anbauberatung, Versorgung mit hochwertigem Rebpflanzgut und Düngern, gemeinschaftl. Schädlingsbekämpfung, Weinbereitung in moderner Kellerwirtschaft mit Verbesserung der Qualität, Vermarktung und Marktforschung. - Erste *Gründungen* fanden in wirtsch. Notzeiten statt: Neckarsulm 1834, Asperg 1855, Mayschoß (Ahr) 1868, Hagnau (Bodensee) 1881.

Wipo, † nach 1046, dt. Geschichtsschreiber und Dichter. - Hofkaplan. Sein Hauptwerk, die Biographie Konrads II. („Gesta Chuonradi II imperatoris", 1040/46), zählt zu den wertvollsten Quellenschriften der Kaiserzeit. Mit dem „Tetralogus" (Gespräch zw. Dichter, Musen, Gesetz und Gnade) widmete er Heinrich III. eine Art Fürstenspiegel (1041).

Wipper, linker Nebenfluß der Unstrut, entspringt im Ohmgebirge, DDR, mündet unterhalb von Kannawurf, 75 km lang.

W., Oberlauf der ↑ Wupper.

Wipper ↑ Kipper und Wipper.

Wipperfürth, Stadt im Berg. Land, an der Wipper, NRW, 274 m ü. d. M., 20400 E. Elektro-, Textilind., Metall- und Kunststoffverarbeitung. - Um 1130 erstmals erwähnt; entstand als bed. Handelsplatz, Entwicklung zur Stadt durch Stadtrechtsverleihung 1222 abgeschlossen. - Roman. kath. Pfarrkirche Sankt Nikolaus (12./13. Jh.), ehem. Franziskanerkirche (1670–74).

Wippkran ↑ Krane.

Wippmotten (Rundstirnmotten, Glyphipterygidae), weltweit verbreitete Fam. kleiner, durchschnittl. 12 mm spannender Schmetterlinge mit rd. 25 Arten in M-Europa; Flügel oft metall. glänzend gefleckt; meist tagaktiv; wippen z. T. im Sitzen mit den Flügeln.

Wipptal, Talschaft in Österreich (Tirol), und Italien (Südtirol); umfaßt das Tal der Sill, die Brennerfurche und das obere Eisacktal bis Sterzing, bildet die kürzeste Verbindung zwischen Inntal (Innsbruck) und Etschtal; wichtige Verkehrsleitlinie (Brennerbahn und -autobahn).

Wiraschaiwa [Sanskrit „die heldenhaften Schiwaanhänger"], im 12. Jh. gegr. schiwait. Sekte mit gegenwärtig etwa 6 Mill. Anhängern in Mysore (= Karnataka), wo diese Lehre 1350–1610 Staatsreligion war. Die W., die nach ihrem Abzeichen, einem ständig getragenen ↑ Linga, auch **Lingajatas** genannt werden, begraben ihre Toten und lassen die Wiederverheiratung von Witwen zu. Die Philosophie der W. lehrt einen qualifizierten Monismus.

Wirbel, (Spondyli [Einzahl: Spondylus], Vertebrae) die im Verlauf der Individual- und Stammesentwicklung der ↑ Chorda dorsalis verdrängenden und ersetzenden knorpeligen und knöchernen Einheiten, aus denen sich die ↑ Wirbelsäule der Wirbeltiere (einschl.

Wirbelbruch

Mensch) zusammensetzt. Beim Menschen haben alle W. (mit Ausnahme der ersten beiden Hals-W. Atlas und Axis) die gleiche Grundform. Jeder W. besteht aus dem Wirbelkörper, dem Wirbelbogen, einem Dornfortsatz, zwei Querfortsätzen und zwei oberen und unteren Gelenkfortsätzen. Die Gesamtheit der W.-löcher bildet den Rückenmarkskanal. Je zwei W.bogen bilden Zwischenwirbellöcher, durch die die Rückenmarksnerven austreten. In den Zwischenwirbellöchern liegen auch die Spinalganglien. Die W.körper und die Querfortsätze der Brust-W. tragen Gelenkflächen für die Rippen; sie sind für die Atembewegungen von Bedeutung. Die nach hinten abwärts gerichteten Dornfortsätze sind als gratförmige Erhebungen zu tasten („Rückgrat"). Die Kreuzbein-W. *(Sakralwirbel)* sind zum Kreuzbein verwachsen und mit dem Beckengürtel verbunden. Die Form der Dornfortsätze, die Stellung der W.gelenke und damit auch deren Beweglichkeit ist je nach Ausmaß und Richtung sind innerhalb der verschiedenen Abschnitte der W.säule verschieden. - Die Beweglichkeit der W.körper wird u. a. auch durch die Zwischenwirbel- oder Bandscheiben gewährleistet. Sie liegen zw. den W.körpern und tragen die volle Last.

♦ in der *Strömungslehre* Bez. für eine um ein Zentrum kreisende Strömung in einer Flüssigkeit oder in einem Gas. W. treten auf Grund von Reibungswirkungen auf.

♦ Schlagart der Trommeln u. a. Schlaginstrumenten, die aus schnellem, gleichmäßigem Wechsel beider Schlegel besteht.

♦ bei *Saiteninstrumenten* die drehbaren Pflöcke, Stifte oder Schrauben, um die das Ende der Saiten gewickelt ist und mit deren Hilfe die Saiten gestimmt werden. Die W. sitzen quer in einer kastenartigen Öffnung (**Wirbelkasten**) am Halsende des Instruments, meist von einer ↑Schnecke gekrönt.

Wirbelbruch, Biegungs- oder Stauchungsfraktur im Bereich des Wirbelkörpers, der Wirbelbögen oder der Fortsätze eines Wirbels, häufig durch indirekte Gewalt (z. B. durch das Schleudertrauma bei Autounfällen, durch das Zusammenpressen von Wirbeln beim Sturz aus großer Höhe). Die mit einem W. verbundene bes. Gefahr besteht in der Verletzung oder gar völligen Durchtrennung des Rückenmarks (↑Querschnittslähmung).

Wirbellose (wirbellose Tiere, niedere Tiere, Invertebrata, Evertebrata), i. w. S. alle tier. Organismen ohne Wirbelsäule (also einschl. Einzeller), i. e. S. Sammelbez. für alle Vielzeller ohne Wirbelsäule. Den W. fehlt i. d. R. ein Innenskelett, dagegen ist oft ein Außenskelett ausgebildet, das durch seine Schwere einen begrenzenden Faktor hinsichtl. der Körpergröße darstellt. W. sind meist kleiner als Wirbeltiere. Die W. sind meist einfach organisiert (z. B. Schwämme, Hohltiere, Plattwürmer, Ringelwürmer); die am höchsten entwickelten W. sind die Kopffüßer, Spinnen und Insekten. Die zu den Chordatieren zählenden Manteltiere und Schädellosen leiten zu den Wirbeltieren über. Die W. umfassen 95% aller bekannten Tierarten. Die wichtigsten Stämme der Wirbellosen sind: Nesseltiere, Plattwürmer, Schlauchwürmer, Ringelwürmer, Weichtiere, Gliederfüßer und Stachelhäuter.

Wirbelpunkt, svw. ↑Strudelpunkt.

Wirbelsäule (Rückgrat, Columna vertebralis, Spina dorsalis), knorpelige oder (meist) knöcherne dorsale Achse des Skeletts der Wirbeltiere, die den Schädel trägt und (soweit ausgebildet) mit einem Schultergürtel (indirekt) und einem Beckengürtel in Verbindung steht. Die W. setzt sich zus. aus gelenkig und durch Bänder und Muskeln miteinander verbundenen ↑Wirbeln (beim Menschen 33–34 [wovon 5 Wirbel zum einheitl. Kreuzbein verschmolzen sind]) sowie aus (zwischengeschalteten) knorpeligen ↑Bandscheiben. Die Neuralbögen (obere Knochenfortsätze) der Wirbel bilden zus. den Wirbelkanal (Canalis vertebralis), in dem das Rückenmark verläuft. Bei den höheren Wirbeltieren kann die W. in verschiedene Abschnitte gegliedert werden: Hals-W., Brust-W., Lenden-W., Kreuzbein und Schwanz-W. Die W. ist der individual- und stammesentwicklungsgeschichtl. Nachfolger der ↑Chorda dorsalis. - Die W. des Menschen ist in der Seitenansicht doppelt s-förmig gekrümmt und besteht aus 7 Hals-, 12 Brust-, 5 Lenden-, 5 Kreuzbein- und 4–5 Steißbeinwirbeln.

Wirbelsäulenerkrankungen, Erkrankungen der Wirbelsäule, die durch deren Sonderstellung als tragender und das Rückenmark schützend umgebender Skeletteil bedingt sind. Zu nennen sind v. a. ↑Bandscheibenvorfall, ↑Wirbelbruch, ↑Wirbelsäulenverkrümmung, ↑Bechterew-Krankheit und ↑Spondylose, eine degenerative, nicht entzündl. Erkrankung der Wirbelsäule bzw. der Wirbelkörper.

Wirbelsäulenverkrümmung (Rückgratverkrümmung), fixierte (starre) oder nicht fixierte Verformung der Wirbelsäule entlang ihrer Längsrichtung. Man unterscheidet *Skoliose* (seitl. Verbiegung), *Kyphose* (flachbogige konvexe Verbiegung), *Lordose* (Krümmung nach vorn) sowie Mischformen *(Kyphoskoliose)*. Zu den Ursachen einer W. gehören u. a.: Mißbildungen, Beckenschiefstand, Muskellähmung, Traumen, Rachitis.

Wirbelschichtverfahren (Staubfließverfahren, Fließbettverfahren), vom dt. Industriechemiker F. Winkler entwickelte chem.-techn. Verfahren, bei denen der Wärmeübergang im Reaktionsgut bzw. die chem. Umsetzung durch ständige Durchmischung der feinverteilten Feststoffe stattfindet. Das W. wird z. B. beim Rösten sulfid. Erze, der Schwelung von Braunkohle und dem katalyt.

Wirkungsgesetz der Wachstumsfaktoren

Kracken von Erdölprodukten eingesetzt. Die Anwendung des W. bei kohlebefeuerten Kraftwerken ist bes. umweltfreundl., da bis zu 95% des anfallenden Schwefeldioxids in der Brennkammer chemisch gebunden werden.

Wirbelströme, wirbelförmig verlaufende elektr. Ströme im Innern eines elektr. Leiters, wenn er durch ein Magnetfeld bewegt wird oder sich in einem magnet. Wechselfeld befindet. Die durch Induktion hervorgerufenen W. verursachen z. T. beträchtl. Energieverluste; um sie klein zu halten, werden z. B. die Anker und Ständer elektr. Maschinen und die Kerne von Transformatoren aus einzelnen Blechen aufgebaut (lamelliert), die gegenseitig elektr. isoliert sind. In einem Magnetfeld bewegte Metallteile werden (durch Wechselwirkung der Magnetfelder der W. mit dem die Ströme erzeugenden Magnetfeld) gemäß dem Lenzschen Gesetz abgebremst (Nutzbarmachung bei der sog. *Wirbelstrombremse*).

Wirbelstürme, heftige, orkanartige Luftwirbel; am gefährlichsten sind die *tropischen W.* mit Windgeschwindigkeiten bis über 200 km/h; diese entstehen nur über warmen Meeresgebieten. In verschiedenen Bereichen der Tropenzone führen sie unterschiedl. Namen: *Hurrikan* im Bereich des Karib. Meeres, der Westind. Inseln und des Golfs von Mexiko; *Taifun* in den Gewässern Chinas und Japans; *Zyklon* im Golf von Bengalen; *Willy-Willy* in Australien. - Abb. Bd. 10. S. 128.

Wirbeltiere (Vertebraten, Vertebrata), Unterstamm der ↑Chordatiere mit bilateralsymmetrischem, in Kopf, Rumpf und Schwanz (soweit vorhanden) gegliedertem Körper mit meist verknöchertem Innenskelett mit charakterist. ↑Wirbelsäule, die embryonal stets vorhandene Chorda dorsalis ersetzt, sowie mit knorpeligem oder knöchernem Schädel. Die W. besitzen urspr. zwei Paar Gliedmaßen (Ausnahme: Rundmäuler), die bei wasserlebenden W. meist als Flossen entwickelt, bei Landbewohnern sehr verschiedenartig ausgebildet, gelegentlich stark umgestaltet (z. B. zu Flügeln), manchmal auch weitgehend oder vollständig rückgebildet sind (z. B. bei Schlangen). Das Gehirn ist deutl. vom übrigen Nervensystem abgegliedert und wie die Sinnesorgane (soweit nicht rückgebildet) hoch entwickelt. Die Epidermis ist mehrschichtig. Das Blut (mit Ausnahme der Eisfische) enthält stets rote Blutkörperchen. W. sind fast immer getrenntgeschlechtig. Je nach Fehlen oder Vorhandensein von Embryonalhüllen werden Anamnier (*niedere W.*; mit Fischen und Lurchen) und Amnioten (*höhere W.*; mit Reptilien, Vögeln und Säugetieren) unterschieden.

Wirbeltrommel, svw. ↑Rührtrommel.

Wirbewußtsein, Ausdruck des Zusammengehörigkeitsgefühls einer Gruppe *(Gruppenbewußtsein)*, bezeichnet jenen Gesellschaftssinn, der ↑Solidarität stiftet und gemeinsames Handeln ermöglicht. Das W. erstreckt sich auf die gruppenspezif. Angelegenheiten und Aufgaben. Es erlaubt der Gruppe, sich nach außen hin abzugrenzen und sich als Einheit zu begreifen.

Wirken ↑Maschenwaren.

Wirkfaktor, svw. Leistungsfaktor (↑Leistung).

Wirkleistung ↑Leistung.

Wirklichkeit, 1. allg. svw. ↑Realität; 2. philosoph. die Realität im Unterschied zur Möglichkeit und zum Schein, z. B. ist ein Ding wirkl., wenn es seine Natur vollständig entwickelt hat (Aristoteles); bei Kant zählt die W. als Kategorie der Modalität zu den „Postulaten des empir. Denkens". - In der neueren Sprachkritik wird von „W." gesprochen in bezug auf Sätze, die begründete Situationsverständnisse darstellen: Ein Sachverhalt besteht oder ist wirklich genau dann, wenn die ihn darstellende Aussage wahr ist.

Wirkmal ↑Funktionskreise.

Wirkstoffe, körpereigene oder -fremde Substanzen, die in biolog. Vorgänge eingreifen (und/oder als Arzneimittel wirken), z. B. Biokatalysatoren wie Enzyme, Hormone und Vitamine.

Wirkteppich ↑Teppich.

Wirkung, ein Geschehen oder Handeln bzw. deren Ergebnis (ein Ereignis oder Sachverhalt), das in einem Kausalzusammenhang mit einem anderen (voraufgehenden) Geschehen oder Ereignis bzw. Sachverhalt steht. - ↑auch Kausalität.

◆ in der *Physik:* Formelzeichen H, Produkt aus der Energie W und der Zeit t bzw. aus dem Impuls p und dem Weg s: $H = W \cdot t = p \cdot s$; SI-Einheit der Wirkung ist 1 Joulesekunde (Js).

Wirkungsforschung, in der Publizistik- und Kommunikationswissenschaft die empir. Untersuchung der Folgen medienvermittelter Prozesse im ideellen und materiellen Verhalten, im Wissen und Meinen; Weiterführung der Rezipienten- bzw. Publikumsforschung, die lediglich nach Medienreichweite und -nutzung fragt. Die Ergebnisse der W. variieren mit den Forschungsansätzen. Die urspr. Annahme einer „Allmacht" der ↑Massenmedien wurde durch Erklärungsansätze abgelöst, die zum einen ein komplementäres Zusammenwirken von interpersonalen und mediengebundenen Kommunikationsprozessen (↑Zweistufenweg-Hypothese), zum anderen den Verstärkereffekt (↑Verstärkerhypothese) betonen. Durch das Selektionsverhalten der Rezipienten wurde so die Frage, was die Medien mit den Menschen machen, in die Frage umgekehrt, was die Menschen mit den Medien machen. - ↑auch Fernsehen (Wirkungen).

Wirkungsgesetz der Wachstumsfaktoren (Mitscherlich-Gesetz), von E. A. Mitscherlich entwickeltes Gesetz, wonach jeder einzelne Wachstumsfaktor die Güte und

Wirkungsgrad

Menge des Pflanzenertrags steigern kann. Der Mehrertrag nimmt mit zunehmender Annäherung an den Höchstertrag (im logarithm. Verlauf) ab.

Wirkungsgrad (Nutzeffekt), bei energieumwandelnden Prozessen oder Maschinen Bez. für das Verhältnis von nutzbar abgegebener Energie bzw. Leistung zur aufgewandten. Der W. ist stets kleiner als 1 (bzw. als 100%).

Wirkungslinie, svw. ↑Angriffslinie.

Wirkungsquantum, svw. ↑Plancksches Wirkungsquantum.

Wirkungsquerschnitt, Maß für die Stärke einer Wechselwirkung von atomaren Teilchen der Sorte A mit einfallenden [Elementar]teilchen der Sorte B. Quanten der Sorte B sowie für die Wahrscheinlichkeit des Eintretens eines bestimmten mikrophysikal. Prozesses (z. B. Anregung von Atomen, Streuung der Teilchen in eine bestimmte Richtung). Der W. ist definiert als der Quotient aus der Zahl der Prozesse, die während einer bestimmten Meßdauer in einer Volumeneinheit erfolgen, und der Zahl der je Flächeneinheit in dieser Zeit einfallenden Teilchen der Sorte B; er ist anschaul. eine Fläche, die die Teilchen der Sorte A dem einfallenden Teilchenstrom senkrecht entgegenstellen und die von ihnen getroffen werden muß, damit eine bestimmte Reaktion ausgelöst wird.

Wirkursache, svw. Causa efficiens (↑Causa).

Wirnt von Grafenberg, mittelhochdt. Epiker des 13. Jh. - Schrieb (vermutl. zw. 1204 und 1209) den Artusroman „Wigalois oder der Ritter mit dem Rade" (großer literar. Einfluß im späten MA).

Wirral [engl. 'wɪərəl], Halbinsel in NW-England zw. den Ästuaren von Mersey und Dee.

Wirsing [lombard., zu lat. viridia „grüne Gewächse"] (W.kohl, Savoyerkohl, Pörschkohl), Kulturvarietät des Gemüsekohls mit gekrausten, sich zu einem lockeren Kopf zusammenschließenden Blättern, die als Kochgemüse verwendet werden.

Wirt, in der Biologie ein Lebewesen, das einem bestimmten Parasiten als Lebensstätte dient und ihn ernährt. - ↑auch Wirtswechsel.

Wirta (Virta), Nikolai Jewgenjewitsch, eigtl. N. J. Sewerzew, * Bolschaja Lasowka (Geb. Tambow) 19. Dez. 1906, † Moskau 3. Jan. 1976, russ.-sowjet. Schriftsteller. - Sein Roman „Allein geblieben" (1935, revidiert 1947; dramatisiert 1937) behandelt den antikommunist. Bauernaufstand im Gouv. Tambow 1920.

Wirtel, (Quirl) in der *Botanik* Bez. für die Gesamtheit (mindestens zwei) der an einem Knoten der Sproßachse stehenden Laub- oder Blütenblätter.
◆ (Spinnwirtel) ↑Spinnen.

Wirth, Joseph, * Freiburg im Breisgau 6. Sept. 1879, † ebd. 3. Jan. 1956, dt. Politiker (Zentrum). - Gymnasiallehrer; 1913 MdL in Baden und 1914 MdR; nach der Novemberrevolution 1918 bad. Finanzmin.; Mgl. der Nat.versammlung und MdR (bis 1933); 1920/21 Reichsfinanzmin., 1921/22 Reichskanzler; schloß den Rapallovertrag ab und setzte nach der Ermordung Rathenaus das Republikschutzgesetz durch; 1929/30 Reichsmin. für die besetzten Gebiete, 1930/31 Reichsinnenmin.; ab 1933 im schweizer. Exil. W. gründete 1948 die Partei „Union der Mitte", 1953 den Bund der Deutschen [für Einheit, Frieden und Freiheit]; er lehnte die wirtsch. und militär. Westintegration der BR Deutschland ab und trat für eine Verständigung mit der UdSSR (bei Neutralisierung Deutschlands) ein.

Wirtschaft, Gesamtheit aller Einrichtungen und Maßnahmen menschl. Daseinsgestaltung, die sich auf Produktion und Konsum sog. knapper Güter beziehen. Die Gesamtheit der laufenden Produktions- und Konsumvorgänge wird zusammenfassend als *W.prozeß* bezeichnet, der Mensch als Gestalter der W. als *W.subjekt*. Die W. und insbes. der aktuelle W.prozeß erhalten ihr histor. einmaliges Gepräge durch die sog. wirtsch. Rahmenbedingungen oder Daten. Die wiss. Analyse der W. als umfassender menschl. Lebensbereich ist das Objekt der ↑Wirtschaftswissenschaften, die abstrakte Beschreibung und die Erklärung der spezif. ökonom. Vorgänge hingegen das Objekt der ↑Wirtschaftstheorie.

Wirtschaftlichkeit (Wirtschaftlichkeitsprinzip) ↑ökonomisches Prinzip.

Wirtschaftsakademien ↑Verwaltungs- und Wirtschaftsakademien.

Wirtschaftsausschuß, in Unternehmen mit mehr als 100 Beschäftigten - außer in ↑Tendenzbetrieben - zu bildendes Gremium, das wirtsch. Angelegenheiten mit dem Unternehmer zu beraten und den Betriebsrat zu unterrichten hat. Zu den wirtsch. Angelegenheiten gehören u. a. Veränderungen der Produktionsbedingungen (Rationalisierungsvorhaben, Einführung neuer Arbeitsmethoden), die Einschränkung oder Stillegung von Betrieben oder Betriebsteilen, die wirtsch. und finanzielle Lage des Unternehmens. Die mindestens 3 und höchstens 7 Mgl. des W. werden vom Betriebsrat bestimmt.

Wirtschaftsbevölkerung, in der amtl. Statistik rechner. Größe zur Schätzung der insgesamt aus dem Erwerbsleben in einer Gemeinde ihren Lebensunterhalt Beziehenden, einschließl. der Pendler.

Wirtschaftsdemokratie, Bez. für die demokrat. Reorganisation der Wirtschaft, in den 1920er Jahren wichtigstes polit. Konzept der freien ↑Gewerkschaften.

wirtschaftsfriedliche Gewerkschaften (wirtschaftsfriedliche Werkvereine, gelbe Gewerkschaften) ↑Gewerkschaften.

Wirtschaftskriminalität

Wirtschaftsgebiet, der Geltungsbereich des ↑Außenwirtschaftsgesetzes, d. h. das Gebiet der BR Deutschland und Berlins (West); zum W. zählen auch die Zollanschlüsse, d. h. ausländ. Staatsgebiete, die als Teil des inländ. W. zum Zollgebiet gehören (z. B. das östr. Kleine Walsertal). Alle Gebiete außerhalb des W. gelten als *fremde W.*, ausgenommen das Währungsgebiet der Mark der DDR, das weder zum W. noch zu den fremden W. zählt.

Wirtschaftsgenossenschaft ↑Genossenschaft.

Wirtschaftsgeographie ↑Geographie.

Wirtschaftsgeschichte, die Geschichte der Wirtschaft, des umfassenden Bereichs der Einrichtungen und Maßnahmen, die seit Beginn der Menschheit zur Deckung des materiellen menschl. Bedarfs gedient haben; Zweig der allg. ↑Geschichtswissenschaft.

Wirtschaftsgüter, in den *Wirtschaftswissenschaften* svw. ↑Gut.
◆ im *Steuerrecht* selbständig bewertbarer Teil des Betriebsvermögens, z. B. Maschinen und Werkzeuge, Rechte oder andere wirtsch. Werte. Die Anschaffungs- oder Herstellungskosten von abnutzbaren bewegl. W., die für das einzelne Wirtschaftsgut 800 DM nicht übersteigen *(geringwertige* bzw. *kurzlebige W.),* können im Jahr der Anschaffung oder Herstellung in voller Höhe als Betriebsausgaben abgesetzt werden.

Wirtschaftsgymnasium, 1958 durch den „Schulversuch Wirtschaftsgymnasium" entwickelte Schulform, die aus den *Wirtschaftsoberschulen* hervorgegangen ist. I. d. R. entsprechen die W. heute berufsbezogenen Gymnasien in Aufbauform - Klasse 11 bis 13 -, in denen je nach Bundesland die allg. oder fachgebundene Hochschulreife erworben wird. Der Lehrplan enthält neben den regulären Fächern Volks- und Betriebswirtschaftslehre, Recht und Rechnungswesen. Daneben gibt es bes. in Bad.-Württ. und Bay. das berufl. Gymnasium der sechsjährigen Aufbauform mit *wirtschaftswiss.* Richtung, das bereits mit Klasse 8 beginnt.

Wirtschaftshochschule, nach dem 1. Weltkrieg entstandene Form der wiss. Hochschule mit Promotionsrecht zur Ausbildung des Nachwuchses in kaufmänn. Berufen; in der BR Deutschland seit Ende der 60er Jahre in die bestehenden wiss. Hochschulen integriert. In *Österreich* wurde die Hochschule für Welthandel in Wien (gegr. 1898) in eine Wirtschaftsuniversität umgewandelt; in der *Schweiz* besteht gegenwärtig noch die Hochschule für Wirtschafts- und Sozialwissenschaften in Sankt Gallen (gegr. 1898).

Wirtschaftsjahr, Zeitraum der abschließenden buchmäßigen Feststellung der Ergebnisse eines Betriebes. Steuerrechtl. entspricht das Wirtschaftsjahr dem Geschäftsjahr.

Wirtschaftskrieg, wirtsch. und/oder militär. Kampfmaßnahmen eines oder mehrerer Staaten gegen die Wirtschaft eines oder mehrerer anderer Staaten mit dem Ziel, wirtsch., polit. oder militär. Vorteile zu erringen. Eine wichtige Form des W. ist der **Handelskrieg,** durch den der Außenhandel des Gegners beeinträchtigt oder unterbunden werden soll. Im Frieden beschränkt sich W. im wesentl. auf die Instrumente des Zollkriegs, auf Boykott, Sequestration, Embargo (u. U. auch Blockade), Dumping, Kredit- und währungspolit. Maßnahmen. Im Krieg treten weitere Mittel des Handelskrieges hinzu, wobei der Blockade und der Unterbindung der Zufuhr von Rohstoffen, Lebensmitteln und Ind.gütern auf dem See-, Land- oder Luftweg bes. Bed. zukommt. Mit Wirtschaftsspionage können sich Wirtschaftssabotage und der Versuch verbinden, die Währung des gegner. Landes zu schädigen. Wichtige histor. Beispiele für W. sind die Kontinentalsperre Napoleons I. sowie die über das Dt. Reich im 1. Weltkrieg und über den Waffenstillstand 1918 hinaus verhängte Blockade gegen die Rohstoffversorgung aus Übersee (Zufuhrkrieg).

Wirtschaftskriminalität, Bez. für solche Straftaten, die durch Verstoß gegen Gesetze zur Regelung des Wirtschaftslebens begangen werden (Schätzungen über die durch W. angerichteten Schäden schwanken zw. 4 Mrd. bis 20 Mrd. DM jährlich). Wirtschaftsdelikte sind z. B. Steuerhinterziehung, Konkursdelikte, Kredit- und Versicherungsbetrügereien, Subventionsbetrug (betrüger. Erlangung von ↑Subventionen) und die **Computerkriminalität,** bei der durch unbefugtes Benutzen oder durch entsprechendes Programmieren von Computern ein anderer geschädigt wird.

Das gesellschaftl. Phänomen der W. wurde nach dem 2. Weltkrieg erstmals von dem Amerikaner E. Sutherland umschrieben. Nach ihm ist für die W. kennzeichnend, daß sie von Angehörigen der oberen Schichten (i. d. R. haben nur diese Zugang zu den für die Begehung von W. erforderl. berufl. Positionen) unter Ausnutzung aller dogmat. Auslegungs- und Interpretationsmöglichkeiten normativer Bestimmungen im Grenzbereich der Legalität begangen werden. Da die Wirtschaftskriminellen (sog. Weiße-Kragen-Täter) ein hohes Ansehen und Prestige genießen und bezügl. ihrer kriminellen Tätigkeit keinerlei Unrechtsbewußtsein haben (was sich als Gesellschaftsphänomen darin widerspiegelt, daß ihre Taten selten Emotionen zu Gunsten der Opfer hervorruft), gestaltet sich die Ermittlungstätigkeit der Strafverfolgungsbehörden außerordentl. schwierig. Um die Voraussetzungen für eine effektivere Strafverfolgung zu schaffen, wurde 1976 das Gesetz zur Bekämpfung der W. in das StGB ein-

gefügt. Schwerpunkt dieses Gesetzes sind die Neuordnung des Konkursstrafrechts (§§ 283 ff. StGB), eine gegenüber dem Betrugstatbestand eigenständige Regelung des Subventions- (§ 264 StGB) und Kreditbetrugs (§ 265 b StGB) sowie eine Zusammenfassung der Vorschriften gegen Wucher (§ 302 a StGB). - ↑ Wirtschaftsstrafrecht.
📖 *Ebelseder, S./Juppenlatz, P.: Schmutziges Geld. Die Ohnmacht des Staates gegenüber Wirtschafts- und Steuerkriminalität. Mchn. 1982. - Müller, Rudolf/Wabnitz, H. B.: W. Mchn. 1982.*

Wirtschaftskrise, Störungen im Prozeß der ständigen Wiederherstellung der Reproduktionsfaktoren und -bedingungen warenproduzierender Gesellschaften. Nach der Konjunkturtheorie (↑ Konjunktur) markieren W. die Wendepunkte der period. Konjunkturzyklen. Nach marxist. Lehre sind sie notwendige Erscheinungen der kapitalist. Produktionsweise (↑ Kapitalismus). W. können auf einzelne Wirtschaftsbereiche beschränkt bleiben, eine nat. Wirtschaft erfassen in Form von Agrarkrisen, Strukturkrisen, Wachstums- und Währungskrisen, aber auch Teile der Weltwirtschaft erfassen oder als ↑ Weltwirtschaftskrise auftreten. Wechselkursmanipulationen mit dem Ziel, binnenwirtschaftl. Krisen durch Wettbewerbsvorteile im Außenhandel entgegenzuwirken, führen zu Störungen des außenwirtschaftl. Gleichgewichts.

Wirtschaftslehre, Schulfach an allgemeinbildenden und berufl. Schulen, das Grundlagen über ökonom. Strukturen und Prozesse sowie über Wirtschaftsgeschichte vermitteln soll.

Wirtschaftsoberschulen ↑ Wirtschaftsgymnasium.

Wirtschaftsordnung, die Gesamtheit der Rahmenbedingungen, innerhalb derer der Wirtschaftsprozeß abläuft, dabei insbes. die Art des Zusammenwirkens der einzelnen Wirtschaftssubjekte. Die entsprechenden das Wirtschaftsleben regelnden rechtl. Normen bilden die *Wirtschaftsverfassung.* Unterschieden werden die W. v. a. nach der Art und Weise, wie die in einer arbeitsteiligen Wirtschaft notwendige Aufgabe, die Einzelpläne in Übereinstimmung zu bringen, gelöst wird. Dabei bestehen als Modellfälle zum einen die *freie Marktwirtschaft* (↑ auch Marktwirtschaft) mit Privateigentum an den Produktionsmitteln, in der die Koordination der Einzelwirtschaftspläne der Unternehmen und Haushalte über den Markt erfolgt, wobei der Preisbildungsmechanismus für den Ausgleich sorgen soll und dem Staat lediglich die Aufgabe der Herstellung der Rechtssicherheit zukommt, zum anderen die *Zentralverwaltungswirtschaft* (↑ auch Planwirtschaft), bei der die Verfügungsgewalt in Händen einer Zentralstelle liegt, die einen Wirtschaftsplan aufstellt, in dem alle Entscheidungen enthalten sind, die in der freien Marktwirtschaft von den einzelnen Wirtschaftssubjekten getroffen werden. Zw. diesen beiden idealtyp. Extremformen gibt es eine Reihe von Übergangsstufen (z. B. die *soziale Marktwirtschaft*).

Wirtschaftspädagogik ↑ Pädagogik.

Wirtschaftspartei ↑ Reichspartei des deutschen Mittelstandes.

Wirtschaftsplan, 1. von Wirtschaftseinheiten (Haushalte, Unternehmen, Körperschaften) oder zentralen Planungsbehörden für einen bestimmten Zeitraum aufgestellter wirtsch. [und polit.] Zielplan, der Mittel und Maßnahmen zur Erreichung von Sollgrößen bestimmt; 2. Bez. für den Haushaltsplan der ↑ Eigenbetriebe.

Wirtschaftspolitik, Gesamtheit der staatl. Maßnahmen zur Gestaltung der wirtsch. Rahmendaten (Strukturpolitik) bzw. zur Beeinflussung des Wirtschaftsablaufes (Prozeßpolitik). Das Zielsystem der W. in der BR Deutschland ist durch das Stabilitätsgesetz mit dem ↑ magischen Viereck gegeben. Soweit die W. auf die Beeinflussung der Konjunktur (↑ Konjunkturpolitik) gerichtet ist, sind die wichtigsten Mittel der Gestaltung des Staatshaushalts (↑ Haushaltspolitik) und - durch die Dt. Bundesbank - die Beeinflussung der Geldmenge (↑ Geldpolitik).

Geschichte: Im Rahmen des ↑ Merkantilismus war die W. v. a. auf die Erreichung der Autarkie mit den Mitteln der Zollpolitik gerichtet. Dazu gehörten auch direkte staatl. Eingriffe zur Förderung der wirtsch. Entwicklung, z. B. durch die Gründung von Manufakturen. Mit der folgenden Industrialisierung setzte sich in der W. das Prinzip des Liberalismus durch, wonach der Staat lediglich gehalten war, die Rahmenbedingungen für das freie Wirtschaften auf der Grundlage des Privateigentums zu sichern. Doch griff auch in dieser Phase, insbes. ab 1870, der Staat häufig ein, um die wirtsch. Entwicklung zu fördern und vor [überlegener] ausländ. Konkurrenz, insbes. durch Schutzzölle, zu sichern. Nachdem die Weltwirtschaftskrisen in den 1920er Jahren die Notwendigkeit zielgerichteter und wiss. begründeter staatl. W. deutlich gemacht hatten, begannen massive staatl. Eingriffe, z. B. in den USA durch den ↑ New Deal. Gefördert wurde diese Entwicklung durch die Theorien von J. M. Keynes, die lange Zeit (im Bereich der Politik wie der Wiss.) die Gestaltung der W. bestimmten.

📖 *Ahrns, H. J./Feser, H. D.: W. Mchn ²1984. - Ölschläger, C./Wienstein, E.: Allg. W. Mchn. ⁴1983. - Teichmann, K.: Allg. W. Mchn. ²1983. - Issing, D.: Allg W. Mchn. 1982. - Rische, F.: Alternativen zur W. des Kapitals 1945 – 1978. Ffm. 1980.*

Wirtschaftsprüfer (Abschlußprüfer, Bilanzprüfer), nach den Vorschriften des Gesetzes über eine Berufsordnung der W. vom

24. 7. 1961 öffentl. bestellte und vereidigte Person mit abgeschlossenem wirtschaftswiss. oder jurist. Hochschulstudium und Berufserfahrung, die betriebswirtschaftl. Prüfungen, insbes. von Jahresabschlüssen wirtsch. Unternehmen, durchführt und Bestätigungsvermerke über die Vornahme und das Ergebnis solcher Prüfungen erteilt und Beratungen in Wirtschafts- und Steuerfragen durchführt.

Wirtschaftsprüfung, Durchführung von Jahresabschlußprüfungen (Bilanz, Gewinn-und-Verlust-Rechnung, Geschäftsbericht) sowie von Sonderprüfungen (z. B. Gründungs-, Depot-, Unterschlagungs-, Wirtschaftlichkeits-, Kreditwürdigkeitsprüfung) durch Wirtschaftsprüfer bzw. Wirtschaftsprüfungsgesellschaften. Die Prüfung des Jahresabschlusses bezieht sich auf die Beurteilung der Ordnungsmäßigkeit der Buchführung, die zutreffende Gliederung von Bilanz und Gewinn-und-Verlust-Rechnung sowie die richtige Bewertung der Bilanzposten. Auch die Erläuterungen des Jahresabschlusses im Geschäftsbericht sind zu prüfen. Das Prüfungsergebnis wird in einem Bestätigungsvermerk *(Testat)* zusammengefaßt.

Wirtschaftspublizistik, Gesamtheit der Berichterstattung und Kommentierung von Wirtschaftsfragen in Massenmedien; i. e. S. die **Wirtschaftszeitschriften** (Fach- und Verbandsorgane der einzelnen Wirtschaftsbereiche sowie Zeitschriften mit umfassendem Charakter) und die **Wirtschaftszeitungen** (an Börsentagen erscheinende Zeitungen mit polit. und kulturellem Teil), i. w. S. auch die Wirtschaftsberichte und -kommentare in allg. Tages- und Wochenzeitungen, sonstigen Zeitschriften, in Hörfunk und Fernsehen.

Wirtschaftsrechnung, von der amtl. Statistik durchgeführte Erhebungen über die Einnahmen- und Ausgabenstruktur von privaten Haushalten in verschiedenen Einkommensklassen. Sie beruhen auf der freiwilligen Mitarbeit von Haushaltungen. Aus der W. wird der Preisindex für die Lebenshaltung ermittelt.

Wirtschaftsrecht, Gesamtheit der Rechtsvorschriften, mit denen die Rechtsbeziehungen der am Wirtschaftsleben beteiligten Organisationen und Personen geregelt werden. Während im liberalen Staat das Prinzip der Vertragsfreiheit bestimmend war, greift der heutige soziale Rechtsstaat in vielfältiger Weise ordnend und lenkend in das Wirtschaftsleben ein. Zum W. im klass. Sinne gehören BGB, Handels- und Gesellschaftsrecht, Wertpapierrecht, Börsen- und Versicherungsrecht sowie der gewerbl. Rechtsschutz. Des weiteren zählen hierzu das Währungs-, Geld- und Münzwesen, das Steuerrecht, das Kartellrecht (Gesetz gegen Wettbewerbsbeschränkungen), das Kammerrecht, insbes. der Industrie- und Handelskammern und der Handwerkskammern, und das Recht der Wirtschaftsaufsicht. Zur sozialen Marktwirtschaft gehören insbes. das Individual- und Kollektivarbeitsrecht (z. B. Kündigungsschutzgesetz, Betriebsverfassungsgesetz, Mitbestimmungsrecht, Tarifrecht) sowie Regelungen zur Wirtschaftsförderung, z. B. Subventionierungen und Konjunkturprogramme. Wesentl. Bestandteil des W. ist des weiteren das Haushaltsrecht des Bundes und der Länder.

Wirtschaftssicherstellungsgesetz
↑Sicherstellungsgesetze.

Wirtschaftssoziologie, Bez. für jene soziolog. Ansätze und Theorien, die die Probleme wirtsch. Handelns als Form sozialen Handelns, das Wirtschaftssystem als Subsystem des Gesellschaftssystems und die ökonom. Entwicklung als Bestandteil gesellschaftl.-histor. Wandels aufarbeiten. Wirtschaft wird im Verhältnis zur Gesellschaft entweder als Basis sozialer Prozesse (Marxismus) oder als Subsystem von Gesellschaft (Funktionalismus) begriffen.

Wirtschaftsspionage (Industriespionage, Werkspionage), das Ausforschen und der Verrat von Geschäfts- und Betriebsgeheimnissen in Wirtschaftsunternehmen. Soweit die W. nicht nach dem StGB (z. B. als Diebstahl oder Unterschlagung) strafbar ist, kann der Verrat von Geschäftsgeheimnissen durch Betriebsangehörige, u. U. auch durch Betriebsfremde, auf Antrag nach dem Gesetz gegen den unlauteren Wettbewerb bestraft werden.

Wirtschaftsstrafrecht, Gesamtheit der Rechtsvorschriften, die zum Schutz eines geordneten Wirtschaftslebens und zur Sicherung der am Wirtschaftsprozeß Beteiligten bestimmte Verhaltensweisen verbieten und mit Strafe oder Bußgeld bedrohen. Zum W. gehören Vorschriften des StGB (Wirtschaftskriminalität), das WirtschaftsstrafG i. d. F. von 1975 (enthält Strafnormen für Verstöße gegen die ↑Sicherstellungsgesetze und ein-

Wirtshausschilder. Hotel Post in Langenburg

Wirtschaftsstufen

zelne Ordnungswidrigkeitentatbestände für Verstöße z. B. gegen die Preisregelung) sowie Straf- und Ordnungswidrigkeitentatbestände in zahlr. Einzelgesetzen auf dem Gebiet des Wirtschafts- und Wirtschaftsverwaltungsrechts (z. B. im AktienG, GmbH-Gesetz, Gesetz gegen den unlauteren Wettbewerb und in der Gewerbeordnung).

Wirtschaftsstufen, nach bestimmten (umstrittenen) Kriterien voneinander abgrenzbare Entwicklungsstadien in der Wirtschaftsgeschichte. Entwickelt wurde die Theorie der W. v. a. von der ↑historischen Schule [der Nationalökonomie] und hier insbesondere von F. List. Den Stufentheorien liegt die Auffassung zugrunde, daß die W. jeweils organisch auseinander hervorgehen. Unter den neueren Stufentheorien erlangte v. a. die von W. W. Rostow Bedeutung, der fünf Wachstumsstadien, eine traditionelle Gesellschaft, ein Übergangsstadium, ein Startstadium, ein Reifestadium und schließl. die Massenkonsumgesellschaft unterschied.

Wirtschaftssubjekt, allg. jeder Teilnehmer am Wirtschaftsleben (Privatmann, jurist. Person, öffentl.-rechtl. Körperschaft, Staat); i. e. S. der Wirtschaftstheorie der Mensch als Gestalter der Wirtschaft und Träger des Wirtschaftsprozesses (z. B. Produzent und Konsument).

Wirtschaftssystem, nach W. Sombart die durch die Grundbestandteile der Wirtschaftsgesinnung (z. B. wirtsch. Prinzip), die Wirtschaftsordnung (z. B. Wettbewerbswirtschaft) und die Technik der Wirtschaft (z. B. Automatisierung) geprägte Eigenart und histor. Gestalt des Wirtschaftslebens in den jeweiligen Epochen und Kulturen.

Wirtschaftstheorie (Volkswirtschaftstheorie), Kerngebiet der Volkswirtschaftslehre, dessen Objekt die wiss. Beschreibung und Erklärung der Einzel- und insbes. der gesamtwirtschaftl. Prozesse ist. Die W. wählt dabei entweder ein logisch-deduktives Vorgehen, bei dem auf dem Wege fortschreitender Abstraktion Modellvorstellungen mit dem Ziel, ein vereinfachtes Abbild der ökonom. Realität zu gewinnen, erarbeitet werden, oder ein empirisch-induktives Verfahren, bei dem sie allgemeingültige Aussagen aus einer universalen Gesamtschau realer ökonom. Phänomene zu gewinnen sucht.

Wirtschafts- und Sozialausschuß, ein Organ der ↑Europäischen Wirtschaftsgemeinschaft.

Wirtschafts- und Sozialrat, ein Organ der UN, ↑Economic and Social Council.

Wirtschafts- und Sozialwissenschaftliches Institut des Deutschen Gewerkschaftsbundes GmbH, Abk. WSI, gegr. 1946 als „Wirtschaftswissenschaftl. Institut der Gewerkschaften GmbH" (WWI), heutiger Name seit 1972, Sitz Düsseldorf. Satzungsgemäßer Zweck des WSI sind eigene Forschungen im Bereich der Wirtschafts- und Sozialwissenschaften, der Zukunftsforschung und des Umweltschutzes, Beteiligung an inner- und außerdt. Forschungsvorhaben, Förderung des wiss. Nachwuchses, Erstattung von Gutachten, Hg. von Publikationen.

Wirtschaftsverbände, Zusammenschlüsse von Unternehmern bzw. Unternehmen einzelner Wirtschaftszweige zur Förderung und Wahrnehmung der gemeinsamen wirtsch. Interessen, insbes. gegenüber der Öffentlichkeit und staatl. Stellen.

Wirtschaftsverfassung ↑Wirtschaftsordnung.

Wirtschaftswissenschaften, Forschung und Lehre, die sich mit Wesen, Ordnung, Aufbau, Ablauf und Ziel der Wirtschaft beschäftigen. Traditionell werden die W. je nach Untersuchungsgegenstand in die beiden Hauptgebiete Betriebswirtschaftslehre und Volkswirtschaftslehre einschließl. Finanzwiss. unterteilt. - Neben der Mathematik sind für die W. v. a. von Bedeutung: Rechtswiss., Soziologie, polit. Wiss. sowie die Bereiche der Statistik, Wirtschaftsgeschichte, Wirtschaftsgeographie, Arbeitsphysiologie und Arbeitspsychologie.

Wirtschaftswunder, Schlagwort v. a. für die rasche wirtsch. Entwicklung in Deutschland nach dem 2. Weltkrieg, bes. in der BR Deutschland nach der ↑Währungsreform. Die Ursachen für das W. werden v. a. in den Rahmenbedingungen der sozialen Marktwirtschaft, der erfolgreichen Währungsreform, der ausländ. Hilfe, v. a. durch den Marshallplan (↑Marshallplanhilfe), sowie in dem großen Einsatzwillen der Arbeitnehmer gesehen. - Vielfach werden mit dem Begriff des W. auch Kritik, z. B. wegen einer damit verbundenen Restauration alter Besitzverhältnisse und entsprechend starker Ungleichheit in der Vermögensverteilung, und kulturpessimist. Betrachtungen wegen einer Reduzierung der Interessen der Menschen auf leibl. Bedürfnisse (z. B. „Freßwelle") verbunden.

Wirtshausschilder, Form der Aushängeschilder, die an Gasthäusern zur Werbung und Kennzeichnung angebracht wurden, meist an einem schmiedeeisernen Arm hängende Zeichen und Embleme. Schon für die röm. Antike bezeugt, während im MA ein Ausschank nur durch Zeichen wie den grünen Kranz, Kannen, Maibüsche vor der Tür angezeigt wurden. Erst seit dem 13. Jh. kam das städt. Beherbergungswesen auf; die W. bildeten vom 15. Jh. bis weit in das 19. Jh. hinein einen blühenden Zweig der Volkskunst. Die dargestellten Motive gehen auf Wappen, Zunftzeichen, amtl. Stationen, Schutzpatrone, Attribute u. a. zurück. - Abb. S. 167.

Wirtswechsel, in der Biologie der bei vielen Parasiten regelmäßig mit Erreichen eines bestimmten Entwicklungsstadiums erfolgende Übergang von einem Wirtsorganismus *(Wirt)* auf einen anderen. Beim letzten Wirt *(Endwirt)* erreicht der Parasit seine Geschlechtsreife; alle vorausgehenden Wirte, bei denen die Jugendstadien parasitieren, heißen *Zwischenwirte*.

Wischnewskaja, Galina Pawlowna, *Leningrad 25. Okt. 1926, sowjet. Sängerin (Sopran). - Kam 1952 ans Moskauer Bolschoi-Theater, gastierte seit Ende der 50er Jahre auch im Ausland, v. a. in Rollen des russ. Fachs. 1974 verließ sie mit ihrem Mann, M. L. ↑ Rostropowitsch, die Sowjetunion.

Wischnewski, Hans-Jürgen, *Allenstein 24. Juli 1922, dt. Politiker (SPD). - Zunächst Gewerkschaftssekretär; seit 1957 MdB; Experte für afrikan. und arab. Fragen (Spitzname „Ben Wisch"); vielfach mit Sondermissionen betraut, u. a. 1965 in der Krise um die diplomat. Anerkennung Israels durch die BR Deutschland; 1966-68 Min. für wirtsch. Zusammenarbeit; 1968-71 Bundesgeschäftsführer der SPD; 1974-76 Staatsmin. im Auswärtigen Amt, 1976-80 und 1982 im Bundeskanzleramt, 1979-82 stellv. Parteivors., 1980-83 stellv. Fraktionsvors.; 1984-85 SPD-Schatzmeister.

Wischnu (Vischnu), Gott des Hinduismus (auch Hari genannt). Während W. im Weda noch kaum erwähnt wird, entwickelt er sich im klass. Hinduismus neben Brahma und Schiwa zu einem der höchsten Götter. W., der in zehn Inkarnationen (↑Awatara) auf der Erde erscheint (u. a. als Krischna), um die Welt von Dämonen zu befreien und den ↑Dharma zu schützen, ist im Ggs. zu dem furchtbaren und unheiml. Schiwa ein gütiger Gott. W. wird dargestellt mit den Attributen Schnecke (Schankha), Rad (Tschakra), Keule und Lotus in den Händen. - Abb. Bd. 9, S. 345.

Wischnuismus (Vischnuismus), Hauptrichtung des Hinduismus, in der Wischnu als der höchste Gott verehrt wird. Die frühe Entwicklung des W., dessen Anfänge bereits im „Rigweda" zu erkennen sind, liegen wie die des Schiwaismus weitgehend im dunkeln. Seit dem ausgehenden 1. Jt. v. Chr. wurden lokale Götter und Heroen integriert, die Lehre von den ↑Awataras entwickelt und mit der Aufnahme der Bhagawata-Religion die Gottesliebe (↑Bhakti) als Heilswegs anerkannt. Zw. dem 11. und 15. Jh. bilden sich die vier klass. wischnuit. Schulen. Sie unterscheiden sich nach der Interpretation des Verhältnisses von Welt, Seele und Gott zueinander und gehen auf die Philosophen Ramanudscha (11. Jh.), Nimbarka (13. Jh.), Madhwa (13. Jh.) und Wallabha (15. Jh.) zurück. Im 17. Jh. gewinnt der W. großen Einfluß in Maharashtra.

Wisconsin [engl. wɪsˈkɔnsɪn], einer der Staaten des Mittleren Westens der USA, 145 436 km², 4,78 Mill. E (1984), Hauptstadt Madison.

Landesnatur: W. hat im nördl. Hügelland Anteil am Kanad. Schild. Nach S geht dieser in eine flachwellige Schichtstufenlandschaft, die zentrale Ebene von W., über. Abgesehen von einem Geb. im SW wurde das Landschaftsbild von der Eiszeit geprägt mit Endmoränenzügen und über 9000 Seen. - Das vorherrschende Kontinentalklima wird durch die Großen Seen (im N Oberer See, im O Michigansee) gemildert. Der N weist im Mittel eine frostfreie Periode von 120 Tagen, der S von 150 Tagen auf. - Urspr. waren über 85% des Geb. mit Wald bedeckt. Die Steppen im S und W werden heute landw. genutzt.

Bevölkerung, Wirtschaft, Verkehr: Rd. 94% der Bev. sind europ., rd. 4% afrikan. Herkunft; daneben leben indian. und asiat. Minderheiten in W.; neben staatl. und privaten Colleges bestehen 2 private Univ. und die University of W. System mit Hauptsitz in Madison. - W. gilt als der Milchwirtschaftsstaat (Dairy State) der USA (1,8 Mill. Milchkühe). Angebaut werden Mais, Bohnen, Erbsen, Kartoffeln, Tabak, Hafer. Die Holzwirtschaft ist von großer Bed., da 43% der Fläche bewaldet sind. Abgebaut werden Zink-, Kupfer- und Eisenerze sowie Kalkstein, Kies und Sand. Die meisten Ind.betriebe liegen am Ufer des Michigansees. Schwerind. ist im Raum Milwaukee konzentriert; bed. Fremdenverkehr. - Das Eisenbahnnetz ist rd. 7400 km lang, das Straßennetz rd. 173 200 km. 14 Häfen sind für Hochseeschiffe über den Sankt-Lorenz-Seeweg zugängl., auf dem Mississippi werden v. a. Kohle und Erdöl transportiert. W. verfügt über 97 öffentliche ⚓.

Geschichte: Erste Europäer im Gebiet von W. waren Franzosen (1634); kam Ende des 17. Jh. als Teil von Louisiane zu Frankr., 1763 in brit. Besitz, 1783 als Teil der Northwest Territories in den Besitz der USA, wurde jedoch noch bis nach dem Brit.-Amerikan. Krieg (1812-14) von den Briten kontrolliert; eigtl. Massenbesiedlung ab Mitte der 1830er Jahre, als die Kriege mit den Indianern zu einem Ende kamen. 1836 als Territorium der USA anerkannt; 1848 als 30. Staat in die USA aufgenommen; stand im Sezessionskrieg fest auf der Seite der Union.

📖 *Current, R. N.: W. New York 1977.*

Wisconsin River [engl. wɪsˈkɔnsɪn ˈrɪvə], linker Nebenfluß des Mississippi, entspringt im nördl. Wisconsin, mündet nw. von Dubuque, 690 km lang.

Wise [engl. waɪz], Isaac Mayer, *Steingrub (Böhmen) 29. März 1819, † Cincinnati 26. März 1900, amerikan. Rabbiner. - Ab 1846 in den USA; Organisator des amerikan. Reformjudentums.

W., Robert, *Winchester (Ind.) 10. Sept. 1914, amerikan. Filmregisseur. - Drehte neben Horrorfilmen (z. B. „Der Leichendieb" 1945; „Bis das Blut gefriert", 1963) u. a.: „Ring frei für Stoker Thompson" (1949), „West Side Story" (1961), „Die Hindenburg" (1975).

W., Stephen Samuel, * Budapest 17. März 1874, † New York 19. April 1949, amerikan. Rabbiner und Zionist. - Arbeitete an der Formulierung der ↑ Balfour-Deklaration mit. Mit N. Goldmann gründete er 1936 den ↑ World Jewish Congress.

Wiseman, Nicholas Patrick [engl. 'waɪzmən], * Sevilla 2. Aug. 1802, † London 15. Febr. 1865, engl. kath. Theologe und Kardinal (seit 1850). - Erreichte 1850 die Wiederherstellung der kath. Hierarchie in England und wurde der erste Erzbischof von Westminster seit der Reformation.

Wisent (Bison bonasus), urspr. in Europa, Asien und N-Afrika v. a. in Wäldern weit verbreitete Rinderart; sehr groß und kräftig gebaut, Höchstgewicht 1 000 kg, Länge 3,1 bis 3,5 m, Schulterhöhe bis 2 m (Schulterregion auffallend erhöht); Färbung dunkelbraun, Kopf und Vorderkörper lang wollig behaart, Hinterkörper kurzhaarig; relativ kurze, aufgebogene Hörner bei ♂♂ und ♀♀; Pflanzenfresser; zu Beginn des 20. Jh. fast ausgerottet, heute wieder über 1 000 reinblütige Tiere, die gezüchtet wurden und z. T. wieder in freier Wildbahn leben.

Wislicenus, Johannes, * Kleineichstädt (bei Querfurt) 24. Juni 1835, † Leipzig 5. Dez. 1902, dt. Chemiker. - Prof. in Zürich, Würzburg und Leipzig. W. leistete Vorarbeiten zur Lehre vom asymmetr. Kohlenstoffatom und untersuchte v. a. die geometr. Isomerie chem. Verbindungen.

Wismar, Krst., am S-Ende der W.bucht, Bez. Rostock, DDR, 57 500 E. Verwaltungssitz des Landkr. W.; Fachhochschule für Schwermaschinenbau, Elektrotechnik und Bauwesen; Theater. Großwerft, Zulieferbetriebe für den Schiffbau; Hafen. - Erscheint bereits 1229 als Stadt mit lüb. Recht; 1257-1358 mecklenburg. Residenz; neben Lübeck, Rostock und Stralsund eine der mächtigsten Hansestädte (Wend. Hansequartier); kam 1648 als Reichslehen an die schwed. Krone (bis 1803; endgültiger Verzicht Schwedens 1903) und wurde zu einer starken Festung ausgebaut. - Stark zerstört im 2. Weltkrieg (Ruinen der Georgs- und Marienkirche). Erhalten sind u. a. die spätgot. Nikolaikirche (14./15. Jh.), der Fürstenhof (16. Jh.) im Stil der italien. Frührenaissance, die Wasserkunst (1580-1602), spätgot. Giebelhäuser, u. a. „Alter Schwede" (um 1380), sowie das klassizist. Rathaus (1817-19).

W., Landkr. im Bez. Rostock, DDR.

Wismut, chem. Symbol Bi (von der im MA übl. Bez. Bismutum), metall. Element aus der V. Hauptgruppe des Periodensystems der chem. Elemente, Ordnungszahl 83, relative Atommasse 208,98, Dichte 9,747 g/cm³, Schmelzpunkt 271,3°C, Siedepunkt 1560°C. Das rötl.-weiße Schwermetall besitzt die geringste Leitfähigkeit für Wärme und elektr. Strom aller Metalle; in nichtoxidierenden Säuren ist es unlöslich. Mit $2 \cdot 10^{-5}$ Gew.-% Anteil an der Erdkruste steht es in der Häufigkeit der chem. Elemente an 66. Stelle. W. kommt sowohl gediegen als auch in Form von Verbindungen vor; es wird v. a. aus den Abfallprodukten der Blei- und Kupfergewinnung sowie durch Rösten und anschließende Reduktion von W.erzen mit Kohle gewonnen. Die niedrigschmelzenden W.legierungen (Newton-Metall, Roses Metall und Woodsches Metall) werden für Schmelzsicherungen und Weichlote verwendet. - W. war schon im frühen MA bekannt; seine Gewinnung wurde 1555 von G. Agricola beschrieben.

Wismutglanz (Bismuthinit), Mineral von weißer Farbe, strahlig-nadelig, auch säulig; chem. Bi_2S_3; Mohshärte 2; Dichte 6,4–6,6 g/cm³.

Wismutnitrat, $Bi(NO_3)_3 \cdot 5H_2O$; mit fünf Molekülen Kristallwasser kristallisierendes Wismutsalz der Salpetersäure; wird durch Wasser zu bas. reagierendem W., $BiO(NO_3)$ oder $Bi_2O_2(OH)(NO_3)$, zersetzt, das medizin. als mildes Desinfektionsmittel angewandt wird.

Wissell, Rudolf, * Göttingen 8. März 1869, † Berlin 13. Dez. 1962, dt. Politiker. - 1908-18 Mgl. der Generalkommission der Gewerkschaften, 1918/19 deren 2. Vors.; 1918 und ab 1920 MdR (SPD), in der Novemberrevolution Mitglied des Rats der Volksbeauftragten, 1919 Mgl. der Nationalversammlung; Reichswirtschaftsmin. Febr.–Juli 1919, versuchte vergebl., ein planwirtsch. Programm durchzusetzen; 1919-23 Vorstandsmgl. des ADGB; 1928-30 Reichsarbeitsmin.; nach 1945 am Neuaufbau der Gewerkschaften beteiligt.

Wissen, 1. allg. verfügbare Orientierungen im Rahmen alltägl. Handlungs- und Sachzusammenhänge *(Alltags-W.)*; 2. im engeren, philosoph. und wiss. Sinne im Unterschied zu Meinung und (philosoph.) Glauben die auf Begründungen bezogene und strengen Überprüfungspostulaten unterliegende Kenntnis, institutionalisiert in den ↑ Wissen-

Wisent

schaften. In der modernen Logik, Sprachphilosophie und Wissenschaftstheorie richtet sich das philosoph. Interesse auf sprachkrit. Analysen im Bedeutungsfeld von „wissen", „meinen" und „glauben" und auf den für den Aufbau eines begründeten W. wesentl. Zusammenhang von lebensweltl. Orientierungen und (theoret.) Sprach- und Wissenschaftskonstruktionen.

Wissenschaft, 1. Lebens- und Weltorientierung, die auf eine spezielle (meist berufsmäßig ausgeübte) Begründungspraxis aufgebaut ist; 2. die Tätigkeit, die das wiss. Wissen hervorbringt. - Gegenüber dem unabgesicherten, häufig subjektiven Meinen muß das wiss. Wissen - seinem Anspruch nach - begründet werden, es muß in jeder kompetent und rational geführten Argumentation Zustimmung finden können. In diesem Sinne wird W. erstmals im W.verständnis der klass. griech. Philosophie von Sokrates bis Aristoteles begriffen. Bis ins 18. Jh. hinein wird kaum zw. Philosophie und W., z. B. Naturphilosophie und naturwiss. Physik, unterschieden. Dagegen gelten in Berichten nach Art geordneter Faktensammlungen zusammengestellte Kenntnisse nicht als W., sondern als Geschichte. Seit dem 19. Jh. hat eine Auflösung des begründungsorientierten W.begriffs zugunsten method. Normen und der Beherrschung empir. Daten stattgefunden. Damit wird zugleich die traditionelle allg. Trennlinie zw. wiss. (philosoph.) und histor. Wissen hinfällig. - Neben den klass. wiss. Disziplinen und den neuzeitl. Natur-W. entwickeln sich die ↑ Geisteswissenschaften, die die Tradition der „freien Künste", wie Grammatik und Rhetorik, verlassen und den begründeten Inhalt eines „histor. Bewußtseins" der Gesellschaft liefern. - Allg. ist wiss. Wissen bereits für seine ersten (grundlegenden) Schritte auf vorwiss. sprachl. und (für die Natur-W.) handwerkl. Fähigkeiten angewiesen; diese Tatsache hat in jüngster Zeit die operative und konstruktive W.theorie wieder in den Blick gerückt und genauer erforscht.

📖 *Funke, G./Scheibe, E.: W. u. W.begriff. Wsb. 1983. - Voraussetzungen u. Grenzen der W. Hg. v. G. Radnitzky u. G. Andersson. Tüb. 1981. - Fortschritt u. Rationalität der W. Hg. v. G. Radnitzky u. a. Tüb. 1980. - Entfremdete W. Hg. v. G. Böhme u. M. v. Engelhardt. Hamb. 1979. - Mittelstraß, J.: Die Möglichkeit v. W. Ffm. 1974.*

Wissenschaft des Judentums, um 1820 geprägte Bez. für die wiss. Erforschung der jüd. Religion sowie der Geschichte und Literatur der Juden. 1822/23 erschien die programmat. „Zeitschrift für die W. d. J.", deren Hauptanliegen die Erforschung der eigenen religiösen und kulturellen Vergangenheit war, um so zu einer neuen Selbstbestimmung zu gelangen und die jüd. Position in der Umwelt zu verdeutlichen. Die Hauptvertreter der W. d. J. waren neben ihrem eigtl. Begründer L. Zunz S. J. L. Rapoport, A. Geiger und M. Steinschneider. Mit der Gründung der Hebr. Univ. Jerusalem 1925 wurde die W. d. J. erstmals wiss. Disziplin an einer Univ. und konnte ihre Forschungsgebiete weiter auffächern, so daß allmächl. auch der Begriff der W. d. J. eine Änderung erfuhr: So spricht man heute von „Jewish studies" bzw. in Deutschland von *Judaistik*, die in der BR Deutschland an der Univ. in Berlin, Frankfurt am Main und Köln Lehrfach ist und außerdem an den meisten ev.-theolog. Fakultäten in eigenen Seminaren betrieben wird.

Wissenschaftliche Buchgesellschaft, gegr. 1949 in Tübingen als „Wiss. Buchgemeinschaft" (v. a. preiswerte Reprints); 1953 als W. B. nach Darmstadt verlegt; auch zahlr. Erstveröffentlichungen zu günstigen Preisen (für Mitglieder).

wissenschaftlicher Rat, Hochschullehrer ohne eigenen Lehrstuhl, der beamten- und besoldungsrechtl. zw. Privatdozenten und außerplanmäßigen Prof. eingruppiert ist und nicht wie ordentl. Prof. emeritiert (↑ Emeritierung), sondern pensioniert wird; amtl. Berufsbez.: *Wiss. Rat und Professor.*

wissenschaftlicher Sozialismus ↑ Marxismus, ↑ auch Sozialismus.

wissenschaftlich-technischer Fortschritt ↑ Fortschritt.

Wissenschaftsethik ↑ Ethik.

Wissenschaftsfreiheit, zusammenfassende Bez. für die in Art. 5 Abs. 3 GG (als Reaktion auf die im NS herrschende wissenschaftsfeindl. Politik und den staatl. Eingriffe in die Forschung bis hin zur Unterdrückung ganzer Forschungsrichtungen) als Grundrecht gewährte Freiheit der Wiss., Forschung und Lehre. Die W. beinhaltet zum einen das Recht der einzelnen Wissenschaftlers auf wiss. Betätigung, wiss. Erkenntnis und ihre Verbreitung bzw. lehrmäßige Vermittlung und zum anderen die institutionelle Garantie der wiss. Hochschule (Universität) und ihrer akadem. Selbstverwaltung. An den Staat gerichtet enthält Art. 5 Abs. 3 GG den Verfassungsauftrag, Wiss. und Forschung zu pflegen; die Schranken der W. sind nicht festgelegt.

Wissenschaftsrat, (Dt. Wissenschaftsrat) 1957 auf Grund eines Verwaltungsabkommens zw. Bund und Ländern in der BR Deutschland gegr. zentrales Beratungsgremium für die Förderung von Wiss. und Hochschulen; Sitz Köln. Hauptaufgaben des W. sind die Erarbeitung von Lösungsvorschlägen und Empfehlungen zur inhaltl. und strukturellen Förderung und Entwicklung von Hochschulen, Wiss. und Forschung und zum Hochschulbau bei gleichzeitiger Festlegung von Schwerpunkten sowie die Koordinierung der von Bund und Ländern aufgestellten Pläne in einem Gesamtplan. Themat. Schwerpunkte sind z. Z. die Konkretisierung der Weiterbildungsaufgaben der Hochschulen,

Wissenschaftssoziologie

die Fragen zur künftigen Stellung und Funktion der Fachhochschulen, die Förderung des wiss. Nachwuchses und Probleme der Drittmittelforschung.

◆ in der *Schweiz* 1965 gegr., seit 1968 im Hochschulförderungsgesetz verankertes beratendes Organ des Bundesrates für alle Fragen der nat. und internat. Wiss.politik. Er erarbeitet und überprüft die Grundlagen für eine gesamtschweiz. Wiss.- und Forschungspolitik; gleichzeitig nimmt er zu den Empfehlungen der Hochschulkonferenz über Investitionsgesuche der Kt. sowie über die Beitragsberechtigung weiterer Inst. Stellung.

Wissenschaftssoziologie, aus der Wissenssoziologie entstandene soziolog. Disziplin; untersucht die religiösen, kulturellen, polit. und sozialen Bedingungen für die Herausbildung bestimmter wiss. Theoriesysteme, den Einfluß der wiss.-techn. Entwicklung auf die Herausbildung neuer Arbeits- und Kooperationsformen und Reproduktionsweisen (Lebens- und Freizeitstil, Konsumverhalten), die Probleme der Ablösung tradierter Normen, Wertvorstellungen und Wiss.ideale durch rationale, auf Gesellschaftsplanung ausgerichtete Wiss.systeme und deren Organisationsbedingungen.

Wissenschaftssprache, die Fachsprache einer Einzelwiss. oder der Wiss. insgesamt. Die W. soll frei sein von Mehrdeutigkeiten und Unbestimmtheiten in der Bed. ihrer Ausdrücke; sie soll geeignet sein, in eine formale Sprache adäquat übersetzt zu werden.

Wissenschaftstheorie, wichtigstes Teilgebiet der zeitgenöss. theoret. Philosophie; Gegenstand der W. sind die Untersuchungen über Voraussetzungen, Methoden, Strukturen, Ziele und Auswirkungen von Wissenschaft. Die Entstehung einer eigenständigen Disziplin im ersten Drittel des 20. Jh., auch als „wissenschaftstheoret. Wende" der theoret. Philosophie bezeichnet, ist Konsequenz sowohl der Entwicklung der Philosophie als auch der Wiss. und ihrer Grundlagenkrisen. Der Aufgabe der W., den Sinn der wiss. Aussagen und ihre Methoden der Begründung zu klären, hat sich die Philosophie sporad. bereits seit ihren griech.-abendländ. Anfängen unterzogen. Erkenntnistheorie als Theorie von nicht nur auf Wiss. beschränktem Erkennen und Wissen war häufig ihr disziplinärer Rahmen. Die Entwicklung der formalen Logik und der Sprachphilosophie sowie die im Rahmen klass. Denkgewohnheiten nicht erfaßbaren Vorstellungen der Quantentheorie und der Relativitätstheorie führten zur Entstehung der neueren W., die zunächst wesentl. bestimmt ist durch den Neopositivismus bzw. log. Empirismus († auch analytische Philosophie). Dagegen begründet K. R. Popper die zweite Grundrichtung der neueren W., den † kritischen Rationalismus, nach dem sich W. auf die Untersuchung der Bedingungen für eine Falsifikation der als Hypothesen aufgefaßten wiss. Theorien beschränken muß. Der begründungstheoret. Ansatz wird, gefördert durch die analyt. Philosophie, zum einen von der analyt. W., zum anderen in der operationalist. orientierten, von P. Lorenzen begründeten konstruktiven W. fortgeführt. - Das Verhältnis der W. zu den Wiss. ist ambivalent: Fakt. wiss. Forschung steht oft unter anderen Bedingungen als ihre in der W. analysierten Strukturen und Normen. Das infolge der modernen Arbeitsteilung entstandene Spannungsverhältnis von Wiss. und W. dient letztl. der Klärung des Selbstverständnisses der Wissenschaften und des Weltverständnisses der Philosophie.
📖 *Seiffert, H.:* Einf. in die W. Mchn. [8-10]1983–85. 3 Bde. - *Tschamler, H.:* W. Bad Heilbrunn [2]1983. - *Popper, K. R.:* Logik der Forschung. Tüb. [7]1982. - *Hempel, C. G.:* Aspekte wiss. *Erklärung.* Dt. Übers. Bln. u. New York 1977. - *Weingartner, P.:* W. Stg. [1-2]1976–78. 2 Bde. - *Lorenzen, P.:* Konstruktive W. Ffm. 1974. - *Losee, J.:* W. Eine histor. Einf. Dt. Übers. Mchn. 1977. - *Essler, W. K.:* W. Freib. u. Mchn. 1970–79. 4 Bde.

Wissenssoziologie, eine soziolog. Disziplin, die sich mit der Zuordnung von Sein und Bewußtsein, von gesellschaftl. Strukturen, materiellen Daseinsbedingungen und soziohistor. Prozessen einerseits und ihrer theoret. Reflexion, den Vorstellungen über soziale Zusammenhänge, den Denkstrukturen und Bewußtseinslagen andererseits beschäftigt; entstand aus dem Bestreben, jegl. schicht- und klassengebundene gesellschaftl. Denken unter „Ideologieverdacht" zu stellen und demgegenüber das Ideal einer „freischwebenden Intelligenz" (K. Mannheim) als Grundlage für die wertneutrale Analyse des Verhältnisses von sozialem Sein und gesellschaftl. Bewußtsein zu vertreten.

Wissler, Clark [engl. ˈwɪslə],* in der County Wayne (Ind.) 18. Sept. 1870, † New York 25. Aug. 1947, amerikan. Ethnologe.- Prof. in New Haven; entwickelte eine Methode zur Bestimmung des relativen Alters einzelner Kulturzüge entsprechend ihrer Häufigkeit und geograph. Verbreitung.

Wissmann, Hermann von (seit 1890), * Frankfurt/Oder 4. Sept. 1853, † Weißenbach (= Haus, Steiermark) 15. Juni 1905, dt. Afrikaforscher. - Durchquerte 1880–82 als erster Äquatorialafrika von W nach O; 1884/85 erforschte er das Kongogebiet. Als Reichskommissar für Dt.-Ostafrika warf er 1888–90 den Aufstand arab. Sklavenhändler mit Hilfe der ersten dt. Schutztruppe nieder; 1895/96 Gouverneur in Dt.-Ostafrika.

W., Wilhelm, * Berlin 27. Febr. 1899, † München 21. Dez. 1966, dt. Indogermanist. - Prof. in Freiburg, Königsberg, Berlin und München; Vertreter einer philolog. orientierten Sprachwiss.; bed. Arbeiten insbes. zum Germanischen; Mitarbeit an großen lexikograph. Unternehmungen („Dt. Wörterbuch", „Wörterbuch der dt. Pflanzennamen", „Wörterbuch der dt. Tiernamen").

Wissowa, Georg, * Breslau 17. Juni 1859, † Halle/Saale 11. Mai 1931, dt. klass. Philologe. - Prof. in Marburg und Halle/Saale. Unter seiner Leitung begann die Neuausgabe von A. Paulys „Realencyclopädie der class. Alterthumswissenschaft"; wichtige Studien über die röm. Religion und die Topographie Roms.

Wisten, Fritz, * Wien 25. März 1890, † Berlin (Ost) 12. Dez. 1962, dt. Schauspieler und Regisseur östr. Herkunft. - Engagements 1920–33 in Stuttgart und 1933–41 am Theater des jüd. Kulturbundes in Berlin; danach Verfolgung und Haft. 1946–54 Leiter des Theaters am Schiffbauerdamm, 1954–62 der Volksbühne.

Wisteria [nach dem amerikan. Anatomen C. Wistar, * 1761, † 1818], svw. ↑Glyzine.

Witbank [Afrikaans 'vatbaŋk], Stadt im östl. Transvaal, Republik Südafrika, 1622 m ü. d. M., 37 000 E. Zentrum eines Kohlenbergbaugebiets; Schwerindustrie.

Witebsk [russ. 'vitɪpsk], sowjet. Geb.-hauptstadt an der Düna, Weißruss. SSR, 335 000 E. Medizin, veterinärmedizin. Hochschule, PH; Textil-, Leder- und Schuhind., Maschinenbau, Fertighauskombinat; Hafen, Verkehrsknotenpunkt, ✈. - Urkundl. erstmals im frühen 11. Jh. als wichtiger Handelsplatz im Ft. Polozk erwähnt; wurde im 13. Jh. Hauptstadt des gleichnamigen Ft.; kam 1320 unter litauische Herrschaft; im 16. Jh. an Polen abgetreten, im 2. Nord. Krieg fast vollständig zerstört; fiel nach 1772 an Rußland, wurde 1802 Hauptstadt des Gouvernements.

Witege ↑Wittich.

Withalm, Hermann, * Gaweinstal (Niederösterreich) 21. April 1912, östr. Politiker (ÖVP). - 1953–71 Mgl. des Nationalrats, 1956–59 Staatssekretär im Finanzministerium, 1960–70 Generalsekretär der ÖVP, 1966–68 Fraktionsvors., 1968–70 Vizekanzler im Kabinett Klaus; 1970/71 Parteivorsitzender.

Witherit [nach dem brit. Mediziner W. Withering, * 1741, † 1799], Mineral von weißer, grauer oder gelbl. Farbe, auch farblos, meist derb, nierig-traubig oder kugelig. Chem. $BaCO_3$; Mohshärte 3,5; Dichte 4,3 g/cm³; Bariumrohstoff, giftig.

Witim, rechter Nebenfluß der Lena, in Sibirien, 1 978 km lang.

Witjastiefe [russ. 'vitɪzj], Name für 3 im Pazifik gelegene, nach dem sowjet. Forschungsschiff Witjas benannte Meerestiefen: W. I im Marianengraben, die größte bisher ausgelotete Meerestiefe mit 10924 m; W. II, die tiefste Stelle des Tongagrabens, 10 882 m; W. III, die tiefste Stelle des Kermadecgrabens, 10047 m.

Witkiewicz, Stanisław Ignacy [poln. vit'kjɛvitʃ], Pseudonym Witkacy, * Krakau 24. Febr. 1885, † Jeziory bei Dąbrowica (= Dubrowiza, Ukrain. SSR) 18. Sept. 1939, poln. Schriftsteller und Maler. - Haupttheoretiker der avantgardist. Maler- und Dichtergruppe „Formiści". Beging nach dem Einmarsch der Deutschen Selbstmord. Schrieb etwa 30 Theaterstücke, die Vorläufer des absurden Theaters sind, theoret. Arbeiten und Kulturpessimist.-utop. Romane, u. a. „Die Pragmatiker" (Dr., 1920), „Narr und Nonne" (Dr., 1925), „Abschied vom Herbst" (R., 1927).

Witkowski, Maximilian Felix Ernst, urspr. Name des dt. Schriftstellers Maximilian ↑Harden.

Witoscha, Gebirgsstock südl. von Sofia, Bulgarien, bis 2 290 m hoch; am N-Fuß Thermen.

Witt, Johan de, * Dordrecht 24. Sept. 1625, † Den Haag 20. Aug. 1672, niederl. Staatsmann. - 1653 Ratspensionär von Holland, prägte in dieser Funktion die Innen- und Außenpolitik der Vereinigten Niederlande. Gegner der Oranier; suchte die Statthalterwürde ganz abzuschaffen und die Herrschaft der großbürgerl. Oligarchie auf Dauer zu begründen. Scheiterte mit seinem Versuch, Frankr. und England gegeneinander auszuspielen; die den 3. engl.-niederl. Seekrieg begleitende frz. Landoffensive führte zur Ausrufung Wilhelms III. von Oranien zum Statthalter und zum Zusammenbruch der Herrschaft de Witts. Zus. mit seinem Bruder Cornelis vom Pöbel vor der Gevangenpoort in Den Haag gelyncht.

Witte, Emanuel de ['- -], * Alkmaar um 1617, † Amsterdam Anfang 1692, niederl. Maler. - Tätig in Alkmaar, Rotterdam, Delft und Amsterdam. Malte lichtdurchflutete got. Kircheninterieurs, meist Phantasieansichten; der nahsichtige Ausschnitt von maler. Atmosphäre ist bis in den Vordergrund von Menschen belebt.

W., Pieter de ['- -], fläm. Maler, ↑Candid, Peter.

W., Sergei Juljewitsch Graf (seit 1905) [russ. 'vitɪ], * Tiflis 29. Juni 1849, † Petrograd 13. März 1915, russ. Politiker. - 1892 Verkehrs- und Finanzmin. mit weitreichendem Einfluß auf die russ. Innen- und Außenpolitik; 1894 führte er (zum Budgetausgleich) das staatl. Branntweinmonopol und 1897 die Goldwährung ein. Als Vors. des Min.komitees schloß er 1905 den Frieden von Portsmouth zur Beendigung des Russ.-Jap. Krieges und entwarf das Verfassungsmanifest Nikolaus' II., der ihn im Nov. 1905 zum Min.präs. ernannte (bis 1906).

Wittek, Erhart, dt. Schriftsteller, ↑Steuben, Fritz.

Wittekind ↑Widukind.

Wittelsbacher, bayr. Herrscherhaus (1180–1918), das von den Grafen von Scheyern ausgeht und sich 1115 erstmals nach

der Burg Wittelsbach (nö. von Aichach) nannte. 1180 wurde Otto I. Herzog von Bayern; sein Sohn, Hzg. Ludwig I., der Kelheimer, und sein Enkel, Hzg. Otto II. († 1253; ab 1214 Pfalzgraf bei Rhein), waren, vom Eigenbesitz z. Lech und Isar ausgehend, die eigtl. Begründer der wittelsbach. Landesherrschaft in Altbayern. 1255 erfolgte die 1. Teilung: Ludwig II., der Strenge, bekam die Pfalz-Gft. und Oberbayern (Zentrum München), Heinrich XIII. († 1290) Niederbayern (Zentrum Landshut). Aus der oberbayr. Linie stammte Kaiser Ludwig IV., der Bayer (⚭ 1314/28 bis 47), unter dem 1329 die pfälz. Linie (mit der Oberpfalz, 1356 mit der Kurstimme) selbständig wurde. Nach kurzzeitiger Vereinigung (1340) gab es 1349 die 2. Teilung in die Linien Ober- und Niederbayern, 1392 die 3. Teilung in die Linien *Bayern-Ingolstadt* (erloschen 1447), *Bayern-Landshut* (erloschen 1503) und *Bayern-München*, der 1504/05 unter Albrecht IV., dem Weisen, die erneute Zusammenfassung und unter Maximilian I. der Erwerb der (vorher pfälz.) Kurwürde (1623) und der Oberpfalz (1628) gelang. 1777 starb die Linie Bayern-München aus und wurde von dem pfälz. Kurfürsten Karl Theodor (Linie Pfalz-Sulzbach) beerbt. Nach dessen Tod 1799 trat Maximilian IV. (Linie Pfalz-Zweibrücken-Birkenfeld; ab 1806 als Maximilian I. bayr. König) das Erbe an. Neben dieser sont. Linie, die 1832/33–62 mit Otto I. auch den König von Griechenland stellte, gibt es seit 1799 die Nebenlinie der „Herzoge in Bayern". 1918 dankten die W. als bayr. Könige ab.
📖 *Huettl, L.: Das Haus Wittelsbach. Mchn. 1980. - Nähbauer, H. F.: Die W. Mchn. u. Wien 1979. - Reiser, R.: Die W. in Bayern. Mchn. 1978.*

Witten, Hans, * Braunschweig (?) wohl zw. 1470/80, † Annaberg (?) nach 1522, dt. Bildhauer. - Bed. spätgot. Plastik von erfindungsreicher Eigenart; für die Tulpenkanzel im Dom von Freiberg (um 1508–10), eine phantast. Verkörperung der Legende des Bergbaupatrons Daniel, gibt es keine Vorbilder; ebenso original konzipiert ist die Geißelung Christi in der Schloßkirche in Karl-Marx-Stadt (um 1515).

Witten, Stadt im östl. Ruhrgebiet, NRW, 85 m ü. d. M., 102 100 E. Private Univ. W./Herdecke, Märk. Museum; u. a. eisenschaffende und -verarbeitende Ind. - 1214 erstmals urkundl. erwähnt; im 18. Jh. einer der wichtigsten westfäl. Kornmärkte; seit 1825 Stadt.

Witten [niederdt. „Weißer"] (lat. albus), Weißpfennig des lüb. Münzsystems, geprägt seit etwa 1340 als erste Groschenmünze dieses Raumes = 4 Pfenninge (daher auch „*Veerling, Vierling*"), 1379 vom Wend. Münzverein aufgegriffen, geprägt bis ins 16. Jh.

Wittenberg (amtl. Lutherstadt W.), Krst. an der Elbe, Bez. Halle, DDR, 63 m ü. d. M., 54 100 E. Ev. Predigerseminar, Museen, Theater. Düngemittel-, Gummi- u. a. Ind. - 1180 als Burgwardssitz (mit Fischerdorf) erstmals erwähnt; 1293 Magdeburger Stadtrecht; 1212–1422 Residenz der askan., dann der wettin. (1485–1547 ernestin., dann albertin. Linie) Herzöge bzw. Kurfürsten von Sachsen; Gründung der Univ. 1502; hier übernahm M. Luther 1512 eine Professur und von hier gingen die entscheidenden Impulse der Reformation aus. Die Univ. wurde 1815 mit der von Halle (heute Martin-Luther-Univ. Halle-W.) vereinigt. - Schloß (1490 bis nach 1525; jetzt Museum für Natur- und Völkerkunde); angrenzend die spätgot. Schloßkirche (1490–99) mit den Grabstätten Luthers und Melanchthons. Got. Stadtkirche Sankt Marien (um 1300; 1412–70 erweitert); Melanchthonhaus (1536); Rathaus (1522–40, 1570–73 im Renaissancestil verändert), davor die Denkmäler Luthers (von J. G. Schadow) und Melanchthons (von F. Drake).

W., Landkr. im Bez. Halle, DDR.

Wittenberge, Stadt an der Elbe, Bez. Schwerin, DDR, 28 m ü. d. M., 30 500 E. Zellstoff- und Zellwollkombinat, Reichsbahnausbesserungs- und Nähmaschinenwerk. - Entstand bei der wohl bald nach 1136 erbauten Burg, vermutl. im 13. Jh. etwa 1 km nach W verlegt; seit 1300 als Stadt bezeichnet. - Steintor (14. Jh.; Backsteingotik).

Wittenberger Konkordie, das 1536 erzielte Ergebnis der 1530 in Augsburg begonnenen Einigungsverhandlungen (lat. concordia „Eintracht, gutes Einvernehmen") in der Abendmahlsfrage zw. Luther und Bucer. Die Bed. der W. K. liegt eher auf konfessionspolit. Ebene, da durch sie der Anschluß der oberdt. Städte an das Luthertum erfolgte, während eine wirkl. theolog. Annäherung nicht erzielt wurde.

Witterung ↑ Klima.
◆ wm. Bez. für das Geruchsbild, das ein sich v. a. über den Geruchssinn orientierendes Tier (bes. Wild und Hunde) von anderen Tieren oder vom Menschen gewinnt.

Wittgenstein, Ludwig, * Wien 26. April 1889, † Cambridge 29. April 1951, östr. Philosoph. - Aus großbürgerl. jüd. Familie; seit 1908 in Großbritannien. Nach Fertigstellung (1920) seiner „Log.-philosoph. Abhandlung" (seit 1922 u. d. T. „Tractatus logico-philosophicus") gab W. die Philosophie zunächst auf, verschenkte sein Vermögen und arbeitete als Dorfschullehrer und als Gärtner eines Klosters; 1929 Rückkehr nach Cambridge und seit 1939 dort Prof. für Philosophie. - W. gilt als führender Philosoph der ↑ analytischen Philosophie und des Pragmatismus. In seinem Hauptwerk „Tractatus..." vertritt W. die Auffassung, daß Aussagen ein Stück Welt abbilden können (Abbildtheorie), weil sie der sprachl. Ausdruck von Gedanken als log. Bildern von Tatsachen sind. Die Strukturgleichheit von Welt und Sprache zeige sich in der

log. Form der Aussagen. Log. zusammengesetzte Aussagen werden als Wahrheitsfunktionen der Elementaraussagen begriffen, wodurch W. zum Begründer der konsequenten Trennung von Syntax und Semantik in der formalen Logik wurde. Die Konsequenzen seiner frühen Ansichten für die Logik, Mathematik und Wahrscheinlichkeitstheorie wurden im Wiener Kreis bedeutsam. Nach 1929 änderte W. seine philosoph. Position: In den „Philosoph. Untersuchungen" (postum 1953) wird die Bed. eines sprachl. Ausdrucks unmittelbar in seinem alltägl. oder auch berufsspezif. Gebrauch gesucht, der durch „Sprachspiele" der Bed. noch angenähert werden kann. - *Weitere Werke:* Bemerkungen über die Grundlagen der Mathematik (hg. 1956), Philosoph. Grammatik (hg. 1969), Über Gewißheit (hg. 1970), Prototractatus (hg. 1971).
📖 *Baum, Wilhelm: L. W. Mchn. 1985. - Kampits, P.: L. W. Graz 1985. - Schweidler, W.: Wittgensteins Philosophiebegriff. Freib. 1983. - Wallner, F.: Wittgensteins philosoph. Lebenswerk als Einheit. Sottrum 1983. - L. W. Hg. v. M. Nedo u. a. Ffm. 1982. - Fromm, S.: Wittgensteins Erkenntnisspiele contra Kants Erkenntnislehre. Freib. 1979. - Adler, L.: L. W. Eine existentielle Deutung. Basel 1976.*

W., Paul, * Wien 5. Nov. 1887, † Manhasset (N.Y.) 3. März 1961, amerikan. Pianist öst. Herkunft. - Verlor im 1. Weltkrieg seinen rechten Arm, feierte aber trotzdem als Virtuose große Erfolge mit Werken für die linke Hand, die für ihn u. a. R. Strauss, M. Ravel, B. Britten, S. S. Prokofjew und F. Schmidt komponierten.

Wittich (Witege), Heldengestalt der dt. und engl. Dietrichsage, Weg- und Kampfgefährte Dietrichs von Bern.

Wittig, Georg, * Berlin 16. Juni 1897, dt. Chemiker. - Prof. in Braunschweig, Freiburg im Breisgau, Tübingen und Heidelberg; arbeitete über heterocycl. und metallorgan. Verbindungen, Stereochemie, freie Radikale und die Aldolkondensation; entdeckte das Dehydrobenzol (Benz-in) und entwickelte 1953 die ↑ Wittig-Reaktion, wofür er 1967 den Otto-Hahn-Preis für Chemie und Physik und 1979 (zus. mit H. C. Brown) den Nobelpreis für Chemie erhielt. - † 26. Aug. 1987.

Wittig-Reaktion (Wittigsche Olefinsynthese), von G. Wittig 1953 entwickeltes Verfahren zur Herstellung ungesättigter organ. Verbindungen durch Umsetzen von Aldehyden oder Ketonen mit ↑ Yliden: $RR'C=O + CH_2=P(C_6H_5)_3 \rightarrow RR'C=CH_2 + O=P(C_6H_5)_3$ (R, R': Wasserstoffatome oder organ. Reste). Die W.-R. spielt bei der Herstellung ungesättigter Naturstoffe (z. B. Vitamin A und D, Karotinoide, Cholesterinderivate) eine große Rolle.

Wittingen, Stadt in der sö. Lüneburger Heide, Nds., 78 m ü. d. M., 11 400 E. Edelstahl- und Nahrungsmittelind., Brauerei; Hafen. -

Hans Witten, Tulpenkanzel im Dom von Freiberg (um 1508–10)

Erstmals 1014 erwähnt; 1929 Stadtrecht. - Ev. Stadtkirche (Mitte des 13. Jh.) mit spätgot. Chor (um 1500). Feldsteinkirchen aus dem 13. und 14. Jahrhundert.

Wittlich, Krst. 26 km östl. von Bitburg, Rhld.-Pf., 155 m ü. d. M., 15 700 E. Verwaltungssitz des Landkr. Bernkastel-W.; Metallverarbeitung, Gummi- und Textilind.; Garnison. - 1065 erstmals erwähnt, entstand um die Burg der Trierer Erzbischöfe; 1291 Stadtrecht. - Kath. spätmanierist. Pfarrkirche (1708–24); Renaissancerathaus (1652–76).

Wittlin, Józef, * Dmytrów 17. Aug. 1896, † New York 28. Febr. 1976, poln. Schriftsteller. - 1941 Emigration in die USA; bed. Lyriker mit humanist.-pazifist. Idealen, z. B. in „Hymnen" (Ged., 1920); auch Romane („Das Salz der Erde", R., 1935).

Wittling [niederdt.] ↑ Dorsche.

Wittlinger, Karl, * Karlsruhe 17. Mai 1922, dt. Dramatiker. - Verfasser bühnenwirksamer Komödien mit sozialkrit. Thematik, teilweise in Nähe zum Kabarettistischen, u. a. „Kennen Sie die Milchstraße?" (1961), „Nachruf auf Egon Müller" (1970).

Wittmund, Krst. in Ostfriesland, Nds., 7 m ü. d. M., 19 300 E. Kunststoffverarbeitung,

Wittstock

Konrad Witz, Der wunderbare Fischzug (1444). Außenseite des linken Flügels des Petrusaltars. Genf, Musée d'Art et d'Histoire

Wäschefabrik; Mittelpunkt eines agrar. Umlands; Fremdenverkehr. - Erstmals im 12. Jh. gen.; das 1567 erteilte Stadtrecht ging verloren, erst 1929 wieder erteilt. - Ev. barocke Kirche (1775) mit Orgel von A. Schnitger (1648).

Wittstock, Krst. in der östl. Prignitz, Bez. Potsdam, DDR, 66 m ü. d. M., 13 800 E. Tuch-, Holz-, Metall- und Nahrungsmittelind. - Entstand als Suburbium der spätestens 1150 sicher bezeugten Grenzburg der Bischöfe von Havelberg; 1248 Stadtrechte; 1270–1548 Residenz der Bischöfe. - Torturm der Oberburg (13. Jh.; heute Museum); got. Marienkirche (13. Jh.), fast vollständig erhaltene Stadtbefestigung.

W., Landkr. im Bez. Potsdam, DDR.

Wittum [zu mittelhochdt. wideme „Brautgabe"], im german. Recht für die rechtmäßige Ehe nötige, vom Bräutigam zu bewirkende Vermögensleistung, die anfängl. dem Vormund der Braut, ab fränk. Zeit der Braut gegeben wurde. Gegenstand des W. war zunächst nur bewegl. Gut, ab fränk. Zeit auch Immobilien. Urspr. fiel das W. bei Auflösung der Ehe an den Mannesstamm zurück, im MA entfiel das Rückfallsrecht, nun diente das W. zur Witwenversorgung und verblieb der Frau.

Witwen (Viduinae), Unterfam. bis 15 cm langer Webervögel im trop. Afrika; Brutschmarotzer, die ihre Eier in den Nestern von Prachtfinken ablegen; ♂♂ zur Brutzeit prächtig gefärbt, im Ruhekleid sperlingsähnlich. - Zu den W. gehören u. a. Dominikanerwitwe und die **Paradieswitwe** (Steganura paradisaea) mit ockergelbem Genickband und ebensolcher Brust; Schwanz bis 40 cm lang.

Witwenblume, svw. ↑Knautie.

Witwengeld, regelmäßige monatl. Geldzahlungen an die Witwe eines Beamten in Höhe von 60% des Ruhegehaltes, das der Verstorbene erhalten hat oder erhalten hätte, wenn er am Todestag in den Ruhestand getreten wäre. Im Falle einer Wiederverheiratung erhält die Witwe eine *Witwenabfindung* in Höhe des Vierundzwanzigfachen des Witwengeldes.

Witwenrente ↑Rentenversicherung.

Witwenverbrennung, Brauch im orth. Hinduismus: Die Witwe eines Verstorbenen läßt sich nach dem Vorbild der ↑Sati verbrennen, um ihrem Mann nachzufolgen. Trotz Verbots heute noch (selten) praktiziert.

Witwerrente ↑Rentenversicherung.

Witz, Konrad, * Rottweil (?) um 1400, † Basel (oder Genf) um 1445, dt. Maler. - Seit 1435 Bürger in Basel, 1444 in Genf tätig. W. hat in der Überwindung des Weichen Stils große Bed. für die dt. Malerei; in der Erfassung von Raum und Körper und in der Wiedergabe des Stofflichen kommt er zu ähnl.

großartigen Lösungen wie die gleichzeitigen Niederländer, derber und von kühner Einfachheit sind Bildaufbau und Formgebung. Licht und Schatten setzt er als wichtiges Mittel der körperhaften Form und der Raumillusion ein. - *Werke:* Heilspiegelaltar (um 1430 für Sankt Leonhard in Basel, unvollständig erhalten, 9 Tafeln im Basler Kunstmuseum, zwei in Dijon, Musée Municipal, eine in Berlin-Dahlem), Petrusaltar (1444; Genf, Musée d'Art et d'Histoire; bringt die erste identifizierbare Landschaftsdarstellung).

Witz, 1. urspr. Bed.: Wissen, Verstand, Klugheit, z. B. in Begriffen wie *Mutter-W., W. haben;* 2. Scherz, spezif. sprachl. Form des Komischen *(einen W. machen):* ein kurz umrissener Sachverhalt erhält eine überraschende Wendung durch seine unvermutete Verbindung mit einem abliegenden Gebiet, wodurch ein [scheinbar unbeabsichtigter] kom. Doppelsinn entsteht, der blitzartig die eingangs angesprochene Wertewelt (Normen, Sitten, Institutionen usw.) in Frage stellt, pervertiert, ihren geheimen Wesenskern entlarvt. Die Wirkung, das durch das Durchschauen der Funktion der Pointe ausgelöste Lachen, macht den W. zu einem sozial und gesellschaftl. wichtigen Phänomen: er bietet Identifikationsmodelle, seine Aggression, implizite Gesellschaftskritik oder Erotik gewinnt Ventilfunktion. Die Art und der Grad der sprachl. Manipulation bedingt den geistigen Anspruch eines W. sowie seine Grenzüberschreitungen zur Zote, zum Wortspiel, zum Kalauer, Aphorismus, zur Anekdote, zum Rätsel.

Witzenhausen, hess. Stadt an der unteren Werra, 140-250 m ü. d. M., 16 700 E. Inst. für trop. und subtrop. Landw.; Fachbereiche Landw. und internat. Agrarwirtschaft der Gesamthochschule Kassel; Textil-, Möbel-, Papier- und Tabakind.; der Ortsteil Ziegenhagen ist Kneippkurort. - Entstand aus einem um 743 angelegten fränk. Salhof; 1225 Marktrecht; 1247 als Stadt bezeichnet. - Spätgot. Liebfrauenkirche (14.-16. Jh.), Baureste des ehem. Wilhelmitenklosters (14. Jh.), z. T. erhaltene ma. Stadtbefestigung, Fachwerkhäuser aus Gotik, Renaissance und Barock.

Witzleben, Erwin von, * Breslau 4. Dez. 1881, † Berlin-Plötzensee 8. Aug. 1944 (hingerichtet), dt. Generalfeldmarschall (seit 1940). - Seit 1938 Befehlshaber einer Heeresgruppe; in der Sudetenkrise an Plänen zum Sturz Hitlers beteiligt, stand mit General L. Beck im Zentrum des militär. Widerstandes gegen Hitler; 1941/42 Oberbefehlshaber West; vom Kreis um Stauffenberg zum neuen Oberbefehlshaber der Wehrmacht vorgesehen; nach dem Attentat vom 20. Juli 1944 auf Hitler zum Tode verurteilt und hingerichtet.

Wivallius, Lars [schwed. vi'valius], * Wivalla (Närke) 1605, † ebd. 5. April 1669, schwed. Dichter. - Erster klass.-volkstüml. Lyriker der schwed. Literatur.

Wiwekananda ↑ Vivekananda.

Wjasa [Sanskrit „Ordner"], myth. Weiser der Inder, dem die Abfassung des „Mahabharata" und der „Puranas" zugeschrieben wird.

Wjatka, 1781-1934 Name der sowjet. Stadt ↑ Kirow.

Wlachen (Walachen), alte Bez. für die Rumänen (↑ Rumänien, Geschichte).

Wladikawkas, bis 1931 Name der sowjet. Stadt ↑ Ordschonikidse.

Wladimir [vla'di:mir, 'vla:dimi:r], aus dem Russ. übernommener männl. Vorname, eigtl. etwa „großer Herrscher" (zu kirchenslaw. vlad „Macht" und althochdt. -mar „groß, berühmt"; volksetymologisch angelehnt an russ. mir „Friede").

Wladimir [russ. vla'dimir], Name Kiewer Fürsten:
W. I. Swjatoslawitsch [russ. svita'slavitʃ], gen. der Heilige oder der Große, * 956, † 1015, Großfürst (seit 978). - 969 Fürst von Nowgorod; festigte durch Feldzüge gegen Litauer und Bulgaren das Kiewer Reich; unterstützte 988 den byzantin. Kaiser Basileios II. Bulgaroktonos militär. und heiratete dessen Schwester Anna. Seine Taufe trug entscheidend zur Christianisierung Rußlands bei.
W. II. Wsewolodowitsch Monomach [russ. 'fsjevəlɐdɐvitʃ mɐna'max], * 1053, † 1125, Großfürst (seit 1113). - 1078-94 Fürst von Tschernigow, dann von Perejaslaw; wurde 1113 als Nachfolger Swjatopolk Isjaslawitschs nach Kiew berufen und konnte das zersplitterte Reich wieder weitgehend einigen. Sein literar. bed. Werk „Poučenie" („Belehrung") war der vergebl. Versuch, seinen Nachfolgern ihre Aufgaben vorbildl. darzustellen.

Wladimir [russ. vla'dimir], sowjet. Geb.-hauptstadt im europ. Teil der RSFSR, an der Kljasma, 296 000 E. Polytechn. Hochschule, PH, 2 Theater; Schlepperwerk, elektrotechn. und chem. Industrie.
Geschichte: Unter Fürst Wladimir II. wurde um 1108 die annähernd viereckige mittlere Stadt (Fürstenstadt) mit einer Palisade befestigt. Sein Sohn Juri Dolgoruki baute in der Nähe seinen Hof. 1158 verlegte Fürst Andrei Bogoljubski seine Residenz nach W., das er zur Hauptstadt des bis zum Ende des 13. Jh. stärksten russ. Ft. *Wladimir-Susdal* ausbaute. Im O der alten Fürstenstadt entwickelte sich der 3. Stadtteil, eine Handels- und Handwerkervorstadt (Possad). 1185 vernichtete ein Großbrand W., unter Wsewolod III. begann der Wiederaufbau. 1299-1326 Sitz des russ. Metropoliten (Übersiedlung nach Moskau). 1778 zerstörte ein weiterer Großbrand weite Teile der Stadt.
Bauten: Einflüsse aus Kiew und Nowgorod (westl. Romanik) verbinden sich ab der Mitte des 12. Jh. in den Bauten der Wladimirer Schule, für die das Festhalten am einkuppeligen Kirchentyp mit 4 oder 6 Pfeilern und die Wiederholung der Pfeiler und Gewöl-

kappen als Pilaster, Blendbögen und Dachformen am Außenbau charakterist. ist. Hauptwerke sind die Uspenski-Kathedrale (1158–60/61; nach Brand Wiederaufbau 1185–89, erweitert um zweigeschossige Galerien mit vier Eckkuppeln und Apsiden nach dem Modell der Kathedrale des Höhlenklosters in Kiew) und die Dmitri-Kathedrale (1194–97; mit Resten von Fresken mit dem Jüngsten Gericht [um 1195] sowie vollständiger ornamentaler Verkleidung der oberen Fensterzone). Außerdem mehrere Klöster des 12./13. Jh. mit Kathedralen, meist stark erneuert. Von der Befestigungsanlage W. ist das Goldene Tor (im Kern 1164, mehrfach ergänzt) erhalten. Nahebei entstand die Residenz († Bogoljubowo). - Abb. Bd. 19, S. 41.

Wladimir-Wolynski [russ. vla'dimirva-'linskij], sowjet. Stadt am S-Rand der Polesije, Ukrain. SSR, 28 000 E. Konserven-, Zucker-, Möbel-, Bekleidungsfabrik. - Eine der ältesten Städte Rußlands (erstmals 988 erwähnt); im 11. Jh. zu einer großen Festung ausgebaut, später Hauptstadt des Ft. Galizien-Wolynien. - Uspenski-Kathedrale (um 1160).

Wladislaw (poln. Władysław), Name von Fürsten:

Böhmen:

W., König, † Wladislaw II., König von Ungarn.

Polen:

W. II. Wygnaniec („der Vertriebene"), * 1105, † Altenburg 30. Mai 1159, Herzog von Schlesien und Seniorherzog von Polen (1138–46). - Konnte sein Erbteil Schlesien und das Seniorat mit Krakau und Sandomierz nicht gegen seine jüngeren Brüder verteidigen und mußte am Hof seines Schwagers, Kaiser Konrads III., Zuflucht suchen. Erst Kaiser Friedrich I. Barbarossa erzwang 1157 die Zusicherung der Restitution.

W. I. Lokietek („Ellenlang"), * zw. dem 3. März 1260 und 19. Jan. 1261, † Krakau 2. März 1333, König (seit 1320). - Vollzog trotz mancher Rückschläge die Einigung der poln. Teilfürstentümer zu einem erneuerten zentralen Königtum. Seine Bemühungen wurden begünstigt durch das Aussterben der großpoln. Linie (1296) und den Übern. Herrscherhauses der Przemysliden (1306).

W. II., König, † Jagello.

W. IV. (Wasa), * Łobzów (Woiwodschaft Kattowitz) 19. April 1595, † Merkinė bei Wilna 20. Mai 1648, König (seit 1632). - Aus dem Geschlecht der Wasa; suchte vergebl., seine Ansprüche auf den russ. Zarenthron (gewählt 1610) und auf die schwed. Krone durchzusetzen. Die militär. Erfolge gegen Moskau münzte W. 1634 unter formellem Verzicht auf den Thron in Gebietsgewinne um, mit Schweden schloß er 1635 einen langfristigen Waffenstillstand.

Ungarn:

W. II., * Krakau 1. März 1456, † Buda (= Budapest) 13. März 1516, König von Böhmen (seit 1471) und Ungarn (seit 1490). - Sohn Kasimirs IV. Andreas von Polen und Nachfolger von Georg von Podiebrad und Kunstatt; mußte 1478 Mähren und Schlesien an Matthias I. Corvinus abtreten; konnte sich im Kampf um dessen Nachfolge in Ungarn gegen Kaiser Maximilian I. behaupten.

Wladiwostok, größte sowjet. Stadt am Pazifik, 29 m ü. d. M., 600 000 E. Hauptstadt der Region Primorje in der RSFSR; Univ. (gegr. 1920), PH, polytechn., Fischerei-, Handels- und Seefahrthochschule; Zweigstelle der Sibir. Abteilung der Akad. der Wiss. der UdSSR, Tiefseeforschungsinst. für Fischereiwirtschaft und Ozeanographie; Museen, Gemäldegalerie; Theater, Philharmonie. Marine- und Fischereihafen; Werften, Fischverarbeitung; Endpunkt der Transsib, ✈. - 1860 gegr.; wurde 1862 Freihafen und erhielt den Namen W. („beherrsche den Osten"); ab 1876 zu einem bed. Hafen und Hauptstützpunkt der russ. Fernostflotte ausgebaut, 1880 zur Stadt erhoben; heute eine streng gesperrte Stadt; für den Auslandsverkehr wurde deshalb der Hafen von Nachodka ausgebaut und der Hafen Wostotschny angelegt.

Wlassow, Andrei Andrejewitsch [russ. 'vlasɛf], * Lomakino bei Gorki 1900, † Moskau im Aug. 1946 (hingerichtet), sowjet. General. - Seit 1918 in der Roten Armee, seit 1930 Mgl. der KPdSU, 1938 Militärberater in China; warf als Befehlshaber der 20. sowjet. Armee 1941 vor Moskau die dt. Truppen zurück; stellte sich nach seiner Gefangennahme im Wolchowkessel 1942 den Deutschen für das antisowjet. nationalist. „Russ. Komitee" zur Verfügung; durfte erst im Herbst 1944 an der Aufstellung von 2 Divisionen des „Komitees für die Befreiung der Völker Rußlands" (aus russ. Kriegsgefangenen) gehen; ging mit seinen Truppen in amerikan. Gefangenschaft, wurde aber den Sowjets ausgeliefert und hingerichtet.

Włocławek [poln. vuɔ'tsu̯avɛk], poln. Stadt an der Weichsel, in Kujawien, 115 000 E. Hauptstadt der Verw.-Geb. W.; kath. Bischofssitz; Museum; Zellstoff-, Papier- und Möbelfabriken, chem. Ind., Hafen. - Im 11. Jh. bereits als Piastensitz und Handelsplatz an der Weichsel bekannt; seit 1123 Bischofssitz; 1261 Verleihung des Culmer Rechts; zu Beginn des 14. Jh. vom Dt. Orden zerstört; entstand wieder neu und erhielt 1339 Magdeburger Recht; 1793–1807 und 1815–1920 zu Preußen. - Got. Kathedrale (1340–1411; Türme 19. Jh.).

Woche, Zeitintervall von 7 Tagen, das als *Kalender-W.* zur fortlaufenden Unterteilung des Kalenderjahres ohne Rücksicht auf die Monats- und Jahresanfänge dient. Zu einem Kalenderjahr können 52 oder 53 Kalender-W. zählen, wobei seit 1976 auch in der BR Deutschland gemäß einer internat. Vereinbarung der Montag als erster und der Sonntag als letzter (siebter) Tag der Kalender-W. gilt. Nach DIN 1355 zählt als erste Kalender-W. eines Kalenderjahres diejenige W., in die mindestens vier der ersten sieben Januartage fallen.

Während die Griechen anfängl. mit einer zehntägigen, die Römer mit einer achttägigen W. rechneten, stammt die 321 n.Chr. von Konstantin I., d. Gr., im Röm. Reich gesetzl. eingeführte siebentägige W. aus dem vorderen Orient (Babylonien). Die Siebentägigkeit steht entweder mit dem nahezu siebentägigen Abstand der Mondphasen oder (bei den Juden) mit der Heiligkeit der Zahl Sieben in Zusammenhang. Babylonier und Ägypter bezeichneten die einzelnen W.tage ebenso wie später die Griechen und Römer nach den sieben „Planeten" Sonne, Mond, Mars, Merkur, Jupiter, Venus und Saturn; bei den Germanen wurden dann die röm. Götternamen z.T. durch die entsprechenden eigenen ersetzt und (später) verballhornt.

Wochenbett (Kindbett, Puerperium), Bez. für den Zeitraum von 6–8 Wochen nach der Entbindung, in dem es zur Ausheilung und Rückbildung der durch die Schwangerschaft und Geburt veränderten Organe der *Wöchnerin*, v. a. der Gebärmutter, sowie zur Einregulierung der Laktation, des Hormonhaushaltes und der Tätigkeit der Eierstöcke kommt. W.wehen unterstützen die Wundheilung der Gebärmutter sowie die Ausstoßung des anfangs blutigen, später serösen W.flusses. - Die Wöchnerin darf i.d.R. am ersten Tag nach der Geburt aufstehen, die operierte Wöchnerin erst nach Entfernen der Fäden (5. oder 6. Tag).

Wochenbettfieber (Kindbettfieber, Puerperalfieber), jede fieberhafte Erkrankung bei Wöchnerinnen, die durch die Infektion der bei der Geburt entstandenen Wunden mit pathogenen Bakterien (v. a. Streptokokken und Staphylokokken) verursacht wird; anzeigepflichtig.

Wochenfluß, svw. ↑Lochien.

Wochenschau, im Beiprogramm der Filmtheater gezeigte Zusammenstellung von mehreren inhaltl. meist nicht zusammenhängenden Kurzfilmen über aktuelle Ereignisse (Politik, Kultur, Sport, Naturkatastrophen), aber auch zu nichtaktuellen bemerkenswerten Themen. In Kriegszeiten oder in Diktaturen häufig staatl. kontrolliertes Propaganda- und Agitationsmittel. Nach dem 2. Weltkrieg übernahm die aktuelle Berichterstattung des Fernsehens zunehmend die Funktion der Kino-W., die heute nur noch selten dem Spielfilmprogramm vorangestellt wird.

Wochenzeitung ↑Zeitung.

Wöchnerin (Puerpera), Frau, die sich im ↑Wochenbett befindet.

Wodan (Wotan) ↑Odin.

Wodka [russ., eigtl. „Wässerchen"], v. a. aus Kartoffeldestillaten, früher aus Korn- oder Korn-Kartoffel-Destillaten hergestellter Branntwein. Alkoholgehalt mindestens 40 Vol.-%.

Wodu (Vodoo, Voodoo, Wudu, frz. Vaudou, Vaudoux), aus der Ewe-Sprache Westafrikas abgeleitete Bez. für „Schutzgeist", Name eines in Haiti weitverbreiteten synkretist. Geheimkults, in dem ekstat. Tänze, die zur Identifikation von Kultteilnehmern mit Gottheiten führen sollen, eine beherrschende Stellung einnehmen. Die polytheist. Gottheiten des W.kults sind afrikan. Herkunft, aber in synkretist. Weise mit kath. Heiligen verschmolzen. Die Rituale werden in bes. Kulträumen gefeiert. Die Leitung der W.gemeinden untersteht einem nach Rängen aufgegliederten Priestertum.

Wodzisław Śląski [poln. vɔˈdʑisuaf ˈɕlõski] (dt. Loslau), poln. Stadt im Verw.-Geb. Katowice, 107 700 E. V. a. Wohnsiedlung für das Rybniker Steinkohlenrevier. - Nach Zerstörung einer Vorgängersiedlung 1275 neu entstanden; Magdeburger Recht; bis 1336 im Besitz der Piasten von Ratibor, danach unter böhm. Lehnshoheit, seit 1532 zu Österreich, 1742 an Preußen; 1921 zu Polen; im 2. Weltkrieg zu 80% zerstört.

Woestijne [niederl. wuːsˈtɛinə], Gustave van de, * Gent 2. Aug. 1881, † Uccle 21. April 1947, belg. Maler. - Bruder von Karel van de W.; symbolist. Bilder mit allegor. und bibl. Szenen (in fläm. Landschaft). Das Spätwerk ist expressionistisch orientiert; auch Illustrationen.

W., Karel van de, * Gent 10. März 1878, † Zwijnaarde bei Gent 24. Aug. 1929, fläm. Schriftsteller. - Ab 1920 Prof. für niederl. Literatur in Gent. Bed. symbolist. Lyriker; auch in seiner Prosa stark autobiograph.; setzte sich v. a. mit dem Ggs. zw. Geist und Sinnlichkeit auseinander.

Woëvre [frz. vwaːvr], Teil des lothring. Schichtstufenlandes zw. Maas- und Moselhöhen westl. von Metz, 200–240 m hoch.

Wogau, Boris Andrejewitsch [russ. vaˈgau], russ.-sowjet. Schriftsteller, ↑Pilnjak, Boris Andrejewitsch.

Wogulisch ↑obugrische Sprachen.

Wohlbrück, Adolf (engl. Anton Walbrook), * Wien 19. Nov. 1900, † Garatshausen (= Feldafing bei Starnberg) 9. Aug. 1967, brit. Filmschauspieler östr. Herkunft. - Im dt. Unterhaltungsfilm der 1930er Jahre Erfolge in Gentleman-Rollen; u. a. in: „Viktor und Viktoria" (1933), „Der Student von Prag" (1935), „Gaslicht" (1940), „Die roten Schuhe" (1948), „Der Reigen" (1950), „Lola Montez" (1955).

Wöhler, Friedrich, * Eschersheim (= Frankfurt a. M.) 31. Juli 1800, † Göttingen 23. Sept. 1882, dt. Chemiker. - Prof. in Berlin, Kassel und Göttingen. W. synthetisierte Cyansäure, Hydrochinon, Acetylen, Calciumcarbid, arbeitete (z. T. mit J. Liebig) über

Wohlfahrtsausschuß

Amygdalin, Opiumalkaloide, Siliciumwasserstoffe und Mineralanalysen. Seine Synthese von „organischem" Harnstoff aus „anorganischem" Ammoniumcyanat (1828) gilt als Markstein in der Geschichte der organ. Chemie.

Wohlfahrtsausschuß (frz. Comité de salut public), in der Frz. Revolution am 6. April 1793 eingesetztes Exekutivorgan des Nat.konvents mit zunächst 9, zuletzt 12 Mgl. (u. a. G. Couthon, L. A. L. Saint-Just); unter M. Robespierres Führung (27. Juli 1793 bis 27. Juli 1794) eines der wichtigsten Organe der jakobin. Schreckensherrschaft.

Wohlfahrtsmarken (Wohltätigkeitsmarken), Postwertzeichen mit Zuschlag zugunsten wohltätiger Institutionen, an die die Post die vereinnahmten Zuschlagsbeträge abführt. W. wurden erstmals 1898 in Neusüdwales ausgegeben.

Wohlfahrtsstaat, polit. Begriff zur Charakterisierung eines privatwirtschaftl. organisierten Staats, der zunehmend für die soziale Sicherheit und Chancengleichheit seiner Bürger sorgt. Die Sicherung der materiellen Existenz der Bürger (Daseinsvorsorge) wird zur umfassenden Aufgabe des Staates; ihr haben nicht nur Sozial- und Steuerpolitik, sondern auch Infrastruktur-, Bildungs-, Konjunktur- und Umweltpolitik usw. zu dienen. Verfassungsrechtl. wird dieser Zusammenhang im Begriff des Sozialstaats gefaßt.
Histor. ist vom modernen W. der *absolutist. W.* (↑Polizeistaat) zu unterscheiden, der sich in patriarchal., obrigkeitl. verwalteter Fürsorge für die Tugend und das Glück der Bürger verantwortl. wußte. Das liberale Bürgertum beschränkte diese staatl. Aktivitäten im Konstitutionalismus. - Kritiker des modernen W. („Versorgungsstaat") sehen die Gefahr des Kollektivismus und einen Abbau von Selbstverantwortung und Risikobereitschaft.

Wohlfahrtstheorie (Wohlfahrtsökonomik, Wohlstandsökonomik), Untersuchung des Wirtschaftslebens unter dem Aspekt, den wirtsch. Wohlstand für einzelne, Gruppen oder die Gesamtheit der Wirtschaftssubjekte zu maximieren. Dabei erhält der Begriff der Wohlfahrt einen bestimmten Inhalt durch die Nutzen-, Wert- und Wohlstandsvorstellungen der betroffenen Wirtschaftssubjekte. Ein solches Bündel von verschiedenen spezif. Wohlfahrtszielen wird von der W. zu sog. *Wohlfahrtsfunktionen* zusammengefaßt, aus denen sich durch formalmathemat. Behandlung die Situationen und Bedingungen der sozialökonom. Optima ableiten lassen. Zwar führt die W. zu wiss. wertvollen Erkenntnissen, ihre Aussagen sind jedoch utop. Natur ohne erfolgversprechende Aussichten auf eine Realisierung durch die Wirtschaftspolitik.

Wohlstandsgesellschaft, Schlagwort für eine Gesellschaft, in der die weit überwiegende Mehrheit der Bev. dank hoher Industrialisierung und wirtsch. Prosperität ein so hohes Lebensniveau hat, daß die Befriedigung der materiellen Bedürfnisse mit hochwertigen Produkten erfolgt und darüber hinaus Eigentum an Luxusgütern übl. ist. Dabei besteht die Gefahr, daß weiterhin existierende soziale Probleme - bes. von Randgruppen - im gesellschaftl. Bewußtsein unterschätzt bzw. verdrängt werden. - ↑auch Reichtum.

Wohlstandskrankheiten, die v. a. auf Überernährung und Bewegungsmangel zurückzuführenden bzw. durch diese begünstigten Zivilisationskrankheiten (z. B. Fettleibigkeit, Arteriosklerose, Bluthochdruck, Diabetes mellitus).

Wohlstandskriminalität, Bez. für diejenige Kriminalität, bei der ein Zusammenhang mit der Wohlstandsgesellschaft in dem Sinn angenommen wird, daß ein der Wohlstandsgesellschaft zuzurechnendes übersteigertes Bedürfnis nach Konsum- und Luxusgütern (infolge z. B. des gesellschaftl. Zwangs zum Besitz von „Statussymbolen", einer „Reizüberflutung" durch die Werbung) zu kriminellen Handlungen, insbes. Ladendiebstahl, führt.

Wohlverleih, svw. ↑Arnika.

Wohlwill-Elektrolyse, von dem dt. Chemiker E. Wohlwill (*1835, †1912) entwickeltes Verfahren zur Raffination von Gold mit Rohgoldbarren als Anoden, Feingoldplatten als Kathoden und Goldchloridlösung als Elektrolyt. Die im Rohgold enthaltenen Platinmetalle reichern sich im Elektrolyten bzw. Anodenschlamm an und können daraus gewonnen werden.

Gabriele Wohmann

Wohmann, Gabriele, geb. Guyot, *Darmstadt 21. Mai 1932, dt. Schriftstellerin. - Mgl. der „Gruppe 47"; Hauptthema ihrer u. a. von J. Joyce, M. Proust, N. Sarraute beeinflußten Romane und Erzählungen ist die Unfähigkeit der Menschen zur Kommunikation sowie menschl. Fehlverhalten im alltägl. bürgerl. Leben. Auch zahlr. Hör- und Fern-

Wohnungsbauprämie

sehspiele. - *Werke:* Jetzt und nie (R., 1958), Abschied für länger (R., 1965), Treibjagd (En., 1970), Ernste Absicht (R., 1970), Selbstverteidigung. Prosa und anderes (1971), Gegenangriff (Prosa, 1972), Schönes Gehege (R., 1975), Frühherbst in Badenweiler (R., 1978), Wir sind eine Familie (En., 1980), Ach wie gut, daß niemand weiß (R., 1980), Stolze Zeiten (En., 1981), Der Irrgast (En., 1985).

Wohnbevölkerung, in der Bevölkerungsstatistik bei einer Volkszählung oder ihrer Fortschreibung die nach ihrem ständigen Wohnsitz erfaßte Bev. mit Ausnahme nur zufällig anwesender Personen; nur zeitweilig abwesende Personen werden mitgezählt.

Wohngeld, zur Sicherung angemessenen und familiengerechten Wohnens auf Antrag gewährter Zuschuß zu den Aufwendungen für den Wohnraum. W. wird gewährt als *Mietzuschuß* an einen Mieter, einen Nutzungsberechtigten von Wohnraum oder einen Eigentümer eines Mehrfamilienhauses, der selbst darin wohnt, oder als *Lastenzuschuß* an den Eigentümer eines Eigenheims, einer Kleinsiedlung oder einer landw. Nebenerwerbsstelle, einer Eigentumswohnung oder an den Inhaber eines eigentumsähnl. Dauerwohnrechts, sofern das Familieneinkommen bzw. die Miete oder Belastung die im W.gesetz festgelegten Sätze nicht übersteigen und keine Versagungsgründe vorliegen. Das W. betrug 1988 durchschnittl. 144 DM.

Wohnmobil (Campingbus), speziell zum Wohnen eingerichtetes Kraftfahrzeug, z. T. auch umgebauter Kleinbus oder Kleinlastwagen mit entsprechendem Spezialaufbau und entsprechender Innenausstattung.

Wohnort ↑ Wohnsitz.

Wohnraumbewirtschaftung, staatl. Maßnahmen auf dem Gebiet der Wohnungswirtschaft zur Behebung des durch die Weltkriege bedingten Wohnraummangels. In der BR Deutschland unterlagen durch die W. Zuteilung und Belegung von Wohnungen der Kontrolle der gemeindl. Wohnungsämter. Die W. in diesem Sinne wurde bis zum Jahresende 1968 abgebaut. Heute gibt es eine W. nur im Rahmen des sozialen Wohnungsbaues.

Wohnrecht, svw. dingl. Wohnrecht (↑ Wohnungsrecht).

Wohnsitz, Ort der ständigen Niederlassung einer Person, der durch den ständigen Aufenthalt in einem gewählten Ort begründet wird. Der W. als räuml. Mittelpunkt der Lebensverhältnisse eines Menschen ist rechtl. u. a. von Bedeutung für die Bestimmung des ↑ Gerichtsstands im Prozeßrecht, als ↑ Leistungsort sowie für die Eheschließung. Der **Aufenthaltsort,** d. h. der Ort der tatsächl. Anwesenheit, und der **Wohnort,** z. B. der Studienort oder der Ort einer Straf- oder Pflegeanstalt, sind nicht ident. mit dem W., der durch den rechtsgeschäftl. Willen zur W.begründung bestimmt wird. Der W. kann gleichzeitig an mehreren Orten bestehen (**Doppelwohnsitz**); im öffentl. Recht ist dann der Ort der hauptsächl. regelmäßigen Niederlassung als **Hauptwohnsitz** maßgebend (z. B. für die Meldepflicht). Von diesem *gewillkürten W.* ist der **gesetzl. W.** zu unterscheiden: Volljährige Berufssoldaten oder Soldaten auf Zeit haben ihren W. am Standort, ein minderjähriges Kind teilt den W. der Eltern bzw. des Elternteils, dem die Personensorge zusteht. Zum W. jurist. Personen ↑ Niederlassung.

Wohnung, in der Statistik die nach außen abgeschlossene Wohneinheit mit eigener Küche oder Kochnische sowie mit eigenem Eingang. *Wohngelegenheiten* dagegen sind Räume ohne Küche sowie Unterkunftsmöglichkeiten u. a. in Kellern und Baracken. - ↑ auch Unverletzlichkeit der Wohnung, ↑ Hausfriedensbruch.

Wohnungsbau, die Erstellung von Wohnungen, wobei zu unterscheiden ist zw. dem öffentl. geförderten (↑ sozialer Wohnungsbau), dem steuerbegünstigten und dem frei finanzierten Wohnungsbau. Für den steuerbegünstigten W. ist eine entsprechende Anerkennung der Wohnung Voraussetzung, die dann zu erfolgen hat, wenn es sich um eine neugeschaffene Wohnung handelt, für die keine öffentl. Mittel eingesetzt wurden und die bestimmte Wohnflächengrenzen nicht überschreitet. Die *Steuerbegünstigung* besteht seit 1. 1. 1987 in der BR Deutschland (Ablösung der bisherigen Förderung des W. nach § 7 b des Einkommensteuergesetzes) für selbstgenutztes Wohneigentum, das nach diesem Datum angeschafft oder errichtet wird, in einer auf acht Jahre begrenzten Ermäßigung der Einkommensteuer (5 % der auf 300 000 DM festgesetzten Höchstsumme); für jedes Kind kann ein Abzug von jährlich 600 DM (ab 1990: 750 DM) geltend gemacht werden. 1988 wurden in der BR Deutschland rd. 208 000 Wohnungen fertiggestellt; 1984 waren es noch rd. 398 000, 1975 fast 450 000. Am stärksten machte sich der Rückgang beim Bau von Mehrfamilienhäusern (Abnahme 1984–88 auf ein Drittel) bemerkbar.

Wohnungsbaugenossenschaften (Baugenossenschaften), gemeinnützige (entfällt ab 1990) Wohnungsunternehmen, die Wohnungen zwecks Vermietung oder Verkauf an die Mgl. der Genossenschaft herstellen. Die im 19. Jh. als Selbsthilfeorganisationen entstandenen W. wandelten sich zunächst in der Zeit der Weimarer Republik zu Trägern öffentl. Wohnungsbaupolitik, die ihre Mittel entsprechend zum großen Teil von der öffentl. Hand erhielten. Nach dem 2. Weltkrieg setzte sich bei den W. zunehmend die Form der Kapitalgesellschaft als AG bzw. GmbH gegenüber den bis dahin vorherrschenden Personengesellschaften durch.

Wohnungsbauprämie, staatl. Förderungsmaßnahmen für den Wohnungsbau, die

Wohnungseigentum

Bausparern nach Maßgabe des Wohnungsbau-Prämiengesetzes i.d.F. vom 1. 2. 1982 gewährt wird. Bis zu einer Einkommensgrenze von 24 000 DM bzw. (für Ehegatten) 48 000 DM, die sich für jedes Kind um 1 800 DM erhöht, werden Aufwendungen zur Förderung des Wohnungsbaus, wie z. B. Beiträge an Bausparkassen, Beiträge auf Grund von längerfristigen Sparverträgen, wenn die eingezahlten Sparbeiträge und Prämien zum Bau oder Erwerb einer Wohnung verwendet werden, wahlweise durch eine Prämie (Bausparprämie) oder Steuerermäßigung gefördert.

Wohnungseigentum, das mit dem Miteigentumsanteil an einem Grundstück verbundene *Sondereigentum* an einer in sich abgeschlossenen [Eigentums]wohnung. Bei nicht Wohnzwecken dienenden (gewerbl. genutzten) Räumen spricht man von *Teileigentum.* Das Sondereigentum ist untrennbar verbunden mit *Bruchteilseigentum* (Miteigentum nach frei vereinbarten Bruchteilen) an Grund und Boden sowie solchen Teilen des Gebäudes, die für dessen Bestand oder Sicherheit erforderl. sind oder dem gemeinschaftl. Gebrauch der Wohnungseigentümer dienen (z. B. Außenmauern, Dach, Treppenhaus, Heizungsanlage). Die Möglichkeit, W. zu begründen, ist als Ausnahme zur grundsätzl. Unzulässigkeit der realen Teilung eines Gebäudes (↑Bestandteil) durch das W.gesetz (WEG) geschaffen worden. Das W. wird begründet durch Vertrag der Miteigentümer an einem Grundstück oder (in der Praxis häufiger) durch Teilungserklärung des (vorherigen, alleinigen) Grundstückseigentümers (sog. *Vorratsteilung*) und Eintragung ins Grundbuch; es kann in entsprechender Weise wieder aufgehoben werden. Eigentum ist wie Grundeigentum frei veräußerl. und vererbl. sowie belastbar. Das Rechtsverhältnis der Wohnungseigentümer untereinander bestimmt sich zunächst nach den zwingenden Vorschriften des WEG, ferner nach den getroffenen Vereinbarungen und Beschlüssen der Wohnungseigentümer sowie nach den Vorschriften des BGB über Miteigentum und Gemeinschaft (§§ 1008 ff., 742 ff. BGB). Die Verwaltung des gemeinschaftl. Eigentums obliegt dem Verwalter, dessen Bestellung zwingend vorgeschrieben ist, dem (fakultativen) dreiköpfigen Verwaltungsbeirat sowie den Wohnungseigentümern gemeinschaftl. (§§ 21 ff. WEG).

Wohnungsmiete ↑Miete.

Wohnungsrecht, von der Miete zu unterscheidendes Recht, ein Gebäude oder den Teil eines Gebäudes unter Ausschluß des Eigentümers als Wohnung zu benutzen (dingl. Wohnrecht). Das W. ist eine beschränkte persönl. ↑Dienstbarkeit; es wird häufig als Bestandteil des sog. ↑Altenteils bestellt.

Wohnungszwangswirtschaft, alle Maßnahmen der Wohnungsbestandspolitik in Form von staatl. Eingriffen durch Mietbindung (↑Mietpreisbindung), Mietschutz und Wohnraumbewirtschaftung. Die nach den beiden Weltkriegen zur Behebung des Wohnraummangels eingeführte Beschränkung der Vertragsfreiheit bei Begründung und Auflösung von Wohnraummietverhältnissen ist heute beseitigt bzw. ersetzt durch neue Schutzvorschriften zugunsten der Mieter (↑Kündigungsschutz).

Wohnwagen, für Wohnzwecke eingerichteter Wagen, z. B. für Schausteller („Zirkus-W."). Bei den für Campingzwecke gebauten W. *(Campingwagen, Caravan)*, meist einachsige, häufig auch mit Tandemachse ausgerüstete Kfz.-Anhänger, unterscheidet man W. mit starrem Aufbau und vollständiger Innenausstattung und sog. *Klappanhänger*, deren Aufbau für die Fahrt zusammengeklappt werden kann. - ↑auch Wohnmobil.

Woilach [russ.], wollene [Pferde]decke.

Woinowitsch, Wladimir Nikolajewitsch, *Duschanbe 26. Sept. 1932, russ. Schriftsteller, lebt seit Ausbürgerung 1980 bei München. - Stellt in seinen Werken den sowjet. Dorfalltag satirisch dar: „Zwei Freunde" (1967), „Iwan Tschonkin, Thronanwärter" (R., 1979).

Woiwode, urspr. im MA slaw. Bez. für einen gewählten Heerführer, der ein begrenztes Gebiet kontrollierte, dessen Würde aber nicht erbl. war. In *Rußland* seit Mitte des 17. Jh. (bis 1775) Vorsteher der Provinzialverwaltung. In *Polen* bildete sich das Amt des W. (Pfalzgraf [Palatin]) als Statthalter im 12. Jh. aus, verlor aber stetig an Bed.; seit 1918 Bez. für den obersten Beamten einer Woiwodschaft. Den Titel W. führten auch die Herrscher in der Walachei, der Moldau und in Siebenbürgen (bis ins 16. Jh.).

Wojtyła, Karol [poln. vɔj'tiɥa] ↑Johannes Paul II., Papst.

Wojwodina [vɔʏvo'di:na, vɔʏ'vo:dina], Autonome Prov. innerhalb der jugoslaw. Teilrepublik Serbien, 21 506 km², 2,043 Mill. E (1983), Hauptstadt Novi Sad. Die W. liegt im südlichsten Teil des Pannon. Beckens. Landschaftsbestimmend sind lößbedeckte Platten und von Auwäldern bestandene Flußauen, unterbrochen vom Hügelland der Deliblatska peščara und der Fruška gora. Etwa 50 % der Bev. sind Serben; Ungarn, Kroaten, Slowaken, Rumänen, Montenegriner, Makedonier, Ukrainer u. a. bilden Minderheiten. - Hochentwickelte Landw.; angebaut werden Mais, Weizen, Sonnenblumen, Zuckerrüben u. a. Weinbau; Schweine- und Geflügelmast. Die Ind. verarbeitet landw. Erzeugnisse, außerdem Kunstdüngerfabriken, Landmaschinenbau, chem. u. a. Ind.; an Bodenschätzen gibt es Braunkohle in der Fruška gora, Erdöl- und Erdgasfelder in der Batschka und im Banat.

Urspr. war die W. ein Grenzland Ungarns; 1552–1699 von den Türken besetzt, in dieser

Zeit Ansiedlung serb. Flüchtlinge aus S-Serbien, im 18. Jh. von Deutschen (Donauschwaben), Ungarn, Serben, Tschechen, Slowaken, Rumänen und Angehörigen anderer Völkerschaften; war trotz dieser Völkervielfalt ein Zentrum serb. Kultur innerhalb der Habsburgermonarchie und eine Keimzelle der südslaw. Unabhängigkeitsbewegung; 1849–60 Teil der östr. Prov. Woiwodschaft Serbien und Temesvárer Banat. Nach 1918 wohnten in der W., die 1919 an Jugoslawien kam, neben zahlr. Minderheiten knapp 1 Mill. Serben, rd. 500 000 Ungarn und 500 000 Deutsche. Im 2. Weltkrieg von dt. und ungar. Truppen besetzt. Nach 1945 wurden alle Deutschen vertrieben.

Wölber, Hans-Otto, * Hamburg 22. Dez. 1913, dt. ev.-luth. Theologe. - 1945 Landesjugendpfarrer, 1956–64 Hauptpastor an Sankt Nikolai in Hamburg; 1964–83 Landesbischof von Hamburg (seit 1977 Bischof des Sprengels Alt-Hamburg innerhalb der Nordelb. ev.-luth. Kirche), 1969–83 Leitender Bischof der VELKD, 1970–83 Mgl. des Rates der EKD. - † 10. Aug. 1989.

Wolf, Christa, * Landsberg (Warthe) 18. März 1929, dt. Schriftstellerin. - Beeinflußt u. a. von B. Brecht und A. Seghers; wurde bekannt mit der in der Kriegs- und Nachkriegszeit spielenden „Moskauer Novelle" (1961) und dem vieldiskutierten, die Teilung Deutschlands thematisierenden Roman „Der geteilte Himmel" (1963). Ihre dem sozialist. Alltag gegenüber skept., an individuellen Schicksalen dargestellte Haltung wird getragen von einer grundsätzl. Bejahung des Sozialismus, so auch in ihrem Plädoyer für einen undogmat. Sozialismus, dem Roman „Nachdenken über Christa T." (1968). Auch Essays und Filmdrehbücher. - Georg-Büchner-Preis 1980; Östr. Staatspreis für Europ. Literatur 1984. - *Weitere Werke:* Unter den Linden (En., 1974), Kindheitsmuster (R., 1977), Kein Ort. Nirgends (E., 1979), Kassandra (E., 1983), Sommerstück (E., 1989).

W., Christian Freiherr von, dt. Philosoph, ↑ Wolff, Christian Freiherr von.

W., Erik, * Biebrich (= Wiesbaden) 13. Mai 1902, † Oberrotweil 13. Okt. 1977, dt. Rechtsphilosoph und Kirchenrechtler. - Prof. für Rechtsphilosophie und Kirchenrecht in Rostock, Kiel und Freiburg; ab 1933 Mgl. der Bad. Landessynode, 1936 des Verfassungsausschusses der Bekennenden Kirche und 1946–1948 Vors. des Verfassungsausschusses der EKD. Befaßte sich mit Problemen des Strafrechts, der Rechtsgeschichte und Rechtsphilosophie sowie einer theolog. Rechtsbegründung. - *Werke:* Große Rechtsdenker der dt. Geistesgeschichte (1939), Rechtsgedanke und bibl. Weisung (1948), Griech. Rechtsdenken (1950–70), Ordnung und Kirche (1961).

W., Ernst, * Prag 2. Aug. 1902, † Göttingen 11. Sept. 1971, dt. ev. Theologe. - Prof. für systemat. Theologie in Bonn, Halle/Saale und Göttingen; führendes Mgl. der Bekennenden Kirche. Bemühte sich um eine am reformator. Zentralgedanken der Rechtfertigung orientierte Theologie einer gegenwartsbezogenen Weltverantwortung. - *Werke:* Staupitz und Luther (1927), Peregrinatio (1954–65), Ordnung und Freiheit (1962).

W., Friedrich, * Neuwied 23. Dez. 1888, † Lehnitz (Landkr. Oranienburg) 5. Okt. 1953, dt. Dramatiker. - Seit 1928 Mgl. der KPD; 1933 Emigration, Teilnahme am Span. Bürgerkrieg auf republikan. Seite. 1949–51 Botschafter der DDR in Warschau. Schrieb anfangs expressionist., dann radikal zeit- und sozialkrit. Dramen. In dem Schauspiel „Professor Mamlock" (1935) setzte sich W. schon früh mit der Tragik jüd. Intellektueller unter dem NS auseinander. - *Weitere Werke:* Cyankali. § 218 (Dr., 1929), Thomas Münzer, der Mann mit der Regenbogenfahne (Dr., 1953).

W., Friedrich August, * Haynrode bei Worbis 15. Febr. 1759, † Marseille 8. Aug. 1824, dt. klass. Philologe und Altertumswissenschaftler. - Prof. in Halle, ab 1810 an der Univ. Berlin, an deren Gründung er 1807 maßgebend beteiligt war. Durch seine „Prolegomena ad Homerum" (1795) initiierte er die krit.-philolog. Untersuchung der homerischen Werke und ihrer Entstehung. Begründete die Altertumswiss. im Sinne des Neuhumanismus als universale Disziplin; sein Verständnis des Griechentums als ideales Vorbild für die harmon. Ausbildung der Menschlichkeit wies der klass. Philologie eine auch im Schulwesen bestimmende Rolle zu.

W., Hugo, * Windischgraz (heute Slovenj Gradec, Slowenien) 13. März 1860, † Wien 22. Febr. 1903, östr. Komponist. - Schrieb 1884–87 Musikkritiken im „Wiener Salonblatt", in denen er für Wagner, F. Liszt und A. Bruckner eintrat, Brahms aber verriß. Nach 1887 lebte er ärml. als freischaffender Komponist in Wien oder in Landhäusern von Freunden. Auf frühe Werke wie das Streichquartett d-Moll (1878–84) oder die sinfon. Dichtung „Penthesilea" (1883–85; nach Kleist) folgten seit etwa 1883 erste, bereits reife Klavierlieder. Drei Sammlungen, 53 „Gedichte von Eduard Mörike" (1888), 20 „Gedichte von Eichendorff" (1889) und 51 „Gedichte von Goethe" (1890) machten W. bekannt. Seine kom. Oper „Der Corregidor" wurde 1896 in Mannheim uraufgeführt. Während der Arbeit an der (unvollendeten) Oper „Manuel Venegas" brach eine progressive Paralyse aus; 1897 kam W. in eine Heilanstalt. Wolfs histor. wie ästh. Bed. beruht auf seinen etwa 300 Liedern. Er übertrug Wagners Konzeption von melod. Textdeklamation im Singstimme und Textausdeutung im Orchester auf das Klavierlied, in dem der Klavierpart meist mit sehr großer Selbständigkeit auftritt. - *Weitere Werke:* „Span. Liederbuch"

(1891; P. von Heyse und E. Geibel), „Italien. Liederbuch" (1896; Heyse), „Sechs geistl. Lieder für gemischten Chor a cappella" (1881; Eichendorff), „Elfenlied" (1889–91; Shakespeare), „Der Feuerreiter" (1882; Mörike) für Chor und Orchester; Italien. Serenade für kleines Orchester (1892).
📖 *Dorschel, A.: H. W. Rbk. 1985. - Saary, M.: Persönlichkeit u. Musikdramatische Kreativität H. Wolfs. Tutzing 1984. - Werba, E.: H. W. oder Der zornige Romantiker. Wien 1971.*

W., Maximilian (Max), * Heidelberg 21. Juni 1863, † ebd. 3. Okt. 1932, dt. Astronom. - Prof. in Heidelberg. Wurde durch von ihm entwickelte Methoden und Instrumente (des Stereokomparators) zu einem der Bahnbrecher der Himmelsphotographie und Astrophysik. Er entdeckte mehrere hundert Planetoiden, zahlr. Kometen, daneben galakt. und extragalakt. Nebel sowie Sterne mit großer Eigenbewegung. Das Entstehen von „Sternleeren" erklärte er durch absorbierende Dunkelwolken. Gemeinsam mit J. Palisa erstellte er den ersten Sternatlas auf photograph. Grundlage (Wolf-Palisa-Karten).

W., Ror, Pseud. Raoul Tranchirer, * Saalfeld/ Saale 29. Juni 1932, dt. Schriftsteller. - Verf. einer Erzählprosa („Fortsetzung des Berichts", R., 1964; „Pilzer und Pelzer", R., 1967), die Gewohntes verfremdet, alltägl. Denk- und Verhaltensmuster in einem oft unheiml. Hintersinn aufbricht. Bevorzugt nutzt W. dabei populäre Themenbereiche (wie Fußball in „Punkt ist Punkt", Prosa, 1971, erweitert 1973) und Science-fiction in der Hörspiel-Trilogie „Auf der Suche nach Doktor Q." (1976).

W., Rudolf, * Fällanden bei Zürich 7. Juli 1816, † Zürich 6. Dez. 1893, schweizer. Astronom. - Prof. in Zürich; entdeckte den Zusammenhang zw. Sonnenflecken und erdmagnet. Veränderungen.

Wolf ↑ Sternbilder (Übersicht).

Wolf (Canis lupus), in unterschiedl. Biotopen lebendes, früher in ganz Eurasien und N-Amerika weit verbreitetes Raubtier (Fam. Hundeartige), das heute durch weitgehende Ausrottung nur noch in Rückzugsgebieten vorkommt (größere W.bestände gibt es nur noch in der asiat. Teilen der UdSSR, in Alaska und Kanada); Größe und Färbung sind je nach Verbreitungsgebiet sehr unterschiedl., Länge rd. 100–140 cm, Schulterhöhe 65–90 cm. Schwanz etwa 30–50 cm lang, Höchstgewicht 75 kg (♂ größer und stärker als ♀); sehr geselliger, in Rudeln mit ausgeprägter Rangordnung lebender Hetzjäger, der auch große Beutetiere (bis zu Hirschgröße) zur Strecke bringt; Angriffe auf Menschen sind nicht einwandfrei nachgewiesen. Brunstzeit Ende Dezember bis April; nach einer Tragezeit von etwa 9 Wochen bringt das ♀ in einem selbstgegrabenen unterird. Bau 5–7 zunächst noch blinde Junge zur Welt. Man unterscheidet zahlr. Unterarten, darunter den **Rotwolf** (Canis lupus niger; in küstennahen, sumpfigen Prärien von O-Texas und Louisiana; Bestände stark bedroht), die **Timberwölfe** (einige große, schwarz gefärbte Unterarten in den nordamerikan. Wäldern) und den **Polarwolf** (Canis lupus tundrarum; große Unterart im äußersten NW N-Amerikas; mit dichtem, langhaarigem, fast weißem Fell).

Geschichte: Steinzeitl. Wandbilder deuten darauf hin, daß die Domestikation des W. zum Haushund spätestens im frühen Mesolithikum begann. In der Bibel wird von Überfällen durch W. auf [Schaf]herden berichtet. Jesus warnt in seiner Bergpredigt vor falschen Propheten, die er als W. im Schafpelz bezeichnet. Bei den Griechen war der W. dem Apollon Lykeios, bei den Römern dem Mars heilig. Zu einem Wahrzeichen der Stadt Rom wurde die Kapitolin. Wölfin. Im Aberglauben des MA erschienen Zauberer, Hexen und auch Teufel als Wölfe. Eine beachtl. Rolle spielt seit Äsop der W. als Fabeltier.

📖 *Zimen, E.: Der W. Mythos u. Verhalten. Mchn. 1978. - Fox, M.: Vom W. zum Hund. Dt. Übers. Mchn. 1975. - Pimlott, D. H./Rutter, R. J.: The world of the wolf. Philadelphia (Pa.) 1968.*

Wolf, Zerkleinerungsmaschine, z. B. Fleischwolf, Papierwolf, Reißwolf.

Wolf, umgangssprachl. Bez. für ↑ Wundsein.

Wolfach, Stadt im Schwarzwald, an der Kinzig, Bad.-Württ., 262 m ü. d. M., 6 300 E. Heimat- und Glasmuseum, Luftkurort; Glashütte, Metallwaren-, Kleider-, Kartonagenfabrik, Branntweinbrennerei; alte Fastnachtsbräuche. - 1030 erstmals gen.; Stadtgründung zw. 1275 und 1305; 1938 Erneuerung des Stadtrechts. - Barockschloß (17. Jh.) mit Schloßkapelle (1671–81), barocke Wallfahrtskirche Sankt Jakobus d. Ä. (1680 ff.).

Wolfdietrich, mittelhochdt. Volksepos, dessen Stoff dem merowing. Sagenkreis entnommen ist und das Schicksal W., des Sohnes von Hugdietrich (= Chlodwig) schildert; im sog. „Großen W." (um 1300) werden alle Sagen um W. zusammengefaßt und mit den Sagen um Ortnit, den Sohn des Zwerges ↑ Alberich, der zu W. gerät wird, verknüpft.

Wolfe, Thomas [engl. wʊlf], * Asheville (N. C.) 3. Okt. 1900, † Baltimore 15. Sept. 1938, amerikan. Schriftsteller. - Sein teils von lyr., teils krit.-satir. Elementen geprägtes [autobiograph.] Gesamtwerk vermittelt durch eine Fülle von Impressionen, Erinnerungen und Assoziationen ein anfangs betont skept., später optimist., häufig ins Mythische gesteigertes Bild Amerikas. - *Werke:* Schau heimwärts, Engel! (R., 1929), Von Zeit und Strom (R., 1935), Vom Tod zum Morgen (En., 1935), Uns bleibt die Erde. Die Geschichte eines Romans (Essays, 1936), Es führt kein Weg zurück (R., unvollendet, hg. 1940), Hinter jenen Bergen (Prosastücke, hg. 1941).

Wolfegg, Gem. im südl. Oberschwaben, Bad.-Württ., 690 m ü.d.M., 2900 E. Oldtimermuseum. - Vierflügeliges Renaissanceschloß (1578–86; Ausstattung 17. und 18. Jh.) mit bed. Kunstsammlungen († Hausbuchmeister); Schloßkirche (1733–42) mit Rokokodekoration, Beamtenhäuser (18. Jh.).

Wolfen, Stadt im Bitterfelder Braunkohlenrevier, Bez. Halle, DDR, 42 800 E. Bed. chem. Industrie.

Wolfenbüttel ['vɔlfənbytəl, vɔlfən-'bytəl], Krst. an der Oker, Nds., 75 m ü. d. M., 48 800 E. Ev.-luth. Bischofssitz; Lessing-Akad.; Fachhochschule Braunschweig-W.; Niedersächs. Staatsarchiv W., Herzog-August-Bibliothek, Lessinghaus, Stadt- und Kreismuseum, archäolog. Landesmuseum; Garnison. Bed. Erwerbsgartenbau; chem., Elektro-, Konserven-, Spirituosen- und Maschinenbauind. - Die 1118 erwähnte, Mitte des 13. Jh. zerstörte Wasserburg W. wurde nach 1283 von den Welfen als Residenz ausgebaut; um 1500 mit der im Anschluß an sie entstandenen Dammvorstadt (später Heinrichstadt) ummauert; erhielt zw. 1540 und 1570/78 Stadtrechte; seit 1567 entstand die Juliusvorstadt (im O), nach 1652 die Augustvorstadt (im W), die 1747 mit Heinrichstadt zur Stadt. W. vereinigt wurden (Residenz bis 1753); an der von Herzog August d.J. von Braunschweig-W. gegr. (Staats-)Bibliothek wirkten 1690–1716 Leibniz und 1770–81 Lessing. - Typ. Residenzstadt der Renaissance; Schloß (nach 1547 ff.) mit Schloßturm und Arkadenhof; ev. Marienkirche (1607 ff.), ev. Johanniskirche (1663), Trinitatiskirche (1719 geweiht); Zeughaus (1613 begonnen); ehem. Kanzlei (1587/88); zahlr. Fachwerkhäuser.

W., Landkreis in Niedersachsen.

W., seit dem 13. Jh. aus den Teilungen des Hauses † Braunschweig hervorgegangenes welf. Ft. im Gebiet von Aller und Oker.

Wolfenbütteler Fragmente, Bez. für jene Teile der von H. S. Reimarus verfaßten „Apologie oder Schutzschrift für die vernünftigen Verehrer Gottes", die G. E. Lessing nach dessen Tod in den Wolfenbütteler Beiträgen „Zur Geschichte und Litteratur" 1774–77 u. d. T. „Fragmente eines Wolfenbüttelschen Ungenannten" veröffentlichte.

Wolfenstein, Alfred, * Halle/Saale 28. Dez. 1888, † Paris 22. Jan. 1945 (Selbstmord), dt. Schriftsteller. - Dichter und Theoretiker des Expressionismus. 1933 Emigration nach Prag, dann nach Paris. - Werke: Die gottlosen Jahre (Ged., 1914), Menschl. Kämpfer (Ged., 1919), Jüd. Wesen und neue Dichtung (Essay, 1922), Die Nacht vor dem Beil (Dr., 1929).

Wolff, (Wolf) Christian Freiherr von (seit 1745), * Breslau 24. Jan. 1679, † Halle/Saale 9. April 1754, dt. Philosoph. - Studierte Theologie, Mathematik, Physik und Jura; 1706 Prof. für Mathematik in Halle. Auf Grund des Vorwurfs des „Determinismus" und der

Wolfenbüttel. Schloß (nach 1547 ff.)

Religionsfeindlichkeit durch pietist. Theologen 1723 amtsenthoben und des Landes verwiesen. 1723 Prof. in Marburg. 1740 durch Friedrich II. Prof. in Leipzig für Natur- und Völkerrecht. Von R. Descartes und der Spätscholastik (v. a. F. Suárez) beeinflußt, brachte W. zentrale Teile der Leibnizschen Philosophie in eine schulmäßige, systemat. Fassung (deshalb: „Leibniz-Wolffsche Philosophie"); bedeutendster Philosoph der frühen Aufklärung. Er übertrug die mathemat. Methodik auf alles wiss. Denken, um so den für die Mathematik geltenden Standard von Wahrheit und Gewißheit allg. zu erreichen. Mit einer Unterordnung von Ethik, Politik und Recht unter die Erkenntnismaximen und -resultate der method. Vernunft vertritt W. die Idee der bürgerl. Gesellschaft von der freien Entfaltung des Individuums in einem nach Vernunftgesetzen geordneten Rechtsstaat, der unlegitimierte Autorität von Kirche und Staat verwirft und die republikan. Staatsform favorisiert. - W., der als erster in seinen Vorlesungen und Schriften eine dt. Terminologie verwendete, gilt als einer der ersten Verfechter des Völkerbundgedankens und als Mitbegr. des modernen Völkerrechts.

Werke: Anfangsgründe aller mathemat. Wiss. (1710), Vernünfftige Gedancken von den Kräften des menschl. Verstandes ... (1713), Vernünftige Gedancken von Gott, der Welt und der Seele des Menschen ... (1720), Vernünftige Gedancken von dem gesellschaftl. Leben der Menschen ... (1721), Philosophia

rationalis sive logica (1728), Psychologia rationalis (1734), Theologia naturalis (1736/37), Jus naturae ... (8 Bde., 1740–48), Jus gentium (1749), Philosophia moralis sive ethica (5 Bde., 1750–53), Oeconomica (1754/55).
📖 *C. W. (1679–1754).* Hg. v. Werner Schneider. Hamb. 1983. - *Logik im Zeitalter der Aufklärung.* Hg. v. W. Walter u. L. Borinski. Gött. 1980. - *Lenders, W.: Die analyt. Begriffs- u. Urteilstheorie v. G. W. Leibnitz u. C. W.* Hildesheim u. New York 1971.

W., Jacob, d. Ä., * Bamberg um 1546, † Nürnberg vor dem 16. Juli 1612, dt. Baumeister und Bildhauer. - Vater von Jacob W. d. J.; Stadtbaumeister von Nürnberg seit 1596; außer Neu- und Umbauten der Festung Marienberg in Würzburg (1601–05) stammt von ihm v. a. das Pellerhaus in Nürnberg (1602–07; nach 1945 teilweise wiederaufgebaut).

W., Jacob, d. J., * Bamberg (?) 1571, † Nürnberg 25. Febr. 1620, dt. Baumeister. - Sohn von Jacob W. d. Ä. Erbaute in repräsentativen Renaissancestil v. a. das Rathaus in Nürnberg (1616–22; nach 1945 wiederaufgebaut).

W., Kurt, * Bonn 3. März 1887, † Ludwigsburg 21. Okt. 1963, dt. Verleger. - Übernahm 1913 den 1908 von E. Rowohlt gegründeten Verlag in Leipzig (seither *K.-W.-Verlag;* 1917 nach Darmstadt, 1919 nach München verlegt), erwarb dazu 1917 den *Hyperion-Verlag* (für bibliophile Ausgaben) sowie den *Verlag der Weißen Bücher* und gründete 1924 in Florenz den Kunstverlag *Pantheon Casa Editrice S. A.* Verlegte Werke von F. Kafka, F. Werfel, M. Brod, H. Mann, G. Meyrink, W. Hasenclever und R. Tagore. Nach Auflösung seiner Firmen (1930) und Emigration (1933) gründete W. 1942 in New York den Verlag *Pantheon Books, Inc.* und brachte u. a. Werke von H. Broch und R. Musil in dt. Sprache heraus.

W., Theodor, * Berlin 2. Aug. 1868, † ebd. 23. Sept. 1943, dt. Schriftsteller und Publizist. - 1889 Mitbegr. der Freien Bühne in Berlin; 1894–1906 Pariser Korrespondent des „Berliner Tageblatts"; als dessen Chefredakteur und Kommentator (1906–33) einer der einflußreichsten dt. Publizisten; 1918 Mitbegr. der DDP (Austritt 1926); emigrierte im Febr. 1933; 1934 Aberkennung der dt. Staatsbürgerschaft; 1943 in Nizza verhaftet, der Gestapo übergeben und ins KZ gebracht; starb im Israelit. Krankenhaus in Berlin; schrieb u. a. Romane und Theaterstücke.

Der 1961 gestiftete **Theodor-Wolff-Preis** für hervorragende journalist. Leistungen wurde bis 1973 von der „Axel-Springer-Stiftung" verliehen, seitdem vom Bundesverband Dt. Zeitungsverleger e. V.

Wölfflin, Heinrich, * Winterthur 24. Juni 1864, † Zürich 19. Juli 1945, schweizer. Kunsthistoriker. - Prof. in Basel, Berlin, München, Zürich. Stellte in seinen Schriften die Gestalt des Kunstwerks statt kulturhistor. Zusammenhänge in den Vordergrund (z. B. „Die Kunst Albrecht Dürers", 1905). In seinem Hauptwerk „Kunstgeschichtl. Grundbegriffe" (1915) faßte er typ. „Vorstellungsformen" des 16. Jh. bzw. des Barock in den morpholog. Gegensatzpaaren: das Lineare und das Malerische, Fläche und Tiefe, geschlossene Form und offene Form, Vielheit und Einheit, Klarheit und Unklarheit.

Wolffs Telegraphen-Bureau [by'ro:], Abk. WTB, von B. Wolff (* 1811, † 1879) am 27. Nov. 1849 (knapp 2 Monate nach der Freigabe des Telegraphen für die Öffentlichkeit) als „Telegraph. Correspondenz-Bureau" in Berlin gegr. erste dt. Nachrichtenagentur; wurde offiziöses Sprachrohr der preuß. Reg., seit 1874 Aktiengesellschaft; 1933 mit der Telegraphen-Union Hugenbergs zum Dt. Nachrichtenbüro GmbH vereinigt.

Wolff von Amerongen, Otto, * Köln 6. Aug. 1918, dt. Industrieller. - Übernahm 1940 das in der Eisenind. angesiedelte Familienunternehmen. Neben zahlr. Aufsichtsratssitzen hat W. v. A. seit 1969 das Amt des Präs. des Dt. Industrie- und Handelstages inne; er hatte großen Anteil an der Ausweitung des Osthandels.

Wolfgang, männl. Vorname (zu althochdt. wolf „Wolf" und ganc „Gang", wohl in der Bed. „Waffengang, Streit").

Wolfgang, hl., * in Schwaben, † Pupping (Oberösterreich) 31. Okt. 994, dt. Missionar und Bischof. - 971 Missionar in Ungarn und ab 972 Bischof von Regensburg; wirkte hier v. a. als Klosterreformer. - Fest: 31. Oktober.

Wolfgangsee ↑ Sankt-Wolfgang-See.

Wolfhagen, hess. Stadt am W-Fuß des Habichtswaldes, 280 m ü. d. M., 12400 E. Metallverarbeitung, Textil- und Elektroind. - Gegr. Anfang des 13. Jh. in Anlehnung an eine Burg in planmäßiger, ungefähr rechteckiger Anlage; vor 1264 Stadtrecht. - Ev. got. Stadtkirche (13. Jh.) mit spätgot. Chor; Fachwerkrathaus (1657–59); ma. Stadtbild. Nahebei Schloß Elmarshausen, eine spätma. Wasserburg.

Wolfhard (Wolfhart), männl. Vorname (zu althochdt. wolf „Wolf" und harti „hart").

Wolfram, männl. Vorname (zu althochdt. wolf „Wolf" und hraban „Rabe").

Wolfram von Eschenbach, * Eschenbach (= Wolframs-Eschenbach) um 1170/80, † ebd. um 1220, dt. Dichter. - Seine Lebensumstände sind nur aus Angaben in seinem Werk zu rekonstruieren. Er entstammte wahrscheinl. einem bayr. Ministerialengeschlecht, führte ein Wanderleben, das ihn ins Main-Odenwald-Gebiet (Aufenthalt auf der Wildenburg bei Amorbach) führte; später lebte er wahrscheinl. in der Steiermark und hatte auch Kontakte zum Hof des Landgrafen Hermann I. von Thüringen; begraben ist er vermutl. in Eschenbach. Sein Hauptwerk ist der Entwicklungsroman in Versen „Parzival" (um 1200 begonnen, um 1210 vollendet), in dem die das ganze MA bewegende Frage nach Versöhnung von Gott und Welt ihre tiefste Lösung gefunden hat. Der Tor Parzival wird in den Kreis des Königs Artus aufgenommen und schließl. Herrscher über das Reich des Grals, nachdem er in verschiedenen Entwicklungsstufen die Reife zu diesem Amt erlangte. W. gelingt es so, das Rittertum der Artusrunde durch die auf Gott bezogene Gralswelt zu erhöhen. Die an histor. Fakten anknüpfende Reimpaarerzählung „Willehalm" (um 1212 begonnen, um 1217 abgebrochen) dehnt die Vorstellung vom gottbezogenen Ritter- und Menschentum auch auf die heidn. Welt aus. Fragment blieb auch die Minneerzählung in Versen „Titurel" (etwa gleichzeitig mit dem „Willehalm"), die das Schicksal des Liebespaares Sigune und Schionatulander (zwei Nebenfiguren im „Parzival") gestaltet. Schrieb auch 9 Minnelieder.

📖 *Bertau, K.: W. v. E. Mchn. 1983. - Brall, H.: Gralsuche u. Adelsheil. Hdbg. 1983. - Schäfer, Hans W.: Kelch u. Stein. Ffm. 1983. - Bumke, J.: W. v. E. Stg.* [5]*1981. - Schröder, W.: Der Ritter zw. Welt u. Gott. Idee u. Problem des Parzivalromans Wolframs v. E. Weimar 1952.*

Wolfram [zu Wolf (da W.minerale früher als Zinnerze gewonnen wurden, in der Schmelze aber das Zinn „auffraßen", d. h. die Zinnausbeute verringerten) und landschaftl. Rahm „Ruß, Schmutz"] (Tungsten), chem. Symbol W; metall. Element aus der VI. Nebengruppe des Periodensystems der chem. Elemente, Ordnungszahl 74, mittlere Atommasse 183,85, Dichte 19,3 g/cm^3, Schmelzpunkt 3410 °C, Siedepunkt 5660 °C. Das silberweiße Schwermetall ist chem. sehr beständig; es wird nur von einem Gemisch aus Flußsäure und Salpetersäure gelöst. In seinen meist farbigen Verbindungen tritt W. meist sechs-, seltener zwei- bis fünfwertig auf. Mit 0,0064 Gewichts-% Anteil an der Erdkruste steht W. an 27. Stelle der Häufigkeitsliste der chem. Elemente. In der Natur kommt es nur in Form von Verbindungen vor. Zur Gewinnung werden W.erze durch Rösten mit Soda in Natriumwolframat überführt, aus dem man durch Ansäuern unlösl. W.säure erhält; durch Entwässern entsteht W.trioxid, das mit Wasserstoff zum Metall reduziert wird. Wegen seines hohen Schmelzpunkts wird W. zur Herstellung von Glühfäden für Glühlampen und Elektronenröhren verwendet. W.legierungen (u. a. mit Molybdän, Niob, Tantal und Eisen [W.stähle]) zeichnen sich durch große therm. und mechan. Beständigkeit aus. Verbindungen von W. mit Kohlenstoff (W.carbide) sind sehr harte Werkstoffe, z. B. die Wolframcarbid-Kobalt-Legierungen (Widia ®). - W. wurde 1781 von C. W. Scheele entdeckt.

Wolframate, die Salze der Wolframsäure, H$_2$WO$_4$, die durch Auflösen von Wolframtrioxid, WO$_3$, in starken Alkalien entstehen. Techn. Verwendung finden v. a. Calcium- und Magnesium-W. als Leuchtstoffe.

Wolframit, Mineral von dunkelbrauner bis schwarzer Farbe und unvollkommenem Metallglanz. Chem. (Fe,Mn)WO$_4$; Mohshärte 5–5,5; Dichte 7,14–7,54 g/cm^3; Zwischenglied einer isomorphen Mischungsreihe mit den Mineralen *Ferberit,* FeWO$_4$, und *Hübnerit*. MnWO$_4$, als Endgliedern. Vorkommen, meist in Granitpegmatiten und auf pneumatolyt. Lagerstätten, u. a. in Colorado, Brit. Columbia, Bolivien, China; wichtiges Wolframerz.

Wolfratshausen, Stadt an der Loisach, Bay., 577 m ü. d. M., 14 700 E. - 1003 erstmals gen.; seit 1280 als Markt belegt. 1961 Stadtrecht. - Frühbarocke Stadtpfarrkirche (17. Jh.).

Wolfsauge (Lycopsis), Gatt. der Rauhblattgewächse mit 3 Arten in Europa und W-Asien. Die einzige einheim. Art ist der auf Sandböden verbreitete *Ackerkrummhals* (Lycopsis arvensis), ein 20–40 cm hohes Kraut mit runzeligen, borstig behaarten, schmal lanzettförmigen Blättern und hellblauen, in Wickeln stehenden Blüten.

Wolfsbarsch, svw. ↑ Seebarsch.

Wolfsberg, östr. Bez.hauptstadt im Lavanttal, Kärnten, 462 m ü. d. M., 28 100 E. Bekleidungs-, Schuh-, Kunststoff-, Tubenfabrik. - Bei einer 1178 erstmals gen. Burg entstanden, 1295 als Stadt bezeichnet (1331 neues Stadtrecht). - Roman. Stadtpfarrkirche (13. Jh.) mit got. Chor (14. Jh.).

Wolfsburg, Stadt am Mittellandkanal, Nds., 55–109 m ü. d. M., 122 000 E. Gemäldegalerie; Planetarium; Theater. - Die 1938 auf dem Gebiet des Rittergutes W. und 6 umliegender Gemeinden (seit 1945 als W. bezeichnet) im Zusammenhang mit dem Volkswagenwerk (↑ Volkswagenwerk AG.) gegr. Stadt gilt als bedeutendste Stadtgründung des 20. Jh. in M-Europa. 1972 wurden die Städte **Fallersleben** (im 10. Jh. zuerst erwähnt, Stadt seit 1929) und **Vorsfelde** (Ersterwähnung 1145, Stadt seit 1955) eingemeindet. - Schloß W. (13./14. und 16. Jh.) im Stil der Weserrenaissance. Kulturzentrum (1959–63) von A. Aalto, Theater (1971–73) von H. Scharoun.

Wolfsfische, svw. ↑ Seewölfe.

Wolfshund, volkstüml. Bez. für den ↑ Deutschen Schäferhund.

◆ (Ir. W.) ir. Windhundrasse; bis 95 cm schulterhohe, rauhhaarige Hunde mit langem Windhundkopf; Fell grau, gelbl., rot, schwarz, weiß.

Wolfskehl, Karl, * Darmstadt 17. Sept. 1869, † Bayswater (Neuseeland) 30. Juni 1948, dt. Schriftsteller. - Mit S. George Hg. der „Blätter für die Kunst" und der Sammlung „Dt. Dichtung" (1901–03); sein Haus in Schwabing war Mittelpunkt des George-Kreises; Verbindung zum Münchner Kreis der „Kosmiker" um A. Schuler. 1933 Emigration. Verf. einer von S. George beeinflußten Lyrik sowie von Essays, Mysterienspiele und Dramen. Auch Übersetzer aus dem Mittelhochdt., Engl. und Französischen. - **Werke:** Saul (Dr., 1905), Der Umkreis (Ged., 1927), Bild und Gesetz (Essays, 1930), Die Stimme spricht (Ged., 1934), An die Deutschen (Ged., 1947), Sang aus dem Exil (Ged., hg. 1950).

Wolfskehlmeister, dt. Bildhauer um die Mitte des 14. Jh. - Benannt nach dem Grabmal des Bischofs Otto von Wolfskehl im Würzburger Dom (um 1348). Zu den bedeutendsten Werken der dt. Plastik des 14. Jh. zählt sein Grabmal des Bischofs Friedrich von Hohenlohe († 1352) im Bamberger Dom.

Wolfskinder, Bez. für „wilde" Kinder, die als Säuglinge oder Kleinkinder von Wölfen (oder anderen Tieren, z. B. Bären oder Affen) aufgezogen worden sein sollen. Wenn auch nicht ganz auszuschließen ist, daß (von ihren Eltern ausgesetzte) Kinder eine Zeit in einer Tiergemeinschaft überleben könnten, so ist doch ein Zusammenleben von Kindern und Tieren oder gar eine Einbindung menschl. Kinder in eine Tiergemeinschaft nach übereinstimmender humanwiss. Überzeugung nicht denkbar.

Wolfsmilch (Euphorbia), Gatt. der W. gewächse mit rd. 1 600 Arten, v. a. in den Tropen und Subtropen (v. a. in Afrika); Kräuter, Sträucher oder Bäume mit giftigem Milchsaft in ungegliederten Milchröhren. Die zu je einem Staub- bzw. Fruchtblatt reduzierten Blüten stehen in stark verkürzten, von Hochblättern umgebenen, daher Einzelblüten vortäuschenden Blütenständen. Viele Arten, v. a. afrikan., sind stammsukkulent und ähneln Kakteen. Bekannte Zierpflanzen sind ↑ Christusdorn und ↑ Weihnachtsstern. Von den 18 einheim. Arten sind häufig: **Gartenwolfsmilch** (Euphorbia peplus), Stengel 10–30 cm hoch, mit gestielten, eiförmig-rundl. Blättern und gelblichgrünen Blüten; Garten- und Ackerunkraut. **Sonnenwolfsmilch** (Euphorbia helioscopia), bis 40 cm hoch, mit keilförmigen bis verkehrt eiförmigen, vorn fein gesägten, am Stengel nach oben an Größe zunehmenden Blättern und Scheinblüten in fünfstrahliger, gelblichgrüner Scheindolde; Ackerunkraut. **Zypressenwolfsmilch** (Euphorbia cyparissias), 15–30 cm hoch, mit dünnen, hellgrünen, schmal-linealförmigen, bis 3 mm breiten Blättern; Hüllblätter der Teilblütenstände gelb bis rötl.; auf trockenen, sandigen Böden. **Springwolfsmilch** (Kreuzblättrige W., Euphorbia lathyris), bis 1,5 m hoch, mit gekreuzt-gegenständigen, schmalen Blättern und haselnußgroßen, knackend aufspringenden Kapselfrüchten; wird häufig in Gärten angepflanzt, da sie Wühlmäuse vertreiben soll. Im Sudan wächst die sukkulente, 6–10 m hohe **Kandelaberwolfsmilch** (Euphorbia candelabrum) mit kandelaberförmig verzweigten Ästen.

Wolfsmilchgewächse (Euphorbiengewächse, Euphorbiaceae), Fam. der Zweikeimblättrigen mit rd. 7 500 Arten in 290 Gatt., überwiegend in den Tropen und Subtropen; Bäume, Sträucher, Stauden oder einjährige Kräuter mit bisweilen giftigem Milchsaft; sehr vielgestaltige Pflanzen, oft sukkulent und kakteenähnl.; Blüten meist klein und eingeschlechtig, in zusammengesetzten Blütenständen. Wichtigste Gatt. sind Parakautschukbaum, Manihot, Rizinus, Wolfsmilch und Wunderstrauch.

Wolfsmilchschwärmer (Celerio euphorbiae), dämmerungsaktiver, 7–8 cm spannender Schmetterling (Fam. Schwärmer) in Eurasien und N-Afrika; Vorderflügel meist graugrün gefärbt, mit einer olivgrünen Querbinde; Raupen bis 9 cm lang, überwiegend schwarzgrün mit roten Rückenstreifen und großen, gelben Seitenflecken, fressen an Wolfsmilcharten.

Wolfsrachen (Cheilognathopalatoschisis), schwere angeborene Mißbildung, von der Oberlippe bis zum Gaumenzäpfchen durchgehende Lippen-, Kiefer- und Gaumenspalte.

Wolfsschanze, während des 2. Weltkriegs das Führerhauptquartier nahe Rastenburg; zw. dem 24. Juni 1941 und dem 20. Nov. 1944 von Hitler mit Unterbrechungen benutzt; Schauplatz des Attentats vom 20. Juli 1944.

Wolfsspinnen (Lycosidae), mit rd. 1 500 Arten weltweit verbreitete Fam. bis 5 cm langer Spinnen, davon 65 Arten einheim.; z. T. in (mit Spinnfäden austapezierten) Erdröhren lebende Tiere, die keine Netze weben und ihre Beute im Sprung fangen. Zu den W. gehören u. a. die ↑ Taranteln.

Wolfsspitz, sehr alte dt. Hunderasse; bis 50 cm schulterhohe Spitze mit üppiger, wolfsgrauer Behaarung, Stehohren und Ringelrute.

Wolga, längster Strom Europas, entspringt in den Waldaihöhen, UdSSR, mündet ins Kasp. Meer, 3 530 km lang, Einzugsgebiet 1,36 Mill. km². An ihrem Mittellauf zw. Oka- und Kamamündung bis Wolgograd am Unterlauf erstreckt sich rechtsseitig das Bergufer (bis 375 m ü. d. M.), unterhalb von Kuibyschew liegt diesem das (flache) Wiesenufer gegenüber. Unterhalb Wolgograd ist die W. ein Fremdlingsfluß, ihr ständiger Wasserverlust im Bereich der Kasp. Senke wird nicht mehr von Nebenflüssen ausgeglichen. Von der unteren W. zweigt der Nebenarm ↑ Achtuba ab. Das etwa 1 300 km² große W. delta beginnt 46 km nördl. von Astrachan, es weist rd. 500 Wasserarme auf. Vor Anlage der zahlr. Stauseen trug die W. jährl. rd. 25 Mill. t Sinkstoffe ins Kasp. Meer. Die W. ist der wichtigste Großschiffahrtsweg der UdSSR, durch Kanäle mit Ostsee, Weißem und Schwarzem Meer sowie mit Moskau verbunden.

Wolgadeutsche Republik, ehem. ASSR innerhalb der RSFSR, an der unteren

Wolga, 28 200 km², 605 000 E (1939, etwa ²/₃ Deutsche), Hauptstadt Engels. - Katharina II. rief 1763 dt. Kolonisten ins Land, um das fruchtbare Gebiet an der unteren Wolga zu erschließen und gegen die Tataren zu sichern; 1764 wanderten rd. 8 000 Familien (29 000 Personen) v. a. aus SW-Deutschland ein; bis 1864 gründeten sie 190 Siedlungen und Tochterkolonien, die sich bis zum Ural und bis in die Ukraine erstreckten. Zu Beginn des 1. Weltkriegs lebten im gesamten Siedlungsraum etwa 700 000 *Wolgadeutsche*. Durch Pogrome, Verschleppung, Kriegsverluste während des 1. Weltkriegs und durch Hungersnöte wurde die wolgadt. Bev. bis Ende 1941 um rd. 350 000 Menschen dezimiert. 1924 wurde die W. R. als ASSR innerhalb der RSFSR gebildet, Amtssprache war deutsch. Nach dem dt. Angriff (1941) auf die Sowjetunion wurden die Wolgadeutschen unter dem Vorwand der Diversion und Spionage nach Sibirien und M-Asien deportiert. Die W. R. wurde offiziell am 25. Sept. 1945 aufgelöst. Die Wolgadeutschen wurden 1964 rehabilitiert, ihre Rückkehr an die Wolga wurde ihnen jedoch verwehrt.

Wolga-Don-Schiffahrtskanal, Schiffahrtskanal zw. der unteren Wolga und dem unteren Don, 101 km lang; 13 Schleusen.

Wolga-Ostsee-Wasserweg, Binnenwasserstraße, die die obere Wolga mit der Ostsee über [Stau]seen und Flüsse verbindet.

Wolgast, Krst. an der Peene, Bez. Rostock, DDR, 12 m ü. d. M., 17 000 E. Werft; Straßenbrücke nach Usedom. - Entstand als wend. Burg- und Marktflecken; seit 1257 Stadtrecht (lüb. Recht seit 1282). 1295–1464 und 1532–1625 Residenz des Hzgt. Pommern-W.; Hansestadt; 1648 an Schweden, 1815 an Preußen (Prov. Pommern). - Spätgot. Petrikirche (14. Jh.), Barockrathaus.
W., Landkr. im Bez. Rostock, DDR.

Wolgastausee (Moskauer Meer), Stausee der oberen Wolga, 327 km², 1,12 Mrd. m³, bis 19 m tief; Wasserkraftwerk bei Dubna.

Wolgemut, Michael, * Nürnberg 1434, † ebd. 30. Nov. 1519, dt. Maler und Zeichner für den Holzschnitt. – Schüler und 1473 Werkstattnachfolger von H. Pleydenwurff; beeinflußt von der niederl. Malerei und von M. Schongauer. Schuf Altäre (u. a. den sog. Peringsdörfer Altar, 1486/88, Nürnberg, Friedenskirche), wichtig sind v. a. die in seiner Werkstatt entstandenen Holzschnitte zum „Schatzbehalter" (1491) und zur „Schedelschen Weltchronik" (1493).

Wolgodonsk [russ. vɐlgaˈdɔnsk], sowjet. Stadt am S-Ende des Zimljansker Stausees des Don, RSFSR, 165 000 E. Bed. Werk für Ausrüstungen von Kernkraftwerken.

Wolgograd [russ. vɐlgaˈgrat], sowjet. Geb.hauptstadt im RSFSR, an der Wolga, 974 000 E. Univ., 5 Hochschulen, Museen, Theater, Philharmonie; Planetarium. W. bildet zus. mit der Ind.stadt **Wolschski** (245 000 E) einen Ind.schwerpunkt an der Wolga; u. a. Stahlwerk, Aluminiumhütte, Werft, Erdölraffinerie; Hafen. Gegr. 1589 als Festung (hieß bis 1925 **Zarizyn**); 1670 teilweise zerstört; 1925 in **Stalingrad** umbenannt (bis 1961; seitdem W.); im 2. Weltkrieg († Stalingrad, Schlacht von) stark zerstört, planmäßig im Stil der späten Stalinzeit neu aufgebaut.

Wolgograder Stausee, Stausee der unteren Wolga, oberhalb von Wolschski, 3 117 km², 31,5 Mrd. m³, Wasserkraftwerk.

Wolhynien [voˈlyːniən] † Wolynien.

Wolken, sichtbare, in der Luft schwebende Ansammlungen von Kondensationsprodukten des Wasserdampfes, d. h. von sehr kleinen Wassertröpfchen, Eiskristallen oder beiden gemeinsam.
Damit sich in der Atmosphäre W. bilden können, muß Luft mit genügend Feuchtegehalt abgekühlt werden, gleichzeitig müssen Kondensationskerne vorhanden sein. Kleine Partikeln in der Luft, an denen sich die Wasserdampfmoleküle bei der Kondensation anlagern können, stehen fast immer zur Verfügung. Die Abkühlung der Luft erfolgt v. a. durch Vertikalbewegungen: durch erzwungene Hebungsprozesse (Aufgleiten z. B. an Berghängen oder an Fronten in der Atmosphäre) oder Aufsteigen infolge Dichteunterschiedes ungleich erwärmter Luftmassen. Aufsteigende Luft kühlt sich trockenadiabatisch ab, bis der in ihr enthaltene Wasserdampf den Sättigungszustand (100 % relative Feuchte) erreicht hat. In dieser Höhe beginnt die Kondensation des Wasserdampfes; kleine W.wassertröpfchen (∅ 2–15 μm) bilden sich. Die weitere Abkühlung geht feuchtadiabatisch (langsamer) vor sich. Steigt die Luft so weit auf, daß der Gefrierpunkt unterschritten wird, tritt zunächst nicht, wie zu erwarten wäre, Gefrieren ein; die W.tröpfchen bleiben vielmehr flüssig, die Wolke befindet sich zw. 0 und −15 °C im unterkühlten Zustand. Im allg. gefrieren unter −15 °C dann die ersten W.tröpfchen zu Eiskristallen. Aus der ursprüngl. *reinen Wasserwolke* wird eine *Mischwolke* mit Wassertröpfchen und Eiskristallen. Mit abnehmender Temperatur vergrößert sich die Zahl der Eiskristalle. Unterhalb von −35 °C bestehen die W. als *Eis-W.* überwiegend aus Eiskristallen.
Wasserwolken haben gewöhnl. scharfe Ränder und sehen kompakt aus; *Eis-W.* zeigen dagegen ein faser- oder schleierförmiges Aussehen, sind weiß und seidig glänzend, haben diffuse, ausgefranste Umrisse. *Misch-W.,* je nach W.dicke hell- bis dunkelgrau, mit teilweise klar umrissenen, teilweise diffusen und ausgefransten Rändern, sind in gemäßigten Breiten die wesentlichsten niederschlagbildenden Wolken. Auf Grund der Stärke der Vertikalbewegungen, denen sie ihre Entstehung

Wolkenbruch

verdanken, können die W. nach ihrer Form unterteilt werden: *Schicht-W. (stratiforme W.)* entstehen bei relativ langsamen Aufgleit- und Hebungsprozessen in der Atmosphäre, wie sie an Gleitflächen (Warmfronten) vorkommen; sie können eine sehr große horizontale Ausdehnung erreichen. *Haufen-W.* bilden sich als Folge starker aufsteigender Bewegungen; diese können durch bes. therm. oder strömungsmäßige Verhältnisse bedingt sein, treten aber v. a. bei einer labilen Temperaturschichtung der Atmosphäre auf. Haufen-W. können bei relativ kleiner Ausgangsbasis vertikal sehr mächtig werden *(Gewitter-W.)*.
Nach internat. Vereinbarung werden auf Grund von Form und Höhe 10 W.gattungen unterschieden, die den sog. W.stockwerken wie folgt zugeordnet sind:
Oberes Stockwerk (7–13 km): **Zirrus** (Cirrus, Ci): *Feder-W.*, aus einzelnen Fasern oder Büscheln bestehende, weiße, seidig glänzende Eiswolken. **Zirrostratus** (Cirrostratus, Cs): dünner, weißer Eiswolkenschleier, der meist den ganzen Himmel überzieht und Haloerscheinungen hervorruft. **Zirrokumulus** (Cirrocumulus, Cc): feine *Schäfchen-W.*, Flecken oder Felder kleiner, weißer W.flocken oder -bällchen, in Reihen oder Rippen angeordnet.
Mittleres Stockwerk (2–7 km): **Altokumulus** (Altocumulus, Ac): höhere, gröbere *Schäfchen-W.*, Felder oder Bänke aus weißen oder grauen, flachen W.ballen oder -walzen, gröber als Zirrokumulus. **Altostratus** (As): graue oder bläul., gleichmäßige W.schicht, große Teile des Himmels bedeckend; läßt die Sonne stellenweise als verwaschene Scheibe erkennen.
Unteres Stockwerk (0–2 km): **Nimbostratus** (Ns): gleichmäßig strukturlose graue bis dunkelgraue W.schicht mit uneinheitl. Untergrenze, aus der Niederschlag fällt; unterhalb der W.masse sich bildende W.fetzen können mit ihr zusammenwachsen. **Stratokumulus** (Stratocumulus, Sc): tiefe, grobe Schäfchen-W., Schicht oder Bänke aus grauen oder weißl., schollen-, ballen- oder walzenartigen W.teilen, die auch zusammengewachsen sein können. **Stratus** (St): graue, gleichförmige W.schicht mit tiefer Untergrenze, aus der – im Ggs. zu Nimbostratus – nur kleintropfiger Niederschlag (Sprühregen, auch feine Eis- oder Schneeteilchen) fallen kann; typ. Form des Hochnebels. **Kumulus** (Cumulus, Cu): dichte, scharf abgegrenzte Haufen-W. mit nahezu horizontaler Untergrenze; entweder verhältnismäßig flach (Schönwetterkumulus) oder quellend in die Höhe wachsend; leuchtend weiß im Sonnenlicht. **Kumulonimbus** (Cumulonimbus, Cb): mächtig aufgetürmte Haufen-W., die höchsten Teile vielfach amboßartig ausgebreitet, aus der Schauerniederschläge, häufig von Gewittern begleitet (Gewitter-W.), fallen. Kumulus und Kumulonimbus zählen zu den *Quell-W.* und zeigen eine labile Schichtung der Atmosphäre an (Quellbewölkung; häufig mit Regenschauern).
Innerhalb dieser 10 Gattungen unterscheidet man noch mehrere Arten durch Zusätze wie *fibratus* (fib) = faserig, *stratiformis* (str) = schichtförmig *(stratiforme W.)* oder *lenticularis* (len) = linsenförmig *(Lentikularis-W.)*.
▭ *Watts, A.: W. u. Wetter. Dt. Übers. Bielefeld ⁶1981. - Cloud dynamics. Hg. v. H. R. Pruppacher. Basel u. Stg. 1976. - Pogosjan, C. P./Turketti, S. L.: W., Wind u. Wetter. Dt. Übers. Zürich u. Ffm. 1975.*

Wolkenbruch, heftiger, plötzlich einsetzender Regen.

Wolkenkratzer ↑ Hochhaus.

Wolkenstein, Oswald von ↑ Oswald von Wolkenstein.

Wollaffen (Lagothrix), Gatt. der Kapuzineraffenartigen mit zwei Arten bes. am oberen Amazonas; Körper rd. 50–70 cm lang, mit etwa körperlangem Greifschwanz; Fell sehr dicht, kurz und wollig, dunkel rötlichbraun bis grau oder schwärzl.; Gesicht fast unbehaart, schwärzl.; gesellige Baumbewohner. Die bekannteste Art ist der 50–70 cm lange **Graue Wollaffe** (Schieferaffe, Lagothrix lagotricha) mit schwärzl.- bis bräunlichgrauem Fell.

Wollaston, William Hyde [engl. ˈwʊləstən], *Dereham (= East Dereham, Norfolk) 6. Aug. 1766, †London 22. Dez. 1828, brit. Naturforscher. - W. beschäftigte sich mit der pulvermetallurg. Verarbeitung des Platins und entdeckte dabei Palladium und Rhodium. Bei Untersuchungen von Volta-Elementen wies er die Gleichartigkeit von stat. (Reibungs-) und fließender Elektrizität nach. Seine opt. Arbeiten betrafen u. a. die Lichtbrechung und das Spektrum. W. befaßte sich ferner mit Mineralogie und Kristallographie. Seine physiolog. Untersuchungen galten v. a. dem Problem der Frequenzempfindlichkeit des Gehörs und dem Problem des Sehens.

Wollastonit [nach dem brit. Naturforscher W. H. Wollaston] (Tafelspat), Mineral, weiß, glasglänzend, auch perlmutterartig, meist derbe, strahlige, stengelige, faserige Aggregate bildend. Chem. $Ca_3[Si_3O_9]$; Mohshärte 4,5–5; Dichte 2,8–2,9 g/cm³. Vorkommen in kontaktmetamorphen Kalken (Marmor) und in Ergußgesteinen.

Wolläuse, svw. ↑Schmierläuse.

Wollbaum, svw. ↑Kapokbaum.

Wollbaumgewächse (Baumwollbaumgewächse, Bombacaceae), Fam. der Zweikeimblättrigen mit rd. 200 Arten in 28 Gatt. in den Tropen, vorwiegend im trop. Amerika; Bäume mit oft dickem, wasserspeicherndem Stamm (Flaschenbäume), gefingerten oder ungeteilten Blättern und zuweilen großen Blüten. Wichtigste Gatt. sind: Affenbrotbaum, Balsabaum, Kapokbaum und Seidenwollbaum.

Wollbienen (Anthidium), v. a. auf der N-

Wolle

Halbkugel verbreitete Gatt. einzeln lebender Bienen mit rd. 10 etwa 0,6–1,8 cm langen, meist wespenartig schwarz und gelb gezeichneten einheim. Arten; Nest v. a. in Erdlöchern, Mauerspalten oder hohlen Pflanzenstengeln mit Zellen aus eingetragener „Pflanzenwolle".

Wollblume, svw. ↑Königskerze.

Wolle, Bez. für die aus dem Haarvlies von Wollschafen gewonnenen, v. a. aus Wollhaaren (Unterhaar) bestehenden spinnbaren Fasern, die in großem Umfang als Rohstoffe für Textilien verwendet werden; i. w. S. auch Bez. für die von anderen Säugetieren, insbes. Angora- und Kaschmirziegen, Kamelen (Kamel, Alpaka, Vikunja) und Angorakaninchen, gewonnenen spinnfähigen tier. Haare, die im Ggs. zu der (meist einfach W. genannten) Schaf-W. mit einem ihre Herkunft kennzeichnenden Vorsatz versehen und häufig auch als „Haar" bezeichnet werden (z. B. Angora-W., Kamelhaar). - Die Haare der *Schaf-W.* zeichnen sich durch eine mehr oder weniger starke Kräuselung aus, durch die hohe Bauschkraft und große Wärmehaltigkeit bedingt sind. Allg. sind feine W. auch stärker gekräuselt. Nach der Feinheit werden folgende Hauptgruppen unterschieden: *Merino-W.* (bes. fein und sehr stark gekräuselt), *Crossbred-W.* (mittelfein, mittellang, normal gekräuselt), *Cheviot-W.* (grob, lang, wenig gekräuselt). Nach der Art der Gewinnung unterscheidet man: *Schur-W.* (von lebenden Schafen geschorene W.), *Haut-* oder *Schlacht-W.* (vom Fell geschlachteter Tiere), *Gerber-W.* (*Schwitz-W.* bzw. *Schwöde-W.*; bei der Lederherstellung anfallende W.; sie ist durch die Vorbehandlung in Griff, Festigkeit, Glanz und Geschmeidigkeit geschädigt), *Sterblings-

Wolken. Wichtigste Wolkenformen

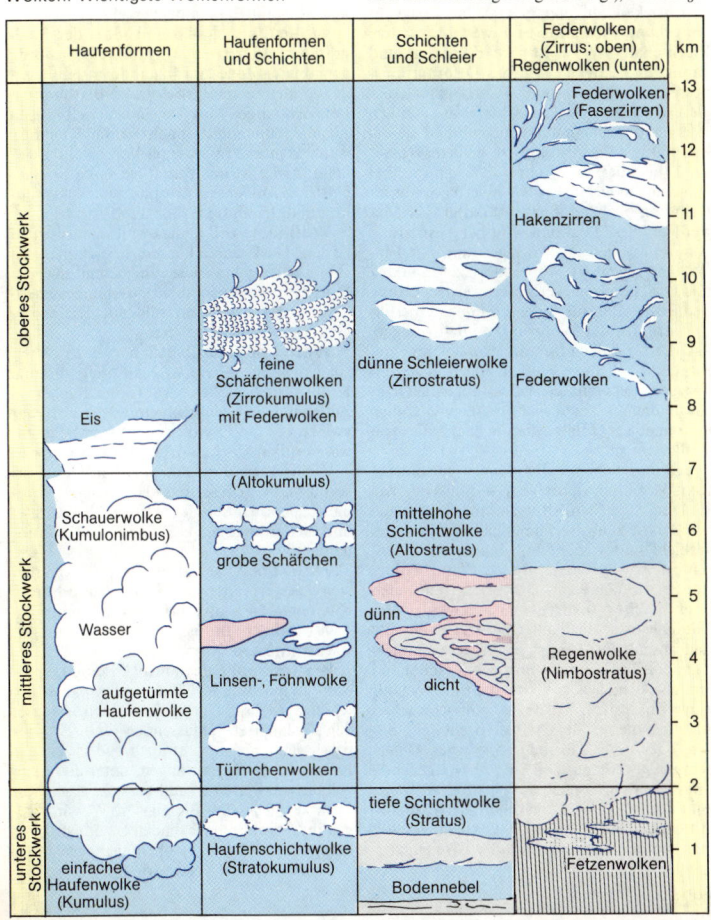

	Haufenformen	Haufenformen und Schichten	Schichten und Schleier	Federwolken (Zirrus; oben) Regenwolken (unten)	km
oberes Stockwerk	Eis	feine Schäfchenwolken (Zirrokumulus) mit Federwolken	dünne Schleierwolke (Zirrostratus)	Federwolken (Faserzirren) / Hakenzirren / Federwolken	13 / 12 / 11 / 10 / 9 / 8
mittleres Stockwerk	Schauerwolke (Kumulonimbus) / Wasser / aufgetürmte Haufenwolke	(Altokumulus) / grobe Schäfchen / Linsen-, Föhnwolke / Türmchenwolken	mittelhohe Schichtwolke (Altostratus) / dünn / dicht	Regenwolke (Nimbostratus)	7 / 6 / 5 / 4 / 3 / 2
unteres Stockwerk	einfache Haufenwolke (Kumulus)	Haufenschichtwolke (Stratokumulus)	tiefe Schichtwolke (Stratus) / Bodennebel	Fetzenwolken	1

Wollen

W. (von verendeten Tieren; Haare geringer Qualität, im Durchmesser ungleichmäßig). Feine, meist kurze und stark filzende W. werden vorwiegend zu Streichgarnen, mittelgrobe und grobe W. meist zu Kammgarnen verarbeitet; sie werden entsprechend als *Streich-* bzw. *Kamm-W.* bezeichnet. Bes. grobe und lange W. werden *Teppich-W.* genannt.

Beim einzelnen Wollhaar lassen sich unter dem Lichtmikroskop die aus spindelförmigen, verhornten Zellen bestehende Haarrinde (Haarkortex), die meist das gesamte Haarinnere einnimmt, und die stark geschuppte Haarkutikula (Schuppenschicht) unterscheiden. Chem. besteht die W. nahezu ausschließl. aus α-Keratin, das in den Zellen der Haarrindenschicht in Form von Fibrillen vorliegt. Auf Grund der zahlr. im Keratin enthaltenen hydrophilen Säureamidgruppen ist die W. eine hygroskop. Faser; sie nimmt aus der Luft Feuchtigkeit auf und gibt sie in trockener Umgebung wieder ab. Eine weitere wichtige Eigenschaft der W. ist ihre Elastizität und damit ihre Fähigkeit, sich von Deformationsbeanspruchung zu erholen. Unterschiedl. reagiert W. gegen die Einwirkung von heißem Wasser bzw. Wasserdampf: Während sie bei kurzzeitiger Einwirkung von heißem Wasser stark (bis über 30%) schrumpft, kann sie bei längerer Einwirkung von Wasserdampf unter Dehnung bleibend (formbeständig) gestreckt werden. Diese Reaktion wird bei Ausrüstung von Wollstoffen zur Verhinderung des Einlaufens ausgenutzt, wobei gleichzeitig Glanz und Griff der Stoffe verbessert werden. Große Bed. besitzt das durch die schuppige Oberflächenstruktur der W. bedingte Filzvermögen, das die Grundlage für die Herstellung von Filz und Tuch durch Walken bildet; gleichzeitig ist das Filzvermögen jedoch auch die Ursache für das v. a. bei unsachgemäßem Waschen auftretende Verfilzen und Schrumpfen von Wolltextilien.

Die durch Scheren der Schafe gewonnene Roh-W. enthält neben den Wollhaaren v. a. Wollfett und Wollschweiß, durch die die Wollhaare zum zusammenhängenden Vlies verklebt sind, ferner Sand, Staub und Pflanzenreste sowie Wasser. Bei der Verarbeitung werden die Vliese zunächst zerteilt und nach ihrer Feinheit sortiert. Danach werden die Vliesteile maschinell aufgelockert („geöffnet") und anschließend meist in mehreren hintereinandergeschalteten Bottichen schonend (um ein Verfilzen zu vermeiden) mit Wasser unter Zusatz von Seife bzw. von schwachen Alkalien, die mit dem Wollschweiß Seife bilden, oder unter Zugabe von synthet. Detergentien gewaschen. Um eine zu weitgehende Entfettung zu vermeiden, wird die W. meist am Ende der Wäsche mit ölhaltigen Schmälzmitteln behandelt. Nach dem Trocknen leitet man sie der Kammgarn- oder Streichgarnspinnerei (↑Spinnen) zu.

Geschichte: Wollfilze waren in Ägypten und China etwa um 5000 v. Chr. bekannt. Haupthandelsplätze für W. in der Antike waren Babylon und Ninive sowie Milet. Bei den Griechen war Wollkleidung überaus beliebt. Die Römer sorgten dann für die Verbreitung der *Schafzucht* von Kleinasien nach Europa, wo diese durch die Züchtung des Merinoschafs in Spanien ab dem 14. Jh. ihren eigentl. Aufschwung nahm.

📖 *Schiecke, H. E.: W. als textiler Rohstoff.* Bln. ²*1986.*

Wollen, die Zielgerichtetheit eines bestimmten Denkens oder Handelns, der - im Unterschied etwa zur Impulsivität und zu einer sich anschließenden unüberlegten Handlung - bewußte Entscheidungen und Entschlüsse zugrunde liegen.

Wollerau, Bez.hauptort im schweizer. Kt. Schwyz, oberhalb des Zürichsees, 514 m ü. d. M., 4300 E. Fremdenverkehr.

Wollgras (Eriophorum), Gatt. der Riedgräser mit 15 Arten in Torfmooren der nördl. gemäßigten Zone; ausdauernde, rasenbildende Kräuter mit meist stielrunden Blättern und in endständiger Ähre stehenden, vielblütigen Ährchen; Blütenhülle nach der Blüte in lange, weiße Haare auswachsend. Von den fünf einheim. Arten ist das bis 60 cm hohe *Schmalblättrige Wollgras* (Eriophorum angustifolium) am meisten verbreitet.

Wollhaare (Flaumhaare), im Unterschied zu den ↑Deckhaaren kürzere, bes. dünne, weiche, i. d. R. gekräuselte, zur Erhaltung der Körperwärme meist dicht zusammenstehende und das Unterhaar bildende Haare des Haarkleids der Säugetiere.

Wollhandkrabbe (Chin. W., Eriocheir sinensis), nachtaktive, 8-9 cm breite, bräunl. Krabbe in Süßgewässern Chinas; auch in zahlr. dt. Flüsse verschleppt; mit einem Paar großer, bes. bei ♂♂ dicht behaarter Scheren; wandern zur Fortpflanzung ins Meer.

Wollin, Insel an der pommerschen Ostseeküste, zw. dem Stettiner Haff und der Pommerschen Bucht, Polen▼; etwa 25 km lang und 20 km breit, bis 115 m hoch, z. T. Nationalpark.

Wollkäfer (Lagriidae), mit rd. 2000 Arten weltweit verbreitete Fam. vorwiegend trop. Käfer; in M-Europa nur wenige Arten.

Wollmaki ↑Indris.

Wollmäuse ↑Chinchillas.

Wollmispel (Japanmispel, Loquat, Eriobotrya japonica), in China und Japan heim. Rosengewächs (Unterfam. Apfelgewächse) der rd. 25 Arten umfassenden Gatt. Eriobotrya; immergrüner Strauch oder kleiner Baum mit 20-25 cm langen, unterseits filzig behaarten Blättern und rosafarbenen, in Trauben stehenden Blüten. Die W. wird wegen ihrer wohlschmeckenden Sammelfrüchte (*Loquats*) in den Subtropen angebaut.

Wollnashorn ↑Nashörner.

Wöllner, Johann Christoph von (seit 1786), * Döberitz (Landkr. Rathenow) 19. Mai 1732, † Groß Rietz (Landkr. Beeskow) 10. Sept. 1800, preuß. Minister. - Zunächst ev. Pfarrer; 1770 Rat bei der Domänenkammer des Prinzen Heinrich, wußte durch Verbindungen zu den Rosenkreuzern auch das Vertrauen des Thronfolgers, des späteren Friedrich Wilhelm II., zu gewinnen; wurde durch diesen ab 1786 mit hohen Stellungen betraut und geadelt. 1798 nach der Thronbesteigung Friedrich Wilhelms III. entlassen. - Das nach W. benannte **Wöllnersche Religionsedikt** von 1788 sollte als staatskirchl. Maßnahme zur Eindämmung der Aufklärung in Preußen - trotz Bestätigung konfessioneller Toleranz - unter Anwendung von Polizeimaßnahmen luth. Liturgie, Predigt und luth. Unterricht an Bekenntnis und Agende binden, mußte aber 1797 wieder aufgehoben werden.

Wollongong [engl. 'wu:lǝŋgɔŋ], Stadt an der austral. O-Küste, südl. von Sydney, 235 900 E. Kath. Bischofssitz; Univ. (gegr. 1975); histor. Museum, botan. Garten; Kohlenbergbau; die Ind. von W. ist im Stadtteil **Port Kembla** konzentriert. - 1883 gegründet.

Wollraupenspinner, svw. ↑ Glucken.

Wollrückenspinner (Tethea), Gatt. der ↑ Eulenspinner mit vier einheim. Arten, darunter der bis 35 mm spannende *Pappeleulenspinner* (OR-Eule, Tethea or): mit schwärzl. Querlinien und heller Zeichnung in Form der Buchstaben OR auf den grauen Vorderflügeln; Raupen blaßgrün mit gelbem Kopf, fressen an Blättern von Pappeln und Weiden.

Wollsackverwitterung, an grobkörnigen Massengesteinen und Quarziten auftretende Verwitterung, die zur Entstehung von kantengerundeten Blöcken, im letzten Entwicklungsstadium zu sackartig geformten Blöcken führt.

Wollschläger, Hans, * Minden 17. März 1935, dt. Schriftsteller. - Übersetzte J. Joyce' Ulysses (1975); schrieb „Herzgewächse oder der Fall Adams" (1982), „Von Sternen und Schnuppen" (1984), „In diesen geistfernen Zeiten" (1986).

Wollschweber (Hummelschweber, Hummelfliegen, Bombyliidae), mit rd. 3 000 Arten weltweit verbreitete Fam. etwa 1–2,5 cm langer Zweiflügler, davon ed. 100 Arten in M-Europa; sehr schnelle Flieger, deren Körper oft durch starke pelzige Behaarung an Hummeln erinnert und vielfach düster gefärbt ist; manche Arten mit sehr körperlangem Rüssel, mit dem die Insekten im Rüttelflug Nektar aus Blüten saugen.

Wollspinner, svw. ↑ Trägspinner.

Wollstadt, Hanns-Joachim [Georg], * Mollwitz bei Brieg 6. Febr. 1929, dt. ev. Theologe. - Seit 1979 Bischof der Ev. Kirche des Görlitzer Kirchengebietes.

Wollweber, Ernst Friedrich, * Hannoversch Münden (= Münden) 28. Okt. 1898, † Berlin (Ost) 3. Mai 1967, dt. Politiker. - Mgl. der KPD seit 1919; seit 1928 im Geheimapparat der KPD; 1928–32 MdL in Preußen, 1932/33 MdR; baute das Westeuropa-Büro der Komintern auf (die sog. *W.-Organisation*); 1940 in Schweden verhaftet; 1944 an die Sowjetunion überstellt; nach Rückkehr in die SBZ 1949–53 Staatssekretär, 1955–57 Min. für Staatssicherheit der DDR, 1954–58 Mgl. des ZK der SED; 1958 zus. mit K. Schirdewan wegen „Fraktionstätigkeit" aller Funktionen enthoben.

Wolmirstedt, Krst. im SO der Letzlinger Heide, Bez. Magdeburg, DDR, 47 m ü. d. M., 13 100 E. Lederind., Zuckerfabrik; Wohnstadt für die Arbeiter des Kaliwerks Zielitz. - Entstand neben einer 1009 bezeugten Burg; vor 1363 Stadt. - Burg (13.–16. Jh.).

W., Landkr. im Bez. Magdeburg, DDR.

Wolof, großes Volk der Sudaniden in W-Senegal, in Gambia und Mauretanien; leben von Wanderfeldbau in der Savanne, Viehhaltung und Fischfang; ihre Sprache, die zur westatlant. Gruppe innerhalb der Niger-Kongo-Sprachen gehört, ist eine bed. Handelssprache in W-Afrika.

Wologda [russ. 'vɔlɐgdɛ], sowjet. Geb.-hauptstadt in der RSFSR, an der W., 122 m ü. d. M., 269 000 E. Milchwirtschafts-, polytechn. Hochschule, PH; Peter-I.-Museum, Gemäldegalerie; 2 Theater; Maschinenbau, Eisenbahnausbesserungswerk, Flachs-, Möbelkombinat, Spitzenklöppelei, Flußhafen. - 1147 als Nowgoroder Kolonie gegr., rasch zu einem großen Handelsplatz ausgebaut; von den Tataren (1273) und während der Auseinandersetzungen zw. Moskau und Nowgorod mehrmals teilweise zerstört und unter Iwan IV. dem Groß-Ft. Moskau einverleibt; entwickelte sich nach der Entdeckung der Passage in das Weiße Meer (1553) zum größten Warenumschlagplatz zw. Moskau und Archangelsk; wurde 1796 Gouvernementshauptstadt.

Wolos (Volos), griech. Stadt am N-Ende des Pagasäischen Golfes, 71 400 E. Orth. Erzbischofssitz; Museum; Hauptort des Verw.-Geb. Magnisia und größter Hafen Z-Griechenlands. Metallverarbeitung, Zementwerke, Baumwoll- und Konfektionsind., Tabakverarbeitung. Fährverbindung mit Tartus (Syrien). - Reste eines myken. Palastes (das antike *Iolkos*).

Wols, eigtl. Wolfgang Schulze, * Berlin 27. Mai 1913, † Paris 1. Sept. 1951, dt. Maler und Graphiker. - Lebte ab 1932 in Paris. Seine Zeichnungen zeigen Einflüsse des surrealist. Automatismus und P. Klees; auch Aquarelle, Gouachen und Ölmalerei. Hauptvertreter des Tachismus. - Abb. Bd. 5, S. 179.

Wolschski [russ. 'vɔlʃskij] ↑ Wolgograd.

Wolsey, Thomas [engl. 'wɔlzɪ], * um 1475, † Leicester 29. Nov. 1530, engl. Kardinal (seit 1515) und Staatsmann. - Hauskaplan

Wölsungen

Heinrichs VII.; unter Heinrich VIII. Leiter der engl. Politik (1514 Erzbischof von York, 1515 Lordkanzler, 1518 päpstl. Legat). W. suchte vergebl. England zum Schiedsrichter Europas zu machen; innenpolit. stärkte er die Macht der Krone; W. wurde im Okt. 1529 gestürzt, als es ihm nicht gelang, vom Papst eine Nichtigkeitserklärung der Ehe des Königs zu erlangen.

Wölsungen, svw. ↑ Wälsungen.

Wolverhampton [engl. 'wʊlvəhæmptən], Stadt in M-England, in der Metropolitan County West Midlands, 252 400 E. Polytechn. Hochschule, Kunstgalerie, Museum. Wichtiges Handels- und Geschäftszentrum sowie bed. Ind.standort. - Entstand um die vermutl. 996 gegr. Kirche Saint Mary, erhielt 1258 Marktrecht; hatte bereits im 18. Jh. eine bed. Eisenind.; 1888 Stadtgrafschaft.

Wolynien (Wolhynien), histor. Landschaft im NW der Ukrain. SSR (Sowjetunion), zw. dem Bug (im W) und dem Tal des Dnjepr (im O), grenzt im S an Podolien. - Im 9./10. Jh. Teil des Kiewer Reichs, im 11./12. Jh. unabhängiges Hzgt. *(Lodomerien)*, 1188 mit Galizien vereinigt; bis zur Vereinigung Polens und Litauens zw. beiden Reichen umstritten; wurde bei der 2. und 3. Teilung Polens 1793 bzw. 1795 russ.; 1816, 1831 und 1863/64 kamen dt. Siedler ins Land; 1915 wurden der rd. 200 000 Wolyniendeutschen verschleppt, z. T. nach Sibirien; die etwa 100 000 Überlebenden kehrten nach dem Krieg nach W. zurück; der W-Teil kam 1921 an Polen; 1939 von der Sowjetunion besetzt. Während der dt. Besetzung 1941–44 wurden die Wolyniendeutschen z. T. nach Deutschland, z. T. in das Gebiet um Posen umgesiedelt; die jüd. Bev. wurde fast vollständig ausgerottet; gehört seit 1944 wieder zur Sowjetunion.

Wolynisch-Podolische Platte, stark gegliederte Plateaulandschaft zw. der Polesje im N, dem Dnjestr im W, der Schwarzmeerniederung im S und dem Südl. Bug im O, bis 471 m ü. d. M.; Steinkohlenvorkommen.

Wolzogen, Ernst [Ludwig] Frhr. von, * Breslau 23. April 1855, † München 30. Aug. 1934, dt. Schriftsteller. - Begründete 1901 in Berlin nach dem Vorbild des Pariser Kabaretts das „Überbrettl"; Verf. von humorist. Erzählungen, Dramen und Gesellschaftsromanen („Die tolle Komteß", R., 1889) mit zeitkrit. Anspruch.

W., Karoline Freifrau von, geb. von Lengefeld, * Rudolstadt 3. Febr. 1763, † Jena 11. Jan. 1847, dt. Schriftstellerin. - Lernte 1787 ihren späteren Schwager Schiller kennen. Schrieb den Roman „Agnes von Lilien", der 1796/97 anonym in Schillers Zeitschrift „Die Horen" erschien und zunächst für ein Werk Goethes gehalten wurde. Ihre Biographie „Schillers Leben" (1830) machte sie bekannter als ihr idealist., seinerzeit beliebtes Erzählwerk.

Wombats [austral.] (Plumpbeutler, Vombatidae), Fam. etwa 65–100 cm langer, plumper Beuteltiere mit zwei Arten in O- und S-Australien (einschl. Tasmanien); kurzbeinige, stummelschwänzige Bodenbewohner mit dickem Kopf und fünf kräftigen Krallen an jeder Extremität, mit denen sie weitverzweigte Erdbaue graben; Gebiß nagetierähnl., mit je zwei verlängerten, stetig nachwachsenden Schneidezähnen im Ober- und Unterkiefer. Die W. ernähren sich ausschließl. von Pflanzen (bes. Wurzeln). Bekannteste Art ist der bis 1 m lange **Nacktnasenwombat** (Vombatus ursinus) mit unbehaarter Nase.

Women's Army Corps [engl. 'wɪmɪnz 'ɑːmɪ 'kɔː], Abk. WAC, die aus dem (1942 aufgestellten) Women's Auxiliary Army Corps 1943 hervorgegangene weibl. Truppe im Heer der USA, eingesetzt v. a. in der Verwaltung, in Krankenhäusern, im Flugwarndienst, als Kraftfahrer und Funker; von den USA auch nach dem 2. Weltkrieg beibehalten. Seit den 1970er Jahren fanden die Frauen vermehrt Zugang zu ihnen bisher verschlossenen militär. Tätigkeiten (z. B. in der Marine) sowie zu den Militärakademien. 1987 gab es in den Streitkräften der USA insgesamt rd. 200 000 weibl. Soldaten.

Women's Liberation Movement [engl. 'wɪmɪnz lɪbə'reɪʃən 'muːvmənt „Frauen-Befreiungs-Bewegung"] (Women's Lib), amerikan. ↑ Frauenbewegung, die sich innerhalb der Bürgerrechtsbewegung Mitte der 1960er Jahre herausbildete; strebt die vorwiegend psych. verstandene Befreiung der Frauen als Teil der „unterprivilegierten Kaste" von der „Unterdrückung durch den Mann" an.

Wonder, Stevie [engl. 'wʌndə], eigtl. Steveland Judkins, * Saginaw (Mich.) 13. März 1950, amerikan. Rockmusiker (Sänger, Organist, Pianist, Mundharmonikaspieler). - Seit 1963 als Soulinterpret erfolgreich; experimentierte seit Anfang der 1970er Jahre mit elektron. Klangeffekten und schuf Soulsymphonien; Komponist, Texter und Produzent auch für andere Interpreten.

Wondratschek, Wolf, * Rudolstadt 14. Aug. 1943, dt. Schriftsteller. - Verf. von Sprachregelung und ideolog. Mißbrauch von Sprache aufdeckender Prosa („Früher begann der Tag mit einer Schußwunde", 1969; „Ein Bauer zeugt mit einer Bäuerin einen Bauernjungen, der unbedingt Knecht werden will", 1970; „Omnibus", 1970) sowie Hörspielen, z. B.: „Paul oder die Zerstörung eines Hörbeispiels", 1971. - *Weitere Werke:* Chuck's Zimmer (Ged. 1974), Männer und Frauen (Ged. 1978), Die Einsamkeit der Männer (Ged., 1983), Carmen ... (1986).

Wonsan [korean. wʌnsan], Hafenstadt in Nord-Korea, am Koreagolf, 350 000 E. Verwaltungssitz der Prov. Kangwon-do; Wirtschaftshochschule, Hochschulen für

Landw. und Fischereiwesen; histor. Museum; Schiff- und Maschinenbau, Metallverhüttung, chem., Leder-, Textil- u. a. Ind., Erdölraffinerie. - Im Reich Koguryo (17. Jh. v. Chr. bis 660 n. Chr.) als Verwaltungsstadt erwähnt; 1876 als 2. Hafen für jap. Händler geöffnet; im Koreakrieg 1950–53 völlig zerstört, inzwischen wieder aufgebaut.

Wood [engl. wʊd], Grant, * Anamosa (Iowa) 13. Febr. 1892, † ebd. 12. Febr. 1942, amerikan. Maler. - Seine stilist. der ↑ Neuen Sachlichkeit verwandten Kompositionen schildern das Farmerleben im amerikan. Westen in nüchternem Realismus. - Abb. S. 104.

W., Sir (seit 1911) Henry Joseph, * London 3. März 1869, † Hitchin 19. Aug. 1944, engl. Dirigent. - Leitete ab 1895 in London die Promenade Concerts und gründete 1899 das Nottingham City Orchestra; machte sich v. a. um die Aufführung zeitgenöss. sinfon. Musik (u. a. von C. Debussy, M. Ravel, R. Strauss, A. Schönberg) verdient.

W., Natalie, eigtl. Natasha Gurdin, * San Francisco 20. Juli 1938, † vor der Insel Santa Catalina (Calif.) 29. Nov. 1981 (ertrunken), amerikan. Filmschauspielerin. - Seit 1943 beim Film (Kinderrollen). Ab den 1950er Jahren differenzierte Charakterdarstellerin, u. a. in „... denn sie wissen nicht, was sie tun" (1955), „Der schwarze Falke" (1956), „Fieber im Blut" (1961), „West Side Story" (1961), „Gypsy - Königin der Nacht" (1962), „Meteor" (1978).

Woodsches Metall [engl. wʊd; nach dem amerikan. Metallurgen B. Wood, 20. Jh.], bei etwa 60 °C schmelzende Legierung aus 50 % Wismut, 25 % Blei, 12,5 % Cadmium und 12,5 % Zinn; u. a. als Schnellot und für Schmelzsicherungen verwendet.

Woodward, Robert Burns [engl. 'wʊdwəd], * Boston, 10. April 1917, † Cambridge (Mass.) 8. Juli 1979, amerikan. Chemiker. - Prof. an der Harvard University und Leiter des W.-Forschungsinst. in Basel. W. synthetisierte zahlr. Naturstoffe (z. B. Kortison, Chlorophyll, Vitamin B_{12}, Cholesterin), ermittelte die Struktur von Penicillin und anderer Antibiotika und stellte 1965 zus. mit dem amerikan. Chemiker R. Hoffmann (* 1937) die *Woodward-Hoffmann-Regeln* über den Ablauf von pericycl. Reaktionen (d. h. über einen cycl. Übergangszustand verlaufende Reaktionen) zw. Verbindungen mit delokalisierten Pielektronen auf; sie besagen, daß solche Reaktionen dann bevorzugt ablaufen, wenn bezügl. der Symmetrie der Molekülorbitale von Ausgangssubstanzen und Produkten Übereinstimmung besteht („Erhaltung der Orbitalsymmetrie"). W. erhielt 1965 für seine Naturstoffsynthesen den Nobelpreis für Chemie.

Woolf, Virginia [engl. wʊlf], * London 25. Jan. 1882, † im Ouse bei Lewes (Sussex) 28. März 1941 (Selbstmord), engl. Schriftstellerin. - Seit 1912 ∞ mit dem Literaturkritiker Leonard W. (*1880, †1969), mit dem zus. sie 1917 den Verlag „Hogarth Press" gründete; Vertreterin der ↑ „Bloomsbury group". - In ihren Romanen (bes. bed. „Die Fahrt zum Leuchtturm", 1927; „Orlando", 1928; „Mrs. Dalloway", 1925) versuchte V. W., beeinflußt von M. Proust und J. Joyce, die Erzähltechnik des „stream of consciousness" unter weitgehendem Verzicht auf Charakteranalyse und Handlung zu erweitern. Eines der Hauptziele ihrer Poetik war die Darstellung des Gleichzeitigen, des in der Erinnerung oder im Traum als Einheit erlebten vielfältigen Geschehens, wobei sie v. a. den Zwiespalt zw. realer und erlebter Zeit literar. gestaltete.

📖 *Spater, G./Parsons, I.:* Porträt einer ungewöhnl. Ehe - V. & Leonard W. Ffm. ²1984. - *Riley, H. M.:* V. W. Bln. 1983. - *Waldmann, M.:* V. W. Rbk. 1983. - *Bell, Q.:* V. W. Dt. Übers. Ffm. Neuaufl. 1982. - *Erzgräber, W.:* V. W. Zürich 1982. - *Wysocki, G. v.:* Weiblichkeit u. Modernität. Über V. W. Ffm. 1982. - *Füger, W.:* Eine „Extravagante Engländerin". Hdbg. 1980.

Woolman, John [engl. 'wʊlmən], * Rancocas (N. Y.) 19. Okt. 1720, † York (England) 7. Okt. 1772, amerikan. Schriftsteller. - Überzeugter Quäker. Bekämpfte das Negersklaventum.

Woolworth & Co. Ltd., F. W. [engl. εf 'dʌblju: 'wʊlwəːθ ənd 'kʌmpəni 'limitid], amerikan. Unternehmen, Sitz New York. Die 1879 als Einheitspreisgeschäft unter dem Namen „Great 5 cent store" (heutiger Name seit 1911) gegr. W. & Co. ist ein Warenhauskonzern in den USA, der BR Deutschland, Großbrit., Japan und einigen anderen Staaten u. a.

Woomera [engl. 'wʊmərə], Ort in Südaustralien, 170 km nw. von Port Augusta; austral.-brit. Raketenversuchsanlage. 22 km sö. von W. liegt die Weltraumbeobachtungsstation **Island Lagoon** (von Großbrit., USA [NASA] und Australien gemeinsam getragen).

Worbis, Krst. im Eichsfeld, Bez. Erfurt, DDR, 350 m ü. d. M., 3 700 E. Holz- und Zigarrenind., Batteriefabrik. - Vermutl. vor 1255 Stadtrecht. - Sankt-Rochus-Kapelle (17. Jh.), Barockkirche (18. Jh.).

W., Landkr. im Bez. Erfurt, DDR.

Worcester [engl. 'wʊstə], engl. Stadt am Severn, 74 800 E. Verwaltungssitz der Gft. Hereford and W.; anglikan. Bischofssitz; Museen; Handelsstadt; Porzellanmanufaktur, Handschuhmacherei. - Wurde um 679 Bischofssitz (seit 1565 anglikan.), 1189 Stadt, 1622 Stadtgrafschaft. - Älteste Kirchen der Stadt sind Saint Helen (680) und Saint Alban (8. Jh.); Kathedrale (1218 ff.) mit normann.-roman. Krypta (11. Jh.); ma. Fachwerkhäuser.

W., Stadt im östl. Massachusetts, USA, 150 m ü. d. M., 162 000 E. Kath. Bischofssitz; Univ. (gegr. 1887), Colleges; Kunstmuseum. U. a. Maschinen-, Turbinen-, Fahrzeug- und

Worcesterporzellan

Worcesterporzellan. Untertasse und zweihenkelige Tasse mit Tier- und Pflanzendekor (um 1770). Hamburg, Museum für Kunst und Gewerbe

Waggonbau. - Entstand 1713; 1722 Town; 1848 City.

Worcesterporzellan [engl. 'wʊstə], in der engl. Stadt Worcester hergestelltes Porzellan. 1751 von der Worcester Porcelain Company gegr., war die Manufaktur von 1783 an im Besitz der Familien Flight und (seit 1792) Barr, seit 1862 im Besitz der Royal Worcester Porcelain Company. Als Marke diente zunächst der Halbmond, dann der Name der Besitzer, später der Buchstabe W. Schon 1756 wurde Druckdekor (Transferprinting) eingeführt (bes. Vögel).

Worcestersoße [engl. 'wʊstə], nach der engl. Stadt Worcester ben. scharfe Würzsoße; enthält u.a. Senf, Ingwer, Sherry, Pfeffer, Zwiebeln.

Wordsworth, William [engl. 'wə:dzwəːθ], *Cockermouth (Cumbria) 7. April 1770, † Rydal Mount bei Grasmere (Cumbria) 23. April 1850, engl. Dichter. - Anfangs begeisterter Republikaner, später konservativ; befreundet mit S. T. Coleridge und R. Southey. Veröffentlichte zus. mit Coleridge 1798 die „Lyrical ballads", deren Erscheinen den Beginn der Romantik in England markiert. Lernte bei einer Reise nach Deutschland (1798/99) Klopstock kennen, dort Beginn der philosoph.-autobiograph. Dichtung „The prelude, or growth of a poet's mind" (1798–1805), mehrere Neufassungen. Vertrat eine teils nat., teils christl. Dichtung, die durch pantheist., z.T. humanitäre Züge gekennzeichnet ist, betonte bes. die Bed. des Übersinnlichen. Auch Oden- und Sonettdichter (über 500 Sonette).

Wörgl ['værgəl], östr. Stadt im Unterinntal, Tirol, 513 m ü.d.M., 8 600 E. U.a. Herstellung von Holzfaserplatten, Strickwaren, Reißzeugen. - 1120 erstmals gen.; 1911 Marktrecht, seit 1951 Stadt. - Barocke Pfarrkirche (1748 geweiht, nach Brand [1836] wiederhergestellt, 1912/13 Umgestaltung).

Wörishofen, Bad ↑ Bad Wörishofen.

Workshop [engl. 'wɔːkʃɔp „Werkstatt"], Kurs oder Seminar, das den Schwerpunkt auf die freie Diskussion, den Austausch von Ideen, die Darlegung von Methoden und die prakt. Anwendung von manuellen und geistigen Fähigkeiten legt. I.d.R. für Erwachsene, die auf dem Feld der Sozialwissenschaften, der Kunst oder Musik arbeiten. In der *Theaterarbeit* eine intensive Form der Zusammenarbeit von berufsmäßigen oder Amateurschauspielern unter experimentellen Bedingungen.

Work-Song [engl. 'wɔːksɔŋ; engl.-amerikan.], ↑ Arbeitslied, insbes. jenes der afrikan. Sklaven in Nordamerika. Der W.-S. wird entweder als einstimmiges Chorlied oder im Wechselgesang von Vorsänger und Chor gesungen, wobei der Grundrhythmus den Arbeitsbewegungen der Sänger entspricht.

Workuta [russ. vɐrkuˈta], sowjet. Stadt im westl. Vorland des Polarural, 120 km nördl. des Polarkreises, RSFSR, 101 000 E. Zweigstelle der Leningrader Bergbauhochschule, Petschora-Kohleforschungsinst.; 2 Theater; bed. Kohlenbergbau, Holzkombinat, Metall-, Baustoffind., ✈. - 1941–45 von [meist dt.] Kriegs- und polit. Gefangenen erbaut (große Deportationslager), seit 1943 Stadt.

Worldcup [engl. 'wɔːldkʌp] (Weltpokal), meist jährl. stattfindende Wettbewerbe in mehreren Sportarten.

World Jewish Congress [engl. 'wɔːld 'dʒuːɪʃ 'kɔŋgres] (Jüd. Weltkongreß), Abk. WJC, internat. Zusammenschluß der jüd. Organisationen der einzelnen Staaten zur Vertretung jüd. Anliegen in der Welt; 1936 in Genf gegründet.

World Methodist Council [engl. 'wɔːld 'meθədɪst 'kaʊnsl] ↑ Methodismus.

World's Student Christian Federation [engl. 'wɔːldz 'stjuːdənt 'krɪstjən fedəˈreɪʃən] ([Christl.] Studenten-Weltbund), Abk. WSCF, aus der evangelist. und missionar. (Studentenmissionsbund) Bewegung des 19. Jh. in den USA entstandener interkonfessioneller Zusammenschluß von Studenten mit dem Ziel der Proklamierung der höchsten Autorität und Universalität Jesu Christi; in etwa 30 Ländern verbreitet, Sitz Genf.

World University Service [engl. 'wɔːld juːnɪˈvɜːsɪtɪ 'sɜːvɪs] (Weltstudentendienst), Abk. WUS, 1920 gegr. internat. Vereinigung zur Förderung der Zusammenarbeit unter Akademikern, zur Unterstützung von bedürftigen Akademikern und Finanzierung von Projekten wie z. B. Bibliotheken, Lehrmittelaustausch; mit 36 nat. Komitees; Sitz Genf.

World Wide Fund for Nature [engl. 'wɔːld waɪd 'fʌnd fə 'neɪtʃə], Abk. WWF, 1961 gegr. unabhängige internat. Organisation (Sitz Morges, Schweiz), die Naturschutzprojekte durchführt und sich um die Beschaffung von Mitteln für solche Projekte kümmert; arbeitet

Worms

eng mit der ↑International Union for Conservation of Nature and Natural Resources zusammen; heute gibt es (einschl. der BR Deutschland) rd. 25 nat. WWF-Organisationen (mit rd. 2 Mill. Mgl.).

Worms, Stadt am linken Oberrheinufer, Rhld.-Pf., 88–167 m ü. d. M., 72 100 E. Abteilung der Fachhochschule des Landes Rheinland-Pfalz (u. a. Betriebswirtschaft, Informatik, Touristik); Museum; Gemäldegalerie Stiftung Kunsthaus Heylshof. Anstelle der im 19. Jh. dominierenden Lederind. finden sich chem. Ind., Metallverarbeitung, Holz- sowie Nahrungsmittelind. und Fertighausbau; Weinhandel; Rheinhafen.

Geschichte: Seit dem Neolithikum ununterbrochen besiedelt (reiche Ausgrabungsfunde); ehem. kelt. Ort (**Borbetomagus;** der Name ist erst seit dem 2. Jh. n. Chr. nachweisbar), fiel vermutl. zur Zeit Ariovists an die german. Vangionen; um 50 v. Chr. von Cäsar erobert; in der Folgezeit Vorort der **Civitas Vangionum**; seit Augustus Garnison (Kastell auf dem heutigen Domplatz), seit dem 2. Jh. bed. Stadt; Befestigung in der 2. Hälfte des 3. Jh., seit dem 4. Jh. Bischofssitz [bis 1801/02]); ab 413 Zentrum des Burgunderreiches, wurde nach dessen Vernichtung (436) alemann.; 496 (seit dem 7. Jh. **Warmatia**) von den Franken besetzt; seitdem Königsgut (zeitweilig bevorzugte Residenz); 898 gingen die königl. Rechte an den Bischof über; 1122 wurde hier das ↑Wormser Konkordat abgeschlossen. Schon von den Saliern begünstigt (Grablege im W. Dom), wurde W. unter den Staufern ein Mittelpunkt kaiserl. Macht und erhielt 1184 seine große Freiheitsurkunde; 1254 maßgebl. an der Gründung des Rhein. Städtebundes beteiligt. 763–1545 fanden in W. bei über 200 Kaiseraufenthalten, Hoftagen und Festfeiern 45 *Reichstage* statt, u. a. der mit der Reichsreform befaßte von *1495* und der von *1521*, auf dem Luther sich weigerte, die in seinen Schriften geäußerten Lehren über Kirche und Papsttum zu widerrufen und sich einer Konzilsentscheidung zu beugen. Im Wormser Edikt vom 8. Mai 1521 wurde deshalb über Luther und seine Anhänger die Reichsacht verhängt. W. lehnte 1659 das Angebot des Kurfürsten Karl Ludwig von der Pfalz ab, Hauptstadt der Kurpfalz zu werden. 1689 durch frz. Truppen verwüstet. 1801–16 unter frz. Herrschaft, fiel an das Groß-Hzgt. Hessen(-Darmstadt); seit 1946 zu Rheinland-Pfalz; im 2. Weltkrieg (1945) stark zerstört.

Bauten: Außer dem bed. ↑Wormser Dom ist auch die Pauluskirche eine Gründung Bischof Burchards (an Stelle der abgebrochenen Salierburg; 1016 vollendet), spätroman. Umbau im 13. Jh. (Langhaus 1706–16 als Saal erneuert), auffallend die beiden W-Türme (byzantin. oder armen.). Im Kern frühroman. ist auch Sankt Martin, heutiger Bau 1265 vollendet (Westbau schon frühgot.); das Sankt Andreasstift (heute Museum) und die got. Liebfrauenkirche (13./14. Jh.); Synagoge (1034, 1146 zerstört; 1174/75 Neubau; 1938 zerstört, Wiederaufbau 1959–61); bed. mittelalterl. Judenfriedhof (ältester Grabstein 1077), Frauenbad (1185/86). Barocke Dreifaltigkeitskirche (1955–59 nach Plänen O. Bartnings erneuert). Reste der Stadtbefestigung (14.–16. Jh., röm. Teile; im Stadtteil Herrnsheim Schloß (1714 ff., im 19. Jh. umgebaut).

📖 *Reuter, F.: W. - ehemals, gestern u. heute. Stg. 1985. - Illert, G.: W., so wie es war. Düss. 1976. - Kühn, H.: Polit., wirtsch. u. sozialer Wandel in W. 1798–1866. Worms 1975.*

W., italien. Stadt, ↑Bormio.

W., ehem. Bistum, in der 1. Hälfte des 4. Jh. entstanden; im 8. Jh. dem Erzbistum Mainz unterstellt; ab 1648 meist in Personalunion

Wormser Dom

mit Mainz oder Trier verbunden. Das linksrheinische fürstbischöfl. Territorium fiel 1797/1801 an Frankr., der rechtsrhein. Teil 1803 an Baden und Hessen. Zur Zeit der frz. Herrschaft wurde das Bistum aufgelöst; der linksrhein. Teil der Diözese fiel an Mainz (1817/21 zw. Mainz und Speyer geteilt), der rechtsrhein. wurde bei Errichtung der Oberrhein. Kirchenprov. (1821) zw. Freiburg im Breisgau, Mainz und Rottenburg aufgeteilt.

Wormser Dom, spätroman. Kaiserdom, an der Stelle einer röm. Basilika auf den Fundamenten eines otton. Vorgängerbaus. Begonnen 2. Hälfte des 12. Jh. (1181 Weihe des Ostchors), spätestens 1210–20 (Westchor) vollendet. Der W. D. ist eine doppelchörige Basilika mit Querschiff und Vierung im Osten, Westchor mit einem achteckigen Turm. Je zwei Türme flankieren Ost- und Westchor. Das Mittelschiff zeigt mächtige Viereckpfeiler, durch Blendnischen gegliederte Hochschiffwände und Kreuzrippengewölbe. Die Ausstattung stammt im wesentl. aus dem 18. Jh. (Hochaltar 1740 nach Entwurf B. Neumanns mit Figuren von J. van der Auwera). Im Außenbau roman. Bauplastik am Ostchor, tiefe Wandnischen am Westchor. Der W. D. wurde mehrfach wiederhergestellt. - Abb. S. 197.

Wormser Edikt, auf dem Reichstag von Worms 1521 über Luther verhängtes Edikt; es sprach die Reichsacht über Luther aus und verbot Lektüre und Verbreitung seiner Schriften, wurde aber erst auf dem Nürnberger Reichstag (1524) als Reichsgesetz anerkannt. Seine Durchführung scheiterte am Widerstand der ev. Reichsstände.

Wormser Konkordat, am 23. Sept. 1122 vor Worms zw. Heinrich V. und Legaten Kalixts II. unter Mitwirkung der Reichsfürsten getroffene Vereinbarung, durch die der Investiturstreit beigelegt wurde. Der Kaiser verzichtete auf die Investitur mit Ring und Stab und gestattete kanon. Wahl und Weihe. Der Papst gestand zu, daß der Kaiser in Deutschland bei der Wahl der Bischöfe und Äbte zugegen war, bei Dissens die Entscheidung traf, die Regalien vor der Weihe (in Italien und Burgund nachher) durch Überreichung des Zepters verlieh.

Wörner, Manfred, * Stuttgart 24. Sept. 1934, dt. Politiker (CDU). - Jurist; seit 1965 MdB; seit 1976 Vors. des Bundestagsausschusses für Verteidigung; 1982–88 Bundesmin. der Verteidigung; seit Juli 1988 NATO-Generalsekretär.

Woronesch [russ. vaˈrɔnɪʃ], sowjet. Geb.hauptstadt in der RSFSR, 12 km vor der Mündung des W. in den Don, 122 m ü. d. M., 850 000 E. Univ. (gegr. 1918) und 7 weitere Hochschulen, Kunst-, I.-S.-Nikitin-Museum; 4 Theater; W. ist eines der größten sowjet. Ind.zentren. - 1586 als Festung gegen die Einfälle der Krimtataren gegründet.

Woronichin, Andrei Nikiforowitsch [russ. vɛraˈnixin], * Nowoje Ussolje (Geb. Perm) 28. Okt. 1759, † Petersburg 5. März 1814, russ. Baumeister. - Sein Hauptwerk, die klassizist. Kasaner Kathedrale in Leningrad (1802–12), ist insbes. durch die Verwendung von Bauskulptur bedeutend.

Woroschilow, Kliment Jefremowitsch [russ. vɛraˈʃiləf], * Werchneje (Geb. Woroschilowgrad) 4. Febr. 1881, † Moskau 2. Dez. 1969, sowjet. Marschall (seit 1935) und Politiker. - Seit 1903 aktiver Bolschewik; organisierte 1917 mit F. E. Dserschinski die Tscheka; 1925–40 Volkskommissar für Verteidigung, ab 1940 stellv. Vors. des Rats der Volkskommissare; im 2. Weltkrieg Chef der Truppen im NW, an der Leningrader Front und Chef der Partisanenbewegung, 1945–47 Vors. der alliierten Kontrollkommission in Ungarn, 1946–53 Min.präs., 1953–60 Vors., dann Mgl. des Präsidiums des Obersten Sowjets; 1921–61 und seit 1966 Mgl. des ZK, 1926–52 des Politbüros, 1952–60 des Präsidiums des ZK der KPdSU; von Chruschtschow entmachtet, 1969 rehabilitiert.

Woroschilowgrad [russ. vɛrɛʃilavˈgrat], sowjet. Geb.hauptstadt im O der Ukrain. SSR, 497 000 E. 4 Hochschulen, Kunstmuseum; 2 Theater, Philharmonie; W., im Donbass gelegen, ist ein bed. Zentrum der sowjet. Schwerind. - 1795 Bau einer Gießerei und Kanonenfabrik; 1882 wurden die dabei entstandenen Arbeitersiedlungen mit dem Dorf **Kameni Brod** zur Stadt **Lugansk** (Name bis 1935, erneut 1958–70; 1935–58 und seit 1970 W.) vereinigt; bereits 1905 Zentrum der bolschewist. Bewegung unter Führung von K. J. Woroschilow.

Worpswede, Gem. im Teufelsmoor, Nds., 51 m ü. d. M., 8200 E. Museum für Frühgeschichte. - Seit 1889 bekannt als Malerkolonie.

Wort, kleinste selbständige sprachl. Einheit mit einer unterscheidbaren Lautform, einer grammat. Funktion und einer Bedeutung. Seit der Antike gilt das W. als zentrale Grundeinheit von Sprache und Sprachbeschreibung; seiner Lautform nach ist eine ein- oder mehrsilbige Phonemfolge, z. B. das phonolog. W. /ʃlɔs/ (schloß); grammatisch wird das W. beschrieben nach seiner inneren Struktur und seiner Funktion im Satz. In einem phonolog. W. können mehrere grammat. W.formen zusammenfallen: z. B. das Substantiv (das) Schloß, die Verbformen der 1. Person (ich) schloß und der 3. Person Singular Indikativ Imperfekt (er) schloß. - ↑auch Wortschatz.

Wortart (Wortklasse), Gruppe von Wörtern einer Sprache, die nach bestimmten Merkmalen zusammengestellt worden ist; die Wörter einer Sprache werden eingeteilt: nach ihrer morpholog. Form (deklinierbar, konjugierbar, unveränderlich), nach ihrer Stellung

Wörterbuch

im Satz (z. B. Subjekt-, Prädikat-, Adverbialposition) und nach ihrer allg. kategorialen Bedeutung (Gegenstands-, Eigenschafts-, Beziehungs-, Vorgangsbezeichnung u. a.). Dionysios Thrax (2. Jh. v. Chr.) hat die acht W. Nomen, Verb, Partizip, Artikel, Pronomen, Präposition, Adverb und Konjunktion unterschieden und definiert. Sein klassifikator. System bestimmt die europ. Grammatiktradition bis zur Gegenwart. Im Dt. unterscheidet man gewöhnlich 9 W.: Die drei Hauptwortarten Verb, Substantiv und Adjektiv umfassen den größten Teil des Wortschatzes; sie werden dekliniert oder konjugiert und dienen v. a. der Symbolisierung der Wirklichkeit. Artikel und Pronomen stehen vor oder anstelle von Substantiven und werden dekliniert. Die Partikel-W. Adverb, Präposition und Konjunktion sind unveränderlich; sie modifizieren die Hauptwortarten, stellen Beziehungen her oder strukturieren den Satz. Interjektionen oder Satzwörter (z. B. *danke!*) fungieren wie Sätze als selbständige Äußerungen.

Wortbedeutungslehre, svw. ↑Semasiologie.

Wortbildung, die Entstehung von neuen Wörtern aus einem oder mehreren bereits vorhandenen Wörtern, entweder durch die Kombination zweier oder mehrerer Wörter oder Stämme (Komposition, Zusammensetzung) oder durch Ableitung, d. h. durch die Kombination eines Wortes oder Stammes mit einem Affix bzw. durch phonolog. Veränderung (z. B. Ablaut). Die W. ist das wichtigste und flexibelste Mittel zur Wortschatzerweiterung. - Die histor. (diachrone) **Wortbildungslehre** untersucht das Aufkommen, die Ausprägung und das Absterben bestimmter W.typen während der Sprachentwicklung, verfolgt die Geschichte von Einzelwörtern und berührt sich darin mit der Etymologie. Die synchrone W.lehre hat die Aufgabe, auf dem Hintergrund allg. Grammatik- und Sprachtheorien Kategorien und Typen der in einem gegebenen Sprachzustand vorliegenden W. festzustellen, lexikalisierte und reguläre Bildungen zu trennen, die produktiven W.muster herauszuarbeiten.

Wortblindheit, svw. ↑Alexie.

Wörterbuch, Nachschlagwerk, das den Wortschatz einer Sprache nach bestimmten Gesichtspunkten auswählt, anordnet und erklärt; das W. gibt Sprachinformationen, während das Lexikon Sachinformationen bietet; die Trennung der beiden Typen von Nachschlagwerken wird aber nicht immer konsequent eingehalten.
Einsprachige Wörterbuchtypen:
Rechtschreibwörterbuch (orthograph. W.): Verzeichnet die richtige Schreibung gemäß den (amtl.) Regeln; es hat stark normativen Charakter. **Aussprachewörterbuch:** Enthält die (normierte) Aussprache der Wörter in der internat. Lautschrift. **Rückläufiges Wörterbuch:** Ordnet die Wörter vom Wortende her alphabet., so daß alle Wörter mit derselben Endung hintereinander stehen (Hilfsmittel für die Wortbildung). **Bedeutungswörterbuch:** Erklärt die Bedeutung der Wörter (z. B. durch Definition, Synonyme oder auch Bilder) und bietet meist noch eine Fülle anderer sprachl. Information, z. B. Angabe des Gegensatzes, Anwendungsbeispiele, Beispiele für den übertragenen Gebrauch. **Fremdwörterbuch:** Nimmt nur aus anderen Sprachen übernommene Wörter auf und erklärt sie (oft mit etymolog. Hinweisen). Ältere dt. Fremdwörterbücher waren oft dem Purismus verpflichtet und versuchten, entbehrl. Fremdwörter durch Eindeutschungen zu ersetzen. **Idiomat. Wörterbuch:** Erklärt die Bedeutung idiomat. oder phraseolog. Wendungen (↑Idiom) und gibt Anwendungsbeispiele. **Mundartwörterbuch** (Idiotikon): Verzeichnet den Wortschatz einer Einzelmundart, einer größeren Dialektlandschaft oder eines gesamten Sprach- oder Dialektgebiets. **Bezeichnungswörterbuch:** Stellt den Wortschatz einer Sprache nach Begriffsgruppen zusammen, z. B. unter „Ausdehnung": Expansion, Erweiterung, Wachstum; sich dehnen, erstrecken usw.; es vermittelt einen Eindruck von der Gliederung des Wortschatzes und dem Aufbau der Wortfelder. **Synonymwörterbuch:** Stellt Wörter gleicher oder ähnlicher Bedeutung zusammen, die (unter bestimmten Bedingungen) in einem Text austauschbar sind. **Bildwörterbuch:** Geht von der bildl. darstellbaren Wirklichkeitsbereichen aus; zu den dargestellten Dingen werden die jeweiligen Wörter aufgeführt. **Phraseolog. Wörterbuch** (syntagmat. W.): Führt die inhaltl. sinnvollen und grammat. richtigen Wortverknüpfungen im Satz auf (und bewertet sie stilist.). Eine Sonderform davon ist das *Valenz-W.,* das sich die Beschreibung von Art und Anzahl der obligator. Ergänzungen (Valenz und Distribution) zum Ziel setzt. **Etymolog. Wörterbuch:** Gibt Auskunft über die Herkunft eines Wortes, zeigt Parallelen in anderen Sprachen auf und geht der Geschichte eines Wortes in seinen vielfältigen Wandlungen nach.

Die Anfänge unserer Wörterbücher gehen auf die ↑Glossen in althochdt. Zeit zurück. Die dt.-lat. Glossare mit ihren Definitionen, Hinweisen zur Orthographie, Betonung, Synonymen, teils auch grammat. Merkversen waren der übl. W.typ des Spät-MA. Als erstes dt. W. gilt das Glossar von D. Engelhus, in dem die Wörter auch dt. erklärt werden, während die lat. Entsprechungen einen Zusatz bilden; das erste gedruckte W. mit dt. Stichwort ist der 1477 in Köln erschienene „Teuthonista" oder „Duytschlender" von dem Humanisten G. van der Schueren. Erst im 17. und 18. Jh. begannen - ausgehend von der Fruchtbringenden Gesellschaft - die Bemühungen um eine Kodifizierung der im gesamten dt.

Sprachgebiet geltenden Sprache („Der Teutschen Sprache Stammbaum und Fortwachs oder teutscher Sprachschatz" von C. Stieler, 1691). 1774–86 erschien das fünfbändige Werk „Versuch eines vollständigen grammat.-krit. W. der hochdt. Mundart, mit beständiger Vergleichung der übrigen Mundarten, bes. aber der Oberdeutschen" von J. C. Adelung, 1807–11 gab J. H. Campe sein „W. der dt. Sprache" (5 Bde.) heraus. Die Lexikographie des 19. und 20. Jh. steht im Schatten des (histor.) „Dt. W." von J. und W. Grimm. Die Gegenwart der dt. Lexikographie beginnt mit dem Abschluß des Grimmschen W. im Jahre 1961. Die Diskussion um die Gestaltung der W., bes. über die Art der Bedeutungserläuterung, die Einbeziehung von linguist. Erkenntnissen und das Verhältnis zw. Sach- und Sprachinformation, ist in vollem Gang. 📖 *Konzepte zur Lexikographie.* Hg. v. W. Mentrup. Tüb. 1982. - Schaeder, B.: *Lexikographie als Praxis u. Theorie.* Tüb. 1981. - Drosdowski, G., u.a.: *Nachdenken über Wörterbücher.* Mannheim u. a. 1977.

Wortfamilie, Bez. für eine Gruppe von Wörtern, die sich im Verlaufe von Jh. aus einer etymolog. ↑Wurzel entwickelten, z. B. *glücken, beglücken, Glück, Unglück, glücklich* usw.

Wortforschung, sprachwiss. Disziplin, die sich mit dem ↑Wort, seiner Herkunft (↑Wortgeschichte), dem Vorstellungs- (↑Onomasiologie) und Bedeutungsbereich (↑Semasiologie), seiner räuml. Verbreitung (↑Wortgeographie), seiner sozialen Zuordnung (Wortsoziologie), der Stellung des Wortes im sprachl. Kontext wie im Situationszusammenhang beschäftigt.

Wortgeographie, Teilgebiet der ↑Sprachgeographie, das die Erforschung der räuml. Verbreitung von Wörtern, Bezeichnungen und Namen zum Gegenstand hat. Ergebnisse der W. sind v. a. Wortatlanten (↑auch Deutscher Sprachatlas, ↑Sprachatlas), die entweder *Bedeutungskarten* (die verschiedenen Bedeutungen desselben Lautkörpers), *Bezeichnungskarten* (die verschiedenen Bezeichnungen für eine Sache) oder *Motivkarten* (landschaftlich einheitl. Benennungsmotive) sein können.

Wortgeschichte, Teildisziplin der ↑Wortforschung, die sich mit der histor. Entwicklung des Wortschatzes, dem in der Zeit verlaufenden Wandel des Bezeichnungs- und Bedeutungsgutes, dem Zuwachs oder Verschwinden des Wortgutes einer Sprache beschäftigt.

Wortgottesdienst, in der kath. *Kirche* Gottesdienst, in dessen Mitte das „Wort Gottes" (Schriftlesung, Predigt) steht, das von Gebet und Lied umgeben ist. - Die *ev.* Kirchen verstehen Wort und Sakrament als geistl. Einheit, so daß jeder Gottesdienst grundsätzl. als Dienst am Wort angesehen wird.

Wörther See, sommerwarmer See in Kärnten, westl. von Klagenfurt, 440 m ü. d. M., 16,6 km lang, 1–1,5 km breit, bis 86 m tief.

Wortizlawa ↑Breslau.

Wortklasse, svw. ↑Wortart.

Wortschatz, Gesamtheit der Wörter, das Inventar an Bezeichnungselementen einer Sprache. Der W. stellt ein offenes System dar, das ständig dem Wandel unterliegt und jederzeit erweiterungsfähig ist. Nach der Verwendung und Beherrschung des W. durch den einzelnen Sprecher unterscheidet man *aktiven W.* (vom Sprecher/Schreiber im Sprachgebrauch tatsächlich eingesetzt) und *passiven W.* (vom Hörer/Leser verstanden, aber nicht als Sprecher selbst verwendet). Neben Unterschieden, die auf die verschiedenen Mundarten zurückgehen sind, existieren große Unterschiede im W. der verschiedenen sozialen Schichten, Gruppen oder Berufsgruppen. Die verschiedenen Fach- und Wiss.gebiete erfordern ebenfalls einen speziellen W., der als *Fach-W.* dem W. der Gemeinsprache gegenübersteht.

Der W. einer Sprache ist in ständiger Entwicklung; der dt. W. war in althochdt. Zeit im Umfang wesentlich geringer als heute. Neue Erkenntnisse und gesellschaftl. Entwicklungen müssen sprachlich bewältigt werden; das Streben nach Anschaulichkeit, Deutlichkeit, besonderer Wirkung und sprachl. Ökonomie führen zu immer neuen Bildungen. Mittel zur Erweiterung des W. sind v. a. Neuschöpfung und Neubildung (Ableitung, Zusammensetzung), Entlehnung aus Fremdsprachen, Entlehnung aus Mundarten oder regionalen Umgangssprachen, Wiederbelebung alten Wortguts und Bedeutungserweiterung v. a. durch metaphor. Gebrauch. Der Gesamtbestand der Wörter des W. der dt. Sprache wird heute meist auf 300 000–400 000 Wörter geschätzt (frz. Sprache etwa 100 000, engl. Sprache 600 000–800 000 Wörter).

Wosnessenski, Andrei Andrejewitsch, [russ. vɐznʲˈsʲɛnskij], * Moskau 12. Mai 1933, russ.-sowjet. Lyriker. - Einer der bedeutendsten sowjet. Lyriker. Schreibt formal komplizierte Gedichte, deren Thema der Mensch in einer technisierten Welt ist („Antiwelten", 1964).

Wostok [russ. vasˈtɔk „Osten"], Name einer Serie bemannter sowjet. Raumflugkörper, die 1961–63 mit speziell dafür entwickelten Trägerraketen in Erdumlaufbahnen gebracht wurden. 1961 gelangte mit W. 1 der erste Mal ein Mensch in eine Satellitenumlaufbahn (J. A. Gagarin); bis 1963 folgten 5 weitere bemannte W.-Missionen, die eine Vielzahl von raumfahrttechn. und -medizin. Erfahrungen lieferten.

Wostokow, Alexandr Christoforowitsch [russ. vasˈtɔkəf], eigtl. Alexander von Osteneck, * Ahrensburg (= Kingisepp, auf Ösel) 27.

März 1781, † Petersburg 20. Febr. 1864, russ. Slawist dt. Herkunft. - Erster bed. russ. Slawist; begründete die vergleichende Grammatik der slaw. Sprachen.

Wotan ↑ Odin.

Wotruba, Fritz, * Wien 23. April 1907, † ebd. 28. Aug. 1975, östr. Bildhauer und Graphiker. - Seit 1945 Prof. an der Wiener Akad.; Hauptthema der Stein- und Bronzearbeiten ist der architektonisch reduzierte bzw. neu aufgebaute menschl. Körper. Zeichnungen, Bühnenmodelle und Figurinen, Modelle und Studien für Kirchenbauten („Zur heiligsten Dreifaltigkeit", Sankt Georgenberg, Wien-Mauer, 1976).

Wouk, Herman [engl. wouk], * New York 27. Mai 1915, amerikan. Schriftsteller. - Im 2. Weltkrieg bei der Marine; Welterfolg mit dem Kriegsroman „Die Caine war ihr Schicksal" (1951). - *Weitere Werke:* Ein Mann kam nach New York (1967), Nie endet der Karneval (1965), Der Feuersturm (1971), Der Krieg (1978), Weltsturm (1978), Inside, Outside (1985).

Woulfesche Flaschen [engl. wulf; nach dem brit. Chemiker P. Woulfe, * um 1727, † 1803], im chem. Laboratorium als Gasentwicklungs- oder Gasabsorptionsgefäße bzw. beim Arbeiten unter Vakuum verwendete starkwandige Glasflaschen mit 3 Hälsen.

Wounded Knee [engl. 'wu:ndɪd 'niː], Ort in South Dakota, USA, in der Pine Ridge Indian Reservation, 150 km sö. von Rapid City. - Am W. K. Creek fielen am 29. Dez. 1890 über 400 Sioux, darunter zahlr. Frauen und Kinder, einem Massaker zum Opfer, das amerikan. Kavalleristen anrichteten.

Wouwerman, Philips [niederl. 'wɔʊwərman], ≈ Haarlem 24. Mai 1619, □ ebd. 23. Mai 1668, niederl. Maler. - Beeinflußt von F. Hals (dessen Schüler?); v. a. Reiter-, Kriegs- und Lagerszenen, die Staffage im Mittel- oder Vordergrund, oft mit einem Schimmel, Bilder von fein abgestimmten Kolorit (Abendstimmungen) und lebendiger Erzählung.

Wrack [niederdt.], gesunkenes, gestrandetes oder auf andere Weise unbrauchbar gewordenes Schiff; i. w. S.: nicht mehr verwendbares Fahrzeug oder Gerät; in übertragenen Sinne auch: gesundheitl. heruntergekommener Mensch.

Wrangel, Carl Gustav [schwed. 'vraŋəl], * Skokloster (= Gemeinde Håbo, Prov. Uppsala) 23. Dez. 1613, † Gut Spieker (auf Rügen) 5. Juli 1676, schwed. Reichsadmiral (seit 1657) und Reichsmarschall (seit 1664). - Oberbefehlshaber der schwed. Flotte; 1646 Reichsrat, Feldmarschall und Oberbefehlshaber in Deutschland; 1664 Mgl. der Vormundschaftsreg. für den minderjährigen Karl XI.

W., Ferdinand Petrowitsch [russ. 'vrangljɪj], dt. Ferdinand Baron von W. (Wrangell), * Pleskau 9. Jan. 1797, † Dorpat 6. Juni 1870,

Philips Wouwerman,
Der Schimmel (undatiert).
Amsterdam, Rijksmuseum

russ. Admiral (seit 1847). - Unternahm Forschungen im N Sibiriens (1820–24) und kartierte dort die bislang nicht erforschten Küstengebiete; 1853–58 russ. Marineminister.

W., Friedrich Heinrich Ernst Graf von (seit 1864) ['--], * Stettin 13. April 1784, † Berlin 1. Nov. 1877, preuß. Generalfeldmarschall (seit 1856). - Ab 1796 im preuß. Heer; 1839 General. Sprengte im Nov. 1848 die preuß. Nat.versammlung in Berlin und beendete damit die preuß. Märzrevolution; seinen Aufgaben als Oberbefehlshaber im 2. Dt.-Dän. Krieg 1864 war W. nicht mehr gewachsen. Wegen seines derben Witzes als *Papa W.* einer der populärsten preuß. Generäle.

Wrangelinsel, sowjet. Insel im Nordpolarmeer, rd. 7 300 km², bis 1 096 m hoch; Wetterstation. - 1823 von F. P. Wrangel gesichtet, 1881 als Insel erkannt; seit 1924 zur UdSSR.

Wrangell Island [engl. 'ræŋɡəl 'aɪlənd], Insel des Alexander Archipelago in SO-Alaska, USA, 50 km lang, etwa 20 km breit, bis 1 000 m hoch.

Wrangell Mountains [engl. 'ræŋɡəl 'maʊntɪnz], Gebirgszug in SO-Alaska, erstreckt sich von der kanad. Grenze aus etwa 150 km nach NW zw. der Alaska Range im N und Chugach Mountains im S, bis 5 036 m hoch; stark vergletschert.

Wrasen [niederdt.], aus kleinen Wassertröpfchen bestehender Nebel, der bei der Abkühlung des unsichtbaren Wasserdampfes entsteht.

Wraza, bulgar. Stadt im Vorland des

Orville und Wilbur Wright,
Doppeldecker-Motorflugzeug (1909)

Westbalkans, 358 m ü. d. M., 73 000 E. Verwaltungssitz des Verw.-Geb. W.; orth. Metropolitensitz; Stadtmuseum; Markt- und Verarbeitungsort für Agrarprodukte; bed. Fremdenverkehr.

Wrede, Karl Philipp Fürst von (seit 1814), * Heidelberg 29. April 1767, † Ellingen 12. Dez. 1838, bayr. Heerführer und Politiker. - Zunächst Verwaltungsbeamter, dann Offizier; focht ab 1805 mit bayr. Truppen auf frz. Seite, auch 1812 in Rußland; wandte sich 1813 mit bayr.-östr. Truppen gegen Napoleon I., unterlag ihm aber bei Hanau. Bekleidete in der Folge hohe Ämter.

Wren, Sir (seit 1673) Christopher [engl. rɛn], * East Knoyle (Wiltshire) 20. Okt. 1632, † Hampton Court (= London) 25. Febr. 1723, engl. Baumeister, Mathematiker und Astronom. - Prof. am Gresham College in London und 1661–73 in Oxford. 1663 in die Restaurierungskommission für Saint Paul's Cathedral in London berufen, 1666 Leiter des Wiederaufbaus Londons; sein Stadtplan wurde abgelehnt, aber nach seinen Einzelplanungen entstanden über 50 sehr abwechslungsreiche Kirchen (Hauptwerk ist Saint Paul's Cathedral im Stil des engl. Palladianismus in der Nachfolge I. Jones' [1675–1711]), ferner u. a. Hospital von Greenwich (1696 ff.), O-Flügel von Schloß Hampton Court (1689–92) und der Umbau von Kensington Palace (1689–1702). - Abb. Bd. 6, S. 152.

Wrexham [engl. ˈrɛksəm], walis. Stadt in der Gft. Clwyd, 40 km südl. von Liverpool, 40 300 E. Anglikan. Bischofssitz; Theater. Ehem. Zentrum des nordwalis. Kohlenbergbaus; Eisen-, Chemiefaser- u. a. Ind. - Seit 1391 wichtiger Marktort; 1857 Stadt.

wriggen [niederdt.] (wriggeln, wricken), ein Boot durch einen am Heck hin und her bewegten, bei der Bewegungsumkehr jeweils in bestimmter Weise gedrehten Riemen vorwärtsbewegen.

Wright [engl. raɪt], Frank Lloyd, * Richland Center (Wis.) 8. Juni 1869, † Phoenix 9. April 1959, amerikan. Architekt. - Schüler von L. H. Sullivan. In seinen mehr als 300 privaten und öffentl. Bauten realisierte er seine Grundideen von der „organ. Architektur", erlangte auch in Europa Einfluß. In seinen flachen Präriehäusern in den Vororten von Chicago (Oak Park) gehen bereits die Räume ineinander über (fließender Raum). Romant. Einbeziehen der Landschaft kennzeichnet seine städtebaul. Pläne („The disappearing city", 1932) wie seine Wohnhäuser (Haus Taliesin bei Spring Green, Wis., 1911, Veränderungen 1914 und 1925; „Haus über dem Wasserfall" in Bear Run, Pa., 1936/37). Schuf auch techn. durchdachte Hochhausbauten (Johnson Wax Factory in Racine, 1936–39, Anbau 1949). Beim Guggenheim-Museum in New York (1943 entworfen, 1956–59 gebaut) stellte W. eine spiralförmige Rampe über einen kreisförmigen Grundriß unter eine weite Glaskuppel. In diese Periode gehört auch das Hochhaus „Price Tower" in Bartesville, Okla. (1955/56) mit typ. Verwendung von Winkelformen, Kreis, Spirale. Zahlr. Entwurfszeichnungen. - Abb. Bd. 10, S. 227.
📖 *F. L. W.* Hg. v. B. Zevi. Mchn. 1980.

W., Joseph, genannt W. of Derby, * Derby 3. Sept. 1734, † ebd. 29. Aug. 1797, engl. Maler. - Malte Porträts und Landschaften mit artifiziellen Beleuchtungseffekten, auch Gesellschaftsstücke mit Darstellung wiss. Experimente.

W., Judith, * Armidale 31. Mai 1915, austral. Schriftstellerin. - Eine der führenden austral. Lyrikerinnen, die die Probleme der vergehenden Zeit, Vergänglichkeit und Fragwürdigkeit jegl. Kultur behandelt. Schrieb: „We call for a treaty" (1985).

W., Orville, * Dayton (Ohio) 19. Aug. 1871, † ebd. 30. Jan. 1948, und sein Bruder *Wilbur*, * Millville (Ind.) 16. April 1867, † Dayton (Ohio) 30. Mai 1912, amerikan. Flugpioniere. - Nach Studien des Flugproblems begannen sie um 1900 mit Modellflugversuchen und Gleitflügen (1901 Gleitflüge bis zu 100 m mit Doppeldeckern). 1903 führten sie mit dem Motorflugzeug „Flyer I" (rd. 12 PS, 2 Luftschrauben) 4 Flüge von 12–59 Sekunden Dauer und 36–265 m Länge durch. 1904 gelangen ihnen mit „Flyer II" die ersten Kurvenflüge und 1905 mit „Flyer III" Streckenflüge bis zu 45 km. Die Brüder W. gelten auf Grund ihrer systemat. Studien, Vorbereitungsarbeiten und Vervollkommnungen in der Flugzeugentwicklung als die eigtl. Pioniere des Motorflugs.

W., Richard, * bei Natchez 4. Sept. 1908, † Paris 28. Nov. 1960, amerikan. Schriftsteller. - Schwarzer Landarbeitersohn; mit kommunist. Ideen 1935/36 konfrontiert, verschiedene Reisen. Verf. naturalist. Romane, Erzählungen, Autobiographien und Reiseberichte, die die sozialen Konflikte seiner unterdrückten Rasse und den vergebl. Kampf um ihre Emanzipation veranschaulichten. - *Werke:* Onkel Toms Kinder (En., 1938), Schwarz unter Weiß - fern von Afrika (Bericht, 1941), Der Mörder und die Schuldigen (R., 1953), Der schwarze Traum (R., 1958), Schwarzer Hunger (Autobiographie, 1977).

WRK, Abk. für: ↑Westdeutsche Rektorenkonferenz.

Wrobel, Ignaz, Pseud. des dt. Journalisten und Schriftstellers Kurt ↑Tucholsky.

Wróblewski, Zygmunt Florenty von [poln. vru'blɛfski], * Grodno 28. Okt. 1845, † Krakau 19. April 1888, poln. Physiker. - Prof. in Krakau. Mit K. S. Olszewski gelang W. erstmals die Verflüssigung von Luft.

Wrocław [poln. 'vrɔtsuaf], poln. Name für ↑Breslau.

Wrubel, Michail Alexandrowitsch [russ. 'vrubɪlj], * Omsk 17. März 1856, † Petersburg 14. April 1910, russ. Maler. - Sein symbolist. Werk zeigt eine dekorative Grundauffassung; es umfaßt Monumentalgemälde, Porträts, Illustrationen, Bühnenbilder und Kunstgewerbe.

Wruke, svw. ↑Kohlrübe.

Ws, Einheitenzeichen für ↑Wattsekunde.

WSI, Abk. für: ↑Wirtschafts- und Sozialwissenschaftliches Institut des Deutschen Gewerkschaftsbundes GmbH.

WTB, Abk. für: ↑Wolffs Telegraphen-Bureau.

Wttewael, Joachim Antonisz. [niederl. 'œȳtəwa:l], * Utrecht um 1566, † ebd. 1. Aug. 1638, niederl. Maler. - Tätig in Utrecht. Neben A. Bloemart (und abhängig von diesem) Vertreter der spätmanierist. Utrechter Schule. Kompliziert gebaute Historienbilder, auch Genrestücke.

Wu, Chien-Shiung, * Schanghai 31. Mai 1912, amerikan. Physikerin chin. Herkunft, - Prof. an der Columbia University in New York; Arbeiten v. a. zur experimentellen Kernphysik. 1957 gelang ihr in dem von T. D. Lee und C. N. Yang vorgeschlagenen, nach ihr ben. *Wu-Experiment* der Nachweis der Paritätsverletzung bei schwachen Wechselwirkungen.

Wuchang, seit 1953 Teil von ↑Wuhan.

Wucher, die Ausbeutung der Zwangslage, der Unerfahrenheit, des Leichtsinns, des Mangels an Urteilsvermögen oder der erhebl. Willensschwäche eines anderen dadurch, daß einer sich oder einem Dritten für die Vermietung von Wohnraum (**Mietwucher**), Kreditgewährung (**Kreditwucher, Zinswucher**), sonstige Leistungen oder für die Vermittlung einer dieser Leistungen Vermögensvorteile versprechen oder gewähren läßt, die in einem auffälligen Mißverhältnis zu der Leistung oder deren Vermittlung stehen. Nach § 302 a StGB wird der W. mit Freiheitsstrafe bis zu drei Jahren oder Geldstrafe, in bes. schweren Fällen - z. B. wenn der Täter den anderen in wirtsch. Not bringt, gewerbsmäßig handelt oder sich durch Wechsel wucher. Vermögensvorteile versprechen läßt - mit Freiheitsstrafe von 6 Monaten bis zu 10 Jahren bestraft. Wucherische Rechtsgeschäfte sind gemäß § 138 Abs. 2 BGB nichtig.

Im östr. und *schweizer. Recht* gilt im wesentl. dem dt. Recht Entsprechendes.

Wucherblume (Chrysanthemum), Gatt. der Korbblütler mit rd. 200 Arten auf der Nordhalbkugel und in S-Afrika, Hauptverbreitung im Mittelmeergebiet und in Vorderasien; einjährige oder ausdauernde Kräuter oder Halbsträucher, seltener Sträucher; Blütenköpfchen meist mit ♀ Zungenblüten und zwittrigen, röhrenförmigen Scheibenblüten, klein und in Doldentrauben angeordnet oder groß, einzelstehend und langgestielt; Hüllblätter der Blütenköpfchen dachziegelartig angeordnet, an den Rändern trockenhäutig. Die bekanntesten der 6 einheim. Arten sind ↑Margerite und ↑Rainfarn. Zahlr. Arten und Sorten sind beliebte Garten- und Schnittpflanzen, u. a. die zahlr. Sorten der ↑Chrysanthemen.

Wucherung, gut- oder bösartige überschießende Neubildung von Gewebe. - ↑auch wildes Fleisch, ↑adenoide Wucherungen.

Wuchow (Wuzhou) [chin. udʒɔu], südchin. Stadt an der Mündung des Kweikiang in den Sikiang, 111 000 E. Umschlagplatz für den gesamten Flußhandel im Einzugsgebiet des Sikiang.

Wuchsstoffe, gemeinsprachl. Sammelbez. für die ↑Pflanzenhormone.

Wu Daozi, chin. Maler, ↑Wu Tao-tzu.

Wudu, svw. ↑Wodu.

Wuermeling, Franz-Josef ['vyrməlıŋ], * Charlottenburg (= Berlin) 8. Nov. 1900, † Münster 7. März 1986, dt. Politiker (CDU). - Als Beamter 1939 aus polit. Gründen entlassen; danach in der Ind. tätig; in Rheinland-Pfalz 1947–49 Staatssekretär im Innenministerium; 1949–69 MdB; 1953–57 Bundesmin. für Familienfragen, 1957–62 für Familien- und Jugendfragen; Exponent des kath.-konservativen Flügels der CDU.

Wuhan (Wuhan) [chin. uxan], Hauptstadt der chin. Prov. Hupeh, am der Mündung des Hankiang in den Jangtsekiang, 3,23 Mill. E. Entstand 1953 durch Zusammenschluß der Städte **Wuchang, Hankow** und **Hanyang.** Metropole Z-Chinas; Univ. (gegr. 1913), mehrere Fachhochschulen und Forschungsinst. der Chin. Akad. der Wiss., Musikschule, Prov.-museum. Ein Zentrum der chin. Schwerind., außerdem bed. Glas-, chem., Zement-, Textil-, Papier-, Nahrungsmittelind., Werften und Eisenbahnreparaturwerkstätten. Doppelstockbrücke über den Jangtsekiang; Binnenhafen, ⚓.

Wühlechsen, svw. ↑Skinke.

Wühler (Cricetidae), mit Ausnahme von

Wühlmäuse

Australien weltweit verbreitete Fam. der Mäuseartigen mit rd. 600 Arten von etwa 10–60 cm Länge; Gestalt sehr unterschiedl.; Lebensweise überwiegend grabend; manche Arten zeigen zeitweise auffallende Massenvermehrung. Zu den W. gehören z. B. ↑ Neuweltmäuse, ↑ Blindmulle, ↑ Madagaskarratten, ↑ Rennmäuse, ↑ Wühlmäuse und ↑ Hamster.

Wühlmäuse (Microtinae), Unterfam. meist plumper, kurzschwänziger ↑ Wühler mit über 100 Arten in Eurasien, N-Afrika sowie N- und M-Amerika; Körper 10–40 cm lang, mit stumpfer Schnauze. Die W. graben unterird. Gangsysteme, in die sie für den Winter pflanzl. Vorräte eintragen und so häufig schädl. werden. Zu den W. gehören z. B. Feldmaus, Erdmaus, Schermaus, Rötelmäuse, Bisamratte, Lemminge, Mullemminge.

Wuhsi (Wuxi) [chin. uci], chin. Stadt am Kaiserkanal, 812 000 E. Inst. für Limnologie; ein Zentrum der chin. Seidenraupenzucht; Binnenhafen.

Wuhu (Wuhu) [chin. uxu], chin. Ind.- und Hafenstadt am unteren Jangtsekiang, 300 000 E. Handelszentrum.

Wujek, Jakob, † Krakau 27. Juli 1597, poln. kath. Theologe und Bibelübersetzer. - Ab 1565 Jesuit; 1586 Vizeprovinzial für Polen und Sachsenbürgen; seine polnische Übersetzung der ganzen Hl. Schrift gilt als „Poln. Vulgata".

Wulf, männl. Vorname, Nebenform von Wolf.

Wulfenit [nach dem östr. Mineralogen F. X. von Wulfen, *1728, †1805] (Gelbbleierz), Mineral, durchsichtig-durchscheinend, gelb oder orangerot, meist dünntafelig, auch kurzsäulig. Chem. Pb [MoO$_4$]; Mohshärte 3; Dichte 6,7–6,9 g/cm^3. Vorkommen in der Oxidationszone von Blei-Zink-Lagerstätten; früher als Molybdänerz abgebaut.

Wulfila ↑ Ulfilas.

Wulf-Mathies, Monika, *Wernigerode 17. März 1942, dt. Gewerkschafterin. - Philologin; seit 1965 Mitglied der SPD; ab 1976 im geschäftsführenden Hauptvorstand, seit Sept. 1982 Vorsitzende der Gewerkschaft ÖTV.

Wülfrath ['vylfra:t], Stadt im Niederberg. Land, NRW, 235 m ü. d. M., 20 800 E. Abbau und Verarbeitung von Kalkstein. - Aus verstreut liegenden Höfen zusammengewachsener Ort. Stadterhebung 1827/65. - Ev. spätgot. Kirche (15. Jh.) mit roman. Teilen.

Wulgaris, Dimitrios (Vulgaris), * auf Idra 20. Dez. 1802, † Athen 30. Dez. 1877, griech. Politiker. - Ab 1843 mehrfach Min., 1855–57 Min.präs.; 1862 maßgebl. an der Absetzung König Ottos I. beteiligt. 1863–75 wiederholt Ministerpräsident.

Wullenwever, Jürgen ['vʊlənveːɐ̯], * Hamburg um 1492, † Wolfenbüttel 29. Sept. 1537 (hingerichtet), Bürgermeister von Lübeck (1533–35). - Wurde in Lübeck nach Durchsetzung der Reformation (1529/31) Mgl. des Bürgerausschusses zur Kontrolle des patriz. Rates und im März 1533 Bürgermeister (bis 1535). In der Vorherrschaft der Hanse in der Ostsee zu erneuern, verwickelte er Lübeck 1534 in die Grafenfehde, unterlag aber im Juni 1535 König Christian III. von Dänemark; wurde im Nov. 1535 vom Erzbischof von Bremen gefangengenommen und dem Hzg. Heinrich d. J. von Braunschweig-Wolfenbüttel ausgeliefert, der ihn enthaupten ließ.

Wüllner, Franz, * Münster 28. Jan. 1832, † Braunfels 7. Sept. 1902, dt. Pianist, Dirigent und Komponist. - War ab 1864 in München Dirigent der Hofkapelle, ab 1869 auch der Hofoper und der Akademiekonzerte, 1870 Hofkapellmeister. Leitete die Uraufführungen von R. Wagners „Rheingold" und „Walküre". Komponierte Chorwerke, Klavier- und Kammermusik.

Wulstlinge (Amanita), Gatt. der Lamellenpilze (Klasse Ständerpilze) mit rd. 60 Arten (in M-Europa 27 Arten); junger Fruchtkörper mit becherförmiger Stielscheide (Volva), deren Reste beim ausgewachsenen Pilz oft auf dem Hut als Hautfetzen oder Schuppen, am Stielgrund als Scheide und am Stiel als Ring zurückbleiben; Sporen meist weiß, Lamellen freistehend, hell; viele bekannte Gift- und Speisepilze wie ↑ Knollenblätterpilz, ↑ Fliegenpilz, ↑ Pantherpilz, ↑ Perlpilz.

Wunde (Vulnus), Gewebsdefekt mit Beschädigung der schützenden Haut- oder Schleimhautdecke als Folge einer Verletzung. Je nach der Verletzungsursache unterscheidet man Schnitt-, Hieb-, Stich-, Quetsch- und Schußwunden. Die Gefahr einer ↑ Wundinfektion ist bei glatten W. (v. a. Schnitt-W.) gering, dagegen groß bei zerklüfteten W., etwa durch Gewebszertrümmerung (bes. bei Quetsch-W.). Zur Wundversorgung gehört daher gegenbenenfalls die *Wundexzision* (Wundausschneidung mit Entfernung der mit Keimen besiedelten Wundränder). Erfolgt die Wundexzision wenige Stunden nach der Verletzung, kann eine primäre Wundnaht gelegt werden; es besteht dann Aussicht auf eine *primäre Wundheilung* (Verklebung der Wundränder, Abheilung ohne Infektion, schmale Narbe). Bei späterem Eingreifen handelt es sich um die offene Wundbehandlung mit den Gegebenheiten der *sekundären Wundheilung* (Wundinfektion, Eiterung, Ausbildung von Granulationsgewebe, Epithelisierung vom Hautrand her, Narbenbildung).

Wunder, 1. in der *Religionswiss.* meist im Sinne einer von Gott gewirkten „Durchbrechung der Naturgesetze" aufgefaßt. Für frühere Epochen aber war oft das Funktionieren der *Natur* oft undurchschaubar und nur durch unmittelbar wirkende göttl. Mächte zu erklären; ebenso fühlte sich der Mensch in seiner *Geschichte* durch übermenschl. Kräfte gelenkt. Das W. war also der Normalfall und keineswegs eine Durchbrechung der übl.

Kausalitäten. Darüber hinaus sind die meisten W.traditionen in der Zeit mythischen, d. h. vor-krit. Denkens ausgebildet worden, und die „wunderbare" Erfahrung des Numinosen konnte sprachl. nur wiedergegeben werden durch übersteigerte objektive Rede, in der nicht die mirakelhaften Ereignisse selbst urspr. Gegenstand der Aussage sind, sondern die sich in den Berichten niederschlagende religiöse Erfahrung.
2. *Bibl. W.berichte:* A. T. und N. T. kennen den Begriff W. nicht. Stattdessen reden sie von „Zeichen", „Macht-" oder „Großtaten" Gottes und zeigen, daß das Interesse nicht einem mirakelhaften Geschehen selbst, sondern dem Wirken Gottes in der Naturwelt und der Geschichte bzw. in Jesu gilt. Im N. T. werden etwa 30 *W. Jesu* überliefert. In der Frage nach dem histor. Kern der neutestamentl. W.tradition gibt es keine Übereinstimmung in der Theologie. Zunehmend unbestritten ist die Feststellung, daß die W.erzählungen zu einem großen Teil Produkte der jeweiligen Gemeindetheologie, also *unhistor.* sind.
3. *W. in der kirchl. Geschichte:* Für das kirchl. Altertum und MA gelten ähnl. Gesetzmäßigkeiten wie in der Religionsgeschichte. Mit der Entstehung des krit. Denkens in der Neuzeit wird naturgemäß die W.tradition spärlicher und bleibt im wesentl. auf den Katholizismus und die orth. Kirchen konzentriert. Auch hier scheint die Entstehung neuer W.berichte aus Kreisen hervorzugehen, die noch stärker dem myth. Verstehen verhaftet sind (z. B. Marienerscheinungen vor kleinen Hirtenmädchen, Herz-Jesu-Visionen einer Nonne). Oft entstehen W.überlieferungen gerade dann und dort, wo die offizielle kirchl. Verkündigung formalist. geworden ist und die religionspsycholog. begründete Sehnsucht nach Anschaulichkeit und Sinnlichkeit der religiösen Erfahrung nicht auffangen kann.
Lenssen, J.: *W. Zeichen der Macht Gottes.* Aschaffenburg 1985. - W. Jesu. Hg. v. A. Steiner u. V. Wegmann. Köln ³1984. - Weiser, A.: *Was die Bibel W. nennt.* Stg. ⁴1984. - Lewis, C. S.: *W. Möglich, wahrscheinlich, undenkbar?* Basel u. Gießen ²1980. - *Der W.begriff im NT.* Hg. v. A. Suhl. Darmst. 1980.

Wunderbaum ↑ Rizinus.
Wunderblume (Mirabilis), Gatt. der W.gewächse mit rd. 60 Arten in Amerika und einer Art im westl. Himalaja und in SW-China; Kräuter mit meist in Trugdolden stehenden Blüten mit schmal trichterförmiger oder glockiger Blütenhülle in verschiedenen Farben. Die bekannteste, in M-Europa einjährig kultivierte Art ist die in Mexiko heim. **Echte Wunderblume** (Mirabilis jalapa), eine 60–100 cm hohe Staude mit zu 3–6 zusammenstehenden, trichterförmigen, nur für eine Nacht geöffneten Blüten.
Wunderblumengewächse (Nyctaginaceae), Familie der Zweikeimblättrigen mit rd. 300 v. a. trop. Arten in 30 Gatt., v. a. verbreitet in Amerika; meist Bäume und Sträucher mit ungeteilten, ganzrandigen, gegenständigen Blättern; Blütenstände vielgestaltig, Blüten oft mit blumenblattähnl. Hochblättern; wichtigste Gatt. sind ↑Wunderblume und ↑ Bougainvillea.
Wunderkerzen, drahtförmige Kleinfeuerwerkskörper, die unter Bildung eines Funkensprühregens abbrennen.
Wunderlich, Fritz, * Kusel 26. Sept. 1930, † Heidelberg 17. Sept. 1966, dt. Sänger (lyr. Tenor). - Mgl. der Opernensembles von Stuttgart und München; gefeierter lyr. Operntenor; auch Lied- und Konzertreisen.
W., Paul, * Berlin 10. März 1927, dt. Maler und Graphiker. - W. entwickelte einen vom Surrealismus geprägten phantast. Figurenstil, wobei er zunehmend photograph. Vorlagen verwendet; häufig sind erot. Motive. Zahlr. Lithographien, auch Plastik.
Wunderstrauch, (Quisqualis) Gatt. der Langfadengewächse mit 17 Arten in den Tropen der Alten Welt und in S-Afrika. Die bekannteste Art ist *Quisqualis indica,* ein mit Hilfe der nach dem Laubfall stehenbleibenden, zu Dornen umgewandelten Blattstiele kletternder Strauch mit duftenden, in Ähren stehenden, beim Aufblühen weißen, beim Verblühen dunkelroten Blüten.
◆ (Codiaeum) Gatt. der Wolfsmilchgewächse mit 14 Arten im trop. Asien und in Ozeanien; Bäume oder Sträucher mit ledrigen, oft bunten Blättern; Blattspreite zuweilen spiralig gedreht. Die wichtigste, auf Sumatra heim. Art ist *Codiaeum variegatum,* ein 2,5 m hoher Strauch mit stets unsymmetr. Blüten. Dessen zahlr. im Handel als *Croton* bezeichnete Zuchtsorten mit gelappten oder bandförmigen, leuchtend gefärbten Blättern sind beliebte Zimmerpflanzen.
Wundfieber, durch den normalen Heilungsvorgang bedingte geringe Temperaturerhöhung bzw. durch ↑Wundinfektion verursachte hochfieberhafte Reaktion.
Wundinfektion, die Infektion einer Wunde mit Krankheitserregern. Als *unspezif.* W. bezeichnet man die Besiedlung einer Wunde mit aeroben, eiterbildenden Bakterien, bes. Staphylokokken und Streptokokken (↑ auch Eiter). Von einer *spezif.* W. spricht man beim Eindringen von Wundstarrkrampf- und Gasbrandbakterien und von Tollwutviren in eine Wunde.
Wundklee (Anthyllis), Gatt. der Schmetterlingsblütler mit über 50 Arten in Europa, Vorderasien und N-Afrika. Die wichtigste, sehr formenreiche Art ist der **Gelbe Klee** (Gemeiner W., Anthyllis vulneraria), ein ausdauerndes oder zweijähriges, 6–60 cm hohes Kraut mit aufrechten, niederliegenden oder aufsteigenden Stengeln, einfachen oder unpaarig gefiederten Blättern (Endfieder meist

viel größer als die übrigen Fiedern) und gelben oder roten Blüten in köpfchenförmigen Blütenständen; Futterpflanze.

Wundliegen, svw. ↑Dekubitus.

Wundrose (Erysipel), durch Streptokokken verursachte ansteckende Entzündung der Haut und des Unterhautgewebes; charakterist. sind u. a. Rötung und Schwellung mit scharfer Abgrenzung sowie hohes Fieber.

Wundschorf, svw. ↑Schorf.

Wundsein (Intertrigo), unscharf umschriebene Hautentzündung im Bereich von Hautregionen, die flächenhaft aneinander angrenzen und sich bei Bewegungen leicht und häufig aneinander reiben (z. B. Oberschenkel).

Wundstarrkrampf (Starrkrampf, Tetanus), durch das Bakterium Clostridium tetani verursachte akute Wundinfektionskrankheit ohne lokale Entzündung an der Eintrittspforte. Tetanusbazillen kommen überall im Erdboden und in Exkrementen von Mensch und Tier vor. Eintrittspforte sind oft Stich- und Bißverletzungen, bes. solche mit großen luftabgeschlossenen Wundtaschen und nekrot. Bezirken; doch ist prinzipiell jede verschmutzte Wunde verdächtig. Bei einer Inkubationszeit von 1–3 Wochen kann die Wunde sogar schon oberflächl. verheilt sein, wenn es zum Ausbruch der Krankheit kommt. In dieser Zeit vermehren sich die Erreger und scheiden ein als Nervengift wirkendes Exotoxin aus, das entlang den Nervenbahnen bis zum Rückenmark und in das verlängerte Mark vordringt. Der W. beginnt meist uncharakterist. mit Unruhe, Mattigkeit, Gliederzittern, Schlaflosigkeit, starken Schweißausbrüchen und Krampf der Kaumuskulatur. Schließl. wird auch die Nacken- und Rückenmuskulatur von der sehr schmerzhaften Muskelstarre ergriffen und der Körper bogenförmig gespannt. Jeder Sinnesreiz wie helles Licht, Luftzug, Berührung oder Geräusche kann einen lebensgefährl. Schüttelkrampf auslösen. Krämpfe der Bronchial- und Zwerchfellmuskulatur führen zu flacher Atmung und Blausucht, schließl. zum Tod durch Ersticken oder Herzversagen. - Die Prognose ist bes. bei fehlender Prophylaxe, kurzer Inkubationszeit und im hohen Alter ungünstig. Zur Behandlung des W. gehört die Beseitigung der Infektionsquelle durch breite Wundausschneidung und Eröffnung der Wundtaschen sowie die Gabe von Antibiotika. Das noch nicht am Wirkungsort gebundene Endotoxin kann durch Tetanushyperimmunglobulin neutralisiert werden. Gleichzeitig muß eine aktive Immunisierung eingeleitet werden. Der Behandlung dienen ferner Sedativa und Muskelrelaxanzien gegen die drohenden Krampfanfälle, u. U. Luftröhrenschnitt. - Zur allg. Prophylaxe des W. empfiehlt sich die aktive Immunisierung im Vorschulalter; bei Erwachsenen wird die aktive Immunisierung durch intramuskuläre Injektion von Tetanustoxoid (zweimal je 0,5 ml Tetanol ⓦ im Abstand von 4 Wochen) erreicht; nach einem Jahr erneute Injektion, Auffrischungsimpfungen alle 10 Jahre. - Bei Verletzungen ist außer der Wundversorgung eine Auffrischungsimpfung, im Fall Ungeimpfter oder nach einer Pause von mehr als 10 Jahren eine aktivpassive Schutzimpfung (mit Toxoid und Immunglobulin) erforderlich.

Wundt, Wilhelm, * Neckarau (= Mannheim) 16. Aug. 1832, † Großbothen bei Leipzig 31. Aug. 1920, dt. Psychologe und Philosoph. - Ab 1864 Prof. für Medizin in Heidelberg; 1866–68 Abg. in der 2. bad. Kammer; 1874 Prof. für Philosophie in Zürich, 1875 in Leipzig, wo er 1879 das erste Institut für ↑experimentelle Psychologie gründete. - Zu einem zentralen Problem wurde für W. das Leib-Seele-Problem. Er vertrat einen psychophys. ↑Parallelismus. Die seel. Vorgänge wurden von ihm unterteilt in solche des Willens, des Intellekts und des Gefühls. Den substantiellen Seelenbegriff lehnte W. ab (↑Aktualitätstheorie). Durch Anwendung von Experimenten beendete er die bis dahin weitgehend praktizierte Beschränkung der Psychologie auf Introspektion. Da die experimentelle Psychologie nur individuelle Vorgänge beschreiben kann, muß sie nach W. durch die ↑Völkerpsychologie ergänzt werden, die sich mit der psycholog. Untersuchung jener psych. Vorgänge befaßt, die auf Grund ihrer Entstehungs- und Entwicklungsbedingungen an eine geistige Gemeinschaft gebunden sind, die - als selbstbewußte Willenseinheit - Gesamtpersönlichkeit besitzt. Diese verwirklicht sich in Sprache, Mythos, Sitte, Kunst u. a., die deshalb Hauptgegenstand der Völkerpsychologie sind. - Für W. war die Psychologie Grundwiss. aller Geisteswissenschaften. Gegen den damit verbundenen Vorwurf des ↑Psychologismus verwahrte sich W., indem er der Psychologie die Beschreibung des tatsächl. Verlaufs der psych. Vorgänge zuwies und demgegenüber den normativen Charakter der Logik betonte. W. verstand also die Logik nicht als formale Logik im heutigen Sinne, sondern als Methodologie der Wissenschaften. - *Werke:* Beiträge zur Theorie der Sinneswahrnehmung (1862), Vorlesungen über die Menschen- und Tierseele (1863/64), Grundzüge der physiolog. Psychologie (1874), Logik (1880–83), Ethik (1886), System der Philosophie (1889), Völkerpsychologie. Eine Untersuchung der Entwicklungsgesetze von Sprache, Mythos und Sitte (10 Bde., 1900–1920).

ⓦ *Meischner, W./Eschler, E.:* W. W. Köln 1979. - *Boring, E. G.:* A history of experimental psychology. New York ²1950. - *W. W. Eine Würdigung.* Hg. v. Arthur Hoffmann. Erfurt 1924. 2 Tle. in 1 Bd.

Wunibald (Wynnebald), hl., * in Südengland um 701, † Heidenheim (Landkr. Weißenburg-Gunzenhausen) 18. Dez. 761, angelsächs. Abt. - Bruder des hl. Willibald und der hl. Walburga; von Bonifatius für die dt. Missionsarbeit berufen; wirkte in Thüringen, der Oberpfalz und in Mainz. - Fest: 18. Dezember.

Wunsch, der mit der Vorstellung eines begehrten Objekts verbundene Drang nach dessen Erlangung. - Die Neigung, Beurteilungen und Erwartungen nicht an der objektiven Realität, sondern an der subjektiven Idealität zu orientieren, wird als *Wunschdenken* bezeichnet.

Wünsch, Georg, * Augsburg 29. April 1887, † Marburg 22. April 1964, dt. ev. Theologe. - Prof. für Sozialethik in Marburg; befaßte sich v. a. mit Fragen der Wirtschafts- und Sozialethik; maßgebl. Vertreter des religiösen Sozialismus. - *Werke:* Ev. Ethik des Politischen (1936), Sozialismus und christl. Gewissen (1949), Zw. allen Fronten. Der Marxismus in soziolog. und christl. Kritik (1962).

Wünschelrute, Metallgerte oder gegabelter Zweig, der vom Rutengänger in beiden Händen gehalten wird und dessen „Ausschlag" bestimmte unterird. „Reizzonen" (Wasserläufe, Öllager, Erzadern) anzeigen soll. Eine wiss. Erklärung für etwaige W.erfolge, von denen seit der Antike berichtet wird, ist nicht bekannt, wenngleich die Möglichkeit einer jeweiligen lokalen Potentialänderung, die von entsprechend veranlagten Personen wahrgenommen wird († Radiästhesie), nicht mit Sicherheit ausgeschlossen werden kann.

Wunschform, svw. † Optativ.

Wunsiedel, Krst. im Fichtelgebirge, Bay., 555 m ü. d. M., 10 300 E. Verwaltungssitz des Landkr. W. i. Fichtelgebirge; Fichtelgebirgsmuseum. Textilind., Porzellan- und Likörfabrik; Fremdenverkehr. Luisenburgfestspiele. - 1163 erstmals als Burgsiedlung erwähnt; 1326 zur Stadt erhoben. - Ev. barocke Stadtpfarrkirche (nach 1731 ff.), spätgot. Spitalkirche (1731–33 teilweise erneuert). Ruine der ehem. Wallfahrtskirche Sankt Katharina (15. Jh.). Barockes Geburtshaus Jean Pauls (18. Jh.).

Wunsiedel i. Fichtelgebirge, Landkr. in Bayern.

Wunstorf, Stadt im Calenberger Land, Nds., 48 m ü. d. M., 37 500 E. Nahrungsmittel- und Baustoffind. - Entwickelte sich wohl im Anschluß an ein um 865 gegr. Kanonissenstift; 1261 Stadtrecht. - Roman. Stiftskirche (um 1200; im 14. Jh. umgebaut) mit reicher Bauornamentik. Ev. roman. Marktkirche (12. Jh.) mit barockem Langhaus (um 1700). Im Stadtteil **Idensen** bed. Alte Kirche (1120–29; urspr. vollkommen ausgemalt).

Wuolijoki, Hella [finn. 'vuɔlijɔki], geb. Murrik, * Helme (Estland) 22. Juli 1886, † Helsinki 2. Febr. 1954, finn. Schriftstellerin estn. Herkunft. - 1945–49 Intendantin des finn. Rundfunks, 1946–48 kommunist. Reichstags-Abg. Schrieb Theaterstücke mit sozialen Tendenzen, in denen der Zerfall der bäuerl. Gesellschaft beim Eindringen der neuen Zeit aufgezeigt wird; auch Romane. - *Werke:* Die Frauen auf Niskavuori (Dr., 1936), Gegengift (Kom., 1939), Der Herr von Iso-Heikkilä und sein Knecht Kalle (Dr., 1940/41, in Zusammenarbeit mit B. Brecht, erschienen 1946; Vorlage für Brechts Stück „Herr Puntila und sein Knecht Matti").

Wupper (im Oberlauf Wipper), rechter Nebenfluß des Rheins, entspringt an der Ebbe, mündet unterhalb von Leverkusen, 114 km lang.

Wuppertal, Stadt im Berg. Land, NRW, 100–350 m ü. d. M., 374 800 E. Bergische Univ. - Gesamthochschule (gegr. 1972), ev. kirchl. Hochschule, Musikhochschule, Verwaltungsfachhochschule, Missionsseminar, mehrere Museen (u. a. Von-der-Heydt-Museum); Oper, Schauspielhaus, botan. Garten, Zoo. Auf das histor. Garnbleichergewerbe im Tal der Wupper geht die äußerst vielseitige Textilind. zurück. Aus ihrem Maschinenbedarf entwickelte sich eine umfangreiche Maschinen- und Werkzeugindustrie. Außerdem chem. sowie pharmazeut. u. a. Industrie. Dem innerstädt. Verkehr dient seit 1901 eine 13,3 km lange Schwebebahn über dem Tal der Wupper (Abb. Bd. 9, S. 179).

Geschichte: Das Gebiet des heutigen W. gehörte seit dem Spät-MA größtenteils zur Gft. bzw. zum Hzgt. Berg; seit 1815 preußisch. Die 1929 durch den Zusammenschluß der Städte *Barmen* (Ersterwähnung 1070; Stadtrecht 1808), *Elberfeld* (Ersterwähnung 1176; stadtähnl. Freiheit mit voll ausgebildeter Ratsverfassung seit 1444; Stadtrecht 1610), *Ronsdorf* (Ersterwähnung 1246; 1737 Gründung einer Siedlung für die Zionistengeminde „Philadelphia. Societät" mit sternförmigem Straßennetz; Stadtrecht 1745), *Vohwinkel* (Ersterwähnung 1312; Stadtrecht 1921), *Cronenberg* (Ersterwähnung im 11. Jh.; Stadtrecht 1808) entstandene neue Stadt *Barmen-Elberfeld* wurde 1930 in W. umbenannt.

Bauten: Spätgot. ehem. Kreuzbrüder-Klosterkirche in Beyenburg (15. Jh.); barocke ref. Kirche in Elberfeld (1688–90); Haus Lüntenbeck, ehem. Wasseranlage (17. Jh); Bahnhof Elberfeld (1846–50) mit spätklassizist. Fassade; Bauten des 20. Jh.: Schauspielhaus, Verwaltungsgebäude der Barmenia-Krankenversicherung, Christkönigskirche, Sparkassenhochhaus.

Wurf, (W.bewegung) die Bewegung eines Körpers im Schwerefeld der Erde, wenn ihm eine bestimmte Anfangsgeschwindigkeit v_0 erteilt wird, deren Richtung mit der Horizontalen den Winkel α einschließt. Die Bahnkurve ist bei Vernachlässigung des Luftwiderstandes eine Parabel *(Wurfparabel, Fallparabel)* der Gleichung $y = x \tan \alpha -$

Würfel

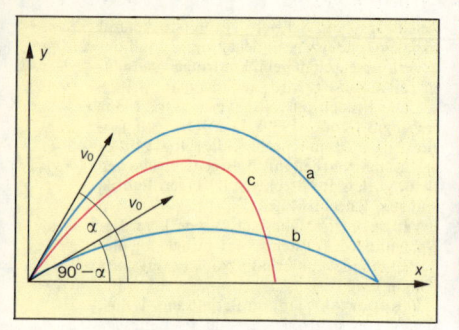

Wurf. a und b Wurfparabeln mit Anstellwinkeln α und 90° − α (gleiche Wurfweite), c ballistische Kurve

Wurfmesser aus dem Kongogebiet

$gx^2/(2v_0^2 \cos^2 \alpha)$ (g Erdbeschleunigung). Die im Scheitelpunkt der Parabel erreichte maximale W.höhe beträgt $h = (v_0^2 \sin^2 \alpha)/2g$, die horizontale W.weite $w = (v_0^2 \sin 2\alpha)/g$. Damit ergibt sich für die W.winkel α und 90°−α die gleiche W.weite (Steilschuß und Flachschuß); die größte W.weite $w_{max} = v_0^2/g$ wird für α = 45° erhalten. Als Sonderfälle unterscheidet man den *senkrechten W.* mit α = 90°, den *freien Fall* mit α = −90° und v_0 = 0 sowie den *waagerechten W.* mit α = 0°. Andere W.bewegungen werden als *schiefer W.* bezeichnet. Die Berücksichtigung des Luftwiderstandes führt zur ballist. Kurve (↑ Ballistik) mit kleinerer Steighöhe und W.weite bei gleichen Anfangsbedingungen.

◆ bei Tieren, die gewöhnl. Mehrlinge zur Welt bringen (z. B. Haushund und Hauskatze), die Gesamtheit der nach einer Trächtigkeitsperiode geborenen (geworfenen) Jungen.

Würfel, (regelmäßiges Hexaeder, Kubus), ein von 6 kongruenten Quadraten begrenzter regelmäßiger Körper. Die Quadrate stoßen in 12 gleich langen Kanten aneinander; die Kanten treffen sich in 8 Ecken, in jeder Ecke stoßen jeweils 3 Kanten rechtwinklig aufeinander. Jede Fläche des W. steht senkrecht zu jeder ihrer Nachbarflächen. Ein W. mit der Kantenlänge a hat das Volumen $V = a^3$, die Oberfläche $O = 6a^2$, die Flächendiagonale $d = a\sqrt{2}$ und die Raumdiagonale $D = a\sqrt{3}$.

◆ (Knobel) zum W.spiel benutzter sechsseitiger Körper aus verschiedenen Materialien (u. a. Elfenbein, Knochen, Stein, Holz); auf den Seiten sind durch Punkte oder „Augen" die Zahlen 1−6 so angegeben, daß die sich gegenüberliegenden zusammen jeweils 7 ergeben. Die ältesten W. stammen aus 4 000 Jahre alten ägypt. Grabfunden. - **Würfeln** ist das älteste Glücksspiel, bei dem 2 oder mehr W. mit einem ledernen W.becher (Knobelbecher) auf eine ebene Unterlage geworfen oder gerollt werden. Es gibt viele Spielkombinationen.

Würfelbein (Kuboid, Os cuboideum), etwa würfelförmiger, den vierten und fünften Mittelfußknochen tragender Fußwurzelknochen des Menschen (auch anderer Säuger).

Wurfmesser, Waffe, die aus einem Eisenstab mit Handgriff und einer oder mehreren Klingen besteht; v. a. im Tschadseegebiet und im Tibesti in Gebrauch, im Kongogebiet als Prunk- und Drohwaffe.

Wurfparabel ↑ Wurf.

Wurfsendungen, Briefsendungen, die für eine Empfängergruppe (z. B. alle Haushaltungen in einem Zustellbezirk) bestimmt sind und von der Post verteilt werden.

Wurftaubenschießen ↑ Schießsport.

Würgadler (Morphnus guianensis), bis 80 cm langer, über 1,5 m spannender, adlerartiger Greifvogel in Z- und S-Amerika; oberseits dunkel- und hellgrau, mit aufrichtbarer Haube; am Bauch weißl.; jagt Leguane, Vögel und kleinere Affen.

Würger (Laniidae), Fam. bis 30 cm langer, gut fliegender, häufig ihre Beute (vorwiegend Insekten, kleine Wirbeltiere) auf Dornen oder Ästen aufspießender Singvögel mit fast 75 Arten, v. a. in offenen Landschaften Afrikas, Eurasiens und N-Amerikas; Oberschnabelspitze häufig hakig nach unten gekrümmt, dahinter mit kräftigem Hornzahn, der in eine entsprechende Auskerbung des Unterschnabels paßt. In Europa kommen u. a. vor: ↑ Neuntöter; **Rotkopfwürger** (Lanius senator), bis knapp über 15 cm lang, oberseits überwiegend schwarz, unterseits weißl., mit rostbraunem Oberkopf und Nacken, großen, weißen Flügelflecken und weißem Bürzel; ♀ unscheinbar braun.

Würgereflex, v. a. durch Berühren der Rachenhinterwand reflektor. ausgelöstes Würgen (Rachenreflex), z. B. bei willentl. herbeigeführtem Erbrechen.

Wurlitzerorgel (Kinoorgel), von der amerikan. Firma Rudolph Wurlitzer Co. gebaute, meist elektr. Kino- und Theaterorgel, auch Bez. für solche Orgeln allgemein. Die W. diente v. a. der musikal. Untermalung und Illustrierung von Stummfilmen. Neben mehreren Registern von Labial- und Lingualpfeifen enthält sie auch eine Anzahl weiterer Instrumente (v. a. Schlagzeug).

Wurm, Theophil, * Basel 7. Dez. 1868, † Stuttgart 28. Jan. 1953, dt. ev. Theologe. - Nach Seelsorgetätigkeit 1929 Kirchenpräs. und ab 1933 Landesbischof der Ev. Landeskirche in Württemberg; im Kirchenkampf nach 1933 Wortführer des Widerstands gegen die Eingriffe des nat.-soz. Regimes in kirchl. Angelegenheiten; 1945–49 Vors. des Rates der EKD.

Würm, rechter Nebenfluß der Amper, Bayern, Abfluß des Starnberger Sees, mündet unterhalb von Dachau, 38 km lang.

Würmeiszeit [nach der Würm], letzte Eiszeit des Quartärs im Bereich der Alpen.

Würmer (Vermes), volkstüml. Sammelbez. für langgestreckte, bilateralsymmetr. Wirbellose sehr verschiedener, untereinander nicht näher verwandter systemat. Kategorien, z. B. ↑ Plattwürmer, ↑ Schlauchwürmer, ↑ Schnurwürmer, ↑ Ringelwürmer.

Wurmfarn (Dryopteris), Gatt. der Tüpfelfarngewächse mit rd. 150 v. a. auf der Nordhalbkugel verbreiteten, meist terrestr. Arten, davon sieben Arten einheimisch. Eine in Laub- und Nadelwäldern der gemäßigten Eurasiens häufige Art ist der **Gemeine Wurmfarn** (Dryopteris filix-mas) mit sommergrünen, einfach gefiederten, 0,5–1,5 m langen Blättern und hellbraun beschuppten Blattstielen. Aus dem Wurzelstock wurde früher ein giftiges Farnextrakt als Bandwurmmittel hergestellt.

Wurmfortsatz ↑ Blinddarm.

Wurmkrankheiten (Wurmerkrankungen, Helminthosen, Einz. Helminthiasis), Gruppe weltweit verbreiteter, in den Tropen und Subtropen endem. vorkommender parasitärer Erkrankungen der Tiere und des Menschen durch Infektion mit Würmern. Nach Angaben der WHO sind über 600 Mill. Menschen von einer Spulwurmkrankheit, über 400 Mill. von einer Hakenwurmkrankheit und 200 Mill von einer Bilharziose befallen; in einer ähnl. Größenordnung liegen weitere W., wie z. B. die Filariose und Trichinose. Ein Grund für die weite Verbreitung der W. ist die außerordentl. Vermehrungsfähigkeit der Parasiten, von denen manche tägl. bis zu 200 000 Eier ablegen, die im Boden jahrelang lebensfähig bleiben können. - In Europa spielen nur Fadenwürmer und Bandwürmer eine Rolle. Die wichtigsten W. sind: ↑ Hakenwurmkrankheit, Madenwurmkrankheit, ↑ Täniase, Zystizerkose.

Wurmmittel (Anthelmintika, Helminthagoga), zur Behandlung von ↑ Wurmkrankheiten verwendete Arzneimittel. Die W.forschung der letzten 20–30 Jahre hat v. a. durch die Entwicklung verbesserter wurmspezif. Modellinfektionen zur Wirksamkeitsprüfung große Fortschritte erzielt. Dadurch gelang es, die älteren, mit erhebl. Nebenwirkungen belasteten W. durch neue hochwirksame und auch ohne abführende Maßnahmen besser verträgl. Stoffe zu ersetzen, die sich gegen die ausgewachsenen, geschlechtsreifen Würmer richten.

Wurmschlangen (Schlankblindschlangen, Leptotyphlopidae), Fam. etwa 15–30 cm langer, primitiver Schlangen mit rd. 40 Arten, v. a. in Afrika; Körper glatt, walzenförmig; ernähren sich vorwiegend von Ameisen und Termiten.

Wurmschleichen, svw. ↑ Doppelschleichen.

Wurmschnecken (Vermetidae), Fam. auf dem Untergrund festgewachsener Meeresschnecken (Unterklasse Vorderkiemer); Gehäuse weitspiralig bis unregelmäßig gewunden, vom Untergrund aufragend; als Nahrung werden Kleinstlebewesen herbeigestrudelt oder in einem feinen „Schleimnetz" aus Fußdrüsensekret gefangen. In europ. Meeren kommt am häufigsten die **Mitteländ. Wurmschnecke** (Serpulorbis arenaria) vor, mit braunem, bis zu 10 cm aufragendem Gehäuse.

Würmsee ↑ Starnberger See.

Wurmzüngler, svw. ↑ Chamäleons.

Würselen, Stadt in der Jülicher Börde, NRW, 180 m ü. d. M., 33 800 E. Nahrungsmitteind., Herstellung von Nadeln, Arbeitsschutzkleidung u. a. - 870 erstmals erwähnt; nach Eingemeindung der umliegenden Dörfer (1904) 1924 zur Stadt erhoben. - Kath. Pfarrkirche mit roman. W-Turm (12. Jh.) und barockem Langhaus (1725, 1906 erweitert).

Wurst ↑ Wurstwaren.

Wursten, Küstenmarschlandschaft entlang dem O-Saum der Außenweser (Nds.); Grünlandwirtschaft. - Bis 1525 selbständige Bauernrepublik.

Wurstkraut ↑ Majoran.

Wurstwaren, in Natur-/Kunstdarm, Magen oder Behältnisse abgefüllte schnittfeste oder streichfähige Gemenge aus zerkleinertem Fleisch, Innereien und Fett mit würzenden Zutaten bes. unterschiedl. Herstellungsweise: *Rohwurst* (z. B. Salami, Mettwurst), *Brühwurst* (z. B. Fleischwurst, Frankfurter Würstchen), *Kochwurst* (z. B. Leberwurst, Preßkopf) und *Bratwurst.*

Wurt [niederdt.] (Warft), künstl., zum Schutz gegen Hochwasser aufgeworfener Siedlungshügel in Marsch- u. a. Niederungsgebieten.

Württemberg, östl. Landesteil von Baden-Württemberg, umfaßt die Reg.-Bez. Stuttgart und Tübingen und reicht vom Bodensee bis zur Tauber bzw. vom Schwarzwald und Kraichgau bis zur Landesgrenze gegen Bayern. - Entstand aus polit. Größe um den Besitzungen der (1081 erstmals gen.) Herren (seit 1135 Grafen) von *Wirdeberch (Wirtem-*

Württemberg

berg) im mittleren Neckar- und im Remstal, die im stauf.-welf. Thronstreit (nach 1198) und durch den Zusammenbruch der stauf. Macht (Mitte des 13. Jh.) beträchtl. Teile der stauf. Gebiete erwerben konnten, dabei allerdings in Konflikt mit den Habsburgern gerieten. Im Spät-MA bauten die Grafen ihre Stellung zur stärksten Territorialmacht in SW-Deutschland aus. U. a. erwarben sie 1397/1409 die Gft. Mömpelgard (↑ Montbéliard; bis 1801), doch die Teilung von 1442 in 2 neue Linien mit den Residenzen Stuttgart und Urach brachte auch den Verlust polit. Einflusses. 1482 wurde von Eberhard im Bart (⚭ 1459–96) die Einheit wieder hergestellt, 1495 wurde W. zum einheitl. Reichslehen erhoben, dem Hzgt. W. (und Teck). 1520–34 war W. in habsburg. Hand. Dann kehrte der der Acht verfallene Herzog Ulrich (⚭ 1498/1503–19, 1534–50) zurück, doch war W. bis 1599 östr. Lehen. Der auf die Frz. Revolution folgende staatl.-territoriale Umbruch der Napoleon. Zeit brachte ein spätabsolutist.-bürokrat. Herrschaftssystem unter Herzog Friedrich II. (seit 1797), die Mitgliedschaft im Rheinbund (1806–13), die Erhebung zum souveränen Kgr. und durch umfangreiche Gebietsgewinne (v. a. Heilbronn, Hohenloher Ebene, Ellwangen, Ulm, Rottweil sowie Teile Oberschwabens und des Allgäus) die Vergrößerung von 650 000 auf 1 340 000 E. 1816 trat W. dem Dt. Bund bei, seit 1834 gehörte es zum Dt. Zollverein. Der Versuch König Wilhelms I. (⚭ 1816–64), dem Land eine moderne Verfassung zu geben, war zunächst am Widerstand der Stände Altwürttembergs gescheitert, hatte aber 1819 zum Erfolg geführt. Nach der Unterdrückung (1849) der Märzrevolution von 1848 kehrte die königl. Reg. jedoch zum System der Reaktion zurück. Gegen Preußen lehnte sich W. meist an Österreich an, trat aber 1871 in das Dt. Reich ein. Die beiden letzten Jahrzehnte des 19. Jh. waren durch sich verschärfende Auseinandersetzungen auf Grund des Anwachsens neuer Parteien (Zentrum und Sozialdemokratie) und wegen der Wahlrechtsfrage (1906 Landtags- und Wahlrechtsreform) gekennzeichnet. 1918 wurde die Republik ausgerufen, 1919 erhielt W. eine demokrat. Verfassung, bis 1932 wurde es von einer Koalition der gemäßigten Parteien regiert, 1933 - wie die anderen dt. Länder - "gleichgeschaltet". Nach dem 2. Weltkrieg war W. zunächst in eine amerikan. (Land ↑ Württemberg-Baden) und eine frz. Besatzungszone (Land ↑ Württemberg-Hohenzollern) geteilt. Die beiden Länder wurden 1952 mit dem in der frz. Besatzungszone gelegenen Land ↑ Baden zum neuen Land ↑ Baden-Württemberg zusammengeschlossen.

📖 *Borst, O.: W. Gesch. u. Gestalt eines Landes. Konstanz 1978.* - *Weller, K./Weller, A.: Württembergische Gesch. im südwestdt. Raum. Stg.* [8]*1975.* - *Miller, M./Sauer, P.: Die württemberg. Gesch. Von der Reichsgründung bis heute. Stg. u. a. 1971.*

Württemberg, Evangelische Kirche in, dt. ev. Landeskirche im Gebiet der Reg.-Bez. Nordwürttemberg und Südwürttemberg-Hohenzollern mit den Leitungsgremien Landesbischof und Landeskirchenausschuß, Oberkirchenrat und Landessynode; nicht Mgl. der VELKD, aber im Luth. Weltbund und im Ökumen. Rat der Kirchen vertreten.

Württemberg-Baden, im Sept. 1945 aus den in der amerikan. Besatzungszone gelegenen (nördl.) Teilen von Baden und Württemberg gebildetes dt. Land (Hauptstadt Stuttgart); Reg.chef war R. Maier (DVP/FDP); größtes der 3 damaligen Länder auf ehem. bad. und württemberg. Gebiet; ging 1952 im Bundesland ↑ Baden-Württemberg auf.

Württemberg-Hohenzollern, 1946/47 aus dem ehem. preuß. Reg.-Bez. Sigmaringen (ehem. Ft. Hohenzollern) und dem kleineren südl. Teil Württembergs gebildetes Land in der frz. Besatzungszone (Hauptstadt Tübingen); seine Reg.chefs waren bis 1947 C. Schmid (SPD), 1947/48 L. Bock (CDU), 1948–52 Gebhard Müller (CDU); sie bemühten sich kons. konsequent um die Bildung des Landes ↑ Baden-Württemberg.

Württembergische Bibelanstalt (seit Jan. 1976 „Dt. Bibelstiftung") ↑ Bibelgesellschaften.

württembergische Tracht ↑ Volkstrachten.

württembergische Weine, Weine aus den schwäb. Weinbaugebieten zw. Bodensee und Tauber. Die Keuper-, Mergel- und Muschelkalkböden bedingen den herzhaften nervigen Geschmack der w. W. mit ihrem langem Abgang und erdigen Nachgeschmack. - ↑ auch Wein (Übersicht Hauptrebsorten in der BR Deutschland).

Wurtz, Adolphe [frz. vyrts], * Straßburg 26. Nov. 1817, † Paris 12. Mai 1884, frz. Chemiker. - Prof. in Paris; entdeckte zahlr. organ. Verbindungen und beschäftigte sich mit der chem. Bindung; verfaßte das erste Lehrbuch der Biochemie („Traité de chimie biologique", 1885).

Wurtzit [nach A. Wurtz], Mineral von hell- bis dunkelbrauner Farbe, meist derbe, schalige, faserige Aggregate aus hexagonalen Kristallen bildend. Chem. ZnS; Mohshärte 3,5–4; Dichte 4,0 g/cm^3. Vorkommen in hydrothermalen Lagerstätten zus. mit Zinkblende; wichtiges Zinkerz.

Wurzach, Bad ↑ Bad Wurzach.

Wurzacher Ried, Hochmoor (Naturschutzgebiet) im mittleren Oberschwaben.

Würzburg, Johann von ↑ Johann von Würzburg.

Würzburg, Konrad von ↑ Konrad von Würzburg.

Würzburg, Stadt am Mittelmain, Bay.,

182 m ü. d. M., 129 400 E. Verwaltungssitz des Landkr. W. und des Reg.-Bez. Unterfranken. Kultureller und wirtsch. Mittelpunkt Unterfrankens; kath. Bischofssitz; Univ. (gegr. 1402 bzw. 1582), Hochschule für Musik, Fachhochschule W.-Schweinfurt (Technik, Betriebswirtschaft, Sozialwesen); mehrere wiss. Inst., Bayer. Staatsarchiv; Mainfränk. Museum, Martin-von-Wagner-Museum in der Residenz, Städt. Galerie; Theater. Führender Ind.zweig ist die Metallverarbeitung, ferner Nahrungsmittel- und Getränkeind., Möbel-, Kugellagerfabrik, Weinbaubetriebe u. a.; Hafen.
Geschichte: Ausgrabungen auf dem Marienberg belegen eine befestigte Höhensiedlung schon im 8. Jh. v. Chr.; um 500 v. Chr. befand sich dort wahrscheinl. ein Sitz kelt. „Fürsten". Im 7. Jh. n. Chr. Amtssitz fränk. Herzöge (704 urkundl. bezeugt), die eine Burg (**castellum Wirciburg**) mit einer Marienbasilika (8. Jh.) auf dem Marienberg und einen Sitz am Main hatten. Um 800 als Königspfalz belegt, 741/742 Errichtung eines Bischofssitzes durch Bonifatius. Entwickelte sich seit etwa 1000 zur Stadt; erhielt im 11. Jh. Münzregal, Zoll-, Fähr- und Stapelrechte; im MA häufig Tagungsort von Reichstagen; 1137 erstmals Erwähnung des Würzburger Stadtrechts; 1248-1400 versuchten Stadt und Zünfte vergebl., sich von der Herrschaft des Bischofs (seit 1030 Stadtherr) zu lösen. Die z. T. auf das 11. Jh. zurückgehende, überwiegend ma. Befestigung der Stadt wurde ab 1656 durch eine Bastionenanlage ersetzt. W. wurde 1803 bayr., kam 1805/06 als Hauptstadt des Groß-Hzgt. W. an Ferdinand III. von Toskana, fiel 1814 endgültig an Bayern. 1858/68 verlor W. seine Eigenschaft als Festung.
Bauten: Die Zerstörungen des 2. Weltkriegs an kunsthistor. bed. Bauten wurden zum größten Teil behoben. Roman. Dom (11.-13. Jh., Gewölbe 15.-17. Jh., 1701-04 barokkisiert) mit Grabdenkmälern (12.-19. Jh.), bed. barocker Schönbornkapelle (1721 ff. u. a. von B. Neumann). Sankt Burkhard (roman. Kirche des 11. Jh. mit spätgot. O-Bau des 15. Jh.), frühgot. Deutschhauskirche (um 1250-96), spätgot. Marienkapelle (1377-1479); barock sind das Neumünster (Umbau der roman. Kirche 1710 ff.), Kirche des ehem. Stifts Haug (1670-91), die Univ.kirche (1583-91 und v. a. 1696-1713) in gotisierenden Formen sowie das Käppele, Wallfahrtskirche von 1747-50 nach Plänen B. Neumanns (Kapelle von 1653). Festung Marienberg (um 1200-18. Jh., z. T. Museum) mit Marienkapelle (Zentralbau vielleicht 706 und damit älteste Kirche Deutschlands). Bed. barocke ehem. bischöfl. Residenz (1720-44; 1945 zerstörte Innenräume nur z. T. wiederhergestellt), deren berühmtes Treppenhaus von B. Neumann mit Fresken von Tiepolo erhalten ist. Barockes Juliusspital (18. Jh.). Alte Mainbrücke (1473-1543) mit barocken Statuen, Haus zum Falken (18. Jh.). - Abb. Bd. 19, S. 263.
📖 *Trüdinger, K.: Stadt u. Kirche im spät-ma. W. Stg. 1978. - Schich, W.: W. im MA. Wien u. Köln 1977. - Dettelbacher, W.: W. Ein Gang durch seine Vergangenheit. Würzburg 1974.*
W., Landkr. in Bayern.
W., Bistum, 741/742 im Rahmen der angelsächs. Mission von Bonifatius errichtet; unterstand 746-1806 dem Erzbistum Mainz; territorialer Ausbau bis ins 13. Jh.; Gebietsverluste durch die Reformation; Restauration unter Julius Echter [von Mespelbrunn] durch die Jesuiten; im Dreißigjährigen Krieg zeitweilig säkularisiert, Erneuerung des Bistums unter den Fürstbischöfen aus dem Haus Schönborn; 1803 säkularisiert und 1814 endgültig zu Bayern mit Unterstellung unter das Erzbistum Bamberg. - ↑ auch katholische Kirche (Übersicht).

Würzburger Schule, Bez. für die von O. ↑ Külpe begr. psycholog. Richtung, die sich in Forschung und Theorie mit Denk-, Urteils- und Willensprozessen befaßte und sich speziell gegen die vom ↑ Sensualismus ausgehende Assoziationspsychologie wandte. Külpe entwickelte sog. Ausfrageexperimente; den Probanden wurden bei diesen Versuchen Wörter oder Texte vorgegeben; sie hatten über die daraufhin ablaufenden psych. Prozesse dann detailliert auf dem Weg der Introspektion zu berichten. Hauptvertreter der W. S. waren K. Bühler, E. Dürr (* 1878, † 1913), A. Messer (* 1867, † 1937) und O. Selz (* 1881, † 1944).

Würze, zur Geschmacksverbesserung von Speisen verwendete flüssige, pastenartige oder pulverige Zubereitungen, die durch Hydrolyse eiweißhaltiger Rohstoffe (Fleisch-, Blut-, Fischmehle, Hefeextrakt) zu Peptiden und Aminosäuren unter Zusatz von Gewürz-, Gemüse-, Pilzextrakten sowie Kochsalz hergestellt werden.
◆ bei der Bierherstellung Bez. für die aus Malz bereitete gärfähige Flüssigkeit.

Wurzel, neben ↑ Sproßachse und ↑ Blatt eines der drei Grundorgane der Sproßpflanzen, das der Verankerung im Boden und der Aufnahme von Wasser und darin gelöster Nährsalze dient. Auch können W. wie die Sproßachse und die Blätter Reservestoffe speichern. Der morpholog. Unterschied zw. W. und Sproß besteht darin, daß W. keine Blatt- und Knospenanlagen ausbilden. Der anatom. Unterschied beruht auf der zentralen Anordnung der ↑ Leitbündel. An der noch wachsenden W. können schon äußerl. drei Zonen unterschieden werden: der an der W.spitze liegende Vegetationspunkt, die sich anschließende Wachstumszone und die darauf folgende Zone der W.haare: Der *Vegetationspunkt* hat zum Schutz für die zarten embryonalen Zellen eine W.haube (Kalyptra) ausgebildet. Die äußeren Zellen der Haube

Wurzel

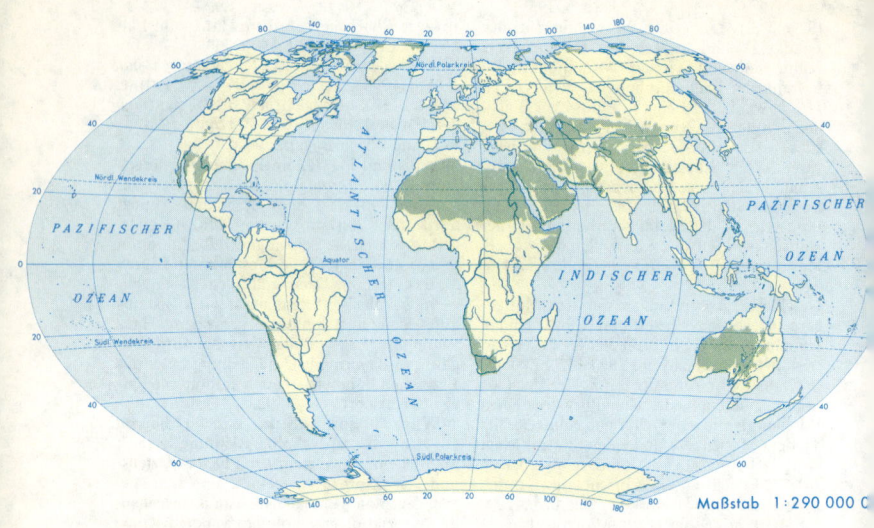

Wüste. Verbreitung von Wüsten und Halbwüsten

lösen sich nach Verschleimung der Mittellamellen ab, werden aber immer wieder vom Urmeristem nachgebildet. Die verschleimten, abgestoßenen Zellen erleichtern dem W. das Weiterkriechen im Boden. Die *Wachstumszone* beginnt an der Basis des Vegetationskegels (↑ Vegetationspunkt). In ihr erfolgt die Umwandlung der jungen Zellen in Dauerzellen bei einem gleichzeitigen Streckungswachstum. Die Wachstumszone geht über in die Zone der *Wurzelhaare*. Diese sind Ausstülpungen der Rhizodermis, die den W. die Wasser- und Nährsalzaufnahme erleichtern. Sie vergrößern die Oberfläche. Die W.haare leben nur wenige Tage und werden immer wieder nachgebildet.

Innerer Bau der Wurzel: Die jungen W.teile werden nach außen durch eine dünne Epidermis (Rhizodermis) begrenzt. Ebenso wie die W.haare stirbt die Rhizodermis bald ab. Dafür bildet sich nun ein sekundäres Abschlußgewebe, die ↑Exodermis. Das restl. Gewebe wird in Rinde (mit ↑ Endodermis) und Zentralzylinder eingeteilt. Die äußerste Zellschicht des Zentralzylinders ist das Perikambium oder der *Perizykel.* Es bildet nachträgl. neue Zellen, die Seiten-W. sowie ein sekundäres Abschlußgewebe beim sekundären ↑Dickenwachstum aus. Die Leitungsbahnen sind im Zentralzylinder als zentrales, radiales ↑Leitbündel angeordnet. Die Seiten-W. bilden mit der *Hauptwurzel* ein W.system.

Die *Wasseraufnahme* erfolgt durch W.haare. Das osmot. in sie eindringende Wasser gelangt durch das zw. den Zellen des Zentralzylinders und der Rhizodermis bestehende, durch den Sog des Transpirationsstroms aufrechterhaltene osmot. Gefälle bis zur Endodermis, deren Zellen durch *Caspary-Streifen* (ein für wasserlösl. Stoffe durch Einlagerung korkähnl. Substanzen schwer durchlässiger Mittelstreifens) gegen ein unkontrolliertes Eindringen von Wasser und Ionen geschützt sind. Am Sproß ausgebildete W. heißen sproßbürtig. Gehören sproßbürtige W. zum normalen Entwicklungsverlauf, bezeichnet man sie als Nebenwurzeln. Werden Neben-W. künstl. erzeugt, nennt man sie Adventivwurzeln.

📖 Böhm, W.: *Methods of studying root systems.* Bln. u. a. 1979.

◆ in der *Sprachwissenschaft* Bez. für eine aus einer Gruppe von etymolog. verwandten Wörtern, der sog. Wortfamilie, zu erschließende gemeinsame, aber gewissen regelmäßigen Veränderungen unterliegende Lautfolge, die Bedeutungsträger für die gesamte Gruppe ist.

◆ in der *Mathematik* allg. Bez. für jede Lösung einer Bestimmungsgleichung. I. e. S. die Lösung einer Gleichung der Form $x^n = a$ (n positive ganze Zahl); man schreibt: $x = \sqrt[n]{a}$ (gesprochen: x ist die *n*-te W. aus a) oder auch $x = a^{1/n}$. Die *n*-te W. aus einer Zahl a ist also diejenige Zahl x, die, in die *n*-te Potenz erhoben, die Zahl a ergibt, z. B. $\sqrt[3]{64} = 4$, denn $4^3 = 64$. Die Größe a nennt man den *Radikanden*, n den *W.exponenten*, die Rechenoperation des Bestimmens der W. *Radizieren* oder *Wurzelziehen*. Die 2. W. einer Zahl bezeichnet man als *Quadrat-W.* (sie wird im allg. ohne W.exponenten geschrieben), die 3. W. als *Kubikwurzel.* Für das Rechnen mit W. gelten folgende Regeln:

$$\sqrt[n]{a} + \sqrt[n]{a} = 2\sqrt[n]{a}; \quad \sqrt[n]{ab} = \sqrt[n]{a} \cdot \sqrt[n]{b};$$
$$\sqrt[n]{a/b} = \sqrt[n]{a} / \sqrt[n]{b} \ (b \neq 0);$$
$$\sqrt[n]{a^m} = \left(\sqrt[n]{a}\right)^m \text{ und } \sqrt[kn]{a^{km}} = \sqrt[n]{a^m}.$$

Wurzelbauer, Benedikt, * Nürnberg 25. Sept. 1548, † ebd. 2. Okt. 1620, dt. Erzgießer. - Sein Hauptwerk ist der Tugendbrunnen bei Sankt Lorenz, Nürnberg (1585–89).

Wurzelbohrer (Hepialidae), mit rd. 400 Arten weltweit verbreitete, primitive Fam. bis über 20 cm spannender, oft bunter Schmetterlinge vorwiegend in der austral. Region; einheim. sieben etwa 3–6 cm spannende (meist unscheinbar gelbl., braune oder weiße) Arten; Saugrüssel stark rückgebildet; Raupen fressen oft in Wurzeln, können an Kulturpflanzen schädl. werden (z. B. ↑Hopfenmotte).

Wurzeldruck, Bez. für den Druck, unter dem das Wasser aus den lebenden Wurzelzellen aktiv in den Gefäßteil (Xylem) der Pflanze gepreßt wird. Der W. ist die Ursache für das Bluten verletzter Pflanzenteile. Die Stärke des W. erreicht etwa 1 bar (bei Birken bis 2 bar).

Wurzelexponent ↑Wurzel (Mathematik).

Wurzelfäule, durch den Befall mit Schadpilzen hervorgerufene dunkle Verfärbung und Fäulnis der Wurzeln einiger Nutzpflanzen.

Wurzelfliegen (Phorbia), Gatt. 5–7 mm langer, schwärzl. bis grauer Blumenfliegen mit zahlr. Arten, v. a. auf der N-Halbkugel; Larven bes. in organ. gedüngten, feuchten Böden, gehören zu den gefährlichsten landw. Schädlingen durch Fraß an keimenden Samen und Keimlingen zahlr. Kulturpflanzen. Zu den W. gehören u. a. Zwiebelfliege, Kohlfliege, Rübenfliege.

Wurzelfüßer (Rhizopoda), Stamm vorwiegend freilebender ↑Protozoen mit zahlr. Arten in Süß- und Meeresgewässern sowie in feuchten Lebensräumen an Land; mit oder ohne Gehäuse; bewegen sich mit ↑Scheinfüßchen fort, die auch dem Nahrungserwerb dienen; Zellkörper wenig differenziert, ohne Zellmund. Die Fortpflanzung erfolgt überwiegend ungeschlechtl. durch Zwei- oder Mehrfachteilung. Man unterscheidet vier Klassen: ↑Amöben, ↑Foraminiferen, ↑Sonnentierchen und ↑Strahlentierchen.

Wurzelhaut (Zahn-W.) ↑Zähne.

Wurzelhautentzündung (Periodontitis, Perizementitis), Entzündung der Zahnwurzelhaut; kann traumat. (z. B. durch starkes Zubeißen) oder infektiös (meist im Rahmen einer Zahnwurzelentzündung) entstehen; äußert sich durch eine ausgeprägte Druck-, Wärme- und Kälteempfindlichkeit.

Wurzelknöllchen, durch Eindringen stickstoffbindender Bakterien (↑Knöllchenbakterien) an den Wurzeln der Schmetterlingsblütler, Erlenarten und des Echten Sanddorns hervorgerufene hirse- bis erbsengroße Wucherungen.

Wurzelmilbe (Kartoffelmilbe, Rhizoglyphus echinopus), 0,5–1 mm langes Spinnentier (Ordnung Milben) mit kurzen, dicken, stark bedornten Beinen; schädl. an Blumenknollen, Zwiebeln und Kartoffeln.

Wurzelmundquallen (Rhizostomae), Ordnung oft großer Nesseltiere (Klasse ↑Scyphozoa) mit rd. 80 Arten in allen Meeren, v. a. der trop. und subtrop. Gebiete; Schirmdurchmesser bis 80 cm, Schirmrand ohne Tentakel, Mundarme relativ lang, teilweise oder völlig gekräuselt, bis auf zahlr. Poren und Röhren (durch die als Nahrung Plankton aufgenommen wird) miteinander verwachsen. Hierher gehört z. B. die im Mittelmeer vorkommende **Lungenqualle** (Rhizostoma pulmo, Schirm gelbl. bis blau, mit dunkelblauem Saum; Durchmesser 30–60 cm).

Wurzelpflanzen (Rhizophyten), seltenere Bez. für die (echte Wurzeln besitzenden) Sproßpflanzen, im Ggs. zu den (nur wurzelähnl. Haftorgane [Rhizoide] ausbildenden) Lagerpflanzen.

Wurzelratten (Rhizomyidae), Fam. der Mäuseartigen mit fast 20 Arten in offenen Landschaften, Bambusdickichten und Wäldern SO-Asiens und O-Afrikas; Körper 15–45 cm lang, plump, mit kurzen Gliedmaßen und sehr kleinen Augen und Ohren; Nagezähne sehr groß; Lebensweise unterird. grabend.

Wurzelsätze ↑Vietasche Wurzelsätze.

Wurzelstock, in der *Forst-* und *Holzwirtschaft* svw. Stubben (↑Stock).

◆ in der *Botanik* svw. ↑Rhizom.

Wurzelziehen ↑Wurzel (Mathematik).

Wurzen, Krst. an der Mulde, Bez. Leipzig, DDR, 19 200 E. Nahrungsmittelkombinat, Maschinenbau, Teppich- und Filzherstellung. - 961 als *Civitas Vurcine* erstmals erwähnt; um 1300 zur Stadt ausgebaut (bis 19. Jh. vorwiegend Ackerbürgerstadt).

W., Landkr. im Bez. Leipzig, DDR.

WUS [engl. ˈdʌbljuːjuːˈɛs], Abk. für: ↑World University Service.

Wu San-kuei (Wu Sangui) [chin. usanguɛi], * Liaotung 1612, † Hengchow (= Hengyang) 2. Okt. 1678, chin. General. - Oberbefehlshaber der Ming-Nordarmee; kollaborierte ab 1644 mit den nach S vordringenden Mandschu, unterdrückte gegen sie gerichtete Aufstände im W und SW Chinas und machte sich zum Alleinherrscher dieses Gebiets. 1673 rebellierte er gegen die Mandschudyn. und ernannte sich zum Kaiser eines kurzlebigen Choureiches (1673–81).

Wüste, vegetationsloses oder sehr vegetationsarmes, lebensfeindl. Gebiet. **Trockenwüsten** gibt es in trop. und subtrop. Gebieten. Bei ihnen unterscheidet man die eigtl. W., die **Kernwüste,** von der **Halbwüste,** die zur

Dornstrauchsavanne bzw. Steppe überleitet. Von Fremdlingsflüssen abgesehen, die aber durch Verdunstung und Versickerung große Verluste erleiden, ist die Trocken-W. meist abflußlos bzw. durch Binnenentwässerung gekennzeichnet. Die Flüsse enden in Salztonebenen oder in Endseen mit hohem Salzgehalt und stark schwankendem Umfang. Durch die episod., aber meist heftigen Niederschläge können sich, abgesehen von Schichtfluten, in den sonst trockenliegenden Tälern (Wadis) kurzfristig reißende Flüsse bilden. Verwitterung und Wind spielen bed. Rollen. Auf Grund der hohen tägl. Temperaturschwankungen und der [fast] fehlenden Vegetationsdecke zerfällt das Gestein zu scharfkantigem Schutt und Grus, so daß die Berge im eigenen Schutt „ertrinken". Der Wind verfrachtet Sand und Staub. An Kleinformen entstehen durch ihn Windkanter, Pilzfelsen u. a., an Großformen abflußlose Wannen. Läßt die Transportkraft des Windes nach, bilden sich Flugsand und Dünen. Dadurch sowie durch verwitterndem Sandstein entstehen **Sandwüsten.** Ein extremer W.typ ist die Küstenwüste. In polaren und subpolaren Gebieten sowie in Teilen von Hochgebirgen entstehen mangels Wärme pflanzenarme bis pflanzenlose **Kältewüsten.** Bei völliger Eis- und Schneebedeckung spricht man von **Eiswüsten.** Das Leben in der W. ist der Trockenheit angepaßt (↑Xerophyten) bzw. an die wenigen Wasservorkommen gebunden. Dies trifft auch auf die Nutzung durch den Menschen zu. Viehhaltung (bes. Kamele, Ziegen, Schafe, aber auch Esel, Pferde, Jaks) ist mit Nomadismus verbunden, Ackerbau ist i. d. R. auf Oasen beschränkt. Die Ausweitung der Bewässerung in jüngster Zeit beruht vielfach auf der Erschließung fossilen, d. h. sich heute nicht mehr erneuernden Grundwassers. Die heutige wirtsch. Bedeutung der W. beruht auf den Bodenschätzen, wie Erdöl und -gas in Nordafrika und Vorderasien, Diamanten und Erzen in Südwestafrika, Phosphaten in der Westsahara, Salpeter und Kupfererzen in der Atacama.

📖 *George, U.: In den Wüsten dieser Erde. Mchn. 1983. - Physische Geographie der Trockengebiete. Hg. v. H. Mensching. Darmst. 1982. - George, U.: Die W. Hamb. 1981. - Gabriel, A.: Die Wüsten der Erde u. ihre Erforschung. Bln. u. a. Nachdr. 1978. - Mabbutt, J. A.: Desert landforms. Cambridge (Mass.) 1977. - Petrov, M. P.: Deserts of the world. Engl. Übers. New York 1977.*

Wüstenfuchs, svw. Fennek (↑Füchse).
Wüstengecko ↑Geckos.
Wüstenlack ↑Krustenbildung.
Wüstenläufer, svw. ↑Rennvögel.
Wüstenmäuse, svw. ↑Rennmäuse.
Wüstenrenner (Eremias), artenreiche Gatt. bis 22 cm langer Eidechsen, v. a. in Steppen und Wüsten Asiens und Afrikas; Körper grün bis braun mit auffälligen dunklen, weißkernigen Flecken oder mit schwärzl. Netzmuster. Viele Arten können bei Gefahr schnell laufen.

Wüstenspringmäuse ↑Springmäuse.
Wüstenteufel, svw. ↑Dornteufel.
Wüstung, Bez. für aufgegebene Siedlungen (**Ortswüstung**) und Wirtschaftsflächen (**Flurwüstung**). Orts-W. waren in Europa das Ergebnis starker Bev.verluste während des Spät-MA (Pest u. a. Seuchen) oder die Folge krieger. Zerstörungen, konnten aber auch im Zusammenhang mit der Herausbildung von Großsiedlungen entstehen. Flur-W. entstanden durch die Urbarmachung wenig ergiebigen Bodens, der dann wieder aufgegeben wurde.

Wusulikiang (Wusulijang) [chin. usulidzjaŋ] ↑Ussuri.

Wutach, rechter Nebenfluß des Rheins, Bad.-Württ., bildet als Seebach den Ausfluß des Feldsees, heißt nach Durchfließen des Titisees Gutach, durchfließt die W.schlucht, mündet oberhalb von Waldshut-Tiengen, 90 km lang.

Wutaischan (Wutaishan) [chin. utajʃan], SW-NO verlaufender Gebirgszug in N-China, seine höchste Erhebung, der *Wutai Shan* (3 058 m), ist einer der hl. Berge Chinas, ehem. Wallfahrtszentrum mit Klöstern und Tempeln.

Wu Tao-tzu (Wu Daozi) [chin. udaudzï], * in der Prov. Honan, tätig etwa 720–760, chin. Maler der Tangzeit. - Gilt als größter Meister und Patriarch der chin. Figurenmalerei; malte vorwiegend Wandbilder, bei denen er eigenhändig nur die kraftvollen Umrisse ausgeführt haben soll. Keine Werke erhalten.

Wutkrankheit, svw. ↑Tollwut.

Wuyischan (Wuyishan) [chin. u-iʃan], NO-SW verlaufende Gebirgskette in SO-China, bis 2158 m hoch.

WWF, Abk. für: ↑World Wildlife Fund.

Wyatt [engl. 'waɪət], Benjamin, * London 1775, † Camden (= London) um 1855, engl. Baumeister. - Schüler und Mitarbeiter seines Vaters James W.; in London tätig, erbaute u. a. das Drury Lane Theatre (1810–12), Sutherland House (1825) und Crockford's Club House (1827) in klassizist. Stil.

W., James, * Burton Constable (Staffordshire) 3. Aug. 1746, † bei Marlborough (Wiltshire) 4. Sept. 1813, engl. Baumeister. - Errichtete zahlr. klassizist. und neugot. Bauten, u. a. Lee Priory (Kent, 1783–90). Angegriffen wurden seine Restaurierungen ma. Kathedralen.

W. (Wyat), Sir (seit 1537) Thomas, * Allington Castle bei Maidstone (Kent) 1503, † Sherborne (Dorset) 11. Okt. 1542, engl. Dichter. - Vertreter des Petrarkismus; auch Einfluß klass. Vorbilder und Schulung an Dante.

Wyborg [russ. 'vɨbərk] (früher finn. Viipuri), sowjet. Stadt an der N-Küste des Finn. Meerbusens, RSFSR, 77 000 E. Lenin-Museum; Schiffsreparatur, Elektrogerätefabrik, Herstellung von Ausrüstungen für die Fischind., Nahrungsmittelind.; Hafen. - Im frühen 12. Jh. als Handelsplatz urkundl. erwähnt; 1293 von Schweden zu einer großen Festung ausgebaut; im 2. Nord. Krieg 1710 von den Russen erobert, 1721 Rußland zugesprochen; kam 1811 an Finnland; nach dem Finn.-Sowjet. Winterkrieg von 1939/40, endgültig 1944/47 an die Sowjetunion. - Burg (im wesentl. 16. Jh.), Befestigung Annenkron (1740).

Wyborny, Klaus [...ni], * Bittkau bei Magdeburg 5. Juni 1945, dt. Filmemacher. - Vertreter des Avantgarde-Films, u. a. „Dämon. Leinwand" (1969), „Die Geburt der Nation" (1973), „Der Ort der Handlung" (1977).

Wyclif (Wycliffe, Wyclyf, Wiclif), John [engl. 'wɪklɪf], * Spreswell bei Wycliffe-with-Thorpe (Durham) um 1320 (1326?), † Lutterworth (Leicestershire) 31. Dez. 1384, engl. Philosoph, Theologe und Reformer. - 1361 Pfarrer in Flyngham (Lincolnshire), zw. 1366 und 1372 Dozent in Oxford, 1368 Pfarrer in Ludgershall (Buckinghamshire) und ab 1374 in Lutterworth. Durch Bibelstudien zu einem radikalen Verfechter des frühkirchl. Armutsideals geworden, kritisierte W. auf dieser Grundlage die Besitzkirche und bestritt dem Papst jegl. polit. Machtanspruch. Auf Betreiben der reichen Mönchsorden verurteilte Gregor XI. 1377 einige Thesen aus seiner Schrift „De civili dominio" (= Über die weltl. Herrschaft, 1376); seine gesamte Lehre wurde erst nach seinem Tod vom Konstanzer Konzil (1415) verurteilt. Theolog. und philosoph. vertrat W. einen radikalen Augustinismus und lehnte v. a. die Transsubstantiation ab. Mit dem Beginn einer engl. Bibelübersetzung und der Ausbildung von Laienpredigern, den sog. *Lollarden* (= „Unkrautsäer"), rief W. eine Volksbewegung ins Leben, die jedoch schon 1381 durch einen (W. angelasteten) Bauernaufstand zu Ende ging. Seine Ideen wirkten durch die Vermittlung von J. Hus und Hieronymus von Prag stark auf die Vorreformation auf dem europ. Kontinent.

⊞ Vasold, M.: *Frühling im MA. J. W. und sein Jahrhundert.* Mchn. 1984. - Stacey, J.: *J. W. and reform.* London 1964.

Wyeth, Andrew [engl. waɪɵ], * Chadds Ford (Pa.) 12. Juli 1917, amerikan. Maler. - Stellt die ärml. Farmen des Westens und einsame, karge Landschaften mit vereinzelt in sie integrierten Figuren in einer verhaltenen Farbigkeit dar.

Wygodzki, Stanisław [poln. vɨ'gɔtski], * Będzin 13. Juli 1907, poln. Schriftsteller. - 1943 im KZ; emigrierte 1968 nach Israel; schrieb sozialkrit. Erzählungen („Im Kessel", 1949) und Romane („Jelonek und sein Sohn", 1951).

Wyk auf Föhr [viːk], Stadt auf der nordfries. Insel Föhr, Schl.-H., 5 700 E. Häberlin-Friesen-Museum, Mühlenmuseum; Aquarium; Nordseeheilbad; Fährverbindungen zum Festland, nach Amrum und Sylt. - Erst seit dem frühen 17. Jh. urkundl. bezeugt; seit 1819 Seebad; 1910 Stadt.

Wyler, William [engl. 'waɪlə], * Mülhausen 1. Juli 1902, † Beverly Hills (Calif.) 27. Juli 1981, amerikan. Filmregisseur schweizer. Herkunft. - Vertreter eines inhaltl. und formal traditionellen Kinos, z. B.: „Die kleinen Füchse" (1941), „Ein Herz und eine Krone" (1953), „Ben Hur" (1959), „Der Fänger" (1965), „Funny Girl" (1968), „Glut der Gewalt" (1970).

Wympfeling, Jakob ['vɪmpfəlɪŋ] † Wimpfeling, Jakob.

Wyneken, Gustav, * Stade 19. März 1875, † Göttingen 8. Dez. 1964, dt. Pädagoge. - Mitarbeiter von H. † Lietz; gründete 1906 mit P. † Geheeb die Freie Schulgemeinde Wickersdorf (Landerziehungsheim), deren Leitung er 1906–10, 1919/20 und 1925–31 angehörte. Beschäftigte sich v. a. mit Fragen der Jugendbildung.

Wynnebald † Wunibald, hl.

Wyoming [engl. waɪ'oʊmɪŋ], Bundesstaat der USA, 253 326 km², 487 200 E (1984), Hauptstadt Cheyenne.

Landesnatur: W. hat Anteil an zwei Großlandschaften: im W an dem von den Gebirgsketten der Rocky Mountains umrahmten W. Basin, im O an den Great Plains. Letztere liegen in 900–1 900 m Höhe und sind z. T. von Badlands durchsetzt. Im NO hat W. noch Anteil an den Black Hills. Das W. Basin, eine durch niedrige Gebirgszüge gekammerte Beckenlandschaft (rd. 400 km Durchmesser, 1 950–2 250 m hoch) trennt die südl. von den mittleren Rocky Mountains. Die höchste Erhebung von W. (Gannet Peak, 4 207 m) liegt in der Wind River Range. Nach N folgt auf die Teton Range das Yellowstone Plateau mit seinen Lavadecken, Geysiren, dem Yellowstone Lake (2 356 m ü. d. M.) und dem Yellowstone River († auch Yellowstone National Park). - Das Klima ist kontinental. Die Gebirge und das Yellowstone Plateau erhalten über 400 mm Niederschlag/Jahr. Die Great Plains gehören zum semiariden, das W. Basin zum ariden Bereich.

Vegetation, Tierwelt: Dichte Bewaldung findet sich in den Gebirgslagen und im Yellowstone Plateau. Das W. Basin trägt dürftige Wermutsteppe, die Great Plains sind von Kurzgräsern bedeckt. Im Gebirge leben neben Schwarz- und Braunbär sowie Grizzly noch Elch und Rotwild.

Bevölkerung, Wirtschaft, Verkehr: W. ist dünn besiedelt. 50% der Bev. leben im SO, in dem auch die drei größten Städte liegen. Die Mehrheit ist europ. Herkunft. Die rd. 5 000 Indianer leben überwiegend in der Wind River Reservation. Die wichtigsten religiösen Gruppen sind die Protestanten, Katholiken und Mormonen. Neben 7 Colleges verfügt

W. über eine Univ. in Laramie (gegr. 1887). - Der Großteil des Bundesstaats wird weidewirtschaftl. genutzt mit überwiegend transhumanter Schaf- und Rinderhaltung. Auf künstl. bewässerten Flächen werden Luzerne, Zuckerrüben, Gerste, Hafer und Kartoffeln angebaut. Der mechanisierte Winterweizen- und Bohnenanbau ohne künstl. Bewässerung findet in den Great Plains gute Voraussetzungen. An erster Stelle der Bodenschätze stehen Erdöl und Erdgas, gefolgt von Kohle, Soda (Trona), Uran- und Eisenerzen, Bentonit u. a. Wichtig ist der Fremdenverkehr (Yellowstone und Grand Teton National Park, Jagd, Fischerei, Wintersport). - W. verfügt über ein Eisenbahnnetz von rd. 3 300 km Länge, ein Highwaynetz von rd. 11 200 km Länge sowie 12 offizielle ⌘.

Geschichte: Die ersten Weißen waren Anfang des 19. Jh. Trapper, möglicherweise schon im 17. Jh. Spanier und 1743/44 Franzosen. Die Besiedlung erfolgte erst ab 1867/68. 1868 wurde aus Teilen der Territorien Dakota, Idaho und Utah das Territorium W. gebildet, das 1869 (zuerst in den USA) das Frauenwahlrecht einführte. Bis zum Ende des 19. Jh. arteten die Auseinandersetzungen um die besten Weiden zw. Rinder- und Schafhaltern, später zw. Viehhaltern und den langsam vorrückenden, die besten Weiden und Wasserstellen mit Zäunen absperrenden Farmern z. T. in offene Gewalt aus. Bis 1890, als W. als 44. Staat in die Union aufgenommen wurde, war es der Schauplatz zahlr. Kämpfe mit den Indianern.

📖 *Brown, R. H.: W. A geography. Boulder (Colo) 1980. - Larson, T. A.: History of W. Lincoln (Nebr.) Neuaufl. 1979.*

Wyschinski, Andrei Januarjewitsch [russ. vɪˈʃinskij], * Odessa 10. Dez. 1883, † New York 22. Nov. 1954, sowjet. Jurist und Politiker. - Ab 1920 Mgl. der KPdSU; 1925–28 Rektor der Moskauer Univ., 1935–39 als Generalstaatsanwalt Hauptankläger in den Moskauer Schauprozessen; seine theoret. Arbeiten trugen viel zur Verletzung der „sozialist. Gesetzlichkeit" in der Sowjetunion der Stalinzeit bei; u. a. 1949–53 Außenmin., ab 1953 ständiger Vertreter der Sowjetunion bei den UN.

Wyspiański, Stanisław [poln. vɪsˈpjaɪ̯ski], * Krakau 15. Jan. 1869, † ebd. 28. Nov. 1907, poln. Dramatiker und Maler. - Zus. mit J. Słowacki bedeutendster poln. Dramatiker. Bekanntschaft mit R. Wagner und F. Nietzsche. 1906 Mgl. der neuromant. Bewegung „Junges Polen". Strebte eine Reform des poln. Theaters an; seine Idee des Gesamtkunstwerks sollte die Harmonie von musikal., maler. und poet. Elementen umfassen. Die Stoffe seiner Dramen entnahm er zumeist antiken Mythen, der poln. Geschichte und Sagenwelt. In seinen u. a. von Gauguin beeinflußten Gemälden dominieren Bildnisse, Landschaften und Blumen.

Wyß [viːs], Johann David, ≈ Bern 28. Mai 1743, † ebd. 11. Jan. 1818, schweizer. Schriftsteller. - Vater von Johann Rudolf W.; Pfarrer; schrieb das Jugendbuch „Der schweizer. Robinson, oder der schiffbrüchige Schweizerprediger und seine Familie" (hg. 1812/13).

W., Johann Rudolf, * Bern 4. März 1781, † ebd. 21. März 1830, schweizer. Schriftsteller. - Prof. der Philosophie in Bern. Erzähler, Hg. von Volksschrifttum; Verfasser (1811) der schweizer. Hymne (bis 1961) „Rufst du, mein Vaterland".

Wyszyński, Stefan [poln. vɨˈʃɨski], * Zuzela 3. Aug. 1901, † Warschau 28. Mai 1981, poln. kath. Theologe und Kardinal (seit 1953). - 1946 Bischof von Lublin; seit 1948 Erzbischof von Gnesen und Warschau (in Personalunion) und Primas von Polen; 1953–56 inhaftiert. Trotz seines ständigen Bemühens um einen Ausgleich zw. Kirche und Staat symbolisierte W. in seiner Kirchenpolitik den Selbstbehauptungswillen des poln. Katholizismus gegenüber der kommunist. Ideologie und dem staatl. Machtanspruch.

Wyttenbach, Jürg [ˈvɪtənbax], * Bern 2. Dez. 1935, schweizer. Komponist und Pianist. - Lehrt seit 1962 am Konservatorium in Bern und an der Musikakad. in Basel. W., bekannt als Interpret neuer Klavier- und Kammermusik, komponierte u. a. Klavierkonzert (1966), „Exécution ajournée" (I: Gesten für 13 Musiker, 1970; II: Gesten für Musiker, 1970; III: für Streichquartett, 1973), Orchester- und Chorlieder.

X

X, 24. Buchstabe des dt., 21. des lat. Alphabets, der zurückgeht auf das Zusatzzeichen χ (Chi) der griech. Schrift, das in den ostgriech. Alphabeten den Lautwert [k^h], später [x], in den der lat. Schrift zugrunde liegenden westgriech. Alphabeten den Lautwert [ks] hatte.
♦ röm. Zahlzeichen für 10.
♦ (Münzbuchstabe) ↑Münzstätten (Übersicht).
x (*x*), mathemat. Formelzeichen für eine bei der graph. Darstellung auf der Abszissenachse (*x*-Achse) abgetragene Variable bzw. kartes. Koordinate oder eine unbekannte, zu bestimmende Größe.

X, Malcolm ↑Malcolm X.

Xai-Xai [portugies. ˈʃaj ˈʃaj] (früher João Belo), Distr.hauptstadt in Moçambique, am Limpopo, kurz vor dessen Mündung in den Ind. Ozean, 64 000 E. Kath. Bischofssitz; Reismühlen, Cashewnußschälanlage; Hafen.

Xanten, Stadt am linken Ufer des Niederrheins, NRW, 24 m ü. d. M., 15 700 E. Dommuseum, Archäolog. Park; Textil- und Baugewerbe.
Geschichte: Unter Augustus wurde das röm. Militärlager **Castra Vetera I** (auf dem Fürstenberg; z. T. ausgegraben) wichtiger Ausgangspunkt für die am Niederrhein operierenden röm. Truppen; 70 n. Chr. zerstört. **Castra Vetera II** (westl. des 1. Lagers; keine Spuren erhalten) war wohl bis zum Ende des 3. Jh. besetzt. Anfang des 5. Jh. hörte auch die röm. Besiedlung in der im 1./2. Jh. unter Trajan nw. der Lager gegr. und zur Colonia (3. größte Germaniens) erhobenen, befestigten Zivilsiedlung **Colonia Ulpia Traiana** auf. Auf dem Gebiet des röm. Gräberfeldes zw. dem 1. Lager und der Zivilsiedlung wurde zw. 383 und 388 (an der Stelle des heutigen Domes) ein hölzernes Totenhaus (Memoria) für den hl. Viktor und seine Gefährten errichtet (vor 450 durch einen Steinbau ersetzt). Hier entwickelten sich rasch das Monasterium, die Keimzelle des Stiftes X. (Sitz eines Kölner Archidiakons; 1802 aufgelöst), und die im 9. Jh. **ad Sanctos** gen. Siedlung, während des ganzen MA als geistl. Mittelpunkt wichtig und bald bed. Marktort; erhielt 1228 Stadtrecht; kam 1444 zu Kleve, 1614 im **Vertrag von Xanten,** der den Jül.-Kleveschen Erbfolgekrieg beendete, an Brandenburg.
Bauten: Im 2. Weltkrieg stark zerstört. Röm. Thermen, Verwaltungsgebäude, Tempel aus dem 2. Jh. n. Chr., Amphitheater. Got. Dom (1263–1437) mit dem Märtyrergrab des hl. Viktor und seiner Gefährten, über dem 1936 eine Krypta (heute Mahn- und Sühnestätte für die Opfer des Dritten Reiches) errichtet wurde, mit reicher Ausstattung und bed. Domschatz; ehem. Stiftsgebäude (16. Jh.); Teile der Stadtmauer. - Abb. S. 219.
📖 *Studien zur Gesch. der Stadt X. 1228–1978. Pulheim* ²*1983.* - *Kastner, D.: 750 Jahre Stadt X. Köln 1978.* - *Hinz, H.: X. zur Römerzeit. Xanten* ³*1967.*

Xanthelasma [griech.], durch die Einlagerung von Cholesterin bedingte gelbe bis rötl. Hautveränderung in Form erhabener Flecken oder Knötchen v. a. an den Augenlidern.

Xanthen [zu griech. xanthós „gelb"] (Dibenzo-γ-pyran), tricycl. heterocycl. Verbindung, den den Grundkörper der *Xanthenfarbstoffe* bildet; diese (z. B. Eosin, Fluorescein, Rhodamine) werden zum Färben von Holz, Papier, Tinte und Textilien verwendet.

Xanthi, griech. Stadt am Fuße der Rhodopen, 31 500 E. Hauptort des Verw.-Geb. X.; orth. Bischofssitz. Tabakhandel und -verarbeitung. - Zentraler Ort des westl. Thrakien.

Xanthin [griech.] (2,6-Dihydroxypurin), Derivat des Purins, das als Zwischenprodukt beim Abbau der Purine im menschl. Körper zu Harnsäure oxidiert wird.

Xanthippe, Gattin des Sokrates.

Xanthogenate [griech.], die Salze der Xanthogensäuren (der Monoalkyl- und Monoarylester der Dithiokohlensäure; allg. Formel $RO-CS-SH$); werden als Flotationsmittel bei der Aufbereitung sulfid. Erze, als Pflanzenschutzmittel und in Form von Schwermetall-X. als Vulkanisationsbeschleuniger verwendet.
♦ die Ester der Xanthogensäuren; dienen v. a. als Zusätze zu Hochdruckschmiermitteln.

Xanthom [griech.], durch die Ansammlung und Einlagerung von Lipiden bzw. Cholesterin bedingte gutartige Hautveränderung, die in Form gelb bis braun gefärbter Knötchen, Knoten oder Papeln auftritt.

Xanthophyll [griech.] (Lutein, Blattgelb), gelber bis bräunl. Naturfarbstoff (Karotinoid), der zus. mit Chlorophyll in allen grünen Teilen der Samen- und Farnpflanzen sowie zahlr. Algen vorkommt.

Xanthoproteinreaktion

Xanthoproteinreaktion [griech./lat.], Nachweisreaktion für Proteine durch konzentrierte Salpetersäure; beruht auf der Umsetzung der aromat. Aminosäuren zu gelben Nitrofarbstoffen.

Xanthos, im Altertum größte Stadt ↑Lykiens, 20 km vom Meer entfernt auf dem östl. Uferteilhang des Flusses X. (= Koçaçay), 120 km sw. von Antalya, Türkei; 546 v. Chr. durch Perser, 42 v. Chr. im röm. Bürgerkrieg zerstört. Die 83 m hohe lyk. Akropolis wurde in hellenist. Zeit neu aufgebaut; nahe beim röm. Theater, wohl auf dem ehem. lyk. Markt, 3–6 m hohe lyk. Grabbauten des 6. bis 4. Jh. v. Chr. (sog. Harpyienmonument, um 480 v. Chr. [Originalreliefs in London, British Museum], Pfeilergrab); am O-Hang Felsgräberfassaden (4. Jh. v. Chr.). Im S stand das ↑Nereidenmonument.

Xaver, männl. Vorname, nach dem Beinamen des hl. ↑Franz Xaver.

Xaver, Franz ↑Franz Xaver, hl.

X-Beine (Genua valga), Fehlstellung der Beine mit Einwärtskrümmung der Oberschenkel und Auswärtskrümmung der Unterschenkel.

X-Chromatin, svw. ↑Geschlechtschromatin.

Xe, chem. Symbol für ↑Xenon.

Xenakis, Iannis (Yannis), * Braila (Rumänien) 1. Mai 1922, griech.-frz. Komponist. - 1948–60 Assistent von Le Corbusier, seither arbeitet X. (1965 frz. Staatsbürger) v. a. als Komponist. Er gründete 1966 an der Sorbonne, 1967 an der Indiana University in Bloomington ein Zentrum für mathemat. und automat. Musik. Seit 1955 benutzt er mathemat. Verfahren beim Komponieren (↑ auch stochastische Musik), u. a. „Metastaseis" (1954), „Pithoprakta" (1956), „Achorripsis" (1957), Kammermusik, Bühnenmusiken (zu Aischylos), elektron. und Computermusik.

Xenia, weibl. Vorname, eigtl. „die Gastfreundliche" (zu griech. xénios „gastlich").

Xenien, 1. Titel des 13. Buches der Epigramme Martials, das vorwiegend freundschaftl. Begleitverse zu (Saturnalien-)Geschenken enthält; 2. im Rückgriff auf diese „Xenia" Martials von Goethe vorgeschlagene Bez. für die von ihm und Schiller verfaßten polem. Epigramme gegen andere zeitgenöss. literatur- und kunstkrit. Richtungen, die sie bekämpften. Sie riefen zahlr. ebenfalls polem. „Anti-X." hervor (X.kampf). Als „zahme" X. bezeichnete Goethe die ab 1820 entstandenen besinnl. Spruchdichtungen.

Xenien [griech.], durch Kreuzen zweier Pflanzenarten derselben Gatt. oder zweier Varietäten derselben Art erzielte Bastardformen, v. a. bei Samen und Früchten.

xeno..., Xeno... [zu griech. xénos „Gast, Fremder"], Bestimmungswort zu Zusammensetzungen mit der Bed. „Gast, Fremder; fremd".

Xenoi [griech. „Fremde"], die sich vorübergehend in griech. Städten aufhaltenden Fremden; ihr Status war durch die jeweiligen Gesetze der Gaststadt und durch vertragl. Regelungen mit der Heimatstadt bestimmt. In Sparta gab es von Zeit zu Zeit allg. Fremdenausweisungen *(Xenelasie)*.

Xenokrates, * Chalkedon 398 oder 396, † 314, griech. Philosoph. - Ab 339 Leiter der älteren Akademie. Orientiert am späten Platon, beeinflußt zudem vom Pythagoreismus, versuchte X. eine Synthese von Ideenlehre und Zahlenspekulation und -mystik. Die drei Arten des Seins werden nach X. durch das Denken, mit den Sinnen und im Glauben erfaßt. Auf dieser Auffassung beruht die klass. Dreiteilung der Philosophie in Logik, Physik und Ethik.

Xenon [griech. „fremdes (Element)"], chem. Symbol Xe; gasförmiges Element aus der VIII. Hauptgruppe des Periodensystems der chem. Elemente, Ordnungszahl 54, mittlere Atommasse 131,30, Dichte 5,887 g/l (bei 0 °C), Schmelzpunkt −111,9 °C, Siedepunkt −107,1 °C. X. ist wie alle Edelgase extrem reaktionsträge, doch sind in den letzten Jahren zahlr. X.verbindungen mit Fluor, Chlor und Sauerstoff hergestellt worden. In der Erdatmosphäre ist X. zu $2,4 \cdot 10^{-9}$ Gew.-% enthalten; es steht in der Häufigkeitsliste der chem. Elemente an 83. Stelle. X. wird durch fraktionierte Destillation verflüssigter Luft gewonnen und zur Füllung von Glüh- und Gasentladungslampen sowie als Füllgas für Zählrohre, neuerdings auch für X.laser verwendet. - X. wurde 1898 von W. Ramsey und M. W. Travers bei der Fraktionierung des aus verflüssigter Luft gewonnenen Rohargons entdeckt.

Xenonlampe, Hochdruckgasentladungslampe mit Edelgasfüllung (Gasdruck bis etwa 25 bar), deren Beleuchtungsfarbe der des natürl. Tageslichtes entspricht. Sog. Langbogenlampen werden für Wechselspannungsbetrieb für Leistungen von 1,5 bis 20 kW hergestellt (für Flutlichtanlagen u. ä.), Kurzbogenlampen für Gleichspannungsbetrieb (60–80 V) und Leistungen von 75 W bis 6,5 kW (für Bühnenscheinwerfer u. ä.).

Xenophanes, * Kolophon um 565, † Ela (Lukanien) um 470, griech. Dichter und Philosoph. - Begründer der eleat. Philosophenschule. Verwarf die gesamte antike Mythologie und wandte sich v. a. gegen Homer und Hesiod. Den vielen Göttern des Volksglaubens stellte er einen höchsten Gott gegenüber. Schrieb krit. sich gegen traditionelle Sitten und Vorstellungen wendende Spottgedichte sowie religionskrit. und kosmolog. Dichtungen; sein bedeutendster Schüler war Parmenides.

Xenophobie, Fremdenfeindlichkeit.

Xenophon, * Athen um 430, † Korinth oder Athen (?) um 354 (nach 355), griech.

Geschichtsschreiber und Schriftsteller. - Wohl aus dem Ritterstand, Gegner der Demokratie, Schüler des Sokrates. 401 Teilnehmer am Feldzug Kyros' d. J. gegen Artaxerxes II., zeichnete sich nach der Schlacht bei Kunaxa in der Leitung des Rückzuges der führerlos gewordenen 10 000 griech. Söldner nach Trapezus (= Trabzon) aus. Danach nahm er an verschiedenen Feldzügen des Spartanerkönigs Agesilaos in Kleinasien und im Mutterland teil und erhielt - aus Athen verbannt - von Sparta ein Landgut bei Skillus nahe Olympia, flüchtete 371 nach Korinth. Sein Gesamtwerk läßt sich in 4 Gruppen einteilen: 1. histor. Schriften: „Anábasis" (7 Bücher), „Hellēniká" (Griech. Geschichte, 7 Bücher); 2. sokrat. Schriften: „Apomnēmoneúmata Sōkrátous" (Erinnerungen an Sokrates, 4 Bücher; dt. u. d. T. „Memorabilien"), „Oikonomikós" (Schrift von der Hauswirtschaft), „Apología" (Verteidigung [des Sokrates]), „Sympósion" (Gastmahl); 3. polit.-eth. Schriften: „Hiérōn", „Lakedaimoníōn politeía" („Der Staat der Spartaner"); „Agēsílaos" „Kýrou paideía" (Die Erziehung des Kyros [II.], 8 Bücher); 4. kleine Lehrschriften über die Staatsfinanzen (für Athen gedacht), über die Reitkunst, die Jagd (?) sowie eine Anweisung für den Reiterführer.

📖 *Nickel, R.: X. Darmst. 1979. - Strauß, L.: X.'s Socrates. Ithaca (N. Y.) 1972. - Delebecque, E.: Essai sur la vie de Xénophon. Paris 1957. - Luccioni, J.: Les idées politiques et sociales de Xénophon. Paris 1947.*

Xenotim [griech.] (Ytterspat), Mineral von meist gelbl. Farbe und Fettglanz. Kleine Kristalle sind ein- und aufgewachsen, meist in muskovitreichen Graniten und Pegmatiten. Chem. Y [PO$_4$], an Stelle von Y oft auch andere seltene Erden, Thorium oder Uran. Mohshärte 4–5; Dichte 4,5–5,1 g/cm^3. Rohstoff zur Gewinnung von Yttererden.

Xeranthemum [griech.], svw. ↑Papierblume.

xero..., Xero..., xer..., Xer... [zu griech. xērós „trocken"], Bestimmungswort von Zusammensetzungen mit der Bed. „trocken, dürr".

Xerographie, Verfahren der Elektrophotographie zum Vervielfältigen von Schwarzweißvorlagen, das Selen als Photohalbleitermaterial für die lichtempfindl. Schicht verwendet; zur Herstellung von Papierkopien (↑Kopierverfahren) und Druckplatten für den Offsetdruck.

xeromorph [griech.], an Trockenheit angepaßt; in der Botanik von Pflanzen mit bes. morpholog. und physiolog. Anpassungen an trockene Standorte gesagt.

Xerophyten [griech.], Pflanzen mit bes. morpholog. und physiolog. Anpassungen an Standorte mit zeitweiligem (z. B. in sommertrockenen oder winterkalten Gebieten) oder dauerndem Wassermangel (z. B. in Wüsten).

Xanten. Dom

Um den Wasserverlust durch die Transpiration einzuschränken, haben X. bes. Schutzeinrichtungen, z. B. verdickte Epidermis, Ausbildung von Wachs- und Harzüberzügen. Die Spaltöffnungen werden verkleinert und gesenkt oder mit Haaren überzogen. Der wirksamste Transpirationsschutz ist die Verkleinerung der transpirierenden Oberflächen (z. B. Blattabwurf zu Beginn der Trockenzeit). Auch eine Verzwergung (Nanismus) der ganzen Pflanzen kommt vor. Mit einer Verkleinerung der Blattoberfläche nimmt auch die Assimilation ab. Um diesen Verlust auszugleichen, besitzen auch die Sproßachsen Assimilationsgewebe. Viele X. (z. B. ↑Sukkulenten) schränken nicht nur die Transpiration ein, sondern speichern außerdem während der kurzen Regenzeiten Wasser für die längeren Trockenzeiten. Typ. X. sind u. a. die ↑Hartlaubgewächse.

Xerox Corporation [engl. 'ziərɔks kɔːpɔ'reɪʃən], amerikan. Unternehmen der Elektroind., Sitz Rochester; gegr. 1906 (heutiger Name seit 1961). Die X. C. ist der größte Produzent von Kopiergeräten: wesentl. Beteiligung an der *Rank Xerox Ltd.* (Sitz London; Xerographie, Optik, Elektronik) und deren dt. Tochtergesellschaft Rank Xerox GmbH, Düsseldorf.

Xerxes I. (altpers. Chschajarscha [xʃa-'jaːrʃa:] „der über Helden Herrschende"; im A. T. Ahasverus), *um 519, †Susa 465, Großkönig (seit 486) aus der altpers. Dyn.

der Achämeniden. - Sohn Darius' I.; unterdrückte bald nach seinem (nicht unumstrittenen) Reg.antritt gewaltsam Aufstände in Ägypten und Babylonien. Sein Versuch, Griechenland zu erobern, schlug trotz Aufgebots aller verfügbaren Machtmittel infolge der Niederlagen bei Salamis (480) und Plataä (479) fehl († auch Perserkriege). Umfangreiche Bautätigkeit in den späteren Jahren (v. a. weiterer Ausbau von Persepolis). X. wurde im Verlauf einer Palastrevolution ermordet.

X-Fuß, svw. Knickfuß († Fußdeformitäten).

Xhosa [ˈkoːsa] (früher Kaffern gen.), großes Bantuvolk in Südafrika, für das die Heimatländer Transkei und Ciskei geschaffen wurden.

Xi [griech.], 15. Buchstabe des urspr., 14. des klass. griech. Alphabets mit dem Lautwert [ks]: Ξ, ξ.

Xia Gui, chin. Maler, † Hsia Kuei.

Xiao Jian, chin. Schriftsteller, † Hsiao Chien.

Xingu, Rio [brasilian. ˈrriu ʃiŋˈgu], rechter Nebenfluß des Amazonas, entspringt (mehrere Quellflüsse) im Bergland von Mato Grosso (Nationalpark; Indianerreservat), mündet unterhalb von Pôrto de Moz, etwa 2 100 km lang; 200 km schiffbar; geplant ist das Energieprojekt R. X. mit 10 Stauseen.

X-Kontakt † Elektronenblitzgerät.

Xochicalco [span. xotʃiˈkalko], archäolog. Stätte im mex. Staat Morelos, etwa 30 km sw. von Cuernavaca. Besiedelt seit dem 7. Jh., Blütezeit ab 800; auf terrassiertem Doppelhügel gelegen, von Verteidigungsbauten umgeben; Hauptbauten (Pyramiden) auf künstl. abgeflachter Hügelspitze, ferner Paläste u.a.

Xochimilco [span. xotʃiˈmilko], mex. Stadt im Hochbecken von Mexiko (Stadt), 2 270 m ü. d. M., 43 000 E. Zentrum des auf den † Chinampas betriebenen Blumen- und Gemüsebaus. - Gegr. im 13. Jh. von Chichimeken, beim Angriff der Spanier auf Tenochtitlán abgebrannt. - Am zentralen Platz die Pfarrkirche San Bernardino (1543–46).

XP [çiːroː] † Christusmonogramm.

X-Strahlen, svw. † Röntgenstrahlen.

Xylamon [Kw.] ®, Handelsbez. für fungizid- und insektizidhaltige Holzschutzmittel.

Xylem [zu griech. xýlon „Holz"], svw. Gefäßteil († Leitbündel).

Xylenole [griech./arab.] (Dimethylphenole), die durch fraktionierte Destillation aus Steinkohlenteer gewonnenen Hydroxyderivate der Xylole; werden zur Herstellung von Insektiziden, Herbiziden, Phenolharzen und Farbstoffen verwendet.

Xylidine [griech.] (Aminoxylole), die durch Reduktion von Nitroxylolen gewonnenen Aminoderivate der Xylole; zur Herstellung von Farbstoffen und als Antiklopfmittel für Flugtreibstoffe.

xylo..., Xylo... [zu griech. xýlon „Holz"], Bestimmungswort in Zusammensetzungen mit der Bed. „Holz...".

Xylographie, svw. Holzstich († auch Holzschnitt).

Xylole [griech./arab.] (Dimethylbenzole), drei isomere aromat. Verbindungen: o- und m-Xylol sind farblose, aromat. riechende Flüssigkeiten, p-Xylol bildet farblose Kristalle; alle X. sind wasserunlöslich. Die X. kommen im Erdöl- und Steinkohlenteer sowie im Kokereigas vor; sie werden als Lösungs- und Verdünnungsmittel für Fette, Öle, Kautschuk sowie (wegen ihrer hohen Oktanzahl) als Zusatz zu Auto- und Flugbenzin verwendet. Die X. sind Ausgangssubstanzen für zahlr. Synthesen (z. B. zu Phthalsäure und Farbstoffen). Chem. Strukturformeln:

CH_3 CH_3	CH_3 CH_3	CH_3 CH_3
o-Xylol	m-Xylol	p-Xylol

Xylophagen [griech.] (Holzfresser, Lignivoren), zur Gruppe der Pflanzenfresser zählende Tiere (v. a. Insektenlarven), die an bzw. in Holz leben und sich von Holz ernähren.

Xylophon, Oberbegriff für Instrumente, deren Ton durch das Anschlagen von Holzstäben oder schmalen Holzplatten entsteht. X. mit wenigen Klanghölzern begegnen u. a. in Ozeanien und bei den Indianern M- und S-Amerikas. In Afrika sowie im hinterind.-indones. Raum gibt es X. mit etwa 5–25 Platten († Marimba). Indones. X. haben eine Art Trog als Resonator, bei den afrikan. ist eine Kalebasse unter jeder Platte angebracht. Letztere Form kam nach Mittelamerika und im 20. Jh. nach Europa. Hier sind X. ohne Resonatoren in der Antike, dann seit dem 15. Jh. belegt. Vorher meist in der Volksmusik verwendet („Strohfidel"), fand über reisende Virtuosen seit Ende des 19. Jh. Eingang in Kunstmusik und Jazz. Beim älteren Orchester-X. (Umfang c^2-d^5) sind die Platten klaviaturmäßig angeordnet; sonst liegen die Platten in einer Reihe nebeneinander; auch trapezförmige Anordnung kam vor. Das moderne, heute im Orchester verwendete X., auch **Xylomarimba** oder **Xylorimba** (Umfang $c^1 - c^5$), hat Resonanzröhren. Die Platten ruhen auf weichem Material (z. B. Gummistreifen) oder sie sind auf Schnüre aufgefädelt. Die Schlegelköpfe sind löffel- oder kugelförmig. C. Orff führte etwa 1930 einfache X. für sein „Schulwerk" ein.

Xylose [griech.] (D-Xylose, Holzzucker), Monosaccharid (Pentose), das in Pflanzen v. a. in Form des zu den Hemizellulosen zählenden Pentosans *Xylan* auftritt und durch die Holzverzuckerung gewonnen werden kann.

Y

Y, 25. Buchstabe des dt., 22. des lat. Alphabets, im Griech. Y, V (Ypsilon; Lautwert urspr. [u, u:]), das aus dem nordwestsemit. Wāw durch Differenzierung von dem sog. Digamma gewonnen und am Ende der urspr. Alphabetreihe angefügt wurde. Y = [y, y:] wurde von den Römern vom 1. Jh. v. Chr. an v. a. zur Schreibung griech. Namen und Wörter verwendet. Im Dt. hat Y verschiedene Lautwerte: [y, γ, i, ɪ], gelegentlich [j].
♦ (Münzbuchstabe) ↑ Münzstätten.

Y, Kurzzeichen:
♦ (chem. Symbol) für ↑ Yttrium.
♦ (Y) physikal. Formelzeichen für den Scheinleitwert (↑ Admittanz).

y (*y*), mathemat. Formelzeichen für eine bei der graph. Darstellung auf der Ordinatenachse (*y*-Achse) abgetragene Variable bzw. kartes. Koordinate.

Ya [span. ja „jetzt"], span. Tageszeitung, ↑ Zeitungen (Übersicht).

Yaan [chin. ja-an], chin. Ort 120 km sw. von Tschengtu, 55 000 E. Fachhochschule für Landw.; Handelszentrum eines Teeanbaugebiets; Ausgangspunkt der Fernstraße von Szetschuan nach Lhasa.

Yacht ↑ Jacht.

Yadin, Yigael [hebr. ja'din], * Jerusalem 21. März 1917, † Mikhmoret bei Netanya 28. Juni 1984, israel. Politiker. - 1949–52 einer der Stabschefs der Armee; ab 1953 Tätigkeit als Archäologe; ab 1963 Prof. der Hebr. Univ. Jerusalem; gründete 1977 die Demokrat. Bewegung für den Wandel (DASH), die im Okt. 1977 der Reg.koalition unter Min.-präs. M. Begin beitrat; seit 1977 stellv. Min.-präs.; erklärte für Sommer 1981 den Rückzug aus der Politik und die Auflösung der DASH.

Yahgan, im 20. Jh. ausgestorbener Indianerstamm im S des Feuerlandarchipels.

Yahya Khan, Aga Muhammad [ja'ja: 'ka:n], * Peshawar 4. Febr. 1917, † Rawalpindi 8. Aug. 1980, pakistan. General (seit 1951) und Politiker. - 1966–71 Oberbefehlshaber der pakistan. Armee, wurde im März 1969 als Nachfolger Ayub Khans Staatspräs.; trat nach der Sezession von Bangladesch im Dez. 1971 zurück; Jan. 1972 bis Juli 1974 unter Hausarrest.

Yak (eine Rinderart) ↑ Jak.

Yale University [engl. 'jeɪl juːˈniːvəːsɪtɪ], Privat-Univ. in New Haven, 1701 (drittältestes College der USA) gegr., 1810–61 schrittweise Umwandlung in eine Universität. Die Y. U. umfaßt heute zusätzl. u. a. ein Museum für Naturgeschichte, ein Observatorium, bed. Bibliotheken sowie eine Gemäldegalerie; 1908 erfolgte die Gründung eines eigenen Verlages (*Y. U. Press;* insbes. Geistes- und Sozialwissenschaften).

Yalova [türk. ja'lɔva], türk. Ort an der S-Küste des Golfes von İzmit, 20 000 E. Autofähre nach Kartal, Personenschiffahrt nach Istanbul. 12 km sw. von Y. liegt der Kurund Badeort *Yalovakaplıcaları* mit schwefelhaltigen, radioaktiven heißen Quellen.

Yalow, Rosalyn [engl. 'jeɪloʊ], * New York 19. Juli 1921, amerikan. Physikerin und Nuklearmedizinerin. - Prof. an der Mount Sinai School of Medicine in New York. In Zusammenarbeit mit dem amerikan. Mediziner S. A. Berson (* 1918, † 1972) hat sie eine Indikatormethode entwickelt zur Bestimmung der (nur in geringsten Mengen im Körper auftretenden) Peptidhormone über deren Antikörper bzw. über die entsprechende Antigen-Antikörper-Reaktion (sog. Radioimmunoassay). Hierfür erhielt sie 1977 den Nobelpreis für Physiologie oder Medizin (zus. mit R. Guillemin und A. Schally).

Yalungkiang (Yalongjiang) [chin. ja-lʊŋdziaŋ], linker Nebenfluß des Jangtsekiang, entspringt am S-Fuß des Bayankaraschan (Kunlun), durchbricht die osttibet. Randketten, mündet an der Grenze der Prov. Yünnan und Szetschuan, 1 100 km lang.

Yamasaki, Minoru [engl. jæmə'sɑːkɪ], * Seattle 1. Dez. 1912, † New York 6. Febr. 1986, amerikan. Architekt jap. Abstammung. - Baute Großprojekte wie den Flughafen von Saint Louis (1951–55), das MacGregor Memorial Community Center in Detroit (1954), das Flughafengebäude von Dharan (Saudi-Arabien; 1962), das World Trade Center in New York (1974).

Yamato-e ↑ Jamato-E.

Yamoussoukro [frz. jamusuˈkro], seit 1983 Hauptstadt der Republik Elfenbeinküste, ssw. von Bouaké, 70 000 E. Bed. Markt; nat. Hochschule für öffentl. Arbeiten, ev. theolog. Seminar; Fremdenverkehr. - Modern angelegte Mustersiedlung.

Yams ↑ Jamswurzel.

Yang ↑ Yin und Yang.

Yang, Chen Ning, gen. Frank Y. [engl. jæŋ], * Hofei 22. Sept. 1922, amerikan. Physiker chin. Herkunft. - Prof. am Institute for Advanced Study in Princeton (N. J.) und an der State University of New York. Gemeinsam mit T. D. ↑ Lee sagte Y. 1956 auf Grund theoret. Überlegungen die Nichterhaltung der ↑ Parität bei Prozessen der schwachen Wechselwirkung voraus, was wenig später durch von ihnen vorgeschlagene Experimente bestätigt wurde. Beiden Forschern wurde 1957 der Nobelpreis für Physik verliehen.

Yangchüan (Yangquan) [chin. jaŋtɕÿæn], chin. Stadt 80 km östl. von Taiyüan, 300 000 E. Mittelpunkt eines der wichtigsten Anthrazitbergbaugebiete Chinas.

Yang Hui [chin. jaŋxu̯ei̯] (Yang Ch'ien-kuang), chin. Mathematiker des 13. Jh. aus Ch'ien-t'ang (= Hangtschou). - Eine der führenden Persönlichkeiten der eigenständigen ↑ chinesischen Mathematik. 1274/75 erschien die Sammlung „Yang Huis Rechenmethoden", worin u. a. verschiedene Summenformeln gegeben werden.

Yang Shang-kun, * Shuang-chiang (Kr. T'ung-nan, Prov. Szetschuan) 1907, chin. Politiker. Seit 1980 Generalsekretär der Militärkommission der KPCh; seit 1982 Mgl. des Politbüros; seit 1988 Staatspräsident.

Yangshaokultur [chin. jaŋʃau̯] (Jangschau-Kultur), nach einer 1921 bei Yangshao (Yang-shao-t'sun), westl. von Loyang (Honan), entdeckten Fundstelle ben. neolith. Kultur (6.-4. Jt. v. Chr.?) in N-China; kennzeichnend: große, z. T. befestigte Dorfanlagen; Hirseanbau, als Haustiere v. a. Hunde und Schweine; Seidenraupenzucht; reich bemalte Gefäße, z. T. schon in den Grundformen der späteren chin. Keramik.

Yankee ['jænkɪ; engl.-amerikan.], Wort ungeklärten Ursprungs; als Spitzname niederl. Siedler (vermutl. abgeleitet von der Verkleinerungsform Janke des niederl. Namens Jan) in N-Amerika Ende des 17. Jh. belegt; 18. Jh. auf die Bewohner Neuenglands und während des Sezessionskrieges als Schimpfwort auf alle Nordstaatler bezogen; wurde (im Ausland) zum spött. bis abschäzig gemeinten Spitznamen für US-Amerikaner.

Yankee-doodle [engl. 'jænkɪduːdl], urspr. ein Spottlied, das im Unabhängigkeitskrieg von den Amerikanern als Nationallied angenommen wurde. Die Melodie erschien in Amerika zuerst 1798 gedruckt.

Yanoama, Gruppe von Indianerstämmen in S-Venezuela und im benachbarten Brasilien, zu denen die **Waika** gehören. Sie leben von Brandrodungsfeldbau und unternehmen mehrwöchige Jagd- und Sammelzüge. Die festen Siedlungen bestehen aus großen, von Großfamilien bewohnten Häusern mit rechteckigem Grundriß.

Yao, eine sinotibet. Sprache sprechendes Bergvolk in SW-China und im N von Vietnam, Laos und Thailand; leben von Brandrodungsfeldbau.

Yao Wen-yüan (Yao Wenyuan) [chin. jau̯-u̯ən-ÿæn], * 1924, chin. Journalist und Politiker. - Während der Kulturrevolution 1965-68 führender Journalist; 1967-76 stellv. Vors. des Schanghaier Revolutionskomitees und Chefredakteur der Volkszeitung; 1969-76 Mgl. des Politbüros der KPCh; 1976 als Mgl. der Viererbande verhaftet, 1977 aus der KPCh ausgestoßen; 1980 im Prozeß gegen die Viererbande wegen Verbrechen im Rahmen der Kulturrevolution angeklagt und 1981 zu 20jähriger Freiheitsstrafe verurteilt.

Yapen, indones. Insel vor der N-Küste Neuguineas, rd. 160 km lang, bis über 20 km breit, bis 1496 m hoch, Hauptort Serui.

Yapgraben, Tiefseegraben im westl. Pazifik, südl. Fortsetzung des Marianengrabens, bis 8 527 m tief.

Yap Islands [engl. 'jɑːp 'aɪləndz, 'jæp 'aɪləndz], Inselgruppe der Westkarolinen, im westl. Pazifik, bildet zus. mit Ponape, Truk und Kosrae das Verw.-Geb. Federated States of Mikronesia des amerikan. Treuhandgebietes Pazif. Inseln; 101 km², 8 200 E. Hauptinsel ist Yap mit dem Verwaltungssitz Colonia; Kopragewinnung, Gemüse- und Obstanbau.

Yaracuy [span. jara'ku̯i], Staat in N-Venezuela, 7 100 km², 300 600 E (1981), Hauptstadt San Felipe. Y. liegt in den Ausläufern der Cordillera de Mérida und der Küstenkordillere, zw. denen sich das Tal des Río Y. zum Karib. Meer öffnet. Ackerbau und Viehzucht.

Yard [engl. jɑːd; eigtl. „Gerte, Meßrute"], Einheitenzeichen yd, in Großbrit. und in den USA verwendete Längeneinheit. Für industrielle Normungszwecke gilt in beiden Staaten 1 yd = 36 in = 0,9144 m (↑ Inch).

Yarkand (Suoche [chin. sy̯otʃʌ]), chin. Oasenort im westl. Tarimbecken, Autonome Region Sinkiang, 30 000 E.

Yasar Kemal [türk. ja'ʃar], * Hemite-Gökçeli (Verw.-Geb. Adana) 1922, türk. Schriftsteller. - *Werke:* Anatol. Reis (E., 1955), Die Disteln brennen (R., 1969), Das Lied der tausend Stiere (R., 1971), Auch die Vögel sind fort (R., 1978).

Yawl [engl. jɔːl], 1½mastiges Segelfahrzeug, dessen Besanmast im Unterschied zur ↑ Ketsch hinter dem Rudergänger, außerhalb der Konstruktionswasserlinie steht.

Yazılıkaja [türk. jazɯ'lɯka,ja „beschrifteter Fels"] ↑ Boğazkale.

Yb, chem. Symbol für ↑ Ytterbium.

Ybbs [ɪps], rechter Nebenfluß der Donau, entspringt in mehreren Quellflüssen in den nördl. Kalkalpen westl. von Mariazell, mündet unterhalb von Y. an der Donau, 130 km lang.

Ybbs an der Donau [ɪps], niederöstr. Stadt 40 km westl. von Sankt Pölten, 216 m ü. d. M., 6 000 E. Metallind.; Anlegestelle. - 837 erwähnt, im 9. Jh. Markt-, 1308 Stadtrecht. - Spätgot. Pfarrkirche (15./16. Jh.) mit barockem W-Teil (18. Jh.); barockes Schloß (17. Jh.).

Y-Chromosom ↑ Chromosomen.

yd, Einheitenzeichen für ↑ Yard.

Yeager [engl. jɛɪgər], Charles E. (Chuck), * Hamlin (W. Va.) 13. Febr. 1923, amerikan. Testpilot. - Durchbrach im Okt. 1947 mit dem Raketenflugzeug X-1 als erster Mensch die Schallmauer.

Yeats, William Butler [engl. jɛɪts], * Sandymount (= Dublin) 13. Juni 1865, † Roquebrune-Cap-Martin bei Nizza 28. Jan. 1939, ir. Dichter. - Kunststudium; seit etwa 1890 fand Y. u. a. durch O. Wilde Zugang zur Dichtung. Gründete 1899 das ir. Nationaltheater, später „Abbey Theatre", das er bis zu seinem Tod leitete. 1923 Nobelpreis für Literatur. Angeregt von altir. Vorbildern, kelt. Mythologie, japan. Literatur, bes. der Kenntnis des No-Spiels, traditionellen engl. Dichtern wie Shakespeare, Morris oder Blake, den frz. Symbolisten, bes. Verlaine, schuf Y. eine national-ir., myth.-myst., oft symbolist. Dichtung. - *Werke:* The wanderings of Oisoin (Dichtungen, 1889), Die Schwelle des Königs (Dr., 1904), Der Strand von Baile (Dr., 1904), Das Einhorn von den Sternen (Dr., 1908). ⚏ *Timm, E. F.: W. B. Y. u. Friedrich Nietzsche. Würzburg 1980.*

Yeh Chien-ying (Ye Jianying) [chin. jɛdʑjæn-ɪŋ], * Meihsien (Prov. Kwangtung) 14. Mai 1897, † Kanton 22. Okt. 1986, chin. Marschall (seit 1955) und Politiker. - Zunächst Mgl. der Kuomintang, seit 1927 der KPCh; 1946-49 stellv. Generalstabschef der Volksbefreiungsarmee; 1949-55 Gouverneur von Kwangtung; ab 1954 Stellv. Vors. des nat. Verteidigungsrates, 1975-78 Verteidigungsmin. (fakt. seit 1971); seit 1973 Mgl. des Ständigen Ausschusses des Politbüros der KPCh; seit 1973 (seit 1977 Erster) Stellv. Vors. des ZK der KPCh; 1978-83 Vors. des Ständigen Ausschusses des Nat. Volkskongresses.

Yellow ground [engl. ˈjɛloʊ ˈgraʊnd], ↑ Kimberlit.

Yellow journalism [engl. ˈjɛloʊ ˈdʒɔːnəlɪzəm], amerikan. Bez. für den trivialen Sensationsjournalismus der „Yellow press" („Gelbe Presse"; Boulevardpresse), der sich mit Klatsch, Skandal, Verbrechen, Sport und „Geschichten, die das Leben schrieb" befaßt. Die Bez. geht auf die erste amerikan. von R. F. Outcault gezeichnete Comic-Serie „The yellow kid" (über einen Straßenjungen im gelben Hemd) zurück, die ab 1894 in J. Pulitzers New Yorker Straßenverkaufszeitung „The World" erschien.

Yellowmetall [engl. ˈjɛloʊ], Bez. für ein seewasserbeständiges Messing (mit etwa 60% Kupfer, 40% Zink); v. a. im Schiffbau verwendet.

Yellowstone National Park [engl. ˈjɛloʊstoʊn ˈnæʃənəl ˈpɑːk], ältestes (seit 1872) unter Naturschutz gestelltes Geb. der USA, in NW-Wyoming, mit kleinen Teilen auch in Montana und Idaho, 8 953 km², umfaßt im wesentl. ein aus basalt. Ergüssen bestehendes Plateau, in 2 000-2 500 m Höhe, in das sich der Yellowstone River in einer über 20 km langen und etwa 300 m tiefen Schlucht (Grand Canyon) eingeschnitten hat (3 große Wasserfälle). Bekannt ist der Y. N. P. v. a. durch die Geysire, ferner heiße Quellen, die Sinterterrassen bilden, Schlammvulkane u. a.

Yellowstone River [engl. ˈjɛloʊstoʊn ˈrɪvə], rechter Nebenfluß des Missouri, entspringt im nw. Wyoming, durchfließt im Oberlauf den **Yellowstone Lake** (2 356 m ü. d. M., 355 km²) mündet bei Buford, 1 080 km lang.

Yenan (Yan'an) [chin. jæn-an], Stadt im Lößhochland der Prov. Schensi, 50 000 E. Univ., Revolutionsmuseum; Textilind. - Jan. 1937-März 1947 Sitz des von Mao Tse-tung geführten ZK der KPCh; gilt als bed. Gedenkstätte der chin. Revolution.

Yen Chia-Kan (Yan Jiagan) [chin. jændziagan], * Sutschou 23. Okt. 1905, chin. Politiker. - Trat 1931 der Kuomintang bei; 1945-48 Min. in der Prov.reg. von Taiwan; 1950-54 und 1958-63 Finanzmin. der nationalchin. Reg. auf Taiwan; 1954-57 Gouverneur von Taiwan; 1963-72 Min.präs.; 1966-75 Vizepräs.; 1975-78 Staatspräs. von Taiwan.

Yenki (Yanji) [chin. jændzi], chin. Stadt in der Mandschurei, 83 000 E. Kulturelles Zentrum der korean. Minderheit; Univ.; Handelszentrum für Agrarprodukte.

Yentai (Yantai) [chin. jæntaj], chin. Hafenstadt an der N-Küste der Halbinsel Schantung, 116 000 E. Fischereibasis und Exporthafen, Eisenbahnendpunkt; Eisen- und Stahlwerk, Werften, Seidenindustrie.

Yeoman [engl. ˈjoʊmən], im England des MA urspr. der Freigeborene, ritter- und schöffenfähig, als Knappe häufig im Feudal-, bes. im Wehrdienst des Adels. Im 14./15. Jh. beschrieb der Begriff einen sozialen Rang in der ländl. Gesellschaft und wurde auf alle Freibauern, später auch auf die Pächter ausgedehnt.

Yeomen of the Guard [engl. ˈjoʊmən əv ðə ˈgɑːd], offizielle Bez. der ↑ Beefeaters.

Yepes, Narciso [ˈjepes], * Lorca (Murcia) 14. Nov. 1927, span. Gitarrist. - Bekannter Gitarrenvirtuose; spielt auf einem Instrument mit 10 (statt 6) Saiten, wodurch er auch Kompositionen für Laute und Vihuela in sein Programm aufnehmen kann.

Yerbabaum [span., zu lat. herba „Gras"], svw. ↑ Matepflanze.

Yerkes, Robert Mearns [engl. ˈjəːkiːz], * Breadysville (Pa.) 26. Mai 1876, † New Haven (Conn.) 3. Febr. 1956, amerikan. Psychologe und Verhaltensforscher. - Prof. an der Harvard University und an der Yale University. Y. befaßte sich bes. mit Intelligenzuntersuchungen (sowohl bei Tieren als auch bei Menschen); gründete 1929 die Yale Laboratories of primate biology (heute *Y. Laboratories*) in Orange Park (Fla.), die zu einem Forschungszentrum für die neurobiolog. und physiolog. Grundlagen des Verhaltens wurden.

Yersin [frz. jɛrˈsɛ̃], Alexandre, * Rougemont (Waadt) 22. Sept. 1863, † Nha Trang (Südvietnam) 1. März 1943, schweizer. Tropenarzt. - Begr. ein Pasteur-Institut in Nha Trang; entdeckte (unabhängig von S. Kitasato) den Erreger der Pest und entwickelte ein nach ihm ben. Pestserum.

Y., Yves, * Lausanne 4. Okt. 1942, schweizer. Filmregisseur. - 1965–73 gestaltete Y. eine Serie von 13 Dokumentarfilmen über aussterbende Berufe für die Schweizer. Gesellschaft für Volkskunde in Basel. Drehte 1979 seinen ersten Spielfilm „Kleine Fluchten".

Yersinia [nach A. Yersin], Gatt. gramnegativer, kurzstäbchenförmiger, z. T. unbegeißelter Bakterien (Fam. Brucellaceae) mit tier- und menschenpathogenen Arten (z. B. Erreger der Pest und der Pseudotuberkulose).

Yeti [nepales.] ↑Schneemensch.

Yeu [frz. jø], Insel vor der frz. W-Küste, Dep. Vendée, 10 km lang, bis 4 km breit, bis 35 m ü. d. M., Hauptort Port-Joinville.

Yggdrasil ↑germanische Religion [räuml. Weltbild].

Yhombi Opango, Joachim [jɔmbiɔpaŋˈgo], * 1939, kongoles. Offizier und Politiker. - 1968–73 Generalstabschef, 1973/74 Generalinspekteur der kongoles. Armee; 1974/75 Generalsekretär der Reg. mit Min.rang, zugleich (ab Sept. 1974) Verteidigungsmin.; 1977–79 Staatspräs., Vors. des Min.rats und Vors. des Militärkomitees der Kongoles. Arbeiterpartei; 1979 verhaftet und vor Gericht gestellt; bis 1984 in Haft.

Yin [chin. ɪn], anderer Name der chin. Dyn. Shang (↑chinesische Geschichte).

Yinchwan (Yinchuan) [chin. ɪntʃɥan], Hauptstadt der Autonomen Region Ningsia, China, in einer Stromoase des mittleren Hwanghotales, 576 000 E. Univ.; Handels- und Verarbeitungszentrum für Wolle, Häute und Getreide; Flußhafen, ✈.

Yingkow (Yingkou) [chin. ɪŋkɔu], chin. Hafenstadt an der Mündung des Liaoho in den Golf von Liaotung, 200 000 E. Magnesiumgewinnung, Baumwoll-, Strickwaren-, Papier-, Konserven- u. a. Ind. - Durch Erdbeben 1975 schwer zerstört.

Yinschan (Yinshan) [chin. ɪnʃan], W–O streichendes Gebirge in China, nördl. vom Ordosplateau und Hwanghobogen, besteht aus mehreren Ketten, im Tatsing Shan bis 2 187 m hoch.

Yin und Yang [chin.], entgegengesetzte Prinzipien einer spekulativen chin. Naturphilosophie seit etwa 400 v. Chr.; *Yin* ist das passive, weiche, weibl., *Yang* das aktive, harte, männl. Prinzip; beide sind aber trotz ihrer Gegensätzlichkeit nicht dualist. getrennt, sondern haben ihren gemeinsamen Ursprung in einem Absoluten, aus dessen Ruhe- und Bewegungszuständen sie ihre Polarität gewinnen. - ↑auch chinesische Philosophie.

Ylang-Ylang-Baum [ˈiːlaŋˈiːlaŋ; malai.] (Ilang-Ilang-Baum, Canangabaum, Cananga odorata), Annonengewächs der vier Arten umfassenden Gatt. *Cananga* in S- und SO-Asien; kleiner Baum oder Strauch mit großen, wohlriechenden, zu 2–4 in den Blattachseln stehenden Blüten, die das ↑Ylang-Ylang-Öl liefern.

Ylang-Ylang-Öl [ˈiːlaŋˈiːlaŋ; malai.] (Ylangöl, Canangaöl), aus den Blüten des Ylang-Ylang-Baumes destilliertes, fruchtig-blumig riechendes äther. Öl, das in der Parfümind. verwendet wird; enthält v. a. Linalool und Geraniol.

Ylide [Kw.], organ. Verbindungen mit einer halbpolaren Bindung zw. einem Kohlenstoff- und einem Heteroatom, wobei das Kohlenstoffatom ein freies Elektronenpaar besitzt; sie stehen im mesomeren Gleichgewicht mit den *Ylenen*, z. B. beim Triphenylphosphoniummethylid bzw. Triphenylmethylenphosphor:

$$(C_6H_5)_3\overset{\oplus}{P}-\overset{\ominus}{C}H_2 \leftrightarrow (C_6H_5)_3P=CH_2.$$

Die Y. wurden von G. Wittig 1947 erstmals hergestellt und spielen in der präparativen organ. Chemie (↑Wittig-Reaktion) eine Rolle.

YMCA [engl. ˈwaɪ-ɛmsɪˈeɪ], Abk. für: **Y**oung **M**en's **C**hristian **A**ssociation (↑Christlicher Verein Junger Männer).

Ymir, in der german. Mythologie ein zus. mit der Kuh ↑Audhumla aus dem Eis der Urwelt hervorgetauter Riese; Stammvater der Frost- und Reifriesen.

Ynglingar [schwed. ˌyŋliŋar], älteste schwed. Königsdyn., die ihre Herkunft von dem Gott Yngvi-Freyr ableitete und nach der „Ynglings saga" aus der Gegend von Uppsala kam. Das Geschlecht, von dem auch die frühen norweg. Könige abstammen, wird erst mit Björn dem Alten (etwa 900–950) greifbar, nahm unter Olaf III. Skötkonung (etwa 995–1022) das Christentum an und erlosch mit dessen Sohn Emund etwa 1056.

Yoga ↑Joga.

Yoghurt ↑Joghurt.

Yogyakarta [indones. dʒɔgdʒaˈkarta] (früher Jogjakarta), Stadt im südl. Z-Java, Indonesien, 100 m ü. d. M., 398 700 E. Verwaltungssitz der Region Y.; bed. Kulturzentrum; Univ. (gegr. 1949), private islam. Univ. (gegr. 1945), Kunstakad.; Museum, Theater. Zentrum eines agrar. Umlandes mit nur schwach entwickelter Ind.; bed. Kunstgewerbe. - Gehörte zum hindu-javan., 16.–18. Jh. islam. Reich Mataram. 1755 als Sultanat Y. eingerichtet, bildete zus. mit Swakarta die sog. Fürstenländer; eines der Zentren des Unabhängigkeitskampfes; 1945–50 Sitz der Reg. der Republik Indonesien.

Yohimbin [afrikan.] (Johimbin, Quebrachin), aus der Rinde des westafrikan. Yohimbinbaums Pausinystalia yohimba gewonnenes Alkaloid mit gefäßerweiternder Wirkung; wird medizin. gegen Durchblutungsstörungen sowie als Aphrodisiakum verwendet.

Yohimbinbaum (Yohimbebaum), Bez. für zwei Gatt. der Rötegewächse: *Corynanthe* (mit neun Arten) im trop. Afrika und *Pausinystalia* (mit sechs Arten) im trop. W-Afrika.

Yoldia [nach dem span. Grafen A. d'Aguirre de Yoldi, *1764, †1852], seit dem Eozän bekannte Gatt. primitiver Muscheln, v. a. in sandigen Küstenregionen aller Meere; sich in den Untergrund eingrabende Tiere mit langen Siphonen; z. B. *Yoldia arctica* in nord. Meeren; Leitform für einen nacheiszeitl. Abschnitt der Ostsee.

Yoldiameer [nach der Muschel Yoldia], Stadium der Ostsee, ↑ Holozän (Übersicht).

Yonne [frz. jɔn], linker Nebenfluß der Seine, entspringt im Morvan, mündet bei Montereau-faut-Y., 295 km lang.

Y., Dep., in Frankreich.

Yorck von Wartenburg, noch existierende preuß. Adelsfam.; im 17. Jh. unter dem Namen *Jarcke* als freie Bauern in Hinterpommern nachweisbar; im 18. Jh. *Yorck;* 1814 Grafentitel Y. v. W. Bed. Vertreter:

Y. v. W., Johann (Hans) David Ludwig Graf (seit 1814), *Potsdam 26. Sept. 1759, † Klein Oels (= Oels) 4. Okt. 1830, preuß. Feldmarschall (seit 1821). - 1811 Generalgouverneur von Ost- und Westpreußen sowie Litauen; schloß am 30. Dez. 1812 als Befehlshaber des preuß. Hilfskorps im Rußlandfeldzug Napoleons I., ohne vom König ermächtigt zu sein, die Konvention von Tauroggen; erkämpfte 1813 den Elbübergang bei Wartenburg (Landkr. Wittenberg).

Y. v. W., Peter Graf, * Klein Oels (= Oels) 13. Nov. 1904, † Berlin 8. Aug. 1944 (hingerichtet), dt. Widerstandskämpfer. - Ab 1938 Oberreg.rat beim Reichskommissar für Preisbildung; lehnte aus eth.-religiösen Motiven den Totalitätsanspruch und die imperialist. Ziele des NS-Regimes ab und stand seit 1938 im Mittelpunkt eines Widerstandskreises; nach Kriegsteilnahme in Polen ab 1942 im Wehrwirtschaftsamt tätig; war Mitbegr. des Kreisauer Kreises und erfüllte (zus. mit seinem Vetter C. Graf Schenk von Stauffenberg) eine vielseitige Mittlerrolle für die Widerstandsbewegung; nach dem 20. Juli 1944 eines der ersten Opfer des Volksgerichtshofs.

Yorick [engl. ˈjɔrɪk], Name des Hofnarren, dessen Schädel Prinz Hamlet (in W. Shakespeares „Hamlet") betrachtet.

York [engl. jɔːk], engl. Dyn., zurückgehend auf König Eduard III. aus dem Hause Plantagenet († auch Stammtafel Bd. 6, S. 301), dessen 5. Sohn, Edmund of Langley, 1385 den Titel eines Hzg. von Y. erhielt. Richard, Hzg. von Y., erhob gegen Heinrich VI. Lancaster Ansprüche auf den engl. Thron und stürzte damit England in die ↑ Rosenkriege. Nach Richards Tod in der Schlacht bei Wakefield am 30. Dez. 1460 konnte sein Sohn am 4. März 1461 als Eduard IV. den engl. Thron besteigen. Seine Tochter Elisabeth (*1466, †1502) heiratete 1486 Heinrich VII. Tudor, der damit die Lancaster mit dem Hause Y. versöhnte. Das Haus Y. erlosch 1499 mit der Hinrichtung von Eduards IV. Neffen Eduard, Earl of Warwick.

York [engl. jɔːk], Stadt in N-England, am Ouse, 99 800 E. Anglikan. Erzbischofssitz; Univ. (gegr. 1963), Colleges; Eisenbahnmuseum, Yorkshire-Museum, volkskundl. Castle-Museum; Theater. Handels- und Industriezentrum, Verkehrsknotenpunkt.

Geschichte: Das röm. Legionslager **Eboracum** (**Eburacum**) wurde etwa 71–74 gebaut, nach Zerstörung 197 verstärkt befestigt; die bei dem zur Festung ausgebauten Lager entstandene Siedlung wurde vor 237, vielleicht schon um 210–213, zur Colonia und Hauptstadt der Prov. Britannia inferior erhoben; 296 zerstört, von Konstantius I. wieder aufgebaut; 314 bereits Bischofssitz; war nach Abzug der Römer (Ende de 4. Jh.) eher unbedeutend.; wurde Anfang des 7. Jh. Hauptstadt des angelsächs. Northumbria, 627 Sitz eines Erzbischofs; entwickelte sich zum wichtigsten geistl. Zentrum in N Englands; 867 von den Dänen erobert (hieß nun **Yorwick**), Anfang des 10. Jh. von Wessex; seit König Heinrich I. (1100–35) privilegiert, wurde 1212 City und 1396 Stadtgrafschaft; 1484–1641 Verwaltungszentrum für N-England.

Bauten: Die Kathedrale (1230–15. Jh.) ist eine der prunkvollsten und größten got. Kirchen Englands, mit bed. Glasmalereien aus dem 13. bis 15. Jh.; Häuser (14. und 15. Jh.), erhaltene Stadtbefestigung (14. Jh.). - Abb. S. 227.

Yorktown [engl. ˈjɔːktaʊn], Ort nahe der W-Küste der Chesapeake Bay, im sö. Virginia, USA, 311 E. - Entstand 1631. - Die Kapitulation des brit. Generals Lord Cornwallis vor den amerikan.-frz. Streitkräften unter Wahington und Rochambeau bei Y. (1781) entschied den Nordamerikan. Unabhängigkeitskrieg zugunsten der brit. Kolonien in N-Amerika. - Bildet u. a. mit Jamestown seit 1936 den Colonial National Historical Park. Grace Church (1697), das Zollhaus (um 1706; restauriert 1929), Moore House (um 1725), in dem die Kapitulationsbedingungen zw. Amerikanern und Briten ausgehandelt wurden.

Yoruba [joˈruːba, ˈjoːruba], Volk der Sudaniden in SW-Nigeria, kleinere Gruppen leben in Ghana und Benin. Etwa 50% wohnen in Städten über 20 000 E, sog. *Y.-Städten*, das sind Stadtdörfer, deren ländl. Bev. sich [tägl.] auf die die Stadt umgebenden Äcker zur Feldarbeit begibt. Die Städte und ihr Umland bilden eine hierarch. aufgebaute Einheit unter einem König (Oba) und einem einflußreichen Königsrat. Geistl. Oberhaupt aller Y. ist der Oni von Ife, Nachkomme des Weltenschöpfers Oduduwa. Die Kunst der Y. (Gelbguß, Schnitzereien, Tonarbeiten) hatte im 13./14. Jh. in ↑ Ife ihren Höhepunkt.

Das Reich der Y. - östl. des Reiches von Dahome gelegen - bestand aus verschiedenen Kgr. und Ft., die alle den Oni von Ife als geistl. Oberhaupt anerkannten. Der stark legendär gefärbten Überlieferung zufolge gelangten die Y. aus dem NO in das Gebiet der Guineaküste. Ende des 13. Jh. brachten sie das nördl. gelegene Nupe in ihre Gewalt, bis sich im 16. Jh. die Nupe erhoben und die Y. vorübergehend unterwarfen. Um 1850 war das Y. reich in 8 Kgr. zerfallen; 1893 wurde das Gebiet brit. Protektorat.

Yoruba [joˈruːba, ˈjoːruba] (Anago, Ana, Nago, Yariba, Aku), zu den Kwasprachen gehörende Sprache in SW-Nigeria, westl. des Nigerdeltas, darüber hinaus in Togo, Benin und in Flüchtlingskolonien in Sierra Leone gesprochen. Mit etwa 12 Mill. Sprechern ist das Y. eine der wichtigsten Verkehrssprachen in Nigeria.

Yosemite National Park [engl. joʊˈsɛmɪtɪ ˈnæʃənəl ˈpɑːk], Nationalpark in der Sierra Nevada, USA, 3072 km²; Zentrum bildet das *Yosemite Valley* mit zahlr. Wasserfällen; Riesenmammutbaumbestände.

Young [engl. jʌŋ], Charles Augustus, * Hanover (N. H.) 15. Dez. 1834, † ebd. 3. Jan. 1908, amerikan. Astrophysiker. - Prof. in Hudson (Ohio), Hanover (N. H.) und Princeton. Sein Hauptarbeitsgebiet war die Spektroskopie der Sonne (Chromosphäre, Korona, Protuberanzen, Sonnenflecken); außerdem bestimmte er die Rotationsgeschwindigkeit der Sonne.

Y., Edward, ≈ Upham (Hampshire) 3. Juli 1683, † Welwyn (Hertford) 5. April 1765, engl. Dichter. - Anfangs Jurist, später Geistlicher. Schrieb Verssatiren im Geist der Aufklärung, geistl. Dichtungen und Dramen unterschiedl. Niveaus. Den Höhepunkt seiner Werke bildet „Klagen oder Nachtgedanken über Leben, Tod und Unsterblichkeit ..." (1742-45), eine umfangreiche Blankversdichtung, die im Zeitalter der Aufklärung den bis dahin unbekannten Ton der Empfindsamkeit anwendete.

Y., Lester Willis, * Woodville (Miss.) 27. Aug. 1909, † New York 15. März 1959, amerikan. Jazzmusiker (Tenorsaxophonist). - Wurde v. a. durch seine Improvisationen im Orchester von Count Basie (1936-40) sowie durch seine Schallplattenaufnahmen mit der Sängerin Billie Holiday bekannt. Y. ist neben C. Hawkins der bedeutendste stilbildende Saxophonist des Swing.

Y., Neil, * Winnipeg 12. Nov. 1945, kanad. Rockmusiker (Sänger, Gitarrist, Pianist). - Auch Komponist und Texter; 1966/67 Mgl. der Gruppe Buffalo Springfield, 1969-71 und erneut 1974 von Crosby, Stills, Nash & Young.

Y., Thomas, * Milverton (Somerset) 13. Juni 1773, † London 10. Mai 1829, brit. Naturwissenschaftler. - Y. ging bei seinen opt. Untersuchungen vorwiegend von mechan. bzw. akust. Überlegungen aus. Er erklärte die Akkommodation des Auges richtig und stellte die Hypothese des Dreifarbensehens auf. Mit dem von ihm ebenfalls aufgestellten *Youngschen Interferenzprinzip* gelang es ihm, verschiedene Beugungserscheinungen (↑ Beugung), die Farben dünner Plättchen sowie die Newtonschen Ringe zu deuten und damit die Wellentheorie des Lichts zu erhärten. 1817 schlug er die Transversalität der Lichtwellen zur Erklärung der Polarisation vor.

Younganleihe [engl. jʌŋ] ↑ Youngplan.

Young Men's Christian Association [engl. ˈjʌŋ ˈmɛnz ˈkrɪstjən əsoʊsɪˈeɪʃən], Abk. YMCA, ↑ Christlicher Verein Junger Männer.

Youngplan [engl. jʌŋ], internat. Abkommen über die Zahlung der dt. Reparationen nach dem 1. Weltkrieg, das in Ablösung des Dawesplans (↑ Dawes, C. G.) am 21. Aug. 1929 angenommen wurde. Der Y. wurde von einer internat. Sachverständigenkonferenz unter Vorsitz des amerikan. Managers O. D. Young (* 1874, † 1962) ausgearbeitet, als deutl. wurde, daß das Dt. Reich nicht in der Lage war, die in dem Dawesplan vorgesehenen hohen Annuitäten zu zahlen. Die Tilgung sollte sich über insgesamt 59 Jahre mit durchschnittl. jährl. Zahlungen von 2 Mrd. Goldmark (tatsächl. 1931 eingestellt) erstrecken. Zur bankmäßigen Verwaltung der Zahlungen wurde die ↑ Bank für Internationalen Zahlungsausgleich errichtet. Zugleich mit der Annahme des Y. wurde die vorzeitige Räumung des Rheinlandes vereinbart. - Der Plan sah zudem eine internat. 5½%ige Anleihe des Dt. Reiches über rd. 300 Mill. US-Dollar vor (**Younganleihe**). In Deutschland löste der Y. eine heftige Agitation von seiten der sog. nat. Opposition aus. - Im Londoner Schuldenabkommen (1953) wurde die auf 1965 festgelegte Laufzeit der Anleihe bis 1980 verlängert.

Young Women's Christian Association [engl. ˈjʌŋ ˈwɪmɪnz ˈkrɪstjən əsoʊsɪˈeɪʃən], Abk. YWCA, dem Christl. Verein Junger Männer entsprechende Vereinigung der weibl. Jugend, 1855 in London gegründet.

Yourcenar, Marguerite [frz. jursəˈnaːr], eigtl. M. de Crayencour, * Brüssel 8. Juni 1903, frz.-amerikan. Schriftstellerin. - Frz. Staatsbürgerin; erneuerte mit ihren psycholog. fundierten, v. a. von der Antike geprägten Romanen, die sich im Stil Flauberts Sachlichkeit anstreben, den frz. histor. Roman; am bekanntesten „Ich zähmte die Wölfin" (1951), die imaginären Memoiren des röm. Kaisers Hadrian, und „Die schwarze Flamme" (R., 1968). Schrieb auch Essays,

Yttererden

York. Kathedrale

Dramen, Lyrik; bed. Übersetzerin (V. Woolf, H. James u. a.). Erhielt 1977 den Großen Literaturpreis der Académie française, seit März 1980 deren Mitglied. - *Weitere Werke:* Mishima (Essay, 1981), Le temps, ce grand sculpteur (1983), Der Fangschuß (dt. 1986). - † 17. Dez. 1987.

Youssoufia [frz. jusu'fja], marokkan. Stadt 65 km osö. von Safi, 300 m ü. d. M., 22 000 E. Nach Khouribga wichtigstes Phosphatbergbauzentrum Marokkos.

Ypern ['y:pɔrn, 'i:pɔrn] (amtl. niederl. Ieper; frz. Ypres), belg. Stadt 60 km wsw. von Gent, 34 000 E. Museum; Nahrungsmittel-, Textilind., Textilmaschinenbau.
Geschichte: 1066 erstmals gen.; gehörte vom 12. bis 14. Jh. zus. mit Gent und Brügge zu den bedeutendsten Städten der Gft. Flandern. 1559–1801 Bischofssitz; fiel 1678/79–1713 an Frankr.; 1715–81/82 eine der niederl. Barrierefestungen; hatte bis 1744 eine niederl. Besatzung, 1794–1814 erneut zu Frankr.; seit 1815 beim Kgr. der Vereinigten Niederlande, wurde 1830/31 belg.; 1855 Schleifung der Befestigungsanlagen; erlitt v. a. im 1. Weltkrieg 1914/15 schwere Schäden.
Bauten: Am Grote Markt die berühmte Tuchhalle (um 1200–1380) mit 70 m hohem Belfried; Renaissancerathaus (1620); Kathedrale Sint-Maartens (1221 ff.); ma. Befestigungen (im 17. Jh. durch Vauban erneuert).

Ypsilon [griech., eigtl. „einfaches ü"], 22. und letzter Buchstabe des urspr., 20. des klass. griech. Alphabets mit dem Lautwert [u, u:], später [y, y:]: Y, υ.

Ypsiloneule ↑ Eulenfalter.

Ysenbrant ['i:zənbrant] ↑ Isenbrant.

Ysenburg ['i:zənbʊrk] ↑ Isenburg.

Ysop ['i:zɔp; semit.-griech.] (Isop, Josefskraut, Hyssopus), Gatt. der Lippenblütler mit der einzigen, vom Mittelmeergebiet bis zum Altai verbreiteten Art *Hyssopus officinalis;* 20–70 cm hoher Halbstrauch mit aufsteigenden Stengeln, derben, längl. Blättern und meist dunkelblauen Blüten in dichten, endständigen Scheinähren. Der Y. wurde früher als Heil- und Gewürzpflanze kultiviert.

Ystad [schwed. 'y:stɑːd, 'y:sta], schwed. Stadt 60 km sö. von Malmö, 15 000 E. Landmaschinenbau, Nahrungsmittelind.; Fährverkehr nach Bornholm und Swinemünde. - Entstand im 12. Jh., um 1200 Stadt; kam 1658 von Dänemark an Schweden. - Marienkirche, Petrikirche sowie ehem. Franziskanerkloster stammen aus dem 13. Jahrhundert.

Ytong ['iːtɔŋ] ⓦ, aus dem Anfangsbuchstaben des Firmennamens Yxhults stenhuggeri AB und schwed. gasbe**tong** gebildeter Handelsname für Leichtbausteine aus gehärtetem Porenbeton (Gasbeton).

Ytterbium [nach dem schwed. Fundort Ytterby], chem. Symbol Yb; metall. Element aus der Reihe der Lanthanoide des Periodensystems der chem. Elemente, Ordnungszahl 70, mittlere Atommasse 173,04, Schmelzpunkt 824 °C, Siedepunkt 1 193 °C. Das graue Leichtmetall tritt in zwei Modifikationen (kub.-flächenzentriert und kub.-raumzentriert) mit unterschiedl. Dichten auf (6,965 g/cm³ und 6,54 g/cm³). Mit $2,5 \cdot 10^{-6}$ Gew.-%-Anteil an der Erdkruste steht Yb an 55. Stelle der Häufigkeitsliste der chem. Elemente. Es kommt zus. mit den anderen Lanthanoiden v. a. in Yttriummineralen vor. - Yb wurde 1878 von J. C. G. de Marignac entdeckt.

Yttererden [nach dem schwed. Fundort Ytterby], die Oxide des Yttriums und der schwereren Lanthanoide (Gadolinium, Dysprosium, Erbium und Ytterbium), die meist zus. in Mineralen auftreten.

Yttrium

Yttrium [nach dem schwed. Fundort Ytterby], chem. Symbol Y; metall. Element aus der III. Nebengruppe des Periodensystems der chem. Elemente, Ordnungszahl 39, relative Atommasse 88,906, Schmelzpunkt 1522 °C, Siedepunkt etwa 3338 °C. Das graue, chem. dem Aluminium ähnelnde Leichtmetall tritt in zwei Modifikationen auf (hexagonal mit einer Dichte von 4,47 g/cm^3 und kub.-raumzentriert mit einer Dichte von 4,25 g/cm^3). Mit 0,0026 Gew.-% der Erdkruste steht Y. an 32. Stelle der Häufigkeit der chem. Elemente. - Y. kommt nur in gebundener Form vor; Y.minerale enthalten (wegen der ähnl. Ionenradien) stets bed. Mengen an Elementen der Lanthanoidreihe. Y. erhöht als Zusatz zu Aluminiumlegierungen die Korrosionsfestigkeit und Verformbarkeit; Legierungen von Y. mit Kobalt eignen sich zur Herstellung von Permanentmagneten. Mit Europium aktiviertes Y.vanadat oder Y.oxid wird als roter Leuchtstoff für Farbfernsehröhren verwendet. - Y. wurde 1794 von J. Gadolin im Mineral Gadolinit entdeckt.

Yüan [chin. y̆æn], mongol. Dyn. in China († chinesische Geschichte).

Yüan Shih-k'ai (Yuan Shikai) [chin. y̆ænʃikaj], * Siangcheng (Prov. Honan) 20. Sept. 1859, † Peking 6. Juni 1916, chin. General und Politiker. - 1885–95 chin. Resident in Korea; baute danach in N-China eine moderne Armee auf und wurde 1901 Vizekönig der Prov. Hopeh; 1904 Außenmin.; 1907–09 Mgl. des kaiserl. Großrates; ab Nov. 1911 letzter kaiserl. Premiermin., führte mit den Revolutionären Sun Yat-sens eine Einigung herbei, veranlaßte die Abdankung des Kaisers und wurde im Febr. 1912 Präs. der Republik; seit 1913 im Konflikt mit der revolutionären Kuomintang, proklamierte sich selbst im Dez. 1915 zum Kaiser, mußte jedoch wegen Aufständen im S auf die Thronbesteigung verzichten.

Yucatán [span. juka'tan], mex. Staat in N der Halbinsel Y., 38402 km^2, 1,11 Mill. E (1982), Hauptstadt Mérida. Außer Henequenagaven werden Mais, Bohnen, Zuckerrohr, Orangen, Zitronen, Erdnüsse u. a. angebaut. - Der Staat Y. wurde 1824 geschaffen, umfaßte zunächst die ganze Halbinsel Y.; 1867 wurde der Staat Campeche, 1902 das Territorium (später Staat) Quintana Roo abgetrennt.

Yucatán, Halbinsel [span. juka'tan], Halbinsel der zentralamerikan. Landbrücke, zw. dem Karib. Meer und dem Golf von Mexiko, größtenteils zu Mexiko, im S und SO zu Guatemala und Belize, über 600 km lang, bis 450 km breit. Die Halbinsel besteht im N aus einer weiten Ebene, die von zahlr. Cenotes (Einsturzdolinen) und flachen Schüsseldolinen durchsetzt ist; sie endet an einer bis 150 m hohen Landstufe. Die südl. anschließende Ebene ist durch flache Kuppen stärker reliefiert, die zu den Kegelkarstformen des nördl. Chiapas und Guatemala überleiten. Das Klima ist trop.; den Niederschlägen entsprechend geht die Vegetation von offenen Dornstrauch- und Sukkulentenformationen (im NW) über laubabwerfenden Trockenwald und regengrünen Feuchtwald und immergrünen trop. Regenwald über. Die überwiegend bäuerl. Bev. besteht heute noch zum größten Teil aus Maya. Fremdenverkehr zu den zahlr. Ruinenstätten der Maya- und Toltekenkultur.

Geschichte: Die Küste der H. Y. wurde 1517/18 von Spaniern als den ersten Europäern erkundet; 1527–46 Eroberung der Halbinsel. Im S und SO schufen sich frz. (seit 1571) und engl. Piraten (seit 1598) Stützpunkte. Nach der Unabhängigkeit Mexikos (24. Febr. 1821) trat ein polit. Selbständigkeitsstreben gegenüber der Zentralreg. hervor, die schließl. 1843 Yucatán als unabhängigen Staat anerkannte, der aber noch im selben Jahr in den Bundesstaat zurückkehrte. Der Mayaaufstand 1847 und der nachfolgende Kleinkrieg dezimierten die Bev. erheblich.

Yucca [span.], svw. † Palmlilie.

Yü Ch'iu-li (Yu Qiuli) [chin. ytɕjǒuli], * in der Prov. Szetschuan 1914, chin. Politiker. - Ab 1958 Min. für Ölind., 1965 stellv. Vors. des staatl. Planungskomitees, seit 1972 dessen Vors.; seit 1975 einer der stellv. Min.präs.; seit 1969 Mgl. des Exekutivkomitees der KPCh, seit 1977 in deren Politbüro; seit Febr. 1980 Sekretär des ZK der KPCh; seit Aug. 1980 Vors. der staatl. Energiekommission; gilt als Pragmatiker, verantwortl. für die Entwicklung Chinas zur modernen Ind.nation.

Yüeh-chih [chin. y̆edʒi] † Tocharer.

Yukon Plateau [engl. 'juːkɔn 'plætəʊ], große Beckenlandschaft im Yukon Territory und Alaska, ein bis 900 m ü. d. M. ansteigendes Plateau, in das die Flußtäler mehrere 100 m tief eingeschnitten sind.

Yukon River [engl. 'juːkɔn 'rɪvə], Fluß in Nordamerika (NW-Kanada und Alaska), entfließt dem Tagish Lake, mündet in einem über 20000 km^2 großen Delta, das mit dem Delta des Kuskokwim River verwachsen ist, in das Beringmeer, 2554 km lang, von Mitte Mai–Anfang Okt. ab Whitehorse schiffbar.

Yukon Territory [engl. 'juːkɔn 'tɛrɪtərɪ], Verw.-Geb. im NW Kanadas, 482515 km^2, 22900 E (1985), Hauptstadt Withehorse.

Landesnatur: Der größte Teil des Y. T. wird vom Yukon Plateau eingenommen. Im N und NW wird es durch die Ogilvie Mountains und die Selwyn Mountains begrenzt, die Höhen zw. 2000 und knapp 3000 m erreichen. Im SW liegen die Saint Elias Mountains, mit dem Mount Logan, 5950 m (höchster Berg Kanadas). - Im SW sind die Temperaturen milder als im Landesinneren. Nordwinde verursachen absolute Extremtemperaturen: in Snag wurden im Febr. 1947 −62,8 °C gemessen. - Der überwiegende Teil des Gebiets wird

von Tundra eingenommen. Ausgedehnte Waldbestände mit vorherrschendem Fichtenanteil sind in den Flußtälern, bes. im S und SO, zu finden. Neben Elch, Karibu, Schwarzbär, Grizzly und Luchs finden sich zahlr. kleine Pelztiere. Flüsse und Seen sind sehr fischreich.
Bevölkerung, Wirtschaft, Verkehr: Die Mehrzahl der Bev. ist europ. Abkunft; daneben leben Indianer und Eskimo im Y. T. Rd. 50% der Gesamtbev. leben in der Hauptstadt. 1978 bestanden 26 Schulen. - Der wichtigste Wirtschaftszweig ist der Bergbau auf Gold-, Silber-, Blei- und Zink- sowie Kupfererze und Cadmium. - Eine Eisenbahnlinie (176 km) verbindet Whitehorse mit Skagway (Alaska) am Pazifik. Das Netz der Allwetterstraßen (südl. des Polarkreises) ist 4 695 km lang, davon 250 km mit fester Decke; ✈ bei Whitehorse.
Geschichte: Ab 1842 von Pelzhändlern der Hudson's Bay Company erforscht; kam 1869 in den Besitz der kanad. Reg.; gehörte danach zu den Northwest Territories; 1898 als eigenes Territorium organisiert.
📖 *William, A. A.: The discovery and exploration of the Yukon.* Sydney 1976. - *McCourt, E.: The Y. and Northwest Territories.* Toronto 1969.

Yümen (Yumen) [chin. ymən], chin. Stadt im W-Teil des Kansukorridors, rd. 1 500 m ü. d. M., 325 000 E. Zentrum eines bed. Erdölfeldes.

Yun, Isang, * Tongyong (Süd Korea) 17. Sept. 1917, korean. Komponist. - Lehrte 1952-56 an den Universitäten in Pusan und Seoul, seit 1970 an der Berliner Musikhochschule. Sein Stil verschmilzt westl.-avantgardist. Techniken mit chin.-korean. Traditionen. Er schrieb neben Orchester-, Kammer- und Vokalmusik mehrere Opern, u. a. „Träume" (1969), „Geliebte Füchsin" (1970), „Geisterliebe" (1971), „Sim Tjong" (1972).

Yünnan (Yunnan) [chin. jynnan], Prov. in SW-China, 436 200 km², 33 Mill. E (1982), Hauptstadt Kunming. Der zentrale Teil der Prov. ist ein von einzelnen Höhenzügen und flachen, oft seenerfüllten Becken durchsetztes Plateau in 1 800–2 000 m ü. d. M. zw. dem Jangtsekiang im N und dem Roten Fluß im S. Im O geht es in das benachbarte Kweitschou über, während westl. von Tali das Gebirgsland SO-Tibets mit dicht gescharten Gebirgsketten (über 4 000 m hoch) und N–S verlaufenden Talfurchen, deren Flüsse (u. a. Mekong) vielfach bis in Höhenlagen unter 1 000 m eingeschnitten sind, den Abschluß bildet. Das Plateau, der dicht besiedelte Kernraum der Prov., besitzt subtrop. Klima. Außer Chinesen leben zahlr. ethn. Minderheiten in Y. Hauptanbauprodukte sind Reis, Weizen, Gerste, Mais, Zuckerrüben, Tee und Tabak. An Bodenschätzen gibt es Zinn, Kupfer, Eisenerz und Kohle. Neben Schwerind. finden sich Maschinenbau, Elektroindustrie.

Yupik ↑ Eskimoisch.

Yvelines [frz. i'vlin], Dep. in Frankreich.

Yverdon-les-Bains [frz. ivɛrˈdöleˈbɛ̃], Bez.hauptstadt im schweizer. Kt. Waadt, am S-Ende des Neuenburger Sees, 433 m ü. d. M., 21 000 E. Nahrungsmittel-, Tabakind., Eisenbahnwerkstätten; alkal. Schwefeltherme (seit 1977 Heilbad). - Röm. Zivilsiedlung an der Stelle eines helvet. Ortes (**Eburodunum**) und Militärlager (Kastell aus der 2. Hälfte des 4. Jh.; Anfang des 5. Jh. verlassen); nach 1011 Besitz des Bischofs von Lausanne; erhielt um 1260 wichtige Rechte durch die Grafen von Savoyen; seit 1260 Stadt. 1536 von Bern erobert, bis 1798 Landvogtei. - Ref. barocke Pfarrkirche (1755–57); ehem. Schloß (1805–25 Wirkungsstätte J. H. Pestalozzis); spätbarockes Rathaus (1767–73).

Yves [frz. i:v], männl. Vorname, frz. Form von ↑ Ivo.

Yvette [frz. iˈvɛt] (Ivette), aus dem Frz. übernommener weibl. Vorname, Verkleinerungsform von Yvonne.

Yvonne [frz. iˈvɔn] (Ivonne), aus dem Frz. übernommener weibl. Vorname.

YWCA [engl. ˈwaɪdʌbljuːsiːˈɛɪ], Abk. für: ↑ Young Women's Christian Association.

Z

Z, 26. und letzter Buchstabe des dt., 23. des lat. Alphabets, der auf griech. Zeta (I, Z) und nordwestsemit. I zurückgeht. Das im archaischen lat. Alphabet vorhandene Zeichen I = [z] wurde nach dem Wandel von [z] zu [r] (↑Rhotazismus) im 4. Jh. v. Chr. entbehrlich und 312 v. Chr. abgeschafft; im 1. Jh. v. Chr. wurde dann Z zur Wiedergabe von griech. ζ in griech. Wörtern und Namen wieder neu aus dem Griech. eingeführt und der Alphabetreihe am Ende angefügt. Im Dt. bezeichnet Z die stimmlose Affrikate [ts].
◆ (Münzbuchstabe) ↑Münzstätten (Übersicht).

Z (Z), Formelzeichen:
◆ für die ↑Ordnungszahl.
◆ für den Wechselstrom- bzw. den Scheinwiderstand.

z (z), Formelzeichen für eine ↑komplexe Zahl bzw. Veränderliche.

Zaanstad [niederl. 'za:nstat], niederl. Gem. nw. von Amsterdam, 128 000 E. 1974 aus **Zaandam** u. a. Gem. gebildet. Hafen am Nordseekanal; holzverarbeitende u. a. Ind. – An der Stelle des 1155 durch Friesen zerstörten **Zaenden** entwickelten sich Ost- und West-Zaandam, während der niederl. Freiheitskriege abwechselnd im Besitz der Spanier und der Generalstaaten, 1811 zu einer Stadt vereinigt; 1920 wurden Teile von Zaandam nach Amsterdam eingemeindet. - In Zaandam spätgot. ref. Kirche (17. Jh.) und luth. Kirche (1699) mit Barockausstattung.

Zaanstreek [niederl. 'za:nstre:k], histor. Ind.gebiet in der niederl. Prov. Nordholland, beiderseits der kanalisierten Zaan zw. Wormermeer im NW und Nordseekanal.

Zabern (frz. Saverne), frz. Stadt am Rhein-Marne-Kanal, Dep. Bas-Rhin, 10 300 E. Metallverarbeitende und Elektroind., Brauerei. - Pfarrkirche (12.–15. Jh.), Schloß (18. Jh., z. T. Museum).

Zabern-Affäre, Verfassungskrise im Dt. Reich 1913, ausgelöst durch das z. T. gesetzwidrige Vorgehen des Militärs gegen die Bev. in Zabern (Elsaß), wo es wegen der Beschimpfung der Elsässer als „Wackes" durch einen Offizier zu Unruhen gekommen war. Nachdem der preuß. Kriegsmin. Falkenhayn und der Reichskanzler Bethmann Hollweg das Verhalten des Militärs öffentl. gutgeheißen hatten, nahm der Reichstag am 4. Dez. 1913 mit allen Stimmen außer denen der Konservativen einen (verfassungsrechtl. folgenlosen) Mißbilligungsantrag gegen den Reichskanzler an. Der weitergehende Versuch v. a. der SPD, Bethmann Hollweg zum Rücktritt zu zwingen und damit den Übergang zum parlamentar. System einzuleiten, scheiterte.

Zabrocki, Ludwik [poln. za'brɔtski], * Czersk (Woiwodschaft Bydgoszcz) 24. Nov. 1907, † Posen 8. Okt. 1977, poln. Sprachwissenschaftler. - Prof. in Posen; hat in der Nachkriegszeit die poln. Germanistik neu organisiert und entscheidend zu deren Entwicklung beigetragen; 1976 Dudenpreis.

Zabrze [poln. 'zabʒɛ] ↑Hindenburg O. S.

Zacatecas [span. saka'tekas], Hauptstadt des mex. Staates Z., in der Sierra Madre Occidental, 2 500 m ü. d. M., 68 000 E. Kath. Bischofssitz; Univ.; Verhüttungsanlagen; zahlr. Handwerksbetriebe. - 1546 gegr.; erhielt 1585 Stadtrecht. - Kathedrale (1730–60).

Z., Staat in Z-Mexiko, 73 252 km², 1,21 Mill. E (1982), Hauptstadt Zacatecas. Der SW-Teil liegt in der Sierra Madre Occidental, der NO erstreckt sich über das zentrale Hochland bis zu den westl. Ketten der Sierra Madre Oriental. Neben Ackerbau und Viehzucht bed. Bergbau auf Quecksilber-, Silber-, Gold-, Blei-, Kupfer- und Eisenerze. - 1530 von den Spaniern erstmals durchquert; im 16. Jh. besiedelt; bildete eine Prov. in Neuspanien; ging später in dem Verwaltungsgebiet Neubiskaya auf, wurde 1786 eine eigene Intendencia; seit 1824 Staat, von dem 1835 der Staat Aguascalientes abgetrennt wurde.

Zacatula, Río [span. 'rrio saka'tula], Fluß in Mexiko, ↑Balsas, Río.

Zaccagnini, Benigno [italien. dzakkaɲ'ɲi:ni], * Faenza 17. April 1912, italien. Politiker. - Nach 1943 in der Widerstandsbewegung, Mitbegr. der Democrazia Cristiana (DC) in Ravenna; Abg. der Konstituante 1946, des Parlaments seit 1948; 1959–62 Min. (Soziales, öffentl. Arbeiten); in seiner Partei 1962–69 Fraktionsvors., 1969–75 Präs. des Nationalrats, 1975–80 Parteisekretär. - † 5. Nov. 1989.

Zaccaria, Antonio Maria [italien. dzakka'ri:a] (Antonius M. Z.), hl., † Cremona 1539, italien. Arzt und Ordensgründer. - Lebte seit 1502 in Cremona; gründete 1530 den Orden der ↑Barnabiten und eine Laienvereinigung zur christl. Familienreform. - Fest: 5. Juli.

Zacharias, aus der Bibel übernommener

männl. Vorname, griech. Form von hebr. Sacharja (eigentl. „Der Herr hat sich [meiner] erinnert").

Zacharias, hl., † Rom 15. März 752, Papst (seit 3. Dez. 741). - Letzter griech. Papst; unterstützte Bonifatius in der Bistumsorganisation und der Reform der fränk. Kirche und schuf die Voraussetzungen zum Bund des Papsttums mit den Franken. - Fest: 22. März.

Zacharias, hl., bibl. Gestalt, Ehemann der Elisabeth und Vater Johannes des Täufers. Bei der Ankündigung der Geburt eines Sohnes durch einen Engel wurde er stumm; nach der Geburt erlangte er die Sprache wieder († Benedictus). - Fest: 5. November.

Zacharias, svw. ↑ Sacharja.

Zacher, Gerd, * Meppen 6. Juli 1929, dt. Organist. - 1957-70 Organist an der Lutherkirche in Hamburg-Wellingsbüttel, seit 1970 Prof. an der Folkwang Hochschule Essen; führender Interpret zeitgenöss. Orgelmusik.

Zachow, Friedrich Wilhelm ['tsaxo], ≈ Leipzig 14. Nov. 1663, † Halle/Saale 7. Aug. 1712, dt. Organist und Komponist. - Seit 1684 Organist an der Liebfrauenkirche in Halle, unterrichtete seit etwa 1692 G. F. Händel. Von ihm sind etwa 33 Kirchenkantaten, Kammermusik und Orgelwerke erhalten.

Zackelschaf, in zahlr. Schlägen auf Gebirgsweiden in SO-Europa und S-Rußland verbreitete Rasse mischwolliger Landschafe mit 20-35 cm langer, grober Wolle.

Zackenbarsche (Sägebarsche, Serranidae), überwiegend in trop. und warmen Meeren weit verbreitete Fam. meist räuber. lebender Barschfische mit über 500 rd. 3-300 cm langen, gestreckten, seitl. mehr oder minder zusammengedrückten Arten; Mundöffnung groß; Rückenflosse sägeartig gestaltet; Kiemendeckel mit ein bis zwei Dornen oder Stacheln. - Zu den Z. gehören u. a. Seebarsch, Judenfische und der **Schwarze Sägebarsch** (Centropristis striatus) an der amerikan. Küste des Nordatlantiks, bei dem (nach etwa 5 Jahren) eine teilweise Geschlechtsumwandlung vom ♀ zum ♂ eintritt.

Zackenhirsch (Barasingha, Cervus duvauceli), etwa 1,8 m langer, bis 1,1 m schulterhoher Echthirsch, v. a. in sumpfigen Gebieten N- und Z-Indiens sowie Thailands; im Sommer auf goldbraunem Grund hell gefleckt, im Winter einheitl. dunkel- bis schwarzbraune Tiere, deren ♂♂ ein bis über 1 m langes, vielendiges, leierartig geschwungenes Geweih tragen; Klauen spreizbar; Bestände bedroht.

Zackenmuscheln, svw. ↑ Riesenmuscheln.

Zackenschrift (Amplitudenschrift), Art der Tonaufzeichnung bei Lichtspielfilmen († Film).

Zadar [serbokroat. 'zadar], Stadt an der jugoslaw. Adriaküste, Zentrum N-Dalmatiens, 43 000 E. Sitz eines serb.-orthodoxen und eines kathol. Erzbischofs; philosoph.

Ossip Zadkine, Homo sapiens (1934). Paris, Musée National d'Art Moderne

Fakultät, Staatsarchiv, Kunstgalerie, archäolog. und ethnolog. Museum; Marktort; Schiffbau, Textilind., Herstellung von Präzisionsinstrumenten, Nähmaschinen, Seilen und Netzen, Fischkonservenfabrik u.a.; Eisenbahnendpunkt; Fährverbindung mit Ancona (Italien). - Ging aus dem antiken **Iader** (seit 33 v. Chr. röm. Colonia) hervor; im 4. Jh. von den Hunnen zerstört, unter byzantin. Herrschaft Sitz der Statthalter von Dalmatien; gehörte seit 1102 zu Ungarn, seit 1202 bedeutendste Handelsniederlassung Venedigs in Dalmatien; 1797-1805 und 1814/15-1919/20 zu Österreich; 1805-14/15 unter frz. Herrschaft; kam 1919/20 an Italien, 1947 an Jugoslawien. - Ehem. Donatuskirche (9. Jh.; an der Stelle des röm. Forums); roman. Dom (13. Jh.; Krypta 11. Jh.), Marienkirche (1582) mit typ. venezian. Fassade; zahlr. venezian. Bauten (15. und 16. Jh.).

Zaddik [hebr. „gerecht, Gerechter"], hebr. Bez. für den wahrhaft Frommen. Bes. Bed. gewinnt der Z. in der jüd. Mystik. Im osteurop. Chassidismus ist er der Mittelpunkt eines religiösen Kreises; auch Wundertäter.

Zadek, Peter, * Berlin 19. Mai 1926, dt.

Zadkine

Regisseur. - Emigrierte 1933 mit seinen Eltern nach London; seit 1958 in der BR Deutschland tätig, wo er mit kontrastreichen und spektakulären Inszenierungen auf sich aufmerksam machte. 1962-67 Schauspieldirektor in Bremen, 1972-77 Intendant in Bochum. Gastinszenierungen in Berlin, Hamburg und München; seit 1985 Intendant des Dt. Schauspielhauses in Hamburg. Zahlr. Film- und Fernsehinszenierungen, u. a. „Ich bin ein Elefant, Madame" (1968), „Van der Valk und das Mädchen" (Fernsehfilm, 1972); „Die wilden Fünfziger" (1983).

Zadkine, Ossip [frz. zad'kin], * Smolensk 14. Juli 1890, † Paris 25. Nov. 1967, frz. Bildhauer und Graphiker russ. Herkunft. - Sein Frühwerk steht unter dem Einfluß des Kubismus, dessen konstruktives Formengut in den späteren Arbeiten aufgelockert wird zugunsten expressiver Ausdrucksgebärden, u. a. beim Mahnmal „Die zerstörte Stadt" für Rotterdam (1953). - Abb. S. 231.

Zadok [hebr. „der Gerechte"], zusammen mit Ebjatar Priester in der Zeit Davids und Salomos; nach der Absetzung Ebjatars durch Salomo alleiniger Oberpriester. Auf ihn geht das israelit. Priestergeschlecht der **Zadokiden** zurück, von dem sich wahrscheinl. auch der Name der Sadduzäer herleitet.

Zadrakarta, Hauptstadt ↑ Hyrkaniens.

Zadruga [serbokroat. 'za:druga; slaw.], im südslaw. Raum bis ins 19. Jh. verbreitete Sozial- und Wirtschaftsform, bei der mehrere meist durch Abstammung verbundene Kleinfam. unter einem Oberhaupt (Gospodar) zusammenlebten und den (landw.) Besitz, an dessen Ertrag sie beteiligt waren, gemeinsam bewirtschafteten.

Żagań [poln. 'ʒagaɪn], poln. für ↑ Sagan.

Zagreb [serbokroat. ˌza:grɛb] (früher dt. Agram), Hauptstadt der jugoslaw. Teilrepublik Kroatien, an der oberen Save, 135 m ü. d. M., 763 300 E. Sitz eines serb.-orth. Metropoliten und eines kath. Erzbischofs; Jugoslaw. Akad. der Wiss. und Künste, Univ. (gegr. 1669), PH u. a. Fachhochschulen, mehrere Forschungsinst., Museen, Gemäldegalerien, Glyptothek; Nationaltheater, Oper u. a. Theater, Filmstudios, botan. Garten, Zoo. Führend ist die Metallind., gefolgt von Textil- und Bekleidungs-, Elektro-, Nahrungsmittel-, Papier- und chem. Ind.; graph. Betriebe. Handelszentrum mit zweimal jährl. stattfindender internat. Messe; Bahn- und Straßenknotenpunkt, ✈.

Geschichte: Geht auf die Antike zurück; 1093 erstmals als Bischofssitz gen.; 1242 von den Mongolen weitgehend zerstört; die daneben neu entstandene Siedlung **Gradec** (seit 1242 königl. ungar. Freistadt), die sich im 13./14. Jh. zu einem administrativen und wirtsch. Zentrum entwickelte, kam 1527 zus. mit der alten Stadt an das Haus Österreich; seit Ende des 17. Jh. kultureller Mittelpunkt Kroatiens; wurde 1718 Hauptstadt des mit Ungarn verbundenen Kgr. Kroatien (bis 1918); seit 1909 internat. Messestadt; seit 1945/46 Hauptstadt der Teilrepublik Kroatien. 1957 wurde das rechte Saveufer bebaut (Vorstadt *Novi Z.,* Messegelände).

Bauten: Stephansdom (13.-15. Jh.) mit neugot. Türmen, got. Markuskirche (14./15. Jh.), barocke Katharinenkirche (17./18. Jh.).

Zaharoff, Sir (seit 1918) Basil [engl. zə'hɑːrɔf], auch Wasilios Sacharof, Zacharia Basilius Z., Zacharie Vasiliou Zacharoff Basile, * Muğla (Türkei) 6. Okt. 1849, † Monte Carlo 27. Nov. 1936, Waffenhändler griech. Abstammung. - Ab 1875 Vertreter einer schwed. Waffenfabrik für den Balkan, später für ganz Osteuropa. Dank zahlr. persönl. Kontakte zu einflußreichen Persönlichkeiten (u. a. Lloyd George und G. Clemenceau) verdiente Z. am Waffenhandel, v. a. im 1. Weltkrieg, ein Vermögen. Als „mystery man of Europe" wurde Z. bereits zu Lebzeiten zur Legende.

Zahedi, Mohammad Fazlollah (Sahedi, Mohammad Faslollah) [pers. zɑhe'diː], * Hamadan 1897, † Genf 2. Sept. 1963, iran. General und Politiker. - Unter Schah Resa Pahlawi (1925-41) in wichtigen zivilen und militär. Funktionen; 1942-45 wegen Unterstützung der Deutschen von den Briten nach Palästina, später nach Indien verbannt; 1951 Innenmin.; setzte im Aug. 1953, vom Schah M. Resa Pahlawi zum Min.präs. (bis 1955) ernannt, mit Hilfe der Armee und der CIA M. Mossadegh ab und entschied die Staatskrise zugunsten des Schahs.

Zähigkeit, svw. ↑ Viskosität.

Zahiriten, theolog. Richtung des Islams, die sich in Fragen der Dogmatik und des Gesetzes streng an den Wortlaut (arab. tzahir) von Koran und Hadith hielt; entstand im 9. Jh. in Irak.

Zahl, Peter Paul, * Freiburg im Breisgau 14. März 1944, dt. Schriftsteller. - Engagierter Vertreter der neuen Linken; nach Schußwechsel mit der Polizei 1976 zu 15 Jahren Haft verurteilt. Schrieb Lyrik („Schutzimpfung", 1975, „Alle Türen offen", 1977), Erzählungen und Romane („Von einem, der auszog, Geld zu verdienen", 1970; „Die Glücklichen. Ein Schelmenroman", 1979; „Die Insel oder Die Hoffnung der Besiegten", 1986).

Zahl, einer der Grundbegriffe der Mathematik, zur Bez. der Mächtigkeit einer Menge (Kardinalzahl) und zur Herstellung einer Ordnung innerhalb einer Menge (Ordinalzahl) verwendet.

Aufbau der Zahlen:
Die Menge N der **natürlichen Zahlen** 1, 2, 3, ... kann durch das von G. Peano formulierte Axiomensystem charakterisiert werden:

I. 1 ist eine natürl. Zahl.

II. Jede natürl. Z. n besitzt eine eindeutige bestimmte natürl. Z. n' als Nachfolger.

Zahlendarstellung

III. Es gibt keine natürl. Z., die 1 als Nachfolger besitzt.
IV. Aus $m' = n'$ folgt $m = n$.
V. Jede Menge natürl. Z., die die Z. 1 und mit jeder Z. n auch deren Nachfolger n' enthält, besteht aus allen natürl. Z.

In der Menge **N** der natürl. Z. sind die Addition und die Multiplikation unbeschränkt ausführbar, d. h. die Summe bzw. das Produkt zweier natürl. Z. ist stets wieder eine natürl. Z. Die Subtraktion läßt sich dagegen nur ausführen, wenn der Minuend größer ist als der Subtrahend. Um auch die Subtraktion unbeschränkt ausführen zu können (z. B. 3−5) wird die Menge der natürl. Z. durch Hinzunahme der Null und der negativen ganzen Z. (−1, −2, −3 ...) zur Menge **Z** der **ganzen Zahlen** erweitert. In ihr sind Addition, Multiplikation und Subtraktion uneingeschränkt ausführbar. Die Division läßt sich dagegen nur ausführen, wenn der Dividend ein Vielfaches des Divisors ist (z. B. 15 : 3). Um auch die Division unbeschränkt ausführen zu können (z. B. 15 : 4), wird die Menge der ganzen Z. durch Hinzunahme der Bruchzahlen (a/b) mit a, b ∈ **Z** und b ≠ 0) zur Menge **Q** der **rationalen Zahlen** erweitert. In ihr sind die vier Grundrechenarten Addition, Subtraktion, Multiplikation und Division uneingeschränkt ausführbar, d. h. alle algebraischen Gleichungen der Form $ax + b = c$ (a ≠ 0) lösbar. Aber schon die quadrat. Gleichung $x^2 = 2$ ist in der Menge der rationalen Z. nicht lösbar. Um diesen Nachteil zu beheben, führt man über die Methode der ↑ Intervallschachtelung die Menge **R** der **reellen Zahlen** ein. Sie enthält als Teilmenge die Menge **Q** der rationalen Z. Diejenigen reellen Z., die keine rationalen Z. sind, werden als **irrationale Zahlen** bezeichnet. Alle reellen Z., die Lösungen algebraischer Gleichungen sind, heißen **algebraische Zahlen**, die anderen **transzendente Zahlen**. Auch in der Menge **R** der reellen Z. sind noch nicht alle algebraischen Gleichungen lösbar, z. B. $x^2 = -1$. Dieser Nachteil wird beseitigt durch Einführung der imaginären Einheit $i = \sqrt{-1}$ und Erweiterung der Menge **R** zur Menge **C** der **komplexen Zahlen**, die sich in der Form $z = a + ib$ (a, b ∈ **R**) darstellen lassen. Zw. den beschriebenen Zahlenmengen besteht die folgende Teilmengenbeziehung: $\mathbf{N} \subset \mathbf{Z} \subset \mathbf{Q} \subset \mathbf{R} \subset \mathbf{C}$.

Geschichte: Zahlvorstellungen sind schon für die Jungsteinzeit belegt. Urspr. war der Z.begriff noch mit den zu zählenden Dingen verknüpft.; erst ein durch das Aufkommen von Z.wörtern, Z.zeichen (Ziffern) und Z.systemen geförderter Abstraktionsprozeß führte zu dem von den gezählten Dingen losgelösten Begriff der natürl. bzw. ganzen Zahl. Obwohl bereits vorgriech. Kulturen auch Brüche sowie Näherungswerte für die irrationalen Z. $\sqrt{2}$ und π kannten, beschränkten die Griechen ihre allg. Betrachtungen auf die natürl. Z. Obgleich im prakt. Rechnen der Unterschied zw. den verschiedenen Z.arten nicht beachtet wurde, sah man erst allmähl. auch die Brüche und die irrationalen Z. sowie die Eins (P. Ramus um 1560) als Z. an. Definitionen, die alle reellen Z. erfassen sollten, gaben S. Stevin (1585) sowie R. Descartes (1637) mit seiner Streckenrechnung. Die bereits in der ind. Mathematik als Rechenhilfsmittel verwendeten negativen Z. wurden erstmals von L. Fibonacci als Lösungen von Gleichungen anerkannt. Die erstmals von Cardano (1545) und R. Bombelli (um 1560) behandelten, durch den Fundamentalsatz der Algebra (A. Girard, 1629) dann legitimierten komplexen Z. wurden erst allg. anerkannt, nachdem sie um 1800 von C. Wessel, J. R. Argand und C. F. Gauß als Punkte bzw. gerichtete Strecken in der Gaußschen Zahlenebene und 1837 von W. R. Hamilton als Paare reeller Z. gedeutet worden waren.

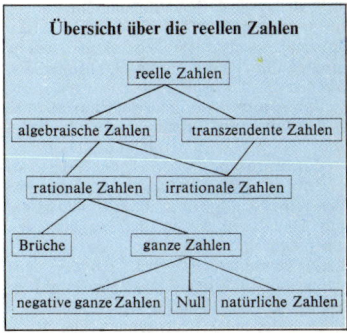

📖 *Artmann, B.: Der Z.begriff. Gött. 1983. - Ebbinghaus, H.-D., u. a.: Zahlen. Bln. u. a. 1983. - Gericke, H.: Gesch. des Z.begriffs. Mhm. u. a. 1970. - Meschkowski, H.: Zahlen. Mhm. u. a. 1970.*

Zahlendarstellung, die Darstellung (Schreibweise) einer Zahl mit Hilfe bestimmter Zahlzeichen (z. B. der arab. Ziffern 0, 1, 2, 3, ..., 9) nach vereinbarten Regeln. Die einfachste Z. ist die durch Hintereinandersetzen (Reihung) und Zusammenfassen (Bündelung) von Zählstrichen (je 5 oder 10 Zählstriche werden durch einen Querstrich zu einem Bündel zusammengefaßt). Ein derartiges einfaches Additionssystem bilden z. B. in Peru die in Schnüre geknüpften Knoten. Weiterentwickelte Additionssysteme mit unterschiedl. Zahlzeichen für die verschiedenen Zehnerpotenzen waren das ägypt. Zahlensystem (sog. *Hieroglyphensystem*), das att. *Zahlensystem der Griechen* und das Zahlensystem der römischen Ziffern. Semit. Ursprungs sind die ebenfalls zu den Additionssystemen zählenden *alphabet. Zahlensysteme* oder *Zahlschriften,* bei denen bis zu 27 Buchstaben eines

Übersicht über die reellen Zahlen

```
                    reelle Zahlen
                    /            \
        algebraische Zahlen    transzendente Zahlen
        /           \
  rationale Zahlen   irrationale Zahlen
    /      \
 Brüche   ganze Zahlen
          /    |    \
negative ganze Zahlen | Null | natürliche Zahlen
```

Zahlenebene

Alphabets je neun Einer, Zehner und Hunderter darstellten. Die Ziffern unseres heutigen Dezimalsystems entstanden in Indien und gelangten durch Vermittlung der Araber über Spanien nach Westeuropa.

Zahlenebene ↑ Gaußsche Zahlenebene.

Zahlenkugel ↑ Riemannsche Zahlenkugel.

Zahlenlotto ↑ Lotterie.

Zahlensymbolik, Lehre von den Bed. der natürl. Zahlen über ihren Zählwert hinaus. Die Z. gründet auf der Beziehung zw. einer Zahl und einem Objekt, das durch sie deutl. charakterisiert wird. Aus der unbegrenzten Möglichkeit der Objektwahl erklären sich die Vielzahl und die Unterschiedlichkeit der mögl. Bedeutungen. Die Z. läßt sich bis in die babylon.-sumer. und ägypt. Kultur zurückverfolgen. Auch in der Antike spielte sie eine große Rolle (Pythagoreer). Viele der heute noch anzutreffenden Symbolzahlen gehen in ihren Kernbedeutungen auf die allegor. Schriftdeutung des christ. MA zurück.

Zahlensystem, die Gesamtheit der zur Darstellung einer Zahl verwendeten Zahlzeichen (Ziffern) und Regeln für deren Zusammensetzung. Das heute allg. verwendete Z. ist das ↑ Dezimalsystem (↑ auch Dualsystem).

Zahlentheorie, Teilgebiet der Mathematik, das sich mit der Struktur, der Darstellung von Zahlen und deren Beziehungen untereinander befaßt. Als *Fundamentalsatz der Z.* bezeichnet man die Aussage, daß jede natürl. Zahl $n > 1$ eindeutig als Produkt von Primzahlpotenzen, also in der Form

$$n = p_1^{\alpha_1} \cdot p_2^{\alpha_2} \cdots p_r^{\alpha_r}$$

darstellbar ist ($p_1, \ldots, p_r$ Primzahlen, $\alpha_1, \alpha_2, \ldots, \alpha_r$ nichtnegative ganze Zahlen).

📖 *Frey, G.: Elementare Z. Braunschweig u. Wsb. 1984. - Felscher, W.: Naive Mengen u. abstrakte Zahlen. Mhm. u.a. 1978-79. 3 Bde. Indlekofer, K.-H.: Z. Basel u. Stg. 1978.*

Zähler ↑ Bruch.

♦ Vorrichtung, die automat. Stückzahlen, Durchflußmengen, Längen oder andere Größen durch Zählen einzelner Einheiten ermittelt und das Ergebnis anzeigt. Mechan. arbeitende Z. werden z. B. in großem Umfang zur Durchflußmessung, u.a. als *Wasser-Z.* oder *Gas-Z.,* verwendet. Zur Anzeige dient meist ein Rollenzählwerk (z. B. beim Kilometerzähler). *Elektron. Z.* zählen einzelne oder jeweils eine bestimmte Anzahl elektr. Impulse. Sie bestehen z. B. aus geeignet geschalteten Flip-Flops, deren Stellung der Darstellung des Zählergebnisses im Dualsystem entspricht *(Dual-Z.);* bei sog. *Ring-Z.,* die gewöhnl. als *Dezimal-Z.* arbeiten, sind jeweils 10 Flip-Flops bzw. Schieberegisterstufen zu einem Zählring vereinigt, wobei jeder Stufe einer Dezimalstelle entspricht. Die Anzeige erfolgt gewöhnl. mit Hilfe von Leuchtdioden.

♦ in der *Kern-* und *Elementarteilchenphysik* jede Vorrichtung, mit der sich Teilchen registrieren lassen bzw. sich die Stärke einer ionisierenden Strahlung messen läßt.

Zählmark ↑ Mark.

Zählmaße (Stückmaße), Bez. für Mengenmaße, die durch eine bestimmte Stückzahl gegeben sind, z. B. Dutzend (12 Stück), Mandel (15 bzw. 16 Stück) und Schock (60 Stück).

Zahlmeister, bei den Streitkräften im Dt. Reiches Militärbeamte mit Offiziersrang und Befehlsbefugnis zur Besorgung des Zahlungs- und Rechnungswesens bei den Truppen.

Zählmünze ↑ Münzen.

Zählpfund ↑ Pfund.

Zählrohr, kernphysikal. Gerät zur Zählung ionisierender Quanten oder Teilchen (Elektronen, Ionen) und zur Strahlenschutzüberwachung. Zw. einem dünnwandigen, mit Luft oder Gas gefüllten Metallzylinder von einigen Zentimetern Durchmesser und einem in der Zylinderachse verlaufenden, isoliert eingesetzten dünnen Metalldraht (rd. 0,1 mm Durchmesser) wird eine Spannung von $1-3$ kV angelegt; der Draht ist meist als Anode geschaltet. In dem starken elektr. Feld nahe dem sog. Zähldraht setzen die durch das ionisierende Teilchen erzeugten Elektronen durch Stoßionisation lawinenartig Sekundärelektronen mit einem Multiplikationsfaktor bis zu 10^6 frei; der dadurch verursachte Stromimpuls wird nach elektron. Verstärkung registriert. Bei Füllung mit ein- oder zweiatomigen Gasen tritt nach einer Ionisation eine Dauerentladung auf; diese *nichtselbstlöschenden Z.* müssen von außen gelöscht werden, damit die Entladung abreißt. Dieser Nachteil wird in den *selbstlöschenden Z.* durch Zusatz mehratomiger Dämpfe vermieden. Beim *Halogen-Z.* wird dem Füllgas (Argon, Neon) etwa 1 % eines Halogens (Cl_2, Br_2, J_2) zugesetzt. Bei niedriger Z.spannung arbeitet das Z. im *Proportionalbereich,* d. h., es liefert der Primärionisation proportionale Ausgangsimpulse (sog. *Proportional[itäts]-zählrohr*). Dadurch können Energiespektren gemessen und verschiedenartige Teilchen (Alphateilchen und Elektronen) getrennt nachgewiesen werden. Zur Zählung von Alphateilchen, Protonen und Ionen muß das Z. ein *Z.fenster* aus einer dünnen Metall-, Quarzoder Kunststoffolie besitzen, während Elektronen die Metallwandung durchdringen können. Der Nachweis von Gammastrahlung wird meist durch eine Bleiumhüllung um das Z. verbessert, in der Photoelektronen erzeugt werden.

Geschichte: Das erste Z. wurde 1908 von E. Rutherford und seinem damaligen Mitarbeiter H. Geiger hergestellt; es diente zur Zählung von Alphateilchen. 1913 entwickelte Geiger den Spitzenzähler (den eigentl. *Geigerzähler*), der v. a. zur Zählung von Betateilchen diente. Nachdem 1928 der dt.-amerikan. Phy-

siker Walter M. Müller (* 1905) das Auftreten von Störeffekten als Zeichen für die hohe Empfindlichkeit jedes Z. nachgewiesen hatte, wurde von beiden gemeinsam das sog. *Auslöse-Z.* (das *Geiger-Müller-Z.*) zu großer Vollkommenheit entwickelt.
📖 *Maushardt, R.: Man nehme einen Geigerzähler. Darmstadt 1985. 2 Tle. - Wilk, K.: Geigerzähler. Gebrauchsfertige Schaltungen f. die praxisnahe Anwendung von Geigerzählern. Mchn. 1983.*

Zahlungsbedingungen, Vereinbarungen über Zeitpunkt und Ort der Zahlung von Geldschulden. Die häufigsten Z. sind Vorauszahlung, Barzahlung, Bezahlung bei Übergabe (Nachnahme) und die Vereinbarung eines bestimmten späteren Zahlungstermins.

Zahlungsbefehl, frühere Bez. für den Mahnbescheid (↑ Mahnverfahren).

Zahlungsbilanz, zusammengefaßte Gegenüberstellung der Werte aller Transaktionen zw. Inländern und Ausländern in einer Periode. In der Z. sind mehrere Teilbilanzen zusammengefaßt (konsolidiert); die Z. selber ist definitionsgemäß stets ausgeglichen; Salden treten nur in den Teilbilanzen auf. Die Teilbilanzen: 1. *Handelsbilanz:* Gegenüberstellung von Warenexporten (Aktiva) und Warenimporten (Passiva); 2. *Dienstleistungsbilanz:* Gegenüberstellung der Exporte und der Importe von Dienstleistungen (Reiseverkehr, Transportleistungen, Lizenzen, Patente u. a.); 3. *Übertragungsbilanz* (Bilanz der unentgeltl. Leistungen, Schenkungsbilanz): Gegenüberstellung der empfangenen (Aktiva) und der geleisteten Übertragungen (Passiva) (Entwicklungshilfe, Geldüberweisungen von Gastarbeitnehmern u. a.); 4. *Bilanz des langfristigen Kapitalverkehrs:* Gegenüberstellung der langfristigen Forderungen des Auslands (Aktiva) und derjenigen des Inlands (Passiva); 5. *Bilanz des kurzfristigen Kapitalverkehrs:* Gegenüberstellung der entsprechenden kurz-

Zahlendarstellung. 1 Knotenschrift der peruanischen Indianer (die Kopfschnur trägt die Summe – hier die Zahl 412 – der drei durch ihren Kopf gezogenen Schnüre mit den Zahlen 230, 40 und 142); 2 Hieroglyphensystem. Zeichen für Zehnerpotenzen im ägyptischen Zahlensystem; 3 attisches Zahlensystem der Griechen (dargestellt ist die Zahl 61 232); 4 alphabetisches Zahlensystem. Milesisches Zahlensystem der Griechen (dargestellt ist die Zahl 1979)

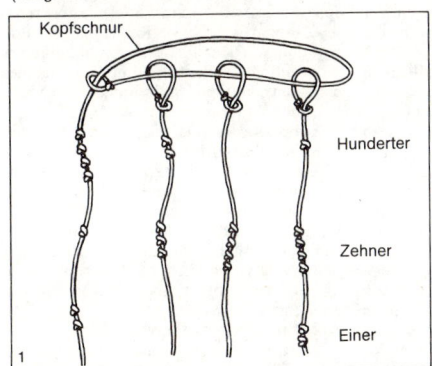

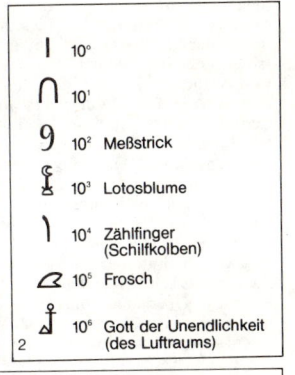

Zahlungsbilanzgleichgewicht

fristigen Forderungen; 6. *Devisenbilanz*: Gegenüberstellung der Devisenzu- und -abgänge sowie der Veränderungen des Goldbestands; 7. *Restposten*: Ausgleichsposten für statist. Ermittlungsfehler und nicht erfaßte Posten. - Die Handels- und die Dienstleistungsbilanz werden zusammengefaßt zur *Leistungsbilanz*; die Leistungsbilanz und die Übertragungsbilanz ergeben konsolidiert die *Bilanz der laufenden Posten*, deren Saldo die Veränderung der sog. *Nettoposition* eines Landes angibt; die Bilanzen des kurzfristigen und des langfristigen Kapitalverkehrs sowie die Devisenbilanz werden zur *Kapitalverkehrsbilanz (Kapitalbilanz)* zusammengefaßt.

Zahlungsbilanzgleichgewicht ↑außenwirtschaftliches Gleichgewicht.

Zahlungsmittel, Geldzeichen (↑Geld) und geldgleiche Forderungsrechte, die zum Ausgleich für erhaltene Leistungen verwendet werden. Z. sind: 1. *Bargeld*: dazu gehören Münzgeld (↑auch Münzen) und Papiergeld, insbes. Banknoten. Bargeld ist meist gesetzl. Z.; 2. *Buchgeld* (auch *Giralgeld*): bei Kreditinstituten auf Girokonten unterhaltene Guthaben, über die mittels Scheck oder Überweisung verfügt wird; 3. *Geldsurrogate*: sie üben nur gelegentl. Z.funktionen aus; hierzu zählen Wechsel, Scheck und kaufmänn. Anweisung. **Geschichte**: Die Z. entwickelten sich mit fortschreitender Differenzierung und Intensivierung des wirtsch. Austausches zu immer größerer Vollkommenheit hinsichtlich der Bequemlichkeit ihrer Handhabung. Mit fortschreitender Ausbildung von Staatlichkeit wurden auch die Z. einer staatl. Reglementierung unterworfen. Mit dem Ausbau differenzierter Geldsysteme (im Hl. Röm. Reich seit Ende des 15. Jh.) kam es zur Unterscheidung von Z. mit unbeschränkter und solchen mit beschränkter gesetzl. Zahlungskraft (Kurant, Währungsmünzen, Handelsmünzen, Scheidemünzen). Wichtige Einschnitte in neuerer Zeit waren die Entwicklung von Institutionen, die den bargeldlosen Zahlungsverkehr ermöglichten, und nicht zuletzt der Übergang vom Realwertprinzip (↑Realwert) zum Kreditgeld (↑Zeichengeld).

Zahlungsunfähigkeit (Insolvenz), das Unvermögen, seine fälligen Geldverpflichtungen zu erfüllen; Grund für Konkurs- und Vergleichsverfahren.

Zahlungsverkehr, Gesamtheit aller Zahlungsvorgänge in einer Volkswirtschaft, die durch die Hingabe von Zahlungsmitteln zum Ausgleich fälliger Forderungen für empfangene Güter und Dienstleistungen abgewickelt werden.

Zahlungsziel ↑Zielkauf.

Zahlwort, svw. ↑Numerale.

Zahlzeichen, svw. ↑Ziffer.

Zähmung, Sammelbez. für alle Maßnahmen, die geeignet sind, wildlebende Tiere an den Menschen zu gewöhnen (insbes. Aufzucht von jung auf, auch Prägung auf den Menschen). Die Z. ist eine der wichtigsten Bedingungen für die ↑Dressur und für die ↑Domestikation.

Zahn ↑Zähne.

Zahnarme (Edentata), Ordnung sehr primitiver Säugetiere in S- bis N-Amerika; Zähne entweder vollständig fehlend (Ameisenbären) oder bis auf wenige rückgebildet (Faultiere), ledigl. bei Gürteltieren in großer Anzahl vorhanden, aber sehr klein; einzige rezente Unterordnung: ↑Nebengelenker.

Zahnarzt, Berufsbez. für Personen, die während eines mindestens 10semestrigen Hochschulstudiums mit Erfolg die naturwiss. und zahnärztl. Vorprüfung und zahnärztl. Prüfung abgelegt haben und nach der Approbation die Berechtigung zur Behandlung von Zahn-, Mund- und Kieferkrankheiten erworben haben. - ↑auch Dentist.

Zahnbein (Dentin, Substantia eburnea), der sehr feste, i. d. R. zum einen Teil von Zahnschmelz, zum anderen von Zahnzement überzogene Hauptbestandteil der Zähne der Wirbeltiere (einschließl. Mensch). Das Z. der Zähne mancher Tiere wird auch als ↑Elfenbein bezeichnet.

Zahnbettschwund, svw. ↑Parodontose.

Zahnbohrer (Dentalbohrer), zahnärztl. Instrument (Bohrmaschine) aus hochwertigem Stahl (Bohrkrone häufig mit Diamantsplittern besetzt) v. a. zur Entfernung erkrankten Zahnhartgewebes bei Karies bzw. zur Präparation von Kavitäten für ↑Zahnfüllungen. Konventionelle elektr. Zahnbohrmaschinen erreichen bis 30 000 Umdrehungen pro Minute (↑auch Zahnturbine).

Zahnbrasse (Dentex), Gatt. der Meerbrassen (↑Brassen) mit der einzigen, bis 1 m langen und maximal 10 kg schweren Art *Dentex dentex;* vorwiegend andere Fische fressender Raubfisch im Mittelmeer und O-Atlantik; mit goldrotem Kopf, kleinen, leuchtend blauen Flecken auf dem meist blaugrauen Rücken und häufig vier breiten, dunkelgrauen Querbinden an den rötlichsilbernen Körperseiten; Speisefisch.

Zahnbürste ↑Zahnpflege.

Zähne (Dentes; Einz.: Dens), in der Mundhöhle der meisten Wirbeltiere und des Menschen vorhandene harte Gebilde, die in ihrer Gesamtheit das Gebiß bilden. Sie dienen dem Ergreifen, Anschneiden, Zerreißen und Zermahlen der Nahrung. Die Ausbildungsform des Gebisses und der einzelnen Z. entspricht der jeweiligen Aufgabe. Das Gebiß kann spezialisiert sein auf das ausschließl. Ergreifen der Beute (Greifgebiß; z. B. bei Robben), das Abrupfen der Nahrung (Rupfgebiß; z. B. bei Kühen), Nagen (Nagegebiß; z. B. bei Nagetieren), Quetschen (Quetschgebiß; z. B. bei Flußpferden), Knochenbrechen, Schneiden und Reißen (Brechscherengebiß; bei Raubtieren), Zerkauen der Nahrung (Kau-

Zähne

gebiß; z. B. bei Affen, beim Menschen). Verschiedene wirbellose Tiere und viele Knochenfische haben zahnartige Hartgebilde im Schlund *(Schlundzähne)*, die zugespitzt oder hakenförmig (z. B. bei Karpfenfischen) oder flach sein können.

Das Gebiß kann in einer *Zahnformel* dargestellt werden, z. B. beim Menschen:

	I	C	P	M
Oberkiefer	2	1	2	3
Unterkiefer	2	1	2	3

(I = Inzisivi [Schneide-Z.], C = Kanini [Eck-Z.], P = Prämolaren [Vorbacken-Z.], M = Molaren [Backen-Z.]).

Äußerl. gliedern sich die Z. in die aus dem Zahnfleisch ragende **Zahnkrone** (Krone), den im Zahnfleisch sitzenden **Zahnhals** und die im **Zahnfach** (Alveole) des Kieferknochens verankerte **Zahnwurzel**. An der Wurzelspitze liegt die Öffnung zum Wurzelkanal, in dem Gefäße und Nerven zur Zahnhöhle (Pulpahöhle) verlaufen, um dort zus. mit lockerem Bindegewebe und Zahnbeinzellen die Zahnpulpa (Pulpa, Zahnmark; umgangssprachl. „Zahnnerv") zu bilden. - Der Kern des Zahns besteht aus lebendem, knochenähnl. ↑Zahnbein. Die Wurzel ist außen von einer dünnen Schicht geflechtartiger Knochensubstanz, dem *Zahnzement*, umgeben, von dem aus Kollagenfasern der bindegewebigen, gefäß- und nervenreichen Wurzelhaut vom Zahnfach des Kiefers ziehen und den Zahnhalteapparat bilden. Die Krone ist von Zahnschmelz, der härtesten Substanz des Körpers überhaupt, dünn überzogen. Am Zahnhals stoßen Zahnzement und Zahnschmelz aneinander.

Die *Zähne des Menschen* bilden in Ober- und Unterkiefer je einen Zahnbogen. In jeder Hälfte liegen vorn 2 Schneidezähne, 1 Eckzahn, 2 Vorbackenzähne und 3 Backenzähne, insgesamt also 32 Zähne im bleibenden Gebiß. Dem Milchgebiß fehlen die Backenzähne, so daß es nur aus 20 Zähnen besteht. Die **Schneidezähne** (Inzisivi) besitzen eine scharfe Schneidkante zum Abbeißen der Nahrung. Sie haben eine langgezogen-dreieckige Form und nur eine Wurzel. - Die **Eckzähne** (Kanini) stehen bei den Tieren mehr oder weniger stark vor. Sie sind durch eine sehr lange Wurzel im Kiefer verankert und sind meist vorn zugespitzt. - Die **Vorbackenzähne** (Vormahlzähne, Prämolaren) zerkleinern die Nahrung mit ihrer beim Menschen zweihöckrigen Krone. Die unteren sind mit einer, die oberen mit zwei Wurzeln im Kiefer befestigt. - Die **Backenzähne** (Mahlzähne, Molaren) zermahlen mit ihrer beim Menschen vierhöckrigen Krone die Nahrung. Die oberen Mahlzähne haben drei, die unteren zwei Wurzeln. Spitzhöckerige Vorbacken- oder Backenzähne, die bei Raubtieren dem Zerteilen der Beute dienen, nennt man *Reißzähne*. Die hintersten (dritten) Backenzähne (**Weisheitszähne**) des Menschen werden erst im 4. oder 5. Lebensjahr angelegt. Ihr Durchbruch (der ausbleiben kann) erfolgt nach dem 16. Lebensjahr. Ihre Form, v. a. in bezug auf die Wurzeln, variiert oft stark. Die meisten Säuger bekommen zweimal Zähne. Zuerst erscheint das noch unvollstänige Milchgebiß. Zum **Zahnwechsel** werden die relativ kleinen Milchzähne von der Wurzel her abgebaut, während darunter die Z. des bleibenden Gebisses heranwachsen. Diese lockern den noch vorhandenen, hauptsächl. nur noch aus der Krone bestehenden Rest der

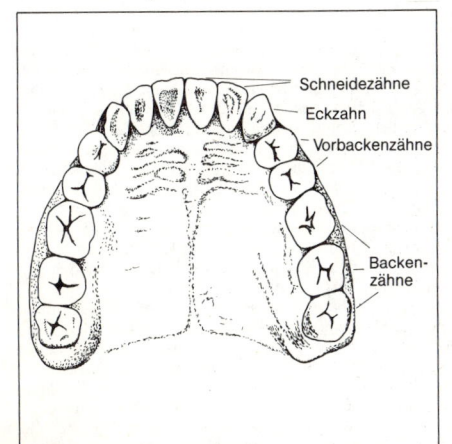

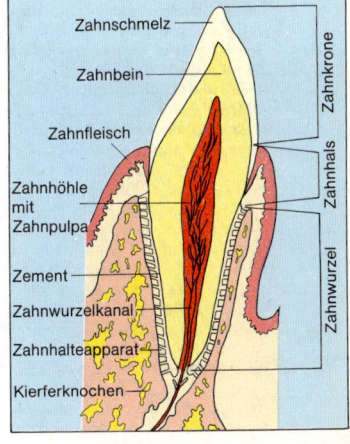

Zähne. Links: obere Hälfte des bleibenden Gebisses; rechts: Bau und Verankerung eines Schneidezahns

Zahnersatz

Milchzähne so weit, daß sie ausfallen.
Die Schneidezähne des Oberkiefers greifen bei normalem Gebiß etwas über die des Unterkiefers. Die Höcker der Kauflächen der oberen Backenzähne kommen vor die Höcker der unteren zu liegen.
Zur **Zahnentwicklung** senkt sich beim Menschen im 2. Embryonalmonat im Ober- und Unterkiefer je eine bogenförmige Zahnleiste (Schmelzleiste) ins Bindegewebe. Diese Zahnleiste wölbt sich an zehn Stellen zu glockenförmigen sog. Schmelzorganen (Schmelzglocken) auf, die innen wie eine Negativform die Gestalt der späteren Zahnkrone annehmen. Von unten her wächst embryonales Bindegewebe mit Nerven und Blutgefäßen (Pulpa) in die Schmelzorgane ein. Im vierten Monat bildet die Pulpa Zahnbein und Zahnzement. Das innere Epithel der Schmelzorgane sondert den Zahnschmelz ab.
📖 *Schumacher, G. H./Schmidt, Hans: Anatomie u. Biochemie der Z.* Stg. ³1983. - *Kraus, B./Jordan, R. E.: The human dentition before birth.* Philadelphia (Pa.) 1965. - *Peyer, B.: Die Z. Ihr Ursprung, ihre Gesch. u. ihre Aufgabe.* Bln. u. a. 1963. - *Meyer, Wilhelm: Lehrb. der normalen Histologie u. Entwicklungsgesch. der Z. des Menschen.* Mchn. ²1951.

Zahnersatz, zur Wiederherstellung der vollen Kaufunktion bzw. aus kosmet. Gründen vorgenommene Eingliederung von Zahnkronen (Jackettkronen), *Halbkronen* (nur die Kauflächen überdeckende, die Zahnseitenflächen freilassende Kronen), Brücken oder einer Zahnprothese in die Zahnreihe.

Zahnfäule, svw. ↑Zahnkaries.

Zahnfistel, bleibende sekretabsondernde Eiterdurchbruchstelle zur Mundschleimhaut oder äußeren Haut als Folge einer eitrigen Entzündung in der unmittelbaren knöchernen Umgebung eines infizierten Zahns.

Zahnfleisch (Gingiva), an Blut- und Lymphgefäßen bes. reicher, drüsenloser Teil der Mundschleimhaut, der die Knochenränder der Kiefer überzieht und sich eng dem Zahnhals der Zähne anlegt.

Zahnfleischentzündung (Gingivitis, Ulitis, Parodontitis superficialis), akute oder chron., exsudative, nekrotisierende Entzündung des Zahnfleischs, die immer nur im Bereich und in der näheren Umgebung noch vorhandener Zähne auftritt. - Die *akute Z.* tritt in ihrer einfachen Form (*Gingivitis acuta simplex;* mit leicht schmerzhafter Schleimhautschwellung, hochrotem Rand und schmierigen Belägen) meist bei fieberhaften Allgemeinerkrankungen auf. Sie kann in eine *Gingivitis necroticans* (mit feinem, zackigem, graubraunem Rand infolge beginnenden Gewebszerfalls) und weiter in die ↑Mundfäule übergehen. - Die *chron. Z.* (chron. Zahnfleischkatarrh, Gingivitis chronica, u. a. durch Zahnbeläge und/oder Zahnstein bei mangelhafter Zahnpflege verursacht, ist die häufigste Erkrankung des Zahnfleischs. Sie geht mit geröteter, gequollener, leicht blutender Schleimhaut und schlechtem Mundgeruch, jedoch nicht mit Schmerzen einher. Sie ist oft Ausgangspunkt einer ↑Parodontitis. Eine Besserung wird durch regelmäßige Mundpflege und Spülung mit adstringierenden Lösungen erzielt.

Zahnfüllung (Plombe), in die (v. a. mit Bohrer) präparierte Höhle (Kavität) eines kariesgeschädigten Zahns eingefülltes Material. Für die Z. werden Kunststoffe, Zemente oder Amalgame bzw. nach Abdrücken gegossene Edelstahllegierungen oder Porzellan (sog. *Inlays*) verwendet.

Zahn-Harnack, Agnes von, * Gießen 19. Juni 1884, † Berlin 22. Mai 1950, dt. Frauenrechtlerin. - Tochter A. von Harnacks; 1919–30 Vors. des Dt. Akademikerinnenbundes, 1931–33 des Bundes Dt. Frauenvereine; 1945 am Wiederaufbau der dt. Frauenbewegung beteiligt.

Zahnkaries [...i-ɛs] (Karies, Zahnfäule, Zahnfraß), Erkrankung der Zähne, bei der es, z. T. in Abhängigkeit von der individuellen Veranlagung, durch äußere Einflüsse zur Zerstörung des Zahnhartgewebes kommt. Durch Vergärung kohlenhydrathaltiger Speisereste, die an den Zähnen haften, kommt es zur Ansäuerung des Milieus (v. a. Milchsäurebildung) und dadurch zur Herauslösung anorgan. Salze aus dem Zahnhartgewebe. In das aufgelockerte Hartgewebe können Bakterien einwandern, die das organ. Stützgewebe des Zahnes angreifen. Die Z. beginnt an der Zahnoberfläche, aber auch am freiliegenden Zahnzement des Zahnhalses, greift (unbehandelt) auf das Zahnbein über und führt zur Infektion, Entzündung und Vernichtung des Zahnmarks. Weitere Folgen sind u. U. ein Übergreifen auf den Zahnhalteapparat und eine entzündl. Infektion der knöchernen Umgebung mit Teil- oder Totalverlust des betroffenen Zahns. Die Z. beginnt v. a. an Stellen mit Zahnbelag *(Plaques):* das sind Einsenkungen, seitl. Berührungsflächen der Zähne, Schmelz-Zahnfleischrand-Übergang am Zahnhals. Sie erzeugt anfangs undurchsichtige, „kreidige" Flecke im Zahnschmelz, später bewirkt sie eine Aufrauhung der Zahnoberfläche. Nach der Zerstörung der Schmelzwand entstehen braun pigmentierte Höhlen im Zahnbein. In diesem Stadium kommt es bei Reizung durch Kälte, Wärme oder süße Speisen zu ziehenden, jedoch rasch vorübergehenden Schmerzen.
Die *Behandlung* der Z. besteht in der Entfernung des erkrankten Zahngewebes mit anschließender Zahnfüllung (Wiederherstellung der urspr. Zahnform unter funktionellen und kosmet. Aspekten). - Da über 95 % aller Menschen in hochzivilisierten Ländern unter Z. leiden, ist die Verhütung der Z. von bes. Bedeutung. Dazu gehören: gemischte, vitamin-

und mineralsalzreiche Kost während der Zahnbildung; frühzeitige Beseitigung von Stellungsanomalien; nicht zu weit aufbereitete („kauzwingende") Nahrung schon beim Kleinkind, unter Umständen Fluorprophylaxe, d.h. Gabe von geeigneten Fluorverbindungen in nicht zu großen Konzentrationen im Trinkwasser (von der WHO empfohlen), sorgfältige Zahnpflege in Ergänzung der oft mangelhaften natürl. Reinigung der Zähne, frühzeitige Füllung selbst kleiner Defekte.
📖 *Sauerwein, E.: Zahnerhaltungskunde. Kariestherapie, Endodontie, Parondotologie. Stg.* ⁵*1985. - Wildfeuer, A.: Z. u. Parodontitis. Mchn. 1979.*

Zahnkarpfen (Zahnkärpflinge, Cyprinodontoidei), artenreiche, v. a. in Süßgewässern, in Salinen oder warmen Quellen der Tropen und Subtropen (ausgenommen austral. Region) verbreitete Unterordnung der Knochenfische, von denen einige Arten in die gemäßigten Regionen vorgedrungen sind; meist kleine Tiere von hecht- bis karpfenähnl. Gestalt, von denen viele prächtig gefärbt sind (beliebte Warmwasseraquarienfische). Von den sieben Fam. sind am wichtigsten Lebendgebärende Zahnkarpfen und Eierlegende Zahnkarpfen.

Zahnkeilriemen ↑ Keilriemen.

Zahnkette ↑ Kette.

Zahnlaut, in der Phonetik Bez. für einen Laut, der an den (oberen) Schneidezähnen artikuliert wird (↑ dental).

Zahnlilie, svw. ↑ Hundszahn.

Zahnpflege (Mundpflege), die v. a. zur Verhütung der Zahnkaries dienende Reinigung der Zähne und der Mundhöhle unter Verwendung von Zahnbürste, Zahnpaste oder Zahnpulver und Mundwasser. Ziel der Z. (als Ersatz bzw. Ergänzung der natürl. Reinigung durch kauzwingende, die Kauflächen glättende und die Speichelsekretion fördernde Nahrung) ist in erster Linie die Beseitigung zurückbleibender gärfähiger (kohlenhydratreicher) Speisereste. Die Zähne sollen nach jeder Mahlzeit, bes. aber vor der Nachtruhe vorwiegend in Längsrichtung vom Zahnfleisch her und auch auf der Innenseite der Zahnreihen gründl. gebürstet und die Zahnzwischenräume zusätzl. durch Saugen und Pressen mit Wasser durchgespült werden. Die *Zahnbürste*, deren Härte entsprechend der Empfindlichkeit des Zahnfleischs gewählt werden soll, soll so geformt sein, daß alle Abschnitte der Zahnreihe erreichbar sind. *Elektr.* Zahnbürsten und ↑ Mundduschen können die Zahnreinigung erleichtern.

Zahnprothese, herausnehmbarer ↑ Zahnersatz, und zwar als *partielle Z.* (Teilprothese), die sich an Resten des natürl. Gebisses abstützt, oder als *totale Z.*, die die gesamte Zahnreihe des Unter- bzw. Oberkiefers ersetzt. Teilprothesen bestehen aus Kunststoff oder werden aus Edelmetall gegossen. Totale Z. sind Kunststoffprothesen, z. T. mit metallener Gaumenplatte, mit entsprechender Paßform, die v. a. durch Adhäsion haften.

Zahnrad, Maschinenelement zur Übertragung von Drehbewegungen bzw. Drehmomenten zw. zwei Wellen. Von der Lage der beiden Wellen hängt die Grundform der verwendeten Zahnräder ab. So benutzt man z. B. für parallellaufende Wellen Stirnräder, deren Grundform zylindrisch ist. Am häufigsten werden dabei Räder mit *Geradverzahnung* benutzt. Bei der *Schrägverzahnung* weisen die miteinander „kämmenden" Zahnräder zwar eine relativ große Laufruhe auf, da stets mehrere Zahnpaare ineinandergreifen, erzeugen jedoch in Längsrichtung der Wellen einen Schub; nur bei der *Pfeilverzahnung* hebt sich der axiale Schub auf. Kegelräder werden für Wellen, deren Mittellinien sich schneiden, verwendet, Schrauben- und Schneckenräder bei sich kreuzenden Wellen. Das häufigste Zahnprofil bei Kegelrädern mit *Bogenverzahnung* hat die Form einer Kreisevolvente (sog. *Evolventenverzahnung*); eine ähnl. Zahnflankenform liegt auch bei der *Zykloidenverzahnung* vor. - Zahnräder werden meist durch spanabhebende Bearbeitung (Fräsen, Hobeln, Stoßen, Räumen, Schleifen), seltener durch Gießen hergestellt.

Zahnradbahn, Schienenfahrzeug mit formschlüssigem Antrieb durch Abwälzen eines oder mehrerer angetriebener Zahnräder auf einer in der Gleismitte angeordneten Zahnstange. Formschlüssiger Antrieb wird erforderl., wenn die Steigung der Strecke 70‰ übersteigt. Z. werden bis zu einer Steigung von 250‰ gebaut; sie sind mit verschiedenen unabhängig voneinander wirkenden Bremseinrichtungen ausgerüstet.

Zahnscheibe, ringförmige Scheibe mit geschränkten „Zähnen"; als Schraubensicherung verwendet.

Zahnschmelz (Schmelz, [Zahn]email, Enamelum, Substantia vitrea, Substantia adamantina), von den ↑ Adamantoblasten gebildete, dünne, glänzende, außerordentl. harte (härteste Körpersubstanz; entspricht der Mohshärte 5), das Zahnbein der Zahnkrone der Zähne der Amnioten (auch des Menschen) sowie einzelner Amphibien vollständig oder einseitig überziehende, nicht regenerationsfähige, unempfindl. Schicht.

Zahnspinner (Notodontidae), mit über 2 000 Arten weltweit verbreitete Fam. meist mittelgroßer Schmetterlinge (darunter rd. 35 Arten einheim.); Vorderflügel bei vielen Arten mit einem aus langen Haarschuppen bildenden Fortsatz am Hinterrand, der bei der dachförmigen Ruhehaltung der Flügel als aufrechter „Zahn" nach oben ragt. - Zu den Z. gehören z. B. ↑ Mondvogel, ↑ Gabelschwänze.

Zahnstange, stangenförmiges, mit Zähnen versehenes Maschinenelement.

Zahnstangenlenkung ↑ Lenkung.

Zahnstein

Zahnstein, Zahnkaries, Zahnfleischentzündung und Parodontitis begünstigende, grauweiße bis dunkelbraune, harte Ablagerung auf den Zähnen, bes. im Bereich der Speicheldrüsenausführungsgänge; besteht aus Niederschlägen von Calciumsalzen des Speichels, Mikroorganismen und Speiseresten.

Zahnturbine (Dentalturbine), nach dem Prinzip der Freistrahlturbine (↑Pelton-Turbine) arbeitende, preßluftgetriebene (2 bar), sehr kleine Turbine (Läuferdurchmesser etwa 7 mm) mit 350 000–550 000 Umdrehungen pro Minute zum Antrieb von Zahnbohrern.

Zahnwachteln (Odontophorini), Gattungsgruppe wachtel- bis rebhuhngroßer Feldhühner mit über 30 Arten in offenen und geschlossenen Landschaften der USA, M- und S-Amerikas (bis N-Argentinien); meist gedrungen gebaute Bodenvögel mit kurzem Schnabel und Hornzähnen an der Unterschnabelspitze; Kopf mit Federhaube, die oft sichelförmig verlängert sein kann; brüten in Bodennestern. Zu den Z. gehören Schopfwachteln, Baumwachteln und Zahnhühner.

Zahnwale (Odontoceti), vielgestaltige Unterordnung der Wale mit rd. 80 Arten von etwa 1–18 m Länge (♂♂ größer als ♀♀); überwiegend im Meer, teilweise nahezu weltweit verbreitet, einige Arten im Süßwasser (↑Flußdelphine); Schädel asymmetr.; Nasenlöcher zu einer unpaaren Öffnung verschmolzen; Geruchssinn völlig reduziert; Zähne meist stark vermehrt, von gleichartig kegelförmiger Gestalt; Gehirn hochentwickelt, ungewöhnl. leistungsfähig; Körper meist torpedoförmig, schlank. Z. sind schnelle Schwimmer und recht gesellig. Sie verfügen über ein umfangreiches Lautrepertoire. – Zu den Z. gehören u. a. ↑Delphine, ↑Schnabelwale, ↑Schweinswale, ↑Gründelwale und ↑Pottwale.

Zahnwechsel ↑Zähne.

Zähringer, bed. schwäb. Adelsfamilie des MA, benannt nach ihrer Burg bei Freiburg im Breisgau; besaßen in der 2. Hälfte des 11. Jh. das Hzgt. Kärnten und das Hzgt. Schwaben. Nach dem Aussterben der Z. im Mannesstamm (1218) existierten als zähring. Nebenlinien die Markgrafen von Baden, die Herzöge von Teck und die Markgrafen von Hachberg weiter.

Zährte (Rußnase, Blaunase, Näsling, Halbfisch, Vimba vimba), meist 20–30 cm langer, schlanker Karpfenfisch, v. a. im Unterlauf größerer Flüsse, die in die östl. Nordsee, die Ostsee sowie ins Schwarze und Kasp. Meer münden (auch in Seen); Körper langgestreckt; Färbung grau mit helleren Körperseiten, zur Laichzeit schwarz mit orangefarbener Bauchseite; Schnauze nasenartig verlängert; Speisefisch.

Zaiditen [zai'diːtən] (Saiditen), Anhänger einer schiit.-islam. Sekte, die sich um Zaid Ibn Ali als 5. Imam bildete (daher „Fünfer-Schia"), der 740 im Aufstand gegen die Omaijaden fiel. Zaidit. Imame herrschten im Jemen bis 1962, und bis heute stellen die Z. die stärkste religiöse Gruppe in der Arab. Republik Jemen dar. In dogmat. und gesetzl. Fragen stehen die Z. den Sunniten näher als andere schiit. Gruppen.

Zainer, Günther, * Reutlingen, † Augsburg 13. April 1478, dt. Frühdrucker. – Zunächst in Straßburg, danach in Augsburg, wo er ab 1468 zahlr. mit Holzschnitten illustrierte Werke druckte. Verwendete erstmals Antiquatypen sowie Holzschnittinitialen und -randleisten.

Zaïre [za'iːr(ə); frz. za'iːr], Fluß in Afrika, ↑Kongo.

Zaïre

[za'iːr(ə)] (amtl.: République du Zaïre), Republik in Zentralafrika, zw. 5° 30' n. Br. und 14° s. Br. sowie 12° und 31° 20' ö. L. **Staatsgebiet:** Z. grenzt im äußersten W an den Atlantik und an Cabinda, im W an die VR Kongo, im N an die Zentralafrikan. Republik, im NO an Sudan, im O an Uganda, Rwanda, Burundi und Tansania, im SO an Sambia und im westl. S und SW an Angola. **Fläche:** 2 345 409 km². **Bevölkerung:** 34,3 Mill. E (1985), 14,6 E/km². **Hauptstadt:** Kinshasa. **Verwaltungsgliederung:** 8 Regionen und das Geb. der Hauptstadt. **Amtssprache:** Französisch. **Nationalfeiertag:** 30. Juni (Unabhängigkeitstag). **Währung:** 1 Zaïre (Z) = 100 Makuta (K; Einzahl: Likuta) = 10 000 Sengi (s). **Internat. Mitgliedschaften:** UN, OAU, OCAM, GATT, der EWG assoziiert. **Zeitzone:** Im W MEZ, im O MEZ +1 Std.

Landesnatur: Z. nimmt den größten Teil des Kongobeckens ein sowie Teile seiner Begrenzung im O (Zentralafrikan. Graben mit dem Grenzberg Margherita 5 109 m hoch) und SO (Lundaschwelle). Im äußersten W reicht Z. auf die Niederguineaschwelle hinauf, durch die sich der Kongo in einem Engtal mit Stromschnellen eingeschnitten hat. Der Hauptteil des Landes ist eine weite Beckenlandschaft, die von der tiefsten Stelle, am Lac Mayi-Ndombe, von 300 m ü. d. M. nach S, O und N bis etwa 1 000 m ü. d. M. ansteigt. Wichtigste Achse des Landes ist der Kongo (oberhalb der Stanleyfälle heißt er Lualaba), der das Land in einem weit nach N ausholenden Bogen von SO nach SW durchfließt.

Klima: Z. hat trop. Klima; immerfeuchtes im N und im Zentrum (Niederschlagsmaxima im Frühjahr und Herbst), wechselfeuchtes im S (Sommerregenzeit Nov.–April). Die Jahressumme der Niederschläge erreicht im zentralen Teil 1 800–2 200 mm, im N bis 1 200 mm und im S bis 1 400 mm. Die Temperaturen sind ganzjährig ausgeglichen zw. 21° und 28 °C. Die Luftfeuchtigkeit beträgt stets zw.

Zaïre

60 und 75% (ausgenommen der SO).
Vegetation: Weitgehend immergrüner Regenwald, nach N und S in regengrünen Feuchtwald übergehend; im S regengrüner Trockenwald (Miombowald). Z. hat 7 Nationalparks, die z. T. vollkommene Schutzgebiete sind.
Tierwelt: Die Tierwelt des Waldes ist ihrer Umgebung sehr gut angepaßt. In den Baumkronen leben Gorilla, Schimpanse, Dornschwanzhörnchen, in den Altwässern Amphibien und Reptilien. Zu den Bodentieren des Waldes gehören Okapi, Zwergantilope, Waldbüffel und Waldelefant. Typ. für die Savannen sind Schakal, Hyäne, Nashorn, Flußpferd und Elefant.
Bevölkerung: Etwa 70% der Bev. sind Bantu, 10% Sudanneger, ferner Niloten und etwa 20 000–50 000 Pygmäen sowie rd. 329 000 Flüchtlinge aus Nachbarstaaten. Da kein Volksstamm dominiert, gibt es auch keine einheitl. Sprache. Weite Teile sind dünn besiedelt, da 31% der Bev. in städt. Siedlungen leben. Keine allg. Schulpflicht. In Kinshasa, Lubumbashi und Kisangani bestehen Univ., die zus. die Nat. Univ. von Z. bilden; außerdem zahlr. Fachhochschulen.
Wirtschaft: Der Anteil der Landw. am Bruttoinlandsprodukt beträgt zwar nur 34% (1982), dennoch lebt der größte Teil der Bev. (73%) von der Landwirtschaft. Etwa 2,5% der Gesamtfläche werden ackerbaul. genutzt. Vorherrschend ist Wanderhackbau mit Brandrodung als Subsistenzwirtschaft. Angebaut werden Maniok, Erdnüsse, Bananen, Ölpalme, Gemüse, Zuckerrohr, Kenaf und Kakao für den Eigenbedarf. Für den Export bestimmt sind Palmöl, Palmkernöl, Kaffee, Kautschuk und Heveapflanzen. Da das Kongobecken Lebensraum der Tsetsefliege ist, ist Viehhaltung nur in den höher gelegenen Randgebieten möglich. Die Forstwirtschaft ist wenig entwickelt. Wichtigster Wirtschaftszweig ist der Bergbau. V. a. in der Prov. Shaba (früher Katanga) werden Kupfer, Zink, Silber, Kobalt, Cadmium, Uran und Radium abgebaut. Z. steht an 6. Stelle der Weltkupferförderung. In großer Menge werden auch Diamanten gefördert, jedoch ist der Anteil an Schmuckdiamanten gering. Seit 1975 wird in Z. auch Erdöl gefördert. Der Anteil des Bergbaus am Bruttoinlandsprodukt lag 1982 bei 17,2%. Die Industrialisierung ist weitgehend auf das Bergbaugebiet von Shaba beschränkt. Dort sind die Branchen Erzverhüttung, chem., Nahrungsmittel-, Textil- und Baustoffind. sowie Holzverarbeitung gut entwickelt. Weitere Ind.standorte sind Kinshasa, Kisangani, Bukavu und Kalémie. Zur Energiegewinnung wird im wesentl. Wasserkraft genutzt.
Außenhandel: Die wichtigsten Handelspartner sind Belgien/Luxemburg, USA, Kanada, Frankr., die BR Deutschland, Japan, Simbabwe. Exportiert werden Kupfer, Schmuckdiamanten, Palmöl, Palmkernöl, Kobalt, Kaffee, Zink, Zinnerz und Kautschuk. Importiert werden nichtelektr. Maschinen, Straßenfahrzeuge, Fisch und Fischwaren, elektr. Maschinen und Geräte, Erdölderivate, Getreide, medizin. und pharmazeut. Erzeugnisse, Baumwollgarne und -gewebe.
Verkehr: Z. ist verkehrsmäßig einigermaßen gut erschlossen, und zwar durch kombinierten Wasser-Schienen-Verkehr, wobei Eisenbahnstrecken nicht schiffbare Flußabschnitte umgehen. Wichtigste Verbindung ist die Voie Nationale Lubumbashi-Matadi (Bahn/Schiff/Bahn), die 2 800 km lang ist. Insgesamt hat das Eisenbahnnetz eine Länge von 5 254 km. Von 160 000 Straßenkilometern sind nur 2 000 km asphaltiert. Die Länge der schiffbaren Flußabschnitte beträgt 13 000 km. Internat. ✈ sind Kinshasa (Ndjili), Lubumbashi, Bukavu und Kisangani.
Geschichte: 1482 fanden die Portugiesen am unteren Kongo 3 Kgr. vor: das Kongoreich, das Kakongoreich und das Loangoreich. Gegen Ende des 16. Jh. bildete sich am Lulua und Lulaba das Lundareich; die 3 anderen Reiche sanken im Lauf der Jh. zur Bedeutungslosigkeit ab. Im 19. Jh. erforschte D. Livingstone die östl. Regionen, den Kongo befuhr erstmals H. M. Stanley, und von Gabun her drang P. S. de Brazza in das Kongobecken vor.
Im Auftrag König Leopolds II. von Belgien erwarb Stanley 1881–85 weite Teile des Kongobeckens durch den Abschluß von Protektoratsverträgen mit etwa 400 Häuptlingen. Der so geschaffene *Unabhängige Kongostaat* wurde dem belg. König auf der internat. Kongokonferenz in Berlin (1884/85) als persönl. Besitz bestätigt; das Gebiet sollte jedoch militär. neutral und für Handel und Verkehr aller Staaten offen sein. Durch Verhandlungen mit Frankr. und Portugal gelang es Leopold II., einen Küstenstreifen an der Kongomündung zu erwerben und seinem Kongostaat einen direkten Zugang zum Meer zu öffnen. 1908 mußte Leopold II. den Kongo dem belg. Staat übertragen.
Bis weit nach Ende des 2. Weltkrieges entwickelte die belg. Kolonialverwaltung zwar die Wirtschaft des Landes und sorgte für gute Lebensbedingungen der Eingeborenen; sie versäumte es aber, deren Bildung und Beteiligung an der Verwaltung zu fördern, um damit kongoles. Führungskader zu schaffen. Die seit 1955 entstandenen polit. Parteien, v. a. die Association des Bakongo pour l'Unification, l'Expansion et la Défense de la Langue Kikongo (ABAKO) unter Führung von J. Kasawubu und die von P. E. Lumumba geleitete Mouvement National Congolais (MNC), forderten die sofortige Unabhängigkeit ihres Landes. Belgien entließ seine Kolonien überstürzt in eine unvorbereitete Unabhängigkeit: Am 30. Juni 1960 wurde die *Demokrat. Repu-*

Zaïre

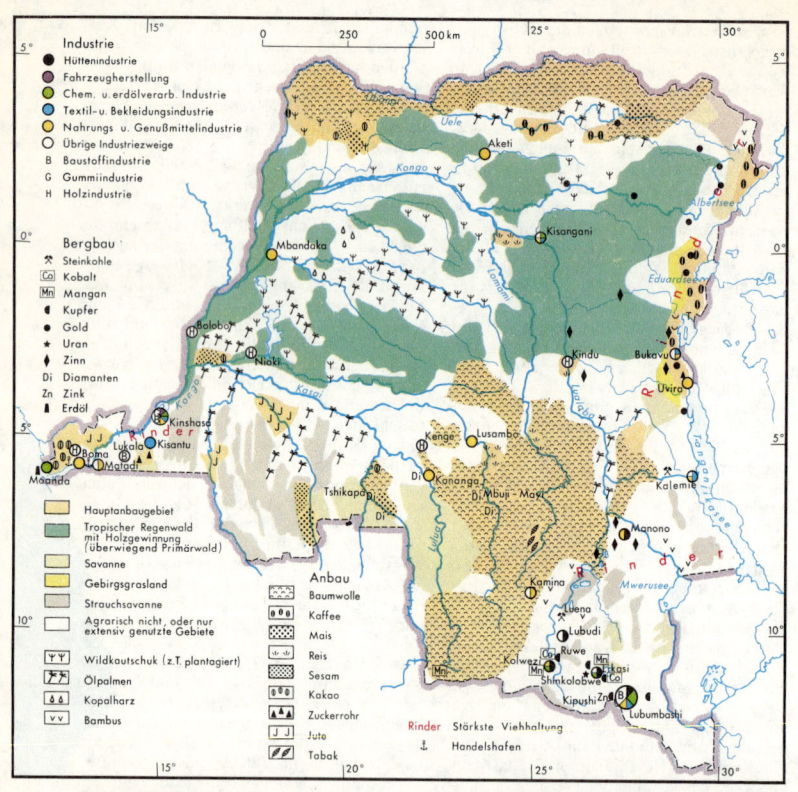

Zaïre. Wirtschaftskarte

blik Kongo ausgerufen (zur Unterscheidung von der Republik Kongo [Brazzaville] bis 1966 auch Kongo [Léopoldville], danach bis zur Umbenennung in Zaïre 1971 Kongo [Kinshasa] gen.); Kasawubu übernahm das Amt des Staatspräs., Lumumba das des Min.-präsidenten.

Meutereien, Aufstände, Streiks und Gewalttätigkeiten aller Art ließen die Republik Kongo sofort in einem Chaos versinken (↑ auch Kongokrise); die damalige Prov. Katanga machte sich mit maßgebl. Beteiligung der belg. Bergwerksgesellschaft „Union Minière du Haut-Katanga" unter der Führung des Prov.gouverneurs M. K. Tschombé selbständig. In der Armee übernahm S. S. Mobutu die Führung; er ließ Lumumba im Sept. 1960 verhaften und nach Katanga abschieben; dabei wurde Lumumba auf bis heute nicht geklärte Weise umgebracht. 1962 griffen die UN im Kongo ein und beendeten gewaltsam den Abfall Katangas und der rebell. Ostprov.; im Zuge dieser Aktion kam UN-Generalsekretär D. Hammarskjöld ums Leben. Nachdem 1964 die UN-Truppen abgezogen worden waren, konnten im Frühjahr 1965 in der Republik Kongo Wahlen abgehalten werden, die die Sammlungsbewegung Tschombés gewann. Bevor Tschombé sich endgültig durchgesetzt hatte, wurde er von Staatspräs. Kasawubu im Okt. 1965 entlassen und emigrierte nach Spanien. Schon einen Monat später übernahm Generalleutnant Mobutu mit der Armee die Macht, hob die Verfassung auf und ernannte sich für 5 Jahre zum Staatspräsidenten. Gestützt auf die Armee konnte Mobutu die territoriale Einheit des Landes wiederherstellen und mit der wirtsch. und polit. Neuordnung beginnen. Zu Beginn der 1970er Jahre wurde eine Afrikanisierungspolitik eingeleitet: Die ausländ. Konzerne mußten mindestens 50% des Kapitals an den Staat abtreten und ihre Unternehmen mit einheim. Direktoren und Aufsichtsratsvors. besetzen; der Grundbesitz wurde verstaatlicht. Seit Okt. 1971 ist „Zaïre" der Staatsname.

Von Angola aus kam es im März 1977 zu einer Invasion in die Prov. Shaba durch Truppen der Kongoles. Nat. Befreiungsfront, deren Kern die früheren „Katanga-Gendarmen" Tschombés bildeten. Die Invasion, die den Sturz Mobutus zum Ziel hatte, konnte erst nach schweren Kämpfen zurückgeschlagen werden, in die auch über die frz. Luftbrücke transportierte marokkan. Eliteeinheiten eingriffen. Eine erneute Invasion in Shaba im Mai 1978 wurde durch das Eingreifen frz. Fallschirmjäger beendet. Im Jan. 1980 verfügte Mobutu im Zuge einer Antikorruptionskampagne die Ämtertrennung zw. Mgl. des Politbüros der Mouvement Populaire Révolutionaire (MPR) und des Nat. Exekutivrats; zugleich wurde die Reg. umfassend umgebildet. Bei einer weiteren Reg.umbildung im Aug. 1980 wurde der bisherige Außenmin. Karl-I-Bond Nguza zum 1. Staatskommissar (Premiermin.) ernannt, der im April 1981 ins Exil ging. Auf Grund eines krit. Berichts der Menschenrechtsorganisation Amnesty International verfügte Mobuto 1983 eine Amnestie für die Oppositionellen, die aus dem Exil nach Z. zurückkehren wollen.

Politisches System: Nach der 1978 verkündeten Verfassung ist Z. ein demokrat., sozialist. Einheitsstaat.

Staatsoberhaupt ist der Staatspräs. (seit 1965 S. S. Mobutu), er wird für 7 Jahre gewählt (einmalige Wiederwahl ist zulässig). Er ist gleichzeitig Führer der Einheitspartei MPR, Vors. des Nat. Exekutivrats und kontrolliert die territoriale Sicherheit; außerdem ist er der Oberbefehlshaber der Streitkräfte. Die *Exekutive* liegt beim Nat. Exekutivrat, er besteht aus Staatskommissaren, unter denen der Erste Staatskommissar die Funktion eines Premiermin. wahrnimmt. Das Einkammerparlament, der Nat. Legislativrat, übt die *Legislative* aus; es setzt sich aus 310 auf 5 Jahre gewählten Abg. zusammen.

Einzige zugelassene *Partei* ist die 1967 gegr. Mouvement Populaire Révolutionaire (MPR), die für nat. Einheit, Bekämpfung des Tribalismus und für afrikan. Sozialismus eintritt. Jeder Bürger von Z. wird mit seiner Geburt Mgl. der MPR. Nichtzugelassene Oppositionsparteien sind die marxistische Parti Révolutionaire du Peuple, deren sog. Volksstreitkräfte als Guerillas aktiv sind, sowie die Front congolais pour le restauration de la démocratie. - Die *Gewerkschaften* sind in der Union Nationale des Travailleurs du Z. (UNTZA) zusammengeschlossen. *Verwaltungs*mäßig ist Z. in 8 Regionen gegliedert, an deren Spitze von der Zentralreg. ernannte Kommissare stehen; hinzu kommt die von einem Gouverneur geleitete Hauptstadt Kinshasa. Das *Recht* beruht auf frz. Recht und afrikan. Gewohnheitsrecht. Das Gerichtswesen umfaßt u. a. den Obersten Gerichtshof, 9 Appellationsgerichte und 8 Gerichte der ersten Instanz. Die *Streitkräfte* ha-haben eine Gesamtstärke von 51 000 Mann (einschl. 25 000 Mann Gendarmerie; 22 000 Heer, 2 500 Luftwaffe, 1 500 Marine); die paramilitär. Zivilverteidigung umfaßt rd. 25 000 Mann.

📖 *Young, C./Turner, T.: The rise and decline of the Zairean state. Madison (Wis.) 1985. - Du Congo au Z. 1960–1980. Hg. v. J. Vanderlinden. Brüssel 1981. - Schatzberg, M. C.: Politics and class in Z. New York u. London 1980. - Cornevin, R.: Le Z. Paris ²1977. - Kamitatu-Massamba, C.: Zaïre: le pouvoir à la portée du peuple. Paris 1977. - Michel, H.: Wirtschaftsstruktur u. Industrialisierungsprobleme Zaires. Mchn. 1976.*

Zaisser, Wilhelm, * Rotthausen (= Gelsenkirchen) 19. Jan. 1893, † Berlin (Ost) 3. März 1958, dt. Politiker. - Wurde 1918 Mgl. der USPD, 1920 der KPD; nach 1924 im militär. Nachrichtendienst der Sowjetunion (u. a. in China) tätig; 1936–38 im Span. Bürgerkrieg Generalstabschef der Internat. Brigaden (gen. General „Gomez"); emigrierte 1938 in die Sowjetunion; 1945 Polizeichef von Sachsen-Anhalt, 1948–50 sächs. Innenmin., ab 1950 Staatssicherheitsmin. der DDR, Mgl. des ZK und des Politbüros der SED; 1953 zus. mit R. Herrnstadt aller Funktionen enthoben, 1954 aus der SED ausgeschlossen.

Zakat [arab. „Gerechtigkeit, Almosen"], Almosenabgabe der Muslime, eine der fünf Grundpflichten im Islam; schon zu Lebzeiten Mohammeds als Steuer eingezogen.

Zakonisch, svw. ↑Tsakonisch.

Zakopane [poln. zakɔˈpanɛ], poln. Stadt am N-Fuß der Hohen Tatra, 800–1 000 m ü. d. M., 29 000 E. Tatra-Museum; heilklimat. Kurort, Wintersportplatz. - 1564 erstmals als Siedlung erwähnt; seit 1933 Stadt.

Zakrzów [poln. ˈzakʃuf] (dt. Sakrau), Fundort (nö. von Breslau) von drei 1886/87 entdeckten Fürstengräbern (1. Hälfte des 4. Jh. n. Chr.) der Przeworsker Kultur. Im Grab I waren eine Frau und ein Mann, in den anderen Gräbern je eine Frau mit reichen Beigaben bestattet; neben german. Arbeiten fand man u. a. auch röm. Trinkgeschirr.

Zäkum [zu lat. caecus „blind"], svw. ↑Blinddarm.

Zaleski, August [poln. zaˈlɛski], * Warschau 13. Sept. 1883, † London 7. April 1972, poln. Politiker. - Verfolgte als Außenmin. 1926–32 einen an die frz. Osteuropapolitik angelehnten Kurs; als Außenmin. der Exilreg. Sikorski trat er 1941 aus Protest gegen den Normalisierungsvertrag mit der Sowjetunion zurück; wurde 1947 Staatspräs. in der Emigration.

Zama (Zama Regia), antike Stadt in Numidien und der röm. Prov. Africa proconsularis, wohl bei Maktar (N-Tunesien) gelegen. Hier wurde Hannibal 202 v. Chr. im 2. Pun. Krieg durch Scipio Africanus d. Ä. besiegt.

Zambo [ˈsambo; span.], männl. Misch-

Zamboanga

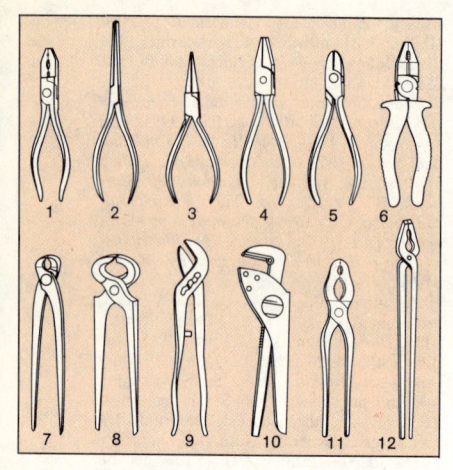

Zangen für verschiedene Verwendungszwecke. 1 Brennerzange, 2 Nadelzange, 3 Rundzange, 4 Flachzange, 5 Seitenschneider, 6 Kombizange mit isolierten Griffen, 7 Monierzange, 8 Beißzange, 9 Universalzange (Wasserpumpenzange), 10 Blitzrohrzange, 11 Gasrohrzange, 12 Schmiedezange

ling mit negridem und indianidem Elternteil. Der entsprechende weibl. Mischling heißt **Zamba**.

Zamboanga [span. θamboˈaŋga], philippin. Hafenstadt auf Mindanao, 343 700 E. Ölgewinnung, Holzverarbeitung; Fischerei.

Zamenhof, Ludwik [poln. 'zamɛŋxɔf], * Białystok 15. Dez. 1859, † Warschau 14. April 1917, poln. Augenarzt. - Praktizierte in Warschau; erfand und entwickelte das †Esperanto.

Zamora [span. θaˈmora], span. Stadt am Duero, 651 m ü. M., 61 200 E. Verwaltungssitz der Prov. Z.; kath. Bischofssitz; Kunstmuseum. Nahrungsmittelind., NE-Metallverhüttung. - 712-748 unter arab. Herrschaft; wurde 955 Bischofssitz; 998-1002 erneut arab. besetzt; kam 1073 endgültig an Kastilien und León. - Kathedrale (1151-um 1225; Chor 1496-1506) mit Kreuzgang, jetzt Museum. Ruine der sog. Casa del Cid (11. Jh.[?]). Palacio de los Momos (15. Jh.). Altes Rathaus (1504). Alte Befestigungen und Tore.

Zamora-Chinchipe [span. saˈmoratʃinˈtʃipe], Prov. in S-Ecuador, 20 240 km², 46 700 E, Hauptstadt Zamora. Z.-C. liegt auf der dicht bewaldeten O-Abdachung der Anden.

Zamość [poln. 'zamɔɕtɕ], poln. Stadt 75 km ssö. von Lublin, 220 m ü. M., 54 800 E. Hauptstadt des Verw.-Geb. Z.: Museum; Zoo. Möbel-, Bekleidungs- und Nahrungsmittelindustrie. - Aus der 1580 angelegten Residenz J. Zamoyskis entstanden. - An dem von Renaissance- und Barockhäusern mit Arkaden umrahmten Marktplatz das Rathaus (16. Jh.), Kollegiatkirche (1591-1600), Palais Zamoyski (1581-86, 17. und 18. Jh.).

Zamoyski, Jan [poln. zaˈmɔjski], * Skoków (Woiwodschaft Lublin) 19. März 1542, † Zamość 3. Juni 1605, poln. Staatsmann und Feldherr. - 1565 Sekretär König Sigismunds II. August; als Unterkanzler (1576), Großkanzler (1578) und Großfeldherr (1581) der Krone führte er die Politik der von ihm geförderten Königskandidaten Stephan IV. Báthory und Sigismund III. Wasa.

Zampieri, Domenico †Domenichino.

Zanardelli, Giuseppe, * Brescia 29. Okt. 1826, † Toscolano Maderno (Prov. Brescia) 26. Dez. 1903, italien. Jurist und Politiker. - Seit 1861 Abg. der Linken und mehrfach Min.; 1901-03 italien. Min.präs.; als Justizmin. Schöpfer des ersten in ganz Italien geltenden Strafgesetzbuches („Codice penale" von 1890).

Zande, großes Volk der Sudaniden im nördl. Zaïre, in der Zentralafrikan. Republik und im SW der Republik Sudan; treiben Feldbau in der Savanne.

Zander (Hechtbarsch, Stizostedion lucioperca), meist 40-50 cm langer, schlanker, räuber. lebender Barsch in Süß- und Brackgewässern M-, N- und O-Europas sowie W-Asiens; Kopf relativ klein, mit Fangzähnen; Rückenflosse in Vorder- und Hinterflosse aufgeteilt; Ober- und Körperseiten graugrün bis bleigrau mit meist dunklen Querbinden; Speisefisch.

Zandvoort [niederl. 'zɑntfo:rt], niederl. Nordseebad 7 km westl. von Haarlem, 15 800 E. Grand-Prix-Autorennstrecke.

Zange, Werkzeug zum Greifen, Festhalten, Bewegen und Bearbeiten (v. a. Biegen und Abscheren) von Werkstücken u. a.; besteht im wesentl. aus zwei gekreuzten, durch Niet oder Schraube gelenkig oder zusätzl. verstellbar miteinander verbundenen Schenkeln, deren längere Hinterteile als Griffe dienen, während die kürzeren Vorderteile (Backen) das Werkstück fassen. Die Form der Backen und das Maul bezeichnete Öffnung zw. ihnen ist dem jeweiligen Verwendungszweck angepaßt (z. B. gebogene, scharfkantige Backen bei der zum Trennen von dickem Draht, Ziehen von Nägeln u. a. dienenden *Beiß-* oder *Kneif-Z.*, seitl. Schneiden zum Durchtrennen dünner Drähte beim *Seitenschneider,* gerade, runde bzw. flache Backen bei den zum Festhalten oder Biegen von Draht dienenden *Rund-* bzw. *Flachzangen*).

In der *Medizin* und *Zahnmedizin* bei Operationen, in der Diagnostik und im Laboratorium eingesetzte Instrumente mit je nach dem Verwendungszweck spezieller Formgebung.

Zangengeburt (Zangenentbindung), operative Beendigung einer schon sehr weit fortgeschrittenen, in der letzten Phase stokkenden Geburt durch den Einsatz der ↑Geburtszange, mit der der Kopf schonend umfaßt und unter Nachahmung des natürl. Geburtsverlaufs mit sanftem Zug nach außen geleitet wird.

Zankle ↑Messina.

Zanni (Zani) [italien.], Dienerfiguren der Commedia dell'arte (↑Brighella, ↑Arlecchino).

Zanthoxylum (Xanthoxylum) [griech.], Gatt. der Rautengewächse mit rd. 15 Arten in O-Asien und N-Amerika; sommergrüne Bäume oder Sträucher mit bestachelten Zweigen, unpaarig gefiederten oder dreizähligen, aromat. duftenden Blättern und eingeschlechtigen, unscheinbaren, gelbgrünen Blüten. Die pfefferartig schmeckenden Samen der ostasiat. Arten Z. *piperitum* und Z. *simulans* sind als *jap. Pfeffer* bekannt und werden als Gewürz verwendet.

ZANU ['zɑːnu], Abk. für: **Z**imbabwe **A**frican **N**ational **U**nion, Befreiungsbewegung und polit. Partei in ↑Simbabwe.

Zanuck [engl. 'zænək], Darryl F[rancis], * Wahoo (Nebr.) 5. Sept. 1902, † Palm Springs 22. Dez. 1979, amerikan. Filmproduzent und Studioleiter. - Kam 1924 zum Film; 1933 Mitbegr. der „20th Century Pictures"; 1935–52 in leitender Funktion bei der „20th Century-Fox" (erneut 1962–71); produzierte sozialkrit. Filme von J. Ford, E. Kazan.

Z., Richard, * Beverly Hills 13. Dez. 1934, amerikan. Filmproduzent. - Sohn von Darryl F[rancis] Z.; produzierte ab 1959 bei der „20th Century-Fox", deren Produktionsleiter er 1962–70 war und deren finanzielle Situation er mit „billig" hergestellten Filmen verbesserte; später selbständiger Produzent (u. a. „Der Clou", 1973; „Der weiße Hai", 1975).

Zanussi, Krzystof [poln. za'nuɕi], Warschau 17. Juni 1939, poln. Filmregisseur. - Dreht seit 1966 formal strenge Filme, die die Kommunikationsschwierigkeiten des Menschen thematisieren; u. a. „Die Struktur des Kristalls" (1969), „Illumination" (1973), „Der Catamount-Mord" (1974), „Das Jahr der ruhenden Sonne" (1984).

Zanza ['zanza; arab.] (Sansa, Mbira), afrikan. Zupfidiophon; auf einem meist rechteckigen Holzbrett oder einem hölzernen Kasten sind 3 bis über 20 Zungen aus Eisen, Bambus oder Holz (Rotang) angebracht, die mit den Fingern gezupft werden. Die Zungen laufen über einen Steg und sind penta- oder heptaton. gestimmt. Zur Klangverstärkung sind oft zusätzl. Resonatoren (meist Kalebassen) angebracht.

Zanzibar [engl. zænzi'bɑː], 1. Stadt und Insel in O-Afrika, ↑Sansibar, 2. Landesteil von ↑Tansania.

Zapata, Emiliano [span. sa'pata], * Anenecuilco (Morelos) 1879 (?), † in S-Mexiko 10. April 1919 (ermordet), mex. Revolutionär. - Einfacher Herkunft; schloß sich 1910 der Revolution an. Dank seiner Popularität unter den Bauern wurde er die führende Persönlichkeit der Revolutionäre im S („Zapatistas"); seine Landreformpläne („Zapatismo") wurden nicht verwirklicht.

Zapatera, Isla [span. 'izla sapa'tera], Insel im NW des Nicaraguasees, vom Vulkan Zapatera aufgebaut, bis 740 m ü. d. M. Auf der I. Z. fanden sich Reste lebensgroßer Steinfiguren aus der Zeit um 1200.

Zäpfchen, (Gaumen-Z., Hals-Z., Uvula [palatina]) von Schleimhaut überzogene, zapfenartige Bildung aus quergestreifter Muskulatur, die in der Mundhöhle am Hinterrand des weichen Gaumens median herunterhängt.
♦ Arzneiform, ↑Suppositorien.

Zapfen, (Sehzapfen) ↑Auge.
♦ ↑Blütenstand.
♦ meist zylinder- oder kegelstumpfförmiges Bauelement, das als Verbindungs-, Befestigungs- oder Gelenkteil dient.

Zapfenstreich, urspr. musikal. Signal, auf das hin in Soldatenlagern die Schankfässer geschlossen wurden: ein Trommelsignal (später Signalhornruf) der Infanterie, eine Fanfare (Retraite) bei der Kavallerie, im 17. Jh. zu einem kleinen Marsch erweitert. Der **Große Z.** (zuerst 1839 in Berlin gespielt) besteht aus: Locken zum Z. - Z.-Retraite (Z. der Kavallerie) - Zeichen zum Gebet - Gebet (übl.: „Ich bete an die Macht der Liebe") - Abschlagen nach dem Gebet - Ruf nach dem Gebet - Nationalhymne. - Großer Z. ist auch Bez. für die Ausführenden (Spielleute und Musikkorps) sowie für ein Militärkonzert, wobei den Z. eine „Serenade" vorangeht. - Heute ist „Z." auch allg. Bez. für Ende der Ausgehzeit.

Zapfwelle, vom Motor eines Fahrzeugs angetriebene Welle, die (über eine Gelenkwelle) den Antrieb von angehängten oder angebauten Geräten erlaubt (z. B. beim landwirtsch. Schlepper).

Zapolska, Gabriela [poln. za'pɔlska], eigtl. Maria Korwin-Piotrowska, Pseud. Józef Maskoff, * Podhajce [= Podgaizy, Ukrain. SSR] 30. März 1857, † Lemberg 17. Dez. 1921, poln. Schriftstellerin. - Schauspielerin und Kritikerin. Schrieb Novellen, Romane und bühnenwirksame Dramen. Kritisierte als führende Vertreterin des poln. Naturalismus bes. die untergeordnete Stellung der Frau in der Gesellschaft; u. a. in „Käthe" (R., 1888), „Sommerliebe" (R., 1905), „Die Moral der Frau Dulska" (Dr., 1907).

Zaponlack [Kw.], trocknender, transparenter Lack auf Zellulosenitratgrundlage.

Zapoteken, Indianervolk im mex. Staat Oaxaca. - In vorspan. Zeit hatte der Oberpriester (auch oberster Richter) eine größere Macht als der König. An der Spitze des zapotek. Pantheons stand der Regengott. Daneben gab es einen Sonnengott, einen Erd- und Höhlengott u. a. Götter. Archäolog. wichtig ist die Tempelstätte ↑ Monte Albán. In der zapotek. Blütezeit (500–800) bestanden enge Beziehungen zu Teotihuacán und zu den Städten der Maya.

Zápotocký, Antonín [tschech. 'zaːpɔtɔtskiː], * Zákolany bei Kladno 19. Dez. 1884, † Prag 13. Nov. 1957, tschechoslowak. Politiker. - Gehörte als Gründungs-Mgl. der KPČ (1921) deren ZK an; 1925–38 Parlaments-Abg.; Haft im KZ Oranienburg; wurde 1945 Vors. der Einheitsgewerkschaft; 1948–53 Min.präs.; 1953–57 Staatspräsident.

Zappa, Frank [engl. 'zæpə], * Baltimore 21. Dez. 1940, amerikan. Rockmusiker (Gitarre). - Leitete verschiedene Bands, wurde 1964–69 mit seiner Gruppe *The Mothers of Invention* zum Exponenten einer extrem radikalen (grotesken, zerstörer.), zugleich unterhaltenden, auf Collagen basierenden Rockmusik, die schließl. mit ausgedehnten Improvisationen sehr in die Nähe des Jazz rückte; drehte 1971 den surrealist. dokumentar. Film „200 Motels" mit den „Mothers" u. a., der mit überspannter Bildtechnik Musik opt. zu realisieren und inhaltl. zu deuten versucht.

ZAPU ['zaːpu], Abk. für: Zimbabwe African People's Union, Befreiungsbewegung in ↑Simbabwe; heute dort als Patriotic Front/Nkomo polit. Partei.

Zar [slaw., zu lat. Caesar], offizieller Titel des Monarchen in Rußland bis 1917 und in Bulgarien 1908–46; in Rußland wurde der Titel von Iwan IV. Wassiljewitsch 1547 zur Betonung des selbstherrscherl. Charakters seiner Macht angenommen und auch von westeurop. Herrschern auf ihn und seine Nachfolger angewendet. *Zarewitsch* war bis 1718 der offizielle Titel jedes Zarensohns, 1797 war der Titel des russ. Thronfolgers *Zesarewitsch.* Die Zarin wurde *Zariza,* die Zarentochter *Zarewna* genannt.

Zaragoza [zaraˈɣosa, span. θaraˈɣoθa] (Saragossa), span. Stadt am Ebro, 200 m ü. d. M., 601 200 E. Verwaltungssitz der Prov. Z.; kath. Erzbischofssitz; Königl. Akad. der Schönen Künste, Akad. der Naturwiss.; Univ. (gegr. 1533), Militärakad., Kunstmuseum; Zentrum des Ebrobeckens, bed. Ind.standort. *Geschichte:* Bei dem iber. Oppidum **Salduba** wurde unter Augustus die röm. Veteranenkolonie **Caesaraugusta** gegründet, die sich zu einem der führenden Orte in der Provincia Tarraconensis entwickelte; wohl um 250 Bischofssitz; fiel 409 an die Vandalen, 452 an die Sweben, 476 an die Westgoten; 712 von den Arabern erobert, 1118 von König Alfons I. von Aragonien zurückgewonnen und zur Hauptstadt seines Reiches gemacht; wurde 1318 Sitz eines Erzbischofs; verlor infolge der Vereinigung der Kronen von Kastilien und Aragonien und der folgenden Zentralisierung an Bed. und büßte unter König Philipp V. (1700–46) die letzten histor. Privilegien ein; wurde berühmt durch seine Verteidigung 1808/09 gegen frz. Truppen.
Bauten: Reste der röm. Stadtmauer (2. Jh. n. Chr.); zwei Kathedralen: fünfschiffige got. Kathedrale **La Seo** (1119–1520 an der Stelle einer Moschee; 1546–59 verändert) und die von 11 Kuppeln beherrschte Wallfahrtskirche **Nuestra Señora del Pilar** (17. und 18. Jh.); roman.-got. Kirche **San Pablo** (um 1259) mit Turm im Mudejarstil (14. Jh.); Börse (1541–51); aus arab. Zeit stammendes Kastell **Aljafería** (9. und 11. Jh.; im 14. und 15. Jh. Residenz der Könige von Aragonien).

Zarander Gebirge ↑Westsiebenbürgisches Gebirge.

Zarapkin, Semjon Konstantinowitsch [russ. tsa'rapkin], * Nikolajew 4. Juni 1906, † Moskau 17. Sept. 1984, sowjet. Diplomat. - 1948–52 sowjet. Delegierter im Sicherheitsrat der UN und in der UN-Abrüstungskommission, seit 1958 Vors. der sowjet. Delegation bei den Genfer Atomteststoppgesprächen, 1966–71 Botschafter in Bonn; seit 1971 Sonderbotschafter.

Zarathustra (Zoroaster), pers. Prophet um 1000 und 600 v. Chr., Begründer des Parsismus. Über sein Leben gibt es nur wenige zuverlässige Angaben. Wahrscheinl. wirkte er um 600 v. Chr. in Ostiran. Er entstammte der adligen Familie Spitama. Z. war als Priester ausgebildet worden. Er verkündete einen Dualismus, der in der Gegnerschaft des bösen Geistes Angra Manju gegen Ahura Masda, den guten Gott, begründet ist und den Menschen zur eth. Entscheidung herausfordert. Innerhalb des Awesta, der hl. Schrift des ↑Parsismus, gehen wahrscheinl. die mit Gathas bezeichneten Texte unmittelbar auf Z. zurück.
📖 *Zölzer, F.:* Leben u. Lehre Zarathustras nach den Gathas. Würzburg 1979.

Zarewitsch [russ.] ↑Zar.

Zarewna [russ.] ↑Zar.

Zarge, Rahmenkonstruktion aus Holz oder Stahl für Fenster, Türen u. a.; auch Bez. für rahmenähnl. Seitenteile eines Gehäuses oder einer Schachtel.
◆ bei Saiteninstrumenten (z. B. Violine, Gitarre) und Trommeln die Seitenwand des Korpus, die Decke und Boden verbindet.

Zaria [engl. 'zaːriːa], Stadt im zentralen N-Nigeria, 224 000 E. Sitz eines Emirs, Univ. (gegr. 1962), Luftfahrtschule; Zentrum eines Agrargebiets. - Hauptstadt eines der 7 Haussastaaten; häufig unter fremder Herrschaft (Kano, Songhai im 16. Jh., Bornu). 1804 von den Fulbe erobert.

Zariza [slaw.] ↑Zar.

Zarizyn ↑Wolgograd.

Zarlino, Gioseffo, * Chioggia wahrscheinl. vor dem 22. April 1517, † Venedig 14. Febr. 1590, italien. Musiktheoretiker und Komponist. - 1537 Franziskaner, ab 1565 als Nachfolger C. de Rores Kapellmeister an San

Marco. Von seinen Kompositionen ist wenig erhalten; bed. als führender Theoretiker des 16. Jh. Sein Hauptwerk, die „Istitutioni harmoniche" (1558), stellt die Musiklehre der Zeit umfassend dar. Grundlage ist die Kompositionstechnik seines Lehrers A. Willaert; von da aus entwickelte Z. eine systemat., harmon. fundierte Kontrapunkt- und Fugenlehre. Histor. folgenreich wurde seine „dualist." musiktheoret. Begründung der Dur-Moll-Tonalität.

Zarzuela [sarsu'e:la; span.], singspielartige Gattung des span. Musiktheaters mit Gesang (Solo, Chor) und gesprochenem Dialog, ben. nach dem Z.palast in Pardo (Waldgebiet bei Madrid), urspr. eine Form des höf. Festspiels („fiesta"). Als erstes bekanntes Stück gilt „El jardín de Falerina" (1649) von P. Calderón de la Barca (Musik verloren).

Zäsur [lat., zu caedere „hauen, einschneiden"] (Caesura), in der *Verslehre* ein durch das Wortende markierter syntakt. oder metr. Einschnitt, meist in längeren Versen oder Perioden. - ↑auch Vers; Ggs. ↑Diärese.
◆ [gedankl.] Einschnitt.
◆ in der *Musik* ein Einschnitt, der zur sprachanalogen Gliederung syntakt. und semant. Einheiten verschiedener Größenordnung (Motiv, Thema, Periode, Abschnitt) dient.

Žatec [tschech. ˈʒatɛts], Stadt an der Eger, ČSSR, 23 000 E. Museum; Zentrum des Hopfenanbaus der ČSSR. - 1004 zuerst erwähnt; 1639 Zerstörungen durch die Schweden. - Stadtkirche (1340 spätgot. umgebaut); Häuser aus Spätgotik, Renaissance und Barock, u. a. das Rathaus von 1559.

Zátopek, Emil [tschech. ˈzaːtɔpɛk], * Kopřivnice (Nordmähren) 19. Sept. 1922, tschech. Langstreckenläufer. - Gewann nach einem 1. Platz über 10 000 m und einem 2. über 5 000 m bei den Olymp. Spielen 1948 in London 1952 in Helsinki den Lauf über 5 000 m, über 10 000 m und den Marathonlauf. Stellte zw. 1949 und 1955 18 Weltrekorde auf. Er gilt als der bedeutendste Langstreckenläufer nach P. Nurmi.

Zatta, Antonio, italien. Drucker des 18. Jh. - Betrieb die bedeutendste Druckerei Venedigs; zahlr. vorzügl. ausgestaltete Drukke aus fast allen Gebieten, u. a. Ariostos „Orlando furioso" mit 1900 Vignetten (1772/73) und „Opere teatrali" von Goldoni (44 Bde., 1788–95) mit 400 Stichen.

Zauber, ein der Magie nahestehender und von ihr oft kaum abzugrenzender Begriff der Religionswiss. und Volkskunde zur Bez. mag. Handlungen bzw. Mittel, die durch Zuhilfenahme u. a. von Geistern, Dämonen oder unpersönl. Kräften die Verwirklichung konkreter Ziele und Zwecke bewirken sollen. Die häufigsten Absichten des Z. betreffen den Schutz der eigenen Person und die Abwehr feindl. Macht (**Abwehrzauber**) oder eine Schadensübertragung. Neben dieser **apotropäischen** Wirkung steht die Förderung guten Wetters, der Liebe und der Gesundheit. Zu den Z.mitteln zählen Z.stab, Lied, Beschwörung, Z.formel und Z.kreis sowie Blick und Gestus des Zauberers. Auf dem Grundsatz, Gleiches bringe Gleiches hervor, beruht der Ähnlichkeits- oder **Analogiezauber,** wobei der Zauberer Haare, Kleidungsstücke u. a. eines Menschen vernichtet, der dadurch geschwächt werden oder sterben soll.
📖 *Z., Magie u. Rituale.* Hg. v. C. Büttner. Mchn. 1985. - Biedermann, H.: *Handlex. der mag. Künste.* Graz ²1973. - Burland, C. A.: *The magical arts.* London 1966.

Zauberbücher, Schriften und Textkompilationen für die mag.-zauber. Praxis im Umkreis der verschiedenen Zauber- und Beschwörungskategorien (Liebeszauber, Schadenzauber, Schatzheben, Talisman). Als älteste umfangreichere Überlieferungsschicht abendländ. Z.produktion gelten die griech. Zauberpapyri, in die ältere oriental. und ägypt. Texte sowie jüd. und christl. Stoffe eingegangen sind. Die Masse der Z. stammt aus der Zeit seit dem 17. Jh.; sie wurden meist traditionellen Zauberautoritäten (Salomon, Moses, Cyprianus von Antiochia, Albertus Magnus, Faust, Paracelsus) untergeschoben und erscheinen mit fingierten Druckernamen, Druckorten und Druckjahren teilweise noch heute.

Zaubernuß (Hamamelis), Gatt. der Z.gewächse mit 8 Arten, verbreitet vom östl. N-Amerika bis Mexiko und in O-Asien; sommergrüne Sträucher oder kleine Bäume mit asymmetr., fast runden, gezähnten Blättern und gelben, in Büscheln stehenden Blüten, die nach dem Blattfall im Herbst oder im Spätwinter vor dem erneuten Austrieb der Blätter erscheinen. Neben zahlr. als Gartenziersträucher verwendeten Arten und Sorten ist v. a. die *Virgin. Zaubernuß* (Hamamelis virginiana) aus dem östl. N-Amerika wirtschaftl. wichtig. Der Extrakt aus ihrer Rinde ist Bestandteil von Arzneimitteln und Kosmetikpräparaten.

Zaubernußgewächse (Hamamelidaceae), Fam. der Zweikeimblättrigen mit über 100 Arten in 26 Gatt. v. a. in Ostasien; Bäume oder Sträucher mit einfachen Blättern und in Köpfchen, Ähren oder Trauben stehenden Blüten. Bekannte Gatt. sind ↑Amberbaum, ↑Zaubernuß.

Zaubersprüche, Beschwörungsformeln oder -verse, die mag. Wirkungen hervorbringen sollen (z. B. „Merseburger Z."). Gehören zu den ältesten Zeugnissen der dt. Literatur.

Zauberstück, Spielvorlage, die mit übernatürl. „Personal" und Zauberrequisiten arbeitet; Hochblüte im Barock mit der Ausbildung einer perfekten Bühnentechnik und reicher Ausstattung; erfaßte alle Formen des Sprechtheaters, der Oper und des Balletts.

Der europ. Rationalismus des 18. Jh. reduzierte das Z. auf das Melodrama, die Oper und das Volksstück. Das südtt. Z. des 19. Jh. schließt sowohl an die barocke Tradition des Z. als auch an die volkstüml. Komödianten an. Zentrum war Wien, wo man *Zauberspiel, -märchen, -oper* und *-posse* unterschied. Bekannteste Vertreter: F. Raimund und J. N. Nestroy.

Zauberwürfel (Rubik's Cube, nach dem ungar. Bildhauer und Innenarchitekten E. Rubik, * 1944), ein Würfel, der aus 8 dreifarbigen Eckenteilwürfeln, aus 12 zweifarbigen Kantenteilwürfeln und aus 6 einfarbigen Flächenteilwürfeln besteht, wobei jede der 9 Teilwürfelschichten um Vielfache von 90° gegenüber dem restl. Würfelkörper gedreht werden kann. Im Ausgangszustand ist jede der sechs Würfelseiten einfarbig. Durch Drehungen einzelner Schichten bewirkt man, daß die Farben der Würfelseiten durcheinandergemischt werden. Jedes Teilstück kann durch solche Drehungen von seinen ursprüngl. Nachbarn getrennt und wieder mit ihnen vereinigt werden. Insgesamt gibt es mehr als 43 Trillionen verschiedene Farbkombinationen, nämlich genau 43 252 003 274 489 856 000, von denen nur eine einzige Kombination dem originalen, auf jeder Seite einfarbigen Würfel entspricht. Es gibt mehrere Strategien, den Z. in den Originalzustand zu bringen, z. B. kann man den Würfel schichtweise ordnen, wobei die Flächenstücke zwischen den einzelnen Operationen immer die gleiche Stelle einnehmen.

Zaum (Zaumzeug), zum Lenken und Zügeln von Reit- und Zugtieren (v. a. Pferde) an deren Kopf angebrachte Vorrichtung. Beim Pferd unterscheidet man meist aus Lederriemen gefertigte *Kopfgestell (Halfter)* und die *Trense.* Diese besteht aus einer zweigliedrigen Stahlstange mit Stahlringen an den äußeren Enden *(Trensengebiß)* zum Einschnallen in das Backenstück des Kopfgestells und zur Aufnahme der ↑Zügel. - *Funktion des Z.zeugs:* Das Trensengebiß liegt im zahnfreien Teil der Kiefer bzw. (bei ♂ Tieren) über den Eckzähnen. Durch Zug an einem der Zügel wird die gewünschte Fortbewegungsrichtung angegeben. Mit der über dem Trensengebiß liegenden Gebißstange der Kandare wird auf den Unterkiefer eine starke Hebelwirkung ausgeübt, die ein schärferes Zügeln des Tieres ermöglicht.

Zaunkönige (Troglodytidae), Fam. etwa 10–20 cm langer Singvögel mit rd. 60 Arten, v. a. in unterholzreichen Wäldern und Dikkichten Amerikas (eine Art auch in Eurasien); meist oberseits auf braunem Grund hell gezeichnete, unterseits blaß gefärbte Vögel, die mit ihrem schlanken, spitzen Schnabel bes. Insekten und Spinnen fangen; Flügel kurz, abgerundet; in Europa, NW-Afrika, S- und O-Asien sowie in N-Amerika der *Europ. Zaunkönig* (Troglodytes troglodytes): rd. 10 cm lang; mit kurzem, bei Erregung steil aufgestelltem Schwanz; brütet in einem oft in Spalten und Höhlungen versteckten Kugelnest.

Zaunleguane ↑Stachelleguane.

Zaunrübe (Bryonia), Gatt. der Kürbisgewächse mit 10 Arten in Europa, im Mittelmeergebiet und in W-Asien. Zwei Arten sind einheim.: die *Rotbeerige Zaunrübe* (Gichtrübe, Teufelsrübe, Zweihäusige Z., Bryonia dioica; mit rankenden 2–3 m langen Sprossen, gelblichgrünen Blüten und scharlachroten Beerenfrüchten; an Wegrändern und Hecken, v. a. im südl. und westl. Teil Deutschlands) und die in NO-Deutschland an Wegrändern vorkommende *Schwarzbeerige Zaunrübe* (Weiße Z., Bryonia alba), eine bis 3 m hohe, ausdauernde, einhäusige Kletterpflanze mit grünlichweißen Blüten und schwarzen, giftigen Beerenfrüchten.

Zaunwinde (Gemeine Z., Calystegia sepium), einheim. Art der Gatt. ↑Bärwinde; eine häufig vorkommende, bis 3 m hohe, windende Staude mit langgestielten, dreieckigen Blättern und großen, weißen, selten rosafarbenen Blüten.

Zavattini, Cesare, * Luzzara (Prov. Reggio nell'Emilia) 20. Sept. 1902, italien. Schriftsteller. - Journalist; sozial engagierter Erzähler („Liebenswerte Geister", 1931). Verfaßte auch Drehbücher für neorealist. Filme, u. a. „Fahrraddiebe" (1948), „Das Wunder von Mailand" (1950), „Umberto D." (1952). - † 13. Okt. 1989.

Závist [tschech. 'zaːvist], mehrteilige Befestigungsanlage (etwa 9 km lange Umwallung) 1 km östl. von Zbraslav (bei Prag), die seit 1963 systemat. untersucht wird; bes. in der späten La-Tène-Zeit (1. Jh. v. Chr.) stark befestigt und durch Befunde und Funde als kelt. Oppidum ausgewiesen.

Zawadski, Aleksander [poln. za'vatski], * Będzin 16. Dez. 1899, † Warschau 7. Aug. 1964, poln. Politiker. - Kommunist seit 1922; emigrierte nach 11jähriger Haft 1939 in die Sowjetunion; dort Mitbegr. des Verbandes poln. Patrioten; 1943–45 Chefpolitoffizier der poln. Volksarmee, danach Woiwode in Breslau; Mgl. des Politbüros der poln. KP (seit 1944) und der Vereinigten Poln. Arbeiterpartei (seit 1948); wurde 1949 stellv. Min.präs.; übernahm 1952 den Vorsitz im Staatsrat (Staatspräs.).

Zawinul, Joe ['zavinul], eigtl. Josef Erich Z., * Wien 7. Juli 1932, östr. Jazzmusiker (Pianist, Komponist). - Seit 1959 in den USA: wurde erstmals durch seine Mitarbeit im Quintett von J. Adderley (1961–68) internat. bekannt, für das er u. a. den Jazz-Hit „Mercy Mercy" komponierte. Gründete 1970 mit W. Shorter und M. Vitous das sehr erfolgreiche Jazz-Rock-Gruppe „Weather Report".

Zay, Jean [frz. zɛ], * Orléans 6. Aug. 1904, † Molles (Allier) 21. Juni 1944 (ermordet), frz. Politiker (Radikalsozialist). - Ab 1932 Abg.;

führte als Erziehungsmin. (1936–39) die Schulpflicht bis zum 14. Lebensjahr ein, verbesserte die Begabtenförderung schon für die Grundschule und setzte ein Schulbauprogramm durch; schloß sich 1940 der Résistance an; 1944 von Angehörigen der Miliz des Vichy-Regimes erschossen.

Zäzilie, weibl. Vorname, ↑ Cäcilie.

z. B., Abk. für: zum Beispiel.

Zchinwali [russ. tsxin'vali], Hauptstadt des Autonomen Geb. der Südosseten innerhalb der Grusin. SSR, am Fuß des Großen Kaukasus, 34 000 E. PH, Theater; Elektromaschinenbau, Kabelwerk.

z. d. A., Abk. für: zu den Akten.

ZDF, Abk. für: ↑ Zweites Deutsches Fernsehen.

ZDv, Abk. für: Zentrale Dienstvorschrift (↑ Dienstvorschriften).

Zea [griech.], svw. ↑ Mais.

Zeatin [griech.], zu den Zytokininen gehörendes Pflanzenhormon; wurde als erstes natürl. vorkommendes Zytokinin in Mais entdeckt.

Zebaoth (Sabaoth) [hebr. „Heerscharen"], im A. T. Bez. der göttl. Mächte, die häufig in Verbindung mit dem Gottesnamen Jahwe und Elohim vorkommt.

Zebra, Künstlervereinigung, ↑ Neuer Realismus.

Zebra (Tigerpferd) ↑ Zebras.

Zebraducker ↑ Ducker.

Zebrafink (Taeniopygia guttata), etwa 10 cm langer Singvogel (Unterfam. Prachtfinken) im Grasland Australiens und der Kleinen Sundainseln; beliebter Stubenvogel, der in vielen Farbrassen gezüchtet wird.

Zebramanguste ↑ Mangusten.

Zebras [afrikan.-portugies., eigtl. „Wildesel"] (Tigerpferde), Gruppe wildlebender, auf weißl. bis hellbraunem Grund dunkel bis schwarz quergestreifter Pferde mit vier Arten in Savannen Afrikas südl. der Sahara; meist in großen Herden lebende Unpaarhufer mit aufrechtstehender Nackenmähne, relativ großen Ohren und einem nur an der hinteren Hälfte behaarten Schwanz. Außer dem ausgerotteten ↑ Quagga kennt man noch drei weitere (rezente) Arten: 1. *Bergzebra* (Equus zebra): in gebirgigen Gebieten S-Afrikas; kleinwüchsig (1,2–1,3 m schulterhoch); mit relativ breiten Streifen; 2. *Grévyzebra* (Equus grevyi): in Savannen Äthiopiens und O-Afrikas; 1,4–1,6 m Schulterhöhe; sehr dichte Streifung und auffallend große Ohren; Bestände stark zurückgegangen; 3. *Steppenzebra* (Pferdezebra, Equus burchelli): ebenso groß wie das Bergzebra; Unterart u. a. *Chapmanzebra* (Damarazebra, Wahlbergzebra, Equus burchelli antiquorum): S- und SW-Afrika; mit breiten, braunschwarzen Haupt- und braunen Zwischenstreifen auf blaßbräunl. Grund.

Zebraspinne, svw. Harlekinspinne (↑ Mauerspinnen).

Zebroide [afrikan.-portugies./griech.], Bez. für Bastarde aus Kreuzungen zw. Zebras und Pferden *(Pferde-Z.),* Eseln *(Esel-Z.)* oder Halbeseln. Die Z. vereinigen Merkmale beider Eltern, besitzen meist eine deutl. ausgeprägte Streifung und sind mitunter auch fortpflanzungsfähig. Sehr scheu, kaum zähmbar.

Zebu [frz.] (Buckelrind, Buckelochse, Bos indicus), in vielen einfarbigen und gescheckten Farbschlägen gezüchtetes Hausrind mit auffallendem buckelartigem Schulterhöcker (ein mächtig entwickelter Muskel); sehr früh in S-Asien domestizierte Form des Auerochsen, heute zahlr. Zuchtrassen bes. in Asien.

Zecchi, Carlo [italien. 'tsekki], * Rom 8. Juli 1903, † Salzburg 31. Aug. 1984, italien. Dirigent und Pianist. - Schüler u. a. von F. Busoni und A. Schnabel; Dirigent vieler nahmhafter Orchester.

Zech, Paul, Pseud. Paul Robert, Timm Borah, * Briesen (= Wąbrzeźno, Culmer Land) 19. Febr. 1881, † Buenos Aires 7. Sept. 1946, dt. Schriftsteller. - Nach Studium Bergmann im Ruhrgebiet; 1913–19 Mithg. der literar.-künstler. Zeitschrift „Das neue Pathos"; u. a. Dramaturg und Bibliothekar in Berlin; emigrierte 1934 nach Südamerika. Themat. und stilist. der expressionist. Bewegung zugehörig, kämpfte er in seinem sozialrevolutionären Werk v. a. gegen Übertechnisierung („Das schwarze Revier", Ged., 1913) und gegen den Krieg vor Gewalt („Der schwarze Baal", Nov., 1917; „Golgatha", Ged., 1920); in seinen Dramen bemühte er sich um die Darstellung echter zwischenmenschl. Beziehungen; bed. Übersetzer aus dem Französischen (u. a. F. Villon, H. de Balzac, A. Rimbaud). - *Weitere Werke:* Neue Welt (Ged., 1939), Kinder von Paraná (R., hg. 1952), Die grüne Flöte vom Rio Beni (E., hg. 1955).

Zeche, svw. Bergwerk, Bergwerksanlage. ◆ im 15. Jh. entstandene Bez. für Wirtshausrechnung; *zechen,* svw. [in Gesellschaft] trinken.

Zechine (italien. Zecchino), der Goldgulden Venedigs 1284–1802; nachgeahmt u. a. in den Dukaten Ungarns, Böhmens und Österreichs.

Zechlin, Egmont, * Danzig 27. Juni 1896, dt. Historiker. - Prof. in Marburg (1934), Hamburg (1936, erneut 1948), Berlin (1940); Verfasser u. a. von „Bismarck und die Grundlegung der dt. Großmacht" (1930), „Maritime Weltgeschichte" (1947), „Die dt. Politik und die Juden im Ersten Weltkrieg" (1969), „Krieg und Kriegsrisiko" (1979).

Z., Ruth, geb. Oschatz, * Großhartmannsdorf bei Freiberg 22. Juni 1926, dt. Komponistin. - Seit 1950 Dozentin für Tonsatz an der Dt. Hochschule H. Eisler in Berlin (Ost); schrieb u. a. die Oper „Reineke Fuchs" (1968), Orchesterwerke, u. a. 3 Sinfonien, 2 Kammersinfonien, Kammer- und Klaviermusik sowie Vokalwerke.

Zechprellerei

Zechprellerei, ein †Betrug, bei dem sich der Täter wie ein zahlungsfähiger und zahlungswilliger Gast verhält (z. B. eine Bestellung aufgibt) und den Gastwirt dadurch veranlaßt, Speisen und Getränke zu servieren oder sonstige Leistungen zu erbringen, obwohl er nicht bezahlen kann oder will.

Zechstein, obere Abteilung des Perms (†Geologie, Formationstabelle).

Zecken (Ixodidae), mit zahlr. Arten weltweit verbreitete Gruppe mittelgroßer bis sehr großer Milben; flache, derbhäutige, an Reptilien und Warmblütern blutsaugende Ektoparasiten, deren Hinterleib beim Saugen stark anschwillt. Z. fallen, wenn sie vollgesogen sind, von ihrem Wirt ab. Sie befallen meist in jedem Entwicklungsstadium eine andere Wirtsart. Durch den Stich der Z. können auf Mensch und Haustiere (bes. Rinder, Schafe) gefährl. Krankheiten übertragen werden (z. B. Gallenfieber, Küstenfieber, Rickettsiosen, Texasfieber). - Man unterscheidet zwei Fam.: Schildzecken und Lederzecken.

Zeckenenzephalitis (Frühjahrs-Sommer-Enzephalitis), durch Zecken übertragene, virusbedingte Gehirnentzündung; verläuft anfangs wie eine Grippe und führt erst 3-4 Wochen nach dem Zeckenbiß zu den Symptomen einer Gehirnhautentzündung.

Zeckenfieber, svw. †Texasfieber.

Zedenbal (Cedenbal, Tsedenbal), Jumschagiin, * im Verw.-Geb. Ubsa Nur 17. Sept. 1916, mongol. kommunist. Politiker. - 1939/40 Finanzmin.; 1941-45 stellv. Oberbefehlshaber der mongol. Volksarmee; seit 1940 Mgl. des ZK und des Präsidiums der Mongol. Revolutionären Volkspartei; 1940-54 Generalsekretär, 1958-84 Erster Sekretär des ZK; 1952-74 Vors. des Min.rats (1948-52 Stellvertreter), 1974-84 Staatsoberhaupt der Mongol. Volksrepublik.

Zedent [lat.], Gläubiger, der eine Forderung [an den Zessionar] abtritt (zediert).

Zeder [griech.-lat.], (Cedrus) Gatt. der Kieferngewächse mit vier Arten in den Gebirgen N-Afrikas und Vorderasiens; hohe, immergrüne Bäume mit unregelmäßig ausgebreiteter Krone und dunkelgrauer, an jungen Bäumen glatter, an älteren Bäumen rissigschuppiger Borke; Nadeln 3-6 Jahre bleibend, an Langtrieben spiralig angeordnet, an Kurztrieben in dichten Büscheln, steif; Zapfen aufrecht, eiförmig bis zylindr., bei der Reife zerfallend; u. a. **Atlaszeder** (Cedrus atlantica), bis 40 m hoch, in den Gebirgen N-Afrikas. **Himalajazeder** (Cedrus deodara), bis 50 m hoch, im Himalaja. **Libanonzeder** (Echte Z., Cedrus libani), bis 40 m hoch, im östl. Kleinasien und im Libanon. **Cedrus brevifolia,** ähnl. der Libanon-Z., auf Zypern.

♦ (Zedernholz) das fein strukturierte, hellrötl. bis graubraune aromat. duftende Holz von Arten der Gatt. Zeder.

Zedernholzöl, durch Wasserdampfdestillation aus dem Holz der Roten Zeder gewonnenes äther. Öl, das in der Parfümind. als Fixateur und in der Mikroskopie als Immersionsöl verwendet wird.

Zedlitz, Joseph Christian Frhr. von, * Schloß Johannisberg bei Javorník 28. Febr. 1790, † Wien 16. März 1862, östr. Schriftsteller. - Berufsoffizier; von Metternich als publizist. Mitarbeiter in die Staatskanzlei berufen. Schrieb patriot. Lyrik und das seinerzeit erfolgreiche Versepos „Waldfräulein" (1843).

Zedrachbaum [pers./dt.] (Melia), Gatt. der Zedrachgewächse mit rd. 10 Arten im subtrop. und trop. Asien und in Australien; sommergrüne oder halbimmergrüne Bäume oder Sträucher mit doppelt gefiederten Blättern und in großen, meist achselständigen Rispen stehenden Blüten. Die wichtigste, aus dem Himalaja stammende Art ist *Melia azedarach;* sie ist seit alters als Zier- und Straßenbaum in Kultur und wird in China und Indien sowie in S- und M-Amerika bei Aufforstungen verwendet.

Zedrachgewächse [pers./dt.] (Meliaceae), Fam. der Zweikeimblättrigen mit rd. 1 400 Arten in rd. 50 Gatt., v. a. in den Tropen; Bäume, Sträucher oder Halbsträucher mit meist einfach, aber auch doppelt gefiederten Blättern und kleinen Blüten in Rispen, Trauben oder Dolden. Zahlr. Arten liefern wertvolle Nutzhölzer. Bekannte Gatt. sind †Surenbaum, †Zedrachbaum und †Zedrele.

Zedrele (Cedrela) [griech.-lat.], Gatt. der Zedrachgewächse mit sieben Arten in den Tropen der Neuen Welt. Die wichtigste Art ist die **Wohlriechende Zedrele** (Cedrela odorata) auf den Antillen und in Guayana; das rote aromat. riechende Holz wird oft als Zigarrenkistenholz verwendet.

Zeebrugge [niederl. 'ze:brʏxə] †Brügge.

Zeeland, Paul van [niederl. 'ze:lɑnt], * Soignies 11. Nov. 1893, † Brüssel 22. Sept. 1973, belg. Wirtschaftswissenschaftler und Politiker. - 1928 Prof. in Löwen; 1934 Min. ohne Geschäftsbereich, 1935-37 Min.präs., 1935/36 zugleich Außenmin.; ging 1940 nach Großbrit.; 1946-56 für die Christelijke Volkspartij Senator; bemühte sich als Außenmin. 1949-54 um die europ. Einigung.

Zeeman, Pieter [niederl. 'ze:mɑn], * Zonnemaire 25. Mai 1865, † Amsterdam 9. Okt. 1943, niederl. Physiker. - Prof. in Amsterdam; entdeckte 1896 den später nach ihm ben. †Zeeman-Effekt. Er führte außerdem Präzisionsmessungen der Lichtgeschwindigkeit in bewegten Medien sowie hinsichtl. der Gleichheit von träger und schwerer Masse durch. Nobelpreis für Physik 1902 zus. mit H. A. Lorentz.

Zeeman-Effekt [niederl. 'ze:mɑn], Bez. für die 1896 von P. Zeeman entdeckte Aufspaltung der Spektrallinien, wenn die emittierenden Atome sich in einem Magnetfeld befinden. Die Untersuchung des Z.-E. führte zur

Entdeckung des Elektronenspins und erlaubte die Aufstellung der Termschemata für Atome.

Zefat [hebr. tsəˈfat], Stadt in N-Israel, 900 m ü. d. M., 15 000 E. Künstlerkolonie; heilklimat. Kurort. - Vermutl. im 1. jüd. Krieg (66–70) von Flavius Josephus gegr., gehörte im 12. Jh. zum Kgr. Jerusalem (bed. Festung), kam 1167 an den Templerorden, 1188 von Sultan Saladin zurückerobert; 1240–66 wieder im Besitz der Templer; im 16./17. Jh. Zentrum der jüd. Mystik.

Zeffirelli, Franco, * Florenz 12. Febr. 1923, italien. Regisseur. - Seit 1953 Opernregisseur; auch Assistent bed. italien. Filmregisseure; verfilmte zunächst zwei Shakespearestoffe („Der Widerspenstigen Zähmung", 1967; „Romeo und Julia", 1968); außerdem „Jesus von Nazareth" (Fernsehfilm, 1978), „Der Champ" (1979). Inszeniert Opern an allen bed. Häusern; verfilmte die Opern „La Traviata" (1983) und „Otello" (1986).

Zehen (Digiti), urspr. in Fünfzahl vorhandene, bewegl., in kurze Röhrenknochen als Skelettelemente gegliederte Endabschnitte der Gliedmaßen der vierfüßigen Wirbeltiere; beim Menschen und den übrigen Primaten wird von Z. nur im Zusammenahng mit den unteren bzw. hinteren Extremitäten gesprochen. Beim Menschen entsprechen die Z. den Fingern. Die zweigliedrige erste Zehe wird als *große Zehe* (Großzehe, Hallux), die dreigliedrige fünfte Zehe als *kleine Zehe* (Kleinzehe, Digitus minimus) bezeichnet. Die zweiten bis vierten Z. sind beim Menschen ebenfalls dreigliedrig.

Zehengänger (Digitigrada), Säugetiere, die im Unterschied zu den Sohlengängern († plantigrad) mit der Ventralfläche ihrer Zehen auftreten, z. B. viele Raubtiere wie Hunde und Katzen.

Zehennagel ↑ Nagel.

Zehnarmer (Zehnfüßer, Zehnarmige Tintenschnecken, Decabrachia), mit zahlr. Arten in allen Meeren verbreitete Ordnung kleiner bis sehr großer (einschl. Fangarme 1 cm bis maximal 20 m messender) Kopffüßer; haben im Unterschied zu den Achtarmigen Tintenschnecken († Kraken) meist zehn Fangarme (acht kürzere und zwei lange). Zu den Z. gehören u. a. ↑ Sepien und ↑ Kalmare.

Zehnergruppe (Zehnerclub), im Rahmen des Internat. Währungsfonds (IWF) 1962 geschlossenes Abkommen von 10 Industrienationen (USA, BR Deutschland, Großbrit., Frankr., Italien, Japan, Kanada, Niederlande, Belgien, Schweden), dem IWF Kredite zu gewähren, falls er selbst nicht mehr in der Lage sein sollte, Spekulationswellen v. a. gegen die [damaligen] Reservewährungen Dollar und Pfund abzuwehren. 1972 beschlossen die Gouverneure des IWF die Ablösung der Z. und die Bildung einer *Zwanzigergruppe*, der auch Vertreter der Entwicklungsländer angehören und die v. a. Fragen der Reform des internat. Währungssystems behandeln soll.

Zehnerpotenz, eine Potenz mit der Basis 10, allg. Schreibweise: 10^n; für positive, ganzzahlige Exponenten n läßt sich 10^n als eine 1 mit n Nullen schreiben, z. B. $10^3 = 1\,000$, entsprechend 10^{-n} als Dezimalzahl 0,0...01, wobei die 1 an n-ter Stelle nach dem Komma steht, z. B. $10^{-3} = 0,001$; definitionsgemäß ist $10^0 = 1$.

Zehnersystem, svw. ↑ Dezimalsystem.

Zehnfußkrebse (Dekapoden, Decapoda), weltweit verbreitete Ordnung der Höheren Krebse mit rd. 8 500, bis etwa 60 cm langen Arten, vorwiegend im Meer; vordere drei Beinpaare des Thorax zu Kieferfüßen (Nahrungsaufnahme) differenziert; die folgenden fünf Paare sind Schreitbeine, von denen das vorderste Paar bei fast allen Arten Scheren trägt. Die Abdominalbeine sind wenigggliedrige, fast funktionslose ↑ Spaltfüße. Die Entwicklung der Z. erfolgt häufig über typ. Larvenstadien. Als Nahrungsmittel sind Z. auch für den Menschen von großer Bed. - Die Z. gliedern sich in die vier Unterordnungen Garnelen, Panzerkrebse, Mittelkrebse und Krabben.

Zehn Gebote ↑ Dekalog.

Zehngerichtebund ↑ Graubünden (Geschichte).

Zehnkampf, Disziplin der Leichtathletik; ein Mehrkampf für Männer, der an 2 aufeinanderfolgenden Tagen bestritten wird. 1. Tag: 100-m-Lauf, Weitsprung, Kugelstoßen, Hochsprung, 400-m-Lauf. 2. Tag: 110-m-Hürdenlauf, Diskuswerfen, Stabhochsprung, Speerwerfen, 1 500-m-Lauf. Die Wertung erfolgt nach einer internat. Mehrkampftabelle, in der in jeder einzelnen Übung bis zu 1 000 Punkte vergeben werden.

Zehnstädtebund ↑ Dekapolis.

Zehnt (Dezem), etwa seit dem 5. Jh. von der Kirche unter Berufung auf das A. T. (z. B. 3. Mose 27, 30 ff.) geforderte Vermögensabgabe der Laien an die Bischöfe zum Unterhalt des Klerus. Nach 818/819 erhielten auch weltl. Grundherren als Inhaber von Eigenkirchen den Z.; ferner kam der Z. durch Belehnung, Verpfändung usw. in Laienbesitz (Entstehung des weltlichen Z.rechts der Grund- und Landesherren). Anfänglich vom Gesamtvermögen zu erbringend, umfaßte der Z. schon früh nur noch Erträge aus Grundbesitz, wobei die Höhe (meist einmal jährl. zu entrichtenden) Abgabe selten 10 % des Gesamtertrags erreichte. Die Leistung erfolgte urspr. in Naturalien, etwa seit dem 13. Jh. auch in Geld. Der Z. bestand bis zur Frz. Revolution bzw. bis zur Bauernbefreiung. Bei einigen Sekten ist der Z. noch üblich.

Zehrer, Hans, * Berlin 22. Juni 1899, † ebd. 23. Aug. 1966, dt. Publizist. - 1923–31 Redakteur bei der „Voss. Zeitung"; 1929–33 Hg. und Leitender Redakteur der Monatsschrift „Die ↑Tat" und führender Kopf des Tat-Kreises. 1932/33 Chefredakteur der „Tägl. Rundschau"; mußte 1933 zurücktreten, da er Schleichers Ziele unterstützt hatte, die NSDAP zu spalten und die Gruppe Strasser mit den Gewerkschaften zusammenzuführen; danach als freier Schriftsteller und im Verlagswesen tätig; leitete 1945/46 den Aufbau der Tageszeitung „Die Welt"; 1948–53 Chefredakteur des „Sonntagsblatts". 1953–66 Chefredakteur der „Welt".

Zehrflechte, svw. Lupus vulgaris (↑Hauttuberkulose).

Zehrgebiet ↑Gletscher.

Zehrrose, svw. ↑Erythematodes.

Zehrwespen, (Proctotrupoidea) mit rd. 4 000 Arten weltweit verbreitete Überfam. etwa 0,5–10 mm langer Hautflügler (Gruppe Legwespen); überwiegend schwarze Insekten, deren ♀♀ zur Eiablage mit Hilfe eines langen, an der Hinterleibsspitze entspringenden Legebohrers Eier, Larven oder Puppen anderer Insekten anstechen, in denen sich dann ihre Larven endoparasit. entwickeln.

♦ svw. ↑Erzwespen.

Zeichen, *allgemein* jede sinnl. wahrnehmbare Gegebenheit (Gegenstand, Erscheinung, Vorgang, Handlung), die mit einem bestimmten, vereinbarten Bedeutungs- bzw. Informationsinhalt als Signal (z. B. die Verkehrszeichen) oder Symbol (z. B. die astronom. Zeichen) auftritt oder eine andere Gegebenheit (z. B. Phonem, physikal. Größe, mathemat. Variable, techn. Objekt) repräsentiert bzw. diese bezeichnet oder darstellt (sog. *repräsentative* oder *substitutive* Z.), wie etwa Schrift-Z., Formel-Z., mathemat. Z. oder Schalt-Z.; davon zu unterscheiden sind die (häufig auch Z. genannten) *Anzeichen* als von Gegebenheiten kausal verursacht (z. B. Rauch als Anzeichen für Feuer). Als *Z.träger* bezeichnet man jeden physikal. Zustand oder Vorgang, mit dem Z. verknüpft sind oder dargestellt werden. In der *Mathematik* und *Datenverarbeitung* repräsentieren Z. mit vereinbarter Bedeutung entweder zu verknüpfende gleichartige Elemente einer endl. Menge, z. B. die verschiedenen Ziffern als die *numer.* bzw. *Zahl-Z.* einer Zahlendarstellung sowie Buchstaben als *alphanumer.* Z. zur Darstellung von Variablen, oder aber als *Verknüpfungs-* bzw. *Operations-Z.* die dabei vorzunehmenden mathemat. Verknüpfungen bzw. Operationen. - In der *Metamathematik* und *formalen Logik* bilden gewisse Elementar- oder Grund-Z. vereinbarter Bedeutung das Alphabet einer formalen Sprache; mit Hilfe geeigneter Regeln werden aus ihnen „zulässige" Z.reihen bzw. -folgen als Terme, Formeln, Aussageformen und sinnvolle Ausdrücke eines formalen Systems gebildet.

📖 *Frutiger, A./Heiderhoff, H.:* Der Mensch u. seine Z. Echzell 1978–79. 2 Bde. - *Croy, P.:* Die Z. u. ihre Sprache. Gött. 1972.

♦ in der *Sprachwiss.* eine Lautfolge (oder Buchstabenfolge), die für etwas anderes steht, d. h., die Bedeutungsträger ist. Über die Art der Beziehung zw. einer Lautfolge und dem, wofür sie steht, gibt es verschiedene Theorien. Die auf Aristoteles zurückgehende traditionelle Z.theorie betrachtet die Wörter als Z. für Begriffe und Vorstellungen im Bewußtsein und diese wiederum als Abbildungen der Dinge der Wirklichkeit. Die strukturalist. Z.theorie F. de Saussures faßt das sprachl. Z. auf als eine willkürl., aber in der ↑Langue (Sprachsystem) konventionell festgelegte assoziative Beziehung zw. einem Lautbild und einer Vorstellung. Die semiot. Z.theorie von C. W. Morris unterscheidet drei Dimensionen des Z.: Syntax (Beziehung eines Z. zu anderen Z.), Semantik (Beziehung eines Z. zu dem, wofür es steht) und Pragmatik (Beziehung eines Z. zu seinen Benutzern). Im Anschluß an die Sprachphilosophie L. Wittgensteins wird das sprachl. Z. als Muster oder Regel für den Vollzug von Sprechhandlungen betrachtet.

📖 *Kutschera, F. v.:* Sprachphilosophie. Mchn. ²1975. - *Morris, C. W.:* Grundll. der Z.theorie. Dt. Übers. Mchn. ²1975. - *Saussure, F. de:* Grundfragen der allg. Sprachwiss. Dt. Übers. Bln. ²1967.

Zeichengeld (Repräsentativgeld), Bez. für alle Geldformen, für die der *Materialwert* belanglos bleibt, weil der Kredit der zuständigen öffentl. Hand ausreicht, unabhängig davon einen gesetzl. Zwangskurs zu sichern (häufigste Form: Papiergeld). Das uns heute völlig geläufige *Z.prinzip* hat sich geldgeschichtl. gegen das ältere *Realwertprinzip* (↑Realwert) erst relativ spät durchgesetzt, in Deutschland endgültig nach dem 1. Weltkrieg; vorher galt jeder Versuch, Z. einzuführen, als Münzverschlechterung.

Zeichengerät (automat. Z., Plotter), Ausgabegerät von Datenverarbeitungsanlagen, das die Ergebnisse in Form von Zeichnungen darstellt. Dazu wird die Bewegung eines Schreibstifts (auf Papier) oder eines Elektronenstrahls (auf [Mikro]film) von der Datenverarbeitungsanlage direkt oder (beim sog. Off-line-Betrieb) von einem vom Computer gelieferten Lochstreifen gesteuert. Z. können zur Herstellung von Diagrammen, Konstruktionszeichnungen u. ä. verwendet werden.

Zeichenleser, in der Datenverarbeitung verwendete Geräte, die sichtbare Zeichen (Strichmarkierungen beim sog. Markierungsleser, direkt lesbare Schriftzeichen beim Klarschriftleser) „erkennen" und einer weiteren Verarbeitung zugänglich machen. - Bei *Markierungslesern* werden Strichmarken (↑Strichcode) photoelektr. abgetastet, wobei opt. Markierungen (Hell-Dunkel-Differenzen) in entsprechende elektr. Signale umgewandelt werden. Zum Erkennen von „Klarschrift"

Zeilensprung

wird jedes Zeichen mit seinem Umfeld im *Klarschriftleser* durch ein Raster zerlegt; die sich beim opt. Abtasten der Rasterpunkte infolge unterschiedl. Reflexion ergebende Folge von Hell-Dunkel-Signalen wird dann in Form elektr. Signale der richtigen Bedeutungsklasse zugeordnet *(Zeichenerkennung)* und weiterverarbeitet. - Um eine zuverlässige Zeichenerkennung bei vertretbarem Aufwand zu gewährleisten, müssen die einzelnen Schriftzeichen eine festgelegte Form besitzen und deutlich voneinander getrennt sein. Eine internat. verbreitete, für den Einsatz von Z. genormte Schrift ist die *OCR-A* (Abk. für engl.: *o*ptical *c*haracter *r*ecognition [type] *A*), als *Schrift A* genormt nach DIN 66008.

Zeichenmaschine, Vorrichtung am Zeichentisch zur Vereinfachung techn. Zeichenarbeiten. An einem in der Zeichenebene frei verschiebbaren „Zeichenkopf" sind 2 rechtwinklig angebrachte Maßstäbe (Winkellineal) befestigt, die in jede Winkelstellung (am Zeichenkopf ablesbar) gebracht werden können und sich in dieser Stellung parallel verschieben lassen.

Zeichenrolle (nichtamtl.: Warenzeichenrolle), vom Patentamt geführtes Register, in das ↑ Warenzeichen, insbes. der Zeitpunkt der Anmeldung sowie Name und Wohnort des Zeicheninhabers eingetragen werden. Jeder Anmeldung muß u. a. die Bez. des Geschäftsbetriebes, in dem das Zeichen verwendet werden soll, ein Verzeichnis der Waren, für die es bestimmt ist, sowie eine deutl. Darstellung des Zeichens beigefügt sein. Die Anmeldung ist gebührenpflichtig. Die Einsicht in die Z. steht jedermann frei. Jede Eintragung und Löschung wird vom Patentamt in regelmäßig erscheinenden Übersichten veröffentlicht *(Warenzeichenblatt).*

Zeichensetzung, svw. ↑ Interpunktion.

Zeichensprache, System der Verständigung mit Zeichen, die nicht Symbole der für die Informationsübermittlung übl. (gesprochenen bzw. geschriebenen) Sprachen sind. Ein bekanntes Beispiel einer Z. ist die Handoder *Fingersprache* (Cheirologie, Daktylologie, Daktylolalie, Daktylophasie) der Taubstummen.

Zeichensteuer, svw. Banderolensteuer (↑ Banderole).

Zeichentrickfilm ↑ Trickfilm, ↑ Film.

Zeichnung, von techn. Z. v. a. die künstler. Darstellung auf einer Fläche, v. a. durch Linien (Hand-Z.). Z. sind in neuerer Zeit meist auf Papier ausgeführt, das z. T. grundiert wird, daneben kommen Stein, Elfenbein, Holz, Pergament, Seide u. a. als Zeichengrund vor. Nach den Zeichenmitteln sind z. B. Bleistift-, Silberstift-, Kohle-, Kreide-, Rötel-, Feder-, Pinsel- und Pastell-Z. zu unterscheiden; bei den beiden letzten Techniken sind die Grenzen zur Malerei fließend. Die Z. ist als Planstufe (Skizze, Studie, Entwurfs-Z., Karton) zu Werken anderer Gattungen (Gemälde, Skulptur, Architektur) gebräuchlich, hat in der Kunst der Neuzeit aber als exemplarisch spontane und zugleich komprimierter Niederschlag der künstler. Absichten auch eigenständigen Wert. Für die traditionelle Künstlerausbildung kommt dem Zeichenstudium die Funktion einer Grundübung zu. - In der Kunstgeschichte gehen Z. (als umrißhafte Tierdarstellungen in paläolith. Felshöhlen) der flächigen Malerei noch voraus. Ritz-Z. finden sich auf Gegenständen aus Stein und Knochen. Die altgriech. sog. Vasenmalerei ist im Grunde wesentl. der Z. zuzurechnen. Spätantike und MA kannten die Z. als Buchillustration, sonst als künstler. Hilfsmittel wie in Musterbüchern (Villard de Honnecourt). Seit der Frührenaissance diente die Z. in Italien, v. a. in Florenz, als Medium des Natur- und Perspektivstudiums und wurde zum selbständigen Ausdrucksmittel aufgewertet (Pisanello, Leonardo, Raffael, Michelangelo). In Deutschland (Dürer) entwikkelte sich die Hand-Z. in engem Zusammenhang mit der Druckgraphik. Die bildhafte Wirkung der Z. wurde in Barock durch den Gebrauch weicher Stifte und breiter Pinsel noch gesteigert; höchste Ausdruckskraft erreichte Rembrandt. Bed. Zeichner späterer Epochen sind u. a. Tiepolo, Goya, Watteau, Delacroix, Daumier, Toulouse-Lautrec. Im 20. Jh. steht die Z. als unbestritten gleichberechtiges Ausdrucksmittel neben der Malerei, so bei Picasso, Klee, Kirchner u. a. - Abb. S. 254.

🕮 *Koschatzky, W.:* Die Kunst der Z. Mchn. 1981 - *Leymarie, J., u. a.:* Die Z. Dt. Übers. Genf u. Stg. 1980. - *Hutter, H.:* Die Handzeichnung. Entwicklung, Technik, Eigenart. Wien u. Mchn. 1966. - *Winkler, F.:* Die großen Zeichner. Bln. 1951.

Zeichnungsschein, Urkunde, in der sich der Zeichner (Erwerber) eines neu auszugebenden Wertpapiers zur Übernahme eines bestimmten Nominalbetrages der Emission verpflichtet.

Zeidler, Wolfgang, * Hamburg 2. Sept. 1924, dt. Jurist. - 1967-70 Richter am Bundesverfassungsgericht (BVG), 1970-75 Präs. des Bundesverwaltungsgerichts. Wurde 1975 Vizepräs. des BVG und Vors. des 2. Senats, 1983 Präs. des BVG. - † 31. Dez. 1987.

Zeidler, veraltete Bez. für den Imker.

Zeiger, über einer Skala angeordneter, mit dem bewegl. Teil eines Meßinstruments verbundene Anzeigevorrichtung. Eine bes. Art ist der masselose *Licht-Z.,* der von einem (an einem Spiegel am bewegl. Meßinstrumentteil umgelenkten) Lichtstrahl gebildet wird.

Zeiland ↑ Seidelbast.

Zeilensetz- und -gießmaschine ↑ Setzerei.

Zeilensprung, dt. Bez. für ↑ Enjambement.

Zeilensprungverfahren

Zeichnung. Links: Albrecht Dürer, Bildnis eines Jünglings mit Mütze (1503; Kreidezeichnung). Wien, Kupferstichkabinett der Akademie der bildenden Künste; rechts: Joan Miró, Personen, von einem Vogel verfolgt (1938; Kreide, Wasserfarben). Chicago, Art Institute

Zeilensprungverfahren ↑ Fernsehen.
Zeilenumsetzer, svw. Fernsehnormwandler.
Zeisige [tschech.], zusammenfassende Bez. für mehrere Arten (aus unterschiedl. Gatt.) der Finkenvögel in geschlossenen und offenen Landschaften Eurasiens sowie N- und S-Amerikas; kleine, häufig in Schwärmen umherziehende Singvögel, von denen in M-Europa neben dem Birkenzeisig (↑ Hänflinge) v. a. der **Erlenzeisig** (Zeisig i. e. S., Carduelis spinus) vorkommt: 11 cm lang; bewohnt bes. Nadelwälder N-, M- und O-Europas sowie O-Asiens; ♂ oberseits vorwiegend grünl. mit schwarzem Scheitel, unterseits gelb (Brust) und weiß (Bauch), mit schwarzem Kehlfleck; ♀ unscheinbarer gezeichnet.
Zeising, Taue bzw. Bänder zum Festbinden der eingeholten Segel.
Zeiss, Carl, * Weimar 11. Sept. 1816, † Jena 3. Dez. 1888, dt. Mechaniker und Unternehmer. - Gründete 1846 in Jena eine feinmechan.-opt. Werkstätte, bes. für Mikroskope und ähnl. opt. Präzisionsinstrumente. Nach dem Eintritt von E. Abbe (1867) nahm das Unternehmen einen großen Aufschwung, da sich von nun an wiss. Berechnungen sowie (v. a. nach der 1882 erfolgten Gründung des JENAer Glaswerks Schott & Gen. durch Abbe, O. Schott und ihn) verbesserte opt. Materialien durchsetzten.
Zeist [niederl. zeist], niederl. Gem. 8 km östl. von Utrecht, 5 m ü. d. M., 59 700 E. Zentrum der Herrnhuter Brüdergemeine in den Niederlanden; Museum; Metallverarbeitung, Druckindustrie. - 838 als *Seyst* erwähnt. - Schloß (17. Jh.), Gebäudekomplex der Brüdergemeine (18. Jh.).
Zeit, das nicht umkehrbare, nicht wiederholbare Nacheinander, das manifest, erfahrbar bzw. bewußt wird als Aufeinanderfolge von Veränderungen und Ereignissen in Natur und Geschichte; häufig wird von der mit naturwiss. Verfahren meßbaren sog. *objektiven* Z. die *subjektive,* auf dem sog. *Z.bewußtsein* basierende Z. unterschieden. Z. wird aufgefaßt als homogenes, teilbares Kontinuum, das je nach wiss. oder philosoph.-weltanschaul. Position als endl. oder unendl. (ewig) angesehen wird. Die Gegenwart läßt sich als Grenze zw. Noch-nicht, der Zukunft, und Nichtmehr, der Vergangenheit, bestimmen. Erkenntnistheoret. z. B. in Physik und Chemie und in den Geschichtswiss. wird die unter bestimmten Gesichtspunkten und Zwecksetzungen eingeteilte Z. als Ordnungsschema angesehen, dagegen wird sie z. B. in der Wirtschaft als Planungsschema verwendet. - In der griech. *Philosophie* bestimmen Platon und Aristoteles den Z.begriff in enger Beziehung zur Bewegung, die sich im Raum realisiert. Diese enge Beziehung von Raum und Z. bleibt richtungsweisend für die weitere wiss. und philosoph. Diskussion. Für Kant ist Z. - neben Raum - eine der reinen aprior. Formen der Anschauung, die Erfahrung erst ermöglichen.
⌑ *Wendorff, R.:* Z. u. Kultur. Gesch. des Z.be-

griffs in Europa. Wsb. ³1985. - *Heidegger, M.:* Sein u. Zeit. Tüb. ¹⁵1984. - *Lauth, R.:* Die Konstitution der Z. im Bewußtsein. Hamb. 1981. - *Henke, E.:* Z. u. Erfahrung. Meisenheim 1978.
◆ in *Psychology* steht das Z.*erleben* im Vordergrund: als Erinnerung (Vergangenheit), momentanes Denken und Handeln (Gegenwart) oder als Planung und Erwartung (Zukunft). Die Z. wird nicht als kontinuierlich empfunden. Die kleinste wahrnehmbare Z.*einheit* ist der psych. Moment. Bei der Z.*schätzung* kommt es wesentlich auf das jeweilige Aktivierungsniveau des Organismus an; eine Niveauerhöhung führt zur Unterschätzung der objektiven (chronometr.) Zeit, geringe Motivation für aktuelles Geschehen (Langeweile) oder hohe Motivation für eine zukünftige Tätigkeit bei augenblickl. Untätigkeit (Warten) zur Überschätzung. Z.*täuschungen* entstehen bes. beim Vergleich von rhythmisierten („betonten") und unrhythmisierten („unbetonten") Z.strecken, wobei letztere kürzer erscheinen.
◆ in *physikal. Betrachtungsweise* eine nach allen Erfahrungen unbeeinflußbare, jedoch nach der Relativitätstheorie vom Bewegungszustand eines zeitmessenden Beobachters abhängige Größe (Formelzeichen t), die als monoton zunehmender Parameter zur Charakterisierung des Ablaufs aller Ereignisse verwendet wird. Daneben wird unter Z. auch der *Zeitpunkt* eines Ereignisses sowie die *Zeitspanne* (*Zeitraum*) zw. 2 Ereignissen verstanden.
📖 *Prigogine, I.: Vom Sein zum Werden. Z. u. Komplexität in den Naturwiss.* Dt. Übers. Mchn. ⁴1985. - *Mühlhölzer, F.: Der Z.begriff in der speziellen Relativitätstheorie.* Ffm. u. Bern 1983. - *Mittelstaedt, P.: Der Z.begriff in der Physik.* Mannheim u. a. ²1980.
◆ in der *Sprachwissenschaft* svw. ↑Tempus.

Zeit, Die, dt. Wochenzeitung, ↑Zeitungen (Übersicht).

Zeitalter, größerer geschichtl. Zeitabschnitt, dessen inneren Zusammenhalt vorherrschende Denkströmungen und Stile, herausragende Persönlichkeiten, bestimmte Herrschaftsformen, spezif. Produktionsweisen oder Zukunftsperspektiven bilden (z. B. Z. der Aufklärung, Z. Napoleons, Z. des Absolutismus, industrielles Z., Atom-Z.).
◆ in der *Erdgeschichte* svw. Ära.

Zeitbestimmung, die Festlegung eines bestimmten Zeitpunktes auf Grund astronom. Beobachtungen bzw. Messungen: Man berechnet den Zeitpunkt des Eintritts eines astronom. Ereignisses (z. B. den Durchgang eines Sterns durch den Meridian), vergleicht die berechnete [Ephemeriden]zeit mit der von einer Uhr angezeigten Zeit und fügt den Zeitunterschied zur angezeigten Zeit hinzu; man erhält auf diese Weise die *wahre Zeit* des Zeitpunktes, an dem das beobachtete Ereignis erfolgt.

◆ im *Recht* Bestimmung eines Anfangs- oder Endtermins (**Befristung**) hinsichtl. der Wirkungen eines ↑Rechtsgeschäfts oder Verwaltungsakts. Sie ist eine Nebenbestimmung, die die Wirkungen des Rechtsgeschäfts bzw. des Verwaltungsakts im Gegensatz zur ↑Bedingung von einem gewissen, d. h. sicher eintretenden zukünftigen Ereignis abhängig macht.

Zeitblom, Bartholomäus [...blo:m], * Nördlingen um 1455, † Ulm um 1520, dt. Maler. - Vermutl. Schüler von F. Herlin; seit 1482 Bürger in Ulm; seine Altäre gehören zu den Hauptwerken der Ulmer Spätgotik (u. a. Mitarbeit am Hochaltar in Blaubeuren, 1493). Ruhe und Ausgeglichenheit, zuweilen bis zur Monumentalität gesteigert, kennzeichnen seinen Stil. - *Weitere Werke:* Kilchberger Altar (um 1482; Stuttgart, Staatsgalerie); Escharcher Altar (1496; ebd.); Heerberger Altar (1497/98; ebd.) mit Selbstbildnis.

Zeitdehnung ↑Zeitdilatation, ↑Zeitlupe.

Zeitdilatation (Zeitdehnung, Einstein-Dilatation), eine in der Relativitätstheorie begründete Erscheinung: Die Zeit in einem gleichförmig mit der Geschwindigkeit v bewegten System läuft (von einem ruhenden System aus gemessen) um den Faktor $\sqrt{1-v^2/c^2}$ langsamer ab (c Vakuumlichtgeschwindigkeit); vom bewegten System aus gesehen, erscheint dagegen die Zeit im ruhenden System um den gleichen Faktor langsamer zu verstreichen.

Zeiterfassungsgerät ↑Arbeitszeitregistriergerät.

Zeitgedächtnis, svw. ↑physiologische Uhr.

Zeitgeist, Bez. für die einer geschichtl. Periode eigentüml. Auffassungen und Ideen. Geprägt wurde der Begriff von der Geschichtsphilosophie des dt. Idealismus. Die Romantik weitete den Begriff auch auf das subjektive Zeitbewußtsein aus.

Zeitgeschichte, Bez. für die der unmittelbaren Gegenwart vorausgehende geschichtl. Epoche (als „jüngste Phase der Neuzeit") und für die histor. Diszplin, die sich deren Erforschung widmet. Über die genaue Periodisierung der Z. besteht weder nat. noch internat. Übereinstimmung, da sich die Definition als „Epoche der Mitlebenden" nicht durchsetzte und unterschiedl. national- bzw. weltgeschichtl. Zäsuren für den Epochenbeginn festgehalten wurden. So wird in der BR Deutschland unter Z. weithin die Geschichte seit dem Eintritt der USA in den 1. Weltkrieg und der russ. Revolution 1917 verstanden. In der Geschichtsschreibung der DDR dagegen wird der Beginn der Z. mit dem Ende des 2. Weltkriegs 1945 in Frankr. bezeichnet „*histoire contemporaine*" die Epoche seit der Frz. Revolution 1789, in Großbrit. beginnt die „*contemporary history*" mit der Parlamentsreform von 1832.

Zeitgleichung

Als Thema und Teil der Geschichtsschreibung findet sich Z. seit dem Altertum. Mit der Entwicklung der krit. Geschichtswiss. im 19.Jh. wurde ihre Behandlung vielfach aus der Forschung ausgeschieden mit dem Argument, daß die Unzugänglichkeit von wesentl. (staatl.) Quellen und die geringe zeitl. Distanz die wiss. Erforschung der Z. unmögl. machten. Die Erschütterungen des 1. Weltkriegs führten dann zur Entwicklung von Begriff und Programmatik der Z.; in der BR Deutschland wurde die Z. als Teildisziplin nach dem 2. Weltkrieg v. a. dank der Bemühungen des Historikers H. Rothfels etabliert und erhielt ein Forschungszentrum im Institut für Z. (München).
In ihren methodolog. Problemen unterscheidet sich Z. nicht prinzipiell von anderen Teildisziplinen der Geschichtswissenschaft.
📖 *Bibliogr. zur Z. Hg. v. Inst. f. Zeitgesch. Mchn. 1982–83. 3 Bde. - Objektivität u. Parteilichkeit in der Geschichtswiss. Hg. v. R. Koselleck. Mchn. 1977.*

Zeitgleichung, die Differenz zw. wahrer und mittlerer Sonnenzeit; sie variiert zw. den Werten −14 min 24 s am 12. Februar und +16 min 21 s am 3. November (die Daten können sich um einen Tag verschieben).

Zeitkonstante, svw. Abklingkonstante (↑ Abklingen).

Zeitkritik, auf die jeweilige Gegenwart gerichtete und begrenzte Form der Kulturkritik und Gesellschaftskritik. Dabei kann unterschieden werden: 1. *eine konservative Z.,* die an tradierten Ordnungsmustern, Wertvorstellungen und Normen(systemen) orientiert ist; 2. *eine progressive Z.,* die die Ordnungen, Wertvorstellungen und Normen den im Zuge des Fortschritts veränderten Erfordernissen und Bedürfnissen partiell anpassen will *(reformer. bzw. pragmat. Z.)* oder sie unter Berufung auf ein formales Prinzip wie [Herrschafts]freiheit, Gleichheit, gesellschaftl. Fortschritt u. a. verwirft und durch andere, d. h. inhaltl. gefüllte Normensysteme ersetzen will *(revolutionäre* bzw. *utop. Z.).* Von der *anarchist. Z.* hingegen werden Normen überhaupt abgelehnt.

Zeitlose (Colchicum), Gatt. der Liliengewächse mit rd. 60 Arten, verbreitet von Europa bis Z-Asien und in N-Afrika; Knollenpflanzen mit einzelstehenden, lilafarbenen, rötl. oder weißen (nur bei einer Art gelben) Blüten auf sehr kurzem Schaft und nach der Blüte erscheinenden, grundständigen, linealförmigen Blättern. Zahlr. Arten sind Gartenzierpflanzen. Die einzige einheim. Art ist die **Herbstzeitlose** (Wiesensafran, Colchicum autumnale), auf feuchten Wiesen und Auwäldern; Blüten hell lilarosa, krokusähnl.; Blütezeit im Herbst; enthält das giftige Alkaloid Kolchizin.

Zeitlupe (Zeitdehnung), Bez. für eine [Film]aufnahmetechnik, bei der die Aufnahmefrequenz höher ist als die Wiedergabefrequenz; bei der Wiedergabe mit normaler Bildfrequenz im Projektor wird der Bewegungsablauf somit zeitl. gedehnt, und schnell verlaufende Vorgänge, bei denen Einzelheiten normalerweise nicht zu erkennen sind, werden beobachtbar. Bei konventionellen Filmkameras sind *Z.gänge* bis 50 Bilder/s (bei Schmalfilmkameras bis 100 Bilder/s) übl., allg. können nach dem Prinzip des intermittierenden Filmlaufs Frequenzen bis zu 600 Bilder/s erreicht werden.

Zeitmessung, der Vergleich einer Zeitspanne (Dauer eines Vorganges) mit einer Zeiteinheit bzw. die genaue Registrierung von bestimmten Zeitpunkten mit Hilfe von Uhren; i. w. S. auch die Entwicklung von Verfahren, Vorschriften und Geräten (Uhren) zur Messung und Registrierung von Zeitdauern und -punkten sowie zur Festlegung einer Zeiteinheit. Im Prinzip ist jeder period., beliebig reproduzierbare Vorgang, dessen Frequenz hinreichend konstant ist, zur Festlegung einer Zeiteinheit und damit zur Z. verwendbar.
Die physikal. Beschreibung des Naturgeschehens mit der Zeit als unabhängiger Variablen erfordert ein gleichförmiges Maß der Zeit. Dieses unveränderl. Maß der Zeit konnte bis zur Entwicklung von Atomuhren nur durch die Rotationsperiode der Erde bzw. durch die Dauer ihres Umlaufs um die Sonne definiert werden (sog. *astronom. Z.*); für prakt. Zwecke ist die Periode der Eigenrotation der Erde, bezogen auf den Meridiandurchgang der Sonne (Sonnenzeit) bzw. von Fixsternen (Sternzeit), am geeignetsten. Die Sonnenhöchststände an einem Ort definieren die Zeitpunkte „12 Uhr" seiner wahren Ortszeit. Diese *wahre Sonnenzeit* [des Ortes] variiert allerdings wegen der ellipt. Form der Erdbahn und wegen der Schiefe der Ekliptik. Man definiert daher mit Hilfe einer fiktiven Sonne, die sich gleichförmig am Himmelsäquator bewegt, eine *mittlere Sonnenzeit,* die proportional zum Drehwinkel der Erdrotation ist und die um die ↑ Zeitgleichung von der wahren Sonnenzeit abweicht. Die mittlere Sonnenzeit des Nullmeridians (mittlere Ortszeit von Greenwich, mittlere Greenwichzeit) dient als Weltzeit (Universal Time, Abk. UT), auf die sich alle Zonenzeiten beziehen, z. B. die *mitteleurop. Zeit* (Abk. MEZ; liegt 1 Stunde vor der Weltzeit). Die Zählung der mittleren Sonnentage erfolgt nach dem Gregorian. Kalender. Durch die Einführung von Schalttagen wird erreicht, daß langfristig das mittlere Kalenderjahr mit dem durch die [mittlere] Umlaufzeit der Erde bei ihrer Bewegung um die Sonne festgelegten [mittleren] trop. Jahr übereinstimmt. Durch Teilung des mittleren Sonnentages ergeben sich Stunde, Minute und Sekunde der mittleren Sonnenzeit. Diese bis 1956 verwendeten Zeitmaße sind wegen

Zeitmessung

Änderungen der Erdrotation und damit des mittleren Sonnentages nicht konstant: Jahreszeitl. Änderungen konnten mit Quarzuhren nachgewiesen werden; diese Schwankungen betragen mehr als 0,001 s pro Tag. Ein Vergleich der Erdrotation mit den Umläufen der Planeten und des Mondes ergab systemat. Rotationsschwankungen der Erde, die bis zu 0,01 s pro Tag betrugen. Diesen Schwankungen überlagert sich außerdem eine allmähl. Abbremsung der Erdrotation infolge der Gezeitenwirkung v. a. des Mondes. Da aber auch das trop. Jahr sich geringfügig ändert (0,006 s pro Jahr), wurde 1956 die Dauer eines bestimmten trop. Jahres als Zeitmaß insbes. der Ephemeridenzeit eingeführt. Die als Bruchteil dieses Zeitraumes definierte *Ephemeridensekunde* wurde jedoch als Zeiteinheit bereits 1967 durch die zur Basiseinheit des Internat. Einheitensystems erhobenen sog. *Atomsekunde* ersetzt. Der in der Definition der Atomsekunde angegebene Zahlenwert gewährleistet, daß die neue Zeiteinheit etwa dieselbe Dauer wie die vorher verwendete Ephemeridensekunde hat. Ihre Darstellung bzw. Reproduzierung erfolgt mit sog. ↑Cäsiumuhren. Die relative Unsicherheit der besten („primären") Cäsiumuhren beträgt $6 \cdot 10^{-14}$, was einer Zeitabweichung von etwa 2 s in 1 Mill. Jahren entspricht. Durch Aneinanderfügen und Zählen von Sekundenintervallen, die mit Cäsiumuhren hergestellt werden, entstehen sog. *Atomzeitskalen*. Seit 1955 berechnet das *Internat. Büro für die Zeit* (BIH, Abk. für: Bureau International de l'Heure) in Paris auf der Grundlage der Anzeigen verschiedener Cäsiumuhren eine „integrierte Atomzeitskala", die seit 1971 als *Internat. Atomzeit[skala]* (TAI, Abk. für: Temps atomique international) bezeichnet wird. Das Skalenmaß ist die Atomsekunde. Die Internat. Atomzeit wurde so festgelegt, daß sie mit der Weltzeit (UT) zu Anfang 1958 übereinstimmte. Da die Atomsekunde etwa $3 \cdot 10^{-8}$ s kürzer als die gegenwärtige Sekunde der mittleren Sonnenzeit ist, findet eine wachsende Verschiebung der TAI gegenüber der UT statt. Durch gelegentl. Einfügen einer zusätzl. *Schaltsekunde* wird seit 1972 eine als *Koordinierte Weltzeit* (UTC; Abk. für: Universal Time Coordinated) bezeichnete Zeitskala erhalten, die von der UT nie mehr als 0,9 s abweicht. 1975 empfahl die 15. Generalkonferenz für Maß und Gewicht die Verwendung der UTC als Grundlage der bürgerl. Zeit, d. h. den Ersatz von UT durch UTC bei der Bildung von Zonenzeiten. Neue Zeitgesetze (z. B. in der BR Deutschland das Gesetz über die Zeitbestimmung vom 25. 7. 1978) definieren die gesetzl. Zeit auf der Grundlage der UTC.

Geschichte: Erst in der Neuzeit begann man neben den period. Vorgängen des Systems Erde–Sonne–Fixsternhimmel auch künstl. erzeugte period. Vorgänge für die Z. heranzuziehen. Von C. Huygens und R. Hooke wurden im 17. Jh. die Pendelschwingungen zur Z. eingeführt. Die Genauigkeit der damit im 18. Jh. konstruierten Chronometer erreichte die Größenordnung 0,1 s pro Tag. Erst um 1930 brachte die Verwendung von Schwingquarzen eine beachtl. Steigerung der Genauigkeit, womit diejenige der Erdrotation als Zeitnormal (0,001 s pro Tag) übertroffen wurde. Die Ausnutzung der in Atom- bzw. Molekülstrahlen bei Einwirkung hochfrequenter Wechselfelder stattfindenden atomaren Übergänge und Resonanzabsorptionen zur Frequenzkontrolle von Quarzuhren wurden erstmals von H. Lyons mit seiner Ammoniakuhr verwirklicht (↑Atomuhr). Untersuchungen der entsprechenden Resonanzabsorption von Cäsiumatomen führten zur Entwicklung der Cäsiumuhr (L. Essen u. a., 1955) als Frequenznormal für die Z., das 1967 zur Definition der „Atomsekunde" herangezogen wurde.

📖 *Gaitsch, R., u. a.: Zeit u. Z. Stg. 1982.* - *Düsberg, K. J.: Zur Messung v. Raum u. Zeit. Meisenheim 1980.* - *Janich, P.: Die Protophysik der Zeit. Ffm. 1980.* - *Krüger, G.: Uhren u. Z. Bern ²1977.* - *Sawelski, F.: Die Zeit u. ihre Messung. Dt. Übers. Ffm. 1977.*

◆ die in verschiedenen sportl. Disziplinen erfolgende Messung der für das Zurücklegen einer bestimmten Strecke benötigten Zeit; geschieht heute meist auf [photo]elektr.-opt. Wege unter Zuhilfenahme der Photographie. Eine Zeitmeßanlage besteht aus einem Startkontrollgerät und einem Zeitmeßgerät am Ziel. Die in der Verlängerung der Ziellinie stehende *Zielzeitkamera* hält durch sog. *Ziel-[ebenen]photographie* den Zieleinlauf in jeder

Zeitmessung. Zielphoto mit eingespiegeltem Zeitband

257

Zeitmietvertrag

Phase auf einem Polaroidfilm fest, der hinter einem Spalt mit einer bestimmten Geschwindigkeit abläuft und auf dem ständig drei Zeitmarkierungen (mit der Einhundertstelsekunde als kleinstem Zeitmaß) so eingeblendet wird, daß auf dem eigtl. Zielphoto die einzelnen Laufzeiten bei Überschreiten der Ziellinie abgelesen werden können.

Zeitmietvertrag ↑ Miete.

Zeitmultiplexverfahren [zu lat. multiplex „vielfach"], Verfahren zur gleichzeitigen Übertragung mehrerer voneinander unabhängiger pulsmodulierter Signale durch zeitl. Ineinanderschachtelung der zu verschiedenen Nachrichten gehörenden Pulse.

Zeitnahme, heute meist elektr. Verfahren, mit dem v. a. in den meßbaren Sportarten wie Leichtathletik (Laufwettbewerbe), Schwimmen, Skisport, Motorsport und Radsport die für die Wettkampfdistanz benötigte Zeit eines jeden Teilnehmers festgestellt wird.

Zeitparadoxon, svw. ↑ Uhrenparadoxon.

Zeitraffer, Bez. für eine [Film]aufnahmetechnik, bei der die Aufnahmefrequenz niedriger ist als die Wiedergabefrequenz und Bewegungsvorgänge somit bei der Wiedergabe als mit größerer Geschwindigkeit ablaufend dargestellt werden. Mit den Z.gängen (8 Bilder/s, 12 Bilder/s) der Kamera kann die Ablaufgeschwindigkeit meist verdoppelt bis verdreifacht werden; extreme Z.effekte sind mit der Einzelbildschaltung möglich, bei der in period. Abständen Einzelaufnahmen gemacht werden; damit lassen sich extrem langsam verlaufende Vorgänge als Bewegungsvorgang darstellen.

Zeitrechnung, die Einordnung histor. Ereignisse der Vergangenheit in eine bis zur Gegenwart reichende Zeitskala. Die Wiss. und Lehre der Z. und z. T. auch die Z. selbst werden **Chronologie** genannt.

Grundlage der Z. ist ein [möglichst absoluter] Zeitmaßstab; dies ist das Sonnenjahr mit seinen Bruchteilen (Monat, Tag, Stunde, Minute, Sekunde). Die Länge des Jahres bestimmt sich nach der Dauer des Umlaufs der Erde um die Sonne. Der Anfangspunkt der Zeitskala wird willkür. auf ein tatsächl. oder angenommenes Ereignis gesetzt, von dem aus die Jahre der Ära gezählt werden. Die *Ära* ist dabei eine Jahresreihe, deren Zählung sich auf dieses Ereignis als dessen Zeitpunkt bezieht. Solche Zeitpunkte sind in der röm. Geschichte das (fiktive) Gründungsjahr Roms 753 v. Chr. (Zählung *ab urbe condita* Abk. *a. u. c.* [„nach Gründung der Stadt"]), in der islam. Geschichte das Jahr der ↑ Hedschra 622 n. Chr. (**A**nno **H**egirae [Abk. *A. H.* bzw. *d. H.* „der Hedschra"]) und in der abendländ. Geschichte die Geburt Christi (Zählung vor Christus *[v. Chr.]* und nach Christus *[n. Chr.]);* daneben existieren noch die Bezeichnungen vor bzw. nach unserer Zeitrechnung *(v. u. Z.; n. u. Z.),* die dasselbe Ereignis als Ausgangspunkt der Zählung benutzen.

Durch die Einteilung des Jahres in Bruchteile mit Hilfe astronom. definierter Zeiteinheiten entsteht der Kalender, der auf unterschiedl. Grundlagen beruhen kann. Das nach den Mondphasen sich ausrichtende Mondjahr erwies sich als nicht praktikabel, da es nicht aus einer ganzen Zahl von Tagen besteht (Zeit zw. 2 Mondphasen 29,5305 Tage, Dauer eines Mondjahres 354,367 Tage) und im Lauf der Zeit die Kalenderdaten nicht mehr mit den Jahreszeiten übereinstimmten. Zur Vermeidung einer zu großen Differenz schob man eine große Zahl zusätzl. Schalttage ein. - Das Sonnenjahr ist mit 365,2564 Tagen etwa 11 Tage länger als das Mondjahr; da es ebenfalls nicht aus einer geraden Zahl von Tagen besteht, ist auch hier die Einfügung von Schalttagen notwendig. Das sog. Lunisolarjahr berücksichtigt neben dem Wechsel der Mondphasen auch den natürl. Ablauf der Jahreszeiten; hier muß in period. Abständen ein 13. Monat als Schaltmonat eingeschoben werden, damit die Monate dem Mondlauf angepaßt bleiben, der Jahresanfang aber festliegt. Auf dem Lunisolarjahr beruht z. B. heute noch der *jüd. Kalender,* der nach einem komplizierten System zw. Monaten von 29 und 30 Tagen wechselt.

Der heute übl. Kalender geht auf den von G. J. Cäsar eingeführten **Julianischen Kalender** zurück; er beseitigte die im alten *röm. Kalender* (auf der Basis des Mondjahres) willkürl. gehandhabten Schaltregeln und ging zum reinen Sonnenjahr über. Die Monate hatten eine Länge von 30 bzw. 31 Tagen (außer Februar mit 28, an die alle 4 Jahre ein Schalttag angehängt wurde); das Jahr hatte damit eine Länge von 365,25 mittleren Sonnentagen. Die Zählung erfolgte „ab urbe condita". Der **Gregorianische Kalender** beseitigte den bis Ende des 16. Jh. aufgetretenen Fehler von 10 Tagen, der durch die Differenz zw. trop. ↑ Jahr und julian. Jahr aufgetreten war. Der Frühlingsanfang wurde auf den 21. März jedes Jahres festgelegt, Schaltjahre wurden alle die Jahre, deren 2 Endziffern durch 4 teilbar sind; alle 400 Jahre fallen 3 Schaltjahre aus, dies sind jene Jahre, deren Zahl nicht durch 400 teilbar ist (1700, 1800, 1900). Der Julian. Kalender ist gegenüber dem Gregorian. Kalender im Rückstand (**Datumsdifferenz**):

15. Okt. 1582 – 28. Febr. 1700 um 10 Tage
1. März 1700 – 28. Febr. 1800 um 11 Tage
1. März 1800 – 28. Febr. 1900 um 12 Tage
seit 1. März 1900 um 13 Tage

Die Datierung nach dem Gregorian. Kalender bezeichnet man als **neuer Stil** (Abk. n. St.), die nach dem Julian. Kalender als **alter Stil** (Abk. a. St.).

Die **Festrechnung** war die Grundlage der christl. Kalenderrechnung, die auf der Festlegung des Osterdatums (erster Sonntag nach dem ersten Frühjahrsvollmond) beruht, das in einem 532jährigen Zyklus wiederkehrt (**Osterzyklus**). Die **Festzahl** bezeichnet dabei die Ordnungsnummer in der Reihe der 35 möglichen Ostertermine (22. März–25. April). Die Orientierung der Z. an bestimmten Ereignissen brachte eine ganze Reihe von Chronologien und Datierungsarten (z. B. nach Reg.-jahren von Herrschern). Bedeutendstes Beispiel der Neuzeit ist der frz. **Revolutionskalender**, mit dem am 14. Juli 1790 eine neue Ära eingeführt wurde. Ein Konventsdekret teilte 1793 das Jahr in 12 Monate zu 30 Tagen ein, denen 5 bzw. in Schaltjahren 6 zusätzl. Tage hinzugefügt wurden; der Jahresanfang wurde auf den 22. September (Tag der Verkündung der Republik) festgelegt. Zum 1. Jan. 1806 ging Frankr. wieder auf den Gregorian. Kalender zurück. - Der faschist. Revolutionskalender in Italien benutzte als Ausgangsdatum den Marsch auf Rom 1922, seine Zählung erschien zusätzl. zur Zählung des Gregorian. Kalenders.

📖 *Narr, K. J.: Zeitmaße in der Urgesch. Wsb. 1978. - Ekrutt, J. W.: Der Kalender im Wandel der Zeiten. 5000 Jahre Zeitberechnung. Stg. 1972. - Grotefend, H.: Tb. der Z. des dt. MA u. der Neuzeit. Hannover* ¹¹*1972. - Samuel, A. E.: Greek and Roman chronology. Calendars and years in classical antiquity. Mchn. 1972. - Kaletsch, H.: Tag u. Jahr. Die Gesch. unseres Kalenders. Zürich u. Stg. 1970. - Ahnert, P.: Astronom.-chronolog. Tafeln f. Sonne, Mond u. Planeten. Lpz.* ⁴*1968. - Mommsen, A.: Chronologie. Unterss. über das Kalenderwesen der Griechen, insonderheit der Athener. Lpz. 1883. Neudr. Hildesheim 1975.*

Zeitschrift, period. Druckwerk, mindestens 4mal jährl. hg., soweit es keine ↑Zeitung ist. Eine befriedigende Abgrenzung der Medien Zeitung, Z. und anderer period. Publikationen (↑ auch Presse) ist bisher nicht gelungen. Dasselbe trifft für Gruppen- bzw. Typenbildungen zu; sie wurden nach inhaltl. Merkmalen, publizist. Funktionen und Darbietungsformen versucht. Das Wort „Z." im Sinne einer period. erscheinenden Druckschrift ist 1751 als erstmals belegt. Zuvor waren und parallel blieben die Bez. Journal (frz.), Ephemerides (griech.), Diarium (lat.) neben Tagebuch, Sammlung[en], Monatsschrift, Magazin auch im dt. Sprachraum geläufig, teils bis ins 19. Jh., teils bis heute. Fortsetzungsbücher, Sammelbände und Gelehrtenbriefe einerseits, Kalender, Flugschriftensammlungen, Meßrelationen und polit. Zeitungen andererseits werden als Vorläufer der Z. angesehen. Als erste wiss. Universal-Z. gilt das „Journal des Savants" (gegr. 1665 in Paris), als erste wiss. Universal-Z. in Deutschland gelten die „Acta Eruditorum" (gegr. 1682 in Leipzig). Die erste Z. in dt. Sprache sind die sog. „Monatsgespräche" des C. Thomasius (gegr. 1688 in Leipzig). Im 18. Jh. begann in Großbrit. mit dem Erscheinen der moralischen Wochenschriften, die 1713/14 nach Deutschland kamen, die „bürgerl." Z.publizistik. Aus diesem neben poet. und literaturkrit. Z. lange Zeit dominierenden Z.typ haben sich später möglicherweise die Familienblätter, Frauen-Z. (↑ auch Frauenpresse), Kinder- und Jugend-Z. (↑ auch Jugendpresse) sowie Mode-Z. entwickelt. Eine weitere Differenzierung des dt. Z.wesens setzte ab 1800 mit den ersten Partei-Z., mit den Anfängen der konfessionellen (kath.) Z.presse und mit den ersten Standes- und Berufs-Z. ein. Die technolog. Entwicklung ermöglichte im 19. Jh. auch die Entstehung der Illustrierten. 1843 gründete J. J. Weber in Leipzig die „Illustrirte Zeitung". Die seit 1700 durchweg steigende Titelzahl nahm zunächst im Gefolge des 1. Weltkrieges, erneut unter dem NS-Regime auf Grund verfügter Konzentrationsmaßnahmen und Schließungen drast. ab. Existierten vor Ausbruch des 2. Weltkrieges noch rd. 5 000 Z.titel in Deutschland, so waren es 1944 nur noch rd. 450 Titel. Nach 1945 war bis 1948 - trotz der Lizenzierungsvorschriften der Besatzungsmächte - ein Boom bei den Kultur-Z. zu verzeichnen, der u. a. auf den Nachholbedarf der dt. Bev. im Hinblick auf die von den Nationalsozialisten verbotenen Literatur- und Kunstrichtungen zurückgeführt wird. Die auf Grund des Gesetzes über eine Pressestatistik vom 1. 4. 1975 erhobene amtl. Z.statistik der BR Deutschland zählte für 1975 insgesamt 3 838 Z.titel mit einer Gesamtauflage von 120,9 Mill. verkauften und 70 Mill. unentgeltl. abgegebenen Exemplaren. Von den 3 355 gegen Entgelt abgegebenen Z. haben rd. ³⁄₄ eine Auflage von weniger als 10 000 Exemplaren, während auf die 38 Z. mit einer Auflage von über 500 000 Exemplaren rd. 54 % der Gesamtauflage und rd. 50 % des Umsatzes entfallen. Nach Titelzahl rangieren die Fachzeitschriften, nach Auflage die Publikumszeitschriften an erster Stelle. Die 10 auflagenstärksten Publikums-Z. hatten 1977 eine Gesamtauflage von 26,3 Mill. Exemplaren. Wie die gesamte Presse ist auch das Z.wesen in der BR Deutschland privatwirtschaftl. organisiert; es finanziert sich aus Vertriebs- und Anzeigenerlösen. Die Relationen dieser Erlöse schwanken nach Art der Z. erhebl.: Während bei Publikums-Z. im Durchschnitt 37 % des Umsatzes mit Anzeigen und 63 % auf Vertriebserlöse entfallen (Angaben für 1975), liegen die Anzeigenerlöse bei Fach-Z. zw. 15 und 72 %. Wie im Zeitungswesen sind starke Konzentrationstendenzen erkennbar. Im Bereich der Publikums-Z. halten nur 4 Verlage 52,7 % des Marktanteils.

📖 *Fischer, Heinz-Dietrich: Hdb. der polit. Presse in Deutschland: 1480–1980. Düss. 1981. - Hdb. der Massenkommunikation. Hg. v.*

K. Koszyk u. K. H. Pruys. Mchn. u. a. 1981. - Uenk, R.: Die dt. Medienlandschaft. Daten, Fakten, Analysen. Mchn. 1977. - Bohrmann, H./ Schneider, Peter: Zeitschriftenforschung. Ein wiss.geschichtl. Versuch. Bln. 1975. - Dt. Zeitschriften des 17. bis 20. Jh. Hg. v. Heinz-Dietrich Fischer. Pullach 1973. - Ubbens, W.: Zeitschriftenstatistik. Zur globalstatist. Beschreibung des dt. Zeitschriftenmarktes. Bln. 1969. - Haacke, W.: Die Z. Essen 1961.

Zeitschwelle, (absolute Z.) kleinster zeitl. Abstand zw. zwei Reizen, der es gerade noch erlaubt, diese als zwei unverschmolzene Reize wahrzunehmen; bei akust. Reizen etwa 0,002 Sekunden, bei opt. Reizen 0,01-0,04 Sekunden.

◆ (relative Z., Unterschiedsschwelle) kleinster Unterschied zw. zwei durch Reize abgesteckten Zeitstrecken, der es eben noch gestattet, diese als unterschiedl. lang wahrzunehmen.

Zeitsinn, svw. ↑physiologische Uhr.

Zeitstück, moderner Dramentypus, der zeitgeschichtl. Probleme oder Zustände vorführt; in der Neuen Sachlichkeit entwickelt und theoret. begründet als objektives, d. h. tatsachenorientiertes, dokumentierendes „direktes Theater". Beabsichtigt ist eine Bewußtseinsänderung des Zuschauers, die zur Beseitigung der kritisierten gesellschaftl. Zustände führen soll. Vertreter des Z. - häufig Antikriegs-, Erziehungs- oder Justizstücke - sind insbes. E. Piscator, B. Brecht, E. Mühsam, E. Toller, G. Weisenborn, F. Wolf, W. Borchert, C. Zuckmayer, R. Hochhuth. Seit 1960 etwa wurde das Z. vom Dokumentarstück (Dokumentarliteratur) abgelöst.

Zeitstudien, Begriff 1. der *empir. Sozialforschung* für Erhebungen über Anteile menschl. Tätigkeiten in einem bestimmten Zeitabschnitt (Zeitbudgetstudien); Z. geben Aufschluß über die Verplanung individuellen Lebens im Dienst bestimmter Bedürfnisse und Interessen; 2. der *Unternehmensplanung* zur Ermittlung jeweils benötigter Zeitabschnitte; Z. dienen hier der Feststellung der Selbstkosten, sind Mittel der Terminplanung und bilden oft die Grundlage für die Entlohnung.

Zeittakt, in der Fernmeldetechnik die Sprechdauer für eine Gesprächsgebühreneinheit bei Telefongesprächen. Der Z., der gegenwärtig von der jeweiligen Entfernungszone sowie von Tageszeit und Wochentag abhängt, wird in zentralen Z.gebereinrichtungen erzeugt. Während es bei Ortsgesprächen bisher keinen Z. gab, wurde seit 1977 schrittweise in der BR Deutschland ein neues Tarifsystem eingeführt, dessen wesentl. Merkmale der Z. bei Ortsgesprächen und die Bildung von Nahbereichen ist. Ein Nahbereich ist der Zusammenschluß mehrerer benachbarter Ortsnetze zu einem einheitl. Tarifgebiet mit - gegenüber dem Z. bei Ferngesprächen - sehr langem Zeittakt (8 oder 12 Minuten).

Zeitung, Druckmedium, das sich in 4 Eigenschaften von anderen Druckerzeugnissen unterscheidet: öffentl. Zugänglichkeit (Publizität), Zeitnähe (Aktualität), regelmäßiges, mindestens zweimal wöchentl. Erscheinen (Periodizität) und inhaltl. Vielfalt (Universalität). Vorgänger waren geschriebene Z. und gedruckte Flugschriften. In Deutschland stammen die frühesten Z.funde aus Wolfenbüttel 1609 (Aviso, wöchentl. erschienen), Straßburg 1609 (Straßburger Relation, wöchentl. erschienen) und Leipzig 1650 („Einkommende Z.", tägl. erschienen).

Technolog. Entwicklung und histor.-polit. Geschichte der Presse sind interdependent. Führte Gutenbergs Erfindung des Buchdrucks mit bewegl. Lettern (um 1450 in Mainz) zur Verbreitung von Schriften in weitere, über Klöster und Herrscherhäuser hinausreichende Bev.kreise, so bereitete die Mechanisierung von Druckvorgang und Bleisatzherstellung im 19. Jh. der Massenpresse den Weg. Die erste mit Dampf betriebene Schnellpresse konstruierte F. Koenig 1812; die erste Rotationspresse entstand Mitte des 19. Jh.; die erste Linotype wurde 1886 eingesetzt. Mit dem gegenwärtigen Trend zum Lichtsatz (die Produktion von Bleisetzmaschinen wurde 1976 eingestellt) und zur elektron. Texterfassung über Bildschirmterminals (1976 erstmals in der BR Deutschland eingesetzt) bahnt sich erneut eine grundlegende Umstrukturierung der Z.herstellung durch Reduktion und Beschleunigung der Arbeitsgänge an. Die „Elektron. Revolution" im Pressegewerbe hat medien- und sozialpolit. Auswirkungen.

Im Ggs. zum öffentl.-rechtl. Rundfunkwesen privatwirtsch. organisiert, finanziert sich die Presse in der BR Deutschland aus Anzeigen- und Vertriebserlösen. Bei Tages-Z. beträgt das Verhältnis von Anzeigen- und Vertriebsumsätzen grob gerechnet knapp 2/3 zu gut 1/3. Die (auf Grund des Gesetzes über eine Pressestatistik vom 1. April 1975 durchgeführte) erste amtl. Pressestatistik in der BR Deutschland gibt für 1975 375 (1986: 356) Z.titel mit Hauptausgaben und 811 (904) von Nebenausgaben mit einer Gesamtauflage von 22,7 Mill. Exemplaren an. Von den Hauptausgaben haben 89 (64) Titel eine Auflage von unter 5000 Exemplaren, 12 (15) Titel über 250 000 Exemplare. Nach Art der Berichterstattung und Verbreitung lassen sich Tages-Z. in überregionale sowie Lokal- und Regional-Z., nach Art des Vertriebs in Abonnement-Z. und Straßenverkaufs- oder Boulevard-Z. gliedern. Daneben gibt es die überregionalen, regionalen und lokalen polit. Wochen-Z., die generell als Zeitschriften klassifiziert werden. Bei einer relativ hohen Anzahl von Z.titeln existierten in der BR Deutschland 1979 nur 122 Z., die eine selbständige Vollredaktion unterhalten, sog. pu-

Zeitung

AUSGEWÄHLTE ZEITUNGEN
(Übersicht)

Zeitungstitel (Verlagsort)	Auflage (in 1000)
Deutschsprachige Länder	
BR Deutschland	
Tageszeitungen (über 50 000 Auflage)	
Aachener Volkszeitung	175,3
Abendpost-Nachtausgabe (Frankfurt am Main)	216,6
Abendzeitung (München)	310,6
Allgemeine Zeitung (Mainz)	136,4
Augsburger Allgemeine	235
Badische Neueste Nachrichten (Karlsruhe)	175,8
Badische Zeitung (Freiburg)	199,3
Berliner Morgenpost	169,7
Bild Zeitung (Hamburg)	6346
Braunschweiger Zeitung	170,3
B. Z. (Berlin [West])	316,1
Darmstädter Echo	73,8
Donau Kurier (Ingolstadt)	78,3
Express (Köln)	532,2
Flensburger Tageblatt	108
Frankenpost (Hof)	76,2
Frankfurter Allgemeine FAZ	379,4
Frankfurter Neue Presse	134,3
Frankfurter Rundschau	215,4
Fränkischer Tag (Bamberg)	76,1
General-Anzeiger (Bonn)	82,4
Die Glocke (Oelde)	67,3
Hamburger Abendblatt	278
Handelsblatt (Düsseldorf)	98,8
Hannoversche Allgemeine Zeitung	223,1
Heilbronner Stimme	99,4
HNA Hessische/Niedersächsische Allgemeine (Kassel)	241,6
Kieler Nachrichten	120,3
Kölner Stadt-Anzeiger	270
Kölnische Rundschau	170,6
Kreiszeitung (Syke)	77,2
Lübecker Nachrichten	121,6
Main-Echo (Aschaffenburg)	85,4
Main-Post (Würzburg)	160,1
Mannheimer Morgen	153
Mittelbayerische Zeitung (Regensburg)	122,6
Münchner Merkur	180,6
Münstersche Zeitung	66
Neue OZ Osnabrücker Zeitung	292,7
Der neue Tag (Weiden)	82
Neue Westfälische (Bielefeld)	229,7
Niedersächsisches Tageblatt (Lüneburg)	117
Nordsee-Zeitung (Bremerhaven)	80,1
Nordwest-Zeitung (Oldenburg [O])	321,4
Nürnberger Nachrichten	349,2
Offenbach Post	57,1
Offenburger Tageblatt	71,2
Passauer Neue Presse	153,8
Recklinghäuser Zeitung	140,8
Rheinische Post (Düsseldorf)	419,1
Rhein-Neckar-Zeitung (Heidelberg)	111,9
Die Rheinpfalz (Ludwigshafen)	251,8
Rhein-Zeitung (Koblenz)	238,8
Ruhr-Nachrichten (Dortmund)	253,5
Saarbrücker Zeitung	213,2
Schwäbische Zeitung (Leutkirch)	199
Schwarzwälder Bote (Oberndorf)	141,8
Siegener Zeitung	62,3
Straubinger Tagblatt	128,6
Stuttgarter Zeitung	234,8
Süddeutsche Zeitung (München)	337,8
Südkurier (Konstanz)	146
Südwest Presse (Ulm)	367
Der Tagesspiegel (Berlin [West])	127,9
Trierischer Volksfreund	96,7
tz (München)	216,9
Die Welt (Hamburg)	244,8
Weser-Kurier (Bremen)	185
Westdeutsche Allgemeine Zeitung (WAZ) (Essen)	1330,6
Westfalen-Blatt (Bielefeld)	153,6
Westfälische Nachrichten (Münster)	211,4
Westfälischer Anzeiger (Hamm)	53,9
Wetzlarer Neue Zeitung	69,7
Wiesbadener Kurier	67,7
WZ Westdeutsche Zeitung (Düsseldorf)	211
Wochenzeitungen	
Bayernkurier (München)	166,2
Deutsches Allgemeines Sonntagsblatt (Hamburg)	134,5
Rheinischer Merkur – Christ und Welt (Koblenz) (mit Deutsche Zeitung)	143,9
Vorwärts (Bonn)	56,9
Die Zeit (Hamburg)	490,7
Deutsche Demokratische Republik	
Bauern-Echo (Berlin [Ost])	90,4
Berliner Zeitung	353
BZ am Abend (Berlin [Ost])	197,9
Junge Welt (Berlin [Ost])	1159
Leipziger Volkszeitung	465
Der Morgen (Berlin [Ost])	51,8
National-Zeitung (Berlin [Ost])	55
Neues Deutschland (Berlin [Ost])	1094
Neue Zeit (Berlin [Ost])	92,1
Tribüne (Berlin [Ost])	407
Österreich	
Arbeiter-Zeitung (Wien)	77
Kärntner Tageszeitung (Klagenfurt)	62
Kleine Zeitung (Graz)	146
Kurier (Wien)	429
Neue Kronen-Zeitung (Wien)	856

Zeitung

AUSGEWÄHLTE ZEITUNGEN
(Forts.)

Zeitungstitel (Verlagsort)	Auflage (in 1 000)
Neue Zeit (Graz)	79
Oberösterreichische Nachrichten (Linz)	95
Die Presse (Wien)	60
Salzburger Nachrichten	64
Tiroler Tageszeitung (Innsbruck)	86
Vorarlberger Nachrichten (Bregenz)	58
Wiener Zeitung	35
Schweiz	
Basler Zeitung	112
Berner Zeitung	120
Blick (Zürich)	364
Der Bund (Bern)	62
Luzerner Neuste Nachrichten	55
Luzerner Tagblatt (mit Vaterland)	76
Neue Zürcher Zeitung	131
St. Galler Tagblatt	59
La Suisse (Genf)	64
Tagblatt der Stadt Zürich	193
Tages-Anzeiger (Zürich)	260
Tribune de Genève	70
24 Heures (Lausanne)	93
Weitere Länder	
Ägypten	
Al Achbar (Kairo)	748
Al Ahram (Kairo)	800
Argentinien	
La Prensa (Buenos Aires)	115
Belgien	
Het Laatste Nieuws (Brüssel)	316
Le Soir (Brüssel)	187
China	
Jen-min Jih-pao ([Pekinger] Volkszeitung)	5 000
Dänemark	
Berlingske Tidende (Kopenhagen)	118
Politiken (Kopenhagen)	149
Finnland	
Helsingin Sanomat (Helsinki)	419
Frankreich	
L'Aurore (Paris)	220
Le Figaro (Paris)	343
France-soir (Paris)	433
L'Humanité (Paris)	150
Le Monde (Paris)	472
Großbritannien	
Daily Express (London)	1 936
Daily Mail (London)	1 850
Daily Mirror (London)	3 354
The Daily Telegraph (London)	1 312
The Financial Times (London)	212
The Guardian (London)	445
News of the World (London)[1]	4 074
The Observer (London)[1]	783
The Sun (London)	4 128
Sunday Mirror (W) (London)	3 572
The Times (London)	354
Italien	
Avanti! (Rom)	87
Corriere della Sera (Mailand)	533
Il Giorno (Mailand)	180
Il Messaggero (Rom)	215
La Stampa (Turin)	500
Il Tempo (Rom)	147,7
L'Unità (Mailand/Rom)	253
Japan	
Asahi Schimbun (Tokio)	7 561
Yomiuri Schimbun (Tokio)	8 740
Jugoslawien	
Borba (Belgrad)	13
Politika (Belgrad)	280
Niederlande	
Algemeen Dagblad (Rotterdam)	376
De Courant: Nieuws van de Dag (Amsterdam)	62
De Telegraaf (Amsterdam)	699
NRC Handelsblad (Rotterdam)	166
Norwegen	
Aftenposten (Oslo)	230
Arbeiderbladet (Oslo)	53
Dagbladet (Oslo)	155
Verdens Gang (Oslo)	257
Polen	
Trybuna Ludu (Warschau)	1 000
Życie Warszawy (Warschau)	360
Rumänien	
România Liberă (Bukarest)	400
Scînteia (Bukarest)	1 820
Schweden	
Aftonbladet (Stockholm)	341
Dagens Nyheter (Stockholm)	401
Expressen (Stockholm)	521
Svenska Dagbladet (Stockholm)	208
Sowjetunion	
Iswestija (Moskau)	8 600
Prawda (Moskau)	10 700
Trud (Moskau)	13 500

Zeitzone

AUSGEWÄHLTE ZEITUNGEN
(Forts.)

Zeitungstitel (Verlagsort)	Auflage (in 1000)	Zeitungstitel (Verlagsort)	Auflage (in 1000)
Spanien		**USA**	
ABC (Madrid)	131	Chicago Tribune	758
El País (Madrid)	268	Christian Science Monitor (Boston)	141
Ya (Madrid)	130	Los Angeles Times	1081
		New York Daily News	1395
Tschechoslowakei		The New York Times	910
Práce (Prag)	317	Wall Street Journal (New York)	727
Rudé Právo (Prag)	950	Washington Post	747
Ungarn		**Vatikanstadt**	
Népszabadság (Budapest)	779	L'Osservatore Romano (Rom)	70

[1] Wochenzeitung
Die Angaben wurden dem Europa Year Book 1984 und dem „Leitfaden für Presse und Werbung" 1985 entnommen.

blizist. Einheiten. Wählt man diese Zahl als Indikator für publizist. Vielfalt auf dem Tageszeitungsmarkt, dann ist seit 1954 (225 publizist. Einheiten) eine starke Konzentrationsbewegung zu verzeichnen (↑ Pressekonzentration). Nach einer 1975 veröffentlichten Statistik der UNESCO entfallen in der BR Deutschland auf 1000 E 330 Exemplare von Tages-Z.; damit liegt die BR Deutschland in der Weltrangliste der Z.dichte nach Japan, Schweden, Luxemburg, Island, Großbrit., der DDR und Finnland, Norwegen, der Schweiz, Neuseeland und Hongkong, Dänemark, der Sowjetunion auf dem 14. Platz. Umfragen ermittelten, daß in der BR Deutschland eine Person mit Hauptschulabschluß durchschnittl. 3 Stunden 35 Minuten, mit höherer Schulbildung 3 Stunden 43 Minuten in der Woche für Z.lektüre aufwendet, und erbrachten hinsichtl. der Leserinteressen (bei Mehrfachnennungen) folgendes Ergebnis: Lokalnachrichten: 65%, Familienanzeigen: 42%, Sportberichte: 36%, interessanter Lesestoff ganz allg. 35%, Berichte über Unglücksfälle und Verbrechen: 34%, polit. Berichte aus Bonn: 34%, Geschäftsanzeigen: 30%, Leitartikel, Kommentare: 27%, Wirtschaftsteil: 25%, die Möglichkeit, noch einmal genauer nachzulesen, was Fernseh- und Hörfunknachrichten gebracht haben: 25%, Leserbriefe: 15%.

📖 *Mast, C.: Tageszeitung u. Neue Medien.* Konstanz 1985. - *Berufsbild der Journalisten im Wandel? Z.redakteure unter den Bedingungen der Bildschirmarbeit.* Hg. v. J. Prott u.a. Ffm. 1983. - ↑ auch Presse.

Zeitungswissenschaft, Universitätsdisziplin seit 1917, die sich mit Entwicklung, Funktion und Bed. von Presse und Nachricht befaßt; Versuche, sie durch Einbeziehung der Massenmedien Rundfunk und Film zur Publizistikwiss. auszubauen, scheiterten in den 1930er Jahren, wurden aber nach 1945 erfolgreich wieder aufgenommen.

Zeitwende (Zeitenwende), mitunter gebrauchte Bez. für den Beginn der christl. Zeitrechnung.

Zeitwert, Wert eines Gutes zum Zeitpunkt der Wertermittlung, z.B. am Bilanzstichtag.

Zeitwertversicherung, Versicherungsform der Sachversicherung, bei der im Schadensfall der Wert des versicherten Gegenstandes zum Zeitpunkt des Schadenseintrittes maßgebend ist.

Zeitwort, svw. ↑ Verb.

Zeitz, Krst. an der Weißen Elster, Bez. Halle, DDR, 154–190 m ü.d. M., 43 400 E. Museum, Theater. Hydrierwerk zur Produktion von Schmierölen, Benzol und Paraffinwachs, Eisengießereien, Metallwaren-, Lederwaren-, Süßwaren- und Kosmetikartikelind. - Die urspr. slaw. Burg Z. wird erstmals 967 bezeugt; 968 Gründung des Bistums Z. als Stützpunkt für die Slawenmission (1028/30 Verlegung des Bischofssitzes nach Naumburg und Organisation des umgebenden Gebiets als Mark. 1210 als Stadt gen. (Magdeburger Recht 1278 bezeugt). - Spätgot. Schloßkirche (nach 1662 barockisiert) mit otton. Krypta (10.Jh.), roman. Pfarrkirche Sankt Michael (nach 1429 spätgot. umgebaut), Klosterkirche (um 1300 und 15.Jh.), barocke Pfarrkirche Sankt Stephan (1739–41). Spätgot. Altes Rathaus (1502–09). Barockes Schloß Moritzburg (1657 ff.).

Z., Landkr. im Bez. Halle, DDR.

Zeitzone, ein Gebiet der Erde, in dem vereinbarungsgemäß die gleiche Uhrzeit (Zonenzeit, Ortszeit) gilt. 1884 wurde eine Einteilung der Erde in Z. festgelegt, die im wesentl. bis heute beibehalten wurde: 24 Meridiane, jeweils 15° voneinander entfernt (beginnend mit dem Nullmeridian von Greenwich) sind die Mittellinien von 24 Zeitzonen. In der Praxis wurde der Verlauf der Grenzen zw. den einzelnen Zonen u. a. den polit. Grenzen angepaßt (zusätzl. Abweichungen durch Sommer- und Winterzeit).

Zeitzünder ↑ Munition.

Zelebration [lat.], in der kath. Liturgie Bez. für das Feiern der Eucharistie durch einen Priester (**Zelebranten**). - ↑ auch Konzelebration.

zelebrieren [lat.], ein Fest feierl. begehen; etwas feierl. gestalten.
♦ in der kath. Kirche: die Eucharistie feiern.

Zelebrität [lat.], Berühmtheit, berühmte Person; Feierlichkeit.

Zelenka, Jan Dismas [tschech. 'zɛlɛŋka], eigtl. Jan. Lukáš, * Louňovice pod Blaníkem (Mittelböhm. Geb.) 16. Okt. 1679, † Dresden 22./23. Dez. 1754, tschech. Komponist. - Kam 1710 an die Dresdner Hofkapelle; gilt als der bedeutendste tschech. Barockkomponist, u. a. 20 Messen, D-Dur-Requiem, 150. Psalm (in tschech. Sprache).

Zelinograd [russ. tsəlina'grat], sowjet. Geb.hauptstadt in der Kasach. SSR, am Ischim, 343 m ü. d. M., 262 000 E. Maschinenbau-, Landw.hochschule; Landmaschinenbau, Waggonausbesserungswerk; Zentrum eines Neulandgewinnungsgebietes. - Gegr. 1824 als Kosakenvorposten **Ak-Mola** am alten Karawanenweg von M-Asien nach W-Sibirien; hieß bis 1961 Akmolinsk.

Zell a. Main, Marktgem. 4 km wnw. von Würzburg, Bay., 3 300 E. Ehem. Prämonstratenserkloster Oberzell (gegr. 1128), heute Mutterhaus einer Schwesternkongregation. Erneuerte Klostergebäude um Plänen B. Neumanns (1744 ff.). Unterzell (ehem. Frauenkloster) 1609-13 erneuert.

Zella-Mehlis, Stadt im Thüringer Wald, Bez. Suhl, DDR, 500 m ü. d. M., 13 700 E. Heimatmuseum, Feinmechanik- u. Elektronikwerke, Fremdenverkehr. - **Zella** und **Mehlis** gehörten urspr. zu einer im 12. Jh. gegr. Cella. Zella galt seit dem 17. Jh., Mehlis seit 1894 als Stadt. 1919 wurden beide zu einer Stadt zusammengeschlossen.

Zell am Harmersbach, Stadt im mittleren Schwarzwald, Bad.-Württ., 223-800 m ü. d. M., 6 400 E. Holzverarbeitende Ind., Metallverarbeitung, Keramikfabrik; Fremdenverkehr. - 1139 erstmals erwähnt; Mitte des 13. Jh. bis 1803 reichsunmittelbar (stets die kleinste aller Reichsstädte), 1934 Stadtrecht aberkannt, 1949 neu verliehen. - Barocke Wallfahrtskirche Maria zu den Ketten (15.- 18. Jh.; 1911 erweitert), frühklassizist. Pfarrkirche (1790-94).

Zell am See, Bez.hauptort im östr. Bundesland Salzburg, am W-Ufer des *Zeller Sees* (4,3 km^2), 758 m ü. d. M., 8 000 E. Umfaßt alle Siedlungen am See; Fremdenverkehr. - Hat seinen Namen von einer 928 belegten Cella, die im 12. Jh. Kollegiatstift wurde; im 12. Jh. Marktrecht; hieß bis 1810 **Zell im Pinzgau**; seit 1928 Stadt. - Spätbarocke Kalvarienbergkirche (1778-80), Schloß Rosenberg (16. Jh.).

Zellatmung ↑ Atmung.

Zelle [zu lat. cella „Vorratskammer, Gefängniszelle"], (Cellula) kleinste eigenständig lebensfähige und daher über einen eigenen Energie- und Stoffwechsel verfügende, Grundeinheit aller Lebewesen von den Einzellern bis zum Menschen. Spezielle Funktionen der Z. sind an bestimmte Zellstrukturen gebunden. Man unterscheidet prinzipiell zwei Zelltypen: die Protozyten der Prokaryonten (Bakterien und Blaualgen) und die Euzyten der Eukaryonten (alle übrige Organismen). Die *Protozyten* sind sehr viel einfacher gebaut als die Euzyten. Ihre Größe liegt zw. 0,2 µm und 10 µm. Ihr Protoplasma ist von einer ↑ Zellmembran begrenzt und von einer ↑ Zellwand umgeben. Sie enthalten nur sehr wenig zytoplasmat. Membranen. Stets fehlen Zellkern (Nukleus), Mitochondrien, Plastiden, endoplasmat. Retikulum, Golgi-Apparat und Lysosomen. Die DNS liegt in einem besonderen, Nukleoid genannten Bereich der Zelle. - *Euzyten* sind meist geöße als Protozyten (8 µm Durchmesser beim menschl. roten Blutkörperchen, über 1 m Länge bei Nerven-Z. mit entsprechend langem Neuriten, mehrere Meter Länge bei pflanzl. Milchröhren; mittlerer Durchmesser der Euzyten 10-100 µm). Euzyten kommen ebenso als Einzeller wie auch in vielzelligen Organismen vor (der Mensch hat fast 10^{14} Euzyten). Sie sind ebenfalls von einer Zellmembran (Pflanzen-Z. zusätzl. von einer festen Zellwand) umgeben und enthalten in ihrem Protoplasma i. d. R. eine große Anzahl von Organellen (als bes. Reaktionsräume, Kompartimente) sowie Strukturelemente (u. a. Zellkern, Mitochondrien, Golgi-Apparat, endoplasmat. Retikulum, Ribosomen). Im einzelnen zeigen sich auch Unterschiede zw. tier. und pflanzl. Zellen.

Tierische Zelle: Die Z. der Tiere sind nur von der dünnen Zellmembran begrenzt, die das Protoplasma (↑ Plasma) umschließt. Neben oft im Zellplasma eingeschlossenen Reservestoffen (z. B. Fetttröpfchen) und Fibrillen (in Muskelzellen) liegen im Protoplasma u. a. die verschiedenen Zellorganellen: Der Zellkern (↑ Nukleus) nimmt meist eine zentrale Lage ein. Befindet sich der Kern nicht in Teilung, so sind die ↑ Chromosomen als aufgelockertes Netzwerk erkennbar. Gegen das Zellplasma wird der Kern durch eine Doppelmembran abgegrenzt. Diese Kernmembran (Kernhülle) enthält Poren, durch die vermutl. die genet. Information über die Boten-RNS aus dem Kern zu den Ribosomen im Z. gelangt. Die Chromosomen liegen im Kern eingebettet im Kernplasma (Karyoplasma). Außerdem findet man in jedem Interphasekern wenigstens ein Kernkörperchen (Nebenkern, Nukleolus). In der Nähe des Kerns befindet sich das Zentrosom (↑Zentriol), das bei der Zellteilung von großer Bed. ist. In enger Beziehung zum Zellkern bzw. zur (doppelten) Kernmembran steht das ↑endoplasmatische Retikulum mit den ↑Ribosomen. Vermutl. eng verknüpft mit dem endoplasmat. Retikulum ist der Golgi-Apparat (↑Golgi, Camillo). Die bestuntersuchten Organellen der Z. sind die ↑Mitochondrien. Weiterhin findet man in der Z. die ↑Lysosomen.

Pflanzliche Zelle: Der augenfälligste Unterschied zur tier. Z. ist das Vorhandensein einer aus 4 Schichten bestehenden ↑Zellwand (statt nur einer Zellmembran), die bei der ausgewachsenen Z. ein starres Gebilde darstellt und für das osmot. System der Pflanzen-Z. mit seinem beträchtl. Binnendruck ein Stabilisierungselement darstellt. Als weitere Besonderheit besitzt die differenzierte Pflanzen-Z. eine große, mit Zellsaft gefüllte Zellvakuole, die das Zytoplasma, d. h. den Protoplasten, an die Wand drückt. Dieser wird von zwei Zellmembranen begrenzt, zur Tertiärwand hin vom Plasmalemma, zur Vakuole hin vom Tonoplasten. Im Protoplasten findet man die gleichen Strukturen bzw. Organellen wie in der tier. Z., außerdem noch die ↑Plastiden in Form von Chloro-, Chromo- und Leukoplasten. - Die Wiss., die sich speziell mit der Z. befaßt, ist die *Zytologie.*

📖 *Gunning, B. E./Steer, M. W.: Bildatlas zur Biologie der Pflanzenzelle. Stg. ³1986. - Jahn, T./Lange, H.: Die Z. Freib. ²1982. - Ude, J./Koch, M.: Die Z. Atlas der Ultrastruktur. Stg. 1982. - Die Z. Struktur u. Funktion. Hg. v. H. Metzner. Stg. ³1981. - Maclean, N.: Zell-Differenzierung. Dt. Übers. Darmst. 1980. - Molekulare Biologie der Z. Hg. v. H. Bielka. Stg.; Jena ²1973.*

◆ kleinste Einheit einer polit. Organisation oder Bewegung mit dem Anspruch, die Organisationsziele gegen eine feindl. gesinnte Umwelt innerhalb eines überschaubaren Bereichs durchzusetzen (z. B. Betriebs- und Straßen-Z. der KPD in der Weimarer Republik, Rote Z. marxist. Studentenorganisationen seit den 1960er Jahren).

◆ in der *Elektrotechnik* Bez. für das einzelne Element einer Batterie oder eines Akkumulators.

Zellenschmelz ↑Email.
Zeller, Carl, *Sankt Peter in der Au (Niederösterreich) 19. Juni 1842, † Baden bei Wien 17. Aug. 1898, östr. Operettenkomponist. - Hauptberufl. Jurist (Hofrat) im östr. Unterrichtsministerium; wurde weltbekannt durch seine volkstüml.-singspielhafte Operette „Der Vogelhändler" (1891).
Z., Eva, *Eberswalde 25. Jan. 1923, dt. Schriftstellerin. - Lebte bis 1956 in der DDR, 1956–62 in Südwestafrika (= Namibia), heute in der BR Deutschland. Schreibt Lyrik sowie psycholog. vertiefte Romane („Die Hauptfrau", 1977; „Nein und Amen", Autobiograph. R., 1986) und Erzählungen („Die mag. Rechnung", 1965; „Ein Morgen Mai", 1969; „Tod der Singschwäne", 1983); auch Gedichte.
Zellfusion ↑Fusion.
Zellkern ↑Nukleus.
Zellkolonie (Zellverband, Zönobium, Coenobium), bei zahlr. Bakterien, Blaualgen und einzelligen Algen (seltener bei tier. Einzellern) vorkommender, oft artspezif. (zu Ketten, Platten oder [Hohl]kugeln) geformter Verband von Einzelzellen, die meist durch Gallerte miteinander verbunden sind und keine Arbeitsteilung aufweisen (d. h., jede Zelle stellt ein selbständiges Lebewesen dar). Die vegetative Fortpflanzung erfolgt entweder durch Zerteilung der Z., wobei die Bruchstücke durch Zellteilungen wieder zu vollständigen Z. ergänzt werden, oder durch Zerfall in die Einzelzellen.

Zellmembran (Plasmamembran; bei Pflanzen auch: Plasmalemma), Bestandteil und äußere Begrenzung der ↑Zellen aller Organismen. Die Z. ist etwa 10 nm dick und wie alle übrigen biolog. Membranen nach einem ganz bestimmten Prinzip aus Phospholipiden und Proteinen aufgebaut *(Elementarmembran, Unit membrane).* Die Z. ist als äußere Begrenzung der Zelle Vermittler zw. Zelle und Umwelt der Zelle und besitzt entsprechende Eigenschaften und Funktionen: 1. Sie ist semipermeabel, d. h. durchlässig für Wasser und kleine Moleküle, nicht aber für Ionen, Zucker und große Moleküle, wie u. a. Proteine. 2. Die Z. besitzt jedoch spezielle Transportsysteme *(Carrier-Proteine)* für ganz bestimmte Moleküle und Ionen, die die Zelle benötigt oder die aus der Zelle hinausgeschafft werden müssen (Glucosetransport, Na^+-K^+-Transport u. a.). 3. Die Z. besitzt Signalempfänger, d. h. Rezeptoren für Hormone und andere Signalmoleküle und -systeme, die die Signale in die Zelle hineinleiten. 4. Sie besitzt an ihrer äußeren Oberfläche Strukturen (meist Oligosaccharidseitenketten von Proteinen und Lipiden), die die Zelle als eine ganz bestimmte Zelle ausweisen und ihr entsprechende antigene Eigenschaften geben, die immunolog. von großer Bed. sind. 5. Die Z. besitzt ein Membranpotential von rd. 100 mV (innen negativ); durch kurzfristige Veränderungen solcher Membranpotentiale geschieht die Erregungsleitung an den Nervenzellen. 6. Die Z. kann zur Z. einer anderen Zelle bestimmte Zellkontakte (Junctions) herstellen. 7. Bei Prokaryonten enthält die Z. die Atmungskette und dient damit der Energiekonservierung, d. h. der Bildung von ATP über einen Protonengradienten. Bei den Zellen der Eukaryonten ist diese Funktion der inneren Membran der Mitochondrien vorbehalten.

Zell (Mosel)

Zell (Mosel), Stadt an der Mosel, Rhld.-Pf., 94 m ü. d. M., 4600 E. Weinbau und -handel; Kunststoffherstellung und -verarbeitung. - Bereits zur Römerzeit besiedelt (großes Gräberfeld mit Brandbestattungen im südl. Teil der Stadt); erste urkundl. Erwähnung 1142 *(Cella);* Stadtrechtsverleihung unbekannt. - Kath. spätbarocke Pfarrkirche (1786–92) mit Rokokoausstattung, ehem. kurfürstl. Schloß (1530–42 und 18. Jh.), Wohnhäuser des 16. bis 18. Jahrhunderts.

Zellobiose (Cellobiose) [lat.], aus 2 Molekülen Glucose gebildetes, in der Natur nicht vorkommendes Disaccharid, das durch Abbau von Zellulose gewonnen wird.

Zellplasma ↑ Plasma.

Zellstoff, aus Zellulose bestehendes, v. a. aus Holz, daneben auch aus Stroh (Stroh-Z.), Schilf (Schilf-Z.), Bambus u. a. pflanzl. Materialien gewonnenes, weißes bis gelbbräunl. Produkt. Z. ist der Ausgangsstoff zur Herstellung von Papier, Chemiefasern (Acetatfasern, Viskose) und Zellulosederivaten (Zelluloseäther, Zelluloseester). Die Z.gewinnung aus Fichtenholz erfolgt heute meist nach dem Sulfitverfahren, andere Holzarten, Holzabfälle und Stroh werden nach dem Sulfatverfahren verarbeitet. Beim *Sulfitverfahren* wird das Holz 12 bis 20 Stunden lang bei Drücken von 5 bis 7 bar und Temperaturen von 130 bis 140°C mit Calciumhydrogensulfit, $CaHSO_3$, behandelt, wobei Lignin in lösl. Ligninsulfonsäure übergeht; diese sog. Sulfitablauge wird vom zurückbleibenden Sulfit-Z. abgetrennt, der zerfasert, gewaschen und evtl. gebleicht in Rollen oder pappeartigen Bögen in den Handel kommt. Die zuckerhaltige Sulfitablauge kann zur Herstellung von Alkohol oder zur Züchtung von Hefen verwendet werden. Beim *Sulfatverfahren* wird das Lignin durch Kochen (bei 170 bis 175°C und Drücken von 8 bis 9 bar) in Natronlauge unter Zusatz von Natriumsulfid, Na_2S, Natriumcarbonat, Na_2CO_3, und Natriumsulfat, Na_2SO_4, herausgelöst; der dabei gewonnene *Sulfat-Z.* ist sehr fest und dient zur Herstellung von Packpapier. Die Sulfatablauge kann verbrannt werden, wobei ein großer Teil der eingesetzten Chemikalien zurückgewonnen wird. Ein Nebenprodukt des Sulfatverfahrens bei der Verarbeitung harzreicher Hölzer ist das ↑ Tallöl. - Das Sulfitverfahren wurde von dem Amerikaner B. C. Tilghman (Patente 1866/67) erfunden und 1874 in Schweden erstmals großtechn. angewandt. Das 1882 von C. F. Dahl entwickelte Sulfatverfahren wurde zuerst in Deutschland angewandt.

Zellteilung (Zytokinese), die Aufteilung einer lebenden Zelle in zwei neue, selbständige Zellen im Zuge einer Zellvermehrung bzw. Fortpflanzung. Man unterscheidet: 1. bei *Prokaryonten* (Bakterien und Blaualgen): Nach Verdoppelung der (nicht von einer Kernmembran umschlossenen) DNS und Trennung der beiden Tochter-DNS-Anteile wird zw. diesen ein Septum angelegt, das schließl. die Teilung der Zelle in zwei Tochterzellen bewirkt; 2. bei *Eukaryonten:* Die Z. setzt nach oder bereits während der Schlußphase einer Kernteilung ein. Bei der Kernteilung handelt es sich i. d. R. um eine ↑ Mitose. Die meisten *tier. Zellen* teilen sich von einer äquatorialen Ringfurche aus durch eine einfache Durchschnürung. Bei den mit einer Zellwand ausgestatteten *pflanzl. Zellen* entsteht zunächst zw. den Tochterkernen senkrecht zur Teilungsebene eine Plasmadifferenzierung (Phragmoplast), in dem sich zahlr. Golgi-Vesikeln mit Zellwandmaterial ansammeln. Durch Verschmelzen dieser Vesikeln entstehen die beiden neuen Zellmembranen und dazwischen die Zellplatte als erste Wandanlage. - Eine bes. Teilungsform stellt die ↑ Sprossung (z. B. bei Hefepilzen) dar. Im allg. folgt einer Z. eine Wachstumsperiode der neuen Zellen. Bei der Steuerung der Z. scheint das Verhältnis von Kerngröße und Zytoplasmamenge *(Kern-Plasma-Relation)* eine Rolle zu spielen.

Zelltheorie, biolog. und medizin. Lehrmeinung, die besagt, daß Zellen (und nicht, wie man bis zum 19. Jh. glaubte, Fasern) die elementaren morpholog. Einheiten der - normalen oder patholog. - Lebensfunktionen sind.

zellulär [lat.] (zellig), aus Zellen aufgebaut, auf eine Zelle bezüglich, zellenförmig.

Zellularpathologie, von R. Virchow begr. Lehre, nach der alle Krankheiten auf Störungen der Körperzellen bzw. ihrer Funktionen zurückzuführen sind.

Zellulartherapie, Injektion körperfremder (tier.) Zellen zum Zwecke der „Regeneration" von Organen und Geweben (↑ Frischzellentherapie, ↑ Trockenzellentherapie).

Zellulasen (Cellulasen) [lat.], die Zellulose zu D-Glucose hydrolysierende Enzyme (Carbohydrasen); Vorkommen bei Pflanzen (einschließl. Bakterien und Pilzen) und Tieren; fehlen bei den Wirbeltieren.

Zellulitis [lat.] (Cellulitis, Pannikulose), 1. Entzündung des Zellgewebes; 2. im angloamerikan. Raum Bez. für eine durch umschriebene Anreicherung von Fettgewebe entstehende groß- oder kleinfeldrige Reliefbildung im Oberschenkel- und Gesäßbereich bei Frauen (die ein bes. ausgeprägtes Fettgewebe besitzen); bes. bei seitl. Zusammenschieben von Haut und Unterhaut ergibt sich die Erscheinung der sog. Orangenhaut.

Zelluloid (Celluloid) [lat./griech.], aus Nitrozellulose durch Einarbeiten von Weichmachern (v. a. Kampfer) hergestellter, ältester thermoplast. Kunststoff, der zur Herstellung von Haushaltswaren, Brillengestellen und Puppen dient. Photograph. Filme werden wegen der leichten Brennbarkeit nicht mehr aus Z. hergestellt.

Zellulose (Cellulose) [lat.], v. a. von

Pflanzen neben der Hemi-Z. als wichtigster Bestandteil der Zellwand gebildetes Polysaccharid mit der allg. Formel $(C_6H_{10}O_5)_n$, dessen Kettenmoleküle aus mehreren hundert bis zehntausend 1,4-β-glykosid. gebundenen Glucoseresten bestehen. In Form von ↑Zellstoff ist Z. ein wichtiger Rohstoff der chem. Industrie. Z. ist eine feste, farb- und geruchlose Substanz, die sich in Wasser und organ. Lösungsmitteln nicht löst. In Alkalien quillt Z. und wird etwas gelöst (diese *Alkali-Z.* ist z. B. beim ↑Viskoseverfahren ein Zwischenprodukt bei der Entstehung von Natriumzellulosexanthogenat); durch Einwirkung von Säuren wird Z. hydrolyt. gespalten; bei Verwendung konzentrierter Säuren und bei höherer Temperatur kann der Abbau bis zur Glucose fortgeführt werden. Z. läßt sich auch in Form eines Kupferkomplexes durch Kupferoxid-Ammoniak-Lösung *(Schweizers Reagenz)* und einige andere Reagenzien lösen und kann aus diesen Lösungen durch Einpressen in geeignete Fällbäder wieder zurückgewonnen werden *(Regenerat-Z., Hydrat-Z., Z.regenerat, Z.hydrat).* Die Regenerat-Z. unterscheidet sich von normaler Z. durch einen verringerten Polymerisationsgrad und ein höheres Quellvermögen.

Zelluloseacetat, svw. ↑Acetylzellulose.

Zelluloseäther, durch teilweise oder vollständige Verätherung (mit Hilfe von Alkylschwefelsäuren oder Alkylhalogeniden) der freien Hydroxylgruppen der Zellulose entstehende Zellulosederivate, die je nach Verätherungsgrad wasserlösl. (niedriger Verätherungsgrad) oder wasserunlösl. (hoher Verätherungsgrad) sind. Hochverätherte Z. werden als Lackrohstoffe und thermoplast. Kunststoffe, niedrigverätherte Z. als Farbstoffbindemittel und zur Herstellung von Klebstoffen, Emulgiermitteln und Waschhilfsmitteln verwendet.

Zelluloseester, durch teilweise oder vollständige Veresterung der Hydroxylgruppen der Zellulose entstehende Zellulosederivate. Wichtige Z. sind die ↑Acetylzellulose und die ↑Nitrozellulose. Zelluloseacetobutyrat und Zellulosetripropionat werden zur Herstellung von Spritzgußmassen und Folien sowie als Lackrohstoffe verwendet.

Zellulosenitrat, svw. ↑Nitrozellulose.

Zelluloseregenerat ↑Zellulose.

Zellwand, vom Zytoplasma nach außen abgeschiedene (d. h. außerhalb der ↑Zellmembran liegende), starre, durch Appositionswachstum (↑Apposition) geschichtete Hülle pflanzl. Zellen. Sie gliedert sich von außen nach innen in 4 Schichten: 1. Die *Mittellamelle* besteht aus Pektinen und bildet sich bei der Zellteilung zw. den beiden Tochterzellen aus. - 2. Die *Primärwand,* in deren Grundsubstanz (Pektin und Hemizellulosen) Zellulosefäden (Mikrofibrillen) netzartig eingelagert sind (Streuungstextur), ist in jungem Zustand elast. und dehnbar und zeigt Wachstum durch Anlagerung von Lamellen von innen her. - 3. Auf eine dünne Übergangslamelle folgt die *Sekundärwand.* Diese kann z. B. in Festigungsgeweben durch starke Einlagerung von Zellulose (unter Einengung des Zellumens) bes. massiv werden, wobei mehrere Schichten mit Parallelstruktur entstehen. Außerhalb der Primärwand kann sich bei Zellen der Pflanzenoberfläche durch Ausbildung einer Kutikula oder einer Korkschicht zusätzl. noch eine weitgehend zellulosefreie Wandschicht ausbilden. Die Anordnung der Mikrofibrillen in der Primär- und Sekundärwand wird als *Textur* bezeichnet. - 4. Abschließend nach innen folgt die *Tertiärwand,* die wiederum aus Pektin und Hemizellulosen besteht, chem. bes. resistent ist und eine eigene Textur aufweist.

Zellwolle, Bez. für die meist nach dem ↑Viskoseverfahren hergestellten, aus regenerierter Zellulose bestehenden Spinnfasern (Stapelfasern).

Zeloten [zu griech. zēlos „Eifer"], von Judas dem Galiläer begr. radikale römerfeindl. Gruppierung oder Partei im palästin. Judentum des 1. Jh. n. Chr., die für mehrere Aufstände [mit]verantwortl. war. Religiös den Pharisäern nahestehend, unterschieden sich die Z. von diesen wie allen anderen Gruppen jedoch durch ihren Fanatismus. Ihr Haß richtete sich v. a. gegen die Römer. - „Zelot" wird auch allg. für jeden blinden [Glaubens]eiferer gebraucht.

Zelt, urspr. Bez. für die zerlegbare, transportable Behausung nichtseßhafter Völker; meist aus Tierhäuten, Stoffbahnen, Filzdecken oder auch aus Grasmatten und Rinden bestehend, die über ein Holzstangengerüst gelegt werden; z. B. das Tipi der nordamerikan. Indianer und der Jurte asiat. Hirtennomaden. Moderne Z. sind leicht auf- und abbaubare Unterkünfte unterschiedl. Form und Größe aus wasserdichter Leinwand *(Z.tuch),* die durch ein Gerüst aus Holzstangen (oder Masten bei Groß-Z.) bzw. ineinandersteckbaren Metallrohren *(Z.stöcke)* gestützt wird; dabei wird das Z. mit Schnüren bzw. Trossen und Pflöcken („Heringen") gespannt und am Boden verankert.

Zeltdach ↑Dach.

Zelter, Carl Friedrich, * Berlin 11. Dez. 1758, † ebd. 15. Mai 1832, dt. Komponist und Musikpädagoge. - Leiter der „Singakademie" und der (Berliner) Liedertafel, gründete 1822 das Königl. Inst. für Kirchenmusik in Berlin. Z. war mit Goethe befreundet, der seine zurückhaltenden Gedichtvertonungen schätzte; als Liedkomponist gehört er zur jüngeren Berliner Liederschule. Neben über 200 Liedern komponierte er v. a. Männerchöre sowie Opernszenen, Kantaten, geistl. Gesänge, Orchester- und Klaviermusik.

Zeltweg, östr. Stadt in der Obersteiermark, an der Mur, 657 m ü. d. M., 9 200 E.

Maschinenbau, Elektroind., Papierfabrik. Nahebei Automobilrennstrecke Österreichring. - 1360 erstmals erwähnt; seit 1966 Stadt.

Zeman [tschech. ˈzɛman], Kamil ↑Olbracht, Ivan.

Z., Karel, * Ostroměř 3. Nov. 1910, tschechoslowak. Trickfilmer. Verbindet Zeichentrick, Realfilm und Puppen; Schöpfer der Puppenfigur Mr. Prokouk. - *Filme:* Chronik eines Hofnarren (1964), Krabat (1977). - † 5. April 1989.

Zemanek, Heinz, * Wien 1. Jan. 1920, östr. Ingenieur und Informationswissenschaftler. - Seit 1964 Prof. an der TU Wien. Arbeiten zur Radarentwicklung, zur Fernmeldetechnik, zur Informationstheorie und Kybernetik sowie zur elektron. Datenverarbeitung; entwickelte einen der ersten volltransistorisierten Computer (1956-58).

Zement [lat.-altfrz., zu lat. caedere „(mit dem Meißel) schlagen"], zur Herstellung von Beton und Mörtel verwendetes, auch unter Wasser erhärtendes (hydraul.) Bindemittel, das durch Brennen von Kalk und Ton bzw. von Mergel mit geeigneter Zusammensetzung und anschließendes Vermahlen erhalten wird. Wichtigster Bestandteil des Z. ist der sog. *Zementklinker,* der aus 40-80% Tricalciumsilicat, $3CaO \cdot SiO_2$, 0-30% Dicalciumsilicat, $2CaO \cdot SiO_2$, 7-15% Tricalciumaluminat, $3CaO \cdot Al_2O_3$, 4-15% Tetracalciumaluminatferrit, $4CaO \cdot Al_2O_3 \cdot Fe_2O_3$ und bis zu 3% Calcium- und Magnesiumoxid (sog. *Klinkerphasen*) besteht. Außer durch die Zusammensetzung des Z.klinkers können die Eigenschaften des Z. durch Zusätze variiert werden; die Zusammensetzung, Eigenschaften und Bez. der Z.arten sind genormt: *Portland-Z.* (PZ) enthält außer gemahlenem Z.klinker zw. 3 und 5% Gips oder Anhydrit. *Hütten-Z., Eisenportland-Z.* (EPZ) und *Hochofen-Z.* (HOZ) werden durch gleichzeitiges Vermahlen von Z.klinker, granulierter Hochofenschlacke (sog. *Hüttensand*) und etwas Gips bzw. Anhydrit hergestellt. *Traß-Z.* (TZ) enthält neben Z.klinker 30% Traß und etwas Gips bzw. Anhydrit; mit Traß-Z. hergestellter Beton besitzt eine hohe Wasserdichtigkeit und wird daher v. a. im Wasserbau verwendet. *Sulfathütten-Z.* (SHZ, Gipsschlacken-Z.) besteht aus tonerdereichem Hüttensand, bis 5% Portland-Z. und Gips oder Anhydrit; er hat eine hohe Widerstandsfähigkeit gegen sulfathaltige Wässer. Nicht genormte Z.arten sind der *Ölschiefer-Z.* (enthält 70% Z.klinker und 30% Ölschieferasche), der *Suevittraß-Z.* (mit 20-25% bayr. Traß), der *Traßhochofen-Z.* (enthält neben Z.klinker 25% Traß und bis 50% Hüttensand) und der *Tonerde[schmelz]-Z.,* der durch Schmelzen von Kalkstein und Bauxit hergestellt wird (nicht für tragende Bauelemente aus Beton/Stahlbeton zugelassen).

Geschichte: Die Phönizier sind wahrscheinl. die Erfinder des ersten wasserfesten Mörtels aus Kalk und gemahlenen Ziegeln. Die Verwendung von Pozzuolanerde (Puzzolan) zur Z.herstellung wurde von Vitruv (um 20 v. Chr.) beschrieben. Im MA war der Traß aus der Eifel wesentl. Bestandteil des Zements. Beim Bau eines Leuchtturms vor Plymouth erkannte im 18. Jh. J. Smeaton die Bed. der Tonbeimischung zum Kalk für das Erhärten des Z. unter Wasser. 1824 begann der Brite J. J. Aspdin mit der Herstellung von Portlandzement. 1878 führten Deutschland und Österreich die ersten Z.normen ein.

📖 *Duda, W. H.:* Cement-Data-Book. Wsb. u. Bln. 1984ff. Auf 3 Bde. berechnet. - *Z.-Tb. Hg. v. Verein Dt. Z.werke.* Wsb. u. Bln. ⁴⁸1984. - *Labahn, O./Kohlhaas, B.:* Ratgeber f. Z.ingenieure. Wsb. u. Bln. ⁶1982.

◆ Bez. für das Bindemittel in Sedimenten.

Zementation (Zementieren) [lat.-altfrz.], die Ausfällung eines Metalls aus einer Metallsalzlösung durch ein unedleres Metall (z. B. die Z. von Kupfer aus Kupfersalzlösungen mit Hilfe von Eisen).

◆ chem. Lösungs- und Ausscheidungsvorgänge bei der ↑Diagenese.

Zementit [lat.-altfrz.], in einem komplizierten rhomboedr. Gitter kristallisiertes, hartes und sprödes Eisencarbid, Fe_3C, das einen Gefügebestandteil des Stahls darstellt.

Zementstahl, durch Glühen in Anwesenheit kohlenstoffabgebender Mittel gehärteter Stahl, wobei sich ↑Zementit bildet.

Zemlinsky, Alexander von, * Wien 14. Okt. 1871, † Larchmont (N. Y.) 15. März 1942, östr. Komponist und Dirigent poln. Abstammung. - 1904-11 erster Kapellmeister an der Wiener Volksoper, ab 1920 Kompositionslehrer an der Dt. Musikakad. in Prag, 1927-30 Kapellmeister an der Krolloper in Berlin und Lehrer an der Berliner Musikhochschule; 1938 emigrierte er in die USA. Z. war Lehrer, Freund und später Schwager A. Schönbergs. Er komponierte in der Tradition der Wiener „Moderne" klangl. reiche und differenzierte Werke, u. a. die Opern „Kleider machen Leute" (1910), „Eine florentin. Tragödie" (1917), „Der Zwerg" (1922), „Der Kreidekreis" (1933), „König Kandaules" (um 1934); 3 Sinfonien, Kammermusik, Chorwerke, zahlr. Lieder und Gesänge.

Zen-Buddhismus, Buddhismus der Versenkung und Meditation (**Zen**), eine v. a. in Japan vertretene buddhist. Schulrichtung. Das Zen wurde in Japan v. a. deshalb heim., weil seine harten Meditationsübungen vom Kriegeradel der Samurai als Mittel zur Selbstdisziplin benutzt wurden. Im Mittelpunkt der Zen-Praxis steht die „sitzende Versenkung" („zazen"). Sie soll zur Erleuchtung führen, der plötzl. eintretenden Erkenntnis der Einheit allen Seins, des Heiligsten und des Profansten. Über seine Erfahrungen während der Meditationsübungen hat der Jünger seinem Zen-Meister („san-zen") zu berichten, der ihn oft sehr hart zurechtweist und auch körperl. züchtigt. Das Zen ist in Japan in zwei Schulrichtungen vertreten: der *Rinsaisekte*, die auf Eisai (* 1141, † 1215) zurückgeht, und der *Sotosekte*, die von Dogen (* 1200, † 1253) begründet wurde.

📖 *Grames, E.: Zen.* Hamb. ²1985.

Zender, Hans, * Wiesbaden 22. Nov. 1936, dt. Komponist und Dirigent. - Seit 1984 Generalmusikdirektor der Hamburg. Staatsoper. Schrieb Orchester- und Kammermusik und Vokalwerke.

Zener-Diode (Z-Diode) [nach dem amerikan. Physiker C. M. Zener, * 1905], eine Halbleiterdiode (gewöhnl. ein Siliciumeinkristall mit p-n-Übergang), die in Sperrichtung bei Überschreiten einer bestimmten Spannung einen auf dem Zener-Effekt beruhenden sehr starken Stromanstieg (sog. *Zener-Durchbruch*) zeigt; v. a. in Regelstrecken und zur Konstanthaltung von Gleichspannungen *(Referenzdiode)* verwendet.

Zener-Effekt [nach dem amerikan. Physiker C. M. Zener, * 1905] (innere Feld[elektronen]emission), Übergang von Elektronen in Isolatoren und aus dem Valenzband in das Leitungsband († Energiebändermodell) unter der Einwirkung starker elektr. Felder (lokale Feldstärke über 10^6 V/cm); quantenmechan. erklärbar. Der in Halbleitern bei Vorhandensein von p-n-Übergängen bzw. Sperrschichten bereits bei kleinen angelegten Sperrspannungen (etwa 5 V) auftretende Z.-E. macht sich v. a. in einer sehr starken Erhöhung der elektr. Leitfähigkeit bemerkbar.

Zenica [serbokroat. 'zɛnitsa], jugoslaw. Stadt an der Bosna, 324 m ü. d. M., 63 500 E. Fakultät für Metallurgie der Univ. Sarajevo. Zentrum der bosn. Schwerind. - 1436 erstmals genannt.

Zenit [italien., zu arab. samt (ar-ra's) „Weg, Richtung (des Kopfes)"] (Scheitelpunkt), der senkrecht über dem Beobachtungsort liegende Punkt des Himmelsgewölbes; der Gegenpunkt wird Nadir genannt.

Zenitalregen [arab.-italien./dt.], zur Zeit des Sonnenhöchststandes (Zenit) auftretender Starkregen in den Tropen, meist von heftigen Gewittern begleitet.

Zenitdistanz, der Winkelabstand eines Gestirns vom Zenit, gemessen in Grad.

Zenker, Helmut, * Sankt Valentin (Niederösterreich) 11. Jan. 1949, östr. Schriftsteller. - Schreibt Gedichte, Romane, Stücke, Drehbücher, z. B. „Kottan ermittelt" (seit 1976). - *Weitere Werke:* Kassbach (R., 1974), Das Froschfest (R., 1977), Zünden Bäume und Häuser an (R., 1984).

Zeno, Apostolo [italien. 'dzɛːno], * Venedig 11. Dez. 1668, † ebd. 11. Nov. 1750, italien. Dichter und Literaturkritiker. - Mitbegr. der ersten krit. Literaturzeitschrift Italiens; 1718–29 kaiserl. Hofdichter in Wien. Neben literarkrit. und histor. Schriften zahlr. Oratorien; Opernlibretti für A. Scarlatti.

Zenobia (Septimia Z.; syr. Bat Zabbai), Herrscherin von Palmyra (267–272) und röm. Gegenkaiserin (270/271–272). - Witwe und Nachfolgerin des Odaenathus; regierte für ihren Sohn Vaballathus und erweiterte ihr Herrschaftsgebiet um Arabien, Ägypten sowie große Teile Kleinasiens. 270/271 erhob sich auch den Sohn zu Augusti; 272 durch Aurelian besiegt und in dessen Triumphzug mitgeführt. - Vielseitig gebildet, stand mit griech. Philosophen in Verbindung.

Zenodoros, griech. Mathematiker des 2. Jh. v. Chr. - Wies nach, daß Kreis und Kugel von allen ebenen Figuren mit gleichem Umfang bzw. von allen konvexen Körpern mit gleicher Oberfläche den größten Inhalt haben.

Zenodot (Zenodotos), alexandrin. Grammatiker des 4./3. Jh. aus Ephesus. - Erster Vorsteher der Alexandrin. Bibliothek. Verfaßte neben einem Homerglossar die erste krit. Textedition von Homers „Ilias" und „Odyssee".

Zenon, * in SO-Kleinasien 426, † Konstantinopel (= Istanbul) 9. April 491, byzantin. Kaiser (474/475 und 476–491). - Aus Isaurien; 475/476 durch Basiliskos verdrängt; konnte wieder den Thron erlangen und behauptete seine Herrschaft trotz schwerer Bürgerkriege; erließ das † Henotikon.

Zenon von Elea (Z. der Ältere, Z. der Eleat), * um 490, † um 430, griech. Philosoph. - Schüler und Nachfolger des Parmenides als Schulhaupt der Eleaten; suchte mit dialekt. Kunstgriffen und Trugschlüssen (z. B. Wettlauf des Achilleus mit der Schildkröte) die Unmöglichkeit von Vielheit, Bewegung und Teilbarkeit und damit die Einheit und Unveränderlichkeit des Seins zu beweisen.

Zenon von Kition (Z. der Jüngere), * Kition (Zypern) um 335, † Athen 263, griech. Philosoph. - Ab 312/311 in Athen; begründete um 300 die ältere Stoa; entwickelte aus den Philosophien seiner Zeit ein eigenständiges System mit dem Ziel, der privatist. Ethik der Epikureer und der polit. Wirren nach dem Zusammenbruch der Polis eine theoret. fundierte, dem Bedürfnis nach individuellem Glück und gesellschaftl.-polit. Stabilität genügende Lebenshilfe zu bieten. Lebensziel sei ein von Affekten, falschen Urteilen und Streben nach äußeren Gütern unbeeinflußtes Tugendleben.

Zensor (lat. censor) [zu lat. censere „schätzen"], röm. Magistrat der Republik, wohl seit dem 5. Jh. v. Chr. (443?, 435?). Aufgaben: der † Zensus; Überwachung des sittl. und staatsbürgerl. Verhaltens der Bürger, im Zusammenhang damit Befugnis zum Ausschluß aus dem Senatorenstand und zur Berufung in den Senat, dieselbe Befugnis zum Ritterstand, Verpachtung öffentl. Einkünfte und öffentl. Eigentums, Vergabe öffentl. Ar-

Zensur

beiten u. a. Die Wahl der jeweils zwei Z. vollzog sich wie bei Magistrat mit Imperium in den Zenturiatkomitien; die Amtszeit betrug maximal 18 Monate. Obwohl ohne Imperium, war die Zensur ihrer Funktion nach von höchster Würde; seit Sulla verlor das Amt an Bedeutung.
In der Neuzeit der mit der Überwachung von Presse- und Buchveröffentlichungen betraute Beamte († Zensur).

Zensur [lat., zu censere „schätzen, beurteilen"], in der Pädagogik ↑ Note.
◆ die Überwachung von Meinungsäußerungen durch die in einem polit. Machtbereich herrschende Klasse, Partei oder Staatsführung zur Verhinderung nichtkonformer oder unkontrollierter Meinungsbildung in der Bev.; wird v. a. in den Einrichtungen zur Vor- oder Nachkontrolle von öffentl. Äußerungen in Literatur, Kunst, Theater, Presse, Film, Hörfunk und Fernsehen sichtbar, doch gehören Maßnahmen der wirtsch. Förderung oder Reglementierung von Medien (z. B. Kaution, Konzession, Stempelsteuer) sowie Maßnahmen der offenen oder verdeckten Selbstkontrolle in den weiteren Bereich von Zensur.
Histor. leitet sich der Begriff Z. vom Amt des röm. Zensors ab. Literar. Z. wurde systemat. zuerst von der kath. Kirche betrieben, deren Index librorum prohibitorum seit 1559/64 die verbotenen Schriften aufführte (1967 abgeschafft). Nach kirchl. Vorbild richteten die absolutist. Staaten in der Folge Z.behörden ein, deren Beseitigung ein wichtiges Ziel der bürgerl. Revolution war und i. d. R. mit Erreichen der verfassungsmäßig garantierten ↑ Pressefreiheit erreicht wurde. Das Grundgesetz der BR Deutschland übernahm die Regelung der Weimarer Verfassung von 1919, jedoch ohne deren Einschränkungen (Art. 5 Absatz 1 Satz 3 GG: „Eine Z. findet nicht statt"). - Autoritär regierte Staaten arbeiten entweder mit einem Z.apparat oder ersetzen ihn durch ein System von Lizenzierungen bzw. durch Verstaatlichung des öffentl. Kommunikationssystems.
◆ in die *Psychoanalyse* von S. Freud eingeführte Bez. eines traumentstellenden Mechanismus der als eine Art selektive Schranke verhindert, daß verdrängte Regungen des Es zum Ich gelangen bzw. bewußt werden können. In späteren Schriften brachte Freud die Funktion der Z. mit den Funktionen sowohl des Ich als auch des Über-Ich (Ichzensor = Gewissen) in Zusammenhang.

Zensus [zu lat. censere „schätzen"], (lat. census) in Rom die alle 5 Jahre durchgeführte Aufstellung der nach Tribus geordneten Bürgerliste und die Feststellung sowie Eintragung der Vermögensverhältnisse der Bürger zur Steuererhebung und zur Einreihung in die Zenturien.
◆ svw. Volkszählung.

◆ im MA und bis in die Neuzeit Bez. für Abgabe, Pachtzins, Steuerleistung.

Zensuswahlrecht, Wahlrecht, das den Grundsatz der Allgemeinheit und/oder der Gleichheit der Wahl verletzt, indem es das Recht des Wählens oder das Stimmgewicht an den Nachweis eines bestimmten Besitzes, Einkommens oder einer bestimmten Steuerleistung (Zensus) bindet (z. B. im antiken Rom, in Preußen in der Form des Dreiklassenwahlrechts).

Zent (Cent[ene]) [zu lat. centum „hundert"], seit den Merowingern gebildeter Siedlungsverband auf Fiskalgut zur Kolonisation von Neuland bzw. Verwaltung von Königsgut. An der Spitze stand der Zentenar (mit Verwaltungs- und Gerichtsaufgaben). Im Hoch- und Spät-MA war die Z. in Lothringen, Hessen und Franken Gerichtsbezirk unterhalb der Grafschaft. Sie tagte unter dem Vorsitz des vom Landesherrn eingesetzten Z.grafen und war fast ausschließl. Kriminalgericht.

Zentaur ↑ Sternbilder (Übersicht).
Zentauren, andere Schreibung für ↑ Kentauren.
zentesimal [lat.], svw. hundertteilig.
Zenti..., Centi... [zu lat. centum „hundert"], Vorsatz vor physikal. Einheiten, Vorsatzzeichen c; bezeichnet den 100. Teil der betreffenden Einheit; z. B. 1 cm = 0,01 m.
Zentifolie [lat.] ↑ Rose.
Zentiliter, Einheitenzeichen cl, der 100. Teil eines Liters: 1 cl = 0,01 l.
Zentimeter, Einheitenzeichen cm, der 100. Teil eines Meters: 1 cm = 0,01 m.
Zentimeterwellen ↑ Wellenlängenbereiche (Tabelle).
Zentner [zu mittellat. centenarius „Hundertpfundgewicht"], Einheitenzeichen Ztr., gesetzl. nicht mehr zulässige Masseneinheit; 1 Ztr. = 50 kg, in Österreich 1 Ztr. = 100 kg (sog. Meter-Z., in Deutschland als Doppel-Z. bezeichnet).
zentr..., Zentr..., centr..., Centr... [griech.-lat.], Bestimmungswort von Zusammensetzungen mit der Bed. „im Zentrum liegend, vom Zentrum ausgehend".
zentral [griech.-lat.], im Zentrum liegend; von einer übergeordneten Stelle ausgehend; hauptsächlich, entscheidend; **Zentral...:** Haupt..., Mittel...
Zentralafrikanische Föderation, 1953–63 bestehende Föderation der heutigen Staaten ↑ Simbabwe, ↑ Sambia und ↑ Malawi.

Zentralafrikanische Republik

(amtl.: République Centrafricaine), Republik in Zentralafrika, zw. 2° und 11° n. Br. sowie 14° 30' und 27° 30' ö. L. **Staatsgebiet:** Die Z. R. grenzt im NW an Tschad, im NO an Sudan, im S an Zaïre und Kongo u. im W an Kamerun. **Fläche:** 622 984 km². **Bevölkerung:** 2,6 Mill. E (1985), 4,2 E/km². **Hauptstadt:** Bangui. Ver-

Zentralafrikanische Republik

waltungsgliederung: 16 Präfekturen. **Amtsprache:** Französisch; nat. Umgangssprache: Sango. **Nationalfeiertage:** 1. Dez. (Tag der Republik), 13. Aug. (Unabhängigkeitstag). **Währung:** CFA-Franc (F C.F.A.) = 100 Centimes (c). **Internat. Mitgliedschaften:** UN, OAU, Frz. Gemeinschaft, OCAM, der EWG assoziiert. **Zeitzone:** MEZ.

Landesnatur: Die Z. R. liegt auf der Asandeschwelle, die das Kongobecken vom Tschadbecken trennt. Zum Tschadbecken gehören die saisonal überschwemmten Geb. im zentralen N. Das Land ist weitgehend ein Hügelland in 500–1 000 m Meereshöhe, das im NO vom Bongomassiv (bis 1 360 m ü. d. M.) und im NW von Ausläufern des Adamaua (Mount Kayagangiri 1 420 m ü. d. M.) überragt wird.
Klima: Wechselfeuchtes trop. Klima mit einer großen und einer kleinen Regenzeit, im NW tritt eine ausgeprägte Trockenzeit von 4 Monaten auf; der äußerste SW dagegen hat immerfeuchtes trop. Klima. Die Jahressumme der Niederschläge nimmt von 1 400–1 500 mm im S auf 1 200 mm im zentralen N und 880 mm im äußersten N ab. Die mittleren Temperaturen liegen im S ganzjährig zw. 24 und 27 °C (mittlere Maxima zw. 28 und 35 °C), im N steigen sie zur Regenzeit 24–25 °C, zur Trockenzeit 29–30 °C (mittlere Maxima 37–39 °C). Charakterist. sind die tägl. Gewitter zur Regenzeit.
Vegetation: Im SW trop. Regenwald, im NO Trockensavanne (z. T. mit Affenbrotbäumen und Fächerpalmen), ansonsten Feuchtsavanne mit Galeriewäldern.
Tierwelt: Die Tierwelt der Savanne ist sehr artenreich. Anzutreffen sind: Büffel, Elefanten, Löwen, Antilopen, Warzenschweine, verschiedene Affenarten, Krokodile, Nilpferde und zahlr. Vogelarten.
Bevölkerung: Die Bev. gehört weitgehend zu den Sudaniden. Die stärksten Volksgruppen sind: die Banda (27%) im O, die Baja (24%) im W; hier leben außerdem die Mandija (21%). Im SO leben die Zande (10%), im N an der Grenze gegen Tschad die Sara und östl. davon die Runga. Etwa 60% der Bev. sind Anhänger von Naturreligionen. Es besteht allg. Schulpflicht vom 6.–14. Lebensjahr. Das Analphabetentum ist nach wie vor sehr hoch (67%). Seit 1970 besteht eine Univ. in Bangui.
Wirtschaft: Die Landw. ist der wichtigste Wirtschaftszweig. In ihr sind 80% der Bev. tätig. Der Ackerbau wird als Brandrodungsfeldbau betrieben. Wichtigste Grundnahrungsmittel sind Maniok, Hirse, Bataten, Mehlbananen, Mais und Reis. Für den Export werden Kaffee und Baumwolle angebaut. Weder mit Fleisch noch mit Fisch kann sich das Land selbst versorgen. Der Nutzholzeinschlag richtet sich auf die Exporthölzer wie Sapelli, Sipo, Makoré und Doussie. Die Wälder sind kaum erschlossen. Seit 1960 ist die Diamantengewinnung von wachsender Bed.; außerdem ist der Abbau von Uranerz von wirtsch. Interesse.
Außenhandel: Die wichtigsten Handelspartner sind Frankr., Belgien/Luxemburg, Thailand, Japan, Kamerun und die BR Deutschland. Exportiert werden Schmuckdiamanten, Kaffee, Baumwolle, Holz, Tabak und Kautschuk. Importiert werden Nahrungsmittel, nichtelektr. Maschinen, Kfz., chem. Erzeugnisse, Textilwaren, elektr. Maschinen und Geräte, Erdölderivate und sonstige Rohstoffe.
Verkehr: Keine Eisenbahn. Alle Im- und Exporte laufen über den Hafen Pointe-Noire (Kongo). Von den 20 300 km Straßen sind nur 6 000 km ganzjährig befahrbar (davon 440 km asphaltiert). Internat. ✈ bei Bangui.
Geschichte: Von Bangui, das 1889 gegr. wurde, stießen die Franzosen zum Tschadsee und zum oberen Nil vor. Im Wettbewerb mit Deutschland und dem Unabhängigen Kongostaat Leopolds II. von Belgien erwarben sie bis zur Jh.wende ein Territorium, das 1894 unter dem Namen Haut-Oubangui konstituiert wurde. Die Kolonie Oubangui-Chari (*Ubangi-Schari*) wurde dann 1910 Bestandteil des Generalgouvernements Frz.-Äquatorialafrika. 1911 trat Frankreich Gebiete im W der heutigen Z. R. (Neukamerun) an Deutschland ab, die im 1. Weltkrieg wieder zurückerobert wurden. 1946 wurde Oubangui-Chari Überseeterritorium innerhalb der Frz. Union, erklärte sich 1958 zur autonomen Z. R. innerhalb der Frz. Gemeinschaft und wurde am 13. August 1960 unabhängig, es blieb in der Frz. Gemeinschaft und arbeitete polit., wirtsch. und militär. eng mit Frankr. zusammen. Die 1949 gegr. schwarze Freiheits- und Einheitsbewegung Mouvement d'Évolution Sociale de l'Afrique Noire (MESAN) wurde 1962 zur Einheitspartei des Landes; sie wurde weitgehend entmachtet durch den Staatsstreich, den der Generalstabschef J. B. Bokassa zum Jahreswechsel 1965/66 unternahm. Bokassa hob die Verfassung auf und wurde 1972 Staatspräs. auf Lebenszeit. Tatsächl. und mögl. Opposition schaltete er durch personalpolit. Maßnahmen, Willkürherrschaft und Terror aus. Am 4. Dez. 1976 ließ Bokassa das **Zentralafrikanische Kaiserreich** ausrufen und sich als Bokassa I. zum Kaiser proklamieren (Krönung am 4. Dez. 1977). Im Mai 1979 wurde gemeldet, im vergangenen Jan. habe der Kaiser persönl. an der Tötung zahlr. demonstrierender Schulkinder in der Hauptstadt Bangui teilgenommen. Eine Kommission afrikan. Juristen untersuchte und bestätigte diese Berichte. Mehrere oppositionelle Exilgruppen trafen sich im Juni 1979, um eine Einheitsfront gegen Bokassa zustande zu bringen. Im Sept. 1979 wurde der in Libyen weilende Bokassa I. mit

Zentralafrikanischer Graben

Wissen und Unterstützung der frz. Reg. durch den ehem. Präs. D. Dacko (*1930) gestürzt, der erneut die Z. R. proklamierte und ein Kabinett bildete. Nach einer Reg.umbildung Mitte Nov. 1980, die als Versuch gewertet wurde, die polit. Basis für Präs. Dacko zu erweitern, wurde am 1. Febr. 1981 in einer Volksabstimmung mit 50% der Stimmen eine neue Verfassung angenommen, die eine Präsidialdemokratie mit Mehrparteiensystem vorsieht. Bei den Präsidentschaftswahlen am 15. März 1981 gewann Dacko mit knapp über 50% der Stimmen. Im Sept. 1981 übernahm in einem unblutigen Staatsstreich das Militär unter General A. Kolingba die Macht. Die Verfassung wurde aufgehoben, die Parteien verboten. Ab 1985 begann Staatschef General Kolingba damit, zivile Reg.mitglieder zu ernennen und den regierenden Militärrat Comité Militaire pour le Redressement National aufzulösen. 1986 wurde eine neue Verfassung ausgearbeitet, die im Nov. 1986 in einem Referendum angenommen wurde. Zugleich ließ sich General Kolingba als Staatspräs. wählen. Kolingba gründete im Febr. 1987 offiziell die Reg.partei Rassemblement Démocratique Centrafricain (RDC), die bei den ersten Wahlen zur Nat.versammlung im Juli 1987 überlegen gewann.

Politisches System: Nach der Verfassung vom 21. Nov. 1986 ist die Z. R. eine präsidiale Republik. *Staatsoberhaupt* und oberster Inhaber der *Exekutivgewalt* ist der Präs. (seit dem Putsch von 1981 General A. Kolingba; er wurde am 21. Nov. 1986 gewählt). Der Präs. wird für 6 Jahre vom Volk direkt gewählt; er ist Oberbefehlshaber der Streitkräfte und Vors. des Min.rats, dessen Mgl. er ernennt und entläßt. Die *Legislativgewalt* liegt bei einem Zweikammerparlament, bestehend aus der Nat.versammlung und dem Wirtschafts- und Regionalrat. Die 52 Abg. der Nat.versammlung werden für 5 Jahre in allg. Wahlen direkt gewählt. Die 36 Mgl. des Wirtschafts- und Regionalrats werden je zur Hälfte vom Präs. ernannt und von der Nat.versammlung gewählt. Einzige *Partei* ist das Rassemblement Démocratique Centrafricain. 1983 wurde eine Oppositionsfront gegr. (Parti Revolutionnaire Centafricaine), in sich verschiedene oppositionelle Parteien zusammenschlossen. Die *Gewerkschaften* sind seit dem Putsch von 1981 aufgelöst. Zur *Verwaltung* ist die Z. R. in 16 Präfekturen gegliedert, die in 52 Unterpräfekturen unterteilt sind. Die Hauptstadt Bangui hat einen Sonderstatus. Die *Streitkräfte* umfassen ca. 3 800 Mann; die paramilitär. Einheiten sind 2 700 Mann stark.

📖 *Atlas de la République Centrafricaine.* Hg. v. P. Vennetier. Paris 1984. - Kalck, P.: *Historical dictionary of the Central African Republic.* Metuchen (N.J.) 1980. - Kalck, P.: *La République centrafricaine.* Paris 1971.

Zentralafrikanischer Graben, Teil des Ostafrikan. Grabensystems, von Tanganjika-, Kiwu-, Eduard- und Albertsee erfüllt, etwa 1 400 km lang, bis 40 km breit.

Zentralafrikanisches Kaiserreich ↑Zentralafrikanische Republik (Geschichte).

Zentralafrikanische Wirtschaftsunion (frz. Union Douanière et Économique de l'Afrique Centrale, Abk. UDEAC), 1966 gegr. Zusammenschluß von Gabun, Kamerun, Kongo, Tschad und der Zentralafrikan. Republik; Ziele sind v. a. eine Koordinierung der Industrialisierungspolitik und gemeinsame Industrialisierungsprojekte.

Zentralalpen, mittlerer Teil der Ostalpen zw. den Nördl. Kalkalpen und den Südalpen, ↑Alpen.

Zentralamerika, Bez. für den festländ. Teil von ↑Mittelamerika.

Zentralamerikanische Föderation (span. Estados Federados de Centro-América), 1823 gebildeter Staatenbund der unabhängig gewordenen zentralamerikan. Prov. des Generalkapitanats Guatemala im Vize-Kgr. Neuspanien; 1827–38 kam es zu krieger. Auseinandersetzungen, denen 1838/39 die Auflösung in die selbständigen Staaten Guatemala, El Salvador, Honduras, Nicaragua und Costa Rica folgte.

zentralasiatische Kunst, auf Grund vielfältiger kultureller Berührungen in den Gebieten O- und W-Turkestans, Afghanistans, Teilen der Mongolei sowie Tibets und der Himalajarandstaaten zusammenfassende Bez. für deren Kunst. Grabanlagen und Tierornamente lassen in vorgeschichtl. Zeit auf skyth. und altsibir. Einflüsse schließen (u. a. Funde in Afghanistan [Friedhof von Yemshitepe; Kuschanreich]). In histor. Zeit wurde die z. K. v. a. durch den Buddhismus geprägt. Die erste Station der von Ghandara geprägten buddhist. Kunst war Bamian (Afghanistan). Entlang den Seidenstraßen entstanden in **O-Turkestan** zw. 450 und 1100 n. Chr. zahlr. buddhist. Höhlentempel; in den Wandmalereien, bemalten Lehmskulpturen, Seidenmalereien und Manuskripten treffen sich ind. (Guptareich; Gandharakunst), iran. und chin. Stilelemente. Zentren waren im W Kaschgar, Khotan an der S-Route, Kucha (mit Kisil Ortang) und Turfan an der N-Route und im O Tunhwang. In **W-Turkestan** waren v. a. die Städte Toprak-Kala in Choresmien und Pendschikent in der Sogdiana Zentren buddhist. Kunst. Nach der Islamisierung W-Turkestans im 8. Jh. entstand in Transoxanien (Buchara) und der Sogdiana (Samarkand) eine eigenständige Sonderform der islam. Kunst. Seit dem 7. Jh. wurden in **Tibet** die ersten lamaist. Tempel (Jokhangtempel in Lhasa, 641–50) und Klöster gegr., deren Zahl auf etwa 5 000 anschwoll. Ihrem Vorbild folgten mit lokalen Stileinflüssen die lamaist. Klöster von Nepal, Sikkhim, Bhutan und der Mongolei (Ulan Bator). Tibet. Sonderform

Zentralbau

der Pagode ist die Tjorten. Die bunte Malweise der tibet. Thankas (Rollbilder), Fahnen u. a. ist durch ind., chin. und örtl. Stile bestimmt: Kultfiguren aus Bronze wurden oft versilbert oder vergoldet (Götterbilder, Priesterporträts, Heilige). Wichtigste Kultgeräte sind Gebetsmühlen und Donnerkeile. Im 17. Jh. wurde die Palastburg (Potala) von Lhasa ausgebaut. Die Kunst **Nepals** (Katmandutal) ist durch das Nebeneinander von Buddhismus und Hinduismus geprägt. Älteste buddhist. Bauten sind die im 1. Jh. v. Chr. begonnenen Stupas von Bodnath und Swayambunath bei Katmandu. Die Tempel sind reich dekoriert und besitzen eine Fülle plast. Bildwerke von kompliziertem Aufbau (bes. die Skulpturen des 9./10. Jh.). Seit dem 17. Jh. dominiert die aus Indien übernommene Holz-Ziegel-Bauweise im Pagodenstil (Nyatapola-Tempel in Bhadgaon; Pasupatinatha-Tempel bei Katmandu).

📖 *Dagyab, L. S.: Tibetan religious art.* Wsb. 1977. 2 Tle. - *Martin, H. E. R.: Die Kunst Tibets.* Mchn. 1977. - *Waldschmidt, E./Waldschmidt, R. L.: Nepal. Kunst aus dem Königreich im Himalaya.* Recklinghausen 1967. - *Härtel, H.: Ind. u. zentralasiat. Wandmalerei.* Bln. 1959.

Zentralasien, die inneren, durch Trockenheit geprägten und nur dünn besiedelten Hochgebiete Asiens, die von Himalaja und Karakorum, Pamir, Tienschan, Westl. und Östl. Sajan sowie vom Großen Chingan umrahmt werden.

Zentralbank, im allg. Bez. für eine Notenbank, die gleichzeitig Träger der Währungspolitik des betreffenden Landes ist. Die *Girozentralen* und *Zentralkassen* sind Z. der Sparkassen bzw. der Kreditgenossenschaften.

Zentralbankrat, Organ der ↑ Deutschen Bundesbank.

Zentralbau, ein von einer Mitte aus nach allen Seiten gleichmäßig entwickeltes Bauwerk. Grundrißformen sind Kreis, Oval, Quadrat, gleichmäßiges Vieleck (v. a. Achteck) und griech. Kreuz, um die sich Teilräume, z. B. Apsiden, Umgang, Rechteckkapellen symmetr. gruppieren. Im Ggs. zum Langhausbau, der zum Durchschreiten auffordert, ist der Z. ein in sich ruhender Baukörper, dessen Geschlossenheit häufig durch eine Kuppel betont wird. - Rundbauten sind eine charakterist. Erscheinung vorgeschichtl. Kulturen (megalithische Kuppelgräber, Kromlechs, Kurgane, Nuraghene). Auch in der Antike wurde der Z. für Sakralbauten (Tholos) und Grabbauten (z. B. Grabmal Theoderichs d. Gr., Ravenna, Engelsburg, Rom) verwandt. Höhepunkt und Vorbild für zahlr. Nachfolge-

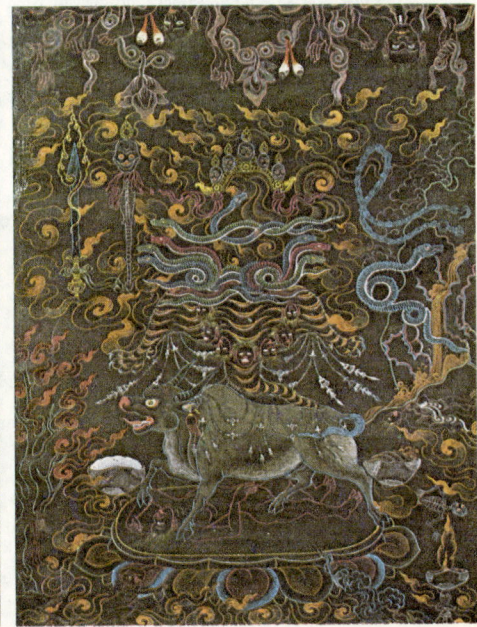

Zentralasiatische Kunst. Links: Sitzender Bodhisattwa aus Fondukistan, Provinz Parwan in Afghanistan (um 700). Paris, Musée Guimet; rechts: Thanka mit der Darstellung Jamas (tibetisch; 19. Jh.). Leiden, Rijksmuseum voor Volkenkunde

bauten war das röm. Pantheon (z. B. Felsendom in Jerusalem). Hier knüpfte wohl auch der islam. Grabturm an († Türbe). Im christl. Sakralbau setzte sich der Z. v. a. in der byzantin. Kunst durch (Kreuzkuppelkirche, z. B. Hagia Sophia in Istanbul). Die ma. Baukunst des Westens verwendete den Z. nur für Kirchen mit bes. Bestimmung, Palastkirchen (z. B. San Vitale in Ravenna, Aachener Dom), Grabkapellen und Baptisterien. Außerdem entstanden in Italien Schlösser als Z. (Castel del Monte), auch islam. Wüstenschlösser. Für die Baumeister der Renaissance war der Z. die ideale Bauform schlechthin. In dem Bestreben, die einzelnen Bauelemente untereinander in klare Verhältnisse zu bringen, ermöglichte ihnen der Z. Lösungen von vollendeter Harmonie (u. a. Entwurf Bramantes für die Peterskirche). Im Barock sind reine Z. die Ausnahme (Dresden, Frauenkirche). Vereinzelt wurden auch profane Gebäude als Z. errichtet (Villa „La Rotonda" von Palladio bei Vicenza), vorwiegend war der Pavillon. Seit dem 19. Jh. nähert sich der profane Z. der Halle (Breslau, Jahrhunderthalle, 1911–13) an.

📖 *Kahle, U.: Renaissance. Zentralbauten in Oberitalien.* Wsb. 1982.

Zentralbewegung, diejenige krummlinige Bewegung, die ein Körper (Massenpunkt) unter dem Einfluß einer stets auf den gleichen Raumpunkt gerichteten Kraft ausführt. Die beschleunigende Kraft heißt *Zentralkraft,* der Raumpunkt, auf den sie gerichtet ist, *Bewegungszentrum* oder *Beschleunigungszentrum.* Die Verbindungsstrecke zw. Bewegungszentrum und dem sich bewegenden Massenpunkt wird als *Fahrstrahl* bezeichnet. Dieser Fahrstrahl überstreicht bei einer Zentralbewegung in gleichen Zeiten gleich große Flächenstücke. Beispiele für Zentralbewegungen sind die gleichförmige Kreisbewegung und die Bewegung der Planeten um die Sonne († Keplersche Gesetze).

Zentrale [griech.-lat.], Hauptort; Stelle, von der aus etwas geleitet wird.
◆ in der *Mathematik* Bez. für eine Gerade, die durch die Mittelpunkte zweier Kreise verläuft.

Zentraleinheit, Abk. CPU (für engl.: **c**entral **p**rocessor **u**nit), der aus Arbeitsspeicher, Leitwerk und Rechenwerk bestehende Hauptbestandteil einer elektron. Datenverarbeitungsanlage bzw. eines Computers.

Zentrale Stelle der Landesjustizverwaltungen zur Aufklärung nationalsozialistischer Verbrechen (Zentrale Stelle), 1958 von den Justizmin. und Justizsenatoren der dt. Bundesländer in Ludwigsburg errichtete Einrichtung, nach deren Gründung die staatsanwaltl. Untersuchungen nicht mehr erst auf Anzeigen gegen namentl. bekannte Tatverdächtige begannen, sondern Hinweise jeder Art Ermittlungen der Staatsanwaltschaft auslösten, und 70% aller rd. 6 500 rechtskräftigen Urteile gegen NS-Verbrecher von dt. Gerichten erst gefällt wurden.
Aufgabe der Zentralen Stelle war es, alle erreichbaren einschlägigen Unterlagen über die außerhalb des heutigen Gebietes der BR Deutschland begangenen NS-Verbrechen zu sammeln, zu sichten, Tatkomplexe herauszuarbeiten und voneinander abzugrenzen, Tatverdächtige festzustellen und deren Aufenthalt zu ermitteln sowie den Vorgang an die für den Wohnsitz des Hauptbeschuldigten zuständige Staatsanwaltschaft zur Einleitung eines strafrechtl. Ermittlungsverfahrens abzugeben; außerdem hatte sie die bei verschiedenen Staatsanwaltschaften anhängigen Verfahren zu koordinieren, um unnötige Mehrfachermittlungen zu vermeiden. 1964 wurde die Zuständigkeit der Zentralen Stelle auf den gesamten Bereich der NS-Verbrechen ausgedehnt.

Zentralgewalt, die oberste Gewalt bzw. deren Inhaber in einem föderalist. oder lehnsrechtl. organisierten Staatsverband.

Zentralheizung (Sammelheizung) † Heizung.

Zentralide, zum mongoliden Rassenkreis gehörende nordindianide Menschenrasse; von mittelhohem, untersetztem und grazilem Wuchs, mit kurzem Kopf, schmaler Stirn, breiter Nase, wenig vorstehenden Wangenbeinen, breitem Untergesicht und relativ dunkler Haut. Hauptverbreitungsgebiete der Z. (darunter die Azteken- und Mayastämme) sind der S der USA, Mexiko und das nördl. Z-Amerika.

Zentralindischer Rücken, untermeer. Schwelle im mittleren Ind. Ozean, trennt das Zentralind. Becken vom Madagaskarbecken und Südwestind. Becken, im S bis 2 067 m u. d. M. aufragend.

Zentralindisches Becken, Meeresbecken im Ind. Ozean, zw. Ceylon, Malediven, Chagos Islands und Zentralind. Rücken sowie Östl. Ind. Rücken, bis 6 090 m tief.

Zentralinstitut für Kunstgeschichte, 1946 gegr. Inst. zur Erforschung der Kunstgeschichte des Abendlands, Sitz München. Bed. Fachbibliothek, Photothek. Herausgabe von Jahresberichten (seit 1950) und des „Reallexikons zur Dt. Kunstgeschichte" (1933 ff.).

Zentralinstitut für Seelische Gesundheit, 1975 errichtete baden-württemberg. Landesstiftung des öffentl. Rechts (Sitz Mannheim), die folgende Einrichtungen unterhält: psychiatr. und psychosomat. sowie kinder- und jugendpsychiatr. Kliniken und Ambulanzen, Abteilungen für Psychohygiene und Gemeindepsychiatrie, klin. Psychologie, epidemiolog. Psychiatrie, Medizinsoziologie, evaluative Forschung, Biostatistik. Zu ihren Aufgaben gehören: Erforschung, Vorbeugung und Behandlung seelischer Krankheiten sowie Lehre im Rahmen der Fakultät für klin. Medizin Mannheim der Univ. Heidelberg.

Zentralisation [griech.-lat.], organisator. Zusammenfassung von Funktionen entweder als *räuml. Z.* in der Weise, daß gleichartige Aufgaben verschiedener Stellen bei einer Stelle zusammengefaßt werden, oder als *sachl. Z.* durch gleiches Vorgehen verschiedener Stellen bei gleichartigen Aufgaben.

Zentralismus, Struktur- und Leitungsprinzip des Staates und gesellschaftl. Verbände, das auf Konzentration aller Kompetenzen bei einer zentralen obersten Instanz ausgerichtet ist. Im Bereich der Staatsorganisation ist der zentralist. ↑Einheitsstaat die reinste Form des Z.; Ggs. ist der föderalist. Bundesstaat (↑Föderalismus), Zwischenform der dezentralisierte Einheitsstaat.

Zentralkatalog (Gesamtkatalog), katalogmäßige Zusammenfassung der Bestände mehrerer Bibliotheken unter Federführung einer Bibliothek, z. B. umfaßt der „Gesamtkatalog der Preuß. Bibliotheken" die vor 1930 erschienenen Bücher von 100 dt. und östr. Bibliotheken. Außerdem u. a. Gesamtkataloge der Wiegendrucke und der ausländ. Zeitschriften und Serien (1959ff.).

Zentralkette, Gebirgszug im westl. Teil der Halbinsel Kamtschatka, 1 200 km lang, bis 3 621 m hoch, mit aktiven Vulkanen und lokaler Vergletscherung.

Zentralkomitee, Abk. ZK, die Führungsspitze kommunist. Parteien. Nach den Statuten leitet das ZK zw. den Parteitagen die Partei, führt Beschlüsse des Parteitags aus, dem es rechenschaftspflichtig ist, und bestimmt die Zentrale Parteikontrollkommission. Vielfach ist es Akklamationsorgan von Politbüro und Sekretariat, konnte aber zeitweise, etwa in der Sowjetunion während der Chruschtschow-Ära, die Politik mitbestimmen. Das ZK hat keine genau festgelegte Mgl.zahl; zu den Mgl. treten die sog. Kandidaten. Das ZK der KPdSU hat derzeit 257 Mgl. und 146 Kandidaten, das ZK der SED hatte 165 Mgl. und 57 Kandidaten. Wichtiges Instrument der Führung waren die „Abteilungen", der Apparat des ZK (SED: 40 Abteilungen mit etwa 2 000 hauptamtl. Funktionären). Außerdem waren dem ZK verschiedene Institute angegliedert (in der DDR z. B. die Parteihochschule „Karl Marx", das Institut für Marxismus-Leninismus beim ZK der SED).

Zentralkomitee der deutschen Katholiken, 1952 von der Fuldaer Bischofskonferenz gegr. Zusammenschluß der Laienkräfte und -arbeit des dt. Katholizismus zu Meinungsbildung und Aktionseinheit.

Zentralmassiv (Zentralplateau; frz. Massif Central), mit rd. 85 000 km² das ausgedehnteste Gebirgsmassiv Frankreichs, nördl. der unteren Saône und der Rhone. Stark zerschnittene Hochflächen verleihen dem Z. weithin Plateaucharakter, jedoch ergibt sich eine stärkere Gliederung v. a. im NO durch die parallel zum Rhonegraben verlaufenden Grabensenken und Einbruchsbecken im Bereich des Allier und der oberen Loire. Zw. der Limagne und dem Becken von Forez an der Loire erheben sich die Monts du Forez und die Monts du Livradois, südl. des Bekkens von Saint-Étienne die Monts du Vivarais, nördl. desselben kleine Massive. Vulkanismus schuf eine Reihe ausgedehnter Massive, die sich vom Puy de Dôme im N über Mont Dore mit dem höchsten Gipfel des Z., dem Puy de Sancy (1 886 m), Cantal und Aubrac bis zu den durch die Monts de la Margeride von den letzteren getrennten Monts du Velay erstrecken. Das Klima ist im S und SO mediterran geprägt; der O und die im Lee gelegenen Becken sind trockenwarm und erhalten nur rd. 500 mm Jahresniederschlag, während der zentrale Teil und die im W gelegenen Vorläufer atlant. beeinflußt und am stärksten beregnet sind (1 100–2 000 mm).

Die Baumgrenze liegt bei 1 350–1 550 m, die Ackerbaugrenze bei 1 200 m. In der Höhe haben Heideflächen und Weiden starken Anteil.

Zentralnervensystem (zentrales Nervensystem), Abk. ZNS, durch Anhäufung von Ganglienzellen entstehende übergeordnete Teile des ↑Nervensystems, die einerseits ein ↑Gehirn, andererseits ein ↑Rückenmark (bei den Wirbeltieren einschl. Mensch) bzw. ein ↑Bauchmark (bei Ringelwürmern und Gliedertieren) bilden.

Zentralperspektive ↑Perspektive.
Zentralprojektion ↑Projektion.
Zentralrat der Juden in Deutschland, 1950 gegr. Spitzenorganisation der jüd. Gemeinden und ihrer Landesverbände in der BR Deutschland (seit 1963 Körperschaft des öffentl. Rechts); Organe: Ratsversammlung, Direktorium, Verwaltungsrat des Direktoriums; Sitz Düsseldorf (seit 1952); Aufgabe: Mitwirkung bei der Gesetzgebung zur Wiedergutmachung sowie die Förderung des kulturellen und religiösen Lebens der dt. Juden.

Zentralregister ↑Bundeszentralregister.
Zentralschmierung ↑Schmierung.
Zentralschule, svw. ↑Mittelpunktschule.

Zentralstelle für die Vergabe von Studienplätzen, Abk. ZVS, in Dortmund errichtete Behörde, deren Aufgabe die Vergabe von Studienplätzen an staatl. und staatl. anerkannten Hochschulen in zulassungsbeschränkten Studiengängen nach bundesweit einheitl. gesetzl. oder staatsvertragl. geregelten Kriterien ist.

Zentralstern, ein sehr heißer Stern im Mittelpunkt eines planetarischen Nebels; er regt durch seine hohe Ultraviolettstrahlung den Nebel zum Leuchten an.

Zentralsymmetrie, svw. Punktsymmetrie (↑Symmetrie).

Zentralverband Deutscher Industrieller

Zentralverband Deutscher Industrieller, Abk. ZDI, 1876 gegr. Verband, der in der großen Depression die Schutzzollinteressen v. a. der Textil-, Eisen-, Glas-, Leder- und Papierind. verfocht und zur maßgebl. Pressure-group bei der Durchsetzung der handels- und innenpolit. Wende 1879/80 wurde; polit. v. a. der Freikonservativen und der Nat.liberalen Partei verbunden. Er unterstützte in den 1880er Jahren mit Einschränkungen die Bismarcksche Sozialpolitik, trat gegen die Aufhebung des Sozialistengesetzes und für die Zuchthausvorlage ein. 1919 schloß er sich mit dem Bund der Industriellen zum Reichsverband der Dt. Ind. zusammen.

Zentralverlag der NSDAP Franz Eher Nachf. GmbH, München, von *F. Eher* (*1851, †1918) als *Franz Eher Verlag* 1901 gegr. Verlag, der 1920 in den Besitz der NSDAP überging. Seit 1933 wurden nach und nach rd. 150 enteignete oder zwangsverkaufte Verlage in das Unternehmen integriert. Bis zur Auflösung 1945 erschienen hier parteiamtl. und allg. nat.-soz. Literatur und Publizistik.

Zentralverschluß ↑photographische Apparate.

Zentralverwaltungswirtschaft, eine Wirtschaftsordnung, die durch die Lenkung des gesamten Wirtschaftsprozesses von einer Zentralstelle aus gekennzeichnet ist. Im Ggs. zur ↑Marktwirtschaft läuft die Lenkung des Wirtschaftsprozesses nicht über den Preis, sondern die Zielvorstellungen der Zentralstelle entscheiden, was, wo und wieviel produziert und konsumiert wird. In der Praxis gibt es häufig Mischformen mit dezentralisierten Entscheidungsmöglichkeiten.

Zentralwert (Median), in der Statistik ein Mittelwert der Lage; der Z. stellt im Unterschied zum Durchschnitt den mittleren nach der Größe geordneten einzelnen Reihenwerte dar (50 %-Punkt).

zentrieren [griech.-lat.], auf den Mittelpunkt (Zentrum) einstellen; mehrere Mittelpunkte zur Deckung bringen, z. B. bei der Münzprägung die Mittelpunkte von Stempel und Münzrohling; ein [opt.] System so einstellen, daß alle Mittelpunkte [der Linsen] auf einer Geraden liegen.

Zentrierung [griech.-lat.], in der Psychologie ein (aus der Gestaltpsychologie stammender) Terminus, der die subjektive (persönl.) Schwerpunktbildung, Rangordnung oder Gewichtung (in einem bestimmten Lebensalter) einzelner Gebilde oder Gebiete im Wahrnehmen und Denken, in der Motivation oder beim Lernen bezeichnet.

Zentrifugalkraft [griech.-lat./lat./dt.] (Fliehkraft, Schwungkraft), bei krummliniger Bewegung eines Körpers v. a. bei der Drehbewegung) auftretende Trägheitskraft, die Richtungsänderung infolge einer real einwirkenden Kraft zu verhindern sucht; die Z. ist dem Betrage nach gleich dieser einwirkenden *Zentripetalkraft,* aber ihr genau entgegengesetzt.

Zentrifuge [griech.-lat./lat.] (Schleuder, Trennschleuder), Gerät zur Trennung *(Zentrifugieren, Schleudern)* von Gemischen (z. B. der Art fest-flüssig, flüssig-flüssig, gasförmig-gasförmig), das die bei Rotation auftretende Zentrifugalkraft ausnutzt. Je nach Verwendungszweck werden sehr unterschiedl. Konstruktionen verwendet. Bei der *Flaschen-* oder *Becher-*Z. (für kleine Mengen) werden mehrere reagenzglasähnl. Flaschen oder Becher, die um eine senkrechte Welle herum aufgehängt sind, mit dem Trenngut gefüllt; bei der Rotation der Welle kippen die Behälter so in die Waagerechte, daß sie mit ihrem Boden an die Stelle höchster Umlauf- oder Bahngeschwindigkeit und damit höchster Zentrifugalkraft gelangen, so daß sich hier die spezifisch schwerere Komponente des Gemischs ansammelt. Sehr schnellaufende Becher-Z. für spezielle Laboruntersuchungen werden als *Ultra-*Z. bezeichnet (übl. Drehzahlen 60 000 bzw. 100 000 U/min.). - Die *Teller-*Z. besitzen mehrere kon. Schleuderbleche, die in rasche Umdrehungen versetzt werden (3 000 bis über 10 000 U/min); sie werden u. a. als Milch-Z. eingesetzt (↑Separator). - Eine andere häufig verwendete Form ist die *Sieb[trommel]-*Z., die zum Trennen fester und flüssiger Stoffe eingesetzt wird. Sie besitzt eine rotierende, siebähnl. gelochte Trommel, durch deren Löcher die Flüssigkeit herausgeschleudert wird (z. B. Wäscheschleuder). Ist die Siebtrommel mit einem Filtermaterial belegt, so spricht man von *Filterzentrifugen.* - Abb. S. 278.

Zentriol [lat.] (Zentralkörperchen, Zentralkorn), meist nur elektronenmikroskop. nachweisbare Organelle, die in tier. Zellen paarig in der Nähe des Zellkerns vorkommt. Bei den höheren Pflanzen besitzen die Zellen kein Z., dafür ist bei diesen eine Polkappe ausgebildet. Das Z. ist ein 0,3–0,5 µm langes, zylindr. Körperchen, das aus neun kreisförmig angeordneten, aus zwei oder (meist) drei ↑Mikrotubuli bestehenden Strukturen gebildet wird. Das Z. ist am Aufbau der Polstrahlen und der Kernspindel bei der Kernteilung (Mitose) beteiligt, nachdem sich in die Nähe seines Endes ein Tochter-Z. ausgebildet hat und die Z. dann polwärts gewandert sind.

Zentripetalkraft [griech.-lat./lat./dt.] ↑Zentrifugalkraft.

zentrisch [griech.-lat.], einen Mittelpunkt besitzend, auf den Mittelpunkt bezogen, im Mittelpunkt befindlich.

zentrische Streckung (Ähnlichkeitsabbildung, Dilatation), eine Abbildung der Ebene in sich, bei das Zentrum Z der z. S. in sich übergeht und jeder von Z verschiedene Punkt P so auf einen Punkt P' der Geraden $\overline{ZP}$ abgebildet wird, daß $\overline{ZP'}$

$= \lambda \overline{ZP}$ gilt; λ ist der *Ähnlichkeits-* oder *Abbildungsfaktor.*

Zentrismus [lat.], in der kommunist. Terminologie Bez. für die vermittelnde linkssozialist. Richtung innerhalb der Arbeiterbewegung; gilt als „bes. gefährl. Abart des Opportunismus", weil sich seine Anhänger zum Marxismus bekennen, aber nicht revolutionär sind. Zum Z. werden u. a. Kautsky und die USPD gezählt.

Zentriwinkel [griech.-lat./dt.] (Mittelpunktswinkel), von zwei Radien eines Kreises gebildeter Winkel.

Zentromer [griech.] (Kinetochor, Kin[et]omer, Kinetonema), Ansatzstelle der bei der Kernteilung sich ausbildenden Spindelfasern am Chromosom.

Zentrum [lat., zu griech. *kéntron* „Stachel; Mittelpunkt eines Kreises"], allg. svw. Mitte, Mittelpunkt.

Zentrum, Bez. für die Abg. und polit. Kräfte, die im Parlament die Plätze zw. der Rechten und der Linken einnehmen und eine mittlere polit. Linie verfechten; in der dt. Parteiengeschichte seit 1848/49 geläufig.
Seit 1858 nannte sich die 1852 gegr. Kath. Fraktion im preuß. Landtag Fraktion des Z. Im Zeichen der vom prot. Preußen bestimmten Reichsgründung und des beginnenden Kulturkampfes schlossen sich kath. Abg. im preuß. Landtag im Reichstag 1870/71 zur Fraktion des Z. *(Dt. Zentrumspartei)* zusammen. Das Z. war zwar als interkonfessionelle Partei angelegt, blieb jedoch auf die kath. Wähler beschränkt und wurde zur polit. Repräsentanz des dt. Katholizismus, ohne indessen als verlängerter Arm der Amtskirche zu fungieren. Wesentl. Bed. erlangte der Kulturkampf für die Konsolidierung des Z. unter L. Windthorst. In die parlamentar. Mitverantwortung trat die Partei seit Bismarcks Schutzzollpolitik 1879 und seiner gleichzeitigen Abkehr vom Kulturkampf; sie unterstützte insbes. die Bismarcksche Sozialpolitik. Nach 1890 erlangte das Z. eine parlamentar. Schlüsselposition und die Funktion einer Reg.partei; es paßte sich dem wilhelmin. Imperialismus an. Im 1. Weltkrieg verfocht das Z. zunächst den Siegfrieden, unter dem Einfluß M. Erzbergers ab 1917 einen Verständigungsfrieden. Als monarchist. Verfassungspartei lehnte das Z. zwar die Novemberrevolution ab, schloß sich aber der Weimarer Koalition an und war maßgebl. an der Ausarbeitung der Weimarer Reichsverfassung beteiligt. Bis 1932 war es in allen Reichsreg. vertreten und stellte mit den Reichskanzlern K. Fehrenbach, J. Wirth, W. Marx und H. Brüning in 9 von 20 Kabinetten den Reg.chef. Kontinuierl. an der Reg. beteiligt war das Z. in Preußen 1919–33, in Württ. und Baden 1918–33. Außenpolit. unterstützte es in der Weimarer Republik die Erfüllungspolitik Wirths und die Revisionspolitik Stresemanns

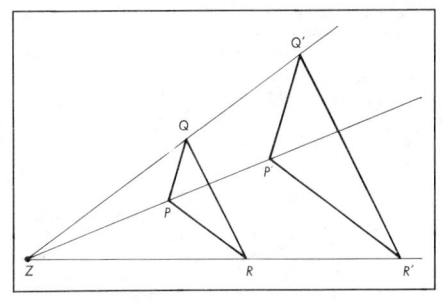

Zentrische Streckung

mit dem Ziel, die dt. Großmachtposition zurückzugewinnen. Innenpolit. verfolgte das Z. mit seinem v. a. klein- und mittelbürgerl. Wählerstamm eine pragmat. Ausgleichspolitik. In der Endphase der Weimarer Republik suchte die Partei die Krise des liberalen Parlamentarismus durch eine konservative Wende zu überwinden. Nach der Machtergreifung Hitlers stimmten ihre Abg. dem Ermächtigungsgesetz zu; das Z. verfiel im Juli 1933 der zwangsweisen Selbstauflösung. Die Mehrheit der überlebenden Z.führer setzte sich nach dem 2. Weltkrieg für die CDU ein. Die Neugründung eines linksorientierten Z. 1945 hatte nur regionale Erfolge in NRW.
Mandatsanteil des Z. im Reichstag 1871: 15,2%, 1890: 26,7%, 1920 (nach Abspaltung der Bayerischen Volkspartei 1918): 15,0%, 1933: 11,2%.

📖 *Loth, W.: Katholiken im Kaiserreich. Düss. 1984. - Morsey, R.: Der Untergang des polit. Katholizismus. Stg. u. Zürich 1977. - Mittmann, U.: Fraktion u. Partei. Ein Vergleich v. Z. u. Sozialdemokratie im Kaiserreich. Düss. 1976. - Morsey, R.: Die Dt. Z.partei 1917–1923. Düss. 1966.*

Zenturie (Centurie) [...i-ɛ; zu lat. *centuria* „Hundertschaft"], Bez. für eine militär. Einheit der röm. Armee von 60 (urspr. 100) Mann unter einem *Zenturio;* 2 machten eine ↑ Manipel, 60 Z. eine ↑ Legion aus. Bei der Einteilung der Bürgerschaft in 193 nach Vermögen abgestufte Z. (18 Z. Equites, 170 Z. Fußvolk in 5 Vermögensklassen, 5 Z. angegliederte Unbewaffnete) wird König Servius ↑ Tullius zugeschrieben, fällt aber wohl ins 5./4. Jh. v.Chr. Die Z. waren Grundlage der Zenturiatkomitien (comitia centuriata) bei der Wahl der Beamten mit Imperium und der Entscheidung über Krieg und Frieden (mit Abstimmung in Reihenfolge der Klassen bis zur Erreichung der Mehrheit bei 1 Stimme pro Zenturie).

Zenturio (lat. *centurio*) [zu lat. *centum* „hundert"], Befehlshaber einer ↑ Zenturie der röm. Armee.

Zenzi, Verkleinerungs- und Koseform der weibl. Vornamen Kreszentia und Innozentia.

Zeolithe

Zeolithe [griech.], Gruppe feldspatähnl., meist farbloser, weißer oder schwach gefärbter, säulig-nadeliger bis tafeliger Minerale, die zu den Tektosilicaten (↑Silicate) gehören. Chem. allg. (Me$_2'$, Me'') O · Al$_2$O$_3$ · nSiO$_2$ · mH$_2$O (Me' Alkali-, Me'' Erdalkaliionen); Mohshärte 3–5; Dichte 2,08–2,7, meist 2,2 g/cm^3. Nach der Struktur lassen sich Würfel-, Faser- und Blätter-Z. unterscheiden. Z. entstehen bei der ↑Diagenese in Sedimenten, vielfach aus der Umbildung vulkan. Tuffe, v. a. in Tiefseesedimenten, aber auch in Ablagerungen alkalisch-salinarer Seen (z. B. in Ostafrika); hydrothermale Bildungen auf Gängen, Klüften und in Blasenhohlräumen von Ergußgesteinen, außerdem in metamorphen Gesteinen. Die Z. haben trotz unterschiedl. chem. Zusammensetzung und Gitterstruktur mehrere gemeinsame Eigenschaften; u. a. enthalten sie in Gitterhohlräumen Wasser, das mit steigender Temperatur abgegeben und beim Abkühlen wieder aufgenommen wird. Ihre Alkali- und Erdalkaliionen sind relativ frei bewegl. in Gitterhohlräume eingebettet und lassen sich bis zu einem gewissen Grad gegen andere Kationen austauschen (↑Ionenaustauscher). In den Hohlräumen der Zeolithmakromoleküle können je nach Größe bestimmte organ. Verbindungen absorbiert werden. Natürl. und heute auch synthet. hergestellte Z. mit genau festgelegten Hohlräumen werden daher u. a. als ↑Molekularsiebe verwendet.

zephal..., Zephal... ↑zephalo..., Zephalo...

zephalo..., Zephalo... (zephal..., Zephal..., cephal[o]..., Cephal[o]..., kephal[o]..., Kephal[o]...) [zu griech. kephalé „Kopf"], Bestimmungswort von Zusammensetzungen mit der Bed. „Kopf, Spitze".

Zephalosporine (Cephalosporine)

Tellerzentrifuge (schematisch)

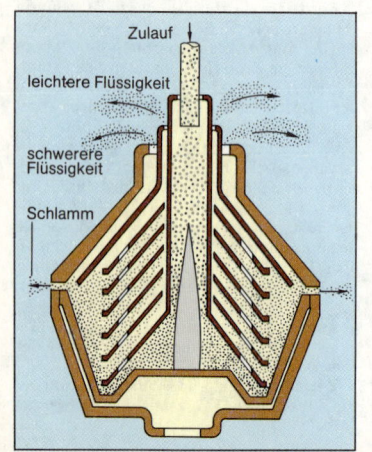

[griech.], dem Penicillin ähnl. Antibiotika aus Pilzen der Deuteromyzetengatt. Cephalosporium mit breitem Wirkungsspektrum gegen viele grampositive und gramnegative Erreger. Z. werden u. a. angewendet als Ersatz für Penicillin bei Penicillinallergie.

Zephanja (Sophonias), der neunte der zwölf sog. Kleinen Propheten des A. T. Er predigte unter König Josia von Juda vor 622 v. Chr. und war ein Zeitgenosse des Propheten Nahum und (des jüngeren) Jeremia.

Zephir (Zephyr) [griech.-lat.], dichter. für: milder [Süd]westwind. – ↑auch Zephyros.
◆ feinfädiges, weiches, meist farbig gestreiftes Baumwollgewebe, v. a. in Leinwandbindung; Hemden-, Blusen- und Kleiderstoff.

Zephyros, bei den Griechen der Westwind und dessen vergöttlichte Personifikation.

Zeppelin, Ferdinand Graf von ['tsɛpəli:n], * Konstanz 8. Juli 1838, † Berlin 8. März 1917, dt. Luftschiffkonstrukteur. - Württemberg. Offizier; widmete sich nach 1891 dem Luftschiffbau und konstruierte das erste (nach ihm ben.) lenkbare Starrluftschiff LZ1 (Start 1900), dem über 100 weitere *Zeppeline* folgten. 1909 gründete Z. die Luftschiffbau Z. GmbH, Friedrichshafen. Seine Mitarbeiter (u. a. L. Dürr, H. Eckener) führten sein Werk nach seinem Tode fort bis zur Verdrängung der Luftschiffe durch Flugzeuge.

Zepter (veraltet Szepter) [zu griech. skēptron „Stab"], nach einer in bes. Form, Verzierungen (z. B. Adler, Lilie als Bekrönung), auch Farbe ausgezeichneter Stab als Zeichen der Herrscherwürde; im MA zunächst Symbol kaiserl. bzw. königl., später auch fürstl. Gewalt (insbes. Gerichtsgewalt) sowie Belehnungssymbol.

Zepterlehen ↑Lehnswesen.

Zer ↑Cer.

Zerate (Cerata) [lat.], wasserfreie Wachs-Fett-Gemische (hauptsächl. aus gelbem Bienenwachs und Erdnußöl) als Salben- und Pflastergrundlage.

Zeratiten ↑Ceratites.

Zerberus (Cerberus, Kerberos), in der griech. Mythologie der dreiköpfige Wachhund an den Pforten der Unterwelt, Sohn des Typhon und der Echidna, der nur von Orpheus und von Herakles überwunden wird.

Zerbst, Krst. an der Nuthe, Bez. Magdeburg, DDR, 70 m ü. d. M., 18 800 E. Metallverarbeitende und Nahrungsmittelind. – Um 1200 planmäßige Gründung neben einer 948 gen. slaw. Siedlung; besaß Ende des 13. Jh. Ratsverfassung und Stadtrecht. 1603–1793 bestand ein eigenes Ft. Zerbst. - Ehem. Klosterkirche (um 1252, heute Heimatmuseum), frühbarockes Schloß (17. Jh.), Roland (1445). **Z.,** Landkr. im Bez. Magdeburg, DDR.

Zerealien (Cerealien) [nach Ceres], 1. eingedeutscht für das Fest Cerealia (↑Ceres); 2. [veraltete] Bez. für Getreide bzw. Feldfrüchte.

Zerebellum, eindeutschende Schreibung für Cerebellum (Kleinhirn, ↑ Gehirn).

zerebral [zu lat. cerebrum „Gehirn"], das Gehirn betreffend, zu ihm gehörend.

zerebraler Gefäßinsult, svw. ↑ Schlaganfall.

Zerebralganglion, svw. ↑ Oberschlundganglion.

Zerebralinfarkt, svw. ↑ Schlaganfall.

Zerebralisation [lat.] (Zerebration, Enzephalisation, Kephalisation), in der *Zoologie* die Ausbildung des ↑ Gehirns im Verlauf der Stammesgeschichte der Tiere durch die Konzentration von Nervengewebe bzw. von Ganglien in der vorderen Körperregion im Zusammenhang mit einer Anhäufung von Sinnesorganen an einem immer deutlicher sich ausdifferenzierenden Kopf. Die Z. setzt ein bei den Strudel- und Ringelwürmern, den Muscheln und Schnecken.

◆ in der *Anthropologie* die progressive Entwicklung (Vergrößerung und Differenzierung) des Groß- und Kleinhirns im Verlauf der Evolution des Menschen.

Zerebroside (Cerebroside) [lat.], v. a. in der Gehirnsubstanz enthaltene, zu den Glykolipiden zählende fettähnl. Substanzen, bestehend aus Sphingosin, aus einer an die Aminogruppe des Sphingosins gebundenen Fettsäure und aus einem Zucker (meist Galaktose oder Glucose). Die von den Z. abgeleiteten **Sulfatide** enthalten einen an den Zuckerteil gebundenen Schwefelsäurerest.

zerebrospinal [lat.], Gehirn und Rückenmark betreffend, zu Gehirn und Rückenmark gehörend.

Zerebrospinalflüssigkeit, svw. ↑ Gehirn-Rückenmarks-Flüssigkeit.

Zeremoniale (Caeremoniale) [lat.], liturg. Buch der kath. Kirche mit den Texten, Vorschriften und Regeln der kirchl. Zeremonien.

Zeremoniell [lat.-frz.], Förmlichkeiten, die bei feierl. Anlässen im staatl. und religiösen Bereich Anwendung finden. Das Z. in den zwischenstaatl. Beziehungen wird heute im allg. von den Protokollabteilungen der Außenministerien geregelt (↑ auch Protokoll).

Zeresin [lat.] ↑ Erdwachs.

Zereteli, Akaki Rostomowitsch Fürst [russ. tsərɪ'tjeli], * Schwitori (Grusin. SSR) 21. Juni 1840, † ebd. 8. Febr. 1915, georg. Dichter. - Bed. Epiker, Lyriker und Dramatiker, stilist. dem Realismus, ideolog. dem Sozialismus nahestehend. Eine dt. Auswahl seiner Werke ist in der Sammlung „Georg. Poesie aus acht Jh." (1971) erschienen.

Zerfallskonstante (Abklingkonstante), die Geschwindigkeit des radioaktiven Zerfalls (Aktivität) eines Teilchens angebende Größe λ, die gleich der reziproken (mittleren) Lebensdauer τ ist; es gilt $\lambda = 1/\tau = \ln 2/T_{1/2} = 0{,}6931/T_{1/2}$ ($T_{1/2}$ ↑ Halbwertszeit).

Zerfallsreihe, durch aufeinanderfolgenden Kernzerfall (α- und β-Zerfall) auseinander hervorgehende radioaktive Stoffe bzw. Atomkerne *(Tochtersubstanzen)*. Das erste Glied einer Z. wird als *Muttersubstanz* oder *Stammelement* bezeichnet. In der Natur kommen drei Z. vor, deren Muttersubstanzen wegen ihrer langen Lebensdauer seit Entstehung der Erde noch vorhanden sind: die **Thoriumreihe,** die **Uranreihe** (Uran-Radium-Reihe) und die **Actiniumreihe** (Uran-Actinium-Reihe). Eine künstl. erzeugte Z. ist die **Neptuniumreihe,** deren Muttersubstanz das Plutoniumisotop $^{241}_{94}$Pu ist und nicht, wie früher angenommen, das Neptuniumisotop $^{237}_{93}$Np.

Zerhacker ↑ Chopper, ↑ Wechselrichter.

Zerkarie (Cercaria) [griech.], innerhalb einer ↑ Sporozyste bzw. ↑ Redie parthenogenet. aus einer Eizelle entstehende, v. a. durch einen Ruderschwanz und die unvollkommen entwickelten Geschlechtsorgane von den erwachsenen Tieren unterschiedene Entwicklungsstadium (Generation) bei Saugwürmern der Ordnung ↑ Digenea; schwimmt oder kriecht nach Verlassen des Zwischenwirts im Wasser umher und enzystiert sich dann entweder an Pflanzen oder in einem neuen Zwischenwirt, in den es sich zuvor einbohrte. Durch Aufnahme der Zysten *(Metazerkarien)* mit der Nahrung gelangt der Parasit schließl. in den Endwirt.

Zerlegerzünder ↑ Munition.

Zermatt, Gem. im schweizer. Kt. Wallis, am N-Fuß des Matterhorns, 1 616 m ü. d. M., 3 700 E. Sommerfrische und Wintersportplatz.

Zermatten, Maurice [frz. zɛrma'tɛn], * Saint-Martin (Wallis) 22. Okt. 1910, schweizer. Schriftsteller. - Schreibt in frz. Sprache meist im bäuerl. Milieu angesiedelte psycholog. Romane („... denn sie wissen nicht, was sie tun", 1958); auch Erzählungen, Novellen, Dramen und Essays.

Zermelo, Ernst, * Berlin 27. Juli 1871, † Freiburg im Breisgau 21. Mai 1953, dt. Mathematiker. - Assistent von M. Planck, Prof. in Göttingen, Zürich und Freiburg; begründete 1908 mit seinem (später von A. A. Fraenkel vervollständigten) Axiomensystem die axiomat. Mengenlehre.

Zernike, Frits, eigtl. Frederik Z., * Amsterdam 16. Juli 1888, † Naarden 10. März 1966, niederl. Physiker. - Prof. in Groningen; bedeutende Arbeiten zur Wellenoptik. Für die Entwicklung des Phasenkontrastverfahrens und speziell die Erfindung des nach diesem Verfahren arbeitenden Mikroskops erhielt er 1953 den Nobelpreis für Physik.

Zero ['ze:ro; arab.-frz. „null"], 1957–67 bestehende Künstlervereinigung in Düsseldorf (H. Mack, O. Piene, 1960 G. Uecker), bei deren Objekten Licht, Bewegung und materielle Strukturen eine Rolle spielen.

Zerodur ® ↑ Glaskeramik.

Zeroplastik [griech.], Wachsbildnerei,

Zerrung

v. a. Herstellung von Entwürfen für Bildhauerarbeiten (Bozzetto) und von Modellen für den Bronzeguß (Wachsausschmelzverfahren), seit der Renaissance auch Bildnisbüsten, heute noch in Wachsfigurenkabinetten.

Zerrung, in der *Geologie* durch Druck oder Zug verursachte Dehnung eines Gesteins.
◆ in der *Medizin* meist akute (ruckartige) Überdehnung von Elementen des Bewegungsapparats mit umschriebenen, von Schmerzen begleiteten Feinbauschäden (↑Sehnenzerrung).

Zersetzung, die (unerwünschte) Veränderung von Struktur und chem. Zusammensetzung eines Stoffs durch Wärme oder andere Energieformen, Chemikalien oder durch Einwirkung von Mikroorganismen. Eine absichtl. herbeigeführte Z. ist die elektrochem. Z. bei der Elektrolyse.

Zersetzungsspannung (Abscheidungspotential), diejenige Spannung, bei der bei einer Elektrolyse die Abscheidung eines Stoffes einsetzt.

Zersiedlung, moderne Zerstörung des Landschaftsbildes durch Errichten von zahlr. Wohnhäusern außerhalb geschlossener Ortschaften.

Zerstäuber, Vorrichtung zum Zerstäuben von Flüssigkeiten (Zerteilung in feinste Tröpfchen, Herstellung eines Aerosols). Bei der gebräuchlichsten Bauart reißt ein an einer Düse vorbeiströmender Luftstrom die dort austretende Flüssigkeit in Form kleinster Tröpfchen mit (Anwendung u. a. beim Vergaser, bei Spritzpistolen, beim Parfümzerstäuber und beim Atomiseur in der Zahnmedizin). Z. arbeiten im Ggs. zum ↑Spray ohne Treibgase.

Zerstäubungstrocknung ↑Konservierung.

Zerstörer, mittelgroßes, vielseitig einsetzbares, schnelles und wendiges Kampfschiff (Länge 100–150 m, 35–40 kn, 1000– 5000 ts), meist mit Mischbewaffnung aus Artillerie (bis 15 cm Kal.), Torpedos (bis 10 Rohre) und Flugkörperstartern, sowie modernsten Ortungs- und Feuerleitgeräten. Aufgaben der Z. sind in erster Linie: Geleitschutz, Flugabwehr und U-Jagd. Entstanden ist dieser Schiffstyp 1892 in Großbrit. als „Torpedoboots-Z." zur Abwehr von Torpedobootsangriffen, einer damals neuen, starken Bedrohung für Großkampfschiffe.
◆ im 2. Weltkrieg Bez. für ein schweres, mehrsitziges Jagdflugzeug.

Zerstrahlung (Dematerialisation), die beim Zusammentreffen eines Elementarteilchens mit seinem Antiteilchen erfolgende vollständige Umsetzung ihrer Massen in elektromagnet. Strahlungsenergie.

Zertation [zu lat. certatio „Kampf, Streit"], in der *Biologie* das Phänomen der unterschiedl. Befruchtungschancen der das ♂ und ♀ Geschlecht bestimmenden Y- und X-Spermien (auf Grund größerer Beweglichkeit der Y-Spermien); die Z. führt zu einer Verschiebung des Geschlechterverhältnisses.

Zerter [lat.], svw. ↑Chirographum.

Zertifikat [zu mittellat. certificatum „das Beglaubigte"], in der *Erwachsenenbildung* Bescheinigung eines erfolgreichen Abschlusses von Weiterbildungskursen der Volkshochschulen oder von Fernunterrichtskursen.
◆ in der *Transportversicherung* eine Urkunde, die der Versicherer auf Verlangen des Versicherungsnehmers auszustellen hat und die den wesentl. Vertragsinhalt wiedergibt.

Zerumen [zu lat. cera „Wachs"], svw. ↑Ohrenschmalz.

Zerussit [lat.] (Cerussit, Weißbleierz), Mineral, durchsichtig bis durchscheinend, farblos oder weiß, grau, gelb, braun, auch schwarz, mit fettigem Glanz. Bildet derbe, stengelige bis büschelförmige Aggregate. Chem. $PbCO_3$; Mohshärte 3–3,5; Dichte 6,4–6,6 g/cm³. Vorkommen in Verwitterungszonen und als Neubildung auf Halden von Bleiglanzlagerstätten; wichtiges Bleierz.

Zervanismus ↑Zerwanismus.

Zervelatwurst [italien./dt.; letztl. zu lat. cerebrum „Hirn"] (Cervelatwurst, Servelatwurst, Schlackwurst), Dauerwurst aus Schweine- und Rindfleisch mit Speck.

Zerstörer „Hamburg" der Bundesmarine der Bundesrepublik Deutschland mit Startrampe für Seezielflugkörper „MM 38 EXOCET" oberhalb des hinteren Geschützturmes

zervikal [lat.], zum Nacken, Hals gehörend; den Nacken, Hals betreffend.
♦ den Gebärmutterhals betreffend, zu ihm gehörend.

Zervikalsyndrom (Halswirbelsäulensyndrom), durch Bandscheibenvorfall im Bereich der Halswirbelsäule bzw. Teilverrenkung des Atlantookzipitalgelenks bedingtes akutes oder mit chron. Erkrankungen der Halswirbelsäule einhergehendes chron. Syndrom; u. a. mit Nacken- und Kopfschmerz, Parästhesien, Muskelschwäche und Lähmungserscheinungen.

Zervix ↑Cervix.

Zerwanismus (Zervanismus), in sassanid. Zeit (3.–7. Jh. n. Chr.) in Iran verbreitete Religionsform, die nach **Zerwan**, der Personifikation der „ungeschaffenen Zeit" benannt ist. Das dualist. Prinzip des älteren Mazdaismus (↑Parsismus) wird von den Anhängern dieser Sekte dadurch überwunden, daß ↑Ahura Masda und ↑Ahriman als die Zwillingssöhne Zerwans angesehen werden, der so an die Spitze des Pantheons tritt; der Z. und der orth. Mazdaismus attackierten sich jahrhundertelang gegenseitig. Der Zerwan-Gedanke beeinflußte die Äonenlehre der Mysterienkulte.

Zesarewitsch ↑Zar.

Zesen, Philipp von (seit 1653), latinisiert Caesius, Pseud. Ritterhold der Blaue, * Priorau bei Bitterfeld 8. Okt. 1619, † Hamburg 13. Nov. 1689, dt. Dichter. - 1643 Gründer der „Teutschgesinneten Genossenschaft", 1648 Mgl. der „Fruchtbringenden Gesellschaft". Erster dt. Berufsschriftsteller; bed. Lyriker und Erzähler des Barock; auch Theoretiker der Dichtkunst („Hochdt. Helikon oder Grund richtige Anleitung zur hochdt. Dicht- und Reimkunst", Poetik, 1640) mit radikalen purist. Forderungen; bemühte sich in seinen Romanen bes. um die psycholog. Zeichnung der handelnden Personen („Asenat", 1670; „Simson", 1679); auch Verf. polit. Schriften.

Zession [lat.], svw. ↑Abtretung.

Zessionar [lat.], der (neue) Gläubiger, an den ein (alter) Gläubiger (Zedent) eine Forderung abgetreten hat.

Zeta [griech.], 7. Buchstabe des urspr., 6. des klass. griech. Alphabets mit dem Lautwert [zd] (später [dz] und [z]): Z, ζ.

Zetaebene [serbokroat. 'zɛta], Landschaft nördl. des Skutarisees, Jugoslawien. Am N-Rand liegt nahe dem Zusammenfluß von Zeta und Morača Titograd.

Zetkin, Clara, geb. Eißner, * Wiederau (bei Rochlitz) 5. Juli 1857, † Archangelskoje 20. Juni 1933, dt. Politikerin. - Schloß sich 1878 der Sozialdemokratie an und baute die sozialist. Frauenbewegung auf; 1882–90 im schweizer. und frz. Exil; 1891–1917 Hg. der Zeitschrift „Die Gleichheit"; 1895–1913 Mgl. der Kontrollkommission der SPD; Mitbegr. der Spartakusgruppe und der USPD; in der KPD 1919–24 Mgl. der Zentrale, 1917–29 des ZK; gehörte zum gemäßigten Flügel; 1920–33 MdR (1932 Alterspräs. des Reichstags); Vors. des Internat. Frauensekretariats der Komintern, der Roten Hilfe Deutschlands, seit 1925 der Internat. Roten Hilfe.

Zettelmaschine, in der Webereivorbereitung verwendete Maschine, mit der die Kettfäden von den (auf das *Zettelgatter* aufgesteckten) Garnspulen abgezogen und auf einen Vorbaum *(Zettelbaum)* aufgewickelt werden.

Zetter, Maschine zum Lockern und Lüften von Futter, insbes. des frischen Mähschwadens.

Zetterling, Mai [schwed. ˌsɛtərliŋ], * Västerås 24. Mai 1925, schwed. Film- und Theaterschauspielerin sowie -regisseurin. - Trat bes. in dem Kurzfilm „Kriegsspiele" (1963) und dem feminist. Film „Frauen" (1968) hervor. - *Weiterer Film:* Amorosa (1986).

Zeugbaum, svw. Warenbaum (↑Webstuhl).

Zeugdruck, svw. ↑Stoffdruck.

Zeuge, Person, die einen tatsächl. Vorgang persönlich wahrgenommen hat und hierüber Auskunft geben kann. Bes. Bedeutung hat die Z. als Beweismittel in gerichtl. Verfahren. Der *Zeugenbeweis* ist in allen Verfahrensordnungen vorgesehen (z. B. §§ 48 ff. StPO, §§ 373 ff. ZPO). Der Beweiswert einer Zeugenaussage ist zurückhaltend anzusetzen, da die Wiedergabe eines tatsächl. Vorgangs durch die persönl. Umstände und Vorstellungen des Z. beeinflußt wird und das menschl. Erinnerungsvermögen begrenzt ist. Den Beweiswert einer Z.aussage beurteilt das Gericht nach seinem Ermessen (freie Beweiswürdigung). Grundsätzl. kann jeder Z. sein, auch Kinder. Ausgeschlossen sind jedoch die Parteien eines Rechtsstreits und der Beschuldigte im Strafverfahren. Werden Prozeßbevollmächtigte, Verteidiger, Staatsanwälte und Richter als Z. vernommen, ist ihre weitere Mitwirkung im Verfahren u. U. ausgeschlossen. Einer gerichtl. Ladung haben Z. grundsätzlich Folge zu leisten, d. h., sie müssen vor Gericht erscheinen, im Ermittlungsverfahren auch vor dem Staatsanwalt. Bleibt der Z. ohne genügende Entschuldigung aus, werden ihm die dadurch entstehenden Kosten auferlegt. Zugleich kann ein Ordnungsgeld (5 DM bis 1 000 DM) und, falls dies nicht beigetrieben werden kann, Ordnungshaft gegen ihn verhängt werden. Auch kann der Z. zwangsweise vorgeführt werden (Vorführung). Der Z. ist verpflichtet, vollständig und wahrheitsgemäß auszusagen (hierüber ist er vor der Vernehmung zu belehren), andernfalls kann er u. a. wegen Meineids, fahrlässigen Falscheids oder uneidl. Falschaussage bestraft werden (§§ 153 ff. StGB). Die Aussagepflicht des Z. wird durch ↑Zeugnisverweigerungsrechte und

Zeugenberg

Auskunftsverweigerungsrechte begrenzt. Beamte und Richter benötigen für Aussagen über dienstl. Angelegenheiten eine Aussagegenehmigung ihres Dienstvorgesetzten. Nach der Vernehmung wird der Z. im Strafverfahren i. d. R., im Zivilprozeß nur ausnahmsweise vereidigt. Der Z. hat einen gesetzl. Anspruch auf Entschädigung für Verdienstausfall und Aufwendungen. Im übrigen werden Z. herangezogen bei der Eheschließung (§ 14 EheG) und unter bes. Umständen bei der Errichtung eines ↑Testaments (§§ 2249 und 2250 BGB). In *Österreich* und der *Schweiz* gilt im wesentl. Entsprechendes.

Zeugenberg, eine in Schichtstufenländern vor dem Stufenrand in fremder geolog. Umgebung isoliert auftretende Bergform, deren Gestein dem der Schichtstufe entspricht und deshalb deren frühere Lage bezeugt. Steht der Z. in seinen unteren Hangpartien noch mit dem sockelbildenden Gestein der Schichtstufe in Verbindung, wird er **Auslieger** genannt.

Zeugen Jehovas (früher auch Russeliten, bis 1931 Ernste Bibelforscher), auf den Pittsburgher Kaufmann C. T. ↑Russell, der einer Splittergruppe der Adventisten angehörte und für 1874 oder 1878 die Wiederkunft Christi erwartet hatte, zurückgehende eschatolog. Religionsgesellschaft. Russell gab seit 1879 die Zeitschrift „Zion's Watch Tower and Herald of Christ's Presence" heraus, heute „Watch Tower" (dt. „Der Wachtturm"). 1881 gründete er die „Zion's Watch Tower Tract Society" als Geschäftsfirma, die dann das organisator. Rückgrat der Bewegung der „Ernsten Bibelforscher" wurde; heute „Watch Tower Bible and Tract Society" (in der BR Deutschland „Wachtturm Bibel- und Traktatgesellschaft, Dt. Zweig, e. V."). Russell berechnete nun für 1914 das Ende der „Zeit der Drangsal" und den Anbruch des Reiches Gottes auf Erden. Als das Ereignis nicht eintraf und Russell 1916 starb, nahm der Jurist J. F. ↑Rutherford autoritär die Zügel in die Hand und lenkte die Erwartung der Bibelforscher in neue Bahnen: 1914 bedeutete jetzt den Beginn der „unsichtbaren Gegenwart Christi" und damit den „Beginn der Zeit des Endes". Rutherford machte aus den Bibelforschern die aktivist. Missionstruppe „Jehovas Zeugen" mit fortwährenden Schulungen (z. T. in Großkongressen) und laufendem missionar. Einsatz („Felddienst"). Die Leitung ist zentralist. („theokrat."), die Glaubenssystem doktrinär. Die Z. J. wirken seit 1903 auch in Deutschland. Vom nat.-soz. Regime waren die Z. J. verboten; etwa 6 000 Z. J. kamen in Konzentrationslager, v. a. wegen Kriegsdienstverweigerung. In der BR Deutschland sind sie mit rd. 109 000 aktiven Z. J. eine der stärksten religiösen Gruppen (Sekten). Weltweit gehören den Z. J. etwa 2,9 Mill. (1988) Mgl. an.

Zeughaus (Arsenal), Gebäude, in dem Waffen und sonstiges Kriegsmaterial aufbewahrt wurde. Urspr. reine Nutzbauten, seit der Renaissance städt. Repräsentativbauten, u. a. in Augsburg (von E. Holl, 1600–07); auch Fürsten errichteten aufwendige Z. (Albertinum in Dresden, 1559 ff.). Ein wichtiges Zeugnis profaner Barockarchitektur ist das Z. in Berlin (1695–1706, mit den Masken sterbender Krieger von A. Schlüter; heute Museum für dt. Geschichte).

Zeugiten [griech.], dritte Rangklasse der Bürgereinteilung Solons mit einem Einkommen von mindestens 200 Scheffeln Getreide; mit Zugang zu den niederen Ämtern, ab 458 v. Chr. auch zum Archonat.

Zeugma [griech.], rhetor. Figur der Worteinsparung, Sonderform der Ellipse: Zuordnung desselben Wortes (Satzgliedes) zu mehreren (meist zwei) grammat. oder semant. verschiedenartigen Satzteilen, z. B. *Er warf einen Blick in die Zeitung und die Zigarette in den Aschenbecher.*

Zeugnis, allg. Aussage über Tatsachen. Bei Beendigung eines Dienstverhältnisses (Dienst-Z.), insbes. eines Arbeitsverhältnisses (Arbeits-Z.), vom Arbeitgeber dem Arbeitnehmer auf Wunsch auszustellende schriftl. Bestätigung, aus der Art und Dauer der Beschäftigung sowie (beim *qualifizierten* Z.) auf bes. Verlangen auch Führung und Leistungen des Arbeitnehmers hervorgehen. Auch während des Arbeitsverhältnisses kann der Arbeitnehmer - z. B. zum Zweck der Stellensuche - ein Z., das sog. *Zwischen-Z.,* verlangen. Die Angaben auf dem Z. müssen der Wahrheit entsprechen, auch dann, wenn sie nicht nur positiv für den Arbeitnehmer sind. Für schuldhaft unwahre Angaben haftet der Arbeitgeber dem Arbeitnehmer wegen Verletzung des Arbeitsvertrages.

♦ (Schul-Z.) im Schulwesen in regelmäßigen Zeitabschnitten erfolgende Beurkundung des Leistungsstandes eines Schülers. Während eines Schuljahres gibt es ein *Zwischen-Z.,* am Ende des Schuljahres ein Z., das die ↑Versetzung regelt (↑auch Note). Z. sollen die Leistung eines Schülers in einem Fach möglichst objektiv beschreiben, einen Anreiz zu weiterer Leistung geben, bestimmen aber auch die schul. Auslese und führen deswegen oft zu psych. Druck. Zweifel an der Objektivität von Z. bestehen wegen unterschiedl. Notengebung in den einzelnen Bundesländern sowie wegen der unterschiedl. subjektiven Einstellung des Lehrers den einzelnen Schülern gegenüber.

Zeugnisverweigerungsrecht, das in allen Verfahrensordnungen geregelte Recht, entgegen der an sich bestehenden Aussagepflicht des ↑Zeugen das Zeugnis zu verweigern. Über sein Z. ist der Zeuge vor der Vernehmung zu belehren. Wegen **persönl. Beziehungen** hat ein Z., wer mit einem Prozeßbeteiligten bzw. (im Strafprozeß) mit dem Ange-

klagten verlobt, verheiratet (auch nach Ehescheidung) oder verwandt oder verschwägert ist. Ein Z. **zur Wahrung des Berufsgeheimnisses** steht insbes. zu: 1. Geistlichen über das, was ihnen in ihrer Eigenschaft als Seelsorger anvertraut oder bekanntgeworden ist; 2. Anwälten, Steuerberatern und Steuerbevollmächtigten, Ärzten, Abgeordneten, Redakteuren und Journalisten; 3. beim Strafprozeß dem Verteidiger des Beschuldigten; 4. im Zivilprozeß Zeugen hinsichtl. der Fragen, deren Beantwortung ihnen einen unmittelbaren vermögensrechtl. Schaden verursachen würde. Wird von einer dem Z. zugrundeliegenden Schweigepflicht entbunden, so entfällt das Zeugnisverweigerungsrecht.
In *Österreich* und der *Schweiz* gilt im wesentl. dem dt. Recht Entsprechendes.

Zeugung (Generatio), die Hervorbringung eines Lebewesens durch Befruchtung, der meist eine Begattung vorausgeht.

Zeugungsfähigkeit ↑Potenz.

Zeugungsunfähigkeit ↑Impotenz.

Zeulenroda, Krst. im nördl. Vogtland, Bez. Gera, DDR, 421 m ü. d. M., 14 500 E. Kunstgewerbemuseum; Möbelind., Werkzeugmaschinenbau. - 1325 erstmals urkundl. erwähnt; erhielt 1438 die Stadtfreiheit.

Z., Landkr. im Bez. Gera, DDR.

Zeus, der höchste Gott der Griechen, Sohn des Kronos und der Rhea, Bruder und Gemahl der Hera. Stürzt mit Hilfe seiner Brüder Poseidon und Hades die Herrschaft der Titanen und teilt mit seinen Brüdern die Welt: Jene erhalten die Herrschaft über Meer und Unterwelt, Z. über Himmel und Erde. - Zahlr. sind die Verbindungen des Gottes mit göttl. und sterbl. Geliebten. In seltsamem Kontrast zum Z.bild der frivolen Götterburleske, wo Z., mit den typ. Zügen eines genußfreudigen Fürsten ausgestattet, seine ewig zankende Gemahlin mit immer neuen Listen zu hintergehen trachtet, stehen Ernst und Würde eines obersten Garanten der kosm. Ordnung: Der Himmels- und Wettergott, der sein angestammtes Element im Namen trägt (Z. „der Leuchtende"), der Urheber aller meteorolog. Erscheinungen, bes. von Blitz und Donner, wacht auch über Gerechtigkeit und Gleichgewicht im sozialen und sittl. Bereich. Selbst „Vater der Götter und Menschen", schützt er Hausherrn, Hof und Besitz, das Recht des Gastes und derer, die Hilfe und Asyl suchen; v. a. aber wacht er über Heiligkeit und Einhaltung von Eid und Vertrag. Berühmtestes Z.heiligtum war der Tempel in Olympia mit dem (nicht erhaltenen) Kultbild des thronenden Gottes aus Gold und Elfenbein (ein Werk des Bildhauers Phidias), eines der Sieben Weltwunder.

📖 *Kerényi, K.: Z. u. Hera. Leiden 1972. - Hülsen, H. v.: Z., Vater der Götter u. Menschen. Mainz 1967. - Cook, A. B.: Z. New York 1964–65. 2 Bde.*

Zeuxis, griech. Maler „aus Herakleia", tätig etwa 435 bis 390. - Soll die konsequente Anwendung von Licht und Schatten mit dem Ziel körperhafter Erscheinungen „erfunden" haben (Reflexe in der att. Vasenmalerei seit dem späten 5. Jh. v. Chr.).

Zeven ['tse:vən], Stadt an der Aue, Nds., 30 m ü. d. M., 10 100 E. Nahrungsmittelind., Kunststoffverarbeitung, Gummifabrik. - Im 12. Jh. entstanden, erhielt 1929 Stadtrecht. - Ev. roman. Pfarrkirche (nach 1141 ff.) mit spätgot. Wandmalereien (15. Jh.). - Im Siebenjährigen Krieg wurde in der *Konvention von Kloster Z.* (8. Sept. 1757) die Auflösung der engl. Festlandsarmee erzwungen; damit blieb Hannover in frz. Hand.

Zevenaar [niederl. 'ze:vəna:r], niederl. Gem. nahe der niederl.-dt. Grenze, 26 100 E. Umfaßt den Hauptort Z. und 7 weitere Orte. Nahrungs- und Genußmittel-, metallverarbeitende, chem., Bekleidungs- und Baustoffind. - 1487 Stadtrechte; kam 1614/66 an Brandenburg, in napoleon. Zeit an Frankr. (1795), die Batav. Republik (1803) bzw. das Kgr. Holland (1808); 1813–15 erneut preuß., danach endgültig niederl. - Kath. spätgot. Kirche (15. Jh.) mit barocker Innenausstattung (17. Jh.), ref. barocke Kirche (1658).

Zeyer, Julius [tschech. 'zɛjɛr], *Prag 26. April 1841, †ebd. 29. Jan. 1901, tschech. Schriftsteller. - Führender Dichter der tschech. Neuromantik. Verfaßte Versepen, Dramen, Romane („Roman von der treuen Freundschaft der Ritter Amis und Amil", 1880).

Z., Werner, *Oberthal 25. Mai 1929, dt. Politiker. - 1978–85 Landesvors. der CDU im Saarland; 1979–85 als Nachfolger von F.-J. Röder Min.präs. des Saarlandes.

Zezidien [griech.], svw. ↑Gallen.

ZF, Abk. für: Zwischenfrequenz.

ZGB, Abk. für das schweizerische ↑Zivilgesetzbuch.

Zgorzelec [poln. zgɔˈʒɛlɛts] ↑Görlitz, Polen▼.

Ziaul Haq, Mohammad [ziːˈaːul ˈhaːk], *Jullundur 1924, pakistan. Offizier und Politiker. - 1972 Generalmajor, 1975 Generalleutnant, 1976 Stabschef des Heeres; übernahm durch einen Putsch am 5. Juli 1977 als „Hauptkriegsrechtsadministrator" die Macht, seit 1978 zugleich Staatspräs.; ließ 1979 in einem Prozeß zum Tode verurteilten früheren Min.präs. Z. A.-K. Bhutto hinrichten. - †17. Aug. 1988 (Flugzeugabsturz).

Ziaur Rahman [ziaːʊə raˈmaːn], *Bogra (?) 1936, †Chittagong 30. Mai 1981, Offizier und Politiker in Bangladesch. - 1972 stellv. Stabschef des Heeres, nach dem Staatsstreich vom Nov. 1975 Stabschef und Stellvertreter des obersten Militärverwalters von Bangladesch, Finanz- und Innenmin.; 1976/77 „Oberster Kriegsrechtsadministrator", seit April 1977 Staatspräs. (formell gewählt 1978); kam

Zibeben

Ende Mai 1981 bei einem (nach dem schon im Juni 1980 versuchten) weiteren erfolglosen Militärputsch ums Leben.

Zibeben [arab.-italien.], süddt. Bez. für bes. große Rosinen.

Zibet [arab.-roman.], salbenartiges, gelbl. bis braunes, intensiv moschusartig riechendes Sekret der Zibetdrüsen der Afrikan. und Ind. Zibetkatze; enthält Skatol, höhere Fettsäuren und v. a. *Zibeton* (9-Cycloheptadecenon); das künstl. hergestellte Dihydro-Zibeton sowie Extrakte aus natürl. Z. werden als Fixateure in der Parfümindustrie verwendet.

Zibetkatzen (Viverrinae), Unterfam. schlanker, meist auf hellerem Grund dunkel gefleckter oder gezeichneter ↑ Schleichkatzen mit rd. 20 Arten in unterschiedl. Lebensräumen S-Europas, Afrikas sowie S- und SO-Asiens; nachtaktive Raubtiere, die ihre Reviere mit einem Duftstoff (Zibet) markieren; Kopf zugespitzt, Schwanz lang, Krallen scharf, halb rückziehbar. – Zu den Z. gehören neben ↑Ginsterkatzen, ↑Linsange u. a. auch die *Echten Z.* (Viverra): mit fünf Arten in S-Asien und Afrika (südl. der Sahara) vertreten, darunter z. B. die **Ind. Zibetkatze** (Zibete, Viverra zibetha; in Hinterindien, Malakka, SO-Asien; Körper bis 80 cm lang, grau, mit dunkler Zeichnung und schwarz geringeltem Schwanz) und die **Afrikan. Zibetkatze** (Civette, Viverra civetta; in Afrika weit verbreitet; Körper etwa 70 cm lang, grau bis gelbl., mit schwärzl. Bänder- oder Fleckenzeichnung).

Ziborium (Ciborium) [griech.-lat.], ein auf Säulen ruhender Altarüberbau in Gestalt eines Baldachins (seit frühchristl. Zeit).
◆ (Speisekelch) in der kath. Kirche seit dem Spät-MA Bez. für den zum Altargerät gehörenden Kelch, den der Zelebrant bei der Eucharistiefeier benutzt und der zur Aufbewahrung der konsekrierten Hostien und zur Aussetzung des Allerheiligsten dient.

Zichorie [...i-ɛ; griech.-lat.-italien.], svw. ↑Wegwarte.

Zick, Januarius, * München 6. Febr. 1730, † Ehrenbreitstein (= Koblenz) 14. Nov. 1797, dt. Maler. – Schüler seines Vaters Johannes Z.; 1758 bei A. R. Mengs in Rom; schuf neben

Afrikanische Zibetkatze

Fresken im süddt. Raum (u. a. Wiblingen bei Ulm, Kirche der ehem. Benediktinerabtei, 1778–80) Tafelbilder und Porträts, die anfangs von Rembrandt beeinflußt waren.

Z., Johannes, * Lachen (bei Memmingen) 10. Jan. 1702, † Würzburg 4. März 1762, dt. Maler. - Sein Hauptwerk sind die an Tiepolos Würzburger Fresken anknüpfenden Fresken im Schloß in Bruchsal (1751–54, 1945 zerstört, nach Photographien erneuert); außerdem Fresken im Gartensaal der Würzburger Residenz (1749/50).

Ziege, ↑Ziegen, ↑Hausziege.
◆ (Sichling, Sichel-, Säbel-, Schwert-, Messerfisch, Dünnbauch, Pelecus cultratus) bis 50 cm langer (meist kleiner bleibender), heringsförmiger Karpfenfisch, v. a. in Brackgewässern der Ostsee und der asiat. Binnenmeere, von wo er zur Laichzeit in die angrenzenden Flüsse wandert; Rücken braun bis schwarz, metall. glänzend, Körperseiten silbrig; Bauchlinie sichelförmig verlaufend; Speisefisch.

Ziegel [zu lat. tegula „Dachziegel"], svw. ↑Mauerziegel oder ↑Dachziegel, i. w. S. auch Bez. für ↑ Klinker u. a. grobkeram. Erzeugnisse der Baukeramik (Ziegeleierzeugnisse).

Ziegelroter Rißpilz ↑Rißpilze.

Ziegen (Capra), mit den Schafen eng verwandte, mit diesen aus der altpliozänen Stammform *Tossunorio* (in China) hervorgegangene Gatt. wiederkäuender Paarhufer (Gattungsgruppe Böcke) mit nur 4 rezenten Arten, v. a. in Gebirgen Eurasiens und N-Afrikas; mittelgroße, trotz ihres etwas gedrungenen Körperbaus geschickt kletternde Tiere, deren ♂♂ einen Kinnbart und große, meist türkensäbelförmig nach hinten gekrümmte Hörner tragen (Hörner der ♀♀ klein, wenig gekrümmt). Wildlebende Z. *(Wildziegen)* sind außer ↑Steinbock und ↑Bezoarziege der **Span. Steinbock** (Capra pyrenaica), etwa 1 m (♀) bis 1,4 m (♂) lang und bis 75 cm schulterhoch, in span. Hochgebirgen; Fell im Sommer hell- bis rotbraun, im Winter graubraun; **Markhor** (Capra falconeri), 1,4–1,7 m lang und über 1 m schulterhoch, im Himalajagebiet und benachbarten Hochgebirgen.

Geschichte: Die Z. sind neben den Schafen die ältesten Haustiere. Ihre Domestikation begann wahrscheinl. vor etwa 9000 Jahren. Abbildungen wildlebender Bezoarziegen finden sich auf Siegeln und Gefäßen aus Mesopotamien, W-Persien, Anatolien, Syrien und Kreta. In der Bibel wird an mehreren Stellen ausführl. über Z. berichtet. Im klass. Griechenland und in Italien sowie in den angrenzenden Mittelmeerländern waren Z. über lange Zeit die wichtigsten Haustiere.

Ziegenartige (Caprinae), Unterfam. der Horntiere mit verschiedengestaltigen, überwiegend gebirgsbewohnenden Arten, zu denen u. a. Gemse, Schneeziege, Seraue, Goral, Takin und die Ziegen gehören.

Ziegenbart, svw. ↑ Keulenpilz.
Ziegenhagen ↑ Witzenhausen.
Ziegenhain ↑ Schwalmstadt.
Ziegeninseln ↑ Ägadische Inseln.
Ziegenleder, von verschiedenen Hausziegenrassen gewonnenes Leder; zur Anfertigung von Schuhen, Taschen und Handschuhen.
Ziegenlippe (Filziger Röhrling, Mooshäuptchen, Xerocomus subtomentosus), von Juni bis Okt. an moosigen Waldrändern der Laub- und Nadelwälder häufig wachsender, meist einzelnstehender Pilz; Hut 5–12 cm breit, halbkugelig bis flach, samtig-weichfilzig, gelbl. bis olivbraun, alt mit feldartig zerrissener Oberfläche; Röhren leuchtend zitronengelb; Stiel 6–12 cm hoch; Fleisch weiß, weich; Speisepilz.
Ziegenmelker (Caprimulgidae), Fam. bis 40 cm langer, lang- und schmalflügeliger Nachtschwalben mit rd. 70 Arten, v. a. in Wäldern und Savannen der trop. bis gemäßigten Regionen der Alten und Neuen Welt; dämmerungs- und nachtaktive, kurz- und breitschnäbelige Vögel, die sich bes. von Nachtschmetterlingen und Käfern ernähren; Füße kurz; sitzen (im Unterschied zu den meisten anderen Vögeln) in Längsrichtung auf Ästen; brüten am Boden ohne Nestunterlage. Die wichtigste Gatt. ist *Caprimulgus* mit rd. 40 Arten, davon in M-Europa der **Europ. Ziegenmelker** (Europ. Nachtschwalbe, Caprimulgus europaeus): etwa amselgroß; Gefieder oberseits baumrindenartig gefärbt, unterseits grau quergebändert.
Ziegenpeter, svw. ↑ Mumps.
Ziegler, Karl Waldemar, * Helsa (Landkr. Kassel) 26. Nov. 1898, † Mülheim a. d. Ruhr 11. Aug. 1973, dt. Chemiker. - Prof. in Heidelberg, Halle und Aachen, ab 1943 Direktor des Kaiser Wilhelm-Inst. (heute Max-Planck-Inst.) für Kohleforschung in Mülheim a. d. Ruhr. Ab 1953 entwickelte Z. ein bei Normaldruck ablaufendes Polymerisationsverfahren für Äthylen in Gegenwart metallorgan. Mischkatalysatoren, wofür er 1963 zus. mit G. Natta den Nobelpreis für Chemie erhielt.
Z., Klara (Clara), * München 27. April 1844, † ebd. 19. Dez. 1909, dt. Schauspielerin. - Tragödin, die ihre Rollen vorwiegend rezitierte; 1868–74 in München, danach meist auf Gastspielreisen. Bestimmte in der *Klara-Z.-Stiftung* ihr Haus in München zum Theatermuseum.
Ziegler-Natta-Katalysatoren [nach K. W. Ziegler und G. Natta], für Polymerisationen von Alkenen (v. a. Äthylen) bei Normaldruck verwendete Katalysatoren aus Aluminiumtrialkylen bzw. Aluminiumalkylhalogeniden u. Titantetrachlorid oder Titancyclopentadienylchloriden. Anstelle der Titanverbindungen werden auch entsprechende Verbindungen der Elemente Zirkonium, Thorium, Tantal und Chrom verwendet.

Ziehen, Theodor, * Frankfurt am Main 12. Nov. 1862, † Wiesbaden 29. Dez. 1950, dt. Mediziner, Philosoph und Psychologe. - Prof. für Psychiatrie in Jena, Utrecht, Halle und Berlin, dort ab 1917 Ordinarius für Philosophie. - *Werke:* Erkenntnistheorie auf physikal. und psychophysiolog. Grundlage (1912), Die Grundlagen der Psychologie (1915), Lehrbuch der Logik auf positivist. Grundlage ... (1920), Grundlagen der Naturphilosophie (1922), Grundlagen der Charakterologie (1930).
Ziehen, Umformverfahren, bei dem die Formgebung der Werkstücke durch reine Zugkräfte erfolgt. Anwendung in der Blechverarbeitung zur Herstellung von Gefäßen u. ä. (Tiefziehen, Reckziehen), zur Herstellung von Rohren und Drähten sowie in der Kunststoffverarbeitung zur Herstellung einfacher räuml. Formkörper.
Ziehharmonika ↑ Handharmonika.
Ziehrer, Carl Michael, * Wien 2. Mai 1843, † ebd. 14. Nov. 1922, östr. Operettenkomponist und Dirigent. - Z. ist der letzte Komponist spezif. wiener. Tanzmusik und Operette. Neben 22 Operetten komponierte er etwa 600 Tänze, v. a. Walzer (u. a. „Donauwalzer"), von Rohren und Drähten sowie in der
Ziehungsrechte, den Ländern, die dem Internat. Währungsfonds (IWF) angehören, zustehende Rechte, Auslandswährung zu beziehen, wobei - im Unterschied zu den Sonderziehungsrechten - im Austausch eigene Währung an den Fonds gegeben werden muß.
Ziel, ein durch freie, individuelle Auswahl und Entscheidung oder gesellschaftl.-polit. Entscheidungen und Entscheidungsprozesse unter verschiedenen Handlungsmöglichkeiten projektierter, in der Vorstellung und Planung antizipierter zukünftiger Zustand, der zugleich Orientierung ist für die jeweils gegenwärtigen Handlungen und Handlungsfolgen.
◆ im *Sport* die zu erreichende bzw. überquerende Marke bei bestimmten Wettbewerben. Die Reihenfolge der Teilnehmer *(Z.einlauf)* wird entweder durch *Zielrichter, Z.photos* oder durch *Z.filme* ermittelt.
Zielfernrohr ↑ Fernrohr.
Zielfunktion ↑ Optimierung.
Zielgruppe, Teil der Gesamtbev., der von einer publizist. Aussage (z. B. Werbekampagne) erreicht werden soll und gemeinsame strukturelle Eigenschaften (z. B. demograph. oder psycholog. Merkmale) aufweist. Um optimale Reichweiten ohne „Streuverluste" zu erzielen, legen Werbungtreibende Wert auf möglichst exakte Beschreibung der Z. von Massenmedien. Entsprechende Daten liefert die (meist kommerzielle) quantitative Rezipientenforschung (Leseranalysen, Hörer- und Zuschauerforschung).
Zielkauf, Kauf, bei dem die Rechnung erst nach Lieferung der Ware zu einem be-

Zielkonflikt

stimmten Zeitpunkt zur Zahlung fällig wird. Zusätze wie: „Ziel 1 Monat", „zahlbar in 14 Tagen", geben das Zahlungsziel an.

Zielkonflikt, organisationswiss. Begriff zur Bez. einer Handlungssituation, in der das Handlungssubjekt (Individuum, Gruppe, Organisation) mit seinem Handeln mehrere Ziele zugleich anstrebt, sie jedoch infolge unzureichender Ressourcen oder Widersprüchlichkeit der Ziele nicht alle verwirklichen kann.

Zielona Góra [poln. zɛˈlɔna ˈgura] ↑ Grünberg i. Schlesien.

Ziem, Jochen, * Magdeburg 5. April 1932, dt. Schriftsteller. - Kam 1956 in die BR Deutschland. Verf. von aktuellen gesellschafts- und zeitkrit. Bühnenstücken, Hör- und Fernsehspielen sowie Erzählungen. - *Werke:* Die Einladung (Dr., 1967), Nachrichten aus der Provinz (Dr., 1968), Zahltage (E., 1968), Die Versöhnung (Dr., 1971), Die Klassefrau (E., 1974), Reise nach Deutschland (Fernsehspiel, 1986).

Zierfandler ↑ Silvaner.

Zierfische, Süßwasser- oder Meeresfische, die bes. wegen ihrer Schönheit und/oder ihrer eigenartigen Lebensweise in Aquarien gehalten werden.

Zieritz, Grete von, * Wien 10. März 1899, östr. Komponistin und Pianistin. - Komponierte unter starker Einbeziehung klangmaler. Effekte Orchesterwerke, u.a. „Sizilian. Rhapsodie" für Violine und Orchester (1965), Kammermusikwerke, Lieder und Gesänge, Chöre, u.a. „Kosm. Wanderung" (1968).

Zierläuse (Callaphididae), weltweit, v. a. jedoch in der nördl. gemäßigten Zone verbreitete Fam. kleiner, meist mit Wachsdrüsen ausgestatteter Blattläuse mit fein bedornten Fußgliedern; ohne Wirtswechsel; vorwiegend an Laubbäumen, wo sie in großen Mengen Honigtau produzieren (z. B. Ahornlaus).

Ziermotten (Scythrididae), mit rd. 900 Arten weltweit verbreitete Fam. etwa 1–2 cm spannender, schlanker Kleinschmetterlinge, darunter rd. 50 Arten in M-Europa; mit schmalen, oft metall. glänzenden Vorderflügeln und mit langen Fransen besetzten Hinterflügeln; viele Arten am Tage fliegend; Raupen fressen an Samen von Doldengewächsen.

Zierpflanzen ↑ Kulturpflanzen.

Zierpflanzenbau, die Kultivierung von Zierpflanzen (z.B. Ziergehölze, Stauden, Topfpflanzen, Schnittblumen, Orchideen) in oft weitgehend spezialisierten Betrieben des Erwerbsgartenbaus.

Zierschildkröten (Chrysemys), Gatt. bis 25 cm langer Sumpfschildkröten mit der einzigen Art **Gemalte Zierschildkröte** (Chrysemys picta), v. a. in langsam fließenden, flachen, pflanzenreichen Süßgewässern N-Amerikas; Panzer häufig unterseits hell, mitunter dunkel gezeichnet, Oberseite olivgrün mit blaßgelb. (teilweise auch roten) Linien.

Ziesel, Kurt, * Innsbruck 25. Febr. 1911, östr. Schriftsteller. - Journalist; stand zeitweise dem NS nahe; Geschäftsführer der „Deutschland-Stiftung e. V." und Hg. des „Deutschland-Magazins". Verf. stark umstrittener reaktionär-konservativer, zeitpolit. Schriften; schrieb Zeitromane.

Ziesel [slaw.] (Citellus), Gatt. etwa 15–40 cm langer (einschl. Schwanz bis 65 cm messender) Nagetiere (Fam. Hörnchen) mit rd. 30 Arten, v. a. in wüsten-, steppen- und prärieartigen Landschaften Eurasiens und N-Amerikas; schlanke, häufig auf graubraunem bis sandfarbenem Grund hell gefleckte oder gestreifte Bodentiere mit rundl. Kopf, kleinen Ohren und zieml. großen Backentaschen (dienen zum Eintragen von Wintervorräten); legen umfangreiche Erdbaue an; halten je nach Klima Winterschlaf, einige Arten auch Sommerschlaf. - Zu den Z. gehören u. a. Sandziesel, Streifenziesel und zwei europ. Arten: **Schlichtziesel** (Z. im engeren Sinne, Einfarbziesel, Citellus citellus; in steppenartigem Gelände SO-Europas bis zum östl. M-Europa; etwa 20 cm lang, mit Schwanz bis 27 cm messend; Fell graubraun mit undeutl. Flekken oder zeichnungslos) und **Perlziesel** (Citellus suslicus; in Steppen W-Asiens bis O-Europas; rd. 20–25 cm lang, mit Schwanz maximal 30 cm erreichend; Körperoberseite braun mit weißl., perlförmiger Fleckenzeichnung).

Zieten (Ziethen), Hans Joachim von, * Wustrau (Landkr. Neuruppin) 24. Mai 1699, † Berlin 26. Jan. 1786, preuß. Reitergeneral (seit 1760). - Trat 1714 in die preuß. Armee ein; mehrmals vom Dienst suspendiert; 1741 Oberstleutnant; reorganisierte die Kavallerie. Zeichnete sich im 2. Schles. Krieg und im Siebenjährigen Krieg aus; entschied die Schlacht bei Torgau (1760).

Ziffer [mittellat., zu arab. sifr „Null"] (Zahlzeichen), Zeichen zur schriftl. Darstellung einer Zahl; die heute allg. übl. Z. sind die zehn arab. Ziffern des ↑Dezimalsystems (1, 2, 3, ..., 9, 0).

Ziffernanzeigeröhre (Nixie-Röhre), zur digitalen Anzeige von Zähl- und Meßergebnissen u. a. verwendete Glimmröhre; jeweils eine ihrer Kathoden in Form der Ziffern 0 bis 9 ist nach impulshafter Zündung der Glimmentladung von einem leuchtenden Glimmlicht umgeben. Z. werden heute meist durch Leuchtdioden (LED-Anzeige) oder Flüssigkristalle (LCD-Anzeige) ersetzt, wobei die Ziffern aus 7 Segmenten bestehen (7-Segment-Anzeige).

Zigarette [span.-frz.], im wesentl. aus feingeschnittenem Tabak bestehendes Genußmittel zum Rauchen, das, zum überwiegenden Teil maschinell hergestellt wird; daneben können Z. auch durch den Raucher selbst aus Feinschnittabak und Z.papier oder Hülsen angefertigt („gedreht" bzw. „gestopft") werden. In Z.maschinen (bis zu 6 000 Z. pro Minute)

Zigeuner

wird aus dem entsprechend der Geschmacksrichtung ausgewählten und vorbereiteten, feingeschnittenen Tabak ein gleichmäßiger Strang gebildet, der dann mit einem (zuvor bedruckten und beleimten) Band von ↑Zigarettenpapier umschlossen und durch rotierende Messer in Stücke der gewünschten Länge zerschnitten wird. Zur Herstellung von *Filter-Z.* wird maschinell zw. je 2 Z. ein doppelt langer Filterstab (v. a. aus Zelluloseacetat, früher aus Zellstoff) eingefügt, mit dem Mundstückpapier umklebt und anschließend durch rotierende Messer in 2 Filter-Z. zerteilt. - ↑ auch Rauchen, ↑ Tabak.

Zigarettenpapier, sehr feines Papier, v. a. aus Hadern oder hochwertigem Sulfatzellstoff, Flächengewicht 16 bis 22 g/m², enthält meist Zusätze, durch die beim Abbrennen der Zigarette eine weiße, glatte, etwas zusammenhaftende Asche entsteht.

Zigarillo [span.-frz.], dünne, meist an beiden Enden offene Zigarre oder dünner Stumpen; es gibt auch *Mundstück-Z.* mit Filter.

Zigarre [span.-frz.], aus Tabak bestehendes Genußmittel zum Rauchen; zur Herstellung wird aus grobgeschnittenem oder gerissenem Tabak durch Zusammendrehen eine Einlage *(Wickel* oder *Puppe)* gebildet, die dann in einer heizbaren Presse in die gewünschte Form gedrückt und anschließend in bes. gleichmäßige und sorgfältig vorbereitete Tabakblätter (zunächst meist das sog. *Umblatt,* dann das *Deckblatt),* heute vielfach auch in eine aus gemahlenem Tabak hergestellte Folie eingeschlagen wird.

Zigarrenkäfer (Zigarettenkäfer, [Kleiner] Tabakkäfer, Lasioderma serricorne), in den Tropen und Subtropen verbreiteter, gedrungener, fast halbkugeliger, rotbrauner, etwa 2–4 mm langer Klopfkäfer; in M-Europa v. a. in Lagerhäusern schädlich.

Zigeuner, dt. Bez. (von den Betroffenen als diskriminierend abgelehnt) für die Angehörigen einer wandernden oder ehemals wandernden ethn. Minderheit indischer Herkunft. Der vermutl. Auswanderungsbeginn aus Indien liegt zw. 800 und 1000 n. Chr.; Auslöser waren wahrscheinl. das Einströmen arab. Volksstämme und ökonom. Existenzunsicherheit. In Iran erfolgte die Teilung in 2 Gruppen, *Ben* und *Phen.* Während die Ben über den Nahen Osten bis N-Afrika wanderten, sind die Phen als Ursprung der europ. Z. anzusehen. Heute leben nach Schätzungen etwa 4 Mill. Z. in Europa.
Die Z. lassen sich in 3 Hauptgruppen unterteilen: Die *Kale* (Gitanos) haben ihr Hauptverbreitungsgebiet in Südfrankr., Spanien und Portugal. Die *Rom* leben überwiegend in den Balkanländern und Ungarn. Aus Rumänien wanderten sie Mitte des 19. Jh. nach Mitteleuropa und Amerika. Die *Sinti* (Sinte, Cinte) leben seit dem 15. Jh. in Deutschland und Mitteleuropa. - Die Sprache (↑ Zigeunersprache) der Hauptstämme hat sich unterschiedl. entwickelt. Unterschiedl. Lebensbedingungen und der Aufenthalt bei verschiedenen Gastvölkern haben nicht nur die Herausbildung der Hauptstämme beeinflußt, sondern auch deren Moral- und Tabuvorstellungen, Lebensauffassungen und sprachl. Entwicklung. Die Z. verfügen über keine eigene Schriftsprache, das Romani ist gesprochene Sprache; durch den Einfluß der Gastvölker, seßhaft gewordener Z. und der z. T. erzwungenen Seßhaftigkeit geht allmähl. der Gebrauch des Romani zurück.

Anzahl der in Europa und den USA lebenden Zigeuner (geschätzt in 1 000):	
Bulgarien	450
BR Deutschland	50–70
Frankreich	240
Großbritannien	45
Italien	20
Jugoslawien	700
Rumänien	650
Schweiz	20–25
skandinav. Länder	25
Sowjetunion	500
Spanien	500
Tschechoslowakei	400
Ungarn	500
USA	100

Das Normen- und Kontrollsystem der Z. reicht in fast jeden Bereich des tägl. Lebens und betrifft in der Hauptsache Reinlichkeits- und Hygienebestimmungen sowie Regeln des menschl. Zusammenlebens. Dieses mündl. überlieferte Normensystem ist gleichzeitig ungeschriebenes Straf- und Zivilrecht, seine Einhaltung wird von angesehenen Gruppen-Mgl., den sog. Rechtsprechern („Sprecheros"), überwacht. Verstöße werden unnachsichtig geahndet, schwerwiegende Fälle (z. B. Ehebruch) führen zum Ausschluß aus dem Familienverband. Die soziale Struktur der Z. beruht ausschließl. auf der [Groß]familie. Nichtseßhafte Z. knüpfen durch ihre ehel. Verbindungen ein Netz, das zusammenhält, abgrenzt und schützt. Das Tabusystem bedingt, ist auch die Berufswahl für Z. eingeschränkt, dies führt zu Problemen v. a. bei seßhaft gewordenen Z., da diese Bev.gruppe einerseits von der einheim. Bev. gemieden wird, durch die Annahme „unreiner" Arbeiten aber vollends isoliert werden würde.
Eigene religiöse Vorstellungen pflegen die Z. nicht, abgesehen von der Furcht vor dem „mulo" (Totengeist). Die dt. Z. sind meist kath. getauft. Neben der Wallfahrt nach Saintes-Maries-de-la-Mer hat für die dt. Z. die Wallfahrt zum Altenberger Dom Bedeutung. Die Situation der Z. in der BR Deutschland (Sinti) ist, bedingt durch die gesellschaftl. und wirtsch. Entwicklung, durch einen Struk-

Zigeunersprache

turwandel gekennzeichnet. Durch die Aufgabe des Nomadenlebens und die dezentrale Ansiedlung in Obdachlosensiedlungen wurde die Struktur der Großfamilie und damit auch das System der sozialen Kontrolle nachhaltig gestört. Folgen sind neben dem Verlust der ethn. Identität und der gewohnten Einheit von Arbeits- und Wohnbereich die Abhängigkeit von den örtl. Sozialämtern. Weltweite Interessenorganisation der Z. mit Anhörungsrecht bei den UN ist die Roma-Welt-Union, mit Sitz in Bern; Interessenverband in der BR Deutschland ist der Verband der Sinti Deutschland e. V. Sitz: Oftersheim (bei Heidelberg).

Geschichte: Mitteleuropa erreichten die Z. um 1400; ihr Erscheinen in Deutschland wurde 1407 in Hildesheim urkundl. festgehalten. Bis zum 16. Jh. verbreiteten sie sich über ganz Europa; im 18. Jh. erfolgte die Einwanderung nach Nordamerika. Innerhalb des Hl. Röm. Reiches galten die Z. zunächst als Pilger, die unter dem Schutz kaiserl. Privilegien reisten und von der Bev. durch Almosen unterstützt wurden. Schon Mitte des 15. Jh. wurden sie unter Gewaltanwendung aus den Städten vertrieben; die strengen ma. Zunftordnungen verboten ihnen die Ausübung „ehrenhafter Gewerbe" und zwangen sie, ihren Lebensunterhalt durch Flickarbeiten, Musizieren, Gaukelei zu verdienen, was fast zwangsläufig zu lebenshaltenden Gesetzesübertretungen führte. Auf einem Reichstag Ende des 15. Jh. wurden die Z. für vogelfrei erklärt und seither verfolgt. Für die Landbev. gewannen die Fähigkeiten der Z. mit der einsetzenden Industrialisierung und der Landflucht an Wert. Sie wurden geduldet und entwickelten aus Arbeiten, mit denen sich bei kurzfristigem Aufenthalt der Lebensunterhalt verdienen ließ, eine Art Berufsmonopol (Korbflechter, Siebmacher). Der Zustrom von Z. in die Großstädte zu Beginn des 20. Jh. hatte seine Ursache in einem Gesetz von 1907, das die Vergabe von Gewerbescheinen an einen festen Wohnort knüpfte; gleichzeitig wurde die Reisetätigkeit verstärkt unterdrückt.

Seit 1935 galten die Z. ebenso wie die jüd. Bev. nicht mehr als Reichsbürger; mit dem Z.-Grund-Erlaß von 1938 wurde „die Z.frage aus dem Wesen der Rasse heraus" in Angriff genommen. 1939 erfolgte die Unterbringung der Z. in Sammellagern, 1940 die Deportation nach Polen; ab 1942 wurden sie in das KZ Auschwitz-Birkenau verschleppt, wo sie der Massenvernichtung zum Opfer fielen. Bes. Anteil an der Vernichtung der Z. in den Lagern hatten die NS-Rasseforscher, die an den Z. medizinische Versuche wie Amputationen, Gehirneingriffe, Medikamentenerprobungen u. a. vornahmen. Rd. 500 000 Z. dürften in dt. KZ umgekommen sein. Durch die Massenmorde zeichnete sich nach 1945 der Zerfall des ethn. Gefüges ab, da die Z.elite, die Traditionen und soziales Verhalten bewahrt hatten, dem NS zum Opfer gefallen war. Weiterhin machte die techn. Entwicklung die Gewerbe der Z., Kleinhandel, Reparaturen usw., überflüssig; gleichzeitig werden die Z. mit den Werten und Normen der seßhaften Bev. verstärkt konfrontiert und in ihren eigenen Normen in Frage gestellt.

1969 machte der Europarat auf die Situation der Z. aufmerksam; er forderte die Abschaffung jeglicher Diskriminierung und soziale Eingliederung der Zigeuner. Diese Empfehlungen fanden Eingang in das Bundessozialhilfegesetz (BSHG) von 1976, das den Z. einen Anspruch auf Sozialhilfe einräumt. Hingegen fielen Entschädigungen für in der NS-Zeit erlittenes Unrecht gering aus, da die Z. Ansprüche nach dem Bundesentschädigungsgesetz aus Unkenntnis der Gesetze verfallen ließen und nach einem Urteil des Bundesgerichtshofes erst ab 1. März 1943 als rassisch verfolgt anzusehen sind.

In jüngster Zeit erwachte das Selbstbewußtsein der Z. in der BR Deutschland; Kundgebungen im ehemaligen KZ Bergen-Belsen und in Dachau forderten den Abbau der Diskriminierung, soziale Eingliederung und angemessene Wiedergutmachung für erlittenes Unrecht.

Vossen, R.: Z. Ausstellungskat. des Hamburg. Museums f. Völkerkunde. Ffm. u. a. 1983. - Hohmann, J. S.: Gesch. der Zigeunerverfolgung in Deutschland. Ffm. 1981. - Krausnick, M.: Die Z. sind da. Roma u. Sinti zw. gestern u. heute. Würzburg 1981. - Gypsies, tinkers, and other travellers. Hg. v. F. Rehfisch. London 1975.

Zigeunersprache (Romani), zusammenfassende Bez. für die verschiedenen Dialekte der Zigeuner. Grundwortschatz und grammat. System erweisen sie als eine neuindoar. Sprache (Trennung von verwandten indoar. Sprachen um 1000) innerhalb der indogerman. Sprachen. Der Zuwachs an Lehnwörtern erlaubt es, den weiteren Weg dieser Stämme von Indien über Iran nach Kleinasien und von dort auf die Balkanhalbinsel zu verfolgen, die zus. mit dem Großraum im Karpatenbogen zur europ. Heimat der Zigeuner wurde, was v. a. die ungar. Bestandteile im Wortschatz belegen. Die Rom-Zigeuner haben den ungar. Sprachrhythmus bewahrt, für die Sprache der Sinti sind im Tonfall schwachbetonte Nebensilben bezeichnend. Die Grammatik gilt als einfach, den heimischen Flexionsmustern werden Fremdwörter mit Leichtigkeit eingefügt. Der verschiedenartige Bestand dieser Entlehnungen, die gerade das Sachinventar der Alltagssprache betreffen, schafft jedoch große Verständigungsschranken vom Stamm zu Stamm. So ist die Z. eine Gruppensprache, die andere soziale Bindungen innerhalb dieser Gruppen nur noch verstärkt und dem Gastgebervolk

Zillertal

gegenüber auch den Charakter einer Geheimsprache annehmen kann.

📖 *Pobożniak, T.: Grammar of the Lovari dialect. Krakau 1964. - Wolf, S. A.: Großes Wörterb. der Z. Mannheim u. a. 1960.*

Zigeunertonleiter, in Teilen M- und SO-Europas in der Volksmusik verbreitete siebenstufige Tonleiter; sie ist durch zwei übermäßige Sekundschritte und Gleichheit der jeweils zweiten Viertongruppe in der Dur- und Mollform gekennzeichnet:

c des e f/g as h c¹ ; c d es fis/g as h c¹

Die Z. gilt als „typ. ungar.", obgleich sie auch in der südslaw. Volksmusik verbreitet ist.

Zigler und Kliphausen (Ziegler und Kliphausen), Heinrich Anselm von, * Radmeritz (Landkr. Görlitz) 6. Jan. 1663, † Liebertwolkwitz bei Leipzig 8. Sept. 1696, dt. Dichter. - Von Hofmann von Hofmannswaldau beeinflußter Lyriker und Verf. polit.-heroischer Barockromane wie „Die Asiat. Banise, Oder das blutig doch muthige Pegu" (1689), die oft nachgeahmt wurden.

Ziguinchor [frz. ziɡɛ̃'ʃɔːr], Hauptstadt der Region Casamance, Senegal, am S-Ufer des Casamance, 24 m ü. d. M., 105 200 E. Kath. Bischofssitz; Nahrungsmittelind., Herstellung von Batiktextilien; Hochseehafen; Brücke über den Casamance; ✈. - Im 15. Jh. von Portugiesen gegründet.

Zigula (Zeguha, Seguha), Bantustamm im NO von Tansania; treiben Feldbau in der Savanne und Viehhaltung; haben ein matrilineares Verwandtschaftssystem.

Zikaden [lat.] (Zirpen, Cicadina), seit der Kreide bekannte, heute mit rd. 35 000 Arten weltweit verbreitete Unterordnung 0,1–18 cm spannender Insekten, davon rd. 400 Arten einheim.; Pflanzensauger (Larven, Imagines), deren größte und meist bunt gefärbte Formen in den Subtropen und Tropen vorkommen, während die mitteleurop. Arten klein und vorwiegend grünl., bräunl. oder schwarz gefärbt sind; mit stechend-saugenden Mundwerkzeugen sowie (als Imagines) mit zwei Paar in Ruhestellung dachförmig über dem Hinterleib zusammengelegten Flügeln und häufig bizarren, z. T. aufgetriebenen Körperfortsätzen. Im Unterschied zu den meist stummen ♀♀ erzeugen die ♂♂ vieler Z. (bes. Sing-Z.) mit Hilfe von Trommelorganen am Hinterleib artspezif. Schrill- und Zirplaute, deren Frequenzen (1–8 kHz) von beiden Geschlechtern mit dem an den Bauchschildern des Hinterleibs gelegenen paarigen Gehörorgan wahrgenommen werden. - Die ♀♀ stechen zur Eiablage Pflanzengewebe mit einer Legeröhre an.

Zikkurat (Sikkurat, Zikkurrat), altorientral. Tempelturm (Stufenturm); entstand aus der einstufigen Terrasse mit Hochtempel vom Ende des 4. Jt. v. Chr. (z. B. in Eridu). In der 2. Hälfte des 3. Jt. oft 20 m hoch, Ausbildung der Stufen und Freitreppen, Böschung der ziegelverkleideten Außenwände. Die Zikkurats stand oft in baul. Zusammenhang mit einem Tieftempel. Der ↑Babylonische Turm war eine Z., deren Höhe 90 m betrug.

Ziliarmuskel [lat.], der für die ↑Akkommodation des Auges verantwortl., ringförmig im Ziliarkörper (Strahlenkörper) verlaufende Muskel um die Augenlinse.

Ziliaten [lat.], svw. ↑Wimpertierchen.

Zilien [...i-ɛn; lat.] (Wimpern, Flimmern, Cilia), in der Grundstruktur mit den ↑Geißeln übereinstimmende, jedoch sehr viel kürzere, feinere und in größerer Anzahl ausgebildete Zellfortsätze (Organellen), die durch rasches Schlagen der Fortbewegung der Organismen (v. a. bei Wimpertierchen, Strudelwürmern und vielen planktont. Larven), dem Herbeistrudeln von Nahrung oder in (mit Flimmerepithel ausgekleideten) Körper- bzw. Organhohlräumen (z. B. im Darmlumen, in Atem-, Exkretions- und Geschlechtskanälen) dem Transport von Partikeln und Flüssigkeiten dienen.

Žilina [slowak. ˈʒilina], Stadt an der mittleren Waag, ČSSR, 344 m ü. d. M., 91 700 E. Hochschule für Verkehrswesen, Konservatorium; Museen, Kunstgalerie; Kunststoff-, Zellstofferzeugung, Maschinenbau. - Anfang des 13. Jh. als königl. ungar. Freistadt (ungar. **Zsolna**) gegr. - Roman.-frühgot. Pfarrkirche (1300 und 1400) mit isoliert stehendem Renaissanceturm (1540).

Zille, Heinrich, * Radeburg 10. Jan. 1858, † Berlin 9. Aug. 1929, dt. Zeichner. - Zunächst als Lithograph tätig; ab 1900 zeichnete er u. a. für die „Lustigen Blätter", die „Jugend" und den „Simplicissimus"; mit Humor und ausgeprägtem Sinn für Situationskomik, aber auch bissiger Ironie schilderte er das Berliner Milieu der verelendeten proletar. Viertel. Auch Photograph („Photographien Berlin 1890–1910", hg. 1979).

Zillertal, Talschaft des Zillers (rd. 50 km

Heinrich Zille, „Mit dem Orje vakehre ick nich mehr. Der is schon dreizehn Jahr und jloobt noch an den Klapperstorch" (1906). Federzeichnung

Zillertaler Alpen

langer, rechter Nebenfluß des Inn) ab Mayrhofen, in Tirol, Österreich; das Tal des Oberlaufes heißt Zillergrund; Hauptort Mayrhofen; ganzjähriger Fremdenverkehr.

Zillertaler Alpen, Teil der Zentralalpen in Österreich und Italien, zw. Brenner (im W) und Birnlücke; durch die Furche von Zamser Tal und Zemmtal geteilt in den Tuxer Hauptkamm (im NW) mit Olperer (3 476 m) und den Zillerkamm mit dem Hochfeiler (3 510 m).

Zillich, Heinrich, * Kronstadt (Siebenbürgen) 23. Mai 1898, östr. Schriftsteller. - 1924-39 Hg. der siebenbürg. Zeitschrift „Klingsor". Seine Erzählungen, Novellen, Romane („Der Sprung im Ring", 1953) und Gedichte sind seiner siebenbürg. Heimat verpflichtet.

Zillis-Reischen, Gem. im schweizer. Kt. Graubünden, oberhalb der Via Mala, 250 E. Im Ortsteil Zillis roman. Kirche Sankt Martin (um 1130, anstelle einer frühmittelalterl. [um 500] und einer karoling. Kirche [um 800]) mit bemalter roman. Felderdecke (vermutl. um 1160).

Zilpzalp ↑ Laubsänger.

Zimbel (Zymbel, Cimbel, Cymbalum) [griech.-lat.], in der Orgel eine bis in die Barockzeit beliebte hochliegende, gemischte Stimme.

Zimbeln, kleine, abgestimmte Becken, die entweder paarweise gegeneinander oder mit einem Schlegel einzeln angeschlagen werden; auch Verwendung als Spiel aus 13 an einem Brett befestigten Zimbeln.

Zimbelstern, mechan. Register der barocken Orgel, ein im Prospekt angebrachter Stern, der mit Schellen besetzt ist und über eine Welle in Bewegung gesetzt wird.

Zimelie, [...i-ɛ] (Cimelie, Zimelium, Cimelium) [griech.-lat.], wertvoller Besitz antiker oder ma. Herkunft in einer Bibliothek oder in einer [kirchl.] Schatzkammer.

Zimerman, Krystian [poln. ziˈmɛrman], * Zabrze 5. Dez. 1956, poln. Pianist. - Tritt seit 1975 als hervorragender Chopin-Interpret hervor.

Zimmer, Friedrich, * Gardelegen 22. Sept. 1855, † Gießen 5. Dez. 1919, dt. ev. Theologe und Pädagoge. - 1890-98 Leiter des Predigerseminars in Herborn; gründete 1894 in Elberfeld die „Schwesternschaft des Ev. Diakonievereins" und 1906 den „Ev. Frauendienst". 1898 baute er in Berlin-Zehlendorf ein Heim mit Frauenoberschule, Kindergärtnerinnen-Seminar und Fürsorgeanstalt auf; dieses und weitere Töchterheime, Hausfrauenschulen u. a. wurden 1907 in der *Mathilde-Z.-Stiftung* zusammengefaßt, die heute noch Heime mit Hauswirtschafts- und Berufsfachschulen sowie Altenheime unterhält.

Zimmeraralie (Fatsia), Gatt. der Araliengewächse mit der einzigen, in Japan heim. Art *Fatsia japonica*; immergrüner, 2-5 m hoher Strauch mit tief 7- bis 9fach gelappten,

ledrigen, glänzenden Blättern und unscheinbaren weißen Blüten in Dolden; Beerenfrüchte schwarz; Zimmerpflanze.

Zimmerhafer (Billbergie), Gatt. der Ananasgewächse mit etwa 50 Arten im trop. Amerika; meist Epiphyten; Blätter in Rosetten, Blüten in Ähren oder Trauben mit roten Hochblättern; z. T. Zimmerpflanzen.

Zimmerhopfen (Beloperone), Gatt. der Akanthusgewächse mit rd. 30 Arten im subtrop. und trop. Amerika; meist Sträucher oder Halbsträucher mit zweilippigen, in den Achseln oft großer und dachziegelig übereinanderliegender Deckblätter stehenden Blüten. Die wichtigste Art ist die oft als Zimmerpflanze gezogene *Beloperone guttata* aus Mexiko, ein bis 1 m hoher Halbstrauch mit eiförmigen Blättern und endständigen, überhängenden, vierkantigen Ähren aus braunroten Deckblättern und weißen Blüten.

Zimmerische Chronik, von dem schwäbischen Grafen F. C. von Zimmern († 1566/67) 1564-66 verfaßte Geschichte seines Hauses. Wichtige Quelle zur schwäb. Geschichte im 15./16. Jh. sowie durch die anekdotenreiche Darstellung zum ritterl. und bürgerl. Alltagsleben.

Zimmerkalla (Zantedeschia), Gatt. der Aronstabgewächse mit acht Arten in S-Afrika; Sumpfpflanzen mit spieß- oder pfeilförmigen, häufig weißgefleckten Blättern mit starker Mittelrippe; Blütenkolben dick, von einer aufrechten Blütenscheide umgeben. Die Art *Zantedeschia aethiopica* mit weißer Blütenscheide und gelbem Blütenkolben ist eine beliebte Zimmerpflanze.

Zimmerlinde (Sparmannia), Gatt. der Lindengewächse mit drei Arten im trop. und südl. Afrika. Die bekannteste, als Zimmerpflanze kultivierte Art ist *Sparmannia africana*, ein Strauch mit großen, herzförmigen, gezähnten, weichhaarigen Blättern und weißen Blüten mit gelbbraunen, auf Berührungsreize reagierenden Staubblättern.

Zimmermann, Armin, * Blumenau (Santa Catarina, Brasilien) 23. Dez. 1917, † Bonn 30. Nov. 1976, dt. Admiral. - Teilnahme am 2. Weltkrieg, zuletzt als Korvettenkapitän; trat 1956 in die Bundesmarine ein; wurde 1968 Befehlshaber der dt. Seestreitkräfte in der Nordsee, 1970 Chef der dt. Flotte, 1972 Generalinspekteur der Bundeswehr.

Z., Bernd (Bernhard) Alois, * Bliesheim (= Erftstadt) 20. März 1918, † Königsdorf (= Köln) 10. Aug. 1970, dt. Komponist. - Unterrichtete ab 1957 an der Musikhochschule in Köln. Für seine sprachl.-literar. geprägte, ausdrucks- und klangreiche Musik charakterist. ist die Vorstellung von einer Gleichzeitigkeit verschiedener Zeitebenen und die durchgängige Stilvermischung, u. a. durch Collage und Zitat. Zu seinem umfangreichen Werk gehören die Oper „Die Soldaten" (1965), Konzerte für Violine (1950), Oboe (1952), Trompete

(„Nobody knows the trouble I see", 1954), Kammer-u. Klaviermusik sowie Vokalwerke.

Z., Dominikus, * Wessobrunn 30. Juni 1685, † Wies (Gem. Steingaden) 16. Nov. 1766, dt. Baumeister.' - In der Wessobrunner Schule als Stukkateur ausgebildet; baute seit 1716 als selbständiger Baumeister zunächst einfache Land- und Klosterkirchen. Bei der Wallfahrtskirche in Steinhausen (1727–33) verbindet er erstmals eine Freipfeilerhalle mit einem ovalen Grundriß. Die phantasievollen Stukkaturen, zarten Fresken und die vorwiegend weiße Fassung (von seinem Bruder Johann Baptist Z.) erhöhen die festl. Wirkung des lichterfüllten Kirchenraumes. Sein Spätwerk, die Wallfahrtskirche „Die Wies" (1745–54), in dem diese Bauideen zu höchster Vollendung gesteigert sind, ist ein Hauptwerk des dt. Rokoko überhaupt (Abb. S. 134).

Z., Friedrich, * München 18. Juli 1925, dt. Politiker (CSU). - Jurist; 1956–65 Generalsekretär der CSU, seit 1957 MdB, seit 1961 Mgl. des Vorstands der CDU/CSU-Bundestagsfraktion, 1965–72 Vors. des Verteidigungsausschusses, 1976–82 Vors. der CSU-Landesgruppe in Bonn; 1982–89 Bundesmin. des Innern; seither Bundesmin. für Verkehr.

Z., Johann Baptist, * Wessobrunn 3. Jan. 1680, † München 2. März 1758, dt. Stukkator und Maler. - Mitarbeiter seines Bruders Dominikus Z. (Steinhausen, Die Wies) und von F. Cuvilliés d. Ä. (Nymphenburg, Münchner Residenz). Fresken malte Z. erst seit 1730; ihr fein abgestuftes Kolorit unterstreicht die heitere, festl. Welt seiner Rokokokunst.

Z., Udo, * Dresden 6. Okt. 1943, dt. Komponist. - Seit 1970 Dramaturg an der Staatsoper in Dresden. Komponiert dramat. wirkungsvolle Musik, die herkömml. Einfaches mit avantgardist. Mitteln verbindet.

Zimmermannsbock, (Acanthocinus aedilis) in Europa und Asien verbreiteter, bis 2 cm langer, auf graubraunem Grund dicht grau behaarter Bockkäfer; ♂♂ mit dünnen, bis 10 cm langen Fühlern (Fühler der ♀♀ bis 4 cm lang); Hinterleib bei ♀♀ in eine lange Legeröhre verlängert; Larven fressen in den obersten Holzschichten abgestorbener oder gefällter Nadelbäume.
◆ svw. ↑ Mulmbock.

Zimmermannszeichen (Bundzeichen), Einkerbungen in Bauhölzer zur Kennzeichnung der Einbaustelle innerhalb einer Holzkonstruktion.

Zimmertanne (Norfolktanne, Schmucktanne, Araucaria excelsa), auf Norfolk Island heim. Araukarienart; in der Heimat bis 70 m hoher Baum mit pyramidaler Krone; Äste in Quirlen zu 4–7; Nadeln bei jungen Bäumen weich, bis 1,5 cm lang, sichelförmig gebogen, im Alter viel kürzer und derber, einander dicht überdeckend; Kalthauspflanze.

Zimmertheater, v. a. in der Zeit nach dem 2. Weltkrieg - mangels geeigneter Räume - in privaten oder kleinen öffentl. Räumen mit Behelfsbühnen ausgestattetes Theater. Heute meist kleineres Privattheater, das die Konfrontation der Schauspieler mit dem Publikum ermöglicht.

Zimmerwalder Konferenz, Treffen europ. Linkssozialisten (5.–8. Sept. 1915) in Zimmerwald (Kt. Bern), bei dem prinzipielle Gegensätze zw. der Mehrheit (30 Delegierte) und der von Lenin geführten *Zimmerwalder Linken* (8 Delegierte), die von der marxist.-leninist. Geschichtsschreibung als Vorstufe der 3. Internationale betrachtet wird, zutage traten. Die Mehrheit lehnte die von Lenin formulierte Resolution (Umwandlung des imperialist. Kriegs in einen Bürgerkrieg) ab. Auf einer 2. Konferenz (*Kiental-Konferenz*, 24.–30. April 1916 in Kiental, Kt. Bern) wurde die Arbeiterschaft in allen Ländern aufgefordert, dem Krieg sofort und mit allen Mitteln ein Ende zu bereiten.

Zimnik, Reiner, * Beuthen O. S. 13. Dez. 1930, dt. Schriftsteller und Zeichner. - Verf. und Illustrator zahlr. Kinderbücher, u. a. „Die Geschichte vom Käuzchen" (1960), „Bills Ballonfahrt" (1972), sowie satir. Geschichten, u. a. „Geschichten vom Lektro" (1962).

Zimt [semit.-griech.-lat.] (Echter Zimt), die als Gewürz u. a. für Süßspeisen und Glühwein verwendete Rinde des Ceylonzimtbaums, die von kleineren, bis rd. 2,5 cm dicken (abgeschnittenen) Zweigen gewonnen wird. Die Rinde wird abgeschält und getrocknet. Sie kommt in zusammengerollten, ineinandergesteckten Stücken als *Stangenzimt* oder gemahlen in den Handel. - Wie Z. verwendet wird der Ceylon-Z. aus der weißlichgelben Rinde des Zimtrindenbaums.

Geschichte: Z. ist eines der ältesten Gewürze. Er spielte im antiken und ma. Handel mit Indien, Arabien und China eine wesentl. Rolle. Ab 1636 wurde die Z.ausfuhr Monopol der niederl. Vereinigten Ostind. Kompanie, von 1796 bis 1832 der brit. Handelsgesellschaften. Durch Verbreitung des Ceylonzimtbaums in andere trop. Gebiete verlor es das Monopol seine Bedeutung.

Zimtapfel (Süßsack, Annone, Annona squamosa), auf den Westind. Inseln heim. Annonenart; Baum mit etwa apfelgroßen, zimtähnl. schmeckenden Früchten mit schuppiger Oberfläche; als Obstbaum in den gesamten Tropen kultiviert.

Zimtbaum (Cinnamomum), Gatt. der Lorbeergewächse mit über 250 Arten in S-, O- und SO-Asien, Australien und Melanesien; immergrüne Bäume und Sträucher. Die wirtschaftl. wichtigste Art ist der **Ceylonzimtbaum** (Cinnamomum zeylanicum), ein bis 12 m hoher Baum mit ovalen oder lanzettförmigen, bis 12 cm langen Blättern; die rötl. Rinde, v. a. von jungen Zweigen, ist reich an äther. Öl und liefert den ↑ Zimt. Die Rinde des **Chin. Zimtbaums** (Zimtkassie, Cinnamo-

Zimtöle

mum aromaticum) aus S- und SO-Asien liefert den *Chinazimt* sowie - zus. mit Früchten und Blättern - das ↑Kassiaöl. Kultiviert wird auch der ↑Kampferbaum.

Zimtöle, durch Wasserdampfdestillation aus der Rinde, den Blättern und unreifen Früchten des Chin. Zimtbaums sowie des Ceylonzimtbaums *(echtes Zimtöl)* gewonnene, als Aromamittel verwendete äther. Öle, die v. a. den ungesättigten, aromat. **Zimtaldehyd,** $C_6H_5-CH=CH-CHO$, enthalten.

Zimtrose ↑Rose.

Zimtsäure (β-Phenylacrylsäure), $C_6H_5-CH=CH-COOH$; aromat. Monocarbonsäure mit ungesättigter Seitenkette; farblose, kristalline Substanz, die frei oder verestert in äther. Ölen und Harzen vorkommt. Die Salze und Ester der Z. heißen **Zinnamate**; die Salze besitzen antibakterielle und antimykot. Eigenschaften, die festen oder flüssigen, angenehm riechenden Ester kommen in äther. Ölen vor und werden (auch synthet. hergestellt) in der Parfümind. verwendet.

Zincgref (Zinkgref), Julius Wilhelm ['tsɪŋkgreːf], * Heidelberg 3. Juni 1591, † Sankt Goar 12. Nov. 1635, dt. Lyriker. - 1611-16 Studienreisen in die Schweiz, nach Frankr., England und in die Niederlande; u. a. Generalauditeur in Heidelberg, später Landschreiber in Kreuznach, dann in Alzey. Frühbarocker Lyriker und Epigrammatiker des Heidelberger Kreises; u. a.: „Der Teutschen Scharpfsinnige kluge Sprüch" (1626); gab ohne M. Opitz' Erlaubnis dessen „Teutsche Poemata" (1624) mit 52 eigenen und fremden Gedichten heraus.

Zincirli [türk. zinˈdʒirli] (Sendschirli), türk. Dorf am NO-Fuß der Amanos dağları, 10 km nö. von İslâhiye; Ruinenstätte der Hauptstadt *Samal* eines späthethit. Kgr. (um 1200 v. Chr.), seit dem 10. Jh. v. Chr. Sitz einer aram. Dyn., etwa 725 v. Chr. assyr. Prov., bis um 300 v. Chr. besiedelt. - Dt. Ausgrabungen (1888–1902) legten Reste der doppelt ummauerten Stadt mit Zitadelle frei, deren Palastbauten und Tore mit späthethit. Relief- und Rundplastik und phönik.-aram. Inschriften versehen waren.

Zinder [frz. zɛˈdɛːr], Stadt im zentralen S der Republik Niger, 468 m ü. d. M., 82800 E. Verwaltungssitz des Dep. Z., Sultanspalast; Handelszentrum des sö. Landesteiles; Endpunkt der Transsaharastraße über den Ahaggar, ✈.

Zinerarie [...i-ɛ; lat.] (Aschenpflanze, Senecio cruentus), auf den Kanar. Inseln vorkommende Greiskrautart; 40-60 cm hohe Staude mit weichhaarigem Stengel, herzförmigen, behaarten Blättern und zahlr. in Doldentrauben stehenden Blütenköpfchen; in zahlr. Sorten als Topfpflanze kultiviert.

Zingel [zu lat. cingulum „Gürtel"], Mantelmauer, Bering oder Ringmauer, die dem Gelände angepaßt den Kern einer ma. Burg umzieht. Auch Bez. für Stadtmauer und so als Straßenname erhalten.

Zingulum (Cingulum) [lat.], zur liturg. bzw. Standeskleidung der kath. Geistlichen gehörender Gürtel. In manchen Ordensgemeinschaften wird als Z. ein einfacher Ledergürtel oder eine Schnur verwendet.

Zink, chem. Symbol Zn; metall. Element aus der II. Nebengruppe des Periodensystems der chem. Elemente, Ordnungszahl 30, mittlere Atommasse 65,38, Dichte 7,13 g/cm³, Schmelzpunkt 419,58 °C, Siedepunkt 907 °C. Das bläul.-weiße Metall reagiert rasch mit Säuren und Alkalien, ist aber korrosionsbeständig gegen kaltes Wasser und feuchte Luft durch Bildung einer Schutzschicht aus bas. Z.carbonaten. Bei starkem Erhitzen verbrennt Z. mit hellgrüner Flamme zu *Z.oxid,* ZnO, einer farblose Kristalle oder weißes Pulver bildenden Substanz, die als Weißpigment, als Füllstoff für Kautschuk, als Leuchtstoff für Leuchtschirme sowie zur Herstellung von Puder- und Salbengrundlagen verwendet wird. Z. ist in der Erdkruste zu 0,012 Gewichts-% enthalten und steht in der Häufigkeit der chem. Elemente an 25. Stelle. Es tritt nur gebunden und meist zus. mit Mineralen anderer Metalle, v. a. Blei, auf; wichtige Z.minerale sind Galmei, Wurtzit und bes. Z.blende. Die Z.blende wird nach Anreicherung durch Flotation durch Abrösten in Z.oxid überführt, das durch therm. Reduktionsverfahren mit Koks (bei Temperaturen von 1000–1350 °C in gasdicht verschlossenen Öfen) oder durch Auslaugen mit Schwefelsäure und anschließende Elektrolyse (wobei sich das Z. auf den Aluminiumkathoden nieder-

Zincirli. Bogenschütze. Relief vom Burgtor (9. Jh. v. Chr.). Istanbul, Antikenmuseum

Zinksulfid

schlägt) zum Metall reduziert wird. Z. läßt sich mit zahlr. Metallen legieren; wichtig sind die Z.-Kupfer-Legierungen Messing und Neusilber sowie Gußlegierungen mit 3,5-6% Aluminium, bis 1,6% Kupfer und 0,02-0,05% Magnesium. Da sich Z. bei Temperaturen zw. 100 und 150 °C leicht walzen und ziehen läßt, wird es zu Blechen, Drähten und Rohren verarbeitet. Korrosionsgefährdete Metalle (z. B. Eisen) werden elektrolyt. verzinkt. In der Metallurgie wird Z. bei der Gewinnung anderer Metalle, z. B. von Silber durch den Parkes-Prozeß oder von Gold bei der Cyanidlaugung, verwendet. Biolog. Bed. hat Z. als wichtiges Spurenelement für Pflanzen, Tiere und Mensch.

Geschichte: Die Z. enthaltende Kupferlegierung Messing war schon im 3. Jt. v. Chr. in Babylonien und Assyrien bekannt. Ort und Zeit der Entdeckung metall. Z. sind nicht bekannt. In Europa finden sich die ersten Angaben über Z. im 16. und 17. Jh. bei Paracelsus, G. Agricola und dem Goslarer Hüttenmeister G. E. von Löhneyss, der auch die Bez. Z. verwendete.
📖 *Johnen, H. J.: Z.-Tb. Bln. u. Hdbg. ³1981. - Z. Bln. ⁸1924. Nachdr. Whm. 1969. Erg.-Bd. 1956, Nachdr. 1979 (Gmelin System-Nr. 32). - Zinc. The science and technology of the metal, its alloys and compounds. Hg. v. C. H. Mathewson. New York 1959.*

Zink, ein vom MA bis zum 18. Jh. gebräuchl. ↑ Horn mit Grifflöchern (Grifflochhorn), kon. Rohr und Trompetenmundstück. Seit dem 16. Jh. werden mehrere Stimmlagen und Bauarten unterschieden. Am gebräuchlichsten war der seitl. gebogene **krumme Z.** aus (lederüberzogenem) Holz oder Elfenbein, in sechs- oder achtkantiger Form, mit 7 Grifflöchern. Er wurde in vier Stimmlagen gebaut; als Baßinstrument entstand der ↑ Serpent. Der **gerade Z.**, mit aufgesetztem Mundstück, vertrat die Diskantlage. Der **stille Z.**, mit eingedrehtem Mundstück und engem Rohr, wurde v. a. in Diskant-, gelegentl. in Altlage gebaut.

Zinkblende [urspr. nur Blende (zu dt. blenden „täuschen") auf Grund der irrigen Annahme, es handle sich um ein trüger. glänzendes Mineral ohne Erzgehalt] (Sphalerit), Mineral, fast metallglänzend, auch von honiggelber (*Honigblende*), roter (*Rubinblende*), dunkelbrauner bis schwarzer, auch grüner Farbe. Bildet derbe Aggregate aus fast immer verzwillingten Kristallen, häufig zus. mit Wurtzit. Chem. ZnS; Mohshärte 3,5-4; Dichte 3,9–4,2 g/cm³. Vorkommen bes. in hydrothermalen Lagerstätten, meist zus. mit Bleiglanz; wichtiges Zinkerz.

Zinkblüte (Hydrozinkit), Mineral von schneeweißer bis blaßgelber Farbe, derb, erdig oder in Form schaliger Krusten. Chem. $Zn_5[(OH)_3 CO_3]_2$; Mohshärte 2–2,5; Dichte 3,2–3,8 g/cm³; lokal wichtiges Zinkerz.

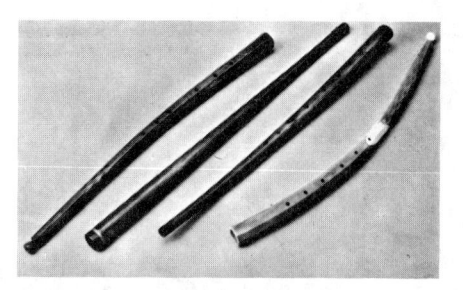

Zinke

Zinkcarbonat, $ZnCO_3$, das Zinksalz der Kohlensäure, das durch Einwirken von Wasser in bas. Z., z. B. $2ZnCO_3 \cdot 3Zn(OH)_2$, zersetzt wird, die in der Natur in Form der Minerale Galmei und Zinkblüte vorkommen.

Zinkchlorid, $ZnCl_2$, weiße hygroskop. Kristalle bildende Verbindung, die als Trockenmittel, zur Holzimprägnierung, als Beizmittel, für Lötwasser sowie zur Herstellung von Aktivkohle und Pergamentpapier dient.

Zinken, Schriftzeichen, eine Art geheimer Bilderschrift am Eingang von Ortschaften, an Wegweisern, Türen und Häusern zur Verständigung der Gauner (*Gauner-Z.*) und Bettler (*Bettler-Z.*) untereinander; auch die Markierung auf präparierten, „gezinkten" Karten von Falschspielern (*Falschspielerzinken*).

Zinkit (Rotzinkerz), Mineral von blut- bis hyazinthroter Farbe; bildet meist körnige und spätige Aggregate. Chem. ZnO; Mohshärte 4,5–5; Dichte 5,4–5,7 g/cm³. Hauptvorkommen New Jersey (USA).

Zinkleim ↑ Zinksalbe.

Zinkleimverband, durch Zinkleim, der beim Erkalten fest, aber nicht gipshart wird, versteifter Kompressions- bzw. Stützverband.

Zinkoxid ↑ Zink.

Zinksalbe (Unguentum zinci), aus Zinkoxid und Wollfett-Alkohol-Salbe hergestellte desinfizierende und adstringierende Wundsalbe. Der für Kompressionsverbände verwendete *Zinkleim* (Gelatina zinci) enthält neben Zinkoxid noch Glycerin, Gelatine und Wasser.

Zinksilicat, Zn_2SiO_4, das Zinksalz der Kieselsäure, mit geringen Beimengungen von Mangan als Leuchtstoff verwendet wird.

Zinkspat ↑ Galmei.

Zinksulfat, $ZnSO_4$, das Zinksalz der Schwefelsäure; farblose, rhomb. Kristalle oder ein weißes Pulver bildende Verbindung, die als Beizmittel bei Textilfärbungen, zur Holzimprägnierung, als Elektrolyt in Verzinkungsbädern sowie medizin. als Brechmittel, Adstringens und Antiseptikum verwendet wird.

Zinksulfid, ZnS, das Zinksalz des Schwe-

Zinn

schirme in Fernsehröhren verwendet, wobei durch Änderung des Cadmiumgehalts die Farbe der Lichtemission von Blau (ohne Cadmium) bis Dunkelrot (90% Cadmium) variiert werden kann. In der Natur tritt Z. als Zinkblende und Wurtzit auf.

Zinn, Georg August, * Frankfurt am Main 27. Mai 1901, † ebd. 27. März 1976, dt. Politiker. - Jurist; trat 1920 der SPD bei; 1946–70 MdL in Hessen, 1948/49 Mgl. des Parlamentar. Rats, 1949–51 und 1961 MdB; als hess. Justizmin. (1946–49 und 1950–62) und Min.-präs. (1950–69) verfocht er eine entschieden föderalist. Politik.

Zinn, chem. Symbol Sn (von lat. stannum); metall. Element aus der IV. Hauptgruppe des Periodensystems der chem. Elemente, Ordnungszahl 50, mittlere Atommasse 118,69, Schmelzpunkt 231,97 °C, Siedepunkt 2 270 °C. Das silberweiß glänzende Schwermetall tritt in 3 Modifikationen mit unterschiedl. Dichte auf: als tetragonal kristallisierendes β-Zinn (Dichte 7,31 g/cm^3), über 162 °C als rhomb. γ-Zinn (Dichte 6,54 g/cm^3) und unterhalb 13,2 °C als kub. α-Zinn (Dichte 5,75 g/cm^3). Die Umwandlung von β-Z. in α-Z. geschieht in Form sich langsam auf dem Metall ausbreitender dunkler Flecken (sog. *Z.pest*). Beim Biegen eines Z.stabes tritt ein knirschendes Geräusch auf, das sog. *Z.geschrei*, das durch die Reibung der β-Kristalle aneinander verursacht wird. Z. ist ein weiches, dehnbares Metall, das sich zu dünnen Folien (Stanniol) auswalzen läßt. Mit verdünnten Säuren und Basen reagiert Z. nur langsam; bei starkem Erhitzen verbrennt es zu Z.dioxid (Z.(IV)-oxid), SnO$_2$, einer ein weißes Pulver oder farblose Kristalle bildenden Verbindung, die als Poliermittel und für Glasuren verwendet wird; in der Natur tritt Z.dioxid als Zinnstein auf, der das für die Z.gewinnung wichtigste Z.erz darstellt. Mit 0,0035 Gewichts-% Anteil an der Erdkruste steht Z. in der Häufigkeit der chem. Elemente an 31. Stelle. Z. kommt sehr selten gediegen vor, befindet sich aber (in geringen Konzentrationen) in einigen sulfid. Mineralen. Zur Gewinnung wird der Z.stein durch Flotation zu Konzentraten mit 60–75 % Z.gehalt angereichert; Verunreinigungen (Schwefel und Arsen) werden durch Abrösten entfernt. Das Z.dioxid wird mit Hilfe von Kohlenmonoxid (aus Koks) reduziert, wobei mit Eisen, Kupfer, Blei u. a. Metallen verunreinigtes Roh-Z. anfällt, das durch Seigerung oder Elektrolyse raffiniert wird. Zunehmende Bed. hat die Z.gewinnung aus Altmaterial, v. a. aus Weißblechabfällen, deren Z.überzüge durch Natronlauge oder Chlor (wobei flüssiges Z.tetrachlorid, SnCl$_4$, entsteht) vom Eisenschrott abgetrennt werden. Die Entzinnung kann auch elektrolyt. durch Schaltung der Weißblechabfälle als Anoden erfolgen. Z. wird heute v. a. zum Verzinnen korrosionsgefährdeter

Zinn. Oben: Deckel-Zunfthumpen (1650). Privatbesitz; unten: Caspar Enderlein, Schüssel mit Mariendarstellung (1611). Nürnberg, Germanisches Nationalmuseum

felwasserstoffs; bildet ein weißes, wasserunlösl. Pulver, das v. a. zur Herstellung von Weißpigmenten dient. Mit Schwermetallverbindungen verunreinigtes und geglühtes Z. wird als intensiv grün leuchtender Leuchtstoff für Leuchtschirme verwendet. Mit Silber aktiviertes *Zink-Cadmium-Sulfid* wird für Leucht-

Metalle verwendet; seine Bed. bei der Herstellung von Haushaltwaren ist zurückgegangen. Wichtig sind die Legierungen des Z. mit Kupfer (↑Bronze) und Blei; die bes. weichen Z.-Blei-Legierungen werden als Lötmetalle (sog. Weich- oder Schnellote) sowie zur Herstellung von Orgelpfeifen verwendet.

Geschichte und Kunst: Z. wurde schon im Altertum gewonnen, doch sind wegen der Verwechslung mit Blei und Antimon keine genaueren Angaben möglich. Aus dem MA sind Ampullen, Pilgerflaschen, Grabbeigaben überkommen. Seit dem 15. Jh. ist Geschirr und Küchengerät aus Z. in Gebrauch. Die in der 2. Hälfte des 16. und 17. Jh. hergestellten Prunkgeschirre des Rates einer Stadt und der Zünfte gehörten Schenkkannen und Pokale aus Z. (Schleifkannen, Willkomm). Armen Kirchengemeinden war Sakralgerät aus Z. erlaubt; nach dem Dreißigjährigen Krieg verwendete man auch vergoldetes Z. (anstelle von Silber). Z.geräte werden einschließl. der Reliefverzierung im Gußverfahren hergestellt; nachträgl. Oberflächenverzierung mit dem Grabstichel ist selten; Auflötung von Messingteilen kommt vor, im Biedermeier auch Bemalung. Seit dem 14. Jh. entstand ein Kontrollsystem zur Überprüfung des Bleigehalts zur Vermeidung zu hoher (gesundheitsschädl.) Werte; im Barock waren neben Meister- und Stadtzeichen auch ein Qualitätszeichen obligatorisch. Englisch-Z. *(Feinzinn)* ist nur mit Kupfer oder Wismut legiert, „Maintzer Englisch Z." enthält eine geringe Bleimenge. *Probzinn* (nach der Nürnberger- oder Reichsprobe) mit 10% Bleigehalt ist noch als Speisegeschirr verwendbar. Das neuere *Britanniametall* ist mit Antimon legiert.

📖 *Brett, V.: Z. Dt. Übers. Freib. u. a. 1983. - Haedeke, H. U.: Z. Mchn. ³1983. - Sterner, G.: Z. Mchn. Neuaufl. 1983. - Müller, Berthold F.: Z.-Tb. Bln. ²1981. - Bruckmanns Z.-Lex. Hg. v. L. Mory u. E. Pichelkastner. Mchn. 1977.*

Zinna, ehem. Zisterzienserkloster (1170/1171 gegr., 1553 säkularisiert) in der Gemeinde *Kloster Z.* (nördl. von Jüterbog, 1 400 E). Erhalten sind die roman.-frühgot. Kirche (etwa 1200–20) mit spätgot. Sakramentshaus und spätgot. Chorgestühl, das alte (14. Jh., später Vogtei) und das neue Abtshaus (auch Fürstenhaus gen., 1495).

Zinnabarit [pers.-griech.], svw. ↑Zinnober.

Zinnamate [semit.-griech.] ↑Zimtsäure.

Zinnchloride, zwei technisch wichtige Zinn-Chlor-Verbindungen: *Zinndichlorid* (Zinn(II)-chlorid), $SnCl_2$, eine weiße, wasserlösl. Masse, die als starkes Reduktionsmittel, als Beize und zur Herstellung von Farblacken dient, und *Zinntetrachlorid* (Zinn-(IV)-chlorid), $SnCl_4$, eine farblose, sich an feuchter Luft und in Wasser in Zinndioxid und Chlorwasserstoff zersetzende Flüssigkeit, die bei der Gewinnung von Zinn aus Weißblechabfällen durch Behandeln mit Chlor anfällt.

Zinnemann, Fred [engl. 'zınımən], *Wien 29. April 1907, amerikan. Filmregisseur östr. Herkunft. - 1929 in Hollywood; dokumentar. Filme in Mexiko („Netze", 1934–36, u. a. mit P. Strand) und den USA; zu seinen zeit- und gesellschaftskrit. Filmen zählen: „Das siebte Kreuz" (1944), „Die Gezeichneten" (1948), „Zwölf Uhr mittags" (1952), „Verdammt in alle Ewigkeit" (1953), „Oklahoma" (1955), „Ein Mann zu jeder Jahreszeit" (1966), „Julia" (1978), „Five days one summer" (1982).

Zinnen, an Wehrgängen oder den Mantelmauern von Burgen sowie an Stadtmauern errichtete pfeilerartige Schutzmauern, als Brustwehr in verschiedenen Formen; nachdem sie mit der Einführung der Feuerwaffen im wesentl. ihren militär. Zweck verloren hatten, dienten sie nur noch als dekorative Mauerbekrönung.

Zinner, Hedda, verh. Erpenbeck, Pseud. Elisabeth Frank, Hannchen Lobesam, *Lemberg 20. Mai 1905, dt. Schriftstellerin. - Schauspielerin; ab 1929 in Berlin; emigrierte 1933 nach Prag, 1935 nach Moskau; seit 1945 in Berlin (Ost). Polit. engagierte zeitkrit. Dramatikerin („Ravensbrücker Ballade", 1961). Schrieb auch Hör- und Fernsehspiele („Zwei Ärztinnen", 1983), Drehbücher, Lyrik, Erzählungen und Romane.

Zinnespelen ['zınəspe:lə; niederl.] (Sinnspiele), Bez. für die niederl. Moralitäten, die im 15. und 16. Jh. die Abele Spelen ablösten.

Zinnfiguren, aus Zinn-Blei-Legierungen unter Zusatz kleiner Mengen anderer Metalle (z. B. Antimon) gegossene Kleinfiguren. Die Größe variiert von wenigen mm bis 20 cm, überwiegend werden heute Figuren um 30 mm hergestellt. Man unterscheidet Flach-, Relief- und Rundfiguren. Ma. Z. sind seit dem 13. Jh. belegt, Ritter- und Heiligenfiguren, die man als Pilgerabzeichen deutete, die aber auch als Spielzeug gedient haben können. Für die 2. Hälfte des 16. Jh. ist in Nürnberg die Herstellung von Spielzeug aus Zinn bezeugt. Weite Verbreitung fanden die Z. im 17.–19. Jh. Neben Puppenstubengerät, Bauernhöfen, Tieren, Jagden u. a. waren es *Zinnsoldaten,* dann auch histor., mytholog., völkerkundl. und naturwiss. Figuren, die als Serien in Spanschachteln verpackt verkauft wurden; in Dioramen wurden ganze Schlachten u. a. zur Schau gestellt. - Abb. S. 296.

Zinnfolie, svw. ↑Stanniol.

Zinngeschrei ↑Zinn.

Zinngraupen ↑Zinnstein.

Zinnie (Zinnia) [nach dem dt. Botaniker J. G. Zinn, *1727, †1759], Gatt. der Korb-

Zinnkraut

Zinnfiguren. Bayrische Postkutsche (19. Jh.). Kulmbach, Deutsches Zinnfigurenmuseum

blütler mit 17 Arten in Amerika (v. a. Mexiko); einjährige oder ausdauernde Kräuter oder Halbsträucher mit ganzrandigen, sitzenden Blättern und verschiedenfarbigen Blütenköpfchen. Die zahlr. als Gartenzierpflanzen beliebten Zuchtformen der Art *Zinnia elegans* haben teilweise oder vollständig in Zungenblüten umgewandelte Scheibenblüten.

Zinnkraut ↑ Ackerschachtelhalm.

Zinnober [pers.-griech.-provenzal.] (Cinnabarit, Zinnabarit), Mineral von meist roter, auch braunroter, schwarzer oder bläul.-metall. (Stahlerz) Farbe und Diamantglanz. Bildet meist derbe und dichte Aggregate. Chem. HgS; Mohshärte 2–2,5; Dichte 8,1 g/cm^3. Bildung aus relativ kühlen Thermen ($< 100\,°C$) in vulkan. Regionen, viele Lagerstätten sind aber genet. noch ungeklärt; wichtiges Vorkommen bei Almadén (Spanien), in Idrija (Jugoslawien), in der Toskana, in Kalifornien, Mexiko und im Donezbecken. Bergbau bereits in vor- und frühgeschichtl. Zeit zur Gewinnung von Pigmentfarben; die Gewinnung von Quecksilber aus Z. wird durch Theophrast beschrieben, war aber schon in der Antike bekannt.

Zinnpest ↑ Zinn.
Zinnsoldaten ↑ Zinnfiguren.
Zinnstein (Kassiterit, Cassiterit), Mineral von meist brauner und braunschwarzer Farbe, spröd und von blendenartigem Glanz. Chem. SnO$_2$; Mohshärte 7; Dichte 6,8–7,1 g/cm^3. Bildet häufig Zwillinge, säulige *(Zinngraupen)* oder nadelige *(Nadelzinn)* Kristalle oder glaskopfartige Massen *(Holzzinn)*. Vorkommen als *Bergzinn* in pegmatit. und pneumatolyt. Lagerstätten, infolge der Unverwitterbarkeit, der Härte und des hohen spezif. Gewichts Anreicherung zu Seifenlagerstätten *(Seifenzinn)*. Wichtige Lagerstätten u. a. in Birma, Thailand und Malaysia.

Zinnwaldit [nach dem Ort Zinnwald im Erzgebirge] (Lithiumeisenglimmer), Mineral der Glimmergruppe, perlmuttglänzend und von violetter, grauer, gelbl., brauner oder auch schwarzer Farbe. Enthält u. a. Lithium. Mohshärte 2,0–3; Dichte 2,9–3,2 g/cm^3.

Zins ↑ Zinsen.
Zinsdivisor ↑ Zinsrechnung.
Zinsen [zu lat. census „Steuerkataster; Vermögen"], in der *Volkswirtschaftslehre* Besitzeinkommen, das den Preis für die Überlassung von Kapital auf Zeit darstellt. Dabei handelt es sich meist um Geldkapital, gelegentl. auch um Sachkapital, z. B. bei der Überlassung einer Wohnung gegen Zahlung eines sog. Mietzinses. Zu unterscheiden sind: 1. *Real-Z.*, nach J. Fisher der Kaufkraftzuwachs, der sich unter Berücksichtigung inzwischen eingetretener Preisänderungen zw. der Kaufkraft des Darlehensbetrages am Anfang einer Periode und der des Darlehensbetrages zuzügl. der Z. am Ende der Periode ergibt; 2. *Nominal-Z.*, der auf den Nennwert von Wertpapieren bezogene Zinssatz; 3. *Effektiv-Z.*, der aus dem Verhältnis zw. Zinserträgen und Kaufpreis eines Wertpapieres resultierende Zinssatz. Eine weitere Unterscheidung ist die in Geld-Z. und natürl. Zinsen. Nach K. Wicksell ist *natürl. Zins* derjenige, der sich ergäbe, wenn Realkapitalien in natura geliehen würden, nach anderen (gleichwertigen) Definitionen der Zins, bei dem das Preisniveau stabil bleibt, bzw. der Zins, bei dem Gleichheit zw. dem Kapitalangebot aus Sparmitteln und der Kapitalnachfrage zu Investitionszwecken besteht.

In der *Betriebswirtschaftslehre* sind zwei Betrachtungsweisen der Z. zu unterscheiden: 1. in der Kostenrechnung die auf das betriebsnotwendige Kapital (also auch auf das Eigenkapital) verrechneten *kalkulator. Z.*; 2. in der Finanzbuchhaltung die in der Gewinn- und Verlustrechnung gesondert auszuweisenden *Aufwand-* und *Ertrags-Z.*, die gewöhnl. mit ähnl. Aufwendungen wie Kreditprovisionen und Wechseldiskonten zusammengefaßt werden. Im Bankwesen unterscheidet man auch *Aktiv-* bzw. *Soll-* und *Passiv-* bzw. *Habenzinsen*. Dabei sind Aktiv- bzw. Soll-Z. die vom Kunden für Kredite zu zahlenden Z., Passiv-bzw. Haben-Z. die von der Bank an die Kunden für Einlagen zu zahlenden Zinsen. - Ansprüche auf Z. verjähren in vier Jahren (§ 197 BGB).

📖 *Schröder, H.: Die Effektivverzinsung. Wsb. 1978. - Borchert, M.: Die Zinsabhängigkeit der Geldnachfrage. Gött. 1973. - Krümmel, H. J.: Bank-Z. Köln 1964.*

Zinseszinsen, Zinsen, die entstehen, wenn fällige Zinsen nicht ausbezahlt werden, sondern dem Kapital hinzugefügt werden und mit diesem zus. verzinst werden. Das Kapital nach Jahren ergibt sich entsprechend der **Zinseszinsrechnung** aus der Formel $K_n = K_0 q^n$; dabei bedeutet K_0 das Anfangskapital, $q = 1 + p/100$ den *Zinsfaktor (Aufzinsungsfaktor); p* ist der Zinsfuß. - Soll aus dem gegebenen Endkapital K_n das Anfangskapital K_0

Zinstheorien

$= K_n/q^n$ berechnet werden, so spricht man von *Diskontierung* oder *Abzinsung*.

Zinsfuß, svw. ↑Zinssatz.

Zinsgarantie, Verpflichtung eines Dritten (meist durch selbstschuldner. Bürgschaft), die vertragl. Verzinsung von Schuldverschreibungen zu übernehmen, falls der Schuldner in Verzug gerät.

Zinsgut, im MA jedes Grundstück, das vom Grundherrn gegen einen Zins oder sonstige Leistungen zur dingl. Leihe ausgegeben und später häufig zum Untereigentum oder gar zum freien, nur mit unbed. Reallasten beschwerten Eigen des Inhabers wurde.

Zinsleiste, svw. ↑Erneuerungsschein.

Zinspolitik, 1. als Z. der Zentralnotenbank die Gesamtheit deren Maßnahmen zur Beeinflussung des Geldumlaufs und der Kreditgewährung mit Hilfe des Zinssatzes (↑auch Deutsche Bundesbank); 2. als Z. der Kreditinst. die Gesamtheit aller Maßnahmen, die auf die Erzielung einer angemessenen Spanne zw. Zinsaufwand und Zinsertrag gerichtet sind. Seit Aufhebung der Zinsverordnung (1967) steht es im Ermessen der Kreditinst., die Höhe der Zinsen festzulegen.

Zinsrechnung, die Berechnung des Zinses: Die Höhe der Zinsen richtet sich nach dem Kapital K, dem Zinsfuß p (i.d.R. pro Jahr) und der Zeitdauer t. In der Z. wird das Jahr i üblicherweise mit 360 Tagen (*Zinstage*), der Monat mit 30 Tagen angenommen. Die Zinsen berechnen sich für i Jahre nach der Formel:

$$Z = \frac{K \cdot i \cdot p}{100};$$

für t Tage nach der Formel:

$$Z = \frac{K \cdot p \cdot t}{360 \cdot 100}$$

Sind Zinsen auf verschieden hohe Kapitalerträge zu berechnen, so werden bei gleichem Zinsfuß Zinszahlen angewendet. Steht ein Kapital K etwa t_T Tage zu $p\,\%$ auf Zinsen, so wird die Größe $K \cdot t_T/100$ als *Zinszahl* und $360/p$ als *Zinsdivisor* bezeichnet. Demnach berechnen sich die Zinsen gemäß

$$Z = \frac{K \cdot t_T}{100} : \frac{360}{p} = \text{Zinszahl : Zinsdivisor}.$$

Für den Abrechnungszeitraum addiert man die auf ganze Zahlen gerundeten Zinszahlen und dividiert dieses durch den Zinsdivisor.

Zinssatz (Zinsfuß), Höhe der Zinsen, ausgedrückt in $\%$ des Kapitals; der Z. bezieht sich i.d.R. auf ein Jahr (angegeben durch den Zusatz p.a. [= pro anno]).

Zinsschein, Urkunde zur Erhebung der Zinsen, die für Schuldverschreibungen gezahlt werden. Für jeden Zinstermin wird ein Z. verwendet; mehrere Z. (meist 20) ergeben zus. mit dem Erneuerungsschein den Zinsscheinbogen.

Zinsspanne, die Differenz zw. dem Haben-Zinssatz und dem höheren Soll-Zinssatz (*Bruttozinsspanne*). Nach Abzug des Verwaltungsaufwands ergibt sich die *Nettozinsspanne*. Die Differenz zw. Brutto- und Netto-Z. ist die *Bedarfsspanne*.

Zinstermine, im Bankwesen bei Anleihen die Termine, zu denen die Zinsen fällig werden. Die Z. liegen in halbjährigem Abstand jeweils auf dem Ersten des betreffenden Monats; die Monate werden abgekürzt mit ihren Anfangsbuchstaben angegeben, z. B. für die Z. Januar–Juli: J/J, Februar–August: F/A, März–September: M/S.

Zinstheorien, zusammenfassende Bez. für die zahlr. und unterschiedl. Ansätze, in denen für Entstehung und Höhe des Zinses Erklärungen gesucht werden. Eine allg. akzeptierte Zinstheorie gibt es bis heute nicht. Zu den bekanntesten Z. zählen: 1. die **Fruktifikationstheorie** von A. R. J. Turgot, die von der physiokrat. Auffassung ausgeht, daß der Boden der alleinige wertschaffende Faktor in der Volkswirtschaft ist; da durch Erwerb von Grund und Boden jederzeit ein „Produit net" (↑Physiokraten) erzielt werden kann, muß auch für das Kapital in jeder anderen Verwendungsweise ein Zins in Höhe des Bodenertrages gezahlt werden, da sonst alles Kapital in Grund und Boden angelegt werden würde; 2. die **Residualtheorie** D. Ricardos, in der der Anteil der Profite am Sozialprodukt, nicht die Profitrate als Verhältnis zw. Profiten und eingesetztem Kapital im Vordergrund steht; 3. die **Abstinenztheorie** von N. W. Senior, die den Zins als Prämie für den Konsumverzicht der Kapitalgeber entsprechend der Dauer der Kapitalüberlassung rechtfertigt; 4. die **Marxsche Theorie** der fallenden Profitrate, wobei bei Marx Profitrate das Verhältnis zw. Mehrwert und dem gesamten eingesetzten Kapital, bestehend aus variablem und konstantem Kapital, ist. Da nach Marx jedoch nur das (für den Kauf von Arbeitskraft eingesetzte) variable Kapital Mehrwert schafft, ergibt sich durch den relativen Anstieg des konstanten Kapitals bei gleichbleibendem Verhältnis zw. Mehrwert und variablem Kapital, der Mehrwertrate, ein ständiger Abfall der Profitrate; 5. die **Agiotheorie** von E. von Böhm-Bawerk, nach der der Zins auf einer Minderschätzung zukünftiger Bedürfnisse gegenüber den höherbewerteten Gegenwartsgütern beruht; 6. die **Liquiditätstheorie** von J. Keynes, die auf der (unterschiedl. großen) Vorliebe der Wirtschaftssubjekte, Bargeld zu halten, statt es gewinnbringend anzulegen oder auszugeben, aufbaut; das Aufgeben dieser Vorliebe muß also durch Zinsen belohnt werden; 7. die **dynam. Zinstheorie** von J. A. Schumpeter, wonach der Zins der Anteil der vorübergehenden Unternehmergewinne ist, den die Unternehmer für die Kreditgewährung an die Kapitalgeber abführen.

Zinsverbot

📖 *Keynes, J. M.: Allg. Theorie der Beschäftigung des Zinses u. des Geldes. Bln. ⁶1983. - Willms, M.: Zinstheoret. Grundll. der Geldpolitik. Bln. 1971. - Lutz, F. A.: Zinstheorie. Tüb.² 1967.*

Zinsverbot, kirchl. Verbot, ein Darlehen mit einer Zinsforderung zu verbinden; seit dem 1. Konzil von Nizäa (325) allen Klerikern, in karoling. Zeit auch den Laien verboten. Die vom Z. nicht betroffenen Juden entwickelten sich so zu Hauptträgern des Geldwesens; da christl. Kaufleute (Lombarden) das Z. mit zunehmender Bed. der Kreditgeschäfte umgingen, wurde seit Mitte des 16. Jh. das Z. gelockert. Nach heutigem Kirchenrecht ist der gesetzl. Zins erlaubt.

Zinszahl ↑Zinsrechnung.

Zintl-Phasen [nach dem dt. Chemiker E. Zintl, *1898, †1941], intermetall. Verbindungen, deren Bindungszustände Übergangsformen zw. metall. und ion. Bindung darstellen. Z.-P. werden von Alkali- und Erdalkalimetallen mit Metallen der III. und IV. Hauptgruppe des Periodensystems der chem. Elemente gebildet.

Zinzendorf, Nikolaus Ludwig Graf von Z. und Pottendorf, *Dresden 26. Mai 1700, †Herrnhut 9. Mai 1760, dt. ev. Theologe und Liederdichter. - Aus altöstr. Adel; 1710–16 im hall. Pädagogium (↑auch Franckesche Stiftungen) erzogen; 1721–27 Hof- und Justizrat in Dresden. - 1722 siedelte Z. mähr. Exulanten auf seinem Besitz in Herrnhut an, woraus 1728 die Herrnhuter ↑Brüdergemeine entstand. 1737 ließ sich Z. von D. E. Jablonski zum Bischof der Herrnhuter Brüdergemeine weihen, erlangte für sie jedoch erst 1748 die volle Anerkennung seitens der luth. Orthodoxie. - Mit seiner pietist.-mystischen, z. T. auch ekstat. Lieddichtung, seinen Tagessprüchen („Losungen"), Reden und Schriften auf dem Boden der luth.-orth. „Blut- und Wundentheologie" (Kreuzestheologie) wirkte Z. auf den Methodismus, auf Schleiermacher und Kierkegaard und bis hin zu K. Barth.

📖 *Hirzel, S.: Der Graf u. die Brüder. Stg. 1980. - Bintz, H.: N. L. Graf v. Z. Stg. 1979. - Z. u. die Herrnhuter Brüder. Hg. v. H. C. Hahn u. H. Reichel. Hamb. 1976. - N. L. Graf v. Z. Leben u. Werk in Quellen u. Darstt. Hg. v. E. Beyreuther u. Gerhard Meyer. Hildesheim u. New York 1971 ff. Auf 18 Bde. berechnet.*

Ziolkowski, Konstantin Eduardowitsch [russ. tsial'kofskij], *Ischewskoje (Geb. Rjasan) 17. Sept. 1857, †Kaluga 19. Sept. 1935, russ.-sowjet. Gelehrter und Luft- und Raumfahrttheoretiker. - Lehrer für Mathematik und Physik. Z. arbeitete bereits ab 1885 am Projekt eines Ganzmetalluftschiffs sowie eines Ganzmetallflugzeugs. Für seine aerodynam. Untersuchungen benutzte er einen Windkanal. Später befaßte er sich mit Problemen der Raketentechnik und Raumfahrt. Er gab erstmals die nach ihm benn. Raketengrundgleichung an und sprach sich für das Prinzip des Flüssigkeitsantriebs aus.

Zion (Vulgata: Sion), im A. T. urspr. Name der von David eingenommenen Jebusiterburg in Jerusalem. Bald für die ganze Stadt Jerusalem („Tochter Zions") verwendet zur Kennzeichnung ihrer endzeitl. Heilsbedeutung.

Zionismus, polit. und soziale Bewegung zur Errichtung eines jüd. Staates in Palästina (↑auch Israel). Die Anfänge des Z. liegen im 19. Jh. und stehen im Zusammenhang mit dem Aufkommen des Nationalismus in Europa. Der jüd. Nationalismus verband religiöse Vorstellungen - Verheißung des Landes Israel, Messianismus - in säkularisierter Form mit polit. Forderungen. Ferner war der in vielen Staaten Europas im 19. Jh. aufkommende moderne Antisemitismus eine entscheidende Ursache für das Entstehen der zionist. Bewegung. Bes. im zarist. Rußland fanden Forderungen nach einer Rückkehr in das Land der Väter Widerhall, da Juden dort rechtl. nicht emanzipiert waren (↑auch Haskala). Zw. 1881 und 1914 verließen etwa 2,5 Mill. Juden Osteuropa und wanderten meist in die USA aus. Die Besiedlung Palästinas wurde in dieser Zeit aktiv betrieben. Dieser „prakt. Z." fand seine Ergänzung durch das Auftreten T. ↑Herzls, der den Z. als polit. Kraft organisierte und ihm durch die ↑Zionistenkongresse eine wichtige Plattform schuf. Die in den 1920er Jahren verstärkt einsetzende Einwanderung in Palästina führte u. a. 1922 zur Gründung der ↑Jewish Agency und zur Ausbildung von Parteien, von denen die sozialist. und religiösen Gruppierungen bes. Wichtigkeit erlangten. Die 1925 von V. Jabotinsky gegründete zionist.-revisionist. Partei, die Maximalforderungen vertrat (Besiedlung beiderseits des Jordans), verließ 1933 die zionist. Organisation und kehrte erst 1946 zurück. Der wachsende Widerstand der palästinens. Araber gegen die jüd. Besiedlung verstärkte sich nach 1933, als - bedingt durch die nat.-soz. Judenverfolgung - die legale und illegale Einwanderung sprunghaft zunahmen. Vorschläge zur Errichtung eines binat. Staates ließen sich nicht verwirklichen. Mit dem Teilungsplan der UN vom 29. Nov. 1947, der von den arab. Staaten abgelehnt wurde, v. a. aber mit der Ausrufung des Staates Israel am 14. Mai 1948, wurde das von Herzl 1897 proklamierte Ziel der „Gründung eines Judenstaates" erreicht. Die Bemühungen des Z. konzentrieren sich seitdem auf die Stärkung der Beziehungen zw. jüd. Staat und der jüd. Diaspora.

📖 *Conay, M.: Der Z. Neuhausen 1985. - Krupp, M.: Z. u. Staat Israel. Ein geschichtl. Abriß. Gütersloh ²1985. - Klein, J.: Der dt. Z. u. die Araber Palästinas. Ffm. 1982. - Laqueur, W.: Der Weg zum Staat Israel. Gesch. des Z. Dt. Übers. Wien Sonderausg. 1981. - Said, E. W.: Z.*

Zirkon

u. *palästinens. Selbstbestimmung. Dt. Übers.* Stg. 1981. - *Vital, D.: The origins of Zionism.* Oxford 1975.

Zionistenkongresse, Versammlungen der Vertreter des Zionismus (seit 1897). Die Teilnehmer der Z. waren zunächst gewählte Deputierte aus den einzelnen Staaten, ab 1921 gab es außerdem parteiähnl. Gruppierungen. Der Kongreß ist oberstes Beschlußorgan der zionist. Bewegung. Zw. den Tagungen amtiert die zionist. Exekutive. Bes. wichtig war der 6. Kongreß (Basel 1903) wegen des sog. „Uganda-Projekts", in dem die brit. Reg. Gebiete in Uganda zur Errichtung eines jüd. Staates angeboten hatte.

Zipfelfalter (Theclinae), weltweit verbreitete (bes. in S-Amerika sowie in der oriental. und austral. Region vorkommende) Unterfam. der Bläulinge; Spannweiten um 3 cm; sehr bunt gefärbt (z. B. auch die Flügelunterseiten); an den Hinterflügeln meist ein oder zwei Paar zipfelige Anhänge.

Zipfelmütze, Kopfbedeckung mit beutelförmigem Kopfteil. Im Altertum trugen die Phryger u. a. Völker eine der Z. ähnl. Kopfbedeckung; im MA im 10./11. Jh. und im 15. Jh. modern; als Haus- und Schlafmütze vom 17.–19. Jh. übl.; Attribut des ↑deutschen Michels. - ↑auch Jakobinermütze.

Zipolle [lat.-roman.], svw. Küchenzwiebel (↑Zwiebel).

Zipperlein, veraltete Bez. für Gicht.

Zips, Geb. im östl. Vorland der Hohen Tatra, ČSSR, umfaßt das Leutschauer Gebirge und die Zipser Magura.
Geschichte: Im Verlauf der dt. Ostsiedlung wurden von ungar. Königen seit Ende des 12. Jh. die in Schlesien und Mitteldeutschland angeworbenen Bauern in der Ober-Z. auf dem Hochplateau südl. der Hohen Tatra (Sammelbez. **Zipser Sachsen),** im 13. Jh. auch aus Bayern stammende Bergleute und Handwerker im Gründner Boden (Göllnitztal) angesiedelt. Die 24 Zipser Städte sicherten 1370 ihre Selbstverwaltungsrechte in der „Zipser Willkür". 1412 verpfändete Kaiser Sigismund 13, später weitere 3 Städte an Polen, die 1769 wieder Ungarn einverleibt wurden. Die Aufhebung der - bereits 1608 beschnittenen - Selbstverwaltung 1876, Magyarisierung, Abwanderung in die Städte, Auswanderung in die USA und starker Zuzug von Slowaken verminderte die Zahl der Zipser Sachsen, die bis zur Vertreibung 1945 eines großen Teils in Dialekt, Brauchtum u. a. Eigenständigkeit zeigten. 1918 wurde die Z. Teil der Tschechoslowakei.

Zirbeldrüse (Epiphyse, Pinealdrüse, Corpus pineale, Glandula pinealis, Epiphysis cerebri), vom hinteren der beiden ↑Pinealorgane des Zwischenhirndachs niederer Wirbeltiere ableitbares und daher wohl urspr. wie das Parietalauge ein Lichtsinnesorgan darstellendes, vermutl. als neurosekretor. tätige Hormondrüse fungierendes unpaares Organ bei Vögeln und den meisten Säugern.
Bei *niederen Wirbeltieren* stellt das der Z. entsprechende Pinealorgan ein lichtempfindl. Organ dar. Bei Fischen, Amphibien und Reptilien sendet der Pinealkomplex überdies durch Lichtreize beeinflußbare nervale Impulse über bes. Nervenbahnen zum Gehirn. Beim *Menschen* ist die ovale, pinienzapfenähnl., 8–14 mm lange Z. um das achte Lebensjahr herum am stärksten entwickelt. Sie liegt der Vierhügelplatte des Mittelhirns im Bereich der Vierhügel (Corpora quadrigemina) auf. Mit der hinteren Region des Zwischenhirndachs steht sie über einen „Stiel" in Verbindung. Über die Funktion der Z. beim Menschen (auch bei Säugetieren) liegen z. T. nicht gänzl. abgeklärte Befunde und Theorien vor. So ist eine antigonadotrope Funktion wahrscheinl., die die Genitalienreifung bis zur Pubertät hemmt.

Zirbelkiefer, svw. ↑Arve.

Zircaloy ⓇⓀw.], Handelsname für eine Gruppe von Zirkoniumlegierungen.

zirka ↑circa.

Zirkel [lat.] ↑Sternbilder (Übersicht).

Zirkel [zu lat. circulus „Kreis"], Gerät zum Zeichnen von Kreisen, zum Abgreifen von Maßen (*Greif-Z., Taster*) und Übertragen von Strecken (*Stech-Z.*). Der gewöhnl. Z. (*Einsatz-Z.*) besteht aus zwei durch ein Scharnier verbundenen Schenkeln, von denen der eine eine Stahlspitze, der andere - meist mit zusätzl. Kniegelenk - einen Zeicheneinsatz trägt (Mine, Reißfeder). Zum Zeichnen kleinster Kreise (bis 0,5 mm Durchmesser) verwendet man den *Nullenzirkel.* Eine Verstellschraube und eine Federmechanik (anstelle des Scharniers) besitzen auch der *Teil-Z.* und der sog. *Wendefeder-Z.,* bei denen zwei einen Ansatzteil bildende Zeicheneinsätze (Reißfeder und Mine) durch Drehen um 180° wahlweise verwendet werden können. Für größere Kreise benutzt man *Stangen-Z.,* bestehend aus einer Metallschiene und zwei darauf verschiebbaren „Reitern", die die Zentrierspitze bzw. die Zeichenvorrichtung tragen.
♦ gesellschaftl. [nach außen abgeschlossener] Kreis.

Zirkeldefinition (Zirkularität), Definition eines Begriffes, die den zu definierenden Begriff (eventuell in anderer sprachl. Form) bereits enthält.

Zirkelschluß, (fehlerhaftes) Beweisverfahren, bei dem Teile der zu beweisenden Aussage bereits als Prämissen vorausgesetzt wurden.

Zirkon [italien.-frz.], Mineral von meist brauner oder braunroter Farbe und diamantartigem Glanz. Bildet tetragonale Kristalle von prismat. oder pyramidalem Habitus. Chem. $Zr[SiO_4]$; Mohshärte 7,5; Dichte 3,9–4,8 g/cm³. Infolge von Thorium- und Urange-

299

Zirkonium

halt Hauptträger der Radioaktivität in den Gesteinen. Durchsichtige, schönfarbige Z. werden als Schmucksteine verwendet, z. B. ↑ Hyazinth. Vorkommen in magmat. und metamorphen Gesteinen und in Schwermineralseifen.

Zirkonium [italien.-frz.], chem. Symbol Zr; metall. Element aus der IV. Nebengruppe des Periodensystems der chem. Elemente, Ordnungszahl 40, mittlere Atommasse 91,22, Dichte 6,53 g/cm^3, Schmelzpunkt 1 852 °C, Siedepunkt 4 377 °C. Das in zwei Modifikationen vorkommende Z. ist gegen Säuren und Alkalien sehr beständig; es kann bei Zimmertemperatur zahlr. Gase in sein Kristallgitter aufnehmen (z. B. bis 33 Atom-% Wasserstoff). Z.legierungen, v. a. mit Zinn, Chrom, Nickel und Eisen, zeichnen sich durch Korrosionsbeständigkeit aus und werden wegen ihrer geringen Absorptionsfähigkeit für therm. Neutronen als Hüllmaterial für Brennstoffelemente in Kernreaktoren verwendet. Mit 0,021 Gewichts-% Anteil an der Erdkruste steht Z. in der Häufigkeit der chem. Elemente an 20. Stelle. Ein wichtiges Z.mineral ist ↑ Zirkon; daneben kommt Z. fast immer in Mineralen der Lanthanoide und des Hafniums vor. Wegen seiner chem. Beständigkeit wird Z. für Apparateteile (Rohre, Pumpen, Rührer, Ventile und Spinndüsen) sowie für Treibstoffbehälter und -leitungen von Raketen verwendet. - Z. wurde 1789 von M. H. Klaproth im Mineral Zirkon entdeckt.

Zirkoniumdioxid (Zirkonium(IV)-oxid), ZrO$_2$, eine ein weißes Pulver bildende Verbindung mit großer therm. Beständigkeit (Schmelzpunkt 2 700 °C), die zur Herstellung feuerfester Geräte, für Ofenauskleidungen und (wegen des intensiv weißen, bei starkem Erhitzen ausgestrahlten Lichts) zur Herstellung von Glühstiften für Nernst-Lampen dient. Mischkristalle aus Z. (mit Zusätzen von Yttrium- oder Calciumoxid) werden als Diamantimitationen für Schmuck verwendet.

Zirkulation [lat.], svw. Kreislauf, Umlauf, z. B. der Luftmassen in der ↑ Atmosphäre.

zirkulieren [lat.], in Umlauf sein, kreisen.

zirkum..., Zirkum... (circum..., Circum...) [lat.], Bestimmungswort von Zusammensetzungen mit der Bed. „um, um – herum".

Zirkumflex [zu lat. circumflexus „herumgebogen"], diakrit. Zeichen in der Form eines aufsteigenden und danach absteigenden Striches (ê) oder einer Tilde (ẽ), das im Griech. die zuerst steigende, dann wieder fallende Intonation eines Langvokals oder Diphthongs bezeichnet. Der Gebrauch des Z. wurde in modernen Sprachen vielfach erweitert: Er dient etwa zur Wiedergabe verschiedener Intonationsformen, zur Bez. von phonet., morpholog., etymolog. Besonderheiten, aber auch zur bloßen graph. Unterscheidung von Homonymen.

Zirkumpolarsterne, Sterne, deren Winkelabstand vom Himmelspol kleiner ist als die Höhe des Pols über dem Beobachtungshorizont; sie können bei ihrem tägl. scheinbaren Lauf nicht unter den Horizont verschwinden.

zirkumskript [lat.], in der *Medizin* svw. umschrieben, deutl. abgegrenzt.

Zirkumskriptionsbulle [lat.], im kath. Kirchenrecht der nach Vereinbarung mit der entsprechenden Staatsreg. ergehende päpstl. Erlaß zur Umschreibung der Grenzen einer Kirchenprovinz oder eines Bistums.

Zirkumzision [lat.] ↑ Beschneidung.
♦ (Circumcisio) in der *Medizin:* 1. ringförmige Resektion der Vorhaut des männl. Gliedes; 2. Umschneidung eines Geschwürs, wobei die gesunde Umgebung teilweise mitentfernt wird, um eine bessere Heilung zu ermöglichen.

Zirkus [zu lat. circus „Kreis, Rennbahn, Arena"], in röm. Zeit langgestreckte Arena für Pferde- und Wagenrennen sowie für Gladiatorenspiele u. a. (↑ Circus maximus), die so längsgeteilt war, daß die eine Umlaufbahn entstand; an der Stirnseite befand sich die gerade Eingangsmauer mit dem Tor, auf der Innenseite, das Tor flankierend, waren die Startboxen für die Viergespanne sowie die Sitze für die Veranstalter und Preisrichter, davor Start und Ziel; an der halbrunden Gegenseite mit der Porta triumphalis für die Ausfahrt des Siegers sowie an beiden Längsseiten befanden sich die oft mehrstöckig gegliederten, steil ansteigenden Sitzreihen, die von außen über Treppen und Gänge erreichbar waren. Z.bauten von unterschiedl. Dimension gab es in fast allen größeren Städten des Imperiums. Heute wird unter Z. ein i. d. R. mobiles Unternehmen verstanden, das in einem Zwei- oder Viermastenzelt, ausgestattet mit einer *Manege*, die meist im Durchmesser 13,5 Meter mißt und von einer niedrigen Barriere *(Piste)* eingefaßt ist, sowie ansteigenden Sitzreihen (davor die Logen), Tierdressuren (u. a. Raubtiere), Reitkünste (u. a. Hohe Schule), Akrobatik, Artistik und Clownerien anbietet sowie außerhalb der Vorstellungen eine Tierschau. Z. besitzen oft auch feste Gebäude an ihrem Standort und verwenden Z.zelte auf Tourneen.

Als Begründer gilt der brit. Offizier P. Astley (*1742, †1814), der 1768 bei London eine Reitschule gründete, in der auch Kunstreiterei vorgeführt wurde. Diese Vorführungen wurden schrittweise durch Auftritte von Seiltänzern, anderen Akrobaten und Clowns ergänzt, so daß ab 1770 von Z.vorführungen im heutigen Sinne gesprochen werden kann. Astley baute 1803 in London ein festes Z.gebäude mit Manege und Bühne; den von ihm in Paris gegründeten Z. übernahm 1789 A. Franconi (*1737, †1836), der mit zahlr. Tourneen die europ. Z.kunst beeinflußte; 1807 gründeten seine Söhne in Paris das feste Z.gebäude „Cirque Olympique". Der erste dt. Z. wurde von E. J. Renz ins Leben gerufen, der in Berlin, Breslau, Bremen und Hamburg feste Z.gebäude gründete. Ende des 19. Jh. wurden in den USA große Wanderzirkusse gegründet mit mehreren Manegen.

📖 *Lehmann, R.: Circus. Magie der Manege. Hamb. 1979. - Bose, G./Brinkmann, E.: Circus. Gesch. u. Ästhetik einer niederen Kunst. Bln. 1978. - Z., Circus, Cirque. Ausstellungskat. Hg. v. J. Merkert. Bln. 1978.*

◆ von hohen Steilhängen umgebener Talschluß.

Zirler Berg ↑Alpenpässe (Übersicht).

Zirndorf, Stadt im sw. Vorortbereich von Fürth, Bay., 306 m ü. d. M., 20 700 E. Bundesamt für die Anerkennung ausländ. Flüchtlinge mit Durchgangslager; Metall- und Kunststoffverarbeitung, Spielwaren-, Möbelherstellung. - 1297 erwähnt, geht aber wohl auf karoling. Zeit zurück; seit 1912 Stadt.

Zirpen, volkstüml. Bez. für Zikaden, bes. Singzikaden.

Zirporgane, svw. ↑Stridulationsorgane.

Zirren, Mrz. von ↑Zirrus.

Zirrhose [griech.], Bindegewebsverhärtung, auf eine Bindegewebsvermehrung folgende narbige Schrumpfung eines Organs; i. e. S. svw. ↑Leberzirrhose.

Zirrokumulus (Cirrocumulus) [lat.] ↑Wolken.

Zirrostratus (Cirrostratus) [lat.] ↑Wolken.

Zirrus (Mrz. Zirren; Cirrus) [lat., eigtl. „Haarlocke"] ↑Wolken.

◆ bei *Plattwürmern* das gekrümmte, oft mit Widerhaken versehene ♂ Kopulationsorgan.

◆ bei *Wirbellosen* sind Zirren fädige, fühler- oder rankenartige Körperanhänge oder entsprechend umgebildete Gliedmaßen.

zirzensische Spiele [lat./dt.], der urspr. im Circus maximus in Rom, später auch in anderen Zirkusanlagen sowie auch in anderen Städten der Röm. Reiches abgehaltene Teil der „ludi publici" („öffentl. Spiele"). Die z. S. begannen mit einem Festzug vom Kapitol zum Zirkus sowie mit Opfern und bestanden in Wagenrennen, Faust- und Ringkämpfen, Wettläufen, militär. Vorführungen der Jungmannschaft. - Gladiatorenspiele und Tierkämpfe gehörten nicht zu den z. Spielen.

zis..., Zis... (cis..., Cis...) [lat.], Vorsilbe mit der Bed. „diesseits".

zisalpin (zisalpinisch), [von Rom aus] diesseits der Alpen.

Zisalpinische Republik (Cisalpin. R.), im Juli 1797 aus dem Zusammenschluß von Zispadan. und Transpadan. Republik entstandener, von Frankr. abhängiger Staat, der die Lombardei und die Emilia-Romagna (ohne Parma, Piacenza und Guastalla) umfaßte (Okt. 1797 Angliederung des Veltlins) und von einem 5köpfigen Direktorium regiert wurde (Hauptstadt Mailand). Infolge der russ.-östr. Siege in Oberitalien 1799 aufgelöst, von Napoléon Bonaparte 1800 wiederhergestellt, der sie 1801/02 in die Italien. Republik umwandelte und sich selbst zu deren Präs. machte; 1805 Umwandlung in das Kgr. Italien, das 1814/15 zerfiel.

Zischka, Anton, * Wien 14. Sept. 1904, östr. Journalist und Schriftsteller. - Verf. zahlr. wirtschafts- und weltpolit. Bücher, u. a. „Der Kampf um die Weltmacht Baumwolle" (1935), „Deutschland in der Welt von morgen" (1969), „Das Ende des amerikan. Jh. USA, Land der begrenzten Möglichkeiten" (1972), „Die Welt bleibt reich. Eine optimist. Bestandsaufnahme" (1974), „Das neue Spanien. Zw. Gestern und Morgen" (1977), „Kampf ums Überleben. Das Menschenrecht auf Energie" (1979), „Der Dollar" (1986).

Zischlaut, svw. ↑Sibilant.

Ziselieren [frz., zu ciseau „Meißel"], das Einarbeiten von Mustern und Ornamenten in polierte Metalloberflächen mit Stichen, Punzen u. ä.; auch Bez. für das Nacharbeiten (Säubern von Nahtstellen u. a.) von Bronzegußstücken.

Ziska [von Trocnov], Johann ↑Žižka [z Trocnova], Jan.

Ziskaukasien, nördl. Teil Kaukasiens, zw. der Manytschniederung (im N) und dem Großen Kaukasus (im S), UdSSR.

Zisleithanien (Cisleithanien), inoffizielle Bez. für die östr. Reichshälfte (westl. der Leitha), offiziell „die im Reichsrat vertretenen Kgr. und Länder" Österreich-Ungarns nach dem Ausgleich von 1867. - ↑auch Transleithanien.

Zispadanische Republik (Cispadan. R.), Bez. für den 1796 von Napoléon Bonaparte „diesseits des Po" (d. h. südl. des Po) gebildeten Staat, der 1797 in der Zisalpin. Republik aufging.

Zisrhenanische Republik (Cisrhenan. R.), Bez. für den von rhein. Anhängern der Frz. Revolution geplanten linksrhein. Staat unter frz. Schutz. Da der Friede von Campoformio (1797) Frankr. die Abtretung des linken Rheinufers in Aussicht stellte, erübrigte sich dieser Plan.

Zissoide (Cissoide, Kissoide) [griech.], durch die Gleichung $y^2(a-x) = x^3$ gegebene algebraische Kurve dritter Ordnung.

Ziste (Zista) [griech.-lat.], in der etrusk. Kunst meist zylindr., verzierter Behälter aus Bronzeblech als Grabbeigabe u. a.; auch im 7./6. Jh. in der Hallstattkultur bekannt.

Zisterne [lat.], Auffang- und Sammelbehälter für Niederschlagswasser, das von Dächern oder bes. Sammelflächen in die Z. geleitet wird.

◆ (Cisterna) in der *Anatomie* und *Zytologie*: Erweiterung, Höhle, Hohlraum in Organen und Zellen.

Zisterzienser (Cistercienser, lat. Sacer Ordo Cisterciensis, Abk. SOCist, SOrdCist,

Zisterzienserbaukunst

SOC, OCist), Angehörige des nach dem 1098 von Robert von Molesme und dem hl. Alberich gegr. Kloster Cîteaux ben. benediktin. Reformordens, der unter Stephan Harding 1108 selbständig wurde und seine liturg. und ordensrechtl. Verfassung erhielt. Der Grundsatz, die Ordensregel auf dem geradesten Weg zu verwirklichen, führte zu der für die Z. typ. Einfachheit der Liturgie und der Schmucklosigkeit ihrer Kirchen (↑ Zisterzienserbaukunst). Der Orden verbreitete sich rasch, v. a. unter dem Einfluß Bernhards von Clairvaux, der die Frömmigkeit der Z. so entscheidend prägte, daß sie auch als „Bernhardiner" bezeichnet wurden. Die starke Betonung der Handarbeit führte zu großen Leistungen der Z. auf dem Gebiet der Landkultivierung, die sich bes. im Zusammenhang mit der dt. Ostsiedlung im 12. und 13. Jh. auswirkten. - Schon unter S. Harding kam es zur Bildung eines weibl. Zweigs, der *Zisterzienserinnen* („Bernhardinerinnen"), der nicht als Zweiter Orden anzusehen ist, sondern mit den Z. eine Einheit bildet. - Gegen Ende des 19. Jh. führten Auseinandersetzungen über eine Reform innerhalb des Ordens zur Abspaltung der kontemplativen ↑ Trappisten. - 1985 zählte der Z.orden in 12 Kongregationen etwa 2 800 Mitglieder.

Schneider, Ambrosius/Wienand, A.: Und sie folgten der Regel St. Benedikts. Köln 1981. - Die Z. Ordensleben zw. Ideal u. Wirklichkeit. Ausstellung Aachen 1980. Hg. v. K. Elm u. a. Bonn 1980.

Zisterzienserbaukunst, der vom Zisterzienserorden nach strengen Regeln geprägte Baustil. Typ. für die Z. sind die lange, kreuzförmige Basilika mit geradem Chorschluß und einer Reihe von Kapellen an der Ostseite des Querhauses, der Verzicht auf Türme, deren Funktion als Glockenträger ein Dachreiter übernahm, sowie der Verzicht auf Glasmalerei und auf Bauskulptur; statt dessen wurde das Quadermauerwerk bes. sorgfältig bearbeitet. Von Burgund (Fontenay, Pontigny) aus verbreitete sich die Z. u. a. über S-Frankr. (Le Thoronet), Italien (Fossanova, Chiaravalle), Deutschland (Eberbach, Maulbronn, Bebenhausen), Spanien, England und Skandinavien.

Zistrose [griech./lat.] (Cistus), Gatt. der Z.gewächse mit rd. 20 Arten im Mittelmeergebiet; immergrüne, niedrige Sträucher mit meist drüsig oder zottig behaarten Zweigen,

VERBREITUNG DER ZISTERZIENSERKLÖSTER
(in Auswahl)

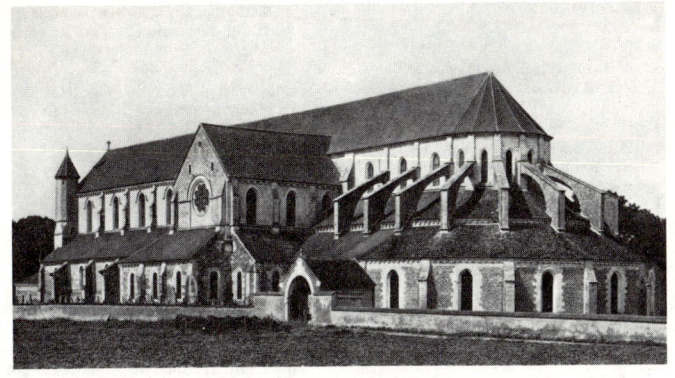

Zisterzienserbaukunst.
Abteikirche in Pontigny
(um 1185–1208)

ganzrandigen, oft ledrigen Blättern und großen, weißen, rosafarbenen oder roten Blüten; Charakterpflanzen der Macchie.

Zistrosengewächse (Cistaceae), Fam. der Zweikeimblättrigen mit über 150 Arten in acht Gatt., v. a. in den gemäßigten Gebieten der Nordhalbkugel; niedrige Sträucher oder Kräuter mit einfachen, meist äther. Öle enthaltenden Blättern und großen Blüten; auf trockenen, warmen Standorten. Die wichtigsten Gatt. sind ↑Sonnenröschen und ↑Zistrose.

Zita, aus dem Italienischen übernommener weibl. Vorname (Bed. unklar).

Zitadelle [lat.-italien.-frz.; eigtl. „kleine Stadt"], bes. Befestigung innerhalb der Verteidigungsanlage einer Stadt oder Festung, am Rand oder oberhalb der Gesamtanlage; von den übrigen Befestigungswerken, auch gegen eine Stadt, durch Gräben und ein Schußfeld geschützt.

Zitat [lat.], wörtl. Übernahme eines (meist kurzen) Textteils oder Ausspruchs mit Nennung des Verfassers, oft auch der Quelle.

Zither [zu griech. kithára] (früher auch: Cither, Zitter), 1. in der Systematik der Musikinstrumente Sammelbegriff für einfache Chordophone, deren Merkmal die konstruktive Unabhängigkeit des Tonerzeugungsapparats von einem Resonanzkörper ist, z. B. *Stab-Z.* (Musikbogen), *Wölbbrett-Z.* (Koto), *Brett-Z.,* darunter bes. die *Kasten-Z.* (Psalterium, Hackbrett, besaitete Tasteninstrumente); 2. die heute gespielte Konzert-Z., ein Zupfinstrument mit kastenförmigem, an einer Seite ausgebuchtetem Korpus. Gegenüber der Buchtung liegt das Griffbrett mit 29 Bünden. Die Griffbrettsaiten sind auf a^1 a^1 d^1 g c gestimmt. Sie werden angeschlagen mit einem Metallring am Daumen der rechten Hand. Daneben verlaufen die mit den Fingern gezupften Freisaiten, die in Begleit-, Baß- und Kontrabaßsaiten unterteilt werden. Die Konzert-Z. entwickelte sich aus dem ma. ↑Scheitholz. Seit dem 15. Jh. entstand in den Ostalpen die im Tremolo gespielte **Kratz-Z.,** nach 1750 dann die **Schlag-Z.** als sog. Mittenwalder Z. (beidseitig ausgebaucht) und Salzburger Z. (einseitig gebaucht).

zitieren [lat.], 1. ein ↑Zitat anführen; 2. jemanden vorladen, um ihn zur Rechenschaft zu ziehen.

Zitrate (Citrate) [lat.], die Salze und Ester der ↑Zitronensäure.

Zitratzyklus, svw. ↑Zitronensäurezyklus.

Zitronat [lat.-italien.-frz.] (Sukkade), in Zuckerlösung (durch Sukkadieren) haltbar gemachte Schalen grüner (unreifer) Zitronatzitronen; Kuchengewürz.

Zitronatzitrone, die bis 25 cm lange, bis 2,5 kg schwere Zitrusfrucht des *Z.baums* (Citrus medica); mit sehr dicker, warzig-runzeliger Schale und wenig Fruchtfleisch; die Schale der unreifen Frucht liefert ↑Zitronat.

Zitrone [italien., zu lat. citrus „Zitronenbaum"] (Limone), die meist längl. Frucht des ↑Zitronenbaums, eine Zitrusfrucht mit unterschiedl. stark vorspringender Fruchtspitze und gelber (auch grüner), dünner Schale. Das saftige, saure Fruchtfleisch enthält rd. 3,5–8% Zitronensäure und viel Vitamin C. Die Z. wird in der Küche und zur Herstellung von Getränken verwendet. Außerdem werden aus Z. Z.säure, äther. Öl und Pektin gewonnen.

Zitronellgras (Lemongras), Sammelbez. für verschiedne Arten der Gatt. Cymbopogon, v. a. für die nur in Kultur auf Ceylon, Java und der Halbinsel Malakka bekannte, ↑Zitronellöl liefernde Art *Cymbopogon nardus* sowie für die in Vorderindien und auf Ceylon vorkommende Art *Cymbopogon confertiflorus.* Als Z. wird auch das in den gesamten Tropen kultivierte *Seregras* (Cymbopogon citratus; liefert das westind. Lemongrasöl) bezeichnet.

Zitronellöl

Zitronellöl (Citronellöl), aus den Blättern des Zitronellgrases Cymbopogon nardus gewonnenes, rosenartig duftendes äther. Öl, das zur Parfümherstellung verwendet wird.

Zitronenbaum (Citrus limon), in Vorderindien oder China heim., seit langem im subtrop. Asien und seit rd. 1000 n. Chr. auch im Mittelmeergebiet in zahlr. Varietäten kultivierte Art der ↑Zitruspflanzen; etwa 3–7 m hohe Bäume mit bedornten Zweigen, hellgrünen, eiförmigen Blättern und großen, rosafarbenen bis weißen Blüten und gelben Früchten (↑Zitrone). Hauptanbauländer sind Italien, USA, Indien, Mexiko, Argentinien, Spanien, Griechenland und die Türkei.

Zitronenfalter (Gonepteryx rhamni), in NW-Afrika, Europa und in den gemäßigten Zonen Asiens verbreiteter, etwa 5–6 cm spannender, leuchtend gelber (♂) oder grünlichweißer (♀) Tagschmetterling (Fam. Weißlinge) mit je einem kleinen, orangeroten Tupfen in der Mitte beider Flügelpaare. Die Falter überwintern und pflanzen sich erst im folgenden Frühjahr fort. Die Raupen fressen an Blättern des Faulbaums.

Zitronenkraut, svw. Zitronenmelisse (↑Melisse).
◆ svw. ↑Eberraute.

Zitronenöl (Citronenöl, Limonenöl, Oleum citri), durch Auspressen aus den Fruchtschalen der Zitrone gewonnenes äther. Öl, das u.a. aus Zitral, Limonen und Camphen besteht und als Aromastoff sowie in der Parfümind. verwendet wird.

Zitronensäure (Citronensäure, 2-Hydroxy-1,2,3-propantricarbonsäure), eine Hydroxytricarbonsäure; bildet farblose, leicht wasserlösl. Kristalle. Die Z. kommt v.a. in Früchten (Zitrusfrüchten, Johannisbeeren) vor und spielt im Zellstoffwechsel aller Organismen eine große Rolle (↑Zitronensäurezyklus). Die Salze und Ester der Z. heißen Zitrate. Die Z. wird aus dem eingedickten Saft der Zitronen oder durch Vergären von Zucker mit gewissen Schimmelpilzen (*Z. gärung*) gewonnen und findet als Säuerungsmittel in der Lebensmittelind. Verwendung. Chem. Strukturformel:

$$HOOC-CH_2-\underset{\underset{COOH}{|}}{\overset{\overset{OH}{|}}{C}}-CH_2-COOH$$

Zitronensäurezyklus (Zitratzyklus, Citratzyklus, Tricarbonsäurezyklus, Krebs-Zyklus), in den Mitochondrien der tier. und pflanzl. Zellen ablaufender Teilprozeß der der Energiegewinnung dienenden inneren Atmung. Im Z. laufen die Abbauwege aller energieliefernden Stoffe (Kohlenhydrate, Fette, Proteine) zusammen, wobei das Prinzip der Z. die Abspaltung von Wasserstoffatomen (mit Hilfe der Koenzyme NAD^+ und FAD^+), die zur Energiegewinnung (unter aeroben Bedingungen) der Atmungskette zugeführt werden, und die Abspaltung des Stoffwechselendprodukts Kohlendioxid ist. Der Z. dient aber nicht nur dem Abbau von Substanzen, sondern auch (ausgehend von einigen Zwischenprodukten des Z.) dem Aufbau (z. B. von Aminosäuren, Fettsäuren, Glucose und Häm); er nimmt daher im Zellstoffwechsel eine zentrale Stellung ein. Der Z. beginnt mit der Kondensation von Acetyl-CoA („aktivierte Essigsäure") mit Oxalessigsäure zu Zitronensäure, die über sieben enzymat. katalysierte Reaktionsschritte (unter mehrfacher Umlagerung und Abspaltung zweier Kohlendioxidmoleküle sowie von acht Wasserstoffatomen) zu Oxalessigsäure abgebaut wird, mit der der Kreislauf wieder beginnt. Der Z. wurde nach Vorarbeiten von A. Szent-Györgyi sowie C. Martius und F. Knoop 1937 durch H. A. Krebs aufgeklärt.

📖 *Dargel, R.: Biolog. Oxydation u. Citratzyklus. Stg. 1975.*

Zitrusfrüchte [lat./dt.] (Agrumen), die Früchte der ↑Zitruspflanzen, die (botan. gesehen) Beerenfrüchte darstellen und aus mindestens fünf miteinander verwachsenen Fruchtblättern hervorgehen. Das Fruchtfleisch besteht aus keulenförmigen Saftschläuchen, die sich aus der inneren Fruchtwand (Endokarp) entwickeln und die Fruchtfächer ausfüllen. Die Fruchtschale setzt sich aus dem farbigen, zahlr. Öldrüsen aufweisenden, karotinoidreichen (äußeren) Exokarp und dem weißen, schwammigen Endokarp zusammen. Die Samen enthalten i. d. R. mehrere Embryonen. Die v. a. als Frischobst sowie zur Herstellung von Säften und Marmelade verwendeten Z. sind reich an Vitaminen (v. a. Vitamin C) und Mineralstoffen (v. a. Kalium). - Wichtigste Anbaugebiete für Z. (mit bed. Export) sind

Zitronenbaum. Blüten, Blätter und Früchte

zivile Verteidigung

die Südstaaten der USA (bes. Kalifornien und Florida) und der Mittelmeerraum (bes. Israel, Marokko, Spanien und Italien).
Zitruspflanzen [lat.] (Citrus), Gatt. der Rautengewächse mit rd. 60 in China, S- und SO-Asien heim. Arten, die in zahlr. Kulturformen in allen subtrop. und trop. Gebieten angebaut werden; immergrüne kleine Bäume oder Sträucher mit blattachselständigen Sproßdornen, einfachen, durch Öldrüsen punktierten Blättern und weißen oder rosafarbenen Blüten mit meist fünf Kronblättern; Fruchtknoten 8–15fächerig, eine kugelige oder längl. Beere bildend (↑ Zitrusfrüchte). Die bekanntesten Arten sind: Pampelmuse, Grapefruitbaum, Zitronenbaum, Zitronatzitronenbaum, Pomeranze, Mandarinenbaum, Orangenpflanze. Daneben spielt die ↑ Limette eine wirtsch. Rolle.
Zittau, Petrus von ↑ Petrus von Zittau.
Zittau, Krst. in der sö. Oberlausitz, Bez. Dresden, DDR, 240 m ü. d. M., 42 000 E. Ingenieurhochschule für Energiewirtschaft; Theater; Textilkombinat, Textilmaschinen- und Fahrzeugbau. - Entstand wohl vor 1230, wurde 1255 Stadt; 1346 wurde unter der Führung von Z. der Sechsstädtebund der Oberlausitz gegründet. - Spätgot. Petri-Pauli-Kirche (13.–15. Jh.), klassizist. Johanniskirche (19. Jh.).
Z., Landkr. im Bez. Dresden, DDR.
Zittauer Gebirge ↑ Lausitzer Gebirge.
Zitteraale (Electrophoridae), Familie nachtaktiver Knochenfische mit dem *Elektr. Aal* (Zitteraal i. e. S., Electrophorus electricus) als einziger Art, in Süßgewässern der nördl. S-Amerika (bes. Amazonas); Körper bis etwa 2,3 m lang, (mit Ausnahme des dickeren Kopfes) aalähnl., braun und unbeschuppt; Brustflossen klein; Fortbewegung durch wellenförmige Bewegung der extrem verlängerten Afterflosse (die vom dicht hinter dem Kopf mündenden After bis zur Schwanzspitze reicht); übrige Flossen rückgebildet; Raubfische, die ihre Nahrung (v. a. Fische) durch Stromstöße aus den (zu elektr. Organen umgebildeten) Schwanzmuskeln lähmen oder töten.
Zittergras (Briza), Gatt. der Süßgräser mit 30 von Europa bis Z-Asien und in M- und S-Amerika verbreiteten Arten. Die einzige, auf trockenen Böden verbreitete Art in Deutschland ist *Briza media*, ein bis 1 m hohes, ausdauerndes Gras mit in ausgebreiteter Rispe stehenden Ährchen; Rispenäste sehr lang, dünn, hängend; wird als Ziergras kultiviert.
Zitterling (Tremella), Pilzfam. (Ordnung Gallertpilze) mit der auf abgestorbenen Laubholzästen wachsenden, leuchtend orange gefärbten Art **Goldgelber Zitterling** (Tremella mesenterica), deren unregelmäßig faltig-lappige, 2–10 cm große Fruchtkörper von Okt.–Dez. erscheinen.
Zittern, svw. ↑ Tremor.
Zitterpappel, svw. ↑ Espe.

Zitterrochen (Elektr. Rochen, Torpedinidae), Fam. etwa 50–180 cm langer Rochen mit rd. 35 Arten (zusammengefaßt in der einzigen Gatt. *Torpedo*) in warmen und gemäßigten Meeren; mit fast kreisrundem, von oben nach unten stark abgeplattetem Körper, von dem der kräftig entwickelte Schwanz scharf abgesetzt ist; Haut meist völlig unbeschuppt; Augen klein; paarige elektr. Organe an den Seiten des Kopfes und Vorderkörpers, können eine Spannung von über 200 V erzeugen.
Zitterspinnen (Pholcidae), Fam. sehr langbeiniger (weberknechtähnl.) Spinnen mit zwei graubraunen einheim. Arten von etwa 5–10 mm Länge; v. a. in Gebäuden; versetzen bei Beunruhigung Körper und Netz in schnelle, schwingende oder kreisende Bewegung, so daß sie nur noch ganz unscharf zu sehen sind.
Zitze (Mamille, Mamilla, Papilla mammae), haarloser, warzenartiger bis fingerförmig langer Fortsatz der paarigen Milchdrüsenorgane im Bereich der Brust bzw. des Bauchs bei den höheren Säugetieren (entspricht der menschl. ↑ Brustwarze); Ort der Ausmündung der Milchdrüsen. In ihrer Gesamtheit bilden die Z. das *Gesäuge* eines Tiers. Bei den Wiederkäuern wird sie ein (auch als *Strich* bezeichneter) Teil des Euters.
Ziu (Tiu, Tyr), Gott der ↑ germanischen Religion.
Ziverts, Mārtiņš [lett. ˈziːvɛrts], * Mežmuiža 5. Jan. 1903, lett. Dramatiker. - Gilt als der beste lett. Dramatiker der Gegenwart. Obwohl er seit 1944 in der Emigration lebt, werden seine Werke auch in der Sowjetunion aufgeführt, z. B. „Der Schwan von Avon" (Dr., 1938).
zivil (lat., zu civis „Bürger"], bürgerlich, nicht militär.; anständig, annehmbar.
Zivil [lat.], bürgerl. Kleidung (im Ggs. zur Uniform).
Zivildienst (früher: ziviler Ersatzdienst), Ersatzdienst Wehrpflichtiger, den anerkannte Kriegsdienstverweigerer zu leisten haben. Im Z. sind Aufgaben, die dem Allgemeinwohl dienen, vorrangig im sozialen Bereich, zu erfüllen. Die Organisation des Z. ist im Bundesamt für Z. zusammengefaßt, das dem Bundesmin. für Arbeit und Sozialordnung untersteht. - ↑ auch Kriegsdienstverweigerung.
ziviler Bevölkerungsschutz ↑ Zivilschutz.
ziviler Ersatzdienst, bis 1973 Bez. für ↑ Zivildienst.
ziviler Ungehorsam, auf einen Essay (1849) von H. D. Thoreau zurückgehender Begriff (engl. civil disobedience), der die Gehorsamsverweigerung des Staatsbürgers als Mittel des Widerstands gegen staatl. Gewalt meint (↑ auch Gewaltlosigkeit).
zivile Verteidigung (früherer amtl. Sprachgebrauch: zivile Notstandsplanung), neben der militärischen ↑ Verteidigung der

305

Zivilgerichtsbarkeit

Teil der Verteidigung, der dem Schutz der Bev. und des Staates bei einem Angriff von außen dient. Die z. V. umfaßt: 1. die Aufrechterhaltung der Staats- und Regierungsgewalt als Voraussetzung für die Funktion aller anderen Maßnahmen der zivilen und militär. Verteidigung; 2. den ↑Zivilschutz; 3. die Versorgung und Bedarfsdeckung der Bev. und der Streitkräfte mit den lebenswichtigsten Gütern und Leistungen; 4. die Unterstützung der Streitkräfte zur Gewährleistung ihrer Operationsfreiheit und -fähigkeit auf dem nationalen Territorium.

Zivilgerichtsbarkeit, die rechtsprechende Tätigkeit der staatl. Gerichte auf dem Gebiet des Privatrechts (d. h. in Zivilsachen) durch die Gerichte der ordentl. Gerichtsbarkeit sowie durch bes. Zivilgerichte (Bundespatentgericht und Schiffahrtsgerichte).

Zivilgesetzbuch, Abk. ZGB, in der Schweiz das Gesetz vom 10. 12. 1907, das die bürgerl.-rechtl. Verhältnisse auf dem Gebiet des Personen-, Familien-, Erb- und Sachenrechts regelt. Das Obligationenrecht ist am 20. 3. 1911 in Ergänzung des ZGB als selbständiges Gesetz ergangen.

Zivilisation [frz., zu lat. civilis „den Staatsbürger betreffend"], in der engl./frz. Bed. („civilization"/„civilité"), die sich seit 1945 auch weitgehend im dt. Raum durchgesetzt hat (wo der Begriff Z. urspr. nur auf die guten Sitten sowie höf. bzw. gutbürgerl. Lebensart bezogen war), das Selbstverständnis der modernen bürgerl. Gesellschaft als ein Konglomerat von Stand der Technik, Umgangsformen sowie der wiss. Erkenntnis. In diesem Sinne wird Z. als Resultat eines histor. Prozesses begriffen, der prinzipiell allen Völkern zugängl. sein sollte (und z. T. im Rahmen der Kolonisation „zugängl." gemacht wurde). Der eigene Zustand wird dabei mit dem verwirklichten Fortschritt identifiziert, der als objektiv-weltgeschichtl. Geschehen interpretiert wird. In einer gegenläufig. Tradition wird der Begriff seit dem 18. Jh. dem der ↑Kultur gegenübergestellt: Z. ist die weltmänn.-äußerl. Form der Modernität, der die innerl. bürgerl. Werte der Kultur gegenübergestellt werden.

In der *Anthropologie* bezeichnet der Begriff Kultur die Identität einer bestimmten Ethnie, während Z. eine bestimmte Stufe der kulturellen Evolution ausdrückt. Die wichtigsten Merkmale einer zivilisierten Gesellschaft sind: Verbreitung bestimmter Techniken, wie etwa Metallurgie; horizontale und vertikale Arbeitsteilung und eine soziale Organisation, in der die Kontrolle über Produktionsmittel und v. a. die Verteilung des gesellschaftl. Gewinns bei einer bestimmten, festumrissenen und sich reproduzierenden sozialen Klasse monopolisiert sind; Zentralisation der polit. Macht; zentrale Religion, die über ein organisiertes Priestertum (oder entsprechende Gruppen von Ideologieträgern) vermittelt ist; intellektuelle Spezialisierung, Entwicklung anerkannter Formen wiss. Denkens; komplexe ästhet. Konventionen.

📖 *Elias, N.:* Über den Prozeß der Z. Dt. Übers. Ffm. 62.-72. Tsd. 1983. 2 Bde. - *Nelson, B.:* Der Ursprung der Moderne. Histor. u. systemat. Studien zum Zivilisationsprozeß. Dt. Übers. Ffm. 1977. - *Diamand, S.:* Kritik der Z. Anthropologie u. die Wiederentdeckung des Primitiven. Dt. Übers. Ffm. 1976.

Zivilisationsschäden, psych. und phys. Schäden, die durch mißbräuchl. Nutzung von Zivilisationsgütern oder als Nebenerscheinung bei deren Herstellung auftreten. Als auslösende Faktoren kommen u. a. in Betracht: fehlerhafte (z. B. übermäßige einseitige) Ernährung, Umweltverschmutzung, Mangel an körperl. und klimat. (die Abwehrkraft steigernder) Belastung, Rastlosigkeit und übermäßiger berufl. Streß, Lärmbelästigung, soziale Desintegration. Durch Z. verursacht oder mitverursacht sind häufig: Fettleibigkeit, Bluthochdruck, Arteriosklerose, Herzinfarkt, Gicht, Diabetes, manche allerg. Erkrankungen, manche Karzinome (z. B. Lungenkrebs). - ↑auch Wohlstandskrankheiten.

Zivilist [zu lat. civis „Bürger"], Bürger (im Ggs. zum Soldaten).

Zivilkammer, Spruchkörper des ↑Landgerichts in Zivilsachen.

Zivilliste (Krondotation), aus England übernommene Bez. (engl. civil list) für das Jahreseinkommen eines Monarchen, das er aus den Staatseinkünften bezieht (für seine privaten Bedürfnisse, i. d. R. auch für Zuschüsse zum Unterhalt öffentl. Einrichtungen u. a).

Zivilprozeß, das insbes. in der ZPO sowie im GerichtsverfassungsG und ZwangsversteigerungsG gesetzl. geregelte Verfahren der ordentl. Gerichtsbarkeit in bürgerl. Rechtsstreitigkeiten. Das Verfahren dient sowohl der Verwirklichung privater Rechte der Parteien als auch der Bewährung und Fortbildung des objektiven Rechts. Der Z. ist gegen den Verwaltungsprozeß sowie gegenüber dem Verfahren der freiwilligen Gerichtsbarkeit sowie dem Arbeitsgerichtsverfahren abzugrenzen. Man teilt ihn in das **Erkenntnisverfahren** und das davon unabhängige **Vollstreckungsverfahren**. Ersteres dient der Erkenntnis und bindenden Feststellung dessen, was zw. den Parteien rechtens ist, letzteres der zwangsweisen Rechtsdurchsetzung mittels staatl. Macht. Wichtige ↑Prozeßmaximen im Z. sind die ↑Dispositionsmaxime, d. h. die Freiheit der Parteien, u. a. durch die Fassung ihrer Anträge, Verzicht, Anerkenntnis, Vergleich, Klagerücknahme und Erledigung der Hauptsache über den Streitgegenstand zu verfügen, sowie der ↑Verhandlungsgrundsatz, ferner der ↑Unmittelbarkeitsgrundsatz, das Prinzip der ↑Öf-

Zivilschutz

fentlichkeit, der Anspruch auf rechtl. Gehör sowie die Konzentration und die Beschleunigung des Verfahrens. Partei des Z. (Kläger und Beklagter, Haupt- oder Nebenintervenient) kann jede natürl. und jurist. Person des privaten und öffentl. Rechts sein, ferner OHG, KG, Gewerkschaften, polit. Parteien und - mit Einschränkungen - nichtrechtsfähige Vereine. Minderjährige, Entmündigte und jurist. Personen handeln durch ihre gesetzl. Vertreter. Jede Partei kann (bei Anwaltszwang muß) sich vor Gericht durch einen Prozeßbevollmächtigten (Rechtsanwalt) vertreten lassen. Unter bestimmten Voraussetzungen können mehrere Personen gemeinschaftl. klagen oder auch gemeinschaftl. verklagt werden (↑ auch Nebenintervention, ↑ Partei).

Das Erkenntnisverfahren wird durch Klage eingeleitet, das Vollstreckungsverfahren durch einen Vollstreckungsantrag. Die Erhebung der Klage, d. h. die Zustellung der bei Gericht eingereichten Klageschrift, begründet die Rechtshängigkeit der Streitsache. Der Beklagte hat binnen einer ihm gesetzten Frist von mindestens zwei Wochen schriftl. auf die Klage zu erwidern. Das Verfahren soll nach Möglichkeit in einem einzigen, umfassend vorbereiteten Termin zur mündl. Verhandlung erledigt werden (§ 272 ZPO). Grundsätzl. hat eine mündl. Verhandlung zu erfolgen (§ 128 ZPO). Das Gericht prüft zunächst die Zulässigkeit der erhobenen Klage (↑ Prozeßvoraussetzungen) sowie die ↑ Schlüssigkeit bzw. Erheblichkeit des beiderseitigen Parteivorbringens. Eine unzulässige Klage wird durch Prozeßurteil (wird nur hinsichtl. der entschiedenen Prozeßfrage rechtskräftig), eine unschlüssige Klage durch Sachurteil abgewiesen. Ansonsten erhebt das Gericht die erforderl., von den Parteien angebotenen Beweise. Das Urteil ergeht auf Grund einer zusammenfassenden Würdigung des Parteivortrags und des Beweisergebnisses. Lassen die Parteien die Rechtsmittelfristen verstreichen, wird das Urteil rechtskräftig und kann nur im Wege des Wiederaufnahmeverfahrens wieder beseitigt werden; andernfalls schließt sich das Rechtsmittelverfahren an (↑ Rechtsmittel). Das Urteil bildet auch die Grundlage für das Vollstreckungsverfahren (↑ Zwangsvollstreckung). Neben dem Urteilsverfahren kennt die ZPO das Mahnverfahren, den Urkundenprozeß, den Wechsel- und Scheckprozeß sowie das Verfahren des einstweiligen Rechtsschutzes (↑ Arrest und ↑ einstweilige Verfügung).

In **Österreich** ist der Z. im wesentl. ähnlich geregelt in der Zivilprozeßordnung von 1895 (mehrfach geändert) und der Jurisdiktionsnorm, die die Ausübung der Gerichtsbarkeit und die Zuständigkeit der ordentl. Gerichte in bürgerl. Rechtssachen regelt. - In der **Schweiz** ist der Z. in den BG über den Bundeszivilprozeß von 1947 und in kantonalen Gesetzen geregelt.

Geschichte: Im MA erfolgte die im german. Recht unbekannte Teilung des Prozesses in Z. und Strafprozeß. Das Beweisverfahren war ähnlich formal wie beim Strafprozeß. Mit der Rezeption des röm. Rechts drang das italien.-kanon. Prozeßrecht ein und wurde Grundlage des Verfahrens vor dem Reichskammergericht (Kameralprozeß), das der Territorialgesetzgebung als Vorbild diente. Aus dem Kameralprozeß ging der bis ins 19. Jh. subsidiär neben dem Landesrecht geltende *gemeine Prozeß* hervor. Er war schriftl., nicht öffentl. und in Behauptungs- und Beweisverfahren geteilt. Unter dem Einfluß des frz. Rechts wurde die Teilung des Gerichtsverfahrens beseitigt; man wechselte zum mündl., öffentl. Prozeß zurück und betonte stärker die Stellung des Anwalts. Eine einheitl. Regelung für den Z. wurde erstmals mit dem Erlaß der ZPO vom 30. 1. 1877, in Kraft getreten am 1. 10. 1879, geschaffen (heute gilt die ZPO i. d. F. der Bekanntmachung des sog. Reichseinheitegesetzes vom 12. 9. 1950). Sie wurde im Laufe der Jahre häufigen und z. T. einschneidenden Änderungen unterworfen. Eine tiefgreifende Umgestaltung v. a. des Verfahrensablaufs erfolgte angesichts einer ständig wachsenden Zahl der Prozesse, der damit verbundenen Belastung der Gerichte sowie der mangelnden Effizienz der zivilprozessualen Verfahren durch das Gesetz zur Vereinfachung und Beschleunigung gerichtl. Verfahren (**Vereinfachungsnovelle**) vom 3. 12. 1976, das am 1. 7. 1977 in Kraft trat.

📖 Zeiss, W.: Z.recht. Tüb. ⁶1985. - Arens, P.: Z.recht. Mchn. ³1984. - Rosenberg, L./Schwab, K. H.: Z.recht. Mchn. ¹³1981.

Zivilprozeßordnung (Abk. ZPO), das den ↑ Zivilprozeß regelnde Gesetz. Die Bestimmungen der ZPO gelten für das Arbeits-, Verwaltungs-, Sozial- und Finanzgerichtsverfahren entsprechend, soweit nicht eigenständige gesetzl. Regelungen für das jeweilige Verfahren getroffen sind.

Zivilrecht, svw. ↑ bürgerliches Recht.

Zivilsachen, bürgerl. Rechtsstreitigkeiten; gebräuchl. auch im Sinne der den Zivilrichtern zugewiesenen Rechtsangelegenheiten (↑ Zivilgerichtsbarkeit).

Zivilschutz (früher: ziviler Bevölkerungsschutz, Luftschutz), Teil der zivilen Verteidigung. Der Z. gliedert sich in: 1. den auf freiwilliger Grundlage durchgeführten **Selbstschutz**; 2. den **Warndienst**, der die Aufgabe hat, lebens- und verteidigungswichtige Behörden und Betriebe laufend über die Luft- und ABC-Lage zu unterrichten und die Alarmierung der Bev. bei drohender Gefahr von Luftangriffen, radioaktiven Niederschlägen oder bei Gefährdung durch biolog. Kampfmittel oder chemische Kampfstoffe zu veranlassen; 3. den **Katastrophenschutz** zur Rettung von Menschen und zur Beseitigung oder Milderung von eingetretenen Schäden (↑ auch Katastrophennotstand, ↑Alarm); 4. den **Schutzraumbau** zur Schaffung von Schutzräumen zum Schutz der Bevölkerung sowie lebens- und verteidigungswichtiger Anlagen und Einrichtungen vor der Wirkung von Angriffswaffen; 5. die **Aufenthaltsregelung** im Spannungs- und Verteidigungsfall; 6. das **Gesundheitswesen** und 7. den **Schutz von Kulturgut** (↑Kulturgüterschutz). Die im Zusammenhang mit dem Z. anfallenden Verwaltungsaufgaben werden durch das Bundesamt für Zivilschutz wahrgenommen.

In **Österreich** ist der Z. noch im Aufbau. Die Aufgaben des Z. werden von verschiedenen Behörden des Bundes, der Bundesländer und der Gemeinden sowie von Hilfsorganisationen erfüllt (insbes. Öster. Zivilschutzverband). - In der **Schweiz** ist der Z. insbes. hinsichtl. Personal, materieller Ausstattung und Schutzraumbau stark entwickelt. Zuständige Behörden sind das Bundesamt für Z., die kantonalen Z.ämter und die gemeindlichen Z.stellen.

Zizit [hebr. „Franse, Quaste"], verzierter Faden an den Ecken des Obergewandes oder Gebetsmantels (↑Tallit) der Juden als stete Mahnung zur Gesetzestreue.

Žižka [z Trocnova], Jan [tschech. 'ʒiʃka] (dt. Johann Ziska [von Trocnov]), *Trocnov bei Budweis um 1370, †bei Přibyslav (Ostböhm. Gebiet) 11. Okt. 1424, böhm. Hussitenführer. - Führender Organisator und Feldherr der Taboriten; konnte zeitweilig auch die gemäßigten Richtungen der Utraquisten und Kalixtiner seinem Kommando unterwerfen. Große Bed. besaßen seine Siege über Kaiser Sigismund am Žižkaberg (Vítkov) bei Prag am 14. Juli 1420 und bei Havlíčkův Brod am 8. Jan. 1422.

ZK, Abk. für: ↑Zentralkomitee.

Zlín [tschech. zli:n] ↑Gottwaldov.

Zloty ['slɔti; poln. „Goldener"; Mrz. Zlotys] (poln. Złoty [poln. 'zwɔti]), der poln. Gulden, 1528–1864 = 30 Groschen gerechnet, zunächst = 1 Dukaten und ebenso = 1 Taler, in der Folge häufiger Abwertung unterworfen; 1815–64 = 15 Kopeken russ. Währung, dann abgeschafft; erneuert 1923 zu 100 Groschen. Heute Währungseinheit in Polen, Abk. Zl, 1 Zl = 100 Grosze (Gr, gr).

Zn, chem. Symbol für ↑Zink.

Znaniecki, Florian Witold [poln. zna'njɛtski], *Świątniki Górne (bei Krakau) 15. Jan. 1882, †Champaign (Ill.) 23. März 1958, amerikan. Soziologe poln. Herkunft. - Prof. in Posen (1920), wo er 1921 das Soziolog. Inst. gründete; Prof. an der University of Illinois (seit 1940); lieferte mit der (zus. mit W. I. Thomas durchgeführten) Untersuchung, „The Polish peasant in Europe and America" (1918–21), die umfangreiches autobiograph. Material auswertete, einen richtungsweisenden Beitrag zur Entwicklung qualitativer Methoden in der empir. Sozialforschung.

Znojmo [tschech. 'znɔjmɔ] (dt. Znaim), Stadt an der mittleren Thaya, ČSSR, 289 m ü. d. M., 37 800 E. Handels- und Verarbeitungszentrum eines Gemüse- und Weinbaugebiets. - 1048 erstmals erwähnt; erhielt 1226 Stadtrecht. - Ehem. Burg der Markgrafen von Mähren (11./12. Jh.; verändert), in der Burgkapelle roman. Fresken. Got. Pfarrkirche Sankt Nikolaus (1338–1440).

ZNS, Abk. für: ↑Zentralnervensystem.

Zoarien [griech.] ↑Moostierchen.

Zobel [slaw.], (Sibir. Z., Martes zibellina) ziemlich gedrungener, spitzschnauziger Marder, v. a. in Wäldern großer Teile Asiens (urspr. auch N- und NO-Europas); Länge rd. 40–60 cm, mit etwa 10–20 cm langem, buschigem Schwanz; Fell braungelb oder dunkelbraun oder fast schwarz, langhaarig und weich. Die hochwertigsten (fast schwarzen, sehr feinhaarigen) Felle wurden früher als *Kronen-Z.* (Tribut für den Zarenhof) bezeichnet. Diese Felle werden heute in der Qualität durch die Felle von in Farmen gezüchteten Z. übertroffen, die 90% der Z.felle für den Handel liefern.

◆ (Amerikan. Z.) ↑Fichtenmarder.

◆ (Dornbrachsen, Kanov, Abramis sapa) bis 30 cm langer, seitl. stark abgeplatteter Karpfenfisch (Gatt. Brassen) in Zuflüssen des Schwarzen Meers und des Kasp. Meers sowie im Ilmensee und Wolchow; weißlichgrau mit dunklem Rücken.

Zocher, Rudolf, *Großenhain bei Dresden 7. Juli 1887, †Erlangen 30. Juni 1976, dt. Philosoph. - Einer der führenden Kantforscher des 20. Jh.; beschäftigte sich v. a. mit dem Problem einer philosoph. Grundlehre; diese soll zur Grundlegung einer ontolog. Sachlehre und damit zu einem Ausgleich der konkurrierenden philosoph. Richtungen der „Neuen Ontologie" und des Kritizismus auf höherer Ebene geeignet sein. - *Werke:* Die objektive Geltungslogik und der Immanenzgedanke (1925), Geschichtsphilosoph. Skizzen (1933/34), Die philosoph. Grundlehre (1939), Kants Grundlehre. Ihr Sinn, ihre Problematik, ihre Aktualität (1959).

Zodiakallicht [griech./dt.] (Tierkreislicht), schwache Leuchterscheinung am nächtl. Himmel entlang der scheinbaren Sonnenbahn, der Ekliptik. Sie wird v. a. durch Streuung des Sonnenlichts an Partikeln der interplanetaren Materie hervorgerufen.

Zodiakus [griech.], svw. ↑Tierkreis.

Zoe, aus dem Frz. übernommener weibl. Vorname (zu griech. zōḗ „Leben").

Zofingen, Bez.hauptort im schweizer. Kt. Aargau, 8 km südl. von Olten, 433 m ü. d. M., 8 800 E. Großdruckerei, Zeitschriftenverlag, chem., Textilind., Maschinen- und Apparatebau, Holzverarbeitung. - Nach 1150 zur Stadt erhoben; Ende des 13. Jh. unter Kauf an die Habsburger; Stadtrechtsbestätigung 1363; 1415 von Bern erobert, Berner Landstadt unter Beibehaltung seiner Privilegien. - Spätgot. ehem. Stiftskirche Sankt Mauritius (12.–16. Jh.) mit barockem W-Turm (1646–49), bed. Glasfenstern und roman. Krypta; Rathaus (1792–95).

Zogu I. [alban. 'zogu] (Zog I.), eigtl. Achmed Zogu, * Schloß Burgajet (Albanien) 8. Okt. 1895, † Paris 9. April 1961, König der Albaner (1928–39). - Aus einem führenden Adelsgeschlecht Albaniens; ab 1920 verschiedentl. Min.; 1923 Min.präs.; 1924 ins Exil getrieben; ab Jan. 1925 Staatspräs., ab 1. Sept. 1928 König, ab 1939 wieder im Exil.

Zoide [griech.] ↑ Moostierchen.

Zoisit [nach dem slowen. Mäzen S. Zois, * 1747, † 1819], Mineral von meist aschgrauer, braungrauer oder grünl. Farbe. Bildet gewöhnl. derbe Aggregate aus stengeligen, rhomb. Kristallen. Chem. Zusammensetzung $Ca_2Al_3[O|OH|SiO_4|Si_2O_7]$; Mohshärte 6; Dichte 3,2–3,4 g/cm³. Schönfarbige Varietäten werden als Schmucksteine verwendet, so z. B. der rosenrote *Thulit* oder der blaue *Tansanit*. Z. kommt in metamorphen Gesteinen als Umwandlungsprodukt von Feldspäten vor.

Zola, Émile [frz. zɔ'la], * Paris 2. April 1840, † ebd. 29. Sept. 1902, frz. Schriftsteller. - Nach Tätigkeit im Verlag Hachette wandte er sich 1866 ganz dem Journalismus und der Literatur zu; vom Ende der 1870er Jahre an war er Mittelpunkt des „Kreises von Médan". Während der Dreyfusaffäre machte er sich mit einem offenen Brief „J'accuse" (Ich klage an; 1898) an den Präs. der Republik zum Anwalt des unschuldig Verurteilten; mußte danach vorübergehend (Juli 1898 bis Juni 1899) ins Exil nach England gehen. Als Erzähler und als Programmatiker („Der Experimentalroman", 1880) Hauptvertreter des europ. Naturalismus. Im Mittelpunkt seines Hauptwerkes, des 20teiligen Romanzyklus „Die Rougon-Macquart. Geschichte einer Familie unter dem 2. Kaiserreich" (1871–93) steht die Frage nach der Rolle von Vererbung und Milieu im Leben des Menschen; das Werk entstand auf Grund umfangreicher, mit wiss. Exaktheit vorgenommener Dokumentation und gibt ein umfassendes Zeitgemälde der frz. Gesellschaft; bes. bekannt wurden daraus „Die Schnapsbude" (1877, über die Folgen des Alkoholismus in Pariser Arbeiterkreisen), „Nana" (1880; Roman einer Dirne), „Germinal" (1885; über das Leben der Bergarbeiter) und „Der Zusammenbruch" (1892; über den Krieg von 1870/71 und den Zusammenbruch des Kaiserreiches). Eine mehr idealist.-optimist. Einstellung zeigt die Romantrilogie „Die drei Städte" (1894–1898), ebenso der vom Geist eines fortschrittl.-humanitären Sozialreformers erfüllte Romanzyklus „Die vier Evangelien" (1899–1903). Verfaßte auch Dramatisierungen seiner Romane, u. a. „Therese Raquin" (1867; Dr., 1878). Wurde Ende der 1970er Jahre als Photograph entdeckt und gewürdigt.
📖 *Bernard, M.: É. Z. Rbk. 1982. - Hemmings, F. W.: É. Z. Chronist u. Ankläger seiner Zeit. Dt. Übers. Ffm. Neuaufl. 1981. - Korn, K.: Z. in seiner Zeit. Ffm. 1980.*

Émile Zola

Zölestin (Zölestinus), männl. Vorname, ↑ Cölestin.

Zölestin, Name von Päpsten, ↑ Cölestin.

Zölestin (Cölestin, Coelestin) [zu lat. coelestis „himmlisch" (nach der blauen Farbe)], Mineral von weißer, oft bläul. Farbe, auch farblos, ähnl. Baryt. Bildet meist prismat. Kristalle. Chem. $SrSO_4$; Mohshärte 3–3,5; Dichte 3,9–4 g/cm³. Vorkommen meist sedimentär in Karbonaten, Mergeln und Gipsen. Strontiumrohstoff. Verwendung zur Herstellung von Feuerwerkskörpern (rote Flammenfärbung).

Zölibat [lat.], zeitweilige oder dauernde Lebensform der Ehelosigkeit und geschlechtl. Enthaltsamkeit (Jungfräulichkeit). Der in vor- und außerchristl. Religionen von Priestern und Mönchen geforderte Z. fand v. a. in der lat. Kirche seine ausgeprägteste Form; erste kirchenrechtl. Regelung auf der Synode von Elvira (um 306), die den Bischöfen, Priestern und Diakonen der westl. Kirche die ehel. Enthaltsamkeit vorschrieb. In den Ostkirchen darf eine vor der Weihe geschlossene Ehe fortgeführt werden; nur für Bischöfe und Mönche besteht die Z.verpflichtung. Das 2. Vatikan. Konzil hat mit der Wiederherstellung des Diakonats als eigenem und ständigem Dienst für (verheiratete) Männer die Z.pflicht aufgehoben; trotz wachsender Kritik und Priestermangels hält die kath. Kirche an der Z.pflicht für Priesteramts- und nichtverheiratete Kandidaten des Diakonats fest; die Z.pflicht kann nur durch Laisierung aufgehoben werden. Der von vielen Ortskirchen geäußerte Wunsch nach Weihe von erprobten verheirateten Männern („viri probati") ist bisher von der Gesamtkirche nicht aufgegriffen worden. - Die reformator. Kirchen lehnten

Zoll

den Z. als Stand der Vollkommenheit ebenso wie das priesterl. Weihesakrament ab.

Zoll ↑ Zölle.

Zoll [zu mittelhochdt. zol „zylinderförmiges Stück, Pflock"], alte Längeneinheit unterschiedl. Größe, meist zw. 2,3 und 3 cm; in einigen Gebieten der Technik (z. B. bei Gewindemaßen) wird z. T. bis heute der engl. Zoll (= ↑ Inch; Einheitenzeichen: ″) verwendet: 1″ = 25,40 mm.

Zollabkommen, zwischenstaatl. Abkommen zur gegenseitigen Abstimmung der Zölle; bedeutendstes Z. ist das ↑ GATT.

Zollanschlüsse ↑ Zollgebiet.

Zollausland ↑ Zollgebiet.

Zollausschlüsse ↑ Zollgebiet.

Zollbehandlung, die im 2. Teil des Zollgesetzes geregelten Amtshandlungen, die nach der Gestellung des Zollguts in Betracht kommen. Arten der Z. sind: 1. Abfertigung zum freien Verkehr, wodurch das Zollgut zum Freigut wird; 2. Abfertigung zu einem bes. Zollverkehr, nämlich Zollgutversand, -lagerung, -veredelung, -umwandlung oder -verwendung; in all diesen Fällen bleibt die Ware im gebundenen Verkehr und damit Zollgut.

Zölle griech.-mittellat. telonium „Zoll(haus)"], vom Staat erhobene Steuern auf die Ware beim Überschreiten einer Grenze. Früher wurden Z. auch beim Benutzen von Verkehrswegen (*Wege-Z., Brücken-Z.*) erhoben. Die mannigfachen Zollregale innerhalb des Dt. Reiches (*Binnen-Z.*) wurden im 19. Jh. aufgehoben. Im 20. Jh., bes. nach dem 2. Weltkrieg, setzte sich eine Tendenz zu generellem Zollabbau innerhalb großer Wirtschaftsblöcke durch (z. B. ↑ GATT). Heute wird im allg. nur noch die Wareneinfuhr mit einem Zoll belegt (*Einfuhr-Z.*). Ausfuhr- und Durchfuhr-Z. spielen kaum noch eine Rolle. Nach dem Zweck können Z. unterschieden werden in *Finanz-Z.*, die aus rein steuerl. Gründen erhoben werden, und *Schutz-Z.* (zum Zweck der Abschirmung und Förderung der einheim. Wirtschaft gegenüber überlegenen ausländ. Konkurrenten). Der Schutzzoll kann entweder *Erziehungszoll* (um z. B. eine junge Ind. vorübergehend zur Konkurrenz gegenüber dem Ausland zu „erziehen", indem man ihr bei der Anpassung an die Situation auf dem Weltmarkt hilft und sie bis dahin vor Unterbietung schützt) oder *Abwehrzoll* (zum Schutz der Inlanderzeugnisse und des Inlandhandels gegen niedrigere ausländ. Preise) sein. Nach der Bemessungsgrundlage werden unterschieden: *Wertzoll*, bei dem Bemessungsgrundlage der Preis ist, und *spezif. Zoll*, bei dem Mengeneinheiten und Gewichte Grundlage für die Bemessung sind. *Ausgleichs-Z.* sollen Exportprämien und Subventionen des Herkunftslandes der Importe ausgleichen, um Wettbewerbsverzerrungen zu vermeiden.

Grundlage des geltenden *Zollrechts* der BR Deutschland ist das Zollgesetz vom 14. 6. 1961 i. d. F. vom 18. 5. 1970, das im wesentl. das formelle Zollrecht regelt. Wichtigste Durchführungsverordnung zum *Zollgesetz* ist die Wertzollordnung vom 29. 11. 1961. Zollstraftatbestände werden z. T. nach dem Steuerstrafrecht (↑ Steuern [Steuerrecht]) verfolgt (z. B. Zollhinterziehung, Schmuggel), z. T. nach dem StGB (z. B. Steuerzeichenfälschung).

In *Österreich* gilt das Zollgesetz von 1955. Gegenwärtig wird nur Einfuhrzoll erhoben. Der Zoll bemißt sich nach Wert, Gewicht oder Stückzahl der Ware. In der *Schweiz* wird Zoll nach dem Zollgesetz von 1925 und dem Zolltarifgesetz erhoben, und zwar Einfuhrzoll, nur für wenige Waren auch Ausfuhrzoll. Bemessungsgrundlage ist in aller Regel das Bruttogewicht.

⚌ *Zollrecht. Ergänzbare Textslg. f. Wirtschaft u. Verkehr. Stand 1985.* Bearb. v. K. Koch. Bln. 1985. - Wockenfoth, K./Reichwald, W.: *Zoll-Leitf. f. die Betriebspraxis.* Bln. ⁶1981. - Büse, E.: *Leitf. durch das Zollrecht.* Ffm. ³1975.

Zoller, Attila Cornelius, * Visegrád 13. Juni 1927, ungar. Jazzmusiker (Gitarrist). - Trat in den 1950er Jahren in verschiedenen am ↑ Cool Jazz orientierten Gruppen in Deutschland hervor (u. a. bei A. Mangelsdorff); übersiedelte 1959 nach New York, wo er u. a. mit S. Rollins, L. Konitz arbeitet.

Zollernalbkreis, Landkr. in Baden-Württemberg.

Zollfahndungsdienst, Dienststelle bei den Hauptzollämtern, deren Aufgabe u. a. die Erforschung von Steuervergehen ist, die sich auf die von den Hauptzollämtern verwalteten Steuern beziehen.

Zollfeld, Talebene der Glan im nördl. Klagenfurter Becken, Österreich.

Zollgebiet, das von der *Zollgrenze* umschlossene Hoheitsgebiet; es wird vom *Zollinland* (das Hoheitsgebiet i. e. S.) und von den *Zollanschlüssen* (ausländ. Staatsgebiete, die Teil eines inländ. Wirtschaftsgebietes sind) gebildet. Nicht zum Z. gehören die *Zollausschlüsse* (im Hoheitsgebiet liegende Gebiete, die einem anderen Z. angeschlossen sind) und die *Zollfreigebiete* (Teilgebiete eines Hoheitsgebietes, in denen Zolltarife nicht angewendet werden, z. B. Freihäfen). *Zollausland* sind alle Gebiete, die nicht zum Z. und zu den Zollfreigebieten gehören.

Zollgrenzbezirk, entlang der Zollgrenze sich erstreckender Bezirk im Zollgebiet in einer Entfernung bis zu 15 km von der Zollgrenze, in dem zur Sicherung des Zollaufkommens bestimmte Beschränkungen und Verpflichtungen gelten. So hat z. B. im Z. jedermann auf Verlangen der Zollbediensteten stehenzubleiben und sich über seine Person auszuweisen. Auch gelten im Z. gewisse Beschränkungen des Warenverkehrs.

Zollgrenze, die Grenzlinie, die das Hoheitsgebiet mit den Zollanschlüssen (*Zollge-*

biet), aber ohne die Zollausschlüsse und ohne die Zollfreigebiete umschließt. An der Küste ist Z. *(Seezollgrenze)* die jeweilige Strandlinie.

Zollgut, Waren im Zollverkehr im Gegensatz zum *Freigut* (durch die Zollbehörden dem Zollbeteiligten zur freien Verfügung übergebenes Z.). Eingeführte Waren werden außer in gesetzl. gegelten Ausnahmefällen Z., bis sie nach Beendigung der Zollbehandlung Freigut werden, untergehen, vernichtet oder wieder ausgeführt werden.

Zollinhaltserklärung, Erklärung auf vorgeschriebenem Formular über den Inhalt von Postsendungen ins Ausland, entsprechend den zollrechtl. Bestimmungen des Empfängerlandes.

Zollkontingente, zollbegünstigte Warenmengen, unterteilt in autonome Z. auf Grund wirtschaftspolit. Erwägungen und vertragl. Z. auf Grund eines Zollvertrages oder eines Zollabkommens.

Zollkrieg, Form des Wirtschaftskrieges zw. Staaten, wobei die Exportgüter des [wirtsch.] Gegners mit hohen Importzöllen, u. U. auch eigene Exportgüter mit hohen Exportzöllen belegt werden. Solche Kampfzölle veranlassen den Kontrahenten i. d. R. zu entsprechenden Gegenmaßnahmen, die bis zu einem völligen Erliegen oder Verbot der Handelsbeziehungen zw. den beteiligten Staaten führen können.

Zollstock, zusammenklappbarer Maßstab (Gliedermaßstab) aus Holz oder Kunststoff; Längen heute 1 m oder 2 m (in Millimeterteilung; urspr. in Zoll).

Zollstrafrecht, derjenige Teil des Steuerstrafrechts, der sich auf Zölle bezieht; gesetzl. zusammen mit den Steuerstraftaten geregelt in den §§ 369 ff. Abgabenordnung (↑Steuern). Hauptstraftaten sind Bannbruch, Schmuggel und als Form der Steuerhinterziehung die Zollhinterziehung.

Zolltarif, Zusammenstellung der Zollsätze für einen bestimmten Warenkatalog; in der BR Deutschland ist der Z. rechtl. Bestandteil des Z.gesetzes vom 23. 12. 1960 i. d. F. vom 20. 12. 1968. Die entsprechenden Vorschriften sind im *Dt. Gebrauchs-Zolltarif,* in Teil I „Einführende Vorschriften", in Teil II der Z. selbst, bestehend aus dem dt. Teil-Z. und dem Gemeinsamen Z. der EG, enthalten.

Zollunion, Form der Integration, die durch den Zusammenschluß von mehreren Staaten zur Errichtung eines gemeinsamen Marktes mit einheitl. Außenzoll (im Unterschied zur ↑Freihandelszone) und dem Abbau von jegl. Handelshemmnissen zw. den Mgl. gekennzeichnet ist.

Zollverein ↑ Deutscher Zollverein.

Zollverschluß, Mittel der zollamtl. Überwachung; nach §18 Zollgesetz hat der Zollbeteiligte Räume, Beförderungsmittel und Behältnisse, die zollamtl. verschlossen werden sollen, auf seine Kosten zollsicher herzurichten.

Zölom [griech.], die sekundäre ↑ Leibeshöhle.

Zölostat (Coelostat) [lat./griech.], aus zwei Spiegeln bestehende Vorrichtung, die das Licht eines Sterns - speziell der Sonne - immer in die gleiche Richtung (z. B. in ein fest montiertes Fernrohr) wirft. Einer der beiden Spiegel ist um eine zur Erdachse parallele Achse drehbar und kann der tägl. Bewegung des Gestirns nachgeführt werden; er wirft das Licht auf einen zweiten Spiegel, der es in das Beobachtungsgerät reflektiert. *Heliostaten* und *Siderostaten* besitzen demgegenüber nur einen Spiegel. Das Bild der Sonne dreht sich daher um seinen Mittelpunkt, wenn der Spiegel der Bewegung der Sonne nachgeführt wird.

Zomba [engl. ˈzɔmbaː], Stadt im S von Malawi, 53 000 E. Sitz der Univ. von Malawi und 5 ihrer Fakultäten sowie eines kath. Bischofs; Nationalarchiv; Sägewerk. - 1885 als Hauptstadt der brit. Besitzungen im Shirehochland (später Protektorat Njassaland) gegr.; bis 1974 Hauptstadt Malawis.

Zombie, ein eigentlich Toter, der williges Werkzeug dessen ist, der ihn zum Leben erweckt hat. Die Vorstellung vom Z. ist im Wodukult Haitis begründet. Der Z. ist seit den 1930er Jahren Motiv des Horrorfilms.

Zömeterium (Coemeterium) [griech.-lat. „Schlafkammer"], altchristl. Grabstätte oder Friedhof; auch als Bez. für Katakomben verwendet.

Zonaras, Johannes, * Ende des 11. Jh., † nach 1159, byzantin. Geschichtsschreiber. - Verf. einer bis 1118 reichenden und später in viele Sprachen übersetzten Weltchronik („Epitomē historiōn").

Zondek, Bernhard, * Wronki (Woiwodschaft Piła) 29. Juli 1891, † New York 8. Nov. 1966, israel. Gynäkologe. - Prof. in Berlin und Jerusalem; bed. Arbeiten über Wärmehaushalt, Stoffwechselvorgänge und innere Sekretion. Zus. mit S. S. Aschheim erarbeitete Z. die *Aschheim-Z.-Reaktion* (↑Schwangerschaftstests).

Zone [griech.], Erdgürtel, Gebietsstreifen. ◆ ein zusammenhängender Streifen der Oberfläche eines Rotationskörpers zwischen zwei parallelen Ebenen, z. B. Kugelzone.
◆ ↑ Ostzone.

Zone des Schweigens ↑ tote Zone.

Zonengrenzen, die auf Grundlage von Vereinbarungen zw. Großbrit., den USA und der Sowjetunion (Konferenz von Jalta) festgelegten Grenzlinien zw. den Besatzungszonen. Mit der Bildung zweier dt. Staaten wurden die Grenzen zw. den Westzonen aufgehoben; die Grenze der Sowjet. Besatzungszone wurde dagegen befestigt. Sie wird seitens der DDR als „Staatsgrenze West", in der BR Deutschland wurde sie zunächst weiter als

Zonenrandförderung

Z. bezeichnet; etwa seit der Reg.zeit der Großen Koalition bürgerte sich die Bez. „Grenze zur DDR" bzw. „innerdt. Grenze" ein. Nach dem Urteil des Bundesverfassungsgerichts vom 31. 7. 1973 ist diese Grenzlinie eine staatsrechtl. Grenze, ähnl. den Grenzen zw. den (Bundes-)Ländern der BR Deutschland.

Zonenrandförderung, die auf Grund des Gesetzes zur Förderung des Zonenrandgebietes vom 5. 8. 1971 zum Ausgleich der Auswirkungen der Teilung Deutschlands durchgeführten und durch den Bund finanzierten Maßnahmen. Die Z. umfaßt v. a.: 1. regionale Wirtschaftsförderung zum Ausgleich von Standortnachteilen, zur Sicherung und Schaffung von Dauerarbeitsplätzen; 2. steuerl. Vorschriften, die v. a. eine Minderung der Einkommensteuer und Sonderabschreibungen ermöglichen; 3. Verkehrserschließung; 4. Verbesserung der Wohnungsversorgung. Darüber hinaus werden soziale und kulturelle Einrichtungen bes. gefördert.

Zonenturnier ↑ Interzonenturnier.

Zonenzeit (Einheitszeit), die für bestimmte Zonen (die ↑ Zeitzonen) der Erde gültige Zeit, z. B. die mitteleurop. Zeit.

Zonguldak [türk. ˈzɔŋguldɑk], Stadt an der westl. türk. Schwarzmeerküste, 119 100 E. Hauptstadt des Verw.-Geb. Z., Zentrum des einzigen türk. Steinkohlenreviers; Hafen.

Zönobien [griech.], svw. Zönobionten.

Zönobionten (Zönobien) [griech.], Einzeller, die in entwickeltem Zustand eine Zellkolonie bilden.

◆ (euzöne Arten) Tier- und Pflanzenarten, die nur oder fast ausschließl. ein bestimmtes Biotop bewohnen und als dessen Charakterarten gelten. - Ggs. ↑ Ubiquisten.

Zönobit (Coenobit) [griech.], Mönch eines zönobit. Klosters; die Z. leben im Ggs. zu den als Einsiedler lebenden frühchristl. Anachoreten in klösterl. Verbänden (↑ Koinobitentum).

zönobitische Klöster ↑ Koinobitentum.

Zons, ehem. selbständige Stadt, seit 1975 Teil der Stadt Dormagen, NRW. - 1372 verlegten die Kölner Erzbischöfe ihre Rheinzollstelle in das planmäßig 1372 angelegte und 1373 zur Stadt erhobene Z., das stark befestigt wurde; gleichzeitig wurde Schloß Friedestrom als Zitadelle ausgebaut.

zoo..., Zoo... [tso-o...; zu griech. zōon „Lebewesen"], Bestimmungswort von Zusammensetzungen mit der Bed. „Leben, Lebewesen, Tier".

Zoo, Kurzbez. für ↑ zoologischer Garten.

zoogen [tso-o...], durch Tätigkeit von Tieren entstanden, aus tier. Resten gebildet.

Zoogeographie [tso-o...], svw. ↑ Tiergeographie.

Zoologie [tso-o...] (Tierkunde), als Teilgebiet der Biologie die Wiss. und Lehre von den Tieren. Die Z. befaßt sich mit allen Erscheinungen des tier. Lebens, v. a. mit der Gestalt (Morphologie) und dem Bau der Tiere (Anatomie, Histologie, Zytologie), ihren Körperfunktionen (Physiologie), der Individual- (Ontogenese) und Stammesentwicklung (Phylogenese), den fossilen Tieren (Paläozoologie), den verwandtschaftl. Zusammenhängen (Systematik), der Benennung der Arten (Taxonomie), ihren Beziehungen zur Umwelt (Ökologie), ihrer Verbreitung (Tiergeographie) und ihrem Verhalten (Verhaltensphysiologie). - Diesen Fachdisziplinen der Z., die unter der Bez. *allg. Z.* zusammengefaßt werden, steht die *spezielle Z.* gegenüber, die sich mit bestimmten Tiergruppen befaßt. Zur *angewandten Z.* zählen die Haustierkunde, die Schädlingskunde (Parasitologie) und die Tiermedizin.

zoologischer Garten [tso-o...] (Zoo), öffentl. oder private, (im Unterschied zu manchen Tiergärten und Tierparks) wiss. geleitete, tierärztl. versorgte Einrichtung zur Haltung v. a. fremdländ. (exot.) Tierarten in Käfigen bzw. Volieren, in Freigehegen und in (entsprechend klimatisierten) Gebäuden, die insgesamt eine gärtnerisch, häufig parkartig gestaltete Gesamtanlage eingefügt sind. Als Vorbild für den neuzeitl. Zoo gilt die erstmals von C. Hagenbeck praktizierte Haltung der Tiere in Artengruppen, die der natürl. Population eines bestimmten Lebensraums entsprechen, wobei auch der jeweilige Lebensraum möglichst naturgetreu nachgestaltet wird (z. B. Felsen-, Steppen-, Eislandschaften, Tropenvegetation). Statt störender Absperrgitter werden seit Hagenbeck häufig Trocken- oder Wassergräben mit steiler Begrenzungswand angelegt; bei Käfigen wird gelegentl. statt eines Gitters Panzerglas verwendet (v. a. bei der Affen- und Raubtierhaltung in Gebäuden). - Beim sog. *Kinderzoo* soll Kindern die Möglichkeit zum unmittelbaren Kontakt mit Tieren, v. a. Jungtieren, geboten werden. Der sog. *Themenzoo* beschränkt sich auf relativ wenige, unter einem bes. Gesichtspunkt zusammengestellte Tierarten, wie z. B. beim Alpenzoo, Heimatzoo, Wildpark, Vogelzoo. - Neben seiner ideellen Funktion (u. a. Erholungsraum für die Zoobesucher) vermittelt der Zoo auch wiss. Kenntnisse, v. a. in bezug auf das Verhalten und die Lebensbedürfnisse noch nicht ausreichend erforschter Tierarten. Darüber hinaus kommt dem Umstand, daß im Zoo seltene, vom Aussterben bedrohte Tierarten durch Nachzucht zu erhalten versucht, große Bed. zu.

Geschichte: Der erste Tierpark wurde um 2000 v. Chr. am Hof eines chin. Kaisers aus der Hsia-Dyn., ein zweiter nach 1150 v. Chr. unter Wu Wang aus der Chou-Dyn. angelegt. Öffentl. Tiergärten sind u. a. aus Kalach (um 900 v. Chr.), Alexandria (1. Hälfte des 3.Jh. v. Chr.) und Konstantinopel (1. Viertel des 5. Jh. n. Chr.) bekannt. Im Aztekenreich gab

es unter Moctezuma II. um 1500 einen Tierpark in Tenochtitlán. Von der Stadt Augsburg wurde 1580 eine Menagerie errichtet. Bis in die Neuzeit hinein gab es in vielen anderen Städten in Befestigungsgräben oder Wallanlagen z. T. größere Zwinger mit interessanten Wildtieren (z. B. Bären). Im Berliner Tiergarten bestand um 1670 eine Fasanerie, in der außer Fasanen auch Kasuare, Strauße und exot. Hirsche gehalten wurden. Das Kaiserehepaar Franz I. Stephan und Maria Theresia gründete 1752 eine Menagerie im Park von Schönbrunn; aus ihr ging der Zoolog. Garten von Wien hervor, der älteste seiner Art in Europa. In rascher Folge kam es im 19. Jh. zur Gründung zoolog. Gärten in London (1828), Antwerpen (1843), Berlin (1844), Frankfurt am Main (1858), Dresden (1861) sowie in Philadelphia (1858; erster z. G. in den USA). C. Hagenbecks 1907 in Hamburg gegründeter Tierpark gewährt den Besuchern ein ungestörtes Beobachten der Tiere. - Übersicht S. 316f.
📖 *Das Buch vom Zoo. Mit einem Vorwort v. H. Hediger.* Luzern 1978. - *Hediger, H.: Zoolog. Gärten - gestern, heute, morgen.* Bern u. Stg. 1977.

Zoomobjektive [zu:m; engl./lat.] (Varioobjektiv, „Gummilinse"), photograph. Objektive mit stufenlos veränderl. Brennweite; bestehen aus einem Grundobjektiv fester Brennweite und einem im wesentl. afokalen Vorsatz aus mehreren axial verschiebbaren Linsengruppen, die durch Veränderung der Abstände zw. den Gruppen die Brennweite des Grundobjektivs kontinuierl. vergrößern oder verkleinern. Von der Vielzahl mögl. Typen hat sich bes. das Prinzip des *Transfokators* (H. Grammatzki, 1932) durchgesetzt; demnach bestehen Z. aus vier Linsengruppen (Gesamtlinsenzahl 14 und mehr): 1. der fokussierbaren Frontlinsengruppe; 2. der mit veränderl. Abbildungsmaßstab arbeitenden Variatorgruppe, die ein Zwischenbild erzeugt; 3. dem den Zwischenbildort konstanthaltenden Kompensator; 4. dem das Zwischenbild auf den Film projizierenden Grundobjektiv. Variator und Kompensator werden axial gegenläufig verschoben; ihre Bewegung kann mit der des fokussierbaren Gruppe so gekoppelt werden, daß für jede Brennweite die Hyperfokaleinstellung eingehalten (*Autozoom*; ↑Schärfentiefe) und das Scharfeinstellen unnötig wird. Eine zusätzl. Verschiebung des Kompensators in Richtung auf die Frontgruppe kann die Objektebene bis in die Ebene des Frontlinsenscheitels heranrücken, wodurch Aufnahmen im Nah- und Makrobereich mögl. werden (*Makro-Z.*). Bei *Projektions*-Z. fehlt der Kompensator,; hier wird das Auswandern der Bildlage bei der Brennweitenänderung mit dem Fokussieren korrigiert. - Abb. S. 314.

Zoonosen [tso-o...; griech.], bei Tieren vorkommende Krankheiten, die auf den Menschen übertragen werden können.

Zoon politikon ['tso-ɔn; griech.], auf Aristoteles zurückgehende „Wesensbestimmung" des Menschen als eines „sozialen, pol. Lebewesens", d. h. als eines auf Gemeinschaft angelegten Lebewesens.

Zoosporen [tso-o...] (Schwärmsporen), begeißelte, bewegl. Sporen niederer Pflanzen, die der ungeschlechtl. Fortpflanzung dienen.

Zoosterine [tso-o...] ↑Sterine.

Zoozönose [tso-o...; griech.] ↑Lebensgemeinschaft.

Zope (Abramis ballerus), bis 35 cm langer Karpfenfisch (Gatt. Brassen) in Seen und Unterläufen von in die Nord- und Ostsee sowie ins Schwarze und Kasp. Meer mündenden Flüssen; Körper schlank, seitl. abgeplattet; Rücken dunkelbraun.

Zopf, geflochtenes Haar, Teil der Haar- oder Barttracht, z. T. auch Fremdhaar (falscher Zopf).

Zopfstil, Bez. des Übergangsstils zw. Rokoko und Klassizismus; bes. in Architektur, Malerei und Kunstgewerbe.

zoppo [italien.], musikal. Vortragsbez.: hinkend, lahm, schleppend.

Zoppot (poln. Sopot), poln. Stadt an der Danziger Bucht, 51 000 E. Hochschulen für Musik und für Wirtschaftswiss.; Teil der Agglomeration Danzig–Z.–Gdingen; Seebad und Kurort (Moorbäder); jährl. Jazzfestival. - Ende des 16. Jh. entstand das Fischerdorf Sopot Dolny, das 1772 an Preußen kam; seit 1823 ausgebaut; 1901 Stadtrechtsverleihung; 1920 zur Freien Stadt Danzig, 1939 zum Reichsgau Danzig-Westpreußen.

Zores [jidd.], Wirrwarr, Ärger, Durcheinander.

Zorilla [span.] (Bandiltis, Ictonyx striatus), nachtaktiver, sich tagsüber in selbstgegrabenen Erdhöhlen verbergender Marder in unterschiedl. Biotopen Afrikas südl. der Sahara; Länge rd. 30–40 cm; Schwanz etwa 20–30 cm lang, buschig und weiß behaart; Körper auf schwarzem Grund mit breiten, weißen Längsstreifen.

Zorn, Anders [schwed. so:rn], * Utmeland bei Mora 18. Febr. 1860, † Mora 22. Aug. 1920, schwed. Maler und Radierer. - 1881–96 Wanderleben in Europa und USA; seitdem in Mora. Ab etwa 1887/88 Hinwendung zur Ölmalerei. Z. wurde zum führenden und beliebten schwed. Impressionisten; bed. auch als Radierer. V. a. Porträts, Freilichtakte, Genrebilder. - Abb. S. 315.

zornige junge Männer ↑Angry young men.

Zornnattern (Coluber), Gatt. der Echten Nattern mit zahlr. eierlegenden Arten, v. a. in sonnigen, felsigen, buschreichen Landschaften S-Europas, N-Afrikas, Asiens, N- und M-Amerikas; meist sehr schlank, mit schmalem Kopf, großen Augen und langem

Zoroaster

Schwanz; äußerst flinke und bissige Tagtiere, die bevorzugt Eidechsen, kleine Schlangen und Mäuse jagen; Biß für den Menschen ungefährlich. - Zu den Z. gehören u. a. die bis 2 m lange **Gelbgrüne Zornnatter** (Coluber viridiflavus; Körper meist schwarz mit kleinen, gelbgrünen, häufig zu Querbändern oder Längsstreifen angeordneten Flecken), die etwa 2 m lange **Pfeilnatter** (Coluber jugularis; häufig Oberseite gelbbraun mit dunklen Quer- und Punktzeichnungen) und die **Hufeisennatter** (Kettennatter, Coluber hippocrepis; etwa 1,75 m lang, mit heller Kettenzeichnung und hufeisenförmigen Ohrenflecken).

Zoroaster ↑ Zarathustra.
Zoroastrismus ↑ Parsismus.
Zorrilla y Moral, José [span. θo'rriʎa i mo'ral], * Valladolid 21. Febr. 1817, † Madrid 23. Jan. 1893, span. Dichter. - 1855–66 Hofdichter Kaiser Maximilians in Mexiko; 1889 in der Alhambra zum Dichter gekrönt. Bedeutendster volkstüml. Lyriker und Epiker der span. Romantik. Von seinen Dramen gilt die religiös-phantast. Bearbeitung des Don-Juan-Stoffes „Don Juan Tenorio" (1844) als eines der vollendetsten Dramen der span. Bühnenkunst.

Zoster [griech.], svw. ↑ Gürtelrose.
Zote, unanständiger Witz.
Zottelwicke ↑ Wicke.
Zotten (Villi), kleine, fingerförmige Ausstülpungen der [Schleim]haut, z. B. Darmzotten.
Zottengeschwulst, svw. ↑ Papillom.
Zottenkrebs (Chorionepitheliom), bösartige Geschwulst aus Chorionzotten bzw. Resten einer Blasenmole, die nach der Geburt im Uterus zurückbleiben.
Z-Plan, von Hitler am 27. Jan. 1939 unterzeichneter Plan zum Ausbau der dt. Kriegsflotte, in dessen Mittelpunkt der Bau von 6 Schlachtschiffen (je 56 000 ts bis 1944 stand); bildete ein wichtiges Element in Hitlers globalem Expansionsprogramm.
Zr, chem. Symbol für ↑ Zirkonium.
Zrenjanin [serbokroat. ˌzrɛnjanin] (dt. Großbetschkerek), jugoslaw. Stadt 60 km nördl. von Belgrad, 90 m ü. d. M., 80 800 E. Wirtsch. und kultureller Mittelpunkt des jugoslaw. Banats. - 1351 erstmals erwähnt (Bečkerek); 1422 als Stadt gen.; ab 1552 (Einrichtung des osman. Paschaliks Temesvar) Sitz eines Beis; blieb nach der Befreiung von der Türkenherrschaft bis 1918/19 unter östr. bzw. ungar. Herrschaft.
Zrínyi [ungar. 'zri:nji], kroat.-ungar. Adelsgeschlecht, urspr. Šubić; 1347 mit der Burg Zerin (= Zrin) in Slawonien belehnt; seit 1546 auch in Ungarn begütert; 1703 ausgestorben. Bed. Vertreter:
Z., Miklós (Nikola) Graf, * wahrscheinl. 1508, ✕ Szigetvár 8. Sept. 1566, kroat. Ban (1542–56) und ungar. Magnat, der „Held von Szigetvár". - Kämpfte 1529 vor Wien gegen die Osmanen; ab 1561 Kapitän der Burg von Szigetvár und erfolgreich an der Türkenabwehr beteiligt. Er fiel beim Ausbruch aus der lange von Osmanen belagerten Burg.
Z., Miklós (Nikola) Graf, * Burg Ozalj bei Karlovac 1. Mai 1620, † bei Čakovec (Murinsel) 18. Nov. 1664 (Jagdunfall), Ban von Kroatien (seit 1649) und Dichter. - Kämpfte siegreich gegen die Osmanen; wurde zum polit. Gegner der Habsburger. Sein berühmtestes Werk ist der Heldenepos „Obsidio Szigetiana" (1651), in dem er den heroischen Kampf seines Urgroßvaters gegen die Osmanen besingt.
Z., Péter (Petar) Graf, * Burg Vrbovec bei Zagreb 6. Juni 1621, † Wiener Neustadt 30. April 1671 (hingerichtet), Ban von Kroatien (seit 1665). - Führte als Kapitän der kroat. Grenze (ab 1647) einen eigenwilligen Kleinkrieg gegen die Osmanen; beteiligte sich 1666 an der Wesselényischen Verschwörung gegen den Wiener Hof. Seine Tochter Ilona (* 1643, † 1703) wurde durch die heldenmütige Verteidigung der Burg Munkács (= Mukatschewo) gegen die Kaiserlichen (1685–88) zur legendären Gestalt der ungar. Geschichte.
Zschopau ['tʃo:pau̯], Krst. im nördl. Erzgebirgsvorland, Bez. Karl-Marx-Stadt, DDR, 350 m ü. d. M., 11 000 E. Motorradbau, Strumpf- und Trikotagenherstellung. - 1292 erstmals als Stadt erwähnt. - Spätgot. Stadt-

---

Zoomobjektive. Funktionsschema der stufenlosen Brennweiteneinstellung; die rote Linie zeigt die Bewegung für die Änderung der Vergrößerung, die blaue Linie die Ausgleichsbewegung für die Konstanthaltung der Austrittsschnittweite (1 Frontlinsengruppe, 2 Variatorgruppe, 3 Kompensator, 4 Grundobjektiv)

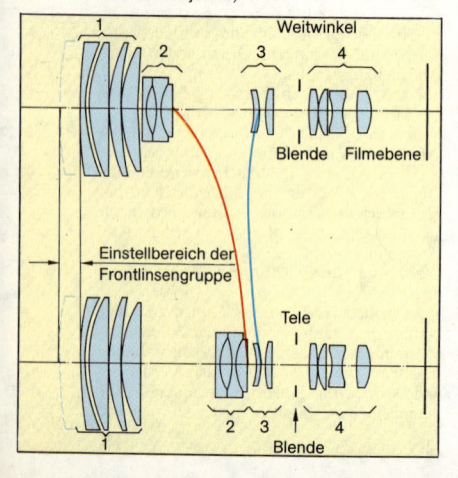

kirche (1494 ff.), Burg Wildeck (1545 umgebaut).

Z., Landkr. im Bez. Karl-Marx-Stadt, DDR.

Zsigmondy, Richard [ˈʃɪgmɔndi], * Wien 1. April 1865, † Göttingen 29. Sept. 1929, östr. Chemiker. - Prof. für anorgan. Chemie in Göttingen. Arbeitete über Kolloidchemie, Ultrafiltration und Dialysatoren und konstruierte 1902/03 zus. mit H. F. W. Siedentopf das Ultramikroskop zur Sichtbarmachung von Kolloidteilchen. 1925 Nobelpreis für Chemie.

Zsolnay, Paul [ˈʃɔlnaɪ], * Budapest 12. Juni 1895, † Wien 11. Mai 1961, östr. Verleger. - Gründete 1923 in Wien einen Verlag, den er nach Emigration (1938–45 in London) wieder aufbaute. Sein Interesse galt v. a. der Belletristik und dem populärwiss. Sachbuch.

z. T., Abk. für: **zum Teil.**

Ztr., Einheitenzeichen für ↑ Zentner.

Zubehör, im Zivilrecht bewegl. Sachen, die, ohne Bestandteil der Hauptsache zu sein, dem wirtsch. Zweck der Hauptsache zu dienen bestimmt sind und zu ihr in einem dieser Bestimmung entsprechenden räuml. Verhältnis stehen. Das Z. ist eine rechtl. selbständige Sache, kann also Gegenstand bes. Rechte und Pflichten sein (§ 97 BGB).

Zuccalli, Enrico (Johann Heinrich) [italien. tsukˈkalli], * Roveredo (GR) 1642, † München 8. März 1724, schweizer. Baumeister. - Vertrat den italienisierenden Stil des Münchner Barock. Sein erstes Werk in München war die Weiterführung der Theatinerkirche (Kuppel, W-Türme, Innenraum); es folgten Innenausstattung und Freitreppe des Nymphenburger Schlosses, Schlößchen Lustheim (1684–89) in Schleißheim, Entwurf und teilweise Ausführung des barocken Umbaus der Ettaler Klosterkirche.

Zuccalmaglio [tsʊkalˈmaljo; italien.] ↑ Äpfel (Übersicht).

Zuccari [italien. ˈtsukkari], Federico, * Sant' Angelo in Vado bei Urbino 1540 (?), † Ancona 20. Juli 1609, italien. Maler und Zeichner. - Als Vertreter des röm. Spätmanierismus gehörte Z. zu den berühmtesten Meistern seiner Zeit. Schuf Fresken u. a. im Vatikan, in Florenz (Dom) und in seinem röm. Haus (Sitz der Accademia di San Luca, deren Präs. er 1598 wurde). Illustrierte Werke von Dante (Rötel und Kreide).

Z., Taddeo, * Sant' Angelo in Vado bei Urbino 1. Sept. 1529, † Rom 2. Sept. 1566, italien. Maler. - Bruder von Federico Z.; seit 1543 in Rom ansässig; verband die Formenwelt Raffaels und Michelangelos mit den Farb- und Lichteffekten von Correggio und Parmeggianino; führte als Hauptvertreter des röm. Manierismus neben Tafelgemälden zahlr. große dekorative Aufgaben aus, u. a. Fresken im Palazzo Farnese in Caprarola bei Rom (1560/61) sowie im Vatikan.

Zucchini [tsʊˈkiːni; italien.] (Zucchetti), Bez. für die bis 25 cm langen, grünen, gurkenähnl. Früchte einer nichtkriechenden Kulturform (Cucurbita pepo var. giromontiina) des Speisekürbisses.

Zucht, in der *Pädagogik* ältere Bez. für den Vorgang der Disziplinierung der Kinder. ◆ (Züchtung) ↑ Tierzucht, ↑ Pflanzenzüchtung.

Zuchthaus, früher eine Anstalt zur Vollstreckung der nach Einführung der ↑ Einheitsstrafe in der BR Deutschland abgeschafften Z.strafe.

Züchtigungsrecht, das gewohnheitsrechtl. anerkannte Recht der Personensorgeberechtigten (z. B. Eltern, Adoptiveltern, Vormund; ↑ auch Personensorge) auf körperl. Züchtigung des ihrer Erziehung unterworfenen Kindes. Wird das für den Erziehungszweck gebotene Maß überschritten, so liegt ein Mißbrauch der elterl. Gewalt vor, der (wenn er zur Anzeige gelangt) als Körperverletzung bestraft werden kann. Mit Ausnahme des umstrittenen (wenn auch eng umgrenzten) Z. des Lehrers haben andere Personen kein Z. (z. B. nicht der Lehrherr gegenüber dem Lehrling). Ein Z. als Strafe ist als unmenschl. Behandlung nach Art. 3 der Europ. Menschenrechtskonvention grundsätzl. verboten.

Zuchtmittel, im ↑ Jugendstrafrecht eine der Möglichkeiten, die Straftat eines Jugend-

Anders Zorn, Zwei badende Mädchen (1913). Radierung

ZOOLOGISCHE UND BOTANISCHE GÄRTEN IN DER BUNDESREPUBLIK DEUTSCHLAND

Ort (Gründungsjahr)	Besonderheiten (Auswahl)
zoologische Gärten	
Berlin (West) (1844)	Freisichtgehege, Nachttierhaus, Tropenhaus, Aquarienhaus mit Terrarium und Insektarium, Robbenfreianlage, großes Vogelhaus mit Freiflughalle
Bremerhaven (1913)	Tiere des europ. Nordens, des Atlantiks, Tropenhaus, Aquarium
Darmstadt (1961)	Tierarten der afrikan. Steppe und trop. Inseln, Aquarium, Terrarium, Volieren
Dortmund (1953)	Tiergeograph. besetzte Freigehege, Tropenhaus (Aquarien, Terrarien, Vogelhaus), Seelöwenanlage
Duisburg (1933)	Freigehege, Äquatorium, Aquarium, Delphinarium, Arabergestüt, Schlittenhundezwinger
Düsseldorf (1904)	seltene Fischarten, Reptilien, Amphibien, Wirbellose
Essen (1952)	Aquarien- und Terrarienhaus
Frankfurt am Main (1858)	Freisichtgehege, Nachttierhaus, Exotarium (Polarlandschaft; trop. Regenwald; zahlr. Schauaquarienbecken; Reptilienhalle; Insektarium), Vogelhaus mit Freiflughalle
Gelsenkirchen (1949)	Freigehege für afrikan. Steppentiere
Hamburg (1907) Hagenbecks Tierpark	Biotopgemäße Freigehege, Fjordlandschaft, Tropenhaus, Delphinarium, Volieren, jap. Inselgarten
Hannover (1865)	Freisichtgehege, Bärenanlage, Gibbonfreianlage
Heidelberg (1934)	Freigehege, Innen- und Außenvolieren
Karlsruhe (1865)	Nordatlant. Fauna, Robbenfreianlage
Köln (1856)	Afrika- und Südamerikaanlage, Kleinsäugetiere, Aquarien mit Terrarium und Insektarium
Krefeld (1938)	Seltene Raubkatzen, südamerikan. Tierwelt, Affenhaus, Reptilienhaus, Vogelhaus
München (1911) Tierpark Hellabrunn	Tiergeograph. angelegte Freigehege, Tropenhaus, Polarium, Großflugkäfig
Münster (1875)	Afrikapanorama, Delphinarium, Polarium, Terrarium, Aquarium, Tropenhaus mit Flughalle
Nürnberg (1911)	Huftiergruppen, Delphinarium, Tropenhaus, Greifvögel
Osnabrück (1936)	Dromedarpark, Damwildpark, Südamerikagehege, Robbenbecken
Rheine (1937)	Affengehege, Seehunddressur
Saarbrücken (1932)	Afrikahaus mit Nachttierabteilung, Tropenhaus, Vögel SO-Asiens
Straubing (1938)	Freigehege für Eis- und Braunbären, Großflugkäfig, Aquarium, Terrarium, Nachttierabteilung
Stuttgart (Wilhelma) (1949)	Aquarium, Terrarium, Nachttierabteilung
Wuppertal (1879)	Freianlagen für Huftiergruppen, Pinguinanlage, Aquarien- und Terrarienhaus
botanische Gärten	
Aachen (1963)	
Augsburg (1936)	Tropenhäuser
Berlin-Dahlem (1900)	pflanzengeograph. Abteilung, großes Tropenhaus
Bielefeld (1911)	Wildrhododendron, Japan. Azaleen, Wildstauden aus aller Welt, Alpinum
Bochum (1968)	geobotan. Abteilung, Arboretum, Rhododendrontal
Bonn (1818)	
Braunschweig (1840)	Wasser- und Sumpfpflanzen in Freilandbecken
Bremen (1937 [1905])	Rhododendron-Park (16 ha), Pflanzen N-Deutschlands, geograph. Abteilungen für Pflanzen N-Amerikas, O-Asiens, Australiens und des Mittelmeergebietes
Darmstadt (1814)	Freilandgehölze aus Europa, N-Amerika, China, Japan
Dortmund (1930)	Arboretum, trop. Regenwald, Kohleflora
Duisburg 1. Botan. Garten Duisburg-Duissern (1890)	Norddt. Dünenlandschaft, Moorbeetpflanzen, Heideformation
2. Botan. Garten Duisburg-Alt Hamborn (1905)	Wasserpflanzen, trop. Seerosen
Erlangen-Nürnberg (1828 [1743])	Pflanzen der Kanar. Inseln und mediterraner Hochgebirge
Essen (1927)	Orchideen-, Kakteensammlung, Rhododendrontal

Zoologische und botanische Gärten (Forts.)

Ort (Gründungsjahr)	Besonderheiten (Auswahl)
Frankfurt am Main (1763)	geograph.-ökolog. Pflanzengemeinschaften der mitteleurop. Flora, Sammlungen der mediterranen, nordamerikan. und ostasiat. Flora
Freiburg im Breisgau (1620 [1912])	Farnpflanzen, Gehölze der arktotertiären Flora N-Amerikas und O-Asiens, phylogenet. Stammbaum der Blütenpflanzen
Gießen (1609)	trop. Nutzpflanzen, systemat.-, kulturhist.-, biolog.-, pharmazeut.-, pflanzengeograph. Abteilungen
Göttingen (1738)	
Gütersloh (1915)	
Hamburg (1821)	Masdevallia-Sammlung
Heidelberg (1593 [1915])	Sukkulenten-, Bromelien-, Orchideen-Sammlung
Karlsruhe (1883)	
Kassel (1913)	
Kiel (1669)	afrikan. Sukkulenten
Köln (1864)	Arznei-, Nutz-, Gift-, Gewürzpflanzen
Krefeld (1928)	seltene Kakteen, fleischfressende Pflanzen
Mainz (1946)	Arboretum, Kakteen- und Sukkulentensammlung
Marburg (1786)	Alpinum (2 ha), Farnschlucht, Rhododendronanlage
Mönchengladbach (1904)	Koniferensammlung, Laubholzsammlung, Blindengarten
München (1914)	Aquarienpflanzen, fleischfressende Pflanzen, Baum- und Geweihfarne
Münster (1804)	
Oldenburg (1913)	Moorlandschaft, Pflanzen des Weser-Ems-Gebietes
Regensburg (1977)	
Saarbrücken (1966)	
Stuttgart-Hohenheim	
1. alter botan. Garten (1829)	Arboretum
2. neuer botan. Garten (1977)	prähistor. Nutz- und Kulturpflanzen
Tübingen (1969)	Pflanzengesellschaften der Alpen und der Schwäb. Alb
Wilhelmshaven (1947)	Freilandorchideen
Wuppertal (1910)	Schwertlilien-Sammlung
Würzburg (1965 [1960])	pflanzengeograph.-soziolog. Abteilungen, „Pflanzensystem"

lichen zu ahnden; geregelt in den §§ 13–16 Jugendgerichtsgesetz. Z. werden vom Jugendgericht (Jugendrichter) angeordnet, wenn ↑Jugendstrafe nicht geboten ist, ↑Erziehungsmaßregeln aber nicht ausreichend erscheinen. Mögl. Z. sind die *Verwarnung*, die Erteilung von *Auflagen* und der *Jugendarrest*. Eine Geldbuße soll nur bei einer leichten Verfehlung angeordnet werden, wenn der Jugendliche aus ihm zur selbständigen Verfügung stehenden Mitteln zahlen kann und ihm ein aus seiner Tat resultierender Gewinn entzogen werden soll. – Die Verhängung von Z. wird in das ↑Bundeszentralregister aufgenommen.

Zuchtperlen, nach (künstl.) Einbringung eines Fremdkörpers (Perlkern) in Muscheln entstehende ↑Perlen.

Zuchtrennen, im Pferdesport klass. Rennsportprüfung, bei der alle Pferde eines Jahrgangs das gleiche Gewicht tragen (↑ auch Ausgleichsrennen); dient v. a. der Zuchtauswahl.

Züchtung (Zucht) ↑Tierzucht, ↑Pflanzenzüchtung.

Zucker [zu italien. zucchero (entlehnt aus altind.-arab. sukkar) mit gleicher Bed.], die kristallinen, wasserlösl., meist süß schmeckenden Kohlenhydrate aus den Reihen der Mono- und Oligosaccharide; i. e. S. Bez. für das Disaccharid Saccharose, das v. a. aus Zuckerrüben und Zuckerrohr *(Rüben-Z.* bzw. *Rohr-Z.)*, in geringem Maß auch aus anderen Pflanzen, z. B. dem Zuckerahorn, gewonnen wird. Bei der *Gewinnung* von Z. aus Z.rüben werden die zerkleinerten Rüben mit Wasser ausgelaugt (Z.rohr wird gepreßt); der erhaltene Rohsaft enthält neben 13–15% Z. Salze, Säuren, Proteine und Pektine; die Nichtzuckerstoffe werden ausgefällt, abfiltriert und als Dünger verwendet (die ausgelaugten Z.rübenschnitzel als Viehfutter). Der verbleibende Klarsaft wird z. B. mit Schwefeldioxid, Aktivkohle oder Ionenaustauscher aufgehellt und zu Dicksaft mit 65–68% Trockensubstanz eingedampft. Nach Filtration wird der Dicksaft so lange eingedickt, bis sich ein Teil des Z. als sog. Weißzuckerfüllmasse abscheidet, die durch Zentrifugieren abgetrennt wird. Durch mehrere Reinigungsverfahren (Affinierverfahren, Raffination) erhält man Z. in Form weißer Kristalle *(Kristall-Z.)*. Als Zentrifugenablauf der letzten Stufe fällt ein brauner Sirup, die Melasse, an. Aus 100 kg Z.rüben gewinnt man 12–15 kg Z., 3,4 kg Melasse und 45 kg Naßschnitzel. Außer als Kristall-Z. gelangt Z. als *Puder-Z.* (gemahlener Kristall-Z.),

Zuckeraustauschstoffe

Würfel-Z. (wird durch Pressen von etwas angefeuchtetem Kristall-Z. hergestellt; ähnl. werden auch Z.*hüte* hergestellt), als *weißer Kandis-Z.* (wird durch Kristallisation reiner gesättigter Z.lösungen gewonnen) und als *brauner Kandis-Z.* (Gewinnung aus braunem, ungebleichtem Z.saft) in den Handel.

Geschichte: In der Antike war Z. unbekannt; gesüßt wurde mit Honig, in den Heimatgebieten des Zuckerrohrs mit dessen Saft. Die Kristallisation von Z. aus dem Saft des Zuckerrohrs wurde im 4. Jh. n. Chr. in Indien entdeckt. Die Araber vervollkommneten die Raffinationsmethoden; zur Zeit der Kreuzzüge gelangten der Z. und die Kenntnisse der Z.gewinnung nach Europa. Die Möglichkeit der Gewinnung von Z. aus Rüben wurde 1747 von A. S. Marggraf entdeckt.

⎕ *Imfeld, A.:* Z. Zürich ³1986. - *Hoffmann, Hartmut, u.a.:* Z. u. Z.waren. Hamb. u. Bln. 1985. - *Die Z.herstellung.* Hg. v. *E. Junghans u.a.* Lpz. ³1984. - *Technologie des Z.* Hg. v. *Ferdinand Schneider.* Hannover ²1968. - *Z.wirtschaftl. Tb.* Hg. v. *K. Dankowski u.a.* Bln. 1954 ff.

Zuckeraustauschstoffe, süß schmeckende Kohlenhydrate (z. B. Fructose) und Zuckeralkohole (z. B. Sorbit), die im menschl. Körper insulinunabhängig verwertet werden können und anstelle von Zucker (Saccharose) und Glucose in der Diabetiker- und Reduktionsdiät verwendet werden. Nicht zu den Z. zählen die ↑Süßstoffe.

Zuckerbelastung (Blutzuckerbelastung, Glucosebelastung), klin. Funktionsprüfung des Inselapparats der Bauchspeicheldrüse und damit der Insulinausschüttung zur Erkennung eines latenten oder echten Diabetes: Nach hohen peroralen oder intravenösen Glucosegaben steigt bei Diabetikern der Blutzuckerspiegel innerhalb der ersten beiden Stunden auf Werte von über 180 mg-% Glucose an und fällt dann nur sehr langsam wieder ab. Bei Gesunden erreicht der Blutzuckerspiegel schon nach einer Stunde seinen maximalen Wert von 180 mg-% Glucose; er sinkt dann innerhalb von zwei Stunden ab und verursacht durch eine überschießende Insulinausschüttung sogar eine kurzfristige Hypoglykämie.

Zuckerbirke (Betula lenta), im östl. N-Amerika heim. Birkenart; bis 15 m hoher Baum mit kugelförmiger Krone, dünnen Zweigen, rötlich- oder bräunlichgrauer Rinde und zugespitzt eiförmigen, gesägten Blättern.

Zuckercouleur [ku'lo:r], svw. ↑Karamel.
Zuckererbse ↑Saaterbse.
Zuckerhut ↑Rio de Janeiro.
Zuckerhutberg ↑Glockenberg.
Zuckerkäfer (Passalidae), v.a. in den Tropen verbreitete, rd. 600 bis 9 cm lange, meist schwarz gefärbte Arten umfassende Fam. der ↑Blatthornkäfer; Lebensweise ähnl. wie bei den Hirschkäfern.

Zuckerkrankheit, svw. ↑Diabetes mellitus.

Zuckerpalme (Sagwirepalme, Arenga pinnata), in SO-Asien verbreitete, 10-17 m hohe Palme mit bis über 6 m langen Blättern. Aus dem durch Abschneiden der ♂ Blütenstände gewonnenen Blutungssaft wird Zucker gewonnen.

Zuckerrohr (Saccharum officinarum), nur in Kultur bekannte, wahrscheinl. im trop. Asien heim. Süßgrasart; Staude mit bis zu 7 m hohen und 2-7 cm dicken Halmen, die von einem weichen, von der Blüte etwa 13-20% Rohrzucker enthaltenden, weißen Mark erfüllt sind; Blätter 1-2 m lang; Blüten in 80 cm langer, pyramidenförmiger Rispe. - Das Mark liefert den wirtsch. wichtigen Rohrzucker und die Z.melasse (aus der Rum und Arrak hergestellt werden). Die zellulosehaltigen Rückstände bei der Verarbeitung der Halme *(Bagasse)* werden zur Herstellung von Karton und Papier verwendet. - Die größten Z.anbaugebiete der Erde sind Indien und Brasilien.

Geschichte: Das Z. wurde im 3. Jh. v. Chr. durch die Feldzüge Alexanders d. Gr. bekannt; der Anbau läßt sich für Indien jedoch erst seit dem 3. Jh. n. Chr. nachweisen. Der Z.anbau verbreitete sich im 5. Jh. nach S-Persien und im 7. Jh. durch die Araber im Mittelmeergebiet. Im 15. Jh. wurde Z. auf den Kanar. Inseln angepflanzt; von dort brachte Kolumbus es auf die Westind. Inseln. In der ersten Hälfte des 16. Jh. wurde es durch die Jesuiten in Brasilien und durch H. Cortés in Mexiko eingeführt.

Zuckerrübe, Kulturform der Gemeinen Runkelrübe in zahlr. Sorten; zweijährige Pflanze, die im ersten Jahr eine Blattrosette und eine überwiegend aus der Hauptwurzel gebildete, daher fast vollständig in der Erde steckende Rübe bildet. Die Rüben enthalten 12-21% Rübenzucker. Der Anbau erfolgt in der gemäßigten Zone in Gebieten mit genügend warmem, nicht zu feuchtem Klima.

Zuckersäuren, sich von Monosacchariden durch Oxidation der Aldehyd- und/oder der endständigen Hydroxylgruppe ableitende Verbindungen, z. B. die ↑Uronsäuren.

Zuckersteuer, Verbrauchssteuer auf Rüben-, Rohr-, Stärkezucker und Zucker von gleicher chem. Zusammensetzung auf Grundlage des Z.gesetzes i.d. F. vom 19. Aug. 1959. Die Z. wird beim Hersteller bzw. Importeur angesetzt. Die Steuerlast trägt der Verbraucher.

Zuckertang ↑Laminaria.

Zuckerung, in Ländern der EWG verbotener oder anzeigepflichtiger Zusatz von Zucker (Saccharose) zum Most (selten zum Jungwein), um den Alkoholgehalt des Weins zu erhöhen, entweder mit Saccharose in trockenem Zustand (chaptalisieren) oder mit in Wasser gelöstem Zucker (naßverbessern, gallisieren), damit gleichzeitig der Säuregehalt des Weins herabgesetzt wird.

Zuckerwurz (Zuckerwurzel, Sium sisarum), vermutl. aus Rußland stammender Doldenblütler der Gatt. Sium. Die knollig verdickten Wurzeln wurden früher als Gemüse gegessen und zur Herstellung von Zucker und Kaffee-Ersatz verwendet.

Zuckmayer, Carl, *Nackenheim (Landkr. Mainz-Bingen) 27. Dez. 1896, † Visp (Kt. Wallis) 18. Jan. 1977, dt. Schriftsteller. - 1939–46 im Exil in den USA, seit 1958 in der Schweiz. Erfolgreicher Dramatiker, der in seinem umfangreichen Werk unbeschwerte Natürlichkeit, herzhafte Sinnenfreude, lyr. Verträumtheit, Humor und Satire, z. T. auch derbdrast. Komik geschickt verbindet; häufig Verwendung der rheinhess. Mundart. In seinem späteren Werk setzt er sich v. a. mit dem Ethos der Freiheit und zeitgeschichtl. Themen auseinander. - *Werke:* Der fröhl. Weinberg (Lsp., 1926), Schinderhannes (Dr., 1927), Katharina Knie (Dr., 1929), Der Hauptmann von Köpenick (Dr., 1931), Des Teufels General (Dr., 1946), Barbara Blomberg (Dr., 1949), Gedichte (1960), Die Uhr schlägt eins (Dr., 1961), Als wär's ein Stück von mir (Erinnerungen, 1967), Der Rattenfänger (Schsp., 1975).

Zuckmücken (Federmücken, Schwarmmücken, Chironomidae), Fam. v. a. über die nördl. gemäßigte Zone verbreiteter Mücken mit weit über 5 000, etwa 2–15 mm großen, gelbl., grünen, braunen oder schwarzen Arten (davon rd. 1 200 Arten in M-Europa); häufig Stechmücken sehr ähnl., jedoch nicht stechend, ♂♂ mit lang und dicht behaarten Fühlern. Manche Arten zucken beim Sitzen mit den frei nach vorn gehaltenen Vorderbeinen. Die ♂♂ bilden zuweilen riesige, (aus der Ferne gesehen) Rauchschwaden ähnelnde arttyp. Schwärme. Die Larven sind oft rot, bis 2 cm lang und dünn; sie leben entweder frei in Salz- und Süßgewässern oder in Gespinströhren im Schlamm bzw. in feuchter, humusreicher Erde.

Zueignung, svw. ↑Aneignung.

Zufall, *allg.* der Inbegriff für alles, was nicht als notwendig oder beabsichtigt erscheint oder dessen Eintreten durch keinen [unmittelbar] erkennbaren bzw. nachweisbaren Grund bewirkt wird; in einem weiteren, v. a. in der *Philosophie* verwendeten Sinn umfaßt der Begriff Z. auch das Akzidentelle oder Kontingente einer Sache, das für sie nicht essentiell sei und konstitutiv ist. Während als *absoluter Z.* etwas angesehen wird, das weder durch sein Wesen notwendig noch durch eine Wirk- oder Zielursache eindeutig bestimmt ist, versteht man heute unter Z. *(relativer Z.)* meist das absichtslose, unvorhergesehene, unbestimmbare, plan- oder regellose Zusammentreffen bzw. Eintreten von Dingen, Ereignissen u. a., das zwar im einzelnen kausal bedingt sein mag, aber insgesamt nicht notwendig in dieser Weise erfolgen mußte und ebensogut auch anders und zu anderer Zeit hätte geschehen können. - Das quantitative Maß der Zufälligkeit eines Ereignisses ist seine mathemat. Wahrscheinlichkeit († auch Wahrscheinlichkeitsrechnung).

◆ im *Recht* Eintritt einer weder vom Schuldner noch vom Gläubiger verschuldeten Leistungsstörung in einem Schuldverhältnis. Für den durch Z. eingetretenen Schaden hat der Schuldner u. U. einzustehen, z. B. während des Schuldnerverzuges (↑Verzug).

zufällige Fehler ↑Fehlerrechnung.

Zufallsauswahl ↑Stichprobe.

Zufallsfunktion, eine Funktion, die jedem Element t aus einer Menge T (z. B. einem Intervall der Zeitachse) eine Zufallsgröße X zuordnet.

Zufallsgröße ↑Wahrscheinlichkeitsrechnung.

Zufallsprozeß, svw. ↑stochastischer Prozeß.

Zufallsvariable, svw. Zufallsgröße (↑Wahrscheinlichkeitsrechnung).

Zufallszahlen, rein nach dem Zufall ermittelte Zahlen[reihe]. Zur Simulierung realer Prozesse, in denen Zufallsgrößen eine Rolle spielen, werden Z. mit Hilfe bes. *Zufallsgeneratoren* erzeugt (der einfachste Zufallsgenerator für die Zahlen von 1 bis 6 wäre z. B. ein Spielwürfel). Für einfachere Probleme können Z. auch aus bes. Tabellen (Z.*tafeln,* Randomtafeln) abgelesen werden.

Zug, Hauptstadt des schweizer. Kt. Z., am N-Ende des Zuger Sees, 425 m ü. d. M., 21 300 E. Histor. Museum; wichtigster Markt und Ind.standort des Kt. Zug. - Um 1200 wurde die Stadt von den Kyburgern gegr.; kam 1273 an die Habsburger, die Stadt und Umgebung zum Amt Z. vereinigten; 1352 von den Eidgenossen erobert und in den Bund aufgenommen, aber im gleichen Jahr wieder an die Habsburger abgetreten; 1364 erneut erobert; beschloß 1798 mit Schwyz den Widerstand gegen die frz. Truppen, wurde zum Kt. Waldstätten geschlagen, 1799–1801 dessen Hauptort; wurde 1803 Hauptort des neu gegr. Kt. Zug. - Spätgot. sind die Pfarrkirche Sankt Oswald (1478–1511) mit Doppelportal, das Rathaus (1505) mit reichgeschmücktem Ratssaal, das Stadthaus (1575–83 umgebaut); Burg (13., 14. und 16. Jh.). - Abb. S. 320.

Z., zentralschweizer. Kt., 239 km^2, 80 300 E (1986), Hauptstadt Zug. Umfaßt im SO das Zuger Bergland, im W und NW das Geb. um den nördl. See bis zur Reuß und zur Mündung der Lorze sowie das Hinterland von Cham und dem Baarer Boden. Viehhaltung herrscht im Zuger Bergland vor, während sich in den Geb. mit geringem Relief neben der Viehhaltung Acker- und Obstbau (Kirschen) finden. Die Ind. (Metall-, Textil-, Nahrungsmittel-, Holz-, Papier- und Elek-

Zug

Zug. Altstadt mit dem spätgotischen Zytturm

troind.) ist im Geb. um Zug verbreitet; an den Seen Fremdenverkehr.

Geschichte: Das Gebiet, das im frühen MA zum Thurgau, später zum Zürichgau gehörte, durchlief im wesentl. das gleiche Schicksal wie die Stadt Zug. Der Kt. Z. entstand 1803 in den Grenzen des alten städt. Territoriums. 1814 erhielt Z. eine konservative Verfassung. 1845 schloß sich Z. dem kath. Sonderbund an. Unter eidgenöss. Besatzung wurde 1848 eine liberale Verfassung angenommen.

Verfassung: Nach der Verfassung vom 31. Jan. 1894 liegt die Exekutive beim vom Volk auf 4 Jahre gewählten Regierungsrat (7 Mgl.). Die Legislative bilden der vom Volk auf 4 Jahre gewählte Kantonsrat (70–80 Mgl.) und beim Volk selbst. 1971 wurde das Frauenstimm- und wahlrecht eingeführt.

Zug, die Beanspruchung eines Werkstücks oder [Werk]stoffs durch zwei in entgegengesetzte Richtung wirkende Z.kräfte.

◆ durch Temperatur- oder Druckunterschiede hervorgerufene Luftströmung.

◆ mehrere miteinander verbundene Fahrzeuge, z. B. Eisenbahn-Z., Last[wagen]zug.

◆ *militär.* (mehrere Gruppen bzw. Trupps umfassende) Teileinheit, die unter der Leitung eines Z.führers (Offizier oder älterer Unteroffizier) steht. Mehrere Züge bilden eine Kompanie.

◆ das geregelte Bewegen der Figuren im Schach.

Zugbahnfunk, Abk. ZBF, im UKW-Bereich arbeitender Funkdienst der Dt. Bundesbahn, der eine ständige Verbindung von Triebfahrzeugen auf freier Strecke mit der zuständigen Leitstelle (zentralen Betriebsstelle) ermöglicht.

Zugbeeinflussung, svw. Linienzugbeeinflussung (↑Eisenbahn).

Zugbruch, ↑Bruch.

Zugbrücke, bewegl. Brücke, deren Überbau (Fahrbahn) um eine waagerechte Achse aufgeklappt werden kann (Drehachse am Ende des bewegl. Teils; Prinzip des einarmigen Hebels).

Zugeinrichtung, ↑Eisenbahn.

Zügel, die beiden an Stahlringen der Trense bzw. an Ösen der Kandare befestigten Lederriemen, Gurte oder (bei Arbeitstieren) auch 10 mm starken Faserseile zum Führen von Reit- und Zugtieren (↑Zaum).

Zuger See, Alpenrandsee in den schweizer. Kt. Zug, Schwyz und Luzern, 413 m ü. d. M., rd. 14 km lang, bis 4 km breit und 198 m tief.

zugewandte Orte, die mit den ↑Dreizehn alten Orten mehr oder weniger eng verbundenen Territorien, die v. a. vom Ausland als zur Eidgenossenschaft gehörig betrachtet wurden: Fürstabtei und Stadt Sankt Gallen sowie Biel als engere z. O., Mülhausen und Genf als ev. z. O., Wallis und Graubünden als „ewig Mitverbündete", ferner das Ft. Neuenburg und das Fürstbistum Basel, im 16./17. Jh. auch Rottweil. Die Rechtsstellung der z. O. verschwand mit dem Untergang des alten Eidgenossenschaft 1798.

Zugewinnausgleich, der bei Beendigung der Zugewinngemeinschaft (z. B. durch Scheidung, Ehevertrag, Tod) durchzuführende Ausgleich zur gleichmäßigen Beteiligung der Ehegatten an dem von ihnen während der Dauer der Ehe erwirtschafteten Vermögenszuwachs (**Zugewinn**). Der Z. beruht auf dem Grundgedanken, daß unabhängig von einer (der Rollenverteilung entsprechenden) Arbeitsverteilung in der Familie beide Ehegatten zur Vergrößerung des beiderseitigen Vermögens beigetragen haben. Endet die Ehe durch den Tod eines Ehegatten, so erfolgt der Z. ist gesetzl. Erbfolge dadurch, daß sich der gesetzl. Erbteil des überlebenden Ehegatten unabhängig vom tatsächl. erzielten Zugewinn um ein Viertel der Erbschaft erhöht (für den Fall, daß der überlebende Ehegatte einen unter dem Pflichtteil liegenden Erbteil erhält oder nicht Erbe wird, ↑Pflichtteil). In allen übrigen Fällen erfolgt der Z. dadurch, daß der Zugewinn durch Vergleich des Vermögensstandes der einzelnen Ehegatten zu Beginn des Güterstandes (↑Anfangsvermögen) mit dem Vermögensstand zum Zeitpunkt des Z. ermittelt wird und derjenige Ehegatte, der rechner. den niedrigeren Zugewinn erzielt hat, einen Anspruch (sog. Ausgleichsforderung) auf die Hälfte des seinen Zugewinn

Zugvogel

überschießenden Betrags gegen den anderen hat.

Zugewinngemeinschaft, im Eherecht der gesetzl. Güterstand (↑Güterstände). Die Z. ist keine Gütergemeinschaft. Die Vermögen der Ehegatten bleiben auch nach der Eheschließung getrennt und werden vom jeweiligen Ehegatten allein verwaltet. Gemeinschaftl. Vermögen entsteht nur durch einzelne Rechtsgeschäfte, etwa wenn aus beiderseitigen Ersparnissen ein Sparkonto angelegt oder Hausrat angeschafft wird. An den gemeinsam angeschafften Gegenständen entsteht keine Gesamthandsberechtigung (↑Gesamthandsgemeinschaft), sondern eine bloße Mitberechtigung nach Bruchteilen. Jeder Ehegatte kann über seinen Anteil an diesen Gegenständen ohne Mitwirkung des anderen verfügen. Zum Zweck der Sicherung des zukünftigen Anspruchs auf ↑Zugewinnausgleich und der Erhaltung der Lebensgrundlage der Familie bestehen jedoch Verfügungsbeschränkungen bei bestimmten Geschäften. Über sein Vermögen im Ganzen kann ein Ehegatte nur mit Zustimmung des anderen Ehegatten verfügen oder sich zu einer solchen Verfügung verpflichten. Eine derartige Verfügung liegt nach der Rechtsprechung auch schon dann vor, wenn das Geschäft sich zwar nur auf einen Einzelgegenstand bezieht, dessen Wert aber das Vermögen des verfügenden Ehegatten im wesentl. erschöpft. Nach der Rechtsprechung wirkt jedoch die Verfügungsbeschränkung nur dann, wenn dem Vertragspartner diese Eigenschaft des Verfügungsgegenstandes bekannt ist. Ob und in welcher Höhe für die Verfügung eine Gegenleistung vorgesehen ist, spielt keine Rolle. Entsprechendes wie für Verfügungen über das Vermögen im ganzen gilt für Verfügungen über Hausratsgegenstände. Wird die Zustimmung nicht vor oder nach dem Geschäft erteilt, so ist dieses unwirksam. Die daraus sich ergebenden Rechte kann auch der andere Ehegatte gegen Dritte gerichtl. geltend machen.

Zugfestigkeit ↑Zugversuch.

Zugfunk ↑Zugbahnfunk, ↑Zugpostfunk.

Zugkraft, jede gleichmäßig an einer [Querschnitts]fläche eines Körpers angreifende, von ihr weggerichtete Kraft; die Z. pro Flächeneinheit ist die Zugspannung, z. B. die Spannung in einem dem Zugversuch unterworfenen festen Körper.

Zugpflaster, Pflaster mit hautreizenden Stoffen und daher von durchblutungsfördernder Wirkung.

Zugpostfunk, Funktelefondienst, der es Reisenden in den meisten TEE- und Intercity-Zügen gestattet, vom Zugsekretariat aus Telefongespräche mit Teilnehmern des öffentl. Fernsprechnetzes zu führen.

Zugriffszeit, in der elektron. Datenverarbeitung die für den Zugriff zu einem Speicherplatz erforderl. Zeit; je nach Art des Speichers zw. einigen Mikrosekunden (z. B. beim Ferritkernspeicher) und wenigen Minuten (z. B. beim Magnetbandspeicher).

Zugsführer, östr. Unteroffiziersdienstgrad, ↑Dienstgradbezeichnungen (Übersicht).

Zugspannung ↑Zugkraft.

Zugspitze, mit 2962 m höchster Berg Bayerns und der BR Deutschland, am W-Rand des Wettersteingebirges auf der dt.-östr. Grenze; an der NO- und der SO-Flanke vergletschert; für den Fremdenverkehr erschlossen durch die Tiroler Zugspitzbahn, die Bayer. Zugspitzbahn und Seilschwebebahn vom Schneefernerhaus zum Gipfel sowie eine Seilschwebebahn vom Eibsee. Meteorolog. und Funkübertragungsstation, Hotel.

Zugtrompete, eine Trompete, deren Rohrlänge für die Melodiebildung nicht durch Ventile, sondern durch das Verschieben ineinander gesteckter Rohrteile (ähnlich wie bei der Posaune) verändert wird. Um 1400 entstand ein älterer Typ, bei dem sich hinter dem Mundstück ein Rohr befindet, das in die Trompete hineingesteckt ist; letztere wird beim Spiel bewegt. Unter dem Namen „tromba da tirarsi" wird diese Z. noch von J. S. Bach vorgeschrieben. Nach Vorläufern um 1700 wurde Ende des 18. Jh. in England die „slide trumpet" entwickelt, die einen U-förmigen Zug hat.

Zugverband, svw. ↑Extensionsverband.

Zugversuch, Untersuchungsverfahren der Werkstoffprüfung, bei dem auf einen Probestab eine stetig zunehmende Zugbeanspruchung ausgeübt wird, die zu einer vorübergehenden oder bleibenden Dehnung bzw. zum Zerreißen des Stabes führt. Die graph. Darstellung der Längenänderung des Stabes in Abhängigkeit von der Zugkraft (sog. *Kraft-Verlängerung-Diagramm*) zeigt, daß die Verlängerung zunächst der einwirkenden Kraft proportional ist. Die Dehnung ist rein elast. Natur und geht nach Entlastung wieder zurück. Eine bleibende Verformung tritt nach Erreichen der *Elastizitätsgrenze* ein. Die *Dehngrenze* gibt die Spannung an, bei der ein bestimmter Wert an bleibender Dehnung erreicht ist. Bedeutung hat v. a. die *0,2-Dehngrenze (Formdehn-* oder *Streckgrenze)*, bei der eine bleibende Dehnung von 0,2% vorliegt. Mit Erreichen der Höchstlast setzt eine *Einschnürung* ein, in deren Mitte schließl. der Bruch erfolgt. Im *Zerreißversuch* werden v. a. folgende Materialkennwerte ermittelt: die *Zugfestigkeit* (Zerreißfestigkeit, d. h. der Quotient aus Höchstkraft und Anfangsquerschnitt der Probe), die *Streckgrenze* (d. h. die 0,2-Dehngrenze oder die 0,01-Dehngrenze), die *Dehnung* (Bruchdehnung) und die *Einschnürung* (Brucheinschnürung).

Zugvogel, weit verbreitete, als Jolle oder Kielboot gebaute Segelbootsklasse von 5,80 m Länge, 15 bzw. 18 m^2 Segelfläche und einer Vogelsilhouette als Klassenzeichen. Seit

1965 internat. Wettkampfklasse, 2 Mann Besatzung.

Zugvögel, Vögel, die alljährl. in ihre artspezif. Winter- bzw. Brutgebiete ziehen.

Zuhälterei, Straftatbestand nach § 181 a StGB. Danach wird derjenige, der einen anderen, der der Prostitution nachgeht, ausbeutet oder seines Vermögensvorteils wegen bei der Ausübung der Prostitution überwacht sowie die Prostitutionsausübung hinsichtl. Zeit, Ort und Ausmaß bestimmt und im Hinblick hierauf Beziehungen zu dem anderen unterhält, die über den Einzelfall hinausgehen, mit Freiheitsstrafe von sechs Monaten bis zu fünf Jahren bestraft. Mit Freiheitsstrafe bis zu drei Jahren oder mit Geldstrafe wird bestraft, wer gewerbsmäßig die Prostitutionsausübung eines anderen durch Vermittlung sexuellen Verkehrs fördert und im Hinblick hierauf Beziehungen zu dem anderen unterhält, die über den Einzelfall hinausgehen. Z. kann auch gegenüber der Ehefrau begangen werden.

Zuid-Beveland [niederl. zœyd-'be:vəlɑnt], ehem. Insel im Rhein-Maas-Delta, 337 km², im O seit 1860 mit dem Festland verbunden, 1957–60 im Rahmen des Deltaplans über einen Damm mit Noord-Beveland verbunden.

Zuidelijke IJsselmeerpolders [niederl. 'zœydələkə ɛjsəl'me:rpɔldərs] (Südl. IJsselmeerpolder), vorläufige Bez. für eine Verwaltungseinheit in den Niederlanden, die den Polder Flevoland umfaßt; heute Prov. Flevoland (2 116 km², 177 300 E [1986]).

Zuidersee ['zɔydɛrze:], tief ins Land reichende ehem. Nordseebucht (rd. 3 700 km²) in den nw. Niederlanden, nach Errichtung eines Abschlußdammes (1927–32) nach dem Hauptzufluß, der IJssel, in **IJsselmeer** umbenannt. Neben 2 Schiffahrtsschleusen hat der Damm 25 Entwässerungsschleusen, die der Regulierung des Wasserstands im IJsselmeer dienen. Noch während der Arbeiten am Abschlußdamm begann die Einpolderung: 1926/27 wurde nw. von Enkhuizen in 40 ha großer Versuchspolder angelegt; 1927–33 wurde der Wieringermeer-Polder eingedeicht und trockengelegt, 1937–42 der Nordostpolder, 1950–57 Ostflevoland und 1959–68 Südflevoland; als letzter Polder ist Markerwaard seit 1963 in Arbeit. Hauptstadt der die südl. IJsselmeer-Polder umfassenden Prov. Flevoland ist Lelystad auf Ostflevoland; das restl. IJsselmeer wird eine Fläche von rd. 1 200 km² haben.

Zukerman, Pinchas, * Tel Aviv 16. Juli 1948, israel. Violinist. - Gefördert von I. Stern und P. Casals; tritt als Interpret v. a. klass. Musik in den internat. Musikmetropolen und bei Festspielen auf; seit 1980 Leiter des Kammerorchesters St. Paul (USA).

Zukor, Adolph [ungar. 'zukor], * Ricse (Bez. Borsod-Abaúj-Zemplén) 7. Jan. 1873, † Los Angeles 10. Juni 1976, amerikan. Filmindustrieller ungar. Herkunft. - Gründete 1912 die Produktionsgesellschaft „Famous Players" (ab 1927 „Paramount Pictures Corporation"); Z. verstand es, bed. Stars heranzuziehen (u. a. M. Pickford, D. Fairbanks, G. Swanson, R. Valentino. P. Negri), eine weitgespannte Kinokette sowie einen leistungsfähigen Vertrieb und eine ebensolche Auslandsproduktion aufzubauen.

Zukunft, in der Sprachwiss. svw. ↑Futur.

Zukunft, Die, polit.-literar. Wochenschrift, 1892–1922 in Berlin hg. und redigiert von M. Harden; monarch.-konservativ ausgerichtet, in der Kaiserzeit von weitreichendem Einfluß.

Zukunftsforschung ↑Futurologie.

Zukunftsmusik, nach 1850 geprägter, polem. gegen R. Wagners Musik gerichteter Begriff; er wurde von Wagners Schrift „Das Kunstwerk der Zukunft" (1850) abgeleitet. Darin forderte Wagner eine utop. Einheit aller Künste im musikal. Theater.

Zukunftsroman, Form des utop. Romans (↑Utopie) und der Science-fiction, der in einer für den Autor zukünftigen Zeit spielt.

Zuladung, Summe der Massen (bzw. Gewicht in kg oder t), die ein [Luft- oder Wasser]fahrzeug aufnimmt bzw. maximal aufnehmen kann. Zur Z. zählen Besatzung, Nutzlast (Passagiere, Gepäck, Fracht), Kraft- und Schmierstoffe.

Zulassung, (Z. von Kraftfahrzeugen) Erlaubnis für die Teilnahme von Kfz. am öffentlichen Verkehr. Z.stelle ist die zuständige Polizeibehörde. Voraussetzungen für die Erteilung der Z. sind die Entrichtung der Kraftfahrzeugsteuer, eine Haftpflichtversicherung und eine † Betriebserlaubnis.

♦ (Z. von Luftfahrzeugen) ↑Luftfahrtrecht.
♦ (Z. zur Rechtsanwaltschaft) ↑Rechtsanwalt.
♦ (Z. zu öffentl. Ämtern) ↑Beamte.
♦ (Z. zur Hochschule) ↑Numerus clausus, ↑Zentralstelle für die Vergabe von Studienplätzen.
♦ (Z. von Rechtsmitteln) ↑Revision, ↑Berufung, ↑Beschwerde.
♦ (Z. von Wertpapieren) Erlaubnis für den börsenmäßigen Handel von Wertpapieren, die nach einem bes. geregelten Verfahren von der Z.stelle erteilt wird, wenn die Prüfung ergeben hat, daß keine erhebl. allg. Interessen durch die Z. geschädigt werden und nicht die offensichtl. Gefahr einer Übervorteilung des Publikums besteht. Voraussetzung ist ferner die Veröffentlichung eines Prospekts durch den Antragsteller.

Zulia [span. 'sulja], venezolan. Staat am Golf von Venezuela und der Grenze gegen Kolumbien, 63 100 km², 2,5 Mill. E, Hauptstadt Maracaibo. Z. umfaßt das heiße und im N trockene, im S feuchte Becken des Maracaibosees, im W den venezolan. Anteil an der Península de Guajira; Erdölförderung.

Zulieferer, jeder Ind.betrieb bzw. Händler, der Roh-, Halb- oder Fertigfabrikate zwecks Weiterverarbeitung, Einbau usw. an andere Unternehmen liefert.

Zulieferung ↑Auslieferung.

Zulliger, Hans, * Mett (= Biel [BE]) 21. Febr. 1893, † Ittigen (Kt. Bern) 18. Okt. 1965, schweizer. Psychologe, Psychoanalytiker und Pädagoge. - Z. ist einer der Begründer der psychoanalyt. Pädagogik und der Kinderanalyse (bes. verdient machte er sich um das tiefenpsycholog. Verständnis kindl. Fehlleistungen, Spiele und Träume). Auf der Basis des Rorschach-Verfahrens entwickelte er den nach ihm benannten Test *(Z-Test)*, der sich (durch Verwendung von Tafeln oder Diapositiven) auch für Gruppenuntersuchungen eignet. - *Werke:* Psychoanalyt. Erfahrungen aus der Volksschulpraxis (1921), Schwierige Kinder (1935), Bausteine zur Kindertherapie (1957), Die Pubertät der Knaben (hg. 1969), Die Pubertät der Mädchen (hg. 1972).

Zülpich, Stadt nw. von Euskirchen, NRW, 170 m ü. d. M., 16 700 E. Römerbad und Heimatmuseum; Textilind., Papier-, Maschinenfabrik, Brennerei. - Aus einem röm. Handelsplatz entwickelte sich die Zivilsiedlung **Tolbiacum;** nach 1278 auf rechteckigem Grundriß zur Stadt erweitert und befestigt. - Schwere Zerstörungen im 2. Weltkrieg; erhalten u. a. röm. Badeanlagen (um 100 n. Chr.) sowie Teile der Stadtbefestigung (13.–15. Jh.) und der kurköln. Landesburg (14./15. Jh.).

Zülpicher Börde, in der sw. Niederrhein. Bucht gelegene, im O von der Ville, im S und W von der Eifel begrenzte, nach N gegen die Jülicher Börde geöffnete Bördenlandschaft, mit Zülpich als zentralem Ort.

Zulu, Bantuvolk in Südafrika, für das in Natal das Heimatland Kwazulu errichtet wurde. Die in alter Tradition lebenden Z. wohnen in Streusiedlungen; sie treiben v. a. Ackerbau und Viehhaltung. - 1816 wurden die verschiedenen Z.stämme zu einem Kgr. vereinigt, das bis 1879 Bestand hatte.

Zulu (isi-Zulu), zur südöstl. Gruppe der Bantoidsprachen gehörende Bantusprache v. a. in der Republik Südafrika. Charakterist. sind die Schnalzlaute im Phoneminventar. Neben den wichtigen Dialekten Lala und Qwabe in Südafrika sind das Ndebele in Simbabwe und das Ngoni in Malawi und Tansania bedeutend.

Zumárraga, Fray Juan de [span. θu'marraγa], * Durango um 1476, † Mexiko 3. März 1548, span. Franziskaner. - 1535 Apostol. Inquisitor und 1546 erster Erzbischof von Mexiko und der mex. Kirchenprovinz; Organisator der Kirche in Mexiko, Fürsprecher der Indianer; ließ zahlr. Kirchen, Hospitäler und Schulen errichten sowie die erste in der Neuen Welt gegr. Druckerei (1539).

Zündanlage, elektr. Anlage, die die zur Bildung eines Zündfunkens (zur Zündung des Kraftstoff-Luft-Gemischs im Verbrennungsraum eines Ottomotors) erforderl. Hochspannung liefert. Die bei Kfz. vorwiegend verwendete *Batterie-Z.* entnimmt ihre Energie der Fahrzeugbatterie bzw. der Lichtmaschine. Sie besteht im wesentl. aus Zündspule, Zündverteiler (mit Unterbrecher und Zündversteller) und den Zündkerzen. In der Sekundärwicklung der *Zündspule* wird bei der (zum jeweiligen Zündzeitpunkt erfolgenden) kurzen Unterbrechung des Stromkreises der an die Batterie angeschlossenen Primärspule ein Hochspannungsimpuls induziert, der dem Zündverteiler zugeführt wird. Hier gelangen die Zündimpulse vom umlaufenden Verteilerläufer durch Funkenüberschlag in der vorgesehenen Zündfolge nacheinander auf einzelne Elektroden, von wo aus sie über die Zündkabel zu den Zündkerzen weitergeleitet werden. Der im unteren Gehäuseteil des Zündverteilers angeordnete *Unterbrecher,* der wie der *Verteilerläufer (Verteilerfinger)* vom Motor angetrieben wird, sorgt für die zum richtigen Zeitpunkt erfolgende Unterbrechung des Stromkreises der Primärspule. Um den *Zündzeitpunkt* den jeweiligen Betriebsbedingungen möglichst gut anzupassen, enthält die Z. gewöhnl. noch eine *Zündverstelleinrichtung* (Fliehkraft- und/oder Unterdruckversteller). Beim *Fliehkraftversteller* regeln federbelastete, durch die Fliehkraft unterschiedl. verstellte Gewichte mit steigender Drehzahl den Unterbrecher im Sinne einer früheren Öffnung des Unterbrecherkontakts, beim *Unterdruckversteller* ist eine federbelastete Membran über eine Rohrleitung mit dem Vergaser verbunden, so daß die im Saugrohr herrschenden, vom Betriebszustand (Leerlauf, Teillast, Vollast) abhängigen Druckverhältnisse zur Beeinflussung des Zündzeitpunktes ausgenutzt werden. Die Zündung erfolgt, bevor der Kolben den oberen Totpunkt (OT) erreicht hat (sog. *Vorzündung);* fehlerhafte Abweichungen davon werden als *Früh-* bzw. *Spätzündung* bezeichnet.

Bessere Leistungen als mit mechan. Unterbrechern, deren Schaltleistung begrenzt ist, erzielt man mit *elektron Z.,* die die mechan. Teile entlasten *(kontaktgesteuerte Transistor-Spulenzündung,* / *TSZ-k)* oder vollständig ersetzen *(kontaktlos gesteuerte* oder *vollelektron. Transistor-Spulenzündung,* z. B. mit Induktionsgeber; *TSK-i*) an die Stelle des Unterbrechers tritt ein *Induktionsgeber* oder ein den Hall-Effekt ausnützender *Hallgeber.* Eine andere, v. a. für Renn- und Kreiskolbenmotoren verwendete Z. ist der *Hochspannungskondensator-Z.,* bei der die Zündenergie in einem elektr. Kondensator gespeichert wird. Auch hierbei sind kontaktgesteuerte und kontaktlos gesteuerte Bauarten üblich.

Für Schlepper- und Bootsmotoren, für leichte Motorräder u. a. werden batterieunabhängige *Magnet-Z.* verwendet, die die Zündenergie selbst erzeugen. Ein vom Motor angetriebener, rotierender Permanentmagnet durchsetzt einen ihn mit seinen Polschuhen umgebenden Weicheisenanker, der eine Primär- und eine Sekundärspule trägt, mit period. sich änderndem Magnetfluß. Unterbricht der vom Motor angetriebene Unterbrecher den durch Induktion entstehenden Strom der Primärspule, so wird in der Sekundärspule ein Hochspannungsimpuls induziert, der der Zündkerze bzw. dem Zündverteiler zugeleitet wird. Auch Magnet-Z. werden für spezielle Verwendungszwecke als kontaktlos gesteuerte Halbleiter-Z. gebaut (*Magnet-Hochspannungskondensator-Z.*, *Magnet-Transistor-Z.*). - Eine bes. Bauart der Magnet-Z. ist die *Schwungmagnet-Z.*, bei der der Anker mehrere Permanentmagnete trägt, die zugleich als Schwungmasse für den Motor dienen.

Zündblättchen, doppelte, runde Papierblättchen, die einen Knallsatz aus Kaliumchlorat, $KClO_3$, und rotem Phosphor enthalten, der auf Schlag oder Stoß zündet.

Zunder ↑ Zunderschwamm.

◆ durch Einwirkung oxidierender Gase (v. a. Sauerstoff) bei hohen Temperaturen auf Metalloberflächen entstehende Korrosionsprodukte (Abbrand). Die Bildung von Z. (Verzunderung) kann bei der Oberflächenbearbeitung einiger Metalle zu Materialverlusten führen.

Zünder, Vorrichtung, durch die ein Explosivstoff oder die Treibladung eines Geschosses zur Zündung gebracht wird. Bei *elektr. Z.* (v. a. bei Sprengarbeiten) wird ein im [Initial]sprengstoff liegender Draht zum Glühen gebracht und so der Zündvorgang eingeleitet. Elektr. Z. ohne Sprengkapsel bezeichnet man als *Brücken-Z.*, solche mit Sprengkapsel als *Sprengzünder*. In *mechan.* Z. lösen Schlag- oder Druckvorrichtungen durch lokale Erhitzung des Initialsprengstoffs den Zündvorgang aus, in *chem.* Z. wird die bei Vereinigung zweier geeigneter Substanzen freiwerdende Reaktionswärme zur Zündung genutzt. - ↑ auch Munition.

Zunderschwamm (Blutschwamm, Falscher Feuerschwamm, Wundschwamm, Fomes fomentarius), zu den Porlingen gehörender mehrjähriger Ständerpilz, der bes. auf Buchen und Birken Weißfäule († Kernfäule) erzeugt. An infizierten Bäumen entwickeln sich die bis zu 30 cm großen, konsolenförmigen Fruchtkörper; Oberseite gewölbt, von einer harten, meist dunkelgrauen bis braunen Kruste überzogen; Unterseite flach, mit dicker Röhrenschicht. - Die aus einer locker-filzig verwobenen Hyphenschicht bestehende Mittelschicht wurde schon in vorgeschichtl. Zeit zum Feueranzünden verwendet. Dazu befreite man sie von oberer Rinde und innerer Röhrenschicht; anschließend wurde sie mehrmals gekocht, gewalkt, mit Salpeterlösung getränkt und getrocknet. Der so präparierte *Zunder* läßt sich durch auftreffende Funken leicht zum Glimmen bringen.

Zündholz (Streichholz), zur Entfachung und Übertragung von Feuer dienende Stäbchen aus Holz, Streifen aus Pappe oder anderem Material (z. B. bei sog. *Wachszündern* ein mit Wachs imprägnierter Baumwolldocht), die mit einem durch Reiben entflammbaren *Zündkopf* versehen sind. Je nachdem, ob für das Reiben eine bes. Reibfläche benötigt wird oder nicht, unterscheidet man zw. Sicherheits- und Überallzündhölzern.

Für die Herstellung von *Sicherheitszündhölzern* wird weiches Holz (z. B. Pappelholz) in Stäbchen geschnitten und getrocknet. Diese Stäbchen werden mit Wasserglas-, Ammonium- oder Natriumphosphatlösungen getränkt, um das Nachglimmen der Hölzer zu verhindern, und mit Paraffin überzogen, um das Entflammen des Holzes zu erleichtern. Anschließend trägt man eine wenige Millimeter dicke Kuppe der *Zündmasse* auf. Diese besteht aus sog. Sauerstoffträgern (insbes. Kaliumchlorat, Kaliumdichromat, Mangandioxid), leicht brennbaren Stoffen (Schwefel u. a.), reibenden Zusätzen (Glaspulver), Farbstoffen sowie Bindemitteln (Dextrin, Leim). Die *Reibflächen* an der Z.schachtel enthalten Glaspulver, roten Phosphor, Farbstoffe und Bindemittel. Beim Zündvorgang werden unter dem Einfluß der Reibung und der dabei auftretenden Wärme zunächst kleine Phosphorteilchen von der Reibfläche abgerissen; sie bleiben am Zündkopf haften und werden gleichzeitig oxidiert. Dabei geben sie so viel Wärme ab, daß aus dem Kaliumchlorat im Zündkopf Sauerstoff abgespalten wird. Durch diesen wird die Oxidation des leicht entzündbaren Schwefels und anschließend (unter verstärkter Sauerstoffabspaltung aus dem Chlorat) auch die Verbrennung der übrigen brennbaren Bestandteile der Zündmasse eingeleitet; das in der Zündmasse enthaltene Mangandioxid (Braunstein) und das Kaliumdichromat entfalten dabei v. a. eine starke katalyt. Wirkung. Zuletzt wird das Trägerholz so stark erhitzt, daß auch dieses entflammt. Die Zündkuppe d. Z. erreicht im Augenblick des Aufflammens eine Temperatur von 1 400–2 000 °C. - *Überallzündhölzer* (Überallzünder) lassen sich durch Reiben an beliebigen rauhen Flächen entzünden. Ihr Zündkopf enthält neben Kaliumchlorat, Bindemitteln und Farbstoffen das leicht oxidierbare Tetraphosphortrisulfid (Phosphorsesquisulfid, P_4S_3).

📖 *Hartig, H.*: Zündwaren. Lpz. ²1971.

Zündkerze, Vorrichtung zur Zündung des im Verbrennungsraum von Ottomotoren verdichteten Kraftstoff-Luft-Gemischs durch einen elektr. Funken. Der Funkenüberschlag erfolgt zw. Mittel- und Masseelektrode (Abstand bei normalen Fahrzeugmotoren 0,7–0,8 mm). Die Spannung kann bis über 20 000 Volt erreichen (übl. Spannungen 5 000–15 000 V). Z. sind neben der elektr. Belastung auch hohen mechan., chem. und therm. Bean-

Zunft

spruchungen ausgesetzt. Die therm. Belastbarkeit wird durch den *Wärmewert* der Z. gekennzeichnet. Je höher der Wärmewert, desto höher ist der Widerstand der Z. gegen Glühzündungen, desto kleiner jedoch der Widerstand gegen Verschmutzungen. - Abb. S. 326.

Zündnadelgewehr ↑ Gewehr.

Zündpunkt (Zündtemperatur), die niedrigste Temperatur, bei der sich ein brennbarer Stoff im Gemisch mit Luft selbst entzündet und ohne Wärmezufuhr selbständig weiterbrennt. - ↑ auch Flammpunkt.

Zündschloß (Zündanlaßschalter), gewöhnl. mit einer Lenksäulenverriegelung (als Diebstahlsicherung) kombinierter, mit dem Zündschlüssel zu betätigender Schalter, der den Stromkreis der Zündanlage eines Kraftfahrzeugs einschaltet und damit die Zündung und andere im Zündstromkreis liegende Verbraucher (Blinker, Bremslichter) betriebsbereit macht.

Zündspule ↑ Zündanlage.

Zündstein ↑ Feuerstein.

Zündstoffe, svw. Initialsprengstoffe (↑ Sprengstoffe).

Zündtemperatur, svw. ↑ Zündpunkt.

Zündung, das Auslösen einer Explosion, Detonation oder Verbrennung (↑ Entzündung), meist durch Erhitzen des Explosiv- oder Brennstoffs. - Beim Ottomotor erfolgt die Z. des Kraftstoff-Luft-Gemischs durch den elektrischen Funken einer Zündkerze (↑ Zündanlage). Der Zündzeitpunkt wird so gewählt, daß der Verbrennungshöchstdruck im Zylinder bei einer Kurbelwellenstellung von 10-20° nach dem oberen Totpunkt (OT) des Kolbens auftritt. Um dies zu erreichen, muß der Zündzeitpunkt vor Erreichen des OT liegen.

Zündversteller ↑ Zündanlage.

Zündverteiler ↑ Zündanlage.

Zündwarenmonopol, eines der beiden (↑ Branntweinmonopol) ↑ Finanzmonopole; bestand bis Jan. 1983 und erstreckte sich auf den Vertrieb, Import und Export von Zündwaren. Durch Gesetz vom 29. 1. 1930 war das Z. der Dt. Z.gesellschaft übertragen, die sowohl die Erzeugungsmenge als auch Ein- und Ausfuhr steuerte und den Monopolpreis festsetzte.

Zündwarensteuer, Verbrauchsteuer auf Zündwaren (Zündhölzer, u. ä.). Die Z. betrug 1 Pfennig für 100 Stück Zündwaren; zum 1. 1. 1981 abgeschafft.

Zunft [zu althochdt. zunft, eigtl. „was sich fügt", daraus mittelhochdt. zunft „Ordnung, nach der eine Gesellschaft lebt; Verband"], im MA entstandene, von der jeweiligen Obrigkeit anerkannte Organisationen von Handwerkern, Handeltreibenden (↑ Gilden) u. a. Gruppen. Ihr Zweck war, den Mgl. die Ausübung des gemeinsamen Gewerbes zu ermöglichen und die wirtsch. Verhältnisse zu regeln. Die Entwicklung der Z. erfolgte in engem Zusammenhang mit der Entwicklung der Städte, in denen sie mehr und mehr polit. Funktionen übernahmen.

Organisation: Die Zugehörigkeit zur Z. war u. a. an überprüfte Kenntnisse und Fertigkeiten, freien Stand und guten Leumund gebunden. Die äußere Organisation beruhte auf der Gliederung in Meister, Gesellen und Lehrlinge. I. d. R. war eine bestimmte Ausbildung für Lehrlinge und Gesellen vorgeschrieben: Lehrzeit, Gesellenzeit und Wanderzeit *(Wanderzwang)*. Das *Meisterstück* als Nachweis der Kenntnisse und Fähigkeiten wurde erst im 15. Jh. allg. eingeführt. Entscheidungen wurden von den *Meisterversammmlungen* (sog. *Morgensprachen*) getroffen; nur die Meister waren Vollgenossen der Zünfte. An der Spitze standen zunächst landesherrl. Beamte, später die gewählten Z.meister (Aldermann). Die *Z.ordnungen* (Z.statuten, Schragen) wurden von der Stadtobrigkeit bestätigt oder erlassen und regelten wirtsch. und organisator. Fragen wie Betriebsgröße, Arbeitszeit und Rohstoffbezug. Nach dem Vorbild der Z. waren die Gesellen seit dem 14. Jh. vielfach in *Gesellenbruderschaften* zusammengeschlossen, um ihre Interessen gegenüber den Meistern zu wahren.

Grundgedanke des auf christl. Grundlage aufgebauten Z.wesens war, jedem Genossen ein gesichertes Dasein zu verschaffen; jedes Mgl. hatte ein Recht auf Arbeit, die Zahl der Gesellen und der Lehrlinge, die ein Meister halten durfte, war festgesetzt. Scharfe Kontrollen engten die unternehmer. Initiative zwar ein, verhinderten aber nicht auf Dauer eine Differenzierung innerhalb der Z. (z. B. bei den Weber-Z. durch Übergang zu Textilhandel und Verlagswesen). Unreelle Mittel der Kundenwerbung waren verboten; Stadtrat und Z. überwachten die Arbeit, Preistaxen sicherten den Kunden gegen Überforderungen. Neben diesen wirtsch. oblagen der Z. auch soziale Funktionen. So unterstützten sie z. B. die Gesellen (u. a. durch Einrichtung von Herbergen) und waren Träger von Kranken- und Sterbekassen. In den Städten kam ihnen darüber hinaus militär. Bed. zu (Milizen).

Seit dem 14. Jh. strebten die Z. in den Z.kämpfen (meist erfolgreich) nach Beteiligung am Stadtregiment, das vor ihnen in den Händen patriz. Familien lag. Die Entstehung neuer Gewerbe und die Erschließung neuer Märkte führten zu einer Krise des Z.wesens. Die alten Rechte der Z. wurden zu privatrechtl. Privilegien der Z.meister, der Z.zwang zum Mittel, Unzünftige vom Gewerbe auszuschließen. Die damit einhergehende Erstarrung rief Bestrebungen der Reg. hervor, den Einfluß der Z. einzuschränken, z. B. durch Ernennung von Freimeistern und Hofhandwerkern, die nicht den Z. angeschlossen sein brauchten. 1731 wurde eine Reichshandwerksordnung erlassen, die

Zunfthaus

der Frz. Revolution wurde die Gewerbefreiheit eingeführt: 1791 in Frankr., 1810/11 in Preußen, 1859 in Österreich. In den Innungen blieb der Gedanke des berufl. Zusammenschlusses lebendig.

📖 *Göttman, F.: Handwerk u. Bündnispolitik. Wsb. 1977. - Ennen, R.: Z. u. Wettbewerb. Köln 1971. - Wissell, R.: Des alten Handwerks Recht u. Gewohnheit. Hg. v. E. Schraepler. Bln. ²1971ff. Auf 6 Bde. berechnet. - Mickwitz, G.: Die Kartellfunktionen der Zünfte u. ihre Bed. bei der Entstehung des Zunftwesens. Helsinki; Lpz. 1936.*

Zunfthaus (Gildehaus), Versammlungs-, Verwaltungs- und Festgebäude der Zünfte oder Gilden vom MA bis zum Barock in fast allen Ländern M-Europas. Oft großartige Repräsentationsbauten, die das Stadtbild präg[t]en, worunter die ↑Gewandhäuser eine bes. große Gruppe bilden, aber auch z.B. die Z. der Kaufmannsgilden (Bremen: Schütting, Danzig: Artushof, Reval, Riga: Schwarzhäupter-Häuser). Zahlr. Z. sind in Zürich erhalten (u. a. Z. zur Meise).

Zunge, (Glossa, Lingua) häufig muskulös ausgebildetes Organ am Boden der Mundhöhle bei den meisten Wirbeltieren. Als Stützelement für die Z. dient bei den Kieferlosen ein bes. Knorpel, bei den Kiefermäulern das ↑Zungenbein.

Unter den Wirbeltieren ist die Z. bei den Fischen nur wenig entwickelt. - Die Z. der Säugetiere (einschl. Mensch), deren Schleimhaut am Z.rücken mit den Sehnenfasern der Z.muskulatur unverschiebl. fest verbunden ist, ist charakterisiert durch Drüsenreichtum sowie eine sehr stark entwickelte, quergestreifte Muskulatur (Muskelmasse z.B. bei den großen Walen 200–400 kg), die die große Beweglichkeit der Säuger-Z. bewirkt. Sie fungiert als wichtiger Hilfsapparat für das Kauen, ist für den Schluckakt von Bed. und steht auch im Dienst der Nahrungsaufnahme, wozu sie entsprechend angepaßt sein kann; außerdem wird sie für die eigene und die soziale Körperpflege eingesetzt und kann bei den Lautäußerungen mitwirken (v. a. bei der Artikulation der menschl. Sprache). Der Z.rücken trägt neben zahlr. freien Nervenendigungen, die die Z. zu einem empfindl. Tastorgan machen, zahlr. verschiedenartige Papillen, die teils dem ↑Geschmackssinn, teils mechan.-taktilen Funktionen zuzuordnen sind. Beim Menschen werden unterschieden: 1. nach hinten gerichtete, an der Spitze verhornte (daher weißl.), über den ganzen Z.rücken verstreute und diesem eine samtartig rauhe Oberfläche gebende *fadenförmige Papillen;* sie haben taktile Aufgaben; 2. beim Kleinkind bes. zahlr. vorhandene, zart rosafarbene (da nicht verhornt) *pilzförmige Papillen,* die zw. den Fadenpapillen, vermehrt auf der Z.spitze, liegen; mit Geschmacksknospen an der Papillenseitenwand; 3. die in einer Reihe vor dem Z.grund stehenden *Wallpapillen (warzenförmige Papillen),* von denen jede von einer Furche mit den Geschmacksknospen und einem Wall umgeben ist; 4. die in Form quer liegender Schleimhautfalten am hinteren seitl. Z.rand angeordneten *Blätterpapillen (Blattpapillen)* mit bes. zahlr. Geschmacksknospen im Epithel der „Blätter". - Die Empfindung der vier Geschmacksqualitäten ist unterschiedl. Regionen der Z.fläche zugeordnet (↑Geschmackssinn). - Abb. Bd. 8, S. 152.

◆ bei bestimmten *Blasinstrumenten* ein dünnes Plättchen aus Schilfrohr oder Metall, das im Luftstrom schwingt und ihn period. unterbricht. Je nachdem, ob die Z. gegen einen Rahmen schlägt oder durch ihn hindurch schwingt, spricht man von **aufschlagenden Z.** (Instrumente mit einfachem Rohrblatt: Klarinette, Saxophon) und von **durchschlagenden Z.** (Harmonium, Hand-, Mundharmonika); bei **Gegenschlag-Z.** schlagen zwei Z. gegeneinander (Doppelrohrblattinstrumente: Oboe, Fagott). Die Z. der Lingualpfeife der Orgel ist meist aufschlagend.

Züngeln, bei Eidechsen und Schlangen das schnell aufeinanderfolgende Vorstoßen, Hin- und Herbewegen und Einziehen der (ge-

---

Zündkerze (teilschematisch)

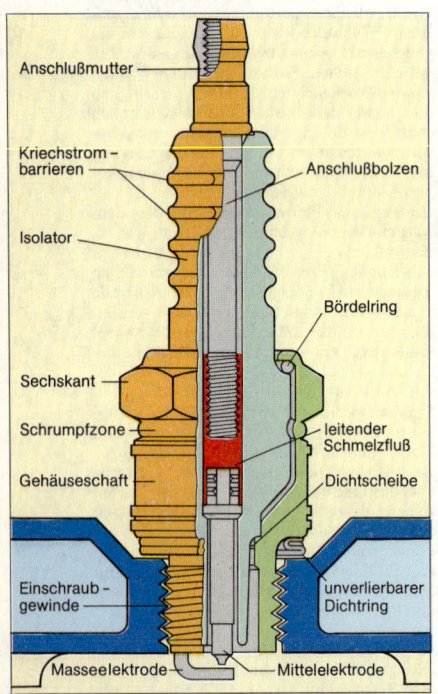

- Anschlußmutter
- Kriechstrombarrieren
- Anschlußbolzen
- Isolator
- Bördelring
- Sechskant
- Schrumpfzone
- leitender Schmelzfluß
- Gehäuseschaft
- Dichtscheibe
- Einschraubgewinde
- unverlierbarer Dichtring
- Masseelektrode
- Mittelelektrode

spaltenen) Zunge zum Aufspüren der Beute. Beim Z. nimmt die Zungenschleimhaut Geruchsstoffe aus der Luft auf. Mit den Geruchsstoffen beladen, werden dann die Zungenspitzen in die paarige Tasche im Mundhöhlendach, d. h. in das als Geruchsorgan fungierende Jacobson-Organ, eingebracht.

Zungen, svw. ↑ Seezungen.

Zungen, im MA Bez. für die einzelnen Prov. des Johanniterordens.

Zungenbein (Hyoid, Os hyoideum), knöcherne (z. T. auch knorpelige) Stützstruktur der Zunge der Wirbeltiere (beim Menschen klein und hufeisenförmig). Das frei in Muskeln eingehängte Z. erstreckt sich von der Zungenbasis über seitl. Fortsätze (*Z.hörner*) nach hinten oben zur seitl. Schlundwand. Sein basaler Teil liegt im allg. nahe am Vorderende des Kehlkopfbodens.

Zungenbelag, weißlichgraue Schicht aus Speiseresten, weißen Blutkörperchen, verhornten Zellen und Bakterien auf dem Zungenrücken; bildet sich v. a. bei Personen (z. B. Kranken), die sich überwiegend von flüssiger Kost ernähren, so daß es zu keiner ausreichenden mechan. Reinigung der Zunge durch die Nahrungspartikel beim Kauakt kommt. Häufig kommt die „belegte Zunge" bei (chron.) Erkrankungen der Mundhöhle, des Rachens und des Magen-Darm-Kanals vor (z. B. bei Magenschleimhautentzündung, Ulkuskrankheit).

Zungenblüten (Strahlenblüten), bei Korbblütlern vorkommender Blütentyp mit (im Ggs. zu den ↑ Röhrenblüten) dorsiventraler, aus drei oder fünf verwachsenen Kronblättern gebildeter zungenförmiger Blumenkrone. Die Z. stehen bei vielen Korbblütlerarten am Rand der Blütenstands.

Zungenentzündung (Glossitis), nach Ursache, Art und Ausdehnung unterschiedene Entzündung des Zungengewebes. Bei der *Glossitis atrophicans* erscheint die Zungenschleimhaut glatt und hochrot (kommt u. a. bei Pellagra und Sprue vor). Bei *Glossitis dissecans* kommt es zur Bildung tiefer Einrisse auf der Zungenoberfläche. *Glossitis gummosa* nennt man die mit Gummen und oft mit Geschwürsbildung im Zungenbereich einhergehende Z. bei Syphilis. Unter *Glossitis phlegmonosa* versteht man die zur Eiterbildung neigende, sehr schmerzhafte Z. v. a. im Anschluß an Zungenverletzungen. *Glossitis superficialis* ist ein oberflächl., schmerzhafte Z., die von der Zungenschleimhaut oft auf das Zahnfleisch und die Wangenschleimhaut übergreift.

Zungenlose Frösche (Pipidae), Fam. der Froschlurche (u. a. mit den afrikan. Krallenfröschen und den südamerikan. Wabenkröten), die durch eine völlig rückgebildete Zunge gekennzeichnet sind. Da die Zungenlosigkeit früher als urtüml. Merkmal gedeutet wurde, wurde diese Tiergruppe (fälschlicherweise) als bes. Unterordnung *Aglossa* den übrigen unter der Bez. *Zungenfrösche (Phaneroglossa)* zusammengefaßten Froschlurchen gegenübergestellt.

Zungenmandel (Zungentonsille, Tonsilla lingualis), beim Menschen den Zungengrund bedeckendes (ohne Zuhilfenahme eines Spiegels nicht sichtbares) unpaares Organ des lymphat. Rachenrings; Anhäufung von Balgdrüsen und Lymphgewebe.

Zungenpfeifen ↑ Orgel.

Zungenreden, svw. ↑ Glossolalie.

Zungenregister (Zungenstimme), aus Zungenpfeifen bestehendes Register der Orgel.

Zungenschlag (Zungenstoß), Technik der Artikulation bei Blasinstrumenten, bei der die Zunge bestimmte Artikulationssilben ausführt (z. B. bei der Querflöte ti oder tiri, bei der Trompete dik - ke).

Zungenspitze (Apex), in der Phonetik das vordere Ende der Zunge, das an der Artikulation verschiedner Laute beteiligt ist; oft bildet die Z. mit den Schneidezähnen, dem Zahndamm oder dem Vordergaumen den sog. „Verschluß" bei den Verschlußlauten.

Zungenwürmer (Pentastomida, Linguatulida), Stamm etwa 0,5–14 cm langer, wurmförmiger, meist farbloser Gliedertiere mit rd. 60 Arten, die vorwiegend in den Atemwegen der Landwirbeltiere parasitieren; Körper leicht segmentiert, mit Mundöffnung und vier Krallen (als Reste zweier Extremitätenpaare) am Vorderende; entwickeln sich (z. T. unter Wirtswechsel) über verschiedene Larvenstadien.

Zuni [engl. 'zu:nɪ], eines der bekanntesten Dörfer der Puebloindianer im westl. New Mexico, 200 km westl. von Albuquerque. Die ebenfalls Z. genannten Bewohner stellen Silberschmuck, Muschel- und Türkisarbeiten her.

Zünsler (Lichtzünsler, Lichtmotten, Pyralidae), mit über 10 000 Arten weltweit verbreitete Fam. etwa 15–30 mm spannender, schlanker, vorwiegend dämmerungs- oder nachtaktiver Schmetterlinge (davon rd. 250 Arten einheim.); meist langbeinige Insekten mit häufig langen, schnabelartig nach vorn gerichteten Lippentastern; Raupen schwach behaart bis fast nackt, legen in Pflanzen oder organ. Stoffen meist Gespinstgänge an, können bei Massenauftreten an Kulturpflanzen und Vorräten schädl. werden.

Zunz, Leopold, * Detmold 10. Aug. 1794, † Berlin 17. März 1886, dt. Religions- und Literarhistoriker. - Untersuchte als einer der ersten die rabbin. und synagogale Literatur mit modernen wiss. Kriterien, wodurch er (neben S. J. L. ↑Rapoport) zum Begründer der ↑ Wissenschaft des Judentums wurde.

Zuordnung, allg. jeder durch eine Vorschrift (*Z.definition* oder *-vorschrift*) festgelegte Vorgang, durch den in regelmäßiger,

Zuordnungsdefinition

geordneter und eindeutiger Weise († Eindeutigkeit) die Objekte zweier verschiedener [Sach]bereiche, in der Mathematik v. a. die Elemente zweier verschiedener Mengen, zueinander in Beziehung gesetzt („einander zugeordnet") werden. I. e. S. versteht man in der Mathematik unter Z. eine † Abbildung.

Zuordnungsdefinition † Definition.

Zuoz [rätoroman. tsuǫts], Ort im schweizer. Kt. Graubünden, 15 km nö. von Sankt Moritz, 1 716 m ü. d. M., 1 200 E. Entomolog. Forschungsinst. der ETH Zürich; Sommerfrische und Wintersportplatz. - Bis 1798 Hauptort des Oberengadins. - Typ. Engadiner Dorf mit großem geschlossenem Dorfplatz, Häuser mit Erkern und breiten Fronten; Pfarrkirche (1507 umgebaut).

Zupan (Župan) [serbokroat. ˌʒupaːn], in süd- und westslaw. Gebieten im MA zunächst das Oberhaupt eines Sippenverbandes *(Župa)*, später lokale Obrigkeit mit administrativen, militär. und richterl. Befugnissen; in Kroatien existierte das Amt bis 1918.

Zupfinstrumente, zu den † Chordophonen aber † Idiophonen rechnende Gruppe von Musikinstrumenten, deren Töne durch Anreißen des primär schwingenden Materials entstehen. Zu den Z. zählen Harfe, Laute, Leier, Maultrommel, Spieldose, Zanza, Zither.

Zurbarán, Francisco de [span. θurβaˈran], ≈ Fuente de Cantos bei Badajoz 7. Nov. 1598, † Madrid 27. Aug. 1664, span. Maler. - Lebte in Sevilla, 1634–36 und seit 1658 in Madrid. Z. ist neben Velázquez und Ribera der führende Vertreter der religiösen span. Barockmalerei, stellt vorwiegend Szenen aus der Geschichte des Mönchtums dar, nicht zuletzt myst. Visionen. Seine monumentalen, statuar. aufgefaßten Figuren sind realist. charakterisiert und durch Anwendung der von Caravaggio entwickelten scharfen Helldunkeleffekte von äußerster Plastizität. Z. schuf auch bed. Stilleben. - *Werke:* Vision des hl. Petrus Nolascus (1628, urspr. für das Kloster de la Merced in Sevilla; Madrid, Prado), Bonaventura-Zyklus (1629, urspr. für das Sevillaner Bonaventura-Kloster, v. a. Paris, Louvre), Apotheose des hl. Thomas von Aquin (1631, Sevilla, Kunstmuseum), Hl. Hugo, Bischof von Grenoble (urspr. für die Kartause in Jerez de la Frontera, 1636–39; Cádiz, Kunstmuseum).

Zürcher Porzellan (Züricher Porzellan), in der Manufaktur in Schooren bei Bendlikon am Zürichsee hergestelltes Porzellan. Die 1763 gegr. Manufaktur stellte schon 1790 die Porzellanherstellung ein, jedoch wurde bis 1897 weiterhin Fayence hergestellt; als Marke diente der Buchstabe Z. Die schlichten Formen wurden mit asiat. Dekor, aber auch mit Blumen, reizvollen Landschaften und Genreszenen bemalt (S. Geßner, H. Füßli u. a.).

Zurechnung, 1. in der *Kostenrechnung* die Verteilung von Gemeinkosten auf Kostenstellen und Kostenträger; 2. in der *Volkswirtschaftslehre* die Aufteilung des Preises bzw. des wirtsch. Erfolgs auf die an der Erstellung eines Gutes beteiligten Produktionsfaktoren; 3. im *Steuerrecht* die wirtsch. Z. von Gegenständen zum Vermögen des Steuerpflichtigen.

Zurechnungsfähigkeit, frühere Bez. für † Schuldfähigkeit.

Zurechnungsunfähigkeit, frühere Bez. für † Schuldunfähigkeit.

Zurechnungszeit, in der Rentenversicherung bei der Ermittlung der anrechnungsfähigen Versicherungsjahre derjenige Berechnungszeitraum, der beim Eintritt der Berufs- oder Erwerbsunfähigkeit vor Vollendung des 55. Lebensjahres hinzuzurechnen ist. Damit soll ein Ausgleich dafür geschaffen werden, daß infolge geringerer Versicherungsdauer die Rente sonst niedriger sein würde als bei normalem Eintritt des Versicherungsfalles. Hinzugerechnet wird die Zeit vom Kalendermonat, in dem der Versicherungsfall eingetreten ist, bis zum Kalendermonat der Vollendung des 55. Lebensjahres.

Zürgelbaum (Celtis), Gatt. der Ulmengewächse mit rd. 80 Arten v. a. in den Tropen, einige Arten auch in der nördl. gemäßigten Zone; sommergrüne, in den Tropen auch immergrüne Bäume oder Sträucher mit ganzrandigen oder gesägten Blättern, unscheinbaren, einhäusigen oder zwittrigen Blüten und kugeligen Steinfrüchten. Die bekanntesten Arten sind der bis 25 m hoch werdende, in S-Europa, N-Afrika und W-Asien heim. **Südl. Zürgelbaum** (Celtis australis), dessen zähe, elast. Zweige früher zu Peitschenstielen verarbeitet wurden, sowie der **Westl. Zürgelbaum** (Celtis occidentalis).

Zürich, Hauptstadt des schweizer. Kt. Z. und Bez.hauptort, am N-Ende des Zürichsees, 408 m ü. d. M., 351 500 E. Kulturelles und wirtsch. Zentrum der Schweiz; Univ. (gegr. 1833), ETH, Konservatorium, Musikhochschule, Musikakad., Pestalozzianum; Schweizer. Inst. für Auslandsforschung, C.-G.-Jung-Inst., Schweizer. Sozialarchiv, Staatsarchiv des Kt. Z., Thomas-Mann-Archiv; zahlr. Museen, Opernhaus, Schauspielhaus u. a. Theater, Tonhalle, botan. Garten, Zoo. Als Handels- und Finanzzentrum der Schweiz ist Z. neben Bern Sitz der Schweizer. Nationalbank, mehrerer Großbanken, von Versicherungs-, Finanz- und Handelsgesellschaften, der wichtigsten schweizer. Effektenbörse, zahlr. Wirtschafts- und Berufsverbände. Zugleich wichtigster und größter Ind.standort der Schweiz, v. a. Metallverarbeitung und Textilind., außerdem Nahrungsmittelind. und zahlr. Buchverlage; Kongreß- und Messestadt; bed. Verkehrsknotenpunkt, internat. ✈ in Kloten.

Geschichte: Um Christi Geburt war **Turicum** eine röm. Brücken-, Zoll- und Schifferstation mit einem Militärlager auf dem Lindenberg. Der Marktflecken Z. dehnte sich im 9. Jh.

Zürich

auf beiden Seiten der Limmat aus und wird 929 erstmals als Stadt genannt. Gründung der geistl. Stifte Großmünster vermutl. um 800 und Fraumünster 853. Nach 1218 war Z. reichsunmittelbar. Nach Einführung einer Zunftverfassung 1336 schloß Z. 1351 ein ewiges Bündnis mit den Eidgenossen. Nachdem die Stadt schon durch Aufnahme von Pfahlbürgern aus den umliegenden Ortschaften, durch Burgrechte und später v. a. durch Kauf und Erwerb von Pfandrechten ihr Territorium vergrößert hatte, gewann sie nach Einführung der Reformation durch Zwingli (nach 1523) durch Säkularisation der Klöster weiteren Grundbesitz und sicherte sich durch ein ausgedehntes Bündnissystem mit den ev. Städten. Die Niederlage bei Kappel am Albis (1531) verhinderte die weitere Ausdehnung. 1803 wurde Z. Hauptstadt des neuen gleichnamigen Kt., 1834 wurden die Befestigungsanlagen geschleift.

Bauten: Die Stadt bewahrt zahlr. Sakralbauten des MA, u. a. das doppeltürmige roman. Großmünster (12./13. Jh.) über den Fundamenten einer wohl karoling. Basilika, roman.-got. Fraumünster (nach 5 Bauperioden [9.–12. Jh.] Neubau vollendet in der 1. Hälfte des 15. Jh.) mit modernen Fenstern von M. Chagall, spätgot. Wasserkirche (1479–84). Barocke Kirche Sankt Peter (1705/06) mit roman. Turm des Vorgängerbaus, Rathaus (1694–98) mit reich stuckiertem Festsaal; Zunfthäuser des 16., 17. und 18. Jh. Zu den bed. Privatbauten gehört das Haus zum Rechberg (1759–70) mit fast vollständig erhaltener Innenausstattung. Bauten des 19. und 20. Jh. sind u. a.: Gebäude der ETH (1858–64), Kunsthaus (1910), Univ. (1914), Geschäftshochhaus „Zur Palme" (1963–65), Ausstellungspavillon (1967; nach Plänen von Le Corbusier).

 Widmer, S.: Z. Eine Kulturgesch. Zürich u. Mchn. 1975–84. 12 Bde. - *Dorn, K.:* Die Altstadt v. Z. Veränderungen der Substanz, Sozialstruktur u. Nutzung. Niederteufen 1974. - *Carl, L.:* Z. Architekturführer. Zürich 1972. - *Vogt, E., u. a.:* Z. v. der Urzeit zum MA. Zürich 1971. - *Peyer, H. C.:* Von Handel u. Bank im alten Z. Zürich 1968.

Z., Kt. in der Schweiz, 1 729 km^2, 1,13 Mill. E (1986), Hauptstadt Zürich. Umfaßt südl. der Stadt Z. den größten Teil des Geb. um den Z.see, greift nach SW über die Albiskette und das Sihltal bis ins Reußtal, nach O mit dem Zürcher Oberland ins obere Glattal und das Tößbergland aus, umfaßt nördl. von Z. das Zürcher Unterland mit dem unteren Glatttal und dem Tößtal bis zum Hochrhein, sowie auf dem rechten Hochrheinufer das Rafzerfeld, im NO das untere Thurtal das nördl. anschließende Zürcher Weinland bis zum Hochrhein bei Schaffhausen. Mit Ausnahme der Juraausläufer des Lägern gehört der Kanton zum Schweizer Mittelland. - 70% der Bev. konzentrieren sich in den beiden Agglomerationen Winterthur und Zürich. Feld-Gras-Wirtschaft, Feldfutter- und Getreidebau herrschen im Zürcher Unterland vor. Am Z.see, im Limmattal und im Zürcher Weinland überwiegen Obst- und Weinbau, im niederschlagsreicheren Alpenrandgebiet intensive Vieh- und Milchwirtschaft. Dank günstiger Lage an wichtigen internat. Verkehrslinien konnte sich Z. zum stärksten Ind.- (bei Dominanz von Maschinenbau, Textil-

Francisco de Zurbarán. Der heilige Bonaventura leitet das Konzil von Lyon (1629). Paris, Louvre

Zürcher Porzellan. Salomon Geßner, Idyllische Landschaft. Malerei auf einem Teller (um 1764). Privatbesitz

Zürichsee

und Nahrungsmittelind.) und Handelskanton entwickeln.
Geschichte: Der Kt. Z. entstand 1803 in den Grenzen des ehem. Stadtstaates. 1815 wurde eine hochkonservative Verfassung festgelegt. Nach einer liberalen Reform (1831) kam es v. a. wegen Schulfragen zu Auseinandersetzungen, die eine konservative Reg. an die Macht brachten (bis 1845). 1869 erhielt Z. eine neue Verfassung.
Verfassung: Nach der Verfassung vom 18. April 1869 liegt die Exekutive beim vom Volk auf 4 Jahre gewählten Regierungsrat (7 Mgl.). Die Legislative bilden der vom Volk auf 4 Jahre gewählte Kantonsrat (180 Mgl.) und das Volk selbst; Frauenstimmrecht und -wahlrecht seit 1970.
 Z. Aspekte eines Kantons. Hg. v. D. Bodmer u. a. Zürich 1972.

Zürichsee, schweizer. See in den Kt. Sankt Gallen, Schwyz und Zürich, 90,1 km^2, 406 m ü. d. M., 40 km lang, bis 4 km breit und 143 m tief, erstreckt sich sichelförmig von der Linthmündung bis zum Ausfluß der Limmat in Zürich.

Zurichtung, bei der *Herstellung von Leder* Bez. für die auf das Gerben folgenden Arbeitsgänge (u. a. Färben, Fetten, Trocknen, Schleifen).
◆ bei der *Verarbeitung von Haarfellen (Rauchwaren-Z.)* Bez. für alle Arbeitsgänge, die vom Rohfell zum kürschnerfertigen Fell führen.

Zürn, Jörg, * Waldsee (= Bad Waldsee) um 1583, † Überlingen vor 1635, dt. Bildhauer. - Führte ab 1607 eine große Werkstatt in Überlingen. Ausbildung im Umkreis spätgot. Kunst unter Einbeziehung des dt. und niederl. Manierismus, was u. a. in seinem Sakramentshaus (1611) für das Überlinger Münster spürbar wird. Der Hochaltar (ebd. 1613–19) gehört mit seiner durch die gedrängte Figurenkomposition und die bewegte Licht- und Schattenwirkung gesteigerten Ausdruckskraft bereits dem Frühbarock an.
Z., Martin, * Waldsee (= Bad Waldsee) zw. 1590/95, † Braunau am Inn nach 1665, dt. Bildhauer. - Schuf u. a. die Kanzel (1636–39) und den Sebastiansaltar (1637) in der Pfarrkirche Wasserburg a. Inn.
Z., Michael, d. J., * Wasserburg a. Inn vor 1626, † nach 1691 (?), dt. Bildhauer. - Neffe von Martin Z.; lebte ab 1681 in Gmunden. Als Hauptwerk schuf er 16 überlebensgroße Marmorengel (1682–86, Kremsmünster, Stiftskirche).

Zurna [türk.-arab.] (arab. auch Mizmar, Zamr; So-na), eine im islam. Kulturraum verbreitete Schalmei mit oben zylindr., unten stark kon. Rohr, 6–8 Grifflöchern und einigen Schallochern, Lippenstütze und Windkapsel. Der laut klingende Z. wird von Volksmusikanten zus. mit einer großen Trommel (z. B. Tupan) gespielt.

Zurückbehaltungsrecht (Retentionsrecht), Recht des Schuldners, die geschuldete Leistung solange zu verweigern, bis der Gläubiger seinerseits die dem Schuldner gebührende und fällige Leistung (Gegenleistung) erbringt. Die jeweiligen Leistungsverpflichtungen müssen auf demselben rechtl. Verhältnis beruhen, d. h., sie müssen in einem inneren natürl. wirtschaftl. Zusammenhang stehen (Gegenseitigkeit, Konnexität). Das Z. ist ein Leistungsverweigerungsrecht und gibt dem Schuldner als Beklagtem im Prozeß eine ↑Einrede. Der Besitzer einer dem Eigentümer herauszugebenden Sache (↑Eigentumsherausgabeanspruch) hat ein Z., wenn er einen Gegenanspruch auf Ersatz der von ihm gemachten Verwendungen hat (z. B. hinsichtl. der Fütterungskosten für einen zugelaufenen Hund). Das Z. kann durch Gesetz oder Vertrag ausgeschlossen sein. Das **kaufmännische Z.** besteht wegen aller Ansprüche aus beiderseitigen Handelsgeschäften; es setzt keine Konnexität voraus und gibt über die bloße Leistungsverweigerung hinaus einen Anspruch auf Befriedigung nach den Regeln des Pfandverkaufs beim Pfandrecht.

Zurückstellung vom Wehrdienst ↑Wehrdienst.

Zurzach, Bez.hauptort im schweizer. Kt. Aargau, am Hochrhein, 341 m ü. d. M., 3 400 E. Museum; Textil- und Schuhind.; Thermalbad. - Vermutl. helvet. Oppidum; röm. Siedlung (**Tenedo**); das im 9. Jh. gegr. Benediktinerkloster wurde 1870 aufgehoben. - Die 1363 erstmals erwähnten Zurzacher Messen (Leder, Textilien) bestanden bis 1856. - Röm. Doppelkastell (3./4. Jh.), 1903 ff. ausgegraben, im südl. Teil frühchristl. Kirche mit Taufbecken (5. Jh.). Später Wallfahrtsort (hl. Verena); Stiftskirche Sankt Verena (geweiht 1347; 1733/34 barockisiert).

zusammengesetztes Auge, svw. ↑Facettenauge.

Zusammensetzung (Komposition), Bildung eines Wortes aus zwei oder mehreren selbständigen Wörtern bzw. sonst auch frei vorkommenden Morphemen. Die Z. ist ein bedeutsames sprachökonom. Mittel, einen Inhalt, der sonst nur durch syntakt. Fügungen wiedergegeben werden kann, in einem Wort zu verdichten. Sie ist das wichtigste Mittel im Dt., den Wortinhalt zu erweitern. Kompositionsglieder können unmittelbar zusammengefügt werden, z. B. *Maurerkelle*, oder durch Fugenzeichen verbunden werden, z. B. *Pferdestall, Vereinslokal.* Das Ergebnis der Z. ist das ↑Kompositum, das nicht nur die Summe der Kompositionsglieder darstellt, sondern oft eine neue semant. Einheit, z. B. *Vaterhaus* (nicht „Haus des Vaters", sondern „Haus, in dem man geboren ist und seine Kindheit verbracht hat").

zusammenziehende Arzneimittel, svw. ↑Adstringenzien.

Zusammenziehung, eine Art der Wortbildung, bei der die Wörter einer syntakt. Fügung in der Wortfolge zu einem Wort verschmolzen werden, ohne daß der letzte Bestandteil Wortart und Genus der Bildung bestimmt, z. B. *Dreikäsehoch* aus *er ist drei Käse hoch.*

Zusatzaktie, ↑ Aktie, die den Aktionären einer AG bei einer Kapitalerhöhung aus Mitteln der Gesellschaft als Gratisaktie oder Freiaktie, d. h. ohne Leistung einer Geld- oder Sacheinlage, angeboten wird. Der Aktionär erhält die Z. in einem bestimmten Verhältnis zu seinen alten Anteilsrechten.

Zusatzstoffe, im Lebensmittelrecht solche Stoffe, die dazu bestimmt sind, Lebensmitteln zur Beeinflussung ihrer Beschaffenheit oder zur Erzielung bestimmter Eigenschaften oder Wirkungen zugesetzt zu werden (z. B. Acetate, Carbonate, Chloride, Backtriebmittel, Bleichmittel, geschmacksbeeinflussende Stoffe und Konservierungsmittel). Durch die Z.verordnung ist näher geregelt, welche Z. Lebensmitteln zugefügt werden dürfen. Keine Z. sind Stoffe, die nach der Verkehrsauffassung überwiegend zu Ernährungs- oder Genußzwecken zugesetzt werden, z. B. Gewürze.

Zuschauer, Freimund ↑ Rellstab, Ludwig.

Zuschlag, bei einer ↑ Versteigerung die Annahme in einem Meistgebot liegenden Angebots zum Abschluß eines Vertrages durch den Versteigerer (↑ auch Zwangsversteigerung).

Zuschläge (Zuschlagstoffe), in der *Hüttentechnik* Bez. für bas. oder saure Stoffe, die bei pyrometallurg. Prozessen zugegeben werden, um eine leicht schmelzende und vom Metall leicht abzutrennende Schlacke zu erhalten (u. a. Kalkstein, Dolomit, Flußspat, Sand, z. T. auch metallarme Erze).

Zuschlagskalkulation, in der betriebl. Kostenrechnung ein Verfahren zur Ermittlung der Kosten je Leistungseinheit, das u. a. bei der Einzel- oder Serienfertigung angewandt wird. Die Z. geht von der Trennung nach Einzelkosten und Gemeinkosten aus. Die Fertigungsgemeinkosten werden, je nach Art der Ausgestaltung der Kostenrechnung, differenziert auf Fertigungsmaterial und Fertigungslohn aufgeschlagen, während die Verwaltungs- und Vertriebsgemeinkosten im Verhältnis der Herstellkosten verrechnet werden.

Zuse, Konrad, * Berlin 22. Juni 1910, dt. Ingenieur. - Entwickelte ab 1934 die Grundkonzeption für eine programmgesteuerte Rechenmaschine und begann 1936 mit dem Bau von Versuchsmodellen; 1941 vollendete er mit der *Z 3* in Relaistechnik das erste programmgesteuerte Rechengerät der Welt. Gleichzeitig arbeitete Z. zus. mit H. Schreyer an der Röhrenrelaistechnik für Computer.

Zustand, in der *Physik* Inbegriff sämtl. physikal. Größen eines physikal. Systems, die

Jörg Zürn. Kopf des Erzengels Michael vom Hochaltar des Münsters in Überlingen (1613–19)

es in jedem Zeitpunkt in seinen Eigenschaften und seinem Verhalten eindeutig beschreiben, z. B. die Gesamtheit der thermodynam. Z.größen und Z.funktionen zur Charakterisierung des thermodynam. Z. eines Systems. Die Quantentheorie kennzeichnet den *quantenmechan.* Z. eines mikrophysikal. Systems durch einen Satz von Quantenzahlen als Eigenwerte von Observablen.

Zuständigkeit, im Verfahrensrecht die Befugnis und Verpflichtung eines Gerichts oder einer Verwaltungsbehörde, in einer bestimmten Angelegenheit auf Antrag oder von Amts wegen tätig zu werden (zur Gesetzgebungszuständigkeit ↑ Gesetzgebung). Die **gerichtl. Zuständigkeit** bestimmt sich nach der Zulässigkeit des Rechtswegs; sie ist im GerichtsverfassungsG und den jeweiligen Prozeßordnungen geregelt. Die **Z. der Verwaltungsbehörden** ist in den Verwaltungsverfahrensgesetzen und den jeweiligen Spezialgesetzen (z. B. Bauordnungen) geregelt. Die **sachl. Zuständigkeit** bezeichnet die Berechtigung und Verpflichtung, bestimmte Aufgaben dem Gegenstand nach wahrzunehmen (z. B. eine Baugenehmigung zu erteilen) bzw. betrifft die Frage, welches Gericht in erster Instanz die Sache zu erledigen hat. Die **örtl. Zuständigkeit**

teilt jeder sachl. zuständigen Stelle einen räuml. Wirkungskreis zu; Bezugspunkt ist dabei vielfach der Wohnsitz einer Person oder die Belegenheit einer Sache. In Ausnahmefällen kann die Z. durch Gerichtsstandsvereinbarung (**Zuständigkeitsvereinbarung, Prorogation**) durch die Parteien geändert werden. Die **funktionelle Zuständigkeit** bezieht sich auf die Frage, welches Rechtspflegeorgan (z.B. in Vormundschaftssachen der Rechtspfleger oder der Richter) in ein und derselben Sache tätig zu werden hat. Bei Anrufung eines unzuständigen Gerichts erfolgt auf Antrag Verweisung durch Beschluß an das zuständige Gericht, andernfalls erfolgt Klageabweisung durch Prozeßurteil. Ein von einer unzuständigen Behörde erlassener Verwaltungsakt ist fehlerhaft.

Zustandsänderung, jede Änderung des thermodynam. Zustands eines Stoff- bzw. thermodynam. Systems, die durch Änderung einer Zustandsgröße verursacht wird; sie kann umkehrbar sein *(reversible Z.)* oder nicht *(irreversible Z.);* als quasistat. Z. bezeichnet man solche, die so langsam verlaufen, daß das System in jedem Augenblick als im Gleichgewicht befindl. angesehen werden kann. *Isotherme Z.* erfolgen bei konstanter Temperatur, *isobare Z.* bei konstantem Druck, *isochore Z.* bei konstantem Volumen, *isopykn. Z.* bei konstanter Dichte, *isentrope Z.* bei konstanter Entropie und *isenthalpe Z.* bei konstanter Enthalpie. Als *adiabat. Z.* bezeichnet man solche, die ohne Wärmeaustausch mit der Umgebung ablaufen. - ↑auch Zustandsgleichung.

Zustandsdiagramm (Zustandsschaubild), jede graph. Darstellung des Zusammenhangs zw. den Zustandsgrößen eines beliebigen thermodynam. Systems in einem ebenen Koordinatensystem, wobei jeweils eine oder mehrere dieser Zustandsgrößen konstant gehalten werden. Beispiele für derartige Z. sind das ↑p,V-Diagramm und das ↑p-T-Diagramm.

Zustandsfunktionen ↑Zustandsgrößen.

Zustandsgleichung, eine Gleichung, die den funktionalen Zusammenhang zw. den ↑Zustandsgrößen eines thermodynam. Systems oder Stoffes im thermodynam. Gleichgewicht angibt. Die sog. *therm. Z.* der allg. Form $f(T, p, V) = 0$ gestattet, eine der 3 thermodynam. Grundgrößen (absolute Temperatur T, Druck p, Molvolumen V) aus den 2 anderen zu berechnen. Spezialfälle sind die für ideale Gase geltende *allg. Gasgleichung* $pV = RT$ (R Gaskonstante) und die für reale Gase in guter Näherung geltende *Van-der-Waalssche Z.* $(p + a/V^2)(V-b) = RT$, worin a und b die von der Art des Gases abhängigen *Van-der-Waalsschen Konstanten* sind (↑auch Boyle-Mariottesches Gesetz, ↑Gay-Lussacsches Gesetz, ↑Amontons).

Zustandsgrößen (thermodynamische Zustandsvariable), meßbare makroskop. Größen, die den Zustand eines thermodynam. Systems charakterisieren, z.B. die sog. *einfachen Z.* Druck, Temperatur und Volumen; die daraus *abgeleiteten Z.* Energie, Entropie, freie Energie und Enthalpie werden auch als *Zustandsfunktionen, kalor. Z.* oder *thermodynam. Funktionen* bezeichnet.

Zustellung, die förml. und in einer **Zustellungsurkunde** zu beurkundende Bekanntgabe des Inhalts eines Schriftstücks (z.B. Klageschrift, Ladung zum Termin). Die Z. soll dem Z.adressaten mit Rücksicht auf die i.d.R. damit in Lauf gesetzten Fristen (z.B. Rechtsmittelfristen) Gelegenheit zur Kenntnisnahme des Schriftstücks verschaffen und für den Zustellenden den Nachweis sichern, daß gerade dieses Schriftstück zugestellt worden ist. Die Z. erfolgt i.d.R. von Amts wegen (die Partei-Z. ist noch vorgesehen im Verfahren der Zwangsvollstreckung sowie für private Willenserklärungen) durch den Gerichtsvollzieher, die Post, die zuständige Behörde selbst oder unmittelbar von Anwalt zu Anwalt, ferner ausnahmsweise durch Aufgabe zur Post (als gewöhnl. Briefsendung oder per Einschreiben). Bei unbekanntem Aufenthalt einer Partei kann die Z. in der Form der **öffentl. Z.** (u.a. mittels Aushangs oder Veröffentlichung im Bundesanzeiger) erfolgen. Eine **Ersatz-Z.** ist zulässig, wenn der Empfänger nicht angetroffen wird; sie erfolgt dadurch, daß das Schriftstück bestimmten Personen übergeben oder, sofern auch dies nicht mögl. ist, bei Gericht, der Post, der Gemeinde oder der Polizeibehörde niedergelegt und eine schriftl. Benachrichtigung über die Ersatz-Z. hinterlassen wird. Zur Nachtzeit sowie an Sonn- und Feiertagen darf die Z. nur mit bes. Erlaubnis erfolgen. Bei verweigerter Annahme kann das zuzustellende Schriftstück einfach am Ort der Z. zurückgelassen werden.

Zustimmungsgesetze, Bundesgesetze, die im Ggs. zu den ↑Einspruchsgesetzen kraft ausdrückl. verfassungsrechtl. Vorschrift der Zustimmung des Bundesrats bedürfen (z.B. die von den Ländern auszuführenden Gesetze und verfassungsändernder Gesetze). - Als Z. werden auch die Ratifikationsgesetze (Vertragsgesetze) bezeichnet, durch die die gesetzgebenden Körperschaften völkerrechtl. Verträgen des Bundes zustimmen. - ↑auch Gesetzgebungsverfahren.

Zustinian [italien. dzusti'njan] ↑Giustiniani.

Zutphen [niederl. 'zʏtfə], niederl. Stadt an der Mündung der Berkel in die IJssel, 7m ü.d.M., 31300 E. Städt. Museum, bed. Großhandel; chem., holzverarbeitende, Textil-, Nahrungsmittel- u.a. Ind. - Als **Zutphania (Sudveno)** Mittelpunkt der gleichnamigen, seit Ende des 12. Jh. zu Geldern gehörenden Gft.; erhielt um 1230 Stadtrecht; wurde vor 1400 Hansestadt; 1572 von span. Truppen eingenommen und geplündert; 1591 von Moritz von Oranien für die nördl. Niederlande zurückerobert. - Got. Kirche Sint-Walburg (13.–15.Jh.) mit bed. ehem. Bibliothek.

Zuverlässigkeit, die Eigenschaft von techn. Systemen (Bauelemente, Schaltkreise, Geräte u.a., aber auch Übertragungskanäle, kybernet. und biotechn. Systeme), in ihrem Verhalten bzw. unter andauernden Betriebsbedingungen den an sie gestellten Erwartungen zu genügen. Ein anderes als das geforderte Verhalten wird als *Ausfall* angesehen; diese Fälle werden zur *Ausfallrate* gezählt, z.B. das Versagen eines Transistors oder ein Rechenfehler einer Rechenanlage. Da die Ursachen für Ausfälle und der Zeitpunkt ihres Eintretens nur selten durch die Analyse erfaßbar sind, wird die Z. als die Wahrscheinlichkeit (in Prozenten) definiert, mit der das betrachtete System[teil] unter festgelegten Beanspruchungen für eine bestimmte Zeitdauer innerhalb vorgegebener Toleranzen funktionsfähig ist. Eine hohe Z. ist bes. bei der Automatisierung von Wichtigkeit.

◆ (Reliabilität) in der *empir. Sozialforschung* Bez. für die formale Meßgenauigkeit und Präzision eines Forschungsinstruments (z.B. Interview, Experiment) ohne Berücksichtigung der ↑Gültigkeit; ist gegeben, wenn unter (kontrollierten) gleichen Forschungsbedingungen der wiederholte Einsatz des Instruments zu gleichen Ergebnissen führt.

Zuwendung, rechtsgeschäftl. Handlung, durch die einem anderen bewußt ein Vermögensvorteil verschafft wird. Die unentgeltl. Z. ist ↑Schenkung. Der Begriff der Z. ist bei zahlr. Rechtsgeschäften von Bedeutung.

Zvolen [slowak. ˈzvɔlɛn] (dt. Altsohl), Stadt 20 km südl. von Banská Bystrica, ČSSR, 295 m ü.d.M., 39 900 E. Fachhochschule für Forstwesen und Holzwirtschaft; Holz- und Forstmuseum, Theater. Holzkombinat. - Die urspr. got. Burg wurde im 16.Jh. zu einem Renaissanceschloß umgebaut; gotische Stadtkirche (1390).

ZVS, Abk. für: ↑Zentralstelle für die Vergabe von Studienplätzen.

Zwang, 1. Bestimmung zu einem Tun gegen den eigenen Willen durch phys. Gewalteinwirkung oder deren Androhung; 2. (sozialer Z.), von sozialer ↑Kontrolle schwer abgrenzbarer Begriff, der die Techniken sozialer Verhaltenssteuerung umschreibt (z.B. Sanktionsandrohung, Belohnung, an soziale Rollen gebundener Erwartungsdruck *[Rollen-Z.]*, Konformitätsdruck sozialer Gruppen auf die Mgl. *[Gruppen-Z.]*); i.w.S. auch soziokulturelle Bestimmung menschl. Verhaltens durch im Sozialisationsprozeß verinnerlichte Werte und Normen.

◆ in der *Psychopathologie* Bez. für das immer wiederkehrende Phänomen des Beherrschtwerdens von Vorstellungen (↑Zwangsvorstellung) oder Handlungsimpulsen (z.B. Z. zum Kontrollieren, Zählen, Ordnen, Waschen), die von den betroffenen Personen selbst als unsinnig, fremdartig oder als mit dem Ich-Ideal nicht vereinbar beurteilt werden. Der Z. wird als sich von innen aufdrängend erlebt. Dies schließt allerdings nicht aus, daß für die Entstehung der Z.antriebe oder Z.bewußtseinszustände Umweltprägungen (z.B. extreme Sauberkeitserziehung, willkürl. Bestrafungen, auf Sünde konzentrierte religiöse Erziehung) eine entscheidende Rolle spielen.

◆ in der *Pädagogik* erzieher. Mittel, das gegen die Einsicht und den Willen des zu erziehenden Kindes und mit Hilfe äußerer Autorität des Erziehers Maßnahmen mit Befehlen, Strafen oder gar unter Gewaltanwendung durchsetzt.

◆ im *Recht* ↑Zwangsmittel.

Zwangsanleihen ↑Zwangssparen.

Zwangsarbeit, „jede Art von Arbeit oder Dienstleistung, die von einer Person unter Androhung irgendeiner Strafe verlangt wird und für die sie sich nicht freiwillig zur Verfügung gestellt hat" (Definition der Internat. Arbeitsorganisation [IAO] von 1930). In den IAO-Übereinkommen zur Beseitigung der Z. von 1930 wurden als Ausnahmen anerkannt: Militärdienstpflicht, die übl. Bürgerpflichten (z.B. Wegereinigung), Strafarbeit auf Grund gerichtl. Verurteilung, Notstandspflichten. Geächtet wurde die Z. auch in der Menschenrechtsdeklaration der UN von 1948, in der Europ. Konvention zum Schutz der Menschenrechte und Grundfreiheiten von 1950 und im Internat. Pakt über bürgerl. und polit. Rechte der UN von 1966 (1976 in Kraft getreten). Für die BR Deutschland bestimmt Art. 12 Absatz 2 f. GG: „Niemand darf zu einer bestimmten Arbeit gezwungen werden, außer im Rahmen einer herkömml. allg., für alle gleichen öffentl. Dienstleistungspflicht. Z. ist nur bei einer gerichtl. angeordneten Freiheitsentziehung zulässig" (Arbeitszuweisung; sog. Arbeitszwang).

In vielen Staaten wurden und werden dennoch Personen aus polit., wirtsch. und ideolog. Gründen systemat. Z. unterworfen. Im nat.-soz. Deutschland wurden die Häftlinge der Konzentrationslager zu Z. herangezogen. Während des Krieges, bes. seit 1942, wurden Kriegsgefangene zu Z. eingesetzt und sog. Fremdarbeiter aus den besetzten europ. Staaten nach Deutschland deportiert, um dt. Arbeitskräfte für den Militärdienst freizumachen (im Sept. 1944 insgesamt etwa 7,5 Mill. Kriegsgefangene und Fremdarbeiter). In der Sowjetunion hat nach dem Besserungsarbeitsgesetz von 1969 „jeder Verurteilte die Pflicht zu arbeiten". Besserungsarbeit (meist in Lagern, sog. Kolonien) soll der Umerziehung dienen, doch ist sie prakt. eine Form der Bestrafung und der Ausbeutung der Arbeitskraft der Häftlinge zu wirtsch. Zwecken.

Zwangsernährung

Die Zahl der zu Z. verurteilten Gefangenen in der Sowjetunion wurde 1975 auf mindestens 1 Mill. Menschen geschätzt, von denen wenigstens 1% aus polit. Gründen inhaftiert waren.

Zwangsernährung, die gegen den Willen und u. U. gegen den Widerstand eines Gefangenen oder Untersuchungshäftlings vorgenommene künstl. Ernährung durch einen Arzt. Die Hungerstreikaktionen der Baader-Meinhof-Gruppe (↑ Baader-Meinhof-Prozesse), insbes. der Tod des infolge eines Hungerstreiks verstorbenen Holger Meins (* 1941, † 1975), lösten heftige Diskussionen in der Öffentlichkeit um das bis dahin weder allg. jurist. noch wiss. bes. erörterte Problem der Z. aus. Das der Z. zugrundeliegende Problem hat seine Ursache in der Kollision zweier verfassungsrechtl. Werte, näml. des Selbstbestimmungsrechts des Gefangenen oder Untersuchungshäftlings über seine Gesundheit und körperl. Unversehrtheit einerseits und andererseits der Pflicht des Staates, Gesundheit und Leben zu schützen, verbunden mit seiner bes. Fürsorgepflicht gegenüber Gesundheit und Leben von Inhaftierten, die während des Freiheitsentzuges nicht selbst für ihre Gesundheit sorgen können. Insgesamt ist das Problem der Z. im Zusammenhang mit der Einstellung der Rechtsordnung zur Selbsttötung überhaupt zu sehen, näml. der Frage, ob der einzelne ein Recht hat, über Leben und Tod selbst zu bestimmen. Im Strafvollzugsg ist hinsichtl. der Z. im Strafvollzug eine Regelung getroffen worden. Danach haben die Vollzugsbehörden ein Recht zur Z. bei Lebensgefahr und schwerwiegender Gefahr für die Gesundheit des Gefangenen. Bei akuter Lebensgefahr hingegen sind die Vollzugsbehörden bzw. der Anstaltsarzt zur Z. berechtigt, wenn diese für die Beteiligten zumutbar und nicht mit erhebl. Gefahr für Leben oder Gesundheit des Gefangenen verbunden ist.

📖 *Wagner, J.: Selbstmord u. Selbstmordverhinderung. Zugleich ein Beitrag zur Verfassungsmäßigkeit der Z. Hdbg. 1975.*

Zwangsgeld ↑ Zwangsmittel.

Zwangshypothek, bei der ↑ Zwangsvollstreckung wegen einer Geldforderung in das unbewegliche Vermögen (Immobiliarzwangsvollstreckung) die zwangsweise Eintragung einer Sicherungshypothek (↑ Hypothek) ins Grundbuch; die zu sichernde Forderung muß den Betrag von 500 DM übersteigen.

Zwangsjacke (Zwangshemd), vorn geschlossenes, grobes Leinenhemd mit überlangen, nicht offenen Ärmeln, die zur Immobilisation unruhiger psych. Kranker auf dem Rücken verknotet oder irgendwo fest angebunden werden; früher oft benutzt.

Zwangskräfte (Führungskräfte), Kräfte, die einen bewegten Körper bzw. Massenpunkt auf einer vorgeschriebenen Bahn halten, z. B. die vom Aufhängefaden eines Pendels oder von den Eisenbahnschienen ausgeübten Kräfte.

Zwangskurs, Kurs, zu dem Banknoten von jedermann in unbegrenzter Höhe kraft Gesetzes angenommen werden müssen, wobei keine Verpflichtung der Notenbank zur Einlösung der Banknoten in Gold besteht. Z. besteht somit für jedes Papiergeld (in begrenztem Umfang auch für Scheidemünzen), das in dem betreffenden Land gesetzl. Zahlungsmittel ist.

Zwangsmittel, 1. im ↑ *Verwaltungszwangsverfahren* die spezif. Beugemittel zur Durchsetzung von Verwaltungsakten, um die Herausgabe einer Sache, die Vornahme einer Handlung oder eine Duldung oder Unterlassung zu erzwingen. Die Z. sind im VerwaltungsvollstreckungsG des Bundes bzw. den entsprechenden Gesetzen der Länder geregelt. Z. sind: die **Ersatzvornahme,** durch die eine dem Pflichtigen obliegende vertretbare (auch durch einen Dritten vorzunehmende) Handlung dadurch erzwungen wird, daß die Vollstreckungsbehörde selbst oder im Wege der Amtshilfe eine andere Behörde oder ein beauftragter Privatmann die dem Pflichtigen aufgegebene Handlung ausführt; das **Zwangsgeld** (3–2000 DM) bei unvertretbaren, allein vom Willen des Pflichtigen abhängenden Handlungen (z. B. Schulbesuch) sowie bei vertretbaren Handlungen, wenn die Ersatzvornahme untunl. ist. Ist das Zwangsgeld uneinbringl., so kann auf Antrag der Vollzugsbehörde durch das Verwaltungsgericht die **Ersatzzwangshaft** (Beugehaft) von 1–14 Tagen angeordnet werden, wenn hierauf bei Androhung des Zwangsgeldes hingewiesen worden ist; der **unmittelbare Zwang,** mit dem rechtmäßige behördl. Anordnungen gegen den Widerstand der Betroffenen (z. B. [einfache] körperl. Gewalt) durchgesetzt werden können. Er ist nur zulässig, wenn andere Z. keinen Erfolg versprechen und dient insbes. im Polizeirecht. Die stärkste Form des unmittelbaren Zwangs ist der Schußwaffengebrauch.

Die Z. sind *Beugemittel,* haben also keinen strafrechtl. Ahndungscharakter. Voraussetzung für ihre Anwendung ist, daß der den Z. zugrundeliegende Verwaltungsakt unanfechtbar ist, ein Rechtsbehelf keine aufschiebende Wirkung hat oder die sofortige Vollziehbarkeit angeordnet ist. Ferner muß das Z. vorher mit angemessener Fristsetzung schriftlich angedroht worden sein (bei der Ersatzvornahme verbunden mit einem Kostenvoranschlag). Erst dann kann die Behörde das Z. nach dem Verhältnismäßigkeitsgrundsatz festsetzen. Gegen Androhung und Festsetzung von Z. sind die Rechtsbehelfe gegeben, die auch gegen einen Verwaltungsakt zulässig sind.

2. Bei der Vollstreckung von Steuerforderun-

gen gilt Entsprechendes. - 3. ↑Zwangsvollstreckung.
📖 Welp, J.: Zwangsbefugnisse f. die Staatsanwaltschaft. Tüb. 1976. - Hausen, F./Schweers, L.: Die Z. der Polizei. Köln 1967.

Zwangsneurose, v. a. durch Symptome des ↑Zwangs (Zwangsgedanken, -impulse, -handlungen), aber auch durch übersteigerte Gewissenhaftigkeit und gesteigerte Schuldgefühle sowie erhöhte Gefühlsambivalenz und erschwerte Entschlußfähigkeit charakterisierte Neuroseform (↑Neurosen) mit meist chron. Verlauf.

Zwangssparen, bes. Art des Sparens, die in zwei Formen auftritt: 1. Die Wirtschaftssubjekte werden durch gesetzl. Maßnahmen, wie z. B. Zwangsanleihen, zum Konsumverzicht gezwungen; 2. der Realkonsum wird im marktwirtsch. Prozeß über Preissteigerungen verringert.

Zwangsvergleich, der auf Grund eines Vergleichsvorschlags des Gemeinschuldners während des Konkursverfahrens (↑Konkurs) geschlossene Vertrag zw. dem Gemeinschuldner und den nicht bevorrechtigten Konkursgläubigern nach den §§ 173 ff. Konkursordnung. Der Z. bezweckt die Vermeidung der sofortigen und vollständigen Verwertung der Konkursmasse durch eine beschleunigte, aber nur teilweise Befriedigung der Gläubiger gegen den Erlaß ihrer Rechtsforderungen. Er kommt zustande, wenn die Mehrzahl der im Vergleichstermin anwesenden stimmberechtigten Gläubiger dem Vergleich zustimmt (Kopfmehrheit) und die Gesamtsumme der den zustimmenden Gläubigern zustehenden Forderungen wenigstens $3/4$ der Gesamtsumme aller Konkursforderungen ausmacht (Forderungsmehrheit). Der Z. bedarf der Bestätigung durch das Konkursgericht, die i. d. R. zu versagen ist, wenn den Gläubigern nicht mindestens 20% ihrer Forderungen gewährt wird. Der rechtskräftig bestätigte Z. führt zum Erlöschen der durch den Z. nicht gedeckten Forderungen, wirkt für und gegen alle nicht bevorrechtigten Konkursgläubiger, führt zur Aufhebung des Konkursverfahrens und ist Vollstreckungstitel.
In *Österreich* entspricht dem Z. im wesentl. die Regelung des Zwangsausgleichs. - In der *Schweiz* ist der Z. nicht eigens geregelt.

Zwangsversteigerung, die im Zwangsversteigerungsgesetz (ZVG) geregelte ↑Versteigerung von Grundstücken, Schiffen und Luftfahrzeugen im Wege der Zwangsvollstreckung zur Durchsetzung (insbes.) eines Vollstreckungstitels wegen einer Geldforderung. Die Z. ist neben der Zwangsverwaltung wichtigste Form der Immobiliarzwangsvollstreckung. Ihr unterliegen Grundstücke, Miteigentumsanteile an Grundstücken sowie grundstücksgleiche Rechte (v. a. Wohnungseigentum und Erbbaurecht). Zuständig für die Z. ist das Vollstreckungsgericht (Amtsgericht). Dieses ordnet die Z. auf Antrag des Gläubigers an, wenn die allg. Voraussetzungen der ↑Zwangsvollstreckung gegeben sind und der Schuldner als Eigentümer im Grundbuch eingetragen ist (§§ 15 ff. ZVG). Zugleich ersucht es das Grundbuchamt um die Eintragung des *Zwangsversteigerungsvermerks*. Die Anordnung des Z. wirkt zugunsten des betreibenden Gläubigers als Beschlagnahme des

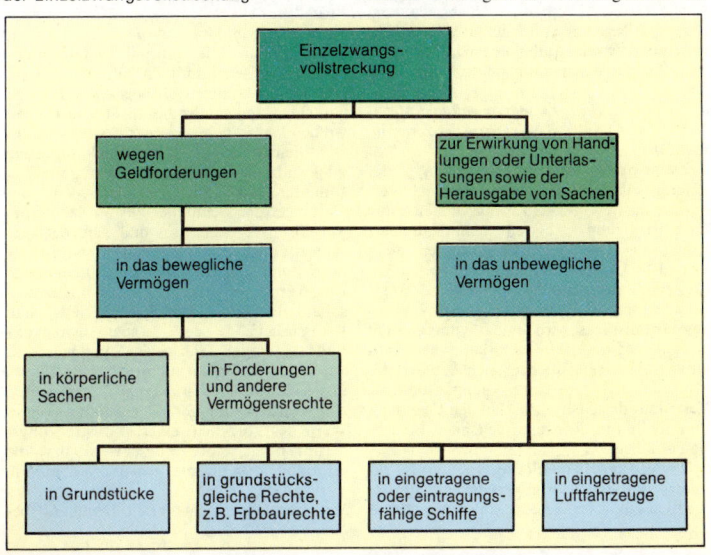

Zwangsvollstreckung. Möglichkeiten der Einzelzwangsvollstreckung

Zwangsverwaltung

Grundstücks, von der alle Gegenstände, auf die sich die Hypothek erstreckt, erfaßt werden (z. B. Zubehör, Versicherungsforderungen, dagegen nicht Miet- und Pachtzinsen). Am Z.verfahren Beteiligte sind neben dem Gläubiger und dem Schuldner die Inhaber von im Grundbuch eingetragener oder durch Eintragung gesicherter Rechte sowie nach §9 ZVG bestimmte weitere Berechtigte, die ihr Recht angemeldet und glaubhaft gemacht haben. Der vom Vollstreckungsgericht bestimmte Versteigerungstermin ist ihnen sowie öffentl. bekanntzumachen. Bei der Versteigerung wird nur ein solches Gebot berücksichtigt, das die dem Anspruch des Gläubigers vorgehenden Rechte sowie die Kosten des Verfahrens abdeckt *(geringstes Gebot)*. Dem Meistbietenden ist der Zuschlag zu erteilen. Beträgt das Meistgebot weniger als das *Mindesgebot* ($7/10$ des Verkehrswertes des Grundstücks), kann auf Antrag eines hierdurch Benachteiligten der Zuschlag versagt und ein neuer Versteigerungstermin bestimmt werden. Mit der Verkündung des Zuschlags wird der Ersteher kraft Hoheitsakt Eigentümer des Grundstücks. Er hat die zur Deckung der Verfahrenskosten und der Ansprüche aus der Bewirtschaftung des Grundstücks bestimmten Beträge sowie den das geringste Gebot übersteigenden Teil des Meistgebots bar zu entrichten *(Bargebot)*; die in das geringste Gebot aufgenommenen Grundstücksrechte hat er zu übernehmen, die übrigen erlöschen. Der ↑Versteigerungserlös wird nach Abzug der Verfahrenskosten nach dem vom Gericht aufgestellten Teilungsplan entsprechend der Rangordnung der Rechte verteilt. Ein etwaiger Überschuß gebührt dem Schuldner. Eine Z. von Grundstücken ist auch im Konkurs sowie zur Regelung von Nachlaßverbindlichkeiten und zwecks Aufhebung von Miteigentums- und Gesamthandsgemeinschaften möglich.

📖 *Steiner, A.: Z. u. Zwangsverwaltung.* Mchn. ⁹1984. 2 Bde. - *Storz, K. A.: Praxis des Z.verfahrens.* Mchn. ³1984.

Zwangsverwaltung, Form der Zwangsvollstreckung in das unbewegl. Vermögen, die im Ggs. zur Zwangsversteigerung die Befriedigung des betreibenden Gläubigers ledigl. aus den laufenden Erträgen eines Grundstücks des Schuldners bezweckt. Für die Z. gilt weitgehend das Recht der ↑Zwangsversteigerung. Die Verwaltung und Nutzung des Grundstücks wird einem vom Gericht bestellten *Zwangsverwalter* (kann bei landwirtschaftl. Grundstücken auch der Schuldner selbst sein) übertragen, dem insbes. die Verteilung der Überschüsse an die Gläubiger und die ihm im Range vorgehenden Berechtigten obliegt.

Zwangsvollstreckung (Vollstreckung), die zwangsweise Verwirklichung von Rechten durch den Einsatz staatl. Machtmittel in dem dafür vorgesehenen Verfahren. I. e. S. umfaßt die Z. nur die zivilprozessuale (und arbeitsgerichtl.) Vollstreckung. Diese ist im 8. Buch der ZPO (↑Zivilprozeß) geregelt und dient der Durchsetzung eines dem Gläubiger gegen den Schuldner im Vollstreckungstitel verbrieften privatrechtl. Anspruchs. Sie ist *Einzel-Z.* (Ggs. ↑Konkurs, ↑Vergleichsverfahren). Das Z.verfahren beginnt mit dem Z.antrag des Gläubigers, der die Parteien, den Grund (Anspruch) und das Objekt der Z. zu bezeichnen hat. *Voraussetzungen der Z.* sind: Titel, Klausel, ↑Zustellung; die Z. ist also nur zulässig, wenn ein ↑Vollstreckungstitel vorliegt, der mit einer ↑Vollstreckungsklausel versehen ist und dem Schuldner ordnungsgemäß zugestellt ist oder spätestens mit Beginn der Z. zugestellt wird. Die Art der Z. ist je nach Art des durchzusetzenden Anspruchs verschieden und erfolgt durch das jeweils zuständige ↑Vollstreckungsorgan.

Zu unterscheiden sind: 1. die Z. wegen Geldforderungen in a) das bewegl. Vermögen des Schuldners durch ↑Pfändung oder vom Vollstreckungsgericht angeordneten Pfändungsbeschluß; b) das unbewegl. Vermögen durch Eintragung einer Zwangshypothek, durch ↑Zwangsverwaltung und ↑Zwangsversteigerung *(Immobiliar-Z.)*; 2. die Z. zur Erwirkung a) der Herausgabe bestimmter Sachen (bei bewegl. Sachen erfolgt Wegnahme durch den Gerichtsvollzieher, bei unbewegl. Sachen verschafft er dem Gläubiger den Besitz) b) von Handlungen oder Unterlassungen. Bei vertretbaren, d. h. durch einen Dritten vornehmbaren Handlungen erfolgt die Erzwingung durch das Zwangsmittel der *Ersatzvornahme*, d. h., der Gläubiger wird durch das Prozeßgericht ermächtigt, die Handlung auf Kosten des Schuldners vornehmen zu lassen; ansonsten durch die Verurteilung des Schuldners zu den Zwangsmitteln *Zwangsgeld* bzw. (bei Unterlassungen) *Ordnungsgeld* (bis zu 50000 DM) oder, falls dies nicht beigetrieben werden kann, zu *Zwangshaft* bzw. *Ordnungshaft*. Bleibt die Z. wegen einer Geldforderung oder zur Erwirkung der Herausgabe bestimmter bewegl. Sachen erfolglos, kann der Gläubiger den Schuldner zur Vorlage eines Vermögensverzeichnisses und Abgabe einer ↑eidesstattlichen Versicherung zwingen. Ist der Schuldner zur Abgabe einer Willenserklärung verurteilt, so gilt diese als abgegeben, sobald das Urteil Rechtskraft erlangt hat.

Rechtsbehelfe in der Zwangsvollstreckung sind: 1. für den Gläubiger, Schuldner und am Z.verfahren nicht unmittelbar Beteiligte: a) die *Vollstreckungserinnerung* (↑Erinnerung) zum Vollstreckungsgericht gegen die Art und Weise des Vorgehens eines ↑Vollstreckungsorgans; b) die sofortige Beschwerde bzw. die Grundbuchbeschwerde gegen ohne mündl. Verhandlung ergangene Entscheidung des Vollstreckungsgerichts; c) die Durchgriffsbe-

Zweckrationalität

schwerde, wenn der Rechtspfleger eine Entscheidung getroffen hat; 2. für den Schuldner: a) die Erinnerung oder Klage gegen die Erteilung der Vollstreckungsklausel; b) die *Vollstreckungsabwehrklage (Vollstreckungsgegenklage)* zum Prozeßgericht des 1. Rechtszuges, die sich gegen die Vollstreckbarkeit des Titels, d. h. gegen den im Vollstreckungstitel verbrieften Anspruch richtet; 3. für den Gläubiger: Klage auf Erteilung der Vollstreckungsklausel vor Beginn der Z. bzw. Beschwerde gegen die Nichterteilung der Vollstreckungsklausel; 4. für einen am Verfahren unmittelbar Nichtbeteiligten die ↑Drittwiderspruchsklage sowie die Klage auf vorzugsweise Befriedigung zum Vollstreckungsgericht, wenn er ein rangbesseres Pfandrecht oder ein sonstiges Vorzugsrecht hat. - Abb. S. 335. Im *östr.* Recht (Exekution) und im *schweizer.* Recht (Beitreibung) gilt ähnliches.
📖 *Jauerning, O.: Z.- u. Konkursrecht. Mchn.* [17]*1985. - Stehle, H.-E./Bork, R.: Grundr. der Z. Düss. 1984. - Baur, F.: Z.-, Konkurs- u. Vergleichsrecht. Hdbg.* [2]*1985.*

Zwangsvorstellung (Zwangsidee), Bez. für eine Einbildung, die, obwohl sie im Widerspruch zum eigenen log. Denken steht, willentl. nicht unterdrückbar ist; Erscheinungsform des ↑Zwangs.

Zwangswirtschaft, Wirtschaftsform, in der der Staat als Zentrale die Gesamtplanung des Wirtschaftsgeschehens (Produktion und Konsumtion) übernimmt und die Ausführung der Pläne überwacht. Der Preismechanismus ist dabei zumindest teilweise ausgeschaltet.

Zwanzigster Juli 1944, Datum des Attentats auf Hitler im Rahmen des wichtigsten Umsturzplans der dt. ↑Widerstandsbewegung; häufig auch Bez. der Aktion selbst. Nachdem 1938/39 Pläne führender Heeresoffiziere (L. Beck, F. Halder, E. von Witzleben) zum Sturz Hitlers fehlgeschlagen und nach der Kriegswende zu Deutschlands Ungunsten 1943 mehrere Attentate der Gruppe um H. von Tresckow mißglückt waren, erhielt der Widerstand neue Impulse durch C. Graf Schenk von ↑Stauffenberg. Der Plan der Verschwörer ging dahin, durch Auslösung des Alarmplans „Walküre", der eigtl. für eine Mobilisierung des Ersatzheeres bei inneren Unruhen im Reich vorgesehen war, nach Hitlers Tod eine vom Widerstand gebildete Staatsführung an die Macht zu bringen (Reichsverweser L. Beck oder Reichspräs. W. Leuschner, Reichskanzler C. F. Goerdeler, Oberbefehlshaber der Wehrmacht E. von Witzleben, Außenmin. U. von Hassell, Innenmin. J. Leber). Nach der alliierten Landung in N-Frankr. (6. Juni 1944) und dem sowjet. Einbruch im Mittelabschnitt der O-Front verschlechterte sich Deutschlands Kriegslage im Sommer 1944 rasch. Die Chancen, daß die Westmächte mit einer neuen dt. Reg. einen Waffenstillstand eingehen würden, wie es die Verschwörer anstrebten, sanken von Tag zu Tag. Andererseits war nicht mehr zu übersehen, daß Hitler die Wehrmacht bis zur völligen Zerstörung des Dt. Reiches weiterkämpfen lassen würde. Stauffenberg, seit 1. Juli 1944 Stabschef beim Befehlshaber des Ersatzheeres, kam bei der Verwirklichung des Umsturzplans in der Hauptstadt eine zentrale Rolle zu, weil der Befehlshaber des Ersatzheeres F. Fromm nicht verläßl. auf seiten des Widerstandes stand. Da Stauffenberg aber auf Grund seines neuen Amtes auch einer der wenigen Verschwörer war, die direkten Zugang zu Hitler in dessen Hauptquartier „Wolfsschanze" bei Rastenburg (Ostpreußen) hatten, entschloß er sich, das Attentat selbst auszuführen und dann nach Berlin zurückzufliegen. Nach 2 mißglückten Anläufen am 11. und 15. Juli zündete er am 20. Juli 1944 schließl. die Bombe, die er in einer Aktentasche ins Hauptquartier mitgebracht hatte, und verließ die Lagebesprechung vorzeitig. Widrige Umstände - die Lagebesprechung fand nicht wie übl. im Bunker, sondern in einer Baracke statt - führten dazu, daß Hitler bei der Explosion nur leicht verletzt wurde. Die Blockade der Nachrichtenverbindungen mit dem Führerhauptquartier dauerte nicht lange genug. Die Nachricht, daß Hitler überlebt habe, löste in Berlin Unentschlossenheit bei verschiedenen Eingeweihten, aber auch Gegenmaßnahmen regimetreuer Kräfte aus, so daß das Unternehmen am Abend zusammenbrach. Im Ggs. dazu lief die Aktion in Paris zunächst planmäßig ab (Verhaftung von SS- und SD-Führung durch die Wehrmacht). - Die führenden Verschwörer (Offiziere, Bürgerliche, Konservative und Sozialisten) endeten in den Tagen und Monaten nach dem Umsturzversuch durch Selbstmord, durch militär. Standgerichte oder nach Verhören und Folterungen durch das Todesurteil des Volksgerichtshofs unter R. Freisler. Die Zahl der Verhafteten betrug etwa 1 000, der Hingerichteten etwa 200.
📖 *Roon, G. van: Widerstand im Dritten Reich. Dt. Übers. Mchn.* [2]*1984. - Spiegelbild einer Verschwörung. Hg. v. H. A. Jacobsen. Herford 1984. 2 Bde. - Hoffmann, Peter: Widerstand gegen Hitler. Mchn. 1979.*

Zweck, 1. Orientierung von Handlungen und Handlungsfolgen; 2. i. e. S. das, was durch Einsatz bestimmter Mittel in Handlungen geplant und verfolgt wird, wodurch diese als **zweckmäßig** bestimmt werden.

Zweckrationalität, Handlungsprinzip, das das soziale Handeln am rationalen, d. h. weder emotional noch traditionsgesteuerten Abwägen von Handlungszwecken, einzusetzenden Mitteln und Nebenfolgen des Handelns ausrichtet. Als Grundlage für Nutzen-Kosten-Kalkulation stellt Z. das für die Entwicklung von modernen Industriegesellschaften entscheidende gesellschaftl. Prinzip dar.

Zweckverbände

Zweckverbände, freiwillig oder auf Anordnung der Aufsichtsbehörde (Pflichtverbände) erfolgende Zusammenschlüsse von Gemeinden und Gemeindeverbänden zur gemeinsamen Erfüllung von Aufgaben, zu deren Durchführung sie verpflichtet oder berechtigt sind, z. B. Bau und Betrieb von Schulen, Abwasserbeseitigungsanlagen u. ä.; daneben können auch andere öffentl.-rechtl. Körperschaften Mgl. von Z. sein. Die Z. sind Körperschaften des öffentl. Rechts. Sie beruhen i. d. R. auf Landesrecht. Die Rechtsverhältnisse der Z. werden durch eine Verbandssatzung geregelt. Organe sind regelmäßig die Verbandsversammlung und der Verbandsvorsitzende. Die Finanzierung erfolgt über eine Umlage der beteiligten öffentl.-rechtl. Körperschaften neben evtl. öffentl. Finanzförderungen sowie Beiträgen und Gebühren für Verbandseinrichtungen. Die Z. unterliegen der Staatsaufsicht.

Zweiblatt (Listera), Orchideengatt. mit rd. 30 Arten in der nördl. gemäßigten Zone; Erdorchideen mit nur zwei Stengelblättern; Blüten mit linealförmiger, zweizipfeliger Lippe, in Trauben stehend. Eine der beiden einheim. Arten ist bis 20 cm hohe **Bergzweiblatt** (Kleines Z., Listera cordata); mit 6–9 grünl., innen rötl. Blüten; in feuchten Nadelwäldern und Mooren.

Zweibrücken, Stadt im Westrich, Rhld.-Pf., 228 m ü. d. M., 33 100 E. Bibliotheca Bipontina, Rosengarten; Schuhind., Metallverarbeitung und Baugewerbe; Landgestüt (Trakehnerzucht). – Entwickelte sich um die 1170 erstmals erwähnte Burg Z. (für 1180 nachgewiesen, 1352 Stadtrecht); ab 1185 Residenz der gleichnamigen Gft. (die 1385 an die Kurpfalz fiel), ab 1477 des wittelsbach. Ft. (Hzgt.) Pfalz-Zweibrücken; 1676/77 von frz. Truppen besetzt und zerstört; kam erst 1697 wieder in den Besitz der Pfalzgrafen; geriet 1793 unter frz. Besatzung, 1801–16 zu Frankr., danach bis 1945 zu Bayern. – Ev. spätgot. Alexanderkirche (1492 ff., 1953–55 vereinfacht wieder aufgebaut); spätbarockes ehem. Schloß (1720–25; 1817 und 1963–65 wieder hergestellt); klassizist. Rathaus (1770–85).

Zweibund, Bez. für das von Bismarck und G. Graf Andrássy d. Ä. betriebene Defensivbündnis zw. dem Dt. Reich und Österreich-Ungarn vom 7. Okt. 1879 (veröffentlicht am 3. Febr. 1888). Beide Mächte verpflichteten sich bei einem Angriff Rußlands (auf Österreich-Ungarn) oder dessen Unterstützung für eine andere angreifende Macht (Frankr. gegen Deutschland) zu wechselseitigem Beistand. Die polit. Ursachen lagen im Ergebnis des Dt.-Frz. Krieges 1870/71 und in der russ.-östr. Rivalität auf dem Balkan. Wie der Zweiverband gehörte der (ab 1882 ↑Dreibund) Z. zu der Bündniskonstellation, die dem 1. Weltkrieg vorarbeitete, blieb aber bis 1890 striktes Verteidigungsbündnis.

zweieiige Zwillinge ↑Zwillinge.

Zweier, ein von 2 Ruderern gefahrenes Boot; als Riemenboot mit und ohne Steuermann (Länge 10,50 bzw. 10 m, Breite 0,40 m), als Skullboot **Doppelzweier** (Länge 10 m, Breite 0,40 m).

Zweierlogarithmus ↑Logarithmus.
Zweiersystem, svw. ↑Dualsystem.
Zweifelderwirtschaft (Zweifeldersystem), Form der Feldwirtschaft, bei der entweder das Ackerland extensiv abwechselnd je zur Hälfte zum Anbau von Getreide (oder Hülsenfrüchten) und als Brache dient oder bei der (auf nach Klima und Boden sehr günstigen Standorten) innerhalb der Gesamtfruchtfolge ein Teil des Ackers in intensiver Weise abwechselnd nur mit Getreide und „Blattfrüchten" (Hackfrüchte, Körnerleguminosen, Klee, Ölpflanzen) bebaut wird.

zweifelhafte Forderungen ↑Dubiosa.
Zweiflügelfruchtbaum (Dipterocarpus), Gatt. der Flügelfruchtbaumgewächse mit rd. 70 Arten in S- und SO-Asien; große, bestandbildende Bäume. Einige Arten liefern Nutzholz und das *Gurjunbalsamöl,* das zur Herstellung von Firnis und in der Parfümind. verwendet wird.

Zweiflügler (Dipteren, Diptera), seit dem Lias existierende, heute mit rd. 90 000 Arten weltweit verbreitete Ordnung 1–60 mm langer Insekten (davon rd. 6 500 Arten einheim.); recht unterschiedl. gestaltete Tiere, die nur ein (meist durchsichtiges) Vorderflügelpaar haben, wohingegen das hintere Flügelpaar zu stabilisierenden Schwingkölbchen (↑Halteren) reduziert ist; Kopf frei bewegl., mit stechend-saugenden (v. a. bei den sich auf räuber. oder blutsaugende Weise ernährenden Mücken) oder mit leckend-saugenden Mundwerkzeugen (bei Fliegen); Fühler entweder lang und aus maximal 40 gleichförmigen Gliedern zusammengesetzt (Mücken) oder kurz und mit höchstens 8 Gliedern (Fliegen); Körper oft stark beborstet, wobei der Hinterleib der Mücken lang und schmal, der der Fliegen dagegen kurz und dick ist. Die Fortpflanzung der Z. erfolgt v. a. durch Ablage von Eiern. Die extremitätenlosen Larven der Z. (↑Made) leben entweder in feuchter Umgebung oder in sich zersetzender organ. Substanz (Aas, Dung), z. T. auch als Schädlinge in oder an Pflanzen.

Zweifüßer (Bipeden), Lebewesen mit vier Extremitäten (↑Vierfüßer), die sich jedoch bevorzugt oder ausschließl. auf den Hintergliedmaßen fortbewegen. Dadurch können die Vordergliedmaßen für andere Tätigkeiten eingesetzt werden, z. B. als Werkzeug (wie beim Menschen) oder, nach ihrer Umbildung zu Flügeln, zum Fliegen. I. d. R. wirkt sich die *Zweifüßigkeit (Bipedie, Bipedität)* jedoch in der Weise aus, daß die Vorderextremitäten sehr viel schwächer und auch kürzer entwickelt sind als die Hinterbeine, so daß sie wohl nur noch für das Ausbalancieren des Körpers beim Laufen von einer gewissen Bed. sind bzw. waren, wie z. B. bei verschiedenen Echsen (auch bei ausgestorbenen Sauriern), bei den Laufvögeln und den Känguruhs.

Zweig, Arnold, * Glogau 10. Nov. 1887, † Berlin (Ost) 26. Nov. 1968, dt. Schriftsteller. - 1933 Emigration über die Schweiz und Frankr. nach Palästina, 1948 Rückkehr nach Berlin (Ost); ab 1957 Präs. des „Dt. P.E.N.- Zentrums Ost und West" (seit 1967 „P.E.N.- Zentrum DDR"). Nach frühen Kleinformen um Probleme junger Menschen setzte er sich in breitangelegten Romanen krit. mit den gesellschaftl. Kräften der Zeit auseinander. Berühmt v. a. der Roman um einen Justizmord „Der Streit um den Sergeanten Grischa" (1927), der das Kernstück des mehrbändigen Romanzyklus über die Zeit des 1. Weltkriegs, „Der große Krieg der weißen Männer", bildet. Zu diesem Zyklus gehören ferner: „Die Zeit ist reif" (1957), „Junge Frau von 1914" (1931), „Erziehung vor Verdun" (1935), „Einsetzung eines Königs" (1937), „Die Feuerpause" (1954).

Z., Stefan, * Wien 28. Nov. 1881, † Petrópolis bei Rio de Janeiro 23. Febr. 1942 (Selbstmord), östr. Schriftsteller und Übersetzer. - Emigrierte 1938 nach Großbrit., dann nach Brasilien. In fesselnden, von der Psychoanalyse beeinflußten Novellen („Amok", 1922; „Angst", 1925; „Verwirrung der Gefühle", 1927; „Schachnovelle", 1941) gelang es ihm, charakterist. Seelenlagen des modernen Menschen exemplar. darzustellen und Hintergründe der Seele unter der Oberfläche eines gutbürgerl. Daseins aufzuhellen. In seinen dichter. Essays gab er Deutungen von Menschen und entscheidenden Konstellationen der europ. Geschichte („Sternstunden der Menschheit", 1927); bed. die großangelegten Biographien („Joseph Fouché", 1930; „Marie Antoinette", 1932; „Maria Stuart", 1935; „Balzac", hg. 1946).

Zweig, in der *Botanik* Bez. für die aus Seitensproßanlagen entstehende Seitenachse.

Zweigeschlechtlichkeit, svw. ↑ Bisexualität.

zweigestrichen, Bez. für den Tonraum c^2-h^2, die zweigestrichene Oktave (auch geschrieben $c''-h''$). - ↑ auch Tonsystem.

Zweigewaltenlehre, von Papst Gelasius I. unter [exeget. falscher] Berufung auf Luk. 22, 35–38 entwickelte symbol. Lehre über das Verhältnis der beiden Gewalten Kirche und Staat, die die Vorherrschaft des Priestertums vor dem Königtum betont und so die Kirchenpolitik des Früh-MA bestimmte. Etwa seit dem 11./12. Jh. wurde das Bild des Schwertes in die Z. eingebracht (**Zweischwertertheorie**): Das *weltl. Schwert* des Kaisers (Schwert = Symbol der Herrschaft) erhalte seine Gewalt von dem *geistl. Schwert* des Papstes.

Zweigfadenalge (Cladophora), Gatt. der Grünalgen mit über 100 vorwiegend marinen Arten; Thallus festsitzend, fädig, büschelig verzweigt, besteht aus großen mehrkernigen Zellen mit unregelmäßig netzförmigen Chromatophoren. Eine häufige, oft in großen Beständen vorkommende Süßwasserart ist *Cladophora glomerata:* bildet bis 25 cm lange, dunkelgrüne, auf Steinen festgewachsene, flutende Büschel.

Zweigniederlassung ↑Filialbetrieb.
Zweihäusigkeit, svw. ↑ Diözie.
zweijährig ↑ bienn.
Zweikaiserproblem, die Rivalität zw. dem byzantin. und dem abendländ. Kaisertum um die (ideelle) Führungsrolle in der polit. Welt nach der Neubegründung des Kaisertums im Westen durch Karl d. Gr. († auch Kaiser). Seit Otto II. („Romanorum imperator augustus" [ab 982]) führte auch der westl. Kaiser den von Byzanz beanspruchten röm. Kaisertitel.

Zweikammersystem, Form des Parlamentarismus, bei der die Befugnisse des Parlaments, insbes. die Gesetzgebung, von 2 Kammern (Häusern, Körperschaften) wahrgenommen werden (im Unterschied zum *Einkammersystem*, bei dem die gesetzgebende Körperschaft aus nur einer Kammer besteht, z. B. in Dänemark seit 1953, Finnland, Schweden seit 1971), wobei in demokrat. Systemen mindestens eine Kammer unmittelbar vom Volk gewählt sein muß. Unter histor. Gesichtspunkten ist diese unmittelbare Volksvertretung (z. B. Abg.haus, Nat.rat, Unterhaus, Repräsentantenhaus) die 2. Kammer, während ihr heute i. d. R. als oberstem Organ der Rang der 1. Kammer zukommt. Zusammensetzung und Funktion der anderen Kammer folgt unterschiedl. Typen: 1. Adelsvertretung (histor.: *Erste Kammer;* z. B. Oberhaus, Herrenhaus) zur Sicherung der überkommenen Ordnung und als Gegengewicht gegen die demokrat. gewählte Volkskammer; im Zuge der Demokratisierung i. d. R. entmachtet; 2. Länderkammer zur Vertretung der Gliedstaaten in einem Bundesstaat; die Mgl. der Länderkammer können entweder vom Landesvolk direkt (z. B. Senat der USA) oder von den Landesparlamenten gewählt werden (z. B. östr. Bundesrat) oder von den Landesregierungen entsandt werden (z. B. Bundesrat in der BR Deutschland); 3. Ständekammer zur Vertretung des nach Berufsständen gegliederten Volkes (z. B. bayr. Senat, Reichswirtschaftsrat), die jedoch auf Grund der Problematik ihrer Zusammensetzung selten tatsächl. Funktionen hat. Ein echtes Z. liegt vor, wenn die 2. Kammer nicht nur beratend, sondern beschließend entweder mit vollem oder suspensivem Veto an der Gesetzgebung beteiligt ist.

Zweikampf, kämpfer. oder sportl.-spieler. Auseinandersetzung zw. 2 Personen, meist

Zweikeimblättrige

nach festen Regeln (oft mit Waffen) durchgeführt. Spielte in der Antike eine bed. Rolle, bei sportl. Wettkämpfen (z. B. bei den Olymp. Spielen) oder Schaustellungen (z. B. bei den Gladiatoren); auch bei feindl. Auseinandersetzungen fiel die Entscheidung oft im Z. Im MA bedeutete das Werfen des Fehdehandschuhs die Aufforderung zum Z. Bed. erlangte der Z. auch bei der Schlichtung von Rechtsstreitigkeiten (↑ Kampfgericht), wobei man voraussetzte, daß übernatürl. Mächte den Z. zugunsten des Unschuldigen lenkten. Mit dem ritterl. Z. (Tjost) im Rahmen der Turniere im Hoch-MA endet diese Bed. des Z. in Europa, die er im jap. Kriegerstand noch lange behielt und die er auch bei Naturvölkern hat.
Eine bes. Form des Z. mit tödl. Waffen ist das *Duell* zw. dem *Herausforderer (Provokant)*, der meist wegen einer Beleidigung bzw. Ehrverletzung fordert, und dem *Geforderten (Provokat)*. Der *Kartellträger* überbringt die Forderung; die beiden *Sekundanten* vermitteln zw. den Gegnern, verabreden Wahl der Waffen, des Kampfplatzes und der Kampfzeit. In der BR Deutschland werden in Duellen begangene Straftaten (Körperverletzung, Tötung) nach den für diese Delikte vorgesehenen strafrechtl. Bestimmungen geahndet.

Zweikeimblättrige (Zweikeimblättrige Pflanzen, Dikotylen, Dikotyledonen, Dicotyledoneae, Magnoliatae), Klasse der Bedecktsamer mit über 170 000 Arten, die bis auf wenige Ausnahmen zwei Keimblätter (↑ Kotyledonen) aufweisen. Die Hauptwurzel bleibt bei den meisten Z. zeitlebens erhalten. Die Leitbündel sind auf dem Sproßachsenquerschnitt i. d. R. in einem Kreis angeordnet und haben ein Leitbündelkambium, das Ausgangspunkt für das sekundäre Dickenwachstum ist. Die Blätter sind meist deutl. gestielt und netzadrig, oft auch zusammengesetzt; häufig sind Nebenblätter vorhanden. Die Blüten sind meist 4- oder 5zählig. - Zu den Z. gehören (mit Ausnahme der Palmen) alle Holzgewächse. - ↑ auch Einkeimblättrige.

Zweikiemer, svw. Dibranchiata (↑ Kopffüßer).

Zweikomponentenkleber ↑ Klebstoff.

Zweikorn, svw. ↑ Emmer.

Zweikörperproblem, das v. a. in der Himmelsmechanik grundlegende Problem, die Bewegungen (Bahnkurven) zweier Himmelskörper zu bestimmen, die der gegenseitigen Massenanziehung unterliegen. Ausgehend vom Newtonschen Gravitationsgesetz (↑ Gravitation) ist dieses auch als *Kepler-Problem* bezeichnete Z. exakt lösbar: Jeder der beiden Körper bewegt sich auf einem Kegelschnitt (Kreis, Ellipse, Parabel oder Hyperbel) um den in einem Brennpunkt dieser Kurve befindl. anderen; beide Körper bewegen sich außerdem auf Kegelschnitten um ihren gemeinsamen Massenmittelpunkt, wobei sich dieser ebenfalls in einem Brennpunkt befindet. Im Falle der Ellipsenbahnen gelten die Keplerschen Gesetze. Infolge relativist. Effekte schließen sich allerdings die Ellipsenbahnen nicht mehr, sondern führen eine sehr langsame Präzession und damit eine Periheldrehung aus (Bewegung auf sog. *Rosettenbahnen*).

Zweikreisbremsanlage ↑ Bremse.

Zweipunkt (Adalia bipunctata), in Europa weit verbreiteter, etwa 3–5 mm langer ↑ Marienkäfer.

Zweipunktgurt ↑ Sicherheitsgurte.

Zweireichelehre (Zweiregimentelehre), auf Luther zurückgehendes Modell zur Erklärung der Art und Weise göttl. Weltregierung. Die Z. bildet die theolog.-dogmat. Grundlage der theolog., v. a. der polit. Ethik der luth. Theologie. Gott regiert die Welt auf zweierlei Art und Weise: im *geistl. Reich* durch sein geistl. Regiment (Evangelium, Wort und Sakrament), in ihm gilt nur die personale Beziehung Individuum–Gott (verborgene Kirche); im *weltl. Reich*, das das gesamte konkrete Universum mit seinen Ordnungen umfaßt, durch sein weltl. Regiment, v. a. repräsentiert im Gesetz („lex semper accusans" = das immer anklagende Gesetz). Alle Ordnungen der Welt (Familie, Stand, Beruf) sind von Gott gesetzt und deshalb unveränderl. und unantastbar. Nach Luther ist jeder Christ Gerechter und Sünder zugleich (simul iustus et peccator), gehört also beiden Reichen an und steht somit unter dem doppelten Anspruch, als Mensch (= Mgl. des weltl. Reiches) Gesetz und Gewalt anzuerkennen und anzuwenden und als Christ (= Mgl. des geistl. Reiches) auf Gewalt und Recht total zu verzichten. Da die staatl. Obrigkeit als göttl. Einsetzung zur Ausübung des weltl. Regiments angesehen wird, besteht die große Gefahr der Obrigkeitshörigkeit bis zur Anerkennung totalitärer Systeme als unmittelbar von Gott eingesetzter Instanzen. So trug die Z. in der Reformationszeit zur Herausbildung eigenständiger frühabsolutist. Territorialstaaten bei. Andererseits hatte die in der Z. fehlende christl. (= vom Evangelium normierte) Ordnung der Kirche zur Folge, daß die weltl. Obrigkeit ein Einfluß auf die Kirche zufiel, der der urspr. Intention der Z. entgegengesetzt ist. - Seit 1945 hat die Z. dogmat. und prakt. wesentl. an Bed. verloren.

📖 *Gänssler, H. J.: Evangelium u. weltl. Schwert.* Wsb. 1983. - *Duchrow, U.: Christenheit u. Weltverantwortung.* Stg. ²1983. - *Ohlig, R.: Die Zwei-Reiche-Lehre Luthers in der Auslegung der dt. luth. Theologie der Gegenwart seit 1945.* Bern; Ffm. 1974. - *Bornkamm, H.: Luthers Lehre v. den zwei Reichen im Zusammenhang seiner Theologie.* Gütersloh 1958.

Zweischalenfehler ↑ Abbildungsfehler.

Zweischwertertheorie ↑ Zweigewaltenlehre.

Zweispitz (Zweimaster), Hut mit breiter,

Zweitaktverfahren

2seitig aufgeschlagener Krempe; längs (engl. Art) und quer getragen; Ende des 18. Jh. aufgekommen; nach 1800, geschmückt mit Federn und Borten, Bestandteil von Uniformen.

Zweisprachigkeit (Bilinguismus, Bilinguität), 1. die Fähigkeit eines Individuums, eine zweite Sprache (annähernd) gleich perfekt wie die Muttersprache zu beherrschen. 2. Die histor. bedingte Kontaktsituation zweier oder mehrerer (**Multilinguismus**) Sprachen in einem bestimmten Bereich. In diesem Sinne sind die meisten europ. Staaten zwei- oder mehrsprachig. Die Einstellung der betreffenden staatl. Institutionen zu dieser Situation reicht von offizieller Anerkennung und Förderung bis zur Ignorierung bzw. Unterdrückung anderer Sprachen (meist Minoritätssprachen) zugunsten einer einheitl. Nationalsprache.

Zweistaatentheorie, von der DDR und den anderen kommunist. Staaten vertretene Theorie, daß mit der Gründung der BR Deutschland und der DDR 2 selbständige dt. Staaten entstanden seien. Der dagegen von der BR Deutschland verfochtene Alleinvertretungsanspruch wurde im Zuge der sog. neuen Ostpolitik aufgegeben. Heute hat sich zwar die Auffassung durchgesetzt, daß 2 dt. Staaten bestehen, jedoch wird im Unterschied zur Z. der DDR in der BR Deutschland vom Bestehen bes. Beziehungen zw. diesen beiden Staaten ausgegangen. - ↑auch Deutschland (Völkerrechtsstellung nach dem 2. Weltkrieg).

Zweistärkengläser, svw. Bifokalgläser (↑Brille).

Zweistromland ↑Mesopotamien.

Zweistufenweg-Hypothese, Hypothese aus der Medienwirkungs- und Rezipientenforschung, die besagt, daß medienvermittelte Aussagen das allg. Publikum nicht direkt, sondern auf dem Wege über sog. Meinungsführer erreichen und beeinflussen (engl. *two step flow of communication*); von der neueren Forschung weitgehend modifiziert.

Zweitaktmotor ↑Zweitaktverfahren.

Zweitaktverfahren, Arbeitsverfahren von Verbrennungsmotoren (Zweitaktmotoren), dessen Arbeitsspiel im Ggs. zum Viertaktverfahren nur aus *Verdichtungstakt* und *Arbeitstakt* besteht. Der gesamte Ladungswechsel, d.h. das Ausschieben der Abgase und das Einbringen der *Frischladung*, muß in der sehr kurzen Zeit ablaufen, in der sich der Kolben nahe dem unteren Totpunkt (UT) befindet. Der Ladungswechsel erfolgt meist durch Schlitze. Gegen Ende des Arbeitstaktes öffnet der abwärtsgehende Kolben zunächst die höher liegenden *Auslaßschlitze*, wodurch das noch unter Druck stehende Abgas auszuströmen beginnt, noch bevor Frischgas durch die danach freigegebenen *Einlaßschlitze* einströmen kann. Diese zeitl. Differenz heißt *Vorauslaß (Vorauspuff)*. Das einströmende Frischgas hat die Aufgabe, möglichst den gesamten Zylinderraum auszufüllen und deshalb vorher das Abgas auszuschieben *(Spülen)*. Dazu muß es aber vorverdichtet sein, um mit dem *Spüldruck* gegen den im Auspuff herrschenden Druck Ausschiebearbeit leisten zu können *(Verdrängungsspülung)*. Diese *Vorverdichtung* erfolgt entweder durch eine Ladepumpe *(Gebläsespülung)* oder bei kleineren Motoren im Kurbelgehäuse. Bei der *Kurbelgehäusespülung* wird die Luft um den Unterdruck durch die Aufwärtsbewegung des Kolbens über den *Einlaßkanal* in das Kurbelgehäuse angesaugt. Während der Kolben abwärts geht, ist das Kurbelgehäuse so lange abgeschlossen (Frischgas wird verdichtet), bis die Verbindung über den *Überströmkanal* und die *Einlaßschlitze* in den Zylinder freigegeben wird. Das vorverdichtete Frischgas strömt über. Der Zweitaktmotor hat eine höhere Wärmebelastung als der Viertaktmotor; seine Vorteile liegen aber neben der baul. Einfachheit (bes. des kurbelkastengespülten Motors) darin, daß er bei gleichem Hubvolumen und

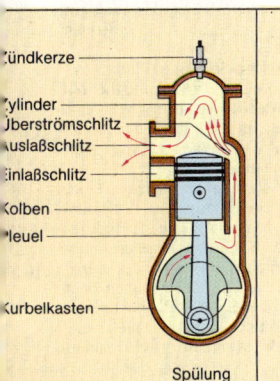

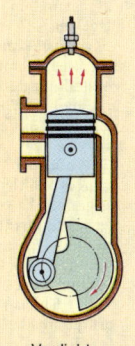

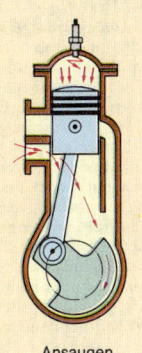

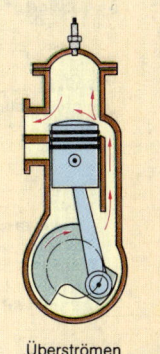

Zweitaktverfahren. Prinzip des Zweitaktmotors mit Kurbelkastenspülung

Zündkerze
Zylinder
Überströmschlitz
Auslaßschlitz
Einlaßschlitz
Kolben
Pleuel

Kurbelkasten

Spülung — Verdichtung — Ansaugen — Überströmen

Zweiteilung

gleicher Drehzahl wie ein entsprechender Viertaktmotor wegen der doppelten Anzahl von Arbeitsspielen eine höhere Leistung und ein gleichförmigeres Drehmoment besitzt. Die Schmierung von kurbelkastengespülten Zweitaktmotoren erfolgt durch sog. Zweitaktöl, das dem Treibstoff im [Mischungs]verhältnis von 1:20 bis 1:50 zugesetzt wird *(Mischungsschmierung)*. - Zweitaktmotoren werden v. a. für Kleinkrafträder, Rasenmäher u. ä. verwendet.

Zweiteilung, in der *Biologie:* die einfache mitot. Zellteilung († Fortpflanzung).

zweiter Bildungsweg, Bildungseinrichtungen, in denen Berufstätige Bildungsabschlüsse bis zur Hochschulreife nachholen können. Institutionen des zweiten B. sind † Volkshochschulen, † Berufsaufbauschulen, † Fachoberschulen, † Abendschulen, das † Telekolleg sowie † Kollegs zur Erlangung der Hochschulreife. Der Unterricht erfolgt entweder zusätzl. zur Berufstätigkeit (z. B. Abendschulen) oder in Tagesschulen. Voraussetzung zum Besuch der Einrichtungen des zweiten B. ist der Haupt- und Berufsschulabschluß. Innerhalb der Einrichtungen des berufl. Bildungswesens kann die fachgebundene Hochschulreife in den † Fachoberschulen erlangt werden. Die Einrichtungen des zweiten B. sollen Begabungsreserven erschließen und die Durchlässigkeit der Bildungswege erhöhen. - In *Österreich* und in der *Schweiz* gibt es entsprechende Einrichtungen, v. a. als Abendschulen. In der Schweiz können unabhängig von der Bildungseinrichtung sog. *freie Maturitätsprüfungen* zentral vor der Eidgenöss. Maturitätskommission abgelegt werden.

📖 Siara, C.: *Untypische Statuspassagen.* Ffm. 1985. - Knostmann, H. H.: *Untersuchungen zur Konzeption des Z. B. ...* Ffm. 1984.

Zweiter Orden, Bez. für die weibl. Zweige v. a. der Franziskaner und Dominikaner, die als Nachgründungen der männl. Zweige *(Erste Orden)* entstanden und im Ggs. zu den Tertiariern *(Dritte Orden)* mit festen Regeln und Gelübden konstituiert sind.

Zweiter Weltkrieg † Weltkrieg.

Zweites Baku (Ural-Wolga-Erdölgebiet), seit 1929 erschlossenes Erdölgebiet der UdSSR, erstreckt sich im europ. Teil der RSFSR vom W-Rand des Ural bis westl. der Wolga; ergibt rd. $^1/_3$ der sowjet. Gesamterdölproduktion. In großen Mengen wird auch Erdgas gefördert. Die Erschließung zog erdölverarbeitende Ind. nach sich. Die zahlr. vom Z. B. ausgehenden Erdölleitungen werden heute z. T. bereits mit Erdöl aus dem Westsibir. Tiefland *(Drittes Baku)* gespeist.

Zweites Deutsches Fernsehen, Abk. ZDF, gemeinnützige Anstalt des öffentl. Rechts mit Sitz in Mainz, gegr. durch Staatsvertrag der Länder der BR Deutschland vom 6. Juni 1961 (Satzung vom 2. April 1962). Begann am 1. April 1963 mit der Ausstrahlung seiner Fernsehsendungen, die als 2., d. h. inhaltl. verschiedenes Programm neben dem Programm des Dt. Fernsehens (ARD) konzipiert sind. Das ZDF erhält zur Kostendeckung 30% des Fernsehgebührenaufkommens, weitere Kosten werden durch Einnahmen aus dem Werbefernsehen gedeckt. - † auch Fernsehen.

Zweites Gesicht, manchen Menschen zugeschriebene Gabe, Personen und Vorgänge außerhalb der zeitl. und räuml. Wirklichkeit visionär zu erkennen; galt v. a. in Niederdeutschland als erblich (Spökenkieker). Das **Doppeltsehen** (Deuteroskopie) ist die angebl. Fähigkeit, an zwei Orten zu gleicher Zeit gesehen zu werden, wo dann das eine Gesicht der wirkl. Mensch, das andere bloß dessen gespenstiges Schattenbild ist.

Zweites Rom, Bez. für Konstantinopel.

Zweites Vatikanisches Konzil † Vatikanische Konzile.

Zweitstimme † Wahlsystem.

Zweiundvierzigzeilige Bibel † Gutenberg, Johannes.

Zweiverband, Bez. für die frz.-russ. Allianz, die durch den Notenwechsel vom Aug. 1891 und die Militärkonvention vom 17. Aug. 1892 begründet wurde. Der Z. gehört in die Bündniskonstellation des 1. Weltkriegs; in Deutschland wurde er als Kernstück der sog. Einkreisung begriffen, von Rußland als Druckmittel gegen Österreich-Ungarn und von Frankr. als Instrument der „Revanche" gegen das Dt. Reich.

Zweiwegefernsehen (partizipator. Fernsehen), ein gegenwärtig in den USA unter der Bez. QUBE (Firmenname) getestetes Kabelfernsehsystem, bei dem der Zuschauer mit Hilfe der speziellen Tastatur eines Fernbedienungsgeräts in einen „Dialog" mit dem Sender treten kann, indem er durch Betätigen entsprechender Tasten nicht nur unter einer Vielzahl von Programmen wählen, sondern auch auf Fragen und Vorschläge im Programm [codiert] antworten kann. Die Signale des Zuschauers werden in einem Computer-Leitkontrollsystem verarbeitet, das auch zur Entgegennahme von Alarm- und Notrufen ausgelegt ist.

Zweiweltentheorie, auf Platon zurückgehende ontolog. und erkenntnistheoret. Vorstellung, daß den Dingen dieser Welt eine „intelligible" Welt im Verhältnis der Abbildung oder in der Weise eines hierarch. Aufbaus des Seins entspricht.

Zweizahn (Scheindahlie, Bidens), Gatt. der Korbblütler mit knapp 250 Arten auf der ganzen Erde, v. a. in Amerika; einjährige oder ausdauernde Kräuter mit gegenständigen Blättern; Früchte mit meist 2–4 durch rückwärts gerichtete Zähnchen rauhen oder widerhakigen, bleibenden Pappusborsten (Klettfrüchte). Von den sechs in Deutschland vorkommenden Arten sind nur zwei einheim.,

u. a. der auf nassen Böden an Ufersäumen, Teichen, Tümpeln, in Sümpfen und auf Äckern vorkommende, 0,15–1 m hohe, einjährige **Dreiteilige Zweizahn** (Bidens tripartitus) mit meist 3- bis 5teiligen Blättern und oft nur aus braungelben Scheibenblüten bestehenden, 15–25 mm breiten Köpfchen.

Zweizahnwale (Mesoplodon), mit rd. 10 Arten in allen Meeren verbreitete Gatt. 3–7 m langer Schnabelwale; oberseits meist schwarz bis blauschwarz, unterseits heller; Gebiß (mit Ausnahme zweier Unterkieferzähne) weitgehend rückgebildet.

Zweizeiler ↑ Distichon.

Zwelitsha [engl. zwɛɪˈliːtʃɑː], Stadt im Bantuheimatland Ciskei in der Republik Südafrika, wnw. von East London, 47 000 E.

Zwenke (Brachypodium), Gatt. der Süßgräser mit rd. 25 Arten in Eurasien, M-Amerika, den Anden, S- und O-Afrika; in Deutschland zwei ausdauernde Arten: die aus kriechendem Wurzelstock wachsende, 0,5–1,2 m hohe **Fiederzwenke** (Brachypodium pinnatum) mit hell- bis blaugrünen, mehr oder weniger steifen, weichhaarigen Blättern und meist zweizeiligem, aufrechtem Blütenstand mit steifen, kurzen Grannen und rötl. Staubbeuteln; in Kalkmagerrasen und lichten Wäldern; ferner die in lockeren Horsten wachsende, 0,6–1,2 m hohe **Waldzwenke** (Brachypodium silvaticum) mit sattgrünen, schlaffen Blättern und überhängendem, zweizeiligem Blütenstand mit langen, dünnen Grannen und gelblichen Staubbeuteln; in Laubmisch- und Auenwäldern.

Zwentendorf an der Donau, niederöstr. Gem. 10 km westl. von Tulln, 182 m ü. d. M., 3 200 E. Standort des ersten östr. Kernkraftwerkes, dessen Inbetriebnahme durch Volksentscheid verhindert wurde.

Zwerchdach ↑ Dach.

Zwerchfell (Diaphragma), querverlaufende, (im erschlafften Zustand) kuppelförmig in die Brusthöhle vorgewölbte Trennwand zw. Brust- und Bauchhöhle bei den Säugetieren (einschl. Mensch); besteht aus quergestreifter Muskulatur und einer zentralen, das Kuppeldach bildenden Sehnenplatte, die durch das aufliegende Herz sattelförmig (zu einer Doppelkuppel) eingedrückt ist. Das Z. wird von Speiseröhre, Aorta, unterer Hohlvene und von Nerven durchzogen. Es stellt einen wichtigen Atemmuskel (für die Z.atmung bzw. Bauchatmung) dar, da seine Kontraktion (Abflachung) bei der Einatmung den Inhalt des Brustraums vergrößert und so das Einatmen fördert. Beidseitige Z.lähmung führt zum Ersticken.

Zwerchfellatmung, auf die Zwerchfellbewegung beschränkte ↑ Atmung durch Kontraktion und Erschlaffung des Zwerchfells.

Zwerchfellentzündung (Phrenitis, Diaphragmatitis), mit Brustkorb- und Oberbauchschmerzen, Reizhusten und Bewegungseinschränkung einhergehende fieberhafte Entzündung des Zwerchfells.

Zwerchhaus (Lukarne), mindestens einstöckiges Dachhäuschen, quer zur Richtung des Daches; Architekturmotiv u. a. in der Weserrenaissance. Der **Zwerchgiebel** befindet sich ebenfalls an der Traufseite, er hat im Unterschied zum Z. keine seitl. Begrenzung.

Zwerenz, Gerhard, * Gablenz (= Karl-Marx-Stadt) 3. Juni 1925, dt. Schriftsteller. - Kupferschmiedlehre; 1943 Soldat, 1944–48 sowjet. Kriegsgefangenschaft; 1948 Volkspolizist, 1952 Philosophiestudium in Leipzig (bei E. Bloch); 1957 Übersiedlung in die BR Deutschland. Erfolgreich und bekannt geworden als satir.-erot. Erzähler in der Tradition des Schelmenromans („Casanova oder Der kleine Herr in Krieg und Frieden", 1966); seine eigtl. Bed. liegt in den oft polem.-satir. essayist. („Wider die dt. Tabus", 1962; „Die Lust am Sozialismus", 1969; „Der plebej. Intellektuelle", 1972), auch tagebuchartigen Spiegelungen eigener Erfahrungen („Ärgernisse. Von der Maas bis an die Memel", 1962). - *Weitere Werke:* Kopf und Bauch. Die Geschichte eines Arbeiters, der unter die Intellektuellen gefallen ist (1971), Die Erde ist unbewohnbar wie der Mond (R., 1973), Der Widerspruch. Autobiograph. Bericht (1974), Die Geschäfte des Herrn Morgenstern (Satiren, 1980), Die Rückkehr des toten Juden nach Deutschland (1986).

Zwerg ↑ Zwerge.

Zwergadler (Hieraaetus pennatus), mit rd. 50 cm Länge etwa bussardgroßer, adlerartiger Greifvogel, v. a. in Gebirgswäldern und Waldsteppen NW-Afrikas, S- und O-Europas sowie der südl. und gemäßigten Regionen Asiens; oberseits mit (mit Ausnahme der hellen Schultern) vorwiegend dunkelbrauner, unterseits dunkelbraun bzw. weißl. gefärbter Vogel, der in gewandtem Flug zw. Baumstämmen v. a. kleine Vögel und Wirbeltiere jagt.

Zwergantilopen, svw. ↑ Böckchen.

Zwergbeutelratten (Marmosa), Gatt. etwa 8–20 cm lange (einschl. Greifschwanz maximal rd. 50 cm messender) Beutelratten mit rd. 40 Arten in Z- und S-Amerika; nachtaktive Baumbewohner mit oberseits häufig rotbraunem, unterseits weißl. bis gelbl. Fell; Kopf mit meist dunkler Augenmaske; Beutel nicht entwickelt.

Zwergbirke (Betula nana), in N-Eurasien und im nördl. N-Amerika heim. Birkenart; 20–60 cm hoher Strauch.

Zwerge, im *Volksglauben* und in der *Volkserzählung* kleine, geisterhafte Wesen, v. a. Erdgeister (**Gnomen**), geschickte Schmiede und Bergleute, Besitzer großer Schätze, weise, oft im Besitz einer Tarnkappe.

◆ in der *Biologie* ↑ Zwergwuchs.

Zwergfalken, (Polihieracinae) Unterfam. meist 15–20 cm langer Falken mit fast

Zwergflachs

zehn Arten in geschlossenen und offenen Landschaften der altweltl. Tropen und N-Argentiniens; jagen in schnellem Stoßflug Vögel, daneben auch Insekten und Mäuse.
◆ volkstüml. Bez. für ↑Merlin.

Zwergflachs (Zwerglein, Radiola), Gatt. der Leingewächse mit der einzigen Art *Radiola linoides* im gemäßigten Eurasien und in Afrika; einjährige, meist nur 1–5 cm hohe Pflanze mit fadenförmigen, gabelig-vielästigen Stengeln; Blätter gegenständig, eiförmig; Blüten klein, einzeln, weiß, fast knäuelartig zusammenstehend; v. a. in Heidegebieten.

Zwergfüßer (Symphyla), weltweit verbreitete Unterklasse bis 8 mm langer Tausendfüßer mit rd. 40 farblosen Arten (davon vermutl. drei Arten einheim.); nicht jedes Segment weist ein Beinpaar auf; zwei lange Schwanzborsten am Hinterende; flinke Tiere, die v. a. in feuchter Erde vorkommen.

Zwerggalago ↑Galagos.

Zwerggras (Mibora), Gatt. der Süßgräser mit der einzigen Art *Mibora minima*, v. a. in W-Europa und im Mittelmeergebiet; einjährige oder einjährig überwinternde, nur 3–9 cm hohe, rasenartig wachsende Grasart mit fadendünnen Stengeln und ährig-traubigen Blütenständen mit purpurvioletten oder grünen Ährchen.

Zwerghirsche, svw. ↑Zwergmoschustiere.

Zwerghirschkäfer, svw. ↑Balkenschröter.

Zwergholunder, svw. ↑Attich.

Zwerghühner, zusammenfassende Bez. für sehr kleine (etwa 500–1000 g schwere), lebhafte, oft schön gefärbte, als Ziergeflügel gehaltene Haushühner. Neben den sog. *Urzwergen* (aus urspr. zwerghaften Landhuhnrassen) sind es künstl. verzwergte („bantamisierte") Haushuhnrassen, z. B. Zwergitaliener.

Zwergkäfer (Palpenkäfer, Pselaphidae), weltweit verbreitete Käferfam. mit rd. 7000 etwa 1–3 mm langen, gelb- bis dunkelbraunen Arten (davon fast 80 Arten einheim.); Flügeldecken mehr oder weniger verkürzt; meist unter faulenden Pflanzenresten, in morschem Holz, hinter Baumrinde, im Moos.

Zwergläuse (Zwergblattläuse, Phylloxeridae), Fam. sehr kleiner, an Wurzeln, Blättern und Rinde von Holzgewächsen der N-Halbkugel lebender Blattläuse; Fortpflanzung größtenteils durch Jungfernzeugung; z. T. gefährl. Schädlinge an Nutzpflanzen, z. B. ↑Reblaus.

Zwerglein, svw. ↑Zwergflachs.

Zwerglinse (Wolffia), Gatt. der Wasserlinsengewächse mit über zehn Arten in den trop. und gemäßigten Gebieten; schwimmende Wasserpflanzen mit wurzellosen Sprossen.

Zwerglorbeer, svw. ↑Torfgränke.

Zwerglöwenmaul ↑Orant.

Zwergmakis (Microcebus), Gatt. etwa 10–25 cm langer (einschl. Schwanz bis 50 cm messender) Halbaffen mit zwei Arten (bekannt ist der 11–13 cm lange oberseits braune, unterseits weißl. **Mausmaki** [*Microcebus murinus*]) v. a. in Wäldern Madagaskars.

Zwergmännchen, in der *Zoologie* Bez. für ♂♂, die gegenüber ihren ♀♀ um ein Vielfaches kleiner sind. Z. sind i. d. R. in ihrer äußeren und inneren Organisation stark vereinfacht. Sie können bis zu kleinen, schlauch- oder sackförmigen Gebilden rückgebildet sein und dann nur mehr als Geschlechtsapparat für die Fortpflanzung fungieren. Z. kommen bei Wirbellosen und einigen Fischen (z. B. Tiefseeanglerfischen) vor.

Zwergmaus (Micromys minutus), sehr kleine Art der Echtmäuse in Eurasien; Länge rd. 5–8 cm; Schwanz etwas kürzer, wird als Greiforgan benutzt; Färbung rötl. gelbbraun mit weißer Bauchseite; vorzugsweise in hohen Grasbeständen, Getreidefeldern und Schilf; baut kugelförmiges Grasnest.

Zwergmispel, anderer Name für die ↑Steinmispel.

Zwergmoschustiere (Zwerghirsche, Hirschferkel, Tragulidae), Fam. 0,5–1 m langer und 0,2–0,4 m schulterhoher Paarhufer (Unterordnung Wiederkäuer) mit vier Arten, v. a. in Wäldern und Trockengebieten W- und Z-Afrikas sowie S- und SO-Asiens; gedrungene, auf braunem Grund meist weiß gezeichnete Tiere, deren ♂♂ säbelartig verlängerte Eckzähne aufweisen (jedoch kein Gehörn tragen). - Zu den Z. gehört die 3 Arten umfassende Gatt. **Maushirsche** (Kantschile, Tragulus); 40–75 cm lang, in S- und SO-Asien.

Zwergohreule ↑Eulenvögel.

Zwergpalme (Chamaerops), Gatt. der Palmen mit der einzigen, formenreichen Art *Chamaerops humilis,* verbreitet in den Mittelmeerländern; niedrige, sich buschig verzweigende und meist etwa 1 m hohe (im Alter auch bis 7 m hohe) Stämme bildende Fächerpalme, deren unterer Stammteil von Blattscheiden oder Blattscheidenresten bedeckt sind; Blätter endständig, halbkreisrund oder keilartig fächerförmig, tief geschlitzt, mit scharf bedorntem Blattstiel; Blüten gelb; Früchte rötlich; oft als Zimmerpflanze kultiviert.

Zwergpferde ↑Ponys.

Zwergpinscher, aus dem Glatthaarpinscher gezüchtete dt. Hunderasse; schlanker, bis 30 cm schulterhoher Zwerghund mit spitz gestutzten Stehohren und aufrechter, kurz gestutzter Rute; Behaarung kurz, glatt, anliegend, einfarbig gelb bis hirschrot *(Rehpinscher),* auch schwarz, braun und blaugrau (mit roten bis gelben Abzeichen).

Zwergpudel ↑Pudel.

Zwergrosen, Bez. für eine Zuchtform der Chin. Rose, deren Sorten als Freiland- und Topfrosen kultiviert werden.

Zwergschimpanse, svw. ↑Bonobo.

Zwergschulen, [Grund- und Haupt]-

schulen, deren Schülerzahl so gering ist, daß mehrere Schuljahrgangsklassen in nur wenigen, oft nur in einer Klasse zusammengefaßt sind; durch die Gründung von ↑ Mittelpunktschulen fast gänzl. verdrängt.

Zwergschwalme (Höhlenschwalme, Aegothelidae), mit den Schwalmen nah verwandte Fam. bis 30 cm langer Nachtschwalben; 8 Arten in Wäldern Australiens, Neuguineas und benachbarter Inseln; dämmerungs- und nachtaktive, sich tagsüber in Baumhöhlen verbergende Vögel mit kurzem Schnabel und breitem Rachen; ernähren sich vorwiegend von Insekten.

Zwergspinnen (Micryphantidae), Fam. meist 1–2 mm langer Spinnen mit über 1 000 Arten in den gemäßigten und kalten Zonen (davon rd. 150 Arten einheim.); ♂♂ häufig mit turmförmigen Auswüchsen am Vorderkörper, auf denen die Augen stehen.

Zwergspringer (Kleinstböckchen, Neotragus pygmaeus), mit 50 cm Länge und 25–30 cm Schulterhöhe kleinste rezente Antilope (Unterfam.) Böckchen) in Regenwäldern W-Afrikas; oberseits rotbraun, unterseits weiß mit rotbraunem Querstreifen an der Kehle; Hörner der ♂♂ dünn, spitz, nach hinten gerichtet, ♀♀ ungehörnt.

Zwergsterne ↑ Hertzsprung-Russell-Diagramm, ↑ weiße Zwerge.

Zwergwespen (Mymaridae), weltweit verbreitete Fam. der ↑ Erzwespen; mehrere Hundert höchstens 1 mm große Arten; mit sehr schmalen, lang bewimperten Flügeln.

Zwergwickler (Bucculatricidae), weltweit verbreitete Fam. kleiner Schmetterlinge mit rd. 600 bis etwa 7 mm spannenden Arten. Die jungen Raupen minieren zunächst in Pflanzen, später leben sie dann frei an diesen Gewächsen und spinnen sich zu den Häutungen ein.

Zwergwuchs (Nanismus), (Nanosomie, Kümmerwuchs) in der *Humanmedizin* ein anormal geringes Längenwachstum des Körpers, ein auf Wachstumsstörungen beruhender Minderwuchs mit Körpergrößen beim erwachsenen Mann von weniger als 136 cm, bei der erwachsenen Frau von weniger als 124 cm; im Unterschied zum *Minderwuchs* (Männer zw. 136 und 150 cm, Frauen zw. 124 und 136 cm). Der Z. kann unterschiedl. Ursachen haben: Sehr oft handelt es sich um eine nicht zeitgerechte oder anormale Hormonproduktion wie beim *hypophysären* Z. (Mangel an Somatotropin), beim *thyreogenen* Z. (Mangel an thyreotropem Hormon bei Schilddrüsenunterfunktion) oder beim Minderwuchs durch ein Überangebot an Nebennierenrindenhormonen. Auch die vorzeitig einsetzende „echte" Geschlechtsreife (Pubertas praecox), die u. a. vom Hypothalamus ausgeht, kann zu Z. führen. Z. kann außerdem durch angeborene Wachstumsstörungen als Folge einer abnorm niedrigen Wachstumstendenz der Gewebe sowie durch Wachstumsstörungen als Folge einer Mangel- oder Fehlernährung oder als Folge schwerer Stoffwechselanomalien bedingt sein. Die zum Z. führenden Störungen setzen meist schon in der Embryonalzeit oder in der frühen Kindheit ein. Nach dem fiktiven Land mit winzig kleinen Menschen, die J. Swift in seinem Hauptwerk, „Gullivers sämtl. Reisen", schildert, werden Menschen von zwergenhaftem Wuchs häufig als *Liliputaner* bezeichnet. ◆ in der *Biologie* eine charakterist. Erbeigentümlichkeit bestimmter Menschenrassen, die als Pygmiden (Zwerge) zusammengefaßt werden, sowie bestimmter Tier- und Pflanzenrassen (v. a. Zuchtrassen und -formen). Bei Pflanzen kommt Z. häufig auch als klimabedingte Modifikation vor (z. B. viele Alpenpflanzen) oder als Folge von Nährstoffmangel.

Zwergzikaden (Jassidae), mit rd. 5 000 Arten weltweit verbreitete Fam. durchschnittl. 4 bis 10 mm langer Zikaden, davon über 300 Arten im M-Europa; mit z. T. kurzflügeligen ♀♀; durch die langen Hinterbeine zu kräftigen Sprüngen befähigt; saugen an zahlr. Pflanzen, einige Arten werden an Kulturpflanzen schädl. - Zu den Z. gehört u. a. die 13–17 mm große **Ohrzikade** (Ledra aurita); trägt am Halsschild oben seitl. ohrartige flache Erhebungen.

Zwetsche ↑ Pflaumenbaum.

Zwetschge, süddt. und schweizer. für Zwetsche.

Zwetschgenwasser, Branntwein aus vergorener Zwetsch[g]enmaische ohne andere Zusätze. Alkoholgehalt mindestens 38 Vol.-%, bei guten Qualitäten jedoch mehr (z. T. über 50 Vol.-%).

Zwettl-Niederösterreich ['tsvɛtəl], niederöstr. Bez.hauptstadt im Waldviertel, 535 m ü. d. M., 11 000 E. Freimaurermuseum im Schloß Rosenau; Textilfabrik, Holzverarbeitung, Brauerei. - 1138 wurde das Zisterzienserstift Zwettl gegründet und im 12. Jh. neben einer Kirchsiedlung eine Burgstadt erbaut, die 1200 Stadtrecht erhielt. - Die bed. barocke Kloster- und Pfarrkirche des Stifts wurde 1722–27 von M. Steinl und J. Munggenast erbaut, mit 1383 vollendetem spätgot. Chor des roman. Vorgängerbaus und barocker Einturmfassade; die ma. und barokken Klosterbauten sind um 4 Höfe gruppiert, u. a. spätroman.-frühgot. Kreuzgang (frühes 13. Jh.). Die Bibliothek mit Deckenfresken besitzt eine bed. Handschriftensammlung des 12.–18. Jh. In der Stadt roman. Propsteikirche (12. Jh.), roman. Pfarrkirche (um 1490 erweitert) mit Rokokostukkatur sowie zahlr. Bürgerhäuser des 15.–18. Jahrhunderts. Reste der Stadtmauer mit 6 Türmen.

Zwickau, Krst. im nördl. Erzgebirgsvorland, Bez. Karl-Marx-Stadt, DDR, 265 m ü. d. M., 120 200 E. Hochschule für Maschinenbau, PH; Konservatorium; Museen. Kfz.-,

Zwickau

Maschinenbau, Textilind. - 1118 erstmals bezeugt, entstand als slaw. Dorf; nach 1212 erbauten die Markgrafen von Meißen die Burg Osterstein und bauten Z. zur Stadt aus (1258 Civitas). - Spätgot. Stadtkirche Sankt Marien (13.–16. Jh.), spätgot. Katharinenkirche (um 15. Jh.); spätgot. Rathaus (1403; 1679 umgebaut), spätgot. Gewandhaus (1522–25; heute Theater).

Z., Landkr. im Bez. Karl-Marx-Stadt, DDR.

Zwickauer Mulde, 128 km langer linker Quellfluß der ↑ Mulde.

Zwickel, in der *Baukunst:* 1. dreiseitiges Flächenstück zw. einem Bogen und seiner rechteckigen Umrahmung (Spandrille); 2. als Eckzwickel Teil eines Gewölbes (Trompe), das zu einer Kuppel (↑ auch Pendentif) oder einem Klostergewölbe überleitet.
◆ (schweizer. und südd. Spickel) keilförmiger Einsatz bei Kleidungsstücken, um für Bewegungen des Trägers den notwendigen Spielraum zu geben.

Zwickmühle ↑ Mühle (Brettspiel).

Zwicker, svw. ↑ Kneifer.

Zwicky, Fritz, * Warna 14. Febr. 1898, † Pasadena (Calif.) 8. Febr. 1974, amerikan. Physiker und Astronom. - Prof. am California Institute of Technology in Pasadena; Hauptastronom an den Mount Wilson und Palomar Observatories. Seine Arbeiten betrafen v. a. extragalakt. Sternsysteme und Supernovä, von denen er 20 durch systemat. Suche in Spiralnebeln entdeckte. Er sagte die Existenz von Neutronensternen voraus und erstellte mit seinen Mitarbeitern einen sechsbändigen „Catalogue of galaxies and clusters of galaxies" (1961-68).

Zwieback, zweimal gebackene, trockene Dauerbackware aus Weizenmehl und Milch.

Zwiebel, (Küchenzwiebel, Speise-Z., Sommer-Z., Zipolle, Allium cepa) aus dem westl. Asien stammende, in zahlr. Sorten kultivierte Lauchart; ausdauerndes (in Kultur zweijähriges) Kraut mit grünlichweißen Blüten in kugeliger Trugdolde und einer Schalenzwiebel.
◆ (Bulbus) meist unterird. wachsender, gestauchter Sproß mit breitkegelförmig bis scheibenartig abgeflachter Sproßachse, die am Z.boden bewurzelt ist und oberseits stoffspeichernde, verdickte Blattorgane trägt. Diese können aus schuppenförmig sich überdeckenden Niederblättern hervorgegangen sein (Z.*schuppen* der *Schuppen-Z.;* z. B. bei Tulpen) oder aus den Blattscheiden abgestorbener Laubblätter, wobei übereinanderliegende, schalenartige, geschlossene Hüllen entstehen (Z.*schalen* der *Schalen-Z.;* z. B. bei der Küchenzwiebel u. a. Laucharten). Z. sind die Speicherorgane der ↑ Zwiebelpflanzen.

Zwiebelblatt (Bulbophyllum), Gatt. der Orchideen mit rd. 1 500 Arten in den Tropen und Subtropen v. a. der Alten Welt; epiphyt. Orchideen mit kriechenden Rhizomen, auf denen ein- bis zweiblättrige Pseudobulben und der ein- bis vielblütige Blütenschaft entspringen; werden häufig kultiviert.

Zwiebeldach ↑ Dach.

Zwiebelhaube, zwiebelförmige Turmbedachung in Gestalt einer geschwungenen Haube, bes. in der südd. Barockarchitektur sowie der russ. und islam. Baukunst beliebt.

Zwiebelmuster, Porzellandekor in Unterglasurblau. Nach chin. Vorbild schuf man in der Meißener Porzellanmanufaktur erstmals 1739 ein Dekor aus stilisierten Blütenranken, wobei man irrtüml. die Granatäpfel des Vorbildes als Zwiebeln deutete.

Zwiebelpflanzen (Zwiebelgeophyten), mehrjährige Pflanzen, die ungünstige Vegetationsbedingungen (winterl. Kälte, Trockenheit) durch Ausbildung unterird., Reservestoffe speichernder ↑ Zwiebeln überdauern. Z. sind bes. bei einkeimblättrigen Pflanzen verbreitet (z. B. Lilien-, Amaryllis- und Schwertliliengewächse).

Zwiedineck-Südenhorst, Otto von, * Graz 24. Febr. 1871, † ebd. 4. Aug. 1957, östr. Nationalökonom. - Prof. in Karlsruhe, Breslau und München; veröffentlichte zahlr. Arbeiten v. a. zur Preistheorie, aber auch zur Methodenlehre und Lohntheorie. - *Werke:* Kritisches und Positives zur Preislehre (1908/09), Sozialpolitik (1911), Allgemeine Volkswirtschaftslehre (1932), Mensch und Wirtschaft (1955).

Zwiefacher (Zwiefaltiger), Sammelbez. für Volkstänze in Bayern und Österreich mit (charakterist.) häufigem Wechsel von geradem und ungeradem Takt, der sich aus der Zusammenstellung von Zweischrittfolgen (Dreher) und Dreischrittfolgen (Walzer oder Ländler) ergibt.

Zwiefalten, Gem. am S-Rand der Schwäb. Alb, Bad.-Württ., 2 600 E. Bed. Barockkirche der ehem. Benediktinerreichsabtei (1089 gegr., 1803 aufgehoben), 1739–65 (ab 1741 unter der Leitung von J. M. Fischer) erbaut, mit reicher Rokokoausstattung. Klostergebäude 1668–90, mit Kapelle von M. Thumb (1668).

Zwielaut, svw. ↑ Diphthong.

Zwielicht, die gleichzeitige Beleuchtung durch zwei Lichtquellen unterschiedl. Farbzusammensetzung (z. B. Tageslicht und Licht einer Glühlampe).

Zwiesel, Stadt im Hinteren Bayer. Wald, Bay., 585 m ü. d. M., 10 600 E. Staatl. Berufsbildungszentrum für Glas; Waldmuseum. Glashütten, Holzind., Luftkurort. - 1255 erstmals gen.; Markt seit 1560, 1904 zur Stadt erhoben. - Barocke Bergkirche Mariä Namen (1682) mit Rokokoausstattung.

Zwiesel, bes. bei Laubbäumen (v. a. Buche, Eiche) vorkommende Doppelbildung: Baum mit zwei Stämmen (und Kronen), die einem gemeinsamen unteren Stammteil entspringen.

Zwingenberg

Zwillich (Zwilch), dichte und strapazierfähige Gewebe aus Baumwolle, Leinen oder Halbleinen; u. a. für Arbeitskleidung, Handtücher.

Zwilling, ↑Zwillinge.
◆ Geschütz mit 2 gekoppelten, gleichzeitig feuernden Rohren (Z.geschütz); v. a. zur Flugabwehr verwendet; auch Bez. für ein [Jagd]gewehr mit Doppellauf (↑auch Flinte, ↑Gewehr).

Zwillinge ↑Sternbilder (Übersicht).

Zwillinge (Gemelli, Gemini), Mehrlinge in Form zweier Geschwister, die sich zur gleichen Zeit im Uterus des mütterl. Organismus entwickelt haben. *Eineiige Z.* (EZ; ident. Z.) gehen aus einer einzigen befruchteten Eizelle (Zygote) hervor. Bei ihnen teilt sich der Keim in einem sehr frühen Entwicklungsstadium in zwei in der Regel gleiche Teile auf, weshalb EZ immer erbgleich und daher auch gleichen Geschlechts sind und (annähernd) gleich aussehen. Verläuft die Teilung des Keims unvollständig, so entstehen ↑siamesische Zwillinge oder sonstige Doppelbildungen. *Zweieiige Z.* (ZZ) gehen auf zwei befruchtete Eizellen zurück; sie haben daher ungleiches Erbgut, können also auch zweierlei Geschlechts sein. Im Aussehen sind sie einander nicht ähnlicher als sonstige Geschwister. Die Tendenz zu Zwillingsgeburten beruht beim Menschen auf nicht geschlechtsgebundenen, rezessiven Erbanlagen. EZ entstehen bei allen Menschenrassen in gleicher Häufigkeit. ZZ sind dagegen bei Europiden und Negriden häufiger als bei Mongoliden. Bei eineiigen menschl. Z. ist der pränatale Tod eines Zwillings häufiger als bei zweieiigen. - ↑auch Zwillingsforschung.

Zwillinger, Frank, * Wien 29. Nov. 1909, östr. Schriftsteller. - Emigrierte 1938 nach Saigon; lebt seit 1946 in Frankr. Schrieb durch sprachl. Schönheit ausgezeichnete Gedichte sowie Dramen.

Zwillingsbildung, in der Mineralogie Bez. für die gesetzmäßige Verwachsung zweier artgleicher Kristallindividuen (Einkristalle) zu *Zwillingskristallen;* man unterscheidet *Berührungs-* oder *Kontaktzwillinge* mit einer gemeinsamen Ebene und *Durchdringungszwillinge,* die sich gegenseitig durchdringen. Bei mehrfacher Verwachsung unterschiedl. Orientierung spricht man von Drillingen, Vierlingen bzw. Viellingen.

Zwillingsformel, idiomat. Ausdruck aus zwei Wörtern, die durch „und" oder „oder" verbunden sind, z. B. *durch und durch* (= völlig), *bei Nacht und Nebel* (= heimlich).

Zwillingsforschung, v. a. humangenet. Spezialgebiet, das untersucht, ob und wieweit Merkmalsunterschiede (in phys., auch psych. Hinsicht) erbbedingt oder auf Umwelteinflüsse zurückzuführen sind.

Zwillingsgeschütz ↑Zwilling.

Zwing, Rainer, dt. Schriftsteller, ↑Kühn, August.

Zwinge, Vorrichtung zum Zusammenhalten auseinanderstrebender oder bei Belastung leicht reißender oder spaltender [Holz]teile, z. B. Metallring an dem durch Schlag beanspruchten Holzgriff eines Handwerkzeugs, Metall- oder Gummikappe am unteren Ende eines Krückstocks. *Schraubzwingen* sind U-förmige, verstellbare Klemmvorrichtungen mit Drehspindel zum Zusammenhalten oder -pressen von Werkstücken (z. B. beim Verleimen von Holzteilen).

Zwingenberg, Gem. am Neckar bei Eberbach, Bad.-Württ., 750 E. Schloß an der

Zwiebel. Längsschnitt durch die Zwiebel einer Gartentulpe

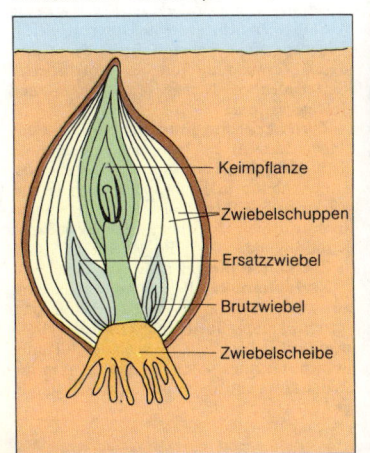

Zwiebelmuster. Terrine (Meißen; 1739). Privatbesitz

Zwingenberg

Stelle einer ma. Burg (erbaut 16. Jh. und um 1700; Umbauten im 18. und 19. Jh.) mit Bergfried (13. Jh. und 15. Jh.); die alte Kapelle (1424 geweiht) mit nahezu vollständig erhaltener Ausmalung.

Z., hess. Stadt an der Bergstraße, 97 m ü. d. M., 5 200 E. Chem. Ind. - 1012 erstmals erwähnt, 1274 Marktrecht; erhielt 1481 eine Stadtordnung. - Ev. spätgot. Pfarrkirche (13.-18. Jh.), zum großen Teil erhaltene Ummauerung des ehem. Wehrkirchhofs.

zwingendes Recht (Jus cogens), Recht, das nicht durch Vereinbarung der Beteiligten abbedungen oder verändert werden kann. Hierzu zählt v. a. das öffentl. Recht; dient im Privatrecht dazu, zu verhindern, daß die Vertragsfreiheit zu Lasten des wirtsch. Schwächeren mißbraucht wird. - ↑ auch dispositives Recht.

Zwinger, Umgang zw. äußerer und innerer Ringmauer bei einer ma. Stadtbefestigung oder einer Burg; diente in Friedenszeiten für Ritterspiele und Feste. - Der **Dresdner Zwinger** wurde von D. Pöppelmann als großzügige Barockanlage gestaltet (1711-28): Er besteht aus einem rechteckigen Mittelteil (mit 4 Eckpavillons, Bogengängen und Torpavillons), an dessen Längsseiten sich zwei Höfe mit halbrunden Galerien anschließen. Nach dem 2. Weltkrieg wieder aufgebaut, die Originalplastiken B. Permosers sind durch Kopien ersetzt. - Abb. Bd. 5, S. 329.

♦ umzäumter, mit Hütte versehener Auslauf für Hunde *(Hunde-Z.);* auch im Sinne von Raubtierkäfig (z. B. Bärenzwinger).

♦ vom Zuchtverband zugelassener Zuchtbetrieb für Rassehunde.

Zwingli, Ulrich (Huldrych, Huldreich), *Wildhaus (Kt. Sankt Gallen) 1. Jan. 1484, ✕ bei Kappel am Albis 11. Okt. 1531, schweizer. Reformator. - Studium der scholast. Theologie (Via antiqua) in Wien und Basel; 1506-16 Pfarrer in Glarus und Feldprediger in den Schlachten von Novara (1513) und Marignano (1515); 1516 Leutpriester in Einsiedeln und ab 1519 am Großmünster in Zürich. Z. stand ab 1514 unter dem Einfluß der humanist. Schriften des Erasmus, dem er 1515 auch persönl. begegnete. Er entwickelte schrittweise über Augustinus und Paulus ein reformator. Verständnis des Evangeliums. Zum öffentl. Auftreten im Sinne der Reformation kam es 1522 durch seine gegen das Fastengebot gerichtete Schrift „Von erkiesen und fryheit der spysen", die zu Auseinandersetzungen mit dem Konstanzer Bischof führte. Als dieser ein von der Stadt Zürich gefordertes Provinzialkonzil zu dieser Frage nicht einberief, ließ der Rat zwei Glaubensdisputationen durchführen, in denen Zwinglis Position öffentl. anerkannt wurde. Im Vollzug der vom Rat durchgeführten Reformation wurde in den Folgejahren abgeschafft, was nicht bibl. zu begründen war: Heiligenbilder, Klöster, Prozession, Orgelspiel, Gemeindegesang, Firmung, letzte Ölung u. a.; der Ordnung der Messe verschwand, und das Abendmahl wurde auf vier Sonntage im Jahr beschränkt. Das Stiftskapitel am Großmünster wurde zur „Prophezei", einem exeget. Seminar, umgewandelt. In seinem weiteren Wirken festigte Z. seinen reformator. Ansatz, entwikkelte seine antisakramentalist. (symbol.) Auffassung vom Abendmahl weiter und führte seine Auseinandersetzung mit Luther (gipfelnd im Marburger Religionsgespräch vom 2. bis 4. Okt. 1529) fort. Als Staatstheoretiker vertrat Z. eine prakt. Politik, die die Reformation der fünf kath. gebliebenen Urkantone Uri, Schwyz, Unterwalden, Zug und Luzern mit militär. Mitteln durchsetzen wollte. Im 2. Kappeler Krieg fiel Z. als Feldprediger auf der Seite Zürichs. - *Weitere Werke:* Commentarius de vera et falsa religione (1525), Fidei ratio (1530), Fidei christianae expositio (1531).

📖 *Pollet, J. V.:* Huldrych Z. Hg. v. *V. Conzemius* u. a. Hamb. 1985. - *Aland, K.:* Die Reformatoren. Gütersloh ³1983. - *Gäbler, U.:* Huldrych Z. Mchn. 1983. - *Köhler, W.:* Huldrych Z. Neuausg. Köln 1983. - *Haas, M.:* Hudrych Z. u. seine Zeit. Zürich ³1982. - *Locher, G. W.:* Z. u. die schweizer. Reformation. Gött. 1982. - *Locher, G. W.:* Die Z.sche Reformation in Rahmen der europ. Kirchengesch. Gött. 1979.

Zwinglianer, Anhänger U. Zwinglis.

Zwirn, durch Zusammendrehen (Zwirnen, Verzwirnen) zweier oder mehrerer Fäden hergestelltes (gedoppeltes, drei- oder mehrfädiges) Garn, das sich gegenüber den Einzelfäden v. a. durch erhöhte Festigkeit auszeichnet. Z. werden prakt. aus Fäden aller Faserarten hergestellt; *Näh-Z. (Nähgarn, Nähfaden)* besteht v. a. aus Baumwolle oder seltener aus Flachs; *Strick-, Häkel-* oder *Stickgarne* sind meist Z. aus Wolle, Seide *(Nähseide),* Baumwolle, Flachs oder Chemiefasern. Je nach dem Verwendungszweck sind die Z. stark oder schwach (hart bzw. weich) gedreht. Durch ungleiche Fadenspannung während des Drehens oder durch Verwendung von bes. strukturierten Einzelfäden erhält man u. a. *Noppen-* und *Schlingenzwirne.*

Zwirner, Ernst Friedrich, *Jakobswalde (Oberschlesien) 28. Febr. 1802, †Köln 22. Sept. 1861, dt. Baumeister. - 1833 Leiter der Dombauhütte in Köln, maßgeblich für die werkgerechte Weiterführung des Dombaus verantwortlich. Errichtete mehrere neugot. Kirchenbauten. - Abb. Bd. 15, S. 222.

Zwischenahn ↑ Bad Zwischenahn.

Zwischenakt, Bez. für die Zeitspanne zw. zwei Akten einer dramat. Aufführung, oft musikalisch überbrückt (*Z.musik* [↑ Bühnenmusik]), bis ins 19. Jh. auch durch Pantomimen, Gesangs- oder Tanzeinlagen, in der Renaissance und im Barock durch selbständige ↑ Zwischenspiele.

Zwischenbilanz, innerhalb des Geschäftsjahres aufgestellter Geschäftsabschluß. Die Aufstellung von Z. erfolgt entweder in regelmäßigen Abständen oder aus bes. Anlässen.

Zwischenbild, in opt. bzw. elektronenopt. Geräten jedes reelle Bild, das von einem Teilsystem (z. B. dem Objektiv in Fernrohr und Mikroskop) in der sog. *Z.ebene* entworfen und durch weitere Systemteile abgebildet wird.

Zwischenblutung, zw. zwei Menstruationsblutungen erfolgende, von diesen deutl. abgesetzte zusätzl. Blutung; häufig als Folge eines verstärkten Abfalls des Östrogenspiegels.

Zwischendeck ↑Deck.

Zwischendominante, in der funktionalen Harmonielehre Bez. für nicht direkt auf die ↑Tonika bezogene Dominanten (auch Subdominanten) zu tonart- bzw. leitereigenen Akkorden (in C-Dur z. B. E-Dur als Z. zur Tonikaparallele a-Moll). Auch wenn sich dabei vollständige Zwischenkadenzen in andere Tonarten ergeben, wird (im Ggs. zur ↑Modulation) das tonale Zentrum nicht verlassen. Die häufigste Art der Z. ist der Doppeldominante (in C-Dur der D-Dur-Akkord).

Zwischeneiszeit (Interglazial), zw. zwei Eiszeiten liegende Zeit wesentl. Erwärmung mit Gletscherrückgang und Meeresspiegelanstieg.

Zwischenfruchtbau, in der Landw. der zur Mehrfachnutzung eines Ackers zw. den Vegetationszeiten zweier Hauptfrüchte in zwei aufeinanderfolgenden Jahren eingeschaltete Anbau einer dritten Kultur *(Zwischenfrucht)*. Die Zwischenfrucht dient v. a. zur Futtergewinnung und zur Gründüngung.

Zwischengoldglas, doppelwandiges Glas, bei dem eine Goldfolie zw. den beiden Wänden der ineinander passenden Gefäße angebracht ist. Die Goldfolie wird mit Radierung (Ritzung) oder Bemalung verziert (im 18. Jh. in Böhmen entwickeltes Verfahren).

Zwischenhandel, der Teil des Großhandels, der Halbfabrikate kauft und verkauft; auch Bez. für den Transithandel.

Zwischenhirn ↑Gehirn.

Zwischenkalkulation, Kalkulation zur Ermittlung der Herstellungskosten von Halbfabrikaten und in der Fertigung befindl. Aufträgen. Bei längerer Produktionsdauer dient die Z. zur Kontrolle und gegebenenfalls auch zur Zwischenabrechnung.

Zwischenkieferknochen (Prämaxillare, Intermaxillarknochen, Intermaxillare, Os incisivum), in der Mitte zw. den beiden Oberkieferknochen liegender Deckknochen des Kieferschädels der Wirbeltiere, der bei den Säugetieren (einschl. Mensch) die oberen Schneidezähne trägt. Bei einigen Säugetieren (einschl. Mensch) verschmilzt der Z. völlig mit den benachbarten Oberkieferknochen. Die Grenznaht (Sutura incisiva) ist beim Menschen i. d. R. nur in den ersten Lebensjahren nachweisbar.

Zwischenkredit, der Vorfinanzierung (v. a. bei der Baufinanzierung) dienender kurzfristiger Kredit, der durch einen bereits vereinbarten langfristigen Kredit abgelöst wird.

Zwischenprodukte, Bez. für alle aus chem. Rohstoffen (z. B. Erdöl, Erdgas, Kohle, Erzen) oder Vorprodukten (z. B. Synthesegas) hergestellte Verbindungen, die zur Herstellung von Fertigprodukten (z. B. Kunststoffen, Farbstoffen) dienen.

Zwischenprüfung, in der *berufl. Bildung* vorgeschriebene Prüfung zur Ermittlung des Ausbildungsstandes. Sie muß mindestens einmal während der Ausbildung durchgeführt werden; bei Stufenausbildung gilt die Abschlußprüfung einer Stufe als Z. für die gesamte Ausbildung.
◆ im *Hochschulwesen* Pflichtprüfung in allen Studiengängen, die keine Vorprüfung kennen. Die Z. wird i. d. R. nach dem 4. Semester abgelegt.

Zwischenschein (Interimsschein, Anrechtsschein), ↑Orderpapier, das die Mitgliedschaft an einer AG verbrieft und den Aktionären vor Ausgabe der Aktien erteilt wird.

Zwischenseengebiet, die in zahlr. Schollen zerbrochene Rumpffläche im ostafrikan. Hochland, zw. Zentralafrikan. Graben und Victoriasee.

Zwischenspiel, Einlage vor, nach oder v. a. zw. der eigentl. Theaterdarbietung, zum Zweck inhaltl. Abwechslung oder Überbrückung techn. bedingter Pausen, wie des Kulissen- und Kostümwechsels.

Zwischenstromland, Gebiet in Vorderasien, ↑Mesopotamien.
Z. (Mesopotamia argentina), Großlandschaft in NO-Argentinien zw. Paraná und Uruguay.

Zwischenurteil, im Zivilprozeß ein ↑Urteil, das entweder einen Zwischenstreit, der zur Entscheidung reif ist, entscheidet oder vorab als Urteil über den Grund *(Grundurteil)* ergehen kann, wenn ein Anspruch nach Grund und Betrag streitig ist.

Zwischenwirt, bei Parasiten mit obligatem Wirtswechsel Bez. für Organismen, an bzw. in denen die Jugendstadien parasitieren.

Zwischenzellräume, svw. ↑Interzellularen.

Zwitter (Hermaphroditen), Organismen mit der Fähigkeit, über entsprechende Geschlechtsorgane sowohl ♂ als auch ♀ befruchtungsfähige Geschlechtsprodukte auszubilden. *Tierische* Z. finden sich v. a. bei Schwämmen, Nesseltieren, Strudel-, Saug-, Band- und Ringelwürmern (Regenwurm, Blutegel), Rankenfüßern, Kammuscheln, Hinterkiemern und Lungenschnecken. - Unter den Wirbeltieren kommen echte Z. nur bei Fischen vor, v. a. bei Zackenbarschen der Gatt. Serranus

Zwitterblüte

und bei Meerbrassen. - Soweit in der Medizin und Anthropologie von Zwittern (Hermaphroditen) gesprochen wird, handelt es sich um *unechte* Z. (*Schein-Z.*; ↑ Intersex). *Pflanzliche* Z. sind alle Pflanzen mit Zwitterblüten und die einhäusigen Pflanzen (↑ Monözie).

Zwitterblüte, Blüte mit Staub- und Fruchtblättern.

Zwitterionen, Bez. für chem. Verbindungen, die im gleichen Molekül eine Gruppe mit positiver Ladung und eine Gruppe mit negativer Ladung enthalten. Als Z. können u. a. die Aminosäuren auftreten. Z. wirken als Ampholyte und können sowohl mit Säuren als auch mit Basen salzartige Verbindungen bilden.

Zwittrigkeit (Zwittertum, Hermaphroditismus), das Vorhandensein funktionsfähiger ♂ und ♀ Geschlechtsorgane (bzw. einer Zwitterdrüse) in einem tier. oder pflanzl. Organismus. Die verschiedengeschlechtigen Geschlechtsapparate sind entweder gleichzeitig vorhanden, oder sie reifen nacheinander in aufeinanderfolgenden Altersstadien heran und liefern die entsprechenden Geschlechtsprodukte. - Außer dieser *echten* Z. als einer normalen Erscheinung bei den Lebewesen kennt man eine (abnorme) *Schein-Z.*, bei der allerdings die betroffenen Individuen i. d. R. unfruchtbar sind.

Zwölf, Basiszahl des Duodezimalsystems und des Sexagesimalsystems mit breiter Anwendung in der altoriental. Astronomie (Tierkreiszeichen), in der Jahres- und Tageseinteilung, in der griech. Mythologie und in der jüd.-christl. Religionsgeschichte; gilt auch als Glückszahl.

Zwölfapostellehre (Apostellehre) ↑ Didache.

Zwölf Artikel der Bauernschaft in Schwaben, das Ende Febr. 1525 von dem Memminger Kürschner S. Lotzer unter Mitwirkung des Pfarrers C. Schappeler verfaßte Programm der aufständ. oberschwäb. Bauern. Die alten Forderungen (u. a. Freiheit der Jagd, des Fischens, der Holzung) wurden ergänzt durch neuere: u. a. Unparteilichkeit der Rechtsprechung, Abschaffung ungerechter Fronen, Aufhebung der Leibeigenschaft und Wahl der Pfarrer durch die Gemeinde. - ↑ auch Bauernkrieg.

Zwölfer-Schia, Selbstbez. der sonst Imamiten genannten Gruppe der Schiiten, die Ali Ibn Abi Talib und elf seiner Nachkommen als zwölf von Gott mit Sündlosigkeit begnadete Imame verehren, wovon der 12., Muhammad Al Mahdi († 873), nicht gestorben sein, sondern in Verborgenheit leben soll, bis er am Ende der Zeiten als Mahdi wieder erscheint. Die Autorität des Imams ist seitdem stellvertretend aufgeteilt: Die weltl.-polit. Macht kommt dem jeweiligen Herrscher zu, während die geistl. (und rechtl.) Autorität von den *Ajatollahs* wahrgenommen wird, weitgehend unterstützt von den *Mullas* (Mollas).

Zwölffingerdarm ↑ Darm.

Zwölffingerdarmgeschwür (Duodenalgeschwür), v. a. durch vermehrte Sekretion von Magensaft hervorgerufenes Geschwür in der Wand des Zwölffingerdarmes. Die im Sekret der Magendrüsen enthaltene Salzsäure und das eiweißspaltende Enzym Pepsin greifen unter bestimmten Bedingungen die empfindl. Zwölffingerdarmschleimhaut an und führen zu einer begrenzten Selbstverdauung der Darmwand. Die Beschwerden äußern sich gewöhnl. in heftigen Schmerzen, die meist 1-3 Std. nach dem Essen auftreten und häufig verschwinden, wenn der Kranke eine Kleinigkeit ißt (sog. Spätschmerz oder Nüchternschmerz). Als Komplikationen des Z. kommen Darmblutungen oder Durchbrüche des Geschwürs in die freie Bauchhöhle vor. Behandlung: Schondiät und beruhigend oder sekretionshemmend wirkende Medikamente; bei größeren Blutungen, Durchbrüchen und auch bei häufigen Rückfällen muß u. U. operativ vorgegangen werden.

Zwölfflach (Zwölfflächner), svw. ↑ Dodekaeder.

Zwölfkampf, 1879 eingeführter turner. Mehrkampf der Männer; setzt sich aus 6 Pflicht- und 6 Kürübungen im Bodenturnen, am Reck, Barren, Seitpferd, an den Ringen und im Sprung über das Längspferd zusammen. Seit 1920 olymp. Wettbewerb.

Zwölfprophetenbuch (Dodekapropheton), in der Bibelwiss. Bez. für die Bücher der zwölf ↑ Kleinen Propheten.

Zwölftafelgesetz (lat. lex duodecim tabularum), ältestes röm. Gesetzgebungswerk, das auf 12 Tafeln aufgezeichnet und öffentl. zugänglich war; der Überlieferung nach 451/450 v. Chr. aufgezeichnet; erhalten ist die große Zahl von Textfragmenten. Das Z. wurde noch von Juristen der Kaiserzeit zitiert und kommentiert und in einzelnen Teilen in die Digesten übernommen.

Zwölften (die Z.; Zwölfnächte, Unternächte), Bez. für die Zeit zw. Weihnachten und Dreikönigstag (in bestimmten Landschaften auch zwischen Thomastag [früher 21. Dez.] und Neujahr oder Dreikönigstag). Die Z. waren als Lostage bedeutsam, Träume galten als bes. vorbedeutend, und vielfältig versuchte man die Zukunft zu erforschen. Um sich vor bösen Geistern zu schützen, besprengte man in der kath. Gegenden während der Z. Zimmer und Ställe mit Weihwasser (Rauhnächte).

Zwölftonmusik, die unter Anwendung der ↑ Zwölftontechnik komponierte Musik.

Zwölftontechnik (Dodekaphonie), Bez. für die von A. Schönberg um 1920 entwickelte „Methode der Komposition mit zwölf nur aufeinander bezogenen Tönen". Schönberg verstand die Z. als Konsequenz jener Entwicklung hin zur ↑ Neuen Musik, die um

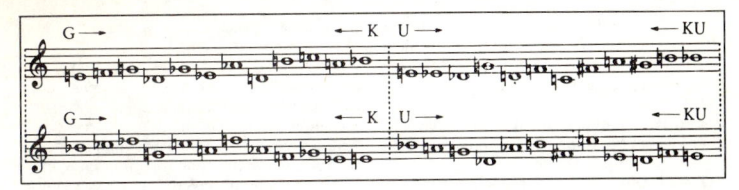

Zwölftontechnik. Die vier verschiedenen Erscheinungsformen der Reihe aus Arnold Schönbergs Suite für Klavier op. 25

1907/08 mit der freien Atonalität (↑atonale Musik) begann. Grundlage und Ausgangspunkt der Z. ist eine Reihe, die die 12 Tonqualitäten des gleichschwebend temperierten Systems (↑Temperatur) nach Intervallproportionen ordnet. Dabei werden die absoluten Tonhöhen nicht festgelegt. Einer in der Z. geschriebenen Komposition liegt im Prinzip eine einzige Zwölftonreihe zugrunde. Diese wird aber nicht unverändert beibehalten. Sie tritt vielmehr in vier verschiedenen Erscheinungsformen auf: in ihrer Original- oder Grundgestalt (G), in der Umkehrung (U), im Krebs (K) oder im Krebs der Umkehrung (KU). Da jede Erscheinungsform der Reihe elfmal transponierbar ist, sind für eine Reihenkomposition insgesamt 48 Reihengestalten verfügbar; meist wird aber nur ein kleiner Ausschnitt der Reihengestalten verwendet. - Die Reihe soll in einer Komposition Zusammenhang und Einheit stiften. Deshalb werden sämtl. Tonkonstellationen (Themen, Motive, Klänge) aus einer Reihe bzw. deren verschiedenen Erscheinungsformen oder Transpositionen abgeleitet. Die Reihe bestimmt also nicht nur die horizontalen Melodielinien, sondern auch die vertikalen Klangbildungen. Die Ineinssetzung von Horizontale und Vertikale begründet Schönberg in der Einheit des musikal. Raums. Die kombinator. Möglichkeiten der Z. sind (immer auf der Basis der Intervallproportionen einer Reihe) sehr vielfältig; darum läßt sich ein allg. verbindl. System von Regeln kaum aufstellen. Komposition und Reihe stehen dabei in einem wechselseitigen Abhängigkeitsverhältnis; so wie die Komposition aus der Reihe hervorgeht, so bestimmt die Idee der Komposition das spezif. Gefüge der Reihe, die oft in der Art eines Themas funktioniert. Auf Grund ihrer method. Anpassungsfähigkeit konnte sich die Z. bei den verschiedensten Komponisten (u. a. Webern, Berg, Eisler, Křenek, Fortner, Strawinski) auf ganz unterschiedl. Weise weiterentwickeln. Das führte dann Anfang der 1950er Jahre zur Ausbildung der ↑seriellen Musik. - Unabhängig von Schönberg entwickelte J. M. Hauer seit 1918 eine Z., deren Grundlage nicht Reihen, sondern Tropen (Wendungen) sind. Jede Trope besteht aus zwei Sechstonhälften, die weniger Harmonik und Melodik, sondern mehr den Tonvorrat und damit den gesamten Tonsatz regulieren. Hauer stellte insgesamt 144 verschiedene Tropen auf.
⌑ *Schönberg, A.:* Ges. Schrr. Bd. 1: Stil u. Gedanke. Aufs. zur Musik. Ffm. 1976. - *Eimert, H.:* Lehrb. der Z. Wsb. ¹⁷1973. - *Hauer, J. M.: Z.* Wien ³1967. - *Hauer, J. M.:* Vom Wesen des Musikalischen. Grundll. der Z. Bln. Neuaufl. 1966. - *Rufer, J.:* Die Komposition mit zwölf Tönen. Kassel u. a. ²1966. - *Eimert, H.:* Grundll. der musikal. Reihentechnik. Wien 1964.

Zwolle [niederl. ˈzwɔlə], niederl. Stadt im Mündungsgebiet von Vechte und IJssel, 88 400 E. Verwaltungssitz der Prov. Overijssel; pädagog. Akad.; Direktion der Zuiderseewerke; Prov.archiv, Geschichtsmuseum; einer der größten niederl. Viehmärkte, Gemüse- und Obstauktionen. Die Ind. umfaßt Metallverarbeitung, Nahrungsmittel-, chem., polygraph., Bekleidungs-, Baustoff-, Holz- und Lederindustrie. Außerdem Kongreßstadt. - 1040 erstmals urkundl. erwähnt (**Swollermarke**), bestand aus 3 Teilen: *Swolle, Middelwijk* und *Assendorp;* die beiden erstgenannten erhielten 1230 Stadtrecht; 1346 Verleihung weiterer Privilegien und Aufnahme in die Hanse; im 14./15. Jh. Mittelpunkt der ↑Devotio moderna; erhielt 1488 Münzrecht; erkannte 1528 Karl V. als Herrn an, schloß sich 1572 Wilhelm I. von Oranien, 1579 der Union von Utrecht an; 1790 Schleifung der 1614 angelegten Befestigungen. - Spätgot. Kirche Sint-Michael (14./15. Jh.) mit Schnitgerorgel (1719), spätgot. Liebfrauenkirche (15. Jh.) mit hohem Turm (sog. „Peperbus" = Pfefferbüchse), der zum Wahrzeichen der Stadt wurde; spätgot. Rathaus (15. Jh.).

Zworykin, Wladimir Kosma [engl. ˈzwɔːrɪkɪn], * Murom 30. Juli 1889, † Princeton (N. J.) 29. Juli 1982, amerikan. Physiker russ. Herkunft. Z. entwickelte das erste vollelektron. Fernsehsystem der Welt.

Zyan... ↑Cyan.

Zyankali, svw. ↑Kaliumcyanid.

Zyanose [griech.], svw. ↑Blausucht.

Zycie Warszawy [poln. ˈʑitɕɛ varˈʃavɨ „Warschauer Leben"], poln. Tageszeitung, ↑Zeitungen (Übersicht).

zygomorphe Blüte [griech./dt.], svw. dorsiventrale ↑Blüte.

Zygopetalum (Zygopetalon) [griech.], Gatt. der Orchideen mit rd. 20 Arten, v. a. in Brasilien; epiphyt. Pflanzen mit eingliedrigen, meist schmalen, gerippten Blättern und drei- bis zehnblütigem Blütenstand; Blüten groß, mit einer Lippe, die meist einen großen, abgerundeten Vorderlappen bildet. Mehrere Arten werden (v. a. als Schnittblumen) kultiviert.

Zygote [griech.], die aus einer Befruchtung (Verschmelzung zweier Gameten) hervorgehende (diploide) Zelle.

Zykel [griech.], in der Mathematik ein Kreis mit bestimmtem Umlaufsinn.

zykl..., Zykl... ↑zyklo..., Zyklo...

Zyklamate (Cyclamate) [griech.] ↑Süßstoffe.

Zyklentheorie [griech.] ↑Kulturzyklentheorie.

zyklisch (cyclisch) [griech.], kreisläufig, kreisförmig, sich auf einen Zyklus beziehend; regelmäßig wiederkehrend.

zyklische Kurven, ↑für die sowohl Polkurve als auch Polbahn Kreise sind.

zyklische Verbindungen ↑cyclische Verbindungen.

zyklische Vertauschung, Vertauschung der Elemente einer bestimmten Anordnung, bei der jedes Element durch das darauffolgende und das letzte durch das erste ersetzt wird.

zykl..., Zyklo..., zykl..., Zykl... [zu griech. kýklos „Kreis"], Bestimmungswort von Zusammensetzungen mit der Bed. „Kreis, kreisförmig".

zykloid [griech.], die Symptome des manisch-depressiven Irreseins in leichterem Grade zeigend (bes. im Grenzbereich zw. Zyklothymie und Psychose).

Zykloide [griech.] (Radkurve), eine ebene Kurve, die ein starr mit einem Kreis k (Radius r) verbundener Punkt P beschreibt, wenn k auf einer Geraden g abrollt. Hat P vom Mittelpunkt des Kreises k den Abstand $a = r$, so spricht man von der *gemeinen* oder *spitzen* Z., bei $a \neq r$ von einer *gemeinen Trochoide*, bei $a > r$ bzw. $a < r$ von einer *geschlungenen (verlängerten)* bzw. *gestreckten (verkürzten) Zykloide.* - ↑auch Epizykloide, ↑Hypozykloide.

Zykloidenpendel ↑Pendel.

Zykloidschuppe (Rundschuppe), bei den Knochenfischen weitverbreiteter einfacher, rundl. Schuppentyp. - ↑auch Ganoidschuppe, ↑Plakoidschuppe.

zyklometrische Funktionen (Arkusfunktionen, Kreisbogenfunktionen), die Umkehrfunktionen der ↑trigonometrischen Funktionen. Die Umkehrfunktionen des Sinus, Kosinus, Tangens und Kotangens sind die Funktionen *Arkussinus* ($y = \arcsin x$), *Arkuskosinus* ($y = \arccos x$), *Arkustangens* ($y = \arctan x$), und *Arkuskotangens* ($y = \text{arccot } x$). Die graph. Darstellung der z. F. erhält man aus denen der trigonometr. Funktionen durch Spiegelung an der Geraden $y = x$.

Zyklon [griech.-engl.], heftiger Wirbelsturm in trop. Gebieten.
◆ Fliehkraftabscheider zur Abtrennung von Feststoffteilchen aus Gasen *(Staub-* oder *Z.abscheider)* oder Flüssigkeiten *(Hydro-Z.).*
◆ Handelsbez. (Ⓦⓩ) für blausäurehaltige Begasungsmittel zur Schädlingsbekämpfung. - Im 2. Weltkrieg Deckname für Blausäure, die in NS-Vernichtungslagern zur Massentötung verwendet wurde.

Zyklone [griech.], Gebilde tiefen Luftdrucks (↑Tiefdruckgebiet).

Zyklopen (Kyklopen), in der griech. Mythologie drei mit nur einem Stirnauge ausgestattete Riesen, Söhne des Uranos und der Gäa, die als Helfer des Hephäst für Zeus die Blitze schmieden. In der Odyssee erscheinen die Z. als ganzes Volk.

Zyklopenmauer, aus großen, unregelmäßigen, polygonal behauenen Blöcken mörtellos gefügte, zweischalige Mauer mit Innenfüllung aus Lehm und Steinen. Die Technik wurde außer für myken. Burgen bei etrusk. und italienischen Städten vom 7. bis 3. Jh. und im hethit. Bereich verwendet.

Zyklopie [griech.] (Synophthalmus, Zyklozephalie), angeborene Mißbildung des Gesichtsschädels und Gehirns mit Verschmelzung beider Augenhöhlen zur einheitl. Höhle mit einem Augäpfel zu einem medianen Auge, außerdem meist mit rüsselförmigem Nasenrudiment und kleiner oder fehlender Mundspalte; nicht lebensfähige Monstrosität.

Zyklostomen [griech.], svw. ↑Rundmäuler.

Zyklothymie [griech.], in der Konstitutionslehre E. Kretschmers Bez. für das dem pyknomorphen Körperbau (↑Körperbautypen) zugeordnete Temperament, das zum manisch-depressiven Irreseins disponiert ist, aber zum Bereich des Normalen gehört. Kennzeichnend sind Aufgeschlossenheit, Geselligkeit, Extraversion, dabei jedoch bes. die Tendenz zu Stimmungsschwankungen zw. extremer Heiterkeit und Traurigkeit.

Zylinder. a gerader, b schiefer Zylinder

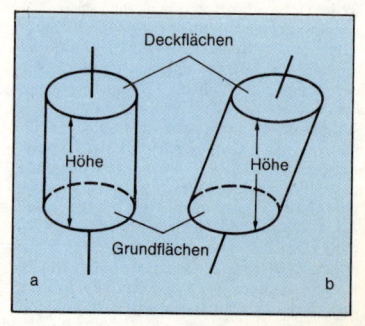

◆ svw. ↑manisch-depressives Irresein.
Zyklotron (Cyclotron) [griech.] ↑Teilchenbeschleuniger.
Zyklus [zu griech. kýklos „Kreis"], period. ablaufendes Geschehen, Kreislauf von regelmäßig wiederkehrenden Dingen oder Ereignissen.
◆ Folge inhaltl. zusammengehörender [literar., musikal., bildner.] Werke, Vorträge u. a.
◆ svw. Menstruationszyklus (↑Menstruation).
Zylinder [zu griech. kýlindros „Walze, Rolle, Zylinder"], in der *Mathematik* Bez. für eine Fläche (*Z.fläche*) des dreidimensionalen Raumes, die durch Parallelverschiebung einer Geraden (der Erzeugenden) längs einer Raumkurve (der Leitkurve) entsteht. Ist die Leitkurve ein Kreis (Ellipse, Hyperbel, Parabel), so spricht man von einem *Kreis-Z.* (bzw *ellipt., hyperbol.* oder *parabol. Z.*). In der *Elementargeometrie* bezeichnet man als Z. meist einen Körper, der durch eine Z.fläche und zwei parallele Ebenen begrenzt wird. Die Bezeichnungen Kreis-Z. usw. gelten entsprechend. Stehen Z.fläche und parallele Ebenen senkrecht aufeinander, dann liegt ein *gerader Z.*, andernfalls ein *schiefer Z.* vor. Den Abstand der beiden Ebenen nennt man *Höhe* des Z., die Z.fläche den *Mantel*. Das Volumen des geraden Kreis-Z. beträgt $V = \pi r^2 h$, die gesamte Oberfläche ist $O = 2\pi r (r + h)$ (*r* Kreisradius, *h* Höhe).
◆ bei Kolbenmaschinen langgestreckter Hohlkörper, dessen [geschmierter] Innenraum (*Z.bohrung*) senkrecht zu seiner Längsachse meist Kreisquerschnitt besitzt und im Zusammenwirken mit dem sich hin- und herbewegenden Kolben die Energieumsetzung ermöglicht. Der Z. bildet mit dem Kolben und dem den Z. abschließenden *Z.deckel* (bei Verbrennungskraftmaschinen *Z.kopf* genannt) den infolge der Kolbenbewegung veränderl. Arbeitsraum der Kolbenmaschine. Abdichtung zw. Z. und Z.deckel bzw. Z.kopf erfolgt durch eine Flach- bzw. Z.kopfdichtung. Luftgekühlte Z. von Kolbenverdichtern und Verbrennungsmotoren sind zur Wärmeabfuhr außen mit Kühlrippen versehen. Bei den entsprechenden wassergekühlten Maschinen sitzt der eigentl. Arbeits-Z. in einem zweiten *Z.mantel*, mit dem er durch Stirnwände, Kanäle und Stege verbunden ist, so daß zw. der Außen- und Innenwand das Kühlmittel strömen kann.
◆ Herrenhut mit steifem, hohem Kopf und fester Krempe, kam gegen Ende des 18. Jh. in England auf, auch farbig, im 19. Jh. zunehmend zum offiziellen Anzug (u. a. Frack) getragen. Gehört zur Berufstracht von Schornsteinfeger, Kutscher sowie Dressurreiter, fand auch Eingang in Volkstrachten (u. a. im Schwarzwald).
Zylinderepithel ↑Epithel.
Zylinderfläche ↑Zylinder.
Zylindergläser ↑Zylinderlinsen.

Zylinderkopf ↑Zylinder.
Zylinderlinsen (astigmatische Linsen), von zylindr. Flächen begrenzte opt. Linsen, meist in Form von *Plan-Z.* (mit einer ebenen Fläche); Z. werden v. a. zur Beobachtung paralleler Streifen verwendet (z. B. als „Leselineal"), als Brillengläser (*Zylindergläser*) zur Behebung des Astigmatismus.
Zylinderprojektion ↑Kartennetzentwurf.
Zylinderrosen (Ceriantharia), Ordnung bis 70 cm hoher Korallen mit rd. 50 Arten in allen Meeren; einzellebende, keine Kolonien (scheiden auch keinen Kalk aus) bildende Tiere, die sich mit dem schwellbaren, zylindr. Fuß bis 1 m tief in lockeren Meeresboden eingraben. Um die Mundöffnung stehen zwei Kränze sehr langer, dünner Tentakel, die dem Erwerb von Nahrung (kleine Medusen, Mikrokrebse) mittels Nesselkapseln dienen.
Zymase [griech.] (Gärungsenzym), aus zellfreiem Hefepreßsaft gewonnenes Enzymsystem (rd. 20 Enzyme enthaltend), das Glucose in Kohlendioxid und Alkohol vergärt.
Zymbel, svw. ↑Zimbel.
Zymbelkraut [griech./dt.] (Cymbalaria), Gatt. der Rachenblütler mit 10 Arten in W-Europa und im Mittelmeergebiet. Die bekannteste Art ist das **Mauerzimbelkraut** (Venusnabel, Cymbalaria muralis), eine in S-Deutschland auf Mauern und Felsen vorkommende einjährige oder ausdauernde Pflanze mit kriechendem, dünnem Stengel, fünf- bis siebenlappigen Blättern und kleinen, hellvioletten Blüten.
Zymol ↑Cymol.
Zyniker [↑Kyniker], bissiger, die Wertgefühle anderer herabsetzender Spötter; **zynisch,** verletzend-spöttisch; bissig.
Zynismus [zu griech. kynikós „hündisch, schamlos"], destruktive, nicht nur Meinungen, sondern auch die, die diese Meinungen vertreten, verächtl. machende Kritik und radikale Infragestellung aller Wahrheiten, Werte und Normen.
Zypergras (Cyperus) [nach der Insel Zypern], Gatt. der Riedgräser mit über 600 Arten in den Tropen und Subtropen, wenige Arten auch in gemäßigten Zonen; Ufer-, Sumpf- und Wasserpflanzen mit bis zum Blütenstand einfachen, meist dreikantigen Stengeln und wenigen, oft langen oder zu Blattscheiden reduzierten Blättern am Stengelgrund; Ährchen in ährigen, köpfchenförmigen oder doldigen, von Blättern umhüllten Blütenständen.

Zypern

(amtl. griech.: Kipriaki Dimokratia, türk.: Kıbrıs Cumhuriyeti), Republik im östl. Mittelmeer, zw. 34° 33′ und 35° 40′ n. Br. sowie 32° 17′ und 34° 36′ ö. L. **Staatsgebiet:** Es umfaßt die Insel Zypern. **Fläche:** 9 251 km².

Zypern

Bevölkerung: 670 000 E (1985), 72,4 E/km². **Hauptstadt:** Nikosia (griech. Lefkosia, türk. Lefkoşa). **Amtssprachen:** Griechisch und Türkisch. **Nationalfeiertag:** 1. Okt. (Unabhängigkeitstag). **Währung:** Zypern-Pfund (Z£) = 100 Cents (c). **Internat. Mitgliedschaften:** UN, Commonwealth, Europarat, GATT. **Zeitzone:** MEZ + 1 Std.

De facto ist Z. heute geteilt in ein griech.-zypr. Geb. im S der Insel und ein türk.-zypr. Geb. im N.

Landesnatur: Drittgrößte Mittelmeerinsel mit 224 km SSW-NNO-Ausdehnung und 96 km N-S-Erstreckung. Im N erhebt sich die Gebirgskette Pentadaktilos (im Kyparisso 1 024 m ü. d. M.), deren Ausläufer die sich weit nach NO erstreckende Halbinsel Karpasia bilden. Südl. schließt sich die weite zentrale Ebene, die Messaria, an. Den Kern des SW-Teils nimmt das Gebirgsmassiv des Troodos ein (im Olympus 1 953 m ü. d. M.), der fast allseitig von einer Vorgebirgszone umgeben ist, die in das hügelige bis ebene Küstenhinterland der S- und W-Küste übergeht. Im SO bildet der Höhenzug Phano (bis 174 m ü. d. M.) eine nach SO vorspringende Halbinsel.

Klima: Z. hat mediterranes Klima mit sehr heißen und trockenen Sommern. Die mittleren tägl. Maxima liegen in Nikosia bei 36,2 °C, im Troodos bei 26,6 °C. Nur 5 % aller Niederschläge fallen zw. Mai und Sept. Die Jahressumme der Niederschläge betragen in Nikosia 370 mm, im Famagusta 440 mm und im Troodos 850 mm.

Vegetation: Überwiegend Macchie und Garigue; im Troodos lichte Wälder aus Aleppokiefern.

Bevölkerung: Auf Z. leben im wesentl. Angehörige zweier Völker: Griechen, die mit 80 % bei weitem in der Überzahl sind, und Türken, die nur 19 % der Bev. stellen. Aus dem kulturell bedingten und histor. begründeten Gegensatz erwächst die polit. Krise der Insel, die zu ihrer De-facto-Teilung geführt hat. Im griech. Teil leben rd. 517 000 griech. Zyprioten, dazu sind etwa 170 000 Flüchtlinge aus dem türk. N-Teil, außerdem etwa 70 000 Flüchtlinge aus dem Libanon. Im türk. Teil leben außer den türk. Zyprioten rd. 30 000 Türken aus Anatolien und schätzungsweise 20 000 türk. Soldaten. - 76 % der Bev. sind Orthodoxe, 19 % Muslime. Es besteht Schulpflicht für Kinder von 6–12 Jahren. Es gibt auf Z. 15 Fachhochschulen.

Wirtschaft: Über die Hälfte der Inselfläche wird landw. genutzt, und zwar v.a. in der zentralen Ebene, der Messaria, mit ihren fruchtbaren Böden, die aber künstl. bewässert werden müssen. Angebaut werden Weizen und Gerste sowie Kartoffeln. Zitruskulturen sind um Morfu, Limassol und Famagusta, Rebflächen in den südl. und östl. Troodosvorbergen konzentriert. Außerdem werden Kirschen, Walnüsse, Edelkastanien und Granatäpfel sowie Datteln geerntet. Die wichtigsten Landw.gebiete befinden sich im türk. Landesteil. An bergbaul. Produkten finden sich Kupfererz, Asbest und Chromerz, bei Larnaka Umbravorkommen. - Die Ind. war im wesentl. auf das Ind.gebiet von Nikosia (Textil-, Schuh-, Papierind., Pumpen- und Turbinenherstellung) und Famagusta (Konserven-, Kunststoffind., Mühlen, Ziegeleien) sowie auf Kythrea beschränkt; alle diese Geb. kamen unter türk. Kontrolle. Die vorhandene Ind.kapazität wird heute aus Mangel an Arbeitskräften nur zu einem Viertel genutzt. Im griech. Geb. verblieb die Betriebe in Limassol, wo sich das Elektrizitätswerk befindet, und die Erdölraffinerie von Larnaka.

Außenhandel: Während der griech. Landesteil landw. Produkte, Textilien und Erze exportiert (wichtigster Handelspartner ist Großbrit.), werden aus dem türk. Landesteil fast nur Zitrusfrüchte exportiert.

Verkehr: Es gibt nur private Erzbahnen von den Gruben zu den Verladehäfen. Das Straßennetz erreicht etwa 11 200 km Länge (davon etwa 50 % asphaltiert). Der Hafen von Famagusta dient heute nur noch dem türk. Teil. Für den griech. Teil wurde Limassol als Tiefwasserhafen ausgebaut. Da der internat. ✈ von Nikosia auf der Demarkationslinie liegt, kann er derzeit nur von der UN benutzt werden. Im S wurde der Militärflughafen von Larnaka zum neuen internat. ✈ ausgebaut, im N richtete die türk. Verwaltung östl. von Nikosia den ✈ Ercan ein.

Geschichte: Altertum und Mittelalter: Z. ist seit etwa 1400 v. Chr. Sitz von Kolonien der myken. Kultur; etwa ab 1200 wanderten Achäer auf Z. ein; seit etwa dem 10. Jh. gründeten Phöniker Kolonien auf der Insel. Seitdem spielte Z. immer wieder eine wirtsch. und kulturelle Mittlerrolle zw. Europa und Asien. Mitte des 6. Jh. gerieten die zypr. Stadtstaaten unter pers. Oberhoheit; 332 v. Chr. fiel Z. von Persien ab, schloß sich Alexander d. Gr. an und kam bald nach dessen Tod in den Besitz des Ptolemäerreichs. 58 v. Chr. wurde Z. dem Röm. Reich einverleibt und erlebte nun eine ununterbrochene lange Friedenszeit. Die christl. Lehre wurde auf Z. schon 45 n. Chr. bekannt; seit dem 3. ökumen. Konzil (431) ist die zypr. Kirche eine selbständige Kirche in der orth. Kirchengemeinschaft. Mit dem Angriff der Araber unter dem späteren Kalifen Muawija begann die Zeit der arab.-byzantin. Auseinandersetzungen um Z. und der wechselnden Besetzung der Insel. 688-965 führten beide Mächte im großen und ganzen eine Art gemeinsame Herrschaft über Z. (z. B. Teilung der Steuereinnahmen). Während des 3. Kreuzzuges wurde Z. von Richard I. Löwenherz besetzt, der die Insel zunächst dem Templerorden, 1192 Guido von Lusi-

Zypern

gnan übergab. Die Herrscher des Hauses Lusignan ermöglichten die vernichtende Unterdrückung der zypr. Kirche durch die röm. und veränderten die zypr. Gesellschaft in vielem nach westl. feudalist. Muster. 1489 geriet Z. unter venezian. Herrschaft; ab 1517 mußten die Zyprioten dem osman. Sultan Steuern zahlen; 1573 wurde Z. im venezian.-osman. Sonderfrieden an die Osmanen abgetreten. Durch Übertritte zum Islam und durch die Einwanderung türk. Bev. entstand eine starke türk. Minderheit.

Brit. Herrschaft: Als Folge des Russ.-Türk.Krieges (1877/78) ging 1878 die Verwaltung von Z. (bei formeller Anerkennung der türk. Oberhoheit) an Großbrit. über. Der Eintritt des Osman. Reiches in den 1. Weltkrieg an der Seite der Mittelmächte hatte die formelle Annexion durch Großbrit. zur Folge, die im Frieden von Lausanne 1923 von der Türkei und Griechenland anerkannt wurde (seit 1925 brit. Kronkolonie). Große Teile der griech. Zyprer forderten unter Führung der orth. Kirche seit dem 19. Jh. den Anschluß *(Enosis)* an Griechenland. Diese anfangs gegen die türk., später gegen die brit. Herrschaft gerichteten Bestrebungen führten 1931 zu einem erfolglosen Aufstand und nach dem 2. Weltkrieg zu weiteren Unruhen und Terrorakten. An die Spitze der Enosis-Bewegung trat 1950 das Oberhaupt der zypr. orth. Kirche, Erzbischof Makarios III. Seit 1955 führte die griech.-nationalist. Widerstandsorganisation Ethniki Organosis Kiprion Agoniston (EOKA) unter J. Griwas einen Guerillakampf gegen die brit. Kolonialmacht, mit harten Repressalien antwortete. Zugleich kam es zu heftigen Auseinandersetzungen mit den griech. Zyprern. 1959 wurde im brit.-griech.-türk. Dreimächtevertrag die Unabhängigkeit von Z. und die Stationierung griech. und türk. Truppen festgelegt. Großbrit. behielt die Hoheitsrechte über seine militär. Stützpunkte.

Republik und Bürgerkrieg: Am 16. Aug. 1960 proklamierte der zum Staatspräs. gewählte Makarios die Unabhängigkeit; die EOKA dagegen forderte seit 1963 verstärkt den Anschluß an Griechenland. Makarios setzte seit Dez. 1963 die (durch die Verfassung von 1960 garantierten) Sonderrechte der türk. Zyprer hinsichtl. Reg. und Verwaltung außer Kraft; nur religiöse und kulturelle Autonomie sollte zugestanden werden. Noch im gleichen Monat brach der Bürgerkrieg zw. beiden Volksgruppen aus. Im März 1964 entsandten die UN eine Friedenstruppe, die die äußere Ruhe notdürftig wiederherstellen konnte. Während des Konflikts und sich seit 1968 ergebnislos hinziehenden Verhandlungen zw. dem griech. und türk. Bev.teil bildeten die türk. Zyprioten als Gegengewicht gegen die griech.-zypr. Nat.garde eigene Streitkräfte und errichteten im Dez. 1967 die „Provisor. türk.-zypr. Verwaltung"; von der Türkei unterstützt, forderten sie polit. Mitspracherecht, Minderheitenschutz, kulturelle Autonomie und Selbstverwaltung. Inzwischen konnte Makarios weiter seine Macht stärken (u. a. im Juli 1965 Verfassungsänderung durch die griech. Parlamentsmehrheit in Abwesenheit der türk. Abg.: dem türk. Vizepräs. blieb nur die Führung in den türkischsprachigen Gebieten), auch gegen den mit ihm rivalisierenden Griwas, der den unbedingten Anschluß der Insel an Griechenland forderte. Am 15. Juli 1974 putschte mit Rückendeckung der griech. Militärjunta die von griech. Offizieren befehligte Nat.garde und setzte den EOKA-Führer N. Sampson als Präs. ein. Unter dem Eindruck eines drohenden Anschlusses von Z. an Griechenland landeten am 20. Juli türk. Truppen auf der Insel, die trotz eines von den USA und der Genfer Z.-Konferenz (Großbrit., Griechenland, Türkei) vermittelten Waffenstillstandes rd. 40% des zypr. Territoriums im N und NO der Insel besetzten. Sampson trat zurück und übergab sein Amt an G. Kleridis. Im türk. besetzten Inselteil wurde 1975 zunächst einseitig der „Türk. Föderationsstaat von Z." proklamiert, 1985 dann die „Türk. Rep. Nordzypern", deren Verfassung die Umwandlung von Z. in einen Bundesstaat offen hält, aber die internat. nicht anerkannt wurde. In den folgenden Jahren wurden die beiderseitigen Gespräche über humanitäre Fragen (v. a. Umsiedlungsaktionen) unter UN-Schirmherrschaft fortgesetzt, brachten aber keine Annäherung der polit. Standpunkte. Nach dem Tod Makarios' III. im Aug. 1977 wurde Parlamentspräs. S. Kiprianu interimist. Staatsoberhaupt und im Aug. 1977 ohne Wahl in seinem Amt bestätigt (erneut 1978 und 1983). Die türk. Volksgruppe von Z. und die Reg. der Türkei erkannten Kiprianu nur als Repräsentanten der griech. Volksgruppe an. Gespräche über eine polit. Lösung des Z.-problems zw. beiden Volksgruppen werden seit 1988 geführt; sie verliefen bisher ergebnislos.

Politisches System: Nach der formell noch gültigen Verfassung von 1960 ist Z. eine Präsidialdemokratie. Tatsächl. besteht Z. heute aus 2 polit., verwaltungsmäßig und wirtsch. getrennten, durch beide Volksgruppen bestimmten Teilen, dem griech.-zypr. Südteil, dessen Reg. mit ihrem Anspruch, den ganzen Inselstaat zu vertreten, internat. anerkannt ist, und dem „Türk. Föderationsstaat von Z." im N, der nur von der Türkei anerkannt wird.

Griech.-zypr. Teil: *Staatsoberhaupt* ist der Präs. (seit 1988 G. Wassiliou); er ist als Reg.chef gleichzeitig oberster Inhaber der *Exekutive.* Die *Legislative* liegt beim aus 35 Abg. bestehenden Repräsentantenhaus. Seit den Wahlen von 1985 sind folgende Parteien vertreten: Die Demokratikos Synagermos (19), Demokratiko Komma (16), Anorthotiko Komma Ergazomenou Laou (15), Ethniki Demokratiki Enosi Kyprou (6).

Zypresse

Türk.-zypr. Teil: *Staatsoberhaupt* ist der Staatspräs. (seit 1976 R. Denktaş). Die Leitung der *Exekutive* liegt beim Premiermin., die *Legislative* wird seit 1976 von der Gesetzgebenden Versammlung wahrgenommen (50 für 5 Jahre gewählte Abg.). Stärkste *Partei* ist die Ulusal Birlik Partisi (24 Sitze), die einen Bundesstaat in 2 Zonen anstrebt; außerdem sind vertreten Cumhuriyetçi Türk Partisi (12), Toplumcu Kurtulus Partisi (10) und Yeni Doğus Partisi (4 Sitze).
*Verwaltungs*mäßig war Z. in 6 Bez. gegliedert, doch erfolgt die Verwaltung heute getrennt. Das *Gerichtswesen* ist im griech.-zypr. Teil und im türk.-zypr. Teil weitgehend parallel aufgebaut. An der Spitze steht jeweils ein Oberster Gerichtshof, dem Schwur- und Bezirksgerichte zugeordnet sind. Für Fam.-rechtsangelegenheiten sind kirchl. Gerichte bzw. Türk. Gemeinschaftsgerichte zuständig. Die *Streitkräfte* im griech.-zypr. Teil haben eine Stärke von rd. 10 000 Mann; daneben bestehen 3 000 Mann paramilitär. Kräfte. Im türk.-zypr. Teil stehen überwiegend türk. Soldaten; die eigenen Kräfte betragen rd. 4 500 Mann. An der Waffenstillstandslinie stehen zudem UN-Kontingente.

📖 *Dülffer, J./Mühleisen, H. O./Torunsky, V.: Inseln als Brennpunkte internat. Politik. Köln 1985. - Hitchins, C.: Cyprus. London 1984. - Kyle, K.: Cyprus. London 1984. - Saint-John-Jones, L. W.: The population of Cyprus. London 1983. - Hahn, B.: Die Insel Z. Der wirtschaftl. u. polit.-geograph. Entwicklungsprozeß eines geteilten Kleinstaates. Hannover 1982. - Maier, Franz Georg: Cypern. Insel am Kreuzweg der Gesch. Mchn. ²1982. - Polit. Lexikon Europa. Bd. 2. Hg. v. R. K. Furtak. Mchn. 1981. - Alastos, D.: Cyprus in history. New York ²1977. - Karageorghis, V.: The civilization of prehistoric Cyprus. New Rochelle (N. Y.) 1977. - Franz, E.: Der Z.konflikt. Hamb. 1976. - Reden, S. v.: Z. Vergangenheit u. Gegenwart. 8 000 Jahre Gesch. im Schnittpunkt dreier Kontinente. Köln ²1974.*

Zypresse (Cupressus) [griech.-lat.], Gatt. der Z.gewächse mit etwa 15 Arten, verbreitet vom Mittelmeergebiet bis zum Himalaja, in der Sahara und im sw. N-Amerika; immergrüne, meist hohe Bäume mit vierkantigen oder stielrunden Trieben, kleinen, schuppenförmigen, beim Keimling noch nadelförmigen Blättern und einhäusigen Blüten; die nußgroßen, kugeligen, im zweiten Jahr verholzenden Zapfen sind aus sechs bis 12 schildförmigen Schuppen zusammengesetzt. Die bekannteste Art ist die aus dem östl. Mittelmeergebiet stammende, schon im Altertum nach Italien eingeführte, heute (neben der Pinie) im gesamten Mittelmeerraum verbreitete, bis 25 m hohe **Echte Zypresse** (*Mittelmeer-Z.,* Cupressus sempervirens) mit seitl. ausgebreiteten (Wildform) oder hochstrebenden, eine dichte, schmale Pyramide formenden Ästen *(Säulenzypresse, Trauerbaum).* In China beheimatet ist die **Trauerzypresse** (Cupressus funebris) mit ausladender Krone, hängenden Zweigen und hellgrünen Blättern. - Abb. S. 358.

Zypressengewächse (Cupressaceae), Fam. der Nadelhölzer mit 15 weitverbreiteten Gatt.; aufrechte oder niederliegende, reich verzweigte Bäume oder Sträucher mit kreuzgegenständigen oder zu dreien bis vieren in Quirlen stehenden, meist schuppenförmigen Blättern; ♂ Zapfen klein, meist einzeln endständig stehend, ♀ Zapfen mit wenigen fertilen und z. T. mit sterilen Deckschuppen, in reifem Zustand holzig, ledrig oder fleischig;

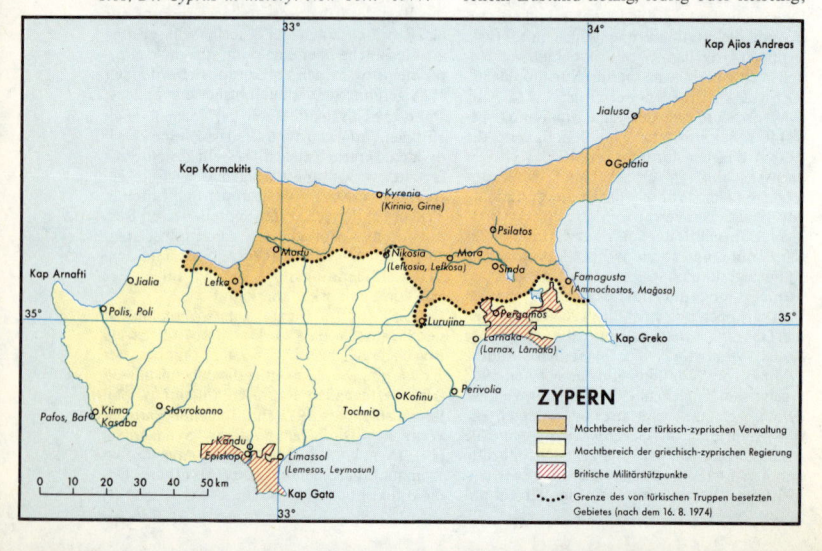

ZYPERN

- Machtbereich der türkisch-zyprischen Verwaltung
- Machtbereich der griechisch-zyprischen Regierung
- Britische Militärstützpunkte
- ••••• Grenze des von türkischen Truppen besetzten Gebietes (nach dem 16. 8. 1974)

Zytostatika

wichtigste Gatt.: Lebensbaum, Lebensbaumzypresse, Wacholder, Zypresse.

Zyrtolith (Cyrtolith) [griech.], Varietät des Zirkons, die (neben Zirkonium) bis 5% Hafnium sowie weitere Begleitelemente (v. a. Thorium und Uran) enthält.

zyst..., Zyst..., zysto..., Zysto... [zu griech. kýstis „Harnblase, Beutel"], Bestimmungswort von Zusammensetzungen mit der Bedeutung „Blase" (Zyste), Harnblase.

Zystadenom (Zystom), Geschwulst im Eierstock, die vom Drüsenepithel ausgeht und zyst. Erweiterungen aufweist.

Zyste [griech.], in der *Medizin* mit Flüssigkeit gefüllter Hohlraum im Gewebe.
♦ (Cystis) feste, widerstandsfähige Kapsel bei zahlr. niederen Pflanzen und Tieren als Schutzeinrichtung zum Überdauern ungünstiger Lebensbedingungen.

Zystektomie, 1. operative Entfernung der Harn- oder Gallenblase; 2. operative Entfernung einer krankhaften Zyste.

Zystin ↑Cystin.

Zystitis (Cystitis) [griech.], svw. Harnblasenentzündung (↑Harnblasenkrankheiten); i. w. S. (als Cholezystitis) auch svw. ↑Gallenblasenentzündung.

zysto..., Zysto... ↑zyst..., Zyst...

Zystom [griech.], svw. ↑Zystadenom.

Zystoskop [griech.] ↑Endoskope.

Zytisin [griech.] (Cytisin, Laburnin), in Schmetterlingsblütlern (z. B. Goldregen, Lupine) vorkommendes Alkaloid, das in geringen Mengen als Ganglienblocker wirkt und in größeren Mengen zum Tod durch Atemstillstand führt.

zyto..., Zyto... [zu griech. kýtos „Rundung, Wölbung"], Bestimmungswort von Zusammensetzungen mit der Bed. „Zelle".

Zytochrome (Cytochrome) [griech.], Enzyme, die bei der Zellatmung, bei der Photosynthese und bei anderen biochem. Vorgängen als Redoxkatalysatoren (Oxidoreduktasen) wirken. Z. kommen in allen lebenden Zellen gebunden an Zellorganellen (Mitochondrien, Chloroplasten u. a.) vor. Die biolog. Funktion der Z. besteht in der Elektronenübertragung, wobei ihr zentral liegendes Eisenatom reversibel oxidiert bzw. reduziert wird: $Fe^{2+} \rightleftharpoons Fe^{3+} + \ominus$. Nach ihren charakterist. Absorptionsspektren unterscheidet man die Z. a, b und c: **Zytochrom a** ist mit dem Warburg-Atemferment ident. und wird auch Zytochromoxidase genannt. Es befindet sich in den Mitochondrien aller Zellen, wo es das Endglied der Atmungskette bildet. Es bindet den vom Hämoglobin in die Gewebe gebrachten Sauerstoff. - **Zytochrom b** kommt ebenfalls in den Mitochondrien, aber auch in den Mikrosomen vor, wo es am Elektronentransport beteiligt ist. - **Zytochrom c** kann nur Elektronen übertragen, aber nicht selbst mit dem Sauerstoff reagieren.

Zytodiagnostik (Zelldiagnostik), mikroskop. Untersuchung der Zellen von Körpergeweben, Körperflüssigkeiten oder Körperausscheidungen im Abstrich-, Ausstrich- oder Punktionsmaterial auf das Vorhandensein bes. Zellmerkmale (z. B. in bezug auf das ↑Geschlechtschromatin).

Zytokinine [griech.] (Cytokinine, Phytokinine), im gesamten Pflanzenbereich verbreitete, bes. in Wurzelspitzen und jungen Früchten synthetisierte Gruppe von Adeninderivaten mit die Zellteilung aktivierender Wirkung. Spezif. Wirkungen sind u. a. Förderung von Knospenaustrieb und Fruchtwachstum, Verzögerung von Alterungsprozessen (z. B. Blattvergilbung) und Brechung der (hemmstoffinduzierten) Samenruhe.

Zytologie (Zellenlehre, Zellforschung), die Wiss. und Lehre von der pflanzl., tier. und menschl. Zelle als Teilgebiet der allg. Biologie. Die Z. befaßt sich mit dem Bau und den Funktionen der Zelle und ihrer Organellen.

Zytomegalie [griech.] (Einschlußkörperchenkrankheit), frühkindl. Virusinfektion, charakterisiert durch das Auftreten großer Einschlußkörperchen in den Epithelzellen verschiedener Organe; Erreger: ein bes. in Ohr- und Bauchspeicheldrüse lokalisierbares, etwa 100 nm großes Herpesvirus *(Speicheldrüsenvirus)*. Die Symptome sind je nach den betroffenen Organen u. a. Leber- und Milzvergrößerung (u. U. mit Gelbsucht), herdartig auftretende Lungenentzündung, abnorme Kleinheit des Schädels, spast. Lähmung, Krämpfe, Oligophrenie.

Zytoplasma (Zellplasma), der Inhalt einer Zelle, jedoch ohne Kernplasma. Das Z. setzt sich aus. aus dem Grundplasma und einer Vielzahl darin ausgebildeter, z. T. nur mit Hilfe des Elektronenmikroskops sichtbar werdender Strukturen.

Zytosin [griech.] (Cytosin, 4-Amino-2(1H,3H)-pyrimidinon, 4-Amino-2-oxopyrimidin), zu den Nukleinsäurebasen zählende Pyrimidinbase, die in Form des Ribosids *Zytidin* in der RNS, bzw. des Desoxyribosids Desoxyzytidin in der DNS enthalten und stets mit Guanin gepaart ist. Chem. Strukturformel:

Zytostatika [griech.], Substanzen, die wegen ihrer hemmenden Wirkung auf das Wachstum und die Vermehrung bes. von rasch wachsenden Zellen zur Chemotherapie von Tumoren verwendet werden. Die zytostat. Therapie geht dabei von der Vorstellung aus, daß sich Tumorzellen von normalen Zellen durch eine der Wachstumsregulation entzogene, erhöhte Vermehrungsfähigkeit unter-

Zytotoxine

Echte Zypresse

scheiden. Ziel der Behandlung mit Z. ist daher das Einwirken auf den in einem schnell wachsenden Gewebe bes. empfindl. Zellteilungsmechanismus. Die Chemotherapie mit Z. steht in dieser Hinsicht allerdings vor dem grundsätzl. Problem, daß die Unterschiede zw. normalen Zellen und Tumorzellen nur in Ausnahmefällen so groß sind, daß eine wirkl. selektive Hemmung der Tumorzellen ohne gravierende Nebenwirkungen auf die normalen Zellen mögl. ist.

Zu den Z. gehören mehrere Gruppen von Arzneimitteln: Die *alkylierenden Substanzen* (z. B. Stickstofflost, Cyclophosphamid, Thio-TEPA) hemmen die Zellteilung. Sie hemmen v. a. das Wachstum krebsartiger Wucherungen des blutbildenden Systems. So werden sie oft - mit beachtl. Erfolg - bei der Behandlung chron. Leukämien, bei der Lymphogranulomatose und bei Lymphosarkom eingesetzt. Mögl. Nebenwirkungen der alkylierenden Substanzen sind Appetitlosigkeit, Übelkeit, Durchfall und Haarausfall. - Die *Antimetaboliten* wirken nach einem Prinzip, das dem Wirkungsmechanismus der Antibiotika und Chemotherapeutika nicht unähnl. ist. Sie sind in ihrem chem. Aufbau einigen für die Zellteilung und -vermehrung unentbehrl. Stoffen „zum Verwechseln" ähnl. Daher sind Antimetaboliten imstande, normale Zellwuchsstoffe von ihrem Wirkungsort zu verdrängen und so z. B. den Aufbau der für die Zellteilung unentbehrl. Nukleinsäuren zu hemmen. Zur Wirkstoffgruppe der Antimetaboliten gehören die Folsäureantagonisten (z. B. Aminopterin, verdrängt die Folsäure von ihrem Wirkort) und die Purinantagonisten. Der Einbau der Purinantagonisten (z. B. 6-Mercaptopurin), die im Zellmechanismus mit den natürl. Purinen „verwechselt" werden, führt zur Herstellung funktionsuntüchtiger Nukleinsäuren und damit zu einer verminderten Zellteilungsrate. Auch die Antimetaboliten wirken am besten gegen krebsartige Wucherungen der blutbildenden Organe. Sie werden daher bes. bei akut verlaufenden Leukämien im Kindesalter eingesetzt. Da auch die Antimetaboliten unspezif. nicht nur die krankhaft übermäßige Neubildung weißer Blutkörperchen, sondern auch den Aufbau gesunder Zellen hemmen, erzeugen sie starke Nebenwirkungen, wie z. B. Knochenmarksschäden sowie Geschwüre der Mund-, Magen- und Darmschleimhaut. - Neben den genannten Z. gibt es eine Reihe pflanzl. Wirkstoffe, die *Mitosegifte* (z. B. Kolchizin, Demekolzin, Vinblastin, Vincristin), die, ebenfalls durch Hemmung der Zellteilung, das Wachstum von Tumoren einschränken können.

📖 *Internist. Krebstherapie.* Hg. v. K. W. Brunner u. G. A. Nagel. Bln. u. a. ³1985. - Bruhn, H. D.: *Z.-Fibel, einschließl. der wichtigsten Chemotherapie-Schemata.* Stg. 1985. - Noack, E.: Z. Basel 1984. - *New anticancer drugs.* Hg. v. S. K. Carter u. Y. Sakurai. Bln. u. a. 1980.

Zytotoxine (Zellgifte), chem. Substanzen, die schädigend auf die physiolog. Zellvorgänge einwirken bzw. die Zelle abtöten.

Żywiec [poln. 'ʒivjɛts], poln. Stadt 70 km sw. von Krakau, 350 m ü. d. M., 28 000 E. Forstschule; u. a. Maschinenbau, Papierfabrik, Pelzverarbeitung. - Renaissanceschloß (16. Jh.) mit dreigeschossigem Arkadenhof und Park; Pfarrkirche (15./16. Jh.) mit barokker Innenausstattung.

ZZ, Abk. für: zweieiige Zwillinge († Zwillinge).

z. Zt., Abk. für: zur Zeit.

BILDQUELLENVERZEICHNIS

G-Telefunken, Frankfurt am Main. – AGIS-Pressedienst, ...mburg. – Stvw. Albi, Frankreich. – Gebr. Alexander, ...inz. – Stvw. Alfeld (Leine). – Alpine Luftbild & Co., Innsck. – Alte Pinakothek, München. – Stvw. Andernach. – Andres, Hamburg. – T. Angermayer, Holzkirchen. – Ani... Photography Ltd., London. – J. Apel, Hamburg. – Arologisches Institut Istanbul. – Archiv für Kunst und Geichte, Berlin (West). – ARDEA, London. – Dr. M. Arnold, ...nchen. – Stvw. Arnsberg. – Kunstarchiv Arntz, Haag. – ...e Associated Press, Frankfurt am Main. – ATE, Frankfurt Main. – Audi NSU Auto Union, Ingolstadt. – Auergesell...aft, Berlin (West). – Australische Botschaft, Bonn. – G. Bachert, Bonn. – Stvw. Backnang. – Verkehrsverein Balm. – G. und E. Barker, Berlin (West). – Bärenreiter Verlag, ...ssel. – E. Baumann, Ludwigsburg. – Bavaria-Verlag Bilda...tur, Gauting. – Bayerisches Nationalmuseum, München. – ...yerische Staatsbibliothek, München. – Bayerische Staatsge...ldesammlungen, München. – H. Bechtel, Düsseldorf. – E. ...dnarik, Wiener Neustadt, Österreich. – Bell Telephone ...b., Murray Hill, USA. – Belser Verlag, Stuttgart. – Beragsstelle für Stahlverwendung, Düsseldorf. – Dr. G. Berg...lt, Mannheim. – Prof. Dr. A. Beuermann, Braunschweig. – ...vw. Bevern. – Bibliographisches Institut, Mannheim. – Bi...othèque Nationale, Paris. – H. Bielfeld, Hamburg. – Bildariv für Medizin, München. – Bildarchiv Preußischer Kultursitz, Berlin (West). – Maschinenbau Binder & Co., Oppen...iler. – Biomedix, Lörrach. – Blindenanstalt Marburg. – ...of. Dr. H. Blume, Tübingen. – Prof. Dr. J. Blüthgen (†), ...ünster. – Otto Bock, Orthopädisches Institut, Duderstadt. – ...tel Bode, Hamburg. – F. de Boer, Amsterdam. – Böhm Meinl, Geretsried. – S. Böhmer, Mannheim. – U. Borchert, ...rlin (West). – Robert Bosch, Stuttgart. – Brassai, Paris. – ... Braun, Melsungen. – Prof. H. Bremer, Wilhelmsfeld. – ...artin Brinkmann, Bremen. – British Airways, London. – ...oek & Brakennen, Rotterdam. – Brown, Boveri & Cie, ...annheim. – F. Bruckmann, München. – A. Brugger, Stuttrt. – W. Büdeler, Thalham (Oberbayern). – I. Buhs, Berlin ...Vest). – A. Buhtz, Heidelberg. – Bundesanstalt für Flugsicheng, Frankfurt am Main. – Bundesarchiv Koblenz. – Bundesnisterium der Verteidigung, Bonn. – Bundespostmuseum, ...ankfurt am Main. – H. Buresch, Braunschweig. – R. Burri, ...rich. – R. Bussian, Mannheim. – Prof. O. Bustamante, New ...ork. – Camel, München. – Camera Press, London. – Chemi...ne Werke Hüls, Marl. – Constantin Film, München. – Conti...ess, Hamburg. – Dr. I. Correll, Heidelberg. – Daimler-Benz, ...uttgart. – Danfoss, Offenbach am Main. – John Deere Land...aschinenfabrik, Mannheim. – Delmag, Eßlingen. – DE-...AG, Duisburg. – Dr. J. Demek, Brünn, ČSSR. – Prof. Dr. ... M. Dettmer, Frankfurt am Main. – Deutsche BP, Ham...rg. – Deutsche Bundesbahn, Filmstelle, Minden. – Deutsche ...esellschaft für Christliche Kunst, München. – Deutsche Ge...llschaft zur Rettung Schiffbrüchiger, Bremen. – Deutsche ...rammophon, Hamburg. – Deutsche Luftbild, Hamburg. – ...eutsche Lufthansa, Köln. – Deutscher Imkerbund, Bonn. – ...eutscher Wetterdienst, Offenbach am Main. – Deutsches ...potheken-Museum, Heidelberg. – Deutsche Schlauch...otfabrik Hans Scheibert, Eschershausen. – Deutsches Hyographisches Institut, Hamburg. – Deutsches Institut für ...lmkunde, Wiesbaden. – Deutsches Ledermuseum, Offen...ch am Main. – Deutsches Museum, München. – Deutsches ...abak- und Zigarrenmuseum, Bünde. – Deutsches Tapeten...useum, Kassel. – Diafrance, Paris. – Diogenes Verlag, Zü...ch. – S. Dobrev, Sofia. – Documenta, Mailand. – Documenta ...rchiv, Kassel. – W. Dolder, Zezikon, Schweiz. – Dornier, ...riedrichshafen. – H. Dossenbach, Oberschlatt, Schweiz. – ...a Bildarchiv, Frankfurt am Main und Stuttgart. – Dräger...erk, Lübeck. – DRK-Pressestelle, Bonn. – Dr. K. Drumm, ...ibingen. – DÜWAG-Deutsche Waggonfabrik Uerdingen, ...üsseldorf. – Dual, St. Georgen. – W. E. Eggert, Hamburg. – ... Egner, München. – Dr. H. Eichler, Heidelberg. – Electrola, ...öln. – Prof. Dr. T. Ellinger (†), Kopenhagen. – ENIT-Staat...hes Italienisches Fremdenverkehrsbüro, Frankfurt am ...ain. – S. Enkelmann, Berlin (West). – Dr. W. Eriksen, ...onn. – G. Ernst, Reichenau. – Erzbischöfliches Generalvika...at, Paderborn. – ESA, Darmstadt. – J. Eschenbach, Nürn-

berg. – Eupra Press Service, München. – Europa-Press, Madrid. – Dr. G. Ewald, Schriesheim. – P. Fauth, Kapellen, Belgien. – Dr. G. Fehr, Territet, Schweiz. – S. Fenn, München. – W. Ferchland, Tistrup, Dänemark. – Fichtel & Sachs, Schweinfurt. – Filmverlag der Autoren, München. – Finnisches Fremdenverkehrsamt, Hamburg. – E. Fischer, Hamburg. – G. Fischer-Haeckel, München. – Fouquet-Strickmaschinen, Rothenburg ob der Tauber. – Fox MGM, Frankfurt am Main. – K. D. Francke, Hamburg. – Prof. Dr. P. R. Franke, Saarbrücken. – R. Friedrich, Berlin (West). – Fritzmeier, Vellberg. – Frobenius-Institut, Frankfurt am Main. – E. Fuchs-Hauffen, Überlingen. – B. Fugmann, München. – Fulmina, Edingen. – Prof. Dr. E. Gabriel, Ahrensburg. – W. Gartung, Bremen. – H. Gassner, Hamburg. – General Electric Technical Services Company, Bonn. – Geopress H. Kanus, München. – Germanisches Nationalmuseum, Nürnberg. – Gernsheim Collection, University of Texas, USA. – Archiv Gerstenberg, Frankfurt am Main. – Gesamtdeutsches Institut, Bonn. – Gesellschaft für Kernforschung, Karlsruhe. – Dr. S. Gierlich, Freinsheim. – Dr. K. Gießner, Hannover. – Stvw. Goch. – Goethe-Museum, Düsseldorf. – Prof. Dr. E. Gormsen, Mainz. – Prof. Dr. Gößwald, Würzburg. – Griechische Botschaft, Bonn. – Griechische Fremdenverkehrszentrale, Frankfurt am Main. – M. Grigarczik, Mannheim. – Dr. G. Grill, Heidelberg. – Grundig Werke, Fürth. – Günther, Nürnberg. – Gutenberg-Museum der Stadt Mainz. – Prof. Dr. W. Haffner, Aachen. – Prof. Dr. A. Hagen, Bergen, Norwegen. – E. Haller & Co, Wehingen. – Bildagentur A. Hamann, München. – Hammann, Haßloch. – Hamburger Kunsthalle, Hamburg. – Dr. A. Hanle, Ilvesheim. – Carl Hanser Verlag, München. – C. und L. Hansmann, München. – Hartmann & Braun, Mannheim. – Dr. H. Hartmann, Berlin (West). – K. Hartmann, Sobernheim. – Gert Hatje Verlag, Stuttgart. – Heidelberger Druckmaschinen, Heidelberg. – W. Heinemann, Mannheim. – A. Heine-Stillmark, Karlsruhe. – Henkel, Düsseldorf. – Hercules, Nürnberg. – J. Herkert, Ladenburg. – Prof. Dr. A. Herold, Gerbrunn. – Herrmann & Kraemer, Garmisch-Partenkirchen. – Heska Maschinenfabrik, Spangenberg. – M. Hesse, Martagnola, Schweiz. – Hessisches Landesmuseum, Darmstadt. – Prof. Dr. W. Hetzel, Bonn. – Dr. B. Heukemes, Ladenburg. – Dr. A. Hindorf, Gießen. – Hirmer Fotoarchiv, München. – Hirschmann, Eßlingen. – Historia-Photo, Hamburg. – Hoffmann, Rosenheim. – Hohner, Trossingen. – Holle-Verlag, Baden-Baden. – Dr. J. Howoldt, Stade. – R. Hubert, Heidelberg. – IBA-Internationale Bildagentur, Oberengstringen, Schweiz. – IBM Deutschland, Sindelfingen. – Insel Verlag, Frankfurt am Main. – Institut für Auslandsbeziehungen, Stuttgart. – Institut für Geologie und Paläontologie der Technischen Univ. Hannover. – Institut für Kirchenbau und kirchliche Kunst der Gegenwart an der Philipps-Univ. Marburg. – Institut für Meereskunde an der Univ. Kiel. – Interforto Friedrich Rauch, München. – Internationales Bildarchiv Horst v. Irmer, München. – Istituto Geografico de Agostino, Novara, Italien. – Japanische Botschaft, Bonn. – Prof. Dr. W. Jens, Tübingen. – Dr. W. Jopp, Wiesbaden. – K. H. Jürgens, Köln. – Prof. Dr. G. Jurzitza, Ettlingen. – Kabel und Draht, Mannheim. – M. P. Kage, Lauterstein. – R. Kalb, Dauchingen. – J. Kalmar, Wien. – G. Kämpfer, Heidelberg. – Kanadisches Fremdenverkehrsamt, Frankfurt am Main. – Stvw. Kassel. – Kaufhofzentrale, Köln. – Dr. H. Kaufmann, Paris. – W. Keimer, Heidelberg. – Dr. A. Kessler, Hannover. – Kester Lichtbildarchiv, München. – Prof. Dr. J. Keul, Freiburg im Breisgau. – Keystone Pressedienst, Hamburg. – Dr. R. Kiesewetter, Ludwigshafen am Rhein. – Kindler Verlag, München. – Prof. Dr. W. Klaer, Geisenheim. – Farbfotodienst Kleinhempel, Hamburg. – Prof. Dr. H. Kleinig, Freiburg im Breisgau. – Klimsch & Co., Frankfurt am Main. – E. Klinger, Heidelberg. – Dr. E. Klitzsch, Berlin (West). – KNA-Katholische Nachrichten Agentur, Frankfurt am Main. – Robert Koch-Institut des Bundesgesundheitsamtes, Berlin (West). – Kodak, Stuttgart. – H. Kohler, Augsburg. – P. Kohlhaupt, Kippenheim. – Dr. G. Kohlhepp, Tübingen. – Dr. R. König, Kiel. – König & Bauer, Würzburg. – A. Kordecki, Eckernförde. – U. Körholz, Mannheim. – Kosmos, Stuttgart. – Dr. H. Kramarz, St. Augu-

359

stin. – G. Krauss, Heidelberg. – Krauss-Maffei, München. – Kreidler Werke, Kornwestheim. – G. Krienke, Speyer. – E. Krug, Berlin (West). – A. W. Krüger, Bonn. – Friedrich Krupp, Duisburg. – G. Krüssmann, Dortmund. – W. Kugler, Mannheim. – Dr. D. Kühne, Münster. – Kunsthalle Nürnberg. – Kunsthistorisches Institut, Heidelberg. – Kunsthistorisches Museum, Wien. – Kunstmuseum Winterthur. – R. Kunze, Freiburg im Breisgau. – Florian Kupferberg Verlag, Mainz. – E. Kusch, Schwarzenbruck. – KWU-Kraftwerk Union, Frankfurt am Main. – Prof. Dr. Ladstätter, Mössingen. – Landesbildstelle Berlin, Berlin (West). – Landesmuseum für Kärnten, Klagenfurt, Österreich. – Landessternwarte Heidelberg-Königstuhl. – Land- und Hauswirtschaftlicher Auswertungs- und Informationsdienst, Bonn. – Landschaftsverband, Bonn. – E. Leitz, Wetzlar. – Prof. Dr. K. Lenz, Berlin (West). – Dr. Cay Lienau, Gießen. – F. Lindemann, Nürnberg. – F. K. Frhr. v. Linden, Waldsee. – Linden-Museum für Völkerkunde, Stuttgart. – Dr. H. Lippold (†), Schramberg. – Literarisches Colloquium Renate von Mangoldt, Berlin (West). – E. Lohöfener, Bielefeld. – E. Matzeratz, Karlsruhe. – Max-Planck-Institut für Astronomie, Heidelberg. – Max-Planck-Institut für Kernphysik, Heidelberg. – McDonnell Douglas, St. Louis, USA. – H. Mertens, Kirchbarkau. – Prof. Dr. H. Meschkowski, Berlin (West). – Messerschmitt-Archiv, München. – Messerschmitt-Bölkow-Blohm, Ottobrunn. – Meteo-Verlag, Delmenhorst. – Dr. R. Meyer, Gießen. – Prof. Dr. F. Mielke, Berlin (West). – Dr. F. D. Miotke, Hannover. – T. Molter, Wolfenbüttel. – Prof. Dr. R. Mößbauer, Grenoble. – M. Mühlberger (†), München. – Dr. Mühlenberg, Heidelberg. – Maschinenfabrik Müller, Zofingen. Schweiz. – E. Müller, Oftersheim. – H. Müller, Dietmannsried. – H. Müller, Düsseldorf. – H. Müller-Brunke, Grassau. – Dr. K. Müller-Hohenstein, Erlangen. – A. Münchow, Aachen. – Museum für Kunst und Gewerbe, Hamburg. – Museum für Ostasiatische Kunst, Köln. – Museum für Völkerkunde, Wien. – Museum Rietberg, Zürich. – U. Mutzel, Neu-Ulm. – Narodni Galerie, Prag. – NASA, Washington. – National Gallery, London. – National Portrait Gallery, London. – NAWI, Buenos Aires. – Niederländische Fremdenverkehrszentrale, Köln. – A. v. d. Nieuwenhuizen, Zevenaar, Holland. – Nobelstiftelsen, Stockholm. – Förlagshuset Norden, Malmö, Schweden. – Nouveau Musée des Beaux-Arts, Le Havre. – Nowosti, Moskau. – Dr. H. Nuhn, Hamburg. – Österreichische Botschaft, Bonn. – Tierbilder Okapia, Frankfurt am Main. – J. Olavarietta, Barcelona. – Stvw. Oldenburg. – Olympia Werke, Bremen. – Orenstein & Koppel, Dortmund. – R. Panjabi, Dehra Dun, Indien. – K. H. Paulmann, Berlin (West). – K. Paysan, Bildarchiv, Stuttgart. – Alain Perceval, Paris. – W. Petrick, Berlin (West). – R. Peynet, Paris. – R. Pfanz, Leonberg. – Prof. Dr. G. Pfeifer, Heidelberg. – U. Pfistermeister, Fürnried. – H. Pfletschinger, Ebersbach an der Fils. – PHB-Fördertechnik, St. Ingbert. – Philips, Hamburg. – Photographie Giraudon, Paris. – Photopress, Zürich. – Piper & Co. Bildarchiv, München. – Dr. I. Pini, Marburg. – Pitney Bowes Deutschland, Heppenheim a. d. Bergstraße. – Polska Agencja Interpress, Warschau. – Polygram Record Service, Hannover. – Pontis Photo, München. – Popper-Photo, London. – H. Post, Unterschleißheim. – Kunstverlag Preiss & Co., Albaching. – F. Prenzel, Gröbenzell. – Prien, Hamburg. – Radiosternwarte Westerbork, Niederlande. – Prof. Dr. W. Rauh, Heidelberg. – Reiß-Museum, Mannheim. – G. Lufft, Stuttgart. – Dr. E. Rennau, Bonn. – Dr. E. Retzlaff, Römerberg. – Rheinisches Bildarchiv, Bonn. – Rhode & Schwarz, München. – Rijksmuseum, Amsterdam. – roebild

Kurt Röhrig, Frankfurt am Main. – Prof. Dr. W. Röll, Kassel. – Roger-Viollet, Paris. – Rogner & Bernhard, München. Rosenthal Porzellan, Selb. – S. Rothenberg, Korbach. – Rowohlt Verlag, Reinbek. – Sabah Saaid, Frankfurt am Main. Salamander, Kornwestheim. – G. Sammer, Berlin (West). J. Sändig, Wiesbaden. – Prof. Dr. G. Sandner, Hamburg. SATOUR, Frankfurt am Main. – Dr. F. Sauer, Karlsfeld. Dr. K. Schaifers, Heidelberg. – W. Scharf, Stuttgart. – Prof. Dr. A. Scheibe, Göttingen. – Schiller-Nationalmuseum, Marbach am Neckar. – Schlapp-Möbel, Neu-Anspach. – Schmidecker, Oberschleißheim. – J. Schmidt, Ludwigshafen am Rhein. – Schmuckmuseum Pforzheim im Reuchlinghaus Lambert Schneider Verlag, Heidelberg. – M. Schneiders, Lindau. – T. Schneiders, Lindau. – K. F. Scholz, Haimhausen. K. Schopp, Speyer. – B. Schott's Söhne Musikverlag Mainz. – Prof. Dr. F. Schremmer, Wien. – H. Schremp, Breisach am Rhein. – L. Schulz, Berlin (West). – Dr. V. Schulz, Dallas, USA. – Prof. Dr. W. Schulze, Gießen. – J. Schupp, Wollerau, Schweiz. – Stvw. Schwabach. – Stvw. Schwäbisch-Gmünd. – F. Schwäble, Eßlingen. – SEL-Standard Electric Lorenz, Mannheim. – Siemens, Mannheim. Siemens, München. – Sven Simon Fotoagentur, Bonn und Essen. – Singer, Mannheim. – Prof. Dr. G. Smolla, Königstein i. Ts. – Söding, Hagen. – H. Soell, Bensheim. – W. Speiser, Basel. – Der Spiegel, Hamburg. – Spielzeugmuseum der Stadt Nürnberg. – B. Sprengel, Hannover. – Staatliche Antikensammlungen und Glyptothek, München. – Staatliche Kunstsammlung, Kassel. – Staatliche Münzsammlung, München. Staatliche Museen Preußischer Kulturbesitz, Berlin (West). Staatliches Institut für Musikforschung Preußischer Kulturbesitz, Berlin (West). – Staatliches Museum für Naturkunde, Stuttgart. – Staatliches Museum für Völkerkunde, München. Staatsbibliothek Bamberg. – K. Staeck, Heidelberg. – Städtsche Kunstsammlung, Augsburg. – Städtische Kunsthalle Mannheim. – J. Stellwag, Ludwigsburg. – Stakupress, Nordenstedt. – Stern-Bildarchiv, Hamburg. – H. Stern, Hamburg. Sternwarte Göttingen. – W. Strickfeldt & Koch, Wiehl. – Süddeutscher Rundfunk, Stuttgart. – Süddeutscher Verlags-Bilderdienst, München. – Südwestfunk, Bild- u. Pressestelle, Baden Baden. – Suhrkamp Verlag, Frankfurt am Main. – Gebr. Sulzer, Winterthur, Schweiz. – Swissair, Zürich. – H. Tappe, Tertet, Schweiz. – Tate Gallery, London. – V. Teuschert, Berlin (Ost). – Texas Instruments, Freising. – K. Thiele, Warburg. Georg Thieme Verlag, Stuttgart. – Filmstudio W. Tiedemann, Hannover. – Tierbildarchiv GDT, Lübeck. – E. Toppius, Konstanz. – Luis Trenker, Bozen. – Prof. Dr. H. Uhlig, Gießen. – Ullstein Bilderdienst, Berlin (West). – O. M. Ungers, Köln. – Universal Maschinenfabrik, Wolfenbüttel. – Universität Freiburg. – Universität Göttingen. – Universität Oslo. – Universitätsbibliothek München. – Stvw. Urach. – USIS, Bonn. – V-Dia Verlag Heidelberg. – Verband Südbadischer Rinderzüchter, Titisee-Neustadt. – Vereinigte Flugtechnische Werke Fokker, Bremen. – Vereinigte Seidenwebereien, Krefeld. – Veste Coburg. – Dr. H. Vierck, Münster. – Volkswagenwerk Wolfsburg. – VOTAWA, Wien. – R. Wagenmann, Mannheim. – Wallraf-Richartz Museum, Köln. – Stvw. Weingarten. – WEREK Pressebildagentur, München. – Georg Westermann Verlag, Braunschweig. – H. Weyer, Wetzlar. – Prof. Dr. R. Weyl, Gießen. – Prof. Dr. H. Wilhemy, Tübingen. – E. Wilke, Kassel. – Dr. K.-H. Willer, Walldorf. – J. Winkler, Wolfratshausen. – Prof. Dr. E. Winter, Trier. – F. Wirz, Luzern. – M. Wisshak, Sandhausen. – Woodmansterne, Watford, Großbritannien. – Dr. W. Wrage, Hamburg. – Yacht- und Bootswerft Burmester, Bremen. – Carl Zeiss, Oberkochen. – Zentrale Farbbild Agentur ZEFA, Düsseldorf. – Zentralstelle für Geo-Photogrammetrie und Fernerkennung, München. – G. Ziesler, München. – D. Zingel, Wiesbaden. – Stvw. Zülpich. – Zweiradmuseum, Neckarsulm.

Gvw. = Gemeindeverwaltung
Stvw. = Stadtverwaltung